Christoph Mörgeli

Bauern, Bürger, Bundesräte

Christoph Mörgeli

1917–2017
Hundert Jahre Zürcher SVP

Bauern
Bürger
Bundesräte

orell füssli Verlag

© 2017 Orell Füssli Verlag AG, Zürich
www.ofv.ch
Rechte vorbehalten

Dieses Werk ist urheberrechtlich geschützt. Dadurch begründete Rechte, insbesondere der Übersetzung, des Nachdrucks, des Vortrags, der Entnahme von Abbildungen und Tabellen, der Funksendung, der Mikroverfilmung oder der Vervielfältigung auf andern Wegen und der Speicherung in Datenverarbeitungsanlagen, bleiben, auch bei nur auszugsweiser Verwertung, vorbehalten. Vervielfältigungen des Werkes oder von Teilen des Werkes sind auch im Einzelfall nur in den Grenzen der gesetzlichen Bestimmungen des Urheberrechtsgesetzes in der jeweils geltenden Fassung zulässig. Sie sind grundsätzlich vergütungspflichtig.

Korrektorat: Sandra Noser, Renate Brunner, Sabine Hensel und Jacqueline Byland
Umschlaggestaltung und Motiv: Hauptmann & Kompanie Werbeagentur, Zürich
Druckerei: FO-Fotorotar, 8132 Egg ZH
Buchbinderei: Bubu AG, 8617 Mönchaltorf

ISBN 978-3-280-05663-9

Die Deutsche Nationalbibliothek verzeichnet diese Publikation in der Deutschen Nationalbibliografie; detaillierte bibliografische Daten sind im Internet unter www.dnb.de abrufbar.

Inhaltsverzeichnis

Zum Geleit 9

Einleitung 13

Landwirtschaft im Industriekanton 18
    «Kleinjogg» – Ideal eines Zürcher Bauern 18
    Befreiung von Grundzinsen und Zehnten 25

Bauern in der freisinnigen Grossfamilie 29
    Der Ustertag von 1830 29
    Verein für Landwirtschaft und Gartenbau 31
    Landwirtschaftliche Schule Strickhof 36
    Familie, Gesellschaft und Wirtschaft 41
    Demokratische Bewegung 46

Die Vorläufer 51
    Landwirtschaftskrise der 1880er Jahre 51
    Volg als bäuerliche Selbsthilfe 58
    Bauernbund: eine gescheiterte Parteigründung 62
    Schweizerischer Bauernverband: überparteilich mächtig 73
    Demokratische Bauernpartei des Bezirks Bülach 79

Gründung der Zürcher Bauernpartei 87
    Erster Weltkrieg: Produzenten gegen Konsumenten 87
    Tonhalle-Versammlung vom 4. März 1917 93
    Namensgebung und erste Kämpfe 104
    Die Berner Bauern- und Bürgerpartei von 1918 109
    Bewährung im Landesgeneralstreik 116

    Erfolgreiche Anfangsjahre 125
    Sozialismus als Feindbild 138

Gegeneinander von Stadt und Land 150
    Streit um Fritz Bopp 150
    Die Ära Rudolf Reichling 158
    Herausforderung durch Jungbauern und Fronten 169
    Geistige Landesverteidigung 189

Bewährung im Zweiten Weltkrieg 204
    Bundesratswahlen mit Nachwirkungen 204
    Friedrich Traugott Wahlens Anbauschlacht 215
    Ende des Burgfriedens 221

Mittelstandspolitik als Mittepolitik 230
    Nachkriegsjahre unter Rudolf Meier 230
    Die Bauernpartei wird BGB 241
    Staatsmännisch eingemittet 264
    Ständeratsdebakel und Jugendunruhen 279
    Frauenstimmrecht und Überfremdungsfrage 290
    Zusammenschluss zur SVP 298

Aufstieg unter Christoph Blocher 310
    Liberalkonservativ statt liberalprogressiv 310
    Achtziger Unruhen und grüner Vormarsch 328
    Eherecht, Uno und Asylmissbrauch 343
    Drogen- und allgemeine Programmatik 364
    Der Kampf um den EWR 368
    Neinsager in den neunziger Jahren 392
    Schatten des Zweiten Weltkriegs 412
    1999: der Durchbruch 427

Taktgeberin in der Schweiz 466
    «Hannibal» und vier Jahre Regierungsstabilität 466
    Komplott gegen Blocher 501
    Blochers Abwahl aus dem Bundesrat 519
    Die Parteispaltung 529

    Ueli Maurer im Bundesrat 535
    Die Affäre Hildebrand 558
    Interne Querelen 565

Die SVP Schweiz wird zürcherisch 570
    Klar auf Kurs 570
    Gegen die Masseneinwanderung 579
    Schwungvoll zum Allzeithoch 596
    Für Stadt und Land 608

Zeittafel 622

Anmerkungen 647

Anhang 676
    SVP-Anteile an Wählern und Parlamentssitzen 676
    Amtsträger 680
    Ungedruckte Quellen 685
    Zeitungen 686
    Nationale Parteiprogramme, Standpunkte und Statuten 688
    Zürcher Parteiprogramme, Standpunkte und Statuten 689
    Albisgüetli-Reden von Christoph Blocher 690
    Kulturreden von Christoph Blocher 691
    Gedruckte Quellen 692
    Darstellungen 699
    Abkürzungen 732

Personenregister 734

Abbildungsnachweis 744

Zum Geleit

Von Christoph Blocher

Aus Unzufriedenheit und Krisen entsteht Neues. So war das auch vor hundert Jahren, als am 4. März 1917 305 Delegierte des Zürcherischen Landwirtschaftlichen Kantonalvereins in die Tonhalle strömten, um mitten in der Stadt Zürich eine neue Partei zu gründen. Manche waren parteiungebunden, viele aber bereits Mitglied einer Partei – entweder der Freisinnigen oder der Demokratischen Partei. Das Landvolk fühlte sich benachteiligt. Man war erbost, dass nicht nur linke Politiker, sondern auch solche aus den eigenen Reihen die Souveränität und die Unabhängigkeit der Schweiz preisgeben wollten. Bei allen eigenen wirtschaftlichen Interessen: Die Selbstbestimmung des Landes ging vor. Der Mitbegründer Rudolf Reichling-Oehninger fasste diese Maxime später in folgenden Satz: «Das Schweizerland steht mir höher als ein Rappen Milchpreis.»

Die Auseinandersetzung war heftig. Doch sie führte zur Gründung der Bauernpartei des Kantons Zürich als landesweit erste ihrer Art und damit zum Anfang der Geschichte der SVP. Erst 1951 wechselte die Zürcher Bauernpartei ihren Namen zur «Bauern-, Gewerbe- und Bürgerpartei» (BGB). Die Verunsicherungen durch die Unruhen von 1968 lösten innerhalb der BGB eine geistige Orientierungslosigkeit aus. So flüchtete sie 1971 in eine Fusion mit den Bündner und Glarner Demokraten und nannte sich fortan Schweizerische Volkspartei (SVP). Es war ein eher kopfloser «Befreiungsschlag», wie er in Notsituationen oft beobachtet werden kann. Doch dieser Versuch, die

Situation zu retten, misslang gründlich: Bei den nationalen Wahlen von 1975 sank der SVP-Anteil gesamtschweizerisch erstmals unter zehn Prozent. Die Beteiligung der SVP im Bundesrat stand zur Diskussion.

Die damalige Mehrheit innerhalb der Führungsriege der Schweizer Partei – nicht aber der Basis – sah eine erfolgreiche Zukunft in der Öffnung nach links, in einem «liberalsozialen» Kurs. Dem widersetzte sich die Zürcher SVP vehement; sie trat mit Nachdruck für eine liberalkonservative Ausrichtung ein. Nur aus dieser Krisenstimmung heraus ist zu erklären, dass die Zürcher SVP-Delegierten 1977 in einer leidenschaftlich umstrittenen Kampfwahl einen damals jungen Industriemanager und späteren Industriellen mit wenig politischer Erfahrung zum Kantonalpräsidenten kürten. Entscheidend bei meiner Wahl – so wurde mir später bedeutet – sei allerdings gewesen, dass ich vor dem Rechtsstudium eine Bauernlehre absolviert hatte und angeblich auch gesprochen habe wie ein Bauer: «Man merkt, dass du einmal auf den Äckern des Zürcher Weinlandes nicht nur Kartoffeln, sondern auch Steine aus dem Acker getragen hast», befand Regierungsrat Jakob Stucki.

Ich beurteilte den schon bei der Gründung von 1917 eingeschlagenen liberalkonservativen Kurs als durchaus tragfähig und dringend nötig. Nur dürfe dieser nicht auf Landwirtschafts-, Finanz- und Militärpolitik beschränkt bleiben, sondern müsse ausgedehnt werden auf alle Gebiete des politischen Lebens, besonders auf die Aussenpolitik, die Wirtschafts-, die Asyl- und Ausländerpolitik, die Bildungspolitik, die Familien- und Gesellschaftspolitik. Gerade in politisch unsicheren Zeiten, so urteilte ich, hätten die Menschen ein grosses Bedürfnis nach Politikern auf festem Boden, denen sie vertrauten und denen sie zutrauten, das Versprochene konsequent umzusetzen.

Gegen diese Ausrichtung gab es aber heftige Gegenwehr, vor allem von der Berner Politprominenz und deren Bundesräten. Die Reaktionen waren so turbulent, dass zeitweise eine programmatische Parteispaltung drohte. Doch schliesslich wurde die jahrelange fruchtlose Orientierungssuche beendet, indem sich die Zürcher SVP entschlossen «rechts» positionierte, wobei wir unter «rechts» das Streben nach möglichst wenig Staatseingriffen in die Freiheit des Einzelnen und unter «links» eine möglichst umfassende Staatsbetreuung von der Wiege bis zur Bahre verstanden. Weil sich der Freisinn allmählich immer mehr gegen links öffnete, gelang es uns, von den Stimmbürgern als glaubwürdiger Gegenpol zur Linken wahrgenommen zu werden.

Von den gewählten Amtsinhabern wurde verlangt, dass sie sich voll und ganz dem Auftrag der Wählerinnen und Wähler unterordneten und nicht auf persönliche Interessen, Prestige und Karriere schielten. Es galt die Devise: «Themen statt Pöstchen». Dabei forderten wir sowohl vom Staat wie vom Einzelnen Selbstverantwortung: So wenig die Schweiz ihr Schicksal in die Hände anderer Staaten oder Staatengemeinschaften legen sollte, so wenig sollten die Bürgerinnen und Bürger ihr Leben einfach dem Staat anvertrauen.

Aus dem kleinen Grüppchen unentwegter Gewerbler, das in der Stadt Zürich die Fahne der BGB hochgehalten hatte, formte Nationalrat Walter Frey als Präsident der Stadtzürcher SVP durch einen konsequenten Kurs vor allem in der Sicherheits-, Ausländer-, Sozial- und Drogenpolitik die wählerstärkste bürgerliche Partei auch in der Kantonshauptstadt.

Das Ende des Kalten Krieges löste statt Freude und Besinnung in den sogenannt bürgerlichen Parteien der Schweiz eine tiefe Orientierungslosigkeit und übermütige, fast kindliche politische Naivität aus. Die FDP und die CVP glaubten zusammen mit der Linken, der ewige Friede sei ausgebrochen und die Schweiz könne wirtschaftlich nur als vollwertiges Mitglied im neu gestalteten Europa bestehen. Man wollte den Wohlstand der Schweiz erhalten, indem man genau dessen Voraussetzungen zerstörte, nämlich die staatliche Eigenständigkeit und Unabhängigkeit. In dieser Zeit strömten der SVP zahlreiche neue Anhänger zu, die sich vom Freisinn und von der CVP nicht mehr vertreten fühlten.

Vor allem beim Abstimmungskampf über den Beitritt der Schweiz zum Europäischen Wirtschaftsraum (EWR) vom 6. Dezember 1992 spielte die Zürcher SVP eine massgebende Rolle. In der ganzen Schweiz kam es zur

Gründung neuer Kantonalparteien. Auch innerhalb der nationalen Partei gab der Zürcher Kurs nun programmatisch den Ton an. Bei den eidgenössischen Wahlen von 1999 wurde die SVP erstmals zur stärksten Partei des Landes.

Diese Stellung vermochte sie seither kontinuierlich auszubauen. 2015 erreichte der Wähleranteil der SVP das Allzeithoch von 29,4 Prozent und 65 Nationalratsmandaten. Endlich wurden der Partei die ihr längst zustehenden zwei Bundesratssitze gewährt. Den Kanton Zürich vertreten in der grossen Kammer mittlerweile zwölf SVP-Nationalräte – als ich das Kantonalpräsidium übernahm, waren es noch deren vier gewesen.

Weil die SVP stets ganz bei der Sache und bei ihrem Auftrag war, hatte sie nie die Zeit und die Kraft, über sich selber, über ihr Wirken und ihren Werdegang Rechenschaft abzulegen. Doch nach hundert Jahren intensiver parteipolitischer Arbeit ist es an der Zeit, dies nun zu tun.

Die vorliegende Schrift zum 100. Geburtstag der SVP des Kantons Zürich soll aber mehr sein als ein parteiliches Werk. Auch wenn der Autor die Zürcher SVP schon beinahe so lange von innen kennt wie ich und er die Politik auf verschiedenen Stufen aktiv mitgestaltet hat, handelt es sich um die Beurteilung eines Fachhistorikers, die wissenschaftlichen Ansprüchen genügt. Prof. Dr. Christoph Mörgeli war bei der Bearbeitung, Darstellung und Wertung des Themas völlig frei. Bei der Abfassung dieses Geleitwortes habe ich den Inhalt des Buches nicht gekannt. Ich will die Jubiläumsschrift – wie alle andern auch – das erste Mal in gedruckter Form vor mir haben.

Möge das vorliegende Werk gültige Rechenschaft ablegen über Geleistetes und Verfehltes, über Erfolge und Krisen, über Höhen und Tiefen. Möge die Zürcher SVP weiterhin für das Wohl der Bevölkerung kämpfen und nicht für das Wohl ihrer Politiker. Wie bereits bei meiner Amtsübernahme als kantonaler Parteipräsident rufe ich in Erinnerung: «Je weniger unsere Amtsträger an sich selber denken, desto mehr denken die Wähler an sie.» Unser Auftrag bleibt das Wohl des Kantons Zürich und der Schweiz.

Einleitung

Das hundertjährige Bestehen der Schweizerischen Volkspartei (SVP) des Kantons Zürich bildet den äusseren Anlass für die vorliegende Schrift. Sie soll in allgemeinverständlicher Form Antworten auf die Frage geben, wie und warum eine 1917 gegründete, fast rein bäuerliche Standespartei zur mittelständischen Erfolgspartei, zur stärksten politischen Kraft im Kanton Zürich und zur Taktgeberin der Schweizer Mutterpartei wurde, deren Inhalte und Stilmittel heute sogar in Grossbritannien, Deutschland, Österreich und Osteuropa übernommen werden.

Eine gedruckte Schilderung der hundertjährigen Geschichte der SVP des Kantons Zürich liegt bisher nicht vor. In der 1994 erschienenen «Geschichte des Kantons Zürich» behandelten die Autoren Bruno Fritzsche, Max Lemmenmeier, Daniel Kurz, Eva Sutter und Mario König die Entwicklung des Industriekantons und die Veränderung der Parteien eingehend.[1] Diesen Vertretern der damals vorherrschenden sozialhistorischen Forschungsrichtung lag die Darstellung des städtischen Milieus und der Arbeiterschaft deutlich näher als jene der eher konservativ gebliebenen Landbevölkerung. Zur Schweizer Landwirtschaftsgeschichte und zum bäuerlichen Verbandswesen haben Hans Brugger, Werner Baumann und Peter Moser anerkannte, kritische Arbeiten verfasst; das virtuelle Archiv für Agrargeschichte stellt hierzu einen vorzüglichen Wegweiser dar.[2]

Josef J. P. Roos hat im Jahr 2000 das Auftragswerk «Die SVP Kanton Zürich 1917–2000» abgeliefert, das den Untertitel trägt: «Der Weg zur mittelständischen Erfolgspartei».[3] Die Studie, welche vor allem auf der Lektüre des Parteiorgans *Zürcher Bauer* beruht, blieb zwar ein Manuskript, hat aber dem Autor des vorliegenden Buchs verschiedentlich gute Grundlagen geliefert. Silvia Beck verfasste 1973 eine verdienstvolle, aber ungedruckt gebliebene Lizenziatsarbeit über die Anfänge der kantonalen Bauernpartei.[4] Zu einzelnen Parteisektionen sind örtlich begrenzte Darstellungen erschienen, so zur SVP Wangen-Brüttisellen, zur SVP Bäretswil von Armin Sierszyn, zur SVP Illnau-Effretikon von Hans Kuhn oder zur SVP Gossau von Daniel Wäfler.[5] Anita Niederöst publizierte unlängst eine detaillierte Dokumentation der sechzigjährigen Arbeit der SVP-Frauengruppe der Stadt Zürich.[6]

Weit besser erforscht als die Zürcher Kantonalpartei ist die nur unwesentlich jüngere Geschichte der Bauern-, Gewerbe- und Bürgerpartei des Kantons Bern. Anlässlich ihres fünfzigjährigen Bestehens beauftragte sie 1968 die beiden Historiker Beat Junker und Rudolf Maurer, die Vergangenheit dieser von Anfang an mächtigen, staatstragenden Kantonalpartei zu ergründen und darzustellen. Im selben Jahr erschien auch Junkers Dissertation über die Berner Bauern auf dem Weg in die Politik.[7] Besonders lebendig und lebensnah schilderte der Journalist, Regierungsrat und spätere Bundesrat Markus Feldmann das Innenleben der Bauern-, Gewerbe- und Bürgerpartei (BGB) in seinen vollständig edierten Tagebüchern. Feldmanns scharfsinnige, zuweilen schonungslose Analysen finden teilweise auch im vorliegenden Buch Eingang.[8] Vereinzelt wurde ausserdem die Vergangenheit anderer Kantonalparteien dokumentiert, so durch den Bauernsekretär und späteren SP-Politiker Paul Schmid-Ammann oder durch Kurt Waldvogel jene von Schaffhausen. 1960 und 1990 erschienen Arbeiten über die aargauische BGB beziehungsweise SVP, vor kurzem eine Zusammenstellung zur 25-jährigen SVP des Kantons Zug und ein umfangreiches Buch über die ebenso alte Solothurner Kantonalpartei.[9]

Von Interesse bleibt die wegweisende Forschung über das schweizerische Parteienwesen von Erich Gruner.[10] Aus linker Sicht, aber bemerkenswert gründlich und unvoreingenommen rangen Hans Hartmann und Franz Horvath 1995 um eine Erklärung der «Erfolgsstory der Zürcher SVP». Demnach wandelte sich die krisengeschüttelte agrarische Parteiorganisation unter Christoph Blocher zu einem schlagkräftigen, mitgliederstarken Verband, der die Konkurrenz durch eine permanente Kampagnenaktivität vor sich hertreibe.[11] Den Wandel von Mitgliederparteien zu professionalisierten Wählerorganisationen haben Andreas Ladner und Michael Brändle untersucht.[12] Mit dem Aufstieg der SVP zürcherischer Prägung befassen sich die soziologische Studie von Lukas Zollinger und die politologische Analyse in Hanspeter Kriesis Darstellung von acht Kantonen, wobei sich Roland Hofer, Oliver Krömler und Curdin Seeli mit der Zürcher SVP befasst haben.[13]

Parallel zur allmählich wachsenden Bekanntheit des charismatischen Parteipräsidenten Christoph Blocher mehrten sich auch die Untersuchungen über seine Herkunft, seine Biografie, seine Weltanschauung, seine Führungsgrundsätze, seine Rhetorik oder seine Albisgüetli-Reden. Eine wohlwollende, faktensichere und sogar autorisierte Biografie lieferte Wolf Mettler («Liebi Fraue und Manne …»).[14] Unübertroffen in der Milieuschilderung der Herkunft aus einer dreizehnköpfigen Pfarrfamilie bleibt Andreas Blocher («Mein Bruder Christoph»).[15] Christoph Schilling beleuchtete den Aufstieg des Politikers und Unternehmers aus allzu negativ voreingenommener Sicht.[16] Nicht zu Unrecht ein «unschweizerisches Phänomen» nannte Fredy Gsteiger in seiner journalistischen Annäherung den «einflussreichsten Politiker im Land».[17] Matthias Ackeret protokollierte im Buch «Das Blocher-Prinzip» wichtige Führungsgrundsätze.[18] 2009 erschien das bislang umfangreichste, überzeugendste Lebensbild über den «konservativen Revolutionär», gezeichnet von Markus Somm.[19] Im Zentrum von Karl Lüönds Unternehmensbiografie («Erfolg als Auftrag») stand selbstredend Blochers unternehmerische Leistung mit seiner Firma Ems-Chemie AG.[20] Ein respektvolles Porträt widmete der Deutsche Wolfgang Koydl dem «Übervater» in seinem Schweiz-Buch mit dem Titel «Die Bessermacher».[21] Vom menschlichen, persönlichen Blocher ging der von der Begegnung spürbar beeindruckte Thomas Zaugg 2008 und in erweiterter Form 2014 aus.[22] Christoph Blocher selber reagierte 2014 mit einem Artikel in der Wochenzeitschrift *Das Magazin* und hat dort eingehend Rechenschaft über sein Werden und Wollen abgelegt. Er verwies auf seine viel zu wenig berücksichtigte, ihn prägende bäuerliche Ausbildung, die ihn als Unternehmer, Politiker, Milizoberst und Familienvater zur «ununterbrochenen Suche und Beachtung der Wirklichkeit» geführt habe. Immer sei es ihm darum gegangen, dasjenige, welches ist, dorthin zu bringen, wo es sein sollte.[23]

In neuerer Zeit untersuchen Wissenschaftler und Autoren vor allem Christoph Blochers «Populismus», «Rechtspopulismus», «Rechtskonservativismus» oder «Nationalkonservativismus», speziell bezüglich eines angeblichen Einflusses auf entsprechende Parteien und Bewegungen in ganz Europa, ja selbst in den USA.[24] Oft geht bei der voreiligen Festlegung solcher Parallelen vergessen, dass die Schweizerische Volkspartei mittlerweile eine hundertjährige Geschichte aufweist und seit über 85 Jahren in der Landesregierung mitwirkt. Das Bild einer permanent lärmenden Opposition verzeichnet also die Fakten. Am ehesten könnte man eine rasch gescheiterte Vorläuferbewegung – den Zürcher Bauernbund von 1891 – als populistisch bezeichnen.[25] Die SVP aber kombinierte Regierung und Opposition, wobei sie die Oppositionsrolle nie freiwillig suchte, aber sie bereitwillig übernahm, wenn sich die anderen Parteien zusammentaten, um die Volkspartei aus der Regierungsverantwortung zu drängen.

Neben den genannten und zahlreichen weiteren Materialien standen dem Autor die Quellen verschiedener Archive, vor allem auch die Protokolle, Akten und Werbemittel im Zürcher SVP-Sekretariat zur Verfügung. Dort liegt mittlerweile auch ein bemerkenswerter Nachlass zu den Gründerjahren, den Hanni Reichling-Däppen dem Autor zur freien Nutzung überlassen hat. Von grosser Bedeutung für dieses Buch waren als Parteiorgan der *Zürcher Bauer* beziehungsweise *Die Mitte* und *Der Zürcher Bote*. Auch viele weitere Zeitungen und Zeitschriften wurden hinzugezogen, vor allem die *Neue Zürcher Zeitung* und in neuerer Zeit zusätzlich der *Tages-Anzeiger*, also die beiden einflussreichsten Presseorgane des Kantons. Alexander Segert von der Firma GOAL AG stellte zahlreiche Plakate- und Inseratesujets zur Verfügung. Für mündliche Auskünfte bin ich manchen Zeitzeugen innerhalb und ausserhalb der SVP verpflichtet. Der erfahrene Journalist und Historiker Dr. René Zeller besorgte die kritische Durchsicht. Die ETH-Naturwissenschaftlerin Sandra Noser sowie Renate Brunner, Sabine Hensel und Jacqueline Byland betreuten das Korrektorat. Dem Orell Füssli Verlag, insbesondere Herrn Dr. Stephan Meyer, Frau Jacqueline Kölliker und Herrn Giovanni Cocchiarella, danke ich herzlich für die liebenswürdige und engagierte Begleitung des Buchprojekts.

Die vorliegende Schrift verfolgt kein anderes Ziel als die möglichst quellennahe, wissenschaftlich exakte Schilderung der Geschichte einer in mancher Hinsicht aussergewöhnlichen Partei. Die Zürcher SVP wurde als rein bäuerlich geprägte wirtschaftliche Interessenpartei gegründet, öffnete sich verhältnismässig spät und unter dem Druck der schmelzenden Wählerbasis dem Gewerbe, den Angestellten, den Bürgern – selbst den Stadtbürgern –, um ab 1977 von Christoph Blocher zu einer Bewegung von ungewöhnlicher Geschlossenheit und Kampfkraft geformt zu werden. Das Geheimnis von Blochers Erfolg liegt wohl nicht zuletzt darin, dass er in seiner Person den Bauern, den Bürger und den Unternehmer verkörpert.

Annähernd während der Hälfte der hundertjährigen Geschichte der Zürcher SVP hat Christoph Blocher die Partei durch sein Vorangehen und sein Vorbild geprägt. Ohne die Persönlichkeit Blochers hätte die SVP auf kantonaler wie auf eidgenössischer Ebene einen ganz anderen Weg eingeschlagen – möglicherweise den Weg in die völlige Bedeutungslosigkeit. Die oft gehörte Bezeichnung «Blocher-Partei» tönt selbstverständlich abwertend und wird von den Gegnern der SVP zum Zweck der Diffamierung verwendet. Aber Blochers Leistung für die Schweiz, mehr noch als für seine Partei, wird mittlerweile weit über den Kreis der Wählerinnen und Wähler der SVP anerkannt und scheint heute weniger bestritten als noch vor einigen Jahren.

In den vier Jahren, in denen Christoph Blocher im Bundesrat gewirkt hat, konnte er das Gedankengut der zürcherischen SVP auch in die Landesregierung einbringen. Dasselbe tut gegenwärtig Bundesrat Ueli Maurer als Vorsteher des Eidgenössischen Finanzdepartementes. Die Zürcher SVP trägt seit 2009 wie schon von 2004 bis 2007 erneut Regierungsverantwortung als Bundesratspartei. Darum mag der Buchtitel «Bauern, Bürger, Bundesräte» die hundertjährige Entwicklung der SVP des Kantons Zürich zutreffend auf den Punkt bringen.

Viele Menschen wählen die SVP, weil sie nach Orientierung, Sicherheit und Vertrauen suchen und sich von dieser Partei ernst genommen fühlen. Noch immer ist es vor allem Christoph Blocher, der eine in sich stimmige Wertebasis vertritt und diese mit den vielfältigen Parteiaktivitäten zu einem sinnvollen Ganzen verbindet. Er war und ist das Gesicht eines intensiven, langjährigen Parteiaufbaus und eines konsequenten Kampfes für die Parteiziele. Blochers Erfolg und damit der Erfolg der SVP beruht nicht auf der Verwendung bestimmter Stilmittel in Inseraten und Plakaten, auch nicht auf der Skandalisierung ihres Tuns durch die Medien. Vielmehr nimmt sich die Schweizerische Volkspartei der realen Ängste und Hoffnungen der Bevölkerung an und bietet ihr aufgrund einer ethisch fundierten Überzeugung Lösungen an – Lösungen auf der Grundlage von unabhängigem Nationalstaat, Selbstbestimmung, Eigenverantwortung und Wohlfahrt.

Landwirtschaft im Industriekanton

«Kleinjogg» – Ideal eines Zürcher Bauern

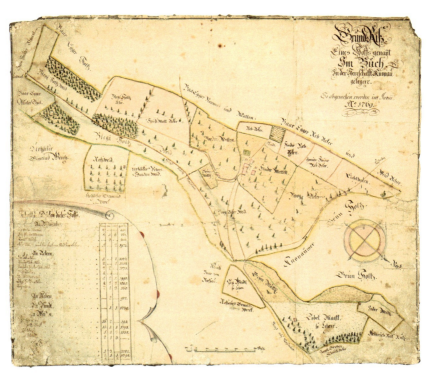

Grundriss des Buchhofs der Familie Frick in Knonau von 1769. Der Einzelbetrieb stand am Übergang von der Dreizelgenbewirtschaftung zur Feldgraswirtschaft von etwa 36 Hektaren.

Weit verbreitet ist die Meinung, einzig die Industrialisierung dank Dampf- und Textilmaschinen sei die treibende Kraft der Wirtschaftsentwicklung im 18. und 19. Jahrhundert gewesen. Dabei geht oft vergessen, dass auch die Landwirtschaft ihren eigenständigen Beitrag zur wirtschaftlichen Dynamik und zu einer markanten Bevölkerungszunahme geliefert hat. Am Übergang von der Heim- zur Fabrikindustrie ermöglichten die Bauern gerade im Kanton Zürich dank erheblicher Produktionssteigerung durch effektivere Anbaumethoden, dass eine wachsende Bevölkerung überleben konnte.[1] Die bisher von den Gemeindegliedern gemeinsam genutzten Allmenden wurden allmählich privatisiert und damit besser genutzt.[2] Der Anbau der Kartoffel erfuhr nach den Hungerjahren 1770/71 eine intensive Förderung, erklärte sie doch die Stadtzürcher Obrigkeit zum bestens geeigneten Nahrungsmittel für die zu zwei Dritteln in Bedürftigkeit lebende ländliche Bevölkerung.[3] Der Agrarsektor bildete im 19. Jahrhundert den mit Abstand wichtigsten Zweig der schweizerischen Volkswirtschaft. Drei Viertel der damaligen Einwohner dürften ihre Existenz ganz oder zumindest teilweise der Landwirtschaft verdankt haben.[4]

Dennoch waren Hunger, Armengenössigkeit und Auswanderung vor allem in den ärmeren nördlichen Kantonsteilen noch lange verbreitet.[5] Der oberste Zürcher Geistliche, Antistes Johann Rudolf Ulrich, sprach 1770 geradezu von einer «Auswanderungs-Seuche».[6] Nichtsdestotrotz geschahen damals epochale politische und wirtschaftliche Veränderungen, die von den Zeitgenossen durchaus als solche wahrgenommen wurden. Auch in der Landwirtschaft als weitaus bedeutendste ökonomische Branche des Kantons Zürich lösten sich über Jahrhunderte überlieferte Strukturen innerhalb weniger Jahrzehnte auf. Die landwirtschaftliche Produktion wurde Schritt für Schritt Teil einer auf Wachstum und Ertragssteigerung ausgerichteten marktwirtschaftlich-liberalen Staatsordnung. Diese Entwicklung führte allmählich von einer Unterproduktion zu einer Überproduktion an Nahrungsmitteln.[7]

Die Vertreter des aristokratischen Zunftregimes zeigten im 18. Jahrhundert zunehmend Interesse für den Agrarsektor. Im Rahmen des Zeitgeists, der sich vom Barock-Schwülstigen und Gekünstelten verabschiedete und sich als «Aufklärung» dem Einfachen, Natürlichen und Wirklichen zuwandte, bereitete der damalige Zustand der Landwirtschaft Anlass zur Sorge. Das Bevölkerungswachstum, eine gewisse Landflucht und die Ausbreitung der Heimindustrie erzeugten ein Ungleichgewicht zwischen der Produktion und der Nachfrage nach Nahrungsmitteln.[8] Noch war die Kartoffel bei der Bevölkerung recht unpopulär, und die Bauern pflanzten sie oft lediglich zur Fütterung der Tiere an. Der arbeitsintensive Getreidebau wurde zunehmend zugunsten der Viehhaltung aufgegeben, wozu auch die Erbteilung in immer kleinere Gütlein beitrug. Jedenfalls nahm mit dem Bevölkerungswachstum die Abhängigkeit von Getreideeinfuhren drastisch zu. Der arme Teil des Zürcher Volkes war auf Missernten, Teuerungen und letztlich auf Hungersnöte ausserordentlich anfällig.[9]

Im Rahmen der Ökonomischen Kommission innerhalb der 1746 gegründeten Naturforschenden Gesellschaft beurteilte der Zürcher Stadtarzt Hans Caspar Hirzel den Acker als wesentlichste Quelle des Wohlstandes. In sogenannten «Bauerngesprächen», die neben Hirzel hauptsächlich der spätere Bürgermeister Johann Conrad Heidegger förderte, unterhielten sich Landwirte mit aufgeklärten Vertretern der Obrigkeit über Fragen der Ertragssteigerung in Land- und Forstwirtschaft, die Düngung des Bodens oder den Anbau von Kartoffeln und Futterpflanzen. Die Absicht der Zürcher Aufklärer ging vor allem dahin, durch Steigerung des Getreideanbaus die Selbstversorgung zu sichern. Zwölf Jahre später entstand in Bern die heute noch blühende Ökonomische Gesellschaft, ebenfalls eine Gründung des landwirtschaftsbegeisterten Patriziats.[10]

1761 erschien erstmals Hirzels europaweit gelesenes Buch «Die Wirthschaft eines Philosophischen Bauers», worin er den Musterbauern Jakob Gujer aus Wermatswil bei Uster (genannt Kleinjogg) als Ideal eines erfolgreichen Landmanns beschrieb. Damit wurde Gujer mit einem Schlag zum bekanntesten zürcherischen Landwirt und zu einer vielbesuchten Berühmtheit, die Goethe als «eins der herrlichsten Geschöpfe, wie sie diese Erde hervorbringt» bezeichnet hat.[11] Hirzels Buch begann mit dem bemerkenswerten Satz: «Die Landwirtschaft ist unstreitig der Aufmerksamkeit der Weisesten und Besten würdig, indem sich auf eine wohleingerichtete Haushaltung des Landes die Glückseligkeit des Staates gründet.»[12] Das Werk sprach die Naturbegeisterung der Zeit voll an, überzeugte aber auch mit dem Urteil, dass der Bauer in seinen beruflichen und menschlichen Qualitäten dem durch die äusseren Umstände bevorzugten Stadtbürger in nichts nachzustehen brauche. Ohne grössere Schulbildung entsprach Kleinjogg Gujer durch Klugheit, Erfindungsgabe und Arbeitsamkeit

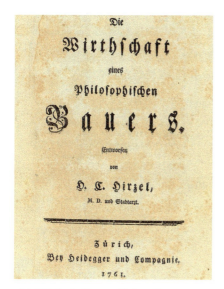 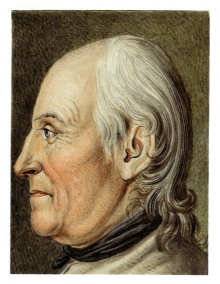

«Die Wirthschaft eines Philosophischen Bauers», Titelseite der Schrift über Kleinjogg Gujer von Stadtarzt Hans Caspar Hirzel, Zürich, 1761.

Jakob Gujer (1718–1785), genannt Kleinjogg, Bauer in Wermatswil bei Uster und auf dem Musterbetrieb Katzenrüti bei Rümlang, postumes Porträt von 1799.

dem Ideal eines erfolgreichen Landwirts.[13] Er bemühte sich unentwegt, seine Güter intensiver zu nutzen und die Erträge zu steigern. Dabei experimentierte Kleinjogg mit verschiedenen Anbaumethoden im Rahmen eines damals recht engen Spielraums.

Die aufs Mittelalter zurückgehende Dreizelgenwirtschaft schrieb genau geregelte, nebeneinander bewirtschaftete Zelgen von Sommergetreide (Weizen), Winterkulturen (Roggen, Bohnen, Erbsen, Hafer) sowie die Brache beziehungsweise Viehbeweidung vor.[14] Die Bewirtschaftung wurde überdies behindert durch eine starke Zersplitterung der Grundstücke infolge Erbteilung und das weitgehende Fehlen eines Flurwegnetzes. Gefragt war jetzt eine bessere Düngung der Böden durch die Futtergrasarten Klee oder Esparsette sowie Mist und Jauche. Damit war die Brache nicht mehr als Weide nutzbar, und Kleinjogg ging zur ganzjährigen Stallhaltung des Viehs über. Jeden Müssiggang empfand er als Laster; streng patriarchalisch wachte er über das tugendhafte Verhalten seiner Familie. Nach heutigem Empfinden würde man Gujer möglicherweise als Arbeitssüchtigen oder Workaholic bezeichnen.[15]

Eher befremdlich mutet sein Grundsatz an, die Kinder auf dem Boden essen zu lassen, solange sie sich noch nicht als nützliche Feldarbeiter bewährten. Dazu meinte Kleinjoggs Biograf Hirzel: «Er giebt ihnen damit zu verstehen, daß ein Mensch, solange er nicht arbeitet und der Gesellschaft keinen Nutzen schaffet, noch als ein Thier anzusehen seye, welches wol auf die Ernährung, aber nicht auf die Ehre eines Hausgenossen ein Recht hat.»[16] Gujers Denken war ganz auf Gewinnmaximierung und Rentabilität ausgerichtet, doch akzeptierte er dennoch die Unterscheidung zwischen Obrigkeit und bäuerlichen Untertanen als gottgegebenes Faktum. Der Musterbauer blieb überhaupt ein Kind seiner Zeit, begab er sich doch nur bei zunehmendem Mond in den Wald, um die untersten Astkränze der Tannen abzuschneiden.[17] Dass er als Wirt der einzigen Wermatswiler Gaststube seinen durstigen Kunden nur gerade so viel Wein ausschenkte, wie ihm «zur Erfrischung des Leibes und Erholung der Kräfte» notwendig schien, machte ihn bei seinen Dorfgenossen nicht eben beliebt.[18]

«Christenthum und Arbeitslust, pflanzt Euch früh in Eure Brust», lautete eine Lehre von Stadtarzt Hans Caspar Hirzel (1725–1803), Verfasser des berühmten Buchs über den Bauern Kleinjogg.

1769 übernahm Jakob Gujer den recht verwahrlosten Hof des städtischen Kornamts in der Katzenrüti bei Rümlang und formte diesen innert Kürze zu einem eigentlichen Vorzeigebetrieb.[19] Auch hier achtete er auf optimale Düngung und den Anbau von Kartoffeln. Kleinjogg brachte es hauptsächlich in gelehrten Kreisen, weniger bei seinen Berufskollegen, zu einiger Berühmtheit. Der Stadtarzt Hirzel begeisterte sich am aufgeweckten Verstand und den vernünftigen ökonomischen Ansichten dieses Zürcher Bauern. Ebenso sehr würdigte er im «Philosophischen Bauern» (im modischen Französisch als «Le Socrate rustique» bezeichnet) das «sittliche Verdienst eines schweizerischen Landmanns». Ganz besonders gefiel Kleinjogg der Obrigkeit wegen seines streng reformierten Arbeitsethos und der Ansicht, «es seye nur der

Saumseligkeit und Ungeschicklichkeit der Bauren zuzuschreiben, daß man in unserm Land nicht einen Überfluss an Getreyde einsammeln könne».[20] Die breiten Bauernkreise haben in der Tat seine Methoden und Vorschläge nicht ohne weiteres übernommen, sondern lange beharrlich am Überlieferten festgehalten.[21]

Der von Jakob (Kleinjogg) Gujer mustergültig bewirtschaftete Katzenrütihof bei Rümlang, um 1800.

Wenig wohlgesinnt im Vergleich zur Getreideproduktion zeigte sich das Zürcher Zunftregime gegenüber dem Anbau von Wein und Obst. Dennoch betrieben viele Bauern schon Ende des 18. Jahrhunderts am Zürichsee, im Limmattal und im Weinland den Rebbau als hauptsächliche Einnahmequelle. Als Goethe 1797 fast einen Monat in Stäfa weilte, beeindruckten ihn die «Weinberge den Hügel hinauf» und die «ununterbrochenen Wiesen, dicht mit Fruchtbäumen besetzt, bis an den See hinunter». Und weiter: «Was man sonst vom Ökonomen wünschen hört, das sieht man hier vor Augen, den höchsten Grad von Kultur mit einer gewissen mässigen Wohlhabenheit. Man kann wohl sagen: Es ist keine Hütte hier am Ort, alles Häuser und meist grosse Gebäude, die aber anzeigen, dass ein Landwirt darinnen wohnt.»[22]

Bis in die zweite Hälfte des 19. Jahrhunderts bauten die Zürcher Bauern die Rebflächen massiv aus, weil das kontinuierlich wachsende Einkommen der Bevölkerung die Nachfrage nach Wein ständig steigerte. Allerdings setzte man bei diesem konjunkturell wie wettermässig risikoreichen Erwerbszweig Quantität vor Qualität, da die Gewinnchancen bei Massenproduktion am besten schienen.

Ähnlich verhielt es sich mit dem hochstämmig betriebenen Obstbau, der in den dazu geeigneten Gebieten ebenfalls ständig zunahm. Die Verarbeitung von Birnen und Äpfeln zu saurem Most oder zu Schnaps führte indessen zum Unwillen von Behörden, Kirche und Ärzten zu einem weit verbreiteten Alkoholismus bei Bauern und Arbeitern. Dank verbesserter Verkehrsmittel konnte aber allmählich auch Tafelobst abgesetzt werden.

Zum Ärger der städtischen Obrigkeit, die den hauptsächlichen Auftrag der Landwirtschaft in der Getreideversorgung sah, verbreitete sich im ausgehenden 18. Jahrhundert die Milch- und Viehwirtschaft rasant. Das damals modische Senntumswesen zur profitablen Butter- und Käseerzeugung ergriff auch die zürcherischen Voralpengebiete. Man sömmerte das Vieh und verkaufte es im Herbst, um die teure Winterfütterung zu umgehen. Ob Hofkäserei oder frühe Käsereigenossenschaften: Es handelte sich bei den beteiligten Milchbauern um risiko- und innovationsfreudige Unternehmer, die dank gutem Absatz bei begüterten Konsumenten ihren Gewinn erhöhten.[23]

Solche Reformen für ein effizienteres agrarisches Kosten-Nutzen-Denken stiessen allerdings bei der Landbevölkerung, die grossenteils im Hergebrachten verharrte, und auch bei der argwöhnisch auf ihre wirtschaftlichen Vorrechte pochenden Zunftaristokratie auf Misstrauen. Erst die politische Umwälzung der Revolution von 1798 brachte die Handels- und Gewerbefreiheit und damit auch für die Landwirtschaft eine Produktion, die sich zunehmend an marktwirtschaftlichen Kriterien von Gewinn und Leistung orientierte. Unter den Schlagworten «Freiheit», «Gleichheit», «Brüderlichkeit», kam es zur Verteilung der bislang kollektiv genutzten Allmenden und Wälder, wobei vor allem die Kleinbauern profitierten. Die Privatisierung wurde hauptsächlich in jenen Kantonsteilen vorangetrieben, wo die Heimtextilindustrie blühte, etwa im Knonauer Amt, am Zürichsee und im Oberland. Im Zürcher Unterland und im Weinland vermochten die Grossbauern solche Teilungstendenzen länger zu verhindern.

Befreiung von Grundzinsen und Zehnten

Zwischen 1803 und 1830 wurde der Kanton Zürich wieder durch eine städtische Mehrheit und damit konservativer regiert, doch liess sich die Aufteilung der Allmenden in den Gemeinden nicht mehr aufhalten. Früher karge Weiden

Bis 1831 blieb der Kornmarkt in Zürich streng reglementiert. Erst 1835 gab die liberale Kantonsregierung den Getreidehandel ganz frei.

wurden zu gut genutztem Wies- und Ackerland, die Sommerstallfütterung setzte sich durch. Damit veränderte sich die Viehzucht, die bislang vornehmlich der Gewinnung von Zugtieren für den Ackerbau gedient hatte. Nun konnten die Bauernfamilien Milch weit über den Eigengebrauch hinaus produzieren. In Dörfern, Tälern und Voralpen vereinigten sich die Milchbauern in Genossenschaften. Sie brachten je nach ihren Möglichkeiten das Kapital ein, leisteten Fronarbeit beim Bau der Gemeinschaftskäsereien und bestellten einen erfahrenen Senn zur anspruchsvollen Milchverarbeitung und oft auch zur weiteren Vermarktung der Käsereiprodukte.

Dennoch blieb die Bevölkerung anfällig auf Hungerkatastrophen. Die aussergewöhnlich nassen und kalten Jahre 1816/17 als Folge eines Vulkanausbruchs in Indonesien mit anschliessend eingeschränkter Sonnenstrahlung führten zu verheerenden Missernten und einer Teuerung der Lebensmittel. Im Frühjahr 1817 kostete ein Sack Korn im Kanton Zürich mehr als das Dreifache des Vor-

Familie in der Hungersnot von 1816/17: Der Mann bringt etwas Brot und Holz heim, während ihm Frau und Kinder entgegeneilen und die Grossmutter still die Hände faltet.

jahres. Zudem wurde nach dem Wegfall der napoleonischen Kontinentalsperre das Land mit maschinell hergestellten, billigen Textilien überschwemmt, so dass allein im Zürcher Oberland 20 000 Heimarbeiter ihren Verdienst verloren. Auch im Kanton Zürich verhungerten Tausende, da der Staat kaum Vorkehrungen traf und die oft demütigende gemeinnützige oder kirchliche Speiseabgabe nirgendwo hinreichte.[24]

Um 1850 setzte sich die Einsicht vollends durch, dass mit Viehwirtschaft deutlich bessere Preise zu erzielen waren als mit dem Getreideanbau. Die Anzahl Kühe und die Milchmengen stiegen markant; gegen 300 Käsereien – viele davon im Ganzjahresbetrieb – verbreiteten sich in den 1880er Jahren im Kantonsgebiet.[25] Diese Entwicklung füllte zwar den Beutel der Bauern mit Geld, entzog aber den Bäuerinnen die Tätigkeit der Milchverarbeitung. Wie Pfarrer Alfred Farner in der Geschichte seiner Kirchgemeinde schrieb, scheiterte eine Käsereigründung in Unterstammheim 1835, «weil die Frauen heftig dagegen ankämpften».[26] Als dann 1870 in Unterstammheim doch noch eine Käserei gegründet wurde, berichtete der *Zürcher Bauer* etwas ironisch über die dort aufgeworfene Frage, «ob man denn im Stammertal nicht auch so ein Goldgrübli aufthun könnte, wie man die Käsereien an andern Orten nennt».[27] Aus Jeremias Gotthelfs Werk «Die Käserei in der Vehfreude» kennen wir den hartnäckigen, nicht immer unberechtigten weiblichen Widerstand gegen die vielfach überbordenden Käsereiprojekte der Männer ebenfalls.[28]

Ein grosses Problem blieb indessen der Zugang zu den Grundstücken. Erst die neue liberale Kantonsverfassung von 1831 gestattete den Bau von offenen Feldwegen, was die eigentliche Bewirtschaftungsfreiheit des Bodens ermöglichte. Im südlichen und östlichen Kantonsteil wurde die Milch- und Viehwirtschaft vorangetrieben, während im Norden und Westen die alten Strukturen mit unwirtschaftlichen Hofteilungen länger erhalten blieben und ernste Probleme verursachten. Erst nach 1900 kam es dort zu Güterzusammenlegungen und Siedlungsbauten ausserhalb der Dörfer.

Mitte des 19. Jahrhunderts bildete die Kartoffel das wichtigste Nahrungsmittel, das die Existenz von immer mehr klein- und kleinstbäuerlichen Betrieben ermöglichte. Oft handelte es sich um einen Nebenerwerb, da sich solche Bauerngütchen mit einigen Ziegen nicht ohne Textilheimarbeit, eine zusätzliche handwerkliche Tätigkeit oder einen Haupterwerb in einem mechanischen Spinnereibetrieb, einer Seidenweberei oder einer Maschinenfabrik unterhalten liessen. Mittlere und grössere Bauern vermochten den Rindviehbestand kontinuierlich zu mehren und dadurch einen intensiver bedüngten Ackerbau zu betreiben. Voraussetzung bildete eine bessere Kapitalbildung dank allmählich steigender Agrarpreise, der Loslösung von den überlieferten Zehntenpflichten sowie der Freigabe der Bewirtschaftung. Die Produktion von Getreide, Heu,

Kartoffeln, Milch, Fleisch und Wein wurde beachtlich gesteigert. Dennoch verursachten klimatisch bedingte Missernten mit nachfolgender Teuerung 1846/47 noch einmal eine schwere Hungersnot mit vielen Todesopfern. Der rapide Ausbau des Schienenverkehrsnetzes, vor allem zwischen 1847 und 1859, trug neben der höheren Leistungsfähigkeit der Landwirtschaft dazu bei, dass später Hungerkrisen von solcher Schärfe nicht mehr zu beklagen waren. Fortan wurde es möglich, die stark rückläufige, wenig leistungsfähige Getreideproduktion durch kostengünstige Importe aus dem europäischen Ausland zu ersetzen.

Länger als die Auflösung der Allmenden, die Einführung von Viehzucht und Stallfütterung oder die verbesserte Düngung dauerte die Ablösung von den mittelalterlichen Grundzinsen und Zehnten. Diese galten im Ancien Régime als ewige, also prinzipiell unablösbare Belastungen des landwirtschaftlichen Bodens. Während der Grundzins jährlich meist in Geld bezahlt wurde, erhob die Zehntenherrschaft ihren Anteil an den geernteten Produkten wie Getreide, Wein und Heu. Grösster Bezüger der Zehnterträge war die Staatskasse, die damit zu einem wesentlichen Teil ihre öffentlichen Aufgaben bestritt. Die Revolution von 1798 brachte die von den Bauern ersehnte Ablösung von den Feudallasten zu relativ günstigen Bedingungen. Allerdings verwiesen die städtischen Nutzniesser auf überlieferte Eigentumsrechte und erschwerten die Befreiung von den Grundzinsen und Zehnten bis 1830 mit möglichst hohen Entschädigungssummen.

Doch die Bauern und die Gemeinden unternahmen in jenen Jahrzehnten ganz ausserordentliche Anstrengungen, um die unliebsamen Feudallasten loszuwerden. Dies war möglich, weil eine damals erfreuliche Agrarkonjunktur mit guten Ernten zu vorteilhaften Preisen zum notwendigen Geld verhalf. Begüterte Bauern konnten sich den Freikauf rascher leisten, während er sich bei den Kleinbauern länger hinzog. Die Zehntenabgabe bildete in der Tat ein Hindernis für den Fortschritt des Landbaus, der auf Innovation und damit auf Investitionen angewiesen war.[29]

Bauern in der freisinnigen Grossfamilie

Der Ustertag von 1830

An einer Versammlung in Uster vom 22. November 1830 forderte das Landvolk eine neue Verfassung und eine bessere Parlamentsvertretung, den freien Getreidemarkt sowie die Ablösung von verschiedenen Steuern, Grundzinsen und Abgaben.

Nicht zuletzt in der Hoffnung, die lästige Zehntenfrage und obendrein sämtliche Verkaufs- und Preisbeschränkungen im Agrarhandel loszuwerden, schlossen sich die Zürcher Bauern der liberal-radikalen Volksbewegung an, die am 22. November 1830 im Ustertag gipfelte und die bisherige konservativ-aristokratische

Regierung verdrängte.[1] Die Landschaft forderte die «vollkommene Freiheit und Gleichheit» und erreichte, dass ihr künftig zwei Drittel der Sitze im Grossen Rat zufielen, während der Stadt Zürich noch ein Drittel verblieb. Weiter umfasste der Forderungskatalog eine neue Verfassung, die Gewaltenteilung, Pressefreiheit, öffentliche Parlamentsversammlungen und das Petitionsrecht. Begehren der Bauern betrafen speziell die Aufhebung des Zuchtstiergesetzes, eine Revision des Loskaufgesetzes, die Aufhebung des Jagdbannes, ein Gesetz für Strassen und Fusswege sowie die Milderung der Forstordnung, speziell der Willkür der Forstbeamten. Zahlreich waren die Eingaben und Bittschriften, welche die Befreiung von der lästigen Salzsteuer, von Zehnten und Grundzinsen forderten, die als Hindernis für den ländlichen Wohlstand beurteilt wurden.[2]

Die neue Kantonsverfassung von 1831 gewährleistete die Möglichkeit, «Zehnten und Grundzinsen auf gesetzlichem Wege loszukaufen, oder auch dieselben nach gesetzlichen, auf billige Weise festzusetzenden Vorschriften durch Uebereinkunft mit den Berechtigten in eine jährliche Geldleistung umzuwandeln». Weiter stand in der neuen Verfassung: «Der Boden soll mit keiner nicht loskäuflichen Last belegt sein, noch belegt werden.» Damit wurden die Bauern in bislang ungeahnter Weise freie, unabhängige Eigentümer auf eigenem Grund und Boden. Gleichzeitig setzte man die unbeliebte Salzsteuer herab und schaffte das frühere Zuchtstiergesetz ab.[3] Der liberale Bürgermeister (Regierungspräsident) Conrad Melchior Hirzel sagte dazu: «Die Bauernsame will frei, ledig und eigen haben, und der Vater, der es dazu bringen kann, seinen Söhnen ein solches Eigentum zu hinterlassen, freut sich darüber noch auf dem Totenbette.»[4]

1832 erliess der liberal-radikale Regierungsrat ein neues Loskaufgesetz, das die Ablösungssummen senkte und die Umwandlung des Zehnten in eine zu verzinsende Hypothekarschuld vorsah.[5] Damit waren die lästigen Naturalabgaben für die Bauern als «zahlreichste Bevölkerungsklasse» des Kantons endgültig Geschichte.[6] Der bäuerliche Grund und Boden wurde nach liberalen Grundsätzen zum privatrechtlich geregelten Eigentum in uneingeschränkter Verfügungsmacht des Eigentümers.

In den Jahren zwischen 1800 und 1900 ging die weitgehende bäuerliche Eigenversorgung stark zurück. Wurden in den Bauernfamilien ursprünglich unter selbstverständlichem Einbezug der Frauen und Kinder Getreide- und

Rebbau betrieben, dazu das Vieh, die Wiesen, die Obstbäume und das Holzen besorgt, so kamen die Landwirte dank gesteigerter Marktproduktion allmählich zu mehr Geld. Sie kauften sich Baumwolle, statt selber Flachs zu verarbeiten, ebenso Mehl, Fleisch, Kaffee, Salz, Seife oder Gerätschaften, wie sie mittlerweile die landwirtschaftlichen Genossenschaften anboten.[7]

Die einstmals wichtigen Zünfte, die das Gewerbe unter Bevorzugung der Stadtbürger reglementiert hatten, überlebten nur noch als privatrechtlich-vereinsmässig organisierte Körperschaften. Seit Mitte des 19. Jahrhunderts bildeten sich neue Formen der Interessenorganisation in Handel und Gewerbe, wobei es die Landwirte waren, die vorangingen. Die Bauern betrachteten sich zunehmend als Unternehmer mit ausgeprägt marktwirtschaftlicher Gesinnung, die sich an den Gesetzen von Angebot und Nachfrage orientierten. So gesehen, bestanden in den Anfängen des schweizerischen Bundesstaates mit seiner freiheitlichen Verfassung von 1848 keinerlei Differenzen zu den Gewerbetreibenden oder den Fabrikanten. Die fast ausschliesslich reformierte Zürcher Bauernschaft zog mit Überzeugung in den Sonderbundskrieg, stimmte anschliessend für die neue Bundesverfassung und empfand sich als organischen Teil der freisinnigen Grossfamilie.[8]

Verein für Landwirtschaft und Gartenbau

Mitten in der vorübergehenden religiös-konservativen Ära der Jahre zwischen 1839 und 1845 bildete die Gründung des «Vereins für Landwirthschaft und Gartenbau im Kanton Zürich» von 1842/43 ein betont liberales Gegenprojekt. Dieser Verein sollte 1904 den neuen Namen «Zürcherischer Landwirtschaftlicher Kantonalverein» tragen; seit dem 150-jährigen Jubiläum 1992 nennt er sich nunmehr «Zürcher Bauernverband». Am 23. Dezember 1842 folgten 40 bis 50 Akademiker, Landwirte und Gartenfreunde einem Aufruf von Botanikprofessor Oswald Heer in die «Krone» in Zürich. In einer zweiten Sitzung vom 28. Februar 1843 genehmigte der Verein, der sich noch vor entsprechenden Zusammenschlüssen von Gewerbe, Industrie oder Arbeiterschaft konstituierte, seine Statuten.[9] Es ging dabei hauptsächlich um die wissenschaftlich-technische Weiterbildung der innovativen, marktwirtschaftlich ausgerichteten Bauern und auch um die politische Einflussnahme im Sinne der liberal-radikalen Partei auf die Landbevölkerung.¹⁰

Treibende Kraft dieses Vereins war der Glarner Theologe, Botaniker und Insektenforscher Oswald Heer, der zu den engsten Freunden des Staatsmanns und Wirtschaftspioniers Alfred Escher zählte und von diesem ausserordentlich verehrt wurde.¹¹ Über die Gründe seiner Bestrebungen berichtete Heer einem Freund in Lausanne, nachdem er das Präsidium niedergelegt hatte: «Ich habe vor 18 Jahren den landwirtschaftlichen Verein des Kantons Zürich gegründet in der Überzeugung, dass ein solcher Verein dem Lande von grossem Nutzen sein werde, und fühlte mich getrieben, demselben meine Zeit zu widmen, weil gerade in Republiken die Wissenschaft ins Leben hinabsteigen und sich ihm nützlich erweisen soll.»¹²

Kartoffeln, Mais, Weizen, Roggen, Hafer, Flachs, Hanf sowie gelbe und weisse Rüben in einem Zürcher Bilderwerk für jüngere Kinder, 1876.

Heer war Professor für Pflanzenkunde an der Universität, Direktor des Botanischen Gartens und später auch Professor an der ETH. Sein 1864 erschienenes Werk «Die Urwelt der Schweiz» machte den Autor – der sogar mit Charles Darwin korrespondierte – weltbekannt und förderte die nationale Begeisterung für die urzeitliche Heimat.¹³ Die Bauern wie die Studenten verehrten den heiteren, mitreissenden und überaus naturverbundenen Professor, der den Verein für Landwirtschaft und Gartenbau engagiert und schwungvoll präsidierte. Auch Eduard Regel, 1842 bis 1855 Obergärtner des Botanischen Gartens, wirkte bei den Zusammenkünften und in den Veröffentlichungen mit und empfahl den Bauern nachdrücklich, Obst anzubauen, da dieses dank den Eisenbahnen weitherum vermarktet werden könne.

Die alljährlichen Versammlungen bildeten eigentliche Landwirtschaftsfeste, an denen Freiheit, Fortschritt und Vaterland ausgiebig gefeiert wurden.¹⁴ Man veranstaltete eindrucksvolle Umzüge, Landwirtschaftsausstellungen, Vieh-

Oswald Heer (1809–1883), Professor für Botanik und Insektenkunde an der Universität und an der ETH Zürich, 1843 bis 1861 Präsident des Zürcher Vereins für Landwirtschaft und Gartenbau und 1853 bis 1863 Präsident der Landwirtschaftlichen Schule Strickhof. Aquarell, um 1835.

schauen, Prämierungen und Wettkämpfe aller Art. Ab 1847 richtete der Kanton in bescheidenem Rahmen auch Staatsbeiträge für Preise und Auszeichnungen aus. Selbstkritisch stellte die liberale Regierung fest, dass man grosse Summen in die Strassen und Schulen gesteckt habe, um die Industrie als «Schosskind der Neuzeit» zu fördern. Für die Förderung der Landwirtschaft indessen sei wenig bis nichts getan worden in der falschen Vorstellung, «dass der Betrieb der Landwirtschaft eine untergeordnete, niedrige Art menschlicher Tätigkeit sei und nicht würdig eines geistig befähigten Mannes».[15]

Die ersten beiden Jahren nach der Vereinsgründung erschien das Organ *Schweizerische Zeitschrift für Land- und Gartenbau, Organ des Vereines für Land- und Gartenbau im Kanton Zürich*, von 1845 bis 1859 die *Schweizerische Zeitschrift für Landwirthschaft, Organ des Vereins für Landwirthschaft und Gartenbau im Kanton Zürich*. Im Zentrum der Bestrebungen standen die Verbreitung von fachwissenschaftlichen Erkenntnissen und die betriebswirtschaftliche Weiterbildung. Der Bauernstand sollte sich die Grundsätze von gewinnorientierten Unternehmern aneignen und die Herausforderungen einer neuen, freiheitlichen Zeit entschlossen annehmen. Zahlreiche Ausstellungen, Zusammenkünfte, Publikationen und Preisausschreiben stachelten den Wettbewerb und die Konkurrenz unter den Bauern an. Der einnehmende Glarner Oswald Heer, der die landwirtschaftlichen Anliegen zwischen 1850 und 1868 auch im Kantonsparlament vertrat, bereicherte die Treffen mit kernigen Vaterlandsparolen, Gedichten, selbstgetexteten Liedstrophen und Trinksprüchen. Niemand verstand es so gut wie der gelernte Pfarrer, der bäuerlichen Arbeit eine höhere patriotische Weihe zu verleihen.[16] Welch grosse Popularität Heer bei den Zürcher Bauern genoss, zeigte der Vers, mit dem er einst an einem Landwirtschaftsfest in Bülach begrüsst wurde: «Professor Heer, Eu gämmer d Hand / Ihr ehret no de Buurestand.»[17]

Angeregt vom Verein, wurde 1845 eine kantonale landwirtschaftliche Kommission ins Leben gerufen, welcher neben Oswald Heer auch der junge Alfred

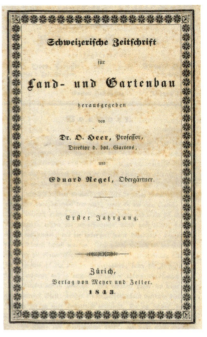

Erste Nummer der Schweizerischen Zeitschrift für Land- und Gartenbau *von 1843, herausgegeben vom Verein für Landwirtschaft und Gartenbau im Kanton Zürich.*

Anerkennungsurkunde des Vereins für Landwirtschaft und Gartenbau, 1851 dem Rebgut Schmid-Schindler zum Goldenberg in Feldbach für sehr guten Wein verliehen.

Escher angehörte. Ihr Bericht von 1846 verlangte vor allem die Förderung der landwirtschaftlichen Ausbildung sowie der Viehzucht und des Landbaus durch geeignete Mittel.[18] Konkrete Folge waren drei Gesetzesvorschläge, nämlich für die Gründung einer landwirtschaftlichen Schule, für die Ausrichtung von anspornenden Prämien und Belohnungen und schliesslich für die Anschaffung von Zuchthengsten.

Die liberale Aufbruchstimmung im jungen Bundesstaat erfasste allerdings die hablichen Bauern weit mehr als die Kleinbauern, die kaum die Möglichkeit hatten, die neuen kostspieligen Techniken zur Ertragssteigerung anzuwenden. Mitte des 19. Jahrhunderts zählte der Zürcher Verein für Landwirtschaft und Gartenbau zwischen 600 und 700 Mitglieder, wobei 100 auf die Städte Zürich und Winterthur entfielen. Viele von ihnen gehörten zum akademischen Bürgertum und waren nicht aktive Landwirte; die ländlichen Mitglieder zählten in ihren Dörfern zur Oberschicht und amteten als liberale Politiker in Gemeinde- und Bezirksbehörden und auch im Kantonsparlament.

Obwohl der Kantonalverein in seinen besten Zeiten auf gegen 2600 Mitglieder anwuchs, blieb er in den Augen der Kleinbauern ein elitärer Herrenklub der «Mehrbesseren». Nicht einmal zehn Prozent der bäuerlichen Betriebsinhaber traten ihm bis 1890 bei.[19] Seit Anfang 1870 gab er die Vereinszeitschrift regelmässig unter dem prägnanteren Titel *Der Zürcher Bauer* heraus. Auch der 1863 gegründete Schweizerische Landwirtschaftliche Verein, in dem sich zahlreiche kantonale Organisationen der Deutschschweiz zusammenschlossen, vermochte nur eine beschränkte Ausstrahlung zu gewinnen. Als Publikationsorgan diente ihm die *Landwirtschaftliche Zeitschrift (Die Grüne)*.[20]

Der Zürcher Bauer *wurde nach einigen Probenummern von 1869 erstmals am 7. Januar 1870 als Organ des Vereins für Landwirtschaft und Gartenbau im Kanton Zürich herausgegeben.*

Landwirtschaftliche Schule Strickhof

Zu den Hauptanliegen des Zürcher Vereins für Landwirtschaft und Gartenbau gehörte die Ausbildung. Das Ausland und andere Kantone waren in dieser Beziehung den Zürchern voraus. In Brandenburg existierte seit 1806 die Landwirtschaftliche Akademie Möglin, die sich sogar Königliche Preussische Akademie des Landbaus nennen durfte.[21] In Schloss und Park Hohenheim bei Stuttgart hatte König Wilhelm I. von Württemberg 1818 eine landwirtschaftliche Unterrichts-, Versuchs- und Musteranstalt gegründet.[22] Auf Schloss Hofwil betrieb der Berner Philipp Emanuel von Fellenberg seit 1807 einen landwirtschaftlichen Musterbetrieb mit landwirtschaftlicher Schule.[23] Nach diesem Beispiel wurde 1839 im Kanton Thurgau eine landwirtschaftliche Schule in Kreuzlingen gegründet, die aber dreissig Jahre später wieder einging.[24]

Der Bläsihof bei Winterberg-Lindau war von 1818 bis 1826 eine landwirtschaftliche «Armenschule». Gegründet wurde die Institution von Hans Konrad Escher, dem Erbauer des Linthkanals.

Unter dem deprimierenden Eindruck des Hungerjahres 1817 eröffnete die Zürcher Regierung ein Jahr später auf dem Bläsihof bei Winterberg, Gemeinde Lindau, eine landwirtschaftliche Anstalt oder «Armenschule» für etwa zwei Dutzend «Zöglinge». Initiant des Projekts war Hans Konrad Escher, der bekannte Projektleiter des Linthkanals. Die Anstalt wollte «einen möglichst grossen Theil der heranwachsenden Jugend der erbärmlichen Spinnerlebensart entziehen und der dem Menschen anpassendsten Berufsart, der Landwirtschaft, zuführen»; sie wurde aber bereits 1826 wieder eingestellt.[25]

In solchen Institutionen sah man auch ein Vorbild für die bessere Ausbildung der Zürcher Bauern. Der Verein für Landwirtschaft und Gartenbau reichte darum schon kurz nach seiner Gründung eine Petition an den Grossen Rat ein, dessen liberale Mehrheit 1847 ein Gesetz zur Gründung einer Landwirtschaftsschule verabschiedete. Erklärtes Ziel war es, «Jünglinge zu Landwirthen, theoretisch und praktisch, gemäss den Bedürfnissen des Kantons Zürich, auszubilden». Die Schule sollte lediglich drei Angestellte umfassen:

einen Direktor, einen Lehrer und einen Werkführer.[26] Es gab freilich auch Gegner, die eine Staatseinmischung ablehnten, die Heranbildung von «Herrenbauern» befürchteten oder nicht glaubten, dass eine einzige Schule den topografischen und klimatischen Unterschieden des Kantons gerecht werden könne.[27]

Die Befürworter indessen argumentierten, der «ehrenwerte Bauernstand» habe ebenso wie der Techniker oder der Industrielle eine gute Vorbildung nötig. Sie kämpften vehement gegen das Vorurteil, «dass die Bebauung des Landes sich nur für den Ungebildeten, den Dummen, den zu Besserem Untauglichen schicke».[28] Zu Beginn des Krisenjahrs 1847, das aus klimatischen Gründen mit Kartoffelfäule, Missernten und Hunger verbunden war, unterstützte der Kantonsrat die neue Schule und sonstige Massnahmen zugunsten der Förderung des Landbaus. Noch bis zum Erlass des kantonalen Landwirtschaftsgesetzes von 1911 beruhte die landwirtschaftliche Schule auf dem eigenständigen Gesetz vom 15. Februar 1847.

Landwirtschaftliche Feldgeräte in einem Zürcher Bilderwerk zum Anschauungsunterricht für jüngere Kinder, 1875.

Die Wahl eines geeigneten Standorts fiel schliesslich auf den Strickhof in der Gemeinde Oberstrass bei Zürich, der als Pacht zum ausgedehnten, aufs Mittelalter zurückgehenden Spitalgut gehörte. Für diesen Standort sprachen die vorhandenen landwirtschaftlichen Bauten, die Nähe zur Stadt sowie genügend gutes Acker- und Wiesland nebst Obstgärten. Nach den notwendigen Um- und Neubauten konnte die Schule Strickhof mit 24 Hektaren Land und 14 Schülern eröffnet werden. Professor Oswald Heer, Präsident des Vereins für Landwirtschaft und Gartenbau und während der ersten zehn Jahre auch Präsident der Aufsichtskommission des Strickhofs, rief ihnen am 3. Mai 1853 zu: «Möget Ihr alle Euch einst, wenn diese Schule blüht und in allgemeinem Ansehen im Lande steht, sagen können: Auch ich war einer der Schüler, welche die Anstalt mitbegründen halfen!»[29]

Man bot zweijährige Kurse an, in denen qualifizierte Lehrer den Landwirtschaftsschülern in Theorie und Praxis umfassende Kenntnisse der modernen Agrarwissenschaft wie der effizienten Betriebsführung vermittelten. Ohne dass

Die 1853 eröffnete Landwirtschaftliche Schule Strickhof in Oberstrass bei Zürich begann ihren Betrieb mit 14 Schülern. Fotografie, um 1905.

sich die vornehmlich aus Bauernsöhnen bestehende Schülerschaft ihrer bäuerlichen Umgebung entfremdete, wurden die Zöglinge zu professionellen, spezialisierten Betriebsfachleuten ausgebildet. Weil man Wert darauf legte, dass die künftigen Landwirte eine nützliche, allenfalls auch öffentliche Rolle in der bürgerlichen Gesellschaft spielen konnten, wurden auch allgemeinbildende Fächer vermittelt.

Um 1870 ging die Zahl der Zöglinge allerdings zurück; Einkommenseinbussen und Schuldenlast erlaubten es den mittleren und kleineren Bauern im Kanton nicht mehr, ihre Söhne in eine kostenpflichtige zweijährige Lehre zu schicken. Landwirtschaftliche Ganzjahresschulen gerieten in den Verdacht, hauptsächlich Ausbildungsstätten für bessere Kreise und Städter zu sein, was vom Strickhof 1867 einige Reformen erforderte.[30] Für die Bäuerinnen wurde damals trotz deren entscheidender Rolle in der Hofführung noch keinerlei Ausbildung erwogen. Als im 20. Jahrhundert dann auch staatliche Bäuerinnenkurse angeboten wurden, sahen diese aber keinen eigenständigen weiblichen Beitrag zum Betriebseinkommen mehr vor, sondern beschränkten sich auf die kompetente Führung des Haushalts und die Erziehung der Kinder.[31]

Das Konviktgebäude der Landwirtschaftlichen Schule Strickhof. Fotografie, um 1905.

Die Zahl der Strickhof-Absolventen blieb in den ersten Jahrzehnten begrenzt, da die Eltern für einen stattlichen Teil des Schulgeldes aufkommen mussten. Kleinbauern konnten sich die Institution kaum leisten, wollten auf die Arbeitskraft der Söhne nicht verzichten und blieben auch gegenüber dem fortschrittlich-unternehmerischen Geist, der im Strickhof wehte, reserviert bis ablehnend. Dennoch hatte die landwirtschaftliche Ausbildung am Strickhof bald einen guten Klang, wirkten doch Lehrer und Absolventen als eine Art Elite unter den Bauern, die – in enger Verbindung mit der 1870 gegründeten Landwirtschaftsabteilung des Polytechnikums – neueste agrarwissenschaftliche Erkenntnisse in die Zürcher Bauernschaft hineintrugen.

Das landwirtschaftliche Bildungswesen sollte sich dank entsprechenden Kantonalgesetzen in der Folge kräftig entwickeln: 1897 wurde dem Strickhof der neue Typus einer Winterschule angegliedert und 1905 eine entsprechende Filiale in Winterthur gegründet. Diese bestand bis zur Eröffnung der Land- und Hauswirtschaftlichen Schule Weinland in Wülflingen im Jahr 1927. Es folgten regionale Winterschulen in Affoltern am Albis (1912), Wetzikon (1912), Wädenswil (1913), Stäfa (1914) und Bülach (1918).[32]

Familie, Gesellschaft und Wirtschaft

Auch das gesellige Leben der bäuerlichen Bevölkerung erlebte im 19. Jahrhundert einen starken Wandel. Die sozialen Kontakte beschränkten sich zunächst auf den häuslichen und den dörflichen Kreis; nur selten führten Festlichkeiten oder Marktbesuche darüber hinaus. Im Wechsel der Jahreszeiten und der Jahre vollzogen sich die markanten Ereignisse von Geburt, Heirat und Tod, fest verankert im überlieferten Brauchtum und im reformierten Gottesglauben. Die Liebesheirat als Ideal setzte sich erst verhältnismässig spät durch. Im Vordergrund bei der bäuerlichen Eheanbahnung standen handfeste, reale Gesichtspunkte – so eine stattliche Mitgift, häusliche Qualitäten und ein guter Ruf bei der Frau, beim Mann Wohlhabenheit, Prestige in der Dorfgemeinschaft und körperliche Vorzüge. Denn bäuerliche Arbeit bedeutete noch lange härteste physische Anstrengung, speziell beim Hacken und Pflügen, wo nicht immer ein Viehgespann vorhanden war. Es ging also weniger um innere Werte als um Haus

Bei Kiltgang, «Fensterlen» oder «Lichtstubeten» schlossen Mädchen und Burschen bis ins 19. Jahrhundert nähere Bekanntschaft und gingen intime Beziehungen ein.

und Hof, Äcker und Wiesen. Die verhältnismässig engräumige Heiratspraxis des Bauernstandes spiegelt sich im geläufigen Sprichwort: «Heirate über den Mist, so weisst du, wer sie ist.»[33]

Der Eheanbahnung dienten ländliche Tanzveranstaltungen, die «Spinnstubeten» und der Kiltgang beziehungsweise das Gadensteigen und «Fensterlen», also Annäherungsformen zwischen den Geschlechtern, die gewisse Formen wahrten und darum durchaus geduldet waren. Voreheliche Schwangerschaften kamen häufig vor und galten nur dann als Schande, wenn kein Eheversprechen und keine Heirat folgten. Ein Beischlaf nach einem Eheversprechen wurde von der Zürcher Kirche als ehelich beurteilt.[34] Die streng geschlossenen Knabenschaften, die einen ordnenden Einfluss auf die jugendlichen Formen von Geselligkeit und Brauchtum ausübten, spielten in der Dorfgemeinschaft recht lange eine bestimmende Rolle.[35] Sie traten als «Nachtbuben» vor allem bei Verstössen gegen Sitten und Regeln mit lärmigen Auftritten und züchtigenden Massnahmen auf den Plan.

Elitäre Vereine wie die naturforschenden Gesellschaften, die Offiziersgesellschaften, ja selbst der Kantonalverein für Landwirtschaft und Gartenbau waren dagegen wenig populär. Erst die volkstümlicheren vaterländischen Vereinigungen der Turner, Schützen, Sänger, Schwinger und Blasmusiker vermochten spätestens seit der Gründung des Bundesstaates auch in den bäuerlich geprägten Dörfern Fuss zu fassen. Die Landwirte orientierten sich in Kleidung, Auftreten und Denken zunehmend am nichtbäuerlichen Bürgertum. Verbunden mit diesem neuartigen Vereinswesen war allerdings der weitestgehende Ausschluss der Frauen, die mitunter auch Klage wegen einer gewissen häuslichen Vereinsamung führten.[36] Raschere Verkehrswege, bessere Volksschulbildung und gesteigerter Wohlstand ermöglichten es zumindest einer gehobenen Bauernschicht, bürgerlichen Idealen nachzustreben. Die männerbestimmten Vereine legten die Grundlage, dass sich die Zürcher Bauern gegen Ende des 19. Jahrhunderts auch wirtschaftspolitisch und politisch zusammenschlossen.[37]

Tanz in einer Zürcher Bauernstube. Karikaturistisches Aquarell, um 1830.

Befreit von den früheren feudalwirtschaftlichen Beschränkungen wie Dreizelgenwirtschaft und Zehntenabgabe, erlebte die zürcherische Landwirtschaft ab 1850 eine Phase erfreulichen Wachstums. Bessere Grundlagen der Betriebsführung, die Nahrungsbedürfnisse einer wachsenden Industriebevölkerung sowie der Ausbau der Verkehrsinfrastrukturen mit entsprechender Ausweitung der Absatzmärkte sorgten für Prosperität. In jener Zeit setzte eine Schweizer Arbeiterfamilie noch fast zwei Drittel ihrer Ausgaben für Lebensmittel ein, wobei sich der Speisezettel im Wesentlichen auf Brot und Kartoffeln beschränkte.[38] Die Preise, welche die Bauern für ihre Produkte erhielten, stiegen kontinuierlich an, ebenso die Preise für Liegenschaften und landwirtschaftlichen Boden. Gleichzeitig nahm auch die Kapitalverschuldung zu, weil die Grundstückkäufe mehr Fremdkapital erforderten. Da die Bankinstitute Kredite auch für Investitionen zur Produktionssteigerung anboten, stieg die Schuldenlast. Klein- und Kleinstbetriebe waren oft besonders stark verschuldet, da sie als Nebenerwerb gesucht waren und dank industriellem oder handwerklichem Hauptverdienst über den Ertragswert verzinst werden konnten. Damit erwiesen sich solch überschuldete Kleinbetriebe jedoch als speziell krisenanfällig.[39]

Vier Obfelder Spinnerinnen in der Ämtlertracht bei ihrer Heimarbeit. Fotografie, um 1900.

Parallel zur dynamischen Wirtschaftsentwicklung verlief die Zunahme der Bevölkerung. Zählte der Kanton Zürich 1850 noch 250 000 Einwohner, waren es am Ende des Ersten Weltkriegs bereits 530 000.[40] In derselben Zeit ging der Anteil der landwirtschaftlich Erwerbstätigen von 35 auf 16 Prozent zurück.[41] Der industrielle Sektor hat also den landwirtschaftlichen im Kanton Zürich früher überholt als in den meisten übrigen Kantonen.

Zwischen 1800 und 1850 waren es weitgehend private städtische Gläubiger oder allenfalls Grossbauern, Müller und Wirte in den Dörfern, die den Bauern Geld liehen. Teilweise traten an ihre Stelle die mit gemeinnützigen Zielen gegründeten regionalen Spar- und Leihkassen. Solange sich die Investitionsmöglichkeiten noch hauptsächlich auf die Agrarwirtschaft beschränkten, fanden die Bauern in genügender Anzahl Gläubiger für Hypothekarkredite. Mit der fortschreitenden Industrialisierung und dem Eisenbahnbau erlebte der Kapitalmarkt in der zweiten Hälfte des 19. Jahrhunderts allerdings einen

Wehntaler Bäuerin in der Festtagstracht. Fotografie, um 1900.

grundsätzlichen Wandel. Gefragt war jetzt ein leistungsfähigeres Bankwesen, was etwa zur Gründung der Schweizerischen Kreditanstalt führte. Der Kapitalmarkt wurde freier, die Hypothekardarlehen beidseits kündbar, und es gab nun lukrativere Geldanlagen als die Landwirtschaft, etwa Aktien oder Obligationen von Banken und Industriefirmen. Durch diesen Rückzug von Gläubigern gerieten manche Bauern in ernste Kredit- und Zahlungsschwierigkeiten.

In den 1860er Jahren wurden die Kreditknappheit und die hohen Zinssätze im Kanton Zürich zu einem ernsten Problem für die liberale, unternehmerfreundliche Regierung. Die neu entstehende Demokratische Bewegung machte diese Kreditkrise zu einem zentralen Kampfgebiet und fand so gerade bei der sich gegenüber der Industrie benachteiligt fühlenden Bauernschaft wachsenden Anklang. Von den Grossbanken wie etwa der Schweizerischen

Kreditanstalt oder der Bank in Winterthur (später Schweizerische Bankgesellschaft beziehungsweise UBS) vernachlässigt, drängten die Gewerbler und die Bauern darauf, dass man auch ihre speziellen Bedürfnisse berücksichtige. 1870 wurde die von den Demokraten geforderte Zürcher Kantonalbank rasch zur wichtigsten Vermittlerin von landwirtschaftlichen Hypothekarkrediten; dazu kamen mehr und mehr lokal verankerte Sparkassen. Die Bauern wollten nach den 1798, 1830 und 1848 erkämpften politischen Freiheiten auch die politische Befreiung von den meist in den Städten Zürich und Winterthur ansässigen «Geldaristokraten» erreichen. Ohne breite bäuerliche Unterstützung hätte die Demokratische Bewegung 1866 nicht den vollständigen Sieg im Kanton davongetragen.

Demokratische Bewegung

Der politische Liberalismus ermöglichte dem Zürcher Bauernstand mehrere Jahrzehnte lang eine erfreuliche Entwicklung. Vor allem ab Ende der 1850er Jahre erlebte der Kanton Zürich einen gewaltigen Aufschwung. Neben Industrie und Handel blühte auch die Landwirtschaft; bis Mitte der 1870er Jahre herrschte im Agrarsektor eine ausgesprochene Hochkonjunktur.[42] Da die Zürcher Bauern den Lebensmittelmarkt des Kantons noch fast vollständig beherrschten, wuchs ihr Wohlstand mit der zunehmenden Bevölkerung. Zudem bot die hausindustriell betriebene Seidenweberei einen willkommenen Nebenverdienst. So waren es weniger wirtschaftliche Gründe, die dazu führten, dass in den 1860er Jahren eine neue «demokratische Bewegung» die liberale Mehrheit in Parlament und Regierung hinwegfegte.

Der Widerstand gegen das «System» rund um den mächtigen Politiker und Wirtschaftspionier Alfred Escher begann mit teils humoristischen, teils perfiden, jedenfalls wirkungsvollen Pamphleten des Stadtzürcher Juristen Friedrich Locher. Es herrschte ein Klima angestauter Vorbehalte gegen fast schon rücksichtslos vorwärtsdrängende Unternehmer, die auch die kantonale und eidgenössische Politik bestimmten. Zahlreiche ländliche Kleinbürger fühlten sich vom Grosskapital überfahren und nicht ernst genommen. Die Liberalen galten vielerorts nur noch als selbstbezogene Verfechter ihrer Eigeninteressen.

Eine verregnete Versammlung von Demokraten forderte am 15. Dezember 1867 in Uster mehr Mitspracherechte des Volkes und das Ende des liberalen «Systems» von Alfred Escher.

Zum Sprachrohr der Unzufriedenen machte der frühere Theologe Salomon Bleuler den Winterthurer *Landboten*.[43] Bleuler und sein begabter Mitarbeiter, der Sozialphilosoph Friedrich Albert Lange, schufen aus der losen Oppositionsbewegung ab 1866 die Demokratische Partei.[44] In der Zürcher Landschaft war die Stimmung noch schroffer als in Winterthur, und die Blätter in den Bezirken mahnten zu raschen Reformen des «Systems» um Escher, als dessen Sprachrohr sich die *Neue Zürcher Zeitung* verstand. Da die bestehenden Geldinstitute die Bauern und Gewerbetreibenden vernachlässigten, erhoben diese die Forderung nach einer Kantonalbank, die billigere Kredite gewähren sollte.[45] Die Landwirte klagten über den hohen Salzpreis, denn sie empfanden angesichts des grossen Salzbedarfs zur Viehfütterung den Ansatz von acht Rappen pro Pfund als überhöht.[46]

Ende 1867 fanden vier Volksversammlungen statt, die zusätzlich zur bisherigen Wahl des Parlaments wesentlich mehr direktdemokratische Mitbestimmung forderten. Insbesondere sollten auch die «unteren» Volksklassen – nämlich die Kleinbauern, Knechte und Arbeiter – zum Gebrauch der Demokratie erzogen werden. Die Devise der Verfassung von 1831, «Alles *für* das Volk», müsse ersetzt werden durch die Devise «Alles *durch* das Volk».[47] 26 000 Bürger verlangten mit ihrer Unterschrift weniger Regierungsgewalt, mehr Volksrechte, das Initiativrecht, die Volkswahl der Behörden, die Abschaffung des Schulgeldes, eine verstärkte Progressivsteuer, die Gründung einer Kantonalbank und die Bezahlung der Militärausrüstung durch den Staat.[48]

Die zürcherische Verfassungsreform ging 1868/69 erstaunlich rasch über die Bühne, weil die Demokraten gegenüber den (Alt-)Liberalen im Verfassungsrat stark überwogen. Am 18. April 1869 endete die Volksabstimmung mit einem deutlichen Sieg der demokratischen Sache. Immerhin lehnten neben Zürich auch die Landbezirke Affoltern am Albis, Horgen und Meilen ab. Schon der erste Satz der neuen Kantonsverfassung lautete: «Die Staatsgewalt beruht auf der Gesamtheit des Volkes. Sie wird unmittelbar durch die Aktivbürger und mittelbar durch die Behörden und Beamten ausgeübt.»[49] Zum schon bisher obligatorischen Verfassungsreferendum kam neu das obligatorische Gesetzes- und Finanzreferendum hinzu. Die neue Zürcher Verfassung sollte sich über 130 Jahre lang bewähren und wirkte als Vorbild für andere Kantone, ja sogar für den Bund.[50]

Ab 1869 folgten zehn Jahre demokratischer Vorherrschaft im Kanton Zürich, stellten doch die Demokraten alle sieben Regierungsräte, die Mehrheit im Grossen Rat – neu Kantonsrat genannt – und ebenso in den beiden Räten in Bundesbern. Ins Kantonsparlament zogen deutlich mehr Bauern als zuvor ein. Der Kantonsrat entwickelte eine rege gesetzgeberische Tätigkeit: Zwischen 1869 und 1891 wurden dem Volk 135 Gesetze vorgelegt, von denen 93 Unterstützung fanden.[51] Auf Bundesebene scheiterte eine erste Revision einer Bundesverfassung in demokratischem Geiste, doch 1874 gelang das wegweisende Reformwerk der Totalrevision im Sinne der direkten Demokratie.

Schon dachte man bei der Führung der Demokraten an eine Eisenbahnlinie vom Bodensee bis zum Genfersee unter Umfahrung Zürichs und anderer grösserer Städte. Doch das Scheitern des ehrgeizigen Nationalbahn-Projekts der Winterthurer Demokraten, das in Konkurrenz zu Alfred Eschers Nordostbahn trat, führte die Partei in eine Krise und überbürdete der Eulachstadt eine langjährige Schuldenlast. Bei den kantonalen Wahlen von 1877 fielen die Bezirke Hinwil, Pfäffikon und Dielsdorf von den Demokraten ab. Dafür zog mit

Johannes Frick der Direktor der Landwirtschaftlichen Schule Strickhof in den Regierungsrat ein. Der Parteigänger der Demokraten sollte nicht der letzte Strickhof-Direktor bleiben, dem diese Karriere gelang.

Seit 1887 erschien im Winterthurer Landboten, *dem Organ der Demokraten, wöchentlich eine Landwirtschaftsbeilage für die bäuerlichen Leser.*

Vor allem im Norden des Kantons hielten es viele Bauern mit den Demokraten, während der Süden und der Westen meistens bei den Liberalen verblieben. Gottlieb Ziegler, der Schwiegersohn Eugen Bleulers, publizierte im *Landboten* ab 1887 für die vielen bäuerlichen Leser jede Woche ein landwirtschaftliches Beiblatt.[52] In den 1880er Jahren näherten sich die beiden Parteien wieder etwas an, wurden sie doch von der aufsteigenden Sozialdemokratie herausgefordert. Da die Anliegen der Linken denjenigen der Demokraten näher waren, erlitten Letztere mehr Schaden durch die sich organisierende Arbeiterschaft als die Liberalen. Im Frühjahr 1879 wehrten sich die Bürgerlichen vereint gegen eine kantonale Initiative zur Einführung des staatlichen Getreidehandels.[53]

Ende der 1870er Jahre war jedenfalls die ganz grosse Zeit der Demokraten bereits wieder vorbei. Es schien, als hätte sich mit den demokratischen Revisionen in Bund und Kanton ihre Aufgabe erfüllt. Ein jäher Konjunktureinbruch, der Industrie, Handel, Gewerbe und Landwirtschaft belastete, schadete der Partei, die fortan keine führende Rolle mehr zu spielen vermochte. Während sich links die Grütlianer, Gewerkschaften und Sozialdemokraten abspalteten[54], griffen von rechts die wieder erstarkenden Liberalen an. Schon 1894 entstand durch eine (Wieder-)Vereinigung von Demokraten und Liberalen die Freisinnig-Demokratische Partei (FDP) der Schweiz, die bis zum Beginn des Proporzwahlrechts Ende des Ersten Weltkriegs als breite Volkspartei der zunehmenden «Verwirtschaftlichung» der politischen Motive und Parteien entgegenwirken wollte und bis 1919 die Macht auf Bundes- wie auf Kantonsebene unbestritten behauptete.[55] Der Zürcher Liberalismus wurde also durch eine zur Mitte neigende FDP abgelöst, zu deren einflussreichem Sprachrohr die *Neue Zürcher Zeitung* aufstieg.[56]

Auf kantonalzürcherischer Ebene blieben die Demokraten aber selbständig, auch wenn sie nicht selten Zweckbündnisse mit der FDP eingingen. Die Zürcher Bauern allerdings, deren Mehrheit einst den Demokraten gefolgt war und welche die neue Verfassung so überzeugt unterstützt hatten, suchten mittlerweile andere Wege, um ihre politischen Interessen zu wahren.

Die Vorläufer

Landwirtschaftskrise der 1880er Jahre

Die Eisenbahn beendete den Entfernungsschutz der bäuerlichen Produkte und stürzte die Landwirtschaft ab den 1880er Jahren in eine tiefe Krise. Eisenbahn bei Rafz, Postkarte der Landwirtschaftlichen Genossenschaft, um 1910.

In den achtziger Jahren des 19. Jahrhunderts sanken die Agrarpreise, nachdem die Landwirtschaft vier gute Jahrzehnte hinter sich gebracht hatte. Die Blüte von Industrie, Handel und Verkehr sowie das damit zusammenhängende Bevölkerungswachstum hatten fast ein halbes Jahrhundert lang den Absatz beflügelt. Die heimischen Bauern beherrschten den Lebensmittelmarkt, die Einfuhren spielten noch kaum eine Rolle. Doch mit dem zunehmenden Ausbau der Verkehrswege begann das benachbarte Ausland, seine Produktion mit hohen

Zöllen zu schützen. Demgegenüber hielt die Schweiz nach 1848 lange am Grundsatz des Freihandels und damit auch an niedrigen Zollsätzen fest. Was sich aber noch einschneidender auswirkte, war die Tatsache, dass vor allem dem Getreidebau eine mengenmässig enorme, billige Konkurrenz durch die Schienen- und Schiffswege erwuchs. Nun wurden Transporte aus Russland oder den USA möglich; namentlich die Eröffnungen der Gotthardlinie von 1882 und der Arlbergbahn von 1884 machten der Landwirtschaft zu schaffen.[1]

Manche Orte konnten sich im Gegensatz zum Seeufer und zum Weinland von der Reblaus nie mehr erholen. Rebbauern im Ortsteil «Dorf» in Stäfa, um 1900.

Abgesehen von den Jahren 1885 und 1887 herrschten in jenem Jahrzehnt überdies höchst ungünstige Witterungsverhältnisse mit ungewöhnlichen Niederschlägen, Frost und Hagel. Als noch dramatischer erwies sich aber der Rückgang der rentablen Produktionszweige Milch und Fleisch und insbesondere des Rebbaus, der durch den Befall mit Falschem Mehltau grossen Schaden erlitt.[2] 1886 suchte auch die aus Nordamerika eingeschleppte Reblaus den Kanton Zürich heim – hinter der Waadt immerhin der zweitgrösste Weinproduzent. Dieser Schädling liess die Ernten auf einen Bruchteil der früheren Jahre zusammenfallen. Dabei bildete der Wein damals das wichtigste länger haltbare Getränk; er wurde auch in vielen nichtbäuerlichen Haushaltungen produziert und erreichte in den 1870er Jahren einen höheren Ertrag, als die damaligen Kantonsausgaben ausmachten.[3]

Nun wurden drastische, auch staatlich geförderte Massnahmen nötig, etwa ein Obligatorium für chemischen Pflanzenschutz, die Veredelung der Reben, die Zusammenlegungen von Rebbergen und die Schaffung eines kantonalen Rebbaukommissariats. Nicht verhindern liess sich damit allerdings eine eigentliche Überschwemmung des Marktes mit Weinen aus dem Süden wegen der neuen Verkehrsmittel. Die Qualität dieser Weine konnte mit Zürcher Gewächsen schwerlich erreicht werden. Auch veränderte Trinkgewohnheiten mit vermehrtem Konsum von Bier, Most und später alkoholfreien Getränken machten den Weinproduzenten zu schaffen. Kein Wunder also, ist die Rebfläche im Kanton Zürich seit dem Einfall der Reblaus bis heute um beinahe neunzig Prozent gesunken.[4]

Eine Anpassung an die neuen Marktbedingungen erwies sich für die Landwirtschaft naturgemäss als schwierig, denn die Umgestaltung eines landwirtschaftlichen Betriebes vollzog sich wegen der Gegebenheiten von Klima und vorhandenen mehrjährigen Kulturen wesentlich schleppender als bei Handel und Industrie.[5] Hinzu kam ein am Hergebrachten festhaltendes, verharrendes Element, das die Bauernsame prägte. Als Folge der tiefgreifenden Landwirtschaftskrise sank der Wert der Liegenschaften; Kredite waren nur noch schwer erhältlich, und die Zahl der Konkurse nahm dramatisch zu.

Zwischen den Jahren 1879 und 1891 gingen gegen 2000 Zürcher Bauern bankrott.[6] Besonders schwer traf die Not die beiden Seeufer, den Bezirk Andelfingen und das Zürcher Unterland, während sich das Oberland dank Nebenverdiensten in der Heimindustrie als resistenter erwies. Viele überschuldete mittlere und kleinere Betriebe wurden versteigert; zahlreiche Knechte, Taglöhner und Mägde waren ohne Arbeit, so dass die Auswanderung nach Übersee Höchstwerte erreichte. Bis 1900 ging der Anteil der landwirtschaftlichen Bevölkerung angesichts der zunehmenden Industrialisierung auf unter zwanzig Prozent zurück. Immerhin war es der Zürcher Landwirtschaft bis zur Jahrhundertwende einigermassen gelungen, die Ausfälle im Wein- und Getreidebau durch Kompensation im Futterbau zu ersetzen. Auch die Bodenpreise hatten sich um 1900 wieder stabilisiert, was eine neuerlich steigende Rendite zur Folge hatte.[7]

Mit den beginnenden 1880er Jahren machten sich unter den Bauern Resignation und Unzufriedenheit breit. Der bürgerliche Landwirtschaftliche Kanto-

Die Milchfuhren von Ober- und Untermettmenstetten und Rossau beim Bahnhof Mettmenstetten vor dem Verlad Richtung Molkerei in Zürich, um 1910.

nalverein beauftragte – offenbar ohne weltanschauliche Vorbehalte – den ausgewiesenen Statistiker Herman Greulich, Arbeitersekretär und Mitbegründer der Sozialdemokratischen Partei der Schweiz, mit der Abfassung der Schrift «Die Nothlage der Landwirthschaft und die Mittel zur Besserung».[8] Greulich kam 1888 zum Schluss, dass dieser Notstand keine «demagogische Redensart» sei, sondern «ernste, bittere Wahrheit».[9] Es handle sich um eine wesentlich schwerwiegendere Tendenz, nicht einfach um eine vorübergehende Erscheinung nach einigen schlechten Jahren. Die Auswanderung habe in der ländlichen Bevölkerung seit 1881 beunruhigend zugenommen. Viele selbständige Existenzen seien verschwunden, zahlreiche Betriebe kämpften mit dem Konkurs, der von 1880 bis 1885 tatsächlich schon 900 Zürcher Landwirte betroffen habe.[10]

Herman Greulich verband eine bemerkenswerte, tiefe Sympathie mit dem bäuerlichen Bevölkerungsteil; davon zeugt die grundsätzliche Einschätzung dieses aus Deutschland stammenden Arbeitervertreters: «Die Landwirtschaft vertritt den Kern der altkantonsbürgerlichen Bevölkerung, den Träger und Bewahrer ihrer guten Sitten und Gewohnheiten. In ihr ruht noch das Schwergewicht des produzierenden Mittelstandes im besten Sinne des Wortes, der am heimischen Boden haftet und aus ihm die treueste Vaterlandsliebe schöpft. In ihr ruht die stärkste Wurzel der vaterländischen Wehrkraft und der republikanischen Unabhängigkeit. Es liegt im hohen Interesse der Forterhaltung unseres Staatsgedankens, dass man nicht ruhig zusehe, wenn diese Wurzel durch die wirtschaftlichen Verhältnisse untergraben, gelockert und angefressen wird.»[11]

Herman Greulichs alarmierende Schrift über die Notlage der Zürcher Landwirtschaft von 1888 führte zu konkreten politischen Massnahmen.

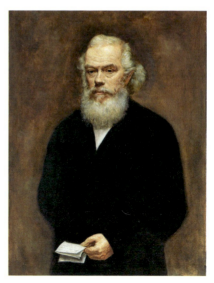

Ein Freund der Zürcher Landwirtschaft: Herman Greulich (1842–1925) aus Breslau, Buchbinder in Zürich, Statistiker, Gewerkschafter, SP-Kantons- und -Nationalrat.

Auf Einladung des Kantonsrates setzte der Regierungsrat 1891 eine 21-köpfige hochkarätige Kommission ein, welche die Situation der Landwirtschaft beraten sollte. Diese kam insgesamt zu einer günstigeren Beurteilung als Greulich. Insbesondere wurde nicht zu Unrecht darauf hingewiesen, dass bei Umwandlung des Bauernlandes in Bauland oder Kulturland für den Gemüsebau die Aussicht auf Gewinn, nicht die Not ursächlich war.[12] Auch wandten manche Stimmen ein, dass zu teure Güterankäufe wie auch zu hohe Erbausscheidungssummen den Notstand mitverursacht hätten. Gewiss nähmen die Bauern nicht mehr die frühere Bedeutung ein, doch hätten sie ihre Lage ebenso wie die übrige Bevölkerung verbessern können. Andere Kommissionsmitglieder wiederum wiesen mit Nachdruck darauf hin, dass bei aller Sparsamkeit, trotz Fleiss und effizienter Betriebsführung kaum mehr ein Erfolg zu erzielen sei. Unbestritten waren lokale Verschiedenheiten, ein gewisses Gefälle zwischen dem Süden einerseits, dem Norden und Nordwesten anderseits, da im nördlichen Kantonsteil die Industrialisierung weniger stark vorangeschritten und der krisengeschüttelte Ackerbau weiter verbreitet war.[13]

In der Ära des Liberalismus förderte der Kanton Zürich zwar gute Rahmenbedingungen für die landwirtschaftliche Produktion. Aber im Jahr 1870 erhielten die Bauern nur gerade ein einziges Prozent der Staatsausgaben, die vor allem die Bereiche Tierzucht und Ausbildung betrafen.[14] Unter dem Druck der Krise bewilligte der Kantonsrat 1882 50 000 Franken für die Verbilligung von Saatgut. Später kam es auf dringenden Wunsch der Bauern zu zahlreichen weiteren staatlichen Stützungsmassnahmen.

Die Eidgenössische Forschungsanstalt für Obst-, Wein- und Gartenbau zog 1890 ins alte Schloss Wädenswil ein.

Auf Bundesebene wurde 1881 zusätzlich zum Handels- ein Landwirtschaftsdepartement geschaffen. 1884 erliess man einen Bundesbeschluss zur Förderung der Landwirtschaft inklusive einer Beteiligung des Bundes am Unterrichtswesen und an landwirtschaftlichen Versuchsanstalten sowie zur Verbesserung des Bodens und des Viehstandes. Der 1890 von mehreren Kantonen gegründeten Versuchsstation und Schule für Obst-, Wein- und Gartenbau in Wädenswil folgte der Aufbau von kantonalen landwirtschaftlichen Winterschulen, die sich vor allem an die Söhne von Kleinbauern richteten; die entsprechenden Ausbildungsstätten für die Bäuerinnen wurden erst ein Vierteljahrhundert später geschaffen.[15] Der Bundesrat erhielt die Kompetenzen zur Bekämpfung der Reblaus und weiterer Schädlinge sowie das Recht zur Subventionierung landwirtschaftlicher Vereine.[16] 1893 wurde das Gesetz betreffend die Förderung der Landwirtschaft durch den Bund erlassen, welches in der Folge die Rationalisierung und Intensivierung der Bauernbetriebe kontinuierlich vorantrieb.[17]

Auf Bundesebene vertrat der 1863 gegründete Schweizerische Landwirtschaftliche Verein (SLV) die Interessen der Bauern, ebenso die Gesellschaft Schweizerischer Landwirte (GSL), eine Abspaltung der SLV von 1882.[18] Es handelte sich bei der GSL um eine ausgesprochene agrarische Elite der Nordostschweiz, wobei die Zürcher die Hälfte der etwa 200 Mitglieder stellten. Die Gesellschaft Schweizerischer Landwirte traf sich zu wissenschaftlichen und agrarpolitischen Diskussionen, wurde aber von den kleineren Bauern als Klub von Aristokraten und Grossgrundbesitzern abgelehnt.[19] Gemeinsam mit dem 1887 gegründeten, eher locker und überparteilich organisierten Landwirtschaftlichen Klub der Bundesversammlung setzten sich diese Organisationen entschieden für ein liberales, modernes Produktionsumfeld ein, verlangten aber gleichzeitig einen besseren Zollschutz. 1893 erreichten die Vereinigungen ein erstes schweizerisches Landwirtschaftsgesetz. Dennoch rügte ein Protokollführer des Landwirtschaftlichen Klubs 1896, bisher seien «die Interessen der Landwirtschaft in der Sozialpolitik, besonders beim Abschluss der Handelsverträge, kaum mit der zu erwartenden Energie vertreten worden».[20]

Bei alledem schritt die technische Entwicklung rasant voran: Seit den 1880er Jahren war es durch die zunehmende Elektroversorgung zu spektakulären Neuerungen wie der Verbeitung des Telefons und des elektrisch erzeugten Lichts gekommen. Kleine Elektromotoren fanden vielfältige Verwendung in der Landwirtschaft, ebenso die etwas später entwickelten Benzinmotoren. Zwischen 1870 und 1910 schrumpfte die Anzahl der Zürcher Bauern von 104 112 auf 76 991, also um 26 Prozent.[21] Während die Industrie ab den 1890er Jahren eine eigentliche Hochkonjunktur erlebte und sich in der ersten Hälfte des 20. Jahrhunderts relativ konstant hielt, nahm der Dienstleistungssektor ungefähr die Abwanderung aus der Landwirtschaft auf. Die weniger effizient arbeitenden Klein- und Kleinstbetriebe verschwanden zunehmend, derweil sich die Produktivität der verbleibenden Höfe dank Rationalisierung der Arbeitsprozesse sowie vermehrtem Einsatz von Landmaschinen, Dünger und Pflanzenschutzmitteln deutlich steigerte.[22]

Die erste Dampfdreschmaschine in Eglisau zeugt 1908 von der zunehmenden Technisierung. In der Bildmitte hinter der Maschine steht der Gemeindepräsident und spätere Nationalrat Emil Heller.

Volg als bäuerliche Selbsthilfe

Die Gründung des Volg als erste landwirtschaftliche Genossenschaft der Schweiz war die direkte Folge der äusserst einschneidenden Landwirtschaftskrise. Manche Bauern wollten diese Krise aber nicht einfach hinnehmen, sondern lehnten sich auf und kämpften für konkrete Verbesserungen.[23] Vorerst verlagerten sie ihre Produktion weiter vom Acker- und Rebbau zur Viehhaltung; der Ertrag aus der Milch wurde zur wichtigsten Existenzgrundlage der meisten Zürcher Bauern. Eisenbahnkühlwagen und Kühlschiffe ermöglichten den Export von Milch und Käse auch an entfernte Orte; die heimische milchverarbeitende Industrie vermochte mittlerweile Kondensmilch und Schokolade herzustellen.[24]

Sodann erzielten die Landwirte erhebliche Verbesserungen bei der Produktivität, vornehmlich durch Kunstdünger, Kraftfutter und chemischen Pflanzenschutz. Chemische Fabrikationsbetriebe in Uetikon am See, Marthalen oder dem Winterthurer Grüze-Quartier ermöglichten die Herstellung von Kunstdünger, speziell von Phosphordünger. Der Ankauf und die Verteilung solcher Hilfsmittel führte zur Gründung des Verbands Ostschweizerischer Landwirtschaftlicher Genossenschaften (Volg).

Das Bemühen um Ertragssteigerung stand am Anfang der frühesten, zuerst regional gegliederten Genossenschaft, die bezweckte, Düngemittel und Saatgut unter Umgehung des verteuernden Zwischenhandels möglichst preisgünstig zu beziehen. Kopf dieser landwirtschaftlichen Genossenschaftsbewegung war Conrad Schenkel, ein ausserordentlich innovativer Bauer aus Räterschen, Gemeinde Elsau. Der spätere Bauernverbandsdirektor Ernst Laur nannte Schenkel den «klügsten Bauern, der mir begegnet ist». Die Reden, mit denen dieser jeweils die Volg-Delegiertenversammlungen eröffnete, blieben Laur unvergessen.[25]

Conrad Schenkel (1834–1917), Gründer und von 1886 bis 1902 erster Präsident des Volg. Schenkel setzte sich für die Schaffung einer Bauernpartei ein.

Schon 1865 hatte Schenkel für sich und einige Nachbarn Dünger aus Südamerika eingeführt. Dadurch vom Vorteil eines gemeinsamen Einkaufs überzeugt, gründete er 1874 den Landwirtschaftlichen Verein Elsau, dem ähnliche Zusammenschlüsse in der Region Winterthur folgten. Der initiative Pfarrer Wilfried Spinner, der später im Auftrag der Ostasienmission erste christliche Gemeinden in Japan aufbauen sollte und seine eindrückliche Laufbahn als Oberhofprediger und Geheimer Kirchenrat im Grossherzogtum Weimar beschloss[26], errichtete in Dinhard die damals einzige Verkaufsstelle der landwirtschaftlichen Genossenschaften.[27] 1881 hatten sich mittlerweile 16 Lokalvereine im Landwirtschaftlichen Bezirksverein Winterthur organisiert. Pfarrer Spinners Statuten sahen die «Behandlung wichtiger landwirtschaftlicher Gesetzesvorlagen und Zeitfragen» vor, speziell dann, wenn diese die «soziale Stellung des Kleinbauernstandes betreffen».[28]

Am 17. Oktober 1886 schliesslich wurde im «Wilden Mann» in Winterthur als erster schweizerischer Genossenschaftsverband überhaupt der Verband Ostschweizerischer Landwirtschaftlicher Genossenschaften gegründet. Das Präsidium des Volg, der neben Dünger und Sämereien bald auch Kaffee, Seife, Textilien und Gerätschaften vertrieb, übernahm Conrad Schenkel. An der fünften Verbandstagung schlug Schenkel vor, zur Durchsetzung der bäuerlichen Interessen in der Politik eine Bauernpartei zu gründen. Die Delegierten von mittlerweile über 3000 Mitgliedern entschieden sich am 3. August 1890, die Verbandstätigkeit auf den Direktverkauf auszudehnen. Gleichzeitig wurde die Gründung einer Bauernpartei und die Herausgabe eines obligatorischen Parteiorgans mit dem Titel *Der Genossenschafter* beschlossen: «Alles, was der Bauer seit Jahr und Tag in der Presse, in den Ratssälen hat hören und über sich ergehen lassen müssen, scheint wie ein Alb auf ihm gelegen zu haben, von dem er nun befreit werden soll.»[29] Der Entscheid folgte «in Anbetracht, dass ein eigenes Presseorgan zur weitern Förderung des Genossenschaftswesens notwendig und zur Bildung einer politischen Bauernpartei unerlässlich» sei.[30]

Die erste Nummer der neuen Zeitung *Der Genossenschafter* erschien am 28. November 1890 und trug den Untertitel «Organ für Bildung einer schweizerischen Bauernpartei». Der *Zürcher Bauer* als Sprachrohr des überparteilichen Landwirtschaftlichen Kantonalvereins war darüber wenig erbaut und befürchtete unliebsame Konkurrenz.[31] Doch Schenkels Bauernpartei kam nie zustande, möglicherweise, weil viele Bauern inzwischen das Vertrauen in landwirtschaftliche Vereine verloren hatten und auch dem Konsumverkauf des Volg ablehnend gegenüberstanden.[32] Dennoch gehörte es weiterhin zum Selbstverständnis des Verbands, sich in politischen Fragen leidenschaftlich für die Bedürfnisse der Landwirtschaft einzusetzen.[33] Im Vorfeld der Gründung der Zürcher Bauernpartei äusserte sich jedenfalls die Volg-Presse deutlich positiver als der *Zürcher Bauer*.

Der auf liberal-bürgerlichem Standpunkt stehende Landwirtschaftliche Kantonalverein sah die Bestrebungen des Volg ungern; namentlich den Handel mit Konsumgütern verglich er mit den wenig geschätzten Konsumvereinen für die Arbeiter und fürchtete eine bedeutende Konkurrenz für das Gewerbe. 1895 gründete der Verein für Landwirtschaft und Gartenbau aber selber eine

Die erste Nummer der Zeitung Der Genossenschafter *von 1890. Bis 1897 führte das Organ des Volg die beabsichtigte Gründung einer Bauernpartei im Titelkopf.*

eigene Genossenschaft, um erst 1929 wieder in den Schoss des Volg zurückzukehren.[34]

Auch mit dem 1897 gegründeten Schweizerischen Bauernverband stand der Volg anfänglich auf gespanntem Fuss. Die meist aus dem Milieu der Demokratischen Partei stammenden Persönlichkeiten an der Spitze des Volg markierten ihre Distanz mit der Parole «Fort mit der Volksgunsthascherei der Berufspolitiker, weg mit der Herrenbauernpolitik».[35] Präsident Conrad Schenkel hielt an die Adresse von Bauernverbandsdirektor Laur, der in einem Streit zwischen Volg und dem Luzerner Verband vermitteln wollte, mit der Deutlichkeit des listigen Bauern fest: «Usem säbe wirt nüt, Herr Doktor! […] Jetzt hämmer nid der Zit, mer müend Äpfel gwünne und Birrli schüttle. Im Winter denn wen mer enand d Meinig säge vo de Läbere ewäg, das gat für e Laxierig. Wenn der Bureverband so öppis nid mag erliede, ist er scho nüt.»[36]

Die Vorurteile gegenüber dem Bauernverband schwanden indessen bald dahin, und Bauernverbandspräsident Ernst Laur avancierte zum gern begrüssten Gast an den Volg-Versammlungen. Ja, der Schweizerische Bauernverband erwies sich als ein so schlagkräftiger wirtschaftspolitischer Interessenvertreter, dass der Volg sich von der direkten parteipolitischen Tätigkeit lossagte und den Untertitel «Organ für Bildung einer schweizerischen Bauernpartei» wieder preisgab.

Nachdem sich der Volg auch dem Konsumgeschäft angenommen hatte, entwickelte er sich rasch zur bedeutendsten landwirtschaftlichen Genossenschaft der Schweiz. Was in Hinterzimmern des Gasthauses «Zur Kreuzstrasse» in Wiesendangen begonnen hatte, führte zur Errichtung stattlicher Gebäude in der Nähe des Bahnhofs Winterthur. Das Anfangskonzept funktionierte: Die Genossenschaften waren Abnehmer landwirtschaftlicher Produkte der Mitglieder und Vermittler von Dünger, Sämereien, Futtermitteln und Konsumgütern. Im Jahr 1906 gliederte sich der Volg bereits in 149 örtliche Genossenschaften; der Jahresumsatz erreichte stattliche 6 Millionen Franken.[37] Vier Jahre zuvor war Gründungspräsident Conrad Schenkel nach sechzehnjähriger erfolgreicher Tätigkeit zurückgetreten. Wenn auch der Volg seine parteipolitische Rolle rasch ausgespielt hatte, so haben später markante Vorstandsmitglieder und Genossenschaftsverwalter die Bauernpartei im kantonalen wie im eidgenössischen Parlament wirkungsvoll vertreten.

Bauernbund: eine gescheiterte Parteigründung

Parallel zum Machtverlust der Demokraten stieg die Kantonshauptstadt zur zürcherischen, schliesslich zur schweizerischen Wirtschaftsmetropole auf. Eine gesamtwirtschaftliche Wachstumsphase ab den mittleren 1880er Jahren bis zum Ausbruch des Ersten Weltkriegs lief gleichzeitig mit der Erhöhung der Einwohnerzahl des Kantons auf eine halbe Million. Das Wachstum konzentrierte sich indessen vornehmlich auf die Städte Zürich und Winterthur. Die Heimindustrie war zu Beginn des Ersten Weltkriegs im Kanton Zürich praktisch vollständig verschwunden, während die Fabrikindustrie aufblühte.[38] Demgegenüber fühlte sich die ländlich-bäuerliche Bevölkerung zurückversetzt und war entsprechend unzufrieden. Im Zuge der Verlagerung von Einfluss und Wirtschaftskraft machten sich die Zürcher Landwirte zunehmend kritische Gedanken; sie empfanden den Gegensatz von Stadt und Land und fühlten sich als Modernisierungsverlierer.[39]

Das Unbehagen und die Besorgnis über die Zukunft, die zur Entstehung eines Bauerbundes führten, können aber nicht einzig auf die drückende Notlage der Landwirtschaft zurückgeführt werden. Denn andererseits fand die Neugründung auch in den bessergestellten Bezirken rege Aufnahme, anderseits ging es nicht um konkrete Produktionsverbesserungen, sondern um die Bildung einer ausschliesslich bäuerlichen politischen Partei.[40]

Als besonders unzufrieden erwies sich jener beträchtliche Teil der Bauernschaft, der sich der Demokratischen Partei zugewandt hatte. Die Schulden des Nationalbahndesasters von 1878 lasteten auf vielen Gemeinden; auch fühlte sich die ländliche Bevölkerung von den drastischen Schulreformen des demokratischen Erziehungsdirektors und Ex-Lehrers Johann Caspar Sieber herausgefordert. Immer neue staatliche Aufgaben auf kantonaler und kommunaler Ebene führten innert dreissig Jahren zu einer Verdoppelung der Beamtenschaft.[41] Die früher demokratische *Bülach-Dielsdorfer Wochen-Zeitung* war inzwischen zur scharfen Kritikerin der «*Landboten*- und Schulmeisterpartei» geworden. Die Redaktion leitete der Glattfelder Arzt, Nationalrat und Bezirksgerichtspräsident Friedrich Scheuchzer, ein Cousin des Dichters Gottfried Keller, der nach dessen Tod im Jahr 1890 einen hässlichen Erbstreit um Kellers Nachlass führte. Scheuchzer empfahl mit Nachdruck die Gründung einer reinen Bauernpartei. Nicht minder entschieden plädierte 1890 sein journalistischer Hilfsredaktor, der Kleinbauer und Fuhrknecht Fritz Bopp, für einen eigenständigen Weg: «Die Landwirthe sollten sich nicht von andern Parteien als Stimmvieh behandeln lassen, weder von den Demokraten noch von den Liberalen.»[42]

Eine ebenso spontane wie wortgewaltige Protestbewegung und ein erster, wenn auch gescheiterter Versuch einer Parteigründung entstanden durch den Aufruf eines bis dahin völlig unbekannten, wenn auch überaus schreibgewandten Bauern aus dem Weiler Hofstetten in Oberglatt. Im März 1891 veröffentlichte Konrad Keller eine vierzigseitige Broschüre mit dem Titel «Die Bauernsclaverei der Neuzeit oder die Bauern im Kampfe mit den Federhel-

Konrad Keller (1842–1922), Landwirt in Hofstetten-Oberglatt, rief 1891 zur Gründung eines Zürcher Bauernbundes gegen die «Federhelden» auf.

den». Der Untertitel lautete: «Ein Aufruf an die Landwirthe zur Bildung eines schweiz[erischen] Bauernbundes – unter gänzlichem Ausschluss der Büreaukratie –, um eine praktische Bauernpolitik nach dem wahren Sinn und Geist der Bauern zu gründen».[43]

Zweifellos waren dem Verfasser die in der *Bülach-Dielsdorfer Wochen-Zeitung* geäusserten Gedanken von Friedrich Scheuchzer und Fritz Bopp bekannt. Angeblich wurde Kellers Schrift innert kurzer Zeit in 15 000 Exemplaren verbreitet.[44] Eine Karikatur auf der Titelseite gab der Beschreibung der politischen Zustände im Kanton Zürich bildhaft-drastischen Ausdruck: Die Sklaven in Form von gebeugten Bauern und Bäuerinnen mit einem 18-Stunden-Tag ziehen den eleganten Staatswagen unter der Peitsche von hochbezahlten beamteten «Federhelden» in Frack und Zylinder sowie mit einem Gänsekiel hinter dem Ohr. Lustig flattert ein Banner mit der Inschrift «Hohe griechische Bildung» im Wind. Gut sichtbar führen die Federhelden einen prall gefüllten Geldsack mit sich, der die fetten Löhne und Pensionen der Beamten enthält. Auf der Deichsel eines zweiten, etwas bescheideneren Wagens sitzen als weitere Vertreter des Federheldentums die Vorstandsmitglieder des behäbigen Landwirtschaftlichen Vereins. In der hinteren Kutsche aber fahren die Arbeiter in ausgelassener Lebensfreude und mit dem Wahlspruch «Acht Stunden tägliche Arbeit und billige Lebensmittel».

Die Tendenz von Kellers geistvoller, oft witziger, aber auch polemisch gehaltener Schrift ging dahin, dass die Bauern in härtester Arbeit das üppige Leben der Staatsbeamten bezahlten, welche sich fortwährend Gesetze schaffen würden, die zu ihrem Vorteil ausfielen. Auch müssten die Bauern die Lebensmittel zu billigen Preisen pro-

Konrad Kellers polemische Schrift «Die Bauernsclaverei der Neuzeit» von 1891, angeblich in 15 000 Exemplaren verbreitet, führte zur Gründung des Zürcher Bauernbundes.

duzieren, damit die Arbeiterschaft umso sorgloser im Achtstundentag leben könne. Zielscheibe dieser geballten bäuerlichen Kritik waren im Wesentlichen die Amtsträger der Demokratischen Partei. Die Schule – so Kellers «Bauernsclaverei» – stelle das Vielwissen höher als die Gemüts- und Charakterbildung: «Die Landwirte sind schwer geschädigt, dass man ihre Jugend zu Turnern, Geschichtsforschern, zum Blumenzeichnen, Botanisieren, Theaterlen und zu Vergnügungen aller Art erzieht.»[45] Wenn die Zöglinge landwirtschaftlicher Schulen nach Hause zurückkehrten, gerieten sie dermassen «ins Theoretische und ins Pröbeln hinein, dass sie das Vermögen des einfachen Vaters eher zurück als vorwärts bringen». Der Unterricht solle sich auf tüchtiges Rechnen, Lesen, Schreiben, auf Rechtsgeschäfte und Gesundheitslehre beschränken.[46]

Höchst ungerecht sei die Ausgestaltung des Steuersystems, müsse doch der Bauer trotz erfolgter Ablösung von Grundzinsen und Zehnten Vermögens- und Einkommenssteuern bezahlen. Der arbeitsame Leistungsträger werde bestraft, damit die «Federhelden» umso liederlicher leben und das grosse Wort führen könnten. Letzteren diene auch das Erbrecht, heirateten doch die Bauernmädchen lieber einen «glatten, biegsamen» Beamten als einen rechtschaffenen Bauernburschen, was dem Landvolk Kapital entziehe, das dann in die Städte abwandere.[47]

Am gerechtesten wäre es, so Keller, wenn die Bauern angesichts ihrer Leistung für die übrigen Stände generell als steuerfrei erklärt würden; im Gegenzug schlug er allerhand Luxussteuern vor.[48] Wer wie die Federhelden sein Geld der Kantonalbank anvertraue, erhalte üppige Zinsen, während die Bauernsklaven für ihre Hypothekarschulden trotz sicherstem Unterpfand 4 Prozent Zins bezahlen müssten. Das beste Mittel gegen die landwirtschaftliche Verschuldung sei die Gründung einer Bauernbank.[49]

Konrad Keller votierte lebhaft für Schutzzölle im Interesse der inländischen landwirtschaftlichen Produktion.[50] Zum Bau der Eisenbahnen als verderblichste Konkurrenten der einheimischen landwirtschaftlichen Produktion müssten die Landgemeinden grosse Beiträge leisten. Dennoch verlangte der Autor den Ausbau des Eisenbahnnetzes, um den Bauernfamilien dank Anbindung an die Zentren bessere Nebenverdienstmöglichkeiten zu verschaffen. Statt die Industrie gleichmässig über den Kanton zu verteilen und den Bauern zusätzliche Arbeitsmöglichkeiten zu bieten, konzentriere man sie auf die «städtischen Bruthöhlen des Müssiggangs, des Leichtsinns und des Wohllebens».[51]

Am Wirtshaustisch werde bis spätnachts gejubelt, man gründe Vereine und veranstalte Theater, Lehrkurse, Reisen und Vergnügungen aller Art. Bauernburschen und Bauernmädchen würden durch solche Aktivitäten mitgerissen und trügen durch Alkoholgenuss, Gelage und Putzsucht den Unfrieden in die Familien. Die Kunst der neuen Volksbeglücker vergifte vollends den Volkscharakter und die guten Sitten, indem man ganz- oder halbnackte Bilder öffentlich zur Schau stelle. Und in den Spitälern müsse sich der «würdige und von edlen Gefühlen beseelte Mann vor einem kaum den Kinderschuhen entwachsenen Dämchen vollständig entblössen».[52]

Zusammengefasst: «Es ist für uns Landwirte die grösste Schande, dass wir uns von diesen Federhelden wie Fische im Netz umgarnen lassen. Wie das Volk im Mittelalter durch das Priestertum und den Adel in Banden gehalten wurde, so ist gegenwärtig die Landwirtschaft durch das Federheldentum gefesselt. Wir sind durch dasselbe im vollsten Sinne des Wortes bevormundet und daher machtlos.»[53]

Solch grelle Farben waren bei aller Berechtigung einzelner Kritikpunkte gewiss stark überzeichnet. So überschätzte der Autor Konrad Keller die angebliche Allmacht der Staatsangestellten und entzog sich der Einsicht in die Auswirkungen der globalen Wirtschaft. An den Fortschritten, die der Liberalismus wie die Demokratische Bewegung gebracht hatten, durfte der Zürcher Bauernstand so gut wie die übrigen Bevölkerungsgruppen teilhaben.[54] Aber wenn die Bauern das hier erstmals umfassend begründete Bedürfnis einer politischen Einigung empfanden, nahmen sie künftige Entwicklungen mit wachem Sinn

Die Bauern und Bäuerinnen mit Achtzehnstundentag schleppen die Wagen mit den «Federhelden» von gutbezahlten und gebildeten Staatsangestellten, den landwirtschaftlichen Verbandsfunktionären und der Arbeiter mit Achtstundentag.

voraus – ganz im Sinne von Kellers Aufruf: «Landwirte! Wir besitzen eine Macht, von der ihr gar keine Ahnung habt!»[55]

Bislang gehörten die Bauern – sofern sie sich überhaupt politisch betätigten – entweder der Liberalen oder der Demokratischen Partei an. Gerade in Zeiten, in denen sich diese beiden Lager erbittert bekämpften, zersplitterten sich die bäuerlichen Kräfte zwangsläufig. Vor allem durch den Wandel von weltanschaulich geprägten Parteien zu entschiedenen Verfechtern wirtschaftlicher Partikularinteressen drohten die spezifisch landwirtschaftlichen Bedürfnisse kein Gehör zu finden. Die Bauern fanden sich mit den Liberalen einig in der Kritik an der stetigen Ausweitung der Staatstätigkeit; auch in der Zollpolitik teilte die Landwirtschaft manche Ansichten mit den Vertretern von Industrie und Gewerbe. Die politischen Ziele der Wohlhabenden waren indessen in vielem ganz anders geartet als jene der geplagten Klein- und Schuldenbauern. Die Demokraten ihrerseits bildeten eine Mittepartei, die zuweilen stark nach links tendierte. Tonangebend betätigten sich in dieser Partei zunehmend Beamte, Festangestellte, Lehrer und Pfarrer – also genau jene Berufsgruppen, die Konrad Keller als «Federhelden» bezeichnete.

Mit der organisierten Arbeiterschaft teilte der Bauernstand zwar eine gewisse Kritik an kapitalistischen Auswüchsen. Doch bei Achtstundentag, einseitigen Konsumenteninteressen, der Zollpolitik oder gar bei der Forderung nach Verstaatlichung von Grund und Boden klafften tiefste Gräben.[56] Abschreckend mussten Töne wirken, wie sie etwa die *Arbeiterstimme* 1890 ausstiess: «An der Existenz dieser Bauernklasse haben wir nicht nur kein Interesse, sondern es hängt unsere Emanzipation gerade davon ab, dass sie so oder anders verschwindet, und zwar je eher je besser für dieselbe wie für uns. Sie ist ein reaktionäres Element und kein fortschrittliches.»[57]

Der etwas behäbige kantonale Verein für Landwirtschaft und Gartenbau eignete sich nicht als politisches Kampfmittel, umfasste er doch neben meist begüterten Landwirten auch Wissenschaftler und Beamte, während die Kleinbauern meistens fernblieben. Er bezog für seine Tätigkeit im Dienste der Wissensvermittlung staatliche Subventionen und stand daher in einem Abhängigkeitsverhältnis zum Kanton. Um die Einigkeit der Mitglieder zu erhalten, wollte sich der Vorstand des Kantonalvereins jedenfalls einer politischen Tätigkeit enthalten.[58]

Konrad Kellers «Bauernsclaverei der Neuzeit» wurde von seinen landwirtschaftlichen Berufsgenossen mit Begeisterung aufgenommen. Es geschah genau das, was sich der Autor vorgestellt hatte, nämlich «dass dieser Bauernbund, wie ein Blitzschlag zündend, von Tal zu Tal und von Berg zu Berg sich erweitern wird, und mit dessen Wachsen wächst auch seine Kraft».[59] Im Laufe des Jahres 1891 entstanden in den Bezirken und in vielen Gemeinden Sektionen des Bauernbundes. Jenes Jahr des 600. Geburtstags der Eidgenossenschaft, der erstmaligen Wahl eines Katholisch-Konservativen in den Bundesrat und der Einführung des Initiativrechts auf Bundesebene war in auffallendem Mass geprägt vom Drang nach direktdemokratischen Mitbestimmungsrechten.[60]

Innert nur gerade drei Monaten bekannten sich 10 000 Zürcher Bauern zur neuen politischen Vereinigung. Konrad Keller wurde Präsident des Bülacher Bezirksvereins und war die treibende Kraft hinter dem kantonalen Zusammenschluss. Auch in andern Kantonen bildeten sich Bauernbünde, wobei die Idee in katholischen Gebieten weniger Anklang fand. Zu verletzend waren wohl Kellers Ausfälle gegen eine Kirche, welche den Bauern die «Fesseln der Leibeigenschaft» anlege, gegen «jesuitische Grundsätze», die Bauern in «Befangenheit und Dummheit» unterjochten, oder gegen Geistliche, welche die Gläubigen auch an den Werktagen in die Kirche riefen und damit Verantwortung trügen für «Unreinlichkeit in Haus und Stall».[61]

Am 15. Mai 1893 schlossen sich sechs kantonale Organisationen zum Schweizerischen Bauernbund zusammen, in dessen Vorstand auch Keller gewählt wurde. Trotz geringer Schulbildung besass der Oberglatter die Fähigkeit, die Bauern in Wort und Schrift mitzureissen. Er lebte nach einer Enttäuschung unverheiratet und hatte bislang mit seinem Bruder still und zurückgezogen den Betrieb in Hofstetten geführt. Von lebhaftem Geist, mit klugen Augen und der gebeugten Haltung eines hart arbeitenden Landmanns erforschte Keller auch Methoden der Erdmessung und der Wettervorhersage.[62]

Um das Eindringen der «Federhelden» in den Bauernbund zu verhindern, wurde die Aufnahme jedem Nichtlandwirt verwehrt. Sogar Bauern mit einer Staatsbesoldung von über 500 Franken blieben ausgeschlossen – diese Bestimmung sollte noch zu grossem Zwist führen. Die 10 000 eingeschriebenen Mitglieder beeindrucken besonders im Vergleich zum damals bereits fünfzig Jahre lang bestehenden Kantonalverein für Landwirtschaft und Gartenbau mit lediglich 2640 Mitgliedern, darunter vielen Nichtbauern.[63] Im Zweckparagrafen der Statuten wurde festgelegt, dass der kantonale Bauernbund die bäuerlichen wirtschaftlichen und politischen Interessen «ohne Rücksicht auf die bisherigen politischen Parteiverhältnisse» zu vertreten habe.

Da die Exklusivmitgliedschaft für Bauern etwa den verdienten Dr. Friedrich Scheuchzer ausschloss, kam es ebenso zu Spannungen wie wegen der eigenmächtigen Herausgabe der Zeitschrift *Bauernbund, Politisches Organ der Schweizer Bauern* durch Konrad Keller seit dem Jahr 1891. Der Oberglatter verzichtete auf das Kantonalpräsidium zugunsten von Albert Schmid-Spörri aus Vollikon, Gemeinde Egg. Dieser hielt wenig von den Angriffen auf andere landwirtschaftliche Vereine und Genossenschaften; schliesslich wurde sogar die Mitgliedschaft für Nichtbauern gänzlich freigegeben. Nur im Zürcher Unterland betrieb der Bauernbund mit Fritz Bopp und der *Bülach-Dielsdorfer Wochen-Zeitung* Opposition. Als sich der Bauernbund als Verein und unter neuer Redaktion der Zeitschrift auch noch gegenüber der Sozialdemokratie öffnete, trat Konrad Keller von allen Ämtern zurück.[64]

«Nur wenn wir stark sind, sind wir mächtig.» Erste Nummer von Konrad Kellers Bauernbund, Politisches Organ der Schweizer Bauern, *1. Mai 1891.*

Diese Schwenkung nach links unter Präsident Albert Schmid in Form eines Kompromisses auf der gemeinsamen Grundlage der Kapitalismusbekämpfung erweckte bei der bäuerlichen Basis Unbehagen.[65] Die anfängliche Begeisterung wich der Lethargie. Schmid referierte langweilig, und der ausgleichende Johann Grossmann aus Knonau, Redaktor des *Bauernbundes,* wollte «grelle Farben meiden».[66] Bald schon spottete die *Bülach-Dielsdorfer Wochen-Zeitung* über die «peinliche Feindschaft, in der Herr Redaktor Grossmann unserer schönen deutschen Muttersprache gegenüber verharrt».[67] Erfolglos versuchten Fritz Bopp und Konrad Keller eine grundlegende Neuorganisation zu erwirken, weil Kantonalpräsident Schmid den Bauernbund durch seine Unbeholfenheit bei Freund und Feind lächerlich gemacht habe.[68]

Dennoch hat der Bauernbund in den Jahren seiner Existenz bis 1904 einige ganz konkrete politische Kämpfe ausgefochten. So opponierte er 1893 gegen die erste Zürcher Stadterweiterung durch elf bislang selbständige Gemeinden und sprach von einem «neuen Babylon», einem «kleinen London» mit einem «Heulkasten» (gemeint war die Tonhalle) und einem «Raritätenkasten» (gemeint war das Landesmuseum), mit Hundertschaften von Beamten – «natürlich alles in der Wolle gefärbte Sozialdemokraten» –, dieweil die Landschaft wie ehedem «geknechtet und erwürgt» werde. Die Eingemeindung gipfelte für den begabten Polemiker Konrad Keller in der Frage: «Wollen wir freie Grundbesitzer bleiben oder kommunistische Taglöhner werden?»[69]

Vergeblich bekämpfte der Bauernbund den Ausbau der Zentralbahn, befürwortete aber erfolgreich die Errechnung der Kantonsratsmandate auf der Basis der Anzahl Schweizer Büger statt der Einwohnerzahl.[70] Er erreichte auch strengere Kriterien bei der Volkswahl der stark beargwöhnten Lehrer und Pfarrer, indem neu das absolute Mehr der Stimmenden statt der Stimmberechtigten galt. Keinen Erfolg hatte indessen der harsche Feldzug des Bauernbundes gegen die Pensionen sowie gegen Witwen- und Waisenstiftungen: «Heiratet ein alter Staatsangestellter zur Verschönerung seines Lebensabends ein junges, holdes Weib, so muss ihr der Staat 70 Jahre lang die Pension bezahlen.»[71]

Auch der Verbesserung der steuerlichen Belastung und der Bekämpfung der landwirtschaftlichen Verschuldung galten die Anstrengungen des Zürcher Bauernbundes. Was seine Vertretung im Kantonsrat betraf, so vermochte die Vereinigung manche seiner Mitglieder zu entsenden. Er verteidigte 1893 Dr. Friedrich Scheuchzers Nationalratsmandat, errang aber erst 1902 zwei bäuerliche Sitze; bei den Regierungsratswahlen blieben Kandidaten des Bauernbundes chancenlos.[72] Die meist hoffnungslose Minderheitsposition musste frustrieren und führte denn auch zu entsprechenden Ermüdungserscheinungen.

Um den Einfluss der Zürcher Bauern wirklich zu stärken, hätte es einer Annäherung ihrer drei wichtigsten Organisationen bedurft, nämlich von Volg,

Landwirtschaftlichem Kantonalverein und Bauernbund. Der Kantonalverein wollte aber nach wie vor nichts von Politik wissen, denn diese müsse notwendigerweise zu einer Spaltung des Vereins nach Parteien führen.[73] Auch zu einer Zusammenlegung der drei landwirtschaftlichen Blätter konnte man sich nicht durchringen, gab sich aber immerhin das gegenseitige Versprechen, persönliche Fehden in Zukunft zu unterlassen.[74]

Nachdem die Redaktion des *Bauernbundes* zum freisinnigen Nationalrat Johann Jakob Hauser in Rifferswil gewechselt hatte, näherte man sich den früheren Gegnern weiter an – immer unter scharfer Kritik von Fritz Bopp aus Bülach. Am 18. Dezember 1904 trafen sich die Delegierten des Zürcherischen Vereins für Landwirtschaft und Gartenbau mit den Delegierten des Zürcher Bauernbundes in der Militärkantine der Kaserne in der Kantonshauptstadt. Die beiden Vereinigungen schlossen sich unter dem Namen «Zürcherischer Landwirtschaftlicher Kantonalverein» zusammen; zum gemeinsamen künftigen Organ bestimmten sie den *Zürcher Bauern*. Neu in den Zweckartikel im Sinne einer gewissen Politisierung wurde die Förderung der Landwirtschaft in «wirtschaftspolitischer Richtung» aufgenommen.[75] Der 25-köpfige Vorstand musste zu zwei Dritteln aus praktischen Landwirten bestehen.

Damit fand der Bauernbund ein Ende, dessen Verdienst es gewesen war, die Bauern aus der politischen Gleichgültigkeit herausgerissen zu haben, und dessen Untergang wohl die mitunter absurden Vereinfachungen, mehr aber noch die scharfe Abgrenzung von allem nicht professionell Bäuerlichen besiegelte. Auf der Basis von Neid und Missgunst allein liess sich keine tragfähige Partei gründen. Auch erwies es sich zum Vornherein als unmöglich, in einem Kanton, in dem die landwirtschaftliche Bevölkerung keinen Viertel mehr ausmachte, gewissermassen eine Bauernherrschaft zu installieren.

Am 8. Mai 1910 stellte ein Initiativkomitee von ehemaligen Strickhof-Absolventen unter Führung des Landwirtschaftslehrers Dr. Johann Hofmann in der «Linde» in Zürich-Oberstrass einen Antrag auf Revision des Kantonalvereins im Sinne einer zusätzlichen Politisierung. Ihre Forderung nach vermehrtem wirtschaftspolitischem Engagement begründeten diese Vertreter einer jüngeren Generation mit der Erkenntnis, «dass bei der Verschärfung des wirtschaftlichen Kampfes zwischen Konsumenten und Produzenten eine wirksamere Wahrnehmung der bäuerlichen Interessen durch engeren Zusammenschluss unserer Bauern zur unabwendbaren Notwendigkeit geworden» sei.⁷⁶ Nicht ohne Irritation und Widerstände von Seiten des bisherigen Vorstandes gegenüber dem offensichtlichen Generationenkonflikt entstanden in der Folge sieben für drei Jahre gewählte Fachkommissionen, darunter eine für Wirtschaftspolitik. Es werde, so äusserte sich der Feldbacher Gutsbesitzer und spätere Nationalrat Diethelm Burkhard-Abegg, bald die Zeit kommen, dass man im Kanton Zürich Bauernpolitik zu betreiben habe, denn man werde häufig gezwungen sein, gegen Sozialisten und auch gegen Bürgerliche Stellung nehmen zu müssen. Blosse Wirtschaftspolitik werde da nicht mehr genügen.⁷⁷

Die Kommission für Wirtschaftspolitik des Landwirtschaftlichen Kantonalvereins wurde zuerst vom freisinnigen Nationalrat Jakob Walder aus Glattfelden präsidiert, vermochte aber 1911 noch kein Arbeitsprogramm vorzulegen.⁷⁸ Nach Walders Tod im Jahr 1915 präsidierte der junge Volg-Verbandssekretär Karl Wunderli aus Winterthur; 1916 hören wir erstmals von Rudolf Reichling, der als Berichterstatter auftrat und später eine prägende Rolle in der neuen Bauernpartei spielen sollte.⁷⁹ Die Politische Kommission griff auch in einzelne Wahlen und Abstimmungen ein, allerdings nicht gegen aussen, son-

Der Landwirtschaftliche Kantonalverein organisierte im Herbst 1912 eine grosse und erfolgreiche Landwirtschaftsausstellung in Meilen.

Dr. Johann Hofmann (1876–1958), Lehrer und später Direktor am Strickhof, stellte 1910 den Antrag zur Bildung einer ständigen Kommission für Wirtschaftspolitik im Landwirtschaftlichen Kantonalverein.

Die Abgeordneten des Zürcherischen Landwirtschaftlichen Kantonalvereins im gutbürgerlichen Sonntagsstaat vor ihrem neuen Lagerhaus in Winterthur-Grüze, 1913.

dern mittels Zirkularen und Bearbeitung von Vertrauensmännern in den historischen Parteien von Freisinn und Demokraten. Es ist unverkennbar, dass jüngere Mitglieder wie Karl Wunderli, Rudolf Reichling und Carl Bertschinger auf eine Parteigründung zusteuerten, ohne einen allzu schroffen Generationenkonflikt heraufbeschwören zu wollen. In der Kommission für Wirtschaftspolitik des Landwirtschaftlichen Kantonalvereins lag denn auch die eigentliche «Keimzelle» der Zürcher Bauernpartei.[80]

Dennoch hat auch der Bauernbund zur späteren Gründung der Bauernpartei manche Vorarbeit geleistet; Konrad Keller aus Oberglatt durfte die Gründung vom 4. März 1917 noch erleben. Die Idee des Bauernbundes fand aber in mancher Hinsicht eine noch frühere Verwirklichung, nämlich 1897 mit der Gründung des Schweizerischen Bauernverbandes.[81]

Schweizerischer Bauernverband: überparteilich mächtig

Nachdem 1870 der Schweizerische Handels- und Industrieverein, 1873 der Schweizerische Arbeiterbund (ab 1880 Schweizerischer Gewerkschaftsbund) und 1879/80 der Schweizerische Handwerker- und Gewerbeverein gegründet worden waren, lag es auf der Hand, dass die Bauern ebenfalls ein mit Bundesmitteln ausgestattetes wissenschaftliches und standespolitisches Sekretariat forderten. Schon der Gründer des Zürcher Bauernbundes, Konrad Keller, hatte bei aller Bürokratiefeindlichkeit die Anstellung eines schweizerischen Bauernsekretärs im Dienst einer landwirtschaftlichen Zollpolitik propagiert.[82] Der nationale Bauernbund sah das Schwergewicht der Tätigkeit eines solchen Bauernsekretärs allerdings eher im Kampf gegen die landwirtschaftliche Verschuldung und im Umbau des Hypothekarwesens. Angesichts der angespannten Finanzlage beantwortete der Bundesrat ein Subventionsgesuch abschlägig, was der *Zürcher Bauer* nicht bedauerte. Das Organ des Landwirtschaftlichen Kantonalvereins spottete über einen solchen Bauernsekretär, der wie ein Hausierer mit der Laterne im Land herumreise und nachfrage, ob ihn nicht irgendjemand brauchen könne: «Unsere aus allen Volksschichten zusammengesetzten Volksvertretungen und Vereine werden hoffentlich sehen ohne solche Windlichtträger.»[83] Eine andere Stimme wiederum konnte der Idee eines «einsichtigen, tüchtig geschulten Sekretärs auf Bundeskosten» mehr abgewinnen, käme dadurch doch mehr Konstanz in die bäuerliche Sache und wäre der Bauernbund so gezwungen, «die Berechtigung der Existenz von ‹Federhelden› feierlich zu anerkennen.»[84]

Es war ein Mitglied des Zürcher Bauernbunds wie auch der traditionellen landwirtschaftlichen Vereinigungen, der freisinnige Regierungs- und Nationalrat Heinrich Kern aus Bülach, der den elterlichen Hof bewirtschaftete und der die Idee einer bäuerlichen Standesorganisation dem Landwirtschaftlichen Klub der Bundesversammlung und andern interessierten Organisationen vorlegte. Ende 1896 trafen sich Parlamentarier und Vertreter der landwirtschaftlichen Organisationen auf Einladung Kerns in Bern und sprachen sich einstimmig für die Schaffung eines Bauernsekre-

Heinrich Kern (1853–1923) aus Bülach, freisinniger National- und Regierungsrat, regte 1897 die Gründung des Schweizerischen Bauernverbandes an und wirkte bis 1917 in dessen Vorstand.

tariats aus.⁸⁵ Für dieses Ziel hatte sich auch der katholisch-konservative Bündner Sozialpolitiker Caspar Decurtins eingesetzt.⁸⁶

Es gelang schliesslich, die bedeutendsten landwirtschaftlichen Organisationen des Landes in einem einzigen Verband zusammenzuschliessen. Die neue bäuerliche Standesorganisation sollte sich indessen nicht Bauernbund, sondern Bauernverband nennen. Dies geschah im Sinne eines gewissen Abrückens von früheren, allzu umstrittenen Aktivitäten.⁸⁷ Auch machte der Schweizerische Bauernverband in seinen Statuten unmissverständlich klar, dass es um die «gemeinsame Vertretung und Wahrung der landwirtschaftlichen Interessen» gehe. Darum könne jede Vereinigung mit gleichen Interessen – «ohne Unterschied ihrer politischen und religiösen Richtung» – dem Bauernverband als Sektion beitreten. Auch vom exklusiven Berufsstandpunkt wollte der Bauernverband nichts wissen, weshalb er Gutsverwalter, Staatsangestellte, Landwirtschaftslehrer und so weiter in seine Reihen aufnahm. Der Einfluss des Schweizerischen Landwirtschaftlichen Vereins liess den Bauernbund zuerst befürchten, dass sich die «Herrenbauern» gegen die Kleinbauern durchsetzen würden. Dennoch blieben die Bauernbünde Mitglieder des Schweizerischen Bauernverbandes, auch wenn sie deswegen ihre Tätigkeit vorderhand noch nicht als erfüllt beurteilten und ihre Arbeit fortsetzten. Die nationale Durchschlagskraft des späteren Bauernverbandes sollte sich nicht zuletzt aus seiner regional ausgewogenen Dachverbandsstruktur erklären.⁸⁸

Ein Initiativkomitee, dem auch der Zürcher Bauernbundpräsident Albert Schmid-Spörri angehörte, lud zur Gründungsversammlung in den Berner Grossratssaal ein, wo am 7. Juni 1897 281 Delegierte von 64 Organisationen den Schweizerischen Bauernverband aus der Taufe hoben. Gleichzeitig beschloss man die Schaffung eines schweizerischen Bauernsekretariates. Verbandspräsident wurde der freisinnige Berner Nationalrat, Grossbauer und Gastwirt Johann Jenny aus Bolligen, der dieses Amt 33 Jahre lang ausüben sollte.⁸⁹

Ins neugegründete Bauernsekretariat zog 1898 mit Ernst Laur eine wirkungsmächtige, imponierende Persönlichkeit ein, die nicht nur den Bauernverband, sondern die gesamte schweizerische Landwirtschaftspolitik bis 1939 nachhaltig prägen sollte. Der Stadtbasler war Absolvent der Zürcher Landwirtschaftsschule Strickhof⁹⁰, hatte danach an der ETH Zürich ein Studium als

Titelblatt im Protokollbuch des Schweizerischen Bauernverbandes, 1897.

Agraringenieur absolviert und an der Universität Leipzig doktoriert. Als auch äusserlich imposanter «Bauernführer» mit wallendem Bart vertrat er künftig jenes Drittel der Schweizer Bevölkerung, das sein Auskommen noch immer in der Landwirtschaft fand, sich aber gesellschaftlich und politisch zunehmend an den Rand gedrängt fühlte. Auf Wunsch seiner Frau verlegte Laur das Bauernsekretariat 1901 nach Brugg und markierte damit selbstbewusst eine gewisse Distanz zu Bundesbern; im gleichen Jahr erschien als Publikationsorgan erstmals die *Schweizerische Bauernzeitung*.

Als geschickter Organisator mit einem ausgeprägten Gefühl für das Machbare und einem fast übermenschlichen Arbeitseinsatz verschaffte Laur dem Schweizerischen Bauernverband einen Einfluss, der demjenigen der andern Wirtschaftsverbände in nichts nachstand. Laur übte neben dem hauptamtlichen Beruf als Chef des Bauernsekretariats auch noch die volle Stelle eines ordentlichen ETH-Professors für Agrarwissenschaften aus. Vor der Gründung der Bauernpartei gestaltete Laurs Bauernverband die Landwirtschaftspolitik fast im Alleingang, führte Abstimmungskampagnen und prägte mit dem Industrie- und Handelsverein «Vorort» die schweizerische Zoll- und Handelspolitik. Über vierzig Jahre nahm Laur als Delegierter des Bundesrates für Handelsverträge und zudem auch als Bankrat der Nationalbank eine herausragende Stellung in der schweizerischen Wirtschaftspolitik ein.[91]

Bei der überaus heftig geführten Zolltarifabstimmung von 1903 trieb der Bauernverband eine intensive Pro-Kampagne und gewann gemeinsam mit Exportindustrie, Gewerbe und Handwerk mit 60 Prozent der Stimmen; gleichzeitig öffnete sich ein tiefer Graben zur Linken. Auch mit dem Lebensmittelgesetz von 1906 erhielt die Landwirtschaft etliche Vergünstigungen. Der Schweizerische Bauernverband setzte seit der Gründung auf den «Bürgerblock», dies in scharfer Abgrenzung von der Sozialdemokratie, wobei er die Freisinnig-Demokraten und die Katholisch-Konservativen bei Wahlen unterstützte und im Gegenzug agrarpolitische Zugeständnisse erreichte.[92]

Ernst Laur (1871–1964) wirkte 1898 bis 1939 als mächtiger Direktor des Schweizerischen Bauernverbandes und als Professor für landwirtschaftliche Betriebslehre an der ETH Zürich.

Der Bauernstand sah sich angesichts der Verstädterung und Industrialisierung als Bollwerk von Fleiss, Einfachheit, Gesundheit, Sittlichkeit, Vaterlandsliebe und religiösem Sinn; als Feind betrachtete er den Internationalismus, den Sozialismus, den Antimilitarismus und die Überfremdung.[93] In den Jahren des Ersten Weltkriegs erhielt der Bauernverband eine noch bedeutsamere Rolle, galt es doch, gemeinsam mit der Bundesverwaltung die Nahrungsversorgung der Bevölkerung sicherzustellen. Dadurch erhielt Ernst Laur dank seiner dominanten Stellung in seinem Verband beinahe eine Art Regierungsfunktion. Als sich in den letzten Kriegsjahren Bauernparteien bildeten, trug Verbandsdirektor Laur nicht nur zu deren wirtschaftspolitischem, sondern auch zum ideologischen Fundament bei. Mit seinen Gedanken über «Die schweizerische Bauernpolitik im Lichte einer höheren Lebensauffassung» gab der religiöse Protestant Laur 1918 der jungen Bewegung eine christliche Weihe, die weit über die materielle Interessensvertretung hinausführte, grenzte er doch die neue Partei scharf von der «gottlosen» Sozialdemokratie ab.[94]

Auch wenn die Bauernparteien ab 1917/18 als weitere Kraft die landwirtschaftlichen Bedürfnisse in die Politik einbrachten, behielt «Brugg» in der Zwischenkriegszeit seine starke Stellung. Dazu diente nicht zuletzt das wissenschaftliche und statistische Material, mit dem die Forderungen der Bauern glaubwürdig untermauert wurden. Laur veröffentlichte auch international verbreitete Lehrbücher über bäuerliche Betriebswirtschaft und Buchhaltung und verstand den Bauern durchaus als Unternehmer, der sich in der Marktwirtschaft zu bewähren habe. Seine Konzeption geriet allerdings in einen gewissen Widerspruch, indem die Forderung nach Produktivitäts- und Effizienzsteigerung zu einer Reduktion der bäuerlichen Existenzen führen musste, was dem Bauernführer wiederum gar nicht behagte. Seine glänzende Rednergabe machte den Basler bei der bäuerlichen Basis ausserordentlich populär. Er verkehrte mit Bundesräten, Regierungsräten und Parlamentariern beider Kammern auf vertrautem Fusse und gehörte über Jahrzehnte zu den landesweit einflussreichsten Politikern, ohne je ein politisches Mandat auszuüben.[95]

Die Gründung einer Bauernpartei stand für den Schweizerischen Bauernverband in den ersten Jahren nicht zur Debatte, obwohl man die mangelnde Vertretung in den Parlamenten beklagte. Das Majorzwahlrecht bot für den eigenständigen Weg wenig Chancen, und auch die überlieferte konfessionelle und parteipolitische Spaltung der Bauernschaft machte ein solches Projekt wenig aussichtsreich. Mit der Parole «Hie Bauernstand! Hie Vaterland!» erhöhte der Verband die Interessen seiner Mitglieder in geschickter Weise zu jenen des gesamten Landes. Gerne erinnerte Direktor Laur an die bäuerlichen Freiheitskriege des 17. Jahrhunderts und würdigte die damaligen Bauernführer wie Niklaus Leuenberger oder Christian Schybi.

Gleichzeitig äusserte der Schweizerische Bauernverband deutlich, dass er sich nicht nur gegen den «roten», sondern auch gegen den «goldenen Internationalismus», also den hemmungslosen, grenzüberschreitenden Kapitalismus, wehren werde. Die Zeiten des Laisser-faire-Liberalismus – so machte «Brugg» unmissverständlich klar – seien in der Landwirtschaftspolitik vorbei.[96] Aktiv förderte der Verband auch die Gründung verschiedener Milchverbände, so 1905 des Nordostschweizerischen Milchproduzentenverbands und 1907 des Zentralverbands schweizerischer Milchproduzenten (ZVSM), dem schon vor dem Ersten Weltkrieg fast die Hälfte der Zürcher Betriebe angehörte. Ziel dieser Milchverbände war es, vertraglich vereinbarte, möglichst hohe Milchpreise zu erzielen, die sich an den Produktionskosten orientierten. Es konnte nicht ausbleiben, dass die Milchpreisfrage bald zu den wichtigsten Streitpunkten zwischen Bauern und Arbeitern gehörte.[97]

1907 stürzte sich der Bauernverband mit aller Macht in den Kampf für eine neue Militärorganisation. Zu sehr war man sich im Klaren, dass die zeitliche und finanzielle Mehrbelastung durch die Ausweitung der Wehrtätigkeit bei manchen Bauern unpopulär war. Die bürgerliche Seite lief Gefahr, die Bauern an die pazifistischen Sozialdemokraten zu verlieren. Mit 55 Prozent Zustimmung zur Militärvorlage fiel das Ergebnis denn auch eher ernüchternd aus. Wie erfolgreich der Bauernverband aber schon in seinem ersten Vierteljahrhundert agierte, zeigt sich in der Tatsache, dass er zwischen 1898 und 1921 nur eine einzige eidgenössische Abstimmung verlor.[98]

Demokratische Bauernpartei des Bezirks Bülach

Bauern-Versammlung
für den Bezirk Bülach
Ostermontag den 1. April 1907, Nachmittags halb 2 Uhr
im „Rößli" in Bülach
(eventuell auf dem Lindenhof).

Traktanden:
1. Gründung einer demokratischen Bauernpartei des Bezirkes Bülach.
2. Stellungnahme zum Boycott der „Wochen-Zeitung".

Der Vorstand des polit. Vereins Kloten-Bassersdorf.
Der Vorstand des Bauernbundes Korbas-Freienstein-Teufen.
Bauern von Bülach, Glattfelden, Embrach und dem Rafzerfeld.

Einladung zur Gründung der Demokratischen Bauernpartei des Bezirks Bülach vom 1. April 1907 in der Bülach-Dielsdorfer Wochen-Zeitung.

Die erste Bauernpartei und überhaupt die erste parteipolitische Bauernorganisation der Schweiz wurde am Ostersonntag, dem 1. April 1907, in Anwesenheit von beinahe fünfhundert Männern in der Kirche von Bülach gegründet.[99] Unter den Teilnehmern befand sich auch der mittlerweile 65-jährige Konrad Keller, der Begründer des Bauernbunds von 1891. Noch war also die Erinnerung an jene in diesem Bezirk besonders erfolgreiche Organisation lebendig.[100] Als treibende Kraft der Demokratischen Bauernpartei des Bezirks Bülach betätigte sich Fritz Bopp, der seinerzeit nach kurzer Tätigkeit im Kantonalvorstand den Bauernbund wegen dessen zu lauem Kurs rasch wieder verlassen hatte. Ursache der Parteigründung bildete ein Krach zwischen Bopp und dem Bezirksgewerbeverband. Der Bülacher argumentierte, dass mittlerweile bei fast jedem Gesetz handfeste wirtschaftspolitische Interessen auf dem Spiel stünden. Es sei nunmehr geboten, dass sich die Bauern neben der Arbeiterschaft und dem Gewerbe als dritte Kraft sammelten.[101]

In der reformierten Kirche von Bülach gründeten am Ostersonntag, dem 1. April 1907, gegen 500 Männer die Demokratische Bauernpartei ihres Bezirks.

Fritz Bopp zog insofern die Lehren aus dem Scheitern des Bauerbundes, als er seine Bauernpartei auf den Bezirk beschränkte, wo er die Kraft und Übersicht der Leitung zu besitzen glaubte. Auch wurde festgelegt, dass zumindest ein Drittel der Mitglieder auch aus Nichtbauern bestehen dürfe.[102] Da die Landwirte des Bezirks Bülach bislang geschlossen demokratisch gewählt hatten, spuckten die Demokratenblätter *Volksfreund* und *Wehntaler*, später aber auch die hauptstädtische *Züricher Post* Gift und Galle. Dies liess indessen die

Fritz Bopp (1863–1935), Landwirt, Kantonsrat und Nationalrat, gründete 1907 die Demokratische Bauernpartei des Bezirks Bülach.

junge Bauernpartei völlig unbekümmert, konnte Bopp es ihnen doch publizistisch in der *Bülach-Dielsdorfer Wochen-Zeitung* mit gleicher Münze heimzahlen.

Der durchaus massvolle Zweckartikel der Bülacher Bezirksbauernpartei lautete: «Die Bauernpartei bezweckt auf demokratischer Grundlage und unter Beachtung jeder gerechten Rücksicht auf andere Volksteile eine wirksame Wahrung und Förderung der politischen und wirtschaftlichen Interessen des Bauernstandes.»[103] Als man während des Ersten Weltkriegs im Kanton über die Gründung einer Bauernpartei debattierte, hatte sie Fritz Bopp in seinem Bezirk längst schon erfolgreich aufgebaut. Die Demokratische Bauernpartei des Bezirks Bülach konnte sich entgegen dem Wunsch ihrer vielen Gegner behaupten und sogar die Mehrheit der Stimmenden gewinnen. Bei den Kantonsratswahlen vom Frühjahr 1917, unmittelbar nach der Gründung der Zürcher Bauernpartei, errang sie sieben von zwölf Mandaten und stellte damit die stattlichste Vertretung aller Bezirke.[104]

Fritz Bopp galt damals im Zürcher Unterland als markante, leidenschaftlich umstrittene Persönlichkeit. Gross war die Zahl jener, die ihn hassten und mit fast allen Mitteln bekämpften. Gross war aber auch die Zahl seiner Anhänger und bedingungslosen Mitläufer. Als unabhängige, kämpferische und originelle Charaktergestalt vermochte Bopp auch dank seiner journalistischen und rhetorischen Begabung, seine ländlichen Mitbürger zum politischen Engagement aufzurütteln. Der alleinige Redaktor der *Bülach-Dielsdorfer Wochen-Zeitung*, Bezirksgerichtspräsident und Parlamentarier auf kantonaler und eidgenössischer Ebene verschaffte sich in seiner Region eine einzigartige Machtstellung.[105]

In Dielsdorf hatte Bopp in kleinbäuerlichen Verhältnissen eine karge, eher freudlose Jugend verbracht und fühlte sich nur von Mutter und Schwester verstanden. Trotz grosser Begabung durfte er die Sekundarschule nur ein Jahr lang besuchen. Durch die Folgen einer Diphtherie-Erkrankung war sein Hörvermögen bleibend beeinträchtigt. Als unbeliebter Einzelgänger vergrub er sich in Bücher, holte die verpasste Schulbildung mit eisernem Fleiss nach und durfte als Kanzleigehilfe ins Notariat Dielsdorf eintreten, wo er sich ein gewisses juristisches Rüstzeug aneignete. Auf falscher Behandlung durch die Lehrer gründete sein Hass auf die «Schulmeister»; auch an frühen Kränkungen durch die Dorfgenossen trug sein empfindsames Gemüt schwer.[106] Fritz Bopp fasste dieses drückende Gefühl auch in Verse: «Wenig taug ich wohl zu Scherzen / Manche Stunde Tag und Nacht / Hab ich schon in meinem Stübchen / Trübe sinnend nachgedacht.»[107]

1891 veröffentlichte der 27-Jährige ein erstes Gedichtbändchen mit dem Titel «Fallende Blätter».[108] Die Kritiker äusserten sich vor allem über die Gefühlslyrik sehr positiv und erkannten hinter dem schlichten Bauern einen echten Künstler. Die leidenschaftlichen, oft polemischen Verse über Heimat, Freiheit und Rechte des Bauernstandes wurden weniger verstanden. Ein Jahr später erschien ein zweiter Gedichtband («Dämmerlicht»), wiederum mit recht viel Melancholie und Weltschmerz und mit noch grellerer politischer Färbung.[109] Der dritte, umfangreichste Gedichtband «Wolken und Sterne» erschien zur Jahreswende 1896/97 im Verlag Huber in Frauenfeld. Der Ton des Autors wurde jetzt lichter, poetische Fehlgriffe kamen nicht mehr vor. Die bedeutendsten Schweizer Literaturkritiker der damaligen Zeit, Jakob Christoph Heer von der *Neuen Zürcher Zeitung* und Josef Viktor Widmann vom *Bund*, äusserten

«Der toten Mutter», Gedicht von Fritz Bopp an seine verstorbene Mutter Katharina Bopp-Lips im «Hausbuch deutscher Lyrik» von 1902.

sich begeistert. Der deutsche Dichter Ferdinand Avenarius, Begründer des «Dürerbundes» und der Zeitschrift *Der Kunstwart*, war ebenfalls auf Fritz Bopp aufmerksam geworden und reihte dessen Gedicht «Der toten Mutter» 1902 in seinem «Hausbuch deutscher Lyrik» unter die «Perlen der deutschsprachigen Gedichte» mehrerer Jahrhunderte ein.[110]

Avenarius schrieb geradezu hingerissen: «Bopp ist ein Dichter. Eine starke, im besten Sinne vornehm männliche Persönlichkeit findet in seinen Worten oft wahrhaft ergreifenden Ausdruck, da aber am meisten, wo er in schlichten, volksliedmässigen Strophen singt.»[111] Fritz Bopps vierter und letzter Gedichtband erschien 1904; der Ton war noch heller, kräftiger und abgeklärter, dazu formvollendet, schlicht und eigenständig.[112] Trotz der damals hohen Wertschätzung ist Fritz Bopp als Lyriker der Jahrhundertwende – wie die meisten seiner dichtenden Zeitgenossen – vollständig vergessen gegangen.

1889 trat der Bauer Bopp als Korrespondent und Mitarbeiter von Dr. Friedrich Scheuchzer in die Redaktion der *Bülach-Dielsdorfer Wochen-Zeitung* ein. Daneben arbeitete er bei einem Bülacher Fabrikanten als Fuhrknecht und besorgte dessen kleinen Viehstand. Obwohl Fritz Bopp von Heimweh, Minderwertigkeitsgefühlen und Schüchternheit gequält wurde, war ihm Scheuchzer ein verständnisvoller Arbeitgeber, wofür ihn Bopp mit unermüdlichem Fleiss und lebenslanger treuer Anhänglichkeit belohnte.

Im Zürcher Unterland wurden damals die Zeitungskämpfe «nicht mit Lavendelwasser und Rosenöl» ausgetragen.[113] Als der politisierende Arzt Scheuchzer, der als demokratischer Verfassungs-, Kantons- und Nationalrat gewirkt hatte, 1895 verstarb, übernahm Bopp die Alleinredaktion des Wochenblatts. Er vertrat mit Hingabe, Zorn und Spott die Sache des Bauernstandes und bekämpfte Tendenzen der «geistigen Überfremdung und Zersetzung» durch die Verstädterung.[114] Tatsächlich vergrösserte sich die Stadt Zürich – auch wegen der Eingemeindung von 1893 – zwischen 1880 und 1900 von 24 000 auf 112 227 Einwohner.[115] Bei der Auseinandersetzung mit wirklichen oder vermeintlichen Gegnern liess Bopp kaum eine Polemik oder Beschimpfung aus, wobei er gerne zu alttestamentarischen Zitaten griff.

Nach der Heirat mit der Bülacher Bauerntochter Elisabeth Meier, die ihm eine tapfere, stille Gattin war, übernahm er deren väterliches Heimwesen am Bülacher Lindenhof und bewirtschaftete es in althergebrachter konservativer

Weise ohne jede Mechanisierung. Zum Leidwesen von Bopp blieb das Paar kinderlos.[116]

Vom Bauernbund hatte sich Fritz Bopp nach anfänglicher Begeisterung 1893 enttäuscht zurückgezogen. Er wurde aber 1897 in den Kantonsrat abgeordnet, wo er sich keiner Fraktion anschloss. Mit der Gründung der Demokratischen Bauernpartei des Bezirks Bülach von 1907 war er jedoch zum Anführer der bei weitem mächtigsten politischen Gruppierung des Zürcher Unterlandes aufgestiegen. 1912 wurde er zum Bezirksgerichtspräsidenten, 1919 als juristischer Laie sogar ins Obergericht gewählt, was er wegen seines Gehörleidens allerdings ausschlug. Seine Rednergabe war sprichwörtlich, und seine kurzen, prägnanten und würzigen Voten stiessen im Kantonsrat auf grosse Aufmerksamkeit. In einer Beschreibung wichtiger Parlamentarier von 1909 heisst es: «Bei Fritz Bopp laufen wir Gefahr, nach links und rechts anzustossen, wenn wir den klugen kleinen Mann beleuchten. Er ist nämlich selber etwas einseitig und urteilt über andere so unverblümt und mitunter auch recht subjektiv, dass man sich nicht wundern muss, wenn er auch oft in starken Farben kritisiert wird. [...] Schade, dass er übelhörig ist und schon dadurch daran verhindert wird, andern Leuten wirklich gerecht zu werden.» Seine Ausführungen zu Tagesfragen

Fritz Bopp mit Gattin Elisabeth am Aargauerpflug mit Kuhgespann, um 1910. Bopp sass damals im Kantonsrat und wurde 1915 als Bauernvertreter in den Nationalrat gewählt.

seien «nie demokratisch oder freisinnig oder sozialdemokratisch, sondern stets boppisch».[117] Der *Wehntaler* als Konkurrenzzeitung zu Bopps *Bülach-Dielsdorfer Wochen-Zeitung* schrieb einmal über dessen ständigen Anspruch auf Richtigkeit: «Ich bin der Herr Dein Bopp, ich will keine andern Böpper neben mir haben!»[118]

Bei Ausbruch des Ersten Weltkriegs erlag Fritz Bopp wie so viele begabte Journalisten der Deutschschweiz vollständig der deutschen Propaganda. Der ansonsten so geerdete Demokrat dachte durch und durch deutschnational.[119] Er feierte die «imponierende Gemeinschaft» der Achsenmächte, kritisierte die «Krämerhaftigkeit» Englands und tadelte die «unnatürliche Allianz des jakobinischen Frankreichs mit der halbasiatischen Barbarei Russlands». Bopp geisselte auch den Widerspruch zwischen der «jüdisch-französischen Hochfinanz» und der «finsteren russischen Despotie, die zu Zehntausenden die Juden aus dem Reich und ins Elend stösst».[120]

1917 trat der Fraktionslose, der seit zwei Jahren auch im Nationalrat sass, im Kantonsrat in die 49-köpfige Fraktion der Bauernpartei ein, um das Zürcher Rathaus allerdings 1918 nach 22-jähriger Tätigkeit im Zorn wieder zu verlassen. Es schien ihm unerträglich, dass das von ihm so gescholtene «Strassenweib» Rosa Bloch «mit andern Genossinnen und Stadtweibern» gewissermassen als Tribunal am Tisch der kantonsrätlichen Notstandskommission Platz nahm. Sofern es sich um eine politische Frage handelte, hielt Bopp in einer persönlichen Erklärung fest, sei der Zuzug von sechs Frauen unstatthaft gewesen; wenn es sich aber um eine wirtschaftliche Frage gehandelt habe, sei eine Vertretung von sechs Konsumentinnen gegenüber drei Bauern ungerecht. Auf die Ankündigung seines Rücktrittes ertönte tobendes Bravo und Händeklatschen bei den Sozialisten, «die vor Freude förmlich von den Bänken aufhüpften». Bopp wandte sich an sie mit den Worten: «Ihre Freude, dass ich meinen Posten verlasse, kann mich nur ehren; ein besseres Zeugnis, als Ihren Hass erworben zu haben, brauche ich nicht.»[121] Später hielt er zum kantonsrätlichen Tumult anlässlich seines Rücktritts fest: «Es konnte nicht fehlen, dass dabei manche gespreizte Null in ihrer durchsichtigen Hohlheit zu schimmern kam.»[122]

1915 als Nationalrat gewählt, stieg Fritz Bopp in den billigsten, bescheidensten Berner Gasthäusern ab und pflegte nach beendigter Session seine Taggelder an den Präsidenten zurückzuschicken.[123] Er kämpfte zwar gegen Taggelderhöhungen der Parlamentarier, wurde aber von der Mehrheit überstimmt, ja sogar mit «faulen Spässen und Lachen» eingedeckt. Dies kommentierte ein Thurgauer Kollege mit der zweifellos zutreffenden Aussage: «Hätte das Volk dazu etwas zu sagen, wäre manchen das Lachen vergangen.»[124]

Fritz Bopp war kein Vielredner, vertrat aber mit Nachdruck die Interessen der Landwirtschaft gegen den Sozialismus und die organisierte Arbeiterschaft. Mehr und mehr begann sich Bopp aber von seiner Bundeshausfraktion wie auch von der Zürcher Bauernpartei zu distanzieren. Der eigenwillige Einzelgänger war zu lange fraktionsloser Parlamentarier gewesen, als dass er einer vorgegebenen Parteilinie folgen konnte. Er blieb aber ein Unterländer Volkstribun mit einzigartiger Machtstellung, den seine Anhänger grundehrlich, tapfer und unbestechlich nannten, seine Gegner aber starrköpfig, stur und rachsüchtig.[125]

Zahlreichen Kleinbauernfamilien und sozial Benachteiligten stand Bopp mit unentgeltlichen Rechtsauskünften zur Seite und unterstützte materiell Bedrängte in aller Stille mit Geldspenden. Zäh hing er am Altbewährten und Überlieferten und bekämpfte umso heftiger Traktoren, Automobile und den Sport. Gegen den Bau der ersten Turnhalle in Bülach opponierte er heftig mit der Begründung, man könne ja während der Arbeit turnen.[126]

Allem äusseren Schein und jedem Luxus abhold, vertrat Bopp die Sache, an die er glaubte, mit innerster Überzeugung und ehrlicher Intoleranz. In seiner derben, knorrigen Art wurde Fritz Bopp zum weitbekannten Original. So existiert keine einzige Porträtfotografie von ihm, denn er stellte sich zeitlebens vor keine Kamera mit der Begründung: «Jeder Torebueb lässt sich fotografieren!»[127] Sein Drang nach Wahrhaftigkeit und die damit verbundene Sturheit beschrieb Bopp selber in diesen Versen: «I gib nöd ab, i gib nöd ab / und hauets mer de Grind grad ab / so surri mit de Röhre.»[128]

Gründung der Zürcher Bauernpartei

Erster Weltkrieg: Produzenten gegen Konsumenten

In den ersten zwölf Jahren des 20. Jahrhunderts kam es zu einem deutlichen Anstieg der bäuerlichen Einkommen, wozu die bessere standespolitische Interessenvertretung viel beitrug. Dennoch nahm die landwirtschaftliche Bevölkerung in jener Zeit weiter ab. Dieser Defensive durch die schwindende wirtschaftliche und gesellschaftliche Bedeutung trat die organisierte Landwirtschaft mit einem gehobenen Selbstbewusstsein entgegen. Nicht nur der Schweizerische Bauernverband, auch das Organ *Zürcher Bauer* sprach jetzt vom «wichtigsten Stand der Welt», der «sichersten Grundlage eines Staates» oder der «Urquelle der Volkskraft».[1] Gleichzeitig verhärtete sich das Klima gegenüber der Arbeiterschaft, vor allem anlässlich des Generalstreiks von 1912 in der Stadt Zürich. In den Augen des landwirtschaftlichen Kantonalorgans handelte es sich bei den Streikenden um eine «zügellose Bande», welche die öffentliche Sicherheit gefährde und junge Soldaten «mitten aus den dringendsten Arbeiten» herausreisse. Die Wehrmänner vom Land indessen, die den Streik niederschlugen, sah man als Garanten von Ruhe und Ordnung.[2]

Die Teuerung führte ab 1910 unter den Arbeitern, Angestellten und Beamten zu einer namentlich den Freisinn beunruhigenden Wählerverschiebung. Solcherart aufgeschreckt, war die Traditionspartei ebenso wie Gewerbe und Industrie nicht länger bereit, auf die bäuerlichen Begehren ohne weiteres einzutreten. Eine Fremdkapitalisierung der Bauernbetriebe von durchschnittlich 40 Prozent, Reduktionen beim Gefrierfleischzoll und dem Milchpreis sowie die Übergehung bäuerlicher Kandidaten bei Kantons- und Nationalratswahlen der Vorkriegsjahre taten ein Übriges, dass sich die Landschaft von den Städtern überfahren fühlte.[3]

Schon im Jahresbericht von 1908 hielt der Zürcher Landwirtschaftliche Kantonalverein fest, der Bauernstand sei nicht länger gewillt, das Aschenbrödel zu spielen, und warf die Frage auf, ob er «sich auf wirtschaftspolitischem Gebiet durch die andern von der Suppenschüssel wegdrängen lassen» wolle.[4] Frustrierend wirkte etwa 1913 eine Wählerversammlung der Liberalen für die Nationalratsersatzwahlen, an der ein Jurist dem Vertrauensmann der Landwirtschaft vorgezogen wurde. «Der ablehnende Beschluss», so kommentierte der *Zürcher Bauer*, «ist umso weniger zu begreifen, als die Landwirtschaft in Dr. [Robert] Zürrer einen Mann in Vorschlag brachte, der in Bezug auf Bildung, Befähigung etc. dem andern Kandidaten ebenbürtig ist.»[5] Der Zorn der Abgewiesenen bebte noch länger nach: «Liberal und auch demokratisch heisst städtisch, damit haben wir die Städterpartei, die uns nur den gebührenden Respekt erweisen wird, wenn wir als Gegen-Kraft uns vereinigen; das drängt zur Bauernpartei. [...] Nur wer stark ist, wird beachtet; wenn sich die Bauern zusammenschliessen, sind auch sie stark.»[6]

Als 1914 die Stadtzürcher Paul Emil Usteri vom Freisinn und Oskar Wettstein von den Demokraten zu den Ständeratswahlen antraten, empfahl der *Zürcher Bauer* seinen Lesern erstmals, leer einzulegen: «Bei den Nationalratswahlen in Winterthur zeigten die Bürgerlichen klar und deutlich, dass sie lieber mit der sozialistischen Partei zusammenspannen als mit den Bauern. Bei gleichem Anlass in Zürich haben wir erfahren, dass die Bürgerlichen überhaupt dem Land keine Vertretung gönnen, wo sie in städtischer Mehrheit sind.» Ganz grundsätzlich argwöhnte der organisierte Bauernstand mittlerweile, «dass die bürgerlichen – besser gesagt städtischen – Parteien oder Parteileitungen gegen die Landwirtschaft Front machen».[7]

Vom Ausbruch des Ersten Weltkriegs am 1. August 1914 wurde die Schweizer Bevölkerung mitsamt ihrer Wirtschaftsordnung völlig überrascht. Geradezu panikartig übertrug das Parlament dem Bundesrat unbeschränkte Vollmachten. Der Krieg führte zu tiefgreifenden Veränderungen der wirtschaftlichen und politischen Rahmenbedingungen für die Landwirtschaft, kam es doch zu einem engen Zusammenwirken von Politik und Bauernverband einerseits, landwirtschaftlichen Genossenschaften, Milchproduzenten und Käseunion anderseits. Die fast unglaubliche Dominanz des Bauerndirektors Ernst Laur zeigte sich darin, dass er unmittelbar nach Ausbruch des Ersten Weltkriegs innert sechs Wochen eine kriegswirtschaftliche Nahrungsmittelorganisation für Volk und Armee realisierte, ohne die ihm vorgesetzten Verbandsorgane zu befragen.[8] Es erwies sich rasch, dass Milch und Milchprodukte zwar in mehr als genügender Menge vorhanden waren, die Getreideversorgung aber keinen Fünftel der Bedürfnisse zu decken vermochte.[9] An eine rasche Umstellung auf Ackerbau war indessen nicht zu denken, da es an Arbeitskräften, Zugtieren, Saatgut und Geräten mangelte. Schon ein Dutzend Jahre zuvor hatte der *Zürcher Bauer* bedauert: «‹Ackern und eggen› und ‹Schölle töte› will niemand mehr, und mancher verrottete, wurmstichige alte Aargauerpflug in der hintersten Ecke des Wagenschopfes, welchen Platz er schon viele Jahre nicht mehr verlassen hat, legt stummes Zeugnis ab von dieser Betriebsänderung seines Herrn.»[10]

Man baute auf die Grenzbesetzung, die Respektierung der Neutralität und versuchte gleichzeitig, das Land – auch im Interesse von Industrie und Handel – weiterhin so offen wie möglich zu halten. Dem landwirtschaftlichen Verbandswesen kam eine so tragende Rolle zu wie vorher und nachher nie mehr. Die Verantwortlichen überwanden frühere Differenzen zwischen Produzenten, Verarbeitern, Vermarktern und Konsumenten, speziell im exportorientierten Käsebereich. Auch stellte die Befreiung gewisser landwirtschaftlicher Funktionsträger vom Militärdienst die Nahrungsmittelversorgung sicher. Obwohl vielen Höfen Bauern und Knechte durch die Kriegsmobilmachung entzogen wurden, konnte eine existenzielle Krise von Bevölkerung und Bauernstand abgewendet werden.[11]

Als zu Beginn des Krieges ein Graben zwischen den mit den Deutschen sympathisierenden Deutschschweizern und den Romands aufriss, die der französischen Sache zuneigten, vertrat der Bauernverband eine vermittelnde Stellung. Man tat die Aufregung als Produkt von weltfremden Zeitungsschreibern und Intellektuellen ab. Allerdings traf Bauerndirektor Ernst Laur die Wirklichkeit wohl um einiges genauer: «Die Bauernsame der deutschen Schweiz sympathisiert geschlossen mit den Deutschen, die der welschen Schweiz mit den Franzosen. In den Äusserungen sind aber beide zurückhaltend und sich der Pflichten der Neutralität bewusst.»[12]

Die Nationalratswahlen vom 25. Oktober 1914 standen angesichts der Mobilisierung der Armee unter einer Art «Burgfrieden». Es kam nur zu geringen Verschiebungen, da die Parteien auf einen eigentlichen Wahlkampf verzichteten. Das Bürgertum schien sich angesichts der Importprobleme bewusst zu sein, wie sehr die Gesamtbevölkerung von den Leistungen der produzierenden Landwirtschaft abhing. Die *Neue Zürcher Zeitung* druckte zu Beginn des Jahres 1915 erstmals eine Wochenbeilage mit dem Titel «Landwirtschaft» und dem erklärten Ziel, ein «neues Band zwischen Stadt und Land zu knüpfen».[13] Leser, die mit dem bäuerlichen Umfeld weniger vertraut seien, sollten sich durch Beiträge von Landwirtschaftsspezialisten und Agrarpolitikern besser orientieren können. Noch einmal vereinigten sich die organisierten Bauern einhellig mit dem Bürgerblock bei der Bekämpfung der SP-Volksinitiative zur Einführung einer direkten Bundessteuer.

Aufruf zu Pflege und Verteidigung des Heimatbodens im Ersten Weltkrieg: Während der Mann mit dem Gewehr wacht, sorgen Frauen, Alte und Kinder für den notwendigen Mehranbau.

Im Saal des «Löwen» in Niederglatt referierte am 21. Februar 1915 vor 150 Bauern Dr. Albert Volkart von der Schweizerischen Samenkontrollstation über den Getreidebau. Volkart leitete später die Versuchsanstalt Zürich-Oerlikon und wirkte seit 1925 als Professor für Pflanzenbau an der ETH. Die Ackerbau treibende Bauernsame, so führte er aus, habe das Recht, endlich einmal von den Behörden und ihren politischen Führern ernst genommen zu werden. Kantonsrat Fritz Bopp sprach sich nachdrücklich für einen besseren Getreidezoll aus, während Landwirtschaftslehrer Jakob Trachsler über die Möglichkeiten einer «kräftigeren» Bauernpolitik berichtete. Gerade die Kriegszeit legte den Zusammenschluss von einem guten Dutzend bäuerlichen Organisationen im Bezirk Dielsdorf zu einem landwirtschaftlichen Bezirksverein nahe.[14]

Eine neunköpfige Kommission, die das Projekt vorbereiten sollte, lud allerdings erst zwei Jahre später in die «Sonne» in Dielsdorf zur ersten Versammlung dieser bäuerlichen Bezirksorganisation ein. Im Beisein von rund hundert Personen kam es am 4. Februar 1917 zur Gründung, wobei vor allem die Fachbildung, der Anschluss an den Landwirtschaftlichen Kantonalverein und Stellungnahmen zu einschlägigen Gesetzesvorlagen zentrale Themen bildeten. Mit einer gewissen Befriedigung stellte die *NZZ* in ihrer Landwirtschaftsbeilage fest: «Aus diesen Bestimmungen und aus den gepflogenen Verhandlungen wird ersichtlich, dass im Bezirk Dielsdorf noch keine reine politische Bauernpartei gebildet wird.» Es hätten an der Versammlung nämlich neben Bauern auch «viele Handwerker, Gewerbetreibende und Beamte» teilgenommen. Eine Bauernpartei wäre für den Freisinn insofern beunruhigend gewesen, als es im Bezirk kaum Stimmberechtigte gab, «die nicht einer landwirtschaftlichen Vereinigung dieser oder jener Art» angehörten.[15]

Abgabe von staatlich verbilligten Kartoffeln an Minderbemittelte auf der Uraniastrasse in Zürich, um 1916.

Nach 1916 verhärtete sich die wirtschaftliche Lage einerseits durch schlechtes Sommerwetter, anderseits durch kriegsbedingte Nachschubschwierigkeiten. Die Erklärung des uneingeschränkten deutschen U-Boot-Krieges gegen die Alliierten traf den Überseehandel schwer. Die Politik griff drastisch ein und überliess die Kriegswirtschaft nicht länger den Verbänden; vielmehr wurden eidgenössische Amtsstellen mit weitreichenden Kompetenzen geschaffen und ab Frühling 1917 manche Lebensmittel rationiert. Von den Anstrengungen des Mehranbaus waren auch die Städte betroffen: «Die grosse Wiese vor dem Bahnhof Zürich-Enge, wo in normalen Zeiten das Karussell und die Seiltänzer sich niederliessen, wurde durch einen Zug Landsturmsoldaten umgegraben.»[16] Obwohl man sich vor allem gegen Kriegsende intensiv um einen Mehranbau von Getreide und Kartoffeln bemühte, blieb der Erfolg der zu spät eingeleiteten Massnahmen weit hinter den gesteckten Zielen zurück. Darum wollte der Zürcher Agronom Hans Bernhard im Sommer 1918 die Industrie durch eine «Vereinigung für industrielle Landwirtschaft» zum Anbau auf betriebseigenem Gelände ermuntern, was ihm in der Gegend von Winterthur auch teilweise gelang.[17] Bernhard ging es nicht wie einigen Agrarideologen um die Rückgewinnung einer angeblich vorindustriellen bäuerlichen Idylle, sondern um ein möglichst fruchtbares Nebeneinander mit dem Ziel, mit modernsten technischen Methoden die höchstmöglichen Erträge zu erzielen.[18]

Trotz solch vereinzelter Bemühungen nahm die Unterversorgung namentlich mit Getreide und Fleisch in den beiden letzten Kriegsjahren bedrohliche Ausmasse an. Auch wenn es nicht zu eigentlichen Hungersnöten kam, litt der wenig bemittelte Teil der Bevölkerung stark unter dem Nahrungsengpass. In diesem Klima begann die Linke, scharf gegen die Bauern als angebliche Kriegsgewinnler und hemmungslose Preistreiber zu polemisieren. Die Landwirte und deren Organisationen wiederum klagten über ihre ungedeckten Produktionskosten. Da sie längst nicht mehr nur Selbstversorger waren, mussten sie für die Artikel ihres Lebensbedarfs auch höhere Preise zahlen, ebenso höhere Löhne an die Dienstboten.[19] Tatsächlich stiegen die erzielten Preise ab 1915 an, speziell beim Weizen und bei der Milch. Im Getreide- und Kartoffelanbau sowie bei der Weinproduktion ergaben gute Ernteergebnisse einen Verkaufserfolg, bei dem sogar Bauerndirektor Ernst Laur von «hohen, zu hohen Preisen» sprach.[20]

Auch wenn die grösseren Höfe vergleichsweise besser rentierten, kamen in den zwei letzten Kriegsjahren auch Kleinbetriebe wirtschaftlich voran. Demgegenüber blieben die Löhne der Arbeiter hinter der Teuerung zurück, und die Werktätigen in der Industrie mussten auch deutliche Einbussen bei den Reallöhnen hinnehmen. Zwar bemühten sich die bäuerlichen Offiziellen, die für sie günstige Entwicklung nach Kräften herunterzuspielen, doch wurde ihnen klar, dass die Schweizer Landwirtschaft gestärkt aus dem Ersten Weltkrieg hervorgehen würde.[21] Mit gutem Grund argumentierte die *Schweizerische Bauernzeitung* 1917, es sei doch nur gerecht, «wenn in solchen Kriegszeiten dem Bauern, welcher den Verlockungen und Vorteilen der Abwanderung in die Stadt widerstanden hat und so heute die Bevölkerung vor Not und Hunger bewahrt, etwas von den in der Stadt angesammelten Reichtümern zurückfliesst».[22]

Obwohl es also den Bauern zumindest ab 1917 recht gut erging, blieb ihre Unzufriedenheit beträchtlich. Sie forderten jetzt mehr als bloss die Befriedigung der notwendigsten materiellen Bedürfnisse. Zweifellos trug die schweizerische Landwirtschaft zwischen 1914 und 1918 eine ganz erhebliche Bürde, etwa durch Grenzdienste, die Frauen und Kinder zusätzlich belasteten, durch Einquartierungen, Requirierung von Lebensmitteln, Stroh und Pferden oder Kulturschäden durch die Armee. Obendrein standen die Bauern unter dem ständigen Druck des Mehranbaus, um den Hunger von der übrigen Bevölkerung abzuwenden. Da sorgte es für Erbitterung, wenn sie von Sozialdemokraten, Gewerkschaften und Kommunisten als Preistreiber und Ausbeuter beschimpft wurden. Die ständige staatliche Gängelung schränkte die Landwirte ein, und die militärischen Autoritäten waren beim dienstleistenden Bauernstand wegen der oft herrischen Behandlung durch die Offiziere auch nicht sonderlich beliebt.

Als Arbeiter und Arbeitslose sich zu Streikaktionen gegen Hunger und Teuerung entschlossen, wurde die Stimmung explosiv. Im Jahr 1917 konstatierte ein so besonnener Mann wie Bauernverbandspräsident Johann Jenny an einer Delegiertenversammlung, dass sich die gesamte Bevölkerung «in einem gewissen Fieberzustande» befinde: «Man ist allgemein empfindlich, unzufrieden, nervös geworden.»[23] Im solchermassen treffend beschriebenen Klima vollzog sich im Kanton Zürich Anfang 1917 die Gründung der gesamtschweizerisch ersten Bauernpartei.

Tonhalle-Versammlung vom 4. März 1917

Hatten schon 1890 der in der Region Winterthur verwurzelte Verband Ostschweizerischer Landwirtschaftlicher Genossenschaften (Volg) und ein Jahr später auch der Zürcher Bauernbund die Gründung einer eigenständigen Bauernpartei gefordert, schritt man eine Generation später zur Tat. Die Gründung Fritz Bopps von 1907 im Bezirk Bülach hatte die Lebensfähigkeit eines bäuerlichen politischen Alleingangs belegt und machte eine kantonale Sammlung wünschbar. Dass Zürich voranging, war kein Zufall; vielmehr nahm dieser landesweit höchstindustrialisierte Kanton wiederholt die Entwicklung anderer Kantone vorweg.

Ein Hauptgrund, weshalb sich zwischen den bestehenden Parteien von Freisinn, Demokraten und Sozialdemokraten eine Bauernpartei als neue politische Kraft etablierte, ist auf den immer ausgeprägteren Gegensatz zwischen Stadt und Land, zwischen Produzenten und Konsumenten zurückzuführen. Die ländlich-bäuerliche Bevölkerung befand sich auch zahlenmässig in der Defensive und sah sich zunehmend in die Rolle eines wirtschaftlichen und politischen Anhängsels der Grossstädte degradiert.[24] Ohne möglichst geschlossenes Auftreten der Zürcher Bauernschaft war es mit einem Anteil von etwa 17 Prozent an der Gesamtbevölkerung schon rein zahlenmässig schwer, demokratische Mehrheiten zu erringen. Der *Zürcher Bauer* brachte dieses Problem wie folgt auf den Punkt: «Jetzt aber, da die Bauern zu einem kleinen Prozentsatz im Staatswesen geworden sind, heisst es auf der Hut sein und die Reihen schliessen. Glaubt jemand, dass sich die Zahl der Bauern wieder mehren werde? Wir glauben es nicht. […] Nur durch Zusammenschluss werden die Bauern auch auf politischem Gebiet mehr erreichen als bis anhin.»[25]

Bislang hatten sich die Bauern im Kanton Zürich entweder beim Freisinn oder bei den Demokraten engagiert, wobei vor allem die jeweilige Wohngegend entscheidend war. Im Kantonsrat gab es wie im eidgenössischen Parlament einen Landwirtschaftlichen Klub über die Parteigrenzen hinweg, wobei der Landwirtschaftliche Kantonalverein gleichsam die Klammer bildete. Im Zürcher Kantonsrat gehörten zu Beginn des Ersten Weltkrieges von 257 Mitgliedern 83 dem Landwirtschaftsklub an.[26] Viele nichtbäuerliche Mitglieder standen allerdings unter Verdacht, dem Klub nur aus Gründen der Wahlhilfe beigetreten zu sein. Den alternden Weltanschauungsparteien stand die machtvolle, dynamische und wirtschaftlich fordernd auftretende Sozialdemokratie gegenüber, der das Bürgertum, das nach Meinung der Bauern generell nach links tendierte, zu wenig Widerstand entgegensetzte.[27] Auch unerfreuliche

Ausgänge der genannten Nationalratswahlen und eine städtischen Doppelvertretung im Ständerat sorgten für Ärger. Mit 6,5 Prozent der eidgenössischen Parlamentarier zwischen 1848 und 1920 waren die Bauern massiv untervertreten, auch wenn sich das Verhältnis zwischen gewählten Repräsentanten und Angehörigen dieser Berufsgruppe seit der Landwirtschaftskrise und der besseren Organisation der bäuerlichen Interessen in den 1880er Jahren etwas verbessert hatte.[28]

Eine staatliche Kartoffel-Bestandesaufnahme von 1916 empfanden die Bauern als nachgerade beleidigend, ebenso den von linker Seite vorgebrachten Vorwurf der Kartoffelhortung zwecks Erzielung von Höchstpreisen. Fritz Bopp wies die Verantwortung der gesamten Bauernschaft für «einzelne Schmutzfinke» zurück, «wie es solche auch in den gebildetsten Kreisen und unter sozialistischen Genossen gibt».[29] Auch der Milchpreis als zumeist wichtigste bäuerliche Einnahmequelle bot Anlass zu zahlreichen Kämpfen und gegenseitigen Verdächtigungen. Aber für die Zürcher Bauern bildeten die Kriegsjahre wirtschaftlich insgesamt eine gute Zeit. Die materiell verbesserte Situation schuf ein entsprechend erhöhtes Selbstbewusstsein.

Im Frühjahr 1916 forderten einzelne Sektionen, «es möchte der [Landwirtschaftliche] Kantonalverein sich mehr auf politischem Gebiete betätigen»: «Je mehr sich auch die politischen Verhältnisse zuspitzen, umso mehr ist der Zusammenschluss der Bauern notwendig.»[30] Ab November desselben Jahres wurde der *Zürcher Bauer* immer deutlicher und beanspruchte auch gleich die nationale Pionierrolle: «Wir wollen in Zukunft nicht immer nur den Bürgerlichen Stimmen liefern, sondern sobald als möglich eine schweizerische Bauernpartei gründen. Eine Organisation, die Hand in Hand mit den kantonalen Bauernparteien dafür sorgen würde, dass in die verschiedenen kantonalen und eidgenössischen Räte anstatt der sogenannten Bauernfreunde eine der landwirtschaftlichen Bevölkerung entsprechende Anzahl richtiger Bauernvertreter käme. Die Schweizer Bauernpartei und für uns im Speziellen die zürcherische kantonale Bauernpartei mit einer täglich erscheinenden politischen Zeitung wird und muss doch endlich kommen, trotz allem Bremsen der bürgerlichen Parteien. [...] Wäre es nicht schon bei der nach dem Krieg kommenden Neuregelung der Zollverträge von Vorteil für uns, wenn die Bauernpartei genügend Vertreter in Bern besässe, die die Interessen der Produzenten verfechten würden? […] Deshalb, werte Berufskollegen, ist es unsere Pflicht, der kantonalen und eidgenössischen Politik nicht gleichgültig zuzusehen, sondern energisch für politische Organisationen für eine Bauernpartei einzustehen.»[31]

Den letzten Anstoss bot die Zustimmung zur Einführung des Proporzwahlrechts im Kanton Zürich vom 10. Dezember 1916. Zwar hatten die Bauernorganisationen eine Schwächung der Landschaft befürchtet und zum Schutz «vor der roten Flut und dem Stadtmoloch» die Nein-Parole ausgegeben[32] – nur der eigenwillige, aber konsequenter denkende Fritz Bopp erklärte sich dafür. Auch der Landwirtschaftliche Kantonalverein fasste an einer Delegiertenversammlung vom 3. Dezember 1916 in Winterthur den Beschluss, den Proporz «unter allen Umständen» zu verwerfen: «Sollte er doch angenommen werden, hat der Vorstand den Auftrag, die Frage der Gründung einer Bauernpartei zu prüfen und Antrag zu stellen.»[33] Als die Neuerung beim Souverän an der Urne durchkam, sah sich die Zürcher Landwirtschaft von den Städten recht eigentlich überrollt. Sogar Bopp konnte sich über einen Proporz nicht freuen, der «uns nur durch den Massendruck der Städte oktroyiert wurde». Man stehe nun vor dem Scheideweg: Rückkehr zur völligen politischen Leibeigenschaft oder eine eigene Bauernpartei. Er selber werde mit grossem Einsatz für eine kantonale Bauernpartei kämpfen, betonte Bopp.[34]

Der *Zürcher Bauer* erinnerte daran, dass die Landwirtschaft den Proporz im höheren Staatsinteresse zwar abgelehnt habe. Aber jetzt gelte es, vorwärts zu blicken: «Nun, da wir ihn haben, wollen wir damit zu machen suchen, was zu machen ist, und zwar für uns, und nicht für die, die uns am 10. Dezember vergewaltigt haben.» Im drohenden Ton des Alten Testamentes wandte man sich vorab an die Freisinnig-Demokraten: «Als Schleppenträger da weiter mitzuwirken, ist für die Landwirte nicht gerade erhebend […]. Gutmütigkeit bekommt zudem in der Politik bald einen Stich ins Lächerliche; Auge um Auge, Zahn um Zahn scheint uns da der richtigere Grundsatz zu sein. Darum heisst es jetzt, das Eisen schmieden, so lange es heiss ist. Dabei kann ein bisschen Rachedurst im Hintergrund der Sache nur förderlich sein.»[35]

Nachdem sich dieser Rachedurst etwas gelegt hatte, gab man sich dann aber rasch staatsmännischer: «Die Bauernpartei soll sich nicht kleinliche Interessen, Interessensstreit zwischen Produzenten und Konsumenten zum Ziele setzen, sie soll Stütze und Träger des gemeinsamen Vaterlandes sein, sie soll gemeinsam mit andern Parteien in redlichem Streben an seiner Wohlfahrt arbeiten, und sie wird es.»[36]

Auch das Volg-Organ hatte vor der Einführung des Proporzes im Namen seiner Leser befürchtet, künftig von den sozialdemokratischen Städten überstimmt zu werden, und warnte darum genau wie der *Zürcher Bauer*: «Es gilt, das Land zu bewahren vor der roten Flut und dem Stadtmoloch!»[37] Doch gemäss dem *Genossenschafter* war der Proporz nun einmal da, und man wollte ihn nutzen; die Zeit sei reif für eine Bauernpartei.[38] Der Ausgang der Abstimmung zeigte, dass die Teuerung neben den Arbeitern auch zahlreiche Beamte und Angestellte ins antibäuerliche Lager getrieben hatte; die bürgerlichen Parteien der Demokraten und des Freisinns nahmen auf diese nach Meinung der Bauern generell allzu starke Rücksicht. Die Unzufriedenheit mit Staat und Armee zeigte sich bei der Gründung der Bauernpartei deutlich, indem die Volg-Zeitung die Freisinnigen als «Oberstenpartei» beschimpfte und der *NZZ* einen «Oberstenton» unterstellte.[39] Dieser Vorwurf ist insofern bemerkenswert, als sich unter den damaligen und späteren Exponenten von Bauernverband und Bauernpartei durchaus viele hohe Offiziere befanden.

Da der Vorstand des Landwirtschaftlichen Kantonalvereins von den Delegierten beauftragt war, im Falle einer Annahme der Proporzinitiative die Grün-

> Nach reiflicher Ueberlegung und eingehender Prüfung kam die Kommission zum Schlusse, die Organisation so auszugestalten, dass der Kantonalverein die oberste Leitung übernimmt. Ihm würde beigegeben eine politische Kommission, die selbständig die politischen Interessen vertritt. Dabei hat es die Meinung, dass die bäuerlichen Vertreter im Kantonsrat eine eigene Fraktion bilden werden. Die Haupttätigkeit liegt in den Bezirken, die sich dann im Kantonalverein zusammenfinden, in denen sie den nötigen Rückhalt besitzen. Das nähere findet sich im politischen Programm, im Arbeitsprogramm und im Geschäftsreglement, die im Anhang sich vorfinden.
>
> Die definitive Beschlussfassung bleibt natürlich der ausserordentlichen Delegiertenversammlung vorbehalten, zu der wir Sie auf
>
> **Sonntag, den 4. März 1917, nachmittags 2 Uhr in die Tonhalle (Uebungssaal) Zürich**
> einladen.
>
> Traktanden:
> 1. Beschlussfassung betr. die politische Organisation der zürcherischen Landwirtschaft.
> 2. Eventuell Wahl des Präsidenten der politischen Kommission.
>
> Stimmberechtigung haben nur die mit Stimmausweisen versehenen Delegierten, dagegen steht es jeder Sektion frei, so viel Leute zu schicken, als ihr beliebt.
>
> In Anbetracht des sehr wichtigen Traktandums erwarten wir einen recht starken Aufmarsch.
>
> Mit Gruss und Handschlag!
>
> Wädenswil und Winterthur, den 12. Februar 1917.
>
> **Für den Vorstand des zürch. landw. Kantonalvereins:**
>
> Der Präsident: **E. Rellstab.**
> Der Aktuar: **Ad. Weber.**

«Mit Gruss und Handschlag!» Einladung zur Gründung der Zürcher Bauernpartei vom 4. März 1917, unterschrieben von Präsident und Aktuar des Landwirtschaftlichen Kantonalvereins.

dung einer Bauernpartei ernstlich zu prüfen, machte er sich unverzüglich an die Arbeit.[40] Der Vorstand beriet am 22. Dezember 1916 als weniger weit gehende Varianten zum Alleingang auch die Gründung einer kantonalen Bürgerpartei oder einer bürgerlichen Landpartei. «Einstimmigkeit besteht darin», berichtete der *Zürcher Bauer*, «dass der neu eingeführte Proporz einen festen Zusammenschluss der Bauernsame zur unbedingten Notwendigkeit macht».[41] Vor allem der bislang freisinnige Stäfner Kantonsrat Rudolf Reichling-Rebmann, dessen gleichnamiger Sohn sowie der Volg-Vertreter Karl Wunderli erinnerten an den günstigen Zeitpunkt und an frühere Enttäuschungen, die der Bauernstand durch die traditionellen Parteien habe erfahren müssen.[42]

Man war sich bewusst, dass die Bildung einer reinen Bauernpartei die radikalste Lösung war. Sie erhielt aber schliesslich zwei Drittel der Stimmen. Begründet wurde dieser Entscheid mit einem Gefühl der Defensive gegenüber dem hohen Industrialisierungsgrad, der Landflucht und einem vergleichsweise grossen Anteil an mittleren und kleinen Bauernbetrieben. Anders als ihren etwas später folgenden grossbäuerlichen Berner Berufskollegen ging es den Zürchern weniger um einen Machterhalt; sie fürchteten, politisch in der Bedeutungslosigkeit zu versinken. Gerade solche Bedenken liessen es im Kanton Zürich bis in die beginnenden 1950er Jahre nicht zu, einen gewissen Breitenanspruch unter Einschluss von Gewerbe und nichtbäuerlichen Bürgern auch in der Namensgebung zum Ausdruck zu bringen. Dennoch meinte der Landwirtschaftliche Kantonalverein in seinem Jahresbericht von 1917, es sei wünschbar, «dass uns auch noch weitere Gesinnungsfreunde erwachsen aus den Kreisen ländlicher Handwerker und Gewerbetreibender und so unsere Partei allmählich sich zur eigentlichen Mittelstandspartei entwickle».[43]

Um die Stimmung an der Basis zu vernehmen, wurden die Sektionspräsidenten der landwirtschaftlichen Vereine und Genossenschaften am 26. Dezember 1916 zu einer Sitzung eingeladen. Von den 118 Teilnehmern hielt eine Mehrheit den Zeitpunkt zur Gründung einer eigenen Bauernpartei für gekommen und verabschiedete eine entsprechende Resolution: Erstens wurde die Prüfung von Mitteln und Wegen verlangt, um die Interessen der zürcherischen Landwirtschaft auch «politisch wirksam zu wahren». Zweitens beauftragte man den Vorstand des Kantonalvereins, eine politische Kommission zu bestellen, die sich mit dem Bezirksaufbau befassen sollte. Und drittens sei «sofort das

Programm für eine kantonale Bauernpartei auszuarbeiten und einer Delegiertenversammlung des Landwirtschaftlichen Kantonalvereins zu unterbreiten, die möglichst bald einzuberufen ist».[44]

Am 29. Dezember 1916 beriet man sich zusätzlich mit dem parteiübergreifenden Landwirtschaftlichen Klub des Kantonsrates. Fritz Bopp kommentierte sarkastisch: «Die Gründung der Bauernpartei ginge ganz gut vor sich, wenn es nur keine Kantonsräte gäbe.»[45] In der Folge wurde die «Politische Kommission» mit der Ausarbeitung des Parteiprogramms und der Einberufung einer Delegiertenversammlung betraut. Auch sollten wegen der entsprechenden Wahlkreiseinteilung unverzüglich Bezirksorganisationen gegründet werden, wie eine solche ja bis anhin erst im Bezirk Bülach bestand.[46] Man konnte auf der beruhigenden Tatsache aufbauen, dass bereits beträchtliche Vorarbeit geleistet worden war: «Auf eidgenössischem Boden haben wir den Schweizerischen Bauernverband, auf kantonalem den Kantonalen Landwirtschaftlichen Verein, und in den Gemeinden haben wir die landwirtschaftlichen Vereine und Genossenschaften.» Die Zeit drängte: «Kommt die Partei jetzt nicht zustande, dann – überhaupt nicht mehr.»[47]

Die *Neue Zürcher Zeitung* reagierte als Stimme des Freisinns beunruhigt, plädierte aber in einem Leitartikel («Eine Bauernpartei – die logische Folge der Einführung der Proportionalwahl?») für kühle Überlegung anstelle der Leidenschaft. Doch dann folgte sogleich ein hitziger Frontalangriff auf Nationalrat Fritz Bopp als Befürworter einer Bauernpartei: «Man wird hier daran erinnern dürfen, dass mit dem Begriff Partei der Begriff Disziplin unauflöslich verbunden ist. Herr Bopp hat nun bekanntlich auf Parteigebiet so Hervorragendes geleistet, dass die Wahl bei ihm nur bestehen kann zwischen völligem désintéressement und unduldsamster Diktatur.» Überhaupt sei eine «Landschaftspartei» ein Verhängnis für den Kanton; die Bürgerlichen dürften die Städte nicht den Sozialdemokraten überlassen, die doch die grössten Gegner auch der Bauern seien.[48]

Nach der seit 1907 bestehenden Bülacher Bezirkspartei wurde im Januar 1917 als erste die Bauernpartei des Bezirks Meilen gegründet: «Im Bezirk Meilen hat eine Bauernversammlung einstimmig die Gründung einer Bezirkspartei beschlossen und einem Komitee den Auftrag erteilt, unverzüglich Statuten zu entwerfen.»[49] Vor allem Fritz Bopp befürwortete einen Bezirksaufbau auf

Grundlage der bestehenden landwirtschaftlichen Organisationen und verwies auf seinen Bezirk Bülach, wo die Bauernpartei eine Mehrheit der Stimmen errungen hatte: «Es ist ein grosser und schöner Gedanke, zu wissen: Heute bekundet das Volk der Bauern in Massen den Willen: Wir wollen nicht mehr bloss Bürger zweiter und dritter Klasse sein.»[50] Doch neben Bülach und Meilen konnten sich vorerst nur Dielsdorf und Pfäffikon zu entsprechenden Beschlüssen durchringen, während die übrigen Bezirke abwarteten. Darum zog es die am 9. Februar 1917 eingesetzte Politische Kommission vor, den Landwirtschaftlichen Kantonalverein als oberstes Organ zu belassen, wobei sie selber als selbständiges Führungsorgan der neuen Partei funktionieren sollte.[51]

Die Gründer waren sich bewusst, dass ihnen die eigentlich notwendige Unterstützung durch sympathisierende Presseorgane weitgehend fehlte. Denn alles deutete darauf hin, dass die bürgerlichen Medien ihren angestammten Parteien von Freisinn und Demokraten treu bleiben würden. Neben dem *Zürcher Bauer* und dem Volg-Organ *Der Genossenschafter* bildete nur die *Bülach-Dielsdorfer Wochen-Zeitung* eine Ausnahme, die denn auch bedauerte: «Das Unglück der Bauern ist, dass sie keine Presse haben, die halbwegs ausreicht für die bevorstehende Aufgabe.»[52]

Selbstverständlich wiesen die Zeitungen, die dem Freisinn oder den Demokraten nahestanden, eine generelle Vernachlässigung der Landwirtschaftsinteressen durch die Traditionsparteien zurück. Die *NZZ* griff die bäuerlichen Abspaltungsbestrebungen frontal an: «Wenn an den Verhandlungen gesagt wurde, dass die Bauernschaft den bürgerlichen Parteien nichts zu verdanken und nichts von ihnen zu erwarten habe, so ist das ein gefährliches Schlagwort – und eine Unwahrheit dazu.» Die bürgerlichen Parteien dürften sich nicht auf eine einseitige Begünstigung einer Bevölkerungsklasse auf Kosten der andern einlassen. Die *NZZ* äusserte die Überzeugung, «dass sich die Bauernschaft mit dieser selbstbewussten, schroffen Haltung in eine isolierte Stellung begibt, die für sie von den nachteiligsten Folgen begleitet sein kann. […] Klassenpolitik stösst ab, besonders wenn sie so kurzsichtig betrieben wird, wie das bei dieser jüngsten Bewegung der Fall zu sein scheint.»[53] Man stellte einer künftigen Bauernpartei vor Augen, sie verkenne, was es heisse, eine Partei zu gründen und eine richtige Parteipolitik zu betreiben: «Dass hierfür in erster Linie eine zuverlässige und keinen egoistischen Zwecken dienende Parteipresse erforderlich ist, die den Parteiangehörigen mit einem wöchentlich mindestens zweimal erscheinenden Blatt auf dem Laufenden erhält, ist eine erste Forderung.»

Die *NZZ* empfahl als Alternative zur Parteigründung, sich in den Bezirken besser zu organisieren und sich den bürgerlichen Vereinigungen anzuschliessen: «Damit wird der Einfluss der bäuerlichen Bezirksvereine ein segensreicher sein und werden sie nicht nur in der Bauernsache, sondern der allgemeinen bürgerlichen Sache den grössten Dienst erweisen.» Das Blatt des Freisinns verwarf die «selbstherrliche Gründung einer unabhängigen Bauernpartei» und witterte «egoistische Motive Einzelner» sowie staatszerstörende Tendenzen: «Diese Winke sind ehrlich gemeint, vielleicht ehrlicher und selbstloser als mancher der Räte, die in letzter Zeit bei den Debatten über die Bauernpartei erteilt worden sind.»[54]

Für solche mehr oder weniger gut gemeinten Ratschläge war es indessen zu spät. In einem Rundschreiben vom 8. Januar 1917 ersuchte die Politische Kommission die Bezirke, die Vorarbeiten für die Parteigründung «energisch» voranzutreiben: «Nachdem die historischen bürgerlichen Parteien keine Zeit versäumen, für ihre Sache eifrig einzustehen und zu agitieren, warnen wir die Landwirte dringend, sich an Versammlungen derselben schon zu binden.» Präsident Karl Wunderli und Aktuar Adolf Weber, Landwirtschaftslehrer am

In der Zürcher Tonhalle wurde am 4. März 1917 die Zürcher Bauernpartei aus der Taufe gehoben.

Strickhof, riefen vielmehr dazu auf, die schon bestehenden landwirtschaftlichen Bezirksvereine auszubauen und dort neue zu gründen, wo noch keine bestanden.[55]

Am Sonntag, 4. März 1917 trafen sich nachmittags um zwei Uhr trotz der aktuellen Kriegsmobilmachung 305 Delegierte zu einer ausserordentlichen Versammlung des Zürcher Landwirtschaftlichen Kantonalvereins im «Übungssaal» (Kleinen Saal) der Zürcher Tonhalle. Ohne eine einzige Gegenstimme beschlossen sie unter dem Präsidium von Nationalrat Emil Rellstab aus Wädenswil die Gründung einer kantonalen Bauernpartei, auch wenn diese Bezeichnung noch nicht explizit ausgesprochen wurde.[56] Man beschritt diesen Mittelweg, um weder die zögernden noch die vorwärtsdrängenden Kräfte vor den Kopf zu stossen. Faktisch allerdings stellte die «Grosse Politische Kommission», welche die bisherige Kommission für Wirtschaftspolitik ersetzte, nichts anderes als den kantonalen Parteivorstand dar, musste sie doch «inskünftig als Ausschuss der zürcherischen Bauernpartei die politischen Interessen der zürcherischen Landwirtschaft wahren». Der *Zürcher Bauer* hielt fest, man habe die «Gründung einer eigenen politischen Bauernpartei» beschlossen.[57]

Tagungspräsident Karl Wunderli aus Winterthur betonte, dass es nicht um «prinzipielle Opposition» gehe, sondern dass man gerne mit jenen zusammenarbeite, «die uns geben, was wir in gerechter Weise verlangen können». Bei Einigkeit in Sachfragen sei sogar ein Zusammengehen mit den Sozialisten möglich.[58] Aus der Mitte der Versammlung wurde die Bildung einer Kantonsratsfraktion gefordert.[59] Grundsätzlich wollte man auf Kantons- und Bezirksstufe auf den bereits bestehenden landwirtschaftlichen Organisationen aufbauen, das Tätigkeitsgebiet allerdings zur politischen Seite hin erweitern. Die Politische Kommission des Kantonalvereins sollte auf drei Jahre gewählt werden und aus fünf vom Kantonalverein bezeichneten Mitgliedern bestehen. Dazu kamen je zwei Vertreter der Bezirksorganisationen, drei Mitglieder der bäuerlichen Kantonsratsfraktion, alle landwirtschaftlichen Vertreter der Bundesversammlung sowie der Redaktor des *Zürcher Bauern*. Aus der Mitte dieser Politischen Kommission sollte ein siebenköpfiger geschäftsführender Ausschuss bestimmt werden. Der *Zürcher Bauer* wurde zum obligatorischen Organ. Das der Versammlung vorgelegte «Arbeitsprogramm» beinhaltete ausschliesslich Forderungen, welche die Landwirtschaft betrafen.[60]

Die Versammlung in der Tonhalle beschloss nach lebhafter Diskussion folgendes politisches Programm: «In Erweiterung der bisherigen Tätigkeit der bestehenden landwirtschaftlichen Vereinigungen sammeln sich die Landwirte auch zu gemeinsamer Arbeit auf politischem Gebiet. Auf nationalem Boden stehend und einen selbständigen, freien Bauernstand betreffend, suchen dabei die Landwirte ihre Stellung in Gemeinde, Bezirk, Kanton und Eidgenossenschaft wirksam zu wahren. Sie wollen mit Nachdruck die Interessen des Bauernstandes vor der Öffentlichkeit und im Staatsleben vertreten und die Aufmerksamkeit der Gesetzgebung und Verwaltung auf ihre Bedeutung lenken, ohne im Übrigen die berechtigten Ansprüche und Forderungen anderer Erwerbsgruppen abzuerkennen.»[61] Mit einem Hoch auf die neue Zürcher Bauernpartei schloss nach fast dreistündiger Beratung die laut *NZZ* «interessante und wichtige Tagung» vom 4. März 1917 ihre «in Mehrheit knappen und sachlichen Debatten».[62]

«Übungssaal» (Kleiner Saal) der Tonhalle in Zürich, wo am 4. März 1917 305 Delegierte des Landwirtschaftlichen Kantonalvereins die Bauernpartei gründeten.

Einige Tage später kommentierte das Blatt allerdings schon wesentlich kritischer: «So vorsichtig man vorgegangen ist, so kann es doch die Tatsache nicht aus der Welt schaffen, dass durch die Gründung einer besonderen Bauernfraktion das Betreiben selbständiger Politik in die Wege geleitet worden ist.» Man bedauerte das «schärfer sich abhebende Parteikleid» und verwarf das Argument der nunmehrigen Nutzung des zuvor bekämpften Proporzes. Als Gegner der Todesstrafe schlage man einem Missetäter nicht den Kopf ab.[63] Gegenüber den Kritikern einer angeblich wirtschaftsorientierten, egoistischen und eigennützigen Parteigründung hielt der *Zürcher Bauer* fest: «Wer heute behauptet, Politik und Wirtschaft haben nichts miteinander zu tun, und man könne ganz wohl politisch zusammengehen und sich gleichzeitig wirtschaftlich bekämpfen, der mag ein guter Theoretiker sein, aber er versteht vom praktischen Leben sehr wenig und kann unmöglich die Bauern richtig weisen, deren Existenz von sehr realen Dingen abhängt.»[64]

Namensgebung und erste Kämpfe

Die neue Bauernpartei war von Anfang an überzeugt, durchaus das Ganze im Auge zu behalten: «Was wir anstreben, ist gleichzeitig im Interesse des Volksganzen, nicht nur unseres Standes. [...] Wenn ein Stand von sich aus selbständig auftreten und der Politik einen Inhalt geben kann, der aus dem Dasein kommt, ist es der Bauernstand.»[65] Eine weitere Aufgabe fiel der Bauernpartei nach Ansicht ihrer Gründer zu: «Sie soll die wahre Demokratie schützen und stützen als festen Eckpfeiler des Staates zum Nutz und Frommen aller.»[66]

Allzu stürmisch und forsch ging man insofern nicht vor, als von jenen Kantonsräten, die sich der bäuerlichen Fraktion anzuschliessen wünschten, die Trennung von ihrer bisherigen Fraktion spätestens bis zur Amtsperiode 1920 erwartet wurde. Den amtierenden freisinnigen und demokratischen Kantonsräten des Landwirtschaftsklubs wurde der Beschluss vom 4. März 1917 mitgeteilt, anstelle der parteipolitischen Spaltung «etwas Geeinigteres, Festeres und Wirkungsvolles» zu setzen.[67] Es galt, einen Mittelweg zwischen den zögernden und den radikalen Stimmen zu finden, doch die «kurze und prägnante» Bezeichnung «Bauernpartei» bürgerte sich 1917 sofort allgemein ein.[68]

Zum ersten Fraktionspräsidenten im Kantonsrat wurde der Horgener Landwirt und Gemeindepräsident Rudolf Streuli gekürt. Die Zeitung des Volg äusserte sich befriedigt, dass jetzt endlich «reiner Tisch» gemacht worden sei.[69] Im Vorfeld der Kantonsratswahlen vom 8. Juli 1917 setzte sich die Bezeichnung «Bauernpartei» vollends durch. Im Bewusstsein der Gefahr, dass diese unverblümte Namensgebung Handwerker, Angestellte und Arbeiter abstossen könnte, beeilte sich der *Zürcher Bauer,* zu betonen, «dass die Bildung der bodenständigsten Partei im höchsten Staatsinteresse selber liegt und dass wir darum jeden Anschluss speziell von Handwerkern und bürgerlichen Arbeitern [...] mit Freuden begrüssen». Der Name könne, solle und werde «nicht scheiden».[70] In einer Art Mitteposition zwischen der klassenkämpferischen Sozialdemokratie und dem Grosskapital der grenzüberschreitenden Kreise von Industrie, Handel und Hochfinanz sah die Bauernpartei die Möglichkeit, über das Segment der Landwirtschaft hinaus auch Gewerbler, Handwerker und Arbeiter anzusprechen.

Der erste Wahlkampf im Proporzverfahren brachte der jungen Partei trotz kurzer Vorbereitungszeit einen durchschlagenden Erfolg, zumal es nicht überall gelungen war, reine Bauernlisten zusammenzustellen. In den Bezirken Meilen und Affoltern trat man mit dem Freisinn, im Wahlkreis Oberwinterthur mit den Demokraten und in Dielsorf und Andelfingen mit gemischten bürgerlichen Listen zur Wahl an. Diese fehlende Einheit der Aktion stiess durchaus auch auf Unverständnis. Die Politische Kommission lasse die oft unerfahrenen Bezirksvorstände «drauflosfuhrwerken, ohne Strasse und Ziel, hüst und hott, heute so und morgen anders», wurde kritisiert. Was man in den ersten Kantonsratswahlen nach Proporz zugute habe, wolle man aus eigener Kraft erringen. «Tut das die zürcherische Bauernpartei nicht, dann ist sie gleich bei ihrer Geburt wieder verkauft und damit – verloren.»[71]

Ein eigentliches Parteiprogramm hatte in der knappen Zeit nicht erarbeitet werden können, aber das mehrseitige Werbeflugblatt der Bauernpartei sprach dennoch Klartext. Vorerst kritisierte es die bürgerlichen Parteien, die sich «geschichtliche» nennen würden, «vielleicht weil ihre Bedeutung und ihre Namen bloss noch ‹geschichtliche› sind». Freisinn wie Demokraten hätten es in den vergangenen fünfzig Jahren nicht gewollt oder vermocht, «den ländlichen Mittelstand von Bauern, Handwerkern und nichtsozialistischen Arbeitern zu politischer Betätigung heranzuziehen». Dann wandte sich die Bauernpartei der Linken zu: «Unsere Stellung zu den Sozialdemokraten ist diejenige offener Gegnerschaft.» Gleichzeitig räumte man ein: «Wir bekämpfen nicht die Arbeiterschaft und was ihr redlich dienlich ist, und wir haben kein Interesse an der Bereicherung der Herren Fabrikanten und Aktiengesellschaften.» Zum ersten Mal ziehe die Bauernschaft selbständig für eine geschlossene Vertretung in den Kampf.[72]

In ihrem Flugblatt bezeichnete die Bauernpartei «die sozialdemokratische Partei in ihrer heutigen Gestalt und Wirkung als die grösste Feindin nicht nur des Bauernstandes, den sie hasst und lästert, sondern auch des Staates selber, von dem sie alles verlangt und dem sie doch alles versagt».[73] Die junge Partei sah ihre Position in klarer Opposition gegen die linken Arbeiter wie auch gegen die bürgerlichen Akademiker, die früheren «Federhelden»: «Die Bauernschaft soll einen Wall bilden, einerseits gegen die zersetzende und zermürbende Macht des internationalen Sozialismus, der die Grenzen des Landes, die Schranken

Die zürcherische Bauernpartei

an ihre Mitglieder und Gesinnungsgenossen!

Der Gedanke einer politischen Bauernpartei ist im Kanton Zürich zur Tat geworden. In allen Bezirken — mit Ausnahme von Zürich — bestehen eigene politische Organisationen, meist im Anschluß an landwirtschaftliche Vereine und Genossenschaften.

Der direkte Anstoß zu dieser G r ü n d u n g gab die Einführung der Verhältniswahl (Proporz) für den Kantonsrat. Sie mußte in jedem Falle zu Neubildungen und Verschiebungen politischer Gruppen im Rate führen. Dazu kommt, daß auch eine Initiative für Einführung der Verhältniswahl bei den Nationalratswahlen im laufenden oder nächsten Jahr zur Volksabstimmung gelangen und auch für ihre Annahme große Wahrscheinlichkeit bestehen wird.

Die Verhältniswahl setzt Parteien voraus und zwingt zum Anschluß an bestehende oder zur Gründung neuer Parteien alle Bürger und Stände, die nicht auf die Geltendmachung idealer oder materieller Interessen im Staate verzichten wollen. Ein solcher Verzicht aber käme für uns einem Lebendigbegrabenwerden gleich. Es wäre ein Verstoß gegen

Erste Wahlbroschüre der Zürcher Bauernpartei für die Kantonsratswahlen vom 8. Juli 1917.

der Ordnung niederreissen möchte, anderseits gegen die Anmassung und Begehrlichkeit einer gewissen Klasse der Intellektuellen, die stets das ‹Mir mehr› rufen, sich dabei aber um die Interessen des Staates und seiner Finanzen nicht kümmern.»[74]

Die Bauernpartei hatte als unerfahrener Neuling alle Hände voll zu tun, um für die Wahlen zu mobilisieren, vor dem Panaschieren zu warnen und das Buhlen der Sozialdemokraten um die Stimmen von Klein- und Pachtbauern zu enttarnen. Über solche Bemühungen der führenden, oft beamteten, gutverdienenden SP-Politkader spottete der kommunistische Arzt Fritz Brupbacher:

«Der übrigen Bevölkerungsschichten (Bauern und Kleinbürger), die nicht gut situiert sind, nimmt sich diese Arbeiterschicht nur vor den Wahltagen an. Dann verspricht sie ihnen alle Herrlichkeiten. Nach den Abstimmungen kümmert sich jeder wieder nur um sein Kassabüchlein und um den Aufstieg seiner Person.» Brupbacher beschrieb die verbürgerlichten, angeblich trägen sozialdemokratisch-gewerkschaftlichen Aufsteiger als «übersäuberlich, ohne unnütze Bewegungen, und da sie in der Jugend gewohnt waren, wenig zu essen, setzen sie dicke Nacken an, sobald die Fütterung besser wird. Die seltenen Kinder, die sie haben, werden Rechtsanwälte, Lehrer, Gemeinde- und Staatsbeamtete oder Gewerkschaftssekretäre. Sozialdemokrat sein ist eine Karriere.»[75]

Von Anfang an musste die Bauernpartei die pausenlosen Angriffe der andern Parteien und der traditionellen Presse abwehren: «Wohl haben wir wider uns fast die ganze Presse und alle führenden grossen Politiker. Aber von jeher musste die rechte Demokratie von unten herauf sich durchringen.» Die Bauernpartei werde auf die Presse auch weiterhin nicht zählen können; «sie wird nie dafür zu haben sein, dass sie aus innerer Überzeugung initiativ für uns und unsere Interessen eintritt». Was liege darum näher, als jene Presse auszubauen, die man bereits habe – nämlich den *Zürcher Bauer*.[76] Solche und ähnliche Klagen sind bis in die neueste Zeit aktuell geblieben.

Der Wahltag vom 8. Juli 1917 brachte erdrutschartige Veränderungen. Während die Sozialdemokraten ihre Sitze fast verdoppelten, verlor der Freisinn genau die Hälfte seiner Sitze, und auch die Demokraten mussten markant Federn lassen. Zur grossen Überraschung gingen die Bauern als zweitgrösste Partei ins Ziel – sie errangen 49 der 257 Sitze. Fast drei Viertel dieser Kantonsräte waren berufsmässig tätige Landwirte.[77]

Das Resultat kommentierte die offenkundig beeindruckte *Neue Zürcher Zeitung* wie folgt: «Wer geglaubt hatte, dass die Bauern nur sehr schwer unter einen Hut zu bringen wären, sieht sich nun vollständig getäuscht. Die Bauernsame ist fast so geschlossen wie die Sozialdemokratie zur Urne gegangen […] Die Bauernpartei tritt nunmehr mit einer den historischen Parteien ebenbürtigen Fraktion auf die politische Bühne.» Das Blatt des Freisinns hoffte nur, dass die zur Bauernpartei übergetretenen liberalen Kantonsräte nicht durch Sonderinteressen «durchsäuert oder überwogen» würden.[78] Der *Zürcher Bauer* zog selbstverständlich ein ganz anderes Fazit: «Wir haben eine Wählerschar von

25 000 bis 30 000 Mann hinter uns, die bei jeder Bauernaktion wieder zur Hand sein werden. Und noch stehen viele unserer Berufsgenossen abseits und müssen als unsere Mitkämpfer erst noch gewonnen werden.»[79]

Bis zur definitiven Loslösung der Zürcher Bauernpartei vom Landwirtschaftlichen Kantonalverein am 25. April 1920 wurde die Partei auf Kantonsebene im Wesentlichen von der Politischen Kommission mit über dreissig Mitgliedern, der siebenköpfigen Geschäftsleitung der Kommission und der Bauernfraktion des Kantonsrates geführt.[80] Es ist in diesen Anfangsjahren kein Bemühen erkennbar, die Partei über den Bauernstand hinaus zu einer Volkspartei zu öffnen. Ein Antrag des späteren Kantonalbankpräsidenten Ernst Haegi, die nichtbäuerlichen Erwerbsgruppen ebenfalls bei der Interessensvertretung einzubeziehen, wurde abgelehnt.[81]

Diese starr berufsständische Optik – ähnlich jener des früheren Bauernbundes – bot für den bevorstehenden Kampf eine gewisse Einheit, musste sich aber bei der klar rückläufigen Entwicklung der landwirtschaftlichen Bevölkerung als problematisch erweisen. Folgerichtig wurden die engen Aufnahmekriterien in den Statuten von 1920 etwas gelockert. Eine eigentliche und eigenständige Ideologie über die wirtschaftliche Zielsetzung hinaus ist anfänglich kaum erkennbar, und gerade dieses Fehlen eines ideologischen Fundaments erwies sich wohl nicht unbedingt als Nachteil. Es kennzeichnete vielmehr die Neugründung der Bauernpartei als eines modernen Parteityps, der einer tief angelegten ideell-weltanschaulichen Grundlage nicht mehr bedurfte. Dass man angesichts dieser Ideologieferne aber etwas in Verlegenheit war, zeigte die Stellungnahme zu den Kantonsratswahlen von 1917: «Auch wir Bauern halten den wahren Freisinn hoch, auch wir sind Demokraten; aber unsere Politik, die Politik der Bauernpartei, soll sich nicht genügen an langatmigen Parteiprogrammen, sie soll die wahre Demokratie schützen und stützen als festen Eckpfeiler des Staates zu Nutz und Frommen aller.»[82]

Der Schweizerische Bauernverband erhoffte sich vom Proporz und von neu kantonal organisierten Wahlkreisen eine Verstärkung des bäuerlich-ländlichen Elementes. Mit Rücksicht auf den Freisinn brachte er die Vorlage über die Einführung des Proporzes auf Bundesebene allerdings nicht vor die Delegiertenversammlung.[83] Die mittlerweile gegründete Zürcher Bauernpartei kannte gegenüber der FDP aber keine solchen Rücksichten mehr und liess an der

Delegiertenversammlung den Bauernverband anfragen, ob man zum Proporz keine zustimmende Haltung einnehmen wolle. Noch einmal zeigte sich Verbandsdirektor Ernst Laur aber loyal zur Mehrheitspartei.

Überhaupt hielt sich der mächtige Sekretär des Bauernverbandes bei der politischen Zusammenführung der Bauern äusserlich zurück, schöpfte doch dieser Spitzenverband der Schweizer Wirtschaft seine Macht nicht zuletzt aus der Überparteilichkeit und Abstinenz in Wahlfragen. Laur vertrat die Meinung, dass politische Parteien von unten wachsen und nicht von oben organisiert werden sollten, sofern sie Bestand haben wollten.[84] Im Volg-Organ liess er aber gegenüber Zauderern und Kritikern keinen Zweifel offen, dass eine parteimässige Mobilisierung der Bauern das bürgerliche Lager nicht schwächen, sondern stärken werde. Schon im Juli 1917 war Laur in Brugg an einer «Bauernlandsgemeinde» des Aargauischen Bauernverbands aufgetreten, zu der 2500 Landwirte zusammengeströmt waren und die sich vorerst den Namen «Bauernbund» gegeben hatte. Obwohl man im Aargau nicht zuletzt wegen der konfessionellen Verhältnisse vorerst auf die Gründung einer Bauernpartei verzichtete, entstanden dennoch bereits 1918 einzelne Bezirksparteien.[85] Ernst Laur liess den Vortrag «Die schweizerische Bauernpolitik im Lichte einer höheren Lebensauffassung», den er an einem bernisch-solothurnischen Bauerntag gehalten hatte, drucken und verbreiten. Damit wollte er den jungen Parteien so etwas wie einen ideologischen Überbau für ihre Programme anbieten.[86] Vergeblich mahnte der freisinnige, den Bauern durchaus gewogene Bundesrat Edmund Schulthess im Nationalrat in der Dezembersession 1917 zur Einigkeit zwischen Städtern und Industrie einerseits und den Bauern anderseits: «Es bestehen hier nicht unversöhnliche Gegensätze.»[87]

Die Berner Bauern- und Bürgerpartei von 1918

Im Kanton Bern betrug der Anteil der bäuerlichen Bevölkerung im Jahr 1910 immerhin noch 30 Prozent. Ihre Interessen vertrat neben dem Bauernverband vor allem die altehrwürdige Ökonomische und gemeinnützige Gesellschaft des Kantons Bern, die dem Freisinn nahestand und als Vereinigung der «Herrenbauern» galt. Ähnliches ist zu sagen vom Landwirtschaftlichen Klub innerhalb des Grossen Rates, dessen Aktivitäten aber annähernd eingeschlafen waren. Die landwirtschaftlichen Genossenschaften hatten sich im Kanton ebenfalls recht erheblich ausbreiten können, wenn auch regional deutliche Unterschiede bestanden.[88]

Die Berner Landwirte sahen sich einem preisdrückenden Kampf an zwei Fronten ausgesetzt: einerseits dem rücksichtslosen Kapitalismus von Grossverwertern und Käsehändlern, anderseits der Konsumentenpolitik einer als staats- und armeefeindlich beurteilten Arbeiterschaft.[89] Unter den 32 bernischen Nationalräten waren sechs Landwirte, was als zu geringe Vertretung beurteilt wurde.[90] Dennoch blieb es selbst nach dem grossen kantonalen Wahlerfolg der neugegründeten Zürcher Bauernpartei vom Sommer 1917 im Bernbiet vorerst bei eher zaghaften Nachahmungsvorschlägen in Form von Leserstimmen in den landwirtschaftlichen Organen.[91]

Doch jüngere Bauern aus dem Mittelland und dem Emmental mit lockererer Bindung an den Freisinn übernahmen das Ruder und drängten allmählich auf die Gründung einer eigenständigen Partei, während die älteren Politi-

Rudolf Minger (1881–1955) als Hauptmann im Kreis von Offizieren, um 1915. Der Landwirt aus Schüpfen gründete die Berner Bauern-, Gewerbe- und Bürgerpartei und wurde 1929 ihr erster Vertreter im Bundesrat.

ker lange zögerten. Der parteilose Schüpfener Bauer Rudolf Minger setzte sich an die Spitze der Bewegung und sollte seine Bauern- und Bürgerpartei ab 1918 klar gegen die FDP, aber auch gegen die Linke abgrenzen. Minger kam aus dem Genossenschaftswesen, präsidierte die entsprechende Vereinigung von Schüpfen-Rapperswil und sass im Vorstand des bernischen Genossenschaftsverbandes. Er argumentierte in seinen frühen Reden betont pragmatisch und wenig ideologisch.[92] Angesichts des Krieges setzte der junge Offizier auf Solidarität und streckte «in dieser hochernsten Zeit seine Bruderhand allen andern Richtungen und Parteien versöhnend entgegen eingedenk des Wortes: ‹Vorerst sind wir Schweizer und dann Bauern›.»[93]

Rudolf Minger erklärte den Bauernstand zum «staatserhaltenden Element» und zur «Stütze von Regierung und Armee», um eine klare Forderung aufzustellen: «Wir verlangen nicht eine Vorzugsstellung gegenüber anderen Ständen, aber wir verlangen eine Gleichstellung.»[94] Bereits machte sich Minger, der selber nur eine bescheidene Schulbildung genossen und sich aus eigenem Antrieb weitergebildet hatte, auch Gedanken darüber, wie der bäuerliche Nachwuchs in den Bereichen Handelsverträge, Genossenschaftsgedanken, Gesetzeskunde oder Rednertalent den oft akademisch geschulten Gegnern in der politischen Arena entgegentreten könne.[95]

Die Behauptung Rudolf Mingers in seinen «Erinnerungen» fast vierzig Jahre später, er habe die Idee zur Gründung einer Bauernpartei schon am 13. September 1916 in Aarberg ausgesprochen, scheint sehr unwahrscheinlich.[96] Weder ist diese Rede erhalten geblieben, noch fand eine entsprechende Aussage in jener Ansprache, die er Ende Februar 1917 in Büren an der Aare wiederholte, irgendeinen Niederschlag in der Presse. Auch hat Minger in den «Erinnerungen» seine Reden von Aarberg und Büren um ein Jahr zu früh datiert. Tatsache ist vielmehr, dass er in der Kirche von Büren fast dreihundert Bauern aufgerufen hat, aus ihrer politischen Gleichgültigkeit herauszutreten und sich «an der Politik im Sinne der freisinnig-demokratischen Prinzipien zu beteiligen». So könne der Bauernstand «die Hauptstütze der freisinnig-demokratischen Partei als Führerin der Politik sein».[97] Wenige Tage bevor die Zürcher Bauernpartei in der Tonhalle gegründet wurde, vertraute Rudolf Minger also noch immer auf die FDP als umfassende Volkspartei und als legitime Vertreterin der bäuerlichen Interessen im Kanton Bern. Durch die wichtige Rolle der Landwirtschaft während der Grenzbesetzung war aber bei den Berner Bauern ein gestiegenes Selbstbewusstsein spürbar, insbesondere anlässlich machtvoller «Bauerntage», an denen sie zu zusätzlichen Anstrengungen im Getreidebau aufgerufen wurden.[98]

Auch die Berner Bauernfamilien trugen in jenen Kriegsjahren eine schwere Last. Immerhin erzielten sie für ihren Aufwand befriedigende Preise, doch war die Angst vor einer Krise in der Nachkriegszeit allgegenwärtig. Selbst als im September 1917 der Fleischpreis zu sinken drohte, rief Mingers landwirtschaftliche Genossenschaft Schüpfen-Rapperswil noch keineswegs nach neuen Strukturen, sondern betonte in einer Resolution: «Wir vertrauen auf unsere vier grossen landwirtschaftlichen Organisationen im Kanton Bern: Ökonomische und gemeinnützige Gesellschaft, Genossenschaftsverband, Milchproduzentenverband und Fleckviehzüchterverband und hoffen, dass es dem vereinigten Vorgehen dieser Verbände gelingen wird, diese drohende Gefahr auf irgendeine Art abzuwenden.»[99] Mingers späterer Mitkämpfer Gottfried Gnägi, Gemeindepräsident von Schwadernau und freisinniger Grossrat, vertrat zwar teilweise die hochgestimmte Ideologie von Bauernsekretär Ernst Laur, forderte aber ebenfalls noch keine Parteigründung.[100]

Der Nationalratswahlkampf vom Herbst 1917 wurde verbissen entlang dem Links-Rechts-Graben geführt. Dabei spielten auch Preiskämpfe um landwirtschaftliche Produkte wie Milch, Käse und Fleisch eine bedeutende Rolle. Bauernverbandspräsident Johann Jenny musste zu einem zweiten Wahlgang antreten, weil ihn seine freisinnigen und jungfreisinnigen Parteikollegen in der Stadt Bern hemmungslos gestrichen und ihm ausgerechnet einen Beamten vorgezogen hatten – ein Affront, den die Berner Bauern nicht ertrugen.[101] Noch 1913 hatte Jenny vor dem Bauernverband die Bildung einer politischen Partei abgelehnt, aber ebenso deutlich hinzugefügt: «Sollte in der Wahrnehmung der öffentlichen Interessen durch einseitige Berücksichtigung bauernfeindlicher Bestrebungen eine Störung eintreten, dann wäre der Zeitpunkt herangerückt, die Gründung der Bauernpartei in ernsthafte Diskussion zu ziehen, welche Neuordnung angesichts der bestehenden Organisation mit Leichtigkeit durchzuführen wäre.»[102]

Der *Schweizer Bauer* als Organ der Ökonomischen und gemeinnützigen Gesellschaft empfand die Nichtwahl Jennys im ersten Wahlgang als «frivole, schmachvolle Herausforderung» der gesamten Landschaft.[103] Auf den 24. November 1917 lud der bernische Genossenschaftsverband ins hauptstädtische Restaurant «Bierhübeli». Noch bebte die beinahe erfolgte Abwahl von Vertrauensmann Johann Jenny nach. Der glänzende Redner Rudolf Minger hielt vor fast 500 Abgeordneten in schönstem Berndeutsch ein programmatisches Referat zur wirtschaftlichen Lage des Landes und der Landwirtschaft, das klar mit der Vergangenheit brach. Trotz väterlicher Ermahnungen von Bauernpräsident Jenny schlug Rudolf Minger – nach seinen eigenen Worten – gegen Ende der Rede «dem Fass den ‹Spunten› aus».[104] Den Bauern seien die Augen nach den letzten Wahlen geöffnet worden; der künftige Weg heisse Proporzwahlrecht: «Da gibt es für uns nur eine richtige Lösung: Die Gründung einer eigenen, selbständigen Bauernpartei. [...] Es muss für die Zukunft verhütet werden, dass man sich in unseren eigenen Reihen politisch bekämpft.»[105]

Im Restaurant «Bierhübeli» in Bern rief Rudolf Minger am 24. November 1917 zur Gründung einer bernischen Bauernpartei auf, die formell am 28. September 1918 konstituiert wurde.

Mingers «Bierhübeli-Rede» erntete gewaltigen Beifall, und die Versammlung beschloss einstimmig und diskussionslos, dass die Vorstände der landwirtschaftlichen Verbände gemeinsam tagen, die Vorschläge prüfen und über das weitere Vorgehen befinden sollten.[106] Kurz danach konkretisierte Minger seine Vorstellungen: Der Proporz habe dazu geführt, dass es keine Mehrheitspartei mehr gebe. Vielmehr sei das Land aus verschiedenen Wirtschaftsgruppen zusammengesetzt, doch dürfe der Blick aufs Ganze nicht verlorengehen: «Wir wollen einem gesunden Fortschritt huldigen; wir wollen mitwirken an der wohnlichen Ausgestaltung unseres Staatsgebäudes, und unser Bestreben soll dahin tendieren, ein heimeliges Zusammenleben aller Berufsgruppen zu fördern, zum Wohl des ganzen Schweizervolkes und zur Erhaltung unseres lieben Vaterlandes!»[107]

Schon am 22. November 1917 hatte sich der Verbandsvorstand der Käserei- und Milchgenossenschaften gemäss Protokoll zur Parteigründung bekannt:

«Sämtliche Anwesende sprechen sich grundsätzlich für die Gründung einer bäuerlichen Partei aus, die auf politischen, besonders aber auf wirtschaftlichen Gebieten die Interessen der Landwirtschaft und der ihr nahestehenden Berufsgruppen selbständig als politische Partei zu wahren hätte.» Der Landwirtschaftliche Klub des Grossen Rates stellte am 28. November 1917 denselben Antrag.[108]

Anfänglich dachte Rudolf Minger an die Gründung einer reinen Bauernpartei, während der Milchverband die der Landwirtschaft nahestehenden Berufsgruppen ebenfalls einbeziehen wollte. Eine vorbereitende zwanzigköpfige Kommission unter dem bislang freisinnigen Nationalrat Jakob Freiburghaus aus Spengelried, Präsident der Ökonomischen und gemeinnützigen Gesellschaft, beschloss beinahe einstimmig, die Neugründung «Bernische Bauern- und Bürgerpartei» zu benennen. Man dachte gemäss dem Mitbegründer Gottfried Gnägi insbesondere an den Einbezug von freien Berufen, Tierärzten, Landwirtschafts- und anderen Lehrern, Kleinhandwerkern, Gewerbetreibenden und landwirtschaftlichen Dienstboten.[109] Erst etwas später sollten die Stadtkonservativen sowie die «Stillen im Land», also religiös-freikirchliche Kreise aus dem Umfeld der Evangelischen Gesellschaft, dazustossen.[110]

Die formelle Konstituierung der bernischen Partei erfolgte am 28. September 1918. Selbstverständlich reagierte der Freisinn auf die Trennung pikiert; der *Bund* bedauerte als dessen Organ «die Nachahmung der Sozialdemokratie nach der andern Seite», die «Klassenpolitik» und überhaupt «die Absage an den freisinnigen Fundamentalgedanken, der die Solidarität des Volksganzen betont und die wirtschaftlichen Gegensätze unter einen höhern gemeinsamen Gesichtspunkt stellt».[111] Dem widersprach Ernst Laur mit dem Argument, die Bauernparteien seien in Wahrheit ein Schutzwall gegen die «rote Flut» und gegen die einseitige materialistische Politik.[112] Minger zitierte zwar bei öffentlichen Auftritten feierlich Laurs idealisierende Überhöhung des Bauernstandes, neigte aber im Grunde zur konkreten politischen Praxis ohne grossen ideologischen Überbau. Gegen den dringenden Rat des Bauernsekretärs, der die Gründung reiner Bauernparteien vorzog, setzte Minger auf den Einbezug des Gewerbes, auch wenn er gewisse Interessengegensätze voraussagte. Eine Umkehr gab es für ihn nicht, die Trennung vom Freisinn war endgültig: «Wenn auch zugestanden werden soll, dass der Bauer in seiner Art und, gezwungen durch die Verhältnisse, etwas zum Konservativismus neigt, so müssen wir dennoch jegliche Anlehnung an eine bereits bestehende Politik strikte verweigern.»[113]

Nicht weniger als 96 von 216 Grossräten schlossen sich im Frühjahr 1918 der neuen Fraktion an.[114] Die bernische Partei konstituierte sich unter dem Präsidium von Rudolf Minger und dem Schwung einer neuen Generation von jüngeren Kräften. Als Parteiorgane wurden Delegiertenversammlung, Zentralvorstand, neunköpfiger leitender Ausschuss und vollamtliches Parteisekretariat vorgesehen. Presseorgan bildete ab 1919 die täglich erscheinende *Neue Berner Zeitung*, die zwar ständig mit Auflagen- und Finanzproblemen kämpfte, aber später zu einem landesweit, ja international beachteten Sprachrohr werden sollte. Die Parteigründungen in den Amtsverbänden und Sektionen erforderten ständige Anstrengungen, desgleichen auch die Berücksichtigung der etwas abseits liegenden Regionen des Berner Oberlandes. Vor allem der französischsprachige Jura bildete indessen ein ständiges Sorgenkind.[115]

Bei der Zusammenstellung der Liste für die Nationalratswahlen von 1919 galt es, die Regionen und Berufe möglichst ausgeglichen zu berücksichtigen. 46,3 Prozent der Berner Wähler stimmten für die neugegründete Partei, nicht weniger als 16 Vertreter der Bauern- und Bürgerpartei zogen bei dieser ersten Proporzwahl in den Nationalrat ein – und damit genau die Hälfte der Berner Deputation. Die Sozialdemokraten erstarkten von 7 auf 9 Sitze, der Freisinn aber sank auf einen Schlag von 19 Mandaten auf 5. In den Ständerat wählte das Kantonsparlament den studierten Agronomen Carl Moser als Vertreter der Bauern- und Bürgerpartei.[116]

Die Aussicht, im Kanton die Mehrheit zu gewinnen, war so verlockend, dass die Parteigründer von ihrem rein ländlichen Konzept abwichen und das Gewerbe mit offenen Armen empfin-

Wahlplakat der Berner BGB sowie der Zürcher Bauernpartei mit säendem Landmann vor der angedeuteten Kulisse von Berner Münster und Altstadt, 1947.

gen. Ab 1921 setzte sich im Kanton Bern die neue Bezeichnung Bauern-, Gewerbe- und Bürgerpartei (BGB) durch – genau so hiess die Bundeshausfraktion schon seit 1919. 1921/22 stiessen auch die Stadtberner Konservativen mit einem mehr weltanschaulich als wirtschaftlich geprägten Hintergrund hinzu, was die BGB etwas vom Vorwurf der einseitigen Interessenvertretung entlastete. Der patrizische Fürsprecher Eduard von Steiger sollte in der Partei als künftiger Regierungs- und Bundesrat eine wichtige, diplomatisch-gewandte Rolle spielen.[117]

Rudolf Mingers breiteres Konzept erwies sich im Vergleich zur Zürcher Gründung als politisch tragfähiger, wenn auch Ernst Laur im Rückblick auf seinem Standpunkt von reinen Bauernparteien beharrte, da das Gewerbe die genossenschaftliche Entwicklung gehemmt habe – «ein teuer erkaufter Erfolg».[118] Der Vereinigung auf Bundesebene opponierte der mächtige Bauernführer ebenfalls lange, da er eine Konkurrenz zum Bauernverband befürchtete und um dessen Exklusivitätsanspruch bangte.[119] Auch in dieser Beziehung sollte Laur in Rudolf Minger ein begabter Gegenspieler erwachsen.

Oft wurde kolportiert, die bernische Bauern- und Bürgerpartei sei als Gegenbewegung zum Generalstreik vom Spätherbst 1918 entstanden. Tatsächlich sollte sie sich in den Novembertagen 1918 in der schwersten politischen Krise des Schweizer Bundesstaates bewähren, doch geschah der Zusammenschluss schon einige Monate früher. Es ist aber nicht zu verkennen, dass die Angst vor revolutionären Umtrieben die Wähler in Scharen in die Arme der unverbraucht und unerschrocken auftretenden jungen Partei getrieben hatte, so dass diese bei den ersten nach Proporz durchgeführten nationalen Wahlen einen in diesem Ausmass nicht erwarteten Durchbruch erlebte.[120]

Bewährung im Landesgeneralstreik

Seit 1917 radikalisierte sich die Sozialdemokratische Partei (SP), was sich unter anderem in der nunmehr offiziellen Ablehnung der Landesverteidigung ausdrückte. Es kam zu einer deutlichen Zunahme von Streikaktionen der organisierten Arbeiterschaft, die sich ganz direkt gegen das Bürgertum und die Bauernschaft richteten. Diese hätten aus dem Krieg unangemessene Profite gezogen, während die Lohnempfänger darbten. Gross war der Unmut der Gewerkschaften über die Ernährungs- und Lohnfrage, und günstig standen die Aussichten auf Lohnerhöhungen wegen der guten Beschäftigungslage durch

An die
bäuerliche Bevölkerung!

Der Regierungsrat des Kantons Zürich erhielt bestimmte Anhaltspunkte dafür, daß eine kleine revolutionäre Gruppe beabsichtigte in den Tagen vom 7.–10. November anläßlich der Jahresfeier der russischen Revolution die Militärstallungen in Brand zu stecken, in der dabei entstehenden Verwirrung das Zeughaus zu stürmen, um sich mit Waffen und Munition zu versehen, sich der öffentlichen Gebäude zu bemächtigen, um die **bolschewistische Gewaltherrschaft** nach russischem Muster einzuführen.

Zur Verhütung dieser Anschläge und Aufrechterhaltung von Ruhe und Ordnung, hat der Bundesrat auf Gesuch der Zürcher Regierung Truppen aufgeboten.

Dieses Truppenaufgebot richtet sich **ausschließlich gegen die anarchistischen und bolschewistischen** Umtriebe, deren Urheber größtenteils

ausländische Agenten

sind und die hoffen, nach Aufrichtung ihrer Herrschaft von hier aus die Welt-Revolution zu entfachen.

Das Oltener-Aktionskomitee stellt diesen **Akt der Notwehr** der bedrohten Demokratie als schärfste Provokation der Arbeiterschaft dar und brachte es durch seine Hetzereien fertig, daß der allgemeine Generalstreik erklärt wurde.

Wir hoffen, die Arbeiterschaft lasse sich nicht zu noch weiteren Schritten irre führen. Doch ist die Lage außerordentlich ernst und gibt zu den schwersten Besorgnissen Anlaß. Offene Revolution kann stündlich ausbrechen.

Die ländliche und speziell die bäuerliche Bevölkerung kann und wird bei dieser umstürzlerischen Bewegung nicht mitmachen: sie steht fest und entschlossen zu den bestehenden demokratischen Einrichtungen und wird die Gesetze und ordnungsmäßigen Behörden mit allen Kräften unterstützen.

Wir fordern Euch auf, **ruhig Blut** zu bewahren, den kommenden Ereignissen in Staat und in der nächsten Umgebung entschlossen und mit aller Aufmerksamkeit entgegenzusehen und einem allfälligen Ruf der gesetzmäßigen Behörden unverzüglich Folge zu leisten.

Es handelt sich **nicht um einen gewöhnlichen Streik**, sondern es geht ums Ganze. Wenn die **radikalen** Sozialisten in der Revolution siegen und die jetzigen soz. Führer beiseite stellen, so fällt damit die ganze heutige Gesellschaftsordnung mit **Aufhebung alles Privateigentums, Grund und Boden inbegriffen.**

Es ist daher Pflicht eines jeden **Schweizerbürgers**, dem Sicherheit von Weib und Kind, Hab und Gut lieb ist, **sich vorzusehen** und **die Vorgänge genau zu verfolgen.**

Die politische Kommission
des zürcherischen landw. Kantonalvereins.

Mit einem Aufruf an die bäuerliche Bevölkerung warnte die Zürcher Bauernpartei im November 1918 vor dem Umsturz der bestehenden Ordnung durch streikende Arbeiter.

die Grenzbesetzung. Anfang 1918 gründete Robert Grimm an den etablierten Arbeitnehmerorganisationen vorbei das «Oltener Aktionskomitee», das mit wirtschaftlichen Forderungen an den Bundesrat und Streikdrohungen hervortrat. Der vom Bundesrat beschlossenen Milchpreiserhöhung vom April 1918 folgte die Androhung eines landesweiten Streiks.[121]

Die Zürcher Bauernpartei unter dem geistigen Einfluss von Nationalrat Fritz Bopp hatte den kommenden Generalstreik realistisch vor Augen und vertrat von allem Anfang an eine Haltung kompromissloser Härte.[122] In der Parteileitungssitzung vom 5. August 1918 äusserte Bopp sein Misstrauen gegenüber der nachgiebigen Politik des Bundesrates. Auch die Volg-Zeitung ortete bei der Landesregierung eine «Politik der Schwäche» und meinte, es sei nun an den Bauern, die Sache an die Hand zu nehmen.[123] Die Zürcher Bauernpartei lehnte die Forderungen der Arbeiterschaft wie auch die Streikdrohungen in aller Schärfe ab und verlangte Massnahmen, «um dem angedrohten, in frevelhafter Weise vom Zaun gerissenen Generalstreik, der in der Hauptsache zum Zweck hat, möglichst viel vom Bundesrat und von den kantonalen Behörden zu erpressen, von Seite der Bauern einmal energisch entgegenzutreten».[124]

Bauernsekretär Ernst Laur beschwichtigte und wollte die Bauern von Gegenaktionen abhalten. Am 10. August 1918 trafen sich die Vorstände der Zürcher Bauernpartei, des Schweizerischen Bauernverbandes und des Zentralverbandes schweizerischer Milchproduzenten im zentral gelegenen Olten und verabschiedeten eine Proklamation, die in der Tonlage zwischen der milderen bäuerlichen Verbandsführung und der entschiedenen Haltung der Zürcher Partei die Mitte hielt: «Wir erklären feierlich, dass der Bauernstand Ruhe und Ordnung im Lande haben will. Wird dem Schweizervolke früher oder später mit einem Generalstreik der Kampf angesagt, so werden wir jede Behörde rückhaltlos unterstützen, welche das Misslingen und den Zusammenbruch des Streikes mit Kraft und Energie verficht. […] Der Arbeiterschaft und den Beamten geben wir aber zu bedenken, dass die grossen Aufgaben der Zukunft auf dem Wege gegenseitiger Verständigung gelöst werden müssen. […] Wer unter den heutigen Verhältnissen den Generalstreik beschliesst und anordnet, ist ein Feind des Vaterlandes und soll als solcher behandelt werden.»[125]

Fritz Bopp ging der vom Bauernverband ausgearbeitete Massnahmenkatalog zu wenig weit, und der Zürcher Regierungsrat Heinrich Nägeli, Präsident des Schweizerischen Landwirtschaftlichen Vereins, schlug sogar die Organisation von Bürgerwehren vor.[126] Bauernsekretär Laur verlangte indessen vom landwirtschaftsnahen Generalstabschef Theophil Sprecher von Bernegg tatkräftige militärische Vorkehrungen, um den aus Bauernkreisen vorgeschlagenen Bürgerwehren zuvorzukommen. Eine «Pöbelherrschaft» müsse «im Keime erstickt» werden.[127]

Mit dem Zusammenbruch des Deutschen Kaiserreichs und der Habsburger Monarchie kam es in den Nachbarländern zu Aufständen und zur Bildung von Arbeiter- und Soldatenräten nach sowjetischem Vorbild. Ein Streik der Zürcher Bankangestellten – verbunden mit einem Generalstreik der Arbeiterunion – vom 30. September bis 1. Oktober 1918 hatte einen Vorgeschmack auf den bevorstehenden Landesstreik geboten. Dem Bürgertum bangte vor einem revolutionären Umsturz, wie er in den Nachbarländern drohte und in Russland bereits Realität geworden war. So konnte sich das Land kaum richtig über das Kriegsende freuen. Der Bundesrat beschloss das Aufgebot von Truppen, das am 7. November in der Stadt Zürich als dem hauptsächlichen Unruheherd aufmarschierte.

Kurz zuvor hatte sich die Politische Kommission des Landwirtschaftlichen Kantonalvereins mit einem Aufruf an die bäuerliche Bevölkerung gewandt. Sie äusserte darin die Überzeugung, ein kleine revolutionäre Gruppe werde die Stallungen der Kaserne anzünden, um die daraus entstehende Verwirrung zu nutzen, sich im Zeughaus zu bewaffnen, die öffentlichen Gebäude zu erstürmen und eine bolschewistische Gewaltherrschaft zu errichten: «Offene Revolution kann stündlich ausbrechen.» Die ländliche und speziell die bäuerliche Bevölkerung wurde aufgefordert, ruhig Blut zu bewahren: «Sie steht fest und entschlossen zu den bestehenden demokratischen Einrichtungen und wird die Gesetze und ordnungsmässigen Behörden mit allen Kräften unterstützen.»[128]

Am 9. November 1918 reagierte das Oltener Aktionskomitee mit einem Proteststreik, und am Tag darauf kam es auf dem Zürcher Münsterhof zu einem blutigen Zusammenstoss zwischen Streikenden und Ordnungstruppen. Jetzt reagierte das nationale Aktionskomitee mit der Ausrufung eines unbefristeten Generalstreiks ab dem 12. November 1918. Die Politische Kommission der Bauernpartei versammelte sich zu einer Krisensitzung und überlegte sich die Möglichkeiten der Kommunikation mit ihren Mitgliedern, zumal der *Zür-*

cher Bauer wegen des Streiks nicht ordnungsgemäss ausgeliefert werden konnte.¹²⁹ Der gewerkschaftliche Forderungskatalog enthielt sofortige nationale Wahlen gemäss dem vom Volk akzeptierten Proporzrecht, das Frauenstimmrecht, die 48-Stunden-Woche, eine Vermögenssteuer, eine sichere Lebensmittelversorgung sowie eine Alters- und Invalidenversicherung. Landesweit folgte etwa eine Viertelmillion Arbeitnehmer dem Streikaufruf. Da sich darunter auch jene der Bundesbahnen befanden, war der Streik auch auf der Landschaft spürbar. Es gelang aber dem Bürgertum gleichwohl, die wichtigsten Dienstleistungen durch Improvisation aufrechtzuerhalten.¹³⁰ In Bern leiteten die Bauernführer Johann Jenny und Ernst Laur die bäuerlichen Aktionen, wobei sie das Primat von Politik und Armee anerkannten und radikale bäuerliche Alleingänge verhinderten.¹³¹ Auch in Zürich drang Fritz Bopp mit seinen entschiedenen Ansichten nicht durch.¹³²

Am 12. November 1918 trat die Bundesversammlung in Bern zusammen, wobei die bürgerliche Mehrheit eine feste Haltung zeigte. Bopp hielt auf dem Höhepunkt des Massenstreiks im Nationalratssaal seine bestbeachtete Rede, in der er der Haltung des Bauern- und Landvolkes mit dramatischen Worten Ausdruck verlieh. Er vertrat hellsichtig die Meinung, «dass der Aufruf zur Revolutionsfeier für den einjährigen Bestand des bolschewistischen Staates an

Weil die Armeeführung die Bauernsöhne der Kavallerie als politisch besonders zuverlässig einschätzte, wurden sie am 9. November 1918 im Generalstreik auch auf dem Paradeplatz in Zürich eingesetzt.

sich schon Grund zu Vorsichtsmassnahmen» bilden würde. Wer einigermassen die Verhältnisse im bolschewistischen Staat kenne, müsse zum Schluss kommen, dass «diese sogenannte Staatsordnung in unverträglichem Widerspruch» stehe zu den schweizerischen Verhältnissen, «wenn wir eine demokratische Republik bleiben wollen». Den Generalstreik und die Revolutionsdrohungen nannte Bopp ein «gewissenloses Bubenstück», um weiterzufahren: «Die Behörden haben die Pflicht, zum Schutze des Volkes einzugreifen. Ich hoffe, dass noch eine Wehr für eine gesittete und geordnete Freiheit vorhanden ist. Sollen wir nachgeben? Ich sage nein, niemals! Lieber unter dieser Kuppel sich begraben lassen, wenn sie eine rote Fahne aufpflanzen wollen, ehe wir weichen! [...] Wenn wir heute kapitulieren, so haben wir für alle Zeiten kapituliert.»[133]

Auf ein bundesrätliches Ultimatum hin erfolgte am 14. November der Streikabbruch. Auch wenn in der Folge einige der Forderungen erfüllt wurden, schweisste der Landesstreik das Bürgertum zusammen. Die Bauern waren über die Ereignisse rund um den Generalstreik heftig aufgebracht, wobei die ideologische Abgrenzung wohl noch die geringere Rolle spielte als die Tatsache, dass vor allem politisch zuverlässige Bauerntruppen für Ordnungsdienste aufgeboten worden waren, die zu Hunderten Opfer der grassierenden Grippeepidemie wurden. Die staatstragenden und die streikenden Parteien schoben sich gegen-

Kavalleristen hielten in den politisch heissen Novembertagen 1918 die Streikenden vom Zürcher Paradeplatz fern. Am 9. November kam es an dieser Stelle zu Warnschüssen und einigen Säbelhieben.

seitig die Schuld an den Grippetoten zu. Bürgerliche und bäuerliche Kreise waren jedenfalls noch viele Jahre lang heftig über die Sozialdemokraten erbittert.[134] So konnten erboste Berner Bauern offenbar nur von General Ulrich Wille persönlich daran gehindert werden, zu einem Protestmarsch nach Bern aufzubrechen.[135]

Die Verlautbarungen der Streikführer boten Grund zur Besorgnis und waren durchaus nicht so harmlos, wie es die Geschichtsschreibung nach der Eingliederung der Sozialdemokratie in die schweizerische Konkordanz gerne haben wollte.[136] Das Bürgertum und die Armeeführung hatten keinen Grund, die öffentlich geäusserten revolutionären Umsturzpläne nicht ernst zu nehmen. Der von Gewerkschaften und SP abgesegnete Aktionsplan vom März 1918 nannte als letzte von vier Stufen eines Generalstreikprogramms: «Die Anwendung des allgemeinen Streiks als unbefristete Massnahme, die zum offen revolutionären Kampf und [in] die Periode offenen Bürgerkrieges überleitet.»[137] Am 28. Oktober 1918 verabschiedete die Geschäftsleitung der SP Schweiz eine Proklamation zur «Jahresfeier des Sieges der sozialistischen Revolution in Russland», die sie im ganzen Land mit Kundgebungen begehen wollte. Darin stand wörtlich: «Schon rötet die nahe Revolution den Himmel über Zentraleuropa. Der erlösende Brand wird das ganze morsche, blutdurchtränkte Gebäude der kapitalistischen Welt erfassen.»[138] Dies war eine revolutionäre, staatsgefährdende Rhetorik, und manche waren durchaus bereit, solchen Worten auch konkrete Taten folgen zu lassen.[139]

Fritz Bopp hat mit seiner ebenso unerschrockenen wie unerbittlichen Haltung dazu beigetragen, dass Bundesrat und Parlament gegenüber den Streikenden eine feste Haltung zeigten. Die streikfeindliche Einstellung teilten die Zürcher und die Berner Bauernparteien mit der Innerschweiz und der Romandie. Der bürgerliche Widerstand führte schliesslich zur Kapitulation des Oltener Aktionskomitees und zum Streikabbruch. Diese Entwicklung bedeutete einen grossen Prestigegewinn für die Zürcher Bauernpartei, für den Bauernverband und generell für den Bauernstand. Es waren die aus Bauern zusammengesetzten militärischen Verbände, vorab die Kavallerie, welche das Land nach einhelligem bürgerlichem Urteil vor dem Umsturz bewahrt hatten. An den Bataillonen des Landvolks war die Revolution – nicht nur nach Meinung der bäuerlichen Exponenten – zerschellt. Seitens des Bauernverbandes wurde jetzt erstmals der Eintritt der Bauernparteien und der Landwirtschaft in den Bundesrat gefordert.[140] Glänzend schien sich jener Satz durch die Ereignisse bestätigt zu haben, den Bauernsekretär Ernst Laur schon im Sommer 1918 geäussert hatte: «Ohne oder gar gegen den Bauern haben Revolutionen keine Aussicht auf Erfolg.»[141]

Dass die Armeeleitung während des Landesstreiks und bei den noch bis August 1919 andauernden Unruhen neben der Kavallerie keine Zürcher Infanterie aufbieten wollte, wurde gemäss Generalstabschef Sprecher «in der verfassungstreuen Bevölkerung des Kantons Zürich, insbesondere in Offizierskreisen, aber auch in landwirtschaftlichen Gegenden als schwere Zurücksetzung empfunden».[142] War ursprünglich ein Aufgebot des Regiments 28 mit Truppen von See und Oberland vorgesehen, wurde dieses nach einer Intervention von General Wille durch Unterländer Kavallerie ersetzt, von der man gemäss Wille «mit Sicherheit sagen kann, dass sie gar nicht von Bolschewismus und Soldatenbünden infiziert ist».[143] Auch zeigte sich, dass die Mitrailleur-Kompanien politisch unzuverlässiger waren. Dort hatte man gewerkschaftlich organisierte Maschinenschlosser und Mechaniker eingeteilt, wo man sich doch «einen nervenruhigen, bodenständigen Bauernjungen» gewünscht hätte, wie ein eingesetzter Major kommentierte.[144]

Die Zürcher Bauernpartei blieb kompromisslos bei der strikten Ablehnung des Gewaltmittels Streik. Der *Zürcher Bauer* hielt fest, dass «unsere braven Landmilizen absolut zuverlässig» gewesen seien: «Sie fassten es als höchste Pflicht auf, streng den Weisungen und Befehlen nachzuleben und unsere Demokratie zu schützen.» Die Streikenden und ihre Führung aber traf der Vorwurf, sie hätten «das freieste Land der Erde an den Abgrund getrieben».[145] Gleichzeitig warf die junge Bauernpartei den Zürcher Behörden «schwächliche Nachgiebigkeit» und den andern bürgerlichen Parteien Opportunismus vor, was die «Drahtzieher der Umsturzbewegung» immer frecher habe auftreten lassen. Sie protestierte gegen den «Terror einer Volksminderheit» und richtete an die «braven Truppen» ihren Dank für deren «wackere Haltung». Die Partei setzte auf den Kampf gegen Bolschewismus, Überindustrialisierung, Überfremdung und grossstädtische Lebensweise.[146] In industrialisierten Landgemeinden wie Wald und Horgen sammelten sich etliche Bauern auf Ersuchen örtlicher Fabrikanten zu lokalen Wehrverbänden. Der Regierungsrat legalisierte diese Bauernmilizen Anfang 1919 als Bestandteil der jeweiligen Gemeindepolizei.[147]

In einer abschliessenden Stellungnahme billigten die zürcherische Bauernpartei und die offizielle Landwirtschaft «das erfolgte Truppenaufgebot zur Ausschaltung der aufständischen Agitation». Man sah in diesem einen «Akt der Notwehr unserer Demokratie». Es gelte nun, mit aller gesetzlichen Strenge gegen die Aufwiegler vorzugehen; die Ereignisse dürften nicht ungesühnt bleiben. Die Bauernpartei betonte, dass sie «wie ein Mann fest und geschlossen und entschlossen zu den bestehenden demokratischen Einrichtungen» stehe und die Behörden zur «Erhaltung der bestehenden Ordnung mit allen Kräften unterstütze». Der Bundesrat dürfe nicht nachgeben, was nicht ausschliesse, «dass nachträglich auf dem verfassungs- und gesetzlichen Wege grosszügige soziale Reformen angestrebt und raschestens durchgeführt werden». Doch müssten die Versuche, mittels gewaltsamer Aktionen politische Programme einzufordern, endlich ein Ende haben, «ansonst bekommen wir auch weiterhin alle andern Regentage einen Generalstreik».[148] Die Bauernpartei des Kantons Zürich stand also den materiellen Forderungen der Arbeiterschaft nicht völlig verständnislos gegenüber. Soziale Verbesserungen, die sie unter Umständen durchaus mittragen könne, hätten aber auf den durch die direkte und repräsentative Demokratie vorgezeichneten Wegen zu erfolgen.

Emil Dürr, liberaler Professor für Schweizergeschichte in Basel, würdigte in seinen vielbeachteten Studien über die Verwirtschaftlichung der Politik die Leistung der Schweizer Bauern nach Ende des grossen Krieges in zweifacher Hinsicht: Einmal sei es dem Bauernstand gelungen, die Ernährung des Landes sicherzustellen. Zum Zweiten habe sich das Bauerntum im November 1918 und in den darauffolgenden sozialen und politischen Wirrnissen als überaus wichtiger staatserhaltender Faktor bestätigt: «Diejenigen mussten stutzig werden, die einst obenhin geneigt gewesen waren, Landwirtschaft und Bauerntum preiszugeben, sie zu opfern den weltwirtschaftlichen Bequemlichkeiten und einer einseitigen Konsumentenpolitik. Das schweizerische Bauerntum hatte sich erhoben gegenüber dem Internationalismus und der Revolution und war eingestanden für die Nation, für den geltenden Staat und für die bestehende Ordnung.» Kurz: Landwirtschaft und Bauern seien als «moralische Sieger» aus der Kriegs- und Nachkriegszeit hervorgegangen.[149] Emil Dürr vertrat mit

Erfolgreiche Anfangsjahre   **125**

Nachdruck die These, «das eigentliche Wesen des Schweizers» sei bäuerlich und die schweizerische Demokratie von ihren mittelalterlichen Ursprüngen in den Alpen bis zur demokratischen Bewegung das Werk von Bauern.[150]

Erfolgreiche Anfangsjahre

Nach den unerwartet positiven Erfahrungen von 1917 auf Kantonsebene hatte sich die Zürcher Bauernpartei mittlerweile von der Zweckmässigkeit des Proporzwahlrechts überzeugt. Eine Delegiertenversammlung stimmte am 29. September 1918 der Einführung des Proporzes auch für die Nationalratswahlen mit 81 gegen 34 Stimmen zu. Obwohl die Bauern befürchteten, dass die Sozialisten davon am meisten profitieren würden, war es für sie ein Gebot der Gerechtigkeit, «auch ihnen die ihnen gebührende Vertreterzahl zubilligen zu müssen».[151] Die Zürcher Bauernpartei warb auf grossen Plakaten für ein Ja: «Der

Während die andern Stände dem (freisinnigen) Kapitalisten in der Majorzwahl zum Entsetzen von Helvetia beim Wurstessen zusehen müssen, verteilt Helvetia bei der Proporzwahl die Wurst gerecht an Freisinnige, Angestellte, Bauern und Arbeiter. Plakat zum eidgenössischen Proporzwahlrecht, 1918.

Nationalratsproporz bringt uns eine festgefügte eidgenössische Bauernpartei. Diese ist der einzige Damm gegen die ‹rote Flut› wie gegen das Überwuchern der ‹goldenen Internationale›.» Schon lange vor dem eidgenössischen Wahlgang freute man sich über den zu erwartenden guten Ausgang: «Die Bauernsame wird nach der neuen Regelung ebenfalls das erhalten, was ihr gehört, und zwar unabhängig von der ‹Gnade› der übrigen Parteien.»[152]

Angesichts der vermehrten politischen Aktivitäten wurde der *Zürcher Bauer* seit Anfang 1919 als offizielles Publikationsorgan der Bauernpartei wie des Landwirtschaftlichen Kantonalvereins zweimal wöchentlich bei der Druckerei Jacques Bollmann in Zürich gedruckt. Von 1928 bis 1934 sollte das Blatt im Winter sogar dreimal in der Woche erscheinen. Denn die Unterlegenheit der bäuerlichen gegenüber der übrigen bürgerlichen, teilweise bauernfeindlichen Presse zeigte sich bei Abstimmungen und Wahlen allzu schmerzlich. Es gab sogar Stimmen, die eine tägliche Ausgabe des *Zürcher Bauern* wünschten.[153] Schulungen mit Vorträgen – meist von Vertretern der «intellektuellen Oberschicht der Partei» gehalten[154] – sollten nun über Jahrzehnte im ganzen Kantonsgebiet während der Wintermonate die Basis mit politischen Fragen vertraut machen.

Im Jahr 1919 verhärtete sich das Klima der Bauernpartei gegenüber der Arbeiterschaft weiter, speziell nach der Ankündigung einer Milchpreiserhöhung. Es handelte sich wirtschaftlich um ein gutes Jahr für die Bauern, und auch die politischen Erfolge waren eindrücklich: Die Zürcher Bauernpartei errang einen Regierungsratssitz und ging aus den ersten nach Proporz durchgeführten Nationalratswahlen als grosse Siegerin hervor. Bei den Ersatzwahlen für den zurücktretenden Demokraten Jakob Lutz, den früheren Direktor der Landwirtschaftlichen Schule Strickhof, vermochte die Bauernpartei mit Kantonsrat Ernst Tobler dessen Erbe anzutreten.

Auch den Sozialdemokraten wollten die Bürgerlichen zwei Regierungsratssitze einräumen, doch diese knüpften das Angebot an unerfüllbare Forderungen. So unterstützten die FDP und die Demokraten den bäuerlichen Kandidaten, da ihnen der parteipolitische Anspruch der Bauernpartei ausgewiesen schien und die Persönlichkeit Toblers als die eines weitsichtigen, energischen und volkswirtschaftlich durchgebildeten Mannes mit aufrichtigem Charakter überzeugte.

Ernst Tobler (1889–1966), der erste Regierungsrat der Bauernpartei, stammte wie sein demokratischer Vorgänger Jakob Lutz aus dem Appenzellischen, hatte an der ETH Agronomie studiert und war zuvor Sekretär beim Bauernverband und in milch- und käsewirtschaftlichen Genossenschaften gewesen. Dass die Zürcher Bauernpartei nach zwei Jahren ihres Bestehens bereits in die kantonale Exekutive einzog, fand in der Partei eine erstaunlich spärliche Würdigung.[155] Tobler trat 1926 als Volkswirtschaftsdirektor, nicht aber als Nationalrat, zurück, um in Bern bis 1956 die Direktion der Emmental AG zu leiten. Von 1939 bis 1948 wirkte der Oberst der Artillerie auch in der wichtigen Funktion eines stellvertretenden Chefs des Eidgenössischen Kriegsernährungsamtes. Das unkomplizierte, stets jugendfrische Engagement dieses «kleinen grossen Mannes» galt der Freiheit und Eigeninitiative des Bauernstandes und des Genossenschaftswesens, vor allem aber auch dem hartnäckigen, mitunter unbequemen Einstehen für hohe Qualitätsstandards von Milch und Käse im langfristigen Interesse der schweizerischen Landwirtschaft.[156]

Die Vorbereitungen zu den eidgenössischen Parlamentswahlen vom 26. Oktober 1919 nahm die Zürcher Bauernpartei früh an die Hand und wollte die Zeit für einen engagierten Wahlkampf nutzen. Da mittlerweile auch im Kanton Bern eine Bauern- und Bürgerpartei bestand, wurde die Politische Kommission beauftragt, sich mit andern Kantonen in Verbindung zu setzen und dafür zu sorgen, dass sich mit den Nationalratswahlen zugleich auch eine Bauernfraktion organisiere. Vor allem die Bauernpartei des Bezirks Bülach als «älteste und stärkste der bestehenden bauernpolitischen Organisationen» machte sich für den Zusammenschluss auf Bundesebene und für profilierte Stellungnahmen zu den aktuellen Tagesfragen stark.[157] Die Kampfansage galt der Sozialdemokratie, die man als grösste Gefahr für die Landwirtschaft beurteilte und für die roten Stimmenmehrheiten in den grössten Schweizer Städten verantwortlich machte. Den Übergang zwischen den Vertretern der SP und den Kommunisten betrachtete die Bauernpartei als durchaus fliessend: «Aus sozialistischem Lager sind Übereifrige zu Kommunisten geworden, deren Zweck und Ziel nichts anderes bedeutet als die Zerstörung und Ruinierung des Privateigentums und Verwandlung desselben in Staatseigentum.»[158] Die Sozialisten wollten um jeden Preis billige Lebensmittel, und dabei sei es ihnen egal, wenn die bäuerliche Bevölkerung zugrunde gehe. Der in seinem Wesen staatstreue Bauer sei ihnen ohnehin unbequem. Genauso gefährde aber auch das Grosskapital und die Grossindustrie die Bauernsame: «Auch jene wollen billige Lebensmittel, denn ‹billige Lebensmittel – billige Arbeitskräfte – hoher Kapitalgewinn›, sagen sich die Herren.»[159]

Bemerkenswert war die betont freiheitliche Note, welche die Bauernpartei in diesen entscheidenden Wahlkampf trug. Bauernpolitik sei gleichbedeutend mit einem andauernden Freiheitskampf, «denn zu unserem Glück brauchen wir vor allem Freiheit, Selbständigkeit und Unabhängigkeit». Diese Werte, so meinte die Partei, müssten eigentlich auch Nichtlandwirte ansprechen: «Freiheit ist unser Lebenselement; wer nach ihr dürstet, gehört in unsere Reihen, sei er Bauernknecht oder Handwerksgesell; ihm wollen wir zu einem eigenen Heim verhelfen, wo wir können. Bauernpolitik ist kein Verzweiflungskampf kulturell zurückgebliebener Ureinwohner, sondern es ist eine Geistesbewegung, der erst eine spätere Zeit gerecht werden wird.» Mit dieser Einschätzung der Zukunft sollte der kämpferische *Zürcher Bauer* durchaus richtig liegen. Auch in ihren Anfängen versprach die Zürcher Bauernpartei den Wählern nicht das Blaue vom Himmel; sie weckte keine populistische, unerfüllbare Erwartungshaltung, sondern appellierte an Anstrengung und Fleiss: «Nichts als harte Arbeit ist es, die ein Volk nährt und sittlich stark macht.»[160]

Die Bauernpartei trieb ihre Mitgliederwerbung intensiv und systematisch voran. Was das Gewerbe betraf, zeigte sie sich distanziert und bemerkenswert selbstsicher: «Die Bauernpartei hat diesen Zuwachs nicht unbedingt nötig, sie ist auch ohne ihn lebensfähig.»[161] Dafür wurden alle Bauern dringlich aufgefordert, sich einzuschreiben: «Hinein in die Bauernorganisationen! Kein Bauer mehr im Zürcherland und keiner mehr im Schweizerland, der nicht einer Bauernorganisation angehört.»[162] Angesichts der existenziellen Bedrohung des Bauernstandes sei speziell die junge Generation gefordert: «Es geht um Eure eigene Zukunft, Ihr Jungen!»[163] Vereinzelt begann der Nachwuchs von sich aus, mehr Mitspracherechte in den Gemeindesektionen zu fordern. So wünschte ein Jungbauer, die Vorstände sollten sich wenigstens zur Hälfte aus Jungen zusammensetzen.¹⁶⁴ Ein anderer richtete sich mit flammendem Appell an die «bäuerliche Jungmannschaft» des Bezirks Pfäffikon: «Wir erwarten Euch in Massen […] in Pfäffikon an der Bauernversammlung. Das junge Element soll die Versammlung beherrschen, unsere Zahl soll so gross sein, dass es scheinen mag, als ob die Alten bei uns zu Gaste geladen wären.»¹⁶⁵

Werbebild der Zürcher Bauernpartei für ihre ersten Nationalratswahlen. Beilage zum Zürcher Bauer *Nr. 82 vom 25. Oktober 1919.*

Der *Zürcher Bauer* wandte sich vor diesen Wahlen eindringlich an die Jungen mit der Aufforderung, die Liste der Bauernpartei einzulegen und den schwachen oder kranken Vater mit derselben Liste zur Urne zu geleiten. In ausgesprochen jugendfreundlichem Sinn nahmen die offiziellen Organisationen Stellung zum offen oder heimlich schwelenden bäuerlichen Generationenkonflikt, also zur problematischen Tatsache, dass die Besitzer ihren Hof erst im letzten Moment und kurz vor dem Tod an den Sohn übergaben, so dass dieser oft bereits selber Grossvater war und jetzt seinerseits den Sohn wieder lange warten liess. Die späte Betriebsübergabe steigerte die Unzufriedenheit des Nachwuchses, der nicht ein Leben lang Knecht des Vaters bleiben wollte, und sie führte nicht selten zur Abwanderung von Jungbauern in die Stadt. Darum erteilte der *Zürcher Bauer* seinen Lesern den Rat: «Im Weiteren ist zu sagen, dass es noch nie als eine weise Massregel betrachtet worden ist, wenn der Vater den Sohn das Pflughalten und das Kornsäen erst dann lehrt, wenn der Sensenmann schon zum ersten Hieb ausholt.»[166]

Gleichzeitig wurden die Bauern auch im Wahlherbst 1919 aufgerufen, ihre Söhne in die landwirtschaftlichen Winterschulen zu schicken. Hier sei die ansonsten vielgerühmte bäuerliche Sparsamkeit nicht am Platz. Durch diese Winterschulen erreichten die Bauernorganisationen tatsächlich nach und nach eine Aufwertung des fachlichen wie des politischen Bildungsgrades ihrer jungen Mitglieder. Oft fanden sich im *Zürcher Bauer* auch Ratschläge zur Bekämpfung von Landflucht und Abwanderung. An die Bauernsöhne erging die Aufforderung, der Scholle treu zu bleiben, und an die Bauerntöchter, unter allen Umständen einen Bauern zu heiraten.[167]

Erstmals legte die Bauernpartei ihrem Organ unmittelbar vor den Wahlen ein Werbeflugblatt bei, das ihre programmatischen Forderungen in sieben Punkten zusammenfasste. Verurteilt wurden in deutlichen Worten das «Saugen an der Staatskrippe», die «Auswüchse des Kapitalismus», die «zertrümmernden Wahnideen der Sozialisten», das «Verschleudern der Staatsgelder», die «ruinierende Lohnpolitik» ebenso wie die gelähmte Eigenverantwortung durch «Bureaukratismus». Solchen Missständen setzte die Bauernpartei «Arbeit» und «Leben», «ein einfaches, sittlich kräftiges Schweizervolk», «Verantwortungsfreude», einen «festen Kurs in der Politik» und einen «sparsamen Haushalt des Staates» entgegen.[168]

Am ersten Proporzwahltag auf Bundesebene eroberte die Bauernpartei auf Anhieb 6 von 25 Zürcher Nationalratssitzen und stellte hinter den Sozialdemokraten die stärkste bürgerliche Fraktion. Gewählt wurden die bisherigen Amtsinhaber Carl Bertschinger aus Kemptthal, David Ringger aus Dielsdorf und Emil Rellstab aus Wädenswil sowie der bis dahin fraktionslose Fritz Bopp aus Bülach; neu hinzu kamen Regierungsrat Ernst Tobler (Zürich) und Karl Wunderli (Winterthur).[169] Nach diesen Wahlen konnte Bauernsekretär Ernst Laur «mit besonderer Genugtuung» zur Kenntnis nehmen, dass im neuen Nationalrat zehn Absolventen der landwirtschaftlichen Abteilung der ETH sassen. Der von seinen Studenten liebevoll als «Papa Laur» bezeichnete Professor sah sich also stolz als Ausbildner der künftigen agrarpolitischen Elite.[170]

Carl Bertschinger (1881–1960) hatte seine Karriere bei der freisinnigen Partei begonnen, gehörte aber seit der Gründung zu den markantesten Vertretern der Bauernpartei und zog 1917 auch für diese in den Nationalrat ein. Das schöne Familiengut in Oberwil-Pfäffikon hatte sein Bruder übernommen, während er selber nach der Industrieschule in Winterthur ein Agronomiestudium an der ETH absolvierte und volle vierzig Jahre lang dem landwirtschaftlichen Gutsbetrieb der Firma Julius Maggi in Kemptthal, Gemeinde Lindau, als Direktor vorstand. 1916/17 wirkte er als Chef des kantonalen Ernährungsamtes und bis zum Tod als Verwaltungsrat der Schweizerischen Mobiliar-Versicherung. Bertschinger präsidierte als renommierter Viehzüchter den Zürcher Braunviehzuchtverband sowie den Landwirtschaftlichen Kantonalverein und die Gesellschaft Schweizerischer Landwirte. Beide Vereinigungen verliehen ihm das Ehrenpräsidium. Durch die Initiative von Carl Bertschinger wurde der Gutsbetrieb Rossberg der Firma Maggi AG pachtweise der landwirtschaftlichen Abteilung der ETH überlassen. Seinen Militärdienst leistete der begeisterte Reiter als Oberst der Kavallerie. Die ETH Zürich verlieh ihm 1941 die Würde eines Ehrendoktors. Laut Nachruf in der NZZ war die Politik nicht Bertschingers grösste Stärke; vielmehr habe diese kraftvolle Persönlichkeit vor allem Grosses geleistet, um bei nichtbäuerlichen Kreisen das Verständnis für die Probleme der Landwirtschaft zu wecken. Sein Sohn Carl Bertschinger (*1927) wurde ein wichtiger SVP-Politiker auf Kantonsebene.[171]

Die Laufbahn von David Ringger (1860–1930), einem Bauernsohn aus Niederglatt, führte nach einer Notariatslehre und juristischen Studien an der Universität Zürich zum Amt des Notars in Dielsdorf. Er wurde dann Bezirksratsschreiber, um von 1897 bis 1930 als Bezirksstatthalter zu wirken. Seit 1902 demokratischer Kantonsrat und 1905 auch in den Nationalrat gewählt, wechselte Ringger 1917 zur Bauernpartei und arbeitete bis zum Rücktritt 1922 in der BGB-Fraktion in Bundesbern mit. David Ringger präsidierte die Gemeinnützige Gesellschaft des Bezirks Dielsdorf, ferner war er Mitglied der Aufsichtskommission der Zwangsarbeitsanstalt Uitikon und der Korrektions- und Armenanstalt Kappel am Albis.[172]

Wie Ringger gehörte Emil Rellstab (1853–1922) eher zu den stilleren Volksvertretern. Seine väterlichen Vorfahren hatten den Leihof in Wädenswil, den die Familie heute noch betreibt, bereits 1615 erworben. Rellstab war 1912 als Freisinniger in den Nationalrat gewählt worden, gehörte aber 1917 als Präsident des Landwirtschaftlichen Kantonalvereins zu den Gründern der Zürcher Bauernpartei. Den Grossteil seiner Laufbahn hatte der damals fast 66-Jährige bereits hinter sich, war er doch 1890 Mitbegründer der Eidgenössischen Versuchsanstalt für Obst-, Wein- und Gartenbau in Wädenswil und der kantonalen landwirtschaftlichen Winterschule gewesen. Der frühere Wädenswiler Gemeinderat war auch Initiant des örtlichen Molkereiverbandes, ein engagierter Viehzüchter und Verwaltungsrat der Leihkasse. Auf Bundesebene diente Rellstab als Präsident der Eidgenössischen Alkoholkommission; der Zürcher Nationalrat sollte 1922 im Amt versterben. Er war laut *Zürcher Bauer* der Inbegriff eines «einfachen und bescheidenen, sparsamen, allem modernen Getue abholden Bauern».[173]

Ohne Zweifel war dieser bäuerliche Wahlerfolg hauptsächlich auf die feste Haltung im Landesstreik vom November 1918 zurückzuführen. Der *Zürcher Bauer* glaubte den Grund für den bäuerlichen Durchmarsch denn auch genau zu kennen: «Warum? – Weil die Bauern ohne Wanken bisher eine klar bürgerlich-vaterländische Politik betrieben haben und weil auf die Bauern auch während der Zeiten der Nöte Verlass war.»[174] Die *Neue Zürcher Zeitung* kommentierte den für den Freisinn desaströsen Wahlausgang durchaus negativ und sprach von einem offensichtlichen Erfolg der Bauernpartei, die «nicht eine politische, sondern eine Interessenpartei darstellt».[175]

Innert kurzer Zeit bildeten sich im Verlauf, am Ende oder als Folge des Ersten Weltkriegs im Schweizer Mittelland mehrere Bauernparteien.[176] Was in den Kantonen Zürich (1917) sowie Bern und Schaffhausen (1918) begann, setzte sich fort im Aargau (1920), im Tessin und in der Waadt (1921) sowie in Baselland (1925) und Freiburg (1945). Im Kanton Thurgau verblieben die Landwirte bei den traditionellen Parteien, schlossen sich aber in Bern der BGB-Fraktion an. In der Westschweiz gelang der Durchbruch vorerst kaum, und in der Zentralschweiz sowie im Wallis profitierte die Katholisch-Konservative Volkspartei davon, dass sie in der Vergangenheit viel Verständnis für bäuerliche Anliegen gezeigt hatte.

Die Gelegenheit einer wirklichen Integration der Bauern war zumindest in den mehrheitlich reformierten Kantonen durch Freisinn und Demokraten verpasst worden. Doch der in diesem Ausmass unerwartete Erfolg und nicht endende lokale Streikaktionen der Linken führten die historischen Parteien allmählich zur Einsicht, dass sie zusammen mit der Bauernpartei einen festen Bürgerblock zur Erhaltung der Mehrheit bilden sollten. Wohl machten die empfindlichen Wahlrückschläge und der damit verbundene Verlust an Macht und Mandaten eine gewisse Gereiztheit und Empfindlichkeit verständlich; diese äusserte sich weiterhin regelmässig in Beschimpfungen und Unterstellungen in der Presse. Doch im Verlauf der 1920er Jahre trat das Verbindende im bürgerlichen Lager allmählich wieder vor das Trennende, die Wut wich der Duldung.

Allmählich kam es zum bürgerlich-bäuerlichen Burgfrieden im Rahmen einer Zusammenarbeit im sogenannten Bürgerblock.[177] Sozialisten und Sozialdemokraten, die ihrerseits von den Bauern scharf bekämpft wurden, sahen in der neuen Wirtschaftspartei eine konservativ-reaktionäre Gruppierung, welche die Lebensmittel verteuerte und damit die Arbeiterschaft in Not stürzte. Dennoch machte auch diese Frontstellung bei der Linken schliesslich einer realistischeren Auffassung Platz. Der Streikführer von 1918 und spätere SP-Bundesrat Ernst Nobs kam bei seiner Beurteilung 1922 zum nüchternen Schluss: «Die Schweizerische Bauernpartei, die erst im Entstehen begriffen ist, aber bereits sehr bedeutende Grundlagen aufweist, dürfte aller Voraussicht nach zu einer Parteigründung von Bestand und Dauerhaftigkeit werden.»[178]

Seit 1915 und speziell nach der Parteigründung vom 4. März 1917 hatte Karl Wunderli (1881–1961) aus Winterthur der Politischen Kommission des Landwirtschaftlichen Kantonalvereins vorgestanden. Er amtete faktisch als Präsident der Bauernpartei, ohne diesen Namen bereits zu tragen. Der Kaufmannssohn hatte die Landwirtschaftliche Schule Strickhof absolviert und nach einer praktischen Tätigkeit als Gutsverwalter in Deutschland das Agronomiestudium an der ETH mit dem Diplom abgeschlossen. Zwischen 1904 und 1907 wirkte er als Assistent am Bauernsekretariat in Brugg, um danach lebenslang als Sekretär, Vizepräsident der Verwaltungskommission und zuletzt als Redaktor des *Genossenschafters* für den Volg zu arbeiten. Karl Wunderli gehörte zum innersten Kreis der treibenden Kräfte bei der Parteigründung, sass von 1917 bis 1926 im Kantonsrat und vertrat die Bauernpartei von 1919 bis 1925 und erneut von 1926 bis 1943 im Nationalrat.[179] Zuweilen allzu unernst wirkend, blieb sein Einfluss parteiintern beschränkt. Ein Journalist beschrieb ihn als «modernen Volksmann», als «losen Spötter» mit heiterem Naturell, wovon seine «munterperlenden Reden» zeugten.[180] Als die Bauernpartei am 1. Februar 1920 zu ihrer Delegiertenversammlung im Kasino Winterthur zusammentrat, musste Wunderli wegen Arbeitsüberlastung vom Vorsitz zurücktreten.

Ab 1920 sollte das bisherige Amt eines Präsidenten der Politischen Kommission offiziell mit dem Titel «Parteipräsident» ausgestattet sein, und auch Zweck und Ziele der Partei wollte man auf ein breiteres Fundament stellen. Zum Nachfolger von Karl Wunderli wurde Rudolf Streuli gewählt, Gemeindepräsident und Fraktionspräsident aus Horgen, der 1920/21 auch als Kantonsratspräsident amten sollte. Streuli war 1910 als Freisinniger in den Kantonsrat gewählt worden und gehörte wie Wunderli zu den Pionieren der Parteigründung. Da er 1919 auch den Zürcher Holzproduzentenverband gegründet hatte, sah sich Streuli dermassen mit Arbeit eingedeckt, dass er die Wahl zum Parteipräsidenten erst nach längerem Zögern annahm.[181]

Die Parteiführung war sich wohl bewusst, dass die Parteistärke nur gehalten oder sogar ausgebaut werden konnte, wenn sich neben den Bauern auch weitere Berufsgruppen integrieren liessen. Der bisherige Zweckartikel der Bauernpartei hatte sich aber ausschliesslich mit dem Wohl der Landwirtschaft befasst. Die 1920 in Winterthur verabschiedeten Parteiziele wurden nun auf alle werktätigen Menschen ausgedehnt und forderten ausdrücklich die Überwindung des Klassenkampfes: «Die Partei erstrebt ein Staatsgebilde, das mit möglichst einfachen Mitteln Wohlstand, Ordnung und Recht sichert. Sie will die Interessen des werktätigen Volkes, besonders der Landwirtschaft, durch geeignete staats- und wirtschaftspolitische Massnahmen fördern. Die Partei unterstützt Massnahmen zur Überbrückung bestehender Klassengegensätze und bekämpft die Auswüchse des Kapitalismus und des Sozialismus. Sie sucht ihr Ziel durch die Beteiligung an den Wahlen und durch die Mitarbeit auf dem Gebiete der Gesetzgebung zu erreichen.»[182]

Unverkennbar war also das Bemühen, sich vom Bild einer rein bäuerlichen Interessenpartei zu lösen und durch aktive Mitarbeit an der staatlichen Sozialpolitik eine breitere Grundlage zu schaffen. Mit der Beanspruchung des «werktätigen Volkes» wurde der gleichlautende Anspruch der organisierten Arbeiterschaft geschickt angezweifelt und relativiert. Auch war mit den neuen Statuten die spätere Vertretung des gesamten Mittelstandes bereits angelegt, auch wenn die offizielle Umbenennung der Zürcher Bauernpartei in Bauern-, Gewerbe- und Bürgerpartei noch bis 1951 auf sich warten lassen sollte. Dennoch setzte der breitere Anspruch bereits bei den Aufrufen zu den Nationalratswahlen von 1919 und zu den Kantonsratswahlen von 1920 ein: «Wer für Landwirtschaft, Handwerk und Gewerbe kämpft, wählt bäuerlich.»

Der freie Bauer stehe zur Arbeit in einem ganz anderen Verhältnis als der abhängige Lohnarbeiter, was auch seine Vaterlandstreue bewirke. Die gesamte werktätige Bevölkerung wurde aufgerufen, den religiösen Geist neu zu beleben und dem falschen Gott Mammon Bescheidenheit, Einfachheit und Freude an höheren Gütern entgegenzusetzen.[183] Vor allem dieser letzte Wunsch dürfte angesichts des durchaus hartnäckigen bäuerlichen Feilschens um den Preis der landwirtschaftlichen Produkte bei politischen Gegnern Erstaunen hervorgerufen haben. Die nachträglichen Versuche der Bauernpartei, der von ihr vertretenen Standespolitik mit entsprechend rationalen Forderungen und Interessen eine «höhere Lebensauffassung» im Sinne von Bauernsekretär Ernst Laur überzustülpen, sollte ganz offensichtlich Vorwürfe über kleingeistigen Eigennutz parieren.

Gewiss hätte sich die Zürcher Bauernpartei nicht so erfolgreich und dauernd durchsetzen können, wenn ihr nicht bereits seit längerem bestehende landwirtschaftliche Organisationen und Genossenschaften stützend zur Seite gestanden wären. Als sich die Bauernpartei im Frühjahr 1920 formell vom Landwirtschaftlichen Kantonalverein löste, kamen zu den bisherigen Organen der Politischen Kommission (Vorstand), Geschäftsleitung und Kantonsratsfraktion noch die Delegiertenversammlung mit über 500 stimmberechtigten Mitgliedern (Mandatsträger, Bezirks- und Sektionsvertreter) sowie das Bauernsekretariat hinzu, dem nun die parteipolitische Administration offiziell übertragen wurde. Eine gewisse Schwerfälligkeit des Delegiertensystems wurde durch den Vorteil einer umfassenden Repräsentation der Meinungen wettgemacht: «Die Grösse des Kantons Zürich und die Verschiedenartigkeit seiner Verhältnisse haben die Partei gezwungen, für die offizielle Willensbildung der Partei eine Delegiertenversammlung zu schaffen. Ihr Aufbau bietet einigermassen Gewähr, dass die Anschauungen der Parteiangehörigen aller Kantonsgebiete gleichmässig zum Ausdruck kommen können, und nur so werden die Zufälligkeiten und örtlichen Einflüsse ausgeschaltet, denen ein allgemeiner Parteitag immer ausgesetzt sein wird.»[184] Seit den Anfangszeiten bestand die Partei also aus Organen, die über hundert Jahre dieselben bleiben sollten: Delegiertenversammlung, Parteivorstand, Parteileitung, Kantonsratsfraktion und Parteisekretariat.

Die Politische Kommission empfand 1918 das Fehlen eines kantonalen Sekretariats der Bauernpartei «mit ständigem Bureau» als empfindlichen Mangel. Die vielen anfallenden Arbeiten konnten unmöglich länger durch verschiedene

Exponenten im Nebenamt wahrgenommen werden. Dem Parteisekretär sollten die Aktuariate der verschiedenen Gremien sowie die politische Redaktion des *Zürcher Bauern* obliegen, aber auch die politische Werbung («Agitation») und Beratung der Parteimitglieder sowie Gutachten zu wichtigen Tagesfragen. Auch verlangte man ein Bindeglied zwischen Kantonalpartei und den lokalen Sektionen sowie die Abklärung der genauen Parteistärke.[185] Diese Aufgabe musste finanziert werden, und zwar durch einen Parteibeitrag für Einzelmitglieder von zwei Franken jährlich. Um den Mitgliedern die Bezahlung des Beitrags schmackhaft zu machen, wurde immer wieder auf die Sozialdemokraten hingewiesen, die selbst bei geringen Einkommen ein Mehrfaches zu leisten bereit seien. Es war im Übrigen in der Anfangszeit nicht einfach, sich Klarheit über die Mitgliederzahl zu verschaffen, da manche Doppelspurigkeiten mit landwirtschaftlichen Organisationen bestanden.[186]

Auf den 1. September 1919 übernahm das Sekretariat der überaus tüchtige Organisator Arnold Messmer, Lehrer an der Landwirtschaftsschule Custerhof Rheineck, der das Reglement für seine Arbeitsstelle gleich selber ausarbeitete.[187] Er war als Sohn eines Kleinbauern und Stickers im St. Galler Rheintal aufgewachsen und hatte sich nach der Bauernlehre an der ETH zum Agronomen weitergebildet. Messmer war zuvor Mitbegründer der Zeitung *St. Galler Bauer* und Geschäftsführer des sankt-gallisch-appenzellischen Milchproduzentenverbandes. Er schrieb als Zürcher Parteisekretär zu politischen Themen im *Zürcher Bauer*, führte erfolgreiche Wahlkämpfe, wurde 1920 selber Kantonsrat, koordinierte die Trennung von Partei und Landwirtschaftlichem

Als erster vollamtlicher Parteisekretär wirkte ab 1919 Arnold Messmer (1889–1925). Er setzte sich auch als Kantonsrat leidenschaftlich für die Bauernpartei ein.

Kantonalverein und referierte unermüdlich in den Landgemeinden. Ein Journalist, der die Parlamentsdebatten verfolgte, bezeichnete Arnold Messmer als einen ausgesprochen guten Redner, dazu «sehr temperamtenvoll und draufgängerisch».[188] Während der häufigen Abwesenheiten besorgte seine Frau Margrit Messmer die anfallenden administrativen Arbeiten. Sie sollte nach dem frühen Tod ihres Mannes über Jahrzehnte zum allgegenwärtigen guten Geist im Bauern- und Parteisekretariat werden. Arnold Messmers Nachfolge als Sekretär übernahm später der gründliche, nicht weniger geltungsbewusste Emil J. Graf, wobei ein Journalist diesen im Vergleich zum Vorgänger als Redner weniger enthusiastisch beurteilte: «Der monotone, scharfe Klang der hellen St.-Galler-Stimme wirkt ermüdend.»[189]

Im gesellschaftspolitischen Bereich blieb die Bauernpartei in der insgesamt sehr erfolgreichen Ära unter Rudolf Streuli strikt konservativ. Als im Februar 1920 die Einführung des kantonalen Frauenstimmrechts zur Debatte stand, sah sie wie die andern bürgerlichen Parteien «in der Politik der Frauen eine Gefahr für den glücklichen Bestand des Familienlebens». Das Begehren aus dem Forderungskatalog des Landesstreiks war 1919 im Kantonsrat von der Bauernfraktion zusammen mit der ebenfalls erstarkten Gruppe der christlichsozialen Katholiken heftig bekämpft worden. Vor der Volksabstimmung von 1920 schrieb ein Einsender im *Zürcher Bauer*: «Das Parlament der Frau ist ihr von Natur gegeben, es ist die Kinderstube.»[190] Nachdem der Zürcher Souverän die Vorlage mit 81,6 Prozent wuchtig verworfen hatte – wobei ländliche Bezirke bis zu 95 Prozent Nein-Stimmen aufwiesen –, kommentierte der *Zürcher Bauer* zufrieden, dass sogar die Städter «die ursprünglichen Aufgaben der Frau als Mutter und Gattin» höher gewertet hätten als ihre Mitarbeit in der Politik; dies zeuge von einer «gesunden Lebensauffassung». Wenn die Bauernpartei kommentierte, dass die Zeit für das Frauenstimmrecht eben noch nicht reif sei, schlug sie immerhin nicht alle Türen für die Zukunft zu.[191]

Sozialismus als Feindbild

Bei den zweiten Kantonsratswahlen mit Beteiligung der Bauernpartei von 1920 wollte diese ihren Besitzstand zumindest wahren oder wenn möglich ausbauen. Zur Untermauerung ihrer Ansprüche griff sie zur Bauerntums-Ideologie, wie sie das Verbandssekretariat in Brugg vorgab: Der Bauernstand sei die beste wirtschaftliche Stütze des Volkes, er sei durch die Scholle dem Vaterland treu verbunden und wolle «Hass durch Liebe, Müssiggang durch Arbeit, Verschwendung durch Sparsamkeit und Pflichtlosigkeit durch Freude an der Verantwortung ersetzen». Der «steigenden Genusssucht» und dem «krankhaften Luxus» wurde der Kampf angesagt, weil beides die Zufriedenheit des Volkes zerstöre und die Kluft zwischen Arm und Reich vergrössere. Man sah die Partei als eigentliches Rückgrat der bürgerlichen Schweiz, als Verteidigerin der Grundfesten des Vaterlandes, als «Partei der Arbeit», ja als Garantin des «wirtschaftlichen und sittlichen Bestandes» des Landes. Mit dem Slogan «Für Verfassung und Recht» bezeichnete die Partei all jene als Feinde, die an den Grundfesten des Staates und eines innerlich starken Schweizervolkes Hand anlegen wollten: «Der Bauer ist der ruhende Pol einer wahrhaft vaterländischen Politik. […] Fällt der Bauernstand, dann fällt durch ihn auch die bürgerliche Lebensauffassung; der grosse Vaterlandsgedanke würde mit dem Bauernstande zu Grabe getragen.»[192]

Der Wahlgang vom 18. April 1920 geriet neuerlich zum Triumph. Die Bauernpartei eroberte 57 und damit 8 zusätzliche Kantonsratssitze und baute ihre Stellung als stärkste bürgerliche Kraft aus. Zudem erreichte sie neben der Bestätigung von Ernst Tobler mit der Person von Rudolf Maurer aus Rieden-Wallisellen einen zweiten Regierungsratssitz im siebenköpfigen Kollegium.

Rudolf Maurer (1872–1963) war nach einer kaufmännischen Ausbildung in der Seidenfirma Zwicky und kurzer Tätigkeit bei der Eidgenössischen Bank 1892 auf den elterlichen Hof in Rieden-Wallisellen zurückgekehrt. 1912 wurde er Bezirksrat und 1915 Statthalter des Bezirks Bülach. Er war ein Freund und Mitkämpfer von Fritz Bopp, dem er parteiintern immer wieder die Stange hielt. Als die Bauernpartei den Vater einer achtköpfigen Kinderschar 1920 als Regierungsrat vorschlug, sagte ihm seine Frau Anna: «Du chascht mache, was du witt, aber ich bliibe e Puurefrau!» Als Regierungsrat bis 1939 tätig, übernahm Rudolf Maurer vorerst das Polizei- und Militärressort, wo er nicht besonders glücklich wurde, stand dann aber ab 1929 der von ihm mehr geschätzten Baudirektion vor. Das Gesetz für den Motorfahrzeugverkehr von 1923 nebst Errichtung eines Strassenfonds unter

Maurers Leitung bildete die Voraussetzung der enormen späteren Entwicklung des zürcherischen Individualverkehrs. Maurer hatte seiner Partei zuvor Geld aus seinen Privatmitteln für den Abstimmungskampf zur Verfügung gestellt. Er sass im Kirchenrat, präsidierte die Eidgenössische Linthkommission und übernahm nach seinem Rücktritt als Regierungsrat in den Jahren des Zweiten Weltkriegs erneut die harte Arbeit der Besorgung seines ganzen Hofes, da alle fünf Söhne Militärdienst leisteten. In späteren Jahren verfasste er verschiedene lokalhistorische Studien und interessierte sich speziell für die Ortsnamenforschung.[193]

Die *Neue Zürcher Zeitung* begründete den angeblich erwarteten Erfolg der Bauernpartei mit der inneren Geschlossenheit, dem Vorteil bestehender Verbandsstrukturen und der klaren, kompromisslosen Linie: «Sie umfasst einen Stand mit sehr ausgebauter wirtschaftlicher Organisation, braucht sich also nicht wie die historischen Parteien mit dem Interessenausgleich im Innern zu plagen; sie verkörpert das bodenständige Element, gilt demnach als Bollwerk der Demokratie gegen die Rote Herrschaft, wozu noch kommt, dass die stadtunfreundliche Stimmung sie zu der Partei des Landes gegenüber den angekränkelten städtischen bürgerlichen Parteien macht.»[194]

Als die Schweiz vor die Frage gestellt wurde, ob sie Mitglied des Völkerbundes werden solle, tobte im Land eine leidenschaftliche Debatte. Während die Befürworter ein Mitwirken in einem kollektiven Sicherheitssystem der Staaten zur Erhaltung des Weltfriedens als Selbstverständlichkeit erachteten, misstrauten die Gegner dem 14-Punkte-Programm der Weltkriegssieger unter amerikanischer Führung und fürchteten um die Neutralität. Zwar hatte sich die Schweiz wirtschaftlichen Sanktionen gegen Friedensbrecher zu beugen, erhielt aber die Zusicherung, dass sie sich als neutrales Land nicht an militärischen Strafaktionen beteiligen musste. Die Zürcher Bauernpartei entschied sich ebenso wie der Schweizerische Bauernverband zur Ja-Parole, denn «unschweizerisch und unserer Geschichte unwürdig wäre es, wenn wir dort ernten wollten, wo wir nicht gesät haben». Darum erging von der offiziellen Landwirtschaft der Aufruf: «Mitschaffen wollen wir am grossen Bau des Völkerbundes, der allen Völkern das Feld freier wirtschaftlicher und kultureller Entwicklung freimachen will.» Gerade die neutralen Staaten bildeten die Brücke über die Kluft, welche die Völker noch trenne. Helfe die Schweiz an der Überbrückung dieser Kluft nicht mit, sei sie am Niedergang der europäischen Kultur mitschuldig. «Und ohne eine blühende europäische Wirtschaft und Kultur wird auch das schweizerische Bäumchen im europäischen Hochland nicht gedeihen können.»[195]

Nach der befürwortenden Parolenfassung der Delegierten von 195 gegen 19 Stimmen bezeichnete es der *Zürcher Bauer* geradezu als «Landesunglück», wenn die Vorlage zum Völkerbundsbeitritt verworfen werde, zumal die Linke dagegen ankämpfe.[196] Das Schweizervolk sprach sich nach einem intensiven Abstimmungskampf schliesslich für den Beitritt aus, wobei die Haltung des Bauernverbandes vermutlich die Entscheidung brachte. Aber trotz der offiziellen bäuerlichen Zustimmung gehörte der Kanton Zürich zu den ablehnenden Ständen.[197]

Eine einzige Stimme hatte sich dem harmonischen Chor versagt, nämlich jene von Nationalrat Fritz Bopp. Er brachte seine inhaltliche Kritik wie immer prägnant und glänzend formuliert auf den Punkt: «Unserem Land drohte nicht dann die grösste Gefahr, wenn Kanonenschlünde seine Grenzen bedrohten, sondern dann, wenn ausländische Staatsleute unsere Politiker in ein Übermass von Liebenswürdigkeit verstrickten. Dann wie nie gilt für uns: Betet, freie Schweizer, betet!»[198]

Der Bundesrat und ein Völkerbundsprofessor, meinte Bopp, hätten den Begriff «differenzierte Neutralität» entdeckt, der einen Weg gestatte, den «unser undifferenziertes Rechtsgefühl nicht kennt».[199] Regierungsrat Ernst Tobler, der sich für den Beitritt zum Völkerbund starkmachte, bezeichnete Bopp als «politischen Benjamin der Freisinnigen». Zusammen mit «andern Vertretern der Moralpolitik» glaube er, zur «Erhöhung der Salonfähigkeit der Bauernpartei» beim internationalistischen Rummel mitmachen zu müssen.[200] Bopp selber kreuzte im Abstimmungskampf vor vielen hundert Zuhörern in Bülach rhetorisch die Klingen mit Professor Ernst Laur, der für den Beitritt warb.

Nach der Annahme des Völkerbundsbeitritts durch Volk und Stände druckte Fritz Bopp in seiner Zeitung die Resultate mit einem Trauerrand und veröffentlichte so eine Todesanzeige für die Unabhängigkeit und Neutralität der Schweiz. Die Ja-Parole seiner Partei schmerzte ihn umso mehr, als von zehn Zürcher Landbezirken nur drei knapp angenommen hatten, die bäuerliche Basis also der Parteispitze nicht gefolgt war. «Der Herrgott», so Bopp, «meine und wende es vielleicht besser mit den Schweizern, als sie selber es schufen und verdienen.»[201]

Die Parteileitung kritisierte Bopp in seiner *Bülach-Dielsdorfer Wochen-Zeitung* als allzu geschmeidig und angepasst. In die Führung der jungen Partei hätten sich Leute geschwungen, «so leicht und kampflos, so fröhlich Gott und Menschen angenehm und sofort salonfähig, wie wenn ein bekannter, hübsch gefiederter Hausvogel das schon angelegte Hühnerstieglein hinauftanzt und dann droben mit mächtigem Kikeriki die Flügel spreizt».[202]

Nicht ohne Verbitterung zog sich Bopp schon 1920 von den Parteigremien auf Kantons- und Bezirksstufe zurück: «Der Mohr hat seit 30 Jahren seine Pflicht getan und wird deshalb gehen, um jenen Raum und Geltung zu belassen, die sich der Bauern erst dann erinnerten, als diesen die Macht und die Möglichkeit der Stellensicherung gegeben ward.»[203]

Die Einweihung des Wehrmännerdenkmals auf der Forch – eine Bronzeplastik in Form einer mächtigen Flamme – wurde 1922 als vaterländische Kundgebung mit mehreren zehntausend Besuchern inszeniert, an der die Bauernpartei starken Anteil nahm. Auch die alljährlichen Ustertagsfeiern mit einem prominenten Hauptredner und einem lokalen Vorredner zur Erinnerung an die freiheitliche Volksversammlung vom 22. November 1830 wurden von einem Komitee und den bürgerlichen Parteien des Kantons gemeinsam getragen.

Die schwierigen Marktverhältnisse zwangen zur Mechanisierung. Elektromotoren zum Futterschneiden und Jauchepumpen verbreiteten sich selbst in entlegenen Gebieten, ebenso die Mäh- und Dreschmaschinen. Mit dem Ersatz der Zugtiere ging es im Kanton Zürich wegen seiner vielen kleinen und mittleren Güter vergleichsweise langsam voran; vor dem Zweiten Weltkrieg besassen keine 10 Prozent der Zürcher Bauernbetriebe einen Traktor. Für die Güterzusammenlegungen existierten zwar seit 1914 gesetzliche Grundlagen, doch waren diese Massnahmen bis 1939 erst auf einem Drittel der möglichen Fläche durchgeführt beziehungsweise eingeleitet worden.[204]

Die Notlage der Bauern verschärfte sich, als der Bund zur Unterstützung der in Armut lebenden Arbeiterschaft die vermehrte Einfuhr von Schlachtvieh gestattete. Angesichts des sinkenden Fleischpreises intervenierte die kantonsrätliche Bauernfraktion 1921 in der Bundesversammlung: «Es geht nicht an, dass man die Existenz anderer Glieder unseres Volkes durch öffentliche Massnahmen und auf Kosten der Öffentlichkeit sicherstellt, während man den Bauer vollkommen den Wirkungen der Krisis aussetzt, ja ihn sogar vogelfrei erklärt.»[205]

Eine gewisse sozialpolitische Öffnung zeigte die Partei, als der Kanton Zürich Anfang 1922 zehn Millionen Franken für die Beschäftigung von Arbeitslosen durch Ausführung von Notstandsarbeiten beantragte. Die Bauernpartei unterstützte nicht nur die Vorlage, sondern der Vorstand rügte sogar den Staat, weil er es versäumte habe, «durch eine Arbeitslosenversicherung für schwere Zeiten vorzusorgen».[206]

Mit eingängigen Parolen wie «Kampf gegen Rot», «Verteidigung unserer Volksrechte», «Neubelebung des religiösen Geistes» oder «Bauernpolitik ist eine Politik der Arbeit» stürzte sich die Zürcher Bauernpartei im Herbst 1922 in den Nationalratswahlkampf. Der Übergang von der durch einen einseitigen Exportaufschwung geprägten Kriegskonjunktur zur Friedensproduktion brachte der Schweiz zwischen 1920 und 1922 eine scharfe Depression. Auch die Landwirtschaft litt beträchtlich unter den Folgen der sogenannten Valuta-Konkurrenz, also der vergleichsweise schwachen Währungen im Ausland.

Die Vorlage eines Staatsschutzgesetzes, etwa zur Abwehr der Agitation ausländischer Revolutionäre, trug den Namen des damaligen freisinnigen Justizministers Heinrich Häberlin (Lex Häberlin I). Wie die übrigen bürgerlichen Parteien setzte sich die Zürcher Bauernpartei im September 1922 vergeblich für diese Vorlage ein: «Das Umsturzgesetz ist in Tat und Wahrheit ein Gesetz zum Schutze unserer schweizerischen Demokratie. Jeder wahrhaft demokratisch und freiheitlich gesinnte Schweizer muss für diese Vorlage eintreten.» Die Nein-Mehrheit wurde auf die krisengeschüttelten Zeitverhältnisse und auf einen befürchteten Eingriff in die Privatsphäre zurückgeführt. Keinesfalls dürfe man das Ergebnis als Billigung eines gewaltsamen Umsturzes interpretieren. Denn es möge «wohl der und jener auch eine Beschränkung des freien Wortes oder des Rechtes zum Schimpfen befürchtet haben».[207]

Trotz grundsätzlichem Anspruch als stärkste Kraft der Bürgerlichen und der Landschaft auf einen Ständeratssitz hatte die Bauernpartei einstweilen noch auf einen Ständeratskampf verzichtet. Der Appell an Bescheidenheit, Arbeit und Tugend brachte ihr bei den eidgenössischen Wahlen vom 29. Oktober 1922 dennoch einen zusätzlichen siebten Nationalratssitz ein. Gewählt wurden die Bisherigen Carl Bertschinger (Kemptthal), Fritz Bopp (Bülach), Regierungspräsident Ernst Tobler (Küsnacht), Karl Wunderli (Winterthur) und neu der studierte Agronom und kantonale Rebbaukommissär Diethelm Burkhard-

Abegg (Feldbach-Hombrechtikon), Jakob Oehninger (Andelfingen) sowie Parteipräsident Rudolf Streuli (Horgen).

Diethelm Burkhard-Abegg (1869–1926) zog es schon in früher Jugend zur Landwirtschaft. Er verfügte über die Selbstsicherheit eines Sprosses aus altem Stadtzürcher Geschlecht; sein Vater war Theologe und Kirchenrat, sein Grossvater der Divisionär, Stadtpräsident und Regierungsrat Eduard Ziegler. Nach einem Agronomiestudium an der ETH bewirtschaftete Burkhard-Abegg zuerst ein Gut in Küsnacht und dann in Feldbach. Vierzehn Jahre lang wirkte er nebenberuflich als kantonaler Rebbaukommissär, ab 1917 als Kantonsrat, und er wurde zum angesehenen Experten im theoretischen wie im praktischen Weinbau. Auch die Milchwirtschaft verdankt ihm, dem Mitbegründer und Präsidenten des Verbandes nordostschweizerischer Käserei- und Milchgenossenschaften, manche Verbesserung.  Nach kaum vier Jahren Tätigkeit in der grossen Kammer der eidgenössischen Räte verstarb der hochgewachsene, schlagfertige und unerschrockene Debattierer, dessen Auftritte stets etwas Erfrischendes hatten. Der Nationalratspräsident gedachte des bemerkenswerten Volksvertreters folgendermassen: «Seine kraftvollen Worte erinnerten jeweils an den Wogenschall des Zürichsees und ans offene, freie Idiom seiner Stammesgenossen.»[208]

Der innovative Landwirt Jakob Oehninger (1871–1954) aus Adlikon, Gemeinde Andelfingen, schuf sich landesweit vor allem einen Ruf als Pionier des schweizerischen Bodenverbesserungswesens. 15 Jahre wirkte er im Zürcher Kantonsrat, 22 Jahre im Nationalrat. Schon um die Jahrhundertwende, als die ersten Güterzusammenlegungen realisiert wurden, erkannte Oehninger die Bedeutung einer systematischen Bewertung des landwirtschaftlichen Bodens für den Abtausch von Grundstücken. Gemeinsam mit wissenschaftlichen, technischen und landwirtschaftlichen Fachleuten entwickelte der nüchtern und realistisch den-

kende Weinländer entsprechende Methoden und wurde Ehrenmitglied des Schweizerischen Vereins der Kulturingenieure. Mit Nachdruck setzte sich Oehninger im Parlament für Meliorationskredite ein und präsidierte über zwei Jahrzehnte lang die Eidgenössische Meliorationskommission. Mitglied des Nationalrats bis 1943, war Oehninger auch ein bedeutender Förderer des Getreidebaus; mittlerweile wird die Saatzuchttradition von Adlikon in der vierten Generation gepflegt. Zudem präsidierte er die Ostschweizer Vereinigung für Zuckerrübenbau, die Schweizerische Schlachtviehkommission und den Zürcherischen Landwirtschaftlichen Kantonalverein und schliesslich 33 Jahre lang die Zürcher Saatzuchtgenossenschaft.[209]

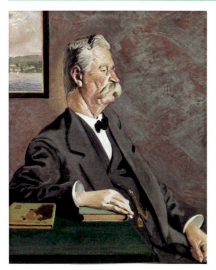

Rudolf Streuli (1871–1943) aus Horgen gehörte von allem Anfang an zu den Gründungsvätern der Zürcher Bauernpartei, deren erstes eigentliches Präsidium er 1920 bis 1926 auch bekleidete. Seit der Parteigründung 1917 bis zu seiner Wahl in die Regierung präsidierte er ausserdem die Kantonsratsfraktion. Der praktizierende Landwirt versah 1904 bis 1907 das Amt eines Gemeinderates, bevor er anschliessend dem Dorf Horgen zwölf Jahre lang als Gemeindepräsident vorstand. 1910 noch als Freisinniger in den Kantonsrat abgeordnet, trat er 1917 zur Bauernfraktion über. 1920/21 präsidierte Streuli das Kantonsparlament. 1922 bis 1929 sass er in der grossen Kammer des eidgenössischen Parlaments und zeitweilig im Zürcher Kirchenrat. Von 1926 bis 1937 stand er als Zürcher Regierungsrat kurz dem Polizeiressort, hauptsächlich aber der Volkswirtschaftsdirektion vor. Berufspolitisch engagierte sich Rudolf Streuli als Vizepräsident des Nordostschweizerischen Milchverbands und als Präsident der Propagandazentrale für Erzeugnisse der schweizerischen Landwirtschaft. Auch war Streuli 1919 Gründer und Präsident des Zürcher Holzproduzentenverbands. Aufgrund von falschen Projektabrechnungen des ihm unterstellten kantonalen Meliorationsamts trat er 1937 als Regierungsrat und auch als Präsident des Organisationskomitees der Schweizerischen Landesausstellung in Zürich zurück. Der versöhnliche Politiker trug schwer an diesem Abgang, durfte aber noch erleben, wie wichtig die durchgeführten Meliorationen in den Kriegsjahren für die Bevölkerung waren.[210]

Da die Berner BGB dank Proporzglück nicht weniger als 17 Mandate erreichte, kam die nationalrätliche Fraktion 1922 auf 34 Mitglieder. Der *Zürcher Bauer* kommentierte die Rolle der Bauernpartei einige Monate später sehr befriedigt: «Sie hat die bürgerliche Front nicht, wie man weissagte, geschwächt, sondern gestärkt. Man hatte ja bei ihrer Entstehung raschen Untergang prophezeit und heute steht sie fester denn je.»[211] Verärgerung herrschte aber über das Verhalten des kantonalen Gewerbeverbandes, da dieser seine politische Neutralität verlassen und ausschliesslich Kandidaten von Freisinn und Demokraten empfohlen habe.[212]

Wirtschaftspolitisch vertraten die Bauern den Grundsatz, angesichts der Absatzkrise die Produktion durch Verlängerung der Arbeitszeiten zu verbilligen und so die Arbeitslosigkeit zu überwinden. Genau wie die Landwirte müssten auch die Arbeitnehmer Opfer bringen: «Eine Nation, die davor zurückschrecken wollte, zur Überwindung der Krise die Arbeitszeit von wöchentlich 48 auf 54 Stunden zu verlängern, wäre dem sicheren Untergang geweiht.»[213] Für die Erläuterung des Fabrikgesetzes vor der Delegiertenversammlung vom 3. Februar 1924 hatte man den Berner Präsidenten Rudolf Minger gewinnen können, und das Protokoll rapportierte begeistert: «Der Referent entledigte sich seiner Aufgabe in echtem ‹Berndütsch› in ausgezeichneter Weise, und seine prächtigen, für den einfachsten Bauersmann leicht fasslichen, stellenweise recht träfen Ausführungen wurden am Schlusse […] mit herzlichem Beifall verdankt.»[214] Umso deprimierter nahm der *Zürcher Bauer* das Urteil des Schweizer Souveräns zur Kenntnis, welcher der Vorlage eine Abfuhr erteilte: «Entlassungen und Lohnreduktionen werden dann leider an der Tagesordnung sein.»[215]

Mit grosser Gelassenheit und mit minimalem Aufwand an Wahlwerbung ging die Bauernpartei in die Kantons- und Regierungsratswahlen vom April 1924. Tatsächlich erlebte sie bei deutlich besserer wirtschaftlicher Konjunktur erneut einen Zuwachs von 7 Sitzen auf jetzt insgesamt 64 von 257 Mandaten, während die Sozialdemokraten zwar deutlich stärkste Partei blieben, durch das erstmalige Auftreten der Kommunisten aber einen Dämpfer hinnehmen mussten. Die bäuerlichen Regierungsräte Ernst Tobler und Rudolf Maurer wurden klar bestätigt. Mit ihrem selbstbewussten Auftreten gegenüber dem Sozialismus wie gegenüber den historischen bürgerlichen Parteien vermochte die von Präsident Rudolf Streuli geschickt zusammengehaltene Partei das Wahlvolk zu überzeugen.[216]

Eine sozialpolitische Herausforderung bildeten seit 1925 die Diskussionen um die Einführung einer Alters- und Hinterbliebenenversicherung (AHV). Die Zürcher Bauernpartei stellte sich grundsätzlich positiv, sei die Massnahme doch geeignet, die Klassengegensätze zu mildern. Vor allem wegen der Berücksichtigung der unselbständigen bäuerlichen Dienstboten und der Kleinbauern genoss die AHV-Vorlage Rückhalt, auch wenn man das Versicherungswerk ohne aufgeblähten Verwaltungsapparat und in bescheidenem Rahmen verwirklichen wollte.[217] Eine auch von der Bauernpartei abgelehnte Initiative zur Einführung der AHV und zusätzlich einer schwer finanzierbaren Invalidenversicherung wurde vom Volk zwar 1925 verworfen; im gleichen Jahr fand aber ein Verfassungsartikel betreffend Alters-, Hinterbliebenen- und Invalidenversicherung die Unterstützung des Souveräns, hinter den sich auch die Bauernpartei stellen konnte: «Grundsätzlich dürfen auch Landwirtschaft und Bauernpartei dem Gedanken der Für- und Vorsorge für die Alten und für

Vor dem 18 Meter hohen Forchdenkmal – 1922 für die verstorbenen Zürcher Wehrmänner des Aktivdienstes errichtet – versammelte sich die junge Bauernpartei in der Zwischenkriegszeit öfters zu vaterländischen Kundgebungen.

die durch vorzeitigen Tod des Ernährers Hinterbliebenen begrüssen und ihm zustimmen.» Nach dem Ja des Volkes waren von der Zürcher Bauernpartei geradezu progressive Töne zu hören: «Der Weg für die Sozialversicherungen ist geöffnet.»[218] Mit dieser Unterstützung einer staatlich dirigierten Sozialpolitik konnte zumindest ein bekannter Exponent nichts anfangen: Nationalrat Fritz Bopp, Gründer der ersten schweizerischen Bauernpartei im Bezirk Bülach.

Nachdem die SP in der Stadt Zürich 1925 die Parlamentsmehrheit errungen hatte, gelang ihr dies 1928 erstmals auch im Stadtrat. Äusserliches Zeichen war, dass die öffentlichen Gebäude jetzt am 1. Mai beflaggt wurden. Dies geschah allerdings nicht mit roten, sondern wie am Sechseläuten mit blauweissen Fahnen, was belegen mochte, dass die Zeiten des radikalen Klassenkampfes vorüber waren.[219] Die zweite Hälfte der 1920er Jahre bot materiell gute Voraussetzungen, um in den Städten und wohlhabenderen Gemeinden manche öffentliche Bauten und Massnahmen zugunsten der sozialen Wohlfahrt zu verwirklichen. Den abgelegenen kleinen Dörfern blieben solche kostspieligen Privilegien allerdings verwehrt.[220]

Über weite Teile war der Kanton Zürich auch in den zwanziger Jahren des 20. Jahrhunderts rein bäuerlich geprägt. Das galt namentlich für den Bezirk Affoltern am Albis, die Region Zimmerberg, das untere Glatttal und das Weinland. Man bemühte sich speziell im Knonauer Amt, im Weinland und im Wehntal um die Wiedereinführung von Bauerntrachten und die Eröffnung von Ortsmuseen. Bei solchen kulturellen Bewegungen wirkten Exponenten der Bauernpartei massgebend mit. Dennoch begann sich die Landschaft durch Meliorationen und Güterzusammenlegungen zu wandeln. Ein akademischer, wenn auch ausgesprochen bäuerlich wirkender Förderer dieser Bestrebungen war neben verschiedenen Strickhof-Lehrern der ETH- und Universitätsprofessor Hans Bernhard. Vor allem die Entwässerungsmassnahmen wurden grosszügig von Bund und Kanton gefördert und versprachen stattliche Ertragssteigerungen. Hauptsächlich im nördlichen Kantonsteil legte man die wegen jahrhundertelang praktizierten Erbteilungen zu Kleinstparzellen gewordenen Grundstücke zusammen, um die landwirtschaftliche Arbeit zu rationalisieren. Die Bildung von Gross-Zürich und das rasante Anwachsen der Stadt Winterthur verfolgte die Bauernpartei dagegen misstrauisch. Nicht anders sahen es Vertreter des Landfreisinns: Am 13. Januar 1925 erklärte Wilhelm Nauer von Zollikon im Kantonsrat, «das ganze Landvolk werde gegen die geplante Vereinigung der Vororte mit Zürich protestieren».[221]

Auch die SP-Initiative zur Eingemeindung von zwölf bisher selbständigen Vorortgemeinden in die Stadt Zürich bekämpfte die Bauernpartei 1929 aufs heftigste. Man fürchtete um nicht weniger als um die bürgerlich-ländliche politische Vorherrschaft und warnte sogar vor bewaffneten Konsequenzen, habe doch ein linker Redner gesagt: «Wir sind auch aus dem Grunde für die Eingemeindung, weil dereinst in einem so grossen wirtschaftlichen und politischen Zentrum, wie es das künftige Gross-Zürich darstellen wird, auch die militärische Kraft der revolutionären Arbeiterklasse eine grössere Durchschlagskraft haben wird.»[222] Tatsächlich scheiterte das sozialdemokratische Anliegen klar an der Urne, doch die SP legte bereits 1931 eine abgeschwächte Initiative zur Eingemeindung von acht stadtnahen Gemeinden vor. Da dieses Anliegen für die Landgemeinden einen positiven Finanzausgleich bedeutete, verweigerte sich die Bauernpartei nicht mehr. Die Unterstützung von finanz- und steuerschwachen Gemeinden sei ein Akt der Solidarität im Sinne des Volksganzen und verdiene darum Zustimmung, auch wenn man «grundsätzlich Gegner der Bildung einer übermächtigen Hauptstadt des Kantons» bleibe.[223] Diese zweite Stadtzürcher Eingemeindung wurde vom Souverän deutlich akzeptiert. Die Angst vor dem «roten Moloch» wich allmählich einer sachlicheren Beurteilung der Kantonshauptstadt, was umso leichter fiel, als die sozialdemokratische Stadtregierung durchaus gemässigt, ordentlich und haushälterisch regierte.

Gegeneinander von Stadt und Land

Streit um Fritz Bopp

Unter Parteipräsident Rudolf Streuli und Parteisekretär Arnold Messmer segelte die Bauernpartei vier Jahre lang auf Erfolgskurs. Sie erzielte bei den Kantonsratswahlen von 1920 und 1923 ein Viertel der Mandate, lag damit zwar klar hinter den Sozialdemokraten, bildete aber die stärkste bürgerliche Fraktion. In zahlreichen Gemeinden erreichte sie Wähleranteile von über 90 Prozent und ging 1925 immerhin in vier Bezirken als Mehrheitspartei hervor. Sie galt innerhalb des Bürgerblocks als verlässliche, konservative Kraft, die sich grundsätzlich an den Gesetzen der Marktwirtschaft und an der Wertordnung der reformierten Landeskirche orientierte. Der Freisinn war zwar 1917/19 um die Hälfte seiner früheren Macht eingebrochen, konnte sich nunmehr aber deutlicher als Partei von Unternehmern und Gewerbetreibenden profilieren. Demgegenüber hatten die Demokraten ihren bäuerlichen Anhang mittlerweile vollständig verloren und mussten bei den verbleibenden Festangestellten und Beamten immer ein Linksabdriften befürchten.

Auch wenn man intern tüchtig stritt, vermittelte die Bauernpartei in den ersten Jahren das Bild einer geeinten, entschlossenen politischen Kraft. 1925 explodierte aber ein seit längerem schwelender Konflikt mit Nationalrat Fritz Bopp, der als populärer Bauernvertreter und Zeitungsredaktor im Zürcher Unterland über einen beträchtlichen Anhang verfügte. Bopp liess sich mit seinem streitbaren, zuweilen auch unberechenbaren Naturell schwer in Parteistrukturen einfügen. Selbst treue Mitkämpfer und Weggefährten mussten gewärtigen, dass er sie völlig unerwartet attackierte. Es gab aber neben Bopps schwieriger Charakterstruktur, die überdies durch zeitweilige depressive Zustände und seine Schwerhörigkeit belastet war, auch inhaltliche Differenzen. Den Weg der vorsichtigen Öffnung in Richtung einer Sozialpolitik für alle Berufsstände, wie ihn Streuli beschritt, konnte Bopp nicht mittragen. Er kämpfte kompromisslos gegen eine solche Ausweitung der Staatstätigkeit und ebenso für die bäuerlichen Standesinteressen, insbesondere für die Sache der Kleinbauern.

Anfang 1925 trat Fritz Bopp aus der BGB-Bundeshausfraktion aus und politisierte in der grossen Kammer wieder als «Wilder». Er beurteilte die Fraktion als flügellahm und stiess sich zunehmend an dem von ihm als protzig empfundenen Auftreten namentlich seiner Berner Amtskollegen. Auch von den Parteigremien hatte er sich inzwischen vollständig losgelöst. Aufgrund dieses Verhaltens ging die Zürcher Partei davon aus, dass er ihr nicht mehr angehöre. Als sie die nationalrätlichen Amtsinhaber vor den Wahlen von 1925 anfragte, ob sie wieder kandidieren wollten, verweigerte Fritz Bopp eine Antwort und

Fritz Bopp, Fuhrknecht, Dichter und Redaktor, in seiner Studierstube. Zeichnung seines Freundes Jean Kern aus Bülach.

publizierte stattdessen die Anfrage mit der Erklärung, er habe der Partei seit längerer Zeit den Rücken gekehrt. Er begleitete diese Aussage mit schweren Angriffen auf die Parteileitung und den Parteivorstand. Dabei zielte er besonders auf den Präsidenten Streuli aus Horgen, verglich er doch die mutigen Zürichseebauern von einst, die gegen die städtische Obrigkeit gekämpft hätten, mit ihren heutigen Nachfahren, die ihn an «ewig lächelnde Wachsfiguren in den Schaufenstern städtischer Konfektionshäuser» erinnerten.[1]

Wenig Verständnis hatte Fritz Bopp auch für die Stellung und Person des Partei- und Bauernsekretärs Arnold Messmer. Entgegen dessen Aussage habe er ihn nie «heruntergemacht», sonst würde sich Messmer noch einbilden, er stehe hoch oben. Die Bauernpartei habe es schon gegeben vor deren hauptamtlichem Sekretär, zum Beispiel im Bezirk Bülach, und dies erst noch mit mehr innerem Leben. «Ich gedenke mit Wehmut jener Zeit, da die Bauernpartei noch an keinem Sekret erkrankt war», höhnte Bopp in seiner Zeitung.[2]

Die Kantonalpartei wollte über solche Attacken nicht ohne weiteres hinweggehen, sondern reagierte gereizt: «Neben dem Moment der fehlenden Parteizugehörigkeit lösten die ungerechtfertigten und zersetzenden Angriffe auf die Partei die Frage aus, ob Herr Bopp noch als Vertrauensmann der zürcherischen Bauernpartei auf die Liste genommen werden könne.» Am 27. September 1925 trat die Delegiertenversammlung zur Nomination der Nationalratskandidaten zusammen, wobei zahlreiche Vertreter der Bezirke Bopps Verhalten missbilligten und die Möglichkeit einer weiteren fruchtbaren Zusammenarbeit verneinten. Anschliessend lehnten 150 gegen 138 Stimmen die erneute Nomination von Fritz Bopp ab. Bei allen Verdiensten Bopps konnte gemäss dem jungen Rudolf Reichling-Oehninger aus Stäfa die Mehrheit «nicht zugeben, dass Leute, denen wir unser Vertrauen schenken, fortwährend unangebracht und in ungehöriger Weise angegriffen werden». Demgegenüber gab ein Unterländer zu bedenken, dass Bopps «unliebsame Kritik» im Sinnen und Trachten nach «Einfachheit, Sparsamkeit, Verzichten» wurzle – «auch Verzicht auf Subventionen und Unterstützung von oben».[3] Das knappe Ergebnis löste teilweise Empörung im Saal aus und war jedenfalls nicht geeignet, die Situation zu beruhigen. Man einigte sich schliesslich darauf, auf der Liste zwei Linien frei zu lassen, damit die Anhänger von Bopp ihn trotz seiner zu erwartenden eigenen Liste allenfalls auf der offiziellen Liste der Bauernpartei panaschieren konnten.

Fritz Bopp, Gründungsvater der Zürcher Bauernpartei, beim Mähen. Zeichnung von Jean Kern, Bülach, der sich selber hinter Bopp abbildete.

Die Führungsgremien befürchteten eine Parteispaltung, denn sie waren sich bewusst, dass der Unterländer in der Bevölkerung trotz oder gerade wegen seiner Kompromisslosigkeit über einen grossen Anhang verfügte. Die knapp verweigerte offizielle Unterstützung für Bopp warf hohe Wellen, zumal sich auch die Parteispitze alles andere als einig war. Regierungsrat Rudolf Maurer aus dem Bezirk Bülach äusserte sich für den Unterländer, Rudolf Streuli als vielfaches Opfer von Bopps Attacken verwahrte sich energisch gegen dessen Nomination.[4]

Parteiintern machten sich prompt Unverständnis und Unwillen breit. Vor allem im Unterland kam es zu zahlreichen Parteiaustritten. Die Zürcher Bauernpartei bot kurz vor den eidgenössischen Wahlen ein Bild tiefer Zerrissenheit. Die drohende Spaltung wurde schliesslich vermieden, indem man den Konflikt offiziell und gegen aussen ganz einfach totschwieg. Das Unterland als wählerstärkste Bastion trat mit Fritz Bopp und einer «Freien Bauernliste» in die Arena, nicht wegen grundsätzlicher Differenzen und nicht, um anderen Bewerbern zu schaden, sondern einzig – wie man in Bülach betonte –, um einen verdienten Bauernpolitiker und eine wichtige Region weiterhin in Bern vertreten zu wissen.[5] In der Kantonalpartei herrschte Einigkeit, dass die Verteidigung der sieben Nationalratssitze – was eine Wiederwahl von Fritz Bopp einschloss – nur gelingen könne, wenn die Einigkeit wiederhergestellt würde. «Die entstandene Unstimmigkeit», so betonte der *Zürcher Bauer*, «ist speziell im Interesse der bäuerlichen, aber auch der bürgerlichen Sache überhaupt, tief bedauerlich. Einmal zersplittert, wird es dem gemeinsamen Gegner viel leichter möglich sein, die zerrissene und geschwächte landwirtschaftliche Gruppe an die Wand zu drücken.» Fatalerweise lehnten mehrere Kantonsräte eine Kandidatur für die Mutterpartei ab und stellten sich Bopps «Freier Bauernliste» zur Verfügung.[6]

Mitten in diese düstere Vorwahlzeit fiel die Hiobsbotschaft vom Tod des Kantonalsekretärs Arnold Messmer. Der erst 36-jährige flotte Hauptmann der Gebirgsinfanterie erkrankte zwei Tage nach dem Einrücken an einer Grippeinfektion und verstarb sechzehn Tage später auf seinem Krankenlager, fern seiner Frau und seinen drei Kindern.[7] Der Hinschied dieses unermüdlich aktiven Mannes mit ausserordentlich reichen Gaben, der in unzähligen Vorträgen und Auftritten für die Sache der Bauern gekämpft hatte, schien eine unersetzliche Lücke in die Bauernpartei zu reissen. Selbst der sozialdemokratische Kantonsratspräsident würdigte Messmers «hervorragendes Rednertalent» und seine «führende Stellung» im Parlament.[8] Als junge Frau und Mutter war Margrit

Messmer fortan auf sich allein gestellt und machte das unvollendete Werk ihres Mannes zu ihrer eigenen Herzenssache: Sie wirkte jahrzehntelang im Zürcher Bauern- und Parteisekretariat mit, wo sie schon zuvor die Buchhaltung besorgt hatte. Margrit Messmer war die Tochter eines Baumeisters in Azmoos und betreute mit Hilfe ihrer Schwester nicht nur ihre eigenen Kinder, sondern galt bald auch als «Mutter für unsere Bauerntöchter und Bäuerinnen». Sie organisierte in der Folge unzählige Aktionen der Bauernpartei und des Landwirtschaftlichen Kantonalvereins. Die Tätigkeit auf dem Bauern- und Parteisekretariat wurde ihr zur Lebensaufgabe.

Mitte der dreissiger Jahre erfolgte Margrit Messmers Wahl zur geschäftsführenden Präsidentin der Frauenkommission des Zürcher Landwirtschaftlichen Kantonalvereins, eine Tätigkeit, die sie bis über ihr siebzigstes Lebensjahr ausübte. 1100 Bäuerinnen gingen durch die von ihr begründeten Einführungskurse in den Hausdienst. Sie vermittelte 1400 landwirtschaftliche Hauslehrverträge und wirkte als Organisatorin und Referentin an vielen Kursen mit. Seit 1935 amtete Margrit Messmer im Vorstand des Schweizerischen Landfrauenverbandes und war von 1959 bis zu ihrem Tod 1963 dessen Präsidentin. Der *Zürcher Bauer* widmete dieser tatkräftigen Frau einen ganzseitigen Nachruf, der mit den warmen Worten schloss: «Unser Bauernvolk und Land sind um eine tapfere Schweizerfrau und gute Mutter ärmer geworden.»⁹

1925 rief die Bauernpartei das Zürcher Volk mit grafisch konzentrischen Kreisen auf, sich bei den Nationalratswahlen um sie zu scharen.

Im nationalen Wahlkampf von 1925 versuchten die Verantwortlichen zu retten, was noch zu retten war. Die Bauernpartei lehnte sich auf gegen «Revolution, Gewalt und Terror» und gegen die «Klassenherrschaft». Stattdessen forderte sie «einen starken Schutz der Gesetze», «den dauernden inneren Frieden durch Schutz der Arbeit» sowie die «Sicherstellung der Existenz jeder arbeitenden Familie». Selbstverständlich verlangte die Partei auch die «Erhaltung des Bauernstandes als Jungbrunnen des Volkes», aber ebenso «des Handwerkes und Gewerbes», überhaupt «der werktätigen Bevölkerung». Die Bauernpartei versprach den Kampf gegen «Spekulantentum und Profitmacherei» und rief schliesslich nach «Achtung vor der Kirche und der Religion».[10]

Man habe eine «Brücke zum gemeinsamen Vorgehen» gebaut, erklärte die Bauernpartei an die Adresse der Anhänger von Fritz Bopp. Sie richtete ein eindringliches Flugblatt an die «Wähler des Unterlandes» mit der Parole: «Bopp und alle übrigen bisherigen bäuerlichen Vertreter im Nationalrat!»[11] Dieser wurde am 25. Oktober 1925 auf seiner Freien Liste tatsächlich wiedergewählt, doch die Zürcher Bauernpartei erlitt den einen Sitzverlust, da sie Bopp fortan nicht mehr zu ihrem Kreis zählte. Der zweite Sitzverlust erfolgte, weil der Volg-Verbandssekretär und Parteimitbegründer Karl Wunderli (Winterthur) nicht wiedergewählt wurde. Die Partei büsste etwa 2000 Stimmen beziehungsweise schmerzliche 8 Prozent ihrer Wähler ein. Als Nationalräte bestätigt wurden Regierungsrat Ernst Tobler, Carl Bertschinger, Jakob Oehninger, Rudolf Streuli sowie Diethelm Burkhard-Abegg. Zur Nichtbestätigung von Karl Wunderli mochte auch beigetragen haben, dass er bei der Nominierungsversammlung beantragt hatte, den inzwischen verstorbenen Parteisekretär Arnold Messmer nicht auf die Liste zu setzen. Wunderlis Begründung ging dahin, Messmer werde als Bauernsekretär von den Bauern bezahlt, und da dürfe er nicht drei Monate in Bern abwesend sein. Diese Aussage wiederum hatte Ernst Stiefel, den Präsidenten der Molkereigenossenschaft Uster, dermassen verärgert, dass er die Parteikollegen mittels Flugblatt aufforderte, den Volg-Angestellten Wunderli auf der Wahlliste zu streichen. Denn auch dieser sei «als Verbandsfunktionär von uns Bauern bezahlt»: «Dadurch nun, dass auf der Bauernliste der Name Wunderli durchgestrichen wird, schaden wir der Partei nicht.»[12] Erst in späteren Jahren wurden interne Aktionen dieser Art durch eine «Ehrencharta» verhindert.

Solche gegenseitigen Störmanöver waren wenig hilfreich, und der *Zürcher Bauer* kommentierte den Einbruch bei diesen Wahlen zerknirscht: «Hüben und drüben wird man aus den zutage getretenen Erscheinungen Lehren für die Zukunft ziehen und das Trennende im Interesse des Ganzen zu überbrücken suchen müssen. […] Dem objektiven Beobachter konnte nicht entgehen, wie von verschiedenen Seiten versucht wurde, aus den Differenzen in den bäuerlichen Reihen einen Vorteil zu erhaschen.»[13]

Als Volkswirtschaftsdirektor Ernst Tobler 1926 als Direktor zur Branchenorganisation Emmental AG nach Bern wechselte, nominierte die Bauernpartei ihren Präsidenten Rudolf Streuli als Nachfolgekandidaten. Zwar erhielt Streuli die Unterstützung von Freisinn und Demokraten, man war sich aber dennoch bewusst, dass der Horgener als Widersacher von Fritz Bopp viele bäuerliche Sympathien verloren hatte. Speziell an die Adresse der Unterländer ging denn auch der Aufruf: «Soll durch Zwietracht in den bäuerlichen Reihen ein Sozialist in die Regierung einziehen?»[14]

Am meisten zu fürchten waren die Angriffe von Bopp selber, die dann auch nicht ausblieben. Trotz der Konkurrenz eines sozialdemokratischen Gegners proklamierte Bopp Stimmenthaltung. Er habe noch «dicht vor der Wahl das schärfste Geschütz gegen den bürgerlichen Kandidaten aufgeprotzt», wie die *NZZ* urteilte.[15] Tatsächlich sparte Bopp in seiner *Bülach-Dielsdorfer Wochen-Zeitung* nicht mit Vorwürfen und war überzeugt, dass man die bürgerliche Unterstützung mit Versprechungen erkauft habe. Es gebe keinen Zweifel, «dass eine Gegenseitigkeitserklärung – von einem Kuhhandel darf man schon aus schuldigem Respekt bei einer Regierungsratswahl nicht reden – Grundbedingung ist». Wenn der Freisinn angesichts der Kandidatur Streuli so mit der Bauernpartei umspringen könne, müsse es sich um einen «Verlegenheitskandidaten» handeln.[16]

Die Bauernpartei aber strich die politischen Vorzüge und die Erfahrung von Rudolf Streuli hervor und betonte die Volksnähe des «heute noch aktiven Landwirts», der «die Mühen und Sorgen des Bauers und des übrigen Mittelstandes aus persönlichem Erleben kennt».[17] Im heftig geführten Wahlkampf obsiegte Streuli knapp. Schon zwei Monate später musste er sich der ordentlichen Regierungsratswahl stellen, die ihm zusammen mit Rudolf Maurer glückte. Die Bauernpartei verlor aber im Kantonsrat von 64 Sitzen nicht weniger als 14, was unter Berücksichtigung der gleichzeitigen Reduktion der Ratsmitglieder von 257 auf 220 immerhin einem realen Verlust von 5 Mandaten entsprach.

Im Nachgang zu Rudolf Streulis Wahl in den Regierungsrat entspann sich eine heftige interne Querele über sein Nationalratsmandat. Vor allem die Bezirksbauernpartei Winterthur, deren Vertreter Karl Wunderli abgewählt worden war, pochte auf ihren früheren Antrag, dass Streuli im Fall seiner Wahl in die Kantonsregierung den Sitz in Bundesbern abtrete. Der tief gekränkte Streuli aber hing an diesem Mandat und wollte von einer entsprechenden Vereinbarung nichts wissen. Tatsächlich hatte Wunderli – in eigennütziger Weise – namens seiner Bezirkspartei im Grossen Vorstand eine Erklärung verlesen, wonach Streulis Verzicht auf Bern «im Interesse der Vermeidung des Odiums der Ämterkumulation» für das Parteiinteresse «wünschbar» sei. Ein weitergehender Antrag, es sei Streuli ein eigentlicher Verzichtsauftrag «in passender Weise mitzuteilen», blieb demgegenüber gemäss Protokoll in der Minderheit. Wunderli aber glaubte sich an einen gegenteiligen Beschluss erinnern zu können, und so stand der schwere Vorwurf einer Protokollfälschung im Raum. Regierungsrat Streuli erklärte im Sommer 1926 zwar seine Bereitschaft, sich einer Parteiverfügung betreffend sein Nationalratsmandat zu unterziehen, behielt sich aber ausdrücklich vor, die ihm «daraus geboten erscheinenden persönlichen Konsequenzen zu ziehen» – eine unverhohlene Drohung seines Rücktritts aus der Regierung. Weil Wunderli nach dem Tod von Nationalrat Burkhard-Abegg wieder in die grosse Kammer einziehen konnte, wurde Streuli vom Druck aus Winterthur entlastet und politisierte noch bis 1929 in Bern.[18]

Im Frühling 1928 trat Fritz Bopp unvermittelt als Nationalrat und als Redaktor der *Bülach-Dielsdorfer Wochen-Zeitung* zurück. Er hatte sich inzwischen mit der Verlegerfamilie des Blattes überworfen und litt neben seiner Gehörschwäche an Ischias und Schwindelanfällen. Bopp fühlte sich unnütz, mit aller Welt zerstritten und erschöpft. In melancholischer Stimmung überfielen ihn Trübsinn und Schwermut, so dass er sich mehr und mehr vor der Umwelt verschloss. 1932 ersuchte er selber um Aufnahme in einer Nervenklinik, aus der er aber bald wieder entlassen werden konnte. In schwer depressiven Zuständen kamen erneut alle erlittenen Kränkungen und Ungerechtigkeiten in ihm hoch. Es befiel ihn aber auch aufrichtige Reue über manche Beschimpfung und Beleidigung, die er seinen vielen Gegnern in früheren Jahren entgegengeschleudert hatte. Bei der Familie des von ihm heftig bekämpften *Volksblatt*-Redaktors Karl Graf in Bülach entschuldigte er sich ausdrücklich für begangene Fehler.[19] Bald danach, Ende Januar 1935, verstarb der Zweiundsiebzigjährige im Krankenhaus Bülach.

Bei der stillen Bestattung, die sich Fritz Bopp ausdrücklich gewünscht hatte, kam noch einmal die grosse Verehrung und Dankbarkeit der Unterländer Bevölkerung zum Ausdruck. Ein langer Zug von Parlamentariern, Richtern, Behördenvertretern, einstigen Partei- und Kampfgenossen und zahlreichen einfachen Bauersleuten folgte seinem Sarg.[20] Regierungsrat Rudolf Maurer erinnerte als Vertreter der Bauernpartei ans Lebenswerk des Verstorbenen, über welches der Pfarrer das «Huttenwort» von Conrad Ferdinand Meyer setzte: «Gewiss, ich bin kein ausgeklügelt Buch. Ich bin ein Mensch mit seinem Widerspruch.» Heute erinnert ein einfacher, 1966 eingeweihter Stein auf dem Friedhof in Bülach an den bedeutenden Unterländer.[21] Fritz Bopp selber aber hat in eigenen Versen das Schlusswort über seine Lebensarbeit gesetzt:

Mein treues Ross ist wohlversorgt zur Nacht;
Die Feder ruht; sie hat ihr Werk vollbracht.
Und leis verklingt der Laute Triolet
Vom Rossknecht, Zeitungsschreiber und Poet.[22]

Die Ära Rudolf Reichling

Im Mai 1926 folgte auf den in den Regierungsrat gewählten Rudolf Streuli der damals 36-jährige Kantonsrat Rudolf Reichling als kantonaler Parteipräsident. Sein Vater gleichen Namens war langjähriger freisinniger Kantonsrat gewesen, bevor er 1917 als Gründungsmitglied zur Bauernpartei wechselte.[23] Sohn Rudolf gehörte ebenfalls zu den Männern der ersten Stunde. Der grossgewachsene, hagere und eher wortkarge Stäfner hatte Landwirtschaft und Nationalökonomie in Zürich und Berlin studiert, bevor er 1911 das ETH-Diplom eines Ingenieur-Agronoms erwarb. 1917 übernahm er den väterlichen Rebbau- und Milchwirtschaftsbetrieb «Mühle» im Kehlhof in Stäfa. Nach zehnjähriger Tätigkeit im Gemeinderat wirkte Reichling von 1925 bis 1934 als Schulpräsident und von 1923 bis 1943 im Kantonsrat. Er war verheiratet mit Elisabeth Oehninger, einer Tochter von Nationalrat Jakob Oehninger aus Andelfingen; eine wesentlich wichtigere Rolle im Betrieb spielte aber – als politische Beraterin und in der kantonalen bäuerlichen Frauenarbeit – seine unverheiratete Schwester Luise Reichling.[24]

Rudolf Reichling-Oehninger (1890–1977) aus Stäfa wirkte von 1926 bis 1944 als Kantonalpräsident der Zürcher Bauernpartei. 1929 bis 1963 amtete der diplomierte Agraringenieur ETH als BGB-Nationalrat, 1937 bis 1945 als Präsident der Schweizerischen Bauern-, Gewerbe- und Bürgerpartei.

Im Sommer 1926 versuchte Rudolf Reichling anlässlich eines Besuchs in Bülach vergeblich, eine Verständigung mit dem Daueroppositionellen Fritz Bopp herbeizuführen. Er meinte später, dies habe wegen des «Charakters des zu positiver Mitarbeit in einer Partei unfähigen Sonderlings» nicht gelingen können.[25] Unmittelbar nach diesem Besuch veröffentlichte Bopp nämlich in seiner *Bülach-Dielsdorfer Wochen-Zeitung* einen Artikel mit der Überschrift «Correctissiomo». Darin schilderte er seine Enttäuschung über den jungen Parteipräsidenten, bedauerte unverhohlen dessen Mangel an «ursprünglicher, persönlicher Kraft» und an «grossen Gedanken», überhaupt dessen Unfähigkeit, «dann und wann aufflammend aus sich herauszutreten, die schwerfällige Masse mitzureissen und zu initiativer Bewegung und Betätigung zu veranlassen». Reichling sei als Berufsmann gewiss tüchtig, als Sohn und Ehegatte vielleicht tadellos, ein Muster von Schwiegersohn und als Behördenmitglied mit seinen «akademisch wohlgesetzten Worten» eine «Loyalitätsgestalt» sondergleichen. Er besitze Verbindungen, einträgliche Amtsstellen, eine mächtige Verwandtschaft und überhaupt die «Korrektheit eines Meterstabes», kurz: Der neue Bauernparteipräsident sei «wie eine Hochwürdengestalt, die im langgemessenen schwarzen Rocke wandelt, während mich die Kühle eines Korridors in einem alten Pfarrhause umweht». Doch es seien gerade solche «Paradefiguren» und «vermeintliche Moralgestalten», die in ihrer «ganzen geistigen und seelischen Hohlheit ungewollt zum Unglück derer werden, die sie vielleicht zu vertreten meinten».[26]

Zweifellos ist Rudolf Reichling entgegen der Prophezeiung von Fritz Bopp nicht zum Unglück für die Zürcher Bauernpartei geworden. Ganz im Gegenteil arbeitete er als Mann von grosser Ernsthaftigkeit und Konsequenz sofort an einer klareren Programmatik und besseren Geschlossenheit im Auftritt seiner Partei gegen aussen. Man möchte es für die noch immer recht junge Partei als Glück bezeichnen, dass sie in jenen gefährdeten Jahren nicht von einem Mann mit allzu charismatischen Zügen und agitatorisch-demagogischen Fähigkeiten präsidiert wurde, der womöglich einen undemokratischen Führeranspruch erhoben hätte. Reichling bemühte sich als Politiker auch durchaus glaubwürdig, mehr als nur gerade bäuerlicher Interessenvertreter zu sein. Über die Bedürfnisse der Landwirtschaft setzte er entschieden jene des Vaterlandes in der nicht unberechtigten Auffassung, damit auch weitere Kreise für die Ziele der Bauernpartei zu gewinnen. Ein 1926 gebildeter fünfköpfiger Arbeitsausschuss tagte mindestens einmal pro Monat, studierte alle die Partei interessierenden Fragen und übte die Aufsicht über den politischen Teil des Parteiorgans aus.[27] Wiederholt setzte Reichling in Grundsatzartikeln im *Zürcher Bauer* deutliche programmatische Akzente, etwa im Frühjahr 1928 in einer vierteiligen Serie mit dem Titel «Bauernpolitik»: «Uns beschäftigt die Sorge um viel grössere Kreise unseres Volkes; es ist vorab die gesamte zürcherische Landwirtschaft, es sind aber nicht minder die bodenständigen und vaterländischen Kreise in Stadt und Land, Arbeiter und Arbeitgeber, die unser Interesse beanspruchen und denen unsere politische Arbeit gewidmet ist. Die Bauernpartei war von allem Anfang an eine Partei der wahrhaft arbeitenden Volksklassen aller Berufe und Stände.»[28]

In seinen Reden machte Parteipräsident Reichling zuweilen gewisse Zugeständnisse an den herrschenden Zeitgeist. Er sprach von «Volksgenossen» und «Volksgemeinschaft» und hing mitunter gewissen korporativ-ständestaatlichen Ideen des gleichberechtigten Nebeneinanders der Wirtschaftsgruppen als «Schlüssel für eine gedeihliche Zukunft unseres Landes» an.[29] Wer bodenständig und schweizerisch dachte und wer dem Staat nicht zur Last fiel, war als Parteimitglied willkommen: «So ist die Zürcher Bauernpartei eine Partei von Arbeitenden im weitesten Sinne des Wortes.» Präsident Reichling wies den Vorwurf einer blossen Interessenpartei zurück und definierte seine Bauernpartei ausdrücklich als «Gesinnungspartei». Diese füge sich gerne in den Bürgerblock jener «nationalgesinnten, staatserhaltenden Kreise des Schweizervolkes», die den Willen zur «Erhaltung eines freien, unabhängigen Vaterlandes» aufbrächten und die sich an die Regeln der Demokratie hielten: «Fest und treu stehen wir an der Seite der Hüter und Beschützer eines von der Mehrheit des Volkes regierten freien Vaterlandes.»[30]

Was die Wirtschaftspolitik betraf, so lehnte die Bauernpartei jeden Staatssozialismus ab, verlangte aber die «Förderung der einheimischen Produktion und den Schutz der einheimischen Arbeit».[31] Eine machtvolle Kundgebung hatte am 9. September 1928 rund 20 000 Bauern auf dem Bundesplatz in Bern zusammengeführt, die energisch umfangreiche Preis-, Zoll- und Kreditmassnahmen, vor allem aber auch eine Vertretung in der Landesregierung forderten.[32] Die Sozialpolitik durfte weder die Selbstverantwortung noch die Arbeitsmoral beeinträchtigen, doch setzte man in der Ära Reichling durchaus auf

Arbeitslosenunterstützung sowie eine Alters- und Hinterbliebenenversicherung, die als grosse Wohltat für die Bauern wie für das Volk als Ganzes galten.

Ein kantonales Gesetz über die Arbeitslosenversicherung wurde 1928 im Sinne einer «Fürsorge der Arbeiterschaft» und zur «Entlastung der Armengemeinden» gutgeheissen.[33] Auch die Arbeitnehmer sollten durch ehrliche Arbeit ihre Existenz sichern können, wobei einer gerechten Verteilung und der Besteuerung der «ohne Anstrengung erworbenen Einkommen» grosse Bedeutung zukomme. In der Überfremdung sah die Bauernpartei eine bedeutende Gefahr für die Einheit wie für die Wohlfahrt der Schweiz.[34] Die spezielle staats- und gesellschaftstragende Rolle des Bauernstandes erkläre sich aus der Tatsache, dass dieser im vaterländischen Boden wurzle und zu patriotischen Opfern bereit sei. Gemäss ihrem wertkonservativen Selbstverständnis sah sich die Partei als «Stützpunkt von Moral und Sitte», als «Hort von Familiensinn und Arbeitsfreude», von «christlicher Weltanschauung und Lebensführung».[35]

1928 entstand ein kantonaler Trachtenverband, der nicht zuletzt den Zweck verfolgte, die «Landfrauen» von den städtischen Einflüssen abzuschirmen. Es herrschte generell eine Rückbesinnung auf Brauchtum und Tradition, auf Ahnen und Geschichte.[36] Die Bauernpartei blieb so gut wie ausschliesslich ländlich geprägt. Präsident Rudolf Reichling warnte im September 1928 an der Delegiertenversammlung am Gründungsort – dem Kleinen Saal der Zürcher Tonhalle – vor der Ausbreitung der Sozialdemokratie auch auf der Landschaft. Dabei gehe es der SP einzig und allein um «das Streben nach mehr Lebensgenuss» und um den «Kampf um die irdischen Güter dieser Welt». Der asketische Bauernführer, der kein Freund von Festlichkeiten war, appellierte demgegenüber an das «ruhige, nüchterne und arbeitsame Zürchervolk». Reichling mahnte zur Einigkeit, denn man trachte von aussen wie von innen danach, Brandfackeln der Missgunst und Zwietracht in die eigenen Reihen zu schleudern: «Gross- und Kleinbauer, Herren- und Schuldenbauer, Gras- und Getreidebauer müssen herhalten, um Bauer gegen Bauer aufzuhetzen. Selbst Bezirk gegen Bezirk, Landschaft gegen Landschaft werden ausgespielt, wenn es persönlichem oder parteipolitischem Vorteil dient. Bauern und Parteifreunde, weist diesen Brandstiftern die Türe, denn sie sind euer aller Feinde!»[37]

Bei den Nationalratswahlen von 1928 erzielte die Bauernpartei in 33 zürcherischen Gemeinden einen Wähleranteil von über 80 Prozent. Neben den Bisherigen Carl Bertschinger, Rudolf Streuli, Jakob Oehninger und Karl Wunderli wurde neu der Eglisauer Landwirt Emil Heller gewählt. Die Partei erreichte indessen ihr Wahlziel nicht, ein sechstes von 27 Zürcher Mandaten zu erobern. Parteipräsident Rudolf Reichling rückte zwar als erster Ersatzmann vor, wurde aber nicht gewählt. Enttäuscht musste der *Zürcher Bauer* feststellen, «dass eben die bäuerliche Bevölkerung von Jahr zu Jahr abnimmt».[38]

Emil Heller (1860–1950) war Mitbegründer der lokalen Viehzuchtgenossenschaft und wirkte bis 1917 auch als Gastwirt. Seit 1886 Gemeinderat, präsidierte er Eglisau von 1898 bis 1919. Kantonsrat von 1896 bis 1917, leitete der begeisterte Kavallerist auch die örtliche landwirtschaftliche Genossenschaft und die lokale Bauernpartei. Bei den ersten Kantonsratswahlen 1917 erreichte die Bauernpartei in Eglisau 67,8 Prozent der Stimmen. Heller machte sich in der Landwirtschaft einen Namen als Präsident des Preisgerichts der kantonalen Viehschauen. Unter der Bundeskuppel vertrat er seine Wähler als Nationalrat von 1928 bis 1935. Von streng konservativer Gesinnung, untersagte Emil Heller seinem Sohn Emil, dem jüngsten von sieben Geschwistern, eine Berufswahl als Künstler mit dem Ausspruch: «Ali Künschtler gänd Lumpe.» Da Emil Heller junior aber einen genauso harten Kopf hatte wie sein Vater, wurde er ein begabter Bildhauer und verschönerte das Unterland mit Skulpturen und Brunnen.[39]

Obwohl für die Kantonsratswahlen vom Frühjahr 1929 nur bescheidene Werbe- und Mobilisierungsanstrengungen unternommen wurden, verlor die Bauernpartei einen einzigen Sitz und blieb mit 49 von 220 Sitzen immer noch die deutlich stärkste bürgerliche Kraft. Die bisherigen beiden Regierungsräte Rudolf Streuli und Rudolf Maurer wurden problemlos im Amt bestätigt. Als Streuli sein zusätzliches Mandat als Nationalrat abgab, konnte Parteipräsident Rudolf Reichling seine Nachfolge in Bern antreten. Nach dem Rücktritt des freisinnigen Ständerats Gustav Keller, der zusammen mit dem Demokraten Oskar Wettstein in der kleinen Kammer sass, beanspruchte die Bauernpartei diesen Sitz mit der Kandidatur Reichlings. Sie musste aber ihre Hoffnung fahren lassen, als auch die FDP einen Kandidaten gegen den von der SP portierten, überaus populären SP-Stadtpräsidenten Emil Klöti ins Rennen schickte. Da sowohl der freisinnige Heinrich Mousson als auch der Sozialdemokrat Klöti aus der Stadt Zürich stammten, wurde Rudolf Reichling als Stimme der Landschaft beworben.[40] Obwohl er noch vor dem FDP-Mitbewerber ins Ziel ging, zog dennoch mit Klöti erstmals ein Zürcher SP-Mann in den Ständerat ein. In einem Porträt warf ein Redaktor der demokratischen *Züricher Post* zu Rudolf Reichling die Frage auf, ob die Bauern ihrem Präsidenten nicht zu viel zumuteten: «Wenn ein passendes Amt frei ist, so schlagen sie ihren noch jugendlichen Führer vor.»[41]

Ihre Haltung zum Frauenstimmrecht änderte die Zürcher Bauernpartei nicht, nachdem 1929 auf eidgenössischer Ebene eine Petition mit fast 250 000 Unterschriften eingereicht worden war. Immerhin zollte die Partei der hohen Unterschriftenzahl Hochachtung und betonte, dass es keineswegs um eine Geringschätzung der Frauen gehe. Im Gegenteil wolle man die Frauen aus dem politischen Gezänk bewusst heraushalten und sie vor Überbelastung neben ihrer Tätigkeit als Hausfrau bewahren. Nicht weniger umständlich, aber immerhin parteitaktisch nahm sich schliesslich das Argument aus, die Beispiele des Auslandes hätten gezeigt, dass die sozialistischen Frauen ihr Wahlrecht aktiver wahrnähmen als die bürgerlichen, was zu einer gewissen Verzerrung führen würde. Auch sei es unklug, alles auf einmal zu wollen; die Frauen sollten zuerst auf Gemeinde- und dann auf Kantonsstufe um das Wahlrecht kämpfen.[42]

In der Dezembersession 1929 erlebte die BGB-Fraktion der Bundesversammlung die Genugtuung, dass ihr Fraktionschef Rudolf Minger zum Bundesrat erkoren wurde. Zwar hätten Kreise um Bauernverbandssekretär Ernst Laur dessen akademischen Schüler Richard König, bernischer Nationalrat und ordentlicher Professor für Nationalökonomie an der Universität Bern, als ersten BGB-Bundesrat für den traditionellen Berner Sitz vorgezogen.[43] Doch die Fraktion und die andern bürgerlichen Parteien wählten Rudolf Minger, der nicht nur der erste Vertreter der Bauernpartei, sondern überhaupt der erste bäuerliche Bundesrat seit Bestehen des Bundesstaates war. Den Weg für Minger hatte Heinrich Walther, Fraktionschef der Katholisch-Konservativen und mächtiger «Königsmacher» von Bundesräten, geebnet. Walther hat bei nicht weniger als vierzehn Bundesratswahlen die Strippen gezogen, und man sprach allgemein vom «Walthern einer guten Vorsehung».[44]

Rudolf Minger sollte sich dank seines leutseligen Wesens, vor allem aber wegen seiner ausserordentlichen Leistung für den Aufbau einer einsatzbereiten Armee einer persönlichen Popularität erfreuen wie vor und nach ihm kaum mehr ein Mitglied der Landesregierung. Entgegen mancher Erwartungen konnte der Berner allerdings keineswegs alle Anliegen der Landwirtschaft im Bundesrat durchbringen und stellte das Landeswohl jederzeit über dasjenige seines Berufsstandes. Die Wahl Mingers war ein deutliches Zeichen der Vormachtstellung der Berner Kantonalpartei; deren Vorherrschaft bei der Besetzung des einzigen Bundesratssitzes sollte bis 1979 andauern.

Im Januar 1930 konstituierte sich im Kanton Zürich eine «Bürgerliche Parteienkonferenz» von Freisinnigen, Bauernpartei, Demokraten, Christlichsozialen und Evangelischen. Ohne die Selbständigkeit preiszugeben, wollte man die bürgerlichen Kräfte angesichts der erstarkenden Linken besser zusammenfassen. Ein entsprechendes «Statut» sah regelmässige Treffen der Parteispitzen vor, um bei kantonalen Wahlen und wichtigen Sachfragen eine «geschlossene bürgerliche Front» zu bilden. Die bedeutendste Neuerung betraf den gemeinsamen Beschluss, keine Nominationen bekanntzugeben, ohne diese vorher im Schoss der Parteienkonferenz besprochen zu haben; eine Entscheidung setzte Einstimmigkeit aller fünf bürgerlicher Parteien voraus.[45] Ab 1934 sollte sich eine «Präsidenten-Konferenz» auf die drei bürgerlichen Parteien von Freisinnigen, Bauern und Demokraten beschränken. Ziel bildete nun die Erhaltung und der Ausbau eines «innerlich gesunden Volksstaates und Vaterlandes» auf den Prinzipien von Recht, Freiheit und Demokratie. Man wollte den verschiedenen wirtschaftlichen Ständen «Lebensraum» schaffen und den Wehrwillen sowie eine «unerschrockene Neutralitätspolitik» stärken. Und in ganz praktischer Beziehung bestand der Auftrag der drei Parteien weiterhin in der Organisation des gemeinsamen Ustertags zum alljährlichen Gedenken an die Volksversammlung von 1830.[46]

Dem Ruf von Bauernpartei und landwirtschaftlichen Vereinen zu einer Landvolkstagung beim Wehrmännerdenkmal auf der Forch folgten am 2. August 1931 gegen 10 000 Personen. Nach einer Begrüssung durch Präsident Rudolf Reichling hielt Pfarrer Max Frick von Oberwinterthur den Feldgottesdienst, bevor Bundesrat Rudolf Minger in einer einstündigen Rede für eine starke Landesverteidigung warb und die Armee als Friedensinstrument bezeichnete.

Die Grossveranstaltung wurde trotz unbeständigen Wetters eine «machtvolle politische Demonstration zur Erhaltung der Wehrhaftigkeit der Schweiz».[47]

Defilee der 5. Division in Bülach vor dem BGB-Bundesrat Rudolf Minger und dem Divisionskommandanten Ulrich Wille junior. Fotografie von Renée Schwarzenbach-Wille, 1931.

Im selben Jahr veröffentliche die Zürcher Bauernpartei ihr erstes strukturiertes und systematisiertes Programm. Schon die Präambel betonte, dass es sich weder um eine reine Interessenpartei noch ausschliesslich um eine solche des Bauernstandes handle. Vielmehr sei die kantonale Bauernpartei «die Partei des bodenständigen Zürcher Volkes», nicht «Berufs- oder Wirtschaftspartei, sondern eine Gesinnungspartei». Willkommen in ihren Reihen seien «alle Bauern und Handwerker, Gewerbetreibenden sowie die auf vaterländischem Boden stehenden und dem Grundsatz des Privateigentums huldigenden Intellektuellen, Angestellten und Arbeiter».[48] Solche berufsständische Öffnungsbestrebungen orientierten sich offenkundig an der Berner Bauern-, Gewerbe- und Bürgerpartei, und die bäuerlichen Zürcher Nationalräte waren ja auch Teil einer BGB-Fraktion. Neben diesen Bemühungen um eine breitere Volkspartei gab es durchaus auch mahnende Stimmen, dass «die Forderung nach Erhaltung der Landwirtschaft in keiner Weise sich abschwächen» dürfe.[49]

Die Weltwirtschaftskrise setzte in der Schweiz etwas verzögert ein, war aber im Vorfeld der Nationalratswahlen von 1931 dramatisch spürbar. Zwar waren die auf Export ausgerichteten Branchen und Regionen wesentlich mehr betroffen, doch litt auch die Landwirtschaft unter der sinkenden Kaufkraft und den Einfuhrbeschränkungen des Auslandes. Die Produkte erlebten einen Preiszerfall und lagen Mitte der dreissiger Jahre wieder auf dem Vorkriegsniveau. Der in den Krisenjahren allzu starke Franken wurde erst 1936 abgewertet.[50] Die Bauernpartei richtete sich unmittelbar vor dem Wahltag mit einem dringenden, wenn auch etwas umständlichen Appell an die Bürger: «Zürchervolk zu Stadt und Land, sammle dich einmütig zum festen Kern deines Bauerntums, denn ein kräftiger Schutz der Familie, die Pflege christlicher Sitte, Einfachheit und Bodenständigkeit, die Erhaltung einer wehrhaften, unabhängigen Eidgenossenschaft, die Hebung von Arbeitsfreudigkeit und Tüchtigkeit des Einzelnen, der Schutz des Privateigentums, die Verbesserung der Existenzmöglichkeit in allen Volkskreisen durch Schutz jeder ehrlichen Arbeit, eine gerechte Verteilung des volkswirtschaftlichen Einkommens, die Beschneidung der mühelosen Einkommen zugunsten der arbeitenden Volksschichten hängen mit deinem künftigen Sein oder Nichtsein aufs innigste zusammen.»[51] Die Zürcher Wähler wurden nachdrücklich aufgerufen, den sozialistisch-kommunistischen Umsturz, den Kampf aller gegen alle und den geistigen wie wirtschaftlichen Niedergang des Vaterlandes zu verhindern. Es gehe um nicht weniger als darum, «den roten Ansturm auf unsere geistige und politische Freiheit, auf unser religiöses Empfinden, auf unsere volkstümliche Armee» machtvoll zurückzuweisen.[52] Die Bauernpartei des Kantons Zürich konnte im Oktober 1931 ihre fünf Mandate mit den Bisherigen mühelos halten und den Stimmenanteil sogar etwas ausbauen.

Gut schlug sich die Bauernpartei auch bei den Kantonsratswahlen von 1932 mit der Parole «Für Sicherheit, Ruhe und Ordnung, für einen einfachen, gesunden Finanzhaushalt, für eine entschiedene vaterländisch-bürgerliche Politik».[53]

Man verstand diese Parlamentswahlen als Abwehrkampf gegen die Vorherrschaft der roten Grossstadt Zürich, und die Parteileitung fürchtete im Vorfeld des Urnengangs, die Bauernpartei bescheide sich in defensiver Abwehr, statt in den Angriff überzugehen: «Wehret der weiteren Proletarisierung des Volkes, der roten Wühlarbeit gegen Armee und Staat, der namenlosen Hetze gegen Familie und Religion, der Ertötung der Arbeitsgemeinschaft und Volkssolidarität und der planlosen Verschleuderung staatlicher Mittel.»[54] Dass neben den beiden Regierungssitzen auch die 49 Kantonsratsmandate bestätigt werden konnten und sich das Bürgertum überhaupt sehr gut hielt, hatte man angesichts der akuten Wirtschaftskrise nicht unbedingt erwarten können.

Die Werbung für die bäuerliche Liste bei den Kantonsratswahlen von 1932 zeugte von der Angst des «Landvolks» vor der «Vorherrschaft der Grossstadt».

Zu Beginn der 1930er Jahre hatte die Textilindustrie ihren führenden Platz gegenüber der Metall-, Maschinen- und Elektroindustrie verloren. Diese neuen, stark wachsenden Branchen konzentrierten sich stärker auf die Zentren Zürich und Winterthur, während sich die Textilfabriken weit dezentraler ausgebreitet hatten. Auch die beeindruckende Entwicklung der Dienstleistungsunternehmen bedrängte die Landwirtschaft zunehmend. Schon um 1890 war Zürich zum führenden schweizerischen Finanzplatz aufgestiegen, und in der Folge siedelten sich auch erfolgreiche Versicherungsgesellschaften an der Limmat an. Hinzu kam der Detailhandel mit grossen Warenhäusern, Konsumvereinen (später Coop) und der Migros.[55]

Doch die Weltwirtschaftskrise traf den exportorientierten Wirtschaftskanton Zürich im Gefolge des New Yorker Börsenkrachs von 1929 mit voller Wucht. Die Textil-, aber auch die Maschinen- und Metallindustrie brachen so gut wie vollkommen ein. Auch die Banken und Finanzdienstleister mussten schwere Verluste hinnehmen. Ebenso bedenklich wie Arbeitslosigkeit, Not und

Armut, die mit der jahrelangen Depression verbunden waren, war die Tatsache, dass das Vertrauen ins politische und wirtschaftliche System in manchen Kreisen dahinschmolz. Erschüttert und gefährdet schienen jetzt nicht weniger als die Staatsform der direkten Demokratie und das liberale Wirtschaftssystem. Auch innerhalb der Bauernpartei, überhaupt im bäuerlichen und gewerblichen Mittelstand, erschollen vermehrt Rufe nach Führung, Autorität, Erneuerung, Volksgemeinschaft und ständischer Ordnung.

Herausforderung durch Jungbauern und Fronten

1923 gründete der Sekundarlehrer Dr. Hans Müller den «Verein abstinenter Schweizerbauern» und wurde gleich auch dessen Sekretär. Er war auf einem Emmentaler Bauernhof aufgewachsen und gab fünf- bis sechsmal jährlich die Zeitschrift *Vorspann* heraus, deren Auflage er innert fünf Jahren von 250 auf 12 500 steigerte.[56] Müller entfaltete eine rege Vortragstätigkeit und konnte auch im Kanton Zürich Anhänger gewinnen. 1926 wurde «auf luftiger Höhe des Zürichberges» eine Zürcher Gruppe des Vereins gegründet.[57] Im Kampf gegen den «Geldsack» und das «Alkoholkapital» unternahm man erste Schritte in die Politik.[58] Müller forderte den Bundesrat auf, die hohe Einfuhr von billigem ausländischem Wein zu drosseln. Vor allem schulte er die Bauernfamilien in der gärungslosen Obstverwertung. Diese fand auch im Kanton Zürich viele Anhänger und wurde vom Landwirtschaftlichen Kantonalverein aktiv propagiert.

Es kam zu eigentlichen «Süssmoster-Feldzügen», an denen Landwirtschaftslehrer und kundige Bauern die Herstel-

Die Zürcher Bauernpartei verabscheute den Berner Jungbauernführer, Nationalrat Hans Müller (1891–1988). Persönliche Unverträglichkeiten spielten dabei genauso eine Rolle wie sein politischer Kurs.

lung demonstrierten. An «Süssmoster-Tagungen» referierten Pfarrer und Trinkerfürsorger über das weitverbreitete Alkoholelend. Der *Zürcher Bauer* kommentierte: «Der grosse oder besser gesagt, zu grosse Schnapsverbrauch unseres Volkes bildet entschieden eine ernste Gefahr für seine Gesundheit, Leistungsfähigkeit und höchsten sittlichen Güter. Diese Gefahr ist leider auch in unserem Bauernstande eine unverkennbare.»[59] Gleichzeitig wandte sich die Landwirtschaftspresse entschieden gegen die aufkommenden Kunstgetränke und Limonaden.[60] Hans Müller konnte jedenfalls auch für den Kanton Zürich feststellen, dass es hier trotz vieler Widerstände vorwärtsgehe «dank der lieben und selbstlosen Hilfe weitblickender Männer und Frauen in unserem Bauernvolke».[61] Er war 1927 von der Berner Bauern-, Gewerbe- und Bürgerpartei formell für die Betreuung der Kultur- und Jugendarbeit angestellt worden.[62]

Doch Müllers Feldzug gegen den Alkohol stiess bei vielen Bauern auch auf Widerstand. Neben manchen Obstbauern waren es vor allem die Winzer am Zürichsee und im Weinland, die um ihren Absatz bangten und den «Verein abstinenter Schweizerbauern» kritisch hinterfragten. So liess denn alt Rebbaukommissär Burkhard-Abegg als Vertreter der Zürcher Bauernpartei im Nationalrat die Bemerkung fallen, man müsse eigentlich auch einen Beitrag an eine «Vereinigung zur Bekämpfung der Übergriffe der Abstinenten» leisten.[63] Und sein Amtsnachfolger hielt nach einem Vortrag Müllers vor der Gesellschaft Schweizerischer Landwirte klipp und klar fest, dass der Wein in gegorenem Zustand besser schmecke als in ungegorenem.[64]

Seit ihrer Gründung bekundete die Bauernpartei immer wieder Mühe, den bäuerlichen Nachwuchs zu mobilisieren. Vor allem vor Wahlen richtete sie sich jeweils an die Jungmannschaft vom Lande mit Klagen über deren politische Gleichgültigkeit und mit dem Aufruf, ein Gegengewicht zu den linken städtischen Jungburschen zu bilden.[65] Allmählich meldeten sich jüngere Stimmen, und zwar mit offener oder versteckter Kritik an der Partei. Scharf angegriffen wurden beispielsweise jene bäuerlichen Organisationen, die eine Unterstützung der «Süssmoster» verweigerten oder bewusst hintertrieben: «Das ist auch vielfach der Grund, warum die Jungen den Bauernorganisationen fernstehen. Dieser erzkonservative, sturköpfige und wenig verträgliche Geist, der da und dort in unseren Reihen herrscht, streut keine gute Saat. Von Neid und Missgunst gar nicht zu reden.»[66] An die bäuerliche Führung erging der Vorwurf, sich allzu lange nur um die wirtschaftlichen Belange der Bauern gekümmert zu haben: «Nicht die Materie, der Geist ist ewig!»[67]

Die Abstinenten-Zeitschrift *Vorspann* enthielt 1926 erstmals die Beilage *Bauernheimat*. Die von Hans Müller geplante «Bauernheimatbewegung» sollte gegen die rein materielle Gesinnung einen kulturell-geistigen und auch religiösen Damm errichten. Die landwirtschaftlichen Fachschulen, so wurde angemerkt, vermittelten zwar viel technisches Können; ein gesundes Bauernvolk bedürfe aber auch des entsprechenden Seelenzustands des Landwirts und seiner Gefährtin.[68] Zu den «Bauernheimatwochen» im Schloss Hüningen bei Konolfingen zog es zwischen 1926 und 1934 auch zahlreiche Zürcher. Man hörte dort markante Bauernexponenten wie Rudolf Minger, Gottfried Gnägi und Ernst Laur, aber auch Dichter wie Alfred Huggenberger und Ernst Balzli. Ein Berichterstatter schrieb im *Zürcher Bauer*, es sei «kaum möglich, die tiefgründigen, von höchstem Ernst getragenen Gedanken wiederzugeben». Er verlangte solche Heimatwochen auch im Kanton Zürich, «wo Jung und Alt in aller Freundschaft sich ausspricht über lebenswichtige Fragen, wo junge Bauern in ungestümem Jugenddrang aussprechen dürfen, was sie bewegt […], ohne dass ihnen die Alten übers Maul fahren, […] wo der Herr Nationalrat spricht als einer der unsrigen».[69]

Als Ausweitung der Bauernheimatwoche verstand Hans Müller seine Jungbauernlandsgemeinden, die er zwischen 1928 und 1937 alle drei Jahre auf der Wislen bei Worb veranstaltete. Tausende junge Bauern und Töchter strömten dort zusammen und erlebten einen Feldgottesdienst und die Ansprache eines bekannten Bauernführers. Ganz im Sinne Müllers wurde nur Milch und Süssmost ausgeschenkt und in Feldküchen eine einfache Mahlzeit angeboten – wichtiger als ein kostspieliges Menü sei die geistige Kost.[70]

Anfänglich propagierte Dr. Hans Müller seine Bauernheimatbewegung durchaus als Nachwuchsorganisation der bestehenden Bauernparteien. Sie sollte die bäuerlichen Mittelstandsexistenzen vor Not bewahren, aber gleichzeitig den Landwirt nicht zu einem Unternehmer im Sinne der Industrialisierung formen. Im Gegenteil befürchtete man dadurch die Zerstörung von Familienleben und Zusammengehörigkeitsgefühl. Überhaupt pflegte die Bauernheimatbewegung eine pessimistische Sicht des Zeitgeistes. Im *Vorspann* tauchten immer wieder Begriffe wie «ernst», «düster» oder «schwer» auf. Die Welt werde beherrscht von «finsteren Gewalten, Materialismus, Gewinnsucht und Eigennutz».[71]

Das Bauerntum wurde zum festen Eckpfeiler im Strudel der Zeit hochstilisiert, zum Hüter und Bewahrer der gesunden, lebensspendenden Kraft im Volk. Die Stadt hingegen personifizierte die Jungbauernpresse in der Stadtfrau, dem eitlen und dummen «Modepüppchen», dem im Gegensatz zur schlichten, unauffällig gekleideten «Priesterin im Bauernhause» die Schönheit der Seele abgehe.[72] Der Ausdruck «Blut und Boden» gewann an Bedeutung, wobei das Blut nicht im Sinne von «Rasse», sondern von «Heimat» verwendet wurde.[73] In jenen Krisenjahren stiess die kapitalistische Wirtschaftsordnung in der Bauernheimatbewegung auf schroffe Ablehnung; ähnlich dem Arbeiter betrachtete man auch den Bauern als deren Stiefkind. Gepflegt wurde aber eine ernste, tiefe Religiosität, denn durch seine Arbeit sei der Bauer Gott am nächsten.[74]

Gerade diese Haltung der Bauernheimatbewegung zu Religion und Kirche beeindruckte auch junge Zürcher tief. Sie forderten ein «Bauerntum, das in Granit gemeisselt ist und felsenfest dasteht. Ein mächtiges Bollwerk, das allen Erschütterungen standhält, ein Damm, der den religions- und staatsfeindlichen Wellen trotzt».[75] Auf die religiöse Kraft der Berner Bauernheimatbewegung bezog sich denn auch dieser Satz eines Zürcher Jungbauern: «So wie die Reformation einst ihre Wellen von Zürich nach Bern hinüberwarf, so soll eine neue reformatorische Bewegung nach vier Jahrhunderten von Bern nach Zürich hinüber ihre Kreise ziehen und uns in ihren segenbringenden Bann ziehen!»[76]

Von Anfang an setzte Hans Müller in seiner Bauernheimatbewegung ein ausgesprochenes Führer-Gefolgschafts-Prinzip durch. Müller trat als «Führer» auf und lehnte die Bezeichnung Präsident ab. Dies betonte den Charakter des Neuen, war Ausdruck eines gewissen Misstrauens in demokratisch gewählte Behörden und Vereinsvorstände und ermöglichte ihm, seine Bewegung relativ straff zu steuern. Seit 1932 fanden regelmässig «Führerwochen» statt, denn wie im Militär müsse das Bauernvolk ohne geschulte Leitung versagen. Immer zahlreicher wurden die Ehrerbietungen und Ergebenheitsadressen an Hans Müller, der in seinen Zeitschriften auch oft von der notwendigen Treue zu ihm als Führer sprach.[77]

Die Zürcher Bauernpartei nahm die Bauernheimatbewegung in den ersten Jahren durchaus positiv auf. Man freute sich über das Neue und Stärkende, das im Werden begriffen sei, und über die bäuerliche Jugend, die nun auch gehört werden wolle. Ein Korrespondent berichtete im *Zürcher Bauer* begeistert von den Referatsthemen und schloss: «Warum schreiben wir das alles? Weil wir von der Neuorientierung unserer Bauernschaft in dem Sinn und Geist, wie er in der jungen Bauernschaft zum Ausdruck kommt, überzeugt sind und weil wir wünschen, dass auch im Kanton Zürich in dieser Sache etwas geschehe.»[78]

Bald erhoben sich aber auch mässigende oder gar kritische Stimmen: «Was Herr Dr. Müller mit seiner Bauernheimatwoche bezweckt, ist schön und edel. Aber nicht wahr, bei alledem dürfen wir auch den Boden nicht unter den Füssen verlieren. Mit schönen Sätzen und prächtigen Vorträgen ist es nicht getan.» Frühere Bauernbewegungen, die ins Extreme verfallen seien, hätten beinahe mehr geschadet als genützt. Die Zürcher Bauern hätten in Huldrych Zwingli den grössten Führer gehabt, und sie seien daher realitätsbezogener, nüchterner und von der Moderne mehr beeinflusst als die Berner, ganz abgesehen von deren innerlich-gemütsvoller Anlage und Religiosität.[79]

Für den Landwirtschaftlichen Kantonalverein und die Zürcher Bauernpartei kam eine bäuerlich-kulturelle Betätigung ihres Nachwuchses ausschliesslich im Rahmen der bestehenden Organisationen in Frage. Den Zürcher Exponenten passte es nicht, wie Müller von Bern aus in die eigenen Reihen hineinregierte. Parteipräsident Rudolf Reichling, der nüchterne, wirtschaftlich denkende ETH-Agronom, und der schwärmerische, blinde Gefolgschaft heischende Müller vertrugen sich nicht. So spielten durchaus auch persönliche Motive mit, als die Zürcher begannen, die Aktivitäten der sogenannten Jungbauernbewegung mit zunehmendem Misstrauen zu verfolgen.[80]

Als die Zürcher Bauernpartei am 6. Dezember 1930 einen «Bauernkulturellen Ausschuss» unter der Leitung von Dr. Johann Hofmann, dem Direktor der Landwirtschaftlichen Schule Strickhof, gründete, trug dies deutliche Züge einer Gegenaktion. Es galt, ein Überlaufen der Jungen zur Bauernheimatbewegung zu verhindern. Darum sollte der neue Ausschuss ausdrücklich «im Rahmen der bestehenden bäuerlichen Organisationen» wirken und dafür sorgen, dass «Alt und Jung nicht getrennt, sondern miteinander marschieren».[81] Die Gründung war dringend, denn im gleichen Jahr strömten 2500 Besucher zu einer Bauernlandsgemeinde nach Bülach, an der Hans Müller als Hauptredner auftrat. Der Bauernkulturelle Ausschuss begann seine Tätigkeit mit der Schulung von «Vertrauensmännern». Erster Präsident wurde Strickhof-Direktor Johann Hofmann. Aktive Vorstandsmitglieder fanden sich in Pfarrer Rudolf Grob, Direktor der Schweizerischen Anstalt für Epileptische in Zürich, den Landwirten Rudolf Meier aus Eglisau, Alois Günthardt vom Brüederhof in Dällikon, Gottlieb Welti aus Küsnacht sowie Pfarrer Max Frick aus Oberwinterthur und als Aktuar den Ingenieur-Agronom Jakob Huber aus Zürich, während vierzig Jahren Redaktor beim *Zürcher Bauern*.[82] Es wurden verschiedene Sektionen gegründet, wie etwa die «Hombrechtiker Ortsgruppe für ethisch-religiöse Bauernkultur». Später stiess auch der «Bauernpfarrer» Oswald Studer aus Buchs hinzu, Feldprediger und sehr aktiver Mitarbeiter des Ausschusses.[83]

Daneben galten die Schwerpunkte des Bauernkulturellen Ausschusses der Betreuung von Landwirtschaftsschülern. Eine 1933 gegründete «Frauenkommission» des Landwirtschaftlichen Kantonalvereins befasste sich mit der fachlichen und kulturellen Bildung bäuerlicher Frauen und Töchter und namentlich mit dem Trachtenwesen. Doch weitete sich die Tätigkeit rasch auf die Förderung einer gründlichen Berufsbildung der Bäuerinnen aus. Die Kommission bestand aus vier Bäuerinnen und Margrit Messmer vom Bauernsekretariat, die als Präsidentin amtete. Als besonders tüchtig erwies sich Luise Reichling aus Stäfa, die Schwester von Parteipräsident Rudolf Reichling. Der Auftrag ging dahin, sich der kulturellen Aufgaben unter den Frauen anzunehmen und deren berufliche Weiterbildung zu fördern. Dies geschah in den ersten Jahren mit der Durchführung von zwei kantonalen Tagungen und dem Aufbau eines Vortrags- und Kurswesens.

Die Zunahme der aufs Praktische bestimmten Arbeit bedingte den Zuzug von Vertrauensfrauen der Bezirke zur «Grossen Frauenkommission». Zusammen mit dem Landwirtschaftlichen Kantonalverein wurden Bezirksfrauenkommissionen ins Leben gerufen und diese anschliessend durch entsprechende Strukturen in den Gemeinden verstärkt. Zu den Aufgaben gehörten bald schon die Organisation der bäuerlichen Haushaltlehre, die Einführungskurse in den bäuerlichen Hausdienst und die Bäuerinnenhilfe. Die jährlich stattfindende kantonale Bäuerinnentagung fand jeweils in der Kirche St. Peter in Zürich statt und vereinigte bei so prominenten Referenten wie den Professoren Ernst Laur und Friedrich Traugott Wahlen über tausend Besucherinnen. Manchen Männern schien dies allmählich des Guten zuviel. Ein Mitglied des kantonalen Parteivorstands aus Uhwiesen wünschte, dass «die Tätigkeiten der Frauenkommissionen nicht allzu stark ausgedehnt werden».[84]

Doch den Pionierinnen der Ausbildung künftiger Bäuerinnen war keine Mühe zu gross, um störrische Bauernväter von der Notwendigkeit einer gründlichen Berufsbildung ihrer Töchter zu überzeugen. Sie entwickelten eine reguläre bäuerliche Hauswirtschaftslehre mit entsprechendem Berufsabschluss und mehrmonatigen Einführungskursen, die den Absolventinnen in froher, positiver Erinnerung blieben. Ein grosser Erfolg dieser Anstrengungen bedeutete 1948 die Gründung der Bäuerinnenschule im Schloss Uster. Während dreissig Jahren ergänzten sich Margrit Messmer als Präsidentin der Frauenkommission und Luise Reichling als Präsidentin der Subkommission für die Haushaltlehre in idealer Weise.

Befürworterin des Frauenstimmrechts: Luise Reichling (1888–1986) aus Stäfa leistete innerhalb der Frauenkommission Grosses für die hauswirtschaftliche Aus- und Weiterbildung der Landfrauen.

Sie wirkten als geschätzte Expertinnen an den Lehrtöchter- und Bäuerinnenprüfungen und vertraten die Landwirtschaft in verschiedenen Frauenorganisationen. Vor allem die energische, selbstbewusste Luise Reichling scheute sich nicht, den Männern im Kantonalverein und in der Bauernpartei ihre Meinung zu sagen. Sie war eine überzeugte Befürworterin des Frauenstimmrechtes und hielt sich nur etwas zurück, um dem von ihr verehrten Bruder Rudolf nicht in den Rücken zu fallen, der zur politischen Mitwirkung der Frauen die gegenteilige Meinung vertrat.[85] Auch wenn also das Frauenstimmrecht bei den Männern durchaus unerwünscht war, appellierte die Partei vor Wahlen ganz direkt an den politischen Verstand der Frauen: «Seid Stauffacherinnen, sorgt dafür, dass eure Gatten und Söhne restlos zur Urne gehen.»[86]

Noch bevor die Nationale Front mit ihrer antidemokratisch-autoritären Stossrichtung 1930 gegründet worden war, distanzierte sich die Zürcher Bauernpartei deutlich vom Faschismus wie vom Bolschewismus und deren diktatorisch-terroristischen Methoden.[87] Doch fühlte sie sich von der neuen Bewegung herausgefordert und verstärkte die vaterländisch-antisozialistische Tonart.

> *klare Feststellung, dass die Mitgliedschaft bei den Fronten die Zugehörigkeit zur Bauernpartei ausschliesse.*

Am 15. Juli 1933 hielten Parteileitung und Bezirkspräsidenten fest, dass eine Mitgliedschaft bei der Zürcher Bauernpartei unvereinbar sei mit jener bei den nationalsozialistischen Fronten. Noch zehn Wochen später unterstützten die Bürgerlichen und die NZZ in Zürich einen frontistischen Stadtratskandidaten.

Es kam aber zwischen Bauernpartei und Nationaler Front niemals zu ernsthaften Kontakten.[88] Präsident Rudolf Reichling sprach an der Delegiertenversammlung vom 2. April 1933, kurz nach Hitlers Machtübernahme, zu den Ideologien des Faschismus und des Bolschewismus den deutlichen Satz: «Wir in der Schweiz lehnen sie ab.»[89] Unter dem Titel «Demokratie oder Diktatur» mahnte die Bauernpartei, der Weg von Demokratie und Rechtsstaatlichkeit dürfe nie verlassen werden: «Nicht Sichel und Hammer und nicht das Hakenkreuz, nicht das Dogma einer Partei und nicht die staatliche Diktatur können unsere Losung sein. […] Scharen wir uns entschlossen unter dem weissen Kreuz im roten Feld, dem Symbol der Demokratie, dem Zeichen der inneren Verbundenheit und der gegenseitigen Verantwortung. In diesem Zeichen werden wir den politischen Gegner überwinden und siegen!»[90]

Überhaupt geizte die Zürcher Bauernpartei gegenüber den eindeutig braunen Erneuerungsbewegungen nicht mit Klartext: «Es sind Leute, die das Schweizerkreuz gegen das Hakenkreuz vertauschen wollen. Solche Irrwege müssen des entschiedensten abgelehnt werden.»[91] In einer Aussprache von Parteileitung und Bezirkspräsidenten über die «Frontenfrage» kam die Besorgnis über den bäuerlichen Zulauf aber deutlich zum Ausdruck. Es wurde argumentiert, «Mussolini habe in erster Linie für die Landwirtschaft gesorgt, und ein Ähnliches werde bei Hitler der Fall sein». Rudolf Meier aus Eglisau zeigte sich beeindruckt von der «ungeheuren Erziehungsarbeit der deutschen Nationalsozialisten».[92] Nationalrat Karl Wunderli hielt demgegenüber fest, die Fröntler hätten in ihren Reihen bloss «Strizzis» und «politische Spekulanten». Sein Kollege Jakob Oehninger blieb ebenfalls skeptisch («Bauer bleibe Bauer»), und Regierungsrat Rudolf Streuli verwarf «Drohungen mit dem Marsch auf Bern»; die Ostschweizer sollten endlich «gegen die Desperado-Politik der Berner antreten». Kantonsrat Jakob Peter aus Dägerlen befand: «Wem unser Parteiname nicht gefällt, der soll fern bleiben.» Parteipräsident Reichling fasste die Meinungsäusserungen schliesslich als «Einigkeit in Ablehnung der Fronten» zusammen, denn diese wollten die Diktatur statt den Föderalismus und seien «eher sozialistisch als bürgerlich». Das unzweideutige Fazit der Aussprachen ergab «die klare Feststellung, dass die Mitgliedschaft bei den Fronten die Zugehörigkeit zur Bauernpartei ausschliesst».[93]

Bundesrat Rudolf Minger hielt am 9. Juli 1933 vor 15 000 Personen an der Landsgemeinde in Windisch fest: «Seit dem Bestehen der Eidgenossenschaft hat es bei uns nie eine eigentliche Diktatur gegeben. Die alten Eidgenossen haben das Joch der Landvögte abgeworfen, und seit 1291 hat das Volk das Prinzip der Demokratie in Ehren gehalten, wenn auch die Volksrechte jahrhundertelang stark eingeengt waren. An dieser Demokratie wird unser Volk nie rütteln lassen, und mit gewaltsamen Diktaturgelüsten, gleichgültig von welcher Seite sie kommen, wird es immer fertig werden. Niemals wird sich unser Volk eine Gleichschaltung nach deutschem Muster gefallen lassen. Nach Schweizerart

Im Februar 1933 referierte Bundesrat Rudolf Minger in Zürich-Aussersihl über die Notwendigkeit der militärischen Aufrüstung. Minger war ein packender, freier und feuriger Redner.

wollen wir unser Haus bestellen. Hierzu brauchen wir weder Extrahemden noch Extraflaggen, uns genügt das weisse Kreuz im roten Feld.» Minger betonte, dass gerade die jungen Frontisten auf die Meinungsäusserungsfreiheit pochten, und distanzierte sich von deren Antisemitismus mit der Aussage: «Auch am konfessionellen Frieden darf nicht gerüttelt werden.»[94]

Dennoch mussten die Erfolge der eben erst gegründeten Fronten, Bünde und Bewegungen beunruhigen. Hitlers Machtübernahme in Deutschland liess vor allem manche Vertreter der jüngeren Generation eine «nationale Erneuerung» auch für die Schweiz erhoffen. Die bestehenden Institutionen schienen angesichts der anhaltenden Wirtschaftskrise unfähig und hoffnungslos überaltert. Auch die im Bauernkulturellen Ausschuss organisierten jungen Zürcher

Bauern fühlten sich schon 1932 bewusst als Teil der Erneuerungsbewegungen: «Eine neue Zeit kommt, und diese neue Zeit wird getragen von der bäuerlichen Jungmannschaft!»[95]

Unter der Überschrift «Wir Jungbauern» äusserte ein Einsender im *Zürcher Bauer* die Ansicht, nichts sei der bauernkulturellen Bewegung unwürdiger als der Verdacht eines Neuanstrichs über den alten Rost.[96] Im Aufruf zum Besuch einer Tagung in Kyburg hiess es: «Jungbauer und Jungbäuerin! Euer Platz ist in vorderster Linie der Front. Erhebt die Feste Kyburg zum Wahrzeichen unserer jungen Bauernbewegung.»[97] 12 000 Besucher bildeten denn auch die gewaltige Kulisse der imposanten Zusammenkunft. Auch Volkstagungen in Uster und auf der Forch lockten Tausende von Anhängern an.

Die politischen Aktivitäten des Jahres 1933 waren im ganzen Kanton zahlreich und hektisch; immer wieder wurden die Jungbauern zu Veranstaltungen zusammengerufen. Ein unbekannter Junger äusserte unwidersprochen die Meinung, Deutschland handle gegenwärtig in der richtigen Erkenntnis der Wahrheit, dass Terror nur mit Terror erfolgreich bekämpft werden könne: «An unseren vaterländischen Vereinigungen, an den landwirtschaftlichen Organisationen, an den Jungbauerngruppen und am bodenständigen Bürgertum überhaupt liegt es, dass man sich zur Wehr setzt gegen die rote Macht mitsamt Gefolge: Verantwortungslosigkeit, Gottlosigkeit zu vernichten sucht mit starker Hand!»[98] Kein Wunder, musste der Bauernkulturelle Ausschuss seine Anhänger im Sommer 1933 bei durch den Heuet eingeschränkter Tätigkeit auffordern, ruhig Blut zu wahren und sich nicht irgendeiner Front in die Arme zu werfen.[99]

Ein Vertreter des Vorstandes des Bauernkulturellen Ausschusses widmete diesen Fronten halb distanzierte, halb positive Worte: «Nun sind in den Fronten neue Truppen zu uns gestossen. Obwohl weltanschaulich noch nicht abgeklärt, teilen sie doch ein gutes Stück Weg mit uns.» Der Faschismus verdiene allerdings auch Vorbehalte, denn er entwürdige die christliche Lehre zur Magd des Staates. Auch könne der Kampf gegen Juden und Freimaurer nicht als positiver Aufbau gewertet werden, auch wenn dessen Notwendigkeit unter Umständen erwiesen sei.[100] Mit dem Abflauen der Erneuerungsbewegungen seit 1934 besann sich der Bauernkulturelle Ausschuss wieder auf seine kulturellen Aufgaben und hatte sich immer wieder mit Müllers Bauernheimatbewegung herumzuschlagen.

Auch die Zürcher Bauernpartei richtete sich in mancher Beziehung auf die angeblich neu angebrochene Zeit aus. Gerade die Bauern hätten allen Grund, sich über die nationale Besinnung und über das politische Erwachen zu freuen.[101] In einer Resolution begrüsste man «Bestrebungen zu einer Erneuerung unseres nationalen Volksbewusstseins und unseres politischen Lebens» und hoffte auf «einen überparteilichen Zusammenschluss aller vaterländisch gesinnten Volksgenossen».[102] Der «Frontenfrühling» begann am 22. April 1933, als der Appenzeller Oberstdivisionär Emil Sonderegger – im Landesstreik draufgängerischer Kommandant der Ordnungstruppen in Zürich und nach dem Krieg Generalstabschef – im Zürcher Kaufleutensaal und in der Stadthalle ein Referat zum Thema «Ordnung im Staat» hielt. Uniformen und Hitler-Gruss mancher Teilnehmer, aber auch die Ausfälle gegen Demokratie, Parlament, Juden und Freimaurer zeugten von der Bewunderung der unlängst erfolgten Machtergreifung Hitlers in Deutschland.[103]

Die Bauernpartei stellte eine gewisse Einigkeit mit den Erneuerungsbewegungen bezüglich vaterländischer Gesinnung, Militärfreundlichkeit und schroffer Ablehnung des Marxismus fest. Die neugebildete Stadtzürcher Bürger- und Bauernpartei bezeichnete sich als «Trägerin der Nationalen Erneuerung», beschimpfte die Linksparteien als «rotes Unkraut» und wollte zu jenen Grundsätzen zurückkehren, «die schon vor der französischen Revolution die schweizerische Demokratie geleitet und gross gemacht haben».[104] In Kürze gewann die Neugründung 600 Mitglieder und pochte entschieden auf die städtische Bezeichnung Bauern- und Bürgerpartei: «Ohne die Erweiterung ist eine fruchtbare Werbeaktion ausgeschlossen.»[105] Die erstmals an Wahlen antretende Partei lud mit dem bekannten Obersten und Chirurgen Eugen Bircher einen Parteikollegen aus dem Aargau als Redner ein. Bircher erklärte unter Applaus, es gebe bislang in der Schweiz keine Judenfrage, doch sei dafür zu sorgen, dass es sie auch in Zukunft nicht gebe.[106] Nicht zuletzt mit solch antisemitischen Tönen sollte die junge Partei im Stadtparlament auf Anhieb drei Mandate gewinnen.

Von solchem Radikalismus war der am 18. Mai 1933 gegründete «Bund für Volk und Heimat» (BVH) weit entfernt. Wegen seines grossspurigen Auftretens in auflagenstarken Schriften, das viel Geld im Hintergrund vermuten liess, hiess der BVH im Volksmund bald «Bund vornehmer Herren».[107] Man munkelte auch, das Unternehmen sei von finanzkräftigen Kreisen des Freisinns ins Leben gerufen worden, um der Frontenbewegung das Wasser abzugraben. Von der Zürcher Bauernpartei gehörten Nationalrat Rudolf Reichling aus Stäfa, der Direktor der Schweizerischen Anstalt für Epileptische, Pfarrer Rudolf Grob, sowie der junge Bauer Rudolf Meier aus Eglisau dem Bund als Mitglieder an. Diese Bewegung hat sich entschieden von den Frontisten sowie von ausländischen Vorbildern und vom «totalen Staat des Faschismus» distanziert und bekannte sich ausdrücklich zu Demokratie, Föderalismus, christlicher Kultur, Privateigentum, Unternehmertum sowie «Erhaltung des Bauernstandes als der Grundlage der Bodenständigkeit und der Wehrhaftigkeit des Volkes».[108]

Der BVH wandte sich aber ebenso deutlich gegen die Linke und stiess sich am hohen Anteil unselbständig Erwerbender. Ein Dorn im Auge war den BVH-Gründern auch die «aufbauzerstörende Parteiwirtschaft» und die «Entartung des Parlamentarismus» – was bei einem parlamentarischen Parteiexponenten wie Reichling etwas eigenartig anmutet. Die Zürcher Landzeitungen verbreiteten via «Schweizerische Mittelpresse» einige vom Bund für Volk und Heimat ausgehende Artikel. Auch veranstaltete der BVH verschiedene Versammlungen gemeinsam mit der Bauernpartei. Nach zwei Grosskundgebungen in Windisch und auf der Forch begann es im BVH zu kriseln. Schon im August 1933 verliess Rudolf Reichling diesen Bund, weil dessen scharfe Angriffe auf die Bauernpartei, Bauerndirektor Ernst Laur und Bundesrat Edmund Schulthess einen Verbleib unmöglich machten. Dieser Schritt geschah möglicherweise auf den Rat des Brugger Verbandsdirektors Laur, der dem Manchesterliberalismus des BVH nicht traute.[109] Reichlings Schwiegervater, Nationalrat Jakob Oehninger, bedauerte lebhaft, dass sich Reichling auf den Verband eingelassen hatte. Rudolf Meier hingegen zeigte sich über Reichlings Austritt enttäuscht, ja er äusserte sogar, bei der Wahl zwischen dem Bund für Volk und Heimat einerseits und der Bauernpartei andererseits würde er sich für den BVH entscheiden.[110]

Überhaupt beschäftigte Meier das Problem der «Führung in der schweizerischen Demokratie» intensiv, ein Thema, über das der Eglisauer Landwirt an der Tagung von Bauernpartei und Landwirtschaftlichem Kantonalverein vom Mai 1934 in Bülach referierte: «Was im diktatorisch regierten Staate ein Manneswille ist, muss bei uns das Volksganze vollbringen.» Unter Ablehnung von faschistischer Diktatur und Marxismus, aber auch von «Wirtschaftsgläubigkeit» und «Spiessbürgertum» setzte Meier auf eine «feste Verankerung im christlich-nationalen Volkstum, die allein unsere Demokratie wirklich von Grund auf erneuern wird». Das Wichtigste sei, dass im Volk wieder ein «neues patriotisches Mannesideal ersteht, das sich aufrafft und erhaben hinausragt über den politischen und geistigen Schlendrian unserer Zeit».[111]

Vergleichsweise am meisten Sympathien für die Frontenbewegung zeigte die baselstädtische Bürgerpartei mit ihrem Präsidenten, dem Rechtsanwalt Dr. Hans Kramer. Das Ziel jeder vaterländischen Partei – so Kramer – müsse «in der Vernichtung des Marxismus liegen». Am schärfsten ablehnend verhielt sich der Schaffhauser Bauernsekretär Paul Schmid-Ammann, der in «antisemitischen Schimpfereien» und der «billigen demagogischen Tendenz, für alle Unzulänglichkeiten in unserem Staats- und Wirtschaftsleben Sündenböcke zu suchen», eine völlige Verirrung feststellte. Ungefähr die Mitte hielt Dr. Markus Feldmann, Chefredaktor der *Neuen Berner Zeitung* und später einer der wirkungsmächtigsten Gegner des Nationalsozialismus in der Schweiz. 1933 unterstützte Feldmann den frontistischen «Appell an das nationale Empfinden und das Heimatgefühl», ja sogar dessen Wirtschaftspolitik, verwahrte sich aber gegen jedes «Bedürfnis nach Führer- und Heldenverehrung».[112] Die Aargauer Bauernpartei hielt ein für allemal in Versform fest: «Wir leben nicht im Hitlerwahne, / Für Schweizer eine fremde Welt, / Wir halten treu zu unsrer Fahne, / Zum weissen Kreuz im roten Feld.»[113]

Die Stadtzürcher Bauern- und Bürgerpartei stellte sich 1933 als kräftigen Schweizer Spaten dar, der rote Schädlinge wie kapitalistisches «Unkraut» gleichermassen bekämpft.

Auch freisinnige und katholisch-konservative beziehungsweise christlich-soziale Politiker freuten sich vorerst über die Erneuerungstendenzen der Jugend, die man durchaus als Bundesgenossen im Kampf gegen links begrüsste. Vor den Stadtzürcher Wahlen vom September 1933 schlossen Freisinnige, Christlichsoziale, Evangelische sowie die Bauern- und Bürgerpartei ein Bündnis, den sogenannten «vaterländischen Block», und reichten für den Stadtrat eine gemeinsame Sechserliste unter Einschluss eines Frontisten, aber ohne einen Bauern- und Bürgervertreter ein. Dieses auch von der *Neuen Zürcher Zeitung* und vom «Bund für Volk und Heimat» offen unterstützte Bündnis war allerdings bei freisinnigen Exponenten der Zürcher Landschaft und der übrigen Schweiz heftig umstritten.

Ein gemeinsamer Fackelzug sollte am Vorabend des Wahltages die Bürgerlichen mit den Frontisten über die Stauffacherbrücke in die Arbeiterquartiere und damit ins Herz des roten Zürich führen. Sozialdemokraten, Sozialisten und Kommunisten antworteten auf diese Provokation mit Schmährufen, Drohungen und einem Steinhagel, so dass sich der Fackelzug in einem wilden Durcheinander auflöste; mehrere Dutzend Demonstranten wurden verletzt.[114] Der bürgerlich-frontistische Angriff auf die rote Stadt geriet anderntags zum Debakel. Vor allem die FDP musste an der Urne Federn lassen. Die Bauern- und Bürgerpartei erreichte 3 von 125 Mandaten im Gemeindeparlament. Im Gegensatz zu den andern Parteien stand ihr in der Stadt kein Presseorgan zur Verfügung. Nach der Niederlage des «Blocks» ortete der *Weinländer* vor allem freisinniges Versagen in einem Kampf, der Aussenstehende angewidert habe: «Blosses Geschimpfe über die Sozialisten, ja sogar über wohlverbrüderte bürgerliche Parteien» reiche eben nicht aus. Und in treffender Kürze und gebotener Distanz hielt der *Zürcher Bauer* fest: «Sagen wir es offen hinaus: Die städtischen Wahlen brachten eine schwere bürgerliche Niederlage. Trotz des unerhörten Wahlkampfes wurde die rote Mehrheit nicht nur nicht gebrochen, sondern noch verstärkt.»[115]

Nach dem turbulenten Jahr 1933 mit einer teilweise verunsicherten, jedenfalls ambivalenten Haltung zu den «Erneuerungsbewegungen» fand die Zürcher Bauernpartei 1934 wieder zu einem solideren weltanschaulichen Fundament zurück. Schon im Januar verabschiedete sie ein neues, detaillierteres Parteiprogramm und legte sich darin unzweideutig auf «die Verteidigung der auf dem Mehrheitswillen des Volkes beruhenden demokratischen Staatsform und für strikte Abwehr jeder Diktatur einer Minderheit» fest. Einmal mehr wurden die bestehenden Klassengegensätze beklagt und die Auswüchse von Kapitalismus wie von Sozialismus gegeisselt.[116] Mit der Zeitung *Stadt und Land* brachte die Kantonalpartei seit November 1934 ein politisches Wochenorgan heraus, das die BGB der Stadt Zürich, aber auch jene Mitglieder auf der Landschaft erreichen sollte, die den *Zürcher Bauer* nicht abonniert hatten. Das beständig defizitäre Blatt musste im Dezember 1939 allerdings wieder eingestellt werden. Wenn die Reduktion der Kantonsratssitze von 220 auf 180 berücksichtigt wird, vermochte die Partei mit neu 40 Mandaten 1935 ihren Besitzstand zu halten. «Die Bauernpartei ist gestärkt aus dem schweren Ringen hervorgegangen», konstatierte ihr Organ. «Allerdings wäre der Erfolg ohne eine gewisse Absplitterung noch grösser gewesen.»[117] Angesprochen war damit die Jungbauernbewegung des Dr. Hans Müller.

Der Zürcher Bauernpartei blieb bewusst, dass sie sich in dieser Zeit der «Erneuerung» intensiv um den Nachwuchs kümmern musste. Dass der dafür gegründete Bauernkulturelle Ausschuss die Bauernpartei immer wieder seiner Treue und Gefolgschaft versicherte, nahm Müllers Bewegung als Herausforderung wahr. Zu den persönlichen Differenzen traten zunehmend auch politische, indem Müller seine Anhänger angesichts der Krise deutlich nach links führte. Seit 1928 auch als Nationalrat tätig, verliess er sich nicht mehr auf die eigene Bauernpartei, sondern suchte Anschluss an die Sozialdemokratie und an die Gewerkschaften. Dies brachte die Bauernpartei, die den richtigen Weg im «Bürgerblock» mit Freisinn und Katholisch-Konservativen sah, in Aufruhr. In Zürich sprach man jetzt von «perfiden, unsachlichen und gehässigen Angriffen» Müllers, dessen «verhängnisvolle Politik den Bauernstand auseinanderreissen wird».[118] Während die Bauernparteien die Krise durch Kontingentierung von Milch und Fleisch zu lindern suchten, wollte Müller mit der Arbeiterschaft gegen den Lohnabbau kämpfen, den landwirtschaftlichen Boden der «Spekulation» entziehen und die Bodenverschuldung mindern. Er wandte sich entschieden gegen die Abbaupolitik des Bundesrates und verlangte, den grossen Besitz und die grossen Einkommen zum Mittragen heranzuziehen.[119]

Müller forderte nichts Geringeres als die Vereinigung von Arbeitern und Bauern gegen das «Kapital». Mit dem Gewerkschaftsbund, der Linken und verschiedenen Angestelltenverbänden lancierte die Bauernheimatbewegung eine «Kriseninitiative». Das Gespenst dieser «rot-grünen Allianz», das Rudolf Minger im Bundesrat an die Wand malte, um diesen zu Konzessionen zu bewegen, musste den Bürgerblock herausfordern. Die Gefahr war umso grösser, als Bauernsekretär

Ernst Laur dieser Wendung nach links längere Zeit mit Sympathie begegnete.[120] Unter dem Druck der Jungbauern und der rechtsextremen «Heimatwehren» forderte sogar die bernische BGB grosszügige Entschuldungsaktionen, wozu «in erster Linie das schweizerische Bankenkapital» herangezogen werden sollte.[121]

Solcherart durch den Zwist mit den Jungbauern im bürgerlichen Selbstverständnis angeschlagen, konnte auf die grosse Berner Abordnung nur noch bedingt gezählt werden. Es war damals hauptsächlich der Zürcher Präsident Rudolf Reichling, der den Avancen der Linken widerstand und ein Ausscheren der Partei aus dem Bürgerblock verhinderte. Er verschloss sich dem Verständnis für gewisse Anliegen der Arbeitnehmer nicht, wollte aber nichts von einer Loslösung der Bauern von jeder Marktwirtschaft und auch nichts vom antikapitalistischen Kurs wissen, welcher die Exportindustrie ins bauernfeindliche Lager getrieben hätte.[122] Bei den Zürcher Delegierten fiel die Kriseninitiative mit 187 gegen eine einzige Stimme durch.[123] Es war also durchaus auch ein Verdienst der Zürcher Bauernpartei, die schweizerische Wirtschaftspolitik nicht in eine binnen- und planwirtschaftliche Tendenz geführt zu haben. Die Kriseninitiative wurde 1935 nach beispiellosen Polemiken bei einer Rekordstimmbeteiligung knapp verworfen. Kurz zuvor war Nationalrat Hans Müller in Bundesbern aus der BGB-Fraktion ausgeschlossen worden. Im gleichen Jahr erfolgte auch sein Ausschluss aus der bernischen BGB und 1937 jener aus dem Schweizerischen Bauernverband.[124]

Die Zürcher Bauernpartei war überzeugt, dass die wirtschaftspolitischen Forderungen der Jungbauern im Kanton Zürich keine Berechtigung hatten. Vielmehr glaubte sie, dem Bauernstand ohne Subventionen helfen zu können. Der Bauer müsse mehr «fürs Volk als vom Volk» leben, meinte der «Bauernkulturelle» Rudolf Meier.[125] Die Zürcher Nationalräte weigerten sich in der Frühjahrssession schlicht, an Fraktionssitzungen teilzunehmen, wenn nicht zuvor eine grundsätzliche Aussprache mit Müller erfolgt sei.[126]

Hans Müllers Anhänger hatten sich zwischenzeitlich auch in einigen Zürcher Bezirken organisiert. Da der *Zürcher Bauer* keine Einsendungen von «Müllerianern» oder «Möschbergern» – benannt nach der gleichnamigen Bauernheimatschule in Grosshöchstetten – mehr berücksichtigte, nahm sich das *Volksrecht* ihrer Sache an. Die Bauernpartei reagierte auf Versammlungen der Jungbauern mit der Taktik, diese mit eigenen Politikern und Vertrauensleuten zu durchsetzen und sie womöglich gar zu überstimmen. So kam es zu handfesten Ausschreitungen und im Lauf des Jahres 1935 zu eigentlichen Krawallen.[127]

Am 15. Februar 1935 bekämpfte Dr. Hans Müller im Löwen in Niederweningen den Bundesrat, die «alte Führung» und das Kapital. Als sich Nationalrat Rudolf Reichling als Präsident der Zürcher Bauernpartei zu Wort meldete, wurde seine Redezeit sofort auf zehn Minuten beschränkt. Hierauf verlangte der Präsident der bäuerlichen Ortspartei, Reichlings Redezeit zu verlängern, was trotz magerer Votantenliste abgelehnt wurde. Reichling begründete in sachlicher und ruhiger Form die Haltung seiner Partei zur Wirtschaftspolitik und zur Jungbauernbewegung. Ein Diskussionsteilnehmer erging sich darauf in den gröbsten Verfluchungen zürcherischer Bauernpolitiker. Sein Ausfall endete mit der Aufforderung an Reichling, sich im Zürichsee zu ertränken, und zwar da, wo dieser am tiefsten sei. Der Versammlungsleiter und Müller nahmen diesen Votanten noch ausdrücklich in Schutz. «Diese Sittenverwilderung, der Gesinnungsterror ist die traurige Frucht der bedenklichen Saat eines Dr. Müllers», kommentierte der *Zürcher Bauer* in seinem Versammlungsbericht.[128]

Im Mai 1935 sprach Hans Müller an einem von 400 Personen besuchten «Bauernheimatabend» in Mettmenstetten über die Kriseninitiative. Als sich Pfarrer Rudolf Grob vom Bauernkulturellen Ausschuss der Zürcher Bauernpartei kritisch äusserte, wurde er mit Pfiffen, Grölen und Lärmen zum Schweigen gebracht. Es herrschte eine explosive Stimmung, alle erhoben sich. «Der Brüllchor trat in Aktion, als handle es sich um ein Länderspiel der Fussballer. [...] Die Empörung war auf Siedehitze, bis der Mettmenstetter Feuerwehrkommandant auf den Tisch sprang und verkündete, dass die Feuerwehr und die Hydranten in Aktion treten werden.» Der Aufruhr mündete schliesslich im Absingen von vaterländischen Liedern, woraufhin Müller als – wie er sagte – «Gescheiterer» abzog. Daraufhin wurde spontan eine Resolution gegen die Kriseninitiative und gegen die Bauernheimatbewegung gefasst. Ein von der *Neuen Berner Zeitung* abgewiesener Skandalbericht aus jungbäuerlicher Sicht über die Mettmenstetter Veranstaltung erschien im sozialdemokratischen *Volksrecht*.[129]

Ein «Fiasko» erlitten die Jungbauern auch in Weiningen. Nach scharfen Ausfällen des Referenten Werner Moser gegen die Bauernpartei und das Bauernsekretariat in Brugg merkte dieser, dass die Zusammensetzung des Publikums nicht seinen Vorstellungen entsprach, und wollte die Versammlung abbrechen. Sofort wurde der bäuerliche Gemeindepräsident von Weiningen zum Vorsitzenden gewählt und bezeichnete dies als «unerhörtes Vorkommnis auf Weininger Gebiet». Nach dem «schmählichen» Abzug der Jungbauern beschloss die Versammlung mit 64 gegen 0 Stimmen folgende Resolution: «Die sogenannte Bauernheimatbewegung des Dr. Hans Müller wird auf Zürcher Gebiet als überflüssig betrachtet.»[130]

Der «Bauernkulturelle» und Kantonsrat Alois Günthardt gestand in einer öffentlichen Erklärung, er sei der Erste gewesen, der Hans Müller ins Zürichbiet gerufen habe, und er bereue dies jetzt bitter.[131] Ein anderer kommentierte: «Nun ist das Geschwür zum Glück aufgebrochen und lässt den stinkig-eitrigen Inhalt erkennen.»[132] Diese Schärfe der Auseinandersetzung zeigte, dass das Tischtuch mit Müllers Bewegung endgültig zerschnitten war. Präsident Rudolf Reichling hielt im Vorstand fest, Müller sei «mit allen gangbaren Mitteln zu bekämpfen».[133]

Bei den Zürcher Kantonsratswahlen vom Frühjahr 1935 reichte die Bauernheimatbewegung in drei Bezirken eigene Listen ein, nachdem ihnen die Bauernpartei keine Listenplätze hatte zugestehen wollen. Diese Listen in den Bezirken Winterthur, Bülach und Dielsdorf wurden von der Partei heftig kritisiert. An die Jungwähler erging der Aufruf, keinesfalls die jungbäuerliche Liste einzulegen: «Kampf der sinnlosen Spalterei / Wählt mit der Liste der Bauernpartei.»[134] Dennoch wurde in allen drei Bezirken je ein Jungbauer gewählt, nämlich Bezirksrat Johannes Lienhard aus Teufen, Gemeindepräsident Rudolf Schibli aus Otelfingen und Hans Mantel aus Elgg. Der *Zürcher Bauer* glossierte deren Platzsuche im Kantonsrat, sassen sie doch zuerst bei den Bauern, dann bei den Evangelischen in Nachbarschaft mit den Kom-

Ein Wahlplakat mit Sämann und Schmied warb bei den eidgenössischen Wahlen von 1935 für die bäuerlich-gewerblich-bürgerliche Liste.

munisten und schliesslich wieder bei den Bauern, wo sie eigentlich auch hingehörten.[135]

Bei den Nationalratswahlen von 1935 traten die Jungbauern wohl auf Veranlassung Müllers mit einer eigenen Liste an. Eine Listenverbindung mit den bürgerlichen Parteien lehnten sie strikte ab. Der *Zürcher Bauer* beklagte diese Spaltung einmal mehr: «Wie stossend wirkt es doch, wenn in einer Bauernfamilie der Sohn gegen den eigenen Vater auftritt und pietätlos sein Schaffen und Werken in den Kot zieht. Der Jungbauer gehört in die eigentliche Bauernfront und nicht nebenan in eigene Trüpplein.»[136]

Durch einen geschickten Schachzug vermochte die Berner Bauern-, Gewerbe- und Bürgerpartei die Jungbauern ab 1938 als bedrohliche Konkurrenz politisch zu isolieren und letztlich abzuschütteln: Die BGB unterstützte die Wahl des SP-Kandidaten Robert Grimm in den Regierungsrat und zeigte damit ihre Bereitschaft, auch der Sozialdemokratie einen Teil der Macht anzuvertrauen. Mittlerweile allseits gemieden und ausgegrenzt, kam für die Jungbauern im Jahre 1940 die vermeintliche Zeit der Abrechnung. Als die Schweiz fast ganz von den Achsenmächten umgeben war, sahen sie den Moment gekommen, sich an die veränderte Situation anzupassen und das politisch Versäumte nachzuholen. Dies könne nicht durch das alte, heruntergewirtschaftete System geschehen, vielmehr sei eine «rasche, gründliche Umbildung» der obersten Landesbehörde vorzunehmen.[137] Gebieterisch und unüberhörbar verlangte Müller nun das «Abtreten der alten Führung» und äusserte den bedenklichen Ausspruch: «Entweder löst die Demokratie diese ihre grossen Schicksalsfragen – oder diese Fragen werden mit der Demokratie fertig werden.»[138]

Hans Müller meinte etwa, die Schweizer würden sich «beeilen müssen, in den Schnellzug der Zeit einzusteigen» und ihren «Beitrag an ein neues Europa zu leisten».[139] Im *Schweizer Jungbauer* war auf dem Höhepunkt von Hitlers Machtentfaltung zu lesen: «Wir dürfen uns so recht freuen, Träger dieser neuen Zeit zu sein. Ist es schon immer schöner, auf Seiten eines Siegers als auf Seiten eines Besiegten zu sein, so gilt dies für uns in ganz besonderem Masse, indem wir nicht erst seit gestern […] für die neue Zeit gekämpft haben.»[140] Dem Bundesrat drohte der *Schweizer Jungbauer* unmissverständlich: «Frankreich stellt heute seine alte Führung vor den Richter. Eine neue Zeit wird auch bei uns das Vergangene nicht nach seinen schönen Worten, sondern nach seinen Taten

Der Schweizer Jungbauer *als politisches Sprachrohr der Bauernheimatbewegung setzte mit seinen roten und später braunen Sympathien der Bauernpartei mächtig zu. 1935 kam es nach heftigen Auseinandersetzungen im Kanton Zürich zur Abspaltung.*

beurteilen.»[141] Immer drohender war der Unterton der jungbäuerlichen Prophezeiungen: «Der Tag könnte kommen, wo eine ‹alte› Führung zur Rechenschaft gezogen wird. Hier gilt es einst, verschiedene Rechnungen zu begleichen, und es wird gut sein, wenn sich alte Parteibonzen jetzt schon darauf einrichten.»[142] Und zum damals gewaltig angewachsenen nationalsozialistischen Herrschaftsbereich meinte das Organ der Bauernheimatbewegung: «Auf dem riesigen Bauplatz Europas wollen wir uns so verhalten, dass wir das Recht nicht verwirken, ein Plätzchen an der Sonne zu erhalten.»[143]

Diese Aussagen grenzten an geistigen Landesverrat, den zwei aktive Mitglieder der Jungbauernbewegung durch ihre Spionagetätigkeit tatsächlich auch in die Praxis umsetzten, wofür sie verurteilt wurden.[144] Die Jungbauern mussten sich vorwerfen lassen, die demokratisch legitimierten Behörden und Parteien im Augenblick höchster Gefahr masslos kritisiert zu haben, in einer Zeit, in der gegenseitiges Vertrauen Grundlage aller Politik hätte sein müssen.[145] Die Bauernheimatbewegung lässt sich dennoch nicht zu den faschistischen Erneuerungsbewegungen zählen. Zu wichtig war ihr die protestantisch-pietistische Glaubensgrundlage; auch gab es in ihren Reihen keine Intoleranz gegen andere Konfessionen und keinerlei antisemitischen Ausfälle, was von Exponenten der Bauernpartei leider nicht gesagt werden kann.

In den kommenden eidgenössischen und kantonalen Wahlen mussten die Jungbauern die Quittung einstecken für ihre Schwäche, ins braune Fahrwasser geraten zu sein. Zu spät wurde versucht, Müllers Person und Führungsanspruch zurückzubinden. Während und erst recht nach dem Zweiten Weltkrieg wandten sich fast alle Anhänger von der Jungbauernbewegung ab. Ihre drei Kantonsräte im Kanton Zürich fanden wie manche andere ihrer Politiker in den Schoss der Mutterpartei zurück. In einzelnen Gemeinden, so in Gossau, blieb die Spaltung noch bis 1962 bestehen. 1948 warnte die dortige BGB den neugewählten Pfarrer ausdrücklich vor den Jungbauern, deren Gruppe «fast ausschliesslich aus Kirchenpflegern besteht». Es gelte zu verhindern, «dass Pfarrer [Heinrich] Winkler in diese Jungbauernpolitik eingespannt wird».[146]

Jungbauernführer Hans Müller trat 1947 aus dem Nationalrat zurück, besann sich auf die bäuerlich-kulturelle Tätigkeit, vor allem aber auf den organisch-biologischen Anbau nach der Anthroposophie-Lehre Rudolf Steiners, wobei etwa die Biotta-Produkte in Tägerwilen bis heute nach Müllers Methode produziert werden.[147] Müllers Zürcher Gegner Rudolf Reichling und Rudolf Meier erklommen später weitere politische Karrierestufen und wurden für ihr öffentliches Wirken von der Universität Zürich mit dem Ehrendoktorat ausgezeichnet.[148]

Geistige Landesverteidigung

Das ernüchternde Ergebnis der eidgenössischen Wahlen von 1935 bestand für die Bauernpartei im Verlust ihres fünften Nationalratssitzes. «Ist die Not noch nicht gross genug, um den gemeinsamen Weg aufbauender, vaterländischer Zusammenarbeit zu finden?», fragte ihre Wahlzeitung. Dass man darin SP-Politiker karikierte und deren Einkommen und Vermögen bekanntgab, passte schwerlich zum Aufruf, «ruhig Blut zu bewahren» und «mit sachlicher Nüchternheit die Dinge zu betrachten».[149] Neben den Bisherigen Oehninger, Wunderli und Reichling wurde mit Dr. Paul Gysler erstmals ein Vertrauensmann des Gewerbes gewählt, was eine gewisse Öffnung der Partei bedeutete. Dies war ein deutlicher Erfolg der von Oberrichter Ernst Baur präsidierten Stadtpartei, die sich seit 1934 offiziell BGB der Stadt Zürich nannte.[150] Bäuerliche Kreise reagierten teilweise aber auch empfindlich und negativ, ja sogar aufgebracht auf die Tatsache, dass nun ein markanter Gewerbevertreter die Bauernpartei in Bern vertrat.[151]

Mit dem promovierten Ökonomen Paul Gysler (1893–1966), ab 1922 Sekretär des Schweizerischen Spenglermeister- und Installateurverbandes und später Sekretär, Präsident und Ehrenpräsident des Schweizerischen Gewerbeverbandes, wurde ein ausgesprochenes Schwergewicht in die grosse Kammer gewählt, die 1943/44 auch von ihm präsidiert wurde. Paul Gysler amtete im Range eines Obersten als Kriegskommissar des 3. Armeekorps und wurde nach dem Krieg SBB-Verwaltungsratspräsident, Präsident der Internationalen Gewerbeunion und Ehrendoktor der Hochschule für Welthandel in Wien.[152] Er erlitt allerdings 1954 einen Hirnschlag, der den früher so tatkräftigen Förderer junger Talente geistig schwer beeinträchtigte. Nach Meinung seines Kollegen Rudolf Reichling war Gysler in den Jahren 1954 bis 1959 vollkommen ausserstande, sein Amt wirklich wahrzunehmen.[153]

Den Zürcher Jungbauern blieb der Einzug in den Nationalrat 1935 verwehrt. Mit der Hälfte der Stimmen, die auf die Jungbauern entfielen, hätte der fünfte Sitz der Bauernpartei gehalten werden können. Entsprechend hatte der *Zürcher Bauer* die «Absplitterung, bei der politische Streberei und persönlicher Ehrgeiz eine nicht unbedeutende Rolle spielt», schon vor dem Wahlgang gegeisselt.[154] Der Einbruch des nationalen Wähleranteils von 15,3 auf 11,0 Prozent wurde 1935 zu Recht als schmerzhafter Einschnitt empfunden, von dem sich die Partei erst Mitte der neunziger Jahre wieder richtig erholen sollte.

Auch der Erfolg der Nationalen Front hielt sich in engen Grenzen; sie eroberte für vier Jahre mit dem Zürcher Mandat landesweit einen einzigen Sitz.[155] Demgegenüber punktete Grosskaufmann und Migros-Gründer Gottlieb Duttweiler, der seit 1925 mit seinen nach amerikanischem Vorbild ausgestatteten, fahrenden Detailhandelsläden die Ladenbesitzer und Volg-Genossenschaften konkurrenzierte und namentlich die Konsumentinnen erfreute. Er erzielte mit seiner Liste der «Unabhängigen», die ins bürgerliche, kaum aber ins bäuerliche Lager einzudringen vermochte, auf Anhieb 18,3 Prozent der Stimmen und fünf Nationalratssitze.

Duttweiler gelang es, trotz Krisenzeit Optimismus zu verbreiten, und er versprach eine zupackende, konsumentenfreundliche Wirtschaftspolitik, auch wenn sein Programm insgesamt recht verschwommen blieb. Nicht zu Unrecht stiess er sich an einem 1933 zugunsten des Kleinhandels und Gewerbes erlassenen protektionistischen Filialverbot, welches bis 1945 in Kraft blieb und das die Bauernpartei trotz seines verfassungswidrigen Charakters unterstützt hatte.[156] Neben der Sozialdemokratie betrachtete die Bauernpartei Duttweilers Unabhängige als hauptsächliche Gegner, engagierten sich doch beide Gruppierungen für die Senkung der Lebensmittelpreise. Eine solche Forderung musste viele Mittelständler in Gewerbe und Landwirtschaft ganz existentiell treffen.

«Wähler besinne Dich!» Der Hauptgegner bei den städtischen Wahlen von 1938 war der Landesring der Unabhängigen von Migros-Gründer Gottlieb Duttweiler.

Duttweilers Migros-Konzept wurde für das «Lädeli-Sterben» verantwortlich gemacht, und der Landesring mit seiner Boulevard-Sprache, einer ausgeklügelten Verkaufspsychologie und seiner Vision des «sozialen Kapitals» bildete von Anfang an gewissermassen den Intimfeind der Bauernpartei. «Im Verlauf der an sich kurzen politischen Wirksamkeit des Duttweilerschen Landesrings hat es sich bereits herausgestellt», befand die Partei, «dass er unter anderem all das bekämpft, was wir im Lebensinteresse der Landwirtschaft, des Gewerbes, ja des Mittelstandes überhaupt an staatlichen Schutzmassnahmen für diese Volkskreise und Berufsgruppen fordern müssen.» Es gelte, Duttweiler und seine Partei in die Schranken zu weisen, denn «der Landesring der Unabhängigen hat es speziell auf unsere bäuerlichen Organisationen abgesehen».[157]

Solcherart von den Sozialdemokraten, den Jungbauern und dem Landesring der Unabhängigen herausgefordert, machte man sich daran, der Partei neben der Fraktion zusätzlich neue Strukturen auf Bundesebene zu geben. Die organisatorische Zusammenfassung der nach föderalistischen Prinzipien funktionierenden kantonalen Bauernparteien war schon seit Jahren ein Thema. Im Sommer 1933 schlug die Berner BGB die neue Bezeichnung «Nationale Volkspartei» vor, was aber im Kanton Zürich sehr reserviert, ja offen ablehnend aufgenommen wurde.[158] Anlässlich der Publikation ihres neuen Parteiprogramms von 1934 nannte sich die Berner BGB dennoch «Sektion der Nationalen Volkspartei der Schweiz», und die *Neue Berner Zeitung* unter Markus Feldmann erschien am 19. September 1934 mit dem Blattkopf «Nationale Volkspartei der Schweiz» – der Begriff Volkspartei war damit erstmals genannt und sollte 1971 wieder reaktiviert werden.[159]

Die erfolgreichen Militäranleihen des Bundes, verbunden mit der persönlichen Popularität von Bundesrat Minger, liessen eine nationale Zusammenführung der Partei als günstig erscheinen. Am 23. Dezember 1936 trat die Gründungskonferenz der Bauern-, Gewerbe- und Bürgerpartei Schweiz im Berner Bürgerhaus zusammen. 24 Delegierte aus sechs Kantonen beschlossen unter dem Präsidium von Rudolf Reichling und dem Aktuariat von Markus Feldmann die Gründung und die provisorischen Statuten der «Schweizerischen Bauern-, Gewerbe- und Bürgerpartei».[160] Ernst Laur vom Bauernverband hatte sich immer gegen die Gründung einer schweizerischen Bauernpartei gewehrt, da er Doppelspurigkeiten und Missverständnisse befürchtete.[161] An ihrer Delegiertenversammlung vom 24. Januar 1937 beschloss die Zürcher Bauernpartei dennoch einmütig den Beitritt zur nationalen BGB-Parteiorganisation, welche sich ihrerseits an ihrer ersten Delegiertenversammlung vom 30. Januar 1937 definitiv konstituierte. Die Zürcher beteiligten sich umso überzeugter, als mit Nationalrat Rudolf Reichling ihr Kantonalpräsident zugleich auch erster Präsident der BGB Schweiz wurde.[162] Reichling begründete die Namensgebung so: «In Rücksicht auf den Namen der grössten kantonalen Partei ist die Bezeichnung ‹Bauern-, Gewerbe- und Bürgerpartei› gewählt worden.»[163]

Die Zürcher bildeten zwar hinter den Bernern mit Abstand die zweitstärkste Abordnung, hatten aber – gerade wegen des innerbernischen Zwists mit den Jungbauern – in der Bundeshausfraktion durchaus Gewicht. Das schweizerische Sekretariat wurde allerdings für Jahrzehnte durch die Berner Kantonalpartei besorgt.[164] Zur Bauern-, Gewerbe- und Bürgerpartei Schweiz gehörten die Berner BGB, die Zürcher Bauernpartei, die Aargauische Bauern- und Bürgerpartei, die

Nationale Volkspartei Basel, die Tessiner Bauernpartei sowie der Thurgauische Landwirtschafliche Kantonalverein. Die Schaffhauser Bauernpartei wurde offiziell zum Beitritt eingeladen, genau wie die Bauernparteien im Oberbaselbiet, im Unterbaselbiet, in Freiburg und im Wallis; mit dem Innerschweizer Bauernbund nahm man vorderhand Fühlung auf.[165]

Die eidgenössischen Vorlagen der dreissiger Jahre führten zu leidenschaftlichen Abstimmungskämpfen entlang dem Links-rechts-Schema. Das «Bundesgesetz zum Schutz der öffentlichen Ordnung» wurde von der Bauernpartei begrüsst. Neben den linksextremen Kreisen bedürften auch «gewisse Fronten» der aufmerksamen Beobachtung. Zudem könne die Armee durch das Gesetz von Zersetzung und Aufhetzung befreit werden.[166] Man warf die Frage auf, ob nicht «im Geschrei nach dem Führer und der starken Hand allzu oft Verantwortungsscheu» stecke. Die hohen Anforderungen lägen eben grundsätzlich im Wesen der Demokratie, «in welcher wir leben und die auch weiter unsere Geschichte leiten soll».[167] Ein kantonales Ordnungsgesetz scheiterte 1935 trotz Befürwortung der Bauernpartei ebenso kläglich wie jenes des Bundes an der Urne.

Vollkommen geschlossen trat man 1935 für die Militärvorlage des eigenen Bundesrates Rudolf Minger ein, gegen welches von links das Referendum ergriffen worden war. Immerhin hatte die SP Schweiz im Januar der «Diktatur des Proletariats» abgeschworen und ein – allerdings bedingtes – Ja zur Landesverteidigung ausgesprochen. Angesichts der Rüstungsanstrengungen in den totalitären Nachbarstaaten zweifelte die Bauernpartei «keinen Augenblick» daran, dass das Anliegen verbesserter Wehranstrengungen vom Zürcher Volk mit «gewaltiger Mehrheit» unterstützt werde.[168] Trotz dieser Hoffnung fiel die Zustimmung überraschend knapp aus. Die Bauernpartei äusserte den Verdacht, «dass die revolutionären Sozialisten gemäss Befehl aus Moskau gegen die Wehrkraft der Schweiz ankämpfen müssen». Sowohl eine «Bolschewiki-Regierung» als auch eine «Diktatur der Rechten» würden den Untergang der freien Schweiz bedeuten. Mit der Partei des Klassenkampfes und des Klassenstaates könne es keinen Ausgleich geben: «Die Sozialdemokratie wird unser Gegner bleiben, denn revidierte Parteiprogrammartikel machen uns keinen Eindruck, erst recht, wenn sie Jahrzehnte hinter der Zeit herhinken.»[169]

Die Kriseninitiative der Sozialdemokraten fand mit den geforderten Arbeitsbeschaffungsprogrammen 1935 die Unterstützung von Angestelltenverbänden und der Bauernheimatbewegung. Umso heftiger fiel die Ablehnung der Bauernpartei gegen das staatsinterventionistische Vorhaben aus, welches das Ende der Handels- und Gewerbefreiheit, überhaupt der liberalen Wirtschaftsordnung bedeutet hätte. Es gehe, so der *Zürcher Bauer*, hier nicht um zweckmässige Mittel zur Krisenbehebung für das Schweizervolk, sondern vielmehr darum, «ob es die Schlüssel für das Schweizerhaus, in dem es seit mehr als 600 Jahren sein eigener Herr und Meister war, an die nach Diktatur gelüstenden Jünger Lenins übergeben will oder nicht».[170] Nach heftigem Abstimmungskampf wurde die Initiative denn auch abgelehnt, wobei die Nein-Stimmen der ländlichen Gebiete den Ausschlag gaben. Weit weniger hohe Wellen schlug 1935 die von den Frontisten eingereichte Volksinitiative zur Totalrevision der Bundesverfassung, die von der Bauernpartei wie vom Souverän klar verworfen wurde.

Für die Abwertung des Schweizer Frankens hatte die Partei 1936 trotz grosser Arbeitslosigkeit und Exportkrise wenig Verständnis, fürchtete man doch um die Existenzgrundlage von Landwirtschaft und Gewerbe. Es kam aber in der Folge schweizweit zu einer markanten wirtschaftlichen Erholung, speziell für die Exportindustrie. Die Arbeitskämpfe gingen zurück, viele Arbeitgeber bemühten sich um eine bessere soziale Absicherung ihrer Angestellten. Auch der Kanton Zürich unterbreitete dem Souverän eine Kreditvorlage über 12 Millionen Franken zur Bekämpfung der Wirtschaftskrise, welche die Bauernpartei unter dem Appell an den «Gemeinschaftssinn des Zürchervolkes» unterstützte.[171]

In den Jahren 1936 und 1937 formierte sich von links mit der sogenannten Richtlinienbewegung eine überparteiliche Aktion gegen die wirtschaftliche und geistige Krise. Neben den Gewerkschaften und den Angestelltenverbänden reihten sich auch die Jungbauern in diese Formation ein, die jene Kräfte bündeln wollte, die sich vorbehaltlos zur Demokratie bekannten. Da aber ausser den Sozialdemokraten keine grössere Partei mitmachte und die SP bald die Führung beanspruchte, geriet die Richtlinienbewegung als «Volksfront» oder «marxistisch-möschbergerische Allianz» bald unter Beschuss von Seiten der Bürgerlichen, speziell auch der Bauernpartei.[172]

Angesichts der Vorgänge in Deutschland mässigten sich die Sozialdemokraten und Gewerkschaften zunehmend, was 1937 in der Unterstützung der Landesverteidigung und im Abschluss des «Friedensabkommens» in der

Schweizer Metall-, Maschinen- und Uhrenindustrie gipfelte. Doch auch die rechte Seite bewegte sich: Die Zürcher Bauernpartei schickte sich an, ihre programmatisch angekündigten sozialpolitischen Vorschläge Schritt um Schritt zu verwirklichen. Gegen aussen blieb man misstrauisch gegen die Diktatoren und ihren Anhang, aber auch gegen deren Opfer, die Flüchtlinge. Kantonalpräsident Rudolf Reichling betonte 1937 in einer markanten Ansprache zum Nationalfeiertag, es werde künftig gelten, einen schweren Abwehrkampf gegen mannigfaltiges, gefährlich wirkendes «Fremdgewächs» zu bestehen.[173]

Von November 1937 bis März 1938 durchlitt die Zürcher Bauernpartei die heftigste Krise ihrer bisherigen Geschichte. Ihr erster Präsident und nunmehriger Regierungsrat, Rudolf Streuli, musste wegen der Anschuldigung einer Amtspflichtverletzung als Vorsteher der Volkswirtschaftsdirektion zurücktreten. In seinem Rücktrittsschreiben hielt Streuli fest: «Da gegen mich eine Untersuchung wegen Amtspflichtverletzung erhoben werden soll, halte ich es als mit der hohen Stellung eines Regierungsrates nicht vereinbar, während dieser Zeit meine Funktion als Mitglied des Regierungsrates noch weiterhin auszuüben. Gegen die erhobenen Vorwürfe erhebe ich energisch Einsprache und bin fest überzeugt, dass die kommende Untersuchung in allen Teilen den Beweis erbringen wird, dass ich überall in guten Treuen gehandelt habe.» Die Bauernpartei äusserte ihr Bedauern und kommentierte in bemerkenswert kühler Distanz: «Offenbar hat Herr Regierungsrat Streuli als Leiter der Volkswirtschaftsdirektion bei dem weiten Aufgabenkreis die Geschäftsführung des Meliorationsamtes nicht genügend beaufsichtigen können. So sind ihm die Verfehlungen der Beamten entgangen, und als verantwortlicher Leiter muss er nun die Folgen auf seine Person nehmen.»[174]

Rudolf Streuli, bäuerlicher Regierungsrat und Volkswirtschaftsdirektor, musste 1937 wegen einer Affäre in seinem Meliorationsamt zurücktreten und stürzte seine Partei in ein Formtief.

Tatsächlich wurden der Chef des Meliorationsamtes, dessen Adjunkt sowie Regierungsrat Streuli als oberster Chef der fahrlässigen Amtspflichtverletzung beschuldigt. Es waren nämlich Subventionsgelder für landwirtschaftliche Meliorationsarbeiten bezahlt worden, für welche die entsprechenden Subventionen nicht bewilligt beziehungsweise gar keine entsprechenden Gesuche eingereicht worden waren. Die Beamten hatten jeweils Abweichungen der Budgets von sich aus ausgeglichen und die betreffenden Rechnungen nachträglich entsprechend verändert. Als gesichert stand fest, dass kein Beteiligter in die eigenen Taschen gewirtschaftet hatte und ebenso, dass diese heikle Usanz schon der früher zuständige Chefbeamte gepflegt hatte und sie sein Nachfolger einfach übernahm. Wer überhaupt geschädigt worden war, war alles andere als klar. Denn der Bund erklärte von sich aus, dass im Falle von Gesuchen um Nachtragskredite diese auf jeden Fall erteilt worden wären.

Doch offensichtlich war es der Ehrgeiz der Amtsstelle, die hängigen Meliorationsarbeiten nicht zu unterbrechen und nicht zu verteuern. Auch wollte man den Ruf des Meliorationsamtes, dass dieses in der Regel ohne Nachtragskredite auskam, nicht gefährden. Das Gericht verurteilte die beiden Meliorationsbeamten und ebenso Regierungsrat Rudolf Streuli. Dieser erhielt entgegen schärferen Anträgen des Staatsanwaltes schliesslich drei Monate Gefängnis bedingt und 300 Franken Busse auferlegt. Der Volkswirtschaftsdirektor hatte von den Fälschungen nichts gewusst, hatte aber Kenntnis davon, dass in einzelnen Abrechnungen von Meliorationsgenossenschaften auch projektfremde Arbeiten aufgenommen worden waren. Die Richter legten ihm als strafbare Fahrlässigkeit aus, dass er den Verhältnissen nicht genauer nachgegangen war.[175]

Selbstverständlich weideten die politischen Gegner das durch die Meliorationsaffäre bedingte Formtief der Bauernpartei weidlich aus und behandelten die Sache als ungeheuerliches Verbrechen. Das sozialdemokratische *Volksrecht* nutzte den Skandal zu einem eigentlichen Rundumschlag gegen die Bauern: «Das Erschreckende an den erhobenen Vorwürfen ist die Lockerung der Moral in landwirtschaftlichen Kreisen, sobald es sich um die Erlangung von Subventionen handelt.»[176]

Nach seinem Rücktritt aus dem Regierungsrat zog sich Streuli unverzüglich von allen öffentlichen und parteipolitischen Ämtern zurück und lebte noch einige Jahre zurückgezogen auf seinem Hof in Horgen. Die angebliche Schande der Umstände seines Rücktritts machte ihn zum gebrochenen Mann. Erst bei seinem Tod im Jahr 1943 erinnerte der *Zürcher Bauer* an die grossen Verdienste Streulis um die Partei wie auch um die Ernährungssituation des inzwischen von den Achsenmächten praktisch eingeschlossenen Landes. Was ihm bei seinem Rücktritt noch als «Meliorationsfimmel» vorgeworfen worden sei, habe sich mittlerweile durch die landwirtschaftliche Anbauschlacht als lebensnotwendiges Anliegen herausgestellt. Die Bauernpartei, die auf dem Höhepunkt der Affäre nur lau zu ihrem Regierungsvertreter gestanden war, beurteilte jetzt die kriegswirtschaftlich bedeutsamen Mehranstrengungen des Ackerbaus als nachträgliche Rehabilitierung des tüchtigen, bodenständigen Rudolf Streuli: «Was damals noch verächtlich abgetan wurde, bedeutet heute Verdienst und wertvolle Vorsorge an Land und Volk.»[177]

Im Gegenwind der Affäre gelang es der Bauernpartei nicht, Streulis Sitz zu verteidigen. Ihr Kandidat, der Landwirt, Kantonsrat und Fraktionschef Jakob Peter aus Oberwil-Dägerlen, verlor im Januar 1938 im zweiten Wahlgang gegen einen sozialdemokratischen Herausforderer, womit die Bauern erstmals seit 1920 auf eine Doppelvertretung verzichten mussten, die SP aber gleich drei Genossen in die Regierung abordnete. Dass die Jungbauern mit den Sozialdemokraten zusammengespannt und angesichts des knappen Resultats wohl das Zünglein an der Waage gespielt hatten, sorgte für grosse Erbitterung. Bedauernd kommentierte der *Zürcher Bauer*: «Der Kanton Zürich ist am Sonntag eingeschwenkt in die Reihe der Kantone, welche einen ausgesprochenen Linkskurs verfolgen.»[178] Es bestand parteiintern kein Zweifel, dass der umsichtige, anerkannte Jakob Peter unter normalen

Bei den Ersatzwahlen vom Januar 1938 wurde der bäuerliche Regierungsratskandidat Jakob Peter zum Opfer der schlechten öffentlichen Stimmung im Nachgang zur Meliorationsaffäre.

Umständen in die Regierung gewählt worden wäre. Die Meliorationsaffäre hatte aber die Bauernpartei und auch ihren Kandidaten aus dem praktizierenden Bauernstand von vornherein in ein schiefes Licht gerückt. Umso mehr galt es, künftig vermehrt Stimmen in den bevölkerungsreichen Städten zu erobern.

Bei den kantonalen Wahlen von 1939 warb die BGB mit Ähre, Zange und Schwert für «Bodenständigkeit und Heimattreue, Freiheit und Unabhängigkeit unseres Vaterlandes, gut zürcherische Eigenart».

Im März 1939 versuchte die Bauernpartei, im Regierungsrat eine Doppelvakanz zu besetzen. Oberrichter Paul Corrodi wurde gewählt, der Gewerbevertreter Paul Gysler scheiterte.

Im Frühjahr 1939 musste die Bauernpartei zu den ordentlichen Regierungsratswahlen antreten und nunmehr wegen des Rücktritts von Rudolf Maurer gleich zwei Sitze neu besetzen. Da Präsident Reichling eine Kandidatur energisch ablehnte und man für den fähigen Emil J. Graf bei der eigenen Basis keine Chance sah – ein Vorstandsmitglied nannte ihn «unsympathisch, Ausserkantonaler und Katholik»[179] – wurden der Oberrichter Dr. Paul Corrodi aus Meilen und der Stadtzürcher Gewerbepolitiker Dr. Paul Gysler portiert. Der Vorschlag gleich zweier Akademiker und das Übergehen der Bauern war noch immer die Folge der schlechten öffentlichen Stimmung wegen der Meliorationsaffäre. Der Landesring nahm vor allem Gysler ins Visier und brachte seinen eigenen Kandidaten zum Erfolg, während die Bauernpartei nur mit Corrodi durchdrang. Dies veranlasste den *Zürcher Bauern* zur bitteren Feststellung: «Die beiden Stadtbezirke Zürich und Winterthur bringen die Bauernpartei und die Landschaft zum zweiten Mal um eine gerechte Vertretung in der kantonalen Regierung.»[180] Die Jungbauern hatten lediglich die drei SP-Vertreter unterstützt und waren bei den Parlamentswahlen auch eine Listenverbindung mit der Linkspartei eingegangen.

Oberrichter Paul Corrodi (1892–1964) aus Meilen war in Riesbach als Lehrerssohn aufgewachsen, hatte aber grosselterlicherseits bäuerliche Wurzeln in Marthalen. Nach Studium, Promotion und Rechtsanwaltsexamen arbeitete Corrodi als Sekretär des Obergerichts, als Bezirksgerichtsschreiber in Meilen und von 1931 bis 1939 als Oberrichter. Er hatte sich einem Wechsel in den Regierungsrat im Interesse der Partei aus «staatsbürgerlichem Pflichtgefühl» unterzogen, sah sich aber eher als Mann der Judikative. Von 1939 bis 1947 war Corrodi während zweier Amtsperioden Baudirektor. Danach präsidierte der hoch gebildete, feinsinnige Jurist die Nordostschweizerischen Kraftwerke und wirkte von 1951 bis 1963 als Bundesrichter in Lausanne, laut Aussage des Bundesgerichtspräsidenten als «Richter ohne Fehl und Tadel».

Er wurde aber auch als «stachelig, zäh und unbeugsam» geschildert. Paul Corrodi wollte eigentlich Kunstmaler werden und war ausserordentlich belesen. Ihm gelang der Nachweis, wer sich hinter der geheimnisvollen «Peregrina» in den Gedichten Eduard Mörikes verbarg – eine im Alter sehr einfach lebende Einwohnerin von Winterthur. Für die Zürcher Geschichte und Heimatkunde hat Corrodi als Verfasser von etwa 300 wissenschaftlichen Abhandlungen Bleibendes geleistet.[181]

Neben den Regierungsratswahlen liefen auch die Kantonsratswahlen nicht nach Wunsch. Als Folge der Meliorationsaffäre schwebte noch immer ein Verdacht von Korruption oder zumindest von landwirtschaftlichem Subventionsfilz über der Bauernpartei. Die Konkurrenz der (allerdings bei drei Mandaten stagnierenden) Jungbauern und die Angriffe der siegreichen Sozialdemokraten sowie des kantonal erstmals antretenden Landesrings, der aus dem Stand 15 Parlamentssitze eroberte, setzten den bäuerlichen Listen zu. Die Vertretung im

Kantonsrat schmolz von 40 auf 33 Mandate, womit die Bauernpartei nur knapp stärkste bürgerliche Kraft blieb. Die Zürcher Kantonalpartei war in die ernsteste Krise ihrer bisherigen Geschichte geraten. Schuld gab man etwas lapidar den Jungbauern, dem Landesring der Unabhängigen und der gerade herrschenden Maul- und Klauenseuche.[182]

Für den analysierenden Blick nach innen blieb angesichts der internationalen Entwicklung kaum Zeit. Die sich auf einen europäischen Krieg zuspitzende aussenpolitische Situation sollte der Partei schon bald wieder grösseres Vertrauen der Bevölkerung verschaffen. Schon 1938, im Jahr des «Anschlusses» von Österreich an Hitlers Deutschland und des deutschen Überfalls auf die Tschechoslowakei, hatte Präsident Rudolf Reichling im Namen von 36 Fraktionskollegen im Bundeshaus einen dringenden Appell zugunsten des Ausbaus der Landesverteidigung an den Bundesrat gerichtet.[183] An einer kantonalen Delegiertenversammlung warnte er eindringlich vor einem Weltenbrand und appellierte an Mitbürger und Parteien, «den inneren Hader zu meiden und nach aussen hin einig und geschlossen aufzutreten. [...] Der notwendige Ausbau unserer geistigen, wirtschaftlichen und militärischen Landesverteidigung setzt ein geschlossenes Schweizervolk voraus.»[184]

Nachdem 1936 der Spanische Bürgerkrieg ausgebrochen war und Flieger von Nazi-Deutschland ganze Städte bombardierten, spätestens aber seit der Einverleibung Österreichs ins Deutsche Reich und dem Austritt der Schweiz aus dem Völkerbund wurde die drohende Kriegsgefahr der Bevölkerung bewusst. Immer mehr Flüchtlinge – im Allgemeinen eher misstrauisch aufgenommen – strömten in die sichere Schweiz, meistens um weiterzureisen. Unter dem Eindruck eines Klimas von Gemeinsinn und Solidarität gegen innen und der Abwehr gegen aussen wurde im Sommer 1939 ein Abstimmungspaket für den Ausbau der Landesverteidigung und zur Bekämpfung der Arbeitslosigkeit von 327,7 Millionen Franken mit eindrücklicher Mehrheit angenommen.

Die Landesausstellung («Landi»), im Mai 1939 im Beisein des Gesamtbundesrates in Zürich eröffnet, stand ganz im Zeichen der «geistigen Landesverteidigung» gegen die totalitäre Bedrohung der nördlichen und südlichen Nachbarn. Das Projekt unter dem Motto «Eines Volkes Sein und Schaffen» wurde zu einer triumphal erfolgreichen und populären Manifestation der nationalen Einheit in der Vielfalt. Statt der erwarteten 3,5 Millionen strömten 10,5 Millionen Besucherinnen und Besucher in die Pavillons an den beiden Zürcher Seeufern. Bundespräsident Philipp Etter fasste die herrschende Grundstimmung in den hochgemuten Satz: «Herrgott, ist es schön, Schweizer zu sein!»[185]

Der Zürcher SP-Stadtpräsident Emil Klöti hatte als kluger Taktiker zugunsten von Regierungsrat Rudolf Streuli auf den Vorsitz im «Landi»-Initiativkomitee verzichtet und so die Unterstützung der Bauern gewonnen.[186] Als stellvertretender Direktor und Chef des Finanz- und Rechnungswesens war der frühere Partei- und Bauernsekretär Emil J. Graf auch zuständig für die in die «Landi» integrierte Schweizerische Landwirtschaftsausstellung.[187] Er war 1937 für diese Aufgabe freigestellt worden, worauf der Jurist Dr. Hans Volkart, bisher Sekretär der BGB-Stadtpartei, das Sekretariat von Partei und Bauernverband übernahm und bis zu seiner Wahl zum Oberrichter im Jahr 1950 zuverlässig versah.[188] Im Arbeitsausschuss des Organisationskomitees der «Landi» wirkte Friedrich Traugott Wahlen mit, Direktor der Eidgenössischen Landwirtschaftlichen Versuchsanstalt Zürich-Oerlikon. Nationalrat Rudolf Reichling, Präsident der BGB Schweiz, stand dem Landwirtschaftlichen Zentralkomitee vor. Der zurücktretende Bauernsekretär Ernst Laur prägte noch einmal den ideologischen Überbau mit der eingängigen «Landi-Geist»-Formel: «Schweizerart ist Bauernart».[189]

Rudolf Meier, Präsident des Bauernkulturellen Ausschusses, erinnerte sich an die «Landi» 1939: «Wie bekenntnisfreudig sah man dort alle die Trachtenträgerinnen aus allen Landesteilen, wie stolz zog in den verschiedenen kantonalen Umzügen, und vor allem am erhabenen Trachtenfest, zeitgemässes und aus der Geschichte hervorgeholtes bäuerliches Brauchtum durch unsere Limmatstadt! Unsere Dörfer zeigen heute wieder bewussten ländlichen Baustil. Die Wahl der Aussteuern wird nicht mehr vor den Schaufenstern städtischer Möbelfabrikation getroffen, sondern beim landvolkverbundenen Schreinermeister. Die Bücher unserer besten Bauerndichter werden heute wieder im bäuerlichen Feierabend und im Schatten des ländlichen Sonntagnachmittags gelesen. […] Der Bauernstand ist wieder zu einem Kulturfaktor geworden.»[190]

In den Bereichen Wirtschaft, Architektur, Wissenschaft, Technik, Kunst und Design handelte es sich bei der Landesausstellung von 1939 aber um eine hochmoderne Leistungsschau. Im Frauenpavillon wurde – durchaus progressiv – die entschiedene Forderung nach dem Frauenstimmrecht erhoben. Dennoch ist im kollektiven Gedächtnis hauptsächlich die Beschwörung von

Haupteingang zum Landwirtschaftspavillon an der Landesausstellung von 1939 am rechten Zürichseeufer.

Abteilung Getreidebau im Landwirtschaftspavillon der Landesausstellung von 1939 in Zürich.

Patriotismus, Wehrhaftigkeit und heimatlicher Scholle haften geblieben. Ausstellungstafeln und Begleitdokumentationen machten indessen deutlich, dass die Schweiz kein ausgesprochener Agrarstaat mehr war und die Landwirtschaft nur noch 22 Prozent der Bevölkerung eine Beschäftigung bot.[191]

Am Eröffnungsumzug nahm eine Kavallerieschwadron unter dem Kommando des Küsnachter BGB-Weinbauern Gottlieb Welti teil. Populärster Bestandteil der in die «Landi» integrierten 10. Schweizerischen Landwirtschaftlichen Ausstellung bildete das «Landi-Dörfli», eine musterhafte Ansammlung verschiedener Schweizer Bauten, und das zugehörige Trachtenhaus. Der Landwirtschaftspavillon erinnerte an die gemeinnützige Leistung der Bauern («Wer die Scholle bebaut, dient dem Vaterland») und auch daran, dass noch immer jeder vierte Schweizer als Bauer tätig war. Zum Ausdruck kam auch der Wunsch, bäuerliche Familienbetriebe statt Grossgrundbesitz zu erhalten, war doch etwa im Kanton Zürich die Hälfte der Höfe unter fünf Hektaren gross.[192] Deutlich wurde die Besorgnis über die «Überfremdung» zum Ausdruck gebracht, die zum «staatspolitischen, zum geistigen Problem» geworden sei. Man kritisierte, dass im Schnitt jeder achte Schweizer eine Ausländerin heiratete: «In keinem andern Lande, das kleine Luxemburg ausgenommen, haben sich die Ausländer so breitmachen können wie bei uns.»[193] So lautete die damalige Klage – bei einem Ausländeranteil von gut 5 Prozent.

Bewährung im Zweiten Weltkrieg

Bundesratswahlen mit Nachwirkungen

Dank den zähen Anstrengungen des angesehenen bäuerlichen Berner Bundesrats Rudolf Minger stand die Schweizer Armee bei Ausbruch des Zweiten Weltkriegs nicht völlig ungerüstet da. Der neugewählte Oberbefehlshaber Henri Guisan, ebenfalls gelernter Landwirt aus der Waadt, arbeitete mit Minger vorzüglich zusammen. Die Generalmobilmachung der Armee am 2. September 1939, dem Tag nach Hitlers Überfall auf Polen, bedeutete einen schweren Eingriff ins Alltagsleben, das vorübergehend aus dem Takt geriet. Der *Zürcher Bauer* kommentierte den Ernst der Lage so: «Die Pessimisten haben recht behalten. Die Friedensbemühungen sind gescheitert. Ein neuer Weltkrieg hat seinen Anfang genommen, über dessen Ausmass man sich heute noch gar keine Vorstellungen machen kann.»[1]

Besonders in der Landwirtschaft fehlte es an Arbeitskräften, Fahrzeugen und Pferden. Die Ernte musste grossenteils von den zurückgebliebenen Frauen, Kindern und Alten eingebracht werden. Die gut vorbereitete Rationierung der Lebensmittel sowie die gegenüber dem Ersten Weltkrieg stark verbesserte Entschädigung der Wehrmänner sorgten dennoch dafür, dass trotz des Kriegs rasch wieder eine Art Alltag einkehrte.[2] Angesichts des Weltenbrandes fühlte sich die Bauernpartei in ihrem Kampf für Demokratie, Neutralität und Unabhängigkeit bestätigt. Sie konnte auf zwei politischen Gebieten einen eindrücklichen Leistungsausweis vorlegen, welche jetzt in den Fokus des öffentlichen Interesses gerieten: bei der Landesverteidigung und der Landesversorgung.

Anlässlich der eidgenössischen Wahlen von 1939 wurden die vaterländische Gesinnung und der Einsatz für die Armee gebührend hervorgestrichen. Die Bauernpartei sei «wie keine andere Partei unseres Kantons eine Partei des bodenständigen Volkes und der Heimat». Stets sei sie «die treueste Hüterin der nationalen Güter», «die entschlossenste Förderin der nationalen Lebensnotwendigkeiten unseres Staates und Volkes» sowie «die zuverlässigste Verfechterin der nationalen Wehrhaftigkeit» gewesen.[3] Bei allem zeitgebundenen Pathos waren dies Formeln, die beeindruckten und nicht der Berechtigung entbehrten. Von den Wahlen erwartete die Bauernpartei darum eine «Stärkung des Vertrauens», «eine bodenverbundene Heimatpolitik», überhaupt «die Stärkung jener Kräfte in unserem Volke, die zu jeder Zeit und in jeder Situation zu Schutz und Schirm von Land und Volk bereit sind und auf die man sich absolut verlassen kann».[4]

Die Bauernpartei war sich der kriegswirtschaftlichen Bedeutung des Bauernstandes wohl bewusst und stellte ihn als Grundlage für die Wohlfahrt des gesamten Volkes ins Zentrum: «Kein anderer Beruf bietet für die körperliche, geistige und seelische Gesundheit und Entwicklung der Menschen bessere Voraussetzungen als der des Bauers.» Der Landwirt bilde ganz grundsätzlich «die Voraussetzung für den Bestand des Vaterlandes». Angesichts der nationalen Notlage reichte man diesmal vom Lande der Stadt die Hand zu gemeinsamem Handeln: «Der Bauernstand ist ein Jungbrunnen selbst für die Grossstadt.» Unter dem Aufruf «Bauernstand – Vaterland» rief der nationale und kantonale Parteipräsident Rudolf Reichling dem Zürcher Wahlvolk zu: «Mit unserem Bauernstande steht und fällt unsere freie, selbständige und unabhängige Schweiz.»[5]

Die Programmatik der Partei, die im Kanton Zürich als «bäuerlich-gewerblich-bürgerliche Liste» auftrat, stellte im Herbst 1939 Ordnung und Sicherheit ins Zentrum. Dazu gehörte die «politische und wirtschaftliche Unabhängigkeit» des Landes, der Schutz der «einheimischen Arbeit» in Landwirtschaft, Handwerk und Gewerbe sowie selbstverständlich der «Ausbau der Landesverteidigung».[6] Die bisherigen Verdienste der Partei wurden entsprechend hervorgehoben: So habe sich die Bauernpartei an der Rückgewinnung der uneingeschränkten Neutralität in namhafter Weise beteiligt, habe die schweizerische Wehrhaftigkeit gestärkt und die Demokratie gefestigt und geschützt. Aber auch

Die eidgenössischen Wahlen nach der Kriegsmobilmachung von 1939 bestritt die Zürcher Bauernpartei «für Heimat und Volk» und mit einem Plakat von bemerkenswerter künstlerischer Qualität.

den Arbeitern und Angestellten gegenüber habe die Partei durch die Unterstützung aller sinnvollen Arbeitsbeschaffungsmassnahmen ihre praktische Solidarität nicht versagt. Nun sei es eine dringende Aufgabe der eidgenössischen Staatspolitik, die Opfer und Lasten der Kriegsmobilmachung gerecht zu verteilen.[7]

Die eidgenössischen Wahlen vom 29. Oktober 1939 hatten einige Ähnlichkeiten mit dem «Burgfrieden» von 1914. Sämtlichen Wehrmännern wurde die Stimmabgabe innerhalb des Militärdienstes ermöglicht. Die Zürcher Bauernpartei hielt sich bewusst zurück, direkt an die Angehörigen der Armee zu appellieren. Man wolle die Armee nicht in den Wahlkampf hineinziehen, habe sie doch mit ihrem hocherfreulichen Geist ganz anderen Zwecken zu dienen: «Wer diesen flotten Geist gefährdet, der handelt nicht im Interesse unserer Demokratie, sondern in seinem eigenen egoistischen Parteiinteresse, und vermengt damit die heiligsten Güter unseres Staates und Volkes.»[8] Die Mitbürger und Eidgenossen wurden aufgerufen, «für ein starkes Heer, ein freies Land und ein einiges Volk» zu wählen. Zur Erreichung dieser Ziele habe die Bauernpartei ihre ganze Kraft eingesetzt und könne auch greifbare, anerkannte Erfolge vorweisen. Das von der Graphischen Anstalt J. E. Wolfensberger in Zürich gestaltete Wahlplakat sollte das Bild einer «Heimatpartei» zeigen und setzte sich qualitativ vorteilhaft von der Propaganda der übrigen Parteien ab. Es zeigte einen ausdrucksstarken Vertreter des Zürcher Landvolkes in den gesetzten Mannesjahren und im Hintergrund Ähren und ein idyllisches Bauerndörfchen.[9]

Im Bemühen, gegenüber dem Ausland Einheit statt Zerrissenheit zu demonstrieren, lobte der *Zürcher Bauer* sogar die ausgezeichneten persönlichen Qualitäten des SP-Ständerats und Stadtpräsidenten Emil Klöti.[10] Solch überraschende Töne waren möglich geworden, weil sich mit dem Rücktritt des demokratischen Ständerats Oskar Wettstein die Chance eröffnet hatte, erstmals einen bäuerlichen Vertreter in die kleine Kammer zu entsenden. Obwohl gute Gründe für einen Anspruch der Landschaft und für die wählerstärkste bürgerliche Partei vorhanden waren, beharrten die Demokraten auf der Kandidatur des Stadtzürcher Regierungsrates Dr. Robert Briner. Die BGB aber stieg mit Prof. Dr. Hans Bernhard ins offene Rennen, wobei der erste Wahlgang noch keine Entscheidung brachte. Erst als sich der Freisinn für den bäuerlichen Kandidaten aussprach, zog sich Briner zurück, so dass schliesslich Hans Bernhard als erster Vertreter der Zürcher Bauernpartei in den Ständerat gewählt wurde.

Der Wülflinger Bauernsohn Hans Bernhard (1888–1942) war nur widerstrebend zur Ständeratswahl angetreten. Er hatte eine landwirtschaftliche Lehre am Strickhof absolviert und dann an der ETH Agronomie und an der Universität Zürich Geografie studiert. Zehn Jahre lang lehrte Hans Bernhard am Strickhof und war 1918 Mitbegründer und danach Geschäftsführer der Schweizerischen Vereinigung für Innenkolonisation und industrielle Landwirtschaft (SVIL). Gerade unter dem Eindruck der kriegsbedingten Versorgungsengpässe wollte er dem Rückgang der landwirtschaftlichen Eigenversorgung mit massiven Steigerungen der inländischen Produktion begegnen – und zwar nicht gegen, sondern in Zusammenarbeit mit der Industrie. Bernhard vermochte durch Meliorationsmassnahmen schweizweit  über hundert bäuerliche Heimwesen zu schaffen und damit viele Familien vor dem Zwang zur Auswanderung zu bewahren. Ab 1928 dozierte er an der ETH über «Wirtschaftslehre des Landbaus». Er gilt als zu Unrecht weitgehend vergessener Vordenker des nach Friedrich Traugott Wahlen benannten Anbauplans. Trotz seiner akademischen Weiterbildung blieb Hans Bernhard in seinem äusserlichen Habitus ganz der schlichte, etwas raue Bauer. Sein in sich gekehrtes, fast menschenscheues Wesen war geprägt von einer tiefen Religiosität.[11]

Die eidgenössischen Wahlen von 1939 wurden von der BGB als schöner Erfolg gewertet, weil sie mit Emil J. Graf das fünfte Nationalratsmandat wieder erobern konnte. Grund zur Zufriedenheit bot aber auch ausdrücklich die Schlappe von Frontisten und Kommunisten: «Diese Reinigung des Parlaments kann sicher nur begrüsst werden.»[12] Vergessen und überwunden schienen unerfreuliche Ereignisse der jüngeren Vergangenheit wie die Meliorationsaffäre und die Abspaltung der Jungbauern. Die Bauernpartei vermochte mit ihren vaterländischen, heimatverbundenen Werten zu punkten. Für die etablierten Parteien endete der Wahlgang von 1939 unter aussergewöhnlichen Umständen bemerkenswert stabil. Die SP holte ein zusätzliches Mandat und brachte es auf zehn Sitze, die FDP errang einen vierten Nationalratssitz und viele Listenstimmen mit dem erfolgreichen Direktor der Landesausstellung, dem Architekten Armin Meili.

Der gebürtige Toggenburger Emil J. Graf (1890–1955), zuvor Landwirtschaftslehrer in Wädenswil, war langjähriger Sekretär des Zürcher Landwirtschaftlichen Kantonalvereins und der Bauernpartei, Redaktor des *Zürcher Bauern* und ab 1937 Vizedirektor der Landesausstellung. 1939 erntete der Kantonsrat aus Kilchberg mit der Wahl in den Nationalrat die Früchte seiner grossen Arbeit. Der Junggeselle war eine ausgesprochen zähe, ausdauernd arbeitende Natur. Sein Leben brachte ihm einige Höhepunkte wie die Landi 39, aber auch schwere Enttäuschungen und Krankheit. Von 1940 bis 1945 betätigte sich Graf als Chef des kantonalen Kriegswirtschaftsamtes; er wurde 1947 nach zwei Legislaturen aus dem nationalen Parlament abgewählt. Es fiel der Parteileitung nicht leicht, ihm wieder eine Existenzgrundlage zu verschaffen, zumal 1947 die von ihm geleitete Zürcher kantonale Landwirtschafts- und Gewerbeausstellung Züka in einem finanziellen Debakel endete. Anfang 1950 gelang es der Partei, Graf als kantonalen Steuerkommissär wieder in der Verwaltung unterzubringen.[13]

Das Armeekommando entschied 1939, nicht die nördlichen Landesgrenzen, sondern eine kürzere Linie zwischen Sargans und Bözberg zu verteidigen, was entlang von Limmat und Aare den raschen Bau von Stellungen bedingte. Die Stadt Zürich und das Limmattal wurden vorübergehend zu möglichen Kampfzonen. Der deutsche Überfall auf Belgien, die Niederlande und Frankreich dramatisierte die militärische Lage im Mai 1940. Die Nichtdienstpflichtigen wurden in freiwilligen Ortswehren organisiert. Nach dem Fall Frankreichs war die Schweiz praktisch vollständig von den Achsenmächten umschlossen. In manchen – hauptsächlich führenden – Kreisen von Politik und Wirtschaft breitete sich Pessimismus und Unterordnungswille dem neuen Europa gegenüber aus. Dazu trug auch eine Radioansprache von Bundespräsident Marcel Pilet-Golaz bei, die Bundesrat Philipp Etter in deutscher Sprache vortrug. Der Bundesrat verlangte zur Abwehr des Totalitarismus eine Art «helvetischen Totalitarismus» von der Bevölkerung, nämlich vollstes Vertrauen in die Regierenden und Gehorsam gegenüber den Massnahmen des Bundesrates.[14] Tatsächlich wies die schweizerische Demokratie nunmehr deutlich autoritäre Züge auf, hatte doch das Parlament dem Bundesrat bei Kriegsbeginn weitgehende Vollmachten gegenüber den beiden Kammern wie gegenüber Volk und Ständen übertragen, und zwar ohne Verfassungsgrundlage oder eine vorherige Befragung des Souveräns.[15] Diese teilweise Ausschaltung der Demokratie wurde auch kritisiert, angesichts der Bedrohung der Freiheit als vorübergehende Massnahme zur Sicherung von Unabhängigkeit und Neutralität aber von einer breiten Bevölkerungsmehrheit akzeptiert. Der Bundesrat musste immerhin regelmässig Bericht erstatten und wurde durch die wichtige Vollmachtenkommission von National- und Ständerat begleitet, in der auch Rudolf Reichling sass.[16]

Unter dem Titel «Bauerngeist – Volksgeist» äusserte die Zürcher BGB, man dürfe sich freuen, wie durch die internationalen Ereignisse eine nationale Einigung stattgefunden habe, wie sie zuvor über Jahrzehnte nicht erlebt werden konnte. Selbstbewusst hielt die Partei fest, «wie sehr der echtschweizerische nationale Geist ein bäuerlicher Geist ist und seine ursprüngliche Herkunft noch heute nicht verleugnet und nie verleugnen sollte».[17] Im Mai 1940 befand der *Zürcher Bauer,* man müsse hinsichtlich eines deutschen Angriffs auf das Schlimmste gefasst sein. Es gelte jetzt, die Schweiz mit letztem Einsatz zu verteidigen: «Der Schutz der Heimat ist erstes Gebot. […] Alles andere kommt in zweiter Linie.»[18]

Die rasche Kapitulation Frankreichs führte zu einer Art Schockstarre. Auch das Organ der Bauernpartei sinnierte unter dem Titel «Zeitenwende» über die Auswirkungen der Neuordnung Europas auf die Schweiz, äusserte sich aber überzeugt, dass sich das Land «den neuen Verhältnissen anpassen und den Kern des schweizerischen Seins und Wesens erhalten könne». Im August 1940 tönte es nach der Niederwerfung auch der neutralen Kleinstaaten Belgien und Niederlande pessimistischer. Die Einverleibung durch eine Grossmacht habe den Verlust der politischen und wirtschaftlichen Selbständigkeit zur Folge. «Sie zurückzugewinnen, dürfte beinahe unmöglich sein.» Umso mehr gelte es, jeglichen Angriff so verlustreich zu gestalten, dass sich eine Invasion nicht lohnen könne.[19]

Im August 1940 beschlossen die vier grossen Parteien des Landes angesichts der fast vollständigen Umklammerung durch die Achsenmächte einen innenpolitischen Schulterschluss. Die Bauernpartei äusserte angesichts der schweren Zeitumstände Bereitschaft, ihren Beitrag zu leisten, «getragen vom Verantwortungsbewusstsein, das ihre Tätigkeit seit jeher gekennzeichnet hat». Im Kanton Zürich passierten unter solchen Vorzeichen die Vorlagen betreffend «Zusätzliche Gemeindeleistungen für Wehrmänner» oder «Verdienstausfallentschädigung für selbständig Erwerbende» praktisch diskussionslos, ebenso eine kantonale Altersversicherungsvorlage.[20] Die eidgenössische Vorlage über die Einführung eines militärischen Vorunterrichts ab dem 16. Altersjahr ging der SP trotz grundsätzlich gewandelter Einstellung zur Armee zu weit. Die befürwortende Bauernpartei gab die psychologischen Auswirkungen eines Neins jenseits der Grenzen zu bedenken: «Das Ausland wird den Ausgang der Abstimmung vom nächsten Sonntag als einen Ausdruck des Wehrwillens unseres Volkes bewerten.» Das Begehren erlitt trotz solcher Warnungen an der Urne Schiffbruch – auch bei vielen bäuerlichen Wählern. Der *Zürcher Bauer* wertete das unliebsame Verdikt als «eine klare und eindeutige Niederlage unserer Demokratie», wo man doch auch hätte bedenken können, wie einzigartig es um ein Volk stehe, das inmitten von Diktaturen über eine Militärvorlage überhaupt abstimmen dürfe.[21]

Im November 1940 gab Bundesrat Rudolf Minger auch für seine Partei völlig überraschend den Rücktritt bekannt. Man spekulierte über Spannungen im Bundesrat und über Bedenken des Vorstehers des Militärdepartementes, ob die Schweizer Armee einem Angriff der Achsenmächte wohl gewachsen sei. Seine persönlichen Aufzeichnungen legen aber nahe, dass es sich ausschliesslich um private Gründe handelte. Er hatte immer nach zehn Jahren zurücktreten wollen, und familiäre Sorgen machten eine Rückkehr auf den Bauernhof in Schüpfen notwendig. Auch schien ihm der Zeitpunkt günstig, um den Sitzanspruch seiner Partei wieder einzulösen. Minger kam das Verdienst zu, die Armee hartnäckig gegen den Sparzwang und pazifistische Strömungen modernisiert und den Milizgedanken in breitesten Volkskreisen popularisiert zu haben. Von langer Hand hatte er auch die Kandidatur von Henri Guisan für das Amt des Oberbefehlshabers vorbereitet und damit die Absichten betont deutschfreundlicher Kreise durchkreuzt. Obwohl ins Kollegialitätsprinzip eingebunden, legte sich Minger im Bundesrat auch stets für die Anliegen der Landwirtschaft ins Zeug.[22]

Bei der Nachfolge Mingers stand der 43-jährige Nationalrat Markus Feldmann im Vordergrund, der profilierte Chefredaktor der *Neuen Berner Zeitung*. Auch Rudolf Reichling – Präsident der Schweizer wie der Zürcher BGB, dazu Fraktionschef in Bern und Vizepräsident des Bauernverbands – wäre wohl in Frage gekommen, doch war der Zürcher Sitz durch den freisinnigen Bundesrat Ernst Wetter blockiert.[23] Feldmann führte das Fraktionssekretariat im Bundeshaus und versuchte wiederholt, die BGB Schweiz zu aktivieren, die er unter Rudolf Reichlings Präsidium als recht untätig beurteilte.[24] Zu Feldmanns riesiger Enttäuschung gehörte Reichling in der Folge zu den Strippenziehern, die Feldmanns Bundesratswahl verhinderten.

Nationalrat Dr. Markus Feldmann (1897–1958), Chefredaktor der Neuen Berner Zeitung. *Der profilierte Jurist und Historiker scheiterte 1940 als Bundesratskandidat, weil er den Nationalsozialismus ganz energisch bekämpfte.*

Der kämpferische, intellektuell brillante Berner Jurist hatte im Sommer 1940 den Empfang einiger Schweizer Faschistenführer durch Bundespräsident Pilet-Golaz scharf kritisiert. Zusammen mit dem germanophilen Aargauer BGB-Mann Roman Abt (gemäss Feldmann ein «Reichsbrandschurke im Taschenformat»[25]) und den Drahtziehern der Katholisch-Konservativen beurteilte Reichling den journalistischen Kurs Feldmanns angesichts der aussenpolitischen Lage als zu undiplomatisch und zu gefährlich. Der katholisch-konservative Josef Condrau aus Disentis denunzierte Feldmann sogar als «Halbbolschewisten».[26] Zweifellos intrigierte nicht zuletzt die deutsche Gesandtschaft in Bern gegen Feldmann, was diesen besonders erbitterte und wozu er eine Dokumentation zusammentrug. Auch dass ihm Reichling seine Bedenken nicht von Anfang an offen vortrug, sondern hinter Feldmanns Rücken mit Exponenten anderer Parteien verhandelte, führte zu einer nie mehr ausgeräumten Missstimmung. Feldmann nannte Reichling im Tagebuch «Meuchling» und zog sich von seinen «Adjutantendiensten» in der BGB Schweiz zurück.

Der Einwand Reichlings und anderer Bedenkenträger, Feldmann sei generell zu links und zu kritisch gegenüber der Hochfinanz, konnte schon deshalb nicht zutreffen, weil der Stadtberner die Unterstützung vieler Freisinniger und der *Neuen Zürcher Zeitung* genoss.[27] Feldmanns Gegner einigten sich auf den der Fraktion wenig bekannten Stadtberner Anwalt und nunmehrigen Regierungsrat Eduard von Steiger, der gute Beziehungen zu den deutschen Gesandten Ernst von Weizsäcker und seinem Nachfolger Minister Otto Köcher pflegte. Der Vorstand der Berner BGB und auch die Berner Bundeshausfraktion favorisierten deutlich Feldmann, doch von Steiger obsiegte in der BGB-Fraktion mit 14 zu 11 Stimmen.

Kurz nach dem Krieg streuten SP-Blätter den (begründeten) Verdacht, dass sich die Gesandtschaft von Nazideutschland zugunsten des diplomatischeren Aristokraten Eduard von Steiger eingesetzt habe, wogegen sich die Spitze der BGB gegenüber der Staatsanwaltschaft verwahrte. Dies wiederum nannte Feldmann eine «Geschichtsfälschung» – allerdings nur in seinem Tagebuch. Für Feldmanns Auffassung spricht, dass ihm der neue Zürcher Parteipräsident Rudolf Meier kurz nach dem Krieg persönlich bestätigte, er habe schon 1940 Kenntnis von der deutschen Einmischung bei den Bundesratswahlen gehabt. Auch der nachmalige Berner BGB-Stadtpräsident Otto Steiger erinnerte sich, dass Reichling ihn bei der Ablehnung Feldmanns ausdrücklich auf den Einspruch des deutschen Gesandten hingewiesen habe.[28]

Interessanterweise kam trotz der eindeutigen Stellungnahme von Präsident Reichling zugunsten der Kandidatur Eduard von Steigers das Zürcher Parteiorgan 1940 zu einem anderen Schluss: «Wir haben nun einmal die ketzerische Auffassung, dass unter diesen Voraussetzungen Dr. Feldmann als Bundesratskandidat in unserem Bauernvolke eine bessere Verankerung gefunden hätte, und das scheint uns keineswegs etwa nebensächlich zu sein.»[29] Es ist durchaus denkbar, ja wahrscheinlich, dass Markus Feldmann als Justizverantwortlicher eine andere Flüchtlingspolitik eingeschlagen hätte, als es der übervorsichtige, später viel kritisierte Eduard von Steiger getan hat. Feldmann selber tönte dies in seinem Tagebuch an, betonte aber gleichzeitig, dass ihm jede Kritik als Retourkutsche für die verlorene Bundesratswahl ausgelegt worden wäre.[30] Der

Berner Jurist war während der Kriegsjahre der ausgesprochene Vertrauensmann von General Guisan. Sie tauschten sich regelmässig über politische und militärische Fragen aus, speziell auch über nazifreundliche, anpasserische Personen.[31]

Als die Tagebuchaufzeichnungen von Markus Feldmann nach dessen Tod im Jahr 1958 dem Bundesarchiv übergeben worden waren und ein Artikel über die aussenpolitische Einflussnahme anlässlich der Bundesratswahlen von 1940 erschien[32], reagierte der ehemalige Partei- und Fraktionspräsident Rudolf Reichling sehr aufgebracht («offenkundige Verleumdung durch Dr. M. Feldmann», «Feldmann-Gaunerei»). Reichling fühlte sich in seiner Ehre tief verletzt, verlangte (vergeblich) Einsicht in die Akten und reagierte 1972 mit einem Memorandum, das er ebenfalls im Bundesarchiv deponierte. Er verlangte von der BGB-Spitze eine Erklärung, dass «von Steiger nicht von Hitlers Gnaden Bundesrat geworden sei», sondern seine Persönlichkeit und die Erhaltung des BGB-Sitzes massgebend gewesen seien.[33] Aus Reichlings Sicht hatte ihm Bundesrat Rudolf Minger 1940 einen Bundesratskandidaten Feldmann als vollkommen unmöglich geschildert und eine persönliche Begegnung zwischen Reichling und dem ihm bis dahin unbekannten Eduard von Steiger herbeigeführt. Nach einer stündigen Unterredung war auch der BGB-Präsident «von der Eignung von Eduard von Steiger als Bundesrat überzeugt». Er liess sich von den andern bürgerlichen Fraktionen berichten, dass die Kandidatur von Steiger «unbedingt als die besser gesicherte zu betrachten» sei.[34]

Friedrich Traugott Wahlen (1899–1985) als Direktor der Landwirtschaftlichen Versuchsanstalt Zürich-Oerlikon, Vater der «Anbauschlacht» im Zweiten Weltkrieg, Zürcher Ständerat und schliesslich bernischer Bundesrat.

Friedrich Traugott Wahlens Anbauschlacht

Am 15. November 1940 hielt Friedrich Traugott Wahlen im Zürcher Zunfthaus zur Schmiden einen Vortrag vor der Gesellschaft Schweizerischer Landwirte. Das Thema lautete: «Die Aufgaben unserer Landwirtschaft in der Landesversorgung der Kriegszeit».[35] Als Direktor der Eidgenössischen Landwirtschaftlichen Versuchsanstalt Zürich-Oerlikon, Redaktor der *Grünen* – der Zeitschrift des Schweizerischen Landwirtschaftlichen Vereins – und nebenbei Chef der Sektion für landwirtschaftliche Produktion und Hauswirtschaft innerhalb des Eidgenössischen Kriegsernährungsamtes hatte sich Wahlen seit längerem in Studien zur Verbesserung der kriegsbedingten Nahrungsversorgung vertieft. Acht Jahre lang hatte der aus dem Emmental stammende promovierte Agronom zudem in Kanada gewirkt und sollte 1943 bis 1949 als Professor an der landwirtschaftlichen Abteilung der ETH lehren.

In seinem legendär gewordenen Referat, das man mit einigem Recht in Anlehnung an General Guisans Offiziersrapport auf dem Rütli zur Ankündigung der Reduit-Konzeption als «Rütlirapport der Anbauschlacht» bezeichnen könnte, erläuterte Friedrich Traugott Wahlen im Zunfthaus zur Schmiden die Grundsätze seiner ausgedehnten Planung. Er räumte später ein, dass er «mit klopfendem Herzen und mit sehr gemischten Gefühlen» aufgetreten sei, war ihm doch bewusst, dass er mit seinem Konzept die Grenzen des Herkömmlichen überschritt und Gefahr lief, ins Reich der Utopisten verwiesen zu werden. Hätte er ein zweites, «konventionelleres, leiser tretendes» Manuskript in der Tasche gehabt, er hätte womöglich dieses vorgetragen.[36]

Seit 1938 erlaubte das Bundesgesetz über die Sicherstellung der Landesversorgung mit lebenswichtigen Gütern eine kriegswirtschaftliche, staats-, verbands- und privatwirtschaftlich gemischte Organisation mancher Wirtschaftsbereiche. Als Wahlen seinen Anbauplan öffentlich verkündete, konnte er auf eine dreijährige Vorarbeit zurückblicken. Der nunmehrige bäuerliche Zürcher Standerat Hans Bernhard hatte seit den zwanziger Jahren die Umstellung auf vermehrten Getreide- und Kartoffelanbau gefordert. Die von ihm gegründete und geleitete Schweizerische Vereinigung für Innenkolonisation und Landwirtschaft hatte mit zwanzig Mitarbeitern die dem Plan Wahlen zugrundeliegenden Bodenkataster in fast allen Schweizer Gemeinden ausgearbeitet; mobile

«Ackerbaukolonnen» hatten auf freiwilliger Basis bereits einige Bodenflächen der Industrie bestellt.[37]

Die deutsche Eroberung Frankreichs und der Kriegseintritt Italiens führten zu Störungen der Zufuhren. Fortan hingen die Lebensmittel- und Rohstoffimporte vom guten Willen der Achsenmächte ab. In realen Zahlen sank die Einfuhr von Lebens- und Futtermitteln zwischen 1939 und 1944 von 204 555 auf 41 879 Tonnen, jene von Getreide von 41 879 auf 15 800 Tonnen.[38] Auch hatten defätistische Signale der Landesregierung eine anpasserische Stimmung gefördert, die nach einem kraftvollen Gegenprogramm des Widerstands rief, zumal man jetzt mit einer längeren Kriegsdauer zu rechnen hatte. Als Friedrich Traugott Wahlen seinen Plan einer «vollständigen Nahrungsmittelautarkie» verkündete, hatte er seine Vorgesetzten nicht informiert und prellte gewissermassen vor.[39]

Ausgehend von einer sparsamen Bewirtschaftung der Vorräte, der Ausnützung aller Ressourcen, einer effizienten Verwendung der Produktionsmittel sowie dem straff organisierten Einsatz der menschlichen Arbeitskraft, nahm Wahlen den Bauernstand gewissermassen in die Pflicht gegenüber der Öffentlichkeit. Sowohl die Produktion von Nahrungsmitteln im Allgemeinen wie die Ernährung des Einzelnen bedurften einer vollständigen Umstellung. Wahlen selber sprach im militärischen Jargon der Zeit von einer «Anbauschlacht»: Man könne nicht zu einer Schlacht antreten «ohne eine Armee mit ihrem Generalstab, ihren Offizieren, Unteroffizieren und Soldaten». Generalstab und Offiziere bildeten die Mitarbeiter der verantwortlichen Behörden der Kriegswirtschaft bei Bund und Kantonen. Unteroffiziere seien die führenden Landwirte, die Leiter der örtlichen Ackerbaustellen und andere Gemeindefunktionäre. Die Soldaten schliesslich seien die Bauern und ihre Helfer, zu denen Hilfsdienstpflichtige aus Industrie und Gewerbe stossen sollten. Und den Frauenhilfsdienst besorgten die «wackeren Bäuerinnen», die für ihre grosse Aufgabe ebenfalls Zuzug aus Dorf und Stadt erhalten müssten.[40] Wahlen liess keinen Zweifel daran, dass jeder einzelne Betrieb «noch viel schärfer ins Auge zu fassen» sei und dass man da und dort «die Reihen besser ausrichten» müsse. Schliesslich gelte es bei alledem, das Ziel fest im Auge zu behalten und es gemeinsam und unbeirrbar zu verfolgen, nämlich «das Durchhalten unseres Volkes in schwerster Zeit und die Erhaltung der Unabhängigkeit und Freiheit seiner schönen Heimat».[41]

Die Idee des weitsichtigen Agronomen bestand darin, die Schweiz durch diese «Anbauschlacht» zum Selbstversorgungsland zu machen und eine möglichst weitgehende Ernährungssouveränität zu erreichen. Der Ackerbau sollte auf Kosten von Viehzucht, Milchwirtschaft und Industrie bestmöglich gefördert werden. Nach Wahlens Berechnung bedurfte es für die Lebensmittelautarkie einer Vermehrung der Anbaufläche von 182 375 auf fast 504 000 Hektaren, um eine durchschnittliche Ernährung mit 3000 Kalorien sicherzustellen – es sollten später sogar Herabsetzungen auf 2200 Kalorien ohne Gesundheitsschädigungen möglich werden.[42]

Anbau von Runkeln im Rahmen der schweizerischen «Anbauschlacht» bei den Kantonsschul- und Hochschulgebäuden in der Stadt Zürich im Mai 1942.

Friedrich Traugott Wahlens Konzept stiess auf überraschend grosses und positives Echo und war für die verunsicherte Bevölkerung von ungeahnter psychologischer Wirkung. Nach anfänglichem Zögern liess sich auch der Bauernverband überzeugen. Es handelte sich um einen Plan, der die Schweizer Landwirtschaft weit über den Krieg hinaus sanierte und nachhaltig modernisierte. Schliesslich gelang es, die Anbaufläche durch Umwandlung von Wiesland in Äcker sowie durch Rodungen und Meliorationen fast zu verdoppeln.[43]

So viele Beschränkungen der Plan Wahlen den Einzelnen auferlegte, wurde er in der Öffentlichkeit dennoch wie eine Befreiung aufgenommen. Nicht gerade über Nacht, aber innert weniger Wochen machte der Vortrag den Referenten neben General Guisan zum wohl bekanntesten Eidgenossen. So war die Berner Zeitung *Der Bund* bereit, Wahlen als Bevollmächtigtem der Anbauschlacht das gleiche Vertrauen zu schenken, «das wir für den Herrn General, den Führer unseres Heeres, hegen». Die *NZZ* schrieb, Wahlens Vortrag gehöre «zu den eindrücklichsten kriegswirtschaftlichen Manifestationen, die unser Land bisher erlebte», ja, sie hielt ihn für «einen entscheidenden Wendepunkt in der Kriegswirtschaft der Schweiz».[44] Diese Begeisterung ist auf dem Hintergrund der demoralisierenden deutschen Triumphe verständlich.

Zwei Bauern pflügen 1944 mit dreifacher Pferdebespannung im Rahmen des Anbauplans Wahlen die Zürcher Sechseläutenwiese.

Vor allem der Gotthardbund – eine kurz zuvor gegründete überparteilich-bürgerliche Bewegung zur Aufrechterhaltung des Wehrwillens und zum Abbau der Klassengegensätze – erkannte das psychologisch-erzieherische Potenzial des Anbauplans und brachte eine Broschüre in 30 000 Exemplaren unters Volk. Geschickt setzte der Gotthardbund den Kampf für die Selbstversorgung dem Kampf für Freiheit und Unabhängigkeit gleich und stellte Wahlens Anbauwerk auf dieselbe Stufe wie die militärische Landesverteidigung. Hatte der freisinnige Volkswirtschaftsvorsteher Walther Stampfli den Plan zuerst noch als «persönliche Auffassung des Herrn Dr. Wahlen» bezeichnet, korrigierte er eine Woche später nach einem Votum des Zürcher BGB-Ständerats Hans Bernhard seine Meinung und unterstützte eine erste Mehranbauetappe von 50 000 Hektaren.[45] Der Landesring der Unabhängigen nutzte Wahlens Popularität und schlug das Mitglied der Zürcher Bauernpartei im Dezember 1940 – vorerst vergeblich – zum Bundesratskandidaten vor.

Bei den Bauern waren allerdings gewisse Widerstände zu überwinden, wollten doch viele an der rentableren Viehwirtschaft festhalten. Rudolf Reichling, der neue Bauernverbandsdirektor Oskar Howald und viele weitere einflussreiche Bauernpolitiker hingegen sympathisierten nicht nur aus wertkonservativer Haltung mit diesem Weg «zurück zur Scholle», sondern erkannten die Anbauschlacht als neue Agrarpolitik und als weit über die Kriegszeit hinaus wirkende Strategie zur Modernisierung und Sanierung der schweizerischen Landwirtschaft.[46] Wahlen seinerseits erwies sich nicht als trockener Technokrat, sondern vermochte als geschickter Politiker und warmherziger Redner die Bevölkerung, aber auch die Exponenten der Parteien, Verbände und Gewerkschaften für seinen Plan einzunehmen.

Obwohl die Anbaufläche von 1940 bis 1945 verdoppelt werden konnte, blieb der Plan Wahlen letztlich deutlich hinter den Erwartungen zurück. Manche Viehwirtschaftsgebiete leisteten zähe Opposition, die Arbeitskräfte blieben aus und der Lebensmittelnachschub aus dem Ausland versiegte zum Glück nie ganz. Von der geplanten Selbstversorgung blieb die Schweiz jedenfalls weit entfernt. Dennoch war die Anbauschlacht neben der real bewirkten besseren Nahrungssicherheit von grosser Bedeutung für die Kriegsgeneration als Manifestation des nationalen Widerstands- und Überlebenswillens, als gewollte Unterordnung unter ein gemeinsames Ziel und als imposantes Zeichen der Solidarität und der Gemeinschaft des gesamten Volkes. Hinzu kam zumindest eine vorübergehende Annäherung zwischen Stadt und Land. Das beruhigende Gefühl der Nahrungsmittelfürsorge verstärkte sich, als nach 1941 auch auf öffentlichen Anlagen, Sportplätzen, Schulhausanlagen, in Privatgärten und auf Firmenarealen Getreide, Kartoffeln oder Gemüse angepflanzt wurden. Ganz besondere symbolische Bedeutung ging etwa von der Sechseläutenwiese inmitten der Stadt Zürich aus, wo Bauern in den Kriegsjahren ein Getreide- beziehungsweise Kartoffelfeld anlegten.

Auch im Kanton Zürich wurde die gesamte Anbaufläche im Laufe des Plans Wahlen mehr als verdoppelt. Die erstaunliche Leistung der Bauernfamilien zeigte sich im flächenmässigen Zuwachs um das Fünf- oder Sechsfache in einzelnen Gemeinden.[47] Einen beträchtlichen Teil zum Anbau trugen aber auch Landdienstleistende, Internierte und Industriearbeiter bei. Für die breite Bevölkerung weniger sichtbar war die Tatsache, dass sich hinter den Kulissen ein ständiger Konflikt um Arbeitskräfte zwischen produzierender Landwirtschaft, Industrie und Militär abspielte. Insgesamt trug die Umstellung auf Pflanzenkost ebenso zur Steigerung des Selbstversorgungsgrades bei wie die Mehrproduktion.

Als der Zürcher Ständerat Hans Bernhard 1942 im 53. Altersjahr einem Herzleiden erlag, fand die Bauernpartei im gebürtigen Emmentaler Friedrich Traugott Wahlen den bestens geeigneten Nachfolger. Zwar hatte sich seine politische Erfahrung bislang auf vier Jahre Schulpflege in Oerlikon beschränkt, doch Wahlen war überzeugt, dass die direkte Einflussnahme im Parlament seine Tätigkeit für das Anbauwerk erleichtern konnte.[48] Hatte Gottlieb Duttweiler vom Landesring vorerst eine Kandidatur erwogen, verzichtete er zugunsten seines noch populäreren Mitkämpfers im Gotthardbund, sobald er von Wahlens Nominierung erfuhr. Die *NZZ* sah in der offen oder zumindest stillschweigend genehmigten Kandidatur durch alle Parteien ein Sinnbild für den «Willen zum Zusammenhalten und Zusammenwirken über Parteischranken hinweg».[49] Eine solch einhellige und unbestrittene Wahl hatte es zuvor noch nie gegeben und sollte es auch nie weder geben. Der Zürcher Bauernpartei jedenfalls gelang es, mit diesem national bekannten Aushängeschild ihren vakanten Sitz im Ständerat so gut wie geräuschlos wieder zu besetzen.

Mit der Parole «Anbauen, Durchhalten» warb ein Tram 1943 auf dem Zürcher Paradeplatz für die «Anbauschlacht» von Friedrich Traugott Wahlen.

Friedrich Traugott Wahlen übernahm als Präsident die nach dem Tod seines Vorgängers gegründete Hans-Bernhard-Stiftung, welche die Zusammenarbeit von Industrie, Innenkolonisation und Landwirtschaft auf freiwilliger Basis sichern wollte.[50] 1943 verlieh ihm der Bundesrat namens des Preiskomitees die renommierteste schweizerische Wissenschaftsauszeichnung, den Marcel-Benoist-Preis. Im Ständerat wurde Wahlen wegen seiner fachlichen Fähigkeiten, aber auch wegen seiner menschlichen Qualitäten und seines ausgleichenden Wesens sehr geschätzt. In den Fragen seines Anbauwerks galt er ebenso als Autorität wie generell in Fragen der Landwirtschaft, zunehmend aber auch der Aussenpolitik. Als 1947 auf Bundesrat von Steiger Druck gemacht wurde, um ihn zum Rücktritt zu bewegen, und alt Bauernverbandsdirektor Ernst Laur Friedrich Traugott Wahlen ins Gespräch brachte, beurteilte Rudolf Reichling den Zürcher Ständerat Wahlen allerdings als «zu weich».[51]

Ende des Burgfriedens

Im Januar 1942 wurde das Schweizervolk zur Urne gerufen, um über eine SP-Initiative zur Volkswahl des Bundesrats unter gleichzeitiger Aufstockung der Landesregierung auf neun Mitglieder zu befinden. Es handelte sich hierbei um einen Protest der von der Regierungsverantwortung auf Bundesebene noch immer ausgeschlossenen Sozialdemokraten. Interessanterweise richtete sich die Zürcher Bauernpartei gegen das Begehren, das sie Jahrzehnte später selber initiieren sollte, freilich ohne Erhöhung der Anzahl Bundesratssitze. Man fürchtete um die Einheit, Geschlossenheit und Regierungsfähigkeit der obersten Landesbehörde und äusserte sich auch skeptisch, was die 30 000 Unterschriften für eine Nominierung betraf. Kleine Kantone und Minderheiten hätten so Schwierigkeiten, Kandidaten zu nominieren. «Auch der Bauernstand bekäme bei einer derartigen Volkswahl kaum eine, geschweige denn zwei Vertretungen. Der Wahlkampf selber müsste zu einem gehässigen Kampf der Parteien ausarten.» Nach der erwarteten Ablehnung wollte der *Zürcher Bauer* dennoch nicht einfach zur Tagesordnung übergehen, seien doch zwei wichtige Probleme nach wie vor ungelöst: «Die Vertretung der Sozialdemokraten […] und die Reorganisation des Bundesrates durch Vermehrung der Zahl seiner Mitglieder».[52]

Weniger glücklich als bei den Ständeratswahlen operierte die Zürcher Bauernpartei bei der 1942 durch den Wechsel des SP-Mannes Ernst Nobs ins Zürcher Stadtpräsidium notwendig gewordenen Ersatzwahl des Regierungsrats. Sie nominierte den Chef des kantonalen Kriegswirtschaftsamtes, Nationalrat Emil J. Graf, um den Sozialdemokraten den dritten Sitz zu entwinden. Man hielt auch im zweiten Wahlgang an Graf fest und verurteilte die intolerante Wühlarbeit des Protestantischen Volksbunds gegen den Katholiken.[53] Der deutschfreundliche Kandidat («Deutschland erfüllt heute in Russland eine weltpolitische Mission»[54]) fiel allerdings durch. Sein Gegenspieler von der SP, *Volksrecht*-Redaktor und

Plakat von 1942 der erfolgreichen Kandidatur von Friedrich Traugott Wahlen für den Ständerat und der erfolglosen Kandidatur von Emil J. Graf für den Regierungsrat.

Nationalrat Paul Meierhans, unterlag jedoch nicht Graf, sondern dem Landesring-Mann Heinrich Schnyder, der indessen bei den ordentlichen Erneuerungswahlen im Jahr darauf bereits wieder abgewählt wurde. Vergeblich hatte der *Zürcher Bauer* vor Schnyder gewarnt: «Ein Migros-Direktor bleibt eben ein Migros-Direktor und damit ein Exponent eines grossstädtischen Lebensmittelgeschäftes. Nie wird er mit der gleichen Sachkenntnis und der gleichen Überlegenheit die Interessen des ganzen Volkes wahren können wie Herr Graf.»[55]

Im August 1942 wurde der BGB-Bundesrat Eduard von Steiger als Befürworter und verantwortlicher Exponent einer restriktiven Flüchtlingspolitik angesichts der Grenzschliessung mit Protesten aus der Bevölkerung konfrontiert. An einer Versammlung der Jungen Kirche im Hallenstadion in Zürich-Oerlikon prägte er das Bild vom «stark besetzten Rettungsboot» und verwies auf «beschränkte Vorräte».[56] Sein Justiz- und Polizeidepartement hielt auch noch später an der verfehlten Nichtanerkennung der Juden als politische Flüchtlinge und an überaus strengen Aufnahmekriterien fest. Während Bundesrat von Steiger als Repräsentant für diese harte Haltung vielerorts heftig getadelt wurde, begrüsste die bäuerliche *Bülach-Dielsdorfer Wochen-Zeitung* seine Massnahmen: «Gerade die Ausübung einer humanen fremdenpolizeilichen Praxis erfordert eine feste Haltung. Unsere Grenzen, das muss das Ausland wissen, können den fremden Flüchtlingen nicht geöffnet werden.»[57] Unmittelbar nach dem Krieg kritisierte die Zürcher Bauernpartei die Flüchtlingspolitik von Steigers als «unverständlich» und legte dem «müden und abgekämpften» Magistraten eine andere Haltung nahe.[58]

Bei den Regierungsratswahlen von 1943 wollte die Bauernpartei den frei werdenden freisinnigen Sitz trotz Untervertretung mit einem einzigen Sitz nicht angreifen, um die bewährte bürgerliche Zusammenarbeit nicht zu gefährden. Als aber die SP an ihrer Dreiervertretung festhielt und der Landesring der Unabhängigen sogar noch einen zweiten Sitz beanspruchte, stellte die Partei mit Strickhof-Direktor Jakob Heusser dennoch einen Kandidaten. Der *Zürcher Bauer* kommentierte: «Die Beschlüsse des Landesrings und der sozialdemokratischen Partei bedeuten, dass diese beiden Gruppen auf die Erhaltung des politischen Friedens bei der Neubestellung der Regierung keinen Wert legen, sondern ohne Rücksicht auf den Verständigungswillen und die gerechtfertigten Vertretungsansprüche der bürgerlichen Parteien, aber auch ohne Rücksicht auf bisherige bewährte Amtsinhaber den Kampf eröffnet haben.»[59]

Dank enger Zusammenarbeit mit den Freisinnigen und den Demokraten vermochte der Bürgerblock vier Sitze zu erobern; der absolute Machtanspruch von SP und LdU erschien den Zürchern offensichtlich als zu anmassend. Die SP verlor das dritte Regierungsmandat, während die Bauernpartei mit dem Bisherigen Paul Corrodi und dem neugewählten Jakob Heusser ihre Doppelvertretung wieder zurückerhielt.

Jakob Heusser (1895–1989) ist in Uster als Bauernsohn aufgewachsen und schloss das Studium an der ETH als diplomierter Agronom ab. Er arbeitete danach auf dem Schätzungsamt des Schweizerischen Bauernsekretariats in Brugg. Ab 1925 wirkte er als Landwirtschaftslehrer und ab 1941 als Direktor der Landwirtschaftlichen Schule Strickhof, wo seine Frau das Konvikt führte. Heusser blieb auch während seiner zwanzigjährigen Tätigkeit als Zürcher Gesundheits- und Fürsorgedirektor von 1943 bis 1963 Präsident des Schweizerischen Landwirtschaftlichen Vereins und Mitglied des Leitenden Ausschusses des Schweizerischen Bauernverbandes. Von

1933 bis 1941 führte Heusser im Nebenamt die Zürcher Bauernhilfskasse. Höhepunkt seiner Amtszeit bedeutete 1951 – genau 600 Jahre nach dem Beitritt Zürichs zum Bund der Eidgenossen – die Einweihung des bislang teuersten Bauwerks des Kantons, des neuen Zürcher Universitätsspitals. Mitten im Zweiten Weltkrieg hatte das Volk für dieses Vorhaben 48 Millionen Franken gesprochen, und auch zwei weitere Ergänzungskredite von fast 47 Millionen schluckte der Souverän 1948/49 ohne grosses Murren. Ab 1945 wurden die auf dem neusten Stand von Forschung und Technik erstellten Gebäulichkeiten schrittweise in Betrieb genommen. Jakob Heusser erhielt für die Leitung dieses Grossprojektes von der Medizinischen Fakultät der Universität Zürich die Würde eines Dr. med. h.c. 1963 verzichtete die Partei aus Altersgründen auf seine Neunominierung.[60]

Die Resultate bei den Kantonsratswahlen fielen 1943 bescheidener aus, denn die Bauernpartei verlor ein Mandat und stellte nunmehr noch 32 von 180 Kantonsräten. Sehr beunruhigend erschien die Tatsache, dass der gegnerische Landesring von Gottlieb Duttweiler seine Vertretung mit einem Schlag auf 30 Mandate verdoppeln konnte und damit bis auf zwei Sitze an die Bauernpartei heranrückte.

Die Finanzierung von Wahlkämpfen und des Organs *Zürcher Bauer* gestaltete sich regelmässig schwierig und bildete Gegenstand ständiger Klagen. Von den oft am Existenzminimum wirtschaftenden Landwirten war wenig zu erwarten, und auch die landwirtschaftlichen Organisationen zeigten sich nur

Mit «Männern der Scholle» stieg die Bauernpartei 1943 in die Kantonsratswahlen.

begrenzt spendabel. Man griff zum Mittel einmaliger freiwilliger Spendenaktionen und verpflichtete die Amtsräger auf (eher niedrige) Parteisteuern. Schon bei den nationalen Wahlen von 1943 kostete ein mässiger Plakataushang, ein einziges viertelseitiges Inserat in den politischen Zeitungen des Kantons sowie ein

Rudolf Meier (1907–1986) aus Eglisau führte die Zürcher Bauernpartei von 1944 bis 1950. Er wirkte im Nationalrat, von 1947 bis 1971 als Regierungsrat und von 1960 bis 1967 als Ständerat.

Flugblatt in alle Haushaltungen die damals stattliche Summe von 17 000 Franken. «Man mag daraus ersehen», gab die Parteileitung zu bedenken, «dass selbst ein sehr bescheidener Wahlkampf an die Finanzen der kantonalen Bauernpartei grosse Anforderungen stellt.»[61]

Angesichts der Kriegszeiten gingen die eidgenössischen Wahlen des Jahres 1943 vergleichsweise ruhig über die Bühne. Die Jungbauern machten zwar etwas Lärm, blieben aber mit ihrer Liste chancenlos. Dagegen konnte die Bauernpartei Friedrich Traugott Wahlens Ständeratssitz problemlos halten und behielt ihre fünf Nationalratsmandate. Auf die zurücktretenden Jakob Oehninger und Karl Wunderli folgten Rudolf Meier aus Eglisau und Ernst Stiefel aus Uster. Meier gehört zu den bedeutendsten Persönlichkeiten, welche die Zürcher Bauernpartei hervorgebracht hat. Der Eglisauer Gemeindepräsident hatte im Rahmen des Bauernkulturellen Ausschusses die Jungbauern bei ihrem anfänglichen Linkskurs und dann ebenso beim Abdriften in bräunliches Fahrwasser bekämpft. Zwar hatte sich Rudolf Meier in den Jahren 1933 und 1934 etwas mehr als andere Exponenten der Bauernpartei von der «Erneuerung» in Deutschland beeindrucken lassen, doch davon war später nicht mehr die Rede. Er war acht Jahre lang im Kantonsrat und engagierte sich in zahlreichen kulturellen und gemeinnützigen Vereinen. Als zeitweiliger Kirchenrat zeigte er seine Verbundenheit mit der Evangelisch-Reformierten Landeskirche des Kantons Zürich. Bereits 1947 sollte Rudolf Meier in den Regierungsrat gewählt werden.[62]

Ernst Stiefel (1887–1947), allgemein als «Oberst Stiefel» bezeichnet, war eine prägende Gestalt der nordostschweizerischen Milchwirtschaft. Er hatte zuerst den elterlichen Hof in Uster übernommen, wurde 1926 Bezirksrat und sass von 1929 bis 1932 im Kantonsrat. 1931 wurde er vollamtlicher Sekretär und 1934 Geschäftsführer des Nordostschweizerischen Milchverbands, welchem Genossenschaften aus neun Kantonen angehörten. In Uster wurden Milchpulver, Weich- und Schachtelkäse sowie Kunsthorn hergestellt, Letzteres aus Milchnebenprodukten, die später auch zur Herstellung des Erfrischungsgetränks Rivella Verwendung fanden. Stiefel setzte sich im Nationalrat vor allem für gerechte Milchpreise ein und bekleidete im Militär als Trainchef einer Division den Grad eines Obersten. Er war Vizepräsident des Zentralverbands schweizerischer Milchproduzenten, wo allerdings bei Milchpreisstreitigkeiten Stiefels «Temperament und scharfe Sprache» unangenehm auffielen. Der Mitbegründer und Präsident der AG für Treuhandfunktionen und Revisionen in Zürich starb noch vor Ablauf der ganzen Legislatur 1947 als Sechzigjähriger.[63]

Bei den Nationalratswahlen von 1943 schnitten die Sozialdemokraten landesweit dermassen gut ab, dass der Zürcher Stadtpräsident Ernst Nobs als erster Sozialdemokrat in den Bundesrat gewählt wurde. Auch die Zürcher Bauernpartei hatte angesichts der Nachfolge des Freisinnigen Ernst Wetter Anspruch erhoben, allerdings in etwas unbeholfener Weise. Der *Zürcher Bauer* veröffentlichte erneut einen Artikel, den Ernst Laur für den Bauernpolitischen Pressedienst verfasst hatte. Darin forderte Laur einen zweiten BGB-Sitz in der Landesregierung und schlug die Wahl von Rudolf Reichling als Nachfolger Wetters vor.[64] Das freisinnige *Neue Winterthurer Tagblatt* und das sozialdemokratische *Volksrecht* widersprachen diesem Anspruch scharf. Auch der Berner Markus Feldmann war über Laurs unrealistische Intervention («Tolpatsch von Brugg») unzufrieden, konnte diese doch weder vom Wähleranteil noch in der aktuell sehr bauernkritischen Stimmung von Linken, Landesring und Exportwirtschaft die geringste Chance haben.[65]

Feldmann wunderte sich, dass das «Organ Reichlings» den Artikel ohne die geringste Konsultation mit der Schweizer BGB oder ihrer Fraktion an die erste Stelle gesetzt habe. Bundesrat von Steiger seinerseits vermutete, dass es sich um einen Zürcher Versuch handelte, die Einräumung des sozialdemokratischen Bundesratssitzes statt dem Kanton Zürich den Bernern zuzuschieben. Jedenfalls warf Feldmann dem Zürcher Bauernsekretariat sklavische Unterwürfigkeit gegenüber Laur vor, was immer wieder empfindliche parteipolitische Störungen verursache. Reichling selber aber versicherte, eine Wahl in den Bundesrat nicht annehmen zu wollen. Der Lawinentod seiner Tochter Liseli und der Verlust seines Sohns Hansli an den Narkosefolgen nach einem gemeinsam erlittenen Seilbahnabsturz innert weniger Monate hatten ihn tief erschüttert und beinahe gebrochen.[66]

Rudolf Reichling trat im Januar 1944 nach 18-jähriger Tätigkeit als Präsident der Zürcher Bauernpartei zurück, wozu die familiären Schicksalsschläge wohl den Ausschlag gaben. Er behielt auch das schweizerische BGB-Präsidium nur noch bis ins nächste Jahr. Markus Feldmann nannte die Sitzungsleitung der BGB Schweiz durch Reichling «bodenlos langweilig» und dessen Parteiführung «lendenlahm».[67] Im Sommer 1945 unternahm Nationalrat Emil J. Graf auf ausdrücklichen Beschluss des Zürcher Parteivorstands und hinter dem Rücken Reichlings bei Markus Feldmann vergeblich einen Versuch, den Berner zur Übernahme des nationalen Präsidiums zu bewegen, da die Zürcher Feldmann dem Berner Ständerat und Landwirt Rudolf Weber vorzögen.[68]

Der interimistisch tätige Vizepräsident der Zürcher Kantonalpartei, Jakob Peter aus Oberwil-Dägerlen, wollte das Präsidium nicht definitiv übernehmen. So wurde im Juni 1944 Kantonsrat Rudolf Meier zum neuen Präsidenten der Zürcher Bauernpartei gewählt.[69] Seit dem Kriegsausbruch fanden bis 1943 keine wesentlichen eidgenössischen oder kantonalen Abstimmungen statt, da der Bundesrat mit Vollmachten regierte. Weil der Export zu den Alliierten wie zu den Achsenmächten blühte, nahm die Arbeitslosigkeit entgegen allen Befürchtungen nicht zu. Im Juli 1944 stimmte sogar die bäuerlich geprägte Landschaft einer kantonalen Altersbeihilfe zu, was als sozialpolitisches Umdenken auch in konservativeren Kreisen interpretiert wurde. Dabei betonte man, dass es sich nicht um eine endgültige Lösung handeln könne; vielmehr sei eine eidgenössische Altersversicherung anzustreben. Doch könne dieses Gesetz gerade Mitbürgern in finanzschwachen Gemeinden spürbare Erleichterung verschaffen: «Alt gewordene Bauernknechte, Dienstmädchen, Tagelöhner, Fabrikarbeiter, die gleich wie der Bauer trotz harter Arbeit keine Aussicht haben, ihren Lebensabend als Rentner zu beschliessen, sie alle werden froh sein, wenn ihnen durch das kantonale Gesetz im Alter geholfen werden kann.»[70]

Eine äusserst scharfe Pressefehde fochten der *Zürcher Bauer* und die *Neue Zürcher Zeitung* Anfang 1944 aus. Das Blatt an der Falkenstrasse schrieb in bissig-satirischem Ton über die Preisforderungen von «unseren Ärmsten, den Schweinehaltern». Diese erhielten von den Konsumenten «Produktionsanreize», verzehrten aber von 426 000 Tonnen Schweinefleisch 284 000 Tonnen selber, so dass für den Markt nur noch 142 000 Tonnen übrigblieben. Bei der Berechnung der Teuerung habe man nicht einmal die Kleiderwäsche der auf den Höfen beschäftigten Internierten und den Pinselverschleiss für Bestreichungen der Silos vergessen, spottete die *NZZ*.[71] Das Bauernblatt erwiderte hierauf, die *NZZ* habe wieder einmal «in ihrer bekannten Art gestänkert», sprach von «verlogenen Behauptungen», einer «Ladung Dreck» und vom «hinterhältigsten und unehrlichsten Anlass, um das Volk gegen die Bauern aufzuhetzen». Die solcherart schreibenden Journalisten hätten ja «die beruhigende Gewissheit, dass der Schweizerbauer weiter seine Pflicht tun wird, um unter anderem die Mägen dieser Herren zu stopfen und ihnen das Papier zu liefern, auf welchem sie ihre Hassgesänge ins Volk hinaustrompeten können».[72]

Dies wiederum veranlasste die *NZZ* zu einer massiven Erwiderung unter dem Titel «Der *Zürcher Bauer* und wir», worin sie die zitierten «Stilübungen» mit jenen gleichsetzte, «denen sich früher ausgesprochen linksextremistische und frontistische Blätter und Blättchen hingaben». Man vermutete, der *Zürcher Bauer* wolle mit seiner «unglaublichen Hetze» der Presse die Lust zur Mitsprache bei wichtigen agrarpolitischen Vorlagen vertreiben. Offenbar erblicke die Bauernpolitik in der *NZZ* ein «besonders lästiges Hindernis einer ständigen Steigerung der Preise und Lebenskosten». Es gehe aber um den sozialen Frieden und um eine massvollere Preispolitik. Die *NZZ* jedenfalls denke gar nicht daran, sämtliche bäuerlichen Preisbegehren «mit einem kritiklosen ‹Heil den Führern›» abzunicken. Das Blatt drohte unverhohlen, der *Zürcher Bauer* werde mit seiner Schreibweise den Bauern übler mitspielen als die von ihm so gehasste städtische Presse.[73]

Innerhalb der bäuerlichen Parteileitung wurde über die Fehde recht kontrovers diskutiert. Während einzelne Votanten zugestanden, dass die Bauern durch die Selbstversorgung manche Vorteile hätten, wollten andere es mit den Freisinnigen nicht dauerhaft verderben. Es wurde aber auch vorgebracht, dass die Attacke von der *NZZ* ausgegangen sei und dass «die deutliche und scharfe Sprache» der bäuerlichen Basis gefallen habe. Oberrichter Ernst Baur berichtete als Vertreter der Stadtpartei, dass der *NZZ*-Artikel in Zürich eingeschlagen und eine schlechte Stimmung gegen die Bauern erzeugt habe. Es gehe der freisinnigen Zeitung, der Hochfinanz und den Kreisen um Duttweiler darum, die Preise für die Bauern zu drücken, «damit den Arbeitern keine hohen Löhne bezahlt werden müssen».[74] Jedenfalls offenbarten solche Töne hüben und drüben, dass der im Krieg geschlossene Burgfriede zwischen Konsumenten und Produzenten mittlerweile aufs Ärgste strapaziert war.

Mittelstandspolitik als Mittepolitik

Nachkriegsjahre unter Rudolf Meier

Nach der lange ersehnten Kapitulation der Achsenmächte und den Friedensglocken vom 8. Mai 1945 suchten sich auch die Politiker der Zürcher Bauernpartei angesichts der neuen Situation zu orientieren. Über den einzuschlagenden Weg herrschte noch keineswegs Klarheit. Nationalrat und Kantonalpräsident Rudolf Meier sagte vor den Delegierten seiner Partei: «Auf der einen Seite wird eine soziale Demokratie gefordert und auf der andern Seite nach einer demokratischen Wirtschaft gerufen. Doch fehlen noch an beiden Orten konkrete Vorstellungen. Eines ist sicher: Wir können nicht einfach dort weiterfahren, wo wir 1939 aufgehört haben.»[1]

Die kommunistische Partei der Arbeit (PdA) huldigte ganz offen dem Stalinismus und dem revolutionären Klassenkampf. Vorderhand nahm sie – allerdings vergeblich – die als Zuchtmittel der Herrschenden beurteilte Polizei ins Visier und wollte per kantonale Volksinitiative die Zahl der Ordnungshüter von 375 auf 300 reduzieren. Die BGB verstand dies als kaum getarnten Angriff auf die Staatsordnung: «Wir müssen uns klar sein, dass es sich hier um einen Anfang handelt, der, wenn er beim Volk Erfolg haben sollte, in anderen Kantonen und auf ähnliche Weise auch beim Militär angestrebt würde.»[2]

Mit dem Familienschutzartikel, der am 25. November 1945 eine eidgenössische Volksabstimmung mit 76 Prozent Ja-Stimmen problemlos passierte, erhielt der Bund die Kompetenz zur Gesetzgebung im Bereich der Familienzulagen. Waren bereits einzelne Sozialwerke eingeführt worden, so hatte sich der

Gesetzgeber der Pflege und Förderung der Familie bisher noch nicht zugewandt. Auch die Zürcher Bauernpartei unterstützte das Vorhaben und kommentierte nach dem Urnengang erfreut: «Das Schweizervolk hat in der ersten Nachkriegsabstimmung zu einer guten Sache Ja gesagt und mit seiner Zustimmung den Grundstein zu einer wertvollen Sozialpolitik gelegt, welche insbesondere auch dem Bauernstand zum Segen gereichen wird.»[3] Damit folgte die Partei auch in der Nachkriegszeit dem sozialpolitischen Kurs der Öffnung, wie sie die Programme von 1931 und 1934 vorgegeben hatten.

Von einer bemerkenswert kritischen Stimmung in der Parteibasis zeugt ein Brief der Bauernpartei Bäretswil von Anfang 1946. Diese erhob den Vorwurf, die Partei sei im Krieg in Urlaubsfragen untätig gewesen, da an ihrer Spitze zu viele Oberst sässen. Auch habe sie sich zu wenig für einen gerechten Milchpreis eingesetzt, weil sie übertrieben viel Rücksicht auf das Gewerbe nehme, obwohl dieses viel mehr verdiene als der Bauernstand. Für Unmut habe bei einer Artillerie-Batterie gesorgt, dass das Pferd von Nationalrat und Oberst Rudolf Reichling, Trainchef eines Armeekorps, vor der Heuernte nach Hause entlassen wurde, während ein anderer Stäfner Landwirt ein Pferd stellen musste. Ein Bezirksvertreter erläuterte dem irritierten Kantonalvorstand, es gelte bei diesem Schreiben die besonderen Verhältnisse des Oberlandes zu berücksichtigen: Die Gemeinde Bäretswil umfasse 220 landwirtschaftliche Betriebe, wovon 125 unter fünf Hektaren gross seien. Die Kleinbauern fühlten sich vernachlässigt, hätten aber nicht die Zeit, sich selber politisch zu betätigen und seien darum in den Gremien untervertreten. Der Ackerbau habe sich bei ihnen nicht als lukrativ erwiesen und nicht mit dem Milchverkauf ausgeglichen werden können. Auch werde das Zusammengehen mit dem Freisinn aufgrund von dessen antibäuerlicher Haltung und der «ständigen Hetze» der *NZZ* nicht verstanden. Der Vorstand argumentierte indessen, man sei angesichts des Rückgangs der bäuerlichen Basis auf die Unterstützung des Gewerbes, der Bürger und der wachsenden Städte unbedingt angewiesen.[4]

Die Sozialdemokratie forderte schon an den Maifeiern des Jahres 1945 lautstark die Säuberung des Landes von Faschisten und Reaktionären. Auch die grosse Mehrheit der Bürgerlichen, die das totalitäre Gedankengut in den Vorkriegs- und Kriegsjahren abgelehnt hatte, rief nach drastischen Massnahmen gegen die Schwachgewordenen und die Überzeugungstäter unter den

Nazi-Freunden. Dass manche vorher Schwankenden erst jetzt aus sicherer Distanz des alliierten Sieges den Mut dazu fanden, verlieh der Abrechnung einen schalen Beigeschmack. Als eigentliche Sündenböcke eigneten sich die Angehörigen der Gruppe der «Zweihundert», die vom Bundesrat am 15. November 1940 – also auf dem Höhepunkt der nationalsozialistischen Machtausdehnung – die Ausschaltung der Chefredaktoren führender bürgerlicher Zeitungen und die Ausweisung des Völkerbundes aus Genf verlangt hatten.

Zu den von diesen «Anpassern» ins Visier genommenen Persönlichkeiten gehörte auch BGB-Nationalrat Markus Feldmann, Chefredaktor der *Neuen Berner Zeitung*. Bundesrat Eduard von Steiger hatte damals der Bevölkerung versichert, er lehne die Forderung der «Zweihundert» ab, gleichzeitig hatte er aber einige ihrer Vertreter empfangen und ihnen gegenüber geäussert, dass er diese Angelegenheit durchaus ernst nehme. Auch verfügte die Gruppe über einen mit dem Anliegen sympathisierenden Brief von General Guisan, welcher der weit verbreiteten Stimmung Ausdruck gab, dass die Soldaten nicht für angeblich herausfordernde Artikel einiger Zeitungsschreiber sterben wollten.[5] Auch Markus Feldmann glaubte, eine geschichtsklitternde Überhöhung Guisans als Symbol des unbefleckten Widerstandes korrigieren zu müssen. In zwei Briefen an den Bundesrat habe der Oberbefehlshaber 1940 gegenüber Nazideutschland eine Nachgiebigkeit gezeigt, die «alles in den Schatten» stelle, was die «Zweihundert» mit «ihrer Eingabe sich zuschulde kommen liessen».[6]

Als der Bundesrat 1946 die Namensliste der 173 Unterzeichner herausgab, kamen diese in den Ruch eigentlicher Landesverräter. Obwohl die Drahtzieher dem Freisinn nahestanden und die Liste manch Zufälliges hatte – etwa eine Häufung von Zünftern zur Gerwe und Schuhmachern, weil der dortige Zunftmeister zu den Erstunterzeichnern gehörte –, gerieten auch etliche Vertreter der Bauernpartei in eine missliche Lage. Dass es verhältnismässig wenige waren, veranlasste Kantonalpräsident Rudolf Meier zur Aussage, dass «unsere Partei sich ihrer Aufgabe stets bewusst war und ihrer gesunden Tradition treu geblieben ist». Einige Mitglieder hätten wohl in einer Art «politischem Kurzschluss» reagiert und müssten sich jetzt den Vorwurf des voreiligen Handelns und der Wahl einer schlechten Gesellschaft gefallen lassen. Namentlich genannt wurde Kantonsrat Dr. med. Richard Allemann, Privatdozent für Urologie an der Universität Zürich. Dazu kamen Tierarzt Dr. Karl Kolb in Embrach, der verstorbene Statthalter Dr. Ernst Landolt in Andelfingen, Gemeindepräsident und Arzt Dr. Walter Matter in Rorbas, Steuerkommissär Benno Wehinger sowie Dr. Emil Friedrich, Mitglied der Börsenkommission, einer der sieben Erstunterzeichner.[7] Der Regierungsrat entzog Kantonsrat Allemann vorübergehend das Recht zur Abhaltung von Vorlesungen (Venia legendi), verlieh ihm aber 1953 dennoch die Titularprofessur. Emil Friedrich wurde zum Rücktritt aus der Börsenkommission gezwungen. «Wir haben keinen Grund, diese beiden Herren in Schutz zu nehmen», kommentierte die Bauernpartei, um noch nachzudoppeln: «Dr. Friedrich kann […] als ausgesprochen kapitalistisch orientierter Rechtspolitiker niemals auf unsere politische Sympathie oder Unterstützung rechnen.»[8]

Allemann trat in der Folge aus dem Kantonsrat zurück – «trotz grosser Qualitäten als Fachmann und Mensch», denen laut BGB-Stadtparteipräsident Ernst Baur «als grosser Nachteil seine Leidenschaftlichkeit und seine Hemmungslosigkeit in politischen Fragen gegenübersteht». Im Gegenzug wurde vereinbart, dass der Fraktionspräsident Allemann im Anschluss an die Rücktrittserklärung vor dem «Vorwurf der Landesverräterei und der Anpasserei» in Schutz nahm. Mit Schweigen überging Parteipräsident Meier den Pfarrer Rudolf Grob, Direktor der «Anstalt für Epileptische» in Zürich, der sogar die Einleitung verfasst hatte und zu den sieben Erstunterzeichnern gehörte.[9] Dies mutet umso seltsamer an, als Grob gemeinsam mit Meier umtriebiger Aktivist des Bauernkulturellen Ausschusses gewesen war. Intern betonte Meier nun, dass sich der Ausschuss seit 1938 von Direktor Grob distanziert habe und «dass die bäuerlichen Organisationen durch dessen massgebende Mitwirkung an der Eingabe der 200 nicht berührt werden».[10] Mit der öffentlichen Opferung der «Zweihundert», die fortan das Stigma von Nazi-Anhängern trugen, schienen die willkommenen Sündenböcke gefunden, manch problematischere Figur noch einmal davongekommen und eine schwierige Zeit vorderhand einigermassen bewältigt zu sein.

Lange misstraute man dem wirtschaftlichen Aufschwung der Nachkriegsjahre, erwarteten doch Politiker, Wirtschaftsführer und Bevölkerung analog der Periode nach dem Ersten Weltkrieg einen Konjunktureinbruch, eine hohe Arbeitslosigkeit und heftige politische Verteilkämpfe. Erst in den fünfziger Jahren traute man der Hochkonjunktur. Speziell in der Region Zürich als eigentlichem Wirtschaftsmotor des Landes stellten sich für über zwanzig Jahre ein fast grenzenloser Optimismus und ein unerschütterliches Vertrauen in ein ständiges Wachstum ein. Die beiden Nachkriegsjahrzehnte waren auch geprägt vom Kalten Krieg und einem strikten Antikommunismus, den auch die immer mehr «verbürgerlichte» Sozialdemokratie mittrug. Die ständig weiter zunehmende Verstädterung bereitete der Landschaft Sorge: Anlässlich der Volkszählung von 1950 lebte zum ersten und einzigen Mal eine Mehrheit von 50,2 Prozent der Kantonsbevölkerung in der Stadt Zürich.[11]

Die sich rasch abzeichnende Hochkonjunktur der Nachkriegsjahre brachte Beschäftigungssicherheit, allmählich steigenden Wohlstand und vermehrten politisch-gesellschaftlichen Konsens unter den Parteien. Die Bauernpartei äusserte aber auch Befürchtungen: «Die gegenwärtige konjunkturelle Aufblähung der schweizerischen Exportindustrie ruft in Gewerbe und Landwirtschaft ernste Bedenken hervor. Der grosse Vorstand der kantonalen zürcherischen Bauernpartei warnt deshalb davor, die im Gange befindliche Entwicklung durch Bundeskredite und allfällige andere Mittel, wie schrankenlosen Einlass ausländischer Industriearbeiter, zu fördern.» Auch die ungebremste Bautätigkeit fand später Kritik bei Bauernpartei und Bauernverband. Man verlangte darum vom Bund, er solle Massnahmen treffen, um «die um sich greifende Spekulation mit landwirtschaftlichem Kulturland zu verunmöglichen».[12]

Am 5. Mai 1946 bewilligten die Zürcher mit überwältigender Mehrheit einen Grosskredit für den Bau des ersten «Interkontinentalflughafens» der Schweiz in Kloten. Auch die Zürcher Bauernpartei sah in dieser Vorlage bedeutende Vorteile für die Zukunft des Wirtschaftsstandortes Zürich und plädierte einhellig für Unterstützung.[13] Die erste Piste wurde 1948 eröffnet; der Flughafen erlebte daraufhin ein beispielloses Wachstum und prägte die Entwicklung einer ganzen Region. Aus den Reihen der Bauernpartei und aus den betroffenen Unterländer Dörfern, die damals recht abgeschieden waren, stellten sich dem Projekt anfänglich einige Widerstände entgegen. Schliesslich trugen aber die Faszination des Fliegens und die Öffnung in die weite Welt nach vielen Jahren der unfreiwilligen Isolation den Sieg davon. 1953 wurde der erste Terminal mit einem riesigen Volksfest in Betrieb genommen. Allmählich formierte sich indessen vermehrter Widerstand gegen den ständigen Weiterausbau und die Fluglärmbelastung. 1957 scheiterte erstmals eine Ausbauvorlage, und zahlreiche betroffene Dörfer schlossen sich in einem «Schutzverband» zusammen. In der Regel wurden aber die Flughafenvorlagen unter Hinweis auf die immensen wirtschaftlichen Vorteile vom Stimmvolk mitgetragen.[14]

Präsident Rudolf Meier und seine Leitungsgremien sahen nach dem Kriegsende keinen Grund, die bodenständig-vaterländische Stossrichtung der Partei grundsätzlich zu ändern. Vielmehr schien sich die Notwendigkeit der geistigen Landesverteidigung auch im Übergang zum Kalten Krieg zu bewähren. Der neutrale Kleinstaat hatte sich zwischen den beiden Machtblöcken bestmöglich einzurichten, wobei an der politischen Sympathie mit der freien westlichen Welt keinerlei Zweifel herrschte. Angesichts der weiterhin drohenden Kriegsgefahr, aber einer gut laufenden Konjunktur mit faktischer Vollbeschäftigung schien sich die Bauernpartei standespolitisch eher wieder etwas zu verschliessen. Statt der weiteren Öffnung gegenüber andern Berufssparten oder den Belangen der Arbeitnehmer widmete sich Rudolf Meier hauptsächlich der Sache des Bauernstands als bewährtem Garanten von Durchhaltewillen und Ernährungssicherheit in den Kriegsjahren: «Wir erkennen jedenfalls einmal mehr», meinte Meier an einer Delegiertenversammlung im März 1946, «wie wichtig es ist, dass unser Volk einen starken Bauern- und Mittelstand besitzt, der je und je in gefahrvollen Zeiten als wichtiger staatserhaltender Faktor in Erscheinung getreten ist.»[15]

Die sieben Jahre von Meiers Präsidium bedeuteten im Wesentlichen eine Phase der konservativen Rückbesinnung auf exklusiv bäuerliche Positionen. Dabei drängte etwa die Sektion Dietikon schon Anfang 1946 auf die Benennung «Bauern-, Gewerbe- und Bürgerpartei» (BGB); die einseitige «Vertretung bäuerlicher Fachinteressen» widerspreche dem Parteiprogramm.[16] Auch einzelne Ortssektionen am Zürichsee und jene in Dübendorf gingen bereits in den vierziger Jahren zur offiziellen Bezeichnung BGB über.

Aufgeschlossen gegenüber der Einführung einer landesweiten obligatorischen Alters- und Hinterlassenenversicherung (AHV) zeigte sich die Partei bei der Volksabstimmung vom 6. Juli 1947. Man hatte kein Verständnis für das Aufbäumen von Westschweizer Liberalen, Katholisch-Konservativen und Wirtschaftsvertretern, sondern billigte die AHV, die bereits 1948 die ersten Renten an die 66-jährigen Frauen und Männer auszahlte und zum Inbegriff des Schweizer Sozialstaates werden sollte. An einer von 800 Zuhörern besuchten Kundgebung im Zürcher Kongresshaus sprach niemand Geringerer als alt Bundesrat Rudolf Minger, der sich im Abstimmungskampf überhaupt mächtig ins Zeug legte. Minger betonte die Vorzüge der AHV vor allem für betagte Bergbauern und Dienstboten, aber auch für die übrigen Landwirte und die Bevölkerung ganz allgemein: «Niemals darf den Bauernstand der Vorwurf treffen, wir hätten in einer Art Schlaumeierei die AHV sabotiert. Wir wollen eine offene und ehrliche Politik betreiben und namentlich auch der Arbeiterschaft die Treue halten.» Den vierfachen Überhang an Ja-Stimmen interpretierte der *Zürcher Bauer* als «Freudentag für unsere Demokratie».[17]

Im kantonalen Wahlkampf 1947 setzte die Partei fast ausschliesslich auf landwirtschaftliche Themen. Das Plakat zeigte das Rad eines Fuhrwerks mit herunterhängenden Getreidebündeln und trug die Botschaft «Wählt bodenständig». Der Bauernstand sah sich angesichts des unverkennbaren allgemeinen Konjunkturaufschwungs als Verlierer. Während die Löhne in der übrigen Wirtschaft stiegen, stagnierten sie in der Landwirtschaft. Der Kampf der Partei galt in einer Art Zweifrontenkrieg sowohl dem Kollektivismus kommunistischer Prägung als auch dem Wirtschaftsmonopol der Grossunternehmen.[18]

Weil Regierungsrat Paul Corrodi 1947 zurücktrat, wurde Parteipräsident Meier aus Eglisau neben dem Bisherigen Jakob Heusser auf den Schild gehoben. Die ersten kantonalen Nachkriegswahlen waren geprägt von harten Auseinandersetzungen mit der Sozialdemokratie und Mitgliedern des Landsrings, die sich als Vertretung der Konsumenten verstanden und die bäuerlichen Produzenten scharf angriffen. Die Bauernpartei befürchtete einen Erfolg der in jenen vierziger Jahren generell gestärkten Linken: «Die allgemeine Tendenz dieser Wahlen ist gekennzeichnet durch die Versuche der Linksparteien, erneut in den bürgerlichen Sektor vorzustossen und eine weitere Etappe auf dem Wege zur Erreichung der sozialistischen Mehrheit zurückzulegen.» Gleichzeitig bemühte man sich um eine klare Grenze gegen rechts, «die dort durchgeht, wo unter dem Schlagwort einer falsch verstandenen Freiheit die Existenzbedingungen der kleinen selbständigen Betriebe in Bauern- und Gewerbestand dem Grosskapital geopfert werden sollen».[19]

Die kantonalen Resultate von 1947 bedeuteten eine positive Überraschung. Parteipräsident Rudolf Meier zog neben Jakob Heusser mit einer erfreulichen

Stimmenzahl in den Regierungsrat ein und übernahm vorerst die Justiz und das Innere. Die Abordnung im Kantonsrat stieg von 32 auf 36 Sitze, wobei allerdings die drei zuvor isolierten jungbäuerlichen Vertreter in den Schoss der Mutterpartei zurückgekehrt waren. Man hatte sich nämlich im Herbst 1946 geeinigt, das Vergangene zu vergessen und zu einer «Verständigung und Zusammenarbeit» zurückzufinden.[20] Entgegen allen Befürchtungen war nach dem Wahlgang festzustellen, «dass die bürgerlichen Parteien eine eindeutige Mehrheit besitzen, wenn sie ihre Stimmkraft nicht zersplittern». Dass der LdU nach starken gegenseitigen Anfeindungen fast ein Drittel der Mandate verlor, kommentierte die Bauernpartei mit unverhohlener Genugtuung: «Auch den Schreihälsen vom Landesring der Unabhängigen sollte nachgerade aufdämmern, dass sie mit ihrer bisherigen Politik nichts mehr zu suchen haben. Lügen haben eben kurze Beine, und Unwahrheiten und Verdrehungen […] rächen sich.»[21]

Doch die Zürcher Bauernpartei hatte den schadenfrohen Abgesang auf den Landesring zu früh angestimmt. Bei den eidgenössischen Wahlen vom Herbst 1947 wurde der LdU mit 6 Nationalratssitzen hinter der SP zweitstärkste Partei; die bäuerliche Vertretung fiel von 5 auf 4 Mandate zurück. Die Parteileitung hatte zuvor verschiedentlich befürchtet, es könne sich einerseits ein Linksrutsch ergeben, auf der rechten Seite aber «die liberalistische Ideologie in ihrer extremen Richtung Boden gewinnen». Da werde die Bauernpartei als «Mittelpartei» einen schweren Stand haben. Man gerate so auf eidgenössischer wie auf kantonaler Ebene «vermehrt in eine Isolation hinein». Präsident Rudolf Meier meinte: «Das liberale Gedankengut hat zurzeit einen grossen Vorsprung, wobei die Frei-

Wagenrad und Getreide betonten bei den kantonalen und den eidgenössischen Wahlen 1947 einseitig die landwirtschaftlichen Standesinteressen. Letztere endeten mit dem Verlust des fünften Nationalratssitzes, während im Frühjahr vier Kantonsratsmandate gewonnen worden waren.

sinnigen und auch der Landesring die Gewinnenden scheinen.» Selbst auf der Landschaft habe sich das Gewerbe weitgehend freisinnig organisiert. Der bäuerlichen Parteipresse wurde intern vorgeworfen, über die Arbeit der eigenen Abordnung in Bundesbern ungenügend zu berichten.[22]

Neu in den Nationalrat zog mit Hermann Farner (1885–1958) eine ausgesprochen starke Persönlichkeit aus dem Weinland ein – «klug, gerade und unbestechlich». Farner war Landwirt in Oberstammheim und Präsident des Bezirksgerichts Andelfingen, wo er zankenden Ehepaaren in seiner Stube die Leviten las oder bei strittigen Fragen des Wegrechts das Fuhrwerk gleich selber anspannte. Er lieh unzähligen Kommissionen seine Arbeitskraft, präsidierte die Land- und Hauswirtschaftliche Schule Weinland in Wülflingen, das Preisgericht der kantonalen Viehschauen sowie die Bau- und Meliorationskommission des Landwirtschaftlichen Kantonalvereins. Besonders verdient machte sich Hermann Farner auch um die Leihkasse Stammheim und die Förderung der Fleckviehzucht. Er wirkte beratend bei den grossen Güterzusammenlegungen im Stammertal, bei der Waffenplatzerweiterung in Frauenfeld oder bei der Melioration der Linthebene. Vor allem war Farner ein Vorkämpfer der Aussensiedlungen, sah er doch in der Verlagerung der bäuerlichen Wohn- und Produktionsstätten aus den traditionellen dörflichen Strukturen mitten in die ländlichen Produktionsflächen die zukunftsweisende Möglichkeit einer produzierenden Landwirtschaft. Von 1947 bis 1955 sass er im Nationalrat, doch trat er laut *NZZ* «politisch nicht stark hervor».[23]

Vom Versuch einer Integration der Festangestellten oder gar von Beamten war in der Bauernpartei keine Rede mehr. Vielmehr setzte sich diese mittels Resolution anlässlich einer Kundgebung von 1950 ausschliesslich für die freien Berufsgruppen ein: «Der verantwortungsbewusste, selbständig erwerbende Mittelstand bildet das Rückgrat einer freien und demokratischen Schweiz.»[24] Solche Aussagen gingen einher mit dem Appell an die kantonale Souveränität und den entsprechenden Patriotismus, an «eine bessere Besinnung auf uns selbst» sowie dem Ruf nach intensiverer Pflege «unserer zürcherischen Eigenart und unserer zürcherischen Tradition».[25]

Was die Aussenpolitik betraf, so verhielt sich die schweizerische BGB angesichts des Kalten Kriegs ganz generell skeptisch, auch gegenüber einer Eingliederung in den Westblock. Als aussenpolitischer Vordenker der Partei wehrte sich Markus Feldmann im *Zürcher Bauer* gegen jede internationale Einbindung. Die Schweiz müsse sich bewusst sein, «dass sie keinen Einfluss auf die Entwicklung der Weltpolitik hat und haben kann». Vielmehr müsse das Land an seiner «strikten Neutralität» festhalten.

In einer Resolution anlässlich des hundertjährigen Bestandes des Schweizer Bundesstaates bekannten die Mitglieder der Zürcher Bauernpartei 1948 ihren Willen, sich gegenüber der Schweiz, «weiterhin mit aller Entschiedenheit für eine Landespolitik einzusetzen, die sie vom weltpolitischen Machtkampf fernhält». Man war überzeugt, die Partei habe die richtigen Lehren aus dem jüngsten Weltgeschehen gezogen: «Sie bleibt der bodenständigen Haltung treu, die sich im letzten Weltkrieg so segensreich erwies.»[26] Vertretung der bäuerlichen Interessen, Skepsis gegenüber der sich rasant entwickelnden Wirtschaft, Weiterführung der geistigen Landesverteidigung nebst integraler Neutralität – dies waren die Eckwerte der Präsidentschaft von Rudolf Meier.

1948 hatten die Zürcher Stimmbürger über eine Asylvorlage abzustimmen, die betagten, kranken und gebrechlichen Flüchtlingen und elternlosen Kindern einen dauernden Aufenthalt in der Schweiz ermöglichen sollte. Manche von ihnen waren nicht mehr in der Lage, den eigenen Lebensunterhalt zu bestreiten. Die Bauernpartei betrachtete es als Pflicht der Nächstenliebe, «diesen vom Unglück betroffenen Mitmenschen durch die Zustimmung zum Gesetz beizustehen».[27]

Professor Friedrich Traugott Wahlen erwischte seine Partei auf dem falschen Fuss, als er 1949 zum Leiter der Abteilung Landwirtschaft der Food and Agricultural Organization (FAO) gewählt wurde. Diese Spezialorganisation der Vereinten Nationen zur Bekämpfung des Welthungers bestimmte vorerst Washington zu ihrem Sitz, um 1951 nach Rom umzuziehen. Wahlen hatte die Schweizer Behörden zum Beitritt in diese humanitär ausgerichtete Uno-Organisation überzeugen können, da sie die Neutralität nicht tangiere. Später stieg er sogar zum Vizegeneraldirektor der FAO auf.[28] So ehrenvoll diese internationale Berufung war, die Zürcher Bauernpartei musste in eine schwierige Ständeratsersatzwahl einsteigen. Sie nominierte Regierungs- und Nationalrat Rudolf

Meier, ihren Parteipräsidenten. Doch diesem erwuchs starke Konkurrenz im Migros-Gründer Gottlieb Duttweiler vom Landesring und im freisinnigen Kantonsrat, Völkerrechtsprofessor und *NZZ*-Präsidenten Dietrich Schindler, dem wissenschaftlichen Rechtfertiger des noch immer herrschenden Vollmachtenregimes.

Überraschend erhielt die Bauernpartei Unterstützung von der SP, die mit Emil Klöti bereits einen Ständerat stellte, womit sie sich gemäss *Zürcher Bauer* «vernünftiger» als die anderen bürgerlichen Parteien verhielt. Mittlerweile hatte demnach der Landesring mit seiner noch aggressiveren Konsumentenpolitik die in den Nachkriegsjahren gemässigteren Sozialdemokraten als Hauptgegner der Bauernpartei abgelöst. Eindringlich, ja geradezu alarmistisch wurde von Seiten der Bauernpartei vor den Konsequenzen dieser Ständeratswahlen gewarnt: «Für unser Zürcher Volk geht es dabei letzten Endes darum, ob im Kanton Zürich eine ungerechte und undemokratische Vorherrschaft der wirtschaftlichen Interessen der Grossindustrie und der Hochfinanz oder des Migros-Trustes errichtet werden soll. Gegenüber diesen Angriffen gilt unser Bemühen der Wahrung der Rechte der Zürcher Landschaft und des einfachen Volkes.»

Im ersten Wahlgang verpasste Duttweiler die Wahl nur knapp, lag aber deutlich vor Meier, während Schindler weit abgeschlagen Dritter wurde und sich zurückzog. «In die vorderste Linie darf wohl das Versagen der bürgerlichen Parteien gestellt werden, das ganz eindeutig davon herrührt, dass die Demokraten und die Christlichsozialen sich irrtümlich verleiten liessen, der freisinnigen Taktik zu folgen», meinte der *Zürcher Bauer*. Vergeblich attackierte das Blatt nun den populären Duttweiler als einseitigen, unberechenbaren Politiker, der die Interessen seiner Migros und jene der Bürger nie werde unterscheiden können: «Er ist und bleibt der einseitige Konsumenten- und Migros-Politiker, der das politische Geschehen stets von dieser Plattform aus betrachtet und von hier aus ins politische Leben eingreift.»[29]

Doch Duttweiler konnte seinen Vorsprung auf Meier noch ausbauen, und die Bauernpartei verlor ihr Ständeratsmandat ausgerechnet an den ungeliebten Gründer der Migros. Dieser hatte auch in den ländlichen Bezirken überraschend gut abgeschnitten, so dass der *Zürcher Bauer* beunruhigt titelte: «Duttweiler möchte sich auch die Landschaft untertan machen.» Der Landesring verspüre Oberwasser und plane, «auf dem harten und steinigen Boden der bäuerlichen Bezirke Fuss zu fassen». Dabei habe er es – so wurde eindringlich gewarnt – hauptsächlich auf die Gewinnung junger Bauern abgesehen. Die ländlichen Wähler wurden aufgerufen, sich vor dem intensiven, teuren Werben in Acht zu nehmen und die schönen Reden als «Lockvögel und Ladenhüter» zu durchschauen.[30]

Die Bauernpartei wird BGB

Als Rudolf Meier 1950 von seinem Amt als Parteipräsident zurücktrat, wurde als Nachfolger einstimmig Kantonsrat und Gemeindepräsident Heinrich Brändli aus Wädenswil erkoren.[31] Dreissig Jahre lang gehörte Brändli dem Kantonsparlament an, sechzehn Jahre wirkte er als Nationalrat. Seine zwölfjährige Amtszeit als Parteipräsident zwischen 1950 und 1962 verlief eher still und unaufgeregt, denn er vermied grössere Auftritte und das Rampenlicht.

Heinrich Brändli (1900–1981) war ein durch und durch politischer Mensch, der auf geduldige, oft auch psychologische Taktik setzte, die Zeit reifen liess und dann überlegte Entschlüsse fasste. Er diente dem Bankrat der Zürcher Kantonalbank und in führenden Chargen auch dem Verband nordostschweizerischer Käserei- und Milchgenossenschaften, dem Zentralverband schweizerischer Milchproduzenten und der Käseunion. Zwischen 1951 und 1967 politisierte er als Nationalrat in Bern. Obwohl der unbestrittene Wädenswiler «Dorfkönig» noch ganz zum Typus des traditionellen Bauernpolitikers gehörte, beschritt er in den fünfziger Jahren mit der Kantonalpartei einen vorsichtigen Öffnungskurs. Er stand den Sitzungen jeweils gut vorbereitet vor und hörte immer zu, «auch wenn sein Stumpen in bedenkliche Nähe zur Krawatte gerückt war». Mitunter schien es, als liebe er es besonders, aus dieser «Schlafstellung» heraus überraschend zu agieren. Nie wirkte Brändli verbissen; seine Augen aber strahlten, wenn er eine praktikable Lösung gefunden hatte. Er setzte auf die Tetrapack-Lösung, als noch viele an die Milchmann-Idylle glaubten, und die eindrucksvolle Molkerei in Zürich war nicht zuletzt sein Verdienst.[32]

Im Kantons- und Regierungsratswahlkampf von 1951 rief Heinrich Brändli dazu auf, «bürgerlich-bäuerlich» zu wählen, womit er bürgerlich gesinnte Kreise unabhängig vom Berufssegment ansprechen wollte. Die grassierende Maul- und Klauenseuche erschwerte der Bauernpartei den Wahlkampf, musste sie doch deswegen gar eine Delegiertenversammlung absagen.[33] Schwerpunkte ihrer Thematik bildeten die viel bedauerte Landflucht, ein sinnvoller Finanzausgleich für arme Landgemeinden und eine gesunde Volkswirtschaft. Die bisherigen Regierungsräte Jakob Heusser und Rudolf Meier wurden problemlos bestätigt, und auch der Gewinn eines Kantonsratsmandates schien angesichts der städtischen Machtballung ein Erfolg: «Der Wahlerfolg ist umso erfreulicher, als unsererseits mit der Propaganda aus sehr naheliegenden Gründen recht haushälterisch umgegangen werden musste.»[34]

1950 trat der in Zürich aufgewachsene Emil Straub, diplomierter Argraringenieur ETH, seine Stelle als neuer Bauern- und Parteisekretär an, die er bis 1964 innehaben sollte. Straub amtete von 1963 bis 1979 auch im Kantonsrat und führte sechs Jahre davon die BGB-Fraktion. Er identifizierte sich so sehr mit der 1951 gewählten Bezeichnung Bauern-, Gewerbe- und Bürgerpartei, dass er dem späteren Begriff SVP nicht viel abgewinnen konnte. Emil Straub arbeitete mit den Parteipräsidenten Heinrich Brändli und Jakob Vollenweider harmonisch zusammen und zeigte als Redaktor des *Zürcher Bauern* eine meisterliche Beherrschung der Sprache. Noch mehr aber entsprach seinen Fähigkeiten die spätere eindrückliche Karriere bei der Zürcher Kantonalbank: 1964 ins vollamtliche Präsidium und vier Jahren später zum Präsidenten gewählt, erfuhr die ZKB unter Straubs Leitung einen beachtlichen Aufschwung. Bis zu seinem altersbedingten Rücktritt 1986 stieg die Bilanzsumme von 5 auf 27 Milliarden Franken. Mit seiner ruhigen, überlegenen Art wurde Emil Straub zu einer Art «Bankvater», der immer das rechte Wort fand, fähige Leute förderte und innerhalb der ZKB für ein gutes Betriebsklima sorgte.[35]

Es lag auf der Hand, dass eine isolierte Ausrichtung auf den Bauernstand mittelfristig der Partei kaum ein überlebensfähiges Fundament sichern konnte. Gewiss ging das jeweilige Wählersegment seit der Gründung von 1917 regelmässig über die landwirtschaftlichen Berufe hinaus, doch sollte sich diese Tatsache künftig auch in der offiziellen Parteibezeichnung niederschlagen. Man hatte zuvor gewisse Rücksichten auf den bürgerlichen Partner FDP genommen, wo die meisten Gewerbetreibenden politisierten. Nunmehr aber meinte Rudolf Reichling: «Rücksichten sind gegenüber dem Freisinn kaum mehr am Platze, nachdem dieser eine ausgesprochen mittelstandsfeindliche Politik betreibt.»[36]

Am 24. Juni 1951, also vergleichsweise spät, erfolgte anlässlich einer Delegiertenversammlung die einstimmige Umbenennung der Zürcher Bauernpartei in «BGB». Die strukturelle Zusammensetzung der Mitgliederschaft sei nun derart, betonte Parteipräsident Heinrich Brändli, «dass sich eine Erweiterung der Parteibezeichnung in Bauern-, Gewerbe- und Bürgerpartei geradezu aufdrängt». Schon früh habe sich die Bauernpartei auch «nichtbäuerlichen Bevölkerungskreisen zugewandt, und wenn nun die Erweiterung der Parteibezeichnung erfolgte, dann geschah das gewissermassen, um die längst fällige Vergrösserung des Daches vorzunehmen, unter dem Handwerker und Bauern, Angestellte und Arbeiter, Beamte und Freierwerbende für die Verwirklichung ihrer politischen Ideale arbeiten».[37] Eine solche ausdrücklich ausgesprochene Öffnung gegenüber den Festangestellten war neu in der Parteigeschichte, und die Verantwortlichen waren sich durchaus bewusst, dass sie mit diesem Schritt wohl allzu lange gezögert hatten. Die Berner Kantonalpartei hatte von Anfang an gegen den ausdrücklichen Wunsch des Brugger Bauernsekretariats das Gewerbe und die Bürger auch in ihren Namen einbezogen, und die schweizerische wie die stadtzürcherische Partei hiessen bereits seit langem offiziell BGB.

Die Mittelstandspolitik, wie sie die Zürcher BGB formulierte, stellte nach wie vor den Schutz eines gesunden, leistungsfähigen Bauernstandes ins Zentrum, gewähre dieser doch die Bewahung des schweizerischen Staatswesens. Auch der Erhalt des selbständigen Gewerbes als weitere Grundlage der Volkswohlfahrt fand Erwähnung. Viel Wert legte die Partei angesichts des Kalten Krieges auf die «dauernde bewaffnete Neutralität, die darauf ausgerichtet ist, die Schweiz von jeder Einschaltung in eine Mächtegruppierung fernzuhalten und das aussenpolitische Selbstbestimmungsrecht der Eidgenossenschaft nach allen Seiten zu wahren».[38]

Bei den eidgenössischen Wahlen von 1951 schickte die Zürcher BGB gegen Ständerat Gottlieb Duttweiler vom Landesring keinen eigenen Kandidaten ins Rennen, unterstützte aber nachdrücklich den freisinnigen Kandidaten, Regierungsrat Ernst Vaterlaus. Der kantonale Polizei- und Militärdirektor und Artil-

Ein werktätiger Mann mit Schaufel, das Zahnrad als Symbol des Gewerbes, eine Waage für den «freien Handel» und die Ähre für die Landwirtschaft zeigten 1951 den breiteren Anspruch der Zürcher BGB. Die nun als Bauern-, Gewerbe- und Bürgerpartei auftretende Nationalratsliste gewann das fünfte Mandat zurück.

lerieoberst, der im Aktivdienst den militärischen Frauenhilfsdienst kommandiert hatte, war eindeutig mehr nach dem Geschmack der BGB. Da der Kanton im Ständerat mit einem SP- und einem LdU-Vertreter kaum repräsentativ abgebildet war, forderte die BGB eine «geschlossene Front» gegen Duttweiler und meinte: «Bei den Ständeratswahlen muss alles getan werden, damit das Bürgertum wieder zu einer Vertretung gelangt.»

Im Nationalrat wünschte sich die Partei Männer, «die für eine kompromisslose militärische, wirtschaftliche und geistige Landesverteidigung einstehen, die sich den stolzen Traditionen, welche die BGB in dieser Hinsicht aufzuweisen hat, verpflichtet fühlen und unbeirrbar für die Interessen des Mittelstandes, der Bauern, der Handwerker und Gewerbetreibenden und der bodenständig gesinnten Bürger kämpfen».[39] Tatsächlich erlitt Gottlieb Duttweiler gegenüber seiner Wahl von 1949 einen eigentlichen Stimmeneinbruch und wurde von Vaterlaus klar distanziert. Bei den Nationalratswahlen steigerte sich die BGB von vier auf fünf Mandate. Die *Neue Zürcher Zeitung* kommentierte anerkennend, wenn auch unter Gebrauch der veralteten Parteibezeichnung: «Die FDP und die Bauernpartei verkörpern so den markanten bürgerlichen Vormarsch, der sich im Frühling abzeichnete und nun neuerdings in Erscheinung tritt.»[40]

Regierungsrat Rudolf Meier verzichtete jetzt zugunsten von Parteipräsident Heinrich Brändli auf sein Nationalratsmandat. Neuer BGB-Nationalrat wurde der Stadtzürcher Dr. Hans Conzett, der als Intellektueller die drei bäuerlichen und den gewerbepolitischen Vertreter ergänzte.

Hans Conzett (1915–1996) war der Sohn des gleichnamigen SP-Nationalrats und Gewerkschafters, der mit seinem Schwager in Zürich die Druckerei Conzett & Huber betrieb. Er hatte an der Universität Zürich Rechtswissenschaften studiert und übernahm die Druckerei als Mitbesitzer. Als kulturell ausserordentlich interessierter Verleger betreute er die «Manesse-Bibliothek der Weltliteratur» und die Zeitschrift *Du*; auch engagierte er sich an leitender Stelle in der verlegerischen Verbandspolitik. In Gewerbe-, Kultur-, Aussen- und Parteipolitik gleichermassen beschlagen, machte Conzett rasch Karriere: Er wurde BGB-Fraktionspräsident, Nationalratspräsident und Parteipräsident der BGB/SVP Schweiz. In dieser Funktion sollte er die in der Folge nicht unproblematische Fusion mit den Demokraten von Graubünden und Glarus mitverantworten. Conzett gehörte zu den Mitbegründern des schweizerischen Unicef-Komitees und sass im Executive Board dieser Kulturorganisation innerhalb der Vereinten Nationen.[41] Dem Wallis blieb er lebenslang verbunden durch sein aktives Präsidium der 1956 gegründeten Schweizerischen Stiftung für das Stockalperschloss in Brig, wo ihm das Ehrenburgerrecht verliehen wurde. In seiner Wohngemeinde Kilchberg rettete Hans Conzett das historische Gasthaus «Zum Oberen Mönchhof».[42]

Schon im Sommer 1951 hatte der *Zürcher Bauer* nachdrücklich eine Kandidatur des Berners Markus Feldmann für den Bundesrat unterstützt: «Mit der gleichen Überlegenheit, mit der er damals gegen den aus dem Norden kommenden Geist der Unfreiheit zu Felde zog, weiss er heute eine scharfe Trennungslinie gegenüber den östlichen Machthabern und ihren Satelliten in unserem eigenen Land zu ziehen.» Daraus folgte als Fazit, welches der so Gerühmte mit Genugtuung in seinem Tagebuch vermerkte: «Persönlich halten wir dafür, dass Nationalrat Dr. Feldmann der geeignete Nachfolger von Bundesrat von Steiger ist.»[43] Am 3. Dezember 1951 wurde Feldmann von der BGB-Fraktion portiert und sagte: «Ganz besonderen Dank schulde ich unsern verehrten Parteifreunden im Kanton Zürich, die mit ihrer grosszügigen und verständnisvollen Haltung unserer Sektion Bern die Aufstellung einer Kandidatur ermöglicht haben.»[44] Die äusserst reservierte Haltung, die Justizvorsteher Feldmann gegenüber dem Aktivismus seines für die Aussenpolitik zuständigen Kollegen Max Petitpierre einnahm, teilte die Zürcher BGB voll und ganz. Man verschloss sich zwar der globalen wirtschaftlichen Zusammenarbeit im Interesse einer friedlichen Weltordnung keineswegs. Die Partei vertrete indessen die Auffassung, verkündete sie 1953 in einer Resolution zur Aussenpolitik, «dass die Schweiz keine Bindungen eingehen darf, welche den Grundsatz der politischen und militärischen Neutralität verletzen und das Selbstbestimmungsrecht sowie die Handlungsfreiheit der Schweiz beeinträchtigen können». Bereits damals meldeten die Zürcher ernste Bedenken gegen die Bestrebungen an, in Europa oder sonstwo einen überstaatlichen gemeinsamen Markt zu schaffen: «Aus diesem Grunde ersucht die Partei die Behörden, keine handelspolitischen Massnahmen zu vereinbaren, welche die Vielgestaltigkeit unserer einheimischen Produktion stören […].»[45]

Im Interesse der Landwirtschaft verlangte die BGB eine ordnende Hand des Bundes bei der Zoll- und Handelspolitik, um die Entwicklung von Preisen und Löhnen zu regeln. Man befürchtete, die Bauern seien gegenüber den importierten Produkten schwerlich konkurrenzfähig, und rechnete vor, dass die landwirtschaftlichen Einkommen mit jenen der übrigen Werktätigen keineswegs Schritt hielten. Grundsätzlich sollte der Import landwirtschaftlicher Konkurrenzprodukte nur ergänzenden Charakter haben.[46] Seit 1947 war der Bund verfassungsmässig ermächtigt, auch unter Abweichung von der Handels- und Gewerbefreiheit Vorschriften zur Erhaltung eines gesunden Bauernstandes, einer leistungsfähigen Landwirtschaft sowie zur Festigung des bäuerlichen Grundbesitzes zu erlassen.

Das Landwirtschaftsgesetz von 1952 schützte den Agrarsektor insgesamt vor den Auswirkungen des freien Marktes, ohne den Wettbewerb der Produzenten aufzuheben. Vor der Abstimmung appellierte die Zürcher BGB vor allem an die Solidarität der nichtbäuerlichen Bevölkerung: «Zur Erhaltung der Unabhängigkeit und Freiheit unseres Landes ist in Gegenwart und Zukunft neben einer starken militärischen auch eine ausreichende wirtschaftliche Landesverteidigung unerlässlich. Dabei kommt einem gesunden Bauernstande und einer leistungsfähigen Landwirtschaft grösste Bedeutung zu.» Das neue Landwirtschaftsgesetz trage «zur Erhaltung eines starken Mittelstandes, des inneren Friedens und der Volkssolidarität gegenüber dem Bauernstande bei» und löse «die ihm in schweren Kriegszeiten gegebenen Versprechungen hinsichtlich seiner Existenzförderung ein».[47] Vor allem beim Landesring als Vertreter der Konsumenteninteressen stiess das Gesetz auf heftige Ablehnung und wurde im Kanton Zürich – im Gegensatz zum schweizweiten Ergebnis – deutlich abgelehnt. Der *Zürcher Bauer* beurteilte das positive Verdikt auf Bundesebene als «Freudentag für die Landwirtschaft» und erinnerte tadelnd an die Propaganda der Gegenseite, «die das Misstrauen in die Behörden schürte, die Verknappung und Verteuerung der Lebensmittel in drastischen Farben malte und überhaupt an niedere und niederste Instinkte appellierte».[48]

Mit Rudolf Reichling stand der frühere Zürcher Parteipräsident zwischen 1949 und 1961 an der Spitze des Schweizerischen Bauernverbandes. Der studierte Stäfner Reb- und Milchbauer hatte sein jahrzehntelanges öffentliches Wirken ganz in den Dienst der bäuerlichen Sache gestellt und wurde scherzweise als «Bauernpapst» oder wegen seines am Zürichseeufer gelegenen schönen Hofes auch als «Puur au Lac» bezeichnet. 1955 steckte Reichling in einem Referat vor der BGB Schweiz das Wesen und die Ziele der Landwirtschaftspolitik ab: Die Erhaltung eines gesunden Bauernstandes und einer leistungsfähigen Landwirtschaft trage in sich eine grundsätzliche staats- und sozialpolitische Bedeutung. Es sei deshalb nicht überheblich, «wenn wir den Bauernstand als Bollwerk des Mittelstandes betrachten».⁴⁹

Dr. med. vet. h.c. Rudolf Reichling-Oehninger (1890–1977), früherer Präsident der Zürcher Bauernpartei und der BGB Schweiz, leitete zwischen 1949 und 1961 den Schweizerischen Bauernverband.

Eine grosse, von 20 000 Teilnehmern besuchte Bauernkundgebung der Zürcher BGB, des Landwirtschaftlichen Kantonalvereins und anderer nordostschweizerischer Organisationen protestierte auf dem Münsterhof unter «ruhigem und würdigem Verlauf» (*NZZ*) 1954 gegen eine auf industriellen Export und billige landwirtschaftliche Masseneinfuhr ausgerichtete bundesrätliche Politik: «Wir verlangen, dass die Behörden die im Landwirtschaftsgesetz vorgesehenen Massnahmen zur Sicherung der Existenz unseres Bauernstandes unverzüglich verwirklichen.»⁵⁰ Die Verordnung zum Landwirtschaftsgesetz hielt noch im selben Jahr die Zielsetzung der Preisgestaltung fest: Als Richtgrösse sollten Betriebsleiter von rationell bewirtschafteten Höfen einer durchschnittlichen Grösse ein Einkommen erzielen, das dem eines gelernten Industriearbeiters entsprach. Dieser «Paritätslohn» förderte gezielt jene Betriebe, deren Ausstattung an Boden und Kapital eine Nutzung der modernen Agrartechniken erlaubte. Kleinere, technisch rückständige Höfe wurden dadurch auch im Kanton Zürich an den Rand gedrängt.

Die Tatsache, dass in den Nachkriegsjahrzehnten nur ein geringer Teil der Bevölkerung den kleingewerblichen und landwirtschaftlichen Produktionsformen verbunden blieb, musste – dies war der BGB wohl bewusst – zunehmende Probleme bei ihrem Stimmenpotenzial schaffen. Mitte der fünfziger Jahre unternahm sie den Versuch, sich mit dem Zusatz «Mittelstandspartei» breiter zu positionieren und sich zugleich in der politischen Mitte einzuordnen. Die BGB bemühte sich um einen Ausgleich der Pole und suchte aktiv die Rolle einer Vermittlerin zwischen Stadt und Land, zwischen Konsumenten und Produzenten, zwischen Industrie und Landwirtschaft, zwischen Arbeiterschaft und Grosskapital und damit eben auch zwischen links und rechts. «Die Gegensätze dürfen nicht noch grösser werden», lautete das Fazit.[51]

Es war ganz offensichtlich, dass die BGB die Notwendigkeit verspürte, sich von der einseitigen bäuerlichen Interessenpolitik zu verabschieden: «Angestellte, Handwerker, bodenständig gesinnte Arbeiter und Gewerbetreibende gesellten sich zu uns und halfen unserer traditionsverpflichteten Politik zum Durchbruch. Damit ist unsere Partei, die sich auf kantonalem Boden Bauern-, Gewerbe- und Bürgerpartei nennt, zur eigentlichen Mittelstandspartei geworden. Sie lehnt extreme Auffassungen, ob sie nun von links oder von rechts kommen, entschieden ab.» In verständlicher Sorge über die Abwanderung aus den ländlichen Gebieten, konnte die BGB ihre Herkunft nicht wirklich abstreifen. Zwar seien soziale Leistungen gegenüber der städtischen Bevölkerung legitim: «Aber wir setzen uns dafür ein, dass auch auf der Landschaft das Leben lebenswert ist, damit nicht der härteren Arbeit ein geringerer Wohlstand gegenübersteht. Den finanzschwachen Gemeinden muss die Durchführung ihrer Aufgaben erleichtert werden, und die sozialen Leistungen dürfen nicht ausgerechnet dort am kleinsten sein, wo sie am nötigsten sind.»[52]

Auch gegenüber sonstigen sozialen Ausgleichbemühungen, etwa im Bereich der Krankenversicherungen, der freiwilligen Mutterschaftsversicherung oder der Familienunterstützung, äusserte sich die Zürcher BGB in zustimmendem Sinn: «Die Partei unterstützt alle Massnahmen zur Stärkung der Fa-

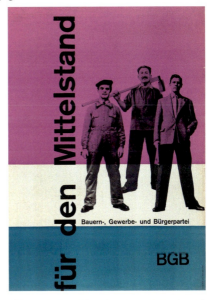

«BGB – für den Mittelstand», ästhetisch und werbetechnisch wenig gelungenes Wahlplakat für die Zürcher Stadt- und Gemeindewahlen von 1954.

milie als wichtigem Fundament des demokratischen Staates.»[53] Doch trotz ständig wiederholten Bekenntnissen tat sich die BGB ausgesprochen schwer, ins Wahlsegment der Angestellten oder gar der Arbeiter und Beamten einzudringen. Ganz allgemein konnte das Parteileben Mitte der fünfziger Jahre nicht befriedigen: «Von verschiedenen Mitgliedern der Parteileitung wird festgestellt, dass die Parteitätigkeit in einzelnen Orts-, aber auch in Bezirkssektionen eingeschlafen ist.»[54] Auch auf kantonaler Ebene kam man zu einem eher trostlosen Fazit: «Die BGB-Fraktion ist in keinem politischen Geschäft führend hervorgetreten. Mit der Tätigkeit der Fraktion lässt sich keine Propaganda machen, jedenfalls keine mitreissende Propaganda.»[55]

Dennoch intensivierte die Bauern-, Gewerbe- und Bürgerpartei des Kantons Zürich im Wahljahr 1955 ihr Bemühen, sich als «Mittelstandspartei» zwischen dem Freisinn zur Rechten und den Sozialdemokraten zur Linken zu positionieren, um für alle bürgerlich Denkenden wählbar zu sein. «Warum wählen wir bäuerlich-gewerblich-bürgerlich? Weil es endlich an der Zeit ist, energisch und umfassend den Kampf gegen die Landflucht aufzunehmen. […] Weil wir eine Sozialpolitik brauchen, welche die Gegensätze zwischen Land und Stadt überbrückt. […] Weil wir eine gesunde Volkswirtschaft brauchen. […] Weil die BGB die Partei des bodenständigen Zürcher Volkes ist.»[56]

Zwar erfuhren die beiden Regierungsräte Jakob Heusser und Rudolf Meier bei den kantonalen Wahlen eine glanzvolle Bestätigung. Bei den Parlamentswahlen aber wurde die Partei trotz dem neuen Namen BGB massiv abgestraft und verlor bei unerheblichem Stimmeneinbruch auf einen Schlag 6 Mandate. Gleichzeitig eroberte die FDP 4 zusätzliche Sitze und rückte mit ihren 30 Kantonsräten bis auf einen Sitz an die BGB heran. Diese erklärte die Niederlage mit der Bevölkerungsverschiebung und Proporzpech. Die freisinnige *Neue Zürcher Zeitung* ortete das Manko in einer gewissen politischen Verunsicherung: «Die BGB befand sich von Anfang an in der Defensive, was sich immer nachteilig auswirkt. Wir gehen wohl nicht fehl in der Annahme, dass die manchmal unsichere oder gar schwankende Haltung in der Fraktion im Kantonsrat am ungünstigen Wahlergebnis nicht unbeteiligt war. Oft ergibt sich das aus dem Bestreben, bäuerliche, gewerbliche und allgemein mittelständische Interessen unter einen Hut zu bringen.» Immerhin milderte die *NZZ* ihren Tadel mit dem Hinweis auf den immer noch funktionierenden

Bürgerblock etwas ab: «Unser Hinweis bezieht sich ausschliesslich auf Sachfragen, keineswegs etwa auf die staatspolitische Einstellung, wo die Bauern sich immer als grundsatztreue Anhänger der bürgerlichen Zusammenarbeit erweisen.»[57]

Bei den Nationalratswahlen von 1955 konzentrierte sich die BGB wieder stärker auf die bäuerliche Stammwählerschaft. Sie hatte angesichts der Kantonsratswahlen und der fortschreitenden Verstädterung wenig zu erwarten. Doch es gelang immerhin, die fünf Mandate zu retten. Darum konstatierte der *Zürcher Bauer* zufrieden: «Wir sind glücklich, dass es der BGB gelang, ihre fünf Sitze zu halten. Wenn man die Landflucht berücksichtigt und die Propagandaflut, die auf die Wähler eindringt und von der BGB nicht mit Ebenbürtigem an Quantität aufgewogen werden kann, dann ist der Verlust von 22 000 Parteistimmen [das entsprach 690 Wählern] als eher gering zu werten.»[58]

Die Kette symbolisierte bei den nationalen Wahlen 1955 ohne weitere Worte den Zusammenhalt der Bauern-, Gewerbe- und Bürgerpartei.

Deutlich kritisiert wurde allerdings die Tatsache, dass mit der Wahl von drei Gewerblern gegenüber zwei Bauern ein stossendes Missverhältnis eingetreten sei. Ein Vorstandsmitglied erklärte dies aus dem Umstand, «dass der Bauer von Grund auf kein Politiker ist und sich nicht hinreissen lässt».[59] Dem widersprach Regierungsrat Rudolf Meier mit einem Aufruf zur Einigkeit: «Wir müssen uns bewusst sein, dass das bäuerliche Element nicht mehr stark genug ist, um durchzudringen. Die bäuerlichen Ideen jedoch werden auch von den andern weitergetragen. […] Das Ziel wird nur erreicht, wenn wir alle zusammenhalten. Wir müssen gemeinsam eintreten für den freien Mittelstand.»[60] Dennoch blieb es vor allem in der Bauernschaft des Zürcher Ober- und Unterlandes bei einer erheblichen Missstimmung, die ganz offen geäussert wurde.

Für den zurückgetretenen Hermann Farner aus Oberstammheim zog mit Erwin Akeret (1915–1987) wiederum eine dem Weinland verbundene eigenwillige Persönlichkeit in den Nationalrat ein. Akeret war Verleger der BGB-nahen Zeitung *Der Weinländer* (später *Weinländer Tagblatt*) in Wülflingen und nahm in verschiedener Hinsicht Positionen ein, die früher die Demokratische Partei in seiner Region vertreten hatte. Seine juristischen Studien hatte Akeret mit einer Dissertation über «Regierung und Regierungsform der Schweizerischen Eidgenossenschaft» abgeschlossen. In der BGB/SVP-Fraktion in Bern, die er von 1969 bis 1971 sogar präsidierte und der er volle 28 Jahre angehörte, zählte man ihn zum linken Flügel. Früh war er sensibilisiert für die Anliegen des Umweltschutzes. 1951 gehörte Akeret zu den Mitbegründern des «Überparteilichen Komitees zum Schutze der Stromlandschaft Rheinfall-Rheinau». Das «Überparteiliche

Komitee» trug den Widerstand gegen ein geplantes Kraftwerk ins Parlament, organisierte grosse Demonstrationen und lancierte zwei Volksinitiativen.[61] Es war auch Akerets Verdienst, dass der Naturschutz zu einem in der ganzen Schweiz heiss diskutierten Thema wurde. Die Schweizerische Gesellschaft für Umweltschutz und der Schweizerische Heimatschutz ernannten ihn zum Ehrenmitglied. Um seine volle Unabhängigkeit zu wahren, verzichtete Akeret auf jegliche Verwaltungsratsmandate.[62]

Auf Initiative des späteren Zürcher Stadtrats Jakob Baur und im Beisein von Stadtparteipräsident Fritz König fand am 18. November 1955 die Gründungsversammlung der BGB-Frauengruppe der Stadt Zürich statt. Immerhin 45 Teilnehmerinnen wollten sich in Zukunft auf dem Fundament der Partei mit allen Fragen des öffentlichen Lebens befassen, wobei Erziehung, Schule, Kirche und Sozialpolitik im Vordergrund stehen sollten. Zur ersten Präsidentin wurde die Juristin Dr. Martha Schenker-Sprüngli gewählt. Die BGB-Frauengruppe schloss sich später der bürgerlichen Zürcher Frauenzentrale und der Landfrauenvereinigung an und beteiligte sich 1958 auch an der Schweizerischen Ausstellung für Frauenarbeit (Saffa) auf der Landiwiese in Wollishofen.[63]

Viel zu reden gab 1956 die eidgenössische Vorlage «Hilfe an die Holzverzuckerung in Ems». Das im bündnerischen Domat/Ems ansässige Werk war 1941 von Werner Oswald gegründet worden, der das Patent für die Alkoholgewinnung aus Holzabfällen besass. Die Benzinverknappung im Zweiten Weltkrieg führte zum vom Bund subventionierten Bau einer Holzverzuckerungsanlage, die Treibstoffzusätze («Emser Wasser») herstellte. Nach Kriegsende kam die Produktion von Dünger und Kunstfasern hinzu. Da nun wieder genügend Erdöl zur Verfügung stand, geriet das Unternehmen in Schwierigkeiten und musste um staatliche Unterstützung nachsuchen. Die Zürcher BGB setzte sich einhellig für den Erhalt der 1400 Arbeitsplätze in der Randregion ein und war vom negativen Abstimmungsausgang enttäuscht: «Die Frage ist nur die, ob die reiche Schweiz von heute der Bergbevölkerung jene Hilfe vorenthalten will, die die arme Schweiz der Krisenzeit um 1935 aus echt eidgenössischer Solidarität zu bieten bereit war.»[64]

Der blutig niedergeschlagene Ungarnaufstand von 1956 erschütterte die Öffentlichkeit und führte zu zahlreichen Kundgebungen für Freiheit und Demokratie. Auch die BGB Schweiz veröffentlichte eine Sympathie-Erklärung für die ungarische Bevölkerung und führte eine Sammelaktion durch, die 108 Tonnen Kartoffeln und 28 Tonnen Äpfel erbrachte. Zugleich erging ein Aufruf zu erhöhter Wachsamkeit, wobei der später parteiintern verworfene Ausdruck «aktive Neutralität» verwendet wurde: «Die Partei erachtet die grausame Vernichtung der ungarischen Freiheit durch die Sowjetunion als eindeutigen Beweis dafür, dass die Beteuerungen der Kommunisten zugunsten von Frieden und Koexistenz blosse Tarnung für eine imperialistische Machtpolitik sind. Die BGB-Partei gibt ihrer Empörung über die Verletzung völkerrechtlicher Grundsätze Ausdruck. Die Partei unterstützt den Bundesrat in der Fortsetzung der bisherigen Politik der aktiven Neutralität, wobei den unterdrückten, in Unfreiheit lebenden Völkern jede mögliche moralische und materielle Hilfe zu gewährleisten ist.»[65] Die 14 000 in die Schweiz integrierten Ungarn stellten die Fremdenpolizei anfänglich vor grosse Aufgaben; Bundesrat Markus Feldmann vertrat als Justizverantwortlicher und glaubwürdiger Kämpfer gegen totalitäre Ideologien eine Politik, welche die Menschlichkeit mit entschiedenem Widerstand gegen den Ostblock verband. Die Zürcher BGB erachtete es als unnötig, zusätzlich mit eigenen Ungarn-Manifestationen an die Öffentlichkeit zu treten: «Die schweizerische Partei hat Stellung genommen, und das genügt.» Ihre Kantonsräte beschlossen aber, bei jedem Votum eines kommunistischen PdA-Mitglieds den Ratssaal zu verlassen.[66]

Im Übrigen blieb die Zürcher BGB auch in der zweiten Hälfte der fünziger Jahre entschieden bäuerlich geprägt: So wurden beispielsweise im Sommer 1956, ja noch im Winter 1966 Delegiertenversammlungen wegen der Maul- und Klauenseuche abgesagt.[67] Die eigentliche Parteiarbeit mit Schulungen, Kursen und Vorträgen für die Basis beschränkte sich im Wesentlichen aufs Winterhalbjahr. Noch 1957 begründete Parteisekretär Emil Straub die mangelnde Aktivität, indem er zu bedenken gab, «dass der Witterungsverlauf im letzten Jahr eine intensive Parteitätigkeit im Spätherbst verunmöglichte». Man fürchtete den Vormarsch der FDP («Insbesondere muss der freisinnigen Expansion gewehrt werden») und ärgerte sich, dass die *Neue Zürcher Zeitung* noch immer den Namen Bauernpartei statt BGB verwendete. Erst eine Aussprache mit Chefredaktor Willy Bretscher und dem zuständigen Redaktor brachte Abhilfe.[68]

Die Parteileitung sorgte sich aber auch wegen des zunehmenden Einflusses der Evangelischen Volkspartei auf die Bauern. «Vermehrte Betonung des Religiösen» und Hinweise auf das landwirtschaftsfeindliche Gebaren dieser Partei schienen die gebotenen Abwehrmittel.[69] Eine noch grössere Gefahr sahen die Bauern allerdings in der ihnen bedrohlich erscheinenden Strassenplanung. Rudolf Reichling machte nachdrücklich auf die Gefahren aufmerksam, «die der Landwirtschaft durch den überbordenden Strassenbau erwachsen». Im Kanton Zürich sei man so weit, dass zwischen dem Knonaueramt und dem Glattal auf einer Breite von rund zwanzig Kilometern vier Autobahnen geplant würden: «Gegen diese Begehren, die mit einer vernünftigen Strassenplanung nichts mehr zu tun haben, muss die Landwirtschaft eindeutig Stellung beziehen.» Etwas später konnte Präsident Heinrich Brändli immerhin erklären, dass «heute eher eine Abkehr vom Autobahnfimmel feststellbar» sei.[70]

Ende der fünziger Jahre forderte das Fernsehen als neues Medium auch die Politik heraus. Der reguläre Sendebetrieb des Schweizer Fernsehens setzte 1958 ein. Im Jahr zuvor wurden die Schweizer Stimmberechtigten zur Urne gerufen, um darüber zu entscheiden, welche rechtlich-organisatorische Grundlage Radio und Fernsehen erhalten sollten. Umstritten war lediglich das Fernsehen;

die vorerst siegreichen konservativen Gegner beurteilten dieses neue Medium als volksverdummend und jugendgefährdend. Die Zürcher BGB indessen begrüsste die Vorlage, lehnte eine Privatisierung ab und wollte, dass die Öffentlichkeit ihren Einfluss geltend machen konnte: «Wir wollen und müssen in unserem urschweizerischen Interesse dem Bunde die Möglichkeit geben, hier die geistig-kulturellen und weitere Belange unseres Volkes und Staates zur Geltung zu bringen.»[71]

Die städtischen Wahlen endeten 1958 mit einer positiven Überraschung: Der Wiediker Sekundarlehrer und Präsident des kantonalzürcherischen Lehrervereins Jakob Baur vermochte einen LdU-Vertreter aus dem Stadtrat zu verdrängen und eroberte für die BGB erstmals ein Exekutivmandat. Im Windschatten dieser Kandidatur verliefen auch die Gemeinderatswahlen mit einer Steigerung von 7 auf 10 Mandate über Erwarten erfreulich. Baur sollte das enorm wachsende, anspruchsvolle Schul- und Sportwesen der Stadt Zürich in zwanzigjährigem Wirken mit seiner markanten, starken Persönlichkeit prägen.[72]

1958 wurde mit dem Sekundarlehrer Jakob Baur erstmals ein BGB-Vertreter in den Zürcher Stadtrat gewählt.

Während in jener Zeit ein Verfassungsartikel über die Atomenergie und den Strahlenschutz zur Nutzung dieser modernen Energiequelle 1957 von links bis rechts unbestritten blieb, geriet die BGB im folgenden Jahr gleich bei zwei Urnengängen mit dem Landesring der Unabhängigen in Konflikt. Mit einer Kartellverbotsinitiative nahmen sich Gottlieb Duttweiler, die Migros und der LdU die Kartelle als Inbegriff von Marktbehinderung und Marktverzerrung vor. Die Folgen von schädlichen Absprachen trügen die Konsumenten in Form von überhöhten Preisen. Für die BGB war ein Kartellverbot gleichbedeutend mit Unsicherheit, ja existenziellen Nöten für die bäuerlichen Produzenten. Das Nein wurde denn auch erleichtert aufgenommen: «Wir sind überzeugt, dass das Kartellverbot zu einer Desorientierung unserer Wirtschaft geführt, die kleinen Handwerks- und Gewerbebetriebe an die Wand gedrückt und die Entwicklung vom Klein- zum Grossbetrieb in einem Masse forciert hätte, dem wir nicht gewachsen gewesen wären.»[73]

Auch die Landesring-Initiative zur Einführung der 44-Stunden-Woche wirkte 1958 auf die bäuerlich-gewerblichen Bevölkerungskreise als Provokation. Angesichts des äusserst harzigen Weges zur Erreichung eines bäuerlichen Paritätslohns erfolgte die Nein-Parole an der kantonalen Delegiertenversammlung einstimmig. Die Reduktion von 48 auf 44 gesetzlich vorgeschriebene Wochenarbeitsstunden gefährde die Konkurrenzfähigkeit der Schweizer Exportwirtschaft und vergrössere die Lohndiskrepanz zu den Landwirten, die ja von einer 44-Stunden-Woche nicht einmal träumen könnten. Ausgesprochen erfreut konstatierte der *Zürcher Bauer* die neuerliche «Schlappe für den Landesring». Sicherlich habe niemand das für die Migros-Partei «wahrhaft niederschmetternde Abstimmungsresultat» vorausgesehen.[74]

Völlig unerwartet erlag BGB-Bundesrat Feldmann 1958 seinem langjährigen Herzleiden. Während die Berner Partei Regierungsrat Walter Siegenthaler portierte, brachte die Presse den legendären Namen von Friedrich Traugott Wahlen ins Spiel. Wahlen wurde tatsächlich zum Bundesrat gewählt und musste beim anschliessenden Empfang zur vieldiskutierten Frage Stellung nehmen, ob er nun Berner oder Zürcher sei. Zürich sei ihm als Berner ans Herz gewachsen, er habe Zürich vor Jahren im Ständerat vertreten dürfen, und die ETH, an der er als Professor gewirkt habe, sei ein eidgenössisches exterritoriales Gebiet, wo es von Bernern nur so wimmle.[75] Jedenfalls hatte die Zürcher BGB das Gefühl, sie sei nun zumindest zur Hälfte im Bundesrat repräsentiert. Auch die Stadt Zürich hat sich an Wahlens Wirksamkeit dankbar erinnert und benannte einen Platz in Oerlikon als Wahlenpark. Der Agronom musste zuerst das ungeliebte Justiz- und Polizeidepartement übernehmen, bevor der weltläufige Magistrat ins ersehnte Aussendepartement wechseln durfte. Er galt dort eher als «Internationalist», betonte im Ausland aber die durch die schweizerische Neutralität gesetzten Grenzen der Einbindung und die Tatsache, dass der Wille des Schweizer Volkes seinen persönlichen Ansichten übergeordnet sei.[76]

Durch sein jähes Ableben hatte Justizminister Markus Feldmann ein politisches Anliegen nicht mehr vor dem Souverän vertreten können, das ihm persönlich eine Herzenssache war, mit dem er in der BGB aber hoffnungslos in der Minderheit blieb: das Frauenstimmrecht. Nachdem in der Zeit der Mobilisierung im Zweiten Weltkrieg die Frauen viele Männerarbeiten übernommen hatten, präsentierte die SP 1947 im Kanton Zürich eine Frauenstimmrechtsvorlage, die alternativ eine volle wie auch eine teilweise Mitwirkung der Frauen vorsah. An der beschlussfassenden Delegiertenversammlung der Bauernpartei durften auch Frauen teilnehmen, die allerdings unter sich uneinig waren.[77] Mit 209 gegen 40 Stimmen wurde die Nein-Parole beschlossen. Bereits damals stellte sich die Bauernpartei

Margrit Messmer (1891–1963) war über Jahrzehnte der gute Geist des Zürcher Partei- und Bauernsekretariats. Die Witwe des ersten Parteisekretärs organisierte als Präsidentin der Frauenkommission die Ausbildung der Bäuerinnen und stand auch der Schweizerischen Landfrauen-Vereinigung vor.

als einzige Partei sowohl gegenüber dem vollen wie dem teilweisen Frauenstimmrecht quer. Als hauptsächliche Argumente wurden vorgebracht, die Frauen wollten in der Mehrheit von diesem Bürgerrecht nichts wissen, der Vergleich mit dem Ausland sei wegen der hiesigen Urnengänge auch über Sachabstimmungen nicht statthaft und die linken Städte würden noch mehr Oberhand gewinnen, da dort die Frauen kürzere Wege zu den Urnen hätten als die Landfrauen. «Wenn sich auch für das teilweise Frauenwahlrecht plausible Gründe anführen lassen, so läuft die ganze Geschichte auf eine weitere Benachteiligung der Landschaft gegenüber der Stadt hinaus.»[78]

Dass sich 1959 auch die BGB-Stadtpartei gegen das Frauenstimmrecht aussprach, führte in deren Frauengruppe zu nachhaltiger Verärgerung. Die Präsidentin Martha Schenker-Sprüngli trat enttäuscht von ihrem Amt zurück und verliess die Partei; zwei weitere Vorstandsmitglieder taten dasselbe mit der Begründung, eine Partei könne sich nicht gegen das Frauenstimmrecht aussprechen und gleichzeitig eine Frauengruppe unterhalten. Die Lücken im Vorstand ersetzte neben anderen die unermüdliche Margrit Messmer, Präsidentin des Schweizerischen Landfrauenverbands und die «gute Seele» des kantonalen

Bauern- und Parteisekretariats, die allerdings 1963 verstarb. Die Frauengruppe der Stadt Zürich überlebte als eigenständiger Verein übrigens jene Turbulenzen und bestand über sechzig Jahre lang, bevor sie sich 2015 auflöste.[79]

Bei der schon ein Dutzend Jahre zurückliegenden kantonalen Abstimmung über das Frauenstimmrecht von 1947 hatte sich überraschenderweise gezeigt, dass im Vergleich zum Urnengang über dasselbe Anliegen von 1920 die typischen städtischen Arbeiterquartiere «verbürgerlicht» waren, indem die dort ansässigen Männer dem Anliegen mittlerweile kritischer begegneten. Demgegenüber zeigten sich die ländlichen Gebiete freundlicher als früher. Dennoch äusserte der *Zürcher Bauer* in jenem Jahr 1947 die Überzeugung, dass das Thema Frauenstimmrecht nach der negativen Volksabstimmung für Jahrzehnte ein Traum bleiben werde.[80]

Als die Partei der Arbeit 1954 das Anliegen erneut vor das Zürcher Stimmvolk brachte, wurde es an der BGB-Delegiertenversammlung einstimmig verworfen. Das Misstrauen betraf die kommunistische Urheberschaft, aber auch die Ansicht, es sei in dieser Frage bei den Zürchern keine grundlegende Haltungsänderung eingetreten. Die Ablehnung des PdA-Begehrens bedeute «keine Entwürdigung der Frauen, sondern wehrt im Gegenteil ihre Flucht aus der Familie, die schon heute sehr gross geworden ist». Die bürgerlich geprägte Zürcher Frauenzentrale und die Landfrauen als deren Mitglied distanzierten sich ebenfalls deutlich von dieser Initiative.[81] Ganz verschlossen gab sich indessen auch die BGB nicht, sondern meinte, «dass der stufenweisen Einführung des Frauenstimmrechtes weniger Widerstand entgegengebracht» würde.[82]

Als 1959 das Frauenstimmrecht auf eidgenössischer Ebene erneut zur Debatte stand, appellierten vor den Zürcher BGB-Delegierten einige wenige Befürworter für die Herstellung von Gerechtigkeit und Rechtsgleichheit. Obwohl die 130-seitige, reich dokumentierte befürwortende Botschaft von 1957 deutlich die Handschrift des verstorbenen BGB-Bundesrats Markus Feldmann trug, lehnte die Zürcher Partei die Vorlage mit 95 gegen 15 Stimmen wiederum klar ab.[83] Man folgte den Argumenten des früheren Kantonalpräsidenten und gegenwärtigen Präsidenten des Schweizerischen Bauernverbands. Rudolf Reichling begründete sein Nein «im Interesse der Frauen» und argumentierte mit dem weiblichen Aufgabenkreis von Haus, Kindern und Gatte. Bei einem Miteinbezug der Frauen in die Politik werde deren Aufgabenlast zu gross, worunter das Familienleben leiden müsse. Auch würde es den Frauen schwerfallen, sich neu in einen Arbeitskreis einzuarbeiten, der von den Männern seit Jahrhunderten gepflegt werde. Reichling warf die rhetorische Frage auf: «Verstösst es gegen die Gebote der Gerechtigkeit, wenn man die schwere Pflicht und die drückende Verantwortung, die das Stimm- und Wahlrecht dem Schweizer auferlegen, nicht auch den Schweizerinnen auferlegt? […] Die Ausdehnung des Stimm- und Wahlrechtes auf die Frauen und Töchter ist weder staatspolitisch noch im Sinne der Gerechtigkeit notwendig. Sie richtet sich gegen jene, die in der Erfüllung der ihnen von der Natur zugedachten Aufgaben und Pflichten aufgehen und darin Glück und Befriedigung finden.»[84]

Das Resultat der Abstimmung vom 1. Februar 1959 über das Frauenstimmrecht bestand in einer in dieser Deutlichkeit unerwarteten Ablehnung im Verhältnis zwei zu eins. Sogar die Zürcher BGB sprach nach diesem Verdikt von einem «Scherbenhaufen»: «Aber nicht nur im Kanton, auch in der Stadt Zürich fanden die Frauenrechtlerinnen einen ungnädigen Souverän. […] In jedem Stadtkreis, selbst in den Hochburgen der Arbeiterschaft und des Landesrings, war das Nein mehr oder weniger deutlich.»[85] Zwar hatte die Bauern-, Gewerbe- und Bürgerpartei bei ihrer Parole für den Moment und die nächsten Jahre beim Thema Frauenstimmrecht die Stimmung der männlichen Mehrheit richtig beurteilt. Die schroffe Ablehnung dürfte indessen bei vielen Frauen den Eindruck einer ihnen wenig gewogenen politischen Partei hinterlassen haben.

Die kantonale Wahlniederlage von 1955 wirkte 1959 bei der BGB noch immer nach. Die Partei versuchte, dem gesellschaftlichen Wandel Rechnung zu tragen, indem sie erneut das Image einer reinen Bauernpartei abzustreifen suchte und den gesamten Mittelstand ansprach, speziell auch die bürgerlich denkenden Angestellten und Arbeiter. Dazu zwang die demografische Entwicklung weiterhin unerbittlich. Dem Weckruf folgten verstärkte Anstrengungen, und der Erfolg blieb nicht aus. «Grosser Wahlerfolg der BGB-Partei», konnte sich der *Zürcher Bauer* nach dem Wahltag freuen.[86] Nicht nur wurden die Regierungsräte Heusser und Meier mit den beiden besten Resultaten bestätigt, es gelang auch, 4 Kantonsratssitze zurückzugewinnen. Auch die Freisinnigen gehörten zu den Siegern, wogegen die Demokraten von 17 auf 10 Sitze einbrachen. Die *NZZ* anerkannte, dass sich die BGB weitgehend vom Schlag erholt hatte, «den sie bei den letzten Kantonsratswahlen durch den Verlust von sechs Mandaten erlitten hat». Besonders bemerkenswert schien dem Organ des Freisinns, dass die BGB in der Stadt Zürich drei zusätzliche Sitze erobern konnte.[87] Tatsächlich deutete dieser Vormarsch darauf hin, dass die Öffnung über den Stadt-Land-Graben hinweg in gewisser Hinsicht gelungen war. Bei der Verteilung der Kommissionssitze innerhalb der Fraktion herrschte allerdings nicht eitel Sonnenschein. Ein Kantonsrat rügte, dass «allzusehr nur die bequemen Fraktionsmitglieder berücksichtigt werden, während jene, die ‹das Maul auftun›, übergangen werden».[88]

 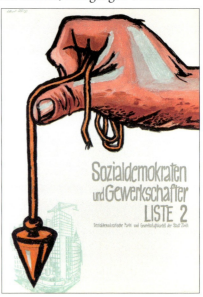

Wie austauschbar die Positionen 1959 mitten im Bauboom geworden waren, zeigt die Tatsache, dass die BGB …

… wie die Sozialdemokraten und Gewerkschafter mit dem Senkblei dasselbe Plakatsujet wählten.

Auch bei den Nationalratswahlen von 1959 konnten zusätzliche Stimmen gewonnen und die fünf Sitze problemlos verteidigt werden. Erstmals in ihrer Geschichte hatte zuvor eine Delegiertenversammlung an einem Werktagabend getagt, und erstmals war man mit einer Liste angetreten, auf der die bisherigen Amtsinhaber nicht kumuliert aufgeführt wurden.[89] Nach 24-jähriger Tätigkeit war der Gewerbepolitiker Paul Gysler zurückgetreten und wurde jetzt durch Walter Siegmann ersetzt. Der Klotener Schulpräsident Siegmann machte seinem Namen alle Ehre und stiess nach einem rührigen Wahlkampf vom 26. auf den 5. Platz vor.

Walter Siegmann (1910–2002), ursprünglich aus Degersheim stammend, besass das Notariatspatent, hatte die Wohn- und Siedlungsgenossenschaft Zürich gegründet und war auch Gründer der Uto Treuhand und Verwaltungs AG, später der Uto Grundstücke AG und der Uto Ringe AG, die über tausend Wohnungen gebaut hat, der aber später nicht in allen Teilen Erfolg beschieden war. Er war vom Landesring zur BGB übergetreten, präsidierte in Kloten die Schulpflege und engagierte sich nach dem Umzug nach Zürich als Stadtparteipräsident. In der Stadt kannte man Siegmann nicht zuletzt als grosszügigen Gründer der Gönnervereinigung der Stadtmusik Zürich. Als Oberst und Kriegskommissär im Armeestab unternahm Siegmann in den vier Jahren seines Berner Wirkens mehrere militärpolitische Vorstösse. Dank seinem politischen Druck wurde in der Schweiz das 1912 abgeschaffte Stockwerkeigentum 1965 wieder eingeführt. Er verkörperte in der BGB als dynamischer Immobilienunternehmer unverkennbar einen neuen Politikertypus. Siegmann wurde nach einer Amtsperiode nicht wiedergewählt. Das trug er der Partei aber nicht nach, sondern diente ihr weiterhin als glänzender Organisator mit nie erlahmendem Schwung in verschiedenen Chargen.[90]

Nachdem Siegmanns aufwendiger, für BGB-Verhältnisse ungewöhnlich moderner Wahlkampf von Erfolg gekrönt worden war, herrschte allerdings in der Kantonsratsfraktion und bei Teilen der Basis dicke Luft: «Missfallen und Ablehnung erregte vor allem die Art und Weise und namentlich das Ausmass, wie für W. Siegmann Propaganda gemacht worden ist. Unsere Kleinbauern können einen solchen Vertreter im Nationalrat nicht als den ihrigen betrachten.» Vor allem Nationalrat Erwin Akeret zog in seinem *Weinländer Tagblatt* unkollegial gegen Siegmann vom Leder. Er reiste sogar extra nach Bern, um beim Sekretar der Bundesversammlung zu erwirken, dass dieser nicht in der Nähe der BGB-Fraktion sitzen dürfe. Parteiinterne Untersuchungen ergaben kein strafbares Verhalten von Siegmann. Doch die Intrigen wurden auch von einzelnen Bezirksparteien weiter geschürt. Ein Vorstandsmitglied stellte fest, dass «wir keine historische Partei, aber doch auch nicht mehr so jung sind, dass wir uns als politische Säuglinge aufführen müssen».[91] Die Angelegenheit zog sich noch einige Monate hin, wobei gegen Siegmann die als protzig empfundene Propaganda und sein dem Bauernstand unsympathischer Liegenschaftenhandel ins Feld geführt wurden. Schliesslich musste sogar die BGB Schweiz mit einem Brief intervenieren: «Es ist der dringende Wunsch der schweizerischen Parteileitung, dass die Angelegenheit in kurzer Zeit geschlichtet und bereinigt wird und dass insbesondere die parteischädlichen Publikationen sofort eingestellt werden.»[92]

Friedrich Traugott Wahlen wurde bei der 1959 erfolgten Realisierung der Zauberformel – wonach den drei wählerstärksten Parteien je zwei Bundesratssitze zustehen und die viertstärkste einen Sitz beanspruchen kann – mit dem Stadtzürcher Willy Spühler (SP) neu in den Bundesrat gewählt. Die Zürcher BGB hatte auf Beschluss der Parteileitung mit einem Schreiben an die Bundeshausfraktion zugunsten von Wahlen als früherem Zürcher Ständerat interveniert.[93] Bei der nun folgenden Ersatzwahl um Spühlers Ständeratssitz stürzte sich auch die BGB wieder in den Wahlkampf. Sie portierte den anerkannten Finanzdirektor Rudolf Meier.

1960 führte die BGB mit dem Eglisauer Regierungsrat und Finanzdirektor Rudolf Meier einen erfolgreichen Ständeratswahlkampf.

Die Zürcher SP wollte indessen ihren Ständeratssitz nicht kampflos preisgeben und trat mit dem ehemaligen *Volksrecht*-Chefredaktor und nunmehrigen Baudirektor Paul Meierhans an. Der BGB-Mann Meier erhielt auch die Unterstützung von Freisinn, Demokraten und Evangelischer Volkspartei.

Die SP schenkte Meier nichts; das *Volksrecht* diskreditierte die BGB als unmündiges Kind im Laufgitter des Freisinns und die Bauern als rücksichtslose Spekulanten, die mit dem Verkauf ihres Bodens viel Geld verdienten. Der *Zürcher Bauer* kommentierte: «Weil die Sozialdemokraten unserem Kandidaten […]

nichts anhaben können, weil seine persönliche Integrität, seine staatsmännischen Fähigkeiten, sein Wissen und Können über alle Zweifel erhaben sind, haben sie die Dreckschleuder in Stellung gefahren und kühlen ihr Mütchen mit diesem nicht eben sympathischen Geschütz.»[94] Der erste Wahlgang brachte noch keine Entscheidung, doch lag der BGB-Kandidat bereits vorn und verfehlte das absolute Mehr relativ knapp. Der zweite Wahlgang endete mit dem ersehnten bürgerlichen Sieg; mit Rudolf Meier zog nach über zehnjährigem Unterbruch die BGB wieder in den Ständerat ein. Die Heftigkeit der personellen Ausmarchung stand in keinem Verhältnis zu der auf Hochtouren brummenden Konjunktur, während der sowohl Finanzdirektor Meier als auch Baudirektor Meierhans 1960 amteten.

Eine Kundgebung von 35 000 Bauern auf dem Berner Bundesplatz am 17. November 1961 endete mit schweren Ausschreitungen inklusive Tränengaseinsatz der Polizei.

Im Laufe des Jahres 1961 steigerte sich die Unzufriedenheit des Bauernstandes und gipfelte am 17. November in einer Kundgebung von fast 35 000 Landwirten auf dem Bundesplatz in Bern. Konkret forderten sie eine faire Entlöhnung und strengere Regulierungen der Milchimporte. Nach Abschluss der friedlichen Demonstration, an der auch Bauernverbandspräsident Rudolf

Reichling gesprochen hatte, wollten viele Bauern den Platz nicht räumen. Vor allem junge, radikalisierte Westschweizer warfen Steine, Eier und faules Gemüse gegen das Bundeshaus. Das verhältnismässig kleine Polizeiaufgebot setzte Tränengas ein, und es kam zu zahlreichen unschönen Scharmützeln und Handgreiflichkeiten, was der Sache der Bauern grossen Schaden zufügte.[95]

Staatsmännisch eingemittet

1962 trat Parteipräsident Heinrich Brändli aus Wädenswil nach zwölfjähriger Amtstätigkeit zurück. Unter seiner ruhigen, zuweilen wohl allzu bedächtigen Leitung war die Zürcher Bauernpartei 1951 zur Bauern-, Gewerbe- und Bürgerpartei geworden. Die Neubenennung konnte 1955 einen empfindlichen Wählereinbruch nicht verhindern. Es gelang jedoch, die Kader und die Basis wachzurütteln und vier Jahre später wesentlich besser abzuschneiden. 1960 errang Rudolf Meier sogar das Ständeratsmandat; offensichtlich war eine gewisse Öffnung zu Gewerbe, Angestellten und vor allem gegenüber den Städten Zürich und Winterthur gelungen.

Um unliebsamen Überraschungen wie der Nationalratswahl von Walter Siegmann künftig besser vorzubeugen, verabschiedete der Grosse Vorstand vertrauliche Grundsätze für die Nationalratswahlen von 1963 («Grüner Bericht») und für die Vorbereitung künftiger Wahlen («Blauer Bericht»). Dabei wurden die Termine, das Vorschlagrecht der Bezirke und die Reihenfolge der Bisherigen nach Amtsalter geregelt. Den in der Partei vertretenen Gruppen von Bauern, Bürgern (gemeint unselbständig Erwerbende) und Gewerbetreibenden stand es frei, unter ihren Anhängern ihre Kandidaten besonders zu bewerben. Doch sollte sich die persönliche Werbung «in einem massvollen Rahmen» halten und jede Diskriminierung anderer BGB-Kandidaten vermeiden.

Ein zahlenmässig starres Verhältnis zwischen dem bäuerlichen und dem gewerblichen Flügel sollte und konnte indessen nicht fixiert werden. Entscheidend sei nämlich nicht die Struktur der Parteimitglieder, sondern der Wille der Wählerschaft. Sei das Gewerbe im Nationalrat übervertreten, so besitze gleichzeitig die Landwirtschaft im Kantonsrat das Übergewicht. Man rief zur Einigkeit auf, denn nur aus einem Zusammenstehen der mittelständischen Berufsstände ergebe sich die notwendige Stärke für eine wirkungsvolle politische Vertretung. Neue Statuten, die jene von 1920 ersetzten, und der Versuch einer Sanierung der zerrütteten Parteifinanzen durch Besteuerung der Amtsträger auf Bundes- und Kantonsstufe markierten den Abschluss der Ära Brändli.[96]

Den geistig-weltanschaulichen Überbau der nationalen BGB, der auch in Zürich überzeugte, bot in jenen Jahren der Berner Theologieprofessor Kurt Guggisberg mit seiner Schrift «Das mittelständische Denken». Der bedeutende Kirchenhistoriker wollte den «Optimismus des Glaubens» den vielen Gefahren der Zeit entgegensetzen und die menschliche, politische und wirtschaftliche Harmonie in der «echten Mitte» anstelle der Extreme finden. So wie die mittlere Lösung der Lebensfragen auf allen Gebieten segensreich sei, empfahl er den mittleren Weg auch in Haus, Schule und Kirche, bei Arbeit oder Freizeit und eben auch in Politik, Wirtschaft und Gesellschaft. Guggisberg beklagte das Entweder-oder von Kommunismus und alles überwucherndem Grosskapitalismus, von schrankenloser Bindung und absoluter Freiheit, von überspitztem Nationalismus und vaterlandslosem Internationalismus. Der Ideologe der bernischen Staatspartei erinnerte auch ans schöne Gotthelf-Wort: «Wenn eine Nation frisch und froh der Zukunft entgegentreten darf, so ist es immer noch die schweizerische; noch ist sie unter den Völkern, was der Mittelstand unter den Ständen.»[97]

1962 übergab Heinrich Brändli das zürcherische Parteipräsidium an Kantonsrat Jakob Vollenweider (1912–1980), Landwirt in Wangen, das dieser bis 1969 innehaben sollte. Vollenweider hatte seine Ausbildung an der Handelsschule und eine Bauernlehre im Strickhof durchlaufen, bevor er fast vierzig Jahre lang den väterlichen Betrieb bewirtschaftete. Seit 1938 Gemeinderat, wirkte er von 1942 bis 1954 als Gemeindepräsident in Wangen und von 1945 bis 1969 im Kantonsrat, den er 1956/57 präsidierte. 1963 bis 1975 sass Jakob Vollenweider für die BGB/SVP im Nationalrat und amtete bis zu seinem Tod im Jahre 1980 als Bezirksrichter, kantonaler Verwaltungsrichter und Präsident des Volg-Verwaltungsrates.[98]

Als klassischer, unauffälliger Vertreter der früheren Bauernpartei vermochte Vollenweider bei allen menschlichen und fachlichen Vorzügen der BGB nur wenig öffentliches Gehör zu verschaffen. Der Auftritt der schweizerischen wie der zürcherischen Partei blieb behäbig; angriffige Propaganda und spektakuläre Medienauftritte wurden vermieden. Bescheidenheit, Nüchternheit und Sparsamkeit schienen höhere Tugenden: «Die Fraktion lehnt die Errichtung einer Kaffeebar im Rathaus mehrheitlich ab», hielt das Protokoll der kantonsrätlichen Gruppe 1961 trocken fest. In Fragen der Landwirtschaft und der Landesverteidigung äusserte sich die BGB allerdings unvermindert dezidiert. So bekämpfte sie auf dem Höhepunkt des Kalten Krieges 1962 mit Erfolg die Atomwaffenverbotsinitiative der SP: «Das Volk sagte nein, weil es sich die Hände nicht binden lassen wollte. Das Resultat ist kein Entscheid für oder wider Atomwaffen. Auch die Gegner der Initiative wollen keine Atomwaffen, aber sie wollen die Möglichkeit haben, dann zu taktischen Atomwaffen zu greifen, wenn es notwendig sein sollte.»[99]

Aussenpolitisch bewegte 1962 auch der Zusammenschluss der Bundesrepublik Deutschland mit Frankreich, Italien, Luxemburg, Belgien und den Niederlanden zur Europäischen Wirtschaftsgemeinschaft (EWG). Die BGB begrüsste manche wirtschaftlichen und friedenspolitischen Ideen eines zusammenrückenden Europas, warnte aber vor dem Abbau von Föderalismus und von wirtschaftspolitischen Konsequenzen etwa für das Gewerbe oder für den Binnenhandel («Das wahre Gesicht der EWG»). Die Partei wünschte sich ein Scheitern dieses ihrer Meinung nach von Grund auf falsch konzipierten Gebildes und hoffte, dass es an seinen inneren Schwierigkeiten zerbreche, bevor die Schweiz als Bittstellerin für einen Beitritt auftreten müsse, was schwerste Probleme aufwerfen würde.

Anlässlich der Zürcher Stadt- und Gemeinderatswahlen warb die BGB 1962 für eine «starke Mitte».

Die BGB betonte, dass die Schwierigkeiten auch bei einem rein wirtschaftlichen Engagement auftreten würden, «denn die Schweiz ist und bleibt weltwirtschaftlich orientiert, und die Europäische Wirtschaftsgemeinschaft ist nichts anderes als ein Schlag gegen die Weltwirtschaft, die heute allein und ausschliesslich von den freien, nichtkommunistischen und nichtsozialistischen Völkern getragen wird». Als Partei der Landwirtschaft befürchtete die BGB aber auch die Folgen eines zollfreien gemeinsamen Marktes für die Bauern. Die Landwirtschaft brauche den Zollschutz und «in der eigenen Volkswirtschaft die Entwicklungshilfe durch staatliche Intervention, weil sie im Gegensatz zur Industrie nicht die Möglichkeit zu einer gewaltigen Produktivitätssteigerung und Ersatz der Arbeitskraft hat».[100]

Die stagnierende Ära Vollenweider setzte den Mittelstandsbegriff ins Zentrum und verband damit auch politisch eine Bewegung in Richtung Mitte. Dies hing damit zusammen, dass die Sozialdemokraten ihre materiellen Postulate durch die Möglichkeiten der Hochkonjunktur zunehmend erfüllt sahen und gemässigter auftraten. Kurz vor den Unruhen von 1968 kommentierte der *Zürcher Bauer*: «Gewiss, des Schweizerlandes rote Linke hat Karl Marx aus dem Parteiprogramm verbannt, und der rüde Agitationston der Zwischenkriegszeit hat einer recht manierlichen Ausdrucksweise Platz gemacht.»[101] Unverkennbar bewegte sich also auch die SP in Richtung Mitte. Der Landesring der Unabhängigen als ehedem heftig bekämpfter Gegner schien durch den Einbruch bei den Gemeindewahlen 1962 und durch den Tod seines charismatischen Gründers Gottlieb Duttweiler an Schwung und Überzeugungskraft verloren zu haben. Doch allzu früh glaubte die BGB, den LdU als ernsthaften Konkurrenten abschreiben zu können.[102] Dass die Bauern-, Gewerbe- und Bürgerpartei mit eingemittelten, staatsmännisch auftretenden und die christlich-abendländischen Werte betonenden Persönlichkeiten wie Bundesrat Friedrich Traugott Wahlen oder Stände- und Regierungsrat Rudolf Meier identifiziert wurde, vermochte ihr Profil auch nicht zu schärfen.

Schon 1959 war die kantonale Parteizeitung unter dem programmatischen Titel *Die Mitte* vom landwirtschaftlichen Fachteil des *Zürcher Bauern* getrennt worden. Ihr politischer Inhalt blieb jedoch identisch mit dem ersten Teil des bäuerlichen Organs. Die Auflage sank zwischen Anfang der sechziger Jahre und Anfang der siebziger Jahre von 11 100 auf 9200 Exemplare.[103] *Die Mitte* verstand sich als seriöses Meinungsblatt, das aber immerhin eine wöchentliche Parteistimme darstellte und die regelmässige Mitgliederbindung ermöglichte. Ihr publizistisches Feindbild war die 1959 gegründete Boulevardzeitung *Blick* des Ringier-Verlags, deren sensationslüsternen Journalismus die *Mitte* als «Geschäft mit dem Tode» geisselte.[104]

Den kantonalen Wahlen von 1963 stellte sich die BGB auffallend selbstbewusst. Ihr Plakat zeigte eine fadengerade doppelspurige Autobahn, die mitten durch Kulturland eine moderne Grossstadt anvisiert. Dazu kam die Aufschrift: «BGB, der gerade Weg». Diese Autobahn führte schnurgerade und rücksichtslos durch bestes Kulturland, durch Äcker, Wiesen, Felder und abgeholzten Wald in Richtung einer in der Ferne winkenden Grossstadt. Alle früheren Bedenken über Kulturlandverlust und Grossstadtmoloch schienen wie weggeblasen. Der Wahlspruch stellte ein erstaunliches grafisches Zeugnis dar, das viel über die Wachstumseuphorie der Hochkonjunktur aussagt, aber auch über den Wertewandel, in dem sich die früher so konservative Zürcher Bauernpartei befand.

An der vorgängigen Delegiertenversammlung entbrannte eine Diskussion, ob die Altersgrenze von Regierungsräten jenen der Angestellten entsprechen solle, worauf der über 65-jährige Gesundheitsdirektor Jakob Heusser sofort seinen Rücktritt erklärte. Der *Zürcher Bauer* schrieb über die damit geschaffene neue Situation: «Die Sozialdemokraten sehen sich nun in die unangenehme Lage versetzt, dass sie als einzige Partei einen 68-jährigen Regierungsrat (Meierhans) zur Wiederwahl vorschlagen.»[105]

Die BGB schickte neben Finanzdirektor Rudolf Meier neu den Kantonsrat Alois Günthard ins Rennen, der Landwirt, Gemeindepräsident und Bezirksrichter in Adliswil war. Mit dem Arzt Urs Bürgi griffen die Christlichsozialen den vakanten BGB-Sitz an, den die Partei aber dank eines bürgerlichen Viererickets mit dem Freisinn verteidigen konnte. Bürgi wurde dennoch äusserst knapp gewählt, verdrängte indessen den gemässigten Sozialdemokraten Paul Meierhans, was der *Zürcher Bauer* bedauernd kommentierte: «Nach unserer Meinung hätte Herr Dr. Meierhans einen andern Abgang von der politischen Bühne verdient. […] Man hätte den Sozialdemokraten den zweiten Sitz nicht wegnehmen sollen.»[106] Im Kantonsrat fiel die BGB bei den Wahlen von 1963 um ein Mandat auf 34 Sitze zurück, blieb aber stärkste bürgerliche Kraft.

Von einer geradezu euphorischen Zukunftsgläubigkeit zeugt das BGB-Wahlplakat von 1963 («Der gerade Weg»).

Der feinsinnige und gleichzeitige robuste Sihltaler Alois Günthard (1913–1976) hatte nach der Matura in Trogen zwei Semester französische Literatur in Besançon studiert, bevor er 1942 den elterlichen Hof übernahm. Von 1947 bis 1963 war er Bezirksrichter, von 1953 bis 1963 Adliswiler Gemeindepräsident, wobei er den ehemals finanzschwachen Industrievorort in Jahren des stürmischen Ausbaus führte. Nach seiner Wahl in den Regierungsrat wurde Günthard 1963 vorerst Polizei- und Militärdirektor und wechselte vier Jahre später in die Baudirektion. In der Phase einer ausgesprochenen Hochkonjunktur leitete er zahlreiche wichtige Hoch- und Tiefbauprojekte. Trotz teilweiser Redimensionierung hielt er am einmal beschlossenen Strassennetz fest, was ihm in den Jahren eines öffentlichen Meinungsumschwungs vielen harten Angriffen aussetzte. Alois Günthard verstarb ganz überraschend im Amt des Regierungspräsidenten. Er verfasste geistreiche Gedichte und veröffentlichte verschiedentlich Feuilletonbeiträge in der *Neuen Zürcher Zeitung*.[107]

Auf eidgenössischer Ebene verlangte eine Atomwaffeninitiative der Linken im Mai 1963, der Schweiz generell Atomwaffen zu verbieten. Die BGB wollte aber dem Land dieses letzte Mittel der Landesverteidigung nicht vorsorglich aus der Hand schlagen und forderte, die Schweiz als «christliche, wehrhafte Demokratie zu erhalten und auszubauen». Nach der wuchtigen Ablehnung des Begehrens äusserte sich die Zürcher Partei überzeugt, dass der Entscheid «nicht nur bei uns, sondern auch im Ausland beachtet wird».[108]

Ein Katastrophenereignis, das landesweit für grosse Bestürzung und Solidarität sorgte, bedeutete am 4. September 1963 der Absturz einer Swissair-Maschine im aargauischen Dürrenäsch. An Bord der Caravelle befanden sich 80 Personen, die alle sofort den Tod fanden. Unter den Opfern beklagte man 43 Einwohner des kleinen Weinländer Dorfes Humlikon bei Andelfingen, nicht weniger als ein Fünftel der dortigen Einwohnerschaft. Es handelte sich bei den Opfern fast ausnahmslos um Männer und Frauen der Milchgenossenschaft Humlikon, welche damals gleichzeitig die Funktion einer BGB-Ortssektion wahrnahm. Die Bauernpaare wollten ihren Herbstausflug nach Genf mit dem

Das bislang schwerste Flugzeugunglück in der Schweiz forderte am 4. September 1963 80 Tote. Beginn der Trauerfeier vom 9. September 1963 für 43 Todesopfer in Humlikon, hauptsächlich Mitglieder der dortigen milchwirtschaftlichen Genossenschaft.

Besuch eines landwirtschaftlichen Mustergutes verbinden. Unter den Toten befanden sich sämtliche Gemeinderäte und Schulpfleger sowie der Posthalter, so dass der Kanton die Gemeinde vorübergehend kommissarisch führen musste.[109]

Auch bei den anstehenden Feldarbeiten koordinierte die Volkswirtschaftsdirektion mit, so dass die Ernte dank zahlreicher freiwilliger Helfer zeitgerecht eingebracht werden konnte. Noch wichtiger aber war, dass die vom Unglück betroffenen 39 Vollwaisen und fünf Halbwaisen von nahen Verwandten betreut werden konnten und die allermeisten von ihnen ihr Zuhause nicht verlassen mussten. Unter dem Titel «Namenloses Leid» und mit Trauerrand betrauerte der *Zürcher Bauer* die Opfer: «Sie kehren nie mehr zurück – nie mehr

Trauerzug von Humlikon zur Kirche Andelfingen vom 9. September 1963, angeführt von BGB-Bundesrat Friedrich Traugott Wahlen und der Zürcher Regierung.

zu ihren Kindern, nie mehr ins Dorf. […] Der Schmerz würgt! Worte des Trostes? Woher sollten wir sie nehmen?»[110]

Auf die Nationalratswahlen 1963 hatte Rudolf Reichling-Oehninger – der erste und einzige Ehrenpräsident der Kantonalpartei – nach über 24-jähriger Tätigkeit in der grossen Kammer seinen Rücktritt erklärt. Die Zürcher BGB konnte trotz Verlust an Wähleranteilen ihre fünf Mandate halten. Als Ständerat wurde Rudolf Meier problemlos bestätigt, nicht gewählt wurde aber der freisinnige Marcel Grossmann, den der sozialdemokratische Rechtsanwalt Eduard Zellweger klar distanzierte. Beunruhigt wurde die BGB indessen durch die Tatsache, dass die FDP sie erstmals seit 1919 mit über 4000 Wählerstimmen überholte. Wenn die *NZZ* befriedigt konstatieren konnte, «in wie starkem Masse der Freisinn heute auf der Landschaft verwurzelt ist», musste diese Spitze die BGB schmerzen.[111]

Neu schaffte das Nationalratsmandat neben Parteipräsident Jakob Vollenweider aus Wangen auch Ernst Gugerli (1911–1993) aus Aesch. Gugerli hatte die landwirtschaftliche Schule in Affoltern am Albis absolviert und bewirtschaftete nach einem Praktikum in der Westschweiz den elterlichen Bauernhof. Er stellte sich verschiedenen landwirtschaftlichen Organisationen zur Verfügung, wurde 1934 in den Gemeinderat gewählt und wirkte seit demselben Jahr und noch bis 1954 als nebenamtlicher Gemeindeschreiber. Von 1937 bis 1980 war Gugerli Mitglied des Grossen Vorstandes des Schweizerischen Bauernverbandes. 1939 bis 1963 sass er im Kantonsrat, dem er 18 Jahre als Ratssekretär und Protokollführer diente und den er 1961/62 präsidierte. Der überaus fleissige und zuverlässige Gugerli war auch Bankrat der Kantonalbank und setzte sich in den Jahren seiner Berner Nationalratstätigkeit zwischen 1963 und 1975 vor allem für Fragen der Landwirtschaft, des Mietrechts und des Grundeigentums ein.[112]

1964 trat der gebürtige Ramsener Ökonom Hanspeter Brütsch aus Volketswil die Nachfolge des in die Bankenkommission der Zürcher Kantonalbank gewählten Emil Straub an.¹¹³ Auch ihm oblag das Sekretariat von Bauernverband und BGB gemeinsam, und Brütsch hatte überdies den *Zürcher Bauern* zu redigieren. 1971 wechselte er als Direktor zur Flughafen-Immobilien-Gesellschaft (FIG), wo er sich 27 Jahre lang als loyale, integre Persönlichkeit für den eindrucksvollen Ausbau des Zürcher Flughafens einsetzte.

Während die BGB in den sechziger Jahren an Ecken und Kanten und damit an Kampfkraft verlor, hatte sich das Gesicht des Kantons Zürich unübersehbar gewandelt. Allein von 1950 bis 1990 wuchs die Bevölkerung um fünfzig Prozent. In der gleichen Periode vergrösserte sich das Volkseinkommen um das Achtzehnfache, teuerungsbereinigt immerhin um das Fünffache. 1990 lag das Pro-Kopf-Einkommen im Kanton volle 31 Prozent über dem Landesdurchschnitt. Die wirtschaftliche Dominanz von Zürich speziell im Dienstleistungsbereich weckte in der Restschweiz zwar einen gewissen Respekt, aber auch Bedenken, ja Aversionen. Die Stadt breitete sich gewissermassen in die Gemeinden der beiden Seeufer, ins Limmattal und in die nördlich gelegenen offenen Täler aus. Seit den sechziger Jahren verwandelten sich auch weiter entfernte Dörfer zu städtischen Vororten. Der Massenwohnungsbau erfasste vor allem das Limmattal und das Glatttal.¹¹⁴

Die Landwirtschaft der Nachkriegszeit war geprägt durch einen drastischen Rückgang der Betriebszahlen und der benötigten menschlichen Arbeitskräfte bei einer fast schon unglaublichen Steigerung der Erträge. Diese Entwicklung veränderte das äussere Erscheinungsbild der Zürcher Kulturlandschaft wie auch deren Ökologie tiefgreifend. Zwischen 1955 und 1990 gaben mehr als die Hälfte der Zürcher Bauern ihre Höfe auf. Die ebenfalls einbrechenden Zahlen des Nachwuchses an den Landwirtschaftsschulen zeugten vom mangelnden Glauben der Jugend an die Zukunft des Berufes. Die landwirtschaftlich genutzte Fläche ging indessen weit langsamer zurück, weil die einzelnen Bauern immer mehr Boden bewirtschafteten. In der Nachkriegszeit gaben viele Erwerbstätige ihre kleingewerblichen oder landwirtschaftlichen Berufe auf. Mit dieser Entwicklung ging der massive Rückgang der selbständigen Existenzen einher. Zahlreiche Güterzusammenlegungen erlaubten eine rationellere Bewirtschaftung des zuvor zerstückelten bäuerlichen Besitzes. Im Verlauf dieser umfangreichen Neuplanungen wurde auch das Land für die vorgesehenen Hochleistungsstrassen ausgeschieden.¹¹⁵

Was die Berufstätigkeit der Frauen betrifft, so waren die Bäuerinnen seit je stark in den Betrieb eingebunden. Die zunehmende Technisierung machte es aber möglich, dass die Bauernfrauen kaum mehr Stall- und Feldarbeit verrichteten, sondern sich um die Kinder kümmerten sowie die Arbeit in Haus, Küche und Garten erledigten oder einer auswärtigen Beschäftigung nachgingen. War in den fünfziger Jahren der Anteil der Frauen in der Berufswelt noch relativ gering, so stieg ihre Erwerbsquote in den sechziger und vor allem ab den siebziger Jahren parallel mit der vorübergehenden Rückwanderung von Ausländern markant an. Der wachsende Einbezug der Frauen in den Arbeitsmarkt vollzog sich gleichzeitig mit der Ausweitung des Dienstleistungssektors.[116]

Das Privatauto war in jenen sechziger Jahren nicht länger Luxus für die Oberschicht, sondern wurde für eine grosse Mehrheit der Bevölkerung erschwinglich. Bald verfügte schon so gut wie jeder Haushalt über ein Automobil. Diese Massenmotorisierung für Arbeit, Haushaltung und Freizeit erforderte einen massiven Ausbau der Strassen. Schon in den fünfziger Jahren waren die Diskussionen um Schnellstrassen und Schnellbahnen zur Entlastung der Zentren und Dörfer entbrannt. Die BGB verband ihre grundsätzliche Befürwortung der Realisierung des landesweiten Nationalstrassennetzes ab 1960 mit den Bedenken gegen den unwiederbringlichen Kulturlandverschleiss und die Landschaftseingriffe. Gewisse Sorgen betrafen auch die Sicherstellung der künftigen Ernährungsgrundlage. Jedenfalls wurde gefordert, dass die Landwirtschaft wie überhaupt die privaten Landbesitzer keine unzumutbaren Opfer bringen müssten.[117] Die BGB befürwortete 1961 mit drei Vierteln der Delegiertenstimmen die Benzinzollerhöhung um sieben Rappen zur Finanzierung des Nationalstrassenbaus. Als das Volk diese zusätzliche Steuer ablehnte, kommentierte der *Zürcher Bauer* bedauernd: «Es geht hier um eine Aufgabe und ein nationales Werk, das nur mit Weitsicht und Opferbereitschaft befriedigend zu lösen ist.»[118]

Eine gesteigerte Mobilität und häufige Wohnsitzwechsel lockerten die lokalen Bindungen. Man unterschied jetzt im Kanton Zürich zwischen städtischen Zentren, Agglomerationen und ländlich gebliebenen Regionen, wobei diese Trennlinien neben den Lebensgewohnheiten auch das politische Denken und die Weltanschauung prägten. So bewahrte sich der Kanton trotz mächtigem wirtschaftlichem Druck zur Zentrumsbildung ein bemerkenswertes Mass an innerer Vielfalt von «weltoffener» Modernität bis zu einer dem Regionalen weiterhin verhafteten Tradition.[119]

Zu den bedeutenden Agrarvorlagen der Nachkriegszeit gehörten verschiedene Milchwirtschaftsbeschlüsse, die Preisgestaltung und Vermarktung der wichtigsten Milchprodukte regelten. Trotz des deutlichen Rückgangs der Produzentenzahl hatte sich die Milchmenge massiv ausgeweitet. Gründe dafür waren der abnehmende bäuerliche Eigenkonsum, intensivere Bodennutzung, verbesserte Viehzucht, Futtermittelimporte und der Einsatz von Milchersatzmitteln in der Mast und Aufzucht der Kälber. Dies machte ab den 1950er Jahren Staatsbeiträge an die Milchverwertung notwendig. Es gelang nämlich nicht, den Milchkonsum parallel dem wachsenden Realeinkommen der Konsumenten zu steigern. Während Landesring und Migros eine völlige Freigabe der Pastmilch anstrebten, verlangte die BGB Milchpreissubventionen. Auch wenn 1965 eine Milchpreisvorlage den Bauern aus Sicht der Partei nur ungenügend entgegenkam, wurde im Sinne eines «wohlabgewogenen Kompromisses» Unterstützung der schliesslich erfolgreichen Vorlage beschlossen: «Sie geht den Milchverbänden an sich zu wenig weit, aber es ist immerhin eine gewisse Ordnung und daher viel besser als die von der Migros angestrebte hemmungslose Freiheit.»[120]

Die unmittelbar danach erfolgten bundesrätlichen Milch- und Schlachtpreisanpassungen lagen nach Meinung der Landwirtschaft massiv unter den existenziellen Anforderungen. Der Präsident der Zürcher Kantonalpartei, Jakob Vollenweider, argwöhnte europapolitische Rücksichten: «Wenn man den europäischen Rummel mitmachen will, müsste man die Landwirtschaft möglichst rasch dezimieren.» In der Begründung heisse es nämlich, «es sei Aufgabe der Behörden, in ihrer Preispolitik die grösseren Zusammenhänge zu beachten». Der frühere Präsident Heinrich Brändli kommentierte noch bitterer: «Der Bundesratsbeschluss kann nicht einfach hingenommen werden, er ist ungerecht und verkennt total die Lage der Landwirtschaft.»[121] Eine BGB-Bauerntagung in Winterthur kritisierte 1965 die Agraranpassungen des Bundesrates, die weder die Teuerung noch die Lohndifferenz zu andern Sozialpartnern auffange. Eine Resolution hielt fest, es gelte «einen zu weit gehenden Rückgang des Bauernstandes zu vermeiden, der für die Zukunft unseres Landes in staatspolitischer Hinsicht von verheerender Wirkung sein müsste».[122]

In der Dezembersession von 1965 trat Aussenminister Friedrich Traugott Wahlen zurück. Botschafter August R. Lindt gab der hohen Wertschätzung, die Wahlen weiterhin genoss, beredten Ausdruck: «Fritz Wahlen war ein Bundesrat, auf den jeder Schweizer, gleich welcher Parteizugehörigkeit, stolz sein konnte.»[123] Als Nachfolger wählte die Bundesversammlung den bernischen Regierungs- und Nationalrat Rudolf Gnägi. Sein Vater Gottfried Gnägi hatte mit Rudolf Minger zu den Gründern der BGB gehört, sich aber in den Auseinandersetzungen mit den Jungbauern allzu früh gesundheitlich aufgerieben. Sohn Rudolf durchlief eine klassische Parteikarriere: Nach dem juristischen Abschluss als Fürsprecher wurde er kantonaler Bauernsekretär und gleichzeitig bernisch-schweizerischer Parteisekretär, dann bernischer Volkswirtschaftsdirektor und Nationalrat. Rudolf Gnägi übernahm vorerst das Verkehrs- und Energiewirtschaftsdepartement, bevor er von 1968 bis 1979 dem Eidgenössischen Militärdepartement vorstand. Der gradlinige, gründliche Gnägi tat sich eher schwer mit Kritik, genoss aber mit seiner markanten Bassstimme, die den Kettenraucher verriet, viel Vertrauen in der Bevölkerung und war trotz äusserlich etwas unnahbarem Wesen durchaus respektiert.[124]

Die Stadtzürcher Wahlen von 1966 endeten überraschend mit einem Triumph des beinahe totgesagten Landesrings der Unabhängigen. Es war ein Sieg der Opposition gegen eine als langweilig empfundene etablierte Politik. Der LdU-Mann Sigmund Widmer wurde Stadtpräsident, was nach Ansicht der BGB für den Mittelstand nichts Gutes verhiess. Denn der LdU könne dank der finanziellen Unterstützung durch die Migros gegen alles opponieren, ohne dafür die Verantwortung übernehmen zu müssen.[125] Die BGB nannte sich nun «BGB-Mittelstandspartei», um ihren Anspruch über die bäuerlich-gewerbliche Klientel hinaus zu verdeutlichen. Während FDP und SP einbrachen, erlangte die städtische BGB einen zusätzlichen, elften Sitz und damit bis 1994 ein Allzeithoch. Der seit acht Jahren amtierende Schulvorsteher Jakob Baur wurde wieder in den Zürcher Stadtrat gewählt und sollte seinem Departement noch bis 1978 vorstehen.[126]

Die zürcherische Finanzpolitik, welche BGB-Regierungsrat Rudolf Meier in der Hochkonjunktur vertrat, widersprach im Grunde dem später von seiner Partei geforderten Kurs vollständig. Setzte sich die SVP seit den ausgehenden siebziger Jahren für einen schlanken Staat und einen sparsamen öffentlichen

Haushalt ein, verteidigte Meier 1966 die «Wohlstandsausgaben» für Schulen, Gesundheit und öffentliche Bauten und betitelte eine Steuererhöhung durch den Kantonsrat als sein «schönstes finanzpolitisches Ereignis».[127]

Fünfzigjahrfeier der BGB des Kantons Zürich in der Züspa-Halle vom 18. März 1967. In der ersten Reihe sassen von links nach rechts Bundesrat Rudolf Gnägi, Hans Conzett als Präsident der BGB Schweiz, Regierungs- und Ständerat Rudolf Meier, Regierungsrat Alois Günthard und der Zürcher Stadtpräsident Sigmund Widmer vom Landesring.

Anlässlich des 125-jährigen Jubiläums des Landwirtschaftlichen Kantonalvereins hielt Parteipräsident Vollenweider 1967 fest, Staat und Behörden hätten «im Bauernstand einen ganz besonderen Rückhalt». Gleichzeitig rief er seine Berufskollegen auf, sich aktiv politisch zu betätigen und sich nicht aus den Behörden verdrängen zu lassen.[128] 1967 war auch ein Wahljahr, und so schien der Zeitpunkt besonders günstig, um die Fünfzigjahrfeier der Bauern-, Gewerbe- und Bürgerpartei durch einen Parteitag in einer Halle der Züspa-Messe in Zürich-Oerlikon gebührend zu würdigen. Dieses Jubiläum traf zusammen mit dem dreissigjährigen Bestehen der BGB Schweiz. Am Festakt nahmen so prominente Gäste wie Bundesrat Rudolf Gnägi, alt Bundesrat Friedrich Traugott Wahlen, Nationalratsvizepräsident und Präsident der BGB Schweiz, Hans Conzett, Regierungs- und Ständerat Rudolf Meier sowie Nationalrat Walther Hofer teil. Auch Stadtpräsident Sigmund Widmer (LdU) erwies dem Anlass die Ehre seines Besuchs.[129]

Der Berner alt Bundesrat und einstige Zürcher Ständerat Friedrich Traugott Wahlen hielt an der Fünfzigjahrfeier der kantonalen BGB vom 18. März 1967 vor über tausend Anwesenden die Festrede.

Programmatisch blickte die Kantonalpartei der Zukunft etwas verunsichert entgegen. Sollte man sich allen Berufen öffnen und damit eine Volkspartei werden? Oder sollte man an der traditionellen Bauern- und Gewerbepolitik festhalten, um die Stammwähler nicht kopfscheu zu machen? Der ehemalige Bundesrat Friedrich Traugott Wahlen zog einen weiten Bogen von der Vergangenheit zur Gegenwart und vertrat als Hauptredner mit Nachdruck eine berufsständische Öffnung: «Das Rekrutierungsfeld der BGB ist so breit wie die Nation. An den beiden Flügeln stehen zwei Bevölkerungsgruppen, die mit dem Werden und der Geschichte unserer Eidgenossenschaft aufs Engste verknüpft sind, der Bauernstand und der Gewerbestand. In der Mitte stehen Bürger aus allen Bevölkerungskreisen, die im Einzelnen verschiedenen Interessengebieten angehören, aber auf höherer Ebene durch die gemeinsame Liebe zum Land und seinen freiheitlichen Institutionen, durch den Respekt vor dem Gewordenen und den Willen zu gesundem Fortschritt verbunden sind. Es ist meine Hoffnung, dass gerade diese Mitte einer ausgesprochenen Mittelstandspartei sich zahlenmässig immer mehr verstärke, damit die Partei immer wieder ein anregendes Diskussionsforum darstellendes Abbild des Schweizervolkes werde.»[130]

Wahlen erahnte mit der Erwähnung einer «gedämpften Unruhe» jenes Unbehagen, das sich 1968 bei den Jugendrevolten entladen sollte, und appellierte an die Besinnung auf die «Verantwortlichkeiten gegenüber dem eigenen Selbst, gegenüber der Familie und gegenüber den Gemeinschaften aller Stufen».[131] Parteipräsident Jakob Vollenweider bestritt in seiner Ansprache, dass die BGB reine Standespolitik betrieben habe; vielmehr sei ihr Anliegen seit je der Mittelstand gewesen. Er zitierte Rudolf Minger, der die BGB 1918 als «politische Festung» beschrieben hatte, «an der alle staatszersetzenden Tendenzen machtlos zerschellen, zum Wohle der Allgemeinheit und im Sinne der Erhaltung unseres lieben Vaterlandes».[132]

Gewissermassen Gastgeber des Jubiläumsanlasses war Züspa-Direktor Max Kunz, der den für die BGB-Stadtpartei typischen tüchtigen Aufsteiger verkörperte. Schon bei Kriegsende hatte der Konditorlehrling aus Zürich-Wiedikon im Jugendparlament eine BGB-Fraktion gegründet. Der seriöse Schaffer stieg zum Chef der aus dem Oerliker Gewerbe hervorgegangenen «Zürcher Spezialmesse» auf, die er auch international positionierte, und wurde 1966/67 erster Stadtzürcher Gemeinderatspräsident der BGB.[133]

Kurz nach dem Fünfzigjahrjubiläum der Kantonalpartei in der Züspa, im April 1967, kam es gleich nebenan im Hallenstadion nach einem Konzert der englischen Rockband The Rolling Stones zu gewaltsamen Krawallen zwischen jungen Konzertbesuchern und der Polizei. Diese ersten Zusammenstösse sollten den Auftakt der Zürcher Jugendunruhen bilden.

Ständeratsdebakel und Jugendunruhen

Bei den Kantonsratswahlen von 1967 verlor die BGB trotz leichtem Stimmenzuwachs wegen Proporzpech 3 Mandate und blieb nur stärkste bürgerliche Partei, weil die FDP ebenso viele Sitze einbüsste. Noch immer errang die BGB in 56 kleineren Gemeinden die absolute Mehrheit, in 22 Gemeinden überschritt sie sogar die 70-Prozent-Grenze. Der Landesring aber gewann 13 Mandate hinzu und kam mit 31 Kantonsräten an die BGB heran. Diese erdrutschartige Veränderung hätte eigentlich einer kritischen Analyse und energischer Korrekturen bedurft. Die BGB zog aber ein halbes Jahr später erstaunlich unbekümmert in die eidgenössischen Wahlen. Vorerst aber hielten Schlagzeilen des Nahen Ostens auch die Schweiz in Atem. Bei Ausbruch des Sechstagekrieges nahm die Kantonalpartei «mit Erschütterung Kenntnis vom Ausbruch der Feindseligkeiten zwischen den arabischen Staaten und Israel». Der Vorstand beschloss, dem neugegründeten Aktionskomitee «Helft Israel» volle Unterstützung zukommen zu lassen. Präsident Vollenweider erinnerte die Delegierten an die grosse Leistung des kleinen Staates Israel. Für den Kleinstaat Schweiz gelte es, entsprechende Lehren zu ziehen, «weil er sich offensichtlich nur auf die eigene Kraft – militärisch und wirtschaftlich – verlassen kann».[134]

Bei der Verteilung des BGB-Plakats vor den eidgenössische National- und Ständeratswahlen 1967 herrschte bei der Schweizerischen Plakatgesellschaft Hochbetrieb.

Erstmals in ihrer Geschichte präsentierte die BGB des Kantons Zürich bei den Nationalratswahlen zwei «BGB-Mittelstand»-Listen, getrennt nach Stadt und Land. Die Partei warb fast nur für die Nationalratslisten und hielt die Wiederwahl ihres angesehenen, allseits respektierten Ständerats Rudolf Meier aus Eglisau für eine Selbstverständlichkeit. Um den Sitz des zurücktretenden SP-Vertreters Eduard Zellweger kämpften mit grossem Werbeaufwand der freisinnige Kantonsrat und ehemalige Gemeindepräsident Fritz Honegger, Direktor der Zürcher Handelskammer, und der Immobilien-Unternehmer Albin Heimann vom Landesring, Mitglied der Verwaltungsdelegation des Migros-Genossenschaftsbundes.

Was der *Zürcher Bauer* nach dem Wahltag als «höchst betrübliche Überraschung»[135] bezeichnete, war für die BGB ein eigentlicher Schock, ja ein lange nachwirkendes Trauma: Rudolf Meier wurde durch die gross angelegte Propagandaschlacht zwischen Honegger und Heimann von den beiden Neulingen überrundet. Die *Neue Zürcher Zeitung* reagierte betroffen auf die Abwahl des «unbestrittenen und unangefochtenen bisherigen Ständerats Rudolf Meier, der sich um den Kanton Zürich hohe Verdienste erworben» habe. Die Wahlwerbung für den Zürcher Finanzdirektor Meier war gemäss *NZZ* «an Umfang bescheiden,

Mit dem wenig griffigen Slogan «mitbestimmen, BGB stimmen» zog eine defensive Partei 1967 in die eidgenössischen Wahlen. Sie wurde vom Landesring der Unabhängigen deutlich überholt.

Im Gegensatz zum Freisinnigen Fritz Honegger (rechts) scheiterte der völlig unbestrittene BGB-Vertreter Rudolf Meier (links) bei den Ständeratswahlen 1967 überraschend.

offenbar zu bescheiden, um in unserer kurzlebigen Zeit das Bild des bisherigen Zürcher Standesvertreters in der Erinnerung der Wähler zu wahren».[136]

Tatsächlich büsste Rudolf Meier gegenüber den Wahlen von 1963 deutlich an Stimmen ein, ohne dass der geringste Anlass bestand, ihm das Vertrauen zu entziehen. Der Zürcher BGB blieb nur die Feststellung: «Dieses Ergebnis ist in der Tat bedrückend, und in ihm liegt eine menschliche Tragik, der zufolge nun ein Schatten über der glanzvollen politischen Laufbahn eines hervorragenden Dieners am Staat liegt.» Der freisinnige St. Galler Ständeratspräsident Willi Rohrer bedauerte die Abwahl Meiers («einer der Besten und eine hervorragende Kraft») als «wahltaktischen Betriebsunfall».[137]

Rudolf Meier selber hatte insofern wenig Grund, mit seiner Partei zu hadern, als er selber eine nennenswerte Wahlkampagne für sich abgelehnt hatte in der unzutreffenden Meinung, er werde aufgrund seiner Bekanntheit und seiner Verdienste problemlos wiedergewählt. Sei es nun falscher Stolz oder falsche Bescheidenheit gewesen: Der Schock dieser Abwahl sass tief. Die Zürcher

BGB/SVP zahlte für das selbstverschuldete Debakel insofern Lehrgeld, als sie fortan nicht mehr wagte, sich auf vermeintlich wohlerworbenen Lorbeeren auszuruhen, sondern in den künftigen Jahrzehnten auch bei einem sicher scheinenden Wahlgang kräftig die Werbetrommel rührte.

Mit einem Rückgang des Wähleranteils um 0,8 Prozent konnte die BGB ihre 5 Nationalratsmandate halten, hatte aber gemäss eigenem Urteil wenig Grund, «sich auf die vielzitierte Wahrung des Besitzstandes viel einzubilden».[138] Der neuerliche LdU-Grosserfolg im Windschatten der Ständeratskandidatur Albin Heimanns erzeugte bei der Bauern-, Gewerbe- und Bürgerpartei grosses Unbehagen, steigerte sich doch der Landesring von 5 auf unglaubliche 9 Nationalräte und vermochte mit einem Stimmenanteil von 23 Prozent sogar die SP als stärkste Partei zu überholen. Der Zeitgeist eines gewissen Nonkonformismus brachte am Vorabend der Jugendunruhen eine darauf kaum vorbereitete, in ihrem politischen Kurs wenig gefestigte BGB in Bedrängnis. Während Landesring und Freisinn auf moderne, flächendeckende Werbemethoden setzten, fehlten dem personell schwach dotierten BGB-Sekretariat, das neben der Partei auch noch die landwirtschaftlichen Organisationen und die Herausgabe der Zeitungen bewältigen musste, die Möglichkeiten und Mittel eines professionellen Wahlkampfes.[139]

An der auf die Ständeratswahlschlappe folgenden Delegiertenversammlung forderte Parteipräsident Jakob Vollenweider eine «gründliche Analyse und Standortbestimmung». Verschiedene Votanten sparten nicht mit guten Ideen. Sie plädierten für ein besseres Einspannen der Zeitungen, verstärkte Präsenz bei Radio und Fernsehen, entsprechende Redeschulung, Profilierung durch kontradiktorische Veranstaltungen oder Neubelebung von eingeschlafenen Ortssektionen.[140] Mehrere Parteimitglieder stellten die Frage nach der Verantwortlichkeit, während andere eine «Kollektivschuld» orteten und nach einer professionelleren Werbung riefen. Man kritisierte die Parteileitung als zu wenig medienbewusst und als zu «zahm»; es sei nicht interessant, «in einer sterbenden Partei mitzumachen».[141]

Doch solche Vorschläge versandeten in den folgenden Jahren in der Routine der Alltagspolitik. Eine von Stadtrat Jakob Baur formulierte Stellungnahme brachte die Malaise auf den Punkt: Die BGB habe der Propagandalawine von Landesring und Freisinn wenig entgegenzusetzen; das Jugendproblem müsse ernst genommen werden, auch wenn vorerst nur eine «Minderheit von linksextremen Intellektuellen» aktiv geworden sei. Jedenfalls habe die BGB «rasch und gründlich einen neuen Standort» zu finden.[142] Eine 15-köpfige «Reaktivierungskommission» (später «Standortkommission» genannt) unter dem Vorsitz von Kantonsrat Hans Glättli aus Wallisellen sollte Vorschläge ausarbeiten, um die Partei wieder auf Erfolgskurs zu bringen. Eine Profilierung erhoffte man sich mit einem «Appell zur Sammlung» der verschiedenen Berufsstände und in der Betonung von Stabilität, Konstanz und Dauerhaftigkeit als Gegenpol zu Unruhe und Abbruch der bestehenden Ordnung. Am besten geschehe dies durch die Bezeichnung «BGB-Mittelstandspartei». Unbedingt nötig seien die Aktivierung der Sektionen, ein besserer Zugang zu den «Massenmedien» und die vermehrte Professionalisierung auf allen Stufen.[143] Eine Finanzkommission sollte neue Geldquellen erschliessen, doch sei – wie es Kantonalbank-Präsident Emil Straub etwas derb ausdrückte – «der von uns gesuchte ‹Geldscheisser› noch nicht gefunden». So belegte die Parteileitung zwecks Sanierung der seit den Wahlen von 1967 arg strapazierten Finanzen einmal mehr die Mandatsträger mit entsprechend abgestuften Parteisteuern.[144]

Anstelle von Heinrich Brändli verstärkte Kantonsrat und Gemeindepräsident Otto Bretscher (1911–2000) aus Andelfingen die Zürcher BGB-Deputation in Bundesbern. Bretscher hatte die landwirtschaftliche Schule in Wülflingen besucht, sich in der Romandie und in Dänemark weitergebildet und führte ab 1936 den eigenen Hof. 1950 wurde er Gemeinderat und amtete von 1956 bis 1974 als Gemeindepräsident. Er ermöglichte für Andelfingen eine Entwicklung, die Wert auf Bewahrung ebenso wie auf Erneuerung legte. Bretscher war über die eigene Parteibasis hinaus bekannt als Präsident des Verbandes der Zürcher Gemeindepräsidenten und wirkte aktiv im Vorstand und im Präsidium des kantonalen Holzproduzentenverbandes mit. Sieben Jahre lang war er gleichzeitig Gemeindepräsident, Kantonsrat und Nationalrat. Bretscher setzte sich hauptsächlich für landwirtschaftliche Probleme ein, interessierte sich aber auch für die Gesundheitspolitik und – als ehemaliger Bezirksschulpfleger – speziell für Bildungsfragen.[145]

Die Zürcher Stadtpolizei wurde durch den Gewaltausbruch zahlreicher Jugendlicher bei den Zürcher Globus-Krawallen vom 29. Juni 1968 überrumpelt und drängte die Demonstrierenden mit Wasser aus Feuerwehrschläuchen zurück.

Das bewegte Jahr 1968 mit der Forderung nach einem autonomen Jugendzentrum, den Globus-Krawallen und eigentlichen Strassenschlachten zwischen Polizei und Jugendlichen in Zürich forderte die BGB heraus – nicht ganz unähnlich den Generalstreiksereignissen von 1918. 35 Menschen, darunter 15 Polizisten, wurden in der Nacht vom 29. auf den 30. Juni schwer verletzt.[146] In einem Inserat im *Tagblatt der Stadt Zürich* distanzierte sich die städtische BGB von Kreisen, die entschlossen seien, «die demokratische Ordnung zu negieren und mit der Drohung von Gewalt, mit Tumulten und Sachbeschädigungen ihre verschiedenen Forderungen durchzusetzen». Es sei offenkundig, «dass es den Angreifern nicht um friedliche Proteste geht, sondern darum, unsere Stadt in Unruhe zu stürzen». Die BGB stellte sich hinter die Ordnungshüter und forderte vom Stadtrat wie vom Regierungsrat, «das Problem der zunehmenden Jugend- und Wohlstandsverwahrlosung umfassend abzuklären und die sich aufdrängenden Massnahmen zu ergreifen». Der mitdemonstrierende PdA-Stadtparlamentarier habe das Amtsgelübde gebrochen, und die beteiligten Ausländer seien «nach Abklärung des juristischen Tatbestandes auszuweisen».[147]

Auch das kantonale Parteiorgan *Die Mitte* sorgte sich um den guten Ruf der Stadt Zürich: «Der Schandfleck ist vorhanden, und was eine ausser Rand und Band geratene Masse von Randalierern dem Ansehen Zürichs zugefügt hat, bleibt noch auf lange Zeit haften.»[148] Die heftige Konfrontation zwischen staatstreuem Bürgertum und linkschaotischen Jugendlichen und Studierenden, die offen mit kommunistischen Regimes sympathisierten, belastete die Konkordanz der Hochkonjunktur. Die BGB-Gemeinderatsfraktion der Stadt Zürich distanzierte sich vom «pöbelhaften Auftreten» mancher Demonstranten. Diese hätten das Globus-Provisorium nicht besetzt, um eine «Stätte der freien Aussprache für die Jugend» zu erhalten, sondern es gehe hier um eine «Brutstätte der Anarchie». Der Stadtrat wurde aufgefordert, «solche Angriffe verantwortungsloser Jugendlicher im Keime zu ersticken». Die Behörden sollten das Problem abklären, und an die Medien erging der Appell, «den jungen Rebellen nicht zu einer unangemessenen Publizität zu verhelfen».

Ansonsten herrschte Ratlosigkeit gegenüber dem Phänomen der Jugendrevolte. Kantonsrat Werner F. Leutenegger wähnte die Ursache in der mangelnden staatsbürgerlichen Erziehung. Auch wenn er nicht gegen Reformen sei, hielt er das ständige Gerede von einer Revolution für gefährlich und glaubte, manche Jugendlichen liessen sich von «Totengräbern der Demokratie» missbrauchen.[149] Eine von der BGB Schweiz ins Leben gerufene «Jugendfraktion» wurde nun auch im Kanton Zürich aktiv. Ihre rund fünfzig Mitglieder, die unter 35-jährig sein sollten und der Mutterpartei nicht angehören mussten, befassten sich vornehmlich mit einer Volksinitiative zur Schulkoordination und erhielten einen Sitz im BGB-Parteivorstand.[150]

Nachdem im August 1968 russische Panzer dem Prager Frühling, also den im Westen hoffnungsvoll beobachteten Demokratisierungsbemühungen in der Tschechoslowakei, ein blutiges Ende gesetzt hatten, sprach BGB-Nationalratspräsident Hans Conzett vor dem Parlament seine Abscheu über diese Ereignisse aus.[151] Auch seine Fraktion gab ihrer Entrüstung über den kommunistischen Gewaltakt deutlich Ausdruck: «Unsere Landesbehörde braucht sich nicht zu scheuen, den Gefühlen des Volkes offen Ausdruck zu geben.» Mit Unbehagen wurde die passive Haltung der Uno beobachtet, was für die BGB die Bedeutung von «Unabhängigkeit und Neutralität» verstärkte. Das tragische Schicksal des tschechoslowakischen Volkes ernüchtere manche Illusionen und müsse für die Schweiz «eine heilsame Lehre für die Zukunft» bedeuten.[152]

Obwohl die Zürcher BGB auf ihre frühere antirevolutionäre Ideologie zurückgriff und auf die schweizerischen Werte, ihre aus dem Bauernstand stammenden Staatsmänner, die «Heimwesen ihrer Ahnen» und die «Ehrfurcht vor dem Geschaffenen und Gewordenen» verwies, vermochte sie ihre Mitglieder- und Wählerbasis nicht auszuweiten.[153] In einem Rückblick auf die Studentenunruhen kam Parteisekretär Hanspeter Brütsch zum Schluss, dass die Landwirtschaftspolitik in der BGB weiterhin das Schwergewicht bilden solle.[154] So wurde die Partei in den Städten nicht primär als politisches Gegengewicht gegen die Achtundsechziger wahrgenommen, sondern als Vertreterin ländlicher Interessen.

Vor allem in der Frage der politischen Beteiligung der Frauen rächte sich die jahrzehntelange Gegnerschaft gegen das Frauenstimmrecht. In den sechziger Jahren war die BGB die nunmehr letzte Bundesratspartei, die sich gegen das Frauenstimmrecht aussprach. Als 1966 im Kanton Zürich ein erneuter Versuch gewagt wurde, beschlossen die Delegierten mit 113 zu 27 Stimmen wiederum die Nein-Parole. Dabei wurde einmal mehr betont, die Ablehnung richte sich nicht gegen die Frauen, sondern sie sei eine Folge mannigfaltiger nachteiliger Konsequenzen, die sich aus der politischen Gleichstellung der Frau ergäben.[155] Der spätere Kantonalpräsident Werner F. Leutenegger vertrat die Meinung, nur eine verschwindend kleine Minderheit von Frauen besitze den Ehrgeiz, sich politisch zu exponieren oder sich in ein Parlament wählen zu lassen. Bei Annahme des Frauenstimmrechts würden die Frauen verpflichtet, «sich mit den Fragen des öffentlichen Lebens laufend intensiv auseinanderzusetzen», was sie von den «eigentlichen Aufgaben der Frau» ablenke und «in ihrem Frauendasein» beeinträchtige. Man solle es bei der traditionellen Rollenverteilung belassen, was «jedem der beiden Geschlechter erleichtert, jenen Beitrag an das Ganze zu leisten, der dem eigenen Wesen und der Natur entspricht». Die «totale Verpolitisierung unseres Lebens und unserer Familien» werde von der BGB nicht gewünscht. Auf die rhetorische Frage «Ist die BGB frauenfeindlich?» antwortete die Partei gleich selber: Es handle sich im Gegenteil um die Rücksichtnahme auf die Frau, und man werde auch in Zukunft eine Politik nicht gegen, sondern für die Frauen betreiben.[156]

Die BGB-Frauengruppe der Stadt Zürich, deren Präsidentin Susy Matthys vehement für das Frauenstimmrecht eintrat, liess im Restaurant «Du Pont» Nationalrat Hans Conzett, Präsident der BGB Schweiz, als Befürworter und Kantonsrat Alfred Schütz als Gegner auftreten. Als die Stadtpartei an ihrer Versammlung die Nein-Parole fasste, verliessen einige weibliche Mitglieder vorzeitig den Saal. Kantonsrat Max Gerber wandte sich darauf mit einer Einsendung an die *Mitte* («Frauen, so geht es nicht!»). Er selber bekannte sich als Befürworter, der auch an zahlreichen Versammlungen in diesem Sinne referiert habe, doch solle man den Entscheid der Demokratie überlassen, statt «kleine Demonstrationen des momentanen Missmutes» zu veranstalten. Präsidentin Susy Matthys reagierte umgehend mit einer Berichtigung («Meine Herren, so war es nicht gemeint!»). Der vorzeitige Aufbruch sei einzig aus dem Grund erfolgt, weil die entsprechenden Damen am Stadtrand wohnten und durch Familienmitglieder zu einem fixen Zeitpunkt für die Heimfahrt erwartet worden seien.[157]

Trotz schliesslicher Ablehnung an der Urne war der Ja-Anteil für das kantonale Frauenstimmrecht 1966 bereits sehr beachtlich. Jedem politischen Beobachter schien klar, dass die nächste Abstimmung den Durchbruch bringen musste. Tatsächlich wurden die stimmberechtigten männlichen Zürcher bereits 1969 wieder an die Urnen gerufen, um zumindest über das Frauenstimmrecht auf Gemeindestufe zu befinden. Nachdem die BGB immer wieder für ein schrittweises Vorgehen plädiert hatte, konnte sie sich diesmal ohne Glaubwürdigkeitsverlust unmöglich nur verweigern. Der Vorstand unterstützte nun das Anliegen, die Delegiertenversammlung beschloss Stimmfreigabe, und die Vorlage passierte im überraschend klaren Verhältnis von zwei zu eins. Die BGB beugte sich – allerdings nicht eben willig – dem Zeitgeist und kommentierte etwas kleinlaut, es sei wenig sinnvoll, «Ereignissen auszuweichen, die ohnehin kommen».[158]

Eine Grundskepsis blieb allerdings vor allem wegen der Achtundsechziger-Bewegung und deren Folgen bestehen. Zwar vertraute die BGB angesichts des Aufstands von Studierenden und Jugendlichen auf eine «grosse Mehrheit der Gemässigten» unter den Frauen, befürchtete aber doch, dass deren «radikalsten und aktivsten» Elemente «das Gesetz des Handelns an sich reissen» könnten.[159] Bei allem Verständnis für die Bemühungen der bürgerlichen Frauenverbände warnte die BGB vor dem Einfluss der «Frauenbefreiungsbewegung», einer Gründung im Zuge der Revolten von 1968, die mit Strassentheatern medienwirksam gesellschaftliche Veränderungen forderte. Diese gingen weit über das Frauenstimmrecht hinaus und umfassten eine Arbeitsteilung der Geschlechter im Berufsprozess wie innerhalb der Familie, vor allem aber eine freiere Sexualmoral. Dass es der Frauenbewegung gelang, verschiedene Veranstaltungen der traditionellen Frauenstimmrechtsvereine in ihrem Sinn zu instrumentalisieren, löste bei den Bürgerlichen Beunruhigung aus.[160]

Aussenpolitisch verfolgte man die Entwicklung der Europäischen Wirtschaftsgemeinschaft weiterhin mit grosser Skepsis. Angesichts der engen intereuropäischen Handelsbeziehungen schien es wirtschaftliche Vorteile einer Integration zu geben, doch mahnten die innenpolitischen Staatssäulen zur Vorsicht. «Vielleicht», so erinnerte die BGB im Jahr 1969, «ist es noch nicht so recht ins Bewusstsein der schweizerischen Öffentlichkeit gedrungen, wie sehr unser Beitritt zur EWG eben doch eine ganz wesentliche Beschneidung unserer eigenstaatlichen Freiheiten, unserer Selbständigkeit und Unabhängigkeit auf zahlreichen Gebieten zur Folge hätte.» Die EWG entwickle sich zu einer Art «Vereinigten Staaten von Europa» hin, was eine weitgehende Vereinheitlichung zur Folge habe. Die Partei war deshalb der festen Überzeugung, dass die Schweiz mit ihrer kleinstaatlichen Eigenständigkeit bei einem Beitritt einen zu hohen Preis für allfällige wirtschaftliche Vorteile bezahlen müsse. Der Verzicht auf traditionelle demokratische und föderalistische Institutionen würde dem Land besonders schwer fallen, «ganz zu schweigen von den schwerwiegenden Auswirkungen auf Neutralität und Unabhängigkeit».[161]

Da war es eine erleichternde Aussicht, dass man mit der EWG ohne Mitgliedschaft Freihandelsverträge abschliessen und damit die Eigenständigkeit bewahren konnte. Der freisinnige Zürcher Bundesrat Ernst Brugger leitete die entsprechenden bilateralen Verhandlungen mit ausgezeichneten Unterhändlern und grossem Geschick. Ernst Brugger hatte seine politische Karriere übrigens während acht Jahren als parteiloser Gemeinderat in Gossau ZH begonnen. Als ihn die FDP 1947 als Kantonsratskandidaten portieren wollte, zögerte er, «da er doch ein Bauernsohn sei». Der junge Sekundarlehrer wurde indessen von der BGB übergangen, denn es komme – so deren Protokoll – nicht in Frage, «dass ein besoldeter Staatsangestellter auf der bäuerlichen Liste portiert werde, insbesondere für eine ausgesprochene Landgemeinde».[162] Wegen dieser schwer nachvollziehbaren Begründung machte Brugger bei der FDP Karriere, wobei er es bis an die Spitze des Eidgenössischen Volkswirtschaftsdepartementes schaffte. Dort konnte er für Wirtschaft, Gewerbe und Landwirtschaft zweifellos mehr leisten, als wenn er BGB-Mitglied und Lehrer in Gossau geblieben wäre.

Die Strukturveränderungen in der Landwirtschaft setzten sich ab Ende der sechziger Jahre beschleunigt fort. Viele Inhaber kleinerer Höfe gingen jetzt einem Nebenerwerb nach. Trotz allmählichen Ausbaus der Direktzahlungen für erbrachte Leistungen und Stützungsmassnahmen bei den Preisen für Landwirtschaftsprodukte blieb das Familienunternehmen die vorherrschende Betriebsform. Der Anteil der weiblichen Arbeitskräfte ging zurück, jener von Ausländern und Saisonniers stieg an. In manchen Regionen, etwa im Glattal, im Furttal und im Limmattal, breiteten sich die Wohnquartiere und Verkehrsinfrastrukturen rasant aus und machten die Landwirtschaft unattraktiv. Dennoch sorgte die Raumplanung dafür, dass auch in dicht besiedelten Gebieten bäuerliche Betriebe weiterbestanden. Ein gelernter Bauer und Rechtsstudent aus dem nördlichen Kantonsteil verfasste damals eine Dissertation über diese Raumplanung und setzte sich aktiv ein, dass nicht industrielle Grossüberbauungen die wertvollsten Landwirtschafts- und Erholungszonen verdrängten.[163] Sein Name war Christoph Blocher.

1972 konnte der Souverän über die Freihandelsverträge mit der EWG abstimmen und damit einen geregelten Marktzugang zu 300 Millionen europäischen Bürgern ermöglichen. Der frühere Parteipräsident und Nationalrat Jakob Vollenweider setzte sich mit Erfolg für das Vertragswerk ein («Warum ich dem EWG-Abkommen zustimme»), womit die bisherige Agrarpolitik fortgesetzt werden konnte und sowohl die Neutralität als auch die direkte Demokratie unangetastet blieben.[164] Die Zürcher BGB zog also bereits Anfang der siebziger Jahre klare aussenpolitische Leitlinien, die nicht überschritten werden durften. Da diese beim Freihandelsvertrag mit der EWG nicht in Frage standen, konnte sie dieses bilaterale Abkommen überzeugt unterstützen und zu dessen Erfolg an der Urne beitragen.

1969 löste sich die einst machtvolle Demokratische Partei des Kantons Zürich nach gut hundertjährigem Bestehen auf. Sie hatte im Grunde ihren Hauptauftrag, den Ausbau der direkten Demokratie und der Volksherrschaft, längst eingelöst und wurde immer mehr zwischen der FDP, einer in die Mitte strebenden BGB und linksseitig von Sozialdemokraten und Landesring aufgerieben. Als Überlebensstrategie hatten die Demokraten 1965 beschlossen, eine erste Überfremdungsinitiative zu lancieren. Ihr Plakat im Stadtzürcher Wahlkampf von 1970 wurde auch von der BGB als Verstoss gegen den «guten Geschmack» verurteilt, der dem Ansehen des Landes und der demokratischen Institutionen schade.[165] Im Nationalrat hielt die DP noch ein einziges Mandat, im Kantonsrat stellte sie sieben Vertreter. Eigentlich hatten die Demokraten versprochen, sie würden mit beiden bürgerlichen Partnern Fusionsverhandlungen führen. Als sie im Sommer 1968 die Aufnahme von Verhandlungen mit der FDP über die Zusammenlegung der Kantonalorganisation beschlossen, bekundete die überrumpelte BGB mit einem Expressbrief ebenfalls ihr Interesse.[166] Weil aber die Demokratische Partei dann überraschend ihr Aufgehen in der FDP verkündete, reagierte der *Zürcher Bauer* enttäuscht: «Und das nennt sich bürgerliche Zusammenarbeit.»[167] In einigen Gemeinden, etwa am Zürichsee, kam es vor allem wegen personellen Unverträglichkeiten mit dem Freisinn dennoch zu Kollektivübertritten von Demokraten zur BGB.

Frauenstimmrecht und Überfremdungsfrage

Die Gemeindewahlen in der Stadt Zürich endeten im Frühjahr 1970 für die BGB mit dem debakulösen Verlust von 5 ihrer 11 Mandate. Erstmals hatten auch die Frauen mitstimmen dürfen und auf BGB-Listen in einzelnen Stadtkreisen auch kandidiert. *Die Mitte* wunderte sich trotz Proporzpech nicht über den «deutlichen Fingerzeig»: Die Frauen hätten sich genau erinnert, dass die BGB 1966 als einzige Partei das kantonale Frauenstimmrecht abgelehnt habe und sich 1969 bei Einführung des kommunalen Frauenstimmrechts nur zu einer Stimmfreigabe entschliessen konnte.[168] Das Parteiorgan tadelte überraschend deutlich: «Im Konsumentenzentrum Zürich zeigt sich nun offensichtlich, dass eine Partei sich nicht jahrelang gegen das Frauenstimmrecht aussprechen und die politische Mitarbeit der Frau verhindern kann, ohne dass dann bei der ersten Gelegenheit eine entsprechende Reaktion eintreten wird. Wo man Dornen statt Rosen sät, sind bei der Ernte auch Dornen statt Rosen zu erwarten.»[169]

Wahlplakat für den Winterthurer Stadtratskandidaten, Familienvater und Waffenläufer Werner Nägeli, 1970.

«Denk an uns, wähl BGB». Die städtischen Wahlen endeten im Frühjahr 1970 mit dem Verlust von 5 der 11 Parlamentsmandate.

Noch im selben Jahr 1970 folgte ein neuer Versuch, das kantonale Frauenstimmrecht einzuführen. Erstmals entschied sich die BGB des Kantons Zürich für eine unterstützende Parole, allerdings relativ knapp mit 89 gegen 66 Stimmen. Die Vorlage fand bei den Wählern eine überaus deutliche Zustimmung, was die Partei jetzt erfreut kommentierte: «Wir dürfen uns über die politische Gleichberechtigung der Frauen freuen, und wir zweifeln nicht daran, dass sie ihr Recht mit ebenso grossem Verantwortungsbewusstsein wie die Männer ausüben werden.»[170]

Nachdem sich das Frauenstimmrecht in acht Kantonen durchgesetzt hatte, entschieden die Schweizer Stimmbürger 1971 letztmals über eine entsprechende Vorlage auf eidgenössischer Ebene.[171] Die BGB Schweiz und auch die Zürcher Kantonalpartei stellten sich diesmal offiziell und deutlich hinter das Anliegen. Das Frauenstimmrecht sei inzwischen kein Experiment mehr, sondern gelebte und bewährte Realität. Und es sei ausgesprochen unklug, die in der Wirtschaft bereits bestehende Einsatzbereitschaft der Frauen nicht auch für die Politik zu nutzen: «Die Zeit ist reif geworden, um die politische Gleichberechtigung der Frau auf der ganzen Linie Wirklichkeit werden zu lassen.»[172]

Jakob Stucki aus Seuzach, kurzzeitig Kantonalpräsident, richtete sich in einem Grundsatzartikel in der *NZZ* («Veränderte Ausgangslage») frühzeitig mit einem befürwortenden Votum an die Zürcherinnen und Zürcher. Vor allem auf der Landschaft sah Stucki eine mittlerweile vollkommen veränderte Situation. Erstens habe der «Zahn der Zeit» bei der früheren Gegnerschaft zu Abnützungserscheinungen geführt; zweitens hätten sich viele Befürchtungen – etwa hinsichtlich eines Konsumentenübergewichts – als unberechtigt erwiesen, und drittens seien die Frauen gegen politische Propaganda fast immuner als die Männer. Gerade auch auf dem Land habe sich gezeigt, dass die Frauen auf Gemeindestufe ihre Ämter mit Pflichtgefühl, Pünktlichkeit, Aufmerksamkeit und Sorgfalt versähen. Schliesslich äusserte Stucki die Überzeugung, die politische Mitarbeit der Frauen dürfe sich nicht auf Teilprobleme beschränken, sondern müsse die «Ganzheit der politischen Übersicht umfassen».[173]

Sogar alt Bundesrat Friedrich Traugott Wahlen warf sich noch einmal in die Bresche und warb vehement für ein Ja. Er betonte, dass die Schweiz auf die Mitwirkung aller wirklich Verantwortungsbewussten nicht verzichten könne: «Jetzt muss der Durchbruch gesichert werden.»[174] Tatsächlich sprachen sich 1971 die Schweizer Männer in einem Verhältnis von mehr als zwei zu eins für die Einführung des Frauenstimmrechts aus, wozu die BGB bemerkte: «Am Resultat gibt es nichts zu rütteln und zu deuteln. Unsere Frauen möchten wir als Gleichberechtigte beglückwünschen.»[175] Auch sonst trug die Partei jetzt den geänderten gesellschaftspolitischen Ansichten Rechnung; 1972 entschied sie sich etwa bei der Frage der Abschaffung des Konkubinatsverbots für Stimmfreigabe.[176]

Trotz dieses Resultats erfolgte in den nächsten Jahren kaum eine wirkliche Frauenförderung durch die Zürcher BGB/SVP. Erst 1973 fand im Kongresshaus die erste Frauenkonferenz auf nationaler Ebene unter dem Präsidium von Ruth Geiser-Im Obersteg statt, und es sollte noch Jahre dauern, bis die Zürcher SVP die ersten Kantons- und Nationalrätinnen, geschweige denn die erste Regierungsrätin stellte.[177] Angesichts des jahrzehntelangen innerparteilichen Ringens konnte sich die Partei kein Ansehen im Hinblick auf die politische Gleichberechtigung erringen, zumal der nachmalige Präsident Werner F. Leutenegger zu den Gegnern des Frauenstimmrechts gehört hatte. Wenn sich die Parteielite schliesslich zu einer wenig motivierten unterstützenden Haltung durchringen konnte, so besagte dies noch wenig in Bezug auf die männliche BGB-Basis. Zu offensichtlich war der Meinungsumschwung nur unter Anpassung an den Stimmungswandel in Gesellschaft, Politik und Medien erfolgt, als dass er vor der Öffentlichkeit glaubwürdig als Akt der inneren Überzeugung präsentiert werden konnte.

Die Überfremdungsproblematik gehörte in den sechziger und frühen siebziger Jahren zu den wichtigsten politischen Themen des Landes. In der Stadt Zürich hatte sich der Ausländeranteil zwischen 1950 (8,1 Prozent) und 1970 (16,7 Prozent) mehr als verdoppelt. Vor allem der Zuzug italienischer Gastarbeiter sorgte für Unmut und Konkurrenzangst, speziell in Kreisen des Kleinbürgertums und der Arbeiterschaft. Schon 1964 hatte die BGB-Fraktion mittels einer Motion folgende Massnahme gefordert: «Der Fremdarbeiterbestand ist namhaft herabzusetzen. Die zur Reduktion notwendigen Massnahmen haben auf die besonderen Verhältnisse in den Mangelberufen wie in Spitälern, im Gastwirtschaftsgewerbe, in der Landwirtschaft usw. Rücksicht zu nehmen.» Dieser wenig konkreten Forderung entsprachen die Ausführungen von Regierungsrat Alois Günthard vor einer Zürcher BGB-Delegiertenversammlung von 1967: Das Land brauche Ausländer, «um unsere Wirtschaft in Gang halten zu können». Infolge der besorgniserregenden Zunahme der Gastarbeiter müsse das Problem in Bern aber einer vernünftigen Lösung entgegengeführt werden.[178]

Die «Schwarzenbach-Initiative» vom Juni 1970 – nach der von den Demokraten 1968 zurückgezogenen Initiative das zweite Volksbegehren gegen die «Überfremdung» – stammte diesmal vom Zürcher Nationalrat James Schwarzenbach von der Nationalen Aktion. Das Begehren wollte in jedem einzelnen Kanton den Ausländeranteil auf 10 Prozent beschränken; nur für das «internationale» Genf sollte eine Hürde von 25 Prozent gelten. Der Bauernverband lehnte die Initiative genauso ab wie die übrigen Wirtschaftsverbände. Dessen Vizedirektor äusserte im BGB-Parteiorgan zwar ein gewisses Verständnis für vernünftige Massnahmen zur Reduzierung des Ausländeranteils in der Schweiz, sehe sich der Bauernverband doch nach wie vor als Hüter schweizerischer Identität. Aber die Initiative verursache unnötige «menschliche Härten» und treffe in ihren wirtschaftlichen Auswirkungen auch den Bauernstand.[179] Tatsächlich hätten bei einer Annahme der Initiative innert vier Jahren 310 000 Ausländer die Schweiz verlassen müssen, davon 82 000 allein im Kanton Zürich.

Nach der einstimmigen Absage durch die Bundeshausfraktion sprach sich auch die Zürcher Partei mit weit überwiegender Mehrheit für die Nein-Parole aus («Eindrückliche Absage an Schwarzenbach»).[180] Ins Feld geführt wurden vor allem wirtschaftliche Nachteile, der Vorwurf von Nationalismus und Fremdenfeindlichkeit, aber auch der drohende Schaden für das internationale Ansehen des Landes. Die Delegierten machten allerdings zugleich deutlich, dass eine gewisse Missstimmung vorhanden und das Problem durch Brandmarkung und Verunglimpfung der Initianten nicht behoben sei. Vielmehr müsse eine Stabilisierung des Fremdarbeiterbestandes angestrebt werden.

Kurz vor dem Urnengang warf sich auch Regierungspräsident Rudolf Meier nochmals mit Nachdruck in den Abstimmungskampf und warnte vor allem den gewerbetreibenden Mittelstand: «Die radikalen Forderungen der Initiative Schwarzenbach werden in härtester Konsequenz den Weiterbestand vieler, namentlich kleiner Betriebe in Frage stellen.»[181] Bauern- und Parteisekretär Hanspeter Brütsch zeigte sich nach der knappen Ablehnung der Initiative erleichtert über diesen «Sieg der Vernunft», ortete aber dennoch «eine ziemlich umfassende Krise».[182]

Der Unmut in der Bevölkerung zwang die Behörden, die Zahl der ausländischen Arbeitskräfte zu reduzieren oder wenigstens zu stabilisieren. Den Unternehmen wurden Höchstzahlen vorgeschrieben, und für sämtliche neuen Niederlassungsausweise in den Kantonen wurden Kontingente festgesetzt. Gleichzeitig lockerte man die Einschränkungen der Freizügigkeit. Diese Massnahmen zeigten wirtschaftspolitisch die erwünschte Wirkung in Form der Rationalisierung und Modernisierung der Firmen, doch wuchs der Anteil der ausländischen Bevölkerung vor allem wegen des Familiennachzugs bis 1974 weiter. Die Nationale Aktion brachte 1974 eine erneute Überfremdungsinitiative vors Volk, welche die jährlichen Neueinbürgerungen auf 4000 und die absolute Zahl der niedergelassenen Ausländer auf 500 000 begrenzen wollte. Auch diesmal wies die Partei vor allem die humanitären Auswirkungen des Begehrens als «untragbar» zurück. Die Initiative sei ein Schlag ins Gesicht der Menschheit, und die geforderte Ausschaffung von 540 000 Ausländern «würde ein Kapitel schwärzester Schweizergeschichte bedeuten». Die Zürcher Delegierten lehnten das als «Rosskurinitiative» titulierte Anliegen deutlich ab, das an der Urne kein Drittel der Stimmberechtigten mehr hinter sich scharte.[183] Bei sämtlichen Überfremdungsinitiativen der siebziger Jahre stand die Zürcher SVP also im Lager der einhellig ablehnenden Bundesratsparteien.

In dieser Zeit der Verunsicherung übernahm Kantonsrat Jakob Stucki, Land- und Gastwirt in Ohringen (Seuzach), das Steuer der Kantonalpartei von Jakob Vollenweider. Stucki hatte als Gemeindepräsident von Seuzach die Wachstumsprobleme seines Dorfes in der Agglomeration Winterthurs vorbildlich gemeistert und galt zu Recht als junge, dynamische Nachwuchshoffnung. Er war bestrebt, der BGB ein moderneres Gesicht zu geben und wünschte sich eine beruflich breiter aufgestellte Kantonsratsvertretung über rein bäuerliche und gewerbliche Anliegen hinaus.[184] Nach kaum einem Jahr wurde Stucki indessen nach einer Kampfwahl gegen Nationalrat Erwin Akeret als Regierungsratskandidat für die Nachfolge von Rudolf Meier auf den Schild gehoben und musste das BGB-Präsidium weiterreichen.

Zusammen mit Baudirektor Alois Günthard führte Stucki im Frühjahr 1971 einen intensiven Wahlkampf. Beide wurden im Rahmen des Bürgerblocks überzeugend in die Zürcher Regierung gewählt. Der Effort wirkte sich auch positiv auf die Kantonsratswahlen aus, bei denen die BGB zwei Mandate gewann. Den damals wie früher oder später kaum mehr verspürten Drang in die Mitte belegte der Slogan «Zämehebe, nöd links, nöd rächts, gradus mit de BGB-Mittelstandspartei». Bitter war, dass die FDP sechs Sitze mehr erreichte, damit klar die Führungsrolle im bürgerlichen Lager übernahm und diese fast drei Jahrzehnte innehaben sollte. Die «Überfremdungspartei» Nationale Aktion erntete die Früchte ihrer nur knapp verworfenen Volksinitiative des Vorjahres und erreichte auf Anhieb 10 Sitze. In der Stadt Zürich, wo die Bevölkerung dem Zuzug von Ausländern

Kantonsrat und Gemeindepräsident Jakob Stucki aus Seuzach führte die Kantonalpartei ab 1970, wurde aber bereits 1971 mit Alois Günthard in einen erfolgreichen Regierungsratswahlkampf geschickt.

am massivsten ausgesetzt war, büsste die BGB 2 Mandate ein. Auf der Landschaft und in Winterthur schloss die Partei aber befriedigend ab, und in ihrer Hochburg, dem Bezirk Andelfingen, eroberte sie gleich alle 4 Kantonsratssitze.

Jakob Stucki amtete zwanzig Jahre lang als Regierungsrat und prägte als ausgesprochen starke, ruhige und sympathische Persönlichkeit das Gesicht nicht nur seiner Partei, sondern der Zürcher Kantonsregierung ganz allgemein. Wie selbstverständlich wuchs der gelernte Bauer in seine Aufgaben als grundsolider, bescheidener und kollegialer Magistrat hinein und fand mit seinem einnehmenden Wesen Zuspruch in allen Kreisen der Bevölkerung. Ohne dass Jakob Stucki für seine Popularität einen Finger rührte, wurde er auch als späterer Baudirektor und schliesslich als Finanzdirektor regelmässig mit Spitzenresultaten wiedergewählt.[185] Wie zuvor unter Finanzdirektor Rudolf Meier entwickelte sich Zürich in der Ära Stucki weiter zu einem der leistungsfähigsten Finanz- und Dienstleistungsplätze der Welt. Vor allem das internationale Geschäft bildete die Quelle enormer Gewinne, und die Zahl der Beschäftigten – vorab in der Kantonshauptstadt – nahm stark zu.

Der neue Parteipräsident Werner F. Leutenegger musste die Zürcher BGB 1971 in einer schwierigen Phase in die eidgenössischen Wahlen führen. Das gesamte Wahljahr 1971 prägten Unruhen, etwa schwere Ausschreitungen bei der Maifeier in der Stadt Zürich oder die «Antifaschistische Woche» mit anarchistischen Ausschreitungen von Studierenden, die den neuen, konsequent handelnden Erziehungsdirektor Alfred Gilgen zwangen, die Universität Zürich vorübergehend zu schliessen. Für den Ständeratswahlkampf fand sich kein BGB-Kandidat, und der fünfte Nationalratssitz liess sich nur dank einer Listenverbindung mit der «Jungen Mitte» verteidigen. Der Stimmenanteil sank

Mit einem roten Kussmund umwarb die BGB die erstmals stimmenden Wählerinnen nach Einführung des Frauenstimmrechts im Jahr 1971.

gegenüber 1967 um 2,1 Prozent, was auch die «Junge Mitte» mit ihren 1,2 Prozent nicht aufwog. Die Nationale Aktion beziehungsweise die von ihnen abgespalteten Schwarzenbach-Republikaner erreichten einen kantonalen Stimmenanteil von sensationellen 15,4 Prozent. Doch die BGB stand eidgenössisch auf einem Rekordtief von 10,9 Prozent.

Es bestand also kein Zweifel, dass sich ein markanter gesellschaftlicher Wandel vollzogen hatte, der nach parteipolitischen Konsequenzen rief: «Die starke Änderung in der Bevölkerungsstruktur bringt es mit sich, dass die BGB immer mehr von ihrer bisherigen Vormachtstellung auf der Landschaft einbüsst und in den dicht besiedelten Regionen nicht schnell genug einen Ausgleich findet. In dieser Beziehung wird die Partei in Zukunft andere Wege beschreiten müssen.» Der Vormarsch der Republikaner und der Nationalen Aktion zu einer gleich starken Berner Deputation wie jene der BGB musste zusätzliche Sorgen bereiten: «Die Überfremder haben ihren Vorsprung nicht nur in den grossen Städten und den Agglomerationsgemeinden geholt, sondern sind auch in den mittleren und kleineren Landgemeinden in die Reihen der bürgerlichen Wählerinnen und Wähler eingebrochen.» Beim erstmaligen Einzug von Frauen in die eidgenössischen Räte blieb das weibliche Element bei der SVP-Fraktion vorerst inexistent. Dieser faktische Nichteinbezug einer Wählerhälfte wurde parteiintern auch kritisiert.[186] Immerhin erlebte der Kantonalpräsident die persönliche Genugtuung, dass er in den Nationalrat gewählt wurde.

Mit dem aus dem Thurgau stammenden Bauernsohn Werner F. Leutenegger (1918–1977) engagierte sich ein Politiker in Bundesbern, der sein Leben den Anliegen des Gewerbes widmete. Ab 1946 amtete Leutenegger als Sekretär des Gewerbeverbandes von Stadt und Kanton Zürich, ab 1976 mit dem Titel eines Geschäftsführers. Zeitgleich mit seinem Mandat im Nationalrat, wo er sich speziell als Mitglied der ständigen Aussenwirtschaftskommission betätigte, präsidierte er 1972/73 den Zürcher Kantonsrat. Im Kantonsparlament machte sich Leutenegger insbesondere als Vorsitzender der vorberatenden Kommission des kantonalen Bau- und Planungsrechts verdient. Der Grenadieroffizier war ein rastloser Schaffer, der zahlreiche eidgenössische und kantonale Abstimmungskämpfe im Dienste des Gewerbes durchfocht. Der letzte Grosseinsatz des SVP-Kantonalpräsidenten galt der Wahl von Konrad Gisler in den Regierungsrat. Leutenegger diente auch dem Stiftungsrat der Schweizerischen gemeinnützigen Stiftung für liberales Wohnungswesen und der Exportgemeinschaft für Industrie und Gewerbe als Vizepräsident.[187]

Zusammenschluss zur SVP

Den Zusammenschluss zur SVP präsentierten am 22. September 1971 in Bern Grossrat Ulrich Gadient (links), Präsident der Bündner Demokraten, und der Zürcher Nationalrat Hans Conzett, Präsident der BGB Schweiz. Conzett wurde nationaler Präsident der neuen SVP.

Anlässlich eines Parteitags vom 22. September 1971 vereinigte sich die Bauern-, Gewerbe- und Bürgerpartei der Schweiz mit den Demokraten der Kantone Graubünden und Glarus zur Schweizerischen Volkspartei (SVP). Vorangegangen waren diesem Zusammenschluss intensive Gespräche, bei denen hauptsächlich der demokratische Bündner Ständerat Leon Schlumpf, BGB-Präsident Hans Conzett und BGB-Sekretär Peter Schmid die Fäden zogen. Von Anfang an war mit der Fusion auch eine gewisse politische Neuorientierung vorgesehen.[188] Offensichtlich verbanden sich allerdings zwei politisch schwächelnde Partner, was schwerlich zu neuer Stärke führen konnte. Kein Wunder, dass man im Kanton Zürich befürchtete, die Namensgebung könne zu einer «Existenzfrage» werden.[189] Auch die andern bürgerlichen Parteien neigten nach links, speziell die ehemalige Katholisch-Konservative Volkspartei, die damals unter der Führung des christlichsozialen Kurt Furgler zur CVP wurde und neuerdings einer «dynamischen Mitte» huldigte – der Anfang des kontinuierlichen Abstiegs der Christdemokraten.[190]

Die SVP-Spitze nach der Delegiertenversammlung in Zürich von Dezember 1971 (v. l. n. r.): Bundesrat Rudolf Gnägi, der Bündner Nationalrat Georg Brosi als Vizepräsident, die Berner Gemeinderätin Ruth Geiser-Im Obersteg als Vizepräsidentin und der Zürcher Nationalrat Hans Conzett, Präsident der SVP Schweiz.

Die verunsicherte BGB erhoffte sich Neuanstösse und einen Weg aus der Krise von der Partei der Demokraten, deren Tradition und Position eindeutig weiter links lag. Wie erwähnt, hatte sich die Zürcher BGB schon 1968 per eingeschriebenen Brief an die serbelnde Demokratische Partei des Kantons Zürich gewandt und sich an einer Übernahme interessiert gezeigt. Doch die Spitze der Demokraten überrumpelte die Mitglieder mit dem Entscheid, sich dem Freisinn anzuschliessen. Somit verstärkten die eher linksbürgerlichen, sozialreformerischen Demokraten den Angestellten- und Beamtenflügel der FDP, was diese zwar mit Abstand zur mitgliederstärksten Partei machte, zugleich aber ihr bisheriges Profil abschliff.[191]

Bei der Namensgebung waren die Kantonalsektionen vorerst autonom und durften auch ihre angestammten Bezeichnungen behalten. Bis Mai 1973 blieb die Zürcher Kantonalpartei beim Namen BGB. An der entscheidenden Delegiertenversammlung gingen die Wogen bei der Namensfrage hoch, wurde doch mit der Bezeichnung Volkspartei eine Rückdämmung des bäuerlich-gewerblichen Einflusses befürchtet. Die Versammlung entschloss sich schliesslich zum unglücklichen Kompromiss mit der komplizierten Bezeichnung «SVP/BGB-Mittelstandspartei».[192] Dieser Zungenbrecher manifestierte die offenkundige Orientierungslosigkeit auch gegen aussen. Der Bauunternehmer Robert Spleiss forderte als Präsident der Stadtzürcher BGB eine «Standortbestimmung» mit klarer Abgrenzung gegen links, vor allem gegen das «extremistische Treiben» an den Universitäten und die «schlappe Haltung der Mehrheit».[193] Von den Bürgerlichen erwartete die Zürcher SVP generell «mehr Zivilcourage» und beurteilte manche Medien als heimliche Verbündete des Linksextremismus, namentlich das Schweizer Fernsehen.[194]

Eine bessere Öffentlichkeitsarbeit schien der SVP jetzt unverzichtbar. Anfang 1973 trafen sich Mitglieder von Bezirks- und Ortssektionen, um über die Möglichkeiten der Berichterstattung in der Presse zu beraten. Man befasste sich auch «mit Fragen der inneren Struktur, mit der Imagebildung und der Profilierung gegenüber anderen Parteien».[195] Solchen Bemühungen stand die Betonung eines politischen Mittekurses eher hinderlich gegenüber, wie sie etwa Kantonsrat Hans Kuhn aus Illnau-Effretikon vor den Gemeindewahlen von 1974 forderte. Die SVP schere «weder nach rechts noch nach links aus», habe das Gesamtwohl im Auge, lehne Schlagworte und eine emotionale Politik ab und plädiere für nüchternes Abwägen. Auch besitze die SVP einen «bemerkenswert sozialen Charakter» und setze sich auch für jene Mitmenschen ein, die auf der Schattenseite des Lebens stünden.[196]

Die Umdeutung des Mittelstandbegriffs auf einen politischen Mittekurs erwies sich indessen als wenig erfolgreich. Zwar fielen die Wahlen in den Landgemeinden im Frühling 1974 passabel aus, doch erreichte die SVP bei den Stadtzürcher Gemeindewahlen nur noch vier Sitze und damit nicht einmal mehr Fraktionsstärke. Gerade in der Kantonshauptstadt hatte man sich aber von der Namensänderung einigen Schub erhofft. Nun machte sich intern Unruhe breit, die sich auch in Zuschriften an das Parteiorgan ausdrückte. Einzelne Leserbriefschreiber äusserten ihren Unmut über die als schwammig beurteilte Namensänderung, das mangelnde Fingerspitzengefühl der Führung, die Übergehung der Basis. «Bauernpartei? Gewerbepartei? – wer lesen kann, weiss auch, was und wen er sich hinter dieser Bezeichnung vorzustellen hat. Aber Schweizerische Volkspartei? Da kann man sich mit dem besten Willen überhaupt nichts vorstellen.» Die SVP solle wieder zurückfinden zur Bauern-, Gewerbe- und Bürgerpartei, denn, so wurde gar gedichtet: «Wir Bauern, wir sollten uns nicht grämen / Wir brauchen uns unseres Namens nicht zu schämen.»[197] Eine andere Stimme meinte, die Partei solle sich dem Problem von Überfremdung und Überbevölkerung ernsthaft stellen, statt die Kämpfer für entsprechende Bemühungen «einfach als Rechtsextremisten und Fremdenhasser zu verschreien». Auch wurde kritisiert, die politischen Stellungnahmen der Stadtpartei seien allzu progressiv ausgefallen und hätten die traditionellen bürgerlich-gewerblichen Sympathisanten vergrault. Ein Parteimitglied bekannte offen, es habe den von der SVP versandten Fragebogen zur Erkundung der Stimmung bei der Basis mit Schweigen beantwortet.[198]

In Abwehr der Achtundsechziger-Ideologie warb die städtische SVP 1974 mit der Parole: «Zürich braucht keine Extremisten.» Sie erreichte mit 4 Sitzen nicht einmal mehr Fraktionsstärke.

In der Stadt Zürich mussten sich die vier SVP-Gemeinderäte der FDP-Fraktion anschliessen, was den Freisinn zu gewissen Spekulationen verleitete. So äusserte Oscar F. Fritschi, Chefredaktor des *Zürcher Oberländers*, die Idee eines Zusammenarbeitsvertrags zwischen beiden Parteien, um eine Zersplitterung und Polarisierung im bürgerlichen Lager zu mildern.[199] Bei der SVP stiessen solche Überlegungen allerdings auf schroffen Widerstand, hatte doch ein ähnlicher Vertrag auch das Aufgehen der Zürcher Demokraten in der FDP eingeleitet. Die SVP werde vielmehr «ihren eigenen klaren Kurs fortsetzen».[200] Fritschi setzte dem entgegen, man dürfe nicht nur vor den Wahlen über Zusammenarbeit reden. Nicht zu Unrecht sah er hinter den Begriffen «klarer Kurs» oder «Partei der Mitte» lediglich Klischees. Die *Neue Zürcher Zeitung* meinte, die SVP nutze das Mittelstandsimage lediglich dazu, um «ihr angestammtes bäuerliches Element» zu kaschieren. Es handle sich um einen Versuch, sich in den alten Bauerngemeinden zu behaupten, die sich längst zu Vorstädten entwickelt hätten. Die SVP habe ein Grundproblem damit, meinte die der FDP nahestehende *NZZ* etwas schadenfroh, dass es ihr misslungen sei, die Demokratische Partei zu integrieren.[201]

Ausgesprochen gemässigt stieg die SVP auch in die Kantonsratswahlen von 1975. Das rasante Zürcher Bevölkerungswachstum nährte sich hauptsächlich aus der Zuwanderung aus anderen Kantonen und dem südlichen Ausland. Eine heftige Wirtschaftskrise hatte diesem steten Wachstum 1974/75 ein abruptes Ende bereitet und zu einer starken Abwanderung ausländischer Arbeitskräfte geführt. Die Erwerbsstandorte stimmten zunehmend nicht mehr mit dem Wohnort überein, da der Ausbau der Verkehrswege das Pendeln ermögliche. Solchen Strukturveränderungen bei der Wählerschaft suchte Parteipräsident Werner F. Leutenegger mit Begriffen wie Sicherheit, Vertrauen, Partnerschaft und «aktives Mitgestalten» zu begegnen: «Wir müssen uns in Zukunft wieder vermehrt exponieren, müssen in aller Öffentlichkeit sagen, was wir denken und wollen und dafür eintreten. Die politische Leisetreterei und die Zurückhaltung werden von vielen Volkskreisen als Schwäche betrachtet.»[202]

Die SVP sei «keineswegs einem nur konservativen Geist verhaftet, sondern einem überblickbaren Fortschritt verpflichtet». Es gelte jetzt, Auswüchsen und Masslosigkeit entgegenzutreten. Dazu könne die Partei beitragen, habe doch deren Namensveränderung «vielen Mitgliedern den Beitritt erleich-

Mit dem Aufruf zum Masshalten für eine gesicherte Zukunft stieg die Kantonalpartei der SVP/BGB 1975 in die Kantons- und Regierungsratswahlen.

tert».²⁰³ Anlässlich von Sektionsveranstaltungen unter dem Titel «Chömed und fröged» standen Regierungsräte und Parlamentarier der Bevölkerung Red und Antwort. Erstmals in der Parteigeschichte führte Leutenegger eine Pressekonferenz durch und orientierte die Medien über die Ziele der Partei und den Slogan «Masshalten für eine gesicherte Zukunft».²⁰⁴ Leutenegger setzte auf einen «konsequenten Weg der Mitte», wandte sich gegen den «nur konservativen Geist» und plädierte für einen «überblickbaren Fortschritt». Solchen recht diffusen Grundsätzen entsprach der Beschluss, keine politischen Forderungen zu stellen und stattdessen auf den Leistungsausweis der bisherigen Regierungsräte zu verweisen.²⁰⁵

Die Plakate forderten 1975 angesichts der ersten wirtschaftlichen Rezession seit dem Ende des Zweiten Weltkriegs ein «Masshalten» und zeigten einen millimetergenauen Massstab. Doch die Kantonsratswahlen 1975 brachten trotz minimem Wählerzuwachs den Verlust eines Sitzes, während die übrigen bürgerlichen Parteien zu den Gewinnern zählten. Die SVP hielt jetzt nur noch 32 Kantonsratsmandate – darunter keine einzige Frau – und wurde von der FDP mit nunmehr 43 Sitzen deutlich überflügelt. Scheinbar völlig unbeeindruckt von solchen Realitäten titelte das Parteiorgan: «SVP/BGB-Wahlbilanz durchwegs positiv».²⁰⁶

Der damalige Oberrichter, spätere Bundesrichter und Universitätsprofessor Karl Spühler – über viele Jahrzehnte engagierter Begleiter der Parteiarbeit – verlangte von den Ortssektionen einen aktiven Wahlkampf auch für die nationalen Wahlen.²⁰⁷ Die SVP vermochte keine eigene Ständeratskandidatur zu stellen und unterstützte den FDP-Vertreter Fritz Honegger. Zwar konnte die Partei ihren Wähleranteil um 0,4 Prozent leicht erhöhen. Dennoch ging das fünfte Nationalratsmandat verloren, welches 1971 nur dank einer Listenverbindung mit der «Jungen Mitte» hatte gehalten werden können. Die SP indessen gewann landesweit gleich 9 Mandate hinzu.

Starken Anteil nahm die Bevölkerung kurz vor diesen Wahlen am Sprengstoffanschlag auf das Seuzacher Wohnhaus des beliebten SVP-Regierungsrats Jakob Stucki durch die Sekte Divine Light Zentrum (DLZ). Der Sprengstoff war an der Aussenmauer genau auf der Höhe von Stuckis Bett angebracht worden; glücklicherweise blieb der Magistrat unverletzt. Der Guru Swami Omkarananda und einige seiner Anhänger mussten sich später vor dem Bundesgericht für den

Für grosse Betroffenheit sorgte am 8. Oktober 1975 der Sprengstoffanschlag auf das Privathaus von SVP-Regierungsrat Jakob Stucki in Seuzach. Die Täter kamen aus dem Divine Light Zentrum in Winterthur.

Anschlag verantworten. Obwohl der Swami jede Mitwisserschaft bestritt, wurde er im Mai 1979 zu 14 Jahren Zuchthaus und 15 Jahren Landesverweis verurteilt.[208]

Die Tatsache, dass die SVP Schweiz trotz Fusion mit den Bündner und Glarner Demokraten erstmals in ihrer Geschichte unter 10 Prozent gefallen war, nahm SP-Präsident Helmut Hubacher zum Anlass, einen dritten sozialdemokratischen Bundesratssitz zu verlangen und der SVP den Anspruch ihres einzigen Regierungsmandats abzusprechen. Auch die CVP unterstützte solche Überlegungen. Die *Mitte* wies die Forderungen der Konkurrenz allerdings scharf zurück und warnte vor einer Mitte-links-Regierung und vor der Durchsetzung entsprechender sozialpolitischer Forderungen. Die Strategie der Wahlsieger, die doch nur frühere Verluste wieder gutgemacht hätten, liege «hart am Rand der politischen Erpressung».[209]

Solch entschiedene Töne konnten aber die Ratlosigkeit über den Misserfolg des Öffnungskurses der SVP nicht verschleiern. Offensichtlich wurde die Partei vor allem auf nationaler Ebene als wenig profiliert wahrgenommen, hatte sie doch bei den Zürcher Kantonsratswahlen 1975 einen Stimmenanteil von 13,6 Prozent erzielt, während es bei den Nationalratswahlen – wohl auch wegen des Verzichts auf eine Ständeratskandidatur – nur zu 11,3 Prozent reichte. Die grossen ideologisch-wirtschaftspolitischen Kämpfe spielten sich zwischen FDP und SP ab; die SVP befand sich als bürgerliche Juniorpartnerin allzu oft lediglich in der Zuschauerrolle. Speziell zu denken geben musste der deutliche Stimmenverlust auch in ausgesprochen ländlichen Gemeinden.[210]

Mit Rudolf Reichling-Däppen (1924–2014) aus Stäfa trat 1975 ein profilierter Landwirtschaftspolitiker in den Nationalrat ein. Reichling war schon äusserlich eine markante, überzeugend auftretende Persönlichkeit. Seine grosse, schlanke Erscheinung zeugte zeitlebens vom Grosserfolg, den er 1948 an der Olympiade in London als Silbermedaillengewinner im Rudern erreicht hatte. Im Militär stieg der Artillerieoffizier bis zum Range eines Obersten und Stadtkommandanten von Zürich auf. Rudolf Reichling entstammte einem politisch wachen Haus: Sein Urgrossvater war Gemeindepräsident von Uetikon am See, sein Grossvater amtete als Kantonsrat, der Vater war Nationalrat, kantonaler und eidgenössischer BGB-Präsident und Präsident des Schweizerischen Bauernverbands. Rudolf Reichling junior hatte ein Agronomiestudium an der ETH Zürich absolviert, bevor er den väterlichen Betrieb übernahm und daneben viele Jahre als Landwirtschaftslehrer unterrichtete. Politisch durchlief Reichling eine klassische Milizlaufbahn vom Stäfner Gemeinderat zum Kantonsrat (Präsident 1977) und schliesslich zum Nationalrat, an dessen Spitze er 1987 für ein Jahr gewählt wurde. In Bern vermochte sich Reichling von 1975 bis 1991 als Militär-, noch mehr aber als Agrarpolitiker grossen Respekt zu verschaffen. Es gelang dem Präsidenten des Zentralverbands schweizerischer Milchproduzenten, die Vertreter der Landwirtschaft aller Fraktionen immer wieder zu gemeinsamem Handeln zu vereinen. Er erreichte so für den Bauernstand und speziell für die Milchwirtschaft viel. Der tiefgreifende Wandel der Landwirtschaftspolitik unter andauerndem innen- und aussenpolitischem Druck führte allerdings von den preisstützenden Massnahmen weg zu den Direktzahlungen auch für die Talgebiete, eine Entwicklung, die Reichling mit Skepsis verfolgte. Sein voller Einsatz galt dem Überleben einer produzierenden Landwirtschaft, der Ernährungssicherheit der Schweiz und einer lebenswerten Existenzgrundlage für grössere wie kleinere bäuerliche Familienbetriebe. Sein kulturelles Interesse äusserte sich in der Präsidentschaft des Schweizerischen Heimatwerks, der Stiftung Freilichtmuseum Ballenberg und des Theaters für den Kanton Zürich.[211]

Im Zuge der Achtundsechziger-Bewegung hatte sich das Parteienspektrum deutlich gewandelt. Die SP und die Gewerkschaften – im Kalten Krieg in ausgesprochener Distanz zum Marxismus und zum real existierenden Sozialismus – entwickelten sich nach links. Es etablierten sich alternative und feministische Parteien, und die Progressiven Organisationen (Poch) zogen in zahlreiche Parlamente ein. Die Rededuelle mit den dialektisch und rhetorisch beschlagenen Köpfen der Linken riefen ganz offensichtlich nach einem neuen Politikertypus, auch in der SVP. Zum Jahresbeginn 1976 thematisierte Kantonalpräsident Werner F. Leutenegger die Krise der Partei sehr offen: Die SVP müsse gegen aussen entschiedener auftreten und sich gegen innen verjüngen. Angesichts der deutlichen Verhärtung auf dem «politischen Fechtboden» tue eine deutlichere Sprache Not. Man dürfe sich nicht scheuen, sich öffentlich zu exponieren, müsse für die eigenen Grundsätze «geradestehen» und glaubwürdig bleiben. Leutenegger setzte seine Hoffnung unverkennbar auf eine neue Generation mit neuen Gesichtern und modernerem Erscheinungsbild; dabei hätten «persönliche Erwägungen der etablierten Generation in den Hintergrund zu treten».[212] So verdienstvoll sie im Einzelnen sein mochten, handelte es sich bei den Massnahmen der Ära Leutenegger im Grunde lediglich um Fragen des Marketings. Vor einer wirklichen Auseinandersetzung über den richtigen politischen Kurs scheute man noch zurück.

Programmatisch versuchte die SVP auf Bundesebene, ihr Profil mit dem «Aktionsprogramm 75» zu schärfen. Dazu erschien ein eingemittetes Programm mit dem Titel «SVP für Toleranz und Ausgewogenheit». Eine Arbeitsgruppe unter Parteipräsident und Nationalrat Fritz Hofmann startete aufgrund von Wählerumfragen eine Reorganisation und Neuausrichtung mit besserer Kommunikation, einer ständigen Programmkommission, der Aufwertung der Delegiertenversammlung, der Durchsetzung des neuen Namens, einem Informationsbulletin, einer zentralen Mitgliederkartei und so weiter. Gemäss Arbeitsgruppe Hoffmann waren noch immer 42 Prozent der SVP-Mitglieder Landwirte und 19 Prozent Gewerbetreibende. Der Anteil der sonstigen Freiberufler und Angestellten betrug nunmehr 39 Prozent. Die wachsende Zahl der Arbeitnehmer fühle sich zu Recht vernachlässigt. Darum müsse sich die SVP von einer «Standespartei zu einer geistig wie personell breit gefächerten Volkspartei wandeln». Die standespolitische Mitte solle neu durch eine Orientierung zur politischen Mitte ersetzt werden. Man müsse die spezifisch schweizerischen, humanen, solidarischen und überkonfessionellen Anliegen der Partei in ein besseres Licht rücken; auch seien gesellschafts- und umweltpolitische Aspekte vermehrt einzubeziehen.[213]

Im November 1976 wurde der Begriff «SVP/BGB-Mittelstandspartei des Kantons Zürich» an einer Delegiertenversammlung durch «Schweizerische Volkspartei des Kantons Zürich» ersetzt.[214] Im selben Monat verstarb Regierungspräsident und Baudirektor Alois Günthard überraschend im Amt. Er hatte die Zürcher Verkehrs- und Raumplanungspolitik massgeblich geprägt, mit Unterstützung seiner Partei ab den frühen siebziger Jahren das Strassennetz im Kanton Zürich massiv ausgebaut und die Wohnquartiere weitgehend vom Durchgangsverkehr entlastet. Als Folge der rasanten wirtschaftlichen Entwicklung herrschte ein gewisser gesetzgeberischer Aktivismus. Es war die Zeit der «Gesamtpläne», denen der Konjunktureinbruch von 1974/75 allerdings ein rasches Ende bereitete. Auch dem Ausbau des öffentlichen Verkehrs wurde grosse Aufmerksamkeit geschenkt. Trotz der Ja-Parole aller grossen Parteien scheiterte 1973 die U- und S-Bahn-Vorlage vor dem Volk. Mitverantwortlich am Nein war auch ein Teil der BGB-Basis, der sich vor dem Moloch eines noch weiter aufgeblähten «Gross-Zürichs» fürchtete. Allerdings misslang auch die kantonale Volksinitiative gegen das «Y» der Nordumfahrung der Stadt Zürich.[215]

Den zunehmend aufkommenden Anliegen des Umweltschutzes stand die Partei grundsätzlich wohlwollend gegenüber und befürwortete 1974 das neue Umweltschutzgesetz, speziell das marktwirtschaftliche Modell des Verursacherprinzips.[216] Auch wenn sich die SVP/BGB mit den Gefahren der Atomtechnologie auseinandersetzte, blieb sie bei der grundsätzlichen Unterstützung der Kernenergie. Die teilweise illegalen Widerstandsaktionen gegen das geplante Atomkraftwerk Kaiseraugst beurteilte man als «Einbrüche in unsere rechtsstaatliche Ordnung» und forderte die Behörden auf, «den legalen Zustand konsequent und raschmöglichst herbeizuführen».[217]

Als Kandidat für die Nachfolge des verstorbenen Alois Günthard erkor die Delegiertenversammlung Kantonsratspräsident Konrad Gisler aus Flaach. Die Tatsache, dass lediglich ein Einervorschlag präsentiert wurde, sorgte bei den Delegierten für eine gewisse Missstimmung. Die SP schickte mit Hedi Lang eine ernstzunehmende Gegenkandidatin ins Rennen und sprach der SVP den

Anspruch auf den zweiten Sitz ab, «weil im Kantonsrat ein Substanzverlust dieser Partei» festzustellen sei. Doch es gelang, die Unterstützung von FDP und CVP zu sichern und damit einen Bürgerblock zu bilden, der Gisler problemlos zum Sieg führte. Die SVP interpretierte das deutliche Resultat als «Absage an den immer stärker in Erscheinung tretenden linken Flügel der Sozialdemokratischen Partei».[218]

Konrad Gisler (*1924) hatte nach einer Landwirtschaftslehre den elterlichen Betrieb in Flaach übernommen und als noch nicht Volljähriger die Stelle eines nebenamtlichen Gemeindeschreibers angetreten. Von 1959 bis 1972 arbeitete er als vollamtlicher Gemeindeschreiber in Flaach, präsidierte zeitweise die Primarschulpflege und wurde 1972 zum Chef des Genossenschaftswesens beim Verband nordostschweizerischer Käserei- und Milchgenossenschaften in Winterthur berufen. 1963 war seine Wahl in den Zürcher Kantonsrat erfolgt, den er 1976/77 präsidierte. Nach Gislers Einsitznahme im Regierungsrat übernahm Jakob Stucki die Baudirektion, während er selber bis 1987, also während zehn Jahren, der Polizei- und Militärdirektion vorstand; kein Zürcher Regierungsrat hat diese Direktion vor ihm so lange geführt. Unter Gislers Leitung wurde der Waffenplatz Reppischtal mit der Kaserne Birmensdorf realisiert. Hingegen scheiterte ein von Gisler vertretenes Polizeigesetz, was aber den weiteren Ausbau der Kantonspolizei, speziell der Flughafenpolizei, nicht behinderte. Pflichtbewusst, umsichtig und ohne sich in den Vordergrund zu stellen, war Gisler ein eher stiller, aber zuverlässiger Schaffer und genoss vor allem bei der ländlichen Bevölkerung einen bedeutenden Rückhalt.[219]

Einen regelrechten Schock für die Zürcher SVP bedeutete im Februar 1977 die Nachricht vom überraschenden Tod des Präsidenten der Kantonalpartei, Werner F. Leutenegger, im 58. Altersjahr. Obwohl er ein ausgezeichneter Verbandssekretär und ein grosses Organisationstalent gewesen war, hatte er nicht vermocht, die SVP inhaltlich-politisch solide zu verankern. Vizepräsident Rudolf Reichling musste die Führung übernehmen und war gleichzeitig mit dem Nationalratsmandat und mit dem von Konrad Gisler übernommenen Kantonsratspräsidium belastet. Es war ganz offenkundig, dass die Schweizerische Volkspartei des Kantons Zürich bei ihrem Kurs wie beim Personal in einer ernsten Krise steckte und ihren Platz im Parteienspektrum suchte. Da dies für die nationale Partei genauso galt, war von ihr keine Wegweisung zu erwarten.

Bei allem guten Willen ihrer politischen Exponenten und ihrer Mitglieder steckte die tief verunsicherte Partei in der diffusen Mitte fest. Fast hätte man glauben können, der Volkspartei sei das Volk abhandengekommen. Es wollte einfach nicht gelingen, die Angestellten in den Agglomerationen und Städten zu gewinnen. Über den einzuschlagenden Kurs herrschte genauso Uneinigkeit wie über das Vorgehen, wie man das antiquierte Image endlich loswerden könne. Durch die zahllos geführten Richtungsdiskussionen drehte man sich aber lediglich im Kreise.

Eher von Orientierungslosigkeit als von einer klaren Richtung zeugte das Plakat vom Juni 1977 der SVP-Stadtpartei zugunsten eines Steuerpakets.

Von der personellen Neubesetzung des Kantonalpräsidiums sollte der künftige Erfolg oder Misserfolg als eigentliche Volkspartei ganz wesentlich abhängen. Ein konturloses Weiterexperimentieren mit anbiederndem Buhlen um die politische Mitte bei gleichzeitigem Wegschmelzen der traditionellen Wählerklientel schien keine taugliche Lösung.

Aufstieg unter Christoph Blocher

Liberalkonservativ statt liberalprogressiv

Am 10. Mai 1977 erkoren die Delegierten der SVP des Kantons Zürich den 36-jährigen Industriemanager, Juristen und gelernten Bauern Christoph Blocher aus Meilen zum Kantonalpräsidenten.

Bei der Nachfolge von Werner F. Leutenegger standen zwei Konzepte beziehungsweise Richtungen mit den entsprechenden Personen zur Wahl. Kandidat insbesondere von Interimspräsident Rudolf Reichling war der 36-jährige Industriemanager und Kantonsrat Christoph Blocher. Ihm traute auch die grosse Mehrheit der Parteileitung eher zu, der schwächelnden Zürcher SVP Orientierung zu geben und sie in eine erfolgreichere Zukunft zu führen. Der 1940 geborene, in einer elfköpfigen Kinderschar einer Pfarrfamilie in Laufen am Rheinfall aufgewachsene Blocher hatte vorerst eine landwirtschaftliche Lehre absolviert, dann als Werkstudent die Matura nachgeholt und an den Universitäten Zürich, Montpellier und Paris Rechtswissenschaften studiert. Er geriet mitten in die Achtundsechziger-Unruhen und stürzte sich mit Lust und Energie in die Rededuelle mit den Linken. Blocher gehörte an der Universität zu den Gründern des bürgerlich-liberalen «Studentenrings», musste aber im Studium rasch vorankommen und vollendete seine Doktorarbeit bereits als Sekretär der Emser Werke AG, wozu ihn der dortige Mehrheitsaktionär Werner Oswald berufen hatte.[1]

Rasch war Christoph Blocher beim Unternehmen in Ems zum Direktionsvorsitzenden und Verwaltungsratsdelegierten aufgestiegen. 1970 hatte er an der bestbesuchten Gemeindeversammlung aller Zeiten in seiner Wohngemeinde Meilen mit überzeugendem Auftritt und anschliessendem Rekurs eine Grossüberbauung der Firma Alusuisse verhindert. Von allen bürgerlichen Parteien umworben, war Christoph Blocher 1970 der SVP/BGB beigetreten. Er begründete diesen Entscheid so: «Dass ich die SVP wählte, hatte mit den Leuten dort zu tun, das waren die besseren Typen, darunter Handwerker, Bauern, Selbständigerwerbende. Im Vorstand der FDP sass Kurt Müller, Inlandchef der *NZZ*, mit dem ich mich weniger gut verstand.»[2] Im Frühjahr 1972 wurde Blocher in den Vorstand der SVP/BGB Meilen gewählt und sorgte sogleich für Unruhe, weil er gemäss Berichterstatter die Gelegenheit wahrnahm, «seine persönliche Initiative über eine Änderung der Zusammensetzung der Gemeindebaukommission zu erläutern und seinen Standpunkt darzulegen».[3]

1974 wurde der Präsident der traditionsreichen, kulturell tätigen Meilemer Mittwochgesellschaft Gemeinderat und SVP-Bezirkspräsident, ein Jahr später Kantonsrat. In der Fraktion fiel Blocher sofort auf, weil er bereits an der ersten Sitzung das Wort verlangte. Von Anfang an liess er sich in intensive verbale

Auseinandersetzungen mit den SP-Exponenten ein und verlangte bei den Debatten die Begrenzung auf das Wesentliche durch eine Redezeitbeschränkung.[4] Gemeinsam mit Rudolf Reichling bekämpfte er das neue Planungs- und Baugesetz in einem «Überparteilichen Komitee gegen zentralistische Planungsbürokratie», worauf ein beleidigter Regierungsrat Alois Günthard den Ausschluss der beiden aus der Fraktion beantragte und – als dieser nicht erfolgte – mehrere Monate lang den Fraktionssitzungen fernblieb. Er schrieb dem Fraktionschef: «Eine solche Erscheinung hat mit einer sauberen und geradlinigen SVP-Politik nichts mehr zu tun, denn diese Vorstellung überbietet die besten demagogischen Leistungen der Poch.»[5] Später räumte allerdings derselbe Günthard ein, dass Blocher der einzige Kantonsrat sei, der etwas von Raumplanung verstehe.[6]

Parteiinterne Opposition erwuchs dem Kandidaten Christoph Blocher auch vom Hinwiler Kantonsrat und Juristen Erich Suter, Präsident der Kehrichtverwertung Zürcher Oberland. Die Bezirke Hinwil und Dielsdorf präsentierten als Gegenkandidaten für das Kantonalpräsidium den beinahe zwanzig Jahre älteren Landwirt und Kantonsrat Hans Frei aus Watt-Regensdorf, einen Repräsentanten der klassischen Bauern- und Gewerbepolitik. Unter dem Titel «So kann es nicht weitergehen!» stellte Frei in der Parteizeitung «grundsätzliche Fragen der Parteiführung», wobei der Artikel erst nach den Präsidentenwahlen erschien. Frei kritisierte den mangelnden Einbezug der Basis durch die Parteispitze. Die Versammlungen würden sich aufs «Zuhören und Klatschen» beschränken, unbequeme Meinungen würden mit «Links-rechts-Klischierung» abgetan. Die Namensänderung bedinge jetzt die Öffnung zur Volkspartei mit einer «grösseren politischen Bandbreite» und «divergierenden Meinungen über aktuellste politische Grundfragen».[7]

Blochers Gegner brachten auch Negativschlagzeilen ins Spiel, weil die Ems-Chemie damals Mitarbeiter der Wirtschaftsspionage bezichtigte, welche die Ems AG übernehmen wollten und gleichzeitig eine eigene Firma gegründet hatten. Ausgerechnet am Tag der Delegiertenversammlung zur Wahl des SVP-Präsidenten erschien in der *NZZ* ein Artikel mit der Schlagzeile «Strafklagen gegen Delegierten der Emser Werke».[8] Kaum jemand glaubte an einen Zufall, denn es war in der Partei bekannt, dass Nationalrat Erwin Akeret mit dem Anwalt von Blochers Gegenseite in Kontakt stand. Akeret verfolgte einen betonten Mittekurs und lieh auch manchen grünen Anliegen ein geneigtes Ohr, womit er bäuerliche mit städtischen Interessen zu verschmelzen glaubte.⁹

An der Wahlversammlung vom 10. Mai 1977 gab Versammlungsleiter Rudolf Reichling eine Ehrenerklärung für den Kandidaten Blocher ab und empfahl, «einem jungen tüchtigen Mann die Verantwortung zu übertragen». Dennoch sprach sich die Mehrheit der Votanten in meist emotionalen Stellungnahmen gegen Blocher aus. Er hatte als Präsident des Zürcher Nein-Komitees eben noch gegen den Schweizer SVP-Präsidenten Fritz Hofmann und gegen die Parteimehrheit für die Ablehnung der Bundesfinanzordnung plädiert. Kurz vor Mitternacht verlangte Kandidat Blocher das Wort und erklärte, es sei ihm gleich, wen man wähle, aber man solle es sofort tun. Er habe zu Hause einen Säugling, der von seiner ebenfalls anwesenden Frau Silvia gestillt werden müsse. Und er stehe jetzt vor der Wahl, das Zürcher SVP-Präsidium zu übernehmen oder sein Kind verhungern zu lassen. Die verbissene Stimmung wich befreiendem Gelächter, und die Delegierten wählten Christoph Blocher mit 223 gegen lediglich 56 Stimmen.¹⁰ Erst 26 Jahre später sollte er diese Aufgabe wieder abgeben. Zur Zeit seiner Amtsübernahme erreichte die SVP schweizweit gerade noch 9,9 Prozent der Wähler. 2015 sollten es 29,4 Prozent sein. 1975 stellte die Zürcher SVP 4 Nationalratsmandate, 2015 hatte sie die Sitze auf 12 erhöht und damit verdreifacht.

In einer Dankesrede, die zugleich eine erste Standortbestimmung markierte, legte der neue Präsident dar, dass die Orientierungskrise beendet werden müsse. Die Zürcher SVP habe in der Vergangenheit «oft von Parteiorganisation, Führungsstil und Öffnung zur geistig wie personell breit gefächerten Volkspartei gesprochen». Er werde sich auch damit befassen, «ohne jedoch die klare Marschrichtung und die Beschäftigung mit dem Ideengut der Partei – der Substanz nämlich – ob all dem Organisatorischen zu vernachlässigen». Denn eine Partei sei so gut wie ihr Gedankengut. Blocher verlangte darum eine eindeutige Orientierung und beurteilte im Gegensatz zum unterlegenen Bewerber Hans Frei die ständigen Richtungsdiskussionen als Gefahr. Denn so könne man sich nicht «ins Volk hinauswagen», um die SVP-Ideen offen und glaubwürdig zu vertreten. Die Partei sei vergleichbar mit einer Miliz, die einer klaren Marschrichtung bedürfe.

```
Blocher, Christoph Wolfram
von      Zürich & Schattenhalb /BE
geb. in  Schaffhausen          am  11.Oktober    1940
Eltern:  Wolfram Albert Eduard und Jda geb.Baur
Konf.:   Ref.    Zivilstand: ledig   in
mit                                 am
von
Beruf:   Landarbeiter
```

Eine Schweizer Karriere: Christoph Blocher meldete sich im April 1960 als «Landarbeiter» in Knonau an. Aus dem einstigen «Landarbeiter» wurde später ein Industrieller, dessen Familienvermögen laut Bilanz *rund acht Milliarden Franken beträgt.*

Statt der Krise innerhalb der Partei wollte Christoph Blocher die Krise dieser Welt und deren Politik thematisieren, nämlich «Terror, Gewalttätigkeit, Machtpolitik und das grösste militärische Machtpotenzial aller Zeiten». Er sprach von einer «fundamentalen Auseinandersetzung» über die Strukturen von Staat und Gesellschaft. Dabei stellte er die Selbstverantwortung des Einzelnen statt des Kollektivs ins Zentrum und forderte ein erstes Mal eine strikte Nein-Parole: «Wir dürfen nicht – und hier braucht es Mut, nein zu sagen – eine Gemeinschaft von Staatspensionären werden.» Damit schlug er den Bogen zur Bauernpartei von 1919, die bereits das «Saugen an der Staatskrippe» angeprangert hatte.[11] Das richtige Gedankengut sei zwar vorhanden, müsse aber «vertieft werden». Blocher identifizierte die liberalkonservative Überzeugung als Richtschnur, wollte diese aber nicht nur auf die klassischen Domänen Landwirtschafts-, Finanz- und Militärpolitik angewandt haben, sondern auf die ganze Breite des politischen Spektrums. Dazu gehörte auch die Wirtschaftspolitik, die Aussenpolitik, die Bildungs- und Gesellschaftspolitik, überhaupt die gesamte Innenpolitik.

Das überlieferte Gedankengut sei hochmodern, wenn man es auf die Bedürfnisse der heutigen Zeit ausrichte und die Politik von unten nach oben gestalte. Damit war die aktivere Einflussnahme der Kantonalpartei auf den Kurs der SVP Schweiz bereits angetönt. Mit der Hinwendung zur politischen Mitte mochte Blocher nichts anfangen, da sich die Mitte nicht selber definieren könne, sondern immer durch die Pole bestimmt werde. Auch drängten sich bereits allzu viele Parteien in den «Sumpf der Mitte» – so eine spätere Wortschöpfung Blochers. Nur eine liberalkonservative Rückorientierung vermeide, dass die standespolitisch-bäuerliche Vergangenheit der SVP wie ein Klotz am Bein hänge und eine Ausweitung der Wählerschaft verunmögliche. Von den Exponenten der Partei verlangte Blocher grösseren Einsatz und eine stärkere Überzeugung für die gemeinsamen Ziele: «Wir Politiker müssen vermehrt den Mut und die Kraft aufbringen, mit Zivilcourage uns dafür eindeutig und klar einzusetzen.»[12]

Zwar hatte die offizielle SVP die Bundesfinanz- beziehungsweise Mehrwertsteuervorlage unterstützt, doch sie wurde – wie von Christoph Blocher empfohlen – vom Volk abgelehnt, was seine Position stärkte. Rasch spürte man eine Neubelebung der Kantonalpartei auf allen Stufen. Die Zahl der Anlässe, Informationen und öffentlichen Auftritte schienen sich zu vervielfachen. Ortsparteien und Bezirkssektionen wurden straffer an die kantonale Zentrale gebunden. Obwohl Blocher im Establishment der Wirtschaft bereits bestens vernetzt war, gewann er auch die Bauern rasch für sich. Seine landwirtschaftliche Ausbildung war ihm dabei ebenso von Nutzen wie die allgemeinverständliche, von vielen Gesten begleitete Sprache. Wo immer sich Christoph Blocher an Anlässen zeigte, hielt er eine kurze, grundsätzlich gehaltene Ansprache. Dabei betonte er unentwegt die Werte, die das Land stark und wohlhabend gemacht haben: Unabhängigkeit, Freiheit, dauernd bewaffnete Neutralität, direkte Demokratie, Föderalismus und Marktwirtschaft. Diese Staatssäulen, so Blochers Credo, verlangten gleichzeitig eine gesunde Staatsskepsis und die Ablehnung des Sozialismus, stattdessen aber Patriotismus, möglichst umfassende Volksrechte und ein grundsätzliches Misstrauen gegen die Eliten.

Christoph Blocher formte für die SVP ein in sich stimmiges Wertesystem und wollte die politischen Tagesfragen in ihrer ganzen Breite prägen und gestalten. Er glaubte an die Zukunft einer politischen Partei mit zweckmässig organisierter Mitgliederstruktur, während andere nur deren Krise sahen. Mit seinen innerhalb und ausserhalb der SVP vielbeachteten Standortbestimmungen an den Delegiertenversammlungen beschwor er unermüdlich das gemeinsame Gedankengut und lud bereits im November 1977 zu einer gutbesuchten Kadertagung zur «Förderung einer wirkungsvollen Parteiarbeit».[13]

Zu den ersten Amtsgeschäften des neuen Präsidenten gehörte es auch, dass er die bis dahin üblichen Sitzungsgelder und Entschädigungen aller Funktionsträger strich. Er tat dies in der Ansicht, dass von wirklich Freiwilligen und

Überzeugten bessere Arbeit geleistet werde.[14] Bei der Führung der Partei und deren verschiedenen Gremien achtete der Präsident auf Effizienz, wie sie sich kaum von seiner Unternehmungsführung unterschied. Kleinere Führungsgremien versammelte er in den Räumen der Ems-Chemie AG an der Zürcher Selnaustrasse. Er befand seinen Zeiteinsatz am rationellsten, wenn er die Sitzungen selber führte. Christoph Blocher legte jederzeit Wert auf die Pflege der Details und äusserte immer wieder die Überzeugung, dass das Grosse meist wegen Kleinigkeiten scheitere. Als er zu Beginn seiner Präsidialzeit eine Andelfinger Bezirksparteisitzung besuchte, erschien ihm die Traktandierung und langwierige Diskussion der nächsten Viehschau zwar sympathisch, aber eben doch nicht mehr vereinbar mit dem politischen Kampf, den er jetzt der Zürcher SVP verordnete.

In Wahlzeiten fuhr Blocher mit dem Auto durch den Kanton Zürich, um die Plakatierung zu beurteilen und nötigenfalls zu bemängeln und zu korrigieren. Auch bei Personenwahlen überliess er nichts dem Zufall und zog entsprechende Werbefachleute bei. Im Grunde lagen aber Wahlen und überhaupt Personalgeschäfte nicht in seinem hauptsächlichen Interessenskreis, ja er warf sich gelegentlich vor, diese zu vernachlässigen. Was Blochers volle Aufmerksamkeit fand, waren vielmehr die politischen Probleme auf allen Stufen des Gemeinwesens und Vorschläge zu deren jeweiligen Lösung.

Die Junge SVP wurde auf den Ebenen von Kanton und Bezirken spürbar aktiviert und entwickelte sich mit 350 Mitgliedern rasch zur grössten Jungpartei. Blocher liess den Nachwuchs an der langen Leine und erwartete nicht Linientreue, sondern Schulung, Veranstaltungen und «eine gesunde Konkurrenz zur Stammpartei».[15] Das Vertrauen in den Nachwuchs belegte das Ja der Zürcher Mutterpartei zum Stimmrechtsalter 18 auf kantonaler wie auf eidgenössischer Ebene.[16] Über den ersten grossen Parteitag der Jungen SVP mit zweihundert Teilnehmern im Zentrum Töss berichtete die *NZZ*: «Die Veranstaltung wurde zur Manifestation einer Jungpartei, überraschend und irritierend für den Beobachter zugleich, denn die Klagen über das mangelnde politische Interesse der Jugend in den Ohren, war er auf einen derartigen Aufmarsch nicht gefasst, auf eine manchmal beinahe überschäumende Begeisterung für die Politik – nicht etwa für linke Ideologie, nein, um bürgerliche Zielsetzungen zu verfechten, hatten sie sich zusammengeschlossen.»[17]

Gleichzeitig mit der Wahl von Christoph Blocher präsentierte sich auch die Frauenkonferenz der kantonalen SVP «in neuem Gewand». Der neue Parteipräsident begrüsste es, dass sich die Frauen vorerst intern schulten, vorbereiteten und gegenseitig Mut machten, um sich dann aber voll in die Partei zu integrieren und sich nicht auf Frauenthemen zu beschränken.[18] Gewiss beschritten die Frauen bei der SVP ein recht hartes Pflaster und vermeinten – wohl nicht immer zu Unrecht – «eine gewisse Frauenfeindlichkeit zu spüren, wenn es um ein politisches Amt oder einen Ratssitz» ging.[19] Tatsächlich verhielten sich die männliche wie die weibliche Wählerbasis skeptisch gegenüber personellen Vorschlägen von Frauen, die sie als Alibi-Kandidaturen beurteilten. Hatten sich die Bewerberinnen aber erst einmal einen Ruf als tüchtige Politikerinnen erarbeitet, wurden sie an den Wahlurnen durchaus getragen. Auch inhaltlich verschafften sich die Zürcher SVP-Frauen allmählich Gehör. So vermochten sie 1977 die eher wertkonservative Delegiertenversammlung zu einem Ja für die Fristenlösung in der Abtreibungsfrage zu bewegen.[20] Programmatisch hielt die SVP 1979 fest, dass Mann und Frau selbstverständlich gleichberechtigte Partner seien. Diese Gleichberechtigung bedeute aber keine Gleichschaltung, sondern die Möglichkeit zur Selbstverwirklichung von Frau und Mann entsprechend ihren Anlagen und Fähigkeiten.[21]

Auch die Stadtpartei fand jetzt mit ihren «SVP-Foren» vermehrte öffentliche Aufmerksamkeit. Die besonders erfolgreiche Kreispartei 11 der Quartiere Oerlikon, Seebach und Affoltern begründete dank der Initiative von Gemeinderat Ernst E. Büchi die Tradition der «SVP-Frühschoppen für jedermann». Rechtsanwalt Robert Wolfer, der 1978 die Nachfolge von Robert Spleiss als Stadtparteipräsident übernommen hatte, wollte allerdings bewusst weg vom BGB-Image. Er sprach von «liberalem Gedankengut» und «innerparteilicher Demokratisierung», womit er aber in die politische Mitte drängte. Er wurde bereits 1980 durch den Kies- und Medienunternehmer Felix Matthys ersetzt, dessen Linie sich wieder klarer an jene der Kantonalpartei anlehnte. Wolfer verliess die Partei 1986 im Unfrieden, dem er gegenüber dem *Tages-Anzeiger* mit scharfer Kritik an der SVP Luft verschaffte («stadtfeindliche, bäuerische Hinterhältigkeit, gepaart mit intellektueller Mittelmässigkeit»).[22]

Die Gefahr der politischen Mitte bestand für Christoph Blocher in der programmatischen Beliebigkeit, im gerade Modisch-Zeitgeistigen mit entsprechendem Verfalldatum – diese Entwicklung hatte nach wenigen Jahrzehnten der Landesring genommen. Konsumenten- oder Umweltpolitik wurde in den Hintergrund gerückt, da man der SVP hier zu Recht keine Kernkompetenz zutraute und die Bürger bei diesen Themen lieber die entsprechend glaubwürdigeren Parteien wählten. Auch handelte es sich um Forderungen, die meistens auf mehr Regulierungen und Staatseingriffe hinausliefen. Den Konservativismus, der die Voraussetzung zur Bewahrung der erfolgreichen Staatssäulen bildete, ergänzte Blocher mit einem betonten Wirtschaftsliberalismus. Als erster Zürcher SVP-Präsident bemühte er sich intensiv um die Unterstützung der Wirtschaft und ihrer Verbände. Wenn Blocher überliefertes Gedankengut der alten Bauernpartei beiseite schob, war es die überlebte mittelständische Kapitalismuskritik. «Wir werden den ‹Finanzplatz Schweiz› nicht gegen den ‹Werkplatz Schweiz› ausspielen», hielt er fest: «Wir wissen, dass das eine ohne das andere nicht leben kann. Beides zu erhalten, ist unser Ziel.»[23]

Bislang und noch bis auf weiteres galt die FDP als Wirtschaftspartei schlechthin. Im Bemühen, möglichst rasch zu wachsen, öffnete sich diese Partei seit den späten siebziger Jahren aber weit nach links und wurde offen für etatistisches, feministisches und grünes Gedankengut. Wenn es der SVP gelingen würde – so waren Christoph Blocher und sein neu engagierter Werber Hans-Rudolf Abächerli überzeugt – den Freisinn nach links zu drücken und sich rechts von ihm zu positionieren, so wäre die Volkspartei längerfristig die Gewinnerin. Von 1977 bis 2002 setzte Abächerli die Wahlkämpfe und Kampagnen der Zürcher SVP um und war auch verantwortlich für den Auftritt der SVP in der Stadt Zürich.[24]

Unerschrocken trug Christoph Blocher den Richtungsstreit in die nationale Partei («So nicht!»). Er bekämpfte die Einführung eines zivilen Ersatzdienstes für Militärdienstverweigerer gegen Bundesrat, Parlamentsmehrheit und den eigenen Verteidigungsminister Rudolf Gnägi – und ging nicht nur bei seiner Kantonalpartei, sondern auch bei der SVP Schweiz als Sieger hervor.[25] Das Gewissen, so meinte die Zürcher SVP, lasse sich nicht nach einem Schema beurteilen: «Der vorzügliche Schauspieler, der Bluffer, der Student, der auf den Dienstverweigerer aus Gewissensgründen getrimmt worden ist, wird vom Dienst befreit, während manch Ehrlicher, der weniger wortgewandt ist, zum Dummen wird.»[26]

Die dominierenden Berner hatten 1977 unter der Devise «Öffnung der Partei» neue Statuten und ein «Aktionsprogramm 1978/79» durchgesetzt. Verunsichert und beeinflusst vom Zeitgeist der Achtundsechziger, dem neuerdings auch viele bis anhin bürgerliche Medien und vor allem das öffentlich-rechtliche Radio und Fernsehen folgten, wollte man in der SVP Schweiz nichts wissen von einem «liberalkonservativen» Kurs, sondern plädierte für die Bezeichnung «liberalprogressiv». Dieses Aktionsprogramm präsentierte der Bündner Ständerat Leon Schlumpf, der – gewissermassen in eigener Sache – für die Stelle eines Ombudsmanns auf Bundesebene eintrat, ein Amt, das er von 1974 bis 1978 selber bekleidete. Weitere Vorschläge betrafen die Neufinanzierung der AHV, das Stimmrechtsalter 18, eine «menschliche Ausländerpolitik», verstärkte Bankenaufsicht und eine bessere Berufsausbildung. Betont wurde gar das «Bedürfnis nach mehr Freizeit» als Abgeltung für «die dem Arbeitnehmer zustehende Weitergabe von Produktivitätsfortschritten», ja der «stufenweise Abbau der Höchstarbeitszeit und die Erweiterung der minimalen Ferienansprüche».[27] Nationalrat Rudolf Reichling, Vizepräsident der Zürcher SVP, beurteilte diese «sozialprogressiven» Forderungen von links als logische Folge der Fusion mit den Bündner und Glarner Demokraten. Die Partei müsse sich im Hinblick auf die bevorstehenden Wahlgänge «auf ein breites, alle Interessengruppierungen umfassendes Spektrum» ausdehnen.[28]

Solchen Tönen vermochte Christoph Blocher nichts abzugewinnen. Angesichts einer von ihm festgestellten «Umkehr» bei der Bevölkerung zu «soliden Grundsätzen» in Richtung «Freiheit zur individuellen Entwicklung, Wirtschaft als Grundlage für materielle Sicherheit, staatliche Unabhängigkeit» konstatierte er in Anbetracht der fortgesetzten Reformdebatten vielerorts «Zweifel, Verbitterung und Enttäuschung». Blocher bezweifelte offen, ob der von der SVP Schweiz eingeschlagene Kurs «im Einklang mit den Parteigrundsätzen» stehe. Unter medialem Druck habe man in Bern eine «kopflose Flucht nach vorne» angetreten, die Partei «in geradezu stürmischer Weise» öffnen wollen und sei so zu einem «schief geratenen Programm» gekommen.[29]

Die Zürcher Parteizeitung diente der direkten Vermittlung des präsidialen Gedankengutes an die Mitglieder, wobei Redaktor Hans Ringger Blocher entschieden unterstützte. Die angebliche Öffnung der SVP Schweiz bedeute einen «Aufbruch zu neuen Ufern, den nur einige ‹Progressive›, aber nicht das ‹Fussvolk» nachvollziehen könnten. Der neue Kurs führe «unentrinnbar zum Abgrund», denn ein noch so fortschrittliches Programm habe nichts als Profilverlust zur Folge, wenn der «geeignete Nährboden» fehle.[30]

Solche Äusserungen blieben in der Berner Parteizentrale nicht ungehört. Der Generalsekretär der SVP Schweiz, Peter Schmid, beschwerte sich im Februar 1978 an einer Veranstaltung in Winterthur über die «fortdauernde Beschmutzung des eigenen Nestes» und beklagte, dass aus den «eigenen Reihen gegen dieses Programm geschossen» werde, ohne dass die Kritiker ihre Meinung an den Delegiertenversammlungen vertraten.[31] Die Differenzen wurden auch gegen aussen offenkundig, etwa bei Ablehnung der kostspieligen 9. AHV-Revision durch die Zürcher oder anlässlich der äusserst knappen Annahme einer vom Gewerbe bekämpften zweiten Finanzvorlage zur Einführung der Mehrwertsteuer.

Personell verkörperten auf der einen Seite Fritz Hofmann, Präsident der SVP Schweiz und Direktor der Schweizer Milchproduzenten, und Christoph Blocher auf der anderen Seite die programmatischen Gegensätze. Hofmann sprach 1979 von einer «sozialverpflichtenden Marktwirtschaft», vom Ausgleich sozialer Ungerechtigkeiten, von Staatseingriffen bei der Konjunktur- und Wettbewerbspolitik, von einer «offenen Politik» der SVP, die «human, solidarisch und überkonfessionell» sei. Nur mit einer geistigen und personellen Öffnung könne die SVP den Anschluss an «die Arbeitnehmer, die junge Generation und die Frauen» schaffen.[32] Blocher indessen sagte jedem kollektivistischen Ansatz den Kampf an. Er legte das Gewicht auf eine finanziell tragbare Wirtschaftspolitik, die auf der «Eigenverantwortung» und dem «Selbstbehauptungswillen jedes Einzelnen» beruhe. Eine «menschlichere Politik» bedürfe in allererster Linie weniger staatlicher und bürokratischer Eingriffe: «Die ständig zunehmenden Machtkonzentrationen – auch im Staate – bedeuten eine Behinderung des Kleinen.»[33] Für Blocher konnte die Öffnung zur Gewinnung neuer Wähler nicht mit zeitgeistigen Appellen an gerade modische Begriffe gelingen. Er glaubte vielmehr, das «Zürcher Volk», das «werktätige Volk», überhaupt ausdrücklich Arbeitgeber wie Arbeitnehmer mit einer konsequenten Politik im Dienste jener ansprechen zu können, die «von ihrer täglichen Arbeit leben».[34]

Bereits im November 1977 hatte eine kantonale Kadertagung ein vertrauliches Handbuch für die Gemeindewahlen erarbeitet. Darin wurde eine sorgfältige, langfristige Personalplanung gefordert. Auch seien möglichst Behördenpräsidien anzustreben und den Schul-, Kirchen- und Armenpflegen grössere Beachtung zu schenken. Die Bezeichnung SVP sei durchzuziehen und eine Vielzahl von Veranstaltungen zu organisieren, wobei in jeder Sektion ein Presseverantwortlicher zu bezeichnen sei, der keineswegs Journalist sein müsse: «Lieber einen etwas holperigen Bericht als gar keinen Bericht!» [sic!][35]

Bei den Gemeindewahlen in der Stadt Zürich verlor die SVP 1978 ihr über zwanzig Jahre von Jakob Baur gehaltenes Stadtratsmandat. Dem Kandidaten Hans Ulrich Frei-Wohlgemuth («Ich bin und heisse Frei!») gelang es trotz recht auffälliger Kampagne nicht, in den Stadtrat einzuziehen. Mit dem Gewinn eines Gemeinderatsmandates wurde aber ein fünfter Sitz und damit die Fraktionsstärke zurückgewonnen. In diesem durchzogenen Wahlausgang, unter anderem mit der Werbung «Statt alte Zöpfe – Köpfe», lag immerhin die Chance einer künftigen Oppositionspolitik. Im Kreis 6 kandidierte als bekanntestes SVP-Gesicht die Fussball-Legende Köbi Kuhn, ehemals Mittelfeldspieler des FC Zürich und später erfolgreicher Trainer der Schweizer Fussballnationalmannschaft.[36] Anlässlich seiner Wahl zum «Schweizer des Jahres 2006» wünschte sich der Geehrte Christoph Blocher als Festredner bei der feierlichen Enthüllung von Kuhns Namen auf der Obwaldner Älggialp, dem geografischen Mittelpunkt des Landes.[37]

Die FCZ-Legende Köbi Kuhn kandidierte 1978 für die SVP-Stadtpartei im Kreis 6 für den Gemeinderat. Von 2001 bis 2008 betreute er die Fussballnationalmannschaft als äusserst populärer Trainer und wurde 2006 «Schweizer des Jahres».

1978 und 1979 formulierte die Kantonalpartei in Arbeitsgrupppen eine eigene Wahlplattform. Sie zog mit sechs Eigendefinitionen in die Kantons- und Nationalratswahlen und beschrieb sich darin als «Volkspartei» (wo nicht «Intellektuelle oder grosse Herren» den Ton angäben), als «Bürgerpartei» (mit Bekenntnis zu Erspartem, Vermögen und Eigentum), als «andere Arbeitnehmerpartei» (ohne Proletarier, dafür mit verantwortungsvollen Bürgern), als «Dorfpartei» (mit einer volkstümlichen, bürgernahen Politik), als «Mittelstandspartei (die für tiefe Steuern eintrete) sowie als «grüne Partei» des Landvolks (der das Wohlergehen der Umwelt seit je am Herzen liege).[38]

Präsident Blocher definierte seine Vorstellung der tatsächlichen Öffnung zu einer Volkspartei folgendermassen: «Zum Mittelstand gehören diejenigen Mitbürgerinnen und Mitbürger, welche von ihrer tagtäglichen Arbeit leben, die sich zum Grundsatz der Eigenverantwortung, der persönlichen Initiative und des Selbstbehauptungswillens bekennen und die nicht alles Heil vom Staat erwarten, sondern bereit sind, die Eigenleistung voranzustellen. Das gilt […] sowohl für Arbeitgeber wie Arbeitnehmer! Ohne in diesem Mittelstand stark und verwurzelt zu sein, kann keine Partei in Anspruch nehmen, eine wahre Volkspartei zu sein. Darum ist die SVP die Partei des werktätigen Volkes; sie weist bewusst keine elitär-doktrinäre Züge auf.»[39]

Die SP trat 1979 mit drei Regierungsratskandidaten gegen den Bürgerblock an, was die SVP als «roten Sturm auf die Zürcher Regierungsburg» beurteilte.[40] Dieser Angriff misslang, die SP blieb bei ihrem einzigen Sitz, während die beiden SVP-Kandidaten Jakob Stucki und Konrad Gisler Glanzresultate erzielten. Stucki nahm sogar in der Stadt Zürich den Spitzenplatz ein, was gemäss *NZZ* «keineswegs überraschend» kam, stelle dies doch «einen durch ruhige, sachliche, über den Emotionen stehende Regierungstätigkeit gerechtfertigten Vertrauensbeweis» dar.[41] Die SVP gewann bei den Kantonsratswahlen erstmals seit längerem wieder etwas Wähleranteile, wenn auch mit einem Prozent weit bescheidener als FDP und SP mit beidseits über drei Prozent. Die Volkspartei blieb bei ihren 32 Sitzen, während die FDP um 8 und die SP um 7 Mandate zulegte. Der Freisinn war mit einem ebenso aufwendigen wie professionellen Wahlkampf aufgefallen – vor allem aber mit einem Slogan, der ihm in den Folgejahren zur Belastung wurde: «Mehr Freiheit und Selbstverantwortung, weniger Staat». Die SVP war bei ihren Vorbereitungen auf genau dieselbe griffige Parole gekommen – doch die Freisinnigen waren schneller, so dass man mit der Devise «Mehr Menschlichkeit, weniger Bürokratie» ins Rennen stieg.[42]

Für eine Überraschung sorgte im Frühjahr 1979 die in der Regel routinemässig ablaufende Wahl ins Kantonsratspräsidium. Statt dem offiziell von der SVP-Fraktion für das Zweite Präsidium (und damit für das zwei Jahre später übliche Präsidium) vorgeschlagenen Winterthurer Stadtrat Werner Nägeli wurde Erich Rüfenacht aus Hausen am Albis gewählt. Der frühere Parteisekretär Rüfenacht war in der fraktionsinternen Ausscheidung unterlegen, doch hatten Absprachen hinter den Kulissen diesen Entschluss wieder umgekehrt, so dass er zum zweiten Vizepräsidenten erkoren wurde, ohne dass ihn jemand vorgeschlagen hatte. Da dies nicht zuletzt auch mit SVP-Stimmen geschah, sprach der *Tages-Anzeiger* von einer Demonstration «gegen die Strategen der SVP, die in der Fraktion alle wichtigen Fäden in den Händen haben». Das sei nach Meinung von SVP-Kantonsräten keine Niederlage für Nägeli gewesen, sondern für die «SVP-Mischler, die so gerne eine Fait-accompli-Politik betreiben». Auch Namen wurden hinter vorgehaltener Hand genannt, nämlich Christoph Blocher, Rudolf Reichling und Max Gerber. Ein bäuerlicher Volksvertreter kommentierte das Ereignis so: «Ab und zu braucht es halt ein kräftiges Gewitter, damit die Leitungen wieder einmal richtig durchgespült werden.»[43]

Ausgestattet mit einem breiten historisch-kulturellem Interesse, wusste Blocher Jubiläen von vergangenen Ereignissen geschickt für die Gegenwart zu nutzen. Vor den Nationalratswahlen 1979 feierte die Zürcher SVP publikumswirksam das 60-Jahre-Jubiläum des Einzugs ins eidgenössische Parlament. Dieser Festakt war gemäss Parteisekretär Rudolf Bolliger nach «Erfolgen, Krisen, Spektrumserweiterungen und Namensänderungen» als «Markstein» und «Fixpunkt» in der Parteigeschichte gedacht. Zweitausend Besucher zogen zum Wehrmännerdenkmal auf die Forch, angeführt von einer «stolzen Reitergruppe» mit den elf extra für diesen Anlass geschaffenen Bezirksstandarten, die fortan jede Delegiertenversammlung schmückten. In seiner Rede hielt Christoph Blocher fest, man könne die Flugblätter der Bauernpartei vor sechzig Jahren noch immer «fast unverändert» verwenden. Der bäuerliche und gewerbliche Mittelstand sei im 19. Jahrhundert und im Ersten Weltkrieg in Bedrängnis geraten und habe in der Folge seine eigene Organisation gegründet. Diese sei zur «entscheidenden Stütze der Staatsordnung» und zum Bollwerk gegen «die linksextreme Flut» geworden. Die Zürcher Partei sei ihren Prinzipien bei der «Gratwanderung zwischen sozialistischer Verstaatlichung und ungehemmtem Laisser-faire des Liberalismus» immer treu geblieben. Darum habe die SVP die Öffnung der letzten zehn Jahre «durchgestanden», ohne ihr Gedankengut preiszugeben.[44]

Ein Frontalangriff auf die SP in der Parteizeitung zerzauste deren Sicherheitspolitik und wollte eine linksextreme Unterwanderung nachweisen. Ziel-

Regierungsrat Jakob Stucki (1924–2006) prägte in den siebziger und achtziger Jahren das staatsmännische Gesicht der Zürcher SVP. Er war nacheinander Militär- und Polizeidirektor, Baudirektor und Finanzdirektor. Von 1979 bis 1987 vertrat Stucki den Kanton auch im Ständerat.

sicher und nicht mit Unrecht – wie sich in der Folge zeigen sollte – wurden der Linken bei dieser bewussten ideologischen Polarisierung Sympathien zum Regime der SED-Einheitspartei in der DDR vorgehalten: «Bei den SPS-Papieren 1974 und 1975 zur Armee stellt die SVP anhand von Zitaten eine Tonart fest, die an Parteidokumente der DDR-SED erinnert.»[45]

Erstmals in der Parteigeschichte erfolgte im Herbst 1979 ein professionell durchgestalteter Wahlkampf, der die Handschrift des von Parteipräsident Blocher zugezogenen Werbers Hans-Rudolf Abächerli trug. Man fürchtete um den Nationalratssitz des Bülachers Hans Ulrich Graf, der im Vorjahr von den Republikanern in die SVP-Fraktion gewechselt hatte. Der überlegte, strategisch denkende und konzeptionell ausserordentlich starke Werber Abächerli hatte sein politisches Gesellenstück für die SVP geliefert, als er den Bezirksratswahlkampf von Ueli Welti aus Küsnacht erfolgreich begleitete. Eine recht ausführliche Wahlschrift behandelte umfassend, seriös und auch noch recht brav die anstehenden politischen Themen in ihrer ganzen Breite. Doch der Wahlkampf erhielt eine bislang ungekannte Intensität, und gute Kanäle zur Wirtschaft ermöglichten eine erstaunliche Inseratedichte.

Für die Ständeratswahlen schickte die SVP den kantonalen Finanzdirektor Jakob Stucki ins Rennen, den Parteipräsident Blocher nach der Nominierung als «unser bestes Ross im Stall» bezeichnete und ihm ein Säckchen Hafer überreichte.[46] Stucki eroberte den 1967 verlorenen Ständeratssitz bravourös zurück, und die Zürcher SVP steigerte sich von 11,3 auf 14,5 Prozent – was damals ein seit fünfzig Jahren nie mehr erreichtes Resultat bedeutete. Die fünf Nationalratssitze konnten 1979 problemlos gehalten werden, und neu zog auch Kantonalpräsident Christoph Blocher in den Nationalrat ein. Die Freisinnigen erzielten – wiederum mit dem Slogan «Mehr Freiheit und Selbstverantwortung, weniger Staat» – ihr bestes Ergebnis seit Einführung des Proporzwahlrechts von 1919 und stellten 9 Zürcher Nationalräte.[47] Die Polarität zwischen FDP und SP hatte sich ausbezahlt, woraus die SVP Verantwortlichen die bereits genannte, entscheidende Lehre zogen: Es musste gelingen, sich rechts der FDP zu positionieren, also diese Partei nach links zu drängen, um eine Polarität zwischen SVP und SP zu erreichen. Als der Freisinn Anfang der achtziger Jahre schwankte und sich namentlich von grünen Ideen vereinnahmen und verunsichern liess, konnte die SVP dieses Ziel erreichen.

Erneut in den Nationalrat gewählt wurden 1979 Erwin Akeret und Rudolf Reichling, aber auch zwei Politiker, die im Laufe der letzten Legislatur zur Zürcher SVP-Delegation in Bundesbern stossen konnten. 1977 war Konrad Basler aus Esslingen, Gemeinde Egg, für den verstorbenen Werner F. Leutenegger nachgerückt. Und 1978 hatte Hans Ulrich Graf aus Bülach von den Republikanern, für die er seit 1971 im Nationalrat tätig gewesen war, in die SVP-Fraktion gewechselt. Diese konnte sich dafür verbürgen, dass Graf in jeder Beziehung zur SVP passe und sein Stimmverhalten von einer durch und durch bürgerlichen Gesinnung zeuge. Auch die Tatsache, dass er der Partei im Zürcher Unterland mit seinem *Neuen Bülacher Tagblatt* auch publizistisch eine Stimme geben konnte, erschien als grosser Vorteil.

Konrad Basler (*1929) wurde als Bauernsohn in Thalheim im Zürcher Weinland geboren und verlor schon als Kleinkind den Vater. Seine tüchtige Mutter zog ihn mit seinem Zwillingsbruder Ernst gross. Er erlernte den Beruf eines Zimmermanns, absolvierte das Technikum in Winterthur und ein Studium als Bauingenieur an der ETH Zürich, dem er ein Doktorat in den USA anschloss. Konrad Basler ist Mitinhaber und war Verwaltungsratspräsident des Ingenieur- und Planungsbüros Basler & Hofmann in Zürich und Esslingen, das noch immer zu den erfolgreichsten und bekanntesten seiner Art gehört. Das 1963 gegründete unabhängige Familienunternehmen führt Ingenieur-, Planungs- und Beratungsarbeiten aus, wobei Mitarbeiter verschiedenster Disziplinen wegweisende Lösungen für den intensiv genutzten gemeinsamen Lebensraum entwickeln. Politisch engagierte sich Konrad Basler im Gemeinderat in Egg, als SVP-Präsident des Bezirks Uster und bis 1991 während über vierzehn Jahren im Nationalrat. Der analytisch brillante Kopf machte sich rasch einen Namen als profunder Kenner der Energie- und Verkehrspolitik sowie des Sozialversicherungswesens. Basler war ein weit über die Parteigrenzen hinaus geachteter wertkonservativer Mahner für einen verantwortungsvollen Umgang mit den Lebensgrundlagen. Nach seinem Rücktritt als Nationalrat erforschte er in mehreren vorbildlichen Studien die Geschichte, das Dorfleben, die Verwandtschaftsbeziehungen und die Auswanderung seiner Heimatgemeinde Thalheim, ehemals Dorlikon. Er wurde aufgrund seiner beruflichen Verdienste zum Ehrendoktor der ETH ernannt und ist Donator der ETH Zürich Foundation, die junge Bauingenieure mit Stipendien fördert.[48]

Der promovierte Jurist Hans Ulrich Graf (1922–2010) wirkte als Verleger und Chefredaktor des familieneigenen *Neuen Bülacher Tagblatts* und als Verwaltungsratspräsident der Druckerei Graf AG. Der frühere Redaktor der *Schweizerischen Schützenzeitung* war eine markante Persönlichkeit im schweizerischen Schiesswesen und sass viele Jahre im Zentralkomitee des Schweizerischen Schützenvereins. Seit deren Gründung 1986 arbeitete Graf auch in der Aktion für eine unabhängige und neutrale Schweiz (Auns) mit. Als klarer, verlässlicher Vertreter eines ausgeprägten Rechtskurses engagierte sich Hans Ulrich Graf bis 1991 vor allem für die Militär- und Sicherheitspolitik auf der Grundlage von Milizarmee und  dauernd bewaffneter Neutralität. Ein politisch motivierter Brandanschlag auf sein Bülacher Verlagshaus verursachte einen Schaden von mehreren Millionen Franken. Bis zuletzt blieb Graf ein treuer Teilnehmer und Ratgeber an zahlreichen SVP-Veranstaltungen.[49]

Anlässlich der Wahlfeier für Christoph Blocher in Meilen fragte sich der dortige Gemeindepräsident und Nationalrat Theodor Kloter (LdU) in seiner launigen Gratulationsadresse, woher wohl das viele Geld für den Wahlkampf für Blocher und dessen Partei stamme; bei seinem Landesring wisse man wenigstens, dass es die Migros sei, die zahle. Es bestand also auch gegen aussen keinerlei Zweifel, dass Blocher in Wirtschaftskreisen ein geschickter Spendensammler war. Da nur wenig zu einem zusätzlichen Mandat fehlte, gestattete Blocher seiner Partei nicht, auf den vorerst bescheidenen Lorbeeren auszuruhen, sondern rief den Delegierten zu: «Auf in den Wahlkampf 1983!» – und verlangte als Ziel die Eroberung eines sechsten Sitzes. Die «klaren Positionen» der Zürcher SVP seien belohnt worden, während etwa Graubünden, Baselland und die Waadt verloren hätten, weil die dortigen Exponenten «Scheu bekundeten, sich als bürgerliche und liberalkonservative Partei zu bezeichnen» und auch für das «verunglückte Parteiprogramm» verantwortlich seien. Der Zuwachs an Wählerinnen und Wählern war für Blocher nicht zuletzt das Resultat einer «geschlossenen, zielgerichteten und massiven» Wahlwerbung, die der Partei ein «einheitliches Gesicht» gegeben habe.[50]

Da der Berner Rudolf Gnägi per Ende 1979 als Bundesrat zurücktrat, nominierte die Bundeshausfraktion den Bündner Anwalt, Ex-Preisüberwacher und Ständerat Leon Schlumpf sowie den Berner Ökonomen, Regierungs- und Nationalrat Werner Martignoni. Die Vereinigte Bundesversammlung wählte Leon Schlumpf, womit die SVP erstmals seit fünfzig Jahren nicht mehr durch einen Berner im Bundesrat vertreten war.

Achtziger Unruhen und grüner Vormarsch

Der von Christoph Blocher vorangetriebene Kurs der Zürcher SVP setzte auf Regierungsverantwortung als bürgerlich-bäuerlich-gewerblich verankerte Partei, wollte das gesamte «werktätige» Volk gegen den immer stärkeren Zugriff von Staat und Bürokratie verteidigen und der rasch wachsenden Bevölkerung in den Städten und Agglomerationen eine liberalkonservative Heimat und Identität bieten. Die Chance des profilierten Stellungsbezugs, wie er 1968 nur ungenügend wahrgenommen worden war, boten die Jugendunruhen zu Beginn der 1980er Jahre.[51]

Nach dem Opernhauskrawall, der sich am 30. Mai 1980 an einem 60-Millionen-Kredit für das Zürcher Opernhaus entzündet hatte und der mehr Geld für die Alternativkultur forderte, unterschätzte die SVP-Parteizeitung zunächst die Heftigkeit und die Dauer dieser gewaltsamen Jugendunruhen.[52] Parteisekretär Rudolf Bolliger sah lediglich «Klamaukgesellen» und warf fast schon sympathisierend die Frage auf, ob man sich denn eine Jugend wünsche, «die sich duckmäuserisch in einer totalen Anpasserrolle stillhalten» solle.[53] Bolliger wechselte im Herbst 1980 zum Schweizerischen Gärtnermeisterverband und wurde durch den ausgewiesenen PR-Fachmann Fredy Kradolfer ersetzt, der in der *Mitte* mit gut formulierten Artikeln und Kommentaren die fadengerade Parteilinie vorgab.

Als die Unruhen nicht aufhörten und sich die gewaltsamen Ausschreitungen, Sachbeschädigungen und Verletzungen von Polizisten immer weiter fortsetzten, schwand jedes Verständnis. Das städtische Gewerbe gehörte wegen Zerstörungen und Verdienstausfällen zu den Hauptbetroffenen, und die städtische SVP rief energisch nach Ruhe und Ordnung. Als Oppositionspartei prangerte sie vor allem die SP an, die vier Stadträte und darunter die Sozialvorsteherin stellte. Gemeinderat Hans Ulrich Frei-Wohlgemuth bezeichnete die Jugendpolitik von Stadt- und Ständerätin Emilie Lieberherr schon nach wenigen Tagen als «Fiasko ersten Ranges».[54] Die SVP beschuldigte die SP der Stadt Zürich, sie mache sich zum «Sprachrohr der Kriminellen». Präsident Blocher sah im «Autonomen Jugendzentrum» (AJZ) einen «Hort krimineller Elemente» und warf die Frage nach «möglichen Drahtziehern» auf. Vizepräsident Rudolf Reichling glaubte «Extremisten, Randalierer, Chaoten und Nihilisten» am Werk. Der kantonale Polizeidirektor Konrad Gisler sprach von einer «Guerilla-Manier» von «professionellen Krawallanten» und verurteilte die Attentate auf Autos von Bezirksanwälten. Regierungsrat Jakob Stucki ortete einen «harten Kern von Anarchisten», welche die gesamte Jugend diskreditierten.[55]

Konsequent und beharrlich erinnerte die Zürcher SVP an die Verantwortung der politischen Mandatsträger. Zur Führung möge es auch gehören, «der Jugend ein Jugendhaus zur Verfügung zu stellen», doch dürfe Autonomie nur zugebilligt werden, soweit eine gewisse Ordnung gewährleistet sei. Unbewilligte Demonstrationen seien unverzüglich aufzulösen.[56] Im September 1980 eskalierten die Unruhen nach der ersten Schliessung des AJZ erneut, und Christoph Blocher warf der Vorsteherin des Sozialamts Emilie Lieberherr vor, sie sei lediglich fähig, «auf Erpressungen einzugehen». Der Schutz des Bürgers sei nicht mehr gewährleistet, so dass dieser «zur legalen Selbstverteidigung gezwungen» würde. Die Partei organisierte im Mai 1981 die gerichtlichen Schadenersatzklagen in Millionenhöhe von 53 geschädigten Ladenbesitzern und kommentierte mit Verständnis gewerbliche Forderungen nach Bürgerwehren. Nicht die Ordnungshüter hätten versagt, sondern deren politische Führung, da der mildernde polizeiliche Ermessensspielraum ständig durch rechtswidrige Handlungen mit Sach- und Personenschäden erwidert worden sei. Auch verlangte die SVP die «Fortsetzungsgefahr» als Haftgrund, die Veröffentlichung der Namen bekannter Chaoten und nicht zuletzt auch die Übernahme der städtischen Exekutivgewalt durch den bürgerlichen Regierungsrat. Selbst ein so besonnener Magistrat wie Jakob Stucki bedauerte, dass die Politik des linken Stadtrates den notwendigen «Härtegrad» vermissen lasse.[57]

Da Studierende des Ethnologischen Seminars und dessen Vorsteher die «Bewegung» mit offener Sympathie begleiteten und einen von Erziehungsdirektor Alfred Gilgen verbotenen Film herstellten, geriet auch die Universität Zürich in die Kritik. Dort geschehe ein Missbrauch von Wissenschaft und Forschung zu «agitatorischen Zwecken», die Führungsverantwortung werde nur ungenügend wahrgenommen, und man verstosse gegen die Forschungsfreiheit – so die Sicht der SVP. Bereits kündigte die Volkspartei an, gegen die Autonomiebestrebungen im neuen Universitätsgesetz zu opponieren. Regierungsrat Konrad Gisler empfahl den Behörden und Ordnungskräften «aus präventiven Gründen Wachsamkeit und Präsenz» an der Universität. Die SVP geisselte die «scheinheiligen Linksintellektuellen», die gegen aussen den Dialog vorspielten, aber in Wirklichkeit den «Anarchofaschisten» den geistigen Boden bereiten würden. Überhaupt treffe die Intellektuellen Mitverantwortung für eine falsche Einstellung zu «Lebensbegriffen» wie Eltern, Kinder, Ehe, Familie und Arbeit. Die von «Soziologen und Psychologen gepredigten Theorien» hätten ebenso versagt wie das antiautoritäre Erziehungssystem.[58]

Keine andere politische Kraft trat den anarchistisch-gewalttätigen Umtrieben der «Jugendbewegung» der achtziger Jahre so entschieden entgegen wie die SVP. Die jeweiligen Wochenendkrawalle erzeugten hohe Aufmerksamkeit und über Jahre mediale Schlagzeilen in Stadt und Kanton. Die Partei erkannte einen klaren Schuldigen und trat ihm unerschrocken entgegen. Im Januar 1981 strömten 600 Personen zu einem Sonderparteitag zum Thema Krawalle nach Uster. Auch Aktivistinnen und Aktivisten der Bewegung konnten dort ihre Ansichten äussern. Der als Volksredner vielbeachtete Hofstetter Gemeindepräsident und Kantonsrat Edwin Weilenmann (der «Donnerer vom Schauenberg») rief in den Saal: «Die Jugend darf über die Schnur hauen. Aber wenn wir als Junge einen Hofhund reizten und dieser schneller war als wir, so eilten wir nicht nach Hause und klagten, wir seien unverhältnismässig gebissen worden.»[59] Als Partei, die sich nicht scheute, ihre Standpunkte in die Diskussion zu tragen, suchte die SVP auch offensiv die Auseinandersetzung mit dem linken «Verband Studierender an der Universität Zürich» (VSUZ). Da die Partei gegen aussen so geschlossen auftrat, konnte sie sich eine bemerkenswert offene Gesprächskultur gegenüber der «Bewegung» leisten – freilich immer innerhalb der Grenzen des gewaltfreien demokratischen Dialogs.[60]

Nach Samstagskrawallen der «Bewegung» kritisierte Kantonalpräsident Christoph Blocher die Entlassung von Festgenommenen nach Überprüfung

Christoph Blocher als Redner an der «Landsgemeinde für Recht und Ordnung» am 27. September 1980 auf dem Zürcher Münsterhof.

ihrer Personalien und verwies auf die Möglichkeit der Vorbeugehaft. In einer persönlichen Stellungnahme forderte er «nötigenfalls den zusätzlichen Einsatz von ausserkantonalen Polizeikontingenten bei weiteren Ausschreitungen».[61] In deutlich gegensätzlichem Verhalten zu manch anderen bürgerlichen Exponenten liess es Blocher nicht bei markigen Worten bewenden, sondern stand auch in gefährlichen Situationen persönlich hin. Am 27. September 1980 fand eine «Landsgemeinde für Recht und Ordnung» auf dem Zürcher Münsterhof statt, die der freisinnige Industrielle und Zunftmeister Werner Kolb organisiert hatte und die bereits einmal hatte verschoben werden müssen. Zur grossen Enttäuschung von Kolb sagten die von ihm angefragten FDP-Politiker angesichts der zu erwartenden Unruhen als Redner ab. Eine Zusage erhielt Kolb schliesslich von Christoph Blocher, der antrat, weil sich kein Freisinniger fand. Blocher äusserte seine «Gedanken zum Rechtsstaat» vor etwa tausend Personen, wovon ein Teil der Chaotenszene angehörte und versuchte, ihn niederzuschreien. Er sprach aber unbeirrt weiter, betonte die «Gefährdung der Rechtsordnung» und sah die Ursache der Unzufriedenheit von Jugendlichen in einer «tiefen geistigen Leere als Resultat von verlorenen familiären und religiösen Bindungen». Hilflos und überfordert seien aber nicht nur die betreffenden Jungen, sondern auch die zuständigen Erwachsenen, die auf Erpressungen eingingen, die ausserstande seien, ein Jugendhaus zu führen, und deren Arbeit sich in «Analysen, Symposien und Schreibtischarbeit» erschöpfe. Den Jugendlichen, die den Redner immer wieder mit übertriebenem Applaus oder Zwischenrufen zu stören versuchten, müsse – so Blocher – nicht Hass, sondern Mitleid entgegengebracht werden. Nach dem Zünden von Tränengaspetarden und Knallkörpern setzten die lautstarken Demonstranten auch ein Fass in Brand, in welchem die Organisatoren der «Landsgemeinde» Geld sammeln wollten.[62] Werner Kolb als Mitredner und geistiger Kopf der Veranstaltung verliess in der Folge die FDP, wechselte zur SVP und wurde ein enger Freund Blochers.

Als sich 1982 für die offizielle Bundesfeier der Stadt Zürich in der Stadthausanlage mit Umzug, Stadtmusik und Chorverband wegen der zu erwartenden Krawalle wiederum kein Redner fand, sprang Christoph Blocher erneut ein. Prompt wurden der Redner und sein Publikum massiv durch Chaoten gestört, nachdem schon in der vorangehenden Nacht die Reifen von hundert Autos zerstochen worden waren. Die *NZZ* kommentierte in ihrem ausführlichen Festbericht: «Einige Verärgerung löst dann die Tränengaspetarde aus, die nach den ersten Sätzen der Ansprache eine Reihe von Besuchern zwingt, ihre Plätze zu verlassen.»[63] Redner Blocher war von der Tränengasattacke ebenfalls massiv betroffen, liess sich aber nichts anmerken und sprach mit tränenden Augen ohne Sicht auf Manuskript und Publikum weiter. Er verfolgte nur das Ziel, seine Äusserungen zu Ende zu bringen und den Nationalfeiertag in der Kantonshauptstadt keinesfalls durch jugendliche Randalierer sprengen zu lassen.

Im Hinblick auf die Gemeindewahlen änderte die Kantonalpartei den Titel ihres Organs *Die Mitte*, die seit 1961 als Kopfblatt des politischen Teils des traditionsreichen, 1870 gegründeten *Zürcher Bauern* gedient hatte. Neu hiess der politische Teil, der jeweils am Freitag an alle Zürcher Parteimitglieder gesandt wurde, *Der Zürcher Bote*. Parteipräsident Blocher schrieb dazu, überall werde das Verschwinden der Meinungspresse beklagt. «Ohne Wertung geht es nicht», kommentierte er die Absicht des SVP-Organs. Der *Zürcher Bote* wolle eine bürgerliche Zeitung für den Mittelstand sein und auch dann eine klare Meinung äussern, wenn alle andern eine gegenteilige verträten. Dabei solle die «Konfrontation mit dem politischen Gegner» in einer Sprache geführt werden, «die keine Zweideutigkeiten» zulasse.[64] Dieses wöchentlich erscheinende Blatt, wie es vergleichsweise keine andere Zürcher Partei besass, verstärkte zwar die Mitgliederbindung, vermochte aber die ausgeprägte politische Gegnerschaft der meisten Tageszeitungen nicht auszugleichen.

Beträchtliches Aufsehen erregte 1982 das programmatische «Graubuch der Bürokratie». Es war aus einer Arbeitstagung hervorgegangen, die das vier Jahre zuvor entstandene Parteiprogramm überarbeitet hatte. Aus den Diskussionen schälte sich die «immer mehr überhandnehmende Bürokratie» als Hauptsorge des Mittelstandes heraus.[65] Mit dem Untertitel «Es ist Vorschrift, sagt der Bürokrat» wollte das «Graubuch» dem wuchernden Paragrafendschungel entgegentreten und verlangte mehr Ellbogenfreiheit für die Bürgerinnen und Bürger und deren wirtschaftliche Entfaltung. Das griffig formulierte Papier trug die Handschrift des neuen Programmchefs Rudolf Ackeret, Rechtsanwalt und späterer Kantonsrat sowie stellvertretender Bundesrichter aus Bassersdorf.

Vor allem die Stadtpartei ging 1982 optimistisch in die Gemeindewahlen, hatte sie doch im Gefolge der Jugendunruhen ihre Mitgliederzahl innert Jahresfrist um 20 Prozent steigern können.[66] Eine Petition für dezentrale Jugendzentren unter der Leitung der Quartiervereine verlangte die Vermittlung von «mehr menschlicher Wärme». Unter der Devise «Vorschläge und Taten statt feinsinnige Theorien» präsentierte die SVP der Stadt Zürich ein Jugendpapier, das den Zerfall der Familie stoppen, bürokratische Hürden für Junge abbauen, Rechtsstaat und Sicherheit verteidigen sowie den «kleinen, überschaubaren Raum» der Quartiere aufwerten wollte. Der FDP warf man «Leisetreterei» und «Schaukelstuhlpolitik» vor. Der Freisinn habe allen Grund, sich zu schämen, weil er «die Vertretung eines unmissverständlichen und konsequenten bürgerlichen Standpunktes während der ganzen Zeit der Unruhen» der SVP überlassen habe.[67]

Der Stimmenanteil von 7,4 Prozent in der Stadt erbrachte eine Steigerung der Gemeinderatsmandate von 5 auf 7 und dank funktionierendem Bürgerblock die Rückgewinnung des Stadtratssitzes durch Kurt Egloff. Schulvorstand Egloff verkörperte in der Folge die konsequente Politik seiner Partei für Sicherheit und Ordnung statt «linken Negativ-Ideologien» und «anarchistischem Unkraut».[68] In den bisher typischen Arbeiterkreisen 9 und 11 brach die SP regelrecht ein. Ein enttäuschter früherer SP-Politiker, der Zürcher Gemeinderat

Richard Lienhard, verkörperte später im SVP-Parteiorgan die Stimme der traditionellen Sozialdemokraten, die den Rechtsstaat verteidigten und sich mittlerweile im SVP-Gedankengut besser aufgehoben fühlten.

In den zwölf Parlamentsgemeinden der bevölkerungsreichen Agglomerationen steigerte sich die SVP um 11 Sitze auf insgesamt 90 Mandate. Die Volkspartei stellte nun stattliche 60 Prozent aller Exekutivmitglieder in den Gemeinden und 50 Prozent aller Gemeindepräsidenten. Kantonalpräsident Blocher freute sich über den «grandiosen Wahlerfolg» und vor allem darüber, dass «das Märchen von der SVP als reine Partei der Landschaft» ausgeträumt sei. Er warnte gleichzeitig vor Euphorie, denn der bürgerliche Sieg – die FDP hatte noch massiver zugelegt als die SVP – sei auch eine Folge der Zerstrittenheit innerhalb der SP durch die Jugendunruhen. Doch der Kurs, so Blocher, stimme: «Er stimmt nicht nur, er wird von den Wählern auch honoriert. […] Der Bürger hat genug von Politikern, die – in einer ewigen Pubertät – alle Tage etwas Neues vom Zaun reissen. Genug vom Herunterreissen jeder Weltordnung. Genug vom Lavieren und unsicheren Auftreten. Der Bürger scheint eine offene und direkte Politik zu schätzen. Das ist ermutigend für die Zukunft.»[69]

Die Landwirtschaft hatte mit Rudolf Reichling, Präsident des Zentralverbands schweizerischer Milchproduzenten, eine starke Stimme in Bundesbern und auch weiterhin zahlreiche Vertreter im Kantonsparlament. Die SVP betonte, dass es sich dabei nicht um einen Wirtschaftszweig wie jeden anderen handle, diene er doch allen Menschen. Die Bauern seien auch in Zeiten gestörten Nachschubs produktionsbereit, sie besiedelten die Randgebiete und betrieben Landschaftspflege. Trotz vergleichsweise ungünstigen Produktionsbedingungen dürfe die Schweiz nicht auf die Landwirtschaft verzichten, sonst gebe sie auch die Unabhängigkeit preis. Vielmehr brauche man die Landwirtschaft «überall, wo es produktive Flächen gibt». Dabei seien bedauerlicherweise Einschränkungen der Marktwirtschaft und des Wettbewerbs unausweichlich: «In erster Linie soll der Bauer für seine Produktion angemessene Preise erhalten. Zum Ausgleich von Standortnachteilen sind abgestufte Direktbeiträge je Fläche oder Produktionseinheit nötig.»[70]

Im Zentrumskanton Zürich war der Modernisierungsdruck auf die Landwirtschaft besonders gross. Die Nebenerwerbsbetriebe zogen sich aus der Grossviehhaltung und Milchwirtschaft zurück. Dennoch stand die immer stärker mechanisierte, rationalisierte Landwirtschaft ununterbrochen in der öffentlichen Kritik wegen angeblich zu teurer Produktion, unüberblickbarem bürokratischem Regelwerk und Umweltbelastung. Parteipräsident Christoph Blocher brachte das SVP-Credo an einer Grossveranstaltung mit dem deutschen Landwirtschaftsminister Ignaz Kiechle so auf den Punkt: «Die Landwirtschaft wird heute nicht mehr als Wirtschaftszweig betrachtet, sondern als Unterabteilung des Bundes für Naturschutz. […] Wir wollen kein Land ohne Bauern. Wir leisten uns ein Land mit Bauern, die auch etwas bekommen für ihre Leistung.»[71]

Allerdings vermochte die Umweltschutzbewegung der achtziger Jahre mit ihrer Wachstumskritik einen Teil der wertkonservativen SVP-Basis anzusprechen. Alt Nationalrat Otto Bretscher, Präsident des Zürcher Holzproduzentenverbandes, beklagte sich verschiedentlich, dass Anliegen des Umweltschutzes oder das Waldsterben im Parteiorgan zu wenig zum Ausdruck kämen. Staatsförster und Kantonsrat Hans Wild sah das Waldsterben als «grosse Warnung der Natur». Der Oberländer Kantonsrat Ernst Frischknecht verfolgte als Vizepräsident der Kleinbauernvereinigung eine «grüne» Landwirtschaftspolitik und verlor zunehmend die Unterstützung der Parteigremien, so dass er verärgert zur EVP wechselte.[72]

Auch wenn Christoph Blocher der Gedanke von Heimat- und Naturschutz nicht fremd war – dies belegt sein früher Kampf gegen eine Grossüberbauung der Alusuisse in seiner Wohngemeinde Meilen –, wandte er sich gegen die rot-grüne Kritik am Wirtschaftswachstum, die er als degenerative Zeiterscheinung und als Grossangriff auf das Fundament des allgemeinen Wohlstandes beurteilte. Vorerst bezeichnete er das Wort «Nullwachstum» als «ausgemachten Blödsinn», denn «entweder ist es null, oder dann wächst es. Aber Nullwachstum, das gibt es nun einmal nicht.»[73] Die angebliche Sorge von Rot und Grün gelte weniger einer gesunden Umwelt als der Verwirklichung von Faulheit und Bequemlichkeit: «Der Mensch – nicht mehr durch Entbehrung und Verzicht herausgefordert – nahm vieles als selbstverständlich hin, wurde bequem und war nicht mehr bereit, seine vom Leben auferlegten Lasten und Nöte zu tragen. Er begann, jede Mühsal abzuschütteln. Parallel dazu lief eine Säkularisierung sämtlicher Lebensbereiche: Arbeit war nicht mehr Lebensinhalt, sondern ein verdammenswertes Übel. Freizeit galt als Sinn des Lebens. Dieses Leben entpuppte sich aber bald als sinnentleert, was sofort in einen Wirtschaftshass umschlug.»[74]

Die «Propheten und Philister» des Nullwachstums unterschieden sich nicht nur grundsätzlich vom Gedankengut der SVP, sondern stiessen auch die sozialdemokratisch-gewerkschaftlichen Wähler der privaten Wirtschaft vor den Kopf, die zur Erhaltung ihres Wohlstandes ebenfalls auf Wachstum angewiesen waren. Der aufstiegswillige Mittelstand genau wie die Arbeiterschaft – so urteilte Blocher – wurden in ihrem Fundament getroffen, wenn sich die Grünen, Linken und kompromisslerischen Bürgerlichen mit ihrer Wachstumskritik durchsetzten. Das wirtschaftsliberale Vertrauen in die Zukunft und das Verständnis für die Notwendigkeit ständiger Erneuerungen mussten sich gegen die irrationale Fortschrittsfeindlichkeit durchsetzen. Da sich eine gewisse Rezession ankündigte, traten bei den Kantons- und Regierungsratswahlen von 1983 wirtschaftspolitische Themen neben der öffentlichen Sicherheit in den Vordergrund. Kurze Zeit später sollte Parteipräsident Christoph Blocher die bislang von ihm im Angestelltenverhältnis geleitete Firma Ems-Chemie AG als Mehrheitseigentümer übernehmen, was unternehmerisch zu einem der grössten Erfolge der Schweizer Industriegeschichte führte. Ursprünglich Treibstoff und dann Dünger produzierend, ging das Unternehmen zu Textilfasern und schliesslich zu polymeren Kunststoffen über, mit denen es eine globale Bedeutung und eine in seiner Branche ungewöhnlich hohe Rentabilität erreichte.[75]

Die SVP stieg mit dem Slogan «Rettet die Arbeitsplätze. Stoppt die Bürokratie» in den Wahlkampf und wandte sich vor allem gegen die Volksinitiative «Arbeit für alle» («sozialistisches Geflunker»), die keinen einzigen Arbeitsplatz rette. Blocher konnte seine Glaubwürdigkeit als erfolgreicher Wirtschaftspraktiker voll ausspielen und geisselte den «unverzeihlichen Irrglauben, die Ertragslage eines Unternehmens könne verbessert werden, wenn die Vernunft des Unternehmers durch Beamte ersetzt» werde.[76] Zwar vermochte die SVP ihren Wähleranteil gegenüber 1979 nicht zu steigern, gewann aber dank Proporzglück dennoch 3 Kantonsratsmandate und brachte die Regierungsräte Stucki und Gisler problemlos ins Ziel. Die SP verlor auf einen Schlag 14 Mandate; der Präsident der SP-Stadtpartei trat nach dieser Schlappe zurück. Die *NZZ* fragte zum Abschneiden der SVP: «Hat das forsche Auftreten im Wahlkampf, verbunden mit einer recht aufwendigen Kampagne, Anklang gefunden? Oder hat das Bodenständige, Traditionelle dieser Partei in einer hektischen Zeit zum Erfolg geführt?»⁷⁷

Dennoch war die SVP von einem eigentlichen Durchbruch noch weit entfernt. Nachdem die Debatte um das sogenannte Waldsterben im Sommer 1983 so richtig entbrannt war, befürchtete man bei den eidgenössischen Wahlen weitere Gewinne der Grünen und der umweltpolitisch ebenfalls aktiven Nationalen Aktion. Zwar hatte die SVP Ende 1982 eine «Umweltkommission» ins Leben gerufen, doch setzte die Partei auf den Slogan «Taten statt Theorien». Damit distanzierte sie sich von den als weltfremd empfundenen rotgrünen Theoretikern ebenso wie von den bürgerlichen Partnern FDP und CVP. Diese hatten nämlich im Verbund mit der SP und den noch linker angesiedelten Progressiven Organisationen (Poch) konkrete Steuersenkungsvorschläge der SVP ebenso abgelehnt wie ihre «Volksinitiative für einfachere Planung und weniger Bürokratie». Auf Seiten der Volkspartei reagierte man mit dem Vorwurf von «Verbal-Politikern».⁷⁸

Im Wahljahr 1983 warb die Zürcher SVP für Arbeitsplätze und kämpfte gegen die Bürokratie. Lediglich der Baum bedeutete ein gewisses Zugeständnis an den grünen Zeitgeist.

Das vermeintliche Waldsterben wurde laut Christoph Blocher für «Verunsicherung», «Panikmacherei» und das «Herunterreissen aller Werte» missbraucht. Die Grüne Partei sei eine «absolutistische Gruppe», die sich die Welt als «mittelalterlich geschütztes Paradies» vorstelle. Auch bürgerliche Parteien hätten sich den «Weltuntergangsschmerz als politische Konzession auf die Fahne geschrieben». Der *Zürcher Bote* sah hinter den «naturgrünen Tarnkappen» die alten «hasserfüllten roten Köpfe», deren Politik «zurück in die Armutsgesellschaft des 19. Jahrhunderts» führe.⁷⁹

In Wahlinseraten machte die SVP klar, dass sie als «erste grüne Partei» schon umweltfreundlich gewesen sei, als noch niemand von Umweltschutz gesprochen habe. In Tat und Wahrheit sorgte der alarmistisch beschworene Notstand der Natur in der SVP dennoch für Verunsicherung, gerade in den ländlichen Wählerhochburgen. Ausgerechnet ein Unterländer SVP-Bezirkssekretär und SVP-Gemeinderat, der Lehrer Hans Meier aus Glattfelden, liess sich zum Präsidenten der Kantonalpartei der Grünen küren.[80] Der ausgewiesene Ornithologe Fritz Hirt aus Bachs, Leiter der kantonalen Fachstelle Naturschutz, verpasste die Wahl in den Nationalrat um nur gerade 200 Stimmen, und auch vier Jahre später war er erster Ersatzmann.[81]

Gegensteuer gegen die durchaus verbreiteten Bedenken in Kreisen der Land- und Forstwirtschaft gab das Gewerbe, allen voran der bedeutende Autoimporteur Walter Frey. Mit guten Gründen – wie sich nachträglich herausstellen sollte – beurteilte Frey die Debatte um das grossflächige Waldsterben und den sauren Regen als politisch geschürte Hysterie, die mehr über den gesellschaftlichen Zustand besagte als über naturwissenschaftlich fassbare Vorgänge. Walter Frey war 1978 dank Stadtparteipräsident Felix Matthys zur SVP gestossen. 1982 führte er erfolgreich deren Wahlkommission und stieg im Herbst 1983 auf der Liste der Stadt Zürich in die Nationalratswahlen ein, wo er dank grosser Unterstützung aus Gewerbekreisen, speziell aus der Autobranche, Matthys auf dem ersten Listenplatz überholte. Da die Volkspartei angesichts der ökologischen Grosswetterlage im harten Gegenwind stand, verpasste sie trotz dynamischen Wahlkampfs und Stimmengewinnen in Zürich allerdings einen städtischen Sitz und musste sich mit den bisherigen fünf Mandaten zufrieden geben.

Zur Beflügelung der eidgenössischen Wahlen hatte die Zürcher SVP im September 1983 ihr erstes SVP-Schiessen durchgeführt, das fortan als jährliche Tradition mit vielen hundert Teilnehmern und Festbetrieb an den verschiedensten Schützenständen durchgeführt wurde. Ständerat Jakob Stucki wurde mit einem Glanzresultat wiedergewählt, Willi Neuenschwander aus Oetwil an der Limmat zog als neuer Volksvertreter in den Nationalrat ein.

Im Frühjahr 1984 wurde Walter Frey Präsident der SVP-Stadtpartei. Kantonalpräsident Blocher hatte ihn ausdrücklich darum gebeten und ihm versprochen, er müsse «nur» so lange in diesem Amt bleiben, wie Blocher selber ausharre. Die Administration der Stadtpartei zog in die Büroräumlichkeiten der Emil Frey AG an der Badenerstrasse 600 ein.

Der Gewerbevertreter Willi Neuenschwander (1929–2003) stammte aus einfachsten Verhältnissen, war in Berikon im Kanton Aargau als Sohn eines Hilfsarbeiters aufgewachsen, betrieb als Kunstturner Spitzensport und bildete sich zum Verkäufer und eidgenössisch diplomierten Kaufmann aus. Nach seiner Tätigkeit bei Brown, Boveri & Cie. in Baden hatte Willi Neuenschwander 1959 die Eisenwaren- und Werkzeughandlung Weber in Schlieren übernommen, präsidierte den örtlichen Gewerbeverband und wurde 1967 in den Kantonsrat gewählt. Von 1982 bis 1998 amtete er als Bezirksrat von Zürich und prägte zwischen 1979 und 1993 den Zürcher Gewerbeverband als Präsident. In dieser Funktion war er auch Mitglied der Schweizerischen Gewerbekammer. Neuenschwander präsidierte zeitweise die Elektrizitätswerke Zürich und sass im Verwaltungsrat der Nordostschweizerischen Kraftwerke und des Detailhandelsunternehmens Usego. Während dreier Amtsdauern schuf sich Neuenschwander in Bern ein beträchtliches Netzwerk und gehörte zu den einflussreichsten Gewerbepolitikern. Eine tückische Krankheit verdüsterte dem seriösen, effizienten Schaffer die letzten Lebensjahre.[82]

Rechtsanwalt Karl E. Schroeder, den Blocher aus dem Militärdienst kannte und den er der Stadtpartei als tüchtigen Denker empfahl, übernahm die Administration.[83] Das 50-Jahre-Jubiläum der SVP des Bezirks Zürich stellten Frey und Bezirkspräsident Marco Bottani unter das Thema «Auto und Umweltschutz», wobei aufgezeigt wurde, dass die fortschreitende Automobiltechnik dem Umweltschutz weit mehr diente als die von den Grünen geschürten politischen Emotionen.[84]

1983 konnte Christine Ungricht, Kadermitglied bei der Emil Frey AG, auf der Kantonsratsliste nachrücken. Sie war die erste SVP-Frau im Kantonsparlament. 1986 wurde sie Vizepräsidentin der SVP Schweiz und sass in deren Leitendem Ausschuss. Später sollte Ungricht ihre Karriere im Autohaus fortsetzen und siebzehn Jahre lang als Präsidentin von Swiss Tennis amtieren. Mit rund 165 000 Aktivmitgliedern handelt es sich um den drittgrössten Sportverband des Landes. Der Tennissport hat mehr weltweit berühmte Athleten hervorgebracht als alle andern Disziplinen in der Schweiz.

Der Unternehmer Walter Frey, Verwaltungsratspräsident der Emil Frey AG, übernahm 1984 das Präsidium der SVP der Stadt Zürich. Er führte die Stadtpartei bis 2001 und mit durchschlagendem Erfolg. Bei Antritt seines Präsidiums zählte das Stadtparlament 7 Sitze, bei seinem Rücktritt 26 Sitze.

Ansonsten fühlten sich manche politisch interessierten SVP-Frauen zuweilen etwas zu wenig gefördert und von der eigenen Basis bei Wahlen in ungebührlichem Mass zurückgesetzt. Ab Frühjahr 1982 erschien im *Zürcher Boten* eine Frauenkolumne unter dem Titel «Blickwinkel», wo weibliche Mitglieder teilweise deutliche Unzufriedenheit mit der Parteileitung äusserten. So wurden etwa Stellungnahmen zu einzelnen Abstimmungen, die «Schwarz-Weiss-Malerei» des Parteiorgans, die allzu «starre Linie», mangelnde Toleranz oder auch die restriktive Drogenpolitik kritisiert. Ebenso missfiel einer Frauenstimme, dass einzelne Parteiexponenten ständig «auf dem Rücken der Linken und Grünen herumhacken».[85] Die kantonale SVP-Frauenkonferenz zog aufgrund von Wahlerfahrungen an einer öffentlichen Veranstaltung den Schluss, die Partei tue sich immer noch «etwas schwer» mit den «gleichberechtigten Frauen». Mit unverhohlenem Neid blicke man auf eine «neue, selbstbewusste Frauengeneration», die bei linken Parteien «längst den ihr zukommenden Platz eingenommen» habe.

Nicht nur bei der Abwehr unliebsamer Volksbegehren der Linken sah sich die Zürcher SVP Mitte der achtziger Jahre in der Defensive; ernsthaftes Ungemach erwartete sie auch im Kampf um die Autobahn N 4 im Knonauer Amt. Die Bauern des Bezirks Affoltern führten einen energischen Kampf gegen den ihnen drohenden Kulturlandverlust und wurden dabei vom Landwirtschaftlichen Kantonalverein unterstützt. Schon 1982 hatten drei SVP-Kantonsräte mittels Motion eine Redimensionierung des Strassenprojekts auf zwei Spuren verlangt.[86] Die SVP Schweiz lehnte die N 4 in einer Vernehmlassungsantwort ab und bevorzugte die deutlich teurere Variante mit einem Zimmerbergtunnel und Anschluss an die N 3 bei Horgen. Ver-

Der Bau der Autobahn N 4 durch das Knonauer Amt (hier bei Mettmenstetten) führte innerhalb der SVP des Kantons Zürich Mitte der achtziger Jahre wegen des Kulturlandverlusts zu schweren Spannungen.

fasser dieser Stellungnahme war Hans Rudolf Haegi aus Affoltern am Albis, Mitglied des Zentralvorstands der SVP Schweiz. Auch Parteisekretär Fredy Kradolfer, in Bonstetten wohnhaft, engagierte sich im *Zürcher Boten* gegen die Autobahn, die er als «unnötiges Bauwerk» bezeichnete.[87] Der Landwirtschaftliche Kantonalverein, unterstützt vom Schweizerischen Bauernverband, beschloss die ablehnende Parole. In der Bauernschaft wurde jetzt sogar der Vorwurf laut, die Öffnung der Bauernpartei zur Volkspartei sei «nicht zugunsten der Bauern» erfolgt. Kradolfer zeigte sich zuversichtlich, dass die Zürcher SVP «angesichts des entschlossenen Votums der Zürcher Landwirtschaft» erkennen müsse, «dass die Zeit für eine Autobahn mitten durch bestes Kulturland im Säuliamt vorbei ist».[88]

Die Kantonsratsfraktion sprach sich dennoch für die N 4 aus, und selbst eine Urabstimmung in der betroffenen Bezirkspartei ergab eine stattliche befürwortende Minderheit von 45 Prozent. Dem im November 1984 gegründeten Komitee der N-4-Gegner stand Hans Rudolf Haegi als Präsident vor; man gewann sogar alt Bundesrat Friedrich Traugott Wahlen fürs Ehrenpräsidium. Auch im «Patronatskomitee Pro N 4» engagierten sich zahlreiche SVP-Politiker. Am Weihnachtsessen der Kantonsratsfraktion versuchte Nationalrat Rudolf Reichling, den parteiinternen Graben zu kitten. Die richtige Umweltpolitik bestehe in der Förderung von Wissenschaft und Technik zur Lösung der anstehenden Probleme. Die Partei müsse «unverzüglich ihre fähigsten Köpfe auf die Umweltproblematik ansetzen»; ansonsten werde die SVP zur «Wegbereiterin» der Grünen.[89]

An der kantonalen Delegiertenversammlung unterstützte eine Mehrheit von 174 gegen 80 Stimmen nach hitziger Diskussion die Initiative des Touring Club Schweiz (TCS) «für eine umweltfreundliche Nationalstrasse im Knonauer Amt» und lehnte die Initiative der Autobahngegner mit 166 gegen 95 Stimmen ab. Parteisekretär Kradolfer ermahnte danach im *Zürcher Boten* die Bauern, sie seien «übers Ganze gesehen» bei der SVP dennoch am besten aufgehoben. Nur bei gegenseitiger Achtung könnten parteiinterne Meinungsverschiedenheiten «ohne Schaden über die Bühne gebracht werden».[90] Auch wenn die Gegner der N 4 im Juni 1985 bei der Volksabstimmung obsiegten, wurde die Autobahn dennoch realisiert, weil der Nationalstrassenbau der Kompetenz des Bundes untersteht. Hans Rudolf Haegi trat 1986 aus der SVP aus und wurde ein Jahr später für die Evangelische Volkspartei in den Kantonsrat gewählt. Nach dem Rücktritt aus dem Parlament war er wieder parteilos, wollte 2008 eine liberal-demokratische Volkspartei für «unzufriedene Zürcher SVPler» gründen und schloss sich schliesslich der Bürgerlich-Demokratischen Partei (BDP) an.[91]

Eine Herausforderung im rechten politischen Spektrum bildete die Gründung der Autopartei im Frühjahr 1985. Diese ging hervor aus einer «Bürgeraktion» der Juristen Michael E. Dreher (FDP) und Bruno Baer (SVP), die sich in Inseraten und Wahlempfehlungen für weniger Staat stark machten. Baer und Dreher hatten für die Nationalratswahlen 1979 eine Liste «Hopp Schwiiz» zusammengestellt, die allerdings kein Mandat erreichte. In der SVP sorgte die neue Autopartei auch für Konfliktstoff, weil sich der kantonale Steuerkommissär Marco Bottani, Präsident der SVP des Bezirks Zürich, in deren Vorstand wählen liess. Bottani entgegnete auf den Vorwurf, er tanze auf zwei Hochzeiten, mit dem Argument, die Autopartei bilde keine Konkurrenz zur SVP. Doch hätten es die Bürgerlichen versäumt, «eine geistige und politische Gegenposition zu den irrationalen und totalitären Vorstellungen der grünen Gurus aufzubauen».[92]

Eherecht, Uno und Asylmissbrauch

Erstmals für nationales Aufsehen sorgte Christoph Blocher 1985 mit seinem Widerstand gegen das neue Eherecht, stellte er sich doch damit gegen alle andern bürgerlichen Parteien. Schon im Nationalrat hatte er zwei Jahre zuvor den Antrag auf Nichteintreten gestellt und von der Unfähigkeit gesprochen, «Lasten und Pflichten zugunsten der Gemeinschaft auf sich zu nehmen». Man träume bei Einführung der Gleichberechtigung der Ehepartner von einer «Gemeinschaft ohne Autoritätsstruktur» und wolle «der entstandenen Un-Ordnung den gesetzlichen Schein der Ordnung geben». Obwohl Blocher das alte Eherecht mit dem Mann als Oberhaupt der Familie auch als veraltet beurteilte, sah er grosse Probleme bei der geteilten Verantwortung und den Eigentumsverhältnissen in der Wirtschaft: «Die Selbstverwirklichung – um nicht zu sagen der Egoismus – des Einzelnen wird zum alles bestimmenden Motiv. Der Richter wird hüben und drüben als Entscheidungsinstanz und Eheberater bemüht.»[93]

Die von der Bäuerin Gret Brändli aus Samstagern, Vizepräsidentin der SVP Schweiz, präsidierte Frauenkonferenz äusserte sich enttäuscht über Blochers «unerwarteten Nichteintretensantrag». Die Auflösungserscheinungen der Familie seien unter dem «sehr patriarchalen Eherecht» entstanden, und eine massvolle Revision entspreche den SVP-Grundsätzen.[94] Blocher übernahm das Präsidium des Referendumskomitees und gewann die Unterstützung des Schweizerischen Gewerbeverbands, des Redressement National und des Hauseigentümerverbands. Auch der SVP-Kantonalvorstand fasste frühzeitig die Nein-Parole, was an der Delegiertenversammlung für böses Blut sorgte. Ein Vertreter der SVP Fällanden überreichte dem Präsidenten einen Kaktus, denn dieser zementiere das Bild einer frauenfeindlichen Partei. Blocher erwiderte, er werde sein Amt sofort niederlegen, wenn er seine Meinung nicht mehr offen kundtun dürfe. Die Zürcher SVP könne dann «anstelle eines Politikers einen Verwalter an ihre Spitze wählen». Der *Zürcher Bote* gewährte dem befürwortenden Rudolf Reichling ebenso viel Raum für die Argumentation wie dem ablehnenden Parteipräsidenten.[95]

Auch mit der Spitze der SVP Schweiz geriet Christoph Blocher wegen seiner Haltung zum neuen Eherecht in Konflikt. Generalsekretär Max Friedli urteilte, Blocher könne seine Opposition nicht auf den «Fundus der SVP», sondern lediglich auf jenen «der alten BGB» zurückführen.[96] Bereits stilisierte der *Blick* den Konflikt zwischen Blocher und dem neugewählten schweizerischen Parteipräsidenten Adolf Ogi zum «Machtkampf in der SVP».[97] Grosse Aufmerksamkeit erregte das Nein-Plakat der Werbeagentur Abächerli mit einer Karikatur, in der ein Richter in schwarzer Robe zwischen einem Ehepaar im Bett lag.

An der schweizerischen wie an der kantonalen Delegiertenversammlung standen sich Christoph Blocher und Gret Brändli gegenüber. Bei der nationalen SVP obsiegte die Ja-Parole, während sich Blocher bei den Zürcher Delegierten mit 294 gegen 59 Stimmen durchsetzte.[98] Der Nein-Anteil von 45 Prozent bei der Volksabstimmung gegenüber sämtlichen befürwortenden Parteien bedeutete am Abstimmungstag einen unerwarteten Erfolg. Spätestens seit dem Kampf ums neue Eherecht war die Aufmerksamkeit des Landes auf Blocher gerichtet, und auch seine ihn stets engagiert unterstützende Gattin Silvia geriet in den öffentlichen Fokus, zumal es sich nicht um das erwartete «Heimchen am

Bereits 1982 – hier an einer Veranstaltung in Wetzikon –, vor allem aber 1986 kämpfte Christoph Blocher mit dem freisinnigen Gewerbedirektor Otto Fischer gegen den Beitritt zur politischen Uno.

Herd», sondern um eine durchaus emanzipierte, selbstbewusste und gut ausgebildete Frau handelte.

Das nächste Referendum gegen den Beitritt zur politischen Uno verstand Christoph Blocher erneut als Kampf «wider die verantwortungslose Gesellschaft und für eine neue Einsicht in die Bedeutung der Verantwortung», gegen «politische Untätigkeit, Substanzlosigkeit und einen zunehmenden Mangel an Persönlichkeiten in führender Stellung».[99] Seit über drei Jahren war er Co-Präsident eines Aktionskomitees gegen den Uno-Beitritt. Blocher berief sich auf die erfolgreiche, friedensbewahrende Tradition der ständig bewaffneten integralen Neutralität, auf den Verlust an Souveränität und Volksrechten, vor allem aber auch auf die undemokratischen Strukturen der Uno-Bürokratie mit ihrer Bevorzugung der Grossmächte. Dass der Sicherheitsrat über Krieg und Frieden und speziell auch über die Hungerwaffe in Form von Boykotten entschied, schien ihm mit dem Schweizer Neutralitätsverständnis unvereinbar. Die führenden Politiker der bürgerlichen Parteien setzten sich damals noch ebenso gegen den Uno-Beitritt ein wie die Wirtschaft und die Wirtschaftsverbände, die einen eindrücklichen Feldzug finanzierten. Blocher war überzeugt, dass sich das Volk bei einem Beitritt zu den Vereinten Nationen übergangen fühlen würde: «Es würde mit vielen Entscheidungen nicht einig gehen können, und

Von 1984 bis 1998 wirkte Hans Fehr aus Eglisau als ausserordentlich engagierter Geschäftsführer der SVP des Kantons Zürich. Deren Durchbruch zur wählerstärksten Partei ist auch das Verdienst von Fehrs Organisationstalent und Aufbauleistung. Er setzte sich auch als kantonaler und nationaler Parlamentarier für die Politik der SVP ein.

die Aussenpolitik würde sich dem Volkswillen mehr und mehr entziehen.» Erstmals zielte die Linke im Pressedienst des Schweizerischen Gewerkschaftsbundes direkt auf den Mann: «Abstossend war die Überheblichkeit, die vor allem im Votum des Moralpredigers Blocher zum Ausdruck kam.»[100]

Die Zürcher SVP-Delegierten schickten den Uno-Beitritt nach Referaten der Nationalräte Peter Sager (pro) und Rudolf Reichling (kontra) mit 228 gegen 14 Stimmen bachab. Reichling hatte zuvor betont, die Vollmitgliedschaft bringe weder eine Verbesserung der humanitären Verfügbarkeit, noch stärke sie das Land in seiner Vermittlerrolle. Vielmehr gefährde der Sicherheitsrat die schweizerische Souveränität. Die nationalen Delegierten vermochte Blocher zu vier Fünfteln auf seine Seite zu ziehen – gegen die Stimme von Bundesrat Leon Schlumpf.[101] 75,7 Prozent der Stimmbürger und sämtliche Kantone lehnten den Beitritt zu den Vereinten Nationen im März 1986 ab.

Dieses Resultat bedeutete einen ersten Höhepunkt in der Laufbahn des Zürcher SVP-Präsidenten und einen Beleg für die Tragfähigkeit seiner liberal-konservativen Politik im Bereich der Aussenpolitik. Zudem sollte das im Uno-Kampf geknüpfte Netzwerk für künftige aussenpolitische Auseinandersetzungen institutionalisiert werden. Da nach der Abstimmung über die politische Uno noch etwas Kampagnengeld in der Kasse lag, bildete sich im August 1986 die überparteiliche «Aktion für eine unabhängige und neutrale Schweiz» (Auns). Präsident wurde Christoph Blocher, Geschäftsführer und Vizepräsident der ehemalige Direktor des Schweizerischen Gewerbeverbandes, Otto Fischer (FDP), als weiterere Vizepräsidenten amteten die Wirtschaftspolitiker Paul Eisenring (CVP) und Hans Letsch (FDP).

Bei den Gemeindewahlen von 1986 stand die Stadt Zürich im Zentrum des Interesses. Die SVP verlangte konkrete Massnahmen gegen die Stadtflucht und die Defizitwirtschaft sowie eine «Durchforstung des wuchernden Subventionsdschungels». Statt der von der FDP geforderten Verkleinerung des Stadtrates von 9 auf 7 Mitglieder, die den SVP-Sitz hätte gefährden können, setzte die Partei auf die Schaffung eines Gewerbe-, Wirtschafts- und Umweltschutzamtes und die Umsiedlung des Jugendamtes ins Schulressort von SVP-Stadtrat Kurt Egloff. Auch die «Verkehrsberuhigungsmassnahmen» wurden heftig attackiert. Seit über einem Jahr stellte das Parteiorgan *Der Zürcher Bote* der Stadt mit dem *Stadt-Zürcher Boten* eine regelmässige Sonderseite zur Verfügung. Da sich die Bürgerlichen trotz bisheriger Mehrheit im Stadtrat nicht auf eine gemeinsame Liste einigen konnten, wurden sie arg gerupft. Die FDP verlor gleich 9 Sitze im Stadtparlament, während die SVP bei einem Verlust von einem Wählerprozent lediglich einen Sitz einbüsste.

Die Volkspartei verlor auch in Winterthur zwei Parlamentssitze, konnte sich aber in den Landgemeinden im Gegensatz zu den anderen grossen Parteien halten. In seiner Analyse warf Christoph Blocher die Frage auf, ob die traditionellen Parteien angesichts des Erfolgs der «Ein-Thema-Parteien» in einer grundsätzlichen Krise steckten. Diese sollten jetzt nicht «um die Gunst der Wähler buhlen, sondern mehr für die Sache einstehen», um das «verlorengegangene Profil» wiederzufinden. Blocher verlangte von den Parteien eindringlich, dass sie nicht zum Selbstzweck verkämen: «Je weniger die Parteien an sich denken, umso mehr wird der Bürger an sie denken.»[102] Für die Zürcher SVP konnte dies nur heissen: stärkere thematische Profilierung, mehr weltanschauliche Geschlossenheit, intensivere Werbung und vermehrte Bemühungen um den Parteiaufbau.

Der damalige Vormarsch der «Überfremdungspartei» Nationale Aktion zeigte, dass die in hoher Zahl einströmenden Asylbewerber bei der Bevölkerung zunehmend zum Thema wurden. Die SVP verfolgte von Anfang an konsequent die Linie, dass für tatsächlich verfolgte Flüchtlinge in der Schweiz Platz sein müsse, aber der Asylrechtsmissbrauch und die damit verbundene aufwendige Verfahrensbürokratie des «Tun als ob» – auch als «Asylantismus» bezeichnet[103] – rigoros zu unterbinden seien. Mittlerweile lagerten 22 000 Asylanträge in Bern, was als alarmierender «Entscheidungsnotstand» beurteilt wurde. Im Herbst 1985 hatte ein Pfarrer in Seebach einigen Chilenen, die ausgewiesen werden sollten, Kirchenasyl geboten. Die SVP distanzierte sich zwar von dumpfem Fremdenhass, forderte aber eine harte Ausschaffungspraxis, denn nur sie biete Gewähr, dass die «Asylanten hierzulande nicht ungerechterweise unter einem Fremdenhass zu leiden haben, der von Ausländern geschürt wurde, die sich ihres Gastlandes als unwürdig erwiesen haben».[104]

Parteipräsident Christoph Blocher betonte, dass das «Problem der Asylanten» schwer auf dem Volk liege. Die verantwortlichen Amtsträger fürchteten sich vor unpopulären Massnahmen. Dabei könne nur eine konsequente Vermeidung des Asylmissbrauchs verhindern, dass sich die «primitiven Seiten der menschlichen Natur» wie «Unanständigkeit, Rücksichtslosigkeit und Brutalität» entfalteten. Der «unkontrollierte Zustrom von Ausländern», die in der Schweiz lediglich bessere Lebensbedingungen suchten, sei abzuwehren. Die Behörden waren aufgerufen, die Entschlossenheit aufzubringen, «die Asylpolitik aus dem Halbdunkel der Unklarheit» herauszuführen». Dagegen müsse den wirklich an Leib und Leben bedrohten Flüchtlingen ein Zufluchtsort geboten werden. Selbstverständlich dürfe die Asylpolitik nicht von der «üblen Gesinnung des Fremdenhasses und der damit verbundenen Haltung der Brutalität» bestimmt werden. Falsch seien aber auch die «wilden Aktionen der Humanität», etwa durch «kirchliche Propagandisten». Denn diese muteten sich die Opfer, welche die Mitmenschlichkeit koste, nicht selber zu. Leidtragender sei «der Arbeiter in Aussersihl, der sich in seiner Umgebung und Existenz bedroht fühlt».[105]

Listenverbindungen in einzelnen Stadtkreisen mit der Nationalen Aktion (NA) sorgten innerhalb der SVP für scharfe Dispute. Bezirkspräsident Marco Bottani hatte nicht unrecht, wenn er mahnte, «die nationalistische Welle nicht als Lokalerscheinung» abzutun. Vielmehr müssten «abendländische Werte und patriotische Gesinnung» in Zukunft vermehrt berücksichtigt werden. Demgegenüber hatte Adolf Ogi, der Präsident der SVP Schweiz, die Listenverbindungen mit der NA öffentlich kritisiert. Seinen Argumenten folgte Hans Bieri, Geschäftsführer der Schweizerischen Vereinigung Industrie und Landwirtschaft sowie Gemeinderatskandidat im Zürcher Quartier Enge. Mit der Betonung der «Asylantenfrage» helfe die SVP einzig der Nationalen Aktion. Die Kurzsichtigkeit des Bündnisses werde spätestens dann offensichtlich, «wenn sich die NA zusammen mit anderen sozialromantischen Gruppierungen gegen berechtigte Entwicklungsanliegen Zürichs als Metropole wenden wird». Die SVP sei «eine Partei der Bauern und des Gewerbes, der Ingenieure und Architekten», aber «kein Lumpensammler extremistischer Strömungen». Ganz anderer Meinung wiederum war der frühere Kantonsrat Max Gerber, Präsident der Wahlkommission. Er führte das bürgerliche Scheitern auf das Zusammengehen mit der EVP und deren umweltpolitischem Kurs zurück und tadelte Bieri, weil er sich in einem Flugblatt von der NA distanziert habe.[106]

Walter Frey, Präsident der Stadtpartei, beurteilte es in seiner Standortbestimmung nach den Wahlen und dem Rückgang von 7 auf 6 Gemeinderatsmandate als unzweckmässig, «sich nun gegenseitig mit Vorwürfen zu überschütten». Es gehe jetzt vielmehr darum, im Hinblick auf die kantonalen und eidgenössischen Wahlen von 1987 «vorwärts zu blicken und den kommenden Herausforderungen mit klaren politischen Fachprogrammen entgegentreten zu können». Die Wählerinnen und Wähler hätten sich von den etablierten Parteien abgewandt, weil diese teilweise eine «Päcklipolitik» betrieben und zu stark personenbezogen politisierten. Um solchen Tendenzen entgegenzuwirken, müsse die SVP ihre Haltung in politischen Sach- und Personalfragen offensiver darlegen und entschiedener vertreten.[107]

Ende 1985 initiierte Staatsanwalt Christian Huber aus Pfäffikon im *Zürcher Boten* eine Serie von Artikeln gegen die Drogensucht als «Grundübel unserer Zeit». Er hatte über strafrechtliche und gesetzgeberische Probleme im Umgang mit Cannabis doktoriert.[108] Gegen Angebot und Nachfrage müsse gleichermassen konsequent vorgegangen werden. Im Jahr 1986 gründete Huber mit dem Bezirksrichter Rainer Klopfer die SVP-Kommission «für Sicherheit und Probleme der Kriminalität». Zusammen mit weiteren Sicherheitsexperten lieferten sie die Grundlagen für den Kampf gegen die «liberale» Drogenpolitik des Gewährenlassens und der permanenten, massenhaften Verstösse gegen das Betäubungsmittelgesetz.[109]

Die Gemeindewahlen von 1986 bedeuteten auch den ersten Bewährungstest für den seit 1984 amtierenden Geschäftsführer Hans Fehr. Der Reallehrer aus Eglisau, in Berg am Irchel als Bauernsohn aufgewachsen, bildete in den kommenden dreizehn Jahren die ideale Ergänzung zu Präsident Christoph Blocher. Unermüdlich und initiativ trieb er die Zürcher SVP an der Basis und in den Gremien zu Aktivitäten an und ging selber fast rund um die Uhr mit gutem Beispiel voran. Begabt mit einem ausgesprochenen Organisations- und Improvisationstalent, bildete Hans Fehr mit dem Strategen Blocher ein erfolgreiches Gespann und hatte grosse Verdienste um den inneren Auf- und Ausbau der Parteistrukturen.[110]

Auf Kantonsebene kam die SVP mit einer erfolgreichen Initiative zur Abschaffung der Billettsteuer dem Interesse von Bevölkerung und Vereinen entgegen. Die Mitgliederwerbung wurde professionalisiert; verschiedene Fachkommissionen formulierten wichtige Teile des politischen Programms neu und griffiger. Ab 1985 fanden auch Medienkurse und später parteiinterne Schulungen zum Verfassen von Leserbriefen statt; die SVP solle «je länger, je mehr eine unübersehbare Rolle im Blätterwald des Kantons Zürich spielen». Der Marketing-Dozent Kurt Wittwer, Mitglied der SVP Volketswil, vermittelte über Jahre erfolgreiche Medien- und Rhetorikkurse inklusive Training in Körpersprache und Videounterstützung. Mitgliederreisen ins nähere oder fernere Ausland stärkten den internen Zusammenhalt. Allmählich verstummten die innerparteilichen Meinungsverschiedenheiten, was ein geschlosseneres Auftreten und ein schärferes Profil ermöglichte. Dabei transportierten der *Zürcher Bote* beziehungsweise der *Zürcher Bauer* die Parteimeinung direkt zu den Mitgliedern; hatte die kantonale Delegiertenversammlung einmal entschieden, wurden keine abweichenden Grundsatzartikel mehr aufgenommen.[111]

1985 umfasste die Partei fast 12 000 Mitglieder in rund 180 Sektionen und Stadtkreisen.[112] Präsident Blocher und Sekretär Fehr unternahmen grosse Anstrengungen, um sie zu vermehrten Aktivitäten zu bewegen und in jenen ländlichen Gemeinden, wo keine Ortspartei existierte, wenn immer möglich eine Sektion zu gründen. Landwirtschaftliche Genossenschaften stellten teilweise noch immer die Behördenmitglieder. Die Formalisierung des Parteilebens anstelle der bisherigen rein bäuerlichen Organisationsstrukturen stiess durchaus auch auf lokale Bedenken vor «unerwünschten Polarisierungen und Spannungen». Hans Fehr entgegnete, vor allem die Einflussnahme von grünen Interessengruppen und anderen Parteien mache es nötig, dass eine SVP-Sektion «ihre Meinung zu Abstimmungsvorlagen, Gemeinde- und Wahlgeschäften offen und klar zum Ausdruck» bringe. Neue Ortsparteien wurden in der Folge vor allem in den Bezirken Affoltern am Albis, Dielsdorf und Andelfingen gegründet.

Die SVP Niederglatt, die ihre Mitgliederzahl innert eines Jahres zu verdoppeln wusste, wurde vom *Zürcher Boten* 1986 zur Modellpartei erklärt. Ihre Strategie mit attraktivem Jahresprogramm, vermehrten Pressemeldungen und Traktandierung der Mitgliederwerbung an jeder Vorstandssitzung wurde allen Bezirks- und Ortsparteien empfohlen. Regelmässig verlangte Blocher, dass Parteiveranstaltungen nicht nur vor Wahlen, sondern permanent durchgeführt würden, um die Nähe zu den Bürgern auch glaubwürdig zu leben. Es waren denn auch solche Orientierungsveranstaltungen, an denen neue Mitglieder hauptsächlich rekrutiert wurden.[113]

Höhepunkte des kantonalen Parteilebens bildeten aber die vier- bis fünfmal jährlich durchgeführten Delegiertenversammlungen mit drei- bis fünfhundert Teilnehmern. Die einladenden Sektionen schmückten den Saal, organisierten eine Blasmusik und sorgten für die Verpflegung. So umgab jede Delegiertenversammlung ein feierlicher, fast zeremonienartiger Charakter, der die innere Geschlossenheit förderte. Oft noch mehr als die Parolenfassungen vor Abstimmungen interessierten die einleitenden, manchmal fast einstündigen Standortbestimmungen von Präsident Blocher, von denen Anregungen und Kritik ausgingen und die dank griffiger Rhetorik, Humor und Satire oft landesweite Beachtung fanden. Aus dieser Beurteilung der aktuellen Lage ergab sich der Parteiauftrag. Der Präsident leitete die Diskussionen unparteiisch und liess die Delegierten ausgiebig zu Wort kommen. Minderheitenpositionen akzeptierte man problemlos, und es wurden regelmässig Exponenten anderer Parteien eingeladen, damit diese ihre Standpunkte darlegen konnten.

Aufmerksam konstatierte die Zürcher SVP, dass ihre Berner Schwesterpartei im Frühjahr 1986 bei den Grossratswahlen um neun Sitze eingebrochen war. Dies sei auch eine Niederlage des schweizerischen Parteipräsidenten Adolf Ogi, bemerkte der *Zürcher Bote*, habe dieser doch bei seinem Amtsantritt den Anspruch erhoben, die Türen für ein breiteres politisches Spektrum zu öffnen. Der von Ogi angekündigte «frische Wind» habe nun im Kanton Bern «einen schönen Teil der bisherigen Stammwählerschaft verärgert». Statt zu experimen-

Programmchef Rudolf Ackeret, Regierungsratskandidat Hans Hofmann, Christoph Blocher, Regierungs- und Ständerat Jakob Stucki sowie Vizepräsident Hansjörg Frei (v. l. n. r.), 1987.

tieren, tue eine Besinnung auf die «klare und verlässliche liberalkonservative Linie» not, welche die SVP erst stark gemacht habe. Der Berner Kantonalpräsident Albert Rychen bezeichnete hierauf die Kritik aus Zürich als Ausfluss eines «vereinfachten Denkschemas» und «teilweise gravierender Fehlurteile».[114]

Der geschickt formulierte, für die Partei stimmige Slogan «Mit Mut in die Zukunft» führte die Zürcher SVP in die kantonalen Wahlen von 1987 – parteieigene Spötter machten daraus umgehend den Kalauer «Mit Muh in die Kuhzunft».[115] Christoph Blocher erklärte, es brauche heutzutage Mut, die Zukunftspessimisten und rot-grünen Systemveränderer zu bekämpfen. Diese trügen die Verantwortung am Drogenproblem und an der Gefährdung des Verdienstes von jenen, die «täglich ihrer Arbeit nachgehen und in ihren Familien rechtschaffen leben». Es werde ein «geradezu heuchlerischer Kampf zum Abbau des Wohlstandes geführt», was die «bewährte, stabile und sichere Politik» des Kantons Zürich gefährde. «Wir kämpfen also», so Blocher, «im kommenden Frühjahr für eine bewährte Ordnung, für sicheren Verdienst, für sichere Renten, für einen sicheren Arbeitsplatz, für eine lebensfähige Landwirtschaft und ein florierendes Gewerbe.»[116]

Als Kandidaten für den Regierungsrat nominierte die Partei neben Jakob Stucki neu Hans Hofmann aus Horgen für den zurücktretenden Konrad Gisler. Hofmann ging bei einer Ausmarchung gegen Divisionär und ETH-Bauingenieur Rolf Siegenthaler, Direktor des Bundesamtes für Genie und Festungen,

Der zugängliche, aber entscheidungsfreudige Hans Hofmann stand ab 1987 vier Jahre der Polizei- und Militärdirektion vor und führte dann bis 1999 die Baudirektion.

als Sieger hervor. Der eigentliche Favorit – Fraktionspräsident und Jurist Hansjörg Frei – hatte abgesagt, da er in jener Zeit von seinem Posten als Direktor des Schweizerischen Spenglermeister- und Installateurverbandes in eine bedeutende Stellung der Winterthur-Versicherungen wechselte. Werber Hans-Rudolf Abächerli stellte den Liegenschaftsverwalter und kantonsrätlichen Fraktionspräsidenten Hans Hofmann in einer auffälligen Kampagne als Bauernsohn und Selfmademan vor, der frühzeitig das Führen gelernt hatte. Als voraussichtlich künftiger Verantwortlicher für Polizei und Militär befasste sich Hofmann im Wahlkampf stark mit der Drogenkriminalität und der oft mit ihr zusammenhängenden Asylpolitik: «Mit Mut in die Zukunft kann nur gehen, wer Vertrauen hat, wer sich sicher fühlt, wer Sicherheit schafft!»[117]

Nach Hofmanns Wahl kommentierte die *NZZ* sehr wohlwollend: «Seiner Partei, der SVP, ist es nicht nur gelungen, den vordem Unbekannten in kurzer Zeit in wirksamer Weise aufzubauen; seine ruhige Art, sich im Streitgespräch nicht aus der Fassung bringen zu lassen und den Bezug zur Realität zu wahren, scheint trotz teilweise fehlender Unterstützung durch die Medien beim Wähler angekommen zu sein.»[118]

Der ehemalige Spitzenwasserballer und Horgener Schulpräsident Hans Hofmann (*1939) ist gelernter Buchdrucker und arbeitete dreizehn Jahre lang in der Druckerei der Firma Nestlé in Echandens, wo er bis zum Betriebsleiter aufstieg; seine perfekte Zweisprachigkeit sollte ihm später in der eidgenössischen Politik Vorteile verschaffen. 1983 wurde er in den Kantonsrat gewählt, wo er vor seiner Wahl in den Regierungsrat die SVP-Fraktion präsidiert hatte. Von 1987 bis 1999 wirkte Hofmann im Zürcher Regierungsrat. Der zupackende, sachbezogene und volksnahe Politiker regierte die erste Amtsdauer als Polizei- und Militärdirektor – vor allem belastet mit zahlreichen Asylanträgen – und dann acht Jahre in der Baudirektion. Als taktische Meisterleistung Hofmanns ist in Erinnerung geblieben, wie seine kantonale Baudirektion der Stadt Zürich die Bau- und Zonenordnung aufzwang und ihr damit eine zukunftsfähige Entwicklung ermöglichte. Ein enormes Projekt seiner Amtszeit bedeutete die Umstellung auf das «New Public

Management» für fast 1400 Mitarbeiter der Baudirektion. Hans Hofmann war für seine Partei mit seinem ausgleichenden Wesen und dennoch klarer politischer Gesinnung ein ausserordentlich sicherer Wert und sollte 1998 komfortabel in den Ständerat gewählt werden. Dort wirkte er bis 2007 und vertrat zuverlässig und kompetent eine bürgerliche Standesstimme und die Interessen der Zürcher Kantonsregierung.[119]

Im Kantonsrat allerdings gingen 1987 vier Sitze verloren; es sollte über viele Legislaturen der erste und einzige Misserfolg bleiben. Die politische Grosswetterlage mit der Reaktorkatastrophe in Tschernobyl und dem Chemieunfall in Schweizerhalle im Jahr zuvor trug die Grünen zum Erfolg; die *NZZ* sprach sogar von einem «Erdrutsch zugunsten der Grünen».[120] Besonders schlecht fielen die Resultate für die SVP im Bezirk Affoltern aus, wo die heftigen Querelen über die N4 unliebsam nachwirkten. Auch der CVP gab die SVP eine beträchtliche Mitschuld an den bürgerlichen Mandatsverlusten, wollte diese doch nicht überall mit der SVP und der FDP Listenverbindungen eingehen. Abgesehen vom teilweise enttäuschenden Abschneiden der weiblichen Kandidaten blieben parteiinterne Unruhen trotz des Rückfalls von 17,0 auf 15,7 Prozent Wähleranteil aus.

Der grüne Zeitgeist in den achtziger Jahren und in etwas geringerem Masse auch die Frage der Gleichberechtigung der Geschlechter zwang die Zürcher SVP vorübergehend in die Defensive. Der Wähleraufschwung wurde gestoppt, und öfter, als ihr eigentlich lieb war, musste sich die Partei mit der Abwehr von linken und ökologischen Gesellschaftsentwürfen herumschlagen. Der Gegensatz zu den von einem Grossteil der Medien vertretenen Ansichten wurde in jener Zeit deutlich akzentuiert. Enttäuschung herrschte auch bei den SVP-Frauen, die im Parteiorgan fragten: «Wo bleiben weitere SVP-Frauen im Kantonsrat?» Gewählt worden seien sozialdemokratische und grüne Frauen, deren Ansichten der weibliche Teil der SVP-Basis nicht teile. Irene Enderli von der SVP-Frauenkonferenz äusserte sich aber überzeugt, dass nicht bloss die Männer am Ergebnis schuld seien – auch die Frauen müssten sich solidarischer zeigen. Die Partei solle jetzt gezielt Frauen aufbauen und sich nicht nur gegenüber den Jungen, sondern auch gegenüber den Frauen öffnen.[121]

Nach den ernüchternd ausgefallenen Wahlen von 1986 und 1987 galt es, die SVP vorab durch innere Parteiarbeit mit zahlreichen Veranstaltungen für die eidgenössischen Wahlen zu wappnen. Christoph Blocher wollte ganz besonders die Lohnabhängigen ansprechen. Im Mai 1987 hielt er fest, die Zahl der Bauern, welche traditionell SVP wählten, sei seit Jahrzehnten gesunken. Die SP habe sich in derselben Periode von einer Partei der Arbeiter zu einer «elitären, stark theoretisch-dogmatischen Partei» entwickelt, wo sich vermehrt die «im staatlichen Bereich tätigen Akademiker» tummelten. Blocher meinte, die «soziale Frage» im Sinne des Kampfs um die nackte Existenz und Menschenwürde sei «weitgehend gelöst». Dies gelte aber nicht für die Sicherheit der Arbeitsplätze und die Eigenständigkeit der schweizerischen Wirtschaft. SP-Themen wie Mitbestimmung, Arbeitszeitverkürzung, Feminismus oder Internationalismus fänden demgegenüber bei den Arbeitnehmern kaum grossen Rückhalt. Darum war Parteipräsident Blocher überzeugt, dass die SVP mit ihrer «bodenständigen Sprache» auch in den Städten und Agglomerationen gewinnen könne.[122]

In der Tat traf die SVP auf eine SP im Umbruch, ja in einer eigentlichen Krise. Sie konnte kaum neue Wähler gewinnen, ohne die alten zu vergraulen. Denn bei der Verteidigung von Staat und Bürokratie ging ihre traditionelle Angestelltenklientel aus der Privatwirtschaft verloren. Dazu meinte Blocher: Nachdem sich die SP zunehmend dem Feld der Akademiker erschliesse, solle sich die SVP «vermehrt den neuen Heimatlosen, den politisch entwurzelten Arbeitnehmern annehmen: die Schweizerische Volkspartei als Vertreterin der arbeitenden Bevölkerung!» Im *Zürcher Boten* wurde analysiert, weshalb die Sozialdemokratie kaum mehr tragfähige Konzepte anzubieten habe. Mit «überrissenen sozialen Postulaten» und «durch masslose ökologische Auflagen» gefährde die SP den Wohlstand und den Lebensstandard der eigenen Anhänger.[123]

Als Nachfolger des zurücktretenden Ständerats Jakob Stucki hoben die SVP-Delegierten 1987 ihren Parteipräsidenten auf den Schild. In der Wahlsondernummer des *Zürcher Boten* zu den National- und Ständeratswahlen bekannte sich Christoph Blocher als «liberalkonservativer Politiker», der «gerne reaktionär» sei, solange die Angriffe «aus der linken Ecke» kämen.[124] Blocher hatte nur bei einem funktionierenden bürgerlichen Schulterschluss eine Chance. Was gegen aussen einigermassen funktionierte, sollte bei der Basis von FDP und CVP scheitern. Neben dem Bisherigen Ricardo Jagmetti (FDP) wurde die LdU-Konsumentenpolitikerin Monika Weber mit einem Glanzresultat gewählt. Um Blocher zu verhindern, hatte die SP bewusst keinen Kandidaten nominiert. Die SVP war über diesen Sieg der Vereinigung zwischen Linken und Mitte wenig erbaut: «Statt des verdienten und politisch profilierten SVP-Präsidenten zieht ein zwar charmantes und optimal vermarktetes, aber doch ausgesprochen leichtgewichtiges Kaliber als Zürcher Vertreter ins Stöckli.»[125] Auch die *Neue Zürcher Zeitung* räumte ein, dass die bürgerliche Zusammenarbeit nur teilweise gespielt habe: «Eine Überraschung ist dies nicht, denn die konservative Haltung Blochers und sein politischer Stil erregten da und dort Anstoss. Dieses Handicap vermochte Blocher, der einen guten Wahlkampf führte, nicht wettzumachen, zumal ein weiteres hinzukam: Viele Frauen versagten ihm aufgrund seines harten Kampfes gegen das neue Eherecht ihre Unterstützung ebenfalls.»[126]

Blocher selber stemmte sich nach geschlagener Schlacht «wider den Zorn in den eigenen Reihen». Es gelte, die Zusammenarbeit mit den Bürgerlichen zu verbessern und den Groll über die mangelnde Unterstützung zu überwinden. Langfristig wichtiger als der nicht eroberte Ständeratssitz sei, dass die SVP ihre Glaubwürdigkeit bewahrt habe: «Sie hat Positionen bezogen, aber nie auf Kosten der bürgerlichen Sache.» Man habe einen «überzeugenden Wahlkampf geführt», statt nur «lächelnd und schwatzend im Land herumzuziehen». Die Zürcher SVP befinde sich «in einem eigentlichen Aufbruch». Er selber, so Blocher, fange jetzt «erst recht an mit der Politik».[127]

Mit dem Parteipräsidenten und Ständeratskandidaten Christoph Blocher als Zugpferd hatte sich die SVP bei den Nationalratswahlen 1987 von 13,8 auf 15,2 Prozent verbessert und erreichte damit das bisher beste Resultat der Nachkriegszeit. Mit diesem Anteil vermochte sie ein sechstes Nationalratsmandat zu erobern und verpasste das siebte recht knapp. Erstmals hatten Hans Schmid als Präsident der Wahlkommission und Hans-Rudolf Abächerli alle siebzig Kandidaten der Stadt- und Landliste in Wort und Bild vorgestellt, statt sich nur auf die Spitzenplätze zu konzentrieren. Zu Recht hielt die *NZZ* fest: «Man geht kaum fehl in der Annahme, dass der Ständeratswahlkampf zu diesem günstigen Ergebnis der SVP beigetragen hat.»[128] Die SP aber bezahlte für ihre destruktive Haltung der Verhinderung Blochers mit dem erneuten Verlust von zwei Nationalratsmandaten.

Neu in den Nationalrat gewählt wurde 1987 der Unternehmer und Stadtparteipräsident Walter Frey (*1943), Verwaltungsratspräsident der von seinem Vater 1924 gegründeten Emil Frey AG. Die Unternehmensgruppe war und ist vor allem im Automobilhandel tätig, erbringt aber auch Dienstleistungen rund um das Auto, etwa im Finanzierungs- und Versicherungsbereich. Bekannt wurde die Firma vor allem als offizielle Importeurin japanischer und britischer Automarken. Der passionierte Jäger Walter Frey engagierte sich aber auch im Verlags- und Medienwesen (unter anderem Lokalinfo AG), in der Hotellerie, in der Pferdezucht und als grosszügiger Sponsor der Eishockeymannschaft des Grasshopperclubs und von dessen Nachwuchsförderung, später als Präsident des Eishockeyclubs ZSC Lions. Im Bundeshaus schuf sich Walter Frey rasch einen Namen als aktiver Finanz-, Aussen- und Gewerbepolitiker. Er sass in mehreren Dutzend Verwaltungsräten, etwa auch in jenen der Pharmafirma Roche und der Allianz-Versicherungen. Mit seiner diplomatisch-verbindlichen Art und seiner Weltläufigkeit kam er parteiübergreifend sehr gut an und gehörte zu den massgeblichen Sparpolitikern auf Bundesebene. Gegen Ende seiner vierzehnjährigen parlamentarischen Laufbahn präsidierte Walter Frey zwischen 1999 und 2001 die SVP-Fraktion der Bundesversammlung sowie die Aussenpolitische Kommission des Nationalrats. 2001 trat er von allen öffentlichen Ämtern zurück, um sich wieder vermehrt auf die Führung des familieneigenen Unternehmens mit damals 5000 Mitarbeitern konzentrieren zu können.[129]

In der Wintersession 1987 wurde Adolf Ogi, Präsident der SVP Schweiz, als Nachfolger des zurücktretenden Leon Schlumpf in den Bundesrat gewählt. Er genoss im Gegensatz zum offiziellen Mitbewerber Peter Schmid und zum inoffiziellen Kandidaten Hans-Rudolf Nebiker die Unterstützung der Zürcher SVP. Der populäre Berner Oberländer sollte dann allerdings in seiner Bundesratszeit in grundlegenden Fragen – vor allem in Fragen der Teilnahme der Schweiz in internationalen Organisationen – nicht auf der Linie des «Zürcher Flügels» politisieren. Die Zürcher Partei wollte als Nachfolger Ogis im schweizerischen Parteipräsidium keinesfalls einen Berner Vertreter des «Öffnungskurses» in Richtung Mitte. Kantonalpräsident Blocher war zwar grundsätzlich nicht interessiert am Präsidium der SVP Schweiz, wäre aber angetreten im Fall, dass Nationalrat Albert Rychen kandidiert hätte. Man einigte sich schliesslich auf den Thurgauer Ständerat und Landwirt Hans Uhlmann, mit dem Blocher in den folgenden acht Jahren ohne jeden Misston bestens zusammenarbeitete.

Auch am Jahresbeginn von 1988 betonte Christoph Blocher, dass die Wahlerfolge nie «Selbstzweck» werden dürften. Jedes Eigenlob sei fehl am Platz, richtig aber die «Bereitschaft, hinzustehen und den Kopf hinzuhalten», nämlich für jenen «Teil unseres Volkes, der besondere Sorgen» habe. Dazu zählte er den werktätigen Mittelstand, die Bauern, das Gewerbe, die Selbständigen und Angestellten in der Wirtschaft. Die grosse Herausforderung der Zukunft werde die Arbeitslosigkeit sein, prophezeite Blocher in einem Moment, in welchem die Wirtschaft noch brummte und die Arbeitslosigkeit auf einem Rekordtief stand.[130] Anlässlich einer Medienkonferenz im März 1988 betonte die Zürcher SVP – vermeintlich mitten in der Hochkonjunktur –, die Sicherung der Arbeitsplätze geniesse bei der Partei höchste Priorität. Auch Walter Frey warnte vor bevorstehenden wirtschaftsfeindlichen Initiativen, nämlich jenen für die 40-Stunden-Woche und für eine Senkung des AHV-Alters. Nur eine «ehrliche, realistische Politik» sei «arbeitnehmerfreundlich» und könne Arbeitsplätze erhalten.[131]

Einen aufsehenerregenden Coup landete Christoph Blocher, Verwaltungsrat von Motor-Columbus und der Schweizerischen Bankgesellschaft, im Frühjahr 1988, als er mit anderen einflussreichen bürgerlichen Politikern das Projekt eines Kernkraftwerks Kaiseraugst beerdigte. Dabei sprach sich die SVP jederzeit für die Kernkraft aus, und deren Zürcher Kantonalpartei hatte 1984 die Volksinitiative für eine Zukunft ohne Atomkraftwerke einstimmig abgelehnt.[132] Geländebesetzungen, Demonstrationen und die Katastrophe von Tschernobyl machten aber die Realisierung von Kaiseraugst völlig illusorisch. Die Projektpläne begannen technisch zu veralten; allein die Zinsen verschlangen grosse Summen, und die Banken waren für eine Überarbeitung trotz erteilter Rahmenbewilligung durch das Parlament nicht mehr zu haben. Eine weitere Verschleppung hätte zu einem gigantischen finanziellen und politischen Scherbenhaufen geführt.

Als Christoph Blocher im Verwaltungsrat des Energieversorgungsunternehmens Motor-Columbus AG die ketzerische Frage aufwarf, ob Kaiseraugst überhaupt noch gebaut werden könne, verneinte Verwaltungsratspräsident Angelo Pozzi. Mit Pozzi zog Blocher in der Folge den Verzichtsentscheid durch. Er orientierte und gewann entscheidende Exponenten der anderen bürgerlichen Parteien, die Bundesräte Otto Stich und Adolf Ogi sowie dessen Generalsekretär Max Friedli. SP-Präsident Helmut Hubacher war in das Vorhaben ebenfalls eingeweiht. Er wollte als Vertreter der Sozialdemokratie diese Aktion aus fundierten taktischen Überlegungen den Bürgerlichen überlassen, hielt aber vollkommen dicht. So überrumpelten die Akteure an einer Pressekonferenz die Politik und die Medien gleichermassen. Man verkündete den Verzicht auf den Bau des Kernkraftwerkes; die beteiligten Firmen erhielten vom Bund entsprechende Entschädigungszahlungen.

Nach gelungener Aktion wollten alle dafür verantwortlich gewesen sein. Tatsächlich hatte der Zürcher SVP-Präsident bis ins Detail die Strippen gezogen und dem Bundesrat sogar den Anwalt Jean-Claude Wenger vorgeschlagen, der für die juristisch reibungslose Abwicklung der Projektliquidierung sorgte.[133] Blocher gehörte spätestens jetzt zu den tonangebenden Wortführern im bürgerlichen Lager. Zu seinen politischen Weggefährten zählten weniger Angehörige seiner eigenen, ihm wirtschaftspolitisch oft zu protektionistisch und staatsgläubig denkenden Fraktion, sondern Freisinnige wie Gewerbedirektor Otto Fischer, der erklärte Ordnungspolitiker Hans Letsch oder der Sozialpolitiker Heinz Allenspach.

Im Herbst 1988 kritisierte Christoph Blocher öffentlich die Spitzenverbände der Schweizer Wirtschaft, die sich für eine stärkere Integration in die Europäische Gemeinschaft aussprachen. Als «lendenlahm» bezeichnete er insbesondere den «Vorort» sowie die «Wirtschaftsförderung», nicht aber den von Hans Letsch und Heinz Allenspach geführten «Schweizerischen Arbeitgeberverband». Die ins Visier genommenen Verbände vermöchten «den hohen Aufgaben nicht zu genügen». Sie hätten ihre Rolle als «Kampfverbände» eingebüsst, seien längst nicht mehr «die respektierten, gefürchteten Anwälte der Wirtschaft», ja sie strotzten vor «Selbstgenügsamkeit, Selbstzufriedenheit und Sattheit». Im Bundeshaus gälten die Wirtschaftsverbände als «verträglich und nett». Blocher forderte aber «Persönlichkeiten, welche sich über den Stellenwert einer konkurrenzfähigen Wirtschaft voll bewusst sind, die bereit sind, schon aus ‹Heimatliebe› zu unserem werktätigen Volk und seiner Lebensweise, die harte Arbeit des ‹dauernden Hinstehens› für die Wirtschaft auf sich zu nehmen». Für die notwendige Erneuerung müsse die Wirtschaft selber sorgen: «Wir haben den Stall in Ordnung zu bringen.»[134]

Dieser Angriff zielte unter anderem auf die FDP-Grösse Nationalrat Richard Reich, dem die «Wirtschaftsförderung» hauptsächlich für seine persön-

Walter Frey im Oktober 1992 im Austausch mit Christoph Blocher. Seit der Wahl des Stadtparteipräsidenten Frey im Herbst 1987 politisierten die beiden unternehmerischen Schwergewichte gemeinsam im Nationalrat.

liche politische Karriere diente. Schon im Wahljahr 1987 hatte sich die Zürcher SVP programmatisch deutlich von der FDP distanziert: Die Freisinnigen seien eine «elitär geprägte Interessengemeinschaft mit stark dogmatischem Einschlag», in der «Schönreden» gefragt sei.[135] An der im Februar 1989 erstmals durchgeführten Albisgüetli-Tagung mit Einladung von SVP-Bundesrat Adolf Ogi nahm sich Christoph Blocher vor 900 Zuhörern die Affäre um die ehemalige Vorzeigepolitikerin der FDP vor. Die Vorgänge rund um die über einen Telefonanruf an ihren Gatten gestolperte Bundesrätin Elisabeth Kopp seien bezeichnend für «die mangelnde Ernsthaftigkeit in der politischen Tätigkeit, Ausdruck einer widerlichen und oberflächlichen Einstellung zum Amt und politischen Mandat, wie das in den vergangenen Jahren in Politik und Wirtschaft gehandhabt, gepflegt, genossen und ausgenützt wurde». Es sei kein Wunder, dass angesichts solcher Ereignisse in Bundesbern das Vertrauen in Staat und Demokratie leide.

Blocher verwendete erstmals den Begriff «Classe politique» und forderte eine «Opposition, welche die Regierung stärken und die Machtkartelle sprengen» könne. Es sei Aufgabe der SVP, gegen diesen «verhängnisvollen Zeitgeist» anzukämpfen und den gegenseitigen Filz der Parteien aufzubrechen, zu dem leider auch die Medien und «viele führende Leute aus der Wirtschaft» zählten.[136] Dies dürfe aber nicht heissen, dass sich die SVP von der Wirtschaft absetze, sondern sie wolle diese vielmehr «mit Überzeugung» unterstützen: «Allerdings ist dies für uns nicht gleichzusetzen mit Vertretung wirtschaftlicher Sonderinteressen! Vertretung der Wirtschaft darf nie identisch sein mit der Vertretung wirtschaftlich einflussreicher Einzelpersonen.»[137]

Nicht wenig Aufsehen erregte die Tatsache, dass Generaldirektor Heinrich Steinmann von der Schweizerischen Bankgesellschaft im September 1989 anlässlich einer Stadtzürcher FDP-Tagung feststellte, die Wirtschaft sei bei der SVP besser aufgehoben als beim Freisinn. Die FDP reagiere zu stark auf modische Schlagworte und wolle auch noch ein wenig grün und ein wenig rot sein. Die NZZ zitierte Generaldirektor Steinmann so: «Statt standfeste bürgerliche Politik zu betreiben – wie beispielsweise die SVP –, zeige die FDP Bereitschaft,

Rudolf Reichling im Dezember 1987 als neugewählter Nationalratspräsident mit Gattin Hanni (links) und FDP-Bundesrätin Elisabeth Kopp (rechts), dahinter die Regierungsräte Hans Hofmann, Hedi Lang, Hans Künzi und Jakob Stucki (v. l. n. r.).

sich anzupassen, was zu Profillosigkeit führe.»[138] Im Freisinn reagierte man auf solche Töne nervös bis ungehalten. Kantonalpräsident Oscar F. Fritschi konterte, die städtische SVP trage «eine gehörige Mitschuld» an der «Bauverhinderungspolitik» in Zürich, habe doch Kurt Egloff als deren Vertreter im Stadtrat das Baudepartement von SP-Stadträtin Ursula Koch nicht übernehmen wollen. Der *Zürcher Bote* beurteilte Fritschis Verdikt als «hundsmiserablen» politischen Stil. Franz Steinegger, Präsident der FDP Schweiz, ärgerte sich über die oppositionelle Haltung der Stadtzürcher SVP so sehr, dass er sich Ende 1989 in aller Form vom früheren Slogan «Mehr Freiheit und Selbstverantwortung, weniger Staat» verabschiedete. Steinegger sprach angesichts solcher Staatskritik von «elitären Haltungen» und «Negativismus» in den eigenen Reihen und schlug an einem Parteitag der FDP des Bezirks Meilen vor, «die ideellen Grundsätze des Liberalismus in Anlehnung an bewährte blochersche Kommunikationsmethoden» zu vertreten, und zwar «kantiger, emotionaler und bürgernäher als bisher».[139]

Im Vorfeld der Armeeabschaffungsinitiative kreuzte Parteipräsident Christoph Blocher mit dem Hauptinitianten Andreas Gross von der Gruppe Schweiz ohne Armee (GSoA) im Zürcher Bernhard-Theater die Klingen. Konsequent sprach Blocher dabei seinen Kontrahenten als «Herr Doktor Gross» an, bis ihn dieser darauf aufmerksam machte, dass er keinen Doktortitel trage. Darauf entgegnete Blocher zum Vergnügen des Publikums, Gross sei nun schon seit so vielen Jahren am Studieren, da hätte er schon erwartet, dass er inzwischen irgendwann einmal seinen Doktor gemacht habe. Zur Armeeabschaffung meinte der SVP-Präsident: Ein Land, das seine Bereitschaft zur Selbstbehauptung aufgebe, verliere auf die Dauer seine Existenz auch in Friedenszeiten. Bei den Urhebern der Initiative ortete er klare Zeichen «geistiger Verwahrlosung».[140] Gerade im Jubiläumsjahr der Landesausstellung von 1939 sei der Einsatz für die Landesverteidigung und damit für Freiheit und Recht «unsere erste Pflicht».

Die kantonalen Delegierten lehnten die Armeeabschaffungsinitiative ohne vorherige kontradiktorische Diskussion mit 402 gegen 0 Stimmen ab. Für den Bruder des Kantonalpräsidenten, Pfarrer und Feldprediger Gerhard Blocher aus Hallau – der übrigens als anonymer «Dorfpfarrer» viele Jahre gehaltvolle theologische Artikel vor den Feiertagen für den *Zürcher Boten* verfasst hat –, war das Ende der Armee gleichbedeutend mit der «Anarchie des Faustrechtes».¹⁴¹ Die unerwartet hohe Zustimmung von 35,6 Prozent der Stimmenden für eine Schweiz ohne Armee bedeutete für die Befürworter der Landesverteidigung allerdings eine negative Überraschung.

Drogen- und allgemeine Programmatik

Zu einem zunehmend beunruhigenden Problem der Bevölkerung wurde die behördliche Duldung der offenen Drogenszene am Zürcher Platzspitz zwischen 1987 und 1992. Die Bilder des Fixer-, Händler- und Prostitutionselends und des offenkundigen Scheiterns der Politik gingen um die Welt. Sie erschreckten, wurden aber gleichzeitig zum Anziehungspunkt für viele Drogentouristen. Die SVP forderte von Anfang an die Schliessung dieser «Stätte des Elends, des modernen Siechtums und der Kriminalität». Drogensüchtige seien – notfalls über fürsorgerischen Freiheitsentzug – in geschlossenen Kliniken unterzubringen, wo ihnen menschenwürdig geholfen werden könne. Die vorbeugende Aufklärung sei konsequent weiterzuführen und der Drogenhandel mit aller Schärfe zu bekämpfen.¹⁴²

Mit aller Kraft kämpfte die SVP der Stadt Zürich gegen die von den Behörden geduldete offene Drogenszene, deren Elend – wie hier etwa auf dem Zürcher Platzspitzareal im Juni 1990 – weltweit Aufsehen erregte.

Für Christoph Blocher war eine liberale Drogenpolitik «die konsequente Fortsetzung verwahrlosten Denkens». Sie entstamme einer «falschen Lebensauffassung», deren höchstes Ziel es sei, «den Menschen ein Leben ohne Lasten, ohne Verzicht und Hindernisse zu ermöglichen». Nicht «Schmerzfreiheit», sondern «Suchtfreiheit, Schutz der Gesunden und Schutz der Bürger vor Drogendelikten» seien anzustreben. Schuld am Scheitern vieler junger Drogenabhängiger trügen auch Eltern, deren Erziehungskonzept darin bestehe, den Kindern alles Beschwerliche und Mühselige aus dem Weg zu räumen, so dass sie schon bei den ersten Problemen des jungen Erwachsenenlebens zerbrächen und Zuflucht in den Drogen suchten. Nicht etwa aus Humanität gegenüber der Jugend hätten die Eltern das Neinsagen verlernt, sondern aus Rücksicht und Schonung ihrer selbst. Denn das Jasagen sei wesentlich bequemer.[143]

Die linke Stadtregierung beschritt indessen den Weg der Tolerierung der offenen Drogenszene von zeitweise 3000 Menschen, mit der Konsum, Handel, Beschaffungskriminalität, Prostitution und Verelendung engstens verflochten waren. Gegen die Ausbreitung von HIV und Gelbsucht wurden Gratisspritzen, gegen Entzugserscheinungen das Ersatzmittel Methadon abgegeben, bis 1999 auch die ärztlich kontrollierte Heroinabgabe vom Volk akzeptiert wurde. Im Februar 1992 verfügte der Bezirksstatthalter die polizeiliche Schliessung des Platzspitzes, doch verlagerte sich die offene Szene alsdann zum alten Bahnhof Letten.

1990 trat die SVP der Stadt Zürich erstmals mit einem Drogenkonzept an die Öffentlichkeit, das in der Folge weitere Auflagen erlebte. Auch die detaillierten Grundsätze der Führung einer Entzugsklinik wurden in Broschürenform zusammengestellt und im Sinne der restriktiven SVP-Drogenpolitik unter die Bevölkerung verteilt.[144] Zwar hatte die SVP mit ihrer Forderung nach Räumung der offenen Szenen an Platzspitz und Letten schliesslich Erfolg, nicht aber beim Kampf um eine möglichst drogenfreie Jugend: Stattdessen setzte sich unter der Führung der sogenannten Koalition der Vernunft von SP und FDP landesweit das «Viersäulen-Prinzip» durch, das neben der von der SVP mitgetragenen Prävention, Therapie und Repression auch die «Überlebenshilfe» mittels Ersatzstoffen beinhaltete.[145]

Die politische Kommunikation war nach Auffassung von Christoph Blocher nur Mittel zum Zweck. Wichtig war ihm, das Programm konsequent in der Sachpolitik umzusetzen. In der zweiten Hälfte der achtziger Jahre zeichnete sich deutlich ab, auf welchen Pfeilern Christoph Blochers liberalkonservativer Kurs ruhte: Da war erstens die Forderung nach konsequenter Durchsetzung der inneren und äusseren Sicherheit als Kernaufgabe des Staates. Die Mittel dazu bilden Armee, Polizei, Strafvollzugs- und Staatsschutzorgane, alles Instanzen, die schon bei der Vorgängerpartei der SVP seit den Ereignissen des Generalstreiks von 1918 auf unbedingten Rückhalt zählen konnten. Der Staat sollte gegen aussen Unabhängigkeit und Eigenständigkeit, gegen innen eine möglichst grosse Freiheit des Einzelnen wahren. Kriminalität, Drogenelend und Asylmissbrauch waren folglich als gefährliche gesellschaftliche Auswüchse konsequent zu bekämpfen.

Dazu kam eine konservative, durch die geschichtliche Erfahrung geschärfte Auffassung von Mensch und Gesellschaft. Blochers SVP glaubt nicht an die Schaffung eines «neuen» oder «besseren» Menschen, sondern nimmt ihn so, wie er ist. Frau und Mann haben je ihre eigene, wichtige und unterschiedliche Rolle. Zu den Aufgaben des Staates gehört es, die Familie als möglichst weitgehend staatsfreie Sphäre zu schützen und das menschliche Leben insbesondere in seinen kritischen Phasen – nämlich als noch ungeborenes Leben oder bei Alter und Krankheit – zu bewahren. Blocher betonte die Bedeutung des Individuums («Jeder Mensch ist ein Sonderfall, sogar ich bin ein Sonderfall»), welches er dem Kollektiv und der Vermassung entgegenstellte. Immer häufiger sprach er statt vom «Volk» lieber von «Bürgerinnen und Bürgern». Dieses wertkonservativ-christliche Gesellschaftsbild sollte ab den neunziger Jahren ermöglichen, dass das Gedankengut des reformierten Pfarrerssohns Christoph Blocher auch in den katholischen Landesteilen überzeugte, so dass die ehemals rein protestantische SVP auch zur wählerstärksten Partei der katholischen Schweizer Bevölkerung wurde.

Den dritten programmatischen Pfeiler von Blochers Weltanschauung bildet eine marktwirtschaftliche, wachstumsorientierte Wirtschaftspolitik mit Betonung des Privateigentums sowie der Wahrung und Vermehrung des mittelständischen Wohlstands. Staatliche Eingriffe wurden nur im eng definierten Bereich der Landwirtschaft geduldet. Unternehmerpersönlichkeiten wie Christoph Blocher und Walter Frey brachten zudem die Sicht von global tätigen Firmen in die bisher eher gewerblich-binnenwirtschaftlich geprägte Partei ein. Die in der früheren Bauernpartei gepflegte ideologische Unterscheidung von guten Kleinbetrieben und schlechten Grossfirmen beziehungsweise globalen Konzernen hatte in Blochers klassischem Wirtschaftsliberalismus keinen Platz.

Auf den Vorwurf, die SVP vertrete die Besitzenden, erwiderte Christoph Blocher: «Jawohl, wir sind stolz, alle die zu vertreten, die etwas besitzen. Wir kennen glücklicherweise in diesem Land heute nur Menschen, die etwas besitzen: den Arbeitsplatz, eigenes Hab und Gut, zahlreiche Freiheitsrechte und vieles mehr.»[146] Offensiv verteidigte Blocher vor allem ab den neunziger Jahren den Aktionärswert (Shareholder Value) in der Öffentlichkeit, oft zusammen mit den Bankiers Martin Ebner und Kurt Schiltknecht. Die von Ebner und Blocher kontrollierte Beteiligungsgesellschaft Pharma Vision sorgte für aufsehenerregende Erfolgshonorare der Verwaltungsratsmitglieder, wobei die Verantwortlichen anderseits bei ausbleibendem Erfolg völlig leer ausgingen. Während sich andere Unternehmer und deren Erben über ihren Reichtum eher verschämt ausschwiegen, sah Blocher in einem reichen Unternehmer nichts Anrüchiges, sondern bedauerte das Gegenteil auch im Interesse der Arbeiter und Angestellten: «Es gibt nichts Schlimmeres als arme Unternehmer! Wir haben niemandem Geld gestohlen, sondern es erarbeitet!»[147]

Eine vierte, vielfach unterschätzte Grundlage der Zürcher SVP bildet die positivistische Rechtsauffassung. Gemäss dieser ist der Staat kein Mittel der Moral, sondern einzig der Rechtssetzung. Jedes staatliche Handeln muss sich auf Gesetze abstützen. Es gelten die geschriebenen, demokratisch erlassenen Gesetze und weder angeblich übergeordnete weltanschaulich-«naturrechtliche» Vorstellungen der Richter noch deren moralisch-ideologisches Weltbild. Landesrecht gilt vor dem internationalen Recht beziehungsweise dem Völkerrecht. Oberste Richtschnur bildet die Bundesverfassung. Auch wenn die SVP das zwingende Völkerrecht als übergeordnet anerkennt, muss sich dieses auf den Willen des Volkes stützen. Denn es kann in der Eidgenossenschaft seit je kein Zweifel darüber bestehen, wer letztlich das Recht setzt: Es ist einzig das Schweizer Volk, und es sind nicht Politiker, Richter, Professoren, Diplomaten oder Funktionäre. Schon im Studium hat sich Christoph Blocher denn auch kritisch mit dem Naturrecht auseinandergesetzt und die Professoren über seine diesbezügliche Unerbittlichkeit in Staunen versetzt.[148]

Für Verwunderung sorgte Blocher, als er sich aufgrund dieser ethischen Grundhaltung 2009 formell um den vakanten Lehrstuhl für Wirtschaftsethik an der Universität St. Gallen bewarb. Er wolle, führte er aus, den Studierenden statt der grauen Theorie eine praxisnahe Wirtschaftsethik bieten, denn nicht eine «wirklichkeitsfremde, also gänzlich ineffiziente Lehrdoktrin» abseits jeder Kenntnis des Wettbewerbs sei ethisch, sondern die Marktwirtschaft, das Erzielen von Gewinn sowie die Angst des Unternehmers vor dem Untergang sei ethisch, weil sie täglich zum Erfolg ansporne. Christoph Blocher erhielt aus St. Gallen zwar einen in «frostigem Ton» gehaltenen Absagebrief, doch sorgte er für die gewünschte Hinterfragung der «Wirtschaftsethik» und vermochte durch die von ihm entfachte Aufmerksamkeit immerhin die Wahl des seiner Meinung nach untauglichen Favoriten zu verhindern.[149]

Der Kampf um den EWR

Als im Herbst 1989 der reale Sozialismus in Osteuropa zusammenbrach und in Berlin die Mauer fiel, hätte dieser Sieg von freiheitlicher Demokratie und liberaler Marktwirtschaft den Bürgerlichen eigentlich Auftrieb geben müssen. Stattdessen verloren sie jene feste Überzeugung der Nachkriegszeit, die ihnen im Kalten Krieg Orientierung geboten hatte. Die Zürcher SVP reagierte rasch und deutlich mit einer Grossveranstaltung im «Kasino Zürichhorn» unter dem Titel «Europa im Umbruch». Heiner Geissler, stellvertretender Vorsitzender der CDU, und Wolfgang Berghofer, Oberbürgermeister von Dresden, zeigten Wege zu einem vereinigten freien, marktwirtschaftlichen Deutschland auf. Parteipräsident Blocher bekräftigte vor 1100 Teilnehmern, dass die SVP trotz des Zusammenbruchs des Kommunismus in Osteuropa an ihrer Ablehnung eines Beitritts zur Europäischen Gemeinschaft festhalte.[150] An einer Delegiertenversammlung rief er zum «Kampf gegen sozialistische Tendenzen in unserem Land» auf und kritisierte die «heuchlerische Haltung» linksintellektueller Kreise in Anbetracht des Zusammenbruchs des Sozialismus.[151]

An der zweiten Albisgüetli-Tagung von 1990 nahm SP-Bundesrat Otto Stich anstelle des verhinderten Bundespräsidenten Arnold Koller teil. Die *NZZ* hielt zum Anlass fest, man wisse von der Zürcher SVP, «dass sie politisches Engagement und Geselligkeit besser zu koppeln weiss als andere politische Vereinigungen». In seiner «holzschnittartigen Standortbestimmung» habe Christoph Blocher an diesem «zweiten kunterbunten Parteitag» die Albisgüetli-Tagung bereits zu einem «traditionellen Anlass» erklärt. Blocher stiess sich daran, dass Politik, Wirtschaft, Militär und Kirchen nicht mehr mutig und wirklichkeitsbezogen Stellung nähmen. Eine Änderung der Militär- und Sicherheitspolitik könne weder mit der SP noch mit den Grünen vollzogen werden, weil sie nicht mehr zur militärischen Landesverteidigung stünden. Man könne ein Haus ja nicht renovieren mit jemandem, der es abbrechen wolle. Er warnte indessen vor grossen Rüstungsausgaben, bevor eine brauchbare sicherheitspolitische Lagebeurteilung vorliege. Sollte die SP ein Rüstungsreferendum anstreben, so werde er sich für ein allgemeines Finanzreferendum starkmachen, womit das Volk dann auch über die «Lieblingskinder der Linken», nämlich die Milliardenausgaben für Entwicklungshilfe und Asyl, befinden könne. Der Parteipräsident verneinte die Notwendigkeit eines Beitritts zur Europäischen Gemeinschaft, forderte Sofortmassnahmen gegen die illegale Einwanderung und rief nach mehr Polizeipräsenz in den Städten und einem Vermummungsverbot. Die liberalisierte Drogenpolitik in der Stadt Zürich habe Schiffbruch erlitten.

Der eidgenössische Finanzminister Otto Stich, dessen fachliche Qualitäten Christoph Blocher immer anerkannte, bezeichnete die Einladung an einen Sozialdemokraten als «Akt der politischen Kultur». In der Europapolitik warnte er vor überhasteten Handlungen und befand föderalistische Lösungen nach schweizerischem Muster für sinnvoller als «nur möglichst grosse Märkte». Eine von den Bürgerlichen geforderte Entlastung der Wirtschaft könne, so Stich, nur unter einer sozial ausgewogenen Verteilung der Steuerlast erfolgen.[152]

In den Gemeindewahlen vom Frühjahr 1990 positionierte sich die SVP der Stadt Zürich als führende bürgerliche Opposition. Stadtrat Kurt Egloff war wegen einer Amtsgeheimnisverletzung verurteilt worden und musste zudem einen dreimonatigen Fahrausweisentzug eingestehen. Die Partei vermochte Egloff nicht zu halten und schickte stattdessen Gemeinderat Hans Brenner ins Rennen, der aber scheiterte. Dennoch erreichte die SVP in Zürich mit 7,9 Prozent Wähleranteil ein damals respektables Ergebnis, gewann ein zusätzliches und damit siebtes Gemeinderatsmandat und übernahm fortan die wichtige

Rolle einer Oppositionspartei. Angesichts von linken Mehrheiten im Stadtrat wie im Parlament war sie jetzt ohne Teilnahme an der Stadtregierung freier.

Ausserhalb der Kantonshauptstadt schnitt die SVP eher mässig ab. Sie verlor keine Stimmen an die siegreichen Grünen, wohl aber an die rechte Autopartei. Parteisekretär Hans Fehr warnte eindringlich davor, die Wahlgewinner zur Linken nachzuahmen und einen «grünlicheren Kurs» einzuschlagen. In den Landgemeinden brauche es angesichts vieler Neuzuzüger vermehrte und intensivere politische Arbeit. Die Stadtsektion hatte jetzt mit ihrer erfolgreichen Oppositionspolitik für den ganzen Kanton Vorbildcharakter erhalten. Vor allem im Bereich der inneren Sicherheit spielte die SVP der Stadt Zürich mit ihren Informationsveranstaltungen, Sicherheitskonzepten und Forderungskatalogen eine unbestrittene Vorreiterrolle.[153]

An der dritten Albisgüetli-Tagung von 1991 bezeichnete Christoph Blocher die politische Landschaft als «farblos, wehleidig und verwahrlost». Er wertete demgegenüber den Grossaufmarsch am SVP-Fest als Zeichen politischer Glaubwürdigkeit und Vitalität. Die Zürcher SVP werde sich beim 700-Jahr-Jubiläum der Eidgenossenschaft nicht auf die alberne Mode der kritischen Selbstanklagen einlassen. Es gelte vielmehr, sich dankbar jener Persönlichkeiten zu erinnern, die in der Vergangenheit standfest für die Souveränität und die Freiheit ihrer Heimat eingestanden seien. «Wo aber», rief der Redner in den Saal, «sind die verantwortungsvollen und führungsstarken Leute heute, die das Land so dringend brauchen könnte?» Blocher geisselte jene, welche die Landesverteidigung mit allen möglichen Mitteln schwächen wollten, und ebenso jene, die der Europäischen Gemeinschaft (EG) oder dem Europäischen Wirtschaftsraum (EWR) beitreten und damit das Selbstbestimmungsrecht opfern wollten. Die Schweiz müsse auf Dauer wettbewerbsfähig sein, doch stattdessen liebäugelten von nationalen Minderwertigkeitskomplexen geplagte Politiker mit internationalem Aktivismus. Es gehe jetzt darum, zusammen mit anderen bürgerlichen Parteien energisch gegen die rot-grüne Politik anzutreten. Wer für eine sichere Zukunft in Freiheit kämpfe, müsse Beschimpfungen von wirklichkeitsfremden Kreisen und den ihnen zugewandten Medien in Kauf nehmen. Aber diese Kritik, so Blocher, könne man durchaus ertragen in der Gewissheit, dass jene ihre Sache schlecht machten, die heute in der Politik nicht kritisiert würden. Bundespräsident Flavio Cotti (CVP) äusserte sich als Ehrengast aus dem Tessin zur Sprachenfrage in der Schweiz und teilte mit, er werde in seinem Departement einen Sprachenproporz einführen.[154]

Das Parteiprogramm 1991–1995 fasste unter dem Titel «Für eine sichere Zukunft in Freiheit» neben den bekannten Forderungen erstmals alle wichtigen Punkte der neuen SVP-Sicherheitspolitik zusammen: Kriminalität, Drogen, Asylrecht, HIV, Staatsschutz, Armee, Polizei, Gerichte und Rechtssicherheit. Was den Asylbereich betraf, betrug die Zahl der Gesuche im Jahr 1991 über 40 000. Auch zahlreiche Abgewiesene blieben wegen angeblicher Unzumutbarkeit der Rückkehr im Land. Drei Gesetzesänderungen verfolgten das Ziel von strafferen Verfahren, und 1990 wurde die Asylrekurskommission zur richterlichen Überprüfung der Asylentscheide geschaffen. Bei den kriegerischen Konflikten in Ex-Jugoslawien bildete die Schweiz das bevorzugte Auswanderungsland, vor allem, nachdem der Bundesrat 1991 gefährdeten Personen die kollektive vorläufige Aufnahme gewährt hatte. «Die Missstände im Asylwesen dürfen nicht länger hingenommen werden», meinte die SVP und kündigte eine Volkspetition für dringliche Massnahmen im Asylbereich an, die im Juni 1991 mit über 100 000 Unterschriften eingereicht wurde.[155]

Auf die kantonalen Wahlen von 1991 hatte der langjährige Regierungsrat Jakob Stucki seinen Rücktritt erklärt. Als Nachfolger ging zusammen mit dem bisherigen Hans Hofmann der kantonsrätliche Fraktionschef Ueli Maurer ins Rennen. Der kaufmännisch Ausgebildete mit eidgenössischem Buchhalterdiplom leitete beruflich den Volg in Hinwil-Bauma. Sein Konkurrent von der SP war Moritz Leuenberger, der als Präsident der nationalrätlichen Parlamentarischen Untersuchungskommission die Affäre um Elisabeth Kopp und die in ihrem Departement vom Staatsschutz angelegten Fichen über Bürgerinnen und Bürger untersucht hatte. Da der langjährige, sehr profilierte Bildungsdirektor Alfred Gilgen (ehemals LdU) mit sehr knappem Vorsprung auf Maurer wiedergewählt wurde und auch Leuenberger mehr Stimmen holte, gelang es der SVP nicht, den zweiten Sitz zu halten. Vor allem der Publizist Roger Schawinski fiel in diesem Wahlkampf erstmals als scharfer Gegner auf, der nichts unversucht liess, den SVP-Kandidaten lächerlich zu machen («Wir basteln einen Regierungsrat»), um seinen Freund Moritz Leuenberger zu unterstützen. Ein TV-Spot Maurers zugunsten der Berghilfe und die Wahlinserate der Agentur Abächerli machten es diesmal den Gegnern allzu leicht, bildeten sie doch als

Unterkunft des jugendlichen Ueli Maurer den Stall statt des (nicht mehr existierenden) Wohnhauses ab. Das Bedauern über Maurers Nichtwahl wurde gemildert durch die Tatsache, dass mit Bildungsdirektor Alfred Gilgen weiterhin eine prononciert bürgerlich politisierende Kraft in der Regierung sass.

Die gleichzeitigen Wahlen ins Kantonsparlament brachten der SVP einen markanten Anstieg des Wähleranteils von 15,7 auf 19,2 Prozent und eine Steigerung um 6 Mandate auf insgesamt 37, wobei die FDP dank zusätzlichen 4 Sitzen mit nunmehr 50 Ratsmitgliedern klar stärker blieb. Insgesamt eroberten die drei bürgerlichen Parteien 100 Sitze im 180-köpfigen Kantonsrat und damit eine komfortable Mehrheit. Die *NZZ* bedauerte den Sitzverlust der SVP in der Regierung und führte ihn nicht auf die Person des Kandidaten, sondern auf die Art der Werbung zurück: «Den Ausschlag für das negative Resultat hat wohl die […] gewissermassen ‹flächendeckend› in Erscheinung tretende Wahlwerbung gegeben. Die Hintergründe dieses Werbestils wurden von Kritikern minutiös erforscht und vor aller Öffentlichkeit ausgebreitet. Dies war für die Glaubwürdigkeit der Kandidatenpropaganda im Gesamteffekt nicht förderlich.»[156]

Thematisch lag der Schwerpunkt der kantonalen Wahlen auf der Sicherung der Arbeitsplätze und einer gesunden Finanzpolitik im Dienst eines modernen Kantons Zürich. Christoph Blocher und der Werber Hans-Rudolf Abächerli waren sich einig, dass die Problemstellung von der Partei her kommen musste. Es war jeweils eine kleine Gruppe in der Parteileitung, die diskutierte und das benannte, was die Bürger beschäftigte. Erst wenn die Kernbotschaft klar war, kam der Werber zum Zug. Sekretär Hans Fehr sagte es so: «In jenen Parteien, in denen der Werber die Botschaft bestimmt, kommt es nicht gut.»[157] Umstrittene, provokative Inserate zeigten die Karikatur zweier innig verschlungener Filzläuse und die Warnung «Achtung vor dem roten und grünen Filz». Deutlich wurde markiert, dass sich die SVP auf keinen Kuschelkurs mit den Grünen einlassen würde und stattdessen für eine scharfe Konfrontation eintrat.

Während manche den Slogan «Wir waren schon grün, bevor die Grünen rot wurden» bevorzugten, warnten Blocher und Abächerli vor jeder Anbiederung in Richtung der Grünen. Ob man das Inserat eher von der spielerisch-humoristischen Seite nahm oder es als «Volksschädlings»- und «Ungeziefer»-Kampagne unseligen Andenkens skandalisierte: Die Thematik und die Partei kamen ins Gespräch, es war für Aufmerksamkeit gesorgt. Abächerlis Konzept, dass die Partei die auf ihrer Linie liegenden Themen konsequent durchziehen und dem politischen Gegner wenn nötig auch provokativ aufzwingen müsse, wurde zunehmend umgesetzt – auch gegen Widerstand aus dem mittleren Parteikader, das die Stilkritik zuweilen schlecht ertrug. Stildiskussionen der andern Parteien sollten selbstverständlich vom Inhalt ablenken, und es gelang der SVP nicht immer, die Stilargumente souverän beiseitezuschieben und sofort zum Inhalt überzugehen. Präsident Blocher forderte die Sektionsverantwortlichen jeweils auf, ihn persönlich für die Kampagnen verantwortlich zu machen.

Erstmals für Aufsehen sorgte die Zürcher SVP vor den Kantonsratswahlen von 1991 mit den «Filzlaus-Inseraten» gegen die rot-grüne Politik.

Im Visier der SVP stand vor allem die Wirtschaftspolitik der Linken, die den Weg der Marktwirtschaft zunehmend verlasse, dem staatlichen Interventionismus huldige und die freie Wirtschaft immer mehr in eine «Planwirtschaft» umgestalte. Die SP und die Grünen hätten in der Stadt Zürich gezeigt, wohin dies führe: zu «höheren Steuern, mehr Drogenelend, mehr Asylmissbrauch, mehr Wohnungsnot, mehr Kriminalität, Missachtung des Volkswillens, unsicheren Arbeitsplätzen, gefährdeten Renten». Tatsächlich stieg die Zahl der Arbeitslosen ab Oktober 1990 im Kanton Zürich erstmals seit vielen Jahren wieder an.[158]

Die offizielle Schweiz tat sich 1991 ausserordentlich schwer, das 700-Jahr-Jubiläum der Eidgenossenschaft zu feiern. Der Pavillon der Weltausstellung in Sevilla mit dem Motto «Die Schweiz existiert nicht» befremdete eine breite Öffentlichkeit. Zahlreiche Kulturschaffende erklärten wegen der Fichenaffäre kurzerhand einen Boykott, und Nationalratspräsident Ulrich Bremi (FDP) stellte als Rütli-Festredner am Nationalfeiertag den Zuhörern die rhetorische Frage: «Wohin brechen wir auf?» Um sogleich fortzufahren: «Die Antwort kann nur lauten: Europa.»[159]

Schon 1990 hatte der freisinnige Nationalrat Richard Reich, Direktor der Wirtschaftsförderung, an der Frühlingstagung der Zürcher FDP dazu aufgerufen, «vom Reduit-Denken Abschied zu nehmen». Kantonsrat Christian Boesch, Chef der Zürcher Handelskammer, erklärte gleichentags, das Land dürfe angesichts der Herausforderung EG nicht vom Sonderfall «zum Sonderling werden».[160] Dies war ein bemerkenswerter Wandel, denn früher hatte der freisinnige *NZZ*-Chefredaktor, Nationalrat und Aussenpolitiker Willy Bretscher noch festgehalten, dass Unabhängigkeit, Neutralität, direkte Demokratie und Föderalismus eine Integration in die Europäische Gemeinschaft ausschliessen würden.[161]

Um ein Gegengewicht zu setzen, lud die SVP des Kantons Zürich im September 1991 zu ihrer eigenen Feier von 700 Jahren Schweiz, wo Christoph Blocher auf dem Vorderen Pfannenstiel vor 900 Teilnehmern betonte: «Die Fundamente des Sonderfalles Schweiz, der gesunde Föderalismus, die dauernd bewaffnete Neutralität und die direkte Demokratie haben aus dem ehemals armen Hirtenland eine Schweiz mit Vollbeschäftigung, mit hoher Lebensqualität und ausgeprägten Volks- und Freiheitsrechten gemacht.» Er bekräftigte in seiner Ansprache den Willen des Landes, die Probleme «aus eigener Kraft und mit Gottes Willen» zu lösen. Von Isolation könne keine Rede sein, denn die Schweiz bleibe als weltoffenes, aber zugleich eigenständiges Land ein Teil Europas. Neben Blocher richtete auch alt Bundesrat Leon Schlumpf das Wort an die Parteifreunde und Gäste. Volkstümliche Darbietungen und das gemeinsame Singen der Landeshymne bildeten den Rahmen der patriotischen Feier oberhalb des Zürichsees.[162]

Jakob Stucki erklärte 1991 seinen Rücktritt aus dem Ständerat. Vor allem in der letzten Amtsperiode hatte er verschiedentlich betont, dass ein Doppelmandat von Regierungs- und Ständerat im Grunde nicht mehr zu bewältigen sei. Darum winkte auch Regierungsrat Hans Hofmann auf eine entsprechende Anfrage ab. Die SVP portierte als Kandidaten völlig überraschend einen politischen Quereinsteiger, nämlich den vom Schweizer Fernsehen bekannten Sport- und Politmoderator Werner Vetterli. Humorvoll hat der spätere Parteipräsident Hansjörg Frei berichtet, wie Vetterlis Nomination damals verlief: Christoph Blocher habe über das Anforderungsprofil sinniert und gesagt, der SVP-Ständeratskandidat müsse unabhängig und unverbraucht sein; noch besser wäre es, wenn er aus dem Fernsehen bekannt sei und sein Name mit «V» anfange.[163]

Gegen Monika Weber (LdU) und Ricardo Jagmetti (FDP) blieb der Fernsehmann Vetterli allerdings chancenlos. Sein Abstand war noch wesentlich grösser als jener von Vollblutpolitiker Christoph Blocher vier Jahre zuvor. Die *NZZ* stellte fest, dass die SVP zwar bei Proporzwahlen ins Parlament von Erfolg zu Erfolg marschiere, bei Majorzwahlen aber zusehends Mühe bekunde. Da liege die These nahe, «dass die SVP im Kanton Zürich – vom Stil wie vom Inhalt her – seit einiger Zeit eine Politik betreibt, mit der sie in Proporzwahlen am rechten politischen Rand zwar Zuzug erhält, die jedoch von einer Mehrheit der Bürger mit Skepsis beobachtet wird».[164]

Bei den Nationalratswahlen von 1991 stellte die Zürcher SVP das Asylproblem, die Drogensucht und die Frage der europäischen Integration in den Vordergrund. Die Partei konnte noch einmal fast 5 Prozent zulegen und erreichte 20,2 Prozent; damit avancierte sie zur wählerstärksten Partei im Kanton. Dank 2 Sitzgewinnen zog die Zürcher Volkspartei nun mit 8 Mandaten in den Nationalrat ein. In 134 der 171 Zürcher Gemeinden war die SVP meistgewählte Partei, in 13 davon mit absoluter Mehrheit. «Es gibt nichts zu deuten», betonte Christoph Blocher in seinem Kommentar mit dem Titel «Vom Wahlsieg zum Auftrag»: «Die Zürcher SVP ist mit einem Programm, das an Klarheit und Eindeutigkeit nichts zu wünschen übrig lässt, als Siegerin aus den Nationalratswahlen hervorgegangen.» Demgegenüber gab sich die *Neue Zürcher Zeitung* überzeugt, dass es der SVP offenbar gelungen sei, Unzufriedene an sich zu binden. «Die Skepsis aber, ob man mit der als volksnah gepriesenen SVP-Politik komplexen Zusammenhängen gerecht wird, bleibt auch nach dem Wahltag bestehen.»[165]

Nicht weniger als fünf der acht gewählten Nationalräte waren neu. Als erste Frau in der Parteigeschichte zog Lisbeth Fehr aus Humlikon in die grosse Kammer ein; die Partei hatte sie zuvor auf den aussichtsreichen zweiten Platz der Ost-Liste gesetzt. Wenn es Werner Vetterli auch nicht in den Ständerat reichte, wurde er doch problemlos in den Nationalrat gewählt. Dort erwies sich der Medienprofi rasch als ausgewiesener Verkehrspolitiker. Neu in die grosse Kammer schaffte es 1991 auch Ueli Maurer, der sich auf nationaler Ebene bald als Schlüsselfigur etablieren sollte. Mit Max Binder rückte für den zurückgetretenen Rudolf Reichling wieder ein Vertrauensmann der Landwirtschaft in den Nationalrat nach. Und schliesslich vertrat mit Kantonsrat und Gemeindepräsident Toni Bortoluzzi erneut ein tatkräftiger Vertreter des Gewerbes die SVP-Mittelstandspolitik.

Lisbeth Fehr (*1938) hatte in der Primarschulpflege ihrer Gemeinde und im Kantonsrat gewirkt und präsidierte von 1985 bis 1993 die Bezirksschulpflege in Andelfingen. Im Nationalrat war Lisbeth Fehr als engagiertes Mitglied der Aussenpolitischen sowie der Sicherheitspolitischen Kommission tätig. Von 1999 bis 2002 präsidierte sie die Schweizer Delegation im Europarat. Einige Bekanntheit erhielt sie auch, als Sitznachbar Christoph Blocher im Ratssaal in ihrer Abwesenheit ihren Abstimmungsknopf drückte und damit einigen Wirbel auslöste. Nachdem Lisbeth Fehr als Vizepräsidentin der Zürcher SVP etliche Jahre die Haltung der SVP in Bezug auf internationale Organisationen wie EWR und Uno überzeugt vertreten hatte, ging sie namentlich in ihrer letzten Amtszeit auf Distanz zu den aussenpolitischen Positionen ihrer Partei. 2003 verweigerte ihr der Vorstand eine erneute Nationalratsnomination, worauf sie aus der Partei austrat. Seit 2009 gehört sie der Bürgerlich-Demokratischen Partei (BDP) an.[166]

Werner Vetterli (1929–2008), als Sohn eines Bahnangestellten in Stäfa aufgewachsen, liess sich als Primarlehrer ausbilden und unterrichtete in Zürich. Daneben absolvierte er eine eindrückliche Karriere als Spitzensportler mit mehreren Schweizer-Meister-Titeln im Modernen Fünfkampf, im Winter-Mehrkampf und im Crawl-Schwimmen. 1954 wurde Vetterli sogar Vizeweltmeister im Modernen Fünfkampf. 1960 wechselte er von der Schulstube zum Schweizer Radio, 1965 zum Schweizer Fernsehen, wo er neben Sportreportagen und «Aktenzeichen XY» auch Politsendungen moderierte. In seinen acht Jahren Bundespolitik war Vetterli jederzeit akribisch vorbereitet und äusserst faktentreu. Sein Organisationstalent kam der Zürcher SVP beim mustergültigen Ablauf vieler Albisgüetli-Tagungen zustatten. Im Nationalratssaal hörte er allen Voten aufmerksam zu und verzichtete auf jede ablenkende Zeitungslektüre. Nach zwei Amtsdauern beendete Werner Vetterli seinen «Ausflug in die Politik», wie er es selber nannte.[167]

Beruflich leitete Ueli Maurer (*1950) zum Zeitpunkt seiner Wahl in den Nationalrat die Landwirtschaftliche Genossenschaft Hinwil-Bauma, politisch hatte der Bauernsohn seine Karriere als Gemeinderat und Kantonsrat (Präsident 1990/91) begonnen. Von 1994 bis 2008 amtete er als Geschäftsführer des Zürcher Bauernverbands und präsidierte von 1996 bis 2008 die SVP Schweiz, wobei er nicht weniger als zwölf Kantonalparteien und 600 Ortsparteien gründete. Ueli Maurer war zusammen mit Christoph Blocher über viele Jahre der profilierteste Vertreter des liberalkonservativen Zürcher Kurses innerhalb der SVP, eines Kurses, der unter seinem Vorsitz in der Partei landesweit zur Mehrheitsmeinung wurde. Maurer steckte stellvertretend für die SVP viele mediale Prügel ein und erwies sich dabei als ausserordentlich belastbar und beharrlich. In seiner Präsidialzeit stieg die SVP zur wählerstärksten Partei der Schweiz auf. Die verdiente Anerkennung für seine enorme Leistung beim Aufbau der Partei wie für seine persönlichen Qualitäten drückte sich im Dezember 2008 mit der – wenn auch äusserst knapp erfolgten – Wahl in den Bundesrat aus. Bis 2015 führte Ueli Maurer das Departement für Verteidigung, Bevölkerungsschutz und Sport (VBS), seit Anfang 2016 steht er dem Eidgenössischen Finanzdepartement vor.[168]

Max Binder (*1947) bewirtschaftete nach den landwirtschaftlichen Schulen seinen Hof in Illnau und sass von 1985 bis 1990 im Parlament der Gemeinde Illnau-Effretikon. Im Jahr seiner Wahl ins eidgenössische Parlament wurde er auch in den Kantonsrat gewählt, dem er aber infolge der Belastung durch das Doppelmandat nur bis 1992 angehörte. Vor allem ordneten ihn seine Mitbürger 1990 in den Stadtrat von Illnau-Effretikon ab, wo er 23 Jahre mitarbeitete und auch das Vizepräsidium versah. In Bern wirkte der begeisterte Kavallerist und Blasmusiker als anerkannter Verkehrspolitiker und war zeitweise Präsident der wichtigen Neat-Aufsichtskommission. Die Flughäfen von Zürich-Kloten und von Dübendorf hatten in Max Bin-

der einen wirksamen Fürsprecher, und er setzte sich – im Notfall auch gegen die Parole seine Partei – erfolgreich für die Finanzierung und den Ausbau der Bahninfrastruktur (Fabi), aber erfolglos für die Verteuerung der Autobahnvignette ein. Seine langjährige Tätigkeit in der nationalrätlichen Geschäftsprüfungskommission gewährte ihm viele Einblicke in die politischen und verwaltungstechnischen Abläufe der Bundesverwaltung hinter den Kulissen. In der Landwirtschaftspolitik vertrat Binder speziell die Bedürfnisse der Waldwirtschaft und des Tabakanbaus und präsidierte die Ehemaligen der Landwirtschaftlichen Schule Wülflingen. Äusserer Höhepunkt der Laufbahn des geselligen und sangesfreudigen Max Binder bildete sein Präsidialjahr an der Spitze des Nationalrats. In dieser Eigenschaft konnte er an der Wintersession 2003 der ganzen Nation die Wahl seines Zürcher Parteikollegen Christoph Blocher in den Bundesrat verkünden.[169]

Toni Bortoluzzi (*1947), selbständiger Schreiner mit eigener Firma und Gemeindepräsident von Affoltern am Albis, hatte als tüchtiger Vertreter des Gewerbes sieben Jahre im Kantonsrat gewirkt, bevor er von Ueli Maurer 1988 im Zürcher Rathaus das Präsidium der SVP-Fraktion übernahm. Er führte seinen Betrieb mit sechs Angestellten bis 2012. Rasch arbeitete sich Bortoluzzi in Bern in die Gesundheits-, Familien- und Sozialpolitik ein und verschaffte sich in diesen Ressorts landesweit Respekt und Gehör als einflussreicher, markanter Vertreter der Zürcher SVP. Wie Max Binder gehörte Bortoluzzi der grossen Kammer während sechs Legislaturen an und sass zuletzt auch in der Sicherheitspolitischen Kommission. Er setzte sich seit 1993 als Co-Präsident für die Volksinitiative «Jugend ohne Drogen» ein, die 1997 vom Volk verworfen wurde. Bei den Bundesratswahlen von 2002 kandidierte Toni Bortoluzzi als Sprengkandidat gegen die SP-Frau Ruth Dreifuss, allerdings ebenso erfolglos wie 2005 für den Zürcher Regierungsrat. Er kämpfte gegen das Krankenversicherungsgesetz (KVG), das die Prämien enorm verteuern sollte, und exponierte sich als Gegner einer Legalisierung des Drogenkonsums und als Vertreter betont konservativer gesellschaftspolitischer Anliegen. Seine Kritik an der gleichgeschlechtlichen sexuellen Orientierung und an neuen Formen der Partnerschaft stiess auf kritische Empörung, aber auch auf viel Zustimmung. Bortoluzzi wagte es auch, sich mit der mächtigen Ärztelobby anzulegen. Mit andern bürgerlichen Gesundheitspolitikern einigte er sich auf die Vorlage «Managed Care» gegen die Verteuerung des Gesundheitswesens, die allerdings 2012 von eigenen Parteikollegen bekämpft wurde, was ihn sehr verärgerte. Obwohl er die Parteilinie konsequent verfolgte, war Bortoluzzi dank seines umgänglichen, humorvollen Wesens auch bei den andern Fraktionen wohlgelitten.[170]

In der kantonalen Politik warf im November 1991 die Verhaftung des Chefbeamten Raphael Huber nachträglich einen Schatten auf die Amtszeit von Finanzdirektor Jakob Stucki. Dessen Nachfolger im Finanzressort hatte Strafanzeige gegen Huber eingereicht, weil sich dieser angeblich über Jahre bei der Bewilligung von gastronomischen Betrieben Bilder seines Vaters abkaufen liess und nicht zuletzt mit diesem Erlös in der Toskana ein Weingut erworben habe. Stucki hatte von den Machenschaften von «Don Raffi» – wie er in Wirtekreisen genannt wurde – nichts gewusst, musste sich aber vorwerfen lassen, ihn an allzu langer Leine geführt zu haben.[171]

An einer Delegiertenversammlung Ende 1991 entschied sich die mittlerweile erstaunlich geschlossene Kantonalpartei mit 322 gegen 0 Stimmen, eine erste Asylinitiative der SVP Schweiz «gegen die illegale Einwanderung» zu unterstützen. Am gleichen Anlass betonte Christoph Blocher, eine Annahme des Vertrags zur Teilnahme am Europäischen Wirtschaftsraum (EWR) mit der Europäischen Gemeinschaft von damals zwölf Staaten bringe «mehr Ausländer, mehr Arbeitslose, kleinere Löhne und höhere Steuern». Die SVP müsse sich dafür einsetzen, dass die Schweiz «durch den Bundesrat und das Parlament nicht leichtsinnig verkauft und zur Kolonie degradiert» werde. Blocher prophezeite zu Recht, dass der Kampf um den EWR das kommende Jahr 1992 beherrschen würde. Bereits fünf Jahre zuvor hatte der *Zürcher Bote* aufgezeigt, warum ein EG-Beitritt für die Schweiz ausgeschlossen sei. Dieser bringe eine Verringerung der parlamentarischen Befugnisse, die Einschränkung von direkter Demokratie und Föderalismus, die Freizügigkeit der Arbeitskräfte und den Verlust der Neutralität.[172] 1989 warb Blocher für den «bewährten Weg», politisch selbständig zu bleiben und die Situation mit der Europäischen Gemeinschaft so zu regeln, dass «kein ungerechtfertigtes Handelshemmnis» entstehe: «Die Schweiz darf, muss, kann und will der EG nicht beitreten!»[173]

Nach dem Fall des Ostblocks und seitdem sich der europäische Binnenmarkt konkretisierte, wollten die Schweizer Meinungsmacher mehr als die Freihandelsverträge von 1972, die dem Land den Zutritt zu den europäischen Märkten gewährten. Neutralitätspolitische Bedenken oder solche über den Föderalismusverlust traten in den Hintergrund angesichts angeblich ungeahnter Wirtschaftsperspektiven von Binnenmarkt und Währungsunion. Demgegenüber verlangte die Zürcher SVP weder Isolation noch EG-Diktat, sondern

Selbständigkeit und pragmatische Zusammenarbeit mit allen Staaten der Welt. Eine EG-Mitgliedschaft bedeute im Grunde den Weg in die Isolation, denn der Schweizer Horizont ende nicht an den Grenzen Europas: «Die SVP steht den europäischen Integrationsbestrebungen positiv gegenüber, wir sind aber nicht bereit, unsere Selbstbestimmung zu beschränken und die grundlegenden Säulen unseres Staates – Föderalismus, direkte Demokratie, dauernd bewaffnete Neutralität –, denen wir unsere ausgeprägten Volks- und Freiheitsrechte sowie unseren hohen Lebensstandard zu verdanken haben, preiszugeben!»[174]

Schon an der Albisgüetli-Tagung von 1990 hatte Parteipräsident Blocher eindringlich vor pseudovisionären Politikern gewarnt, die bereit seien, die Volks- und Freiheitsrechte, die Arbeitsplätze und die soziale Sicherheit auf dem Altar hektischer internationaler Betriebsamkeit und wohltönender Konferenzen zu opfern: «Ein Beitritt der Schweiz zur EG wäre eine grosse Dummheit. Wir täten besser daran, dauernd für eine wettbewerbsfähige Schweiz zu sorgen. Weder Isolation noch EG-Diktat – so laute die Devise.»[175]

Seine Rede an der Albisgüetli-Tagung vom Januar 1992 stellte Christoph Blocher unter den Titel «Anpassung oder Widerstand?». Der Redner bedauerte, dass das aktuelle politische Leben stark beherrscht werde «von einer grossen Anzahl von anpassungsfähigen, anpassungswilligen und geländegängigen Typen», die der Mittelmässigkeit frönten: «Man muss sich den veränderten Drogensitten anpassen. Man muss sich der gesteigerten Kriminalität anpassen. Man muss sich der misslichen Asylpolitik anpassen. Dann muss sich die Schweiz vor allem Europa anpassen.» Blocher stimmte eine eigentliche Hymne auf die Neinsager an. In politisch schlechten Zeiten heisse das Gebot der Stunde, nein zu sagen: nein zur Geldverschleuderung beim Bund, nein zu einer verfehlten Parlamentsreform, nein zum Internationalen Währungsfonds und zur Weltbank, nein zu einer falschen Entwicklungshilfe, nein zu überflüssigen Regulierungen, nein zum Asylrechtsmissbrauch. Vor 1200 Anhängern stellte Blocher zum geplanten EWR-Beitritt klar: «Wir haben nicht 700 Jahre gegen fremde Richter gekämpft, um jetzt unsere Freiheit gegen fremdes Recht und fremde Richter einzutauschen. So viel Verlust an Souveränität, an demokratischen Rechten und an Selbstbestimmung lassen wir uns nicht gefallen!» Wer klar, einfach und mutig Stellung nehme, gehe immer auch ein Risiko ein: «Man wird von feigen Gegnern in unsachlicher Weise angegriffen, unglaubwürdig gemacht; es werden Intrigen geschmiedet. Dagegen gibt es ein gutes Mittel: Wie Friedrich der Grosse sage ich in solchen Situationen: ‹Wer viele Affen um sich hat, der wird auch oft gebissen.›» Der freisinnige Bundesrat Kaspar Villiger verteidigte als Chef des Militärdepartements und anstelle von Bundespräsident René Felber (SP) den umstrittenen Kauf von neuen F/A-18-Kampfflugzeugen. Die Schweizer Rüstungsvorbereitungen dürften nicht auf einen Stand absinken, der zum Schutz von Luftraum und Bevölkerung zu einem internationalen Bündnis zwinge.[176]

Am 1. Dezember 1991 war Christoph Blocher den Innerschweizer Bauern zu einer Bauernlandsgemeinde nach Stans eingeladen worden, um über das Verhältnis der Schweiz zu Europa zu sprechen. Es handelte sich um seinen ersten grösseren Auftritt ausserhalb der Partei zur EWR-Frage, und Blocher fand eine zum Bersten gefüllte Mehrzweckhalle in Stans vor, wo die Zuhörer sich zwecks besserer Sicht sogar an die Sprossenwand klammerten. Der Redner hatte zunächst ein mulmiges Gefühl auf diesem für ihn bis dahin eher fremden Terrain. Als er aber seine Kritik an der europäischen Fehlkonstruktion deutlich zum Ausdruck brachte und eindringlich vor einem EWR-Beitritt warnte, erntete er dafür überwältigende, ja jauchzende Zustimmung.[177] Blocher wurde klar, dass die bisherigen etablierten Zentralschweizer Parteien aussenpolitisch ihren liberalkonservativen Kurs verlassen und zahlreiche ihrer früheren Anhänger enttäuscht hatten. Die stillschweigende Übereinkunft speziell im bäuerlichen Lager, dass die SVP in jenen Kantonen nicht «wildere», wo die Landwirtschaft durch CVP, FDP oder Liberale vertreten wurde, konnte jetzt nicht mehr gelten.

Die starke Berner Kantonalsektion war indessen auf Neugründungen keineswegs erpicht, da sie um ihre Vormachtstellung fürchtete. Es wurde darum dem Generalsekretariat ausdrücklich verboten, neu entstehende Kantonalparteien administrativ zu betreuen. Hier warfen sich Christoph Blocher und der Zürcher Kantonalsekretär Hans Fehr in die Bresche. Dies hatte die nicht unerwünschte Nebenwirkung zur Folge, dass die neugegründeten kantonalen SVP-Niederlassungen in der Ostschweiz, in der Zentralschweiz und in der Romandie (ausserhalb der traditionellen Waadtländer und Freiburger Parteien) sowohl den äusseren Auftritt wie – noch entscheidender – die inhaltlichen Positionen der Zürcher Kantonalpartei übernahmen. Die grosse EWR-Abstimmung be-

Staatssekretär Franz Blankart flog am 13. April 1992 siegesgewiss und publikumswirksam mit einer «EWR»-Crossair-Maschine nach Brüssel, um den EWR-Vertrag definitiv zu bereinigen.

deutete eine Art flächendeckenden Weckruf und bildete die Voraussetzung für einen wirklich gesamtschweizerischen Auftritt der Volkspartei.

Als Christoph Blocher vernahm, dass der Bund mit Steuergeldern eine Werbeoffensive für den EWR-Beitritt plante, verlangte er vom Bundesrat mittels einer parlamentarischen Anfrage Auskunft über diese unbotmässige Behördenpropaganda.[178] Einen noch grösseren Fehler beging der Bundesrat am 18. Mai 1992, als er – ermutigt durch das Ja des Souveräns zur internationalen Währungsordnung von Bretton-Woods – beschloss, in Brüssel ein Gesuch um einen Vollbeitritt zur Europäischen Gemeinschaft einzureichen.[179] Vorangegangen war diesem Entscheid eine Retraite der Landesregierung im Studienzentrum der Nationalbank in Gerzensee am 18. Oktober 1991. Bereits an diesem Tag vor den eidgenössischen Wahlen hatte der Bundesrat – vor der Öffentlichkeit geheim gehalten – grundsätzlich entschieden, dem EWR zuzustimmen, aber gleichzeitig den EG-Beitritt als «strategisches Ziel» anzustreben.[180] Fortan war der EWR-Beitritt nicht mehr vom EG-Beitritt zu trennen, sondern bedeutete in den durchaus ehrlichen Worten von SVP-Bundesrat Adolf Ogi tatsächlich das «Trainingslager» für die EG.

In der Tat war der EWR-Vertrag war für die Schweiz so unbefriedigend, dass er nur mit einem späteren EU-Beitritt Sinn gemacht hätte. Als Präsident der gegnerischen Aktion für eine unabhängige und neutrale Schweiz wurde Blocher genau wie seinem Geschäftsführer Otto Fischer bewusst, dass mit dieser Verknüpfung der EWR-Kampf zu gewinnen war.[181] Jedenfalls wurden in der Folge zahlreiche Komitees gegen den EG-Beitritt aktiv. Manche Bürgerinnen und Bürger schalteten spontan auf eigene Kosten Inserate. Der Stil vieler dieser Anzeigen liess darauf schliessen, dass sie nicht von professionellen Grafikbüros stammten, dafür von der besorgten Stimmung breiter Kreise der Bevölkerung zeugten. In Erinnerung blieb besonders die eindrucksvolle «EG-Beisszange» auf Inseraten und Aufklebern, welche die kleine Schweiz förmlich zu zerquetschen drohte.

Am 3. Juli 1992 fasste die Zürcher SVP als erste Kantonalpartei die Nein-Parole zum EU-Beitritt. Den befürwortenden Standpunkt vertrat Staatssekretär Franz Blankart, der für die Schweiz verantwortliche Unterhändler in Brüssel.[182] Er legte gleich zu Beginn seines Referats Wert darauf, den Beitritt zum Europäischen Wirtschaftsraum auf Hochdeutsch und damit präziser zu erklären. Sein Gegenredner Christoph Blocher konterte zur Freude der Delegierten, er rede lieber in Mundart, denn das, was er zu sagen habe, sei so einfach und klar, dass man es auch auf Schweizerdeutsch verstehe. Der Vertrag sei eines freien Volkes unwürdig und müsse aus politischen wie aus wirtschaftlichen Gründen abgelehnt werden. Dem Land würden fremdes Recht und fremde Richter aufgezwungen, es hätte 80 Prozent des bestehenden EG-Rechts und das gesamte zukünftige, noch unbekannte EG-Recht zwingend zu übernehmen. Das Volk sei der Verlierer, während die Classe politique mehr Macht gewinne. Den kurzfristigen ökonomischen Vorteilen wie billigeren ausländischen Arbeitskräften, der Ausschreibung von grösseren öffentlichen Bauprojekten oder einfacheren Zollformalitäten stünden schwere Nachteile gegenüber: so der Trend zu Regulierungen, die Übernahme des EG-Sozialrechts samt Streikrecht und Mitbestimmungsmodellen, die verstärkte Zuwanderung mit Lohndruck, mehr Arbeitslose, tiefere Löhne, höhere Zinsen und Mieten, weniger Wohlstand für das Volk. Besonders «absurd» fand Blocher die Behauptung, bei offenen Grenzen gebe es «keine verstärkte Zuwanderung aus dem EG-Raum (mit seinen 15 Millionen Arbeitslosen!) in das Hochlohnland Schweiz». Das Resultat der Schlussabstimmung war eindeutig: Mit 435 gegen 14 Stimmen sagte die Zürcher SVP nein zum EWR; Christoph Blocher hatte beim bevorstehenden Abstimmungskampf seine Kantonalpartei hinter sich.[183]

An einer Medienkonferenz begründeten einige Parteiexponenten die ablehnende Haltung der Zürcher SVP. Der Vertrag sei politisch, wirtschaftlich und kulturell untragbar. Zudem sei der EWR lediglich der Vorhof zur «intellektuellen Fehlkonstruktion der Grossmacht EG». Die verschiedenen Redner warnten eindringlich vor einer Verschlechterung der Schweizer Standortvorteile für Unternehmen, Gewerbe und Landwirtschaft, aber auch vor dem drohenden Abbau der Volks- und Freiheitsrechte.[184] Bereits damals kritisierte die Zürcher SVP die verfehlte Hochzins- und Geldmengenpolitik der Nationalbank angesichts von steigender Arbeitslosigkeit und steigender Budgetdefizite scharf. Die restriktive Geldpolitik führe zu hohen Zinsen, Hypothekarzinsen und Kapitalzinsen und damit zu einer Verschärfung der Rezession. Die Partei war überzeugt, dass nur mit einem Stopp der Hochzinspolitik ein Konjunkturaufschwung eingeleitet werden könne. Darum forderte die SVP nachdrücklich: «Schluss mit der wirtschaftsfeindlichen Hochzinspolitik der Nationalbank!» Stattdessen verlangte sie «Sofortmassnahmen zur Konjunkturbelebung und zur Sicherung der Arbeitsplätze».[185] Im Rückblick sollte sich zeigen, wie richtig die Partei mit diesen wirtschaftspolitischen Ansichten lag.

Nach einem Auftritt gegen den EWR-Vertrag am 25. September 1992 dankt Christoph Blochers Mutter Ida ihrem Sohn für seinen Einsatz.

In den Monaten vor der bedeutsamsten Volksabstimmung des 20. Jahrhunderts war Christoph Blocher beinahe omnipräsent in Fernsehauftritten, Radioreportagen und Zeitungsartikeln. Jetzt wurde der Zürcher SVP-Präsident landesweit zur wichtigsten oppositionellen Figur und zum eigentlichen Gegenspieler von Bundesrat, Parlament, Verwaltung, Medien, Wirtschaftsverbänden, Kultur und Gesellschaft. Im Juli 1992 richtete der *NZZ*-Chefredaktor Hugo Bütler erstmals den Populismus-Vorwurf gegen Blochers Kampagne («Opposition oder Populismus?»), worauf der *Zürcher Bote* prompt replizierte, dass es sich hierbei um «keine Sternstunde» der *Neuen Zürcher Zeitung* gehandelt habe.[186]

Nationalrat Walter Frey vertrat derweil das EWR-Nein im «Schweizerischen Aktionskomitee gegen EWR- und EG-Diktat – für eine weltoffene Schweiz». Frey sagte im Falle der Übernahme der EWR-Regeln wirtschaftlich massiv steigende Steuerlasten, höhere Haushaltdefizite, höheres Zinsniveau, teurere und unflexiblere Produktion sowie vermehrte administrative Umtriebe voraus. Das von Walter Frey präsidierte «Salonkomitee» angesehener Persönlichkeiten ergänzte die handfeste Auns-Kampagne mit etwas dezenteren, aber ebenso präzisen Aussagen.[187]

Klartext unter Freunden: Christoph Blocher kreuzte bei der EWR-Parolenfassung an der Delegiertenversammlung mit dem Berner Bundesrat Adolf Ogi die Klingen und erreichte die Nein-Parole.

Obwohl Bundesrat Adolf Ogi als Befürworter auftrat, erreichte Christoph Blocher an der Delegiertenversammlung der SVP Schweiz eine unerwartet starke Nein-Mehrheit von 289 zu 119 Stimmen. Auch der Schweizerische Bauernverband sprach sich – allerdings wesentlich knapper – mit 287 zu 253 Stimmen gegen den Beitritt zum Europäischen Wirtschaftsraum aus, während der Schweizerische Gewerbeverband eine Ja-Parole fasste.[188] Die Stellung der SVP war aber innerhalb des Gewerbeverbandes des Kantons Zürich – mit 20 000 Mitgliedern immerhin der grösste Arbeitgeberverband – bereits so stark, dass sich dessen Delegierte für ein Nein entschieden. Nationalrat Willi Neuenschwander wirkte als Präsident, während Kantonsrat Bruno Zuppiger die Gewerbler als Kantonalsekretär betreute.

Christoph Blocher hielt in den fünf Monaten vor dem 6. Dezember 1992 gegen zweihundert Referate an Veranstaltungen in ziemlich allen Gebieten der Schweiz. Auch Walter Frey sowie der renommierte Währungsexperte Kurt Schiltknecht (SP) absolvierten zahlreiche Auftritte. Bis zur physischen Erschöpfung erklärte Blocher Zehntausenden von Zuhörern die Nachteile des Vertrags. Als internationaler Unternehmer, der über 90 Prozent seiner Produkte exportierte, konnte man Blocher wirtschaftliche Inkompetenz nicht vorwerfen. Die auf den inländischen Markt ausgerichteten kleinen und mittleren Unternehmer sowie die Gewerbetreibenden rückten damals und in den Folgejahren zunehmend von den bürgerlichen Parteien FDP und CVP ab und wechselten zur SVP. Die grossen Konzerne der Exportindustrie und der Dienstleistungen mussten den EWR-Kampf gemeinsam mit SP und Gewerkschaften führen.

Dabei kam es zu ausserordentlich unschönen Ereignissen: SP-Präsident Peter Bodenmann versuchte 1992 unmittelbar vor den Sommerferien, Blocher und seine Ems-Chemie AG als «Lohndrücker» anzuprangern. Medienwirksam verteilte er vor den Fabriktoren entsprechende Flugblätter, kam aber bei den Angestellten schlecht an und konnte seine Anwürfe auch nicht glaubwürdig belegen. Der Verband Schweizer Maschinenindustrieller (VSM) schaltete ein Inserat mit einer Karikatur, die Blocher als Rattenfänger zeigte, der seine gedankenlosen Anhänger in den Abgrund führt. Vor einer EWR-Veranstaltung in Freiburg wurde er in der Lokalpresse als Teufel («diable») beschimpft. Unangekündigt fuhr das Schweizer Fernsehen mit Peter Studer, Chef der Generaldirektion der Schweizerischen Bankgesellschaft, an einen öffentlichen Vortrag Blochers nach Winterthur. Da Studer in der Fragerunde zu einem längeren Gegenreferat ansetzte, fiel er beim Publikum durch und musste vom Referenten aufgefordert werden, seine Frage zu stellen. Nach dem EWR-Nein wurde Christoph Blocher aus politischen Gründen die Wiederwahl in den Verwaltungsrat der Schweizerischen Bankgesellschaft verwehrt.[189]

Ab dem 5. November 1992 lag in den Schweizer Kiosken eine von Silvia Blocher unterstützte 51-seitige Broschüre «EWR – der falsche Weg für die Schweiz» zum Kauf auf. In dieser von den Kioskverkäuferinnen meist prominent platzierten Schrift beleuchtete Blocher unter Verweis auf die Schweizer Geschichte die politischen und wirtschaftlichen Folgen eines EWR-Beitritts. Er zitierte auch ausdrücklich aus der bundesrätlichen Botschaft, in der wörtlich stand: «Unsere Teilnahme am EWR kann nicht mehr als das letzte Wort in unserer Integrationspolitik gelten. Sie ist im Rahmen einer Europa-Strategie zu sehen, die in zwei Phasen ablaufen soll und den vollumfänglichen Beitritt der Schweiz zur EG zum Ziel hat.»[190]

Christoph Blocher inmitten eines Aufzugs einer Innerschweizer Treichlergruppe kurz vor der EWR-Abstimmung im November 1992.

An der letzten Delegiertenversammlung der Zürcher SVP vor der denkwürdigen EWR-Abstimmung stellte Christoph Blocher noch einmal die Alternative in den Raum, «ob unser Volk und Land weiterhin den Weg der Unabhängigkeit, der Freiheit und der Wohlfahrt beschreiten kann oder ob es in die Abhängigkeit von Brüssel gerät». Mit einer Resolution warb die Partei für eine «weltoffene, eigenständige Schweiz ohne EWR/EG-Diktat». Abschliessend meinte Blocher, dass die EWR-Anhänger zwar über die volle Macht von Medien, Landesregierung und Professoren verfügten. «Wir haben das volle Engagement, den Kampfeswillen unserer Leute. Alle kämpfen an vorderster Front. Es ist grossartig, eine solche Partei führen zu können.»[191]

Am Abstimmungssonntag des 6. Dezember 1992 lehnten bei einer Rekordstimmbeteiligung von 78,7 Prozent 50,3 Prozent der Stimmenden und 14 ½ Kantone das Abkommen zum EWR-Beitritt ab. Während sämtliche Kantone der Romandie die Vorlage befürworteten, verwarfen das Tessin und alle Deutschschweizer Kantone mit Ausnahme beider Basel. Da ausser St. Gallen alle grossen Städte für den EWR stimmten, ergab sich neben dem Röstigraben zur Westschweiz auch ein signifikantes Gefälle zwischen Stadt und Land.[192] Mit hör- und sichtbarem Zorn nahmen die Bundesräte Jean-Pascal Delamuraz (FDP) und René Felber (SP) vom Verdikt von Volk und Ständen Kenntnis. «C'est un dimanche noir», rief Delamuraz vor den Bundeshaus-Medien in die Mikrofone. Die Schweiz und vor allem die Schweizer Jugend, so meinte er, gingen fortan hoffnungslosen Zeiten entgegen. Demgegenüber dankte der *Zürcher Bote* dem Hauptverantwortlichen des für die Zeitung hoch erfreulichen Ausgangs: «Dass dieses Abstimmungsresultat zustande kam, ist in erster Linie dem geradezu beispiellosen Einsatz des Präsidenten der SVP des Kantons Zürich, Nationalrat Christoph Blocher, zu verdanken.»[193]

Eine knappe Woche später nahm die SVP-Bundeshausfraktion an einer Medienkonferenz eine erste offizielle Standortbestimmung nach dem Abstimmungsausgang vor. Neben Parteipräsident Hans Uhlmann und Fraktionschef Theo Fischer trat auch Christoph Blocher vor die Presse. Das Verdikt des Souveräns sei gemäss demokratischen Spielregeln zu akzeptieren und dürfe nicht umgangen werden: «Der Entscheid bedeutet weder Abkapselung noch Isolation, sondern Fortsetzung der offenen zwischenstaatlichen Beziehungen.» Bei aller Weltoffenheit lege die Schweiz Wert auf «Selbständigkeit und Unabhängigkeit». Mit einem Paket von 19 Massnahmen schlug die Fraktion Leitplanken für den künftigen unabhängigen Weg innerhalb einer sich zunehmend integrierenden Europäischen Gemeinschaft vor.[194]

Der *Tages-Anzeiger* beschäftigte sich in drei Folgen mit dem Zustand der SVP im Hinblick auf die vereinbarte Aussprache der nationalen Partei am 9. Januar 1993. Der erste Artikel beschrieb das Vordringen der SVP zürcherischer Prägung in die Innerschweiz («Neue Populisten bedrängen CVP-Stammlande»). Speziell beschrieb das Blatt Sektionsgründungen in der Stadt Luzern und im schwyzerischen Unteriberg, wo sich der Gemeindepräsident gleich zum SVP-Gedankengut bekannt habe. Der zweite Beitrag widmete sich einem angeblichen «Doppelleben der Zürcher SVP», die von Gemeindepräsidenten und Regierungsräten («Dorfkönigen», «Majestäten») geprägt worden sei, welche nun aber der kämpferische Blocher verdränge: «Falls ihm morgen etwas zustossen würde, stünde die Zürcher SVP da wie ein autoritär geführter Familienbetrieb ohne seinen Patriarchen.» Die dritte Folge mass die Temperatur bei der Berner Partei, wo Ständerat Ulrich Zimmerli die Vereinfachungen und den Stil im Zusammenhang mit dem EWR-Kampf beklagte, während Nationalrat und EWR-Gegner Heinz Schwab dem Lamentieren der Befürworter nach der demokratischen Ausmarchung jeden Stil absprach. Bundesrat Adolf Ogi befand die SVP als zu schwach, um «auszurufen», und brachte seine Stimmungs- und Interessenlage wie folgt auf den Punkt: «Lieber 11 Prozent in der Regierung als 20 Prozent in der Opposition.»[195]

Da sich die Zürcher SVP mit dem EWR-Nein zur offensichtlich landesweiten politischen Taktgeberin entwickelt hatte, war das Interesse an der Albisgüetli-Tagung vom Januar 1993 riesig. 2000 Personen meldeten sich an. Weil im Saal des Schützenhauses aber nur gut 1200 platziert werden konnten, baute man erstmals ein Zelt mit einer Direktübertragung für weitere 500 Personen auf. Überhaupt hatte sich diese Grossveranstaltung seit längerem zum Höhepunkt des Parteilebens entwickelt. Eingeleitet wird der Anlass jeweils durch den «Fehrbelliner Reitermarsch», der mittlerweile zum «Marsch der Zürcher SVP» geworden ist. Höhepunkt bildet die einstündige Rede von Christoph Blocher, die im Wechsel von Ernst und Witz eine «parteiische» Sicht des Landes bietet, Missstände anprangert, Lösungswege aufzeigt und oft neue Ideen entwickelt, die Freunde und Gegner überraschen. Nach dem Abendessen folgt die Rede des Bundespräsidenten, der die Sicht der Landesregierung darlegt und dem nicht mehr widersprochen wird. Eine grosse Tombola mit Auslosung der wertvollen Hauptpreise und vieler Nebenpreise beschliesst die Veranstaltung.

Anlässlich der Albisgüetli-Rede von 1993 gab sich der Gastgeber Christoph Blocher betont moderat, ersuchte aber den anwesenden Parteifreund, Ehrengast und Bundespräsidenten Adolf Ogi ganz direkt, das verhängnisvolle EU-Beitrittsgesuch vom Mai 1992 zurückzuziehen: «Ich rufe Sie auf, Herr Bundespräsident, hier an diesem Ort, am Albisgüetli-Tag, vor weit über 1700 Demokraten, die hier versammelt sind!» Es gehe nicht an, dass Bundesräte und Chefbeamte dem Volk öffentlich Zensuren erteilten und «mehr Zeit und Energie auf die Zurschaustellung ihrer Gekränktheit als auf die Ausübung ihres Amtes und die Durchsetzung des Volksentscheides verwenden». Das Volk habe nicht gegen Europa Stellung genommen, sondern gegen die Bürokratie in Brüssel und gegen die dort waltenden undemokratischen Tendenzen. Es sei nicht akzeptabel, dass Bundesräte und Chefbeamte das Volk kritisierten und ihren Missmut äusserten, statt den gefällten Entscheid durchzusetzen: «Was sich das Schweizer Volk in den vergangenen Wochen gefallen lassen musste, erinnert an alles andere als an eine der ältesten Demokratien der Welt.» Daraus ergebe sich für die SVP eine neue Aufgabe, «nämlich inskünftig die Demokratie mehr denn je zu verteidigen». Entschieden sprach sich Blocher beim Thema Asylpolitik gegen Rechtsextremismus und Fremdenhass aus. Es gelte aber auch, solchen Fehlentwicklungen keinen Boden zu gewähren: «Wo man das Volksempfinden und die Volksgemeinschaft nicht mehr ernst nimmt, da wird plötzlich Heimatliebe und Patriotismus übersteigert und wird zum gefährlichen Nationalismus.» Der warm empfangene Adolf Ogi seinerseits erntete insbesondere grossen Applaus, als er erklärte, der Bundesrat werde das EWR-Nein ohne Wenn und Aber akzeptieren.[196]

Doch die Haltung der SVP in der EWR-Frage beschäftigte Ogi stark. Gegenüber der Zeitschrift *Bilanz* erklärte er, er wolle verhindern, dass seine Partei eine «rechtspopulistische Sammelbewegung» werde. Die Berner Kantonalpartei, deren Delegierte vor der EWR-Abstimmung ein knappes Ja beschlossen hatten, grenzte sich ebenfalls gegen «rechtspopulistische Strömungen» ab und rief zu «konstruktiver Zusammenarbeit mit den andern Regierungsparteien» auf. «Liberale» Berner Exponenten wie Bundesrat Adolf Ogi, Nationalrat Albert Rychen und Ständerat Ulrich Zimmerli legten Wert auf «Sachlichkeit und seriöse Grundlagenarbeit» und verlangten «einen korrekten Umgang mit Andersdenkenden». Die *NZZ* warf die Frage auf, ob die SVP nun eine Regierungspartei oder eine Oppositionsbewegung sei, und titelte: «Nun hat auch die SVP ihr Flügelproblem». In einer fünfstündigen Sitzung unterhielt sich auch der erweiterte Zentralvorstand der SVP Schweiz über den Stil und die Art und Weise des gegenseitigen Umgangs. Auch wenn die konkrete Sachpolitik ausgeklammert blieb, pochte Christoph Blocher auf die «notwendige Autonomie der Kantonalparteien». So gesehen war das Fazit des Berner Exponenten Ulrich Zimmerli («Alle haben sich auf Adolf Ogis Politik verpflichtet») eher Wunschtraum als faktentreue Wiedergabe der Diskussionen.[197]

Die Existenz zweier Flügel aus Berner und Zürcher SVP, die sich hinter Adolf Ogi beziehungsweise hinter Christoph Blocher scharen, hat der Partei in den neunziger Jahren mehr genützt als geschadet. Die Wählerinnen und Wähler konnten sich mehr mit der einen oder mit der anderen Richtung identifizieren, ja sie waren wohl gar nicht unglücklich, dass es beide gab und dass sie zu gelegentlichen Kompromissen gezwungen waren. So hatte Christine Ungricht, die erste Zürcher SVP-Kantonsrätin, die internen Differenzen vom «Marketing-Standpunkt her» schon Mitte der achtziger Jahre als ausgesprochen günstig beurteilt: Sowohl Blocher wie Ogi könnten für die SVP in ihrem je «spezifischen Marktsegment viel herausholen». Die Partei brauche sie «alle beide, jeden an seinem Platz».[198]

Im Mai 1993, kaum ein Jahr nach der siegreichen EWR-Abstimmung, startete die Zürcher SVP eine «Grossoffensive für Wirtschaft und Arbeitsplätze». An einer Medienkonferenz tadelte Parteipräsident Blocher Bestrebungen des Parlaments, die Schweizer Standards der Sozialgesetzgebung an jene der Europäischen Union anzunähern. Im Zeichen des Kampfs gegen die Arbeitslosigkeit stand ein ganzes Bündel von kantonsrätlichen Vorstössen für «Verkürzung, Vereinfachung und Beschleunigung der Verfahren, weniger Bürokratie und eine tiefere Staatsquote». An der Generalversammlung der Auns kritisierte Blocher die Tendenz mancher Wirtschaftsführer, für ihr offenkundiges Versagen das EWR-Nein vorzuschieben. Der denkwürdige Volksentscheid vom 6. Dezember 1992 sei zum Alibi «für Nicht-Könner in der Wirtschaft» geworden.[199]

An mehreren Orten des Kantons hielt Christoph Blocher den Vortrag «Gut, dass wir nein gestimmt haben». Er war sich bewusst, dass er nun als Sündenbock für alles herhalten musste, was in der Schweizer Politik und Wirtschaft schiefging. Doch diesem Druck begegnete die Zürcher SVP, indem sie ihrerseits in die Offensive ging. Von Mai bis Dezember 1993 fanden mehr Veranstaltungen zu Fragen der Wirtschafts- und Sozialpolitik statt als in den vorangegangenen fünf Jahren zusammen. In Inseraten warfen SVP und Auns ihren Gegnern vor, sie wollten durch die «Hintertüre» in die EU eintreten, und wiesen nach, dass sich die Arbeitslosigkeit im EU-Raum viel dramatischer entwickelte als in der Schweiz.[200]

Am ersten Jahrestag des EWR-Neins fand am 6. Dezember 1993 in Luzern eine Kundgebung unter dem Motto «Ja zur Schweiz» statt. Christoph Blocher betonte in seiner Ansprache – von Treichlergruppen eindrücklich untermalt und von jugendlichen Demonstranten gestört –, dass die Schweiz stets zu Europa gehört habe und auch weiterhin zu Europa gehören werde: «Die Schweiz will ein europäischer Staat sein, aber nicht in europäischer Knechtschaft leben.» Mit dem Nein zum EWR habe das Land zugleich ja gesagt «zur Unabhängigkeit, zu Wohlfahrt und Sicherheit, zu unserer Demokratie, zur Erhaltung unserer Freiheitsrechte». Besorgt verfolgte Blocher, wie sich der Bundesrat in Brüssel für den Volksentscheid entschuldigte und – wie er argwöhnte – sogar ein Scheitern der bilateralen Abkommen in Kauf nehme. Darum warf er die ketzerische Frage auf: «Soll es etwa gar Absicht sein, bilateral zu scheitern, um das Schweizervolk für den EU-Beitritt weichzuklopfen?»[201]

Neinsager in den neunziger Jahren

An einer Programmtagung im Frühjahr 1993 hielten Kantonsrätin Rita Fuhrer, Präsidentin der Kommission für Alters- und Sozialfragen, sowie Nationalrat Ueli Maurer fest, dass die Sozialpolitik «die besondere Domäne der SVP» sei. Man warnte davor, soziale Netze zu einer «sozialen Hängematte für Leistungsunwillige verkommen» zu lassen, und verlangte, dass die jeweilige Hilfe «individuell greift». Im Herbst 1993 formulierte Nationalrat Toni Bortoluzzi die SVP-Vorstellungen einer «offensiven bürgerlichen Sozialpolitik». Es sollte um nicht weniger gehen, als die «Vorherrschaft der Linksparteien in ihrer Domäne» zu brechen. Bortoluzzi sorgte sich um die «Aufrechterhaltung der Gerechtigkeit» durch einen «moralischen Missbrauch», verursacht durch ein «Giesskannenprinzip» bei den Unterstützungsleistungen und die zunehmende Anonymität. Dies zerstöre die Solidarität und führe früher oder später zum gesellschaftlichen Zusammenbruch, wie es die kommunistischen Staaten gezeigt hätten. Die Menschen müssten sich wieder vermehrt an ihrem «eigenen Leistungsvermögen» orientieren und weniger den Staat beanspruchen. Dann könne auch effiziente Hilfe «ganz gezielt in wirklichen Notfällen» eingesetzt werden. Daraus ergab sich die konkrete Forderung des Affolterner Gemeindepräsidenten, dass die Gemeinden mehr Kompetenzen bei der Vergabe von Sozialleistungen erhalten sollten. Die Folge sei eine «Förderung des Leistungsprinzips und des Gefühls von Gerechtigkeit sowie eine Wiederbelebung der positiven Identifikation mit dem Staat und seinen Institutionen».[202]

1993 bekämpfte die SVP die Revision der Arbeitslosenversicherung als Ausfluss von «sozialistischem Wohlstandsdenken» und einem gerade in Rezessionszeiten übertriebenen Solidaritätsanspruch. Ein Jahr später verlangte Toni Bortoluzzi zur mittelfristigen Sanierung der AHV-Finanzen statt einer Erhöhung der Lohnprozente eine generelle Anpassung des AHV-Alters für Männer und Frauen auf 66, allenfalls 67 Jahre. Das Votum von Bortoluzzi gab neben demjenigen von Ueli Maurer und Christoph Blocher den Ausschlag, dass die eidgenössischen Delegierten im Oktober 1994 das neue Krankenversicherungsgesetz (KVG) hauchdünn ablehnten; noch in der Vernehmlassung hatte sich die nationale Partei für ein «Obligatorium zugunsten der Solidarität» ausgesprochen. Bortoluzzi warnte vor der beabsichtigten Bevormundung der Versicherten sowie vor dem Abbau des Marktes und der Eigenverantwortung im Gesundheitswesen. Die in den folgenden Jahren und Jahrzehnten eingetretenen Prämiensteigerungen durch das allgemeine Obligatorium sollten sämtliche Befürchtungen der Zürcher SVP noch übertreffen.[203]

Am 31. Oktober 1993 ermordete der verurteilte Triebtäter Erich Hauert im unbegleiteten Urlaub auf dem Zollikerberg die Pfadfinderführerin Pasquale Brumann. Nach demselben Tatmuster hatte Hauert zuvor schon zwei Frauen angefallen und umgebracht; hinzu kam ein Dutzend Vergewaltigungen. Die Mutter des Mordopfers machte den damals herrschenden saloppen Umgang mit gemeingefährlichen Sexualtätern öffentlich. Die Zürcher SVP hatte schon zwei Wochen vor dieser Tat ein Inserat im *Tages-Anzeiger* und in der *Neuen Zürcher Zeitung* aufgegeben, das einen Gewalttäter mit einer Spritze zeigte, der auf eine wehrlose Frau losgeht. Das Tatwerkzeug wurde von den Journalisten allerdings als Messer interpretiert. Die Szene nahm Bezug auf einen kurz zuvor verübten Mord an einer Frau im Zürcher Parkhaus Urania. Der Text machte deutlich, dass die Bevölkerung den Linken und «Netten» – gemeint waren mit Letzteren die nachgiebigen Bürgerlichen – «mehr Kriminalität, mehr Drogen, mehr Angst» zu verdanken habe. In fetten Lettern stand im Inserat: «Mehr SVP. Mehr Sicher-

Das «Messerstecher»-Inserat der Zürcher SVP sorgte 1993 wegen dem zufälligen zeitlichen Zusammenfallen mit dem Mord an Pasquale Brumann für einen Riesenwirbel.

heit.» Was die «Linken und Netten» betraf, so befand sich die Zürcher Justizdirektion und damit der Strafvollzug tatsächlich seit Jahrzehnten ununterbrochen in sozialdemokratischen Händen. Und die FDP war mit dem Generalsekretär in der Direktion prominent vertreten. Die SVP befand, die Zustände bezüglich Sicherheit seien so unhaltbar geworden, dass man mit schönen Worten nicht mehr weiterkomme.[204]

Doch der mediale Sturm der Entrüstung entlud sich über der SVP und ihrem Inserat, das vor dem Hintergrund der Bluttat auf dem Zollikerberg als pietätlos verurteilt wurde. Die Partei setzte das Inserat nach Protesten ab, die auch von Ortsparteien und Einzelstimmen der Basis kamen. Martin Baltisser, Pressechef der SVP Schweiz, befand das Inserat ebenfalls als «geschmacklos» und distanzierte sich.[205] Christoph Blocher indessen verteidigte es nachdrücklich: «Weil wir damit den Kern der Sache treffen, hat das heftige Reaktionen ausgelöst.»[206] Die von Regierungsrat Moritz Leuenberger geduldeten und verantworteten Zustände in der Justizdirektion traten durch den öffentlichen Aufruhr in den Hintergrund; der SP-Mann wurde trotzdem in die Landesregierung gewählt. Dabei hatte Leuenberger zwar angeordnet, dass alle heiklen Urlaubs- und Entlassungsgesuche Chefsache seien, die eigene Anordnung aber nie durchgesetzt, so dass seine Unterschrift auf dem Urlaubsschein des Mörders fehlte.

Der designierte sozialdemokratische Bundespräsident Otto Stich sagte seine Teilnahme an der Albisgüetli-Tagung mit Bezug auf das «Messerstecher»-Inserat ab, denn er sah «Parallelen zur Nazi-Propaganda des Dritten Reiches». Solche und andere bundesrätliche Reaktionen blieben nicht folgenlos: Im November 1993 legte ein «Initiativkreis für mehr Nestwärme in SVP-Stuben» Feuer im *Neuen Bülacher Tagblatt* von Nationalrat Hans Ulrich Graf und in einer Garage der von Nationalrat Walter Frey geführten Emil-Frey-Gruppe. Die Zürcher SVP habe «faschistische und reaktionäre Strukturen», sei aber «angreifbar», hiess es im Bekennerschreiben. Die wahren Probleme seien Sozialabbau, Entlassungen, Lohnkürzungen, Umweltverschmutzung und Ausbeutung der Dritten Welt.[207]

Kantonalpräsident Christoph Blocher übernahm auch im Fall der Inserate wie jedes Mal bei Parteiangelegenheiten die volle Verantwortung. Die Sektionspräsidenten wurden per Brief über die genaueren Umstände orientiert. Blocher bedauerte allfällig verletzte Gefühle, entschuldigte sich aber nicht, sondern prangerte an einer Medienkonferenz mit Stadtparteipräsident Walter Frey, Fraktionspräsident Ernst Schibli und Stadtratskandidat Gody Müller die unhaltbaren Zustände in der inneren Sicherheit und im Strafvollzug energisch an. Er präsentierte zwölf Fälle aus der bundesgerichtlichen Rechtsprechung mit «täterfreundlichen Tendenzen» und aus dem Kanton Zürich, wo er «katastrophale, unverantwortliche Aufweichungstendenzen» ortete: «Der Bürger erntet nun die Saat einer falschen politischen Sichtweise.» Die SVP werde den Vorentwurf zur Revision des Strafgesetzbuches entschieden bekämpfen, weil dieser den Strafvollzug in einer unglaublichen Art und Weise untergraben würde. Auch Walter Frey äusserte die Überzeugung, dass das Dulden von rechtsfreien Räumen, das Verhandeln mit Rechtsbrechern und die large Durchsetzung der Gesetze durch die rot-grünen Stadtbehörden einer Verhöhnung jedes rechtstreuen Bürgers gleichkomme. Vierzig Journalisten aus der ganzen Schweiz drängten sich in den Raum.[208]

Tatsächlich bewirkte das vielkritisierte Inserat längerfristig einen markanten Wechsel zu einem konsequenteren Strafvollzug statt des zuvor allzu oft betriebenen Täterschutzes. Einige Monate später konnte die Zürcher SVP bilanzieren, dass der Bau von Gefängnisplätzen endlich vorangetrieben werde, Hafturlaube restriktiver gehandhabt und Zwangsmassnahmen im Ausländerrecht beschlossen würden. Die Partei war aber mit dem Erreichten noch nicht zufrieden: «Sie will mit konkreten Massnahmen und politischen Vorstössen den Kampf gegen die Kriminalität verstärken, den Drogennotstand beheben, der Verlotterungstendenz in der Strafgesetzgebung entgegenwirken und dem Asylrechtsmissbrauch einen Riegel schieben.»[209]

Wegen der Zurücknahme der vorangegangenen Zusage von Bundespräsident Otto Stich – er kritisierte insbesondere die Schuldzuweisung an die «Linken und Netten»[210] – sprachen im Albisgüetli-Saal 1994 Vertreter der ihm vorgesetzten Instanz, nämlich Frauen und Männer aus dem Volk. Es handelte sich bei allen um Nichtmitglieder der SVP, nämlich um die Innerrhödler Bergbäuerin Vreni Koch, den Staatsanwalt Armin Felber sowie den 21-jährigen Jungliberalen Gregor A. Rutz, von dem man in der SVP noch hören sollte.[211] Vorgängig sagte aber Christoph Blocher der Vorlage über die Entsendung von Uno-Blauhelmen den Kampf an und wiederholte den Vorwurf, die Linken und die «Netten» seien für die steigende Kriminalität verantwortlich. Die Sicherheit der Schweiz nach aussen werde mit der «Armee 95» trotz neuen Kampfflugzeugen durch einen massiven Abbau der militärischen Landesverteidigung zugunsten einer diffusen Friedensförderung geschwächt. Die Neutralität solle ausgehöhlt, neu interpretiert und letztlich durch einen Beitritt in ein europäisches Sicherheitssystem und in die Uno aufgegeben werden, sagte Blocher. Überdies wollten viele die staatliche Unabhängigkeit durch den Beitritt zur Europäischen Union preisgeben. Es sei zu prüfen, ob man den Inhalt der Neutralität in der Bundesverfassung festschreiben müsse, damit sie nicht durch «juristische Spitzfindigkeiten und Wortklaubereien» ausgehöhlt werden könne.[212]

Einigen Wirbel hatte kurz vor der Albisgüetli-Tagung die sogenannte Fax-Affäre verursacht, für die sich Parteipräsident Blocher einmal mehr als verantwortlich erklärte: Eine mit den Zahlen nicht übereinstimmende Grafik sollte drastisch aufzeigen, dass die Zahl der Gewaltverbrechen seit der rot-grünen

Mehrheit in der Stadt Zürich markant angestiegen sei; tatsächlich waren die Delikte gegen Leib und Leben schon 1988 in steilem Anstieg begriffen. Als die Journalisten die fehlerhafte Kurve entdeckten und skandalisierten, sprach Sekretär Hans Fehr von einer Verzerrung durch die Fax-Übermittlung. Prompt erhielt er von einer Firma das neuste technische Gerät überreicht, wobei das spendende Unternehmen eigennützig inserierte: «Wir schenken der SVP einen neuen Fax.»[213]

Bei den Gemeinderatswahlen vom Frühling 1994 in der Stadt Zürich gelang der SVP ein eindrücklicher Sprung von 7 auf 19 Mandate; in Winterthur konnte sie immerhin um 2 Sitze zulegen. Auch in den übrigen Parlamentsgemeinden und in den Landgemeinden sah die Gesamtbilanz erfreulich aus. Allerdings scheiterten in der Kantonshauptstadt sowohl die überparteiliche bürgerliche Kandidatur des weitgehend unbekannten Ökonomen und Institutsleiters Andreas Müller fürs Stadtpräsidium als auch jene des unbequemen, dossierfesten SVP-Fraktionschefs Gody Müller.

Da der Bundesrat den EU-Beitritt weiterhin projektierte, blieb das Misstrauen der SVP gegenüber der Aussenpolitik der Landesregierung gross. Mit der Uno-Blauhelm-Vorlage von 1994 sollte der schrittweise Kurs der «Öffnung» fortgesetzt werden. Die SVP bekämpfte das Ansinnen als Schwächung, ja Untergrabung der Neutralität und damit der Sicherheit der Bürger. Die Erfahrungen in Ex-Jugoslawien oder Somalia hätten gezeigt, dass die Schweiz durch solche Einsätze «unweigerlich in die Grossmachtpolitik und in Parteiauseinandersetzungen miteinbezogen» würde. Der Neutralitätsbegriff werde ausgehöhlt, um später doch noch das Ziel eines Uno-Beitritts zu erreichen. Die Zürcher Delegierten verwarfen die

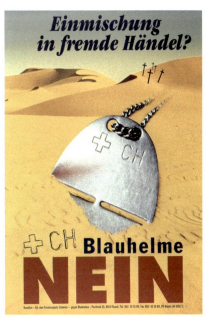

Das Plakat gegen Schweizer Uno-Blauhelmtruppen brachte 1994 das Unbehagen gegen fremde Händel drastisch und erfolgreich auf den Punkt.

Beteiligung an den Uno-Blauhelmtruppen mit 267 gegen 6 Stimmen wuchtig. Das erneut heftig umstrittene Plakat der Agentur Abächerli zeigte eine militärische Erkennungsmarke («Grabstein») im Wüstensand und im Hintergrund einige Holzkreuze. Im Juni 1994 lehnte der Souverän die Vorlage mit 57,2 Prozent der Stimmen ab. Im *Zürcher Boten* titelte Ulrich Schlüer: «Das Waterloo für die Classe politique, Volk will an Neutralität festhalten». Einmal mehr habe die SVP in einer aussenpolitischen Frage als einzige Regierungspartei den Willen des Volkes vertreten.[214]

Die an der Urne akzeptierte Einführung einer Rassismus-Strafnorm hat die Zürcher SVP 1994 ohne Begeisterung geschluckt. Bei aller Problematik der Einschränkung der Meinungsäusserungsfreiheit wollte man doch notorischen Holocaust-Leugnern keine Plattform bieten. Im Vorfeld hatte Sigi Feigel, Ehrenpräsident der Israelitischen Cultusgemeinde Zürich, von Parteipräsident Blocher erfahren, dass die SVP nicht gegen das Anliegen opponieren werde. Dass Feigel daraufhin allerdings behauptete, Blocher habe sich verpflichtet, persönlich für die Vorlage einzutreten, gehörte zu den weniger schönen Begleiterscheinungen.[215] Als Justizminister sollte Blocher später mit der Problematik der Strafnorm noch intensiv konfrontiert werden, speziell im Zusammenhang mit der historischen Beurteilung der türkischen Verbrechen an den Kurden.

Einen eher kontraproduktiven Effekt erzeugten der Präsident und der Zentralsekretär des Schweizer Verbandes der Journalistinnen und Journalisten (SVJ) mit dem «Aufruf: Boykottiert Blocher!». Nicht nur die «tumben, breiten Massen» seien von Christoph Blochers «radikalen, saloppen Sprüchen» fasziniert, sondern auch die schreibende Zunft. Wer ihm seitenweise Raum gewähre, mache sich «fahrlässig und unüberlegt mitschuldig an der Verbreitung eines primitiven politischen Stils». Dieser Aufruf zum Boykott und damit zur Nichtinformation wurde vom Presserat als Verletzung der Informationspflicht ausdrücklich gerügt. Es gehe nicht an, «einen mit demokratischen Mitteln agierenden Politiker wie Christoph Blocher unter Berufung auf eine berufsethische Pflicht des Unterlassens zu boykottieren».[216] Der Boykott-Aufruf bildete die Spitze eines Eisbergs, nämlich der Mühe und des inneren Widerstands zahlreicher Medienschaffender, unbefangen auf Christoph Blocher zuzugehen. Dabei begegnete dieser den Journalisten meistens auskunftsfreudig und gab sich grösste Mühe bei der speditiven Durchsicht von Interviews. Fehlleistungen sprach er gegenüber den Verursachern direkt an, liess aber die Medienleute nicht hängen, nahm gemachte Aussagen nie zurück und fiel den Journalisten ebenso wenig in den Rücken.

Trotzdem entwickelten einige Medienschaffende gegen Blocher eine regelrechte Obsession, etwa Frank A. Meyer vom *Sonntagsblick*, Andrea Masüger von der *Südostschweiz*, Roger de Weck vom *Tages-Anzeiger* und der SRG/SSR, Felix A. Müller von der *NZZ am Sonntag* und Jacques Pilet von *L'Hebdo*. Den linken Journalisten Jean-Martin Büttner liess Blocher wissen, er möchte auch so gut schreiben können wie dieser, doch leider sei die literarische Qualität von Büttners Artikel durch sein falsches Denken schwer beeinträchtigt. Büttner fragte sich verwundert, warum Blocher Erfolg habe, wo doch eine einhellige, mächtige Front intelligenter Menschen ihn dermassen bekämpfe. Blochers Stärke sei nur teilweise Folge der Schwäche seiner Gegner. Der Erfolg komme eben auch davon, dass er den Ohnmächtigen eine Stimme gebe, ein guter Redner sei und jederzeit eine Schlagzeile bereithalte. «Ausserdem kann er charmant sein, wenn er will, witzig, und er verträgt Kritik in hohen Dosen.» Christoph Blocher habe Erfolg, weil er ein «Professioneller» sei, ein «Vollblutpolitiker» und «Wirtschaftsmann», ein «Investor in den Markt der Meinungen». Und Büttner ging im *Tages-Anzeiger* hart ins Gericht mit Blochers Gegnern: «Hinter ihrem Abscheu schimmert die Selbstgefälligkeit, als Toleranz getarnt. Auch glaubt jeder, der gegen den starken Christoph antritt, kein Schwächling zu sein: Der Zwerg auf den Schultern des Riesen überragt den Riesen. Doch er bleibt ein Zwerg.»[217]

Der Einladung zur Albisgüetli-Tagung 1995 wollte sich Bundespräsident Kaspar Villiger (FDP) nicht entziehen, wie es Otto Stich im Vorjahr getan hatte. Er redete aber der Zürcher SVP unter grosser medialer Aufmerksamkeit ins Gewissen und sprach von einem «destruktiven und diffamierenden» politischen Stil, der immer wieder Misstrauen gegen die Landesregierung schüre, den Dialog erschwere und Andersdenkende verurteile. Christoph Blocher sei nerseits zerzauste Bundesrat und Parlament, denn sie arbeiteten gegen die Aufträge des Souveräns. Volk und Stände hätten sich mit dem Nein zum EWR-Beitritt für die Erhaltung von Selbständigkeit und Unabhängigkeit ausgesprochen, bei den Armeevorlagen für die Landesverteidigung und durch Verwerfung der Blauhelme für die Neutralität plädiert. Doch die Classe politique gehe ganz offensichtlich einen anderen Weg, als es die Bürger wollten – und zwar in der entscheidendsten Frage des Landes, der Unabhängigkeit und Selbständigkeit. Für die Schweizer Bevölkerung drohe eine «Rückkehr in die politische Unmündigkeit». Ein EU-Beitritt bringe den Schweizern «weniger Wohlstand und Wohlfahrt».[218] Am Wochenende zuvor hatten die Delegierten der SVP Schweiz auf Druck der Zürcher einem Parteiprogramm zugestimmt, das den EU-Beitritt ausdrücklich ausschloss.

Im Herbst 1994 unterlag Rolf Gerber, Chef des kantonalen Landwirtschaftsamts, im parteiinternen Auswahlverfahren um eine Regierungsratskandidatur deutlich gegen Rita Fuhrer. Er hatte zuvor davor gewarnt, dass sich die SVP «in Richtung einer konsequenten Oppositionspartei» bewege: «Wir können nicht die Ungebundenheit und Vogelfreiheit der Oppositionspartei ausspielen und gleichzeitig auf den Verbund mit anderen Parteien pochen!» Die Partei solle sich mindestens so stark gegen rechts wie gegen links abgrenzen: «Wir dürfen uns nicht anbiedern mit rechtslastigen Kreisen, auch wenn dies ein wachsendes und dankbares Wählerpotenzial sein mag!»[219]

Gerbers Distanzierungskonzept widersprach dem Einbindungskonzept Blochers. Der Parteipräsident empfahl, die kleinen Rechtsparteien gut und freundlich zu behandeln, denn genauso behandle man eine Tante, die man beerben wolle. Auch dürfe es rechts von der SVP keine Partei mehr geben. Nur wenn man die Sorgen und Nöte der Menschen thematisiere, vermeide man ihre Flucht in Extremismus und Gewalt. Auch der zweite Rivale als Regierungsratskandidat, der Illnauer Landwirt und Nationalrat Max Binder, unterlag gegen Rita Fuhrer. Diese setzte sich – obwohl in der Partei noch wenig bekannt – bei den Delegierten mit einem politisch ebenso überzeugenden wie sympathischen Auftritt durch. Vorgestellt hatte sie den Delegierten übrigens der Pfäffiker Sektionspräsident Christian Huber, der später Fuhrers Kollege im Regierungsrat werden sollte.

Die Persönlichkeit von Rita Fuhrer vermochte das «Frauenproblem» der Zürcher SVP ganz entschieden zu entschärfen. Sie hatte sich 1991 als «bewusst nichtfeministische Frau» im Bezirk Pfäffikon für den Kantonsrat nominieren lassen und konnte 1992 ins Zürcher Rathaus nachrücken. Im Parlament wandte sich Fuhrer entschieden gegen Geschlechterquoten. Der Linken warf sie vor, «die Gleichberechtigung mittels einer modernen Form der Bevormundung»

Als erste SVP-Regierungsrätin im Kanton Zürich erfreute sich Rita Fuhrer grosser Beliebtheit bei der Bevölkerung. Die Sicherheits- und spätere Volkswirtschaftsverantwortliche führte ihre Direktionen von 1995 bis 2010 souverän und überzeugend. Selbst politische Gegner beeindruckte sie mit natürlicher Autorität und ihrem Kommunikationstalent.

erzwingen zu wollen. Eine gerechte Quote müsste auch den «Anteil traditioneller Familien» in der Bevölkerung berücksichtigen.[220]

Tatsächlich wurde Rita Fuhrer im Frühjahr 1995 zusammen mit Hans Hofmann in den Regierungsrat gewählt, wo sie von diesem die Polizei- und Militärdirektion übernahm und ihren Verantwortungsbereich zum Ressort «Soziales und Sicherheit» zusammenführte. Die bürgerliche Fünferliste hatte funktioniert, und die SVP vermochte nach vierjährigem Unterbruch den zweiten Regierungssitz wieder zu erobern. Die *NZZ* anerkannte, dass die Volkspartei mit Fuhrer jene Person nominiert habe, die bei den Wählerinnen und Wählern neben Hofmann am besten punkten konnte. Auch habe sich die Partei an diesem Wahlkampf mit der Propagierung Rita Fuhrers («Schafft menschliche Nähe») für einmal «moderat und zurückhaltend» gegeben.[221] Die «Strahlefrau» und «Lovely Rita» – so die medialen Umschreibungen – sollte für die SVP zu einer hochwillkommenen Imageträgerin werden und sich in ihrem neuen Amt mit Durchsetzungsvermögen, Charme und politischem Instinkt rasch durchsetzen.[222]

Rita Fuhrer (*1953) aus Auslikon, Gemeinde Pfäffikon, war bereits im Alter von 19 Jahren Ehefrau und Mutter geworden. Vor ihrer Wahl in den Regierungsrat hatte sie als Agenturleiterin einer Krankenversicherung und freie Mitarbeiterin verschiedener Zeitungen, vor allem des *Zürcher Oberländers,* gearbeitet. In ihrer Wohngemeinde präsidierte die Kantonsrätin zudem die Oberstufenschulpflege. Als Regierungsrätin meisterte sie in den ersten Monaten die Affäre um die Misswirtschaft eines Polizeioffiziers, in deren Folge sie sich auch vom verantwortlichen Polizeikommandanten trennte. Mit viel Engagement und Glaubwürdigkeit setzte sich Rita Fuhrer für die Sicherheit der Bürger ein und genoss bei den Zürcher Offizieren, Unteroffizieren und Soldaten grosse Popularität durch ihre gewinnenden Auftritte an Rapporten und Wehrmännerverabschiedungen. Gegen viel emotional und medial geschürten Widerstand setzte sie die Rückführung von bosnischen Flüchtlingen gesetzestreu um. 1999 wurde Fuhrer mit dem besten und 2003 mit dem drittbesten Resultat als Regierungsrätin bestätigt. Ein neues Polizeiorganisationsgesetz führte zu Spannungen mit der Zürcher SP-Stadträtin Esther Maurer. Nach zwei Amtsperioden übernahm Rita Fuhrer 2004 die Volkswirtschaftsdirektion und damit das schwierige, umstrittene Flughafendossier. Trotz vieler Widerstände erarbeitete sie den Zürcher Fluglärm-Index und ein Gesamtverkehrskonzept. Im Frühjahr 2006 kam es zu einem auch öffentlich ausgetragenen Streit mit Baudirektorin Dorothée Fierz (FDP) wegen der Teilverschiebung des Tiefbauamtes in Fuhrers Volkswirtschaftsdirektion. Obwohl schliesslich Fierz zurücktreten musste, erzielte Rita Fuhrer 2007 nur noch den letzten Platz unter den Gewählten. 2009 erkrankte sie an Brustkrebs und musste ihren Rücktritt aus dem Regierungsrat erklären. Tapfer überwand die Pfäffikerin die schwere Krankheit und widmete sich weiterhin verschiedenen Mandaten sowie dem leistungssportlich betriebenen Velofahren mit ihrem Mann Fredy.[223]

Bei den Kantonsratswahlen konnte die SVP 1995 mit der Parole «Sicherheit für die Bürger» ihren Stimmenanteil von 19,4 auf 20,6 Prozent ausbauen und sich damit um 4 auf 40 Mandate steigern. Der *Zürcher Bote* kommentierte den Wahlausgang befriedigt: «Damit wurde die klare bürgerliche Politik, das kompromisslose Eintreten für die Interessen des bedrängten Mittelstandes, die Standhaftigkeit in der Drogenpolitik, das jahrelange Einstehen für die Anliegen der Sicherheit unserer Bevölkerung, der Einsatz für die Selbständigkeit und Prosperität unseres Landes, der Kampf gegen die dauernde Belastung mit höheren Steuern, Abgaben und Gebühren sowie der Kampf gegen die Bürokratie, und dies alles in klarer Sprache, ein weiteres Mal durch die Wähler honoriert.»[224]

Schwerpunkt des Parteiprogramms 1995–1999 («Sicherheit, Wohlfahrt und Unabhängigkeit») bildete die Verhinderung einer EU-Mitgliedschaft: «Nachdem Bundesrat und Parlament – entgegen dem Volkswillen – die Schweiz in die Europäische Union führen wollen, ist die Erhaltung der Unabhängigkeit, der Selbstbestimmung, des Föderalismus und der Neutralität unseres Landes ein zentrales und aktuelles Anliegen der SVP und ein modernes Konzept für den Kleinstaat Schweiz.» Das Land müsse unabhängig und weltoffen mit möglichst allen Staaten der Welt Beziehungen pflegen; «ein EU-Diktat und eine Währungs- und Wirtschaftsunion lehnt die SVP ab.»[225] Sogar die führende britische Zeitung *Financial Times* hatte bei einer Untersuchung der 500 wichtigsten europäischen Unternehmen den Schluss gezogen: «Die Schweiz ist für ihr Abseitsstehen nicht wie erwartet bestraft worden, sondern sieht heute vielmehr wie eine gute Werbung für ein Leben ausserhalb der EU aus.»[226]

Im Hinblick auf die nationalen Wahlen vom Herbst 1995 stellte die Zürcher SVP die Europapolitik in den Mittelpunkt. Keine Partei dürfe sich vor der Neubesetzung der Bundesversammlung um eine klare Stellungnahme zu dieser für die Schweiz wichtigsten Frage herumdrücken, meinte Präsident Christoph Blocher. Ein «Grossteil der Parteien und Politiker» seien «heimatmüde» geworden und hätten nicht mehr die Kraft, «unsere Heimat vor dem folgenschweren Schritt in die EU zu bewahren». Die SVP spreche dies im Wahlkampf offen aus und werde den Kampf für die Schweiz führen, auch wenn dies nicht immer angenehm sei und die Partei angegriffen werde. Mit Nationalrat Toni Bortoluzzi versuchte die Zürcher SVP ein weiteres Mal, einen Ständeratssitz zu gewinnen. Das Zusammengehen mit der FDP war aus Gründen der Glaubwürdigkeit in der Europapolitik nicht möglich; eben erst hatten die Delegierten des schweizerischen Freisinns den EU-Beitritt zum «langfristigen strategischen Ziel» erklärt. Die FDP lehnte denn auch Listenverbindungen für die Nationalratswahlen wie die Unterstützung der SVP-Ständeratskandidatur ab, da sie der Ausdruck «heimatmüde» erboste.[227]

In den mittleren neunziger Jahren diente neben der jährlichen Albisgüetli-Tagung vor allem die Sendung «Arena» des Schweizer Fernsehens für landesweiten politischen Gesprächsstoff. Angefeuert von Moderator Filippo Leutenegger, duellierten sich dort die politischen Schwergewichte des Landes. Vor allem Christoph Blocher wusste mit griffigen Argumenten, verständlicher Sprache, Schlagfertigkeit und Witz seine Botschaften publikumswirksam zu platzieren. Legendär blieb etwa Blochers Auftritt, als ihn 1997 SP-Präsident Peter Bodenmann wegen seines Reichtums herausforderte. Blocher zückte seinen Steuerausweis aus der Innentasche, nannte sein Milliardenvermögen sowie die vielen Millionen seiner Steuerverpflichtungen und forderte Bodenmann auf, er möge seinerseits seine Vermögensverhältnisse offenlegen. Hierauf musste der oberste Sozialdemokrat kleinlaut eingestehen, dass ihm und seinen Geschwistern eine Zehn-Millionen-Erbschaft zugefallen sei. Für grosses Aufsehen sorgte auch, als Bodenmann und die ihn begleitenden Gewerkschafter eine «Arena» zum Platzen brachten: Wegen Abwesenheit der bedeutenden Mitautoren eines Weissbuchs zu liberalen Erneuerungen provozierten sie vor laufenden Kameras den Abbruch der Sendung.[228]

Empörung erregten im Sommer 1995 die sogenannten «Stiefel-Inserate» mit einem die Europäische Union symbolisierenden, allerdings recht eleganten Reitstiefel, der auf einen Schweizer Stimmzettel trat. Im Text wurde den Linken und anderen EU-Beitrittsfreunden «Heimatmüdigkeit» vorgeworfen. Andere Inserate karikierten die Europäische Union als masslose Geldschluckerin und beschuldigten die EU-befürwortenden Parteien, sie wollten den Schweizer Franken abschaffen. Die *NZZ* boykottierte das «Stiefel-Inserat», weil es die EU tatsachenwidrig als Diktatur hinstelle und Assoziationen an Karikaturen aus unseligen Zeiten wecke. Auch die Berner SVP distanzierte sich umgehend vom Sujet. Darum wurde das nationale SVP-Wahlfest in Holziken als medienwirksamer Hosenlupf zwischen Bundesrat Adolf Ogi und den Nationalräten Christoph Blocher und Albrecht Rychen unter Leitung des «Arena»-Fernsehmoderators Filippo Leutenegger mit Spannung verfolgt.

Grosse Beachtung und viel Applaus erntete auch die Kurzansprache, die Christoph Blocher als Ehrenpräsident und Hauptsponsor des Eidgenössischen Schwing- und Älplerfests in Chur vor über 30 000 Besuchern hielt. Nachdem SP-Bundesrätin Ruth Dreifuss unter lauten Tönen der Missbilligung ausgeführt hatte, der Alleingang der Schweiz sei ebenso wenig sinnvoll wie ein einziger Schwinger im Ring, erwiderte Blocher unter «ohrenbetäubendem» Beifall: Das Schwingen sei Ausdruck des Vertrauens in die eigene Kraft; man solle das staatliche Heil bei sich selber suchen und nicht im Beitritt zu einem grösseren Gebilde.[229]

«Stiefel-Inserate» der Kantonalpartei gegen zentralistisch-undemokratische Tendenzen der Europäischen Union sorgten im Sommer 1995 für Aufmerksamkeit und Empörung.

Zur Erinnerung an die Uno-, EWR- und Blauhelm-Abstimmungen organisierten die Zürcher SVP, die Auns und verschiedene andere Vereinigungen im September 1995 eine Kundgebung für Freiheit und Unabhängigkeit auf dem Zürcher Münsterhof. Voran ging dieser Versammlung von gegen 10 000 Personen ein Umzug mit vielen volkstümlichen Formationen, Treichlern, Transparenten und Fahnen entlang der Bahnhofstrasse. Christoph Blocher hielt eine kurze Rede, in der er den Sonderfall Schweiz und seine erhaltenswerten Staatssaulen würdigte. Nichts bedrohe die Wirtschaft und die Exportindustrie, unsere Wettbewerbsfähigkeit und unsere Arbeitsplätze stärker als ein EU-Beitritt. Die Schweiz liege mitten in Europa und sei offen gegenüber den Nachbarn und der übrigen Welt: «Wer sagt, wir seien isoliert, abgeschottet, ohne Verbindung zu andern europäischen Staaten, der war entweder noch nie in Europa oder noch nie in der Schweiz.»[230]

Auf eine massgebend von Silvia Blocher organisierte friedliche Kundgebung aus Dankbarkeit für das Nein zu Uno, EWR und Blauhelmen vom September 1995 in Zürich antworteten linksextreme Gegendemonstranten mit zerstörerischen Ausschreitungen.

Da die SP gleichzeitig zu einer Gegendemonstration «für eine offene und tolerante Schweiz» auf dem Platzspitz aufgerufen hatte, an der alt Bundesrat Otto Stich sowie Vertreter von CVP und FDP sprachen, kam es zu unbewilligten Demonstrationen und Krawallen der linksextremen Chaotenszene. Die Polizei sorgte erfolgreich dafür, dass die Unruhestifter auf der anderen Limmatseite blieben, wo allerdings erheblicher Sachschaden entstand und mehrere Autos in Brand gesteckt wurden. Obwohl die Veranstaltung der EWR-Gegner absolut friedlich verlief, unterstellte etwa CVP-Präsident Anton Cottier im Verbund mit zahlreichen Medien Blocher, Schuld zu sein an den Ausschreitungen.[231]

Unter dem Motto «Ja zur Schweiz – Nein zu EWR/EU-Beitritt» ging die SVP im Kanton Zürich mit Abstand als wählerstärkste Partei aus den eidgenössischen Wahlen von 1995 hervor. Sie konnte sich erneut um 5,3 Prozent steigern und kam nun auf 25,5 Prozent. Mit jeder vierten der abgegebenen Stimmen konnte die Partei ihre acht Nationalratssitze auf neun erhöhen. Toni Bortoluzzi blieb als Ständeratskandidat allerdings chancenlos. Auch die SP, die als Gegenpart im Wahlkampf entschieden für einen EU-Beitritt aufgetreten war, gehörte zu den Siegern. «Die scharfe Polarisierung zwischen SVP und SP

Ueli Maurer, Silvia Blocher und Christoph Blocher freuten sich am 22. Oktober 1995 über den Gewinn von vier Nationalratssitzen der SVP Schweiz.

in der Schicksalsfrage eines EU-Beitritts», kommentierte der Präsident, habe «beiden Seiten Erfolge gebracht.» Die SVP sei die einzige Partei, die Ja sage zur Schweiz und Nein zu einem EWR/EU-Beitritt: «Wer Ja sagt zur Schweiz, muss SVP wählen.» Die *NZZ* kommentierte das Urteil des Volkes allerdings mit Bedenken und sprach von «Diskreditierung des politischen Gegners mit zwar flächendeckenden, aber inhaltsleeren Schlagworten, mit der Simplifizierung komplexer Probleme und Sachverhalte».[232]

In den neunziger Jahren bot der späte Freitagabend spannende politische Unterhaltung: Hans Fehr (links), Geschäftsführer der Zürcher SVP und Nationalrat, diskutierte 1997 unter der Leitung von Moderator Filippo Leutenegger (Mitte) mit SP-Regierungsrat Markus Notter (rechts) in der Sendung «Arena» über die Freigabe von Haschisch.

Neu in den Nationalrat wurde 1995 Parteisekretär Hans Fehr (*1947) gewählt, womit die Basis seine rastlose, aufreibende Aufbauarbeit anerkannte. Hauptberuflich blieb er bis 1998 Kantonalsekretär der Zürcher SVP und amtete danach bis 2010 als Geschäftsführer der Aktion für eine unabhängige und neutrale Schweiz (Auns). In beiden Funktionen arbeitete er eng und erfolgreich mit Christoph Blocher zusammen. Fehr hatte seine politische Laufbahn als Kirchenpfleger in Berg am Irchel und Finanzvorstand in Eglisau begonnen, wirkte vier Jahre im Kantonsrat und schliesslich während fünf Amtsperioden im Nationalrat. Im Militär bekleidete er den Grad eines Oberstleutnants, war ein begeisterter Waffenläufer und wurde zum namhaften nationalen Sicherheitspolitiker. In der Staatspolitischen Kommission setzte sich Fehr mit markanten Auftritten und zielgerichteten Vorstössen unentwegt für Bürgerrechts- und Asylrechtsfragen ein. Bei aussenpolitischen Geschäften galt sein Interesse der Erhaltung von Unabhängigkeit und Freiheit des Landes. Seine Frau Ursula Fehr ist SVP-Gemeindepräsidentin in Eglisau und war zwölf Jahre lang Bezirksrichterin. Der zupackende, unkomplizierte «Macher» und «Motor der SVP» machte sich in ausserordentlichem Mass um die Aufbauarbeit in Partei und Auns verdient. Unbeeindruckt und heiter trotzte er im Interesse der Sache unzähligen Angriffen und Anfeindungen. Gross war der Schock, als Hans Fehr 2011 auf dem Weg zur Albisgüetli-Tagung von demonstrierenden SVP-Gegnern tätlich angegriffen und recht schwer verletzt wurde.[233]

Gemeindepräsident Ulrich Schlüer (*1944) aus Flaach, promovierter Historiker und zeitweise Mittelschullehrer für Geschichte, war zuvor Mitglied und Präsident verschiedener Schulbehörden im Flaachtal und im Bezirk Andelfingen gewesen. Der in der Stadt Zürich aufgewachsene Schlüer zeigte sich schon als Student politisch ausserordentlich interessiert, assistierte dem bekannten republikanischen Politiker James Schwarzenbach als Sekretär und sass mit Christoph Blocher im Vorstand der 1982 gebildeten Arbeitsgruppe Südliches Afrika. Er gründete 1979 die *Schweizerzeit* Verlags AG und machte sich als Chefredaktor der konservativen *Schweizerzeit* und Referent einen Namen als scharfsinniger Analytiker des Zeitgeschehens. Als Parlamentarier spezialisierte sich Schlüer auf die wichtigen Gebiete Aussen- und Sicherheitspolitik und bereicherte die Debatten in den Kommissionen wie im Nationalratsplenum mit gehaltvollen, oft unbequemen Voten. Er war jederzeit ausserordentlich gut vorbereitet, präzis im schriftlichen wie im mündlichen Ausdruck und stellte die entscheidenden Fragen. Im Zürcher Verfassungsrat leitete Ulrich Schlüer von 2000 bis 2005 die SVP-Fraktion. Sein Einsatz galt dem Kampf für die schweizerische Freiheit und Unabhängigkeit und gegen den Totalitarismus, den Sozialismus und den gedankenlosen Internationalismus. Er leistete mit seiner *Schweizerzeit* bei zahlreichen Aktionen der Partei wertvolle publizistische Schützenhilfe, führte regelmässig Tagungen mit hochkarätigen Referenten durch und veröffentlichte deren Analysen in der *Schweizerzeit*-Schriftenreihe. Sein Verlag administriert erfolgreich Kampagnen, Unterschriftensammlungen und Konzepte, etwa zur Schweizer Bildungspolitik und im Rahmen der von Christoph Blocher präsidierten Organisation «Nein zur EU-Anbindung», kurz «EU No». 1998 äufnete Ulrich Schlüer die Flaachtal-Stiftung zur Förderung des kulturellen Lebens im zürcherischen Flaachtal und amtet als deren Stiftungsratspräsident.[234]

In seiner politischen Standortbestimmung anlässlich der Albisgüetli-Tagung 1996 attackierte Christoph Blocher die Politik der Linken, die leider von vielen Bürgerlichen unterstützt werde. Sie ruiniere den Mittelstand und mache die Schweiz mausarm. Das hervorragende Resultat der SVP bei den eidgenössischen Wahlen sei nicht Belohnung, sondern komme einem Auftrag gleich. Die Schweiz brauche geschütztes Privateigentum, freie Bauern, ein hohes Bildungsniveau und billiges Kapital für Investitionen. Jenen Managern, die mit ihren umstrittenen Thesen «Mut zum Aufbruch» viel Wirbel verursacht hatten, riet Blocher, die Ärmel hochzukrempeln: «Herr de Pury müsste dann halt seine Manschettenknöpfe ausziehen und in Kauf nehmen, dass sein schön gekämmtes Haar etwas in Unordnung gerät.» Die «Classe politique» müsse endlich aufhören, wie hypnotisiert nach Brüssel zu starren. Den bürgerlichen Partnern FDP und CVP empfahl Blocher einen Kurswechsel; speziell der FDP warf er «mangelnde bürgerliche Gesinnung» vor. Als Alternative zur «europapolitischen Engstirnigkeit» kündete der Parteipräsident an, die Zürcher SVP wolle demnächst Freihandelsverträge mit den USA beziehungsweise den nordamerikanischen Nafta-Staaten verlangen.[235] Wie im Jahr zuvor Kaspar Villiger rief Bundespräsident Jean-Pascal Delamuraz (FDP) – der sich zum Gaudi des Publikums für sein «Kasernenhofdeutsch» entschuldigte – die SVP zum Dialog und zur Gesprächsbereitschaft auf. In der heutigen schwierigen Zeit sei der Wille zum Konsens zwischen den Sozialpartnern, zwischen den Regionen, zwischen allen Kräften unseres Landes notwendig. Zur Bekämpfung der Arbeitslosigkeit forderte Delamuraz die Schaffung neuer Arbeitsplätze.[236]

Am Tag nach dem Albisgüetli-Treffen von 1996 wurde der Zürcher Nationalrat Ueli Maurer ohne Gegenkandidat zum Präsidenten der SVP Schweiz gewählt. Amtsvorgänger Hans Uhlmann würdigte ihn als erfahrenes Mitglied der

Im Januar 1996 wurde der Zürcher Nationalrat Ueli Maurer (rechts) zum Schweizer Parteipräsidenten gewählt. Nach Amtsantritt von Gregor A. Rutz (links) von 2001 als Geschäftsführer der SVP Schweiz leitete das Zürcher Duo die Geschicke der nationalen Partei bis 2008.

eidgenössischen Räte, der leidlich Französisch spreche, eigenständig politisiere und bereit sei, sich auch abends und an Wochenenden für die Partei einzusetzen. Ueli Maurer versprach, die Schwachpunkte der Partei zügig zu beheben, etwa ihre Stellung in der Westschweiz und im Tessin oder ihre Reserviertheit gegenüber Frauen. Der Geschäftsführer des Zürcher Bauernverbandes und Vizepräsident der Zürcher SVP versicherte den Delegierten, er habe weder gegenüber Christoph Blocher noch Adolf Ogi Berührungsängste und er gedenke auch nicht, sich je von einem Parteiflügel zu distanzieren. Trotz gewisser Bedenken von Vertretern aus der Waadt und aus dem Kanton Bern votierten schliesslich nur 27 Delegierte gegen Ueli Maurer. 62 enthielten sich der Stimme und 333 wählten den Zürcher zum Präsidenten.[237]

Die Übernahme des Präsidiums der SVP Schweiz durch Ueli Maurer spiegelte nunmehr den tatsächlichen Einfluss der Zürcher in der nationalen Partei. Schon sein Vorgänger, der einnehmende Thurgauer Ständerat Hans Uhlmann, hatte zwischen den Kantonalparteien geschickt vermittelt und war von Christoph Blocher jederzeit gestützt worden. Nun forderte Ueli Maurer nachdrücklich einen Stopp der Umverteilung und sah die SVP als «Bannerträgerin des Mittelstandes». Vordringlich seien die Sanierung der Bundesfinanzen, ein Moratorium bei den Sozialversicherungen, die Bekämpfung einer vorzeitigen Erhöhung der Mehrwertsteuer zur Finanzierung der AHV, ein Marschhalt im Ausbau des öffentlichen Verkehrs sowie die Schaffung neuer Arbeitsplätze durch die Stärkung der Rahmenbedingungen für die kleinen und mittleren Betriebe.[238]

Für die Ersatzwahl von SP-Regierungsrat Moritz Leuenberger, der im September 1995 als Nachfolger von Otto Stich in den Bundesrat gewählt worden war, nominierten die Sozialdemokraten Nationalrätin Vreni Müller-Hemmi als Zürcher Regierungsratskandidatin. Diese war schon bei den ordentlichen Regierungsratswahlen im Frühjahr 1995 gescheitert. Da die SVP Müller-Hemmi nicht das notwendige Format zubilligte, entschloss man sich zu einer Sprengkandidatur in der Person des weit über die Parteigrenzen anerkannten ETH-Agronoms Rolf Gerber, Chef des kantonalen Landwirtschaftsamts. Tatsächlich verpasste Gerber mit Unterstützung der bürgerlichen Parteien 1996 das absolute Mehr nur knapp, vermochte aber Müller-Hemmi zu distanzieren. Die SP zog daraufhin ihre Kandidatin zurück und portierte den Dietiker Stadtpräsidenten und Kantonsrat Markus Notter, worauf die SVP ihrerseits Rolf Gerber aus dem Rennen nehmen konnte.

Im Juni 1996 unterstützten Volk und Stände mit einer satten Mehrheit die Vorlage über die «Agrarpolitik 2002», die nach massivem Druck zu einer Liberalisierung des Agrarwelthandels («Uruguay-Runde» der Welthandelsorganisation GATT) der Schweizer Landwirtschaft wieder eine gewisse Zukunft versprach. Die markt- wie umweltgerechte Produktion wurde verfassungsmässig verankert, und die Weiterentwicklung sollte 2009 die Abschaffung der Milchkontingentierung zur Folge haben. Gleichentags verwarf das Volk mit satter Mehrheit ein Regierungs- und Verwaltungsorganisationsgesetz, das den Bundesrat mit bis zu zehn Staatssekretären hätte entlasten sollen. Die SVP war zwar gegen die Vorlage, ergriff aber das Referendum nicht. Dies besorgte eine aktive Gruppe von Studierenden der Universität St. Gallen, die nach einem Vortrag spontan auf Christoph Blocher zugegangen waren und deren erfolgreiche Bemühungen er auch finanziell unterstützte.

Am 1. Dezember 1996 kam die von der SVP Schweiz eingereichte Asylinitiative («gegen die illegale Einwanderung») vor Volk und Stände. Die Partei unterlag gegen alle übrigen Parteien und die geschlossene Front der Medien mit stattlichen 46,4 Prozent der Stimmenden und 12 Ständen. Die Zürcher

Delegierten hatten das Anliegen zuvor mit 321 gegen eine einzige Stimme unterstützt. Zur knappen Ablehnung dürfte beigetragen haben, dass Mitte der neunziger Jahre die Asylgesuche vorübergehend zurückgegangen waren.[239]

Schatten des Zweiten Weltkriegs

Ende 1996 taten sich amerikanische Holocaust-Opfer nach langen Bemühungen um die Herausgabe nachrichtenloser Vermögen zu Sammelklagen zusammen. Sie fanden im New Yorker Senator Alfonse D'Amato einen lautstarken Fürsprecher. Mit seinen masslosen Tiraden gegen die Schweiz und ihre Banken verfolgte D'Amato nicht zuletzt den Zweck, seine gefährdete Wiederwahl zu sichern (die ihm dann schliesslich doch misslang). Die Reaktionen aus der Schweizer Politik und Wirtschaft liessen jedes Selbstvertrauen vermissen und waren völlig konzeptlos, was die Angreifer zu stets neuen Attacken ermunterte. Der Bundesrat reagierte mit der Einsetzung einer Unabhängigen Expertenkommission unter Leitung des Zürcher ETH-Professors Jean-François Bergier. Auch als die innenpolitische Agenda längst von den Kontroversen um das Verhalten der Schweiz im Zweiten Weltkrieg diktiert wurde und sich etwa Bundesrat Jean-Pascal Delamuraz mit undiplomatischen Worten in die Nesseln setzte, schwieg Christoph Blocher monatelang zum Thema.

An der Albisgüetli-Tagung vom Januar 1997 vermied er zur Enttäuschung mancher Medienvertreter jede Stellungnahme und stellte die Notwendigkeit von Steuersenkungen in den Vordergrund. Die neunziger Jahre waren geprägt von einer ungeahnten Ausdehnung der Staatstätigkeit, wobei sich die Schulden und Ausgaben des Bundes, speziell für die soziale Wohlfahrt, dramatisch erhöhten. Gleiches galt für die Invalidenversicherung. Blocher kritisierte die «zunehmende Belastung und Aushöhlung des Mittelstandes» als Folge einer «falschen Politik – der falschen Politik des Umverteilungsstaates». Das von den Linken propagierte Nullwachstum sei mittlerweile Realität geworden. Die logische Konsequenz bildeten Arbeitslosigkeit, Stagnation der Einkommen, massive Defizite und Riesenlöcher in den Sozialwerken. Je leerer die Staatskassen seien, desto mehr Steuern, Gebühren und Abzüge würden erhoben: «Genommen wird dort, wo es noch hat – beim Mittelstand.»

Schatten des Zweiten Weltkriegs 413

Im Namen der Zürcher SVP lud Christoph Blocher am 1. März 1997 jedermann zu seiner «Klarstellung» der masslosen in- und ausländischen Angriffe gegen das Verhalten der Schweiz im Zweiten Weltkrieg nach Zürich-Oerlikon ein.

Im aktuellen Parteiprogramm gehörte das «Nein zu höheren Steuern, Gebühren, Abgaben und Lohnabzügen» zu den Kernforderungen. Der Umverteilungsstaat – so Blocher – begünstige «allzu viele, die von der Wiege bis zur Bahre nur immer ernten auf Kosten jener, die sich dem Säen und Pflanzen widmen». Dass sich der Kantonalpräsident in seiner Rede über die damals heftig tobende Debatte betreffend die nachrichtenlosen Vermögen völlig ausschwieg («Wir müssen nicht zu allem etwas sagen»[240]) und sich rhetorisch überhaupt zurückhaltender als gewohnt gab, überraschte manche Anhänger und Journalisten. Sie realisierten nicht, dass die Zürcher SVP mit der deutlicher als je geforderten Senkung von Steuern, Abgaben und Gebühren ein für die Zukunft höchst bedeutendes Kampffeld betrat. Als Albisgüetli-Ehrengast sprach sich Bundesvizepräsident Flavio Cotti (CVP) charmant, aber dezidiert für eine europapolitische Öffnung und für eine offene Aufarbeitung der Vergangenheit aus.[241]

Christoph Blocher nahm sich die nötige Zeit, um sich intensiv in die komplexen historischen Zusammenhänge des Zweiten Weltkriegs einzuarbeiten und daraus politische Forderungen abzuleiten. Auf den 1. März 1997 lud die Zürcher SVP mit Inseraten zu einer öffentlichen Klarstellung zum Thema «Die

Schweiz und der Zweite Weltkrieg» ins «Swissôtel» nach Zürich-Oerlikon ein, wo sich 1500 Zuhörer in zwei Säle drängten. In seiner Rede betonte Blocher, dass die jetzt als grosse Sensationen aufgebauschten Fakten «nichts Neues unter der Sonne» bedeuteten. Das Verhalten unserer Classe politique angesichts der Angriffe von Teilen der amerikanischen Ostküste erinnere an «Hühner in einem Hühnerhof, wenn der Fuchs ums Gehege schleicht». Die Landesregierung und namhafte Wirtschaftsvertreter liessen jedes klare Konzept vermissen und reagierten höchst widersprüchlich und unglücklich. Ein Teil der Medien habe die Stimmung mit fetten Sensationsmeldungen und gezielten Indiskretionen zusätzlich geschürt und «für eine miesmacherische, selbstzerfleischende Untergangsstimmung» gesorgt. Dabei seien unzählige Bürgerinnen und Bürger in ihren Gefühlen für die Heimat, die älteren unter ihnen zusätzlich in ihrer Lebensleistung für das Land, ständig aufs Neue verletzt worden. In zwanzig historischen Fakten stellte Blocher das Verhalten der Schweiz im Zweiten Weltkrieg in den grösseren Zusammenhang und äusserte sich kritisch über eine allzu hartherzige Flüchtlingspolitik, aber auch über die einseitige «Aufarbeitung» der Geschichte durch teilweise linke, ja marxistische Historiker.

Scharf ins Gericht ging der Redner namentlich mit «Selbstgerechten, Heuchlern und anderen Moralisten», die sich aus sicherer historischer Distanz zu Weltenrichtern aufschwängen und im Gegensatz zu den damaligen Behörden keinerlei Verantwortung trügen. Er geisselte die hinter der Geschichtsdebatte verborgenen politischen Absichten der Diffamierung der Neutralität und die Unterstellung einer angeblichen internationalen Isolation. Blocher forderte ein entschiedenes Auftreten gegen ungerechtfertigte Forderungen; Entschädigungszahlungen durch den Staat kämen nicht in Frage. Wo Unrecht geschehen sei, müssten die entsprechenden Bankinstitute selber zum Rechten sehen. Die *NZZ* wunderte sich, dass Blochers «Klarstellung» schon zum Voraus die ganze politische Welt in helle Aufregung versetzt hatte, als wäre er ein Verfassungsorgan des Staates: «Aber man muss es Blocher lassen, dass er eine Rede gehalten hat, die von einer Belesenheit und von einer Kraft des Situierens zeugt, welche die vor allem in Interviews und Communiqués sich äussernden Bundesräte bisher vermissen liessen.» Eine gedruckte Fassung der Rede mit Anmerkungen und Literaturliste wurde an 45 000 Mitbürgerinnen und Mitbürger gesandt, die darum ersucht hatten.[242]

Als Bundespräsident Arnold Koller vier Tage später im Parlament eine «Solidaritätsstiftung» aus überschüssigen Goldreserven der Nationalbank zur Linderung der Not in aller Welt ankündigte, urteilte Blocher, nun habe der Bundesrat «den Kopf verloren». Er meldete umgehend Widerstand an.[243] Im April startete die SVP eine Plakat- und Inseratenkampagne («Das Schweizervolk erpressen?»), welche die Methoden des Jüdischen Weltkongresses anprangerte und vor den durchsichtigen Methoden warnte, den Schweizer Finanzplatz zu schwächen, die Neutralität zu relativieren oder das Land für einen EU-Beitritt gefügig zu machen. Die Schweiz habe sich nicht zu entschuldigen; mit der geplanten Solidaritätsstiftung vergreife sich der Bundesrat am Volksvermögen.[244]

Nachdem der amerikanische Staatssekretär Stuart Eizenstat einen Bericht über das Verhalten der Schweiz im Zweiten Weltkrieg vorgelegt hatte, reagierte Christoph Blocher auf Einladung der Jungen SVP mit der Rede «Die Schweiz und der Eizenstat-Bericht» im überfüllten Kursaal Bern. Vorab bezeichnete er die Verurteilung eines souveränen Staates durch einen ausländischen Beamten als Anmassung und wies dessen Angriff auf die angeblich «unmoralische» Neutralität und damit auf geltendes Völkerrecht scharf zurück. Der Kleinstaat habe auf seiner Seite nur das Recht, dürfe sich aber keinesfalls der Macht beugen. Dann ging Blocher näher auf die Schweizer Kriegswirtschaft ein und betonte, dass das Land zur Aufrechterhaltung seiner Währung auf den Goldkauf von den Achsenmächten angewiesen gewesen sei, weil die USA die dort gelagerten Schweizer Goldreserven während des Krieges «eingefroren» hätten. Der Redner widerlegte den Vorwurf von Kriegsverlängerung und Gewinnsucht. Die Schweiz habe sich ihrer Geschichte nicht zu schämen.

Besonders heftige Reaktionen nach Blochers Eizenstat-Rede rief dessen Abrechnung mit den Kritikern im eigenen Lande hervor. Die Linke, so der Zürcher SVP-Präsident, sei in der Geschichtsdebatte wenig glaubwürdig, weil sie selber mit dem Totalitarismus kokettiert hätte. So habe das offizielle Parteiorgan der SP Schweiz dem italienischen Diktator Benito Mussolini noch nach dessen Sturz «persönliche Sauberkeit, Tatkraft und eminente Fähigkeiten» zugebilligt und ihn als «politisches Genie von grosser dynamischer Kraft» gefeiert. Eine schonungslose Kritik erfuhr auch der Schriftsteller Adolf Muschg (SP), der ein Büchlein mit dem Titel «Wenn Auschwitz in der Schweiz liegt» veröffentlich hatte. Dies sei eine Verhöhnung der Holocaust-Opfer, ebenso aber ein

Akt der Liebedienerei gegenüber Deutschland, wo Muschg schliesslich seinen hauptsächlichen Absatzmarkt finde. Blocher verglich Muschg mit dem Schweizer Schriftsteller Jakob Schaffner, der ins braune Fahrwasser geraten war und der wie Muschg die Schweizer Zuschauerrolle kritisierte, die Neutralität verspottete, das «Neue Europa» herbeisehnte und die Schweizer ebenfalls als «deutsche Kulturbürger» begriff. Das Land dürfe sich nicht zu einer staatlichen Bezahlung erpressen lassen, doch sei ein freiwillig geäufneter, privater Hilfsfonds eine gute Sache. Christoph Blocher versprach, mit gutem Beispiel voranzugehen, und kündigte eine Millionenspende aus der eigenen Tasche an.[245]

Mit seinen beiden Geschichtsreden gelang es Christoph Blocher, die öffentliche Stimmung landesweit in seinem Sinne zu drehen. Der Verunsicherung folgten wieder mehr Festigkeit und der Wille, keinerlei staatliche Entschuldigungszahlungen im Zusammenhang mit dem Zweiten Weltkrieg zu leisten. Die Schweizer Banken gründeten zwar einen Holocaust-Fonds, doch der Bundesrat beteiligte sich nicht an entsprechenden Zahlungen, wofür ihn Blocher ausdrücklich lobte. Das entschiedene Eintreten für die Kriegsgeneration und für eine gerechte Beurteilung von deren Leistung im Moment von grösstem aussenpolitischem Druck verschaffte Blocher Anerkennung und künftige Unterstützung weit über die bisherige SVP-Wählerbasis hinaus.

Da die Zürcher SVP zu zahlreichen Vorlagen in Opposition trat – was übrigens auf die SP noch häufiger zutraf –, wurde ihr zunehmend der Widerspruch zwischen ihrem teilweisen Oppositionskurs und der Regierungsverantwortung vorgehalten. Im *Zürcher Boten* stellte die Partei im Sommer 1997 klar, dass das Kollegialitätsprinzip auf Bundes- und Kantonsstufe selbstverständlich voraussetze, dass die Parteivertreter ihre Sicht ins Regierungsgremium einbrächten, danach aber getroffene Mehrheitsentscheide auch gegen ihre innere Überzeugung loyal gegen aussen zu vertreten hätten. Die Zürcher SVP habe mit dieser Rolle ihrer Regierenden keine Mühe und nehme sie als unabänderliche politische Realität hin. Umgekehrt verlange die Partei aber auch die notwendige Toleranz ihrer Regierungs- und Bundesräte, wenn die Meinung der SVP von jener der Exekutivgremien abweiche. Gegen Regierungsentscheide, welche die Partei als fasch beurteile, habe sie ohne Rücksicht auf einzelne Regierungsmitglieder anzutreten. Wenn sie das nicht tue, so das Parteicredo, erfülle sie ihren Auftrag nicht. Die Zürcher SVP sei «nicht bereit, jeden Kurs der

Kollegialregierung gutzuheissen, nur weil er aus einer Regierung kommt, in welcher die SVP mit einzelnen Vertretern dabei ist». Es komme nicht in Frage, freiwillig in die Opposition zu gehen, denn in die Opposition werde man ausschliesslich durch die Wähler geschickt: «Die SVP ist aber notfalls bereit, in wichtigen Fragen lieber die Regierungsbeteiligung als die eigene Überzeugung preiszugeben. Und sie ist bereit, auch in die Opposition zu gehen, wenn das Volk – oder im Falle des Bundesrates das Parlament – dies verlangt.»[246]

Die Erinnerungsfeier zum achtzigjährigen Bestehen der Zürcher SVP begann am frühen Sonntagmorgen des 7. September 1997 auf der Altrüti in Gossau ZH und endete mit dem gemeinsam gesungenen «Beresinalied».

Geprägt von historischem Bewusstsein war auch die eindrucksvolle Feier des achtzigjährigen Jubiläums der SVP des Kantons Zürich, zu der im September 1997 geladen wurde. Über tausend Teilnehmer strömten morgens um fünf Uhr im sonntäglichen Morgengrauen auf der Altrüti in Gossau zu einer Art Landsgemeinde unter freiem Himmel zusammen und verabschiedeten eine «Jubiläums-Proklamation». Hundert Höhenfeuer im ganzen Kanton hatten am Vorabend das Ereignis weithin sichtbar angekündigt. Parteipräsident Christoph Blocher erinnerte an die «heftigen Auseinandersetzungen» und innerparteilichen Bemühungen um eine Anpassung nach links. Die Zürcher SVP habe erfolgreich den andern, den liberalkonservativen Kurs eingeschlagen. Seit nunmehr achtzig Jahren nehme die SVP Partei für die Schweiz.

Treichler, Tambouren und «Geisselchlöpfer» umrahmten die stimmungsvolle Feier, die mit dem gemeinsamen Absingen des «Beresinalieds» der Schweizer Soldaten bei Napoleons Russlandfeldzug endete. Das Lied bedeutete für Blocher «ein eindrückliches Zeugnis gescheiterter Schweizer Teilnahme an einer abenteuerlichen Grossmachtpolitik».

In seinem Glückwunschschreiben liess Bundesrat Adolf Ogi die Zürcher SVP wissen: «In mancher Beziehung ist Zwinglis Vision wahr geworden, der Zürich und Bern ‹zwen Ochsen vor dem Wagen› genannt hat, an einem Joch ziehend.»[247] Der *Tages-Anzeiger* kommentierte, die Rituale der Zürcher SVP möchten Aussenstehende seltsam anmuten, unterschätzen solle man die Achtzigjährige aber deswegen nicht: «In den letzten zwanzig Jahren konnte sie sich von einer farblosen Mittelstandspartei zur stärksten politischen Kraft im Kanton hocharbeiten. […] Heute ist die Zürcher SVP weit mehr als nur eine Unterabteilung der Schweizer SVP.»[248]

Anlässlich des fünften Jahrestages des EWR-Neins zog Christoph Blocher eine ausführliche, mit Daten und Zahlen belegte schriftliche Bilanz, die er erstmals in alle Schweizer Haushalte verteilen liess: «Fünf Jahre nach dem EWR-Nein dürfen wir feststellen, dass sich die Drohungen und Voraussagen der EU-Befürworter als falsch erwiesen haben.» Blocher zitierte Chefunterhändler Franz Blankart, der vor der Abstimmung den Delegierten des Schweizerischen Gewerbeverbandes zugerufen hatte: «Nach fünf Jahren Alleingang würden wir aus wirtschaftlichen Gründen die EG auf den Knien bitten, uns um jeden Preis als Mitglied aufzunehmen!» Vergleiche und Statistiken zeigten, dass es den Schweizern weiterhin wesentlich besser ging als den Bürgern der EU-Staaten. Es seien keine Firmen abgewandert, sondern das Ausland habe seit 1992 wesentlich mehr investiert. Die Stärke des Franken beweise das Vertrauen in die Schweizer Währung. Das Land habe tiefere Zinsen, höhere Exporte und höhere Löhne, und auch die Arbeitslosigkeit lag trotz Rezession der neunziger Jahre weit tiefer als in der Europäischen Union.[249]

An der Albisgüetli-Tagung 1998 rief CVP-Bundesrat Arnold Koller zu einer Besinnung auf die Einheit und auf den aktiven Zusammenhalt im Staate auf. In der Geschichte der Schweiz sei das Zusammengehörigkeitsgefühl immer grösser gewesen als der Streit. Die anstehende Verfassungsreform bildete für Koller den richtigen Weg, die Grundpfeiler des Landes und seiner Einheit von unnötigen Ablagerungen der Zeit zu befreien. Kantonalpräsident Christoph Blocher hatte zuvor gefordert, dass die nicht mehr benötigten Goldreserven der Nationalbank statt in eine «Solidaritätsstiftung» besser in den AHV-Fonds übertragen werden sollten: «Die Währungsreserven der Nationalbank sind eindeutig Volksvermögen. Diese Vermögen beziehungsweise deren Erträge müssen zurück an die Bürgerinnen und Bürger.» Die Aussage markierte den Auftakt zur SVP-Goldinitiative, die Blocher den schweizerischen Delegierten an einem Sonderparteitag wie folgt empfahl: «Nach reiflicher Überlegung bin ich zur Überzeugung gelangt, dass die Verwendung der überschüssigen Währungsreserven für die AHV die gerechteste und einfachste Lösung ist. So werden dem AHV-Fonds rund 20 Milliarden zugeführt.»[250]

Ansonsten befassten sich Blochers Ausführungen am Albisgüetli 1998 mit dem Zustand der Schweiz im «Jubiläumsjahr». Er erinnerte an die Leistung des Basler Bürgermeisters Johann Rudolf Wettstein, der vor 350 Jahren am Westfälischen Friedenskongress die formelle Unabhängigkeit der Schweiz vom römisch-deutschen Reich erreicht hatte. Doch die offizielle Schweiz wolle dieses wichtige Jubiläum nicht feiern. Das sei allerdings vielleicht besser, sonst würde sich der Bundesrat nachträglich noch für die damals errungene Unabhängigkeit entschuldigen. Die Franzosen, die 1798 – also vor zweihundert Jahren – in die Schweiz einmarschiert seien, hätten kein gesundes, sondern ein dünkelhaftes, selbstgefälliges Regime beseitigt, das seine Staatsgeschäfte mit grösster Heimlichkeit umgab: «Solche Figuren finden sich in der Schweizer Politik leider noch heute, auch wenn sie keine gepuderten Perücken mehr tragen.»

Die französische Fremdherrschaft habe sich unter den schön tönenden Schlagworten «Freiheit, Gleichheit, Brüderlichkeit» vor allem für den Staatsschatz und die Alpenpässe interessiert. Blocher würdigte schliesslich die Gründung des Bundesstaates vor 150 Jahren, als man inmitten von Monarchien aus eigenem Willen den Sonderfall eines freiheitlichen, unabhängigen und neutralen Staates schuf. Jubiläen böten aber nicht nur Gelegenheit zur Rückbesinnung, sondern auch zur Weiterentwicklung. Blocher fragte sich, weshalb die Volkswahl der Kantonsregierungen nicht auch auf Bundesebene funktionieren könne, und forderte unter grossem Beifall die Volkswahl des Bundesrates. Die *Neue Zürcher Zeitung* kommentierte beeindruckt: «Die Rede, die Christoph Blocher am Freitag auf dem Zürcher Albisgüetli gehalten hat, war wohl eine der rauschendsten, am meisten zugespitzten und am freudigsten bejubelten in der genau zehnjährigen Geschichte dieser alljährlichen Kundgebung der kantonalen SVP.»[251]

Blochers Stilmittel und seine Rhetorik fanden im Übrigen zunehmend auch wissenschaftliches Interesse. So wurde die Albisgüetli-Rede des Jahres 1998 in einem Rhetorikseminar an der Universität Zürich durch die Studierenden exakt analysiert.[252] In einer Maturarbeit ergründeten drei Gymnasiasten der Kantonsschule Trogen die Blocher-Faszination und sein Schweiz-Bild. Dazu analysierten sie mehrere Albisgüetli-Reden und kamen zum Schluss, Blochers rhetorische Fähigkeiten bildeten «ein explosives Gemisch, das die Schweiz in zwei Lager zu spalten droht». Der Zürcher SVP-Chef spreche die politischen Probleme oft als einer der Ersten an und werde somit als deren Entdecker wahrgenommen: «In seinen Albisgüetli-Reden ist er konsequent und widerspricht sich – entgegen unseren anfänglichen Erwartungen – nie. In immer wieder neuen Situationen predigt er sein immer wieder gleiches Weltbild.»[253]

Roger Blum, Professor für Medienwissenschaft an der Universität Bern, begründete den Erfolg von Blochers SVP hauptsächlich mit dem politischen Positionsbezug. Statt seinen Anhang in der neuen Mitte zu suchen, habe der Zürcher Präsident von Anfang an die «konservative Rechte» besetzt. Statt diplomatisch und differenziert sei er die Probleme in Schwarzweiss-Sicht holzschnittartig angegangen. Er schöpfe die demokratischen Mitbestimmungsrechte konsequent aus. Seit den achtziger Jahren gehe kaum mehr eine Volksabstimmung vorüber, ohne dass die Zürcher SVP oder die Aktion für eine unabhängige und neutrale Schweiz (Auns) mindestens eines der vorliegenden Abstimmungsgeschäfte bekämpfe und so das politische Establishment regelmässig in Angst und Schrecken versetze. Obwohl selber Teilhaber der Machtelite, vermöge Blocher eine oppositionelle Basis zu mobilisieren. Auch wenn er Nationalrat sei, halte er wenig vom Parlament und von der «Classe politique». Er sei mittlerweile der starke Mann in der SVP, gegen dessen Willen weder der nationale Präsident noch das Generalsekretariat in Bern etwas ausrichten könnten. Als Firmenbesitzer und Milliardär verfüge er über die nötigen Mittel, um Kampagnen zu finanzieren. Und Blocher beherrsche wie kein anderer das «mediale Ereignismanagement», das dauernde Medienaufmerksamkeit schaffe. Obwohl er kaum direkten Einfluss auf die Medien ausüben könne, spiele er das Instrument der Medienaufmerksamkeit virtuos, indem er journalistische Berichte auslöse und auffällige Inserate platziere.

Öffentliche Aufmerksamkeit, so Medienwissenschaftler Roger Blum, erzeuge Blocher mit Grossveranstaltungen, Interviews und eigenen Artikeln, Fernsehauftritten, einer modernen Internetplattform, Dauerpräsenz bei den Inseraten, Broschüren sowie Ton- und Bildträgern. Überhaupt sei der konservative Politiker Christoph Blocher ungemein modern im Umgang mit Medien: «Er ist der am meisten multimediale Politiker der Schweiz.» Denn er entspreche genau den Bedürfnissen der Mediengesellschaft. Die Medien seien immer dankbar, wenn sie komplexe politische Sachverhalte an Personen festmachen könnten. Dadurch verfüge er über ein «erhebliches Störpotenzial» innerhalb der Institutionen, Verfahren und Rituale der Konkordanzdemokratie. Er lasse sich über die traditionellen Institutionen nicht einbinden und störe die «neo-korporatistischen Geheimniskrämereien» und Mehrheitsbildungen, denn er könne jederzeit Unterstützung ausserhalb der Regierungselite mobilisieren.[254]

Im Februar 1998 veröffentlichte der Bund den Bericht einer Studienkommission für strategische Fragen, die unter der Leitung von alt Botschafter Edouard Brunner getagt hatte. Die «Brunner-Kommission», der zahlreiche wichtige Persönlichkeiten aus Politik, Wirtschaft, Verwaltung und Armee angehörten, verabschiedete ihre Thesen mit allen gegen eine einzige Stimme – jene von Christoph Blocher. Im April 1998 publizierte Blocher einen Gegenbericht mit dem Titel «Strategischer Studienbericht zur Weiterentwicklung schweizerischer Sicherheitspolitik», der in 50 000 Exemplaren unter die Bevölkerung verteilt wurde. Für den Autor führten die Thesen der Brunner-Kommission nicht zu einer besseren, sondern zu einer schlechteren Politik, weil sie die «Verteidigung unserer Freiheit, Unabhängigkeit und Sicherheit» entscheidend schwäche. Sie stützten sich auf das veraltete Gedankengut der frühen neunziger Jahre und seien geprägt von «internationalem Aktivismus, Idealismus, Moralismus, durch Flickwerk, Einmischung in fremde Angelegenheiten, vorauseilenden Gehorsam gegenüber Gross- und Mittelmächten und Anschlussdrang an internationale Bündnisse». Der Bericht Brunner verfolge den schrittweisen Anschluss an Uno, EU und Nato, höhle die bewaffnete Neutralität aus, gebe die Unabhängigkeit preis und wolle die alte Blauhelm-Ideologie bewaffneter Auslandeinsätze neu auflegen. Auch werde die Schrecklichkeit des

Krieges viel zu wenig ernst genommen: «Die Nichtparteinahme ist das Gebot des Kleinstaates.» Sie bilde zudem «die beste Grundlage für die Solidarität» und den Zugang zu Leidenden sowie zu Überlebenden in Kriegsgebieten. Für die Armee sei aber ein Innovationsschub unerlässlich, um sich gegen moderne Konfliktformen wie den Informationskrieg oder gegen die Ausdehnung von Bürgerkriegen auf schweizerisches Territorium besser schützen zu können.[255]

Bei den Parlamentswahlen in der Stadt Zürich von 1998 legte die SVP nochmals um 7 auf 26 Mandate zu und wurde hinter der SP zweitstärkste Partei der Limmatstadt. Dies hinderte die «Tagesschau» des Schweizer Fernsehens nicht, die SVP als grosse Wahlverliererin hinzustellen, worauf die Unabhängige Beschwerdeinstanz für Radio und Fernsehen eine entsprechende Beschwerde guthiess. Zwar waren die Stadtratskandidaten Vilmar Krähenbühl und Emil Grabherr gescheitert; der erfolgreiche Kampf der städtischen SVP um politischen Einfluss beeindruckte dennoch und veranlasste den Politologen Leonhard Neidhart von der Universität Konstanz zu einer kritischen Analyse der Parteistrategie («Tue Gutes und sprich darüber»). In ständigem Aktivismus mit kleinen Quartierstämmen, beworben mit grossen Inseraten, mit Senioren-Nachmittagen («mit Kaffee und Kuchen»), «Puure-Zmorge» oder Frühschoppen erzwinge die Partei Aufmerksamkeit und Medienöffentlichkeit. Sie vermische bei volksnahen Veranstaltungen wie «De Samichlaus chunnt uf Schwamedinge», Lichtmess oder der Verteilung von Muttertagsgeschenken Alltagsfragen erfolgreich mit Problemen der grösseren Politik. Dies alles sei nur möglich dank einem Politsponsoring «ohne Grenzen».[256]

Die *NZZ* beschrieb den allmählichen Aufstieg der SVP-Stadtpartei als einen «ernstzunehmenden Faktor», wobei man ihr eigentlich danken müsste, dass sie den Gemeinderat weitgehend von kleinen Rechtsparteien frei gehalten habe. Dank Stadtparteipräsident Walter Frey seien «erhebliche Energie und nicht weniger erhebliche Mittel» eingesetzt worden. Die städtische SVP bezahle aber – «für die schweizerische Konsensdemokratie ein Unikum» – ihren konsequenten Oppositionskurs mit dem Ausschluss aus der Exekutive.[257]

Die kommunalen Wahlen fielen 1998 in den meisten Zürcher Gemeinden und Städten erfreulich aus. An der nachfolgenden Delegiertenversammlung ehrte Christoph Blocher die erfolgreichsten Sektionspräsidenten aufgrund exakter Ranglisten mit einem Pokal und einer Urkunde, was der *Tages-Anzeiger* prompt als «Mischung von Pfadiübung und Dorfolympiade» verspottete. Vier von neun Gemeindepräsidentinnen gehörten der SVP an. Sie wurden mit Blumensträussen geehrt, und der Präsident meinte, die Volkspartei brauche keinen «Mumpitz» wie Quoten oder Frauenförderung: «Wir sind bereits eine Partei von Frauen.» Es sei aber ein Verhängnis, auf Erfolgen sitzen zu bleiben, fügte Blocher an und rügte wegen ungenügender Resultate ausdrücklich und namentlich die Präsidenten von Bülach, Wädenswil und Meilen, denen er den Rücktritt nahelegte.[258]

Im Frühjahr 1998 wechselte der erfolgreiche Parteimanager Hans Fehr vom kantonalen Sekretariat auf die Stelle des Geschäftsführers der Aktion für eine unabhängige und neutrale Schweiz (Auns). Er behielt dabei mit Christoph Blocher seinen bisherigen Vorgesetzten als Präsidenten. Neu ins Kantonalsekretariat gewählt wurde der Jurist Thomas Meier, als Fraktionschef im städtischen Parlament Mitgestalter der Erfolgsgeschichte der SVP der Stadt Zürich. Meier war auch ausserordentlich aktiv im «Bund der Steuerzahler», wurde aber als Kantonalsekretär nicht glücklich und wechselte schon ein Jahr später als Redaktor zur *Schweizerzeit*.

Bei den Stadtratswahlen vom Februar 1998 war der SVP von Stadt und Kanton Zürich ein Coup gelungen, der die strategische Handschrift ihrer Präsidenten trug: Die Partei bewegte mit anderen Bürgerlichen die populäre Ständerätin Monika Weber vom Landesring zur Stadtratskandidatur und nahm sie auch als Kandidatin für das Stadtpräsidium auf das gemeinsame Ticket. Weber scheiterte zwar am Präsidium, wurde aber in die Stadtregierung gewählt und trat – ausserhalb der normalen Erneuerungswahlen – von ihrem Ständeratsmandat zurück. Umgehend hoben die SVP-Delegierten einstimmig Regierungsrat Hans Hofmann auf den Schild. Der ebenso reputierte wie konsensfähige Horgener vermochte im Juni 1998 seine Konkurrentin Regine Aeppli von der SP zu überflügeln. Damit stellte die Zürcher SVP nach elfjähriger Absenz wieder einen Vertreter in der kleinen Kammer.[259] Zusammen mit Vreni Spoerry und später mit Trix Heberlein (beide FDP) vertrat Hofmann eine zuverlässig ungeteilte bürgerliche Standesstimme.

Auf Antrag der Zürcher Partei erteilte eine ausserordentliche Delegiertenversammlung der SVP Schweiz im Sommer 1998 dem Leitenden Ausschuss den verbindlichen Auftrag zur Abfassung eines Berichts über die Einführung

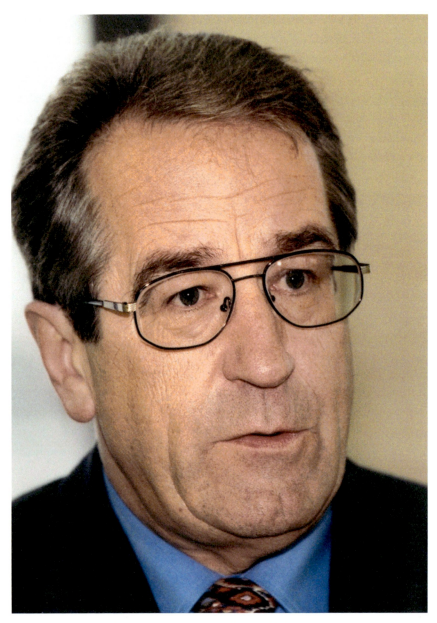

Nachdem sich Baudirektor Hans Hofmann (*1939) im Juni 1998 souverän gegen eine SP-Herausforderin durchgesetzt hatte, vertrat der Horgener den Kanton Zürich bis 2007 als allseits geschätzter Ständerat. Der frühere Spitzensportler im Wasserball arbeitete in der kleinen Kammer vorzüglich mit den FDP-Kolleginnen zusammen.

der Volkswahl des Bundesrates. Es entspreche dem schweizerischen Selbstverständnis, so argumentierten die Zürcher, dass die Macht von den Bürgern ausgehe und der Staat von unten nach oben organisiert sei. In sämtlichen Kantonen sei der Gedanke der Volkssouveränität durch die Volkswahl der Regierungen weitgehend verwirklicht, hingegen auf Bundesebene noch unvollständig umgesetzt. Bei Erarbeitung der neuen Bundesverfassung von 1848 habe die zuständige Kommission die Volkswahl des Bundesrates wegen einer einzigen fehlenden Stimme nicht beschlossen. Es gebe aber kein einziges Argument gegen die Volkswahl der Regierung auf Bundesebene, das man in den Kantonen nicht ebenso gut vorbringen könnte.[260]

Im Juni 1998 führte die Stadtzürcher SVP einen lautstarken Kampf gegen ein vom Hilfswerk Caritas betreutes Kontaktnetz für Kosovo-Albaner, das die Steuerzahler mitfinanzieren sollten. Auf dem Plakat war das Wort «Kontaktnetz» relativ klein geschrieben, so dass man von weitem nur den Slogan «Kosovo-Albaner Nein» las. Damit betreibe die Stadtpartei – so die sofort erhobene Kritik – Stimmungsmache gegen eine Randgruppe. Die Stimmbürger unterstützten aber die Opposition der SVP, was auf ein deutliches Unbehagen bezüglich der Integration dieser rasch wachsenden Bevölkerungsgruppe schliessen liess. Die Plakat-Verantwortlichen hatten sich in der Folge einem über Jahre dauernden Strafverfahren zu unterziehen; es waren nicht weniger als zehn Angeklagte. Das Obergericht bestätigte schliesslich die Freisprüche des Bezirksgerichts, wonach die SVP-Inserate nicht rassendiskriminierend gewesen seien.[261]

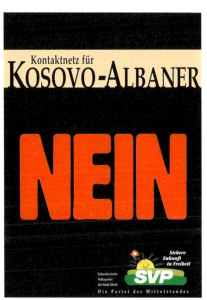

1998 vermochte die SVP der Stadt Zürich im Alleingang, die Stimmberechtigten von einem Nein für ein staatlich finanziertes Kontaktnetz für Immigranten aus dem Kosovo zu überzeugen.

Im November 1998 führte die SVP der Stadt Zürich eine weitere grundsätzliche Auseinandersetzung: Sie hatte gegen das mit Steuergeldern unterstützte Stricher-Projekt «Herrmann» das Referendum ergriffen und machte nun in einem hitzigen Abstimmungskampf gegen diese in Form einer Beratungsstelle betriebene «Randgruppenverhätschelung» mobil. Das städtische Sozialamt begründete seine Vorlage mit der Aussage, die männlichen Prostituierten seien einem erhöhten HIV-Infektionsrisiko ausgesetzt, und es gelte, deren Selbstbewusstsein zu stärken. Dies erfordere eine spezifische Beratung und Betreuung, etwa in Form der von der SVP massiv kritisierten Broschüre «Strichzone». Denn Ziel des Projekts «Herrmann» war ausdrücklich nicht der Ausstieg der Stricher aus der Prostitution, sondern die Verhinderung einer HIV-Infektion. Das Zürcher Stimmvolk hiess den Kredit trotz der SVP-Gegenpropaganda mit 55 Prozent gut.[262]

Im Gegensatz zu Walter Freys aktiver Stadtpartei ortete Präsident Christoph Blocher im Herbst 1998 bei der Kantonalpartei eine gewisse Bequemlichkeit und unangebrachte Ermüdungserscheinungen. Er schien daher nicht gewillt, eine Kampagne gegen die Sechs-Millionen-Vorlage für den Versuch eines Behandlungsprogramms für Sexual- und Gewaltstraftäter in der Strafanstalt Pöschwies zu bewilligen. Als Werber Hans-Rudolf Abächerli aber eine Neuauflage des «Messerstecher»-Inserats mit angepasstem Text vorschlug, fand Blocher an der Idee Gefallen. Die SVP erreichte an der Urne als einzige Neinsager-Partei den Triumph einer runden 53-Prozent-Mehrheit. Nicht weniger als elf von zwölf Bezirken sowie 154 von 171 Gemeinden hatten das Ansinnen verworfen. Gemäss Parteisekretär Thomas Meier bedeutete das Nein «eine klare Ablehnung eines Strafvollzuges, der sich zunehmend an den Bedürfnissen der Täter orientiert, dem Grundsatz ‹Therapierung um jeden Preis› folgt und mittlerweile die Grenzen des finanziell Tragbaren überschritten hat». Die Befürworter klagten, es sei der SVP gelungen, sich das Unbehagen der Bevölkerung gegenüber Sexual- und Gewaltstraftätern «mit sehr grossem finanziellem Aufwand und einem polemischen Inserat» zu Nutze zu machen: «Es gelang ihr, fälschlicherweise den Eindruck zu wecken, es gehe in erster Linie um Luxus für die Täter statt um mehr Sicherheit für die Öffentlichkeit.»[263]

Zu Sorgen Anlass gab der SVP die politische Ausrichtung des Freisinns. Franz Steinegger, Präsident der FDP Schweiz, orientierte sich am «dritten Weg» zwischen Kapitalismus und Sozialismus des britischen Labour-Premiers Tony Blair und am Beispiel des sozialdemokratischen deutschen Reformkanzlers

Gerhard Schröder. Steineggers Forderung nach einer Überwindung der traditionellen politischen Lager («Wir müssen raus aus der Rechts-links-Orientierung») irritierte die Volkspartei, für die das Rechts-links-Schema gültiger Massstab des unterschiedlichen Staatsverständnisses blieb. Als die FDP ein Jahr vor den nationalen Wahlen 1999 ihre «Vision 2007» vorstellte, erschrak die SVP weniger über die Unterscheidung zwischen «Modernisierern» und «Bewahrern» oder über vollmundige Fantasien eines Wähleranteils von 35 Prozent (unter anderem dank Fusion mit dem «vernünftigen Flügel der SVP»), stärkster Fraktion in Bundesbern und verdoppeltem Frauenanteil. Beunruhigt wurde die SVP vielmehr durch die freisinnige Prophezeiung, dass das Land 2007 «Mitglied in der Uno, der EU und der Nato» sei.[264]

Zu Beginn des Jahres 1999 übernahm der junge Jurist Claudio Zanetti als neuer Geschäftsführer das kantonale Parteisekretariat. Der Küsnachter hatte seine berufliche Karriere als PR-Berater in einer Zürcher Kommunikationsagentur gestartet und mehrere Jahre beim Verband Schweizerischer Maschinenindustrieller gearbeitet. Seine journalistische Begabung bewies Zanetti bereits als ständiger Mitarbeiter bei der *Schweizerischen Akademiker- und Studentenzeitung* SSZ. Für einiges Aufsehen hatte gesorgt, als der Jungliberale gemeinsam mit Gregor A. Rutz die FDP verliess und zur SVP übertrat, da beide wegen ihrer grundsätzlich liberalen Positionen mit dem freisinnigen Mittekurs in Konflikt gerieten und bei der FDP entsprechend ausgegrenzt wurden. Parteipräsident Christoph Blocher berief Zanetti ins Kantonalsekretariat, wo dieser sofort die zunehmende Bedeutung von Medien und politischer Kommunikation erkannte und die entsprechenden Journalistenkontakte geschickt handhabte.

1999: der Durchbruch

Im Albisgüetli sprach Christoph Blocher 1999 zum Thema «Unsere Politik im 21. Jahrhundert» und widmete die Rede den sieben Bundesräten. Bundespräsidentin Ruth Dreifuss (SP) hatte ihre Teilnahme verweigert und liess ausrichten, «nicht jede Tradition lohne eine Fortsetzung». Im Albisgüetli gab es nach ihrer Meinung «keinen Dialog»; vielmehr sei die Veranstaltung «eine Einbahnstrasse mit dem Ziel, die Politik des Bundesrates zu demontieren».[265] An ihrer Stelle sprang Hans Meyer, Präsident des Direktoriums der Schweizerischen Nationalbank und Erfinder der «Solidaritätsstiftung», in die Bresche. In einer betont nüchternen Rede erklärte Meyer seine Aufgaben als nationaler Währungshüter. Beim Thema EU sprach er sich für Pragmatismus aus: Die bilateralen Verträge seien gut, über zusätzliche Schritte Richtung EU müsse jetzt nicht weiter spekuliert werden.

Parteipräsident Christoph Blochers Gedanken gingen aus von den dürftigen offiziellen Jubiläumsfeiern «im Elfenbeinturm» von 1998. Er bedauerte, dass im zu Ende gehenden Jahrhundert der Drang nach staatlicher Allmacht zu gewaltigen Menschheitskatastrophen geführt habe. Blocher rief auf zum Kampf gegen Misswirtschaft und Korruption und verlangte: «Stoppt den Staat, er ist zu teuer.» Der Redner schilderte Neutralität, direkte Demokratie und Föderalismus als Zukunftsmodelle und sagte ein Dreiparteiensystem voraus: zur Linken die Sozialisten – denn diese werde es immer geben –, zur Rechten die «Selbstverantwortungspartei» (abgekürzt SVP) und in der Mitte die WWP – die «Wischiwaschi-Partei». Der *Tages-Anzeiger* kommentierte: «Man kann es drehen und wenden, wie man will: Christoph Blocher, Nationalrat und Präsident der Zürcher SVP, hat Witz. Und erstaunlicherweise fühlt man sich in der Regel nicht einmal gezwungen, ideologische Kröten zu schlucken, der Witz ist auf den ersten Blick geradezu unpolitisch und mehrheitsfähig.»[266] Die Albisgüetli-Rede von 1999 wurde in alle Schweizer Haushaltungen verschickt und forderte den linksfreisinnigen Zuger alt Ständerat und ehemaligen Seminarlehrer Andreas Iten zu einer beflissen-kritischen, aber ziemlich humorlosen Analyse heraus.[267]

Anlässlich der kantonalen Wahlen von 1999 galt es den zurücktretenden Regierungsrat Hans Hofmann zu ersetzen. Die SVP portierte den Oberrichter und Präsidenten des kantonalen Geschworenengerichts, Christian Huber aus Pfäffikon. Huber hatte zuvor keine klassische Politikerlaufbahn absolviert, sondern seine Karriere innerhalb der dritten Gewalt, der Judikative, durchlaufen. Nationale Bekanntheit erlangte er durch seine überlegene Verhandlungsleitung beim «Jahrhundertprozess» gegen den Sexualstraftäter René Osterwalder. Selbst der *Tages-Anzeiger* bezeichnete den Kandidaten als «glänzenden Juristen mit kantigen politischen Positionen».[268] Nach einem engagierten Wahlkampf erreichte Huber als Neuling hinter der erstplatzierten Rita Fuhrer den ausgezeichneten dritten Platz, obwohl ihm Umfragen einen harten Kampf am Schlussstrich vorausgesagt hatten. Beeindruckt kommentierte die *NZZ*, «dass der intellektuelle Töff-Freak, der bekennende, wenig zimperliche Konservative mit dem gediegenen Auftreten bei einer breiten Wählerschaft Anklang findet».[269]

Christian Huber (*1944), als Sohn eines Tramwagenführers in Zürich aufgewachsen, studierte und promovierte an der Universität Zürich, war juristischer Sekretär am Bezirksgericht Uster und seit 1974 Staatsanwalt. 1981 erfolgte seine Beförderung zum Oberstaatsanwalt, 1987 die Wahl zum Oberrichter und 1994 zum Präsidenten der Geschworenenkammer. Politisch profilierte sich Huber in der SVP als wichtiger Experte in Sicherheits- und Betäubungsmittelfragen und wandte sich entschieden gegen die staatliche Drogenabgabe. Als Präsident der Ortspartei Pfäffikon hatte er Rita Fuhrer erfolgreich bei den kantonalen Delegierten als Regierungsratskandidaten empfohlen. In der Zürcher Regierung übernahm Huber die Finanzdirektion. Die regelmässigen Ausgabenerhöhungen, die er im Namen der Kollegialbehörde vertrat, führten bald schon zu Spannungen mit der Fraktion, die Einsparungen und Steuersenkungen forderte. Wegen unüberbrückbarer Differenzen zu einem Teil der Parteileitung kündigte Christian Huber im September 2004 völlig überraschend seinen Rücktritt auf Frühjahr 2005 an. Damit versetzte er seine Kantonalpartei in die schwierige Situation einer Einzelvakanz, so dass sie seinen Sitz nicht zu halten vermochte. Nach dem Rücktritt bereiste Christian Huber mit seiner Frau Charlotte auf dem eigenen Hausboot «Kinette» Westeuropas Wasserstrassen.[270]

Unmittelbar vor den kantonalen Wahlen traten vier Amtsträger der SVP Dübendorf unter grosser Anteilnahme der lokalen Presse aus der Partei aus. Sektionspräsidentin Maja Ziörjen hatte schon im Oktober 1998 ihrem Missmut uber die kantonale Parteileitung in Form eines «offenen Briefs» in mehreren Zeitungen Luft gemacht. Auslöser war die Tatsache, dass die Zürcher SVP bei der Bekämpfung eines Therapiegefängnisses wieder zu den «Messerstecher»-Inseraten gegriffen hatte. «Das Auftreten der Zürcher Kantonalpartei» und «die simplen und oft nicht fundierten Aussagen» – so Maja Ziörjen –, «aber auch die stillose, plakative Werbung sind erschreckend. Es ist längst Zeit, mit der ewigen Provokation aufzuhören.» Ihre Kritik an einer Delegiertenversammlung und eine Aussprache blieben nach ihrer Einschätzung ergebnislos. Nach einem Misstrauensantrag an der Generalversammlung der SVP Dübendorf wurde Ziörjen mit knapper Mehrheit abgewählt. Daraufhin verliess auch ihr Ehemann, Stadtrat Lothar Ziörjen, die Partei, um später bei den Demokraten und schliesslich bei der BDP Anschluss zu finden. Ihrem Beispiel folgten auch ein Stadtparlamentarier und ein Schulpfleger. Entgegen manchen Erwartungen aussenstehender Beobachter blieb das Dübendorfer Vorkommnis aber ein Sturm im Wasserglas und wuchs sich nicht zu einem Aufstand gegen die kantonale Führung aus.[271]

Parteisekretär Claudio Zanetti mochte neben der direkten Konfrontation auch den schalkhaften Kampf mit der feineren Klinge. Im Vorfeld der kantonalen Wahlen von 1999 erschien ein Inserat mit dem Titel «Guet Nacht FDP!» Darin warf ein «Überparteiliches Komitee besorgter Steuerzahler» den Freisinnigen vor, keine «verlässliche Kraft und treue Verbündete der SVP» mehr zu sein. Illustriert war dieses Inserat mit einem Bild aus Wilhelm Buschs «Frommer Helene»: Onkel Nolte stand mit Schlafmütze gähnend vor dem Bett, darunter las man den Vers: «Bald kommt die FDP auch herein / Und scheint bereits recht müd zu sein.» Die angesprochene FDP des Kantons Zürich reagierte rasch und ebenfalls mit Busch: «Eins, zwei, drei! Im Sauseschritt / Läuft die Zeit; wir laufen mit» und grüsste freundlich «Guten Morgen SVP!». Dies war allerdings verbunden mit dem weniger freundlichen Vorwurf, die SVP sei zur Neinsagerpartei geworden, die ihre bürgerlichen Partner diffamiere.[272]

Im Vorfeld der Kantonsratswahlen vom Frühjahr 1999 schien die politische Situation erstaunlich ruhig. Die SVP hatte zuvor wichtige Volksabstimmungen verloren. So vermochte sie nicht, die Einführung einer Leistungsabhängigen Schwerverkehrsabgabe (LSVA) oder den Bundesbeschluss über Bau und Finanzierung von Infrastrukturvorhaben des öffentlichen Verkehrs (FinöV) zu verhindern. Auch die Volksinitiative «Wohneigentum für alle» – lanciert vom Hauseigentümerverband – ging verloren.

Für einmal stieg die Partei mit einer ausgesprochenen Positivkampagne ins Rennen: Ihre Inserate und Flugblätter forderten eine Senkung der Steuern und der Staatsausgaben und zeigten dazu ein prall gefülltes Portemonnaie und den

Slogan: «Damit Deinem Schatz mehr zum Leben bleibt.» Als die Kantonalpartei im März an einer Medienkonferenz ihr neues, unter Programmchef Rudolf Ackeret erarbeitetes Programm 1999–2003 («Wohlfahrt, Freiheit, Sicherheit») vorstellte, interessierte dies keine Handvoll Journalisten, so dass sich Präsident Blocher Sorgen um die Stimmung in der Bevölkerung machte.[273] Das SRG-SSR-Wahlbarometer prophezeite jedenfalls eine Mobilisierung der Mitte, eine gestärkte SP und eine stagnierende SVP. Der *Tages-Anzeiger* sprach eine Woche vor den Kantonsratswahlen vom «Schlaf der SVP». Die *Weltwoche* wusste noch drei Tage vor den Zürcher Wahlen, «dass Christoph Blocher gegenwärtig in einem Formtief steckt und dass Jungstar Ruth Metzler nicht nur dem alternden Politpolterer die Show stiehlt, sondern auch dem Thurgauer [sic!] SVP-Vorzeigejugendlichen Toni Brunner längst den Rang abgelaufen hat».[274]

Doch der Wahltag vom 18. April 1999 brachte für zürcherische Verhältnisse enorme Verschiebungen, ja eine eigentliche Erschütterung der bisherigen Kräfteverhältnisse. Der Wähleranteil der SVP stieg gegenüber den Parlamentswahlen vor vier Jahren von 20,6 auf 30,2 Prozent beziehungsweise von 40 auf 60 Kantonsratssitze. Die Zürcher SVP konnte also um ein volles Drittel zulegen. In 15 von 18 Wahlkreisen gewann die Partei Mandate hinzu, selbst in den Städten Zürich und Winterthur erreichte die SVP über 20 Prozent der Stimmen. Die Medien hatten mit einem Resultat dieser Deutlichkeit ganz offensichtlich nicht gerechnet und zeigten sich über den «Erdrutschsieg» überrascht, ja überrumpelt. Ein solcher Wahlausgang – lautete die gängige Analyse – belohne eine im Ganzen über viele Jahre konstante Politik.[275]

Die FDP verlor 11 Mandate, der einst so stolze Landesring zog gerade noch mit 2 Vertretern ins Kantonsparlament ein. Franz Steinegger, Präsident der FDP Schweiz, kommentierte im *Tages-Anzeiger* resigniert: «Manchmal beneide ich Christoph Blocher. […] Es war einmal die Stärke der Zürcher FDP, ganz nah bei den Bürgern zu sein. Das macht jetzt die SVP.»[276] Blocher selber zeigte sich über den überwältigenden Erfolg allerdings mehr besorgt als erfreut und lud die alten und neuen Kantonsrätinnen und Kantonsräte bereits auf den folgenden Samstagmorgen zur Beratung und Entschlussfassung der Legislaturziele, die alle Gewählten per Unterschrift bekräftigten.

Nun machten sich die Medien vertieftere Gedanken über die Gründe des Erfolgs der Zürcher SVP. *Das Magazin*, Wochenendbeilage des *Tages-Anzeigers*, erklärte die Partei zur «Erfolgmaschine» und entlarvte das platte Vorurteil, die Volkspartei des Kantons Zürich sei «eine Stammtischpartei mit dummem Fussvolk, das dem Führerkult huldige». In Wahrheit sei der Erfolg das Resultat einer straffen Organisation, die schlicht professioneller sei als die der Gegner. Christoph Blocher gebe die Botschaft vor, dass die Leute in der heutigen schwierigen Lage das Bedürfnis nach Politikern, Parteien und Behörden hätten, denen sie vertrauen könnten und die pickelhart zu ihrer Meinung stünden. Da das Parteisekretariat klein sei, müsse man mit schlanken, effizienten Strukturen arbeiten und vieles an die Basis delegieren. Sekretär Claudio Zanetti erklärte den föderalen, durch und durch demokratischen Aufbau der Partei, die nach «transparenten, strategisch ausgerichteten Grundsätzen» arbeite. Es herrsche eine gegenseitige innere Verpflichtung gegenüber den gemeinsamen Grundwerten. Der frühere Parteisekretär Hans Fehr führte aus, dass hinter jeder Parole eine «lange, professionelle Entscheidfindung» stehe, bei der sich kompetente Leute zuvor intensiv mit der Materie beschäftigt hätten. Aus politologischer Sicht meinte Andreas Ladner, dass sich die SVP die Schwäche und Verunsicherung des Milizsystems zu Nutze mache, indem sie ihre Amtsträger mit einfach gehaltenen, aber gründlich aufgearbeiteten, substantiellen Unterlagen über die einzelnen politischen Themen beliefere.[277]

Am Tag der kantonalen Wahlen kam auch die neue, gemäss Bundesrat und Parlament lediglich «nachgeführte» Bundesverfassung zur Abstimmung. Obwohl keine Regierungspartei das Projekt bekämpfte und sich nennenswerter Widerstand lediglich um die SVP-nahe Zeitung *Schweizerzeit* unter Nationalrat Ulrich Schlüer organisisert hatte, stimmten über 40 Prozent gegen die Vorlage. Hätte die eher skeptische SVP die neue Bundesverfassung bekämpft, deren Präambel übrigens vom Germanisten und Schriftsteller Adolf Muschg (SP) stammte, wären die Fronten allerdings völlig anders verlaufen: Es wäre wohl zu einem parteipolitischen Grabenkampf aller gegen die SVP gekommen, was eine Ablehnung noch wahrscheinlicher gemacht hätte. Die Zürcher SVP leistete keinen Widerstand, weil die nachgeführte Verfassung das Völkerrecht lediglich zu «beachten» versprach und dieses keinesfalls über das Landesrecht stellte. In der Botschaft zur neuen Bundesverfassung wurde vielmehr festgehalten, das Verhältnis Landesrecht/Völkerrecht sei «politisch beladen». Deshalb habe man «bewusst darauf verzichtet», die «Streitfrage betreffend das Verhältnis von Völkerrecht und Landesrecht im Rahmen der Nachführung zu klären».[278]

Um den Siegeszug des einstigen Juniorpartners zu stoppen, griff FDP-Präsident Franz Steinegger zunehmend zum Extremismusvorwurf und zur Nazi-Keule. Im Verbund mit den Blättern des Ringier-Verlags behauptete er im Mai 1999: «Blochers Stil erinnert zunehmend an die Nazi-Sprache. Denn die Art, wie er unser politisches System niedermacht, hat viele Parallelen mit der Kritik der Nationalsozialisten in den 30er Jahren am damaligen Parlament.»[279] Hinter der Konstruktion solcher Geschichtsbezüge stand Ringier-Chefpublizist Frank A. Meyer, einflussreicher Koordinator des Anti-Blocher-Lagers. Doch die eher hilflos anmutenden Diffamierungsversuche änderten nichts an der Tatsache, dass der Freisinn und auch die CVP wegen ihrer europapolitischen Ausrichtung mittlerweile das binnenwirtschaftlich ausgerichtete Lager von Gewerbetreibenden, KMU, Selbständigerwerbenden und Bauern ebenso verloren hatten wie grosse Teile der mittelständischen Arbeitnehmer in den Agglomerationen.

Anfang August 1999 präsentierte die SVP Schweiz eine zweite Asylinitiative. Im Zentrum stand eine Drittstaatenregelung, die derjenigen der Nachbarländer entsprechen sollte. Wer über ein sicheres Nachbarland in die Schweiz einreise, könne nicht an Leib und Leben bedroht sein. Die Fürsorgeleistungen sollten gesamtschweizerisch geregelt und bei jenen reduziert werden, die das Asylrecht missbrauchten. Nicht zuletzt, weil alle Asylbewerber per sofort sämtliche Leistungen der obligatorischen Krankenversicherung beanspruchen durften, waren die Prämien entsprechend explodiert. Darum sollten die Kantone Ärzte, Zahnärzte und Spitäler für Asylbewerber selber aussuchen können. Das zur Asylinitiative gehörige Plakat zeigte einen zwielichtigen Mann, der die Schweizerfahne zerreisst. Einmal mehr erhob sich wegen der Karikatur ein Sturm der Entrüstung inklusive entsprechender Rassismusvorwürfe.

Noch im gleichen Monat lancierte die nationale Partei die Goldinitiative, wonach die Erträge der nicht mehr für geld- und währungspolitische Zwecke benötigten Goldreserven in den AHV-Fonds statt in die «Solidaritätsstiftung» fliessen sollten. Die SVP äusserte die Überzeugung, dass die «Stiftung solidarische Schweiz» unter erpresserischem Druck des Auslandes zustande gekommen sei und das Land stets aufs Neue erpressbar mache. Wenn die überschüssigen

Ueli Maurer und Christoph Blocher lancierten im August 1999 die Volksinitiative «Überschüssige Goldresereven in den AHV-Fonds». Damit konnte die von Bundesrat und Parlament vorgesehene «Solidaritätsstiftung» verhindert werden.

Goldreserven indessen in den AHV-Fonds flössen, sei die AHV mit weiteren Massnahmen bis 2010 ohne neue Steuern und Abgaben gesichert.[280]

Eine Woche vor den National- und Ständeratswahlen mischte sich der *Sonntagsblick* in einer bislang nicht erlebten Weise in den Wahlkampf ein. Das Boulevardblatt veröffentlichte eine siebenseitige Titelreportage unter den fetten Lettern «Dieses Dokument beweist: Blocher lobt Auschwitz-Leugner». Man wollte belegen, dass Christoph Blocher in einem Dankesbrief an einen Bürger ein «übles Rassistenbuch» gelobt habe. Rasch ergab sich – Blocher konnte sich in den Medien auch unverzüglich entsprechend erklären –, dass er über den Verfasser eines ihm nur dem Titel nach bekannten Buchs («Vom Untergang der schweizerischen Freiheit») geschrieben hatte: «Wie recht er doch hat!» Es war unschwer festzustellen, dass hinter dem Angriff des Verlagshauses der Ringier-Mann Frank A. Meyer stand, dessen Einflusssphäre und Umgang Blocher stets sorgfältig gemieden hatte.

Wie vorsätzlich der *Sonntagsblick* politisch terminierte, belegt die Tatsache, dass die *Wochenzeitung* genau dieselbe Geschichte schon zwei Jahre früher veröffentlicht hatte. Meyer nannte Blocher in seinen Sonntagskolumnen jeweils nicht beim Namen, sondern schrieb nur noch vom «Populistenführer», um mit dem Wort «Führer» entsprechende Assoziationen zu wecken. EU-Beitrittsbefürworter Frank A. Meyer erhob jetzt den Vorwurf, Blocher habe eine Brücke «über den Graben, der unsere demokratische Kultur bisher vom rechten Extremismus trennte», gebaut. Und keiner baue eine Brücke, ohne sie schliesslich zu überqueren: «Jetzt hat Christoph Blocher seine Brücke fertiggebaut. Er ist drüben angelangt.» Ausgiebig zitierte der *Sonntagsblick* gegnerische Politiker oder Vertreter der Berner SVP. FDP-Präsident Steinegger sagte beispielsweise: «Trotz aller politischen Gegensätze hoffte man immer noch, dass Blocher nicht so weit geht. Dass er nicht in die braune Suppe langt. Jetzt zeigt sich aber: Er langt in die braune Suppe hinein.»[281]

Mit der Devise «Sichere Zukunft in Freiheit» zog die SVP des Kantons Zürich erfolgreich in die eidgenössischen Wahlen von 1999.

Die knapp terminierte Kampagne wurde von den andern Medien bereitwillig aufgenommen und sollte den Siegeszug der erfolgsverwöhnten SVP gewissermassen auf der Zielgeraden noch abfangen. Doch es kam anders. Das politische Ziel der medialen Vorwürfe wurde von der Bevölkerung durchschaut, und es zeigte sich an der Urne eine wuchtige Gegenbewegung. Die SVP triumphierte am Wahlsonntag vom 24. Oktober 1999 mit einem Anstieg ihres Wähleranteils von 14,9 auf 22,5 Prozent. Innert vier Jahren hatte sie landesweit den Sprung von der viertstärken zur stärksten Partei geschafft. Ein solcher Erdrutsch zugunsten einer einzelnen Partei war in der Geschichte des Bundesstaates beispiellos.

Der *Blick* vermeldete auf der Frontseite mit riesigen Buchstaben: «SVP – der totale Triumph». Die Partei habe die politische Landschaft der Schweiz umgepflügt, kommentierte der Chefredaktor: «Die Zauberformel ist so gut wie tot.» Der *Tages-Anzeiger* erinnerte daran, dass es ähnliche Verschiebungen seit Einführung des Proporzes vor achtzig Jahren nicht mehr gegeben habe: «Die

Schweiz rückt nach rechts.» Der Sieg der Volkspartei auch im Kanton Zürich sei nicht auf eine dort besonders wirkungsvolle Politik zurückzuführen: «Es war vielmehr ihr nationaler Auftritt, der das kantonale Ergebnis ermöglichte, ihre Haltung zu Ausländern, Holocaust-Geldern und EU. Und es war die Ausstrahlung ihres Chefs Christoph Blocher.» Die *NZZ* sprach erneut von einem «Erdrutschsieg», von einem «Durchmarsch der SVP» und wähnte vor allem die Zürcher SVP in einem «rekordmässigen Hoch».[282] Der Erfolg war besonders in jenen Kantonen gross, in denen die Partei den sogenannten «Zürcher Kurs» vertrat, eher bescheiden jedoch dort, wo der sogenannte «Berner Kurs» als Leitlinie galt. Die SVP legte insgesamt um 14 Nationalratssitze zu und steigerte sich im Kanton Zürich von 9 auf 13 Mandate; sie verzeichnete in sämtlichen Wahlkreisen Gewinne. Hans Hofmann vermochte seinen Ständeratssitz mühelos zu verteidigen. Da die Ost-Liste mit Spitzenkandidat Christoph Blocher besonders häufig eingeworfen wurde, zogen im Sog des Kantonalpräsidenten gleich fünf neue Zürcher SVP-Gesicher in den Nationalrat ein.

Der Bauunternehmer Robert Keller (*1938) aus Pfäffikon politisierte in Bern acht Jahre als Spezialist für Umwelt, Energie und öffentliche Bauten. Nach den Schulen in Andelfingen hatte er eine Lehre als Zimmermann und dann die Ausbildung zum Bauführer und Baumeister absolviert. Von 1970 bis 1983 leitete Keller ein Baugeschäft in Turbenthal und übernahm dann das Bauunternehmen Stahel AG in Pfäffikon, dem er zuletzt als Verwaltungsratspräsident vorstand. Einige Zeit arbeitete er im Gemeinderat von Embrach mit, wo er auch das Parteipräsidium bekleidete. Die besondere Aufmerksamkeit des jederzeit kameradschaftlichen, hilfsbereiten Kollegen galt dem Kernenergiegesetz, dem Elektrizitätsmarktgesetz und dem CO_2-Gesetz. Keller setzte sich auf verschiedenen Ebenen für die Hauseigentümer und für das Gewerbe ein. Er präsidierte «Bauenschweiz», die Dachorganisation der Baubranche. Seine militärische Karriere hatte ihn bis zum Grad eines Obersten und Kommandanten eines Luftschutzregiments geführt. Mitunter nahm Robert Keller die Freiheit in Anspruch, eine von der Partei abweichende Meinung zu vertreten, etwa bei der Armee XXI, der Personenfreizügigkeit und der Neugestaltung des Finanzausgleichs.[283]

Christoph Mörgeli (*1960) aus Stäfa sass erst zwei Jahre im Kantonsrat, als seine Wahl in den Nationalrat erfolgte. Dort wirkte er 16 Jahre lang in der Aussenpolitischen Kommission und acht Jahre in der Kommission für Bildung, Wissenschaft und Kultur. Hauptberuflich promovierter Historiker, führte ihn die Tätigkeit als Konservator des Medizinhistorischen Museums der Universität Zürich zur Habilitation und zur Titularprofessur. 1996 wurde Mörgeli für sein wissenschaftliches und museales Wirken mit dem Conrad-Ferdinand-Meyer-Preis ausgezeichnet, 2008 wählten ihn die Schweizer Journalisten zum «Kolumnisten des Jahres». Militärisch war er Oberstleutnant und kommandierte ein Mechanisiertes Füsilierbataillon. Christoph Mörgeli hatte schon als Zehnjähriger Plakate

für die Regierungsratskandidaten Stucki und Günthard aufgehängt und war mit 17 Jahren der Jungen SVP und der Mutterpartei beigetreten. Dort engagierte er sich im Leitenden Ausschuss der SVP Schweiz sowie als Programmchef auf nationaler und kantonaler Ebene. Als Befürworter eines möglichst einheitlichen Auftretens der Partei, als scharfzüngiger Redner und Verfasser polarisierender Kolumnen in der *Weltwoche* und im *Zürcher Boten* machte sich Mörgeli nicht nur Freunde. Eine politische Intrige führte zu seiner Entlassung als Museumsleiter an der Universität Zürich, was das Zürcher Verwaltungsgericht nachträglich als «treuwidrig» und «unrechtmässig» beurteilte. Mörgelis öffentlich ausgetragener Kampf um seine berufliche Reputation wurde von der Zürcher Wählerschaft allerdings als zu verbissen taxiert; 2015 verpasste er die Wiederwahl als Nationalrat.[284]

Bruno Zuppiger (1952–2016) aus Hinwil hatte sich im Kantonsrat bereits einen Namen als Finanzpolitiker und Präsident der Wirtschaftskommission gemacht, bevor er 1999 in die grosse Kammer einzog. Er unterrichtete ursprünglich als Lehrer in Goldingen und Hinwil, wechselte aber 1982 als Sekretär und späterer Direktor zum Zürcher Gewerbeverband. 1995 machte er sich als Wirtschafts- und Unternehmensberater selbständig und betreute mehrere Verwaltungsratsmandate. In seiner Wohngemeinde wirkte er als Gemeinderat und präsidierte zeitweise die Bezirkspartei Hinwil. In Bern wurde Zuppiger Mitglied der Finanzkommission, der Kommission für Wirtschaft und Abgaben sowie Mitglied und Präsident der einflussreichen Finanzdelegation. Der Oberst und frühere Kommandant eines Rettungsregiments brachte sein militärisches Wissen auch in die Sicherheitspolitische Kommission ein. Es gelang Zuppiger immer wieder, über die Parteigrenzen hinaus Koalitionen zugunsten des Werkplatzes Schweiz zu schmieden, war er doch sehr gesellig und knüpfte leicht Freundschaften. Über Jahre war er verantwortlicher Organisator der nationalen SVP-Jassmeisterschaften. 2010 wurde er zum Präsidenten des Schweizerischen Gewerbeverbandes gewählt. Als Präsident der Parlamentarischen Gruppe Schweiz-China war Zuppiger nicht unerheblich beteiligt, als es gelang, einen gegenseitigen Freihandelsvertrag zu vereinbaren. Die SVP-Fraktion nominierte ihn 2011 zum Bundesratskandidaten in der Hoffnung, dass er fraktionsübergreifend wählbar sei. Als die *Weltwoche* frühere Unregelmässigkeiten einer Erbschaftssache veröffentlichte, musste er seine Bundesratskandidatur fallenlassen. 2013 schied Zuppiger nach der rechtskräftigen Verurteilung aus dem Parlament aus. Im Jahr 2016 verstarb der erst 64-jährige Zürcher Oberländer an einem Herzversagen.[285]

Jürg Stahl (*1968) aus Winterthur war zum Zeitpunkt seiner Wahl in den Nationalrat erst dreissigjährig. Der eidgenössisch diplomierte Drogist arbeitete bis 2004 als Inhaber der elterlichen Drogerie in Winterthur-Töss und nebenamtlicher Berufsschullehrer. Danach wechselte er als Mitglied der Geschäftsleitung zu den Groupe-Mutuel-Versicherungen. Politisch gehörte Jürg Stahl 1994 bis 2001 dem Grossen Gemeinderat von Winterthur an und präsidierte zeitweise die SVP-Fraktion sowie 2000/2001 das Stadtparlament. Als Stahl im April 2001 für den Stadtrat kandidierte, kam es zu einem eigentlichen Wahlkrimi: Zuerst lag die SP-Konkurrentin 37 Stimmen vor ihm, nach einer Nachzählung allerdings mit einer Stimme hinter dem SVP-Mann. Eine vom Regierungsrat angeordnete dritte Nachzählung ergab dann aber, dass Stahl eine einzige Stimme fehlte. Auch 2002 misslang ihm der Einzug in die Winterthurer Stadtregierung. Zusammen mit Toni Bortoluzzi vertiefte sich der parteiübergreifend gut vernetzte Jürg Stahl rasch in die komplexen Dossiers der nationalrätlichen Sozial- und Gesundheitskommission, positionierte sich aber gesellschaftspolitisch liberaler als der Durchschnitt seiner Fraktion. Jürg Stahl sass auch in der Aussenpolitischen Kommission und in der Bildungskommission.

Besonderen Support genoss der Major im Stab der Luftwaffe in Sportlerkreisen: Der frühere erfolgreiche Zehnkämpfer war Mitglied des nationalen Leichtathletik-Nachwuchskaders und wurde Exekutivrat und im November 2016 sogar Präsident von Swiss Olympic. Er präsidiert auch die Parlamentarische Gruppe Sport. Den Höhepunkt seiner Laufbahn erreichte Jürg Stahl 2016 mit der Wahl zum Präsidenten des Nationalrats und damit zum höchsten Schweizer.[286]

Hans Kaufmann (*1948) aus Wettswil am Albis hatte vor seiner Wahl in den Nationalrat keine klassische Behördenlaufbahn absolviert, präsidierte aber die SVP des Bezirks Affoltern. Er war einer breiteren Öffentlichkeit bekannt als medial gefragter, für die Märkte einflussreicher Experte in Finanz-, Börsen und Anlagefragen. Als erster SVP-Nationalrat vertrat Kaufmann den bedeutenden Zürcher Finanzplatz, wobei er ungeahnt turbulente Umwälzungen des internationalen wie nationalen Finanz- und Bankensystems erleben und kommentieren musste. Der gebürtige Luzerner hatte an der Universität Zürich Ökonomie studiert und sich danach in New York und in Südafrika weitergebildet. 1974 wurde er Finanzanalyst bei der Zürcher Kantonalbank und trat 1980 in die Bank Julius Bär ein, wo er als Direktor und Chefökonom für die Anlagestrategie Schweiz verantwortlich zeichnete. 1999 gründete Hans Kaufmann seine eigene Research-Firma und übte verschiedene Verwaltungsratsmandate aus, speziell im Pensionskassenbereich. Während seines rund 15-jährigen Wirkens unter der Bundeskuppel sass er ununterbrochen in der Kommission für Wirtschaft und Abgaben. Zeitweise wirkte er auch in der Finanz- und der Rechtskommission sowie als Stellvertreter in der Parlamentsdelegation beim Europarat. 2011 wurde Hans Kaufmann in den Bankrat der Zürcher Kantonalbank gewählt. Er ist ein passionierter Golfer und unterhaltsamer Gesellschafter, äusserte aber bei seinem Rücktritt im Frühjahr 2014 deutliche Kritik an der «wenig erbaulichen Zusammenarbeit mit dem Bundesrat und einigen Hinterleuten» bei Finanzplatz- und Steuerfragen.[287]

Angesichts des fulminanten Wahlsieges forderte Ueli Maurer, Präsident der SVP Schweiz, schon am Wahlabend vom 24. Oktober 1999 einen zweiten SVP-Sitz im Bundesrat. In Erwartung markanter Verschiebungen hatte die CVP ihre beiden Sitze noch kurz vor den Wahlen durch neue Köpfe ersetzen lassen. Die drei andern Bundesratsparteien lehnten ebenso wie die meisten Medien eine Bundesratsvertretung der SVP gemäss Wählerstärke kategorisch ab. Damit war das Prinzip der Konkordanz von 1959 – wonach die drei stärksten Parteien je zwei Sitze beanspruchen können und die viertstärkste einen Sitz in der Landesregierung erhält – durchbrochen. Überraschend präsentierte die SVP Christoph Blocher als Bundesratskandidaten, der sich der Kür nicht aus Freude oder Ehrgeiz, sondern aus Pflichtgefühl gegenüber der Partei und ihren vielen Wählern unterzog. Der Tag der Eneuerungswahlen des Bundesrats vom 15. Dezember 1999 zeigte, dass die bürgerlichen Parteien FDP und CVP lieber mit der SP als mit der SVP gemeinsame Sache machten. Nachdem Blocher lediglich 58 Stimmen erhalten hatte, kündigte er der Vereinigten Bundesversammlung einen verstärkten Oppositionskurs an und erklärte: «Wir sehen uns bei Philippi wieder.»[288]

An der Albisgüetli-Tagung des Jahres 2000 hielt der parteieigene Bundespräsident Adolf Ogi fest, die Neutralität der Schweiz sei vereinbar mit der Beteiligung schweizerischer Truppen an multinationalen Friedensoperationen. Die Präsenz der Schweiz auf den «Baustellen des Friedens» bezeichnete der Verteidigungsminister als eine Notwendigkeit, und dass diese Einsätze nicht unbewaffnet sein könnten, liege auf der Hand. Christoph Blocher hielt eine parteipolitisch grundsätzliche, national viel beachtete Gegenrede. Sie stand unter dem Titel «Die sieben Geheimnisse der SVP (streng vertraulich)» und erinnerte eingangs an die Voraussage des «roten Propheten» Helmut Hubacher, die SVP sei dem Untergang geweiht. Als erstes Geheimnis bezeichnete Blocher die Tagung im Schützenhaus Albisgüetli mit Rede und Gegenrede als Beispiel hoher Politkultur, als zweites Geheimnis die Erfüllung des Auftrags statt der Prestigepflege und als drittes, dass die Zürcher SVP Themen statt Pöstchen besetze. Viertens beurteilte Blocher die Partei als «Bewegung», weil hier eine bestimmte Gruppe ununterbrochen gemeinsame weltanschauliche Ziele erreichen wolle. Hinzu kämen fünftens das Ziel der Selbstverantwortung statt des Umverteilungsstaats, sechstens das Begreifen des Sonderfalls Schweiz. Als siebtes Geheimnis nannte Blocher das Denken des «Undenkbaren», also die Tatsache, dass von der SVP immer wieder unerwartete, aber umso nötigere Impulse gesetzt worden seien. Die Rede wurde in sämtliche schweizerische Haushalte versandt, was gemäss wissenschaftlichen Analytikern die «herausgehobene Bedeutung» unterstreiche, welche die Partei der Albisgüetli-Rede zuweise. Soziologische Beobachter würdigten, dass die Rede «in höchstem Mass gestaltet und komponiert» sei und sich «formal der Gattung eines literarischen Dokuments» nähere.[289]

Hart ging Christoph Blocher im Albisgüetli mit den Sozialdemokraten ins Gericht, deren Überzeugung 1989 einen vollständigen wirtschaftlichen, politischen und moralischen Zusammenbruch erlebt habe. Aktuell wollten sie von dieser Tatsache mit dem Faschismusvorwurf gegen die SVP ablenken. Dabei habe die Schweiz 1933 bis 1945 die Souveränität, die Neutralität, die direkte Demokratie und den Föderalismus gegen die braune Flut verteidigt. Die SVP sei damals für diese Werte in der ersten Reihe gestanden und kämpfe auch heute noch dafür wie keine andere Partei. Ausgerechnet jene Linke, die diese Werte heute verachte, werfe nun der SVP extremistisches Gedankengut vor. Blocher hielt fest, dass es zwischen den braunen und den roten Massenmördern des 20. Jahrhunderts nicht den geringsten Unterschied gebe. Jene Sozialisten, die ihre Faschismus-Vorwürfe heute so leichtfertig austeilten, müssten sich eigentlich bewusst sein, dass sie mit ihrer Vergötterung des allumfassenden Staates, der ständigen Betonung des Kollektivs und der Missachtung der Freiheit des Einzelnen dem faschistischen Weltbild weit näher stünden als die SVP. Die braunen Horden hätten sich nicht zufällig «National*sozialisten*» genannt.[290]

Weil die Albisgüetli-Rede von 2000 sämtliche Briefkästen des Landes erreichte, blieben heftige Reaktionen der SP nicht aus. Doch statt die intellektuelle Auseinandersetzung zu suchen, reagierten die Sozialdemokraten mit Ultimaten, Entschuldigungsforderungen und mit der Verweigerung von Gesprächen unter den Bundesratsparteien. Blocher vertiefte seine Analyse in der Schrift «Freiheit statt Sozialismus». In diesem «Aufruf an die Sozialisten in allen Parteien» zeigte er die gemeinsamen Wurzeln des roten und braunen Gedankengutes detailliert auf.[291] Auf den Spuren bedeutender Denker wie Karl Popper, Ludwig von Mises, Friedrich August von Hayek, Wilhelm Röpke, Hannah Arendt oder André Glucksmann wies er die gemeinsamen ideologischen Wurzeln von Sozialismus und Nationalsozialismus nach: das Ziel einer möglichst unbeschränkten Staatsmacht in jedem Lebensbereich (Etatismus), die Überbetonung der Gemeinschaft (Kollektivismus) und die Missachtung der Freiheit des Einzelmenschen (Antiindividualismus, Antiliberalismus). Blocher erinnerte daran, dass der Kommunismus gemäss Schätzungen von seriösen Forschern 100 Millionen Tote gefordert habe.[292] Im Gegensatz zum braunen und roten Totalitarismus kämpfe die SVP «für Freiheit statt Unterdrückung, Demokratie statt Diktatur, Marktwirtschaft statt Planwirtschaft, Mehrparteienkonkurrenz statt Einparteiensystem, Rechtsstaatlichkeit statt Terror, Meinungsfreiheit statt Zensur».

Es gebe nur eine Freiheit, und diese beruhe auf dem Wert der persönlichen Einzigartigkeit jedes Menschen und auf der Vielgestaltigkeit der Ansichten. Anhand von Beispielen zeigte Blocher auf, welche Faszination der Faschismus, der Nationalsozialismus und die sozialistischen Diktaturen auf Exponenten der SP Schweiz ausgeübt habe: So hatte das Organ der SPS seinerzeit den antikapitalistischen Kurs von Hitler und Mussolini ausdrücklich gelobt, und 1982 weilte eine sechsköpfige Delegation der SPS auf Einladung der Sozialistischen Einheitspartei Deutschlands (SED) in der DDR. Im selben Jahr hatte die Partei in einem neuen Programm auch die Überwindung des Kapitalismus beschlossen. SP-Parteipräsident Helmut Hubacher tauschte mit dem DDR-Staatsratsvorsitzenden Erich Honecker Bruderküsse und äusserte inhaltlich viel Verständnis für das ostdeutsche Spitzel-, ja Terrorregime. 1984 kam es zum Gegenbesuch einer Delegation des Zentralkomitees der SED bei der SP

Im Rahmen der traditionellen Albisgüetli-Tagung zeigte Christoph Blocher am 21. Januar 2000 auf, dass Sozialismus und Nationalsozialismus dieselben totalitären Wurzeln haben.

Schweiz, wobei immer wieder die gemeinsamen Positionen betont wurden. Im gleichen Jahr ehrte die SPS Nicolae Ceausescu, den Generalsekretär der Kommunistischen Partei Rumäniens und einer der schlimmsten Verbrecher unter den totalitären Machthabern, mit einem devoten Gratulationsschreiben. 1986 überbrachte SP-Nationalrat Peter Vollmer dem Parteitag der SED eine devote Grussadresse und lobte das Wirtschaftssystem der DDR.²⁹³

Christoph Blocher stellte seine Schrift «Freiheit statt Sozialismus» an einer Medienkonferenz vor und liess sie in rund 320 000 Exemplaren drucken und als Beilage den Zeitungen *Le Temps*, *Die Weltwoche* sowie der *NZZ* beilegen.²⁹⁴ Auf die erhoffte «Grundwertedebatte» trat die SP allerdings so gut wie nicht ein. Einzig der Historiker Tobias Kaestli, ehemaliges Mitglied der SP-Programmkommission, distanzierte sich von einer «gewissen Revolutionsnostalgie» der Linken gegenüber faschistischen wie kommunistischen Machthabern. Eine SP-Sprecherin kündigte zwar Antworten auf Christoph Blochers Faschismus- und Stalinismus-Vorwürfe an und nannte als mögliche Mitarbeiter die «Zeitzeugen» Hubacher und Vollmer sowie die Professoren Hans Ulrich Jost, Jakob Tanner und Kurt Imhof.²⁹⁵ Aber eine Entgegnung auf Blochers Thesen blieb aus.

Im März 2000 skandalisierte der *Blick* einen nationalen Parteitag in Altdorf zum Thema AHV. Das Boulevardblatt begann seine wochenlange Kampagne mit der fetten Titelschlagzeile «Die SVP demontiert unsere AHV» und begleitete sie mit Schlagworten wie «Dynamit pur», «Schluss mit der Solidarität», «Abbau, ja Abschaffung unseres grössten Sozialwerks». Die SVP sei ausser Rand und Band und scheine jetzt – berauscht von den eigenen Wahlerfolgen und in der Gier, ständig neue Themen zu besetzen – ihren Professionalismus zu verlieren.

Auch wenn die Medien übertrieben und einzelne Meinungsäusserungen von Delegierten zur Parteimeinung hochstilisierten, so entbehren die Vorwürfe nicht jeder Grundlage. Das Grundsatzpapier war ungenügend durchdacht und unterschätzte die Folgen eines sozialpolitischen Tabubruchs. Christoph Blocher gelang es in der Frühjahrssession, mit klar strukturierten Grundsätzen die Aufregung innerhalb und ausserhalb der Partei wieder zu beruhigen. Diese beinhalteten eine Sicherung der AHV bis 2010 ohne Rentenkürzungen, aber auch ohne neue Mehrwertsteuern und ohne weiteren Ausbau.

Es sollten dem AHV-Fonds Gelder aus den überschüssigen Goldreserven zugeleitet werden, das Rentenalter der Frauen jenem der Männer auf 65 Jahre und die Renten der Witwen jenen der Witwer angeglichen werden.[296]

Obwohl die Befürworter eines Beitritts zum Europäischen Wirtschaftsraum prophezeit hatten, es gebe keine Alternative, wurde 1999 das Paket der Bilateralen Verträge I mit der EU abgeschlossen. Die SVP hatte den Bundesrat auf den bilateralen Weg gewiesen und konnte erreichen, dass keine institutionellen Zugeständnisse gemacht und kein künftiges Recht übernommen werden musste. Das Verhandlungsergebnis krankte aber daran, dass die Schweizer Diplomatie nach wie vor erklärtermassen einen EU-Beitritt anpeilte. Chefunterhändler Jakob Kellenberger schrieb später dazu: «Begründungspflichtig für ein Land in der Lage der Schweiz ist nicht der EU-Beitritt, sondern seine Ablehnung.»[297] So erklärt sich leicht, dass Kellenberger mit seinen Diplomaten die Interessen des eigenen Landes nicht im Sinne grösstmöglicher Unabhängigkeit wahrnahm. Zudem führte der Bundesrat die Verhandlungen über die Bilateralen I mit der EU im defensiven Klima einer stotternden wirtschaftlichen Entwicklung. So übernahm er schliesslich von den vier «Grundfreiheiten» der EU für Personen, Waren, Dienstleistungen und Kapital nur gerade die für die Schweiz nachteilige, nämlich den freien Personenverkehr. In den schriftlichen Wegleitungen zur Abstimmung wurden den Bürgern «geringe Wanderungsbewegungen» prophezeit und festgehalten: «Wie die Erfahrungen in der EU zeigen, sind die Ängste des Referendumskomitees, die Einwanderung aus EU-Staaten in die Schweiz werde stark zunehmen, nicht begründet: In Wirklichkeit sind die Wanderungsbewegungen innerhalb der EU gering.»[298] Der wissenschaftliche Experte des Bundesrats verschätzte sich um das Zehnfache und errechnete aufgrund von «Plausibilitätsüberlegungen» eine Netto-Zuwanderung von 8000 EU-Bürgern.[299]

Im Landtransitverkehr musste die 28-Tonnen-Limite preisgegeben und die 40-Tonnen-Limite in Kauf genommen werden. Auch erreichte die Schweiz mit Gebühren von 325 Franken pro Lastwagen bei weitem keine Kostendeckung. Mittels einer sogenannten Guillotine-Klausel wurden auf Wunsch der EU alle sieben Abkommen zusammengebunden, so dass bei Kündigung eines einzelnen Vertrags das ganze Vertragswerk dahinfallen sollte. Die Volksabstimmung über die Bilateralen Verträge I und damit über die Personenfreizügigkeit fand am 21. Mai 2000 statt, wobei die Vorlage mit 59,6 Prozent der Stimmenden angenommen wurde. Die SVP Schweiz hatte die Ja-Parole empfohlen, wobei 14 Kantonalparteien – darunter die SVP des Kantons Zürich mit knapper Mehrheit – im gegnerischen Lager standen.

Am 18. Juni 2000 wurden die 100 Mitglieder des Verfassungsrates gewählt, die für den Kanton Zürich eine totale Revision des Verfassungswerks von 1869 ausarbeiten sollten. Vergeblich hatte die SVP gemeinsam mit einzelnen anderen bürgerlichen Exponenten versucht, diese Revision zu verhindern in der Befürchtung, dass sie nicht schlank ausfallen würde, sondern mehr Staatseingriffe und weniger Bürgerfreiheiten bringen werde. Schon an der konstituierenden Sitzung zeigte sich die wichtige Stellung der SVP, der das Zürcher Stimmvolk 30 Sitze im Gremium zugestanden hatte. Das Grusswort sprach Regierungspräsidentin Rita Fuhrer, als Alterspräsident wandte sich ihr Parteikollege und Strafrechtsprofessor Jörg Rehberg ans Gremium, und der Vorsitz des ersten Amtsjahres fiel dem Bülacher SVP-Bezirksstatthalter Bruno Baur zu. Unter dem Fraktionspräsidium von Nationalrat und Gemeindepräsident Ulrich Schlüer und dem Sekretariat von Gregor A. Rutz wurde eine enorme Arbeit geleistet, um aus SVP-Sicht Fehlentwicklungen zu vermeiden. In 63 Sitzungen wurde bis 2004 vor allem in den Kommissionen ein Verfassungsentwurf erarbeitet, dem die SVP allerdings nicht zustimmen konnte. Das Zürcher Volk bestätigte die neue, per 2006 in Kraft getretene Kantonsverfassung dennoch mit einem Ja-Anteil von 64 Prozent.

Auf Ende 2000 kündigte Bundesrat Adolf Ogi seinen Rücktritt an. Die Zürcher SVP hatte den Berner Oberländer dreizehn Jahre zuvor bei der Wahl in die Landesregierung unterstützt, und ihre Exponenten hatten den volksnahen Sympathieträger menschlich durchaus geschätzt.[300] Politisch kam es aber infolge von Ogis internationalistischem Kurs, seiner Harmoniebedürftigkeit und mitunter auch wegen seiner Nähe zum Ringier-Konzern zu einer gewissen Entfremdung, die zuweilen auch in recht heftigen Zusammenstössen gipfelte. Adolf Ogi betrachtete das Erstarken seiner Partei in der Ost- und Zentralschweiz, aber auch im übrigen Mittelland mit gemischten Gefühlen, denn er wusste, dass die Basis dort dem Kurs von Christoph Blocher folgte. Als Ogi die SVP im Herbst 1998 in der *NZZ* davor gewarnt hatte, den «Flugsand der Unzufriedenen» anzuziehen, reagierte Blocher scharf ablehnend und äusserte sein

Erschrecken: «Man beachte die Sprache: Menschen sind Flugsand! Wir haben tatsächlich viele Bürgerinnen und Bürger, die unzufrieden sind, vor allem im Mittelstand.» Das sei auch verständlich angesichts der Zustände von Schuldenwirtschaft, Steuererhöhungen oder Asylwesen: «Und jetzt kommt Bundesrat Ogi und bezeichnet diese als ‹Flugsand› – das ist eine Verachtung des Volkes.»[301] Diese Entgegnung fand umso grössere Beachtung, weil sie in mehreren Zeitungen auf ganzseitigen Inseraten verbreitet wurde.

Der Berner Nationalrat und Fraktionschef Samuel Schmid unterstützte Bundesrat Ogi umgehend mit einem Artikel in der *Neuen Zürcher Zeitung,* in dem er an drastische Ereignisse aus der Antike erinnerte: «Das Überschreiten des Flusses Rubikon durch Cäsar löste in Rom den Bürgerkrieg aus.» Indem Schmid für Blocher und seine Zürcher Mitkämpfer Umschreibungen wie «züselnde Brandstifter» und «Aktivitäten einzelner Agitatoren» gebrauchte, trug er allerdings wenig zum kollegialen Einvernehmen bei.[302] Und weil Samuel Schmid das Kokettieren mit der Opposition ebenso wie eine zu konsequente Ordnungspolitik oder «extreme Positionen» kritisierte, argwöhnte man allerdings in der Zürcher SVP, hier bringe sich ein ehrgeiziger Politiker via *NZZ* in Position für die bevorstehenden Bundesratswahlen.

Der Abschied von Ogi, von dessen ungebrochener Popularität durchaus auch die gesamte SVP profitieren konnte, gestaltete sich aber freundlich und harmonisch. Als offizielle Nachfolge für den unbestrittenen einzigen SVP-Sitz nominierte die Bundeshausfraktion die Zürcher Regierungsrätin Rita Fuhrer und den Thurgauer Regierungsrat Roland Eberle. Die Vereinigte Bundesversammlung zog aber diesem Doppelvorschlag zweier breit anerkannter, durchaus gemässigter Exekutivpolitiker den Berner Samuel Schmid vor. Schon die Tatsache, dass dieser unmittelbar nach dem Wahlakt den von Parteipräsident Ueli Maurer dargebotenen Blumenstrauss demonstrativ übersah, wies auf eine schwierige künftige Zusammenarbeit hin. Ueli Maurer sollte in der Folge konzilianter reagieren; er sagte über Schmid, dieser sei zwar kein Wunschkind, gehöre aber dennoch zur Familie.[303] Die SVP beurteilte das Übergehen ihrer Vorschläge durch die Wahlverlierer von 1999 als ungerechtfertigten Schlag ins Gesicht, zumal die Partei mit einem einzigen Sitz ohnehin nicht gemäss ihrem Wähleranteil an der Regierung beteiligt wurde. Die Wahl von Samuel Schmid – parteitaktisch von FDP-Präsident Franz Steinegger zwecks Demütigung der

SVP massiv unterstützt – sollte sich längerfristig als politischer Fehler erweisen.

Die Albisgüetli-Rede 2001 stellte Christoph Blocher unter den Titel «Suchst du den Krieg, dann kommt er zu dir». Er bekämpfte die Revision des Militärgesetzes, die erstmals eine Bewaffnung zum Selbstschutz bei Auslandeinsätzen vorsah: «Unsere Armee wird systematisch auf Nato-Normierung und Nato-Kommandostrukturen umgerüstet», meinte Blocher. «Mit dem Militärgesetz geht es nicht darum, ob Schweizer Soldaten im Ausland ein wenig zum Selbstschutz ausgerüstet werden; es geht um nichts anderes als die Teilnahme an ausländischen Kriegen; es geht um Kooperation mit der Nato und schliesslich um den Nato-Beitritt.» Schweizer Soldaten hätten im Ausland nichts zu suchen und ausländische Soldaten nichts in der Schweiz. Das auch innerhalb der SVP umstrittene Inserat («Wollen Sie, dass Ihr Sohn im Sarg heimkommt?») treffe den Nagel auf den Kopf. Kämpfen, Sterben und Töten seien Fragen von grösster ethischer Tiefe. Die neutrale Schweiz lebe schon über zweihundert Jahre ohne Krieg; nur Pubertäre könnten eine derart erfolgreiche Staatssäule über den Haufen werfen. Wie wenig man an der Spitze der Schweizer Armee Krieg und Gewalt noch ernst nehme, zeigte Blocher anhand eines zwanzigseitigen Reglements des Generalstabschefs zum Tragen der sogenannten «Ribbons», also ordensähnlicher militärischer Auszeichnungen.[304]

Die SVP-Kampagne von 2001 gegen bewaffnete Auslandeinsätze war emotional, ging aber knapp verloren.

Der Zürcher Bundespräsident Moritz Leuenberger hatte im Vorfeld geäussert, er werde in seinem Präsidialjahr speziell die Minderheiten pflegen und darum auch die Zürcher SVP im Albisgüetli besuchen. Der Sozialdemokrat traf den Ton und wurde speziell bei den witzigen, ironischen Passagen mit grossem Applaus bedacht, etwa, als er die Versammlung daran erinnerte, dass das ins Albisgüetli führende Tramgeleise eine klassische Sackgasse darstelle. Aber er sei aus Überzeugung und gerne gekommen, denn er glaube an eine Schweiz der verschiedenen Kulturen, der verschiedenen Parteien und der verschiedenen Meinungen. Mit seinem Aufruf zu Veränderungen und zu vermehrtem Engagement in der internationalen Staatengemeinschaft («Es ist in unserem Interesse, wenn wir mithelfen, Kriege zu verhindern oder zu beenden») stiess er allerdings auf weniger Begeisterung.[305] Wie sehr aber der zum dreizehnten Mal durchgeführte Anlass die politische Schweiz elektrisierte, zeigte die Tatsache, dass die *Weltwoche* das Albisgüetli zur «Kultstätte» erhob und die *Basler Zeitung* den Anlass als «Paukenschlag der Zürcher SVP» bezeichnete und urteilte: «Blochers Erfolg als Redner liegt in seiner Angriffslust.» Unter die achtzig teilnehmenden Journalisten mischten sich auch jene des deutschen Nachrichtenmagazins *Der Spiegel*, der *Süddeutschen Zeitung* und des Ersten Deutschen Fernsehens ARD.[306]

Im März 2001 lehnte der Souverän die Volksinitiative «Ja zu Europa» mit fast 77 Prozent Nein-Stimmen ab. Die Initianten wollten mit dem Begehren den für sie unbefriedigenden Zustand beenden, dass die Schweiz durch bilaterale Verträge an die EU und deren Binnenmarkt gebunden sei, aber kein eigentliches Mitbestimmungsrecht besitze. Der Initiativtext verlangte die Beteiligung des Landes am europäischen Integrationsprozess und das Bestreben der Schweiz, zu diesem Zweck der Europäischen Union beizutreten. Obwohl der Bundesrat und die bürgerlichen Parteien die Initiative offiziell nicht unterstützten, bedeuteten die hohe Verwerfung und die Ablehnung durch sämtliche Kantone eine in diesem Mass nicht vorhergesehene Absage an die Freunde des EU-Beitritts und eine eindrückliche Bestätigung des bilateralen Wegs. Im Aargau erntete die SVP am gleichen Abstimmungstag den Lohn nicht zuletzt für ihren Anti-EU-Kurs, indem sie ihre Vertretung im Grossen Rat von 47 auf 73 von 200 Sitzen steigerte.

Als die finanzielle Schieflage der Schweizer Fluggesellschaft Swissair im Frühjahr 2001 in ihrem ganzen Ausmass ans Licht kam und sich die Geschäftsführer in rascher Folge ablösten, reagierte Christoph Blocher mit einem Artikel im *Tages-Anzeiger*. Dieser platzte am 15. März 2001 mitten in die Frühjahrssession in Lugano und trug den Titel «Gesundet der Freisinn mit der Swissair?» Der bestürzende Niedergang der Swissair, so Blocher, hänge eng mit einem

Behelfsmässig verklebte Schweizer Kreuze nach dem Grounding der nationalen Fluggesellschaft Swissair. Die SVP des Kantons Zürich wandte sich 2001 gegen die staatliche Rettung der maroden Swissair.

anderen Krisenfall zusammen: dem Freisinn. Er ortete eine mittlerweile nicht mehr zu beschönigende «unheilvolle Verfilzung» und die Folgen einer «unernsten Auffassung von Wirtschaft wie von Politik». Allzu lange seien die Fehlleistungen von Schweizer Firmen, Managern und Politikern bengalisch beleuchtet worden. Zur Katastrophe verdammt war die unternehmerische Strategie der SAir-Group, das Fluggeschäft mit Beteiligungen an maroden Firmen unter ständigem Abbau der Qualität mit vierzehn Airlines aufzublasen.

Unternehmensleitung, Politik, Staat, Banken, Wirtschaftsverbände und Medien hätten die Swissair geschickt zum nationalen Symbol hochstilisiert, um das Unternehmen der Kritik weitgehend zu entziehen. Dieses werde seit langem praktisch ausnahmslos von Freisinnigen geleitet, und die Verknüpfung mit Staat und Politik werde bewusst auch in der Führungsebene gehegt und gepflegt. Verwaltungsratspräsident Eric Honegger verfüge über keinerlei Erfahrung, geschweige denn über einen Leistungsausweis im freien Markt und habe in seinem Leben noch nie einen Bleistift verkaufen müssen. Dennoch hätten seine freisinnigen Freunde den ehemaligen Zürcher Regierungsrat zum Verwaltungsratspräsidenten der SAir-Group gemacht, wo er die katastrophalen Fehlentscheide des Managements seit Jahren mitverantworte. Da Honegger zugleich Verwaltungsratspräsident der *Neuen Zürcher Zeitung* gewesen sei, habe die Gesellschaft «milde, schonungsvolle Analysen des Wirtschaftsblattes» erwarten dürfen. Doch auch viele andere Medien hätten mit «heuchlerischen nationalistischen Kampagnen zur angeblichen Rettung der Swissair» aufgewartet. Schonungslos geisselte Blocher zudem die Verbandelungen mit den Banken und die Kreuzverflechtungen in den Aufsichtsorganen. Angesichts von so viel unternehmerischem Versagen sei es der FDP unmöglich geworden, der SP mit der Forderung nach weniger Staat entgegenzutreten. Das habe zum politischen Konsens zwischen SP und FDP geführt, nämlich zu der von den Medien gefeierten «Koalition der Vernunft».

Auch auf die veränderte Mediensituation ging Christoph Blocher bei seinem Swissair-Artikel ein: In den siebziger und noch in den achtziger Jahren habe das Land mit einer kritischen Presse noch eine wirkliche vierte Gewalt besessen. Auch die FDP habe damals – fast wie aktuell die SVP – im gesunden Gegenwind der Medien gestanden und sei eine überzeugende Gegenspielerin der sozialistischen Ideologie gewesen. Heute verkomme die freisinnige Partei zum «gehätschelten Liebkind der Medien», was zum Glaubwürdigkeits- und Wählerverlust beigetragen habe. Demgegenüber sei die heutige Stärke der SVP und ihrer Exponenten nicht zuletzt auch auf die unerbittliche Kritik der Medien zurückzuführen: «Diese hat dazu geführt, dass sie von verhängnisvollen Verfilzungen ausgeschlossen und ausgegrenzt blieb. Dadurch ist die SVP glaubwürdig, unabhängig und kampffähig geworden. Sie hat die Kraft, unerschrocken gegen die Linke anzutreten, aber auch gegen Missstände in den eigenen Reihen.»[307]

Das enorme Aufsehen, das der Artikel im *Tages-Anzeiger* – später als Inserat auch in weiteren Zeitungen verbreitet – erregte, ist nur erklärbar mit der Punktgenauigkeit, mit der Blocher seine Diagnose stellte und begründete. Die Öffentlichkeit spürte, dass es nicht um kleinkariertes tagespolitisches Hickhack oder um eine hämische Abrechnung ging. Vielmehr trieb Blocher die echte Sorge um den politischen Hauptverbündeten um, dessen Schicksal ihm nicht gleichgültig sein konnte. Den wirtschaftlichen Scherbenhaufen der Swissair brachte der Zürcher SVP-Präsident in direkte Beziehung mit dem politischen Desaster des Freisinns, speziell jenem der Ära Franz Steineggers. Über Jahre hätten die FDP-Politiker zwar ihr grundsätzliches liberales Denken, die Freiheit der Bürger und die Selbstverantwortung angepriesen, aber im politischen Alltag das Gegenteil getan. Ihre 1979 geprägte Parole «Mehr Freiheit und Selbstverantwortung, weniger Staat» hätten sie nach den ersten Angriffen von links nicht durchgestanden. Statt sich in die proklamierte Botschaft zu vertiefen und ihr zum Durchbruch zu verhelfen, habe sich die FDP gerechtfertigt und bald schon distanziert. Im Bestreben, möglichst viele Wähler zu gewinnen, verwässerte die FDP ihr inhaltliches Profil und verlor dabei immer mehr Wähler. Blocher rief die Freisinnigen auf, die Verfilzungen zu kappen, speziell auch jene mit den Wirtschaftsverbänden. Gefragt sei wieder die Loyalität gegenüber der Sache statt der Loyalität gegenüber Parteifreunden. So erhalte die FDP wieder die Möglichkeit, sich für mehr Freiheit und Selbstverantwortung sowie für weniger Staat einzusetzen und diese Maxime nicht nur zu verkünden, sondern auch zu leben: «Daran könnte der Freisinn genesen!»

Bei den weiteren Turbulenzen rund um die Swissair warnte die Zürcher SVP vor der Überhöhung dieser privaten Einzelfirma zum nationalen Symbol und wandte sich aus grundsätzlichen wirtschaftspolitischen Überlegungen gegen jede Staatshilfe, die schliesslich dennoch zwei Milliarden Franken ausmachen sollte. Als die Vertreter von Bundesrat, Verwaltung, Wirtschaft und Banken im Oktober 2001 die Gründung einer neuen Fluggesellschaft bekanntgaben, kritisierte dies Parteipräsident Christoph Blocher erneut mit einem Grundsatzartikel im *Tages-Anzeiger* («Gesundet die Wirtschaft an der Swissair?»).[308] Schon rein äusserlich sei sofort erkennbar, dass wieder schön aufgereiht derselbe alte Filz auf den Bänken sitze, der schon die Swissair zum Scheitern gebracht habe, nämlich die Vertreter der Grossbanken und Bundespräsident Moritz Leuenberger, der seine gesetzliche Aufsichtspflicht nicht wahrgenommen und damit den Kollaps der alten Swissair mitverursacht habe, «hübsch eingerahmt» durch die FDP-Bundesräte Pascal Couchepin und Kaspar Villiger. Zu ihnen gesellte sich FDP-Regierungsrat Rudolf Jeker, Beirat der alten Swissair, und der Direktor der Eidgenössischen Finanzverwaltung, «der den kürzesten Weg zu den Bundesgeldern verkörpert».

Blocher kritisierte erneut auch die Medien, die diesen alten Filz als «neue Partnerschaft» und «wegweisenden Schulterschluss zwischen Wirtschaft und Staat» bejubelten und die Verbandelung zum Akt des Gemeinnutzens und des

Patriotismus hochstilisierten. Besonders enttäuschte Blocher, dass sich der Wirtschaftsverband Economiesuisse ebenfalls für die Staatsunterstützung ausgesprochen hatte, um frühere Swissair-Sünden ihrer Exponenten zu begleichen, weswegen nun eine vierköpfige Durchschnittsfamilie in der Stadt Zürich über Bund, Kanton, Gemeinde und Kantonalbank im Jahr 2002 nicht weniger als 5900 Franken für die Swissair-Misswirtschaft bezahle. Das Prinzip des unternehmerischen Risikos sei endlich wieder hochzuhalten. Es gehe nicht an, dass Privatfirmen den Steuerzahlern ein Kollektivrisiko zuschöben, damit sich die Beteiligten von ihrer Verantwortung entlasten könnten.[309]

Ende 2001 beschlossen die Delegierten der Zürcher SVP mit grosser Mehrheit die Nein-Parole zu einem 300-Millionen-Kredit des Kantons für die neue Fluggesellschaft Swiss, deren Flottengrösse von je 26 Lang- und Kurzstreckenflugzeugen der Staat entgegen den Marktbedürfnissen bestimmte. Vergebens setzten sich Ständerat Hans Hofmann, Parteimitglieder aus der Flughafenregion und ein ehemaliger Flugkapitän der Swissair für den Staatsbeitrag ein.[310] Die Vorlage wurde indessen vom Volk angenommen, die neue Gesellschaft Swiss realisiert und später von der Lufthansa übernommen.

Ins Jahr 2001 fielen neben den Swissair-Turbulenzen auch zwei wichtige personelle Änderungen. Der junge Jurist Gregor A. Rutz aus Zollikon wurde zum Generalsekretär der SVP Schweiz und damit zum wichtigsten Mitarbeiter von Parteipräsident Ueli Maurer gewählt, mit dem er fortan eng und äusserst loyal zusammenarbeitete. Zu beklagen war indessen das Ausscheiden von Nationalrat Walter Frey von allen politischen Ämtern. Der langjährige erfolgreiche Präsident der SVP der Stadt Zürich hatte im Bundeshaus die SVP-Fraktion und überdies die Aussenpolitische Kommission des Nationalrats geleitet. Grosse Firmenübernahmen seines Unternehmens Emil Frey AG machten es ihm zur zwingenden Pflicht, seine ungeteilte Aufmerksamkeit wieder dem Unternehmen zuzuwenden. Das Ausscheiden dieser Persönlichkeit aus der aktiven Politik hatte bedeutende parteipolitische Auswirkungen auf die Stadt Zürich, wo der ehemalige Jelmoli-Direktor und bisherige Wahlkampfleiter Rico Bisagna das Präsidium übernahm.

Walter Frey hatte der Stadtpartei während siebzehn Jahren vorgestanden. Kantonalparteipräsident Christoph Blocher würdigte seinen Freund und langjährigen politischen Weggefährten bei der offiziellen Verabschiedung persönlich. Frey habe für die Partei «Enormes geleistet», den Wähleranteil in der Kantonshauptstadt von 6,5 auf 17,7 Prozent und die Mitgliederzahl von rund 500 auf über 1600 gesteigert. Die SVP bilde, so Blocher, in Zürich die Opposition, sei aber jederzeit bereit, auch im Stadtrat Verantwortung zu übernehmen. Es sei Aufgabe der Opposition, Nein zu sagen. Dieses Nein sei zugleich ein Ja zum Gegenteil, zur Freiheit des Einzelnen, zu einem schlanken Staat. Walter Frey hielt in seiner Rückschau fest, dass die städtische SVP in den vergangenen Jahren vom Mauerblümchendasein zur aktivsten politischen Kraft herangewachsen sei. Dank der Zusammenarbeit aller Parteimitglieder habe sich die SVP erfolgreich für eine restriktive Drogenpolitik, eine Gesundung der Finanzen, eine durchschaubare Ausländerpolitik und für eine transparente Sozialpolitik eingesetzt. «Die andere, ehemals bürgerliche Partei ist leider zur Erfüllungsgehilfin der sozialistischen Politik verkommen», meinte Walter Frey zum Zustand der FDP.[311] Als Nachfolger von Walter Frey rückte in der Wintersession 2001 Ernst Schibli nach, den das sozialdemokratische Organ *P.S.* nicht zu Unrecht als «vermutlich unterschätztesten Politiker im Kanton Zürich» bezeichnete.

2001 trat Stadtparteipräsident, Nationalrat und Fraktionschef Walter Frey von seinen politischen Ämtern zurück, um sich wieder vermehrt seinem Unternehmen zu widmen.

Der Landwirt und Gemüseproduzent Ernst Schibli aus Otelfingen sass seit 1990 für die SVP im Kantonsrat und präsidierte die Fraktion seit 1992. Als Schibli im Kantonsparlament Einsitz nahm, zählte die dortige SVP-Vertretung 31 Mitglieder, bei seinem Abgang waren es 60, mit Zugewandten aus andern Parteien sogar 63. Schibli stand – so betonte der *Tages-Anzeiger* – auch für die Geschichte einer eindrücklichen Emanzipation im Kantonsrat: Als er anfing, hing die SVP-Fraktion noch weitgehend an der Strippe ihrer Regierungsräte Jakob Stucki und Hans Hofmann. «Heute haben die SVP-Regierungsmitglieder Rita Fuhrer und Christian Huber – bei freundschaftlichstem persönlichem Einvernehmen – kaum mehr Einfluss.»[312] Jedenfalls wäre es undenkbar gewesen, dass man dem damaligen Finanzdirektor Stucki ein Budget zurückgegeben hätte;

Huber habe bislang drei Budgets vorgelegt, aber keines fand bei der SVP Gnade. Selbstverständlich hatten sowohl die kantonsrätliche Eigenständigkeit wie die Wahlerfolge viel mit Christoph Blocher zu tun; Ernst Schibli war ihm indessen eine Stütze und jederzeit Garant einer verlässlichen, konsequenten SVP-Politik.

Als Nachfolger von Walter Frey wurde 2001 der Landwirtschaftspolitiker und langjährige kantonsrätliche Fraktionschef Ernst Schibli aus Otelfingen vereidigt.

Volle 28 Jahre amtete der Gemüsebauer Ernst Schibli (*1952) neben seiner Tätigkeit im Kantonsrat als Gemeindepräsident in Otelfingen. Er sitzt im Vorstand des Vereins für eine produzierende Landwirtschaft (VPL) und präsidiert den Hauseigentümerverband des Bezirks Dielsdorf. In Bern wirkte er in der Aussenpolitischen und in der Staatspolitischen Kommission sowie zuletzt in der Finanzkommission mit. 2003 kandidierte Schibli für das Präsidium des Zürcher Bauernverbandes, allerdings vergeblich, da er als zu parteikonform galt. Zahlreiche seiner Vorstösse betrafen eine leistungsfähige, nicht überregulierte Landwirtschaft, aber auch die Missstände im Asylwesen. Schibli kämpfte im Parlament erfolgreich für die Überdachung der Autobahn A1 bei Weiningen. Nationale Aufmerksamkeit erhielt er auch als Halter des SVP-Parteimaskottchens, der schneeweissen Zwergziege Zottel. 2011 wurde Ernst Schibli nicht wiedergewählt, rückte aber 2014 für Hans Kaufmann erneut in den Nationalrat nach, verpasste 2015 allerdings wiederum die Wiederwahl.[313] Da er ausgerechnet in seinem Bezirk Dielsdorf und im Nachbarbezirk Bülach am schlechtesten abgeschnitten hatte, vermutete er öffentlich «generalstabsmässig organisierte, verdeckte Aktivitäten».

FDP-Bundespräsident Kaspar Villiger nutzte seinen Auftritt am Albisgüetli 2002 für mahnende Worte gegen den Exklusivitätsanspruch auf das Heimatgefühl und die Geringschätzung von Andersdenkenden. Er akzeptiere Kritik, weil er für die Uno sei, wolle sich aber sein volles Engagement für die Schweiz nicht in Zweifel ziehen lassen. Auch Christoph Blochers Rede stand hauptsächlich im Banne der bevorstehenden Abstimmung über die Volksinitiative für einen Uno-Beitritt. Seine Gedanken trugen den Titel «Chumm Bueb und lueg dis Ländli aa!», wobei der Untertitel lautete «Von wahren und falschen Eliten». Demnach sah der von Blocher beschriebene Bub ein Völklein, das sich beharrlich dafür wehre, sein Schicksal auch in Zukunft selber zu bestimmen, und das dank seiner klug bewahrten umfassenden Neutralität zweihundert Jahre lang keinen Krieg führen musste. Deshalb dürfe die Schweiz nicht «der Organisation im Glaspalast in New York» beitreten. Doch die heutige falsche Elite schwinge lieber vor der Uno in New York Reden über die ganze Welt, statt im eigenen Land für eine geordnete Bundespensionskasse, tiefere Krankenkassenprämien und Steuern, weniger Staatsausgaben und Schulden und eine kleinere Arbeitslosigkeit zu sorgen.

So notwendig eine echte Elite in Politik und Wirtschaft sei, so klar sei auch, dass der Kampf gegen die falsche Elite geführt werden müsse, nämlich die unfähigen Manager, Politiker, Regierenden und Medienvertreter, mahnte Blocher. Das Eigentum in grossen, börsenkotierten Unternehmen sei so verzettelt, dass die Eigentümer kaum mehr Einfluss nehmen könnten. Aus diesem Grund seien solche Firmen zu verpflichten, den Aktionären sämtliche finanziellen Bezüge der leitenden Angestellten wie der CEO, der Generaldirektion etc. bekannt zu geben. Zum Schluss überreichte Blocher einen «Elitepreis» an einen geistig behinderten Appenzeller Hausierer, der nicht nur für sich selber aufkam, sondern durch sein fröhliches Wesen viel Freude und Licht ins Leben seiner Mitmenschen gebracht habe.[314]

Die Volksinitiative für den Uno Beitritt der Schweiz bekämpfte die SVP besonders engagiert. Im Gegensatz zur früheren Abstimmung von 1986 hatten die offizielle Wirtschaft und die andern bürgerlichen Parteien mittlerweile ins Ja-Lager gewechselt; auch die SVP des Kantons Bern entschied sich für Unterstützung. Mit Unmut nahmen die Gegner zur Kenntnis, dass die notwendige Unterschriftenzahl nur mit dem Engagement der Bundesverwaltung zusammengekommen war und dass der Bund offiziell Steuergeld für die Ja-Kampagne einsetzte.

Die SVP stiess sich an Widersprüchlichkeiten, etwa dass der Bundesrat 1993 im Bericht zur Neutralität noch erklärt hatte, in der Uno gebe es für die klassische Neutralitätskonzeption keinen Platz mehr, während er jetzt behaupte, die Uno gefährde die Neutralität nicht. 1981 hatte der Bundesrat in seiner Botschaft sogar noch die Überzeugung vertreten, die Schweiz könne der politischen Uno nicht beitreten, weil dies dem schweizerischen Neutralitätsrecht widerspreche. Indem nun dem Volk schmackhaft gemacht wurde, genau dieselbe Charta wie damals zu unterzeichnen, zeigte sich klar, wie sehr sich die Neutralitätsauffassung in Bundesbern mittlerweile verändert hatte. Besonders stossend und von den Befürwortern auch als Mangel eingestanden wurde die Tatsache, dass die Institution mit dem Vetorecht und der ständigen Einsitznahme von fünf Grossmächten im Sicherheitsrat Macht vor Recht stelle, was den Interessen eines Kleinstaates zuwiderlaufe.[315] Der Abstimmungskampf endete am 3. März 2002 trotz sehr ungleicher Lager mit einer eher knappen Zustimmung von 54,6 Prozent. Bei den Ständen gab schliesslich der Kanton Luzern den Ausschlag, dem die deutlich befürwortenden Stimmen der Auslandschweizer zugeschlagen wurden.

Bei den Gemeindewahlen von 2002 war die FDP die grosse Verliererin, während die SVP stark zulegen konnte. In der Stadt Zürich etwa wuchs ihr Wähleranteil von 18,5 auf 24,8 Prozent, und sie steigerte ihren Besitzstand im Gemeinderat – zusammen mit dem Sitzgewinn der Seniorenliste – von 26 auf 32 Mandate. Die Tatsache, dass weder in Zürich Rolf André Siegenthaler noch in Winterthur Jürg Stahl in den Stadtrat gewählt wurde, nahm die Partei als Auftrag zu verschärfter Opposition wahr. Erstmals gelang es der SVP, der SP in den Parlamenten der grossen Zürcher Gemeinden den Rang abzulaufen: Die Volkspartei legte 21 Sitze zu und kam auf insgesamt 154 Sitze, während die Sozialdemokraten 153 Sitze hielten.

Im Jahr 2002 befand das Volk über zwei wichtige Volksinitiativen der SVP, was entsprechendes Engagement erforderte. Im September scheiterte zwar die «Goldinitiative», welche die überschüssigen Goldreserven dem AHV-Fonds zuweisen wollte. Wichtiger aber war, dass vor dem Souverän auch die «Solidaritätsstiftung» von Bundesrat und Parlament Schiffbruch erlitt. Die Idee, regelmässig grosse Summen an hauptsächlich ausländische Institutionen zu vergeben, bekämpfte die SVP von allem Anfang an als Folge der defensiven Haltung in der Diskussion über das Verhalten der Schweiz im Zweiten Weltkrieg und aus den Bedenken, damit das Land regelmässig neuen Erpressungen auszusetzen. Mittlerweile ermöglichte ein Schweizer Fonds von Banken und Unternehmen die finanzielle Einzelhilfe an bedürftige Überlebende der nationalsozialistischen Verfolgung sowie an ihre Nachkommen, so dass auch der Wirtschaftsverband Economiesuisse und der Freisinn von der Solidaritätsstiftung abgerückt waren.

Die SVP-Volksinitiative gegen den anhaltenden Asylrechtsmissbrauch vom November 2002 scheiterte so hauchdünn wie noch kaum jemals eine eidgenössische Vorlage zuvor. Das Anliegen hätte dem seit Jahren zunehmenden Asylmissbrauch durch Wirtschaftsmigranten entgegengewirkt, indem jene Asylbewerber zurückgeschickt werden sollten, die über einen sogenannt «sicheren Drittstaat» in die Schweiz eingereist waren und dort schon Asyl beantragen konnten. Auch wären die Sozialleistungen für in der Schweiz lebende Asylbewerber eingeschränkt und vereinheitlicht worden. Nur gerade 2700 Stimmen gaben den Ausschlag für die Verwerfung. Was das Ständemehr betraf, so wäre die Verfassungsänderung

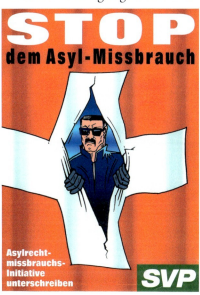

Das Plakat mit zerrissener Schweizer Fahne zu Gunsten der 2002 knapp gescheiterten SVP-Volksinitiative gegen Asylrechtsmissbrauch gab einmal mehr landesweit viel zu reden.

im Sinne der SVP mit zwölfeinhalb gegen zehneinhalb Stimmen sogar angenommen worden.

Grossenteils empörte Aufmerksamkeit erregte Christoph Blocher 2002 an einer Delegiertenversammlung im aargauischen Lupfig, als er Samuel Schmid als «halben SVP-Bundesrat» bezeichnete. Im Rahmen einer vertieften Auseinandersetzung über das Wesen von Regierung und Opposition führte Blocher aus, Schmid sei zwar SVP-Mitglied, aber insofern kein echter Parteivertreter, als er sein Amt den andern Parteien verdanke: «Samuel Schmid ist zwar ein guter, aber eben nur ein halber SVP-Bundesrat», sagte er gemäss schriftlichem Redetext. Mündlich führte der Zürcher Präsident wörtlich aus: «Bundesrat Schmid ist ein guter Bundesrat. Aber er vertritt in vielen Dingen nicht unsere Meinung. Jetzt haben die anderen drei Parteien sechseinhalb Bundesräte und wir einen halben.»[316]

Dies rechtfertigte nicht, dass vor allem die Ringier-Medien, aber auch der *Tages-Anzeiger* und das Schweizer Radio und Fernsehen kolportieren, Blocher habe Schmid gewissermassen als «halbe Portion» hingestellt. Blocher reagierte geharnischt und sprach von «nationalsozialistischen Macharten». Inserate in der Sonntagspresse der deutschen und französischen Schweiz veröffentlichten Blochers Redetext. Wer das Falsche immer wiederhole, erzeuge eine Pogromstimmung. Die SVP müsse die Kraft haben, gegen eine solche Verzerrung anzutreten. Es dürfe nicht sein, dass Aussagen so lange verdreht würden, bis «sogar jene Leute, die in Lupfig anwesend waren, glauben, was die Presse schreibt». Die Zeitungstitel *Blick* und *Sonntagsblick* bezeichnete Blocher in diesem Zusammenhang als «notorische Lügenblätter».[317]

Umgehend setzten sich die Berner für ihren Bundesrat zur Wehr. Nach dreistündiger Diskussion sprach die SVP-Fraktion Samuel Schmid das Vertrauen aus, doch scheiterte ein Berner Antrag für einen «Ehrenkodex» zum Verhalten an SVP-Parteitagen mit allen gegen 5 Stimmen. Schmid wurde vorgeworfen, er habe im Rahmen einer Aktion «Bubenberg» schon 1998/99 an vorderster Front als Strippenzieher einer Abspaltung mitgewirkt.[318] Auch eine Kolumne von Schmids Departementssekretär Oswald Sigg in der Gewerkschaftszeitung *Work* stiess sauer auf: Sigg hatte eine Aussage von Toni Bortoluzzi, er sei der Willi Ritschard der SVP, an den Pranger gestellt («das ist nicht einmal schlechtes Laientheater»).[319]

In Lupfig war der Zürcher Sozial- und Gewerbepolitiker Toni Bortoluzzi als offizieller Kandidat für einen zweiten SVP-Sitz im Bundesrat erkoren worden. In der Bundesversammlung hielten aber die andern Parteien zur SP und wählten anstelle der zurücktretenden Ruth Dreifuss die Genfer Regierungsrätin Micheline Calmy-Rey in die Landesregierung. Nationalrat Bortoluzzi stieg mit Gelassenheit und Humor in die hoffnungslose Ausmarchung, durfte aber die Genugtuung erleben, erst nach dem vierten Wahlgang auszuscheiden.

Bundespräsident Pascal Couchepin sagte trotz vorgängiger herzlicher Zusage («Lieber Christoph…») seine Teilnahme an der Albisgüetli-Tagung des Jahres 2003 ab. In einem Schreiben an den OK-Präsidenten liess er ausrichten, die Landesregierung sei zum Schluss gekommen, «dass die Teilnahme des Bundespräsidenten an Anlässen dieser Art künftig auf ein Minimum zu beschränken sei und dass kein Grund bestehe, dass der Bundespräsident regelmässig an Veranstaltungen einer Kantonalpartei teilnehme». Sogar die *NZZ* beurteilte den von Christoph Blocher zur Erheiterung des Publikums zitierten Brief als «bürokratisch formulierte Absage».[320] Anstelle von Couchepin sprach sich der emeritierte Freiburger Professor Walter Wittmann als origineller, querdenkender Ökonom für umfassende Liberalisierungen und Deregulierungen aus. Blocher benannte seine eigene Rede als «Dialog mit Abwesenden, eine Rede in Zitaten» und richtete sich angesichts des Fernbleibens von Bundespräsident Couchepin vor allem an die FDP. Die *Neue Luzerner Zeitung* sprach anerkennend von einem «rhetorischen Feuerwerk», während der *Tages-Anzeiger* naserümpfend befand: «Eine solide Wahlkampfrede, mehr war es diesmal nicht.»[321] An die Adresse Couchepins meinte Blocher: «Wer inhaltlich nichts zu sagen hat, dem bleibt tatsächlich nur die Gesprächsverweigerung.»

Den zweiten FDP-Exponenten im Bundesrat, Kaspar Villiger, mass der Zürcher Parteipräsident mit programmatischen Äusserungen, die dieser als neu gewählter Finanzminister im Jahr 1996 abgegeben hatte. Statt der damals versprochenen «Grenzen des Hochleistungsstaates» und der notwendigen «Kraft der Umkehr» seien seither die Bundesausgaben um ein Viertel angestiegen, und die Freisinnigen hätten total 3,5 Milliarden Franken in die Swiss und in die Expo.02 «verlocht». Mit ihrer neuen Präsidentin Christiane Langenberger zeige die FDP ihren Linkskurs nun «auch gegen aussen». Die SVP sei jene Partei, die «heute umsetzt, was der Freisinn gestern versprach und auch morgen nicht halten wird», rief Blocher in den Saal und formulierte den Schlüsselsatz: «Wer 2003 freisinnig wählen will, wählt SVP.»[322]

Im Hinblick auf die 2003 anstehenden Erneuerungswahlen des Zürcher Regierungsrates folgte die Delegiertenversammlung einem Antrag von Kantonsrat Peter Good aus Bauma und beschloss, einen dritten Kandidaten zu nominieren. Die Wahl fiel auf den Fraktionschef im Kantonsrat, den Rafzer Architekten und Gemeindepräsidenten Hans Rutschmann, der in der parteiinternen Ausmarchung gegen Nationalrat Hans Kaufmann obsiegte. An ein bürgerliches Ticket war bei dieser Ausgangslage nicht zu denken, und auch die notwendige Unterstützung der Wirtschaftsverbände blieb weitgehend aus. Während Christian Huber und Rita Fuhrer die Wiederwahl problemlos schafften, erreichte Rutschmann trotz engagiertem Wahlkampf den ihn persönlich nicht befriedigenden neunten Platz. Die SP errang mit Regine Aeppli auf Kosten des CVP-Mannes Hans Hollenstein einen zweiten Sitz, womit sich im Kanton Zürich erstmals eine weibliche Regierungsmehrheit etablierte. Die kantonale SVP beurteilte den erneuten Zuwachs von einem Sitz bei den Kantonsratswahlen gegenüber 20 Sitzgewinnen von 1999 als Erfolg. Vier Jahre zuvor waren etliche Proporzgewinne im Spiel gewesen, weshalb Parteipräsident Blocher das Halten, ja den leichten Ausbau eine «Riesenleistung» nannte. Der Wähleranteil der SVP konnte erneut um 0,3 auf 30,5 Prozent gesteigert werden. Einen künftigen Zuwachs hielt die Führung der SVP zwar nicht für ausgeschlossen, wollte diesen aber keinesfalls auf Kosten einer Verflachung des Profils erreichen. Das Erringen einer absoluten Mehrheit durch eine einzige Partei befand Christoph Blocher weder in der Schweiz noch im Kanton Zürich als möglich. Entsprechende Äusserungen aus der Partei seien lediglich als «witzige Bemerkungen» zu beurteilen.

Auch der Parteienforscher Andreas Ladner von der Universität Bern bestätigte auf Anfrage der *NZZ*, dass das Wahlergebnis der SVP trotz nur einem Sitzgewinn einen grossen Erfolg bedeute. Der Sieg vor vier Jahren sei, wie sich jetzt zeige, nicht einfach wegen zahlreicher Protestwähler zustande gekommen. Für die Zürcher Verhältnisse mit den vielen Parteien sei «ein Wähleranteil von über 30 Prozent historisch sehr hoch». Nun könne man mindestens von einem Halten des SVP-Erfolgs auch in den Nationalratswahlen ausgehen, vermutete Ladner.[323]

Zu bedauern hatte die Partei allerdings, dass die der SVP in Fraktionsgemeinschaft verbundenen «Aktiven Senioren» ihre beiden Mandate verloren und dass die FDP im Kantonsparlament gleich 6 Mandate einbüsste, womit die 1999 errungene absolute Mehrheit von SVP und FDP verlorenging. Für die FDP besonders bitter war die Tatsache, dass die bei der Volkspartei wegen wiederholter Attacken wenig geschätzten Exponenten Balz Hösly als Fraktionschef und Markus Hess als Parteipräsident die Wiederwahl in den Kantonsrat verpassten.

Grosse Beachtung und ein nationales Echo fand im April 2003 Christoph Blochers Grundsatzartikel «Mitenand gaats schlächter» im *Tages-Anzeiger*. Darin geisselte der Autor die Nähe und mangelnde Abgrenzung zwischen Politik und Wirtschaft. Man habe in der Vergangenheit allzu oft zusammengefügt, was nicht zusammengehöre, und damit die unteilbare Verantwortung bis zur Unkenntlichkeit verwischt. Bei diesem «Miteinander» gehe es einzig den Beteiligten an diesem «Speckgürtel» besser, nämlich den halbstaatlichen Unternehmen, die den Wettbewerb ausschalteten und die Preise steigen liessen. Heftig kritisierte Blocher scheinselbständige Firmen wie die Fluggesellschaft Swiss, Unique Airport, Skyguide, SRG und deren Produktionsbetrieb TPC («Fascht e Familie»), Ruag, Osec, Postbank usw., aber ebenso die «Genossenwirtschaft» von pseudoprivaten Beratungsfirmen, die von Staatsaufträgen linker Regierungskollegen lebten. Es müsse den Bürgern endlich bekannt gemacht werden, welche Parlamentarier an welchen Staatsaufträgen beteiligt seien und welche Firmen in welchem Volumen öffentliche Aufträge erhielten.[324]

Für noch grösseren und nachhaltigen Wirbel sorgte Christoph Blocher im Juni 2003 mit einem Interview im *Tages-Anzeiger*. Der Präsident der Zürcher SVP sah dringenden Handlungsbedarf bei der Invalidenversicherung (IV), die ursprünglich für Geburtsgebrechen und die Folgen von Krankheiten und Unfällen gegründet wurde. Mittlerweile ortete Blocher aber gigantische Missbräuche. Er forderte «endlich eine echte Revision der Invalidenversicherung, mit der die zunehmende Scheininvalidität wirkungsvoll bekämpft wird». Seit 1990 hatten sich die IV-Kosten beinahe vervierfacht, wobei die psychischen Leiden und diffuse Rückenkrankheiten einen Grossteil ausmachten. Viele «Scheininvalide», so Blocher, wollten gar nicht mehr gesund werden, weil sie die IV-Rente einem Lohn vorzögen. Es gebe aber auch Arbeitgeber, die ihren Personalabbau über die Invalidenversicherung lösten – zum Beispiel die SBB. All das fuhre zur deprimierenden Erkenntnis: «Dieser Betrug ist gesellschaftsfähig und wird nicht geahndet.» Die SVP verlangte mit konkreten Vorstössen eine wirksame Bekämpfung des Missbrauchs durch Pseudo-Patienten, Ärzte und Arbeitgeber.[325] Nach dem ersten Aufschrei von empörten Sozialpolitikern sowie den Vertretern von Verwaltung und Interessenverbänden wurde das gigantische Problem, das zu einem grossen Teil auch Ausländer betraf, nach anfänglichem

Abstreiten allmählich eingestanden und mit konkreten Gegenmassnahmen auch angegangen.

«Es taget vor dem Walde, stand uuf Kätterlin!» – so hatte Christoph Blocher 2003 in seiner Albisgüetli-Rede ein altes Schweizer Volkslied zitiert. Manches deutete in der schweizerischen Innenpolitik tatsächlich auf einen gewissen Meinungsumschwung hin: Die EU-Beitrittsinitiative war wuchtig verworfen worden; der Wirtschaftsdachverband Economiesuisse erklärte sich mit den bilateralen Verträgen zufrieden und meinte, ein Beitritt zur Europäischen Union hätte eher nachteilige Wirkungen. Der Präsident der Grossbank UBS, Marcel Ospel, erklärte seine Entrüstung darüber, wie die EU mit ihren kleineren Mitgliedern umspringe, und äusserte seine Überzeugung, das EU-Beitrittsgesuch sei zurückzuziehen. Es handelte sich hier – wohlverstanden – um den obersten Verantwortlichen derselben Bank, die zehn Jahre zuvor Christoph Blocher wegen dessen Kritik am geplanten EWR-Beitritt aus dem Verwaltungsrat entfernt hatte. Fred Kindle, Chef des Winterthurer Sulzer-Konzerns, meinte zur Zeitschrift *Cash*, angesprochen auf die FDP: «Wirtschaftspolitisch erscheint mir die SVP heutzutage etwas prägnanter.»[326] Da zeugte die wütende Abrechnung von FDP-Generalsekretär Guido Schommer mit der SVP eher von Hilflosigkeit: «Aus der grundehrlichen, soliden und stabilen Bauernpartei der 70er-Jahre ist ein aufgeblasenes, hohles Gebilde geworden, das von mancherlei Schmarotzern ausgenommen wird.»[327]

Bei der Zusammenstellung der Nationalratsliste versagte der Kantonalvorstand Nationalrätin Lisbeth Fehr die für über 65-Jährige notwendige Zweidrittelsmehrheit. Grund war eine zunehmende inhaltliche Entfremdung mit der Aussenpolitikerin, die als Präsidentin der Europaratsdelegation die Personenfreizügigkeit mit der EU ebenso wie bewaffnete Auslandeinsätze oder den Uno-Beitritt befürwortet hatte. Für Verärgerung hatte die Humlikerin zusätzlich gesorgt, weil sie ihre Kritik meist über die Medien statt in den Parteigremien zu äussern pflegte. Prompt nannte Fehr die Parteispitze «totalitär» und sprach von einer «Radaupartei», einem «lauten gleichgeschalteten Männerchor», der «eine kritische, aber lösungsorientierte Frauenstimme» durchaus hätte ertragen können.[328] Fehrs Bedenken bezüglich Frauenmangels wurde insofern entkräftet, als die junge Juristin, Gemeinderatspräsidentin und Verfassungsrätin Rachel Eckert aus Kloten auf den aussichtsreichen siebten Platz der Nationalratsliste gesetzt wurde, die Wahl dann allerdings verpasste. Ebenfalls auf der Liste figurierten der frühere Autopartei-Gründer Michael E. Dreher sowie Hans-Jakob Heitz, ehemals FDP-Kantonsrat und öffentlichkeitswirksamer Anwalt von Aktionärsinteressen, speziell nach dem Zusammenbruch der Swissair.

Am Parteifest im aargauischen Holziken sang ein Chor der National- und Ständeräte nach einer Melodie der Beatles den selbstbewussten Text: «Mir sind bald di schtärchschti Fraktion, dänn das isch de Lohn vo de Nation.» Die Reden von Bundesrat Samuel Schmid und Parteipräsident Ueli Maurer wurden ebenso beklatscht wie das Streitgespräch von Christoph Blocher und Toni Brunner gegen Marc F. Suter (FDP), Andreas Gross (SP) und Professor Georg Kreis (FDP), Präsident der Eidgenössischen Kommission gegen Rassismus. Die trotz Einladung abwesende CVP verkörperte auf dem Podium eine orangefarbene Pappkarton-Attrappe mit menschlicher Silhouette.[329]

Die Zürcher Regierungsrätin Rita Fuhrer mit SVP-Präsident Ueli Maurer am nationalen Wahlkampffest in Holziken vom 23. August 2003.

Als journalistischer Beobachter schnupperte in Holziken erstmals der Chefredaktor der *Weltwoche*, Roger Köppel, direkte SVP-Luft.

Bei den National- und Ständeratswahlen vom Herbst 2003 steigerte sich die Zürcher SVP noch einmal um 0,9 auf 33,4 Prozent, verlor aber trotzdem ihr dreizehntes Mandat. Hans Hofmann wurde zusammen mit der neu kandidierenden Trix Heberlein (FDP) überzeugend als Ständerat wiedergewählt. Schweizweit legte die Volkspartei im Vergleich zum Rekordergebnis von 1999 noch einmal um 4,2 Prozent zu und wurde mit 26,7 Prozent und 11 Sitzgewinnen, davon 6 in der Romandie, zum zweiten Mal wählerstärkste Partei des Landes gegenüber 23,3 Prozent der SP (plus 0,8 Prozent), 17,3 Prozent der FDP (minus 2,6 Prozent) und 14,4 Prozent der CVP (minus 1,4 Prozent). Die SVP-Bundeshausfraktion umfasste jetzt 55 Nationalräte und 8 Ständeräte.

Der 63-jährige Ausnahmepolitiker Christoph Blocher hatte ein Lebenswerk von seltener Geschlossenheit aufgebaut. Er stand der SVP des Kantons Zürich nunmehr seit einem Vierteljahrhundert vor. Der Industrielle war Mehrheitsbesitzer, Präsident und Geschäftsführer des global ausgerichteten Unternehmens Ems-Chemie AG mit Produktions- und Geschäftssitzen in zahlreichen Ländern. Über 95 Prozent der Hochleistungspolymere und der Spezialchemie lieferte die Firma mit gegen 3000 Mitarbeitern inzwischen ins Ausland. Seit 1977 Parteipräsident der Zürcher SVP und seit 1979 Nationalrat, hatte Blocher aus der einstigen Bauern- und Gewerbepartei eine moderne Mittelstandspartei geformt, deren Kurs er mittlerweile landesweit

In die eidgenössischen Wahlen 2003 stieg die SVP Schweiz mit einem gerupften, gefesselten und zum Verstummen gebrachten Huhn. Dasselbe Sujet war im März 2001 schon gegen die EU-Beitrittsinitiative verwendet worden.

prägte. Blochers konsequent durchgehaltene politische Ausrichtung mit den Schwerpunkten Erhaltung der Unabhängigkeit und Eindämmung der Staatstätigkeit hatte aus der wählerschwächsten die wählerstärkste Bundesratspartei gemacht, die mittlerweile in sämtlichen Kantonen vertreten war. Blocher wusste, dass nicht er die Partei brauchte, sondern diese ihn. Und so unterzog er sich dem mühevollen, nicht endenwollenden Parcours von Parteileitungs-, Vorstands-, Delegierten- und Fraktionsversammlungen, ohne zu klagen. In sämtlichen Gremien erteilte Blocher – entgegen einer oft kolportierten Medienmeinung – keineswegs nur Befehle, sondern überzeugte stets von neuem mit besseren Argumenten. Er bewegte, indem er in seinen Ämtern ausharrte, Kontinuität schuf, oder sich – wie die *NZZ* feststellte – «nicht mehr wegbewegte». Christoph Blocher war «einer, der geblieben ist», während von seinen Kontrahenten einer nach dem andern die politische Bühne wieder verlassen hatte.[330]

Neben seiner zürcherischen hatte sich Blocher auch für zahlreiche andere Kantonalsektionen engagiert, deren frühere Anstrengungen sich jetzt reichlich bezahlt machten. Eine Art «Götti»-Funktion versah er insbesondere in den Kantonen St. Gallen, in Teilen Graubündens, in den beiden Appenzell, in Schwyz, Ob- und Nidwalden, Uri, Zug, Luzern, im Tessin, im Wallis und in Genf. Aber auch in alle andern Kantone hat seine Politik prägend ausgestrahlt. Die Konflikte mit den dem Zürcher Kurs kritisch gegenüberstehenden Kantonen wie Bern, Graubünden, Glarus, Solothurn, Baselland, Freiburg oder Waadt waren mittlerweile so gut wie ausgeräumt oder mindestens entschärft. Der finanzielle Einsatz, den der Zürcher Kantonalpräsident auf allen Ebenen für die SVP – und zwar für ihre Kandidaten wie für ihre Kampagnen – leistete, muss als beispiellos bezeichnet werden.

Auch militärisch hatte Christoph Blocher eine beeindruckende Karriere absolviert, die ihn bis zum Range eines Obersten und Regimentskommandanten der Luftschutztruppen führte. Er sorgte in dieser Funktion für grosses Echo, als er sein Regiment zur Fahnenabgabe am Ende eines Wiederholungskurses im Jahr 1992 überfallartig auf die Zürcher Sechseläutenwiese mitten in der pulsierenden City kommandierte – dem Ort ihres Einsatzes im Ernstfall. Selbstverständlich hatte auch dies ein parlamentarisches Nachspiel, indem die Linke solche Anlässe künftig unterbinden wollte.[331]

Blochers publizistisch-verlegerisches Engagement begann mit der Übernahme des *Bünder Tagblatts*, mit dem er zeitweise eine Monopolstellung der *Bündner Zeitung* verhinderte. Hinzu kommt das enorme Interesse für Geschichte, Kunst und Kultur. Sein Haus zum Rosenhorn über Herrliberg und das firmeneigene mittelalterliche Schloss Rhäzüns am Hinterrhein beherbergen die bedeutendste private Sammlung von Schweizer Kunst um 1900 mit Werken von Malern wie Albert Anker, Ferdinand Hodler, Giovanni Segantini und Augusto Giacometti. Blocher ist ein grosser Bewunderer und Kenner sämtlicher Kompositionen von Wolfgang Amadeus Mozart, den er gelegentlich auch schon als Industriellen bezeichnet hat.[332] Er persönlich wie seine Firma unterstützen zahlreiche Kulturprojekte in und ausserhalb von Graubünden, speziell die musikalische Ausbildung junger Bündner Oberländer, aber auch zahlreiche Werke der Archäologie und Denkmalpflege sowie unzählige weitere wissenschaftliche, künstlerische und soziale Projekte.

Taktgeberin in der Schweiz

«Hannibal» und vier Jahre Regierungsstabilität

Schon im Vorfeld der eidgenössischen Wahlen von 2003 hatte sich eine kleine strategische Gruppe Gedanken gemacht, wie die SVP Schweiz im Falle eines erneuten Wahlsiegs die ihrer Stärke angemessene Regierungsverantwortung übernehmen könne. Die Partei setzte dabei auf die traditionelle numerische Konkordanz, gemäss der die drei wählerstärksten Parteien je zwei Bundesratssitze beanspruchen können, während der viertstärksten Partei ein Sitz zufällt. Sollte die SVP ihre Stellung als wählerstärkste Partei diesmal noch weiter ausbauen, wäre ihr Anspruch auf zwei Sitze noch deutlicher ausgewiesen gewesen als zuvor. Dabei hätte man es der SVP als Ausweichen vor der Verantwortung ausgelegt, wenn sie nicht mit ihrem stärksten Kandidaten angetreten wäre. Auch wenn das Ausscheiden eines Bundesrats Blocher aus der aktiven Parteipolitik aus Sicht der Volkspartei zu bedauern war, wurde dessen Einsitznahme im Bundesrat für das Gesamtinteresse des Landes parteiintern höher gewichtet.

Das strategische Geheimkonzept «Hannibal» hatte zum anspruchsvollen Ziel, die schwierige Alpenüberquerung – sprich: die Bundesratswahlen – so zu meistern, dass die SVP am Ende einen Elefanten ins Ziel brachte, nämlich Christoph Blocher. Dies ging nicht ohne Aufbau eines gewissen Drucks auf die Vereinigte Bundesversammlung. Diese hatte in der Vergangenheit allzu oft bewiesen, dass sie der Volkspartei die besten Vertreter im Bundesrat nicht gönnen mochte oder dass sich die Wahlverlierer jeweils vereinigten, um die Wahlsieger abzustrafen. Darum sollte den National- und Ständeräten am Wahltag getragene Vertreter in den Bundesrat, welche das SVP-Gedankengut voll und ganz mittragen, oder die SVP zieht sich in die Opposition zurück.

Samuel Schmid wurde seinerzeit gegen den Willen der SVP von den andern Parteien in den Bundesrat gewählt mit dem Auftrag, die Politik seiner Partei zu hintertreiben. Dies hat er bislang mit nicht geringem Erfolg getan, etwa beim UNO-Beitritt, bei den bewaffneten Auslandeinsätzen, bei der Asylinitiative oder bei der Goldinitiative. Das unwürdige Doppelspiel, dass ein Bundesrat immer wieder der eigenen Parteibasis und der Fraktion in den Rücken fällt, ist jetzt endlich zu beenden.

Doppelkandidatur für den Bundesrat

Die SVP hat als wählerstärkste Partei des Landes den Auftrag, ihre Politik mit zwei Vertretern im Bundesrat durchzusetzen. Der bisherige, nicht von der SVP nominierte Vertreter Samuel Schmid nur portiert werden, wenn sich die Partei mit ihm über grundlegende politische Übereinstimmungen einigen kann; ansonsten ist ein anderer SVP-Kandidat zu bestimmen.

Der zweite Kandidat der SVP muss das Gedankengut der Partei vollständig verkörpern. Angesichts der extrem schwierigen politischen Lage unseres Landes kommt nur jene SVP-Persönlichkeit mit der grössten Erfahrung, dem grössten Leistungsausweis und der grössten Durchsetzungskraft in Frage: Christoph Blocher. Weder Blocher noch Schmid dürfen die Wahl annehmen, wenn sie als einzige SVP-Vertreter gewählt werden. Nimmt Schmid dennoch an, stellt er seinen persönlichen Ehrgeiz über das Wohl der Partei und des Landes. Er wäre zur „persona non grata" zu erklären, die per sofort nicht mehr Mitglied der Fraktion ist. Das Gleiche geschieht mit jedem anderen SVP-Vertreter, der ausserhalb des offiziellen Vorschlags eine Wahl in den Bundesrat annimmt.

Im Gegenzug erklärt sich die Partei bereit, im Falle der Wahl der beiden offiziellen SVP-Vertreter die offiziellen Kandidaten der übrigen Parteien unbesehen zu wählen. Denn wir gestehen den andern Parteien (2 FDP, 2 SP, 1 CVP) aus Gründen der Konsequenz das Recht zu, jene Vertreter für den Bundesrat zu nominieren und wählen zu lassen, die deren Partei am glaubwürdigsten vertreten. Die CVP kann von sich aus bestimmen, welchen ihrer beiden Bundesräte sie aus dem Rennen nehmen will.

Die Bevölkerung bringt das nötige Verständnis für den Anspruch der SVP auf einen zweiten Bundesratssitz auf. Für die CVP wird es äusserst schwierig, glaubhaft zu machen, warum sie uns den zweiten Sitz verweigern will. Das Volk dürfte unschwer begreifen, weshalb wir politisch (Regierungsprogramm) und rechnerisch (Wähleranteil, Abstimmungsergebnisse) eine angemessene Vertretung einfordern. Wir müssen darlegen, warum es bei der heutigen Situation nur einen Mann geben kann, der den Erfolg unserer Politik seit 1977 gleichsam verkörpert und die nötige Durchsetzungskraft hat, diese Programmpunkte auch zu realisieren.

Entweder – oder!

Wir müssen uns keinen Illusionen hingeben: Christoph Blocher ist nicht der Wunschkandidat der Linken (SP), Halblinken (CVP) und Viertellinken (FDP). Um so mehr hat die SVP klarzumachen: Es gibt keinen zweiten Bundesrat, der nicht

3

Seite 3 der von der SVP-Spitze entwickelten Strategie «Hannibal» vom 17. Oktober 2003, welche die Bundesversammlung vor folgende Entscheidung stellte: Entweder sie wählt eine SVP-Doppelvertretung mit Samuel Schmid und Christoph Blocher in den Bundesrat, oder die SVP wird Oppositionspartei.

ein SVP-Doppelvorschlag mit Samuel Schmid und Christoph Blocher präsentiert werden. Sofern diese beiden Kandidaten akzeptiert würden, wäre die SVP gemäss ihrer Stärke im Bundesrat vertreten. Sollte einer von ihnen oder beide scheitern, hätte die SVP konsequenterweise den Gang in die Opposition anzutreten.[1] Auch der Berner Parteipräsident Hermann Weyeneth anerkannte das Konzept als folgerichtig, war doch damit Samuel Schmid Teil der offiziellen Doppelkandidatur, auch wenn Schmid im Falle der Annahme seiner alleinigen Wahl die Fraktionsmitgliedschaft verloren hätte.

Als Nationalrat Ueli Maurer anlässlich des traditionellen Fernsehauftritts der vier Bundesratsparteien am Wahlabend des 19. Oktober 2003 den Inhalt des Konzepts «Hannibal» verkündete, sorgte diese Überraschung für die erhoffte Erschütterung der gewohnten Denkbahnen. Als Erster in der Runde fasste sich der Politberater Iwan Rickenbacher, der die Forderung als logisch und stimmig beurteilte. Es war klar, dass der SVP-Angriff der am stärksten übervertretenen CVP galt. In der Folge wurde Christoph Blocher mit Begeisterung von den Zürcher Parteigremien nominiert, und auch die nationale Delegiertenversammlung in Sempach stützte den Doppelvorschlag und andernfalls den Gang in die Opposition. Als jemand die Zürcher Regierungsrätin Rita Fuhrer als mögliche Sprengkandidatin nannte, stellte sie unter grossem Applaus klar, sie werde «niemals eine fraktionslose Bundesrätin sein, niemals».[2]

Das Interesse der nationalen und internationalen Medien an Blochers Kandidatur war enorm, was sich auch an deren reger Teilnahme an einer Medienkonferenz im Zürcher «Kaufleuten» zeigte. In den Wochen vor dem Wahltag zeichnete sich ab, dass die SP eine Kandidatur Blocher einhellig ablehnte, während die CVP alles daran setzte, ihre beiden Sitze in der Landesregierung zu erhalten. Einzig auf eine klare Mehrheit der FDP konnte sich die Volkspartei verlassen, da der Freisinn seinerseits auf die Stimmen der SVP beim letzten Wahlgang betreffend die Nachfolge von Kaspar Villiger angewiesen war.

Nachdem Blocher die neue Legislatur als Alterspräsident eröffnet hatte, folgten am 10. Dezember 2003 die mit grösster Spannung erwarteten Bundesratswahlen. Die davorliegenden Sessionstage waren von der SVP-Fraktion intensiv genutzt worden, um alle Eventualitäten einzuplanen und möglichst viele Unentschlossene von Blocher zu überzeugen. In den beiden ersten Wahlgängen wurden die Bundesräte Moritz Leuenberger und Pascal Couchepin mit sehr

Nach der Wahl in den Bundesrat vom 10. Dezember 2003 strahlte Christoph Blocher, auch wegen eines gleichentags erschienenen Inserats einer findigen Skifirma.

guten Resultaten bestätigt; vor allem die SVP bemühte sich ganz offensichtlich, keine Unruhe ins Wahlgeschäft zu bringen und Retourkutschen zu vermeiden. Bereits der dritte Wahlgang brachte die Vorentscheidung: SVP-Fraktionschef Caspar Baader machte klar, dass es hier um jenen CVP-Sitz gehe, welcher neu gemäss Konkordanz der SVP zustehe, und dass erst bei der nächstfolgenden Wahl über den CVP-Sitz entschieden werde. Wie knapp das Rennen ausfallen würde, zeigte der Ausgang des ersten Wahlgangs, in dem sowohl Ruth Metzler als auch Christoph Blocher 116 Stimmen erreichten. Auch der zweite Wahlgang brachte noch kein absolutes Mehr, doch lag Blocher jetzt mit 119 gegen 117 Stimmen leicht in Führung. Um 10.38 Uhr war dann die Sensation perfekt: Ratspräsident Max Binder von der Zürcher SVP brachte das Kunststück fertig, das Resultat mit steinerner Miene zur Kenntnis zu nehmen und zu verlesen, um erst danach ein erleichtertes Lächeln zu zeigen.

Zweifellos hat die SVP-Fraktion ihren Kandidaten einstimmig und die FDP Blocher mit wenigen Abweichungen unterstützt. Dem Gewählten wurden überschwängliche Glückwünsche der Fraktionskollegen zuteil; nicht wenige übermannten Tränen der Rührung. Blocher erklärte die Annahme der

Wahl und gleichzeitig aus Zeit- und Spargründen den Verzicht auf die übliche offizielle Bundesratsfeier im Kanton Zürich: «Ich mache, was ich kann, und ich hoffe, dass uns Gott helfe, dass es gut herauskommt.»[3]

Bei der vierten Wahl verkündete der CVP-Fraktionschef, seine Partei werde ihre beiden Kandidaten nicht gegeneinander antreten lassen; ihr offizieller Kandidat heisse jetzt Joseph Deiss. Diese Ungleichbehandlung durch ihre eigene Partei, die sie allein der Wucht des SVP-Angriffs aussetzte, hat Ruth Metzler im Rückblick zu Recht erbittert.[4] Demgegenüber erklärte SVP-Fraktionschef Baader, es gehe jetzt um die Ausmarchung des CVP-Sitzes zwischen Deiss und Metzler, ohne dass seine Partei eine Empfehlung aussprach. Tatsächlich erhielt die Appenzellerin wesentlich mehr SVP-Stimmen als der weiter links stehende Freiburger. Nach der Wahl von Joseph Deiss leistete Ruth Metzler mit einigen noblen Dankesworten Verzicht auf die weiteren Wahlgänge. In der Folge wurden Samuel Schmid, Micheline Calmy-Rey und zuletzt der freisinnige Ausserrhoder Ständerat Hans-Rudolf Merz gewählt, was nach allgemeiner Ansicht einem deutlichen Rechtsrutsch im künftigen Bundesrat gleichkam.

Während die meisten Medien die Wahl von Christoph Blocher und Hans-Rudolf Merz distanziert beurteilten und allenfalls eine Chance im Sinne einer Einbindung und Beruhigung sahen, kommentierten Economiesuisse, Arbeitgeber, Gewerbeverband und Bankenvertreter das Resultat aus wirtschaftspolitischer Sicht positiv. Oswald Grübel von der Credit Suisse hatte Blocher schon kurz nach Bekanntgabe von dessen Bundesratskandidatur zu einem Gespräch empfangen, und auch CS-Chefökonom Alois Bischofberger äusserte sich günstig. UBS-Verwaltungsratspräsident Marcel Ospel sprach sich schon vor dem Wahltag deutlich für Bundesräte mit «langjähriger wirtschaftlicher Erfahrung» aus. Rolf Schäuble, Präsident der Bâloise-Gruppe, sagte über die Doppelwahl von Blocher und Merz: «Etwas Besseres konnte der gesamten Schweiz nicht passieren.»[5]

Zum Leidwesen der Linken gelang es der Familie Blocher, die Unternehmensverhältnisse über die Festtage durch den Aktienverkauf an die Kinder vorbildlich zu regeln. Dass Christoph Blochers älteste Tochter Magdalena Martullo die Geschäftsleitung der Ems-Chemie AG übernehmen sollte, passte schwerlich ins gefestigte Vorurteil von Feministinnen, die eben noch mit Pfannendeckeln und Trillerpfeifen auf dem Bundesplatz gegen die schwächere Frauenvertretung im Bundesrat protestiert hatten.

Entgegen seinen Präferenzen musste Blocher bei der Departementszuteilung das Justiz- und Polizeidepartement übernehmen. An der Albisgüetli-Rede 2004 hielt der erstmals in der Rolle eines Landesvaters auftretende frühere Parteipräsident eine kabarettreife Rede über sein ungewohntes Leben als Bundesrat und seine ersten Begegnungen mit der Bundesbürokratie. Sein Weibel habe ihm erklärt, dass jeder Kaffee, den er und die anderen Magistraten tränken, auf Listen verzeichnet, von Sekretärinnen in andere Listen übertragen und von der Finanzabteilung kontrolliert würden. Mit seinem Vorschlag, die Kaffeebohnen selber zu bezahlen, sei er zuerst ins Leere gelaufen, weil alle Angst gehabt hätten, dass die gewohnte Ordnung komplett durcheinandergerüttelt werde. Der *Tages-Anzeiger* kommentierte den Auftritt des neuen Bundesrates: «Er versprühte Witz und Charme, und die Episode mit dem bundesrätlichen Kaffeekässeli hätten weder Viktor Giacobbo noch Lorenz Keiser besser erzählen können. Die Leute lachten Tränen.»

Christoph Blocher pries die SVP im Albisgüetli als «bestimmende bürgerliche Kraft» und «führende Wirtschaftspartei», welche die Dinge als Einzige beim Namen nenne und sich konsequent für die Eigenständigkeit des Landes einsetze. Nachdrücklich ermahnte er seine Parteifreunde, sich nicht nur über die Siege zu freuen, sondern diese auch zu nutzen: «Die Bequemlichkeit ist der grösste Feind einer Partei. Die Bürger dürfen wir auf keinen Fall enttäuschen.» Die SVP stehe nicht am Ende, sondern erst am Anfang, denn es werde «noch ganz, ganz hart in den nächsten Jahren».[6]

Den Part der parteiischen Widerrede gegen den bundesrätlichen Standpunkt übernahm der nationale Parteipräsident Ueli Maurer. Dieser attackierte Verkehrsminister Moritz Leuenberger heftig, der bei den Luftverkehrsverhandlungen mit Deutschland kläglich versagt habe, so dass jetzt Hunderttausende von Lärmgeschädigten die Suppe auslöffeln müssten. Maurer forderte darum, Leuenberger müsse dieses Dossier dringend entzogen werden. Die SVP werde eine dritte Asylinitiative starten, falls das Asylrecht weiterhin «als Deckmantel für Kriminelle missbraucht» werde. Damit nahm Maurer auch Justizminister Blocher in die Pflicht. Bereits beschlossene Sache, bekräftigte der Präsident der SVP Schweiz, sei das Referendum gegen den Schengen-Vertrag. Auch eine Einbürgerungsinitiative solle lanciert werden, damit das Volk in diesem Bereich wieder das letzte Wort erhalte.[7]

Im Nationalrat folgte auf Christoph Blocher der erste Ersatzmann Hans Rutschmann (*1947) nach, der auf eine zwanzigjährige Laufbahn im Kantonsrat zurückblickte. 2000/2001 präsidierte er ein Jahr lang das Kantonsparlament und wirkte 2001 bis 2003 auch als Fraktionschef. Seit 1978 Gemeinderat, amtete er von 1991 bis 2002 als Gemeindepräsident seines Heimatortes Rafz. Im Militär brachte er es bis zum Obersten und Kommandanten eines Rettungsregimentes. Von Beruf diplomierter Architekt HTL/SIA, stand Rutschmann bis 2012 dem Architekturbüro Rutschmann Albrecht Zadik AG mit zwanzig Mitarbeitern vor. Er plante und realisierte Bauten auch grenzübergreifend und war Mitglied der Architektenkammer Baden-Württembergs. Im Nationalrat machte er sich als kompetentes Mitglied der Kommission für Umwelt, Raumplanung und Energie einen Namen. Kaum im Amt, wurde er als hoher Milizoffizier beauftragt, an der Spitze einer Arbeitsgruppe ein Armeepapier für die SVP Schweiz zu verfassen, das dem Verteidigungsdepartement von Samuel Schmid kein schmeichelhaftes Zeugnis ausstellte. Bereits nach zwei Amtsperioden machte Rutschmann 2011 – von vielen bedauert – für Jüngere auf der Nationalratsliste Platz, blieb aber der Politik erhalten, indem er das Präsidium des kantonalen Gewerbeverbandes übernahm, das er bis 2017 innehatte. Der Vertreter eines grundsoliden, ländlichen Gewerbestandes des nördlichsten Kantonsteiles war ein einflussreicher Mann der eher leisen Töne. Hans Rutschmann stand jedem oberflächlichen Blendwerk fern und wurde als seriöser Sachpolitiker auf Bundes-, Kantons- und Gemeindeebene gleichermassen geschätzt.[8]

Mehr Probleme als Blochers Nachfolge im Nationalrat bereitete jene im kantonalen Parteipräsidium. Die Zürcher Parteileitung hatte bereits im Oktober eine fünfköpfige Findungskommission unter Nationalrat Ernst Schibli gebildet, in der auch Bundesrat Blocher Einsitz nahm. In erster Linie suchte man angesichts des mittlerweile konsolidierten Zürcher Kurses auf Bundesebene eine vor allem mit der kantonalen Politik verbundene Persönlichkeit, die – getreu dem staatskritischen Credo der Partei – selbständig unternehmerisch tätig sein sollte.[9] Gefunden wurde der Kandidat schliesslich im fünfzigjährigen Kantonsrat Peter Good, Inhaber eines Installationsgeschäfts, Hobbybauer mit Ziegenhaltung und Gemeindepräsident von Bauma. Good wirkte seit 1990 im Gemeinderat und leitete die Tösstaler Gemeinde mit einer absoluten Mehrheit an SVP-Wählern seit 1998. 1999 wurde er in den Kantonsrat gewählt, wo er sich vor allem als Finanzpolitiker profilierte. Good empfahl sich selber als parteipolitischen «Hardliner» und war diesem Ruf auch mit dem – allerdings vor dem Volk gescheiterten – Dreiervorschlag für den Regierungsrat gerecht geworden. Im Kantonsparlament hatte er Vorstösse zur Abschaffung der Kirchensteuer für juristische Personen und zur Festlegung der Höhe von Gebühren und Abgaben durch den Kantonsrat eingereicht.[10]

Im Präsidium der Zürcher SVP folgte auf Christoph Blocher 2004 der Kantonsrat und Gemeindepräsident Peter Good aus Bauma (links), tatkräftig unterstützt von Parteisekretär Claudio Zanetti (rechts).

Die Delegiertenversammlung wählte Kantonsrat Peter Good im April 2004 zum neuen Kantonalparteipräsidenten, nachdem Rudolf Ackeret die Partei während eines Vierteljahres interimistisch geleitet hatte. Den Einzelvorschlag unterstützten 431 gegen eine einzige Stimme. Es könne ihm in seinem neuen Amt nicht darum gehen, «allen zu gefallen», meinte Peter Good nach der Wahl. Es sei vielmehr seine Aufgabe, den Kampf gegen den sich immer mehr ausbreitenden Sozialismus weiterzuführen. Er werde sich fürs Masshalten statt für Gigantismus einsetzen sowie für Selbsthilfe und Chancennutzung statt für Trägheit und Vollkasko-Mentalität. Christoph Blocher wurde nach beinahe 27-jähriger Tätigkeit als Kantonalpräsident feierlich verabschiedet und mit stürmischen Ovationen gefeiert. Die Partei schenkte ihm eine grosse Panoramatafel mit den Namen sämtlicher vom Garten seiner Liegenschaft in Herrliberg aus sichtbaren Berggipfel.[11]

Bereits im Februar 2004 musste Blocher als Justizminister in einer Kollegialbehörde die Volksinitiative für die lebenslange Verwahrung extrem gefährlicher Sexual- und Gewaltstraftäter bekämpfen, die er zuvor als SVP-Nationalrat unterstützt hatte. Die Umsetzung des von Volk und Ständen angenommenen Vorhabens schien allerdings der Europäischen Menschenrechtskonvention zu widersprechen. Blocher setzte eine Arbeitsgruppe ein, in der sich die Initiantinnen zuerst von den Vertretern des Bundesamtes für Justiz nicht ernst genommen fühlten. Dank dem Einsatz des Departementschefs konnte die *NZZ* aber im Juli 2004 titeln: «Durchbruch geschafft», und sie berichtete von einer «überraschenden Einigung in Christoph Blochers Arbeitsgruppe».[12] In Bundesverfassung und Strafgesetzbuch ist seither festgehalten, dass nichttherapierbare, extrem gefährliche Sexual- und Gewaltstraftäter grundsätzlich lebenslang verwahrt werden müssen. Neue Gutachten zweier voneinander unabhängiger Fachpersonen sind erst zulässig, wenn bislang unbekannte wissenschaftliche Erkenntnisse eine Heilungsmöglichkeit von verwahrten Tätern belegen. Kommt es dann doch noch zu Freilassungen, sind die zuständigen Behörden im Falle von Rückfälligkeit voll verantwortlich.

Ein in Bundesbern von den Bürgerlichen geschnürtes Steuerpaket stiess bei den Kantonsregierungen auf scharfe Ablehnung. Auch die beiden Zürcher SVP-Regierungsräte wirkten im Nein-Komitee mit; an vorderster Front agierte allerdings die Bündner Finanzdirektorin Eveline Widmer-Schlumpf. Das verärgerte Zürcher Parteisekretariat hatte schon im Februar 2004 Inserate entworfen, in denen Christian Huber und Rita Fuhrer für ein «Ja zum Steuerpaket» warben. Nur im Kleingedruckten war zu lesen, dass die Partei der beiden Magistraten und nicht sie persönlich das Steuerpaket unterstützten. Als Huber und Fuhrer vom Ansinnen erfuhren, intervenierten sie unverzüglich und konnten die Inserate – abgesehen vom Pendlerblatt *20 minuten* – gerade noch stoppen. Was Parteisekretär Claudio Zanetti «eine vorfasnachtlich-humoristische Einlage» nannte, hat die Regierungsräte deutlich weniger amüsiert.[13]

Das Steuerpaket sollte die Unternehmen und Bürger entlasten, aber zu Steuerausfällen für Kantone und Gemeinden in der Höhe von rund 2,5 Milliarden Franken führen. Die Tatsache, dass auch die beiden Zürcher SVP-Regierungsräte im Gegenkomitee sassen, brachten Fredy Kradolfer, den Kolumnisten des *Zürcher Boten*, laut eigenen Worten «gefährlich nahe an den politischen Brechreiz». Es könne immerhin sein, so vermutete er, «dass sich innerhalb des Parteivolks der eine oder die andere fragt, warum er oder sie bei den nächsten Wahlen wieder wie gestört in der Gegend herumseckeln, Plakate aufhängen, Prospekte verteilen oder sich bei Standaktionen die Beine in den Bauch stehen soll». Präsident Good

Das Plakat gegen die 11. AHV-Revision inklusive Mehrwertsteuererhöhung vom Frühjahr 2004 wollte der Historiker Thomas Huonker (SP) verbieten lassen.

und Kantonalsekretär Zanetti beeilten sich, die Wogen zu glätten. Beide versicherten, Kradolfers Meinung entspreche nicht der offiziellen Parteimeinung, schoben aber nach, dass der Kolumnist vielen SVP-Anhängern aus dem Herzen spreche.[14]

Dieses für den Souverän überladene Steuerpaket, für das sich vor allem der aus Zürich stammende Thurgauer SVP-Nationalrat und erfolgreiche Unternehmer Peter Spuhler eingesetzt hatte, scheiterte im Mai 2004 in der Volksabstimmung. Ebenso wenig Gnade vor dem Volk fanden die 11. Revision der AHV und die Erhöhung der Mehrwertsteuer zu Gunsten von AHV und Invalidenversicherung. Die SVP hatte das Ansinnen der Mehrwertsteuererhöhung aus dem Departement von Pascal Couchepin mit neuerlich umstrittenen Plakaten bekämpft, auf denen rote Ratten an einem blauen Portemonnaie nagten.

Im Sommer 2004 eröffnete die Zürcher Partei ihren Kampf gegen den «Neuen Finanzausgleich» (NFA). Dabei hatten die SVP-Parlamentarier aus dem Kanton Zürich in Bundesbern noch dafür gestimmt, weil sie die Vorlage vernünftig fanden oder weil sie im Vorfeld der Wahlen die Parteikollegen der Nehmerkantone nicht verärgern wollten. Jedenfalls präsentierte die Zürcher Parteileitung ein Plakat, das je nach Standpunkt auf Zustimmung, humorvolles Lächeln oder entrüstete Ablehnung stiess: Ein bis zur Erschöpfung fleissiger Zürcher Löwe schleppte in einem Karren einen trägen Bären steil nach oben. Darunter stand die polemische Frage: «Schuften für die Faulen?» Die an der Medienkonferenz vorgebrachten Argumente sollten sich in der Zukunft bewahrheiten. Atmosphärisch sorgte der Widerstand allerdings für eine Verstärkung des Anti-Zürich-Reflexes und sorgte etwa beim Berner SVP-Finanzpolitiker und Parteipräsidenten Hermann Weyeneth für Verärgerung: «Wenn die Zürcher künftig ihre Strassen- und Bahnprojekte selber finanzieren möchten, dann sollen sie sich weiter so unanständig benehmen», grollte er.[15] Finanzdirektor Christian Huber bezeichnete das Plakat als eine «Dummheit», sei doch der Kanton in der Flughafenfrage oder beim Durchgangsbahnhof auf den Goodwill der übrigen Schweiz angewiesen. Parteipräsident Ueli Maurer kommentierte indessen, mit dem Bären auf dem Plakat sei nicht der Kanton Bern, sondern die umverteilende Bundesverwaltung gemeint.[16]

Mit einem provokativen Plakat gegen den Neuen Finanzausgleich (NFA) sorgte die Kantonalpartei im Sommer 2004 für Zürcher Schmunzeln und Berner Ärger.

Einen bedeutenden finanzpolitischen Erfolg auf kantonaler Ebene hatten der SVP-nahe Bund der Steuerzahler und der Hauseigentümerverband schon Jahre zuvor mit ihrer kantonalen Volksinitiative für die Abschaffung der Erbschafts- und Schenkungssteuer erzielt. Der Kantonsrat erarbeitete einen etwas modifizierten Gegenvorschlag, und dieser drang bei der Volksabstimmung Ende November 1999 durch: Erbschaften und Schenkungen an Nachkommen waren nun steuerfrei, und die Besteuerung von Unternehmensnachfolgen wurde um achtzig Prozent reduziert. Der Regierungsrat, speziell SVP-Finanzdirektor Christian Huber, hatte die Vorlage bekämpft und voraussichtliche jährliche Mindereinnahmen von 235 Millionen Franken befürchtet.[17]

Die erstarkte Zürcher SVP machte in der Folge deutlich Druck auf die Staatsausgaben und forderte bereits für das Jahr 2000 eine Reduktion von zwanzig Prozent. Wenn auch längst nicht alle Forderungen erfüllt wurden, so legte die Partei damals doch wesentliche Grundlagen dafür, dass der Kanton Zürich einer einigermassen gesunden finanzpolitischen Zukunft entgegensehen konnte. Der Steuerzahlerbund erreichte in der Stadt Zürich auch eine Reduktion der Stadtratsgehälter auf 220 000 Franken, ein Beispiel, dem später auch die Städte Bern und Biel folgen sollten.

War es in der Ära Blocher nie zu unüberwindlichen Spannungen zwischen den Vertretern im Regierungsrat und dem Kantonsrat gekommen, liess Finanzdirektor Christian Huber im September 2004 die Situation völlig überraschend eskalieren. Er kündigte kurz nach Ablehnung des Steuerpakets durch den Souverän «nach reiflicher Überlegung» seinen Rücktritt an. Er könne weiterhin zum Parteiprogramm und zur SVP-Basis stehen, sehe sich aber von der «Rennleitung» nicht mehr getragen. Diese habe ihm vorgeworfen, «unfähig, dumm und faul» zu sein.[18] Dies entsprach so nicht den Tatsachen, doch die *NZZ* ortete hinter der angesprochenen Rennleitung weniger Parteipräsident Peter Good als das angebliche «Duo infernale» Alfred Heer und Claudio Zanetti. Der Fraktionschef und der Parteisekretär sähen in Huber einen «eitlen, abgehobenen Magistraten».[19] Kleinere Frotzeleien – der Regierungsrat hatte sich nach einem Fraktionsessen über das Ausbleiben eines Blumenstrausses beklagt, worauf ihm Alfred Heer im nächsten Jahr gleich zwei Sträusse überreichte – hatten sich zu unüberwindlichen Differenzen ausgeweitet.

Tatsächlich waren die beiden Kantonsräte Heer und Zanetti nicht als Einzige unzufrieden mit der finanzpolitischen Bilanz des bürgerlichen Regierungsratskollegiums als Ganzem und mit Huber im Speziellen. Man hob das Beispiel Christoph Blochers hervor, der doch ein leuchtendes Beispiel abgebe, wie man politisch auch als Exekutivmitglied etwas bewirken könne. Besonders erzürnte die SVP-Fraktion der mit einer einzigen Stimme Unterschied durchgebrachte regierungsrätliche Antrag, den Steuerfuss bei anhaltenden Defiziten so weit anheben zu dürfen, dass ein allenfalls entstehender Finanzfehlbetrag gedeckt werden könnte.

Fraktionschef Heer hatte als Präsident des Bundes der Steuerzahler (BdS) zusammen mit Zanetti und weiteren SVP-Kantonsräten im Sommer eine Volksinitiative zur Begrenzung der Regierungsratslöhne auf 280 000 Franken lanciert. Sie begründeten dies damit, dass die Regierung zunehmend externe hochbezahlte Experten beiziehe und offenbar die Fähigkeit verloren habe, die Probleme selber zu lösen. Eine Aussprache mit dem ob solcher Aussagen verletzten Christian Huber befriedigte diesen nicht. Am schwersten aber wog die scharfe Kritik des schweizerischen Parteipräsidenten. Ueli Maurer sagte zum Magazin *Facts*, er wolle bei den nächsten Wahlen keinen Regierungsrat wiederwählen, der sich gegen das Steuerpaket eingesetzt habe, zumal das Parlament eine andere Meinung vertrete. Er habe klare Signale, dass die Zürcher SVP «das Verhalten von Christian Huber nicht tolerieren» werde. Zudem, so Maurer, empfinde er Hubers Positionsbezug als «Verrat an den eigenen Leuten»: «Die Basis hat sich für das Steuerpaket ausgesprochen, rennt herum für die Sache der Partei – und hat keinen Mercedes mit Chauffeur und verdient nicht 320 000 Franken.»[20]

Bedauernde Reaktionen in den eigenen Reihen und die Häme von Medien und politischen Gegnern blieben nach Hubers Rücktrittsankündigung nicht aus. Der SVP-Ständerat und frühere Regierungsrat Hans Hofmann plädierte für eine Mässigung der Tonlage und erwartete mehr Respekt gegenüber Magistratspersonen. Er sah zwar keine innerparteiliche Zerreissprobe, bezeichnete Hubers Rücktritt aber als «heilsamen Schock».[21] Auch die FDP und der unter freisinnigem Präsidium stehende Zürcher Gewerbeverband streuten Salz in die Wunden und äusserten Bedauern, waren doch mit den von Huber verteidigten, von der SVP aber kritisch hinterfragten Budgets namhafte Staatsaufträge ans Gewerbe verbunden.[22] Einzelne Lokalpolitiker der SVP bekundeten ebenfalls Verständnis für den einsamen Schritt des Regierungsrates und kritisierten den streckenweise rüden innerparteilichen Umgangston. So distanzierte sich der Trülliker Gemeindepräsident Rolf Schenk mit dem Hinweis auf die Ursprünge der Partei: «Wir im Weinland denken anders. Wir sehen uns als Sprachrohr für Bauern und als eigentliche Nachfolger der Bauern-, Gewerbe- und Bürgerpartei, wie die SVP früher hiess.»[23] In dieser unangenehmen Situation konnte die Kantonalpartei ihrer verbliebenen Regierungsrätin Rita Fuhrer sehr dankbar sein, dass sie nicht auch noch Öl ins Feuer goss, sondern der SVP loyal verbunden blieb.

An einer Delegiertenversammlung zum Vertrag von Schengen/Dublin machte Christoph Blocher bereits mehrere Monate vor der Abstimmung klar, dass für ihn das Kollegialitätsprinzip nicht so weit gehe, dass er Unwahrheiten vertrete. In einer vielbeachteten Rede am Jahreskongress des Verbandes der Schweizer Presse in Lausanne führte Blocher im Herbst 2004 im Beisein des deutschen Bundeskanzlers Gerhard Schröder aus, in allen Redaktionsstuben scheine die gleiche Angst vor den gleichen Tabuthemen vorzuherrschen. Staatsverschuldung, Asylpolitik und Ausländerkriminalität würden journalistisch nicht angefasst und weitgehend verschwiegen.[24]

Die Vorlagen über die erleichterte Einbürgerung der zweiten und dritten Generation vertrat Justizminister Blocher nach Meinung der Bundesratsmehrheit gegen aussen zu wenig enthusiastisch, obwohl er sich der Fernsehsendung «Arena» für «Sachauskünfte» zur Verfügung stellte.[25] Die SVP warb mit einem wiederum umstrittenen Inserat und dem Begriff «Masseneinbürgerungen» für ein doppeltes Nein zur Vorlage. Ausgestreckte Hände verschiedener Hautfarben griffen gierig in einen Stapel von Schweizer Pässen. Ein überparteiliches Komitee um Nationalrat Ulrich Schlüer publizierte Inserate mit dem Text «Dank automatischer Einbürgerung: Muslime bald in der Mehrheit?» Tatsächlich folgte der Souverän der allein kämpfenden SVP und lehnte die Vorlagen ab. Am Abstimmungssonntag setzte Blocher bewusst einen Kontrapunkt zu den sonst üblichen Stellungnahmen der Landesregierung, die jeweils je nach Ausgang die staatspolitische Reife des Volkes lobte oder angeblich falsche Entscheide tadelte. Der Bundesrat sei dem Souverän unterstellt, er habe diesen Entscheid zu respektieren und nichts beizufügen. Damit hatte er laut *NZZ* die «traditionelle Aufführung an Abstimmungswochenenden ruiniert».[26]

Nach Christoph Blochers Eintritt in den Bundesrat sah sich vor allem Pascal Couchepin herausgefordert. Der Unterwalliser war eine ebenfalls robuste, diskussions- und konfliktfreudige Persönlichkeit mit einem ausgesprochenen Machtinstinkt und plagte beispielsweise seine Kollegin Micheline Calmy-Rey in menschlich eher unsympathischer Weise, während er selber die wichtigen Dossiers seines Departements recht nachlässig behandelte. Die beim Souverän gescheiterte Mehrwertsteuervorlage zur Finanzierung von AHV und IV bedeutete das entscheidende Desaster seiner Amtszeit. Couchepin machte Blocher persönlich für den Niedergang des Freisinns verantwortlich, während dieser die alleinige Schuld der Krise bei der FDP selber ortete.

In der *NZZ am Sonntag* vom 3. Oktober 2004 nannte Couchepin Blochers Haltung als «gefährlich für unsere Demokratie» und versah die Amtszeit seines Kollegen bereits jetzt mit einem Ablaufdatum: «Gemäss unserer Verfassung ist ein Bundesrat für vier Jahre gewählt. Man kann das beklagen, aber es hilft nichts: Wir müssen zusammenarbeiten.» Und weiter über Blocher: «Er sagt immer, das Volk sei der Souverän. Das ist falsch.»[27] Justizminister Christoph Blocher zögerte nicht, das «elitäre Demokratieverständnis» seines Bundesratskollegen zu thematisieren. Das Volk sei nicht dümmer als dessen Repräsentanten. Couchepins Warnungen vor einer «Volksdiktatur» seien der Versuch, im Hinblick auf einen EU-Beitritt «die Demokratie auch hierzulande abzubauen». Nichts anderes sei das «langfristige Ziel der Relativierung der Volksentscheide».[28] Während die freisinnigen Parlamentarier der Romandie mit dem Staatsverständnis Couchepins ausnahmslos einig gingen, äusserten sich FDP-Repräsentanten der Deutschschweiz ausgesprochen bestürzt über die parteipolitischen Folgen.[29]

An der Albisgüetli-Tagung 2005 nahm Bundesrat Blocher erstmals als Zaungast teil. Stattdessen begrüsste Kantonalpräsident Peter Good Bundespräsident Samuel Schmid als parteieigenen Gastredner. Dennoch mäkelte die *Berner Zeitung* angesichts von Blochers diesjährigem Schweigen: «Ein Kultanlass schrumpft zum Lokalereignis».[30] Good lieferte eine rhetorisch starke, zwischen Ernst und Humor abwechselnde Rede zum Thema «SVP – die Neutralitätspartei». Er nahm «neutralitätsmüde» Bundesräte wie den «grossmächtigen Joseph Deiss» oder die «Spontan-Aussenministerin» Micheline Calmy-Rey aufs Korn. Deren «aktive Neutralität» sei ebenso ein Widerspruch in sich selber wie ein sparsamer Linker, ein geradliniger CVP-Politiker oder ein SVP-freundlicher Journalist. Peter Good forderte nachdrücklich, die immerwährende Neutralität als wichtige, friedensbringende Staatssäule besser in der Bundesverfassung zu verankern. Und der neue Kantonalpräsident begeisterte mit dem Ausspruch über seinen Vorgänger: «Bundesrat und Blocher – eine unschlagbare Mischung.» Vom Albisgüetli aber solle die Botschaft ausgehen: «Die SVP muss zur Neutralitätspartei werden.»

Bundespräsident Samuel Schmid bemerkte launig, er könne zum ersten Mal an einer Veranstaltung teilnehmen, ohne sich mit Blocher «in die Haare zu geraten». Dann erinnerte Schmid seine Zürcher Parteifreunde daran, dass die Schweizer Demokratie darauf beruhe, hin und wieder auch unperfekte Lösungen zu akzeptieren. Kompromissbereitschaft und Respekt vor anderen Meinungen seien keine Zeichen von Schwäche. Den Vorwurf seines Vorredners, die Armee sei in einem desolaten Zustand, wies der Bundespräsident zurück. Selbstverständlich könne die Armee mit einem Budget von 3,8 Milliarden Franken nicht mehr das Gleiche leisten wie früher mit 5,8 Milliarden.[31]

Einigen Wirbel löste der Zürcher Nationalrat Christoph Mörgeli Anfang Juni 2005 mit einer *Weltwoche*-Kolumne aus. Er warf dem SVP-Bundesrat Samuel Schmid vor, dieser sichere sich die Wiederwahl auf Kosten der eigenen Partei, indem er – gut eingebettet in die Ringier-Medien – öffentlichkeitswirksam seine befürwortende Haltung zum Schengen-Vertrag verkünde. Mörgelis Kritik gipfelte im vieldiskutierten Satz: «Wäre der Charakter ein lebenswichtiges Organ, man müsste Schmid künstlich am Leben erhalten.»[32] Die Spitze der Berner Kantonalpartei reagierte entrüstet, und es kam zu einer längeren Aussprache in der Bundeshausfraktion, deren Ergebnis Mörgeli sarkastisch kommentierte: Entgegen seiner eigenen Einschätzung hätten die SVP-Parlamentarier mit 27 zu 26 Stimmen beschlossen, dass Samuel Schmid einen Charakter habe.[33]

Anfang Juni 2005 fand infolge des Referendums von SVP und Auns die Volksabstimmung über die Annahme der Verträge von Schengen und Dublin statt. Diese bedeuteten die Abschaffung von stationären Grenzkontrollen, nicht aber der Zollkontrollen. Bestandteil des Vertrages war erstmals, dass die Schweiz auch künftige Rechtsentwicklungen im Bereich des Schengen/Dublin-Vertrages übernehmen musste. Die SVP bestritt, dass das System trotz zentraler Datenerfassung mehr Sicherheit und weniger Asylbewerber bringen würde. Da sich die Migranten zuerst im europäischen Staat der Erstankunft registrieren lassen mussten, waren die Überforderung und ein entsprechender Schlendrian bei der Registrierung in den südlichen, am Mittelmeer gelegenen EU-Staaten voraussehbar.

Im Abstimmungskampf brachte die Partei die von ihr befürchteten Sicherheitsprobleme durch die Darstellung einer schreienden Frau zum Ausdruck.

Plakat und Inserate sollten schockieren; der Edvard Munchs Gemälde nachgebildete Schrei entfachte denn auch hitzige Diskussionen in den Medien. Christoph Blocher weigerte sich im Bundesrat, die dem Volk vorgelegten Kosten von lediglich 7,4 Millionen Franken zu vertreten.[34] Heute belaufen sich Informatik- und Betriebskosten des Schengen-Informationssystems (SIS) auf über 130 Millionen Franken; dazu kommen Milliarden von Kohäsionszahlungen unter anderem für die Teilnahme am Schengen-Raum. Blocher nannte die von den Kollegen Calmy-Rey und Deiss sowie vom Integrationsbüro errechneten Zahlen später «betrügerisch» und meinte dezidiert: «Der Bundesrat wusste, dass Schengen/Dublin mit den richtigen Zahlen keine Chance vor dem Volk gehabt hätte.»[35] Aussenministerin Calmy-Rey versprach, der Vertrag von Dublin werde helfen, die Zahl der Asylgesuche zu vermindern. Bundespräsident Joseph Deiss erklärte, Schengen/Dublin sichere das Bankgeheimnis und bringe der Schweiz «mehr Vor- als Nachteile».[36]

Das Anti-Schengen-Plakat der SVP gemahnte 2005 an den «Schrei» des norwegischen Künstlers Edvard Munch.

Bei einem gemeinsamen Medienauftritt mit Aussenministerin Calmy-Rey und Justizminister Blocher wollte Bundespräsident Deiss Mitte April 2005 die Geschlossenheit der Landesregierung demonstrieren. Als er sagte, der Bundesrat unterstütze Schengen/Dublin «einhellig», wollte Blocher diese Unwahrheit nicht unwidersprochen lassen, liess sich aber von Vizekanzler Oswald Sigg vorerst von einer Intervention abbringen. Auf Einladung der SVP des Kantons Zürich sprach er aber am 8. Mai 2005 in Rafz direkt an der Landesgrenze zum sechzigjährigen Jubiläum des Endes des Zweiten Weltkriegs. Dort hatte eine Familie mit fünf Kindern wegen einer fehlgeleiteten Bombe das Leben lassen müssen. Blochers Ausführungen zur «Schweiz im europäischen Umfeld» beinhalteten ein grosses Lob der Grenzen, die unser Land vor den Gräueln des

Mit einem «Lob der Grenzen» feierte die Zürcher SVP in Rafz am 8. Mai 2005 das sechzigjährige Jubiläum des Kriegsendes. Als Festredner distanzierte sich Bundesrat Christoph Blocher deutlich vom Schengen/Dublin-Abkommen mit der EU.

Krieges geschützt hätten. «Die heutige Zeit – geprägt von Übermut und Bequemlichkeit – neigt zur Grenzenlosigkeit.» Er habe kein Verständnis, wenn ein Bundesrat erkläre, die Regierung stehe geschlossen hinter einem Entscheid, obwohl dieser Entscheid nicht einstimmig gefällt worden sei, wie dies an der Pressekonferenz zu Schengen erklärt wurde: «So wird das kollegiale Schweigen der Unterlegenen von der Mehrheit missbraucht und führt zur Irreführung der Öffentlichkeit, was für die direkte Demokratie Gift bedeutet.» Deshalb nehme er sich hier die Freiheit, so Blocher, in aller Offenheit zu erklären: «Die Abstimmung im Bundesrat zum Schengen-Beitritt war weder einstimmig, noch steht der Bundesrat heute geschlossen hinter diesem Projekt. Alles andere ist wahrheitswidrig.»[37]

Von einem seltsamen Demokratieverständnis zeugte auch, dass die Zürcher Kantonsregierung der SVP-Regierungsrätin Rita Fuhrer untersagte, als Sicherheitsdirektorin und Gegnerin von Schengen/Dublin in der «Arena» des Schweizer Fernsehens aufzutreten.[38] Am 5. Juni 2005 stimmte das Volk mit 54,6 Prozent den Verträgen mit der EU relativ knapp zu. Zehn Jahre später sollten sich die Bedenken der SVP bewahrheiten, als mehrere EU-Staaten angesichts der Flüchtlingskrise das Vertragswerk kurzerhand ausser Kraft setzten und wieder eigenständige Grenzkontrollen einführten.

Obwohl Christoph Blocher als Justizminister in Bern wirkte, blieb der Kontakt zur zürcherischen und noch mehr zur schweizerischen Partei sehr eng. In seiner Wohnung an der Berner Brunngasse versammelte er jede Session einen Kreis vertrauter und führender Parteikollegen. Von Anfang an bezog er den späteren Fraktionschef Adrian Amstutz in die Strategieberatungen mit ein, was sich hinsichtlich der künftigen Entwicklung im Kanton Bern als wichtiger Schachzug erweisen sollte. Besonders kontrovers diskutierte man die Auswirkungen der Ausweitung der Personenfreizügigkeit auf die neuen EU-Staaten, die im September 2005 zur Abstimmung kam. Christoph Blocher meinte zu den Schweizer SVP-Delegierten ganz im Sinne des Bundesrates und danach hundertfach zitiert: «Wir sollten es wagen.»[39] Mit dieser doppeldeutigen Aussage, die auch das Ungewisse und Bedenkliche eines Wagnisses beinhaltete, stiess er weder seine Bundesratskollegen noch seine vielen Anhänger vor den Kopf, denen die Personenfreizügigkeit Mühe bereitete. Sowohl die schweizerische wie die zürcherische SVP und auch die Mehrheit der Fraktion in Bundesbern verwarfen die Ausweitung jedenfalls deutlich.

Bereits in der Hälfte der Legislatur musste Christoph Blocher ernsthaft mit einer Abwahl rechnen. Er und seine Parteikollegen überlegten sich darum seine Nationalratskandidatur, damit er unmittelbar nach einem Komplott wieder als Parlamentarier und Oppositionschef zur Verfügung gestanden hätte. Doch vor allem die FDP, die den Schlüssel zur Wiederwahl in der Hand hielt, gab gegen aussen entschieden Entwarnung, so dass die *Sonntagszeitung* behauptete, es gebe in dieser Partei «keine Anzeichen eines Komplotts». Der freisinnige Parteipräsident Fulvio Pelli meinte: «Blocher kann jetzt schon sicher sein, 2007 wieder gewählt zu werden.» FDP-Vizepräsident Ruedi Noser gab zu Protokoll: «Blochers Verschwörungstheorie ist frei erfunden.» Auch Nationalrätin Christa Markwalder beruhigte: «Man kann nicht sagen, das Experiment Blocher im Bundesrat sei gescheitert.» Bundesrat Pascal Couchepin stürzte sich ohne Rücksicht auf das Kollegialitätsprinzip in der FDP-Fraktionssitzung aufs Thema: Es sei unwahrscheinlich, dass der Justizvorsteher als Nationalrat kandidiere. Denn, so fasste die *Sonntagszeitung* Couchepins strategische Überlegun-

«Hannibal» und vier Jahre Regierungsstabilität **485**

Im Büro von Bundesrat und Justizminister Christoph Blocher hing das bundeseigene Gemälde «Der Holzfäller» von Ferdinand Hodler. Aufnahme vom 28. Februar 2005.

gen zu Blocher zusammen: «Würde er in den Nationalrat gewählt, müsste er nämlich als Bundesrat zurücktreten und dann als neuer Kandidat und damit als Letzter der sieben antreten. Die beiden FDP-Bundesräte wären dann schon gewählt. Und die FDP wäre nicht zu einem Pakt mit der SVP gezwungen.»[40] Damit warf sich Couchepin zum parteipolitischen Leader auf und riss das Dossier der Personalie seines Kollegen gewissermassen an sich.

Ende 2005, zur Halbzeit von Blochers Wirken im Bundesrat, zeigte sich deutlich, dass der Zürcher SVP-Mann im Gremium eine dominierende Rolle spielte. Da er bei zahlreichen Geschäften Mitberichte einreichte, bei umstrittenen Vorlagen Abstimmungen verlangte und seine Kollegen nicht selten zu überzeugen vermochte, wurde bald klar, dass er im Bundesrat mehr als nur seine eigene Stimme repräsentierte. Blocher hatte einen ausgeprägten Veränderungswillen, auch über die Departementsgrenzen hinweg, und konnte beispielsweise sämtliche Kollegen überzeugen, dem unter staatlicher Mehrheit stehenden Telekommunikationsunternehmen Swisscom eine abenteuerliche Einkaufstour in Irland zu verbieten.[41] Auch wenn Blocher im Bundesrat unterlag, vermochte er durch Maximalforderungen das Resultat mitzuprägen. So fand sich die Landesregierung bereit, zwar keinen Staatsabbau von dreissig Prozent, aber einen solchen von zwanzig Prozent zu prüfen. Mit seinem Widerstand gegen zu hohe Ausgaben brachte er die Kollegen zumindest dazu, weniger Geld als ursprünglich geplant einzusetzen.

Christoph Blocher hatte beim Amtsantritt keine Chefbeamten entlassen, sondern sich erst nach einiger Zeit von jenen getrennt, welche die von ihm erwarteten Leistungen nicht erbrachten. Mit seinem Generalsekretär und einstigen Ems-Mitarbeiter Walter Eberle hatte der Justizminister einen überaus tüchtigen Mann berufen, der nach dessen Vorgaben eindrückliche Kostensenkungen von fast 250 Millionen Franken durchsetzte. Indem Blocher im eigenen Departement einen einschneidenden Stellenabbau vorantrieb, ohne Leistungen abzubauen, setzte er die andern Departemente ebenfalls gehörig unter Spardruck. Er hatte mehrere wichtige Gesetze durchgebracht, unter anderem das zuvor höchst umstrittene, von den Bundesrichtern lange angefeindete Bundesgerichtsgesetz. Als Asylminister vermochte Blocher, gemeinsam mit Bundesrat und Parlamentsmehrheit, Verschärfungen zu realisieren, die in ihrem Umfang über die letzte SVP-Asylinitiative hinausgingen. Demgegenüber verfolgte der Justizvorsteher einen gesellschaftspolitisch wertkonservativen Kurs, indem er etwa die Sterbehilfe nicht staatlich regeln und so nicht grundsätzlich erlauben wollte. 2006 brachte er ein neues Aktienrecht durchs Parlament, das die Rechte der Aktionäre und damit der Eigentümer verstärkte: Künftig sollten Verwaltungsräte jährlich und individuell gewählt und zudem die Auskunfts- und Einsichtsrechte der Aktionäre erweitert werden.[42]

Besonderes Unbehagen weckte bei Blochers Gegnern, dass er sich offensichtlich als «eidgenössischer Geschichts-Minister» profilierte. Er monopolisiere – so der Vorwurf – die Vergangenheit mit seinen Deutungen. Tatsächlich hat der Justizminister 2004 und 2005 in Zürich über Winston Churchill, in Rafz über das Ende des Zweiten Weltkriegs und auf dem Rütli über Guisans legendären Armeerapport von 1940 gesprochen. Er wurde als Protestant sogar eingeladen, die Festrede zum 500-Jahr-Jubiläum der päpstlichen Schweizer Garde zu halten. Dass die andern Parteien Blocher dieses Feld überliessen, wurde teilweise bedauert, von FDP-Präsident Fulvio Pelli aber mit Gleichmut kommentiert: «Für mich zählen die Probleme der Zukunft.»[43]

Die Zürcher SVP tat sich trotz Erfolgen auf Bundesebene schwer, nach dem Rücktritt von Christian Huber wieder sicheren Tritt zu fassen. Der 27. Februar 2005 wurde vom *Tages-Anzeiger* als «schwarzer Tag» in einem Jahr bezeichnet, das für die SVP ohnehin ein «annus horribilis» gewesen sei. Nicht nur gingen die Abstimmungen über eine teure Klinik für Straftäter in Rheinau und jene über die neue Kantonsverfassung verloren, die Partei scheiterte auch bei den Regierungsratsersatzwahlen. Als Nachfolger von Christian Huber war der «Allzweckkandidat» Toni Bortoluzzi angetreten, aber deutlich unterlegen.[44] Es war klar, dass der Affoltermer Gewerbevertreter trotz einhelliger Wirtschaftsunterstützung zu wenig Support bei der FDP genoss. Der CVP-Kandidat Hans Hollenstein hatte Bortoluzzi überholt, so dass die SVP für den zweiten Wahlgang den Klotener Gemeindepräsidenten Bruno Heinzelmann nominierte. Dieser hatte sich in seiner Region speziell auch beim Grounding der Swissair einen ausgezeichneten Ruf erworben, war aber kantonal zu wenig bekannt und konnte sich gegen den CVP-Mann Hans Hollenstein nicht durchsetzen. Vergeblich hatte sich der Elliker Gemeindepräsident Rudolf Winkler bei der Parteileitung für die Nachfolge Hubers beworben. Ende Jahr trat er verärgert aus der SVP aus und nannte als Gründe vor allem den Umgang mit Regierungsräten, die Angriffe von Nationalrat Christoph Mörgeli auf einzelne Bundesräte und den Beschluss der SVP-Fraktion, Moritz Leuenberger wegen Überforderung im Departement nicht zum Bundespräsidenten zu wählen.[45] Rudolf Winkler sollte später für kurze Zeit die BDP im Nationalrat vertreten.

Im November 2005 trat der zuletzt eher passive Peter Good aus gesundheitlichen Gründen von Kantonalpräsidium, Kantonsratsmandat und Gemeindepräsidium in Bauma zurück. Der Präsident des Kantonsrates würdigte, dass Good hartnäckig für seine Überzeugungen eingestanden sei. Es stimme wohl nicht nur politische Gefährten nachdenklich, dass sich Good aufgrund höherer Gewalt zu diesem radikalen Schritt entscheiden musste.[46] In dieser heiklen Phase kurz vor den Gemeindewahlen übernahm Ursula Moor, erfahrene Kantonsrätin und Gemeindepräsidentin von Höri, als ebenso sympathische wie prinzipienfeste Interimspräsidentin das Ruder. Eine Findungskommission unter Nationalrat Ernst Schibli sollte derweil die geeignete Nachfolge suchen. Der *Landbote* prophezeite der SVP des Kantons Zürich eine «schwierige Zukunft» und zog eine schlechte Erfolgsbilanz der Ära Good. Das Winterthurer Blatt bemerkte, ausgerechnet wegen Good habe die SVP eben noch einen Anspruch auf drei Regierungssitze erhoben; jetzt lasse er die Partei mit dem einzigen Sitz von Rita Fuhrer zurück.[47]

Laut dem Urteil der *NZZ* verlieh Ursula Moor angesichts der von Peter Good und Vorgänger Christoph Blocher kämpferisch und oft polternd vorgetragenen Eröffnungsreden der Delegiertenversammlung eine «harmonische Note». Ruhig und nüchtern stimmte sie die Anwesenden auf die nahenden kommunalen Wahlen ein. Gerade in Stadt- und Gemeindebehörden seien Männer und Frauen gefragt, die den Mut aufbrächten, unbequeme Fragen zu stellen und auch einmal nein zu sagen. Moor erwähnte speziell den Kampf gegen die ansteigenden Sozialkosten und gegen die zunehmende Abwälzung von Aufgaben des Kantons auf die Gemeinden.[48]

Ans Albisgüetli-Treffen von 2006 wäre eigentlich Bundespräsident Moritz Leuenberger geladen gewesen. Er berief sich aber auf seine Teilnahme im Jahr 2001 und verzichtete auf einen erneuten Auftritt. Die Zürcher SVP reagierte umgehend mit der Mitteilung, sie werde sich um einen Ersatzredner bemühen, «von dem zu erwarten ist, dass er sich weniger abgehoben verhält». Dieser Redner wurde in Bundesrat Christoph Blocher gefunden, einem «prominenten

Lückenbüsser», an dem – so wurde in der Presse vorausgesagt – das Publikum ohnehin mehr Freude haben werde als am zuerst Eingeladenen.[49] Interimspräsidentin Ursula Moor stellte ihre Rede unter das Motto «Richtige Prioritäten». Erste Priorität für sie als Hausfrau und Mutter habe die Erziehung ihrer Kinder. Als Gemeindepräsidentin sei ihr wichtig, die Probleme in Eigenverantwortung selber zu lösen, statt fremde Hilfe zu suchen. Leider erschalle aber heute immer mehr der Ruf nach diffuser Solidarität. Es sei falsch, Dutzende von Millionen Franken für familienexterne Kinderbetreuung auszugeben. Denn wenn der Staat zu stark in den Lebensraum der Familie eingreife, schade er dieser Kernzelle der Gesellschaft. Überzeugend zeichnete Ursula Moor von sich selber das Bild einer gut geerdeten Bürgerin.

Bundesrat Christoph Blocher warb für drei bundesrätliche Vorlagen, nämlich das neue Ausländergesetz, das revidierte Asylgesetz und die Verselbständigung der Swisscom. Das neue Asylgesetz gewähre weiterhin Schutz für echte Flüchtlinge, gehe aber gegen die eklatanten Missbräuche vor. Blocher forderte auch eine Entflechtung von Staat und Swisscom und verteidigte den Entscheid des Bundesrates, die Übernahme der irischen Telekommunikationsgesellschaft verhindert zu haben. Weil die SVP ein «Nein-Sager-Image» habe, sei es für ihre Anhänger diesmal wohl schwierig, plötzlich ja zu sagen: «Ihr müsst halt neue Buchstaben lernen», rief Blocher seinen begeisterten Zuhörern zu. Seien bislang die Fragestellungen für die SVP falsch gewesen, stünden jetzt mit vermehrter SVP-Beteiligung in der Regierung die richtigen Fragen an.[50]

Was von den Medien eben noch mit leiser Enttäuschung als «nüchtern», «zahm» und «sachlich» beschrieben worden war, entfachte innert weniger Tage einen Sturm der Entrüstung. Bei seinen Ausführungen über zwei asylsuchende Albaner, deren Heimatstaat wegen Verdachts auf Gewaltdelikte die Auslieferung verlangt hatte, kritisierte er das Urteil der Asylrekurskommission. Aus den schwerer Verbrechen Angeklagten seien zwei Flüchtlinge geworden. In der mündlichen Version sprach er von «Kriminellen», während der schriftliche Text «mutmassliche Kriminelle» vorgesehen hätte. Es erhob sich – angeführt von Bundesgerichtspräsident Giusep Nay – heftiger Protest, weil man politische Gründe der albanischen Anklage vermuten müsse und die beiden Betroffenen bei einer Rückschaffung schwer misshandelt oder gefoltert werden könnten.[51] Später befasste sich sogar die Geschäftsprüfungskommission des Ständerates mit Blochers Albisgüetli-Aussage und erstellte darüber einen 42-seitigen Bericht.

Am 1. Februar 2006 wurde der 64-jährige Hansjörg Frei aus Mönchaltorf als neuer Kantonalpräsident nominiert. Seit er zugunsten einer glänzenden Wirtschaftskarriere 1990 auf das Kantonsratsmandat verzichtet hatte, war es politisch ruhig um den promovierten Juristen geworden. Er wirkte aber als Präsident des Kuratoriums Blau-Weiss, der Gönnervereinigung der Zürcher SVP. Der frühere Fraktionschef und Vizepräsident der Kantonalpartei war in der Winterthur-Versicherung bis zum Generaldirektor aufgestiegen, sass zwei Jahre in der Geschäftsleitung der Credit Suisse, präsidierte zeitweilig den Schweizerischen Versicherungsverband und war Bankrat der Nationalbank sowie Vorstandsmitglied der Economiesuisse. Nach der Pensionierung wurde Frei in den Verwaltungsrat von Christoph Blochers Ems-Chemie AG sowie in jenen der Bâloise-Gruppe berufen. Auch von Aussenstehenden wurde Hansjörg Frei als «Mann mit Niveau, Erfahrung, Charme und Stil» wahrgenommen. Er absolvierte seine Auftritte und Medienkontakte souverän, schlagfertig

Der im Januar 2006 vorgestellte neue Präsident der SVP des Kantons Zürich, Hansjörg Frei aus Mönchaltorf, beeindruckte von Anfang an mit Kompetenz, Schlagfertigkeit und Charme.

und zuweilen mit ironischem Schalk. Von sich selber sagte Frei, er habe den unglaublichen Vorteil, dass er nichts mehr werden wolle. Mit Freude werde er aber mithelfen, das heutige SVP-Parteiprogramm umzusetzen, das noch die gleichen Werte vertrete wie vor fünfzehn Jahren.[52]

Bei den Gemeindewahlen 2006 verlor die SVP zwar geringfügig Sitze in den Landgemeinden, konnte aber in den meisten Städten Wähleranteile gewinnen, so in Bülach 4,3 Prozent. In acht der zwölf Parlamentsgemeinden ging die Volkspartei als Siegerin hervor, zeigte aber Schwächen in Uster und in Winterthur. In der Stadt Zürich vermochte die SVP ihren Wähleranteil praktisch zu halten, büsste aber wegen eines neuen Wahlverfahrens 7 ihrer 31 Sitze ein. Stadtratskandidat Roger Liebi blieb allerdings chancenlos. Auch weil sich einzelne Behörden verkleinert hatten, musste die SVP einen Verlust von Exekutivmitgliedern hinnehmen – nicht zuletzt wegen der Spannungen mit der FDP. Zu den Gewinnern zählten die Grünen, die erstmals antretenden Grünliberalen und die ohnehin stärkste Gruppe der Parteilosen, die in den Gemeinden die frühere SVP-Dominanz stark bedrängte. Parteipräsident Hansjörg Frei kommentierte, dieses Ergebnis gebe ihm keinen Anlass zu Depressionen. Immerhin habe die Volkspartei einen zwanzigjährigen Sturmlauf hinter sich. Bei den kommenden kantonalen und nationalen Wahlen gelte es, die notwendige personelle Erneuerung bei der Listengestaltung nicht zu verpassen.[53]

Dass Volk und Stände am 24. September 2006 das neue Asyl- und Ausländergesetz mit annähernd siebzig Prozent Ja-Stimmen annahmen, gehörte zu den grössten Erfolgen von Christoph Blochers Bundesratszeit. Der Justizminister hatte die Vorlage seiner Vorgängerin kurz nach seinem Amtsantritt mit seinen Spezialisten analysiert, gestoppt und grundlegend überarbeitet. Neu eingeführt wurde eine Durchsetzungshaft von höchstens 18 Monaten sowie ein Sozialhilfestopp für Asylsuchende mit negativem Entscheid. Auf Gesuche wurde nur eingetreten, wenn die Bewerber gültige Papiere vorweisen oder gute Gründe vorbringen konnten, warum sie unverschuldet keine Papiere hatten. Blocher erreichte im Parlament eine solide bürgerliche Unterstützung von SVP, FDP und CVP, die für einmal geeint gegen SP, Grüne, Kirchen und Hilfswerke antraten, wobei Letztere nicht zuletzt um ihre materiellen Grundlagen fürchteten. Es gelang Blocher, durch unentwegten Druck die Zahl der Asylgesuche drastisch zu senken, nämlich von 23 000 im Jahr 2003 auf je 10 000 in den

Jahren 2006 und 2007. Bei seiner Nachfolgerin stieg die Zahl 2008 wieder auf 16 000.[54]

Die Tatsache, dass der Justizminister die Kriminalität in Zusammenhang mit Ausländern beziehungsweise Neu-Eingebürgerten brachte und eine massive Verschärfung des Einbürgerungsrechtes verlangte, benutzte Bundesrat Pascal Couchepin erneut für öffentlichen Widerspruch. Sein Kollege missbrauche konkrete Vorfälle in unverantwortlicher Weise, «um politisches Kapital daraus zu schlagen». In der *Sonntagszeitung* warf Couchepin Blocher vor, ungehörig zu vereinfachen. Die Ausländerpolitik sei «nur ein Aspekt eines komplexen gesellschaftlichen Problems – und nicht der wichtigste». Der FDP-Bundesrat warf Blocher vor, die Stimmung gegen Ausländer anzuheizen: «Es ist katastrophal, auf alles mit Schlagworten zu reagieren, das machen nur Demagogen.»[55]

Zur Albisgüetli-Rede 2007 lud die SVP nicht Bundespräsidentin Micheline Calmy-Rey ein, sondern einmal mehr Christoph Blocher, der auch als Bundesrat eine fulminante Wahlkampfrede hielt. Seit 2003 gehe es aufwärts, viele erwachten, es beginnte zu tagen. «Guten Morgen, Schweiz!», rief der Redner in den Saal des Schützenhauses. Bei den nationalen Wahlen im Herbst müsse die SVP dafür sorgen, dass die Schweiz nicht wieder auf den «Elendsweg» der neunziger Jahre zurückfalle. Die Nationalratswahlen würden in diesem Jahr gewissermassen zur Bundesratswahl hochstilisiert, denn es sei das erklärte Ziel von Rot-Grün, ihn aus dem Bundesrat zu werfen. Das Volk habe nämlich das Ausländer- und Asylgesetz gutgeheissen, den Sozialmissbrauch durchschaut und sich für einen funktionierenden Steuerwettbewerb ausgesprochen.

Man schäme sich mittlerweile nicht mehr, meinte Blocher weiter, Schweizer zu sein: «Junge Leute tragen heute Leibchen mit dem Schweizerkreuz auf der Brust.» Bundesräte hätten zwar im Gegensatz zu den Parteien keine Wahlkämpfe zu führen, sich aber auch nicht hochnäsig über die Wahlen und ihre Parteien hinwegzusetzen. Vielmehr müssten sich die Mitglieder der Landesregierung zu den Wahlen äussern und darlegen, welche Konzepte sie für die Zukunft des Landes für richtig erachteten: «Ein Bundesrat ist ja schliesslich kein politischer Eunuch.»

Zuvor hatte Parteipräsident Hansjörg Frei in einem bemerkenswerten Referat die «Justiz auf den Prüfstand» gestellt. Freis Analyse mutete wie ein Ausblick auf Vorgänge an, die sich im Wahlherbst in Bundesbern abspielen sollten. Seine Ausführungen gipfelten in der Frage: «Wer schützt uns vor dem Schutz durch die Justiz?» Die Rechtsprechung werde darum als immer weniger gerecht empfunden, weil sie zu milde mit Gewalttätern umgehe, den Asylmissbrauch dulde, sich um die Volksrechte foutiere und sich – etwa bei den Verkehrsbussen – in den Dienst des Fiskus stelle. Der Zürcher Justizdirektor Markus Notter betreibe mit seinen Therapieprogrammen für Straftäter «Kriminellenverhätschelung». Linke Gewalttäter lasse man oft ungeschoren, ausländische Straftäter genössen eine Vorzugsbehandlung. Wenn die Gerichte nicht mehr zu strafen wüssten, zersetze dies das Rechtsempfinden, kritisierte der SVP-Kantonalpräsident und zitierte aus Goethes «Faust»: «Der Richter, der nicht strafen kann, gesellt sich endlich zum Verbrecher.» Das eben revidierte Strafgesetzbuch sei vollständig zu überarbeiten. Hansjörg Frei schloss mit den Worten: «Meine Damen und Herren, wir können unseren Justizminister in seinem hohen Amt am besten unterstützen, wenn wir dafür kämpfen, dass die SVP im Wahljahr 2007 noch stärker wird.»[56]

Für das Wahljahr verabschiedete die Kantonalpartei ein total überarbeitetes Programm 2007–2011 («Mein Zuhause – der Kanton Zürich»), in dem die an Programmtagungen und an den Sitzungen der Fachkommissionen beschlossenen Grundsätze festgehalten waren. Da Christoph Mörgeli sowohl das kantonale wie das eidgenössische Programm verantwortete, war der Einfluss des Zürcher Kurses auch auf eidgenössischer Ebene gesichert. Man konnte allerdings schon absehen, dass das neue kantonale Wahlsystem der SVP schaden würde. Gemäss diesem revidierten Zürcher Zuteilungsverfahren (benannt nach dem Mathematiker Friedrich Pukelsheim) nahmen jene Parteien an der Sitzverteilung teil, die mindestens in einem Wahlkreis fünf Prozent der Stimmen erhielten. Dies begünstigte die Kleinparteien massiv, die sich zuvor in den kleinen Bezirken benachteiligt gefühlt hatten, so dass die SVP mit parlamentarischen Vorstössen die Wiedereinführung von Listenverbindungen sowie eine Drei-Prozent-Hürde für den ganzen Kanton forderte.

Am deutlichsten verlor am Wahltag die SP, nämlich 17 Sitze, während die Volkspartei trotz praktisch stabil gebliebenem Wähleranteil 5 Sitze abgeben musste; mit 56 Mandaten stellte die SVP aber nach wie vor die stärkste Abordnung. Der Freisinn konnte sich halten, während die siegreichen Grünliberalen

10 und die Grünen 5 zusätzliche Sitze eroberten. Auch CVP, EVP und EDU profitierten vom neuen Wahlsystem.

Grund zur Freude hatte die SVP bei den Regierungsratswahlen. Zwar war Rita Fuhrer wegen ihres schwierigen Flugverkehrsdossiers als Letzte durchs Ziel gegangen, doch der neu nominierte kantonale Ombudsmann Markus Kägi hatte als zweiter SVP-Vertreter die Wahl in die Kantonsregierung geschafft, womit die zweijährige Scharte nach dem Rücktritt von Christian Huber wieder ausgewetzt werden konnte. Dies war auch ein Erfolg des bürgerlichen Wahltickets «Vier gewinnt», in das Hans Hollenstein von der CVP nicht aufgenommen worden war, weil er Steuererhöhungen nicht ausschliessen mochte. Für etwas Nachdenken sorgte die Tatsache, dass die FDP-Kandidaten Ursula Gut und Thomas Heiniger dank der disziplinierten Unterstützung der SVP-Wähler die Spitzenplätze belegten, während die beiden SVP-Vertreter umgekehrt offensichtlich deutlich weniger Unterstützung erhalten hatten.

Bei den Regierungsratswahlen vom Frühjahr 2007 holte der kantonale Ombudsmann Markus Kägi aus Niederglatt den zweiten SVP-Sitz souverän zurück.

Markus Kägi (*1954) aus Niederglatt schloss seine Lehre auf einem Notariat, Grundbuch- und Konkursamt ab und studierte anschliessend an der Juristischen Fakultät der Universität Zürich. Nach dem Erwerb des Zürcher Notarpatents amtete er als Notar-Stellvertreter in Zürich. Seine politische Laufbahn hatte Kägi in der Rechnungsprüfungskommission und im Gemeinderat Niederglatt begonnen. 1991 bis 1996 gehörte er dem Kantonsrat an, den er 1995/96 präsidierte. Danach und bis zu seiner Wahl zum Regierungsrat 2007 wirkte er als Ombudsmann des Kantons Zürich, 2005 bis 2007 war er gar Präsident des Europäischen Ombudsmann-Instituts. Seither steht Kägi der Baudirektion vor. Seit 1997 präsidiert er die Gesellschaft Heimatkunde im Zürcher Unterland (GHZU) und setzt sich als passionierter Jäger und Jagdaufseher für die Hege und Pflege des einheimischen Wildes ein. Dank seines umgänglichen, unkomplizierten Wesens fand Kägi Zugang zu allen Schichten der Bevölkerung und erwies sich als majorzfähiger Kandidat, der trotzdem seine dezidiert bürgerliche Gesinnung jederzeit zum Ausdruck bringt. Selbstverständlich blieb auch Markus Kägi von Kritik aus der eigenen Fraktion nicht immer verschont, die ihm zuweilen eine allzu grosse Verwaltungsnähe vorwarf. Er trug solche Auseinandersetzungen aber gelassen und geduldig als unvermeidliche Folge seines Amtes. Kägi brachte den kantonalen Richtplan durchs Parlament, führte zahlreiche grosse Bauprojekte durch die Planungsphase bis zur Realisierung und bekennt sich deutlich zur Kernenergie.[57]

Die Reden zum Nationalfeiertag von Bundesrat Christoph Blocher waren 2007 von besonderer Brisanz. Der Justizvorsteher mahnte in Andermatt, Schwarzenburg und Hallau, jede Zeit kenne ihre besonderen Gefahren und ihre Vögte, welche die Macht an sich reissen wollten. Es handle sich um Obrigkeiten, die ihre eigene Macht zum Nachteil von Volk und Land ausdehnen möchten. Die modernen Vögte nennten sich oft «Visionäre», doch sie raubten den Bürgern nur deren Selbstbestimmung und Freiheit. Der Wunsch, überall dabei zu sein, wo der Glanz der Macht winke, sei eine Dauererscheinung der Politik. Dazu gehörten auch die imposanten Konferenzen, Symposien und internationalen Vereinbarungen, die nur allzu oft die Rechte des Volkes schmälerten oder gar ausser Kraft setzten. Bei internationalen Abmachungen würden dauernd Volksrechte abgetreten und so dem Volk die Entscheide entzogen.

Blocher führte wörtlich aus: «Es sei – so heisst es dann beschönigend – eben ‹übergeordnetes Recht›. Als wäre es direkt von Gott erlassen! Auf jeden Fall ist es dem vom Volk gesetzten Recht übergeordnet. Das ist aber so ziemlich genau das Gegenteil von dem, was der Bundesbrief wollte.» Dieses übergeordnete Recht breche Landesrecht. Dabei seien es internationale Experten, hochkarätige Juristen, angesehene Professoren, Kongresse, internationale Foren und

Organisationen, Regierungen, welche miteinander Verträge abschlössen, die dann über dem Landesrecht stünden. Der bundesrätliche Redner erinnerte nachdrücklich an den Freiheitsbrief von 1291: «Denken wir daran: Der Bundesbrief ist die Absage an unkontrollierte staatliche Macht und eine geradezu rebellische Absage an die Einschränkung des Volkswillens. Darum ist der Kampf gegen ‹Vögte›, die den Volkswillen einschränken, eine Daueraufgabe. Es ist der dauernde Kampf um die Freiheit.»[58]

Bundesrat Christoph Blocher mit Bundesweibel bei der Eröffnung der Interkantonalen Polizeischule Hitzkirch am 1. September 2007.

Das Echo auf diese August-Reden war gross, denn Christoph Blocher hatte eine Thematik angesprochen, die das Land über viele Jahre beschäftigen sollte: das Verhältnis zwischen Landesrecht und Völkerrecht. Er untermauerte seine Argumente in Interviews in der *NZZ am Sonntag* und in der *Aargauer Zeitung* beziehungsweise in der *Mittellandzeitung*.[59] Umgehend kritisierte Heinrich Koller (CVP), bis 2006 Chef des Bundesamtes für Justiz im Departement Blochers, diese Ansicht als überholt und im nationalstaatlichen Denken des 19. Jahrhunderts verhaftet. Blocher verspiele seine Glaubwürdigkeit als Justizminister und damit als «Schirmherr des Rechts». Es erstaune ihn, so Koller, dass andere Politiker im Wahljahr nicht reagierten: «Viele fühlen sich bei den rechtlichen Themen überfordert und scheuen sich vor dem Aufwand. Sollten sie jedoch glauben, Bundesrat Blochers Aussagen nicht ernst nehmen zu müssen, dann unterschätzen sie ihn.»[60]

Mitten im nationalen Wahlkampf feierte die SVP des Kantons Zürich im September 2007 im Grossen Saal der Tonhalle ihr neunzigjähriges Bestehen. Seit mittlerweile dreissig Jahren hatte Christoph Blocher deren Kurs geprägt, und seine Rede stand denn auch im Mittelpunkt der würdevollen Feier mit rund 1400 Teilnehmern. «Der konsequente Weg für Selbstbestimmung, direkte Demokratie, Neutralität und Föderalismus wurde vor allem in den neunziger Jahren für den Erfolg der Partei entscheidend», betonte der Bundesrat. In der Innenpolitik sei die Zürcher SVP zum Bollwerk gegen den Sozialismus und gegen die innere Zersetzung geworden. Es gelte immer mehr, Missbräuche zu stoppen, sei es im Sozialbereich, im Asylwesen, bei der Invalidenversicherung oder in der Entwicklungshilfe. «Wir haben ein Problem mit importierter Gewalt, also muss sie reexportiert werden», meinte der Justizminister und nahm damit das SVP-Wahlkampfthema auf. Bei den bevorstehenden Bundesratswahlen gehe es nicht um die Person, sondern um die Richtung. Die anderen Parteien wollten die von der SVP vertretenen Werte aus dem Bundesrat verdrängen. Die Schweizerische Volkspartei müsse wie seit 1917 auf Kurs bleiben und sich für eine sichere und unabhängige Schweiz sowie für die Volksrechte engagieren: «Der heutige Tag ist nicht das Ende der bisherigen Aufgabe, sondern der Anfang für neue!» Auch der Präsident der Kantonalpartei, Hansjörg Frei, und der Präsident der SVP Schweiz, Ueli Maurer, wandten sich in Grussworten ans Publikum. Der Anlass wurde musikalisch eindrücklich umrahmt vom Chor «La Compagnia Rossini» aus dem Kanton Graubünden.[61]

Den Wahlkampf der SVP Schweiz koordinierte eine speziell dafür eingesetzte Wahlkommission unter der Leitung von SVP-Vizepräsident Toni Brunner. Im Sommer begann eine Unterschriftensammlung für die Ausschaffung krimineller Ausländer, wobei die Unterschriftenbogen in sämtliche Haushalte verschickt wurden. Begleitet war diese Initiative von Plakaten, die wohl die bestbeachteten der bisherigen Parteigeschichte waren: Drei weisse Schafe weiden friedlich auf Schweizer Territorium, während eines von ihnen ein schwarzes Schaf mit den Hinterbeinen aus dem Land kickt. Das Sujet entfaltete seine Wirkung in der Mischung von humorvoll lächelndem Kinderbuchstil und der keineswegs harmlosen politischen Aussage. Die «Schäfchen-Plakate» erregten auch internationale Aufmerksamkeit. Sie führten zu einer Intervention des Uno-Sonderberichterstatters für Rassismus und wurden zu einer Titelgeschichte der *New York Times*, dieweil der britische *Independent* die Schweiz deswegen als «Herz der Finsternis in Europa» bezeichnete.[62] Einen «tierischen» Wahlkampf versprach als Parteimaskottchen auch die erstmals präsentierte Zwergziege Zottel aus dem Stall des Zürcher SVP-Nationalrats Ernst Schibli. Ein Videospiel mit weissen und schwarzen Schafen, aber auch ein drastischer Kurzfilm über

Das Sujet mit den weissen Schäfchen und dem schwarzen Schaf für die SVP-Initiative zur Ausschaffung krimineller Ausländer vom Sommer 2007 fand weit über die Landesgrenze hinaus Beachtung. Es dürfte sich um das wirkungsvollste politische Plakat gehandelt haben, das je in der Schweiz entstanden ist.

die zunehmende Gewalt richtete sich speziell an die jüngeren Wählerinnen und Wähler.

Programmatisch verabschiedete die nationale Partei die Wahlplattform 2007–2011 («Mein Zuhause – unsere Schweiz»), die zu allen politischen Themenfeldern klare Aussagen lieferte und konkrete Forderungen aufstellte. Erstmals dokumentierte die SVP Schweiz in einem «Graubuch» auch die Auswirkungen der linken Politik der neunziger Jahre bei den Themen Verschuldung, Steuern, EU, direkte Demokratie, Ausländerpolitik, Bildung, Sozialstaat, Drogen, Energie und Verkehr. Ein Anhang mit exakten Zahlen, Daten und Fakten untermauerte die Thesen und gab den Wahlkämpfern Stoff für das als «Jahr der Entscheidung» ausgerufene 2007.[63]

Christoph Blocher hatte auch in der zweiten Legislaturhälfte wichtige Projekte zum Durchbruch gebracht. So konnte er mit seinem Departement trotz «Lex Koller» und Beschränkung von Landerwerb durch Ausländer gesetzeskonform das Projekt des ägyptischen Grossinvestors Samih Sawiris ermöglichen, der seither das strukturschwache Urserental im Kanton Uri zu einem Ferienresort ausbaut. Mit einer kritischen Anmerkung zur Rassismusstrafnorm – diese bereite ihm «Bauchweh» – im Zusammenhang mit der historischen Beurteilung von Völkermord anlässlich eines Staatsbesuchs in der Türkei erzeugte Blocher im Herbst 2006 nicht nur einen grossen Medienwirbel, sondern eine Grundsatzdiskussion über das Problem einer justiziablen Vergangenheitsbeurteilung. Die Linke erklärte das «Experiment Blocher» im Bundesrat für gescheitert, hauptsächlich wohl darum, weil sie vergeblich auf das Scheitern des Justizministers gehofft hatte. Sozialdemokratische Exponenten liessen sich dahingehend vernehmen, sie hätten den SVP-Bundesrat 2003 nicht gewählt, und sie würden ihn 2007 wiederum nicht unterstützen. Auch der Genfer FDP-Nationalrat John Dupraz sagte jedem, der es hören wollte: «Ich habe Blocher gewählt, weil ich hoffte, er sitze danach im Gefängnis. Doch schon nach kürzester Zeit war Blocher Gefängnisdirektor!»[64] SP-Nationalrat Andreas Gross rief in einem Buch mit zahlreichen Mitautoren ebenso zur Abwahl von Blocher auf wie Georg Kreis, linksfreisinniger Vorsteher des Basler Europa-Instituts und Präsident der Rassismuskommission.[65]

Bei nüchterner Betrachtung hatte Blocher in den vergangenen vier Jahren im Bundesrat nicht die Funktion eines Störenfrieds, sondern eines Stabilisators wahrgenommen. Gerade wegen kontroverseren, ernsthafteren internen Diskussionen in dieser Periode unterliefen der Landesbehörde keine schwerwiegenden Fehler. Was die Amtsgeheimnisverletzungen betraf, so war eine einzige dingfest gemacht worden: Als Christoph Blocher im März 2004 in einem Mitbericht gefordert hatte, zur Innovation des Schweizer Tourismus die staatliche Förderung auf einen symbolischen Franken zu beschränken, fand dieser vertrauliche Antrag sogleich den Weg zur Walliser FDP. Die eingeschaltete Bundesanwaltschaft fand den Schuldigen im Walliser Raphaël Saborit, persönlicher Mitarbeiter von Bundesrat Couchepin, der die illegale Aktion kaum ohne Wissen seines Chefs unternommen hatte.[66]

Wegen der offen geäusserten Abwahlpläne beschloss das SVP-Wahlkampfteam, bei den National- und Ständeratswahlen 2007 voll auf Christoph Blocher zu setzen. Ihre Absicht bekräftigten neue wissenschaftliche Untersuchungen – vor allem eines politologischen Forschungsteams unter Leitung des Zürcher Professors Hanspeter Kriesi –, wonach die Persönlichkeit Blochers das Gedankengut der SVP geradezu verkörpere und dass sich Blocher als Person bei der Bevölkerung einer grösseren Zustimmung erfreute als seine Partei. Dies galt in allen Landesteilen, insbesondere auch in den Kantonen der Romandie.[67] Darum plante man schweizweit eine grosse Plakataktion mit Blochers Porträt und der Aufschrift «Blocher stärken! SVP wählen!» Auch wenn sich in früheren Wahlen seit 1971 («Die Freisinnigen haben gute Köpfe») einzelne Bundesräte bis zur CVP-«Roadshow» von Ruth Metzler von 2003 immer wieder für den Wahlkampf ihrer Parteien hatten einspannen lassen, sorgte die Kampagne in ihrer einfachen Wirksamkeit für Empörung bei den SVP-Gegnern.

Mit dem Slogan «Blocher stärken! SVP wählen!» bestritt die SVP die eidgenössischen Wahlen vom Herbst 2007 und erreichte den bislang höchsten Stimmenanteil ihrer Geschichte.

Komplott gegen Blocher

Im Vorfeld der Wahlen von 2007 kam es hinter den Kulissen zu einem Komplott von Bundesanwaltschaft und einzelnen Parlamentariern, das als grösster institutioneller Skandal in der bisherigen Geschichte des Bundesstaates bezeichnet werden muss. Dieser ist eng verknüpft mit dem rechtswidrigen Vorgehen der Bundesanwaltschaft gegen den unbescholtenen Bankier Oskar Holenweger. Ihren Anfang nahm die Affäre mit der Ernennung von Valentin Roschacher zum Bundesanwalt. Auf Antrag von Blochers Vorgängerin Ruth Metzler hatte der Bundesrat im Jahr 2000 den CVP-nahen Roschacher zum Bundesanwalt gewählt; Metzlers Ehemann hatte gemeinsam mit Roschacher die Stiftsschule in Einsiedeln besucht. In der Folge wurde die Bundesanwaltschaft personell und materiell massiv aufgestockt in der Vermutung, in der Schweiz werde in grossem Stil Geld gewaschen und hierzulande grassiere die organisierte Kriminalität. Das Personal war also vorhanden, nur fehlten die Fälle. Roschacher konnte trotz Millionen-Etat keine Erfolge vorweisen, dafür eine Reihe von spektakulären Pleiten und Pannen.

Der Bundesanwalt war ein grosser Anhänger der amerikanischen Behörden und Ermittlungsmethoden und gab sich als ausgesprochen unzimperlicher staatlicher Ankläger. Hinter dem Rücken von Bundesrätin Metzler hatte er einen Zusammenarbeitsvertrag mit dem amerikanischen Justizminister John Ashcroft abgeschlossen. Der Saubermann Roschacher zeigte sich öffentlich mit Damen aus dem Rotlichtmilieu und bewegte sich in kriminellen Kreisen. Unter anderem diente sich der Bundesanwalt beim FBI an und heuerte den zweieinhalb Mal lebenslänglich plus zwanzig Jahre verurteilten Drogenkriminellen José Manuel Ramos als «Vertrauensperson» an. Als solche sollte Ramos aktiv Kontakte knüpfen, um Geldwäschereifälle aufzudecken. Dafür bezog er fast 270 000 Franken.

José Ramos erfand im Frühjahr 2003 den Anfangsverdacht gegen Oskar Holenweger, ehemals CEO der Bank J. Vontobel & Co. und nunmehr Geschäftsführer und Mehrheitsaktionär der Tempus Bank in Zürich. Roschachers Ermittler spitzten die Lügen von Ramos noch zu. Im August 2003 setzte die Bundesanwaltschaft den verdeckten Ermittler Markus Diemer vom Landeskriminalamt Baden-Württemberg auf Holenweger an. Er sollte dem

Bankier eine grössere Summe Bargeld anbieten und schliesslich mit illegalen Tonbandaufnahmen belegen, dass Holenweger über die fingierte Drogenherkunft der Gelder Bescheid wusste. Kurz vor Weihnachten 2003 wurde der Bankier von Bundespolizisten ohne Beweise verhaftet und für sieben Wochen in Untersuchungseinzelhaft gesetzt. Die Eidgenössische Bankenaufsicht (EBK) war über den Einsatz von Ramos und Diemer informiert gewesen und veranlasste die rund eine Million Franken teure Revision der Tempus Bank und den anschliessenden Notverkauf unter grossen Verlusten.

Justizminister Blocher übte die administrative Aufsicht über den Bundesanwalt aus, während Roschacher fachlich dem Bundesstrafgericht untergeordnet war. Blocher hielt wenig von den Ermittlungsergebnissen der Bundesanwaltschaft und wies hochrangige Beamte des amerikanischen Justizministeriums in die Schranken, als diese ihm zur Terrorbekämpfung in der Schweiz Anweisungen erteilen wollten. Die Bundesanwaltschaft hatte im Gefolge der New Yorker Terroranschläge vom 11. September 2001 Forderungen der USA allzu leichtfertig erfüllt. Der Vorsteher des Justizdepartements wandte sich gegen das mit den amerikanischen Ermittlern geschlossene, rechtlich ungenügend abgestützte Arrangement der Zusammenarbeit, in dessen Folge FBI-Agenten bei der Bundeskriminalpolizei in Bern ein und aus gingen. Er kritisierte auch die gross angelegte, völlig unangemessene Verhaftungsaktion gegen die Hells Angels in Zürich. Blocher unternahm eine unangemeldete Stippvisite bei der Zürcher Filiale der Bundesstrafverfolger und wollte die Bundesanwaltschaft ausschliesslich seinem Departement unterstellen («Man kann nicht zwei Herren dienen»).[68]

Bundesrat Christoph Blocher wies Bundesanwalt Roschacher gleich zu Beginn seiner Amtszeit an, ihn nicht detailliert über den Fall Holenweger zu informieren, da dieser seit gemeinsamen Jugendtagen in Wald ZH mit seiner Ehefrau bekannt sei und er schon militärische Kurse mit diesem Generalstabsoberst geleistet habe. Es habe sich um wenige zufällige Begegnungen gehandelt, und sie hätten sich inzwischen seit vielen Jahren nicht mehr gesehen. Diese korrekte Anweisung sollte jede Befangenheit beseitigen, bedeutete aber für Holenweger eine fatale Leidenszeit. Denn beflügelt von der Vorstellung, er könne den ungeliebten Justizminister mit einem vermeintlichen Geldwäscher in Verbindung bringen, liessen Roschacher, seine Mitarbeiter und seine Nachfolger nicht mehr locker. Nachdem sie Holenweger überwacht und beschattet hatten, liessen sie im Verfahren Dokumente verschwinden, Protokolle fälschen und Tonbänder manipulieren. Höhepunkt bildete die konstruierte Anklageschrift, obwohl sich der Verdacht seit Jahren in Luft aufgelöst hatte.

Jean-Charles Brisard, ein französischer Privatermittler, arbeitete mit Claude Nicati (FDP), dem stellvertretenden Bundesanwalt, eng zusammen und wurde von diesem mit Analyseaufträgen betraut. Anlässlich eines Genfer Treffens mit Oskar Holenweger erklärte Brisard am 2. März 2006 wörtlich: «Nicati and Roschacher have e severe problem with Blocher and want to get rid of him as soon as possible.» Diese Aussage hat Oskar Holenweger schriftlich festgehalten und bei den Akten hinterlegt, ebenso Brisards Begründung: «Nicati und Roschacher sind frustriert, weil Bundesrat Blocher sie in Sachen Terrorismusbekämpfung/Terrorismusfinanzierung nicht genügend unterstützt.»[69]

Die Sonntagszeitung enthüllte am 17. Dezember 2006 das erste Komplott der Bundesanwaltschaft gegen Justizminister Blocher: Als Staatsanwalt des Bundes wollte Claude Nicati (FDP) Blocher mit einem angeblichen islamistischen Terrorfinancier in Zusammenhang bringen.

Einen entsprechend gefährlichen Versuch, Bundesrat Blocher auszuheben, deckte die *Sonntagszeitung* im Dezember 2006 auf: Unter dem Titel «Geheimangriff auf Blocher» berichtete das Blatt mit Dokumentation des Mailverkehrs, Nicati habe einem Beamten der Bundeskriminalpolizei den

Auftrag gegeben, Verbindungen zwischen dem (zu Unrecht) des Terrors verdächtigten saudischen Geschäftsmann Yassin Kadi und Firmen, an denen Christoph Blocher beteiligt gewesen sei, aufzuspüren («Finte gegen Blocher»). Der stellvertretende Bundesanwalt Nicati schrieb seinem Informanten Brisard: «Vielen Dank für die Information, ich kläre sie ab. Es versteht sich von selbst, dass sie in der Schweiz Staub aufwirbeln wird. Ich schlage vor, dass ich mich still verhalte und wir uns morgen darüber unterhalten.» Die *Sonntagszeitung* warf die Frage auf: «Was hoffte der stellvertretende Bundesanwalt bei der Aktion zu finden? Dass Bundesrat Blocher befangen ist? Dass Dividenden von Blochers und Ebners Firmen an die al-Qaida flossen?»[70] Das Blatt verwies auf einen früheren Artikel in der Zeitung *Le Temps* über das Verfahren gegen Kadi, über dessen Investitionen in die Firma Alusuisse und darauf, dass Christoph Blocher damals Vizepräsident dieser Firma gewesen sei.[71] Kein einziges anderes Medium nahm diesen von der *Sonntagszeitung* aufgedeckten ersten Komplottversuch der Bundesanwaltschaft gegen Justizminister Blocher auf.

Ein hochrangiger Whistleblower und Roschacher-Gegner, der die illegalen Ermittlungsmethoden nicht mehr akzeptieren konnte, informierte den Journalisten Daniel Ammann über den vom kriminellen Informanten Ramos konstruierten Anfangsverdacht. Ammann publizierte die unglaublichen Umstände des Falls Holenweger am 1. Juni 2006, dem Donnerstag vor Pfingsten, in der *Weltwoche*.[72] Im Detail wurden hier erstmals die Umstände der Anstellung von Ramos, seine Hochstapeleien, dessen Ansetzen auf Holenweger, der Verdacht auf eine Doppelagententätigkeit für die USA und die dramatische Rückschiebung nach Kolumbien geschildert.

Die *Weltwoche* hatte zuvor schon über den auf Holenweger angesetzten deutschen Ermittler Markus Diemer, dessen illegale Rolle als «agent provocateur» und die Untersuchung der Prüfungsgesellschaft KPMG berichtet, die keinerlei Hinweise auf die vermutete Geldwäscherei für kolumbianische Drogenkartelle erbrachte.[73] Zwei Untersuchungsberichte, in Auftrag gegeben von der Beschwerdekammer des Bundesstrafgerichts beziehungsweise von Justizminister Blocher, beurteilten den Einsatz des Drogenkriminellen Ramos später als «formell korrekt». Auch die Untersuchung durch Beatrice Meli Andres, Leiterin des internen Inspektorats des Justiz- und Polizeidepartements, erbrachte nichts, da die entscheidenden Ramos-Akten in allen drei Fällen nicht zur Verfügung standen.

Über die Pfingsttage 2006 suchte Blochers Generalsekretär Walter Eberle vergeblich Kontakt zu Bundesanwalt Roschacher. Bundesrat Blocher traf sich mit Bundesstrafrichter Emanuel Hochstrasser, Präsident der Beschwerdekammer, auf Schloss Rhäzüns, um die gemeinsame Aufsichtspflicht über Roschacher wahrzunehmen und Massnahmen zu beschliessen. Die Sonntagsmedien beschrieben Ramos als «notorischen Lügner», der im Zürcher Rotlichtmilieu verkehrte. Bundesrat Blocher sei über die Vorgänge «sehr besorgt» und habe mittlerweile bei der Bundesanwaltschaft eingegriffen. Eine Gruppe von Staatsanwälten habe sich bei Blocher über die miserable Amtsführung von Roschacher beschwert.[74]

An diesem Pfingstsonntag traf Oskar Holenweger den Journalisten Hanspeter Bürgin vom *Tages-Anzeiger* und präsentierte ihm zur Erklärung der Vorgänge mehrere Skizzen. Diese Flipcharts sollten später noch eine bedeutsame Rolle spielen. Holenweger erklärte anhand seiner Zeichnungen die Vorgänge innerhalb der Bundesanwaltschaft. Am Pfingstmontag führte Bürgin ein Interview mit Valentin Roschacher, das in der Ausgabe des *Tages-Anzeigers* vom 6. Juni 2006 für grosse Aufmerksamkeit sorgte. Bürgin überrumpelte den Bundesanwalt gleich eingangs mit der Frage: «Haben Sie einen kolumbianischen Drogenboss als Informanten einfliegen lassen?» Roschacher gab zu, die Rolle des «Türöffners» gespielt zu haben, und räumte auch die

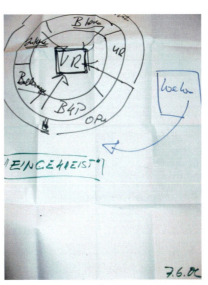

Skizze des unrechtmässig beschuldigten Bankiers Oskar Holenweger auf einem Flipchart vom 4.–7. Juni 2006. Die Bundesanwaltschaft und die nationalrätliche Geschäftsprüfungskommission witterten verschiedene Handschriften und interpretierten das Wort «Burg» (für den Journalisten Hanspeter Bürgin) als «Schloss Rhäzüns».

Existenz einer «Task Force Guest» ein, die Ramos hätte führen sollen. Justizminister Blocher habe von ihm aufgrund der Vorwürfe durch die *Weltwoche* einen

Bericht eingefordert, doch sei er, Roschacher, lediglich bereit, Blochers Stellvertreter als Departementschef, Bundesrat Moritz Leuenberger, zu informieren.[75]

Nun verlor Christoph Blocher endgültig die Geduld; Roschacher musste am 5. Juli 2006 seinen Rücktritt erklären, wobei ihm ein Jahresgehalt zugesprochen wurde. Zuvor hatte Bundesrat Pascal Couchepin einen schriftlichen Fragenkatalog eingereicht, wobei ihn insbesondere eine mögliche Befangenheit Blochers aufgrund von Verbindungen zu Oskar Holenweger interessierte.[76] Couchepin stoppte am 16. Juni 2006 mit einem Mitbericht im Bundesrat auch die alleinige Unterstellung des Bundesanwalts unter das Justiz- und Polizeidepartement.[77]

Nach einjähriger Interimslösung wählte der Bundesrat am 8. Juni 2007 auf Vorschlag Christoph Blochers den freisinnigen Erwin Beyeler zum neuen Bundesanwalt – Blochers Favorit, der Basler Staatsanwalt Thomas Hug, hatte abgesagt. Die Ernennung Beyelers geschah nicht zuletzt auf Anraten der St. Galler Regierungsrätin Karin Keller-Sutter, die ihren bisherigen Ersten Staatsanwalt sehr empfahl. Über Erwin Beyeler wurde berichtet, er habe sich seinerzeit als Chef der Bundeskriminalpolizei gegen den Einsatz von Ramos ausgesprochen.[78] Dies entsprach nicht der Wahrheit; vielmehr wollte Beyeler der «Vertrauensperson» Ramos sogar eine Erfolgsbeteiligung für eingezogene Gelder in Aussicht stellen, wobei er den Prozentsatz offenliess: «Falls aufgrund von Informationen des ‹A› Vermögenswerte sichergestellt werden können, liegt es in der Kompetenz der verfahrensführenden Bundesanwaltschaft, ein Sharing mit ‹A› zu treffen.»[79] Hätte Blocher um Beyelers Beteiligung an der Einschleusung von Ramos gewusst, er hätte ihn zweifellos dem Bundesrat nicht zur Wahl vorgeschlagen. Als Erwin Beyeler im Mai 2010 vor den Medien die Anklageschrift gegen Holenweger präsentierte, fragte ihn ein Journalist: «Was war Ihre Rolle beim Einschleusen von Ramos?» Darauf antwortete der Bundesanwalt wahrheitswidrig: «Keine.» Beyeler stritt seine Beteiligung an der Einschleusung von Ramos und seine Verheissung einer Gewinnbeteiligung bis zuletzt ab.

Am 26. März 2007 war Oskar Holenweger vor dem Landeskriminalamt Stuttgart angehalten worden, wo er versucht hatte, den auf ihn angesetzten verdeckten Ermittler Markus Diemer zu enttarnen.[80] Dabei wurden ihm der sogenannte «H-Plan» sowie die Kamera mit Fotos seiner handschriftlichen Flipcharts abgenommen. Einen Monat später stellte Untersuchungsrichter Ernst Roduner (SP) ein Rechtshilfesuchen an das Landeskriminalamt Stuttgart und verlangte Akteneinsicht, die ihm am 4. Mai 2007 gewährt wurde; Ende Mai war Roduner im Besitz aller Unterlagen von Holenweger.

Als Erwin Beyeler am 8. Juni 2007 zum Bundesanwalt gewählt wurde, wies Bundesrat Blocher in dessen Beisein Michel-André Fels, Bundesanwalt ad interim, an, «in keinem Geschäft, welches die Amtsführung des neuen Bundesanwaltes betrifft oder betreffen könnte, selbständig Entscheide zu treffen, sondern diese Herrn Beyeler vorgängig zum Entscheid zu unterbreiten». Es sei «jeweils Rücksprache zwecks Genehmigung zu nehmen».[81] Der neue Bundesanwalt war also über das Komplott, das nun innerhalb der Bundesanwaltschaft gegen Blocher geschmiedet wurde, in allen Details orientiert.

Am 11. Juni 2007 bestätigte Staatsanwalt Lienhard Ochsner (SP), Ankläger des Bundes im Prozess Holenweger, dass er in die Stuttgarter Akten Einsicht genommen habe.[82] Vier Tage später stellte Ochsner Untersuchungsrichter Roduner den Antrag, die Akten an Staatsanwalt Alberto Fabbri (CVP) weiterzuleiten[83], worauf Fabbri diese Einsichtnahme bestätigte.[84] Staatsanwalt Fabbri erteilte nun der Bundeskriminalpolizei den Auftrag, die Unterlagen Holenwegers aus Deutschland zu sichten und einen schriftlichen Auswertebericht vorzulegen.[85] Dieser Zwischenbericht der Bundeskriminalpolizei lag am 9. Juli 2007 vor. Der Inhalt des Berichts wäre von allergrösstem Interesse, er wurde indessen dem Anwalt von Christoph Blocher beim Zivilprozess Blochers gegen die Eidgenossenschaft nicht ausgehändigt. Die nachfolgende Entwicklung legt nahe, dass sich die Bundeskriminalpolizei ohne sachliche Grundlage in eine Euphorie hineinsteigerte. Nur so ist zu erklären, dass sie zum Schluss kam, es hätten mehrere Akteure an Holenwegers Flipcharts mitgewirkt, und die ihm in Stuttgart abgenommenen Unterlagen würden ein Komplott gegen Bundesanwalt Roschacher unter Beteiligung des Justizministers beweisen.

Der interimistische Bundesanwalt Fels schlug nun seinem künftigen Chef Beyeler per E-Mail ein Treffen in Zürich vor.[86] Beyeler indessen erkannte vorderhand keinen dringenden Besprechungsbedarf. Doch Fels schrieb zurück, «dass es über diese Berichtssache hinausgehende, aber im Zusammenhang mit ihr stehende wichtige und vertraulich zu behandelnde Weiterungen gibt».[87] Darauf meinte Beyeler: «Meine Meinung: Handle als verantwortlicher B[undes]A[nwalt] a[d] i[nterim]. Handle jetzt und warte meinen Amtsantritt nicht ab. Verfahre dabei so, wie Du es nach reiflicher Abwägung für richtig hältst. […]

Wenn die GPK wegen der Bedeutung der [hier fehlt ein Wort] zu informieren ist, was ich nicht abschätzen kann, würde ich damit auf keinen Fall zuwarten.»[88] Gleichentags drängte auch Staatsanwalt Alberto Fabbri an die Adresse von Fels: «Aus den dargelegten Gründen ersuche ich Sie, dieses Schreiben baldmöglichst der GPK N/Subkommission EJPD/BK weiterzuleiten, damit der Kommission die Möglichkeit gegeben wird, im Rahmen ihres Untersuchungsauftrages die in Frage stehenden Unterlagen einzusehen und gegebenenfalls zu edieren.»[89]

Am 13. Juli 2007 orientierte Fels Beyeler in einem vierseitigen Schreiben über die seiner Meinung nach GPK-relevanten Holenweger-Papiere: «Es handelt sich um einen Zeitplan zur Vorbereitung, Absetzung und Nachbehandlung des Bundesanwalts.» Die Akten dürften wegen der «Betroffenheit» nicht den Aufsichtsbehörden der Bundesanwaltschaft – also Justizdepartement und Bundesstrafgericht – unterbreitet werden. Fels schlug vor, dass die Bundesanwaltschaft diese direkt der Geschäftsprüfungskommission übermittle: «Die skizzierte Vorgehensweise berührt Deine Amtszeit unzweifelhaft. Ich kann deshalb diesen Entscheid nicht in eigener Verantwortung fällen und für Dich präjudizierende Situationen schaffen.»[90] In einem E-Mail schrieb Fels an Beyeler, er wünsche dringend, dass sich dieser die Holenweger-Akten ansehe, damit er auf den gleichen Informationsstand komme: «Die ganze Sache ist im Griff und sauber vorbereitet, wir haben Handlungsoptionen. Welche Du auch wählst, sie ist im Sinn der Sache, ist verhältnismässig, lässt Spielraum und sie stärkt Dich und mich bzw. beide, und wir haben so vorzugehen.»[91] Seit Roschachers Rücktrittserklärung vom 5. Juli 2006 untersuchte die Geschäftsprüfungskommission des Nationalrats die Bundesanwaltschaft. Es ging der Bundesanwaltschaft also eindeutig auch darum, sich als Betroffene zu entlasten und mittels der sogenannten Holenweger-Papiere den Spiess gegen Bundesrat Blocher umzudrehen.

Am 13. Juli 2007 meldete sich Michel-André Fels beim künftigen Bundesanwalt Erwin Beyeler für dreiwöchige Auslandferien ab. Er wollte erst nach seinen Ferien darüber entscheiden, ob die Holenweger-Dokumente an die GPK weiterzuleiten seien. Das Dossier übernahm Claude Nicati als stellvertretender Bundesanwalt. Am 24. Juli 2007 fand unter Nicatis Präsidium eine Sitzung statt mit den Staatsanwälten Lienhard Ochsner, Alberto Fabbri und Martin Stupf sowie mit Nicoletta della Valle, Stellvertretende Direktorin des

Bundesamtes für Polizei, und Kurt Blöchlinger, persönlicher Freund Roschachers seit gemeinsamen Einsiedler Gymnasialtagen und Chef der Bundeskriminalpolizei. Ochsner sprach von «zwei auch politisch brisanten Ordnern», die das Untersuchungsrichteramt rechtshilfeweise vom Landeskriminalamt Stuttgart besorgt und ins Verfahren Holenweger integriert habe. Angesichts der «Brisanz dieser Akten» sei der bereits vereinbarte Einvernahmetermin mit Holenweger abgesagt worden. Im Protokoll wird festgehalten: «Ochsner kommt auf die politische Dimension des Falles zu sprechen. Es gehe mit der Weiterleitung der Akten an die GPK darum, dieser auch Abklärungen zu ermöglichen, ob sich namhafte Politiker und Medien von einer einflussreichen Verfahrenspartei [gemeint war Holenweger] für deren Sache instrumentalisieren liessen mit dem Ziel, die Strafjustiz nachhaltig zu beeinflussen. Das gehöre fraglos zum Prüfungsauftrag der GPK.» Nicoletta della Valle meinte gar, «dass die Bundesanwaltschaft mit der Weiterleitung der Akten an die GPK nur gewinnen könne».[92]

Noch am selben Tag unterrichtete der stellvertretende Bundesanwalt Claude Nicati in einem Telefongespräch Philippe Schwab, Sekretär der Geschäftsprüfungskommission, über die in Stuttgart aufgegriffenen Holenweger-Akten.[93] Am 25. Juli 2007 schrieb Nicati an die Nationalräte Jean-Paul Glasson (FDP) und Lucrezia Meier-Schatz (CVP) von der GPK, es seien Dokumente erhoben worden, «welche aufgrund erster Erkenntnisse für die Untersuchung der Subkommission EJPD/BK-N von erheblichem Interesse sein dürften». Die Unterlagen stünden der Kommission jederzeit zur Einsichtnahme zur Verfügung.[94] Nicati hatte in Ferienabwesenheit des interimistischen Bundesanwalts Fels ohne Rücksprache mit seinen Vorgesetzten von sich aus die Geschäftsprüfungskommission über die Holenweger-Akten orientiert. Noch gleichentags hielt er gegenüber Fels schriftlich fest: «Wie ich Dir heute bereits telefonisch mitgeteilt habe, sah ich mich während Deiner Ferienabwesenheit gezwungen, den Präsidenten der Geschäftsprüfungskommission des Nationalrates und die Präsidentin der Subkommission EJPD/BK der Geschäftsprüfungskommission (Kopie liegt bei) über die neusten Erkenntnisse und Dokumente zu informieren, dies aufgrund der Entwicklung der letzten Tage. [...] Ich habe aufgrund meines aktuellen Wissensstandes die im jetzigen Zeitpunkt gebotenen Entscheidungen im Interesse der Bundesanwaltschaft getroffen.»[95]

Zwei Tage später orientierte Nicati auch Erwin Beyeler über seine Eigeninitiative: «Aufgrund der Entwicklungen der letzten Tage und der Brisanz der gesamten Angelegenheit war die umgehende Information der GPK unumgänglich.»[96] Weder Beyeler noch Fels reagierten auf den erstaunlichen Aktionismus von Claude Nicati. Erst im Nachhinein schrieb Fels von «Zugzwang» und von der Entscheidung Nicatis «in Abänderung der mitgeteilten ursprünglichen Planung». Die Information der Geschäftsprüfungskommission sei «unter Rücksprache» mit dem neuen Bundesanwalt Beyeler geschehen.[97] Am 2. August 2007 telefonierte Staatsanwalt Fabbri mit dem Oberstaatsanwalt von Baden-Württemberg und erbat die Bewilligung, die GPK über die Holenweger-Akten zu orientieren.[98]

Am 6. August 2007 kehrte der interimistische Bundesanwalt André-Michel Fels aus den Ferien zurück und präsidierte eine Sitzung, an der wahrscheinlich der Schlussbericht der Bundeskriminalpolizei zu den sichergestellten Holenweger-Akten vorgelegt wurde. Bezeichnenderweise fehlen uns sowohl dieser Bericht wie das Sitzungsprotokoll. Die Bundesanwaltschaft führte später aus, es sei nach ihren «Erkenntnissen» kein Protokoll vorhanden.[99] Diese Behauptung ist wenig glaubwürdig, denn Fels, der die Sitzung leitete, hat von seinen Mitarbeitern speziell im Fall der Holenweger-Akten die Anfertigung von Protokollen sowie Telefon- und Gesprächsnotizen verlangt. Sicher ist, dass an dieser Sitzung eine fast unkontrollierte Euphorie in der Aussicht herrschte, den Justizminister und dessen politisches Umfeld in einer Weise zu belasten, dass er im Amt nicht hätte überleben können. In der Bundesanwaltschaft brannten offenkundig alle Sicherungen durch. Fels war diese Stimmung etwas unheimlich, und er äusserte sich in einer E-Mail wie folgt: «Die gestrige Sitzung wie auch der Ton hat mich befremdet. Es war viel Emotionalität drin, ich bitte, das überlegte, ruhige Handeln vorzuziehen.»[100] Vor allem Claude Nicati und Lienhard Ochsner dürften nach ihrem bisherigen Verhalten für Überschwang gesorgt haben.

Zwei Tage später fand das Treffen der Staatsanwälte Fels, Nicati und Fabbri mit Jean-Paul Glasson und Lucrezia Meier-Schatz vom Präsidium der GPK statt. Dabei kam auch der politische Fahrplan, innerhalb dessen die Bombe gegen Blocher platzen sollte, ausdrücklich zur Sprache: «Angesichts des politischen Kalenders (eidgenössische Wahlen, Bundesratswahlen) ist der Handlungsspielraum der GPK eng.»[101] Am 13. August 2007 erfolgte der Amtsantritt von Erwin Beyeler als Bundesanwalt. Gleich an dessen erstem Arbeitstag wurde ihm an einer Sitzung mit Fels, Nicati und Fabbri zwischen 16 und 17 Uhr die Powerpoint-Präsentation der Bundesanwaltschaft zuhanden der nationalrätlichen Geschäftsprüfungskommission mit den dazu vorgesehenen Kommentaren vorgeführt. Sie war von Staatsanwalt Alberto Fabbri in Zusammenarbeit mit der Bundeskriminalpolizei erstellt worden. Michel-André Fels hielt dazu fest: «Beyeler hat diese Präsentation bis auf eine Darstellungsfrage, d.h. die rote Färbung der Pfeile, gutgeheissen.» Da die Präsentation schliesslich mit roten Pfeilen erfolgte, ist davon auszugehen, dass Beyeler die auffälligere Farbe Rot vorschlug. Und weiter: «Er erachtete die Vorgehensweise seiner Mitarbeiter ebenfalls als richtig und gesetzmässig.»[102]

Ziel dieser Präsentation war es, zu unterstellen, dass Bundesrat Blocher an einem Komplott zur Entfernung von Bundesanwalt Roschacher beteiligt gewesen sei. Bundesanwalt Erwin Beyeler hat also das Komplott gegen Justizminister Blocher, der ihn dem Gesamtbundesrat für dieses Amt vorgeschlagen hatte, vom ersten Tag an gekannt, unterstützt und sogar grafisch verschärft. In der Vorführung von Holenwegers Flipcharts zeigte der rote Pfeil auf «CB». Daneben stand «CB = Christoph Blocher (?)». Eine andere Skizze wurde mit zwei roten Pfeilen versehen, wobei der eine auf «Entry» (Einreise von Ramos in die Schweiz), die andere auf «Burg 4.6.06» hinwies. Zu Holenwegers Skizze behauptete die Bundesanwaltschaft: «Erstellt durch unbekannte Person, jedoch im Besitz von Oskar Holenweger.» Die anschliessend vorgeführte «Chronologie» stellte das Treffen von Bundesrat Blocher und Bundesstrafrichter Hochstrasser «in Rhäzüns/GR» in direkten Bezug zum «Treffen/Erstellen der Chart in ‹Burg› (mit Bezug zu Holenweger)». In Wirklichkeit hatte Holenweger mit dem Codewort «Burg» den Journalisten Hanspeter Bürgin vom *Tages-Anzeiger* gemeint, dem der Bankier am 4. Juni 2006 oberhalb von Männedorf mit Hilfe seiner Flipcharts die Situation präsentiert hatte. Anhand des H-Planes versuchte die Bundesanwaltschaft, Christoph Mörgeli, Filippo Leutenegger, Alexander J. Baumann und mehrere Journalisten als Teil von Blochers angeblichem Komplott zu denunzieren.[103]

Ebenfalls am 13. August unterrichtete Claude Nicati Walter Eberle, Generalsekretär des EJPD, in schriftlicher Form darüber, dass die Nationalräte Meier-

Schatz und Glasson am 25. Juli 2007 orientiert worden seien.[104] Allerdings gab Nicati keinerlei Hinweis über den konkreten Inhalt der Information, also die Belastung von Bundesrat Blocher. Hätte Eberle davon erfahren, hätte er die Bombe innert kürzester Zeit nach Rücksprache mit seinem Chef entschärft. So aber konnte das Komplott ungestört in die Öffentlichkeit getragen werden.

Am 14. August 2007 präsentierten die Staatsanwälte Fels, Nicati und Fabbri ihre Bilder anlässlich der Sitzung der Geschäftsprüfungskommission. Diese Illustrationen bezichtigten Justizminister Blocher und weitere Persönlichkeiten der gezielten, verschwörerischen Absetzungsaktion gegen Bundesanwalt Roschacher. Die Teilnehmer dieser Sitzung waren nach der Präsentation überzeugt, dass sich Bundesrat Blocher nicht im Amt halten könne, wenn sich auch nur ein Teil der vorgetragenen Unterstellungen als zutreffend erweisen würde. Wahrheitswidrig wurde behauptet, es handle sich bei den präsentierten Flipcharts um mehrere Handschriften. Dieses später von der Kantonspolizei Zürich kriminaltechnisch berichtigte Fehlurteil begründete Staatsanwalt Fabbri im Nachhinein wie folgt: «Anlässlich der Präsentation vom 14. August 2007 hat sich die BA dahingehend geäussert, dass auf einem Flipchart verschiedene Handschriften ersichtlich seien (S. 5, Ziff. 4 und S. 11 des Protokolls). Die Äusserungen bezüglich Schriften und Urheberschaft waren erste Einschätzungen der Bundesanwaltschaft. Selbst zugezogene Ermittler der Bundeskriminalpolizei und mehrere Staatsanwälte des Bundes waren der Ansicht, auf den Flipcharts seien mehrere Handschriften bzw. unterschiedliche Schriftbilder zu erkennen.»[105]

Anfang August 2007 waren der SVP-Parteiführung diffuse Gerüchte über eine Beteiligung Christoph Blochers an einer weitverzweigten Intrige gegen den früheren Bundesanwalt Roschacher zu Ohren gekommen. In mehreren Tageszeitungen erschienen von der solcherart alarmierten und beunruhigten SVP Schweiz Ende August Inserate mit dem Titel «Geheimplan gegen Blocher?», und sie sprach vom Wirken gewisser «parlamentarischer Kommissionen». Linke und andere Parteien wollten Christoph Blocher aus dem Bundesrat werfen. «Doch jetzt vor den Wahlen verschweigen sie dem Volk ihren Geheimplan.»[106]

Die Medien reagierten mit Unverständnis und Kopfschütteln. Der *Blick* warf die Frage auf, ob diese Inserate nicht von dem «tatsächlichen Geheimplan» ablenken wollten, und spekulierte über einen «gravierenden Justizskandal», nämlich Blochers «Roschacher-Komplott». Auch der *Tages-Anzeiger* behauptete aufgrund eines «brisanten Dokuments», das der Geschäftsprüfungskommission vorliege: «Gegen Bundesanwalt Valentin Roschacher hat es eine Verschwörung gegeben.»[107]

Im Hinblick auf die Bundesratssitzung vom Mittwochmorgen, 5. September 2007, hatte Bundespräsidentin Micheline Calmy-Rey am Vortag in einem Mitbericht verlangt, den Entscheid über die Alleinunterstellung des Bundesanwalts unter das Justizdepartement bis zur Veröffentlichung des GPK-Berichts zu vertagen. Sie bezog sich mehrfach auf Medienberichte beziehungsweise Mediengerüchte betreffend ein angebliches Komplott gegen Bundesanwalt Roschacher. Es gehe um «nichts weniger als um die Fundamente der Institutionen und ihres guten Funktionierens».[108] Anlässlich der Bundesratssitzung vom 5. September erwähnte auch Bundesrat Pascal Couchepin «ganz schwerwiegende» Komplott-Vorwürfe in den Medien und hielt es für nötig, einen externen Rechtskonsulenten beizuziehen, statt sich (von Blocher) parteiisch orientieren zu lassen. Calmy-Rey – offensichtlich in Absprache mit Couchepin – stellte den formellen Antrag, einen Rechtskonsulenten zu verpflichten. Indem die beiden Romands handeln wollten, noch bevor irgendein sachlicher Grund in Form des GPK-Berichts vorlag, wirkten sie vorsätzlich als Brandbeschleuniger. Der ahnungslose Blocher widersetzte sich diesem Ansinnen nicht, wies aber jede Beteiligung und jedes Wissen im Zusammenhang mit einem solchen Komplott kategorisch von sich. Bundesratssprecher Oswald Sigg erhielt laut eigener Aussage vom Gesamtbundesrat lediglich den Auftrag, den Medien mitzuteilen, dass der Bundesrat über die Eröffnung einer Vernehmlassung zur Unterstellung des Bundesanwalts erst nach Vorliegen des GPK-Berichts entscheiden werde.[109]

Vor der üblichen Medienkonferenz nach der Bundesratssitzung wies der dort wegen eines beiläufigen Geschäfts teilnehmende Couchepin den Bundesratssprecher indessen an, er müsse den externen Rechtskonsulenten für das Departement Blocher und die Komplott-Vorwürfe erwähnen. Sigg weigerte sich, weil der Bundesrat anders entschieden habe. Auf eine entsprechende Journalistenfrage gab Sigg aber das Wort unter dem Gelächter der Medienvertreter an Couchepin weiter, der über den Einsatz eines Rechtskonsulenten infor-

Bundesrat Pascal Couchepin war am 5. September 2007 ein begehrter Interviewpartner. Er hatte kurz zuvor verkündet, dass dem Bundesratskollegen Blocher ein Rechtsberater beigegeben werden solle.

mierte. Nein, soweit ihm bekannt, sei eine solche Massnahme noch nie in der Geschichte des Bundesstaates vorgekommen: «Neue Situationen, neue Lösungen.» Entgegen dem Bundesratsbeschluss und in Abwesenheit Blochers wurde zu dieser Sache über sechs Minuten lang informiert. Couchepin verletzte das Kollegialitätsprinzip auch, indem er nach dem offiziellen Teil in ausführlichen individuellen Interviews den Eindruck erweckte, dass der Justizvorsteher diese Angelegenheit politisch nicht überstehen werde.[110]

Im «Rendez-vous am Mittag» von Radio DRS sprach CVP-Präsident Christophe Darbellay von einer «Staatskrise». In der Folge ergriff fiebrige Hektik das Berner Medienzentrum. Blocher erhielt Dutzende von Medienanfragen, die eine Stellungnahme zu den Aussagen von Bundesrat Couchepin verlangten. Dem Justizminister fiel auf, dass seine Bundesratskollegen deutlich verspätet zum üblichen Mittagessen eintrafen und offensichtlich die Medienkonferenz in ihren Büros verfolgt hatten. Als er in sein Arbeitszimmer zurückkehrte, entschloss er sich zu einem Pressetreffen am frühen Abend. Die zahlreich versammelten Journalisten erwarteten seinen Rücktritt. Stattdessen bezeichnete ein energisch auftretender Blocher jede Verstrickung in eine Intrige als «Hirngespinste»; es seien ihm keine Komplotte und keinerlei entsprechende Dokumente bekannt.[111]

Um nicht Blocher das letzte Wort zu überlassen, kündigte die Geschäftsprüfungskommission des Nationalrats eine ausserordentliche Medienkonferenz auf Mittwochabend um acht Uhr an. Zuerst sprachen GPK-Präsident Jean-Paul Glasson und die für das EJPD zuständige Subkommissionspräsidentin Lucrezia Meier-Schatz über den Kommissionsbericht. Darin blieben die vielen Pannen der Bundesanwaltschaft praktisch unerwähnt, man sparte aber nicht mit Vorwürfen an die Adresse von Bundesrat Blocher. Die umfassende Stellungnahme seines Departementes, in der die Vorwürfe korrigiert worden waren, hatte die GPK unberücksichtigt gelassen. Unglaublicherweise hatte die Geschäftsprüfungskommission den früheren Bundesanwalt Valentin Roschacher kein einziges Mal über Ramos befragt. Dafür sprach Meier-Schatz hauptsächlich über angeblich neue Erkenntnisse von «erheblicher Tragweite», die «politisch brisant» seien. Sie behauptete, die aufgetauchten Unterlagen deuteten auf einen «Plan zur Vorbereitung, Durchführung und Nachbehandlung der Absetzung des Bundesanwalts».

Der offenbar bestens informierte Bundeshausredaktor des *Blicks* fragte nach, ob das Kürzel «CB» und die Ortschaft Rhäzüns vorkommen würden.

Heiteres Komplott: Lucrezia Meier-Schatz (CVP) und Jean-Paul Glasson (FDP) präsentierten den Medien am 5. September 2007 im Namen der nationalrätlichen Geschäftsprüfungskommission mit unverhohlener Freude wahrheitswidrige Verdächtigungen gegen Bundesrat Christoph Blocher.

Meier-Schatz bestätigte, dass Ersteres der Fall sei und schob später das Wort «Burg» und das Datum «4. Juni» nach. «Haben Sie gerade Burg gesagt?», fragte jetzt der *Blick*-Journalist. Meier-Schatz bestätigte dies mit kaum unterdrückter Heiterkeit, und Glasson ergänzte fröhlich: «Es gibt viele starke Burgen.» Man werde nun die neuen Papiere sorgfältig analysieren, meinte Lucrezia Meier-Schatz, die ihren Auftritt sichtlich genoss. Da man sie aber zuerst in Deutschland beschaffen müsse, nehme das Monate in Anspruch. Es war selbstverständlich, dass kein Justizminister im Amt verbleiben kann, wenn über Monate der ungeheuerliche Verdacht eines Komplotts über ihm schwebt.[112]

In der Tat liessen die Medienreaktionen des folgenden Tages keinen Zweifel, dass Blochers Tage als Bundesrat gezählt waren. Der *Blick* meinte: «Der schlimmste Verdacht, den die GPK nicht von der Hand weist: Justizminister Christoph Blocher war in das Komplott involviert.» Andere Titel lauteten «Gewitterwolken über Blocher» (*Der Bund*), «Blocher unter Verdacht» (*Berner Zeitung*), «Blocher massiv unter Beschuss (*Neue Luzerner Zeitung*). Beim *Tages-Anzeiger* brannten alle Sicherungen durch: «Offenbar lässt sich belegen, dass Blocher zusammen mit dem Präsidenten der Beschwerdekammer des Bundesstrafgerichts in einer konzertierten Aktion den Sturz des Bundesanwalts vorangetrieben hat.»[113]

Noch um Mitternacht hatte Bundesrat Blocher Nationalrat Christoph Mörgeli angerufen, der ihm erklärte, er kenne die Quelle der Vorwürfe. Oskar Holenweger sei am Dienstagmorgen vorzeitig aus den USA zurückgekehrt und habe ihm seine Flipcharts und den vermeintlichen H-Plan gezeigt. Blocher drängte hierauf Mörgeli, die Medien über diesen Umstand bereits am folgenden Tag zu orientieren, sonst könne er sich nicht im Amt halten.

Am Nachmittag des 6. September lud Parteipräsident Ueli Maurer ins Medienzentrum nach Bern, wo Christoph Mörgeli Holenwegers Unterlagen im Detail präsentierte und interpretierte. Sofort machte sich bei den Journalisten Ernüchterung und bei den involvierten Politikern und Staatsanwälten Katzenjammer breit. Auf Holenwegers H-Plan gehörten auch Politiker von SP, CVP und FDP, ja gar mehrere Medienvertreter zur angeblichen Verschwörung. Förmlich über Nacht fielen die Vorwürfe in sich zusammen, und anderntags lauteten die Schlagzeilen ganz anders: «Luft draussen in der Affäre Blocher-Roschacher» (*NZZ*), «SVP sieht Geheimplan bestätigt» (*Berner Zeitung*), «SVP legt Komplott-Plan auf den Tisch» (*Der Bund*), «Gegenschlag der SVP» (*Aargauer Zeitung*).[114] Doch der *Blick* hielt unentwegt am ominösen «H-Plan» und an einer Verschwörung fest, während der *Tages-Anzeiger* leise zum organisierten Rückzug antrat, indem er plötzlich die nichtigen GPK-Vorwürfe gegen Blocher wieder in den Vordergrund rückte. Das Blatt wies der SVP die Schuld an der «Überbewertung der Holenweger-Dokumente» zu, weil sie «über die Dokumente und die Kommission Gülle ausschüttete».[115]

Rascher kamen die Mitglieder der Geschäftsprüfungskommission zur Einsicht. «Wir sind jetzt alles Zwerge», meinte Marc F. Suter (FDP) in der GPK selbstkritisch, während Ida Glanzmann-Hunkeler (CVP) «bitter» bereute, dass die Kommission an die Öffentlichkeit getreten war, ohne ein «sauberes Resultat» abzuwarten. GPK-Präsident Jean-Paul Glasson kommentierte: «Ich nehme nicht an, dass die Bundesanwaltschaft sich in den eigenen Fuss schiessen wollte. Aber genau das hat sie getan.»[116] Subkommissionspräsidentin Meier-Schatz äusserte sich kleinlaut: «Es kann sein, dass wir uns werden entschuldigen müssen, das schliesse ich nach heutiger Situation nicht aus.»[117] Stattdessen liess sie sich wegen angeblicher Gefährdung unter Personenschutz stellen und über Monate mit Chauffeur und Staatslimousine herumfahren. Ein Gutachten der Zürcher Kriminalpolizei bestätigte ihr entgegen früheren öffentlichen Aussagen, dass sich auf den Flipcharts ausschliesslich Holenwegers Handschrift nachweisen liess.[118]

Nach dem Komplottversuch wurde Christoph Blocher bewusst, was hinter seinem Rücken mit Hilfe von Bundesanwaltschaft, Parlamentariern und Bundesratskollegen gespielt worden war. An der Bundesratssitzung vom 12. September 2007 verlangte er namentlich von den Kollegen Couchepin und Calmy-Rey Auskunft über ihre Mitwisserschaft im Zusammenhang rund um die Umtriebe der nationalrätlichen Geschäftsprüfungskommission. Calmy-Rey verneinte jede Mitwisserschaft, während sich Couchepin wand und erklärte: «Officiellement pas.» Wenn Blocher ein Komplott wittere, sei er «krank». Blocher erwiderte scharf, mit einer solchen Psychiatrisierung hätten totalitäre Systeme die politischen Gegner in Anstalten weggesteckt. Mit seinem «officiellement pas» hatte Bundesrat Couchepin indirekt zugegeben, dass er zu den Eingeweihten des Komplotts gegen den Kollegen Blocher gehörte, vorgängig entsprechende Kontakte mit Mitgliedern der Bundesanwaltschaft beziehungsweise der Geschäftsprüfungskommission gepflegt und die Intrige in den Bundesrat getragen hatte. Blocher selber hielt zuhanden des Bundesrates fest: «Der Eindruck verfestigt sich, dass von verschiedener Seite – auch aus dem Bundesrat – systematisch und konzentriert auf das Ziel hingearbeitet wurde, Bundesrat Blocher in den Tagen nach dem 5. September 2007 zum Rücktritt zu zwingen.»[119]

Nun, da das GPK-Komplott misslungen war, verlor Couchepin alle Hemmungen. Im Tessiner Radio RSI zog er im Zusammenhang mit dem Wahlkampf einen Faschismus-Vergleich und sagte, direkt auf Christoph Blocher bezogen: «Niemand ist der unersetzliche Duce, der Führer zum Wohl der Schweiz.» Damit lenkte er von seinem Komplott gegen Blocher auf einen Nebenschauplatz ab. Die Botschaft von Couchepin sollte lauten: Wenn man Blocher schon nicht als Kriminellen bezeichnen kann, so doch als Faschisten. Bundespräsidentin Calmy-Rey relativierte später vor dem Parlament, der Walliser Bundesrat habe ja «nur» die Methoden der SVP mit dem Faschismus der dreissiger Jahre verglichen und gesagt, wenn Blocher nicht wiedergewählt würde, sei das auch keine Katastrophe.[120]

Erst im Frühjahr 2011 wurde im Rahmen eines Vergleichs festgehalten, es sei den Beteiligten nie darum gegangen, Christoph Blocher «eines Komplotts zur Destabilisierung der Bundesanwaltschaft» zu bezichtigen: «Sollte ein anderer Eindruck in der Öffentlichkeit entstanden sein, würde die Schweizerische Eidgenossenschaft dies bedauern.»[121] Kurz danach, am 21. April 2011, sprach das Bundesstrafgericht in Bellinzona Bankier Oskar Holenweger vollumfänglich frei. Dies, obwohl sich die Bundesanwaltschaft und letztlich sogar Blochers Nachfolgerin im Justiz- und Polizeidepartement, Eveline Widmer-Schlumpf, mit ihrer Unterschrift geweigert hatten, dem Bundesstrafgericht die Ramos-Akten auszuhändigen – eine krasse Behinderung der Wahrheitsfindung.[122]

Am Ende sassen in Bellinzona die Strafverfolger statt Holenweger auf der Anklagebank. Das Urteil fiel für sie niederschmetternd aus: Die Bundeskriminalpolizei hatte unrechtmässig gehandelt, als sie den Drogenkriminellen Ramos als bezahlten, am «Umsatz» beteiligten Spitzel auf den Bankier ansetzte. Die Bundesanwaltschaft führte das Bundesgericht mit unwahren Behauptungen in die Irre, um Holenweger abzuhören. Bundeskriminalpolizisten fälschten einen Einsatzbericht, und die Ermittler verletzten das Fairnessgebot, als sie mit dem deutschen V-Mann Diemer versuchten, dem unbescholtenen Bankier eine Falle zu stellen.[123] Der Eidgenössische Untersuchungsrichter Ernst Roduner (SP) wurde ertappt, wie er sich selber ein Drohfax zusandte, um Holenweger und sein Umfeld zu belasten.[124] Roduners Amt übernahm der Erste Staatsanwalt des Kantons St. Gallen, Thomas Hansjakob (SP), der gegenüber dem Bundesstrafgericht zwei Ordner mit Ramos-Akten zurückhielt.[125]

Nicht weniger als siebzehn Personen mussten ihre berufliche Stelle aufgrund der Affäre Ramos und des Komplotts gegen Bundesrat Blocher verlassen. Die Vereinigte Bundesversammlung verweigerte Bundesanwalt Erwin Beyeler in der Sommersession 2011 auf Antrag der SVP die Wiederwahl. Gegen fünf Journalisten wurden Strafverfahren eingeleitet, um sie einzuschüchtern, nämlich gegen Daniel Ammann und Philipp Gut von der *Weltwoche*, Hanspeter Bürgin und Monika Famy von der *Sonntagszeitung* sowie Pascal Hollenstein von der *NZZ am Sonntag*. Gegen 500 von den Steuerzahlern besoldete Staatsangestellte waren insgesamt mit einem Fall beschäftigt, der Kosten von gegen dreissig Millionen Franken ausgelöst hat.

Blochers Abwahl aus dem Bundesrat

Da der verdiente Ständerat Hans Hofmann 2007 seinen Rücktritt auf Ende der Amtsperiode erklärte, nominierte die Zürcher SVP Professor Hans Geiger als Ständeratskandidaten. Der Ökonom und Ordinarius am Institut für schweizerisches Bankwesen der Universität Zürich hatte zuvor als Generaldirektor der Schweizerischen Kreditanstalt gewirkt und war Vizepräsident des Verwaltungsrates der Vontobel-Holding. In seinem Wohnort Weiningen präsidierte Geiger während längerer Zeit die Armenpflege. Der intellektuell brillante, anregende und unkonventionelle Quereinsteiger entsprach keineswegs dem Bild des landläufigen Politikertypus. Es zeigte sich rasch, dass es ausserordentlich schwierig sein würde, mit Geiger Hofmanns Ständeratssitz zu halten. Hans Geiger verhielt sich gegenüber der Partei sehr loyal, als sie kurzfristig entschied, an seiner Stelle den nationalen Parteipräsidenten Ueli Maurer als Ständeratsandidaten ins Rennen zu schicken.[126]

Was die Gestaltung der Nationalratsliste betraf, entschloss sich die SVP zu einem bislang unüblichen Verfahren: Um eine junge Frau gezielt zu fördern, wurde die Winterthurer Kantonsrätin Natalie Rickli auf den zweiten Listenplatz, Alfred Heer als Fraktionschef im Kantonsrat im Sinne einer vermehrten Berücksichtigung der Stadt Zürich als Nummer sieben gesetzt. Den wohl noch nie so intensiv betriebenen Wahlkampf koordinierte als neue Kantonalsekretärin in der Nachfolge von Claudio Zanetti die bisherige Stellvertreterin Daniela Vas. Die 29-Jährige entstammte einer aktiven SVP-Familie aus Oberstammheim und amtete in der Sozialbehörde der Stadt Zürich. Im Gegensatz zu ihrem Vorgänger Claudio Zanetti sah sie ihre Rolle weniger in der öffentlichen Wirkung nach aussen als in den Bemühungen um den inneren Parteiaufbau; speziell intensivierte Daniela Vas den Kontakt zu den Sektionen. Die studierte Kommunikationswissenschaftlerin antwortete auf die Frage, ob sie sich eher dem gemässigten oder dem Hardliner-Flügel der SVP zurechne, schlagfertig: «Dem leidenschaftlichen Flügel.»[127]

Auf nationaler Ebene hatte die SVP als vorbeugende Massnahme gegen die drohende Abwahl Christoph Blochers die Strategie des Jahres 2003 mit 334 zu 5 Delegiertenstimmen bestätigt. Sollten Blocher und sein Kollege Samuel Schmid nicht gewählt werden, so wollte die Partei den Gang in die Opposition antreten. Sofern einer von beiden die Wahl trotzdem annahm, war er nicht mehr als Mitglied der Fraktion geduldet. Auch ein anderes SVP-Mitglied, das sich an Stelle der beiden offiziellen Kandidaten von der Bundesversammlung hätte wählen lassen, wäre automatisch aus der Fraktion ausgeschlossen worden.[128]

An einem Parteitag im Musical-Theater Basel, umrahmt von vorzüglich gespielten Szenen aus Schillers «Wilhelm Tell», vertraten die Bundesräte Blocher und Schmid ebenso wie Parteipräsident Maurer ihr politisches Credo vor 1500 Parteifreunden. Christoph Blocher stellte «mit grosser Beängstigung» fest, dass bei der Sicherheit und im Asylwesen versucht werde, das Landesrecht auszuhebeln. Wie schon in seiner 1.-August-Rede warf der Justizminister die Frage auf, wer denn das Recht setze: das Volk oder eine «neue Obrigkeit» von Experten und Richtern. Mit ihrer anschliessend feierlich inszenierten Unterschrift bekräftigten die Kandidierenden in einem «Vertrag mit dem Volk», sie wollten der EU nicht beitreten, dafür kriminelle Ausländer ausschaffen und die Steuern senken. Der Werbefilm «Himmel und Hölle» warnte vor einer Zukunft mit kriminellen Jugendlichen, Drogenabhängigen und kopftuchtragenden Frauen.[129]

Eine grosse Wahlkampfmanifestation auf dem Bundesplatz mit vorgängigem Umzug durch die Stadt Bern scheiterte am 6. Oktober 2007 an in dieser Art noch kaum gesehenen Gewaltorgien linksextremer Jugendlicher, die für landesweites Aufsehen sorgten. Angesichts der Gefahrenlage fasste das Organisationskomitee den umsichtigen Entscheid, auf den Umzug zu verzichten und die Reden vor fast 10 000 Teilnehmern am Besammlungsort zu veranstalten. Dennoch wurden die bereitgestellten Plattformen und Verpflegungsstände auf dem Bundesplatz beinahe völlig zerstört und die sie betreuenden Personen tätlich angegriffen. FDP-Bundesrat Pascal Couchepin nahm in der Folge die SVP in die Verantwortung und sagte im Westschweizer Radio, er habe seine Kollegen Blocher und Schmid vor dem Anlass gewarnt. Auch Schmid distanzierte sich vom Umzug seiner Partei, an dem er im Gegensatz zu Blocher nicht teilnehmen, sondern sich auf einen Auftritt auf dem Bundesplatz beschränken wollte.[130]

Weit friedlicher gestaltete sich die Serie von Auftritten von Silvia Blocher in deutscher und französischer Sprache; ihre sympathischen Ausführungen über eigene Erfahrungen in Familie und Politik fesselten viele Zuhörerinnen und Zuhörer. Es waren ausgerechnet jene SP-Feministinnen, die Silvia Blochers Auftritte als «Amerikanisierung des Wahlkampfs» verurteilten, die jeweils das Negativimage beschworen, wonach bei der SVP alle Frauen hinter den Herd gehörten.[131]

Für Aufsehen sorgte auch das in jenem Wahljahr gestartete Projekt «Teleblocher» des Schaffhauser Fernsehens mit Übertragung im Internet. Um sich direkt statt über Weglassungen, Zuspitzungen oder gar Verfälschungen der Medienschaffenden ans Publikum wenden zu können, empfing Bocher seither einmal wöchentlich in privatem Rahmen den Journalisten Matthias Ackeret zu einem Gespräch. In 25 Minuten wurden dabei wichtige politische Fragen der vergangenen Woche besprochen. Fast gleichzeitig erschien ein von Ackeret zusammengestelltes Führungsbuch («Das Blocher-Prinzip»), das die Führungslehre und damit die Grundlage des Erfolgs des nunmehrigen Bundesrats und früheren Unternehmers beschrieb. Erfolgreich führen könne nur – so der

Grundsatz –, wer im Stande sei, die anstehenden Probleme richtig zu beurteilen und zu lösen. Blochers Führung stellt nicht den Menschen (schon gar nicht ihn selbst), sondern die Sache in den Mittelpunkt. Für das Gelingen dieser Sache ist die «ordnungsgemässe» Erfüllung des Auftrags entscheidend, den der Vorgesetzte dem Untergebenen erteilt. Dabei hat der Untergebene die Möglichkeit, seinem Vorgesetzten Anträge zu stellen und so Verbesserungsvorschläge vorzubringen. Verantwortung ist unteilbar, doch sie ist begrenzt und soll nicht die ganze Welt betreffen. Man soll wie der Schuster bei seinem Leisten bleiben, sich so geben, wie man ist, und nur sagen, was man denkt, aber nicht alles sagen, was man denkt. Nützlich sei die Erkenntnis, dass es nicht immer nur aufwärts, aber auch nicht immer nur abwärts gehen kann.[132]

Das Ergebnis der Schweizer Parlamentswahlen vom 21. Oktober 2007 bestätigte die Strategie, Christoph Blocher ins Zentrum zu stellen. Die SVP steigerte das Spitzenergebnis von 2003 nochmals um 2,2 Prozent und erreichte 28,9 Prozent der Stimmen und 62 Nationalratsmandate, was einen Zuwachs von 7 Sitzen bedeutete. Dies war das beste Ergebnis einer Partei seit Einführung des Proporzes im Jahr 1919. Für den Einbruch der FDP um 5 Sitze wurden nicht zuletzt Bundesrat Couchepins Attacken auf Blocher verantwortlich gemacht. Der freisinnige Luzerner Nationalrat Otto Ineichen und sein Zürcher Parteikollege Filippo Leutenegger forderten den Rücktritt des Innenministers, der kurz vor den Wahlen auch noch ein Zusammengehen von FDP und CVP propagiert hatte.[133] Der nationale SVP-Präsident Ueli Maurer nahm am Wahlabend eine frühere Idee von FDP-Chef Fulvio Pelli auf und schlug einen Dreifachrücktritt der Bundesräte Couchepin, Schmid und Leuenberger vor. «Abwahl Blochers unwahrscheinlich», titelte der *Tages-Anzeiger* am Tag nach diesen für die SVP grandios ausgefallenen Wahlen.[134]

Bei den Ständeratswahlen erreichte einzig der freisinnige Kandidat Felix Gutzwiller das absolute Mehr. Ueli Maurer von der SVP ging aber mit einem sehr respektablen Resultat auf dem zweiten Platz vor Chantal Galladé (SP) und Verena Diener (Grünliberale) ins Ziel. Da sich Galladé im zweiten Wahlgang zu Gunsten von Diener zurückzog und die FDP ihren Ständerat bereits durchgebracht hatte, verpasste Ueli Maurer die Wahl. Für Erbitterung sorgte bei der SVP die Aussage der vor einem halben Jahr mit SVP-Hilfe glänzend als Regierungsrätin gewählten Ursula Gut (FDP), sie werde Maurer nicht wählen. Den

2007 wurde Natalie Rickli aus Winterthur erstmals in den Nationalrat gewählt. Die Kommunikationsspezialistin beeindruckte rasch durch professionelles Auftreten, Glaubwürdigkeit und Sachkompetenz, speziell in der Medienpolitik und beim Opferschutz in Fällen von Missbrauch und Gewalt.

damals verlorenen Ständeratssitz von Hans Hofmann vermochte die Partei bis heute nicht mehr wiederzugewinnen. Ansonsten konnte die SVP des Kantons Zürich ihre zwölf Mandate mit einem Rekordwähleranteil von 33,9 Prozent halten, musste aber die Abwahl von Ulrich Schlüer beklagen. Die Basis honorierte anderseits die gezielte Nachwuchsförderung: Sowohl die Winterthurerin Natalie Rickli wie der Stadtzürcher Alfred Heer wurden in den Nationalrat gewählt.

Die damals dreissigjährige Natalie Rickli (*1976) war in Riet bei Neftenbach aufgewachsen und absolvierte eine kaufmännische Lehre im Agrokonzern Fenaco. Danach arbeitete sie für verschiedene Medienhäuser, seit 2005 bei der Firma Goldbach Group in Küsnacht, heute im Kader als Partner Relation Manager. Als Zwanzigjährige trat Rickli der Jungen SVP bei, deren Winterthurer Sektion sie 2000 bis 2003 als Präsidentin leitete. Erst 25-jährig, wurde sie ins Winterthurer Stadtparlament und 2007 in den Kantonsrat gewählt. In der Bundespolitik verschaffte sich die attraktive, glaubwürdig auftretende Politikerin rasch einen Namen mit der Forderung nach Liberalisierung des Medienmarktes. Als Präsidentin der «Aktion Medienfreiheit» vertritt sie mit Nachdruck die Interessen der Gebührenzahler und hinterfragt die Privilegien der öffentlich-rechtlichen Sender und des «Service public». Im Strafrecht forderte Rickli erfolgreich härtere Strafen für Jugendliche sowie Sexual- und Gewalttäter, wobei sie den Opfern wie dem gesunden Menschenverstand eine Stimme gab. Auf moderne Art konservativ, jung und urban, arbeitet sie professionell mit sozialen Medien wie Facebook und Twitter und erreicht als sympathisches, frisches Gesicht der Partei eine grosse Medienpräsenz. Sie bewältigte 2012/13 einen vorübergehenden Ausfall durch ein Burnout unter grosser öffentlicher Anteilnahme. Jeweils mit Spitzenergebnis wiedergewählt, arbeitet die Winterthurerin in der nationalrätlichen Rechtskommission und in der Kommission für Verkehr und Fernmeldewesen, die sie seit 2015 präsidiert.[135]

Alfred Heer (*1961), in Zürich-Aussersihl als Sohn eines Kantonspolizisten und BGB-Mitglieds geboren, absolvierte eine kaufmännische Ausbildung und arbeitete danach bei internationalen Transportfirmen in Zürich, Genf und New York. Danach machte er sich selbständig und führt heute als Kleinunternehmer eine Computerfirma in Bülach. 1994 bis 1998 wirkte Heer für eine Legislatur im Gemeinderat der Stadt Zürich, wo er als entschiedener Oppositionspolitiker und Vertreter von Recht und Ordnung auftrat. 1995 eroberte er als Vertreter der Stadtkreise 4 und 5 einen SVP-Sitz im Kantonsrat – erstmals wieder seit 32 Jahren. Dort profilierte sich der schlagfertige, unerschrockene Debattierer vor allem in Fragen der Finanz- und Sicherheitspolitik. Heer trug das Etikett eines Hardliners und scheute keine Konfrontation mit politischen Gegnern, ohne aber deren Achtung zu verlieren. 1995 gründete er zusammen mit Gemeinderatsfraktionschef Thomas Meier und Stadtparteisekretär Karl E. Schroeder den «Bund der Steuerzahler», dem er seither vorsteht. Als Fraktionschef im Kantonsrat begleitete er die Arbeit des

Regierungsrates kritisch; gleichzeitig gelangen Heer verschiedentlich erfolgreiche parteiübergreifende Koalitionen. So brachte er im Parlament den SVP-Mann Thomas Faesi als Nachfolger von Markus Kägi im Amt des kantonalen Ombudsmanns durch. Seit 2007 Nationalrat, stand Alfred Heer von 2009 bis 2016 als sehr geschätzter Präsident der SVP des Kantons Zürich vor. In Bundesbern wirkte er in der Rechtskommission und profilierte sich auch dank guter Fremdsprachenkenntnisse und vielseitiger geistiger Interessen als Aussenpolitiker. Heer präsidiert heute die Schweizer Delegation im von ihm skeptisch beurteilen Europarat, die nationalrätliche Geschäftsprüfungskommission und ist Mitglied der sechsköpfigen Geschäftsprüfungsdelegation.[136]

Vor den Wahlen hatte Blocher seinen Vertrauten gesagt, er werde wegen des auf seine Person zugeschnittenen Wahlkampfs zurücktreten müssen, wenn die SVP verliere. Noch am Wahlabend schwante ihm, dass die SVP die Wahlen zwar gewonnen hatte, seine Abwahl in der Dezembersession aber gerade deswegen wahrscheinlicher geworden war. In seiner Umgebung begegnete man einigen entsprechenden Hinweisen eher sorglos in der Überzeugung, dass die Wahlverlierer das Resultat respektieren und sich nicht an den Siegern rächen würden. Doch die Frustration im gegnerischen Lager war gross, weil die Einbindung Blochers mit dem Ziel, den Vormarsch der SVP zu stoppen, fulminant gescheitert war.

Während die bei den Wahlen arg gebeutelten Sozialdemokraten und die Grünen immer betonten, sie würden Blocher nicht wählen, sagte CVP-Präsident Christophe Darbellay schon vor den Wahlen, er persönlich werde dies auch nicht tun.[137] Die SVP-Spitze war immer noch empört über den Komplottversuch rund um Lucrezia Meier-Schatz und machte die Christlichdemokraten mitverantwortlich. Zwar wurden dem Vorsteher des Justiz- und Polizeidepartements im Umgang mit den Dossiers und den Parlamentskommissionen auch von Mitte-links gute Zensuren erteilt. SP-Doyen Helmut Hubacher urteilte: «Blocher führte selbstverständlich das Justizdepartement als Profi tadellos. Das Handwerkliche beherrschte er aus dem Effeff.»[138] Dennoch wuchs die Kritik bis zur Dämonisierung. Man unterstellte dem auch im Bundesrat unternehmerisch denkenden und handelnden Bundesrat eine Feindschaft gegenüber der Demokratie, wie wenn er je gegen einen Volksentscheid gehandelt hätte. Das «Experiment Blocher» sei gescheitert, er ritze die Gewaltenteilung, missachte die Menschenrechte, habe sich nicht an die Kollegialität gehalten und Amtsgeheimnisse nach aussen getragen.

Zweifellos haben sich weder Christoph Blocher noch seine Partei inhaltlich verbogen, um eine sichere Wiederwahl zu erreichen. Für zusätzlichen Ärger sorgten aber die Entfernung der oft abweichend stimmenden Bündner Brigitta Gadient und Hansjörg Hassler aus ihren angestammten nationalrätlichen Kommissionen. Eine Dokumentation des Schweizer Fernsehens mit der drastisch-theologischen Bildsprache des bundesrätlichen Bruders Gerhard Blocher erschreckte das Publikum. Fraktionschef Caspar Baader trat am Wahltag des 12. Dezember 2007 zu resolut auf und würdigte Blocher zu ausführlich, was noch einmal entscheidende Stimmen gekostet haben mag. Vielen neuen Ratsmitgliedern fehlte es am Verständnis für das arithmetische Konkordanzprinzip, und sie kannten auch Blochers Leistungsausweis kaum. Doch das Zufallsmehr, welches schliesslich zur Abwahl führte, war aufgrund einer sorgfältigen Planung von Blochers Gegnern zu Stande gekommen.

SP-Nationalrat Andrea Hämmerle hatte mit der Bündner SVP-Regierungsrätin Eveline Widmer-Schlumpf eine Kandidatin gefunden, von der er wusste, dass sie eine Wahl annehmen würde. Dies, obwohl sie am Empfang von Ständeratspräsident Christoffel Brändli in Landquart gegenüber den Nationalräten Toni Brunner und Christoph Mörgeli auf die entsprechende Frage versichert hatte: «Das kommt für mich nicht in Frage.» Auch gegenüber Parteipräsident Ueli Maurer beteuerte sie telefonisch, sie könne sich nicht vorstellen, ohne Fraktion Bundesrätin zu sein. Nachdem die CVP-Fraktion zuvor stets verkündet hatte, sie wähle keine amtierenden Bundesräte ab, beschloss sie am Tag vor der Wahl dennoch, Blocher nicht zu unterstützen. Eveline Widmer-Schlumpf, die schon im ersten Wahlgang in Führung gelegen hatte, wurde im zweiten Wahlgang mit 125 Stimmen bei einem absoluten Mehr von 123 gewählt, während Blocher nur 115 Stimmen erreichte. Die Bündnerin verweigerte sich einem Telefon von Ueli Maurer zwischen diesen Wahlgängen.

Vereidigung ohne Blocher: Nach der Abwahl von Christoph Blocher mochte dessen wiedergewählter Bundesratskollege Samuel Schmid die weitere Entwicklung nicht abwarten, sondern liess sich umgehend vereidigen. Ein Jahr später musste Schmid selber zurücktreten.

Die SVP-Parlamentarier hatten Blocher ausnahmslos wiedergewählt – auch die gegenüber dem Zürcher Kurs kritischen Exponenten wollten unter keinen Umständen in die Opposition. Bei der CVP war Blochers Unterstützung grösser als allgemein bekannt, wogegen ihn sämtliche FDP-Nationalräte der Romandie unter Bundesrat Couchepins Einfluss abgewählt haben dürften. Samuel Schmid liess sich trotz Nichtwahl seines Kollegen Blocher sofort vereidigen und wurde damit zum fraktionslosen Bundesrat. Eveline Widmer-Schlumpf erbat sich bis zum nächsten Morgen Bedenkzeit. Bis dahin führte sie Unterredungen mit ihrer Familie, Vertrauten, Fraktionschef Baader und den Bundesräten Blocher und Schmid. Blocher übte keinerlei Druck auf sie aus, und Samuel Schmid gab ihr zu verstehen, dass er ebenfalls ohne Fraktion regieren werde.

Anlasslich des Fraktionsessens im Hotel «Bellevue» war die Stimmung ausserordentlich bedrückt. Der wiedergewählte Samuel Schmid hielt eine emotionslose Rede, während Christoph Blocher zwar innerlich bewegt und auch aufgebracht war, aber dennoch so ziemlich als Einziger guten Mut behielt und sich mit kämpferischen Worten an die Parteifreunde wandte. Er habe bei den

Fraktionsmitgliedern Enttäuschung, Entrüstung und Wut erkannt. Und zwar nicht wegen seiner verpassten Wiederwahl, sondern über die Art und Weise, wie so etwas in der Schweiz passieren könne: «Es war interessant zu sehen, wie all die schönen und lieben Worte der vergangenen Wochen und Monate nichts mehr galten.» Die Beschwörung der Konkordanz, das Versprechen, keinen amtierenden Bundesrat abzuwählen, das seien nur leere Worte gewesen. «Aus diesem Grund haben viele Leute in unserem Land kein Vertrauen mehr in das, was Politiker sagen. Gegen diese Entwicklung habe ich in der Regierung gekämpft. […] All jene, die befürchten, ich würde mich jetzt an die Riviera zum Dolce Vita zurückziehen, kann ich beruhigen.» Er werde jetzt einfach in der Opposition für die Ziele der SVP kämpfen, meinte Blocher und stellte ein Oppositionsprogramm in Aussicht.[139]

Am 13. Dezember 2007 morgens um acht Uhr erklärte Eveline Widmer-Schlumpf trotz mehrfacher persönlicher Kontakte zu SP-Nationalrat Hämmerle: «Wie andere, so bin auch ich gestern von den Ereignissen überrascht worden.» Diese Wahl sei eine grosse Ehre für sie, ihren Kanton und ihre Partei. Dann rief sie zu Respekt und Toleranz auf und erklärte schliesslich Annahme der Wahl. Christoph Blocher hielt in seiner kurzen Rede als Vorteil dieses Landes fest: «Parlamente können zwar Leute aus der Regierung entfernen, aber nicht aus der Politik und nicht aus dem politischen Schaffen im Lande.» Er schwanke zwischen Erleichterung und Enttäuschung und Empörung, weniger, weil eine andere Person in den Bundesrat gewählt worden sei, sondern über die dazu gehörenden Umstände. Erleichtert sei er, weil er jetzt wieder sagen könne, was er denke. Er scheide aus dieser Regierung, aber nicht aus der Politik.[140]

In der SVP und bei vielen Bürgerinnen und Bürgern waren Wut und Enttäuschung über Blochers Abwahl gross. Er selber gab seine Betroffenheit offen zu und meinte, wenn ihn die Vorgänge gleichgültig gelassen hätten, so hätte er vorher sein Amt nicht ernst genommen. Demgegenüber kam es auch zu Solidaritätskundgebungen für die neue Bundesrätin Widmer-Schlumpf, etwa auf dem Bundesplatz, veranstaltet durch den Bund Schweizerischer Frauenorganisationen Alliance F. Mit einer von über 1000 Teilnehmern besuchten Willkommensfeier ehrte die Gemeinde Herrliberg die Arbeit ihres prominentesten Einwohners.

Die Parteispaltung

Anfang Januar 2008 traf sich ein innerster Kreis auf Schloss Rhäzuns zur Beratung der künftigen inhaltlichen und personellen Oppositionspolitik. Nach einer Sitzung von Leitendem Ausschuss und Parteivorstand präsentierte die SVP Schweiz im Hotel «Marriot» in Zürich den Medien eine neue Parteileitung zuhanden der Delegiertenversammlung. Da die nunmehrige Oppositionspolitik einer breiteren Führung bedurfte, wurden dem als Nachfolger von Ueli Maurer präsentierten 34-jährigen Toggenburger Landwirt Toni Brunner als Präsident fünf Vizepräsidenten zur Seite gestellt, nämlich Christoph Blocher als Strategieverantwortlicher, Adrian Amstutz, Yvan Perrin, Jasmin Hutter und als besonders erfreulicher Zugewinn der Zürcher alt Nationalrat Walter Frey, zuständig für Kontakte zur Wirtschaft und zu den bürgerlichen Organisationen. Frey hatte sich über die Abwahl Blochers und die Missachtung der Konkordanz so geärgert, dass er sich erneut in den Dienst der Partei stellte.[141] Ebenfalls im Führungsgremium sass Caspar Baader als Fraktionschef. Die sieben Parteileitungsmitglieder sollten nunmehr die Funktion einer Art «Schattenbundesrat» erfüllen. Als neuer Generalsekretär wurde der bereits früher bewährte Amtsinhaber Martin Baltisser gewonnen, der in den kommenden Jahren mit Toni Brunner ein vorzügliches Gespann bildete und die Partei auf Bundesebene überlegt und sicher auf Kurs hielt.[142]

Es handelte sich um eine umsichtige, sorgfältig geplante Reorganisation, die auch von der Basis getragen wurde. Die meisten journalistischen Politkommentatoren äusserten sich über diese Neuaufstellung der Partei beeindruckt. Hoffnungen auf die grosse Spaltung, auf das Scheitern als Opposition oder Euphorie über ein angebliches Ende der SVP-Erfolgsserie seien zwar momentan bei den andern Parteien weit verbreitet, urteilte etwa der *Tages-Anzeiger*: «Doch das komplette Gegenteil wird der Fall sein! Die SVP wird nach einer recht kurzen Phase der Konsolidierung nicht nur einen rabiaten Oppositionskurs verfolgen. Dieser wird aller Voraussicht nach auch sehr erfolgreich sein. Dafür spricht nicht nur das fast völlige Verstummen der parteiinternen ‹Dissidenten›, die Dominanz der Zürcher Linie im neuen Parteipräsidium oder die hermetische Weltsicht der SVP-Sympathisanten. Auch die Entwicklungsverläufe rechtspopulistischer Parteien in anderen Ländern Westeuropas lassen dies erwarten.»[143]

Seinen Albisgüetli-Auftritt von 2008 vor 1400 begeisterten Angängern genoss Christoph Blocher wie noch selten. Die nationale Bedeutung des Anlasses unterstrich die Direktübertragung durch das öffentlich-rechtliche Radio DRS 4. Obwohl es Unbekannten gelungen war, eine Rauchbombe im Lüftungsschacht zu deponieren, verhinderte Blocher mit beruhigenden Worten panische Reaktionen. «Sogar im Rauch blieb Christoph Blocher standhaft», titelte der *Tages-Anzeiger*. Andere Medien überschrieben ihre Berichterstattung mit «Die Opposition ist in Hochstimmung» (*Der Landbote*) oder «Jauchzen und ‹Christoph›-Rufe» (*Basler Zeitung*). Er sei vom Parlament mit der Abwahl von der untersten Stufe eines bundesrätlichen Knechts direkt in die höchste Stufe eines Bürgers befördert worden. Da er keine parlamentarische Immunität mehr besitze, entschuldigte er sich im Voraus für alle Versprecher. Dann schwor der neue Strategiechef seine Partei auf die Oppositionsrolle ein, ganz besonders in der Europapolitik: Die SVP werde das Referendum gegen die Personenfreizügigkeit mit Rumänien und Bulgarien ergreifen, wenn die EU nicht auf ihre unhaltbaren Forderungen im Steuerdossier verzichte. Auch wollte er den Steuerstreit mit den laufenden bilateralen Verhandlungen über ein Stromabkommen verknüpft haben. Es gehe nicht an, dass die EU in den Steuerwettbewerb der Kantone und damit in deren Souveränität eingreife. Die Schweiz habe mit der EU keine lebenswichtigen Dinge mehr zu regeln. Der Luxemburger Ministerpräsident Jean-Claude Juncker reagierte auf Blochers Rede und warnte eindringlich davor, den Steuerstreit und die Ausweitung der Personenfreizügigkeit in Verbindung zu bringen.[144]

Als designierter SVP-Präsident und Ehrengast hielt Toni Brunner im Albisgüetli eine sympathische, launige Rede und beschrieb die Anfänge seiner politischen Laufbahn. Beim Anblick der sieben Churfirsten seiner Toggenburger Heimat habe er die Gesichter seines künftigen Führungsteams in der Schweizer Parteileitung erkannt. Ins Zentrum seines politischen Bekenntnisses setzte Toni Brunner die Liebe zur Freiheit, die in der Schweiz noch immer besonders lebendig sei. Als Bedrohung dieser Freiheit zählte er verschiedenste Vorschriften, Gesetze und Gebühren auf. Der Staat wuchere deshalb immer mehr, weil die Linke die Bürgerinnen und Bürger ständig mehr bevormunde.[145]

In direkter Reaktion auf Blochers Albisgüetli-Rede trat der Obfeldner Gemeindepräsident Peter Sandhofer aus der SVP aus, da der Unternehmensberater die Referendumsdrohung gegen die Personenfreizügigkeit als «absolute Katastrophe» beurteilte. Schon im Frühsommer 2007 hatte die Gemeindepräsidentin der Nachbargemeinde Affoltern am Albis, die frühere Kantons- und Erziehungsrätin Irene Enderli, nach dreissigjähriger Zugehörigkeit wegen einer lokalpolitischen Kontroverse die Volkspartei verlassen.[146] Diesen Ereignissen standen allerdings 2000 Neueintritte gegenüber, die nach Blochers Abwahl allein die SVP des Kantons Zürich verzeichnete.[147]

In der *NZZ am Sonntag* («Wir waren noch nie so erfolgreich wie jetzt») konkretisierte der abgewählte Bundesrat die künftige Oppositionsrolle: «Opposition heisst nicht, gegen alles zu sein. Wenn die andern machen, was richtig ist, dann werden wir applaudieren.» Auf den Einwand der Journalisten, die SVP müsse doch wachsen, antwortete Blocher: «Warum auch? Zentral ist, dass sich das Land in die richtige Richtung bewegt. Tun es die anderen, dann braucht es die SVP vielleicht nicht mehr.»[148] Vor den kantonalen Delegierten führte der Zürcher Parteipräsident Hansjörg Frei aus, es gebe keinen Grund für einen Kurswechsel: «Im Kanton Zürich sind und bleiben wir eine Regierungspartei.» Als Wahlsieger sehe die SVP auch keinen Grund, das Parteiprogramm zu ändern. Fraktionschef Alfred Heer beantwortete die Frage: «Die SVP in der Opposition – was sind die Folgen für die Zücher Fraktion?» mit einem einzigen Wort: «Keine.»[149]

Eine peinliche Angelegenheit enthüllte die *NZZ am Sonntag* im Februar 2008: Der SVP-Gesundheitspolitiker, Kantonsrat und kurzzeitige Fraktionschef Jürg Leuthold aus Aeugst am Albis habe gemäss Sozialversicherungsgericht fast zehn Jahre lang zu Unrecht eine IV-Rente wegen Rücken- und Beinleiden bezogen. Dabei habe Leuthold regelmässig an politischen Sitzungen teilgenommen, sich beruflich weitergebildet, die Geschäftsführung eines Spitals besorgt, als selbständiger Berater gearbeitet und den Bezirksgewerbeverband präsidiert. Ein Observationsbericht vermerkte regelmässige Spaziergänge mit dem Hund und zahlreiche Fitness- und Ausdauertrainings.[150] Leuthold trat umgehend aus dem Kantonsrat zurück und bereits am folgenden Tag aus der SVP aus, nicht ohne sich öffentlich zu beklagen, seine Partei habe sich Unerhörtes erlaubt gegen «Andersdenkende, Kranke, Schwächere unserer Gesellschaft und invalide Menschen». Das Bundesgericht erklärte den Ex-Kantonsrat schliesslich zum «gutgläubigen Rentenempfänger», der zwar zu Unrecht IV-

Leistungen erhalten habe, sie aber nicht zurückzahlen musste. Leutholds Nachfolger John Appenzeller – auch dies vermerkten die Medien gebührend – war durch ein Geburtsgebrechen schwerbehindert, bezog aber keinerlei Invalidenrente.[151]

Einen noch grösseren Medienwirbel entfachte in jenen Februartagen 2008 eine von Ohren- und Augenzeugen umgehend nach aussen getragene Aussage von Bundesrat Pascal Couchepin in der nationalrätlichen Kommission für Wissenschaft, Bildung und Kultur. Anlässlich einer Beratung über die Forschung am Menschen führte Couchepin gemäss Tonbandprotokoll wörtlich aus: «Es gibt doch noch Dinge, die zu tun man kein Recht hat, nicht wahr? [Lange Kunstpause] Sonst kommt man zur Forschung des Doktors ... öh ... ich musste mich nach seinem Namen erkundigen, weil ich glaubte, dass es Doktor Mörgele war, aber es war Doktor Mengele [teilweise grosse Heiterkeit], der Studien gemacht hat [fortwährende Heiterkeit, Unruhe, Zwischenruf Nationalrat Oskar Freysinger: ‹Heimatland!›] ... furchtbare Studien, Doktor Mengele, der ... [fortwährende Heiterkeit] ... warum lachen Sie? [neu einsetzende, noch grössere Heiterkeit] ... der alle Limiten überschritten hat.»[152]

Die *Südostschweiz* machte den Vergleich des Innenministers zwischen Josef Mengele, dem verbrecherischen Arzt des KZ Auschwitz, und dem Zürcher SVP-Nationalrat und Medizinhistoriker Christoph Mörgeli publik.[153] Couchepin und sein Departement erklärten das wohlpräparierte, effektvoll vorgetragene Wortspiel an einer eiligst einberufenen Medienkonferenz zum «Versprecher» und «Lapsus». SVP-Präsident Ueli Maurer berichtete gleichzeitig: «An den Von-Wattenwyl-Gesprächen begrüsste mich Couchepin jeweils so: ‹Ah, der Präsident, der Führer. Wie geht es dem Führer?›»[154] Bundesrat Couchepin verärgerte inzwischen die FDP-Parteispitze so sehr, dass sie ihn zu einer Krisensitzung aufbot, in deren Verlauf er zum Rücktritt im Laufe des kommenden Jahres verpflichtet wurde.

Allmählich kamen die exakten Hintergründe von Blochers Abwahl ans Tageslicht, speziell durch die Dokumentation «Die Abwahl – die Geheimoperation gegen Christoph Blocher» von Hansjörg Zumstein, die im März 2008 im Schweizer Fernsehen ausgestrahlt wurde. Vor allem Ursula Wyss und Christophe Darbellay äusserten sich allzu freimütig und sichtlich stolz über ihre eigene Rolle, allerdings sehr zum Schaden der neuen Bundesrätin. Der Film beseitigte jeden Zweifel, dass Eveline Widmer-Schlumpf frühzeitig mit dem politischen Gegner zusammengespannt hatte, um Christoph Blocher aus dem Amt zu stossen.[155] Zumsteins Dokumentation belegte auch, dass Widmer-Schlumpf während ihrer Zugfahrt nach Bern zwischen dem ersten und dem zweiten Wahlgang betreffend Blochers Sitz ein Telefongespräch mit Parteipräsident Ueli Maurer bewusst nicht entgegengenommen hatte, so dass die SVP der Bundesversammlung keine Verzichterklärung vorlegen konnte.

Widmer-Schlumpfs nachträgliche Rechtfertigungsversuche vermochten nicht zu überzeugen. Sie berief sich darauf, sie habe den zweiten SVP-Sitz im Bundesrat retten wollen, wo sie doch genau wusste, dass die Delegiertenversammlung als oberstes Parteiorgan praktisch einstimmig beschlossen hatte, dass niemand ausser Christoph Blocher und Samuel Schmid eine Wahl annehmen dürfe und andernfalls der umgehende Fraktionsausschluss und der Gang in die Opposition die Folgen waren. Auch hätte die SVP mit der Politik von Widmer-Schlumpf, die jener der Mitteparteien FDP und CVP weit mehr als jener der SVP entsprach, niemals die 28,9 Prozent Stimmen erreicht, die den zweiten Bundesratssitz erst rechtfertigten. Vor allem die Zürcher Parteisekretärin Daniela Vas vertrat dezidiert die Meinung, die neue Bundesrätin habe die SVP verraten, ihr schweren Schaden zugefügt und müsse folglich aus der Partei ausgeschlossen werden. Der Zürcher Kantonalvorstand forderte die SVP Schweiz auf, dafür zu sorgen, «dass sich die SVP des Kantons Graubünden innert Monatsfrist von Frau Eveline Widmer-Schlumpf trennt». Komme die SVP des Kantons Graubünden dieser Forderung nicht nach, so sei diese aus der schweizerischen SVP auszuschliessen. Besonders sauer stiess den Zürchern die Absage der Bundesrätin für das Sechseläuten auf, das sie mit angeblichen Sicherheitsbedenken begründete. Damit unterstelle sie den friedlichen Zürcher Frühlingsfestbesuchern, ein gewalttätiger Pöbel zu sein.[156]

Die nationale Partei unterstützte diesen Antrag, konnte aber laut ihren Statuten keine Einzelmitglieder von Kantonalparteien ausschliessen. Da sich die Bündner SVP mit Widmer-Schlumpf solidarisierte, trennte man sich von der gesamten SVP des Kantons Graubünden. Die Ausgeschlossenen und manche Neumitglieder gründeten eine «Bürgerliche Partei Schweiz», die später in «Bürgerlich-Demokratische Partei» (BDP) umbenannt wurde. Im Kanton Bern, dessen Bundesrat Samuel Schmid ebenfalls nicht mehr der Fraktion angehören durfte, kam es zu einer teilweisen Abspaltung durch die neugegründete Berner BDP. Auch im Kanton Glarus – wie Graubünden ein früherer Hort der Demokraten – trennten sich SVP-Exponenten von der Partei und gründeten eine BDP. In den übrigen Kantonen, wo in der Folge eine kleine BDP entstand, handelte es sich um Neugründungen. Was von der SVP-Führung erwartet worden war, sollte sich bewahrheiten: Die neue BDP wilderte weniger im Wählersegment der SVP als in jenem der bürgerlichen Mitteparteien. Damit sich ein Szenario wie am 12. Dezember 2008 nicht wiederhole, beschloss die Delegiertenversammlung, dass eine Einzelperson automatisch nicht mehr der Partei angehören kann, sofern sie das Bundesratsamt annimmt, ohne von der Fraktion nominiert worden zu sein. Die Parteimitgliedschaft eines solcherart Gewählten könne aber erneuert werden, sofern zwei Drittel der Fraktion und des Zentralvorstandes dies wünschten.

Im Juni 2008 wurde die SVP-Volksinitiative «für demokratische Einbürgerungen» mit 63,8 Prozent so deutlich abgelehnt, dass das Resultat einer Ohrfeige gleichkam. Offensichtlich hatte die Partei zu wenig beachtet, dass die Einbürgerung als Verwaltungsakt in manchen Kantonen längst breit akzeptierte Tatsache war. Das Begehren war eine Reaktion auf Bundesgerichtsentscheide betreffend verweigerte Einbürgerungen in Emmen und Zürich. Laut Initiativtext sollte die Erteilung des Bürgerrechts ein politischer Akt bleiben und nicht zum Verwaltungsakt werden; die Gemeinden hätten selber entscheiden können, in welcher Form durch welches Organ sie einbürgern wollten. Zudem wollte man Rekurse gegen negative Einbürgerungsentscheide verhindern. Als Justizminister hatte Christoph Blocher die Vorlage als völkerrechtswidrig ablehnen müssen, versprach aber im Namen des Bundesrates, dass Einbürgerungen an der Urne weiterhin möglich sein sollten.

Der im Bundesrat verbliebene, vorerst fraktionslose Samuel Schmid sollte die Opposition seiner früheren Partei schon bald zu spüren bekommen. Die SVP ortete im Verteidigungsdepartement katastrophale Zustände und eine miserable Führung. Ueli Maurer meinte: «Es fehlt in diesem Departement an Konzepten, an Strategien, an der Führung und am Durchsetzungswillen. […] Wir haben viel Rücksicht auf Samuel Schmid genommen. Damit ist es vorbei.»[157] Schon 2004 waren das Verteidigungsdepartement und Samuel Schmid Gegenstand einer ausserordentlich negativ ausgefallenen Überprüfung gewesen.

Schmid förderte die von der SVP beargwöhnten multinationalen Friedenseinsätze. Ein neues Ausbildungsmodell marginalisierte die Miliz und sorgte dort für entsprechende Frustration. Schwere Unfälle mit zahlreichen Todesopfern im Jungfraumassiv und auf der Kander, aber auch Missstände im Logistikbereich setzten den Departementschef unter wachsenden Druck.

Ein massgebend vom Zürcher Nationalrat Hans Rutschmann geprägtes Armeepapier forderte eine starke Landesverteidigung und unterzog den realen Zustand der Armee einer schonungslosen Kritik. Samuel Schmid fehlte jetzt jeder politische Rückhalt; er agierte zögerlich und kommunizierte schlecht. Mit der Wahl des neuen Armeechefs Roland Nef tat er einen schweren Missgriff, war dieser doch schuldhaft verstrickt in ein kompliziertes Beziehungsdrama. Statt den Fehler einzugestehen, verwickelte sich Schmid in Widersprüche und äusserte sich gegenüber dem Gesamtbundesrat wie vor der Öffentlichkeit falsch und unaufrichtig. Im November erklärte der Verteidigungsminister – gesundheitlich angeschlagen und entnervt – seinen Rücktritt auf Ende 2008.[158]

Ueli Maurer im Bundesrat

Im August 2008 präsentierte Kantonalpräsident Hansjörg Frei ein staatspolitisches Grundsatzpapier, das er aus Anlass der Eröffnung des «Hauses der Kantone» in Bern veranlasst hatte. Darin kritisierte die Zürcher SVP, dass die Kantone in gegenseitigen Verträgen gesetzesähnliche Vorschriften erliessen und dazu auch noch eine teure Verwaltung auf die Beine stellten. Weil die Kantonsregierungen hier in die Rolle von Gesetzgebern schlüpften, handelten sie gegen die Gewaltenteilung.[159] Etwas später stellte Frei mit dem Ausspruch: «Maurer ist der Beste» seinen Amtsnachfolger Ueli Maurer vor. In der Tat hatte der Zürcher Oberländer eingewilligt, nach Abgabe des schweizerischen Präsidiums jenes der SVP des Kantons Zürich zu übernehmen.[160] Er hatte inzwischen seine Tätigkeit als Geschäftsführer des Zürcher Bauernverbandes weitergegeben und amtete als Präsident des Verbandes Schweizer Gemüseproduzenten und des Maschinenrings Schweiz.

Christoph Blocher würdigte den scheidenden Hansjörg Frei als guten Präsidenten, weil er nichts für sich selber, sondern alles für die Sache getan habe.

Ueli Maurer versprach den Zürchern, ein unbequemer Chef zu sein: «Ich werde sie hetzen, was es leiden mag.» Er betrachte seinen Wechsel zur Kantonalpartei nicht als Abstieg, sondern als weiteren Aufstieg. Sicher werde er sich nicht um sogenannte «Anstandsthemen» kümmern, denn Anstand sei für ihn immer gewesen, «jemandem etwas offen und ehrlich zu sagen». Der Kanton Zürich spiele eine besondere Rolle in der Schweiz, denn hier zeigten sich viele Probleme zuerst. Entsprechend wichtig sei es, besonders wachsam zu bleiben. Von Zürich sei der Widerstand gegen den EWR-Vertrag ausgegangen, was sich im Nachhinein als sehr wichtig für das ganze Land erwiesen habe. [161]

Trotz oder gerade im Hinblick auf diese Neubesetzung schien die SVP-Bundesfraktion mit ihrer Oppositionsrolle etwas überfordert zu sein. Bereits in der Herbstsession 2008 brachte sie die Kraft nicht auf, Christoph Blocher frühzeitig als einzigen Kandidaten im Hinblick auf eine Vakanz im Bundesrat in Stellung zu bringen – und damit als wahrscheinliche Konsequenz weiter in der Opposition zu bleiben. Die Zürcher SVP nominierte zwar an ihrer Delegiertenversammlung Blocher als offiziellen Kandidaten, von den SVP-Frauen ging aber die Kandidatur von Rita Fuhrer, von der SVP Hinwil jene von Bruno Zuppiger ein. Während Blocher erneut fast alle Angriffe auf sich zog, wurde im Hintergrund Ueli Maurer als Bundesratskandidat aufgebaut. Die Fraktion unterstützte den Doppelvorschlag Blocher/Maurer, der allerdings in der Bundesversammlung auf Widerstand stiess. Einzig die FDP versprach Unterstützung für Maurer. Von Mitte-Links wurde der Thurgauer Hansjörg Walter, Präsident des Schweizerischen Bauernverbandes, als Sprengkandidat bearbeitet. Noch tief in der Nacht vor dem Wahltag musste ihm Fraktionschef Caspar Baader bei einem Spaziergang zureden, unter allen Umständen zu verzichten. Tatsächlich sprach Walter seinen Verzicht aus und stimmte auch nicht für sich selber, sondern für Ueli Maurer. Dieser wurde am 10. Dezember 2008 im dritten Wahlgang mit bloss einer Stimme Vorsprung zum neuen und einzigen SVP-Bundesrat gewählt, während die SVP anfänglich fast geschlossen auf Blocher gesetzt hatte.

Das Resultat war ein Sieg – wenn auch ein ausgesprochener Zittersieg – für die eben erst beschlossene Statutenvorschrift, wonach die Bundesratsnomination durch die Fraktion bindend sein muss. Damit konnte die unrühmliche Tradition der Fraktionsmissachtung durch die Bundesversammlung gebrochen

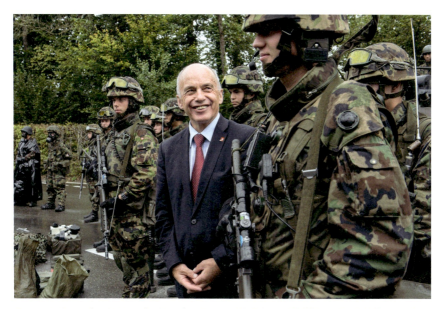

Der am 5. Dezember 2008 in den Bundesrat gewählte Zürcher SVP-Vertreter Ueli Maurer übernahm das Departement für Verteidigung, Bevölkerungsschutz und Sport in recht kritischem Zustand.

werden. Es ist davon auszugehen, dass das Parlament den profilierten, kurssicheren langjährigen SVP-Präsidenten Ueli Maurer andernfalls nicht zum Bundesrat gewählt hätte. Die Parteileitung unter dem neugewählten Präsidenten Toni Brunner war über Ueli Maurers Wahl ausserordentlich erleichtert. Es hätte für die Partei eine wohl kaum zu meisternde Zerreissprobe bedeutet, mit Hansjörg Walter den Bauernverbandspräsidenten aus der Fraktion zu weisen. Und eine Relativierung der Statuten bereits beim ersten Bewährungsfall hätte die SVP der Lächerlichkeit preisgegeben. Jedenfalls war die Freude über Ueli Maurers Wahl in der Partei gross und echt. Der Zürcher Parteipräsident hatte nach vieljährigem unermüdlichem Einsatz für die SVP Schweiz und einer enormen Aufbauarbeit verdientermassen das oberste politische Amt der Schweiz erobert.

Dass die Zürcher Volkspartei nach Christoph Blocher zum zweiten Mal in ihrer Geschichte zu Bundesratsehren kam, wurde mit Befriedigung vermerkt, ebenso die Tatsache, dass die SVP nach nur einjährigem Zwischenspiel ihre mittlerweile 78-jährige Tradition der Regierungsbeteiligung fortsetzen konnte.

Am herzlichen Empfang in der Zürcher Tonhalle und danach auf dem Dorfplatz in Maurers Heimatgemeinde Hinwil meinte der Neugewählte, das Heimkommen sei das Schönste. Er freue sich jetzt schon, nach der Zeit im Bundesrat wie Hans im Glück aus dem Märchen befreit von jeder Last nach Hinwil zurückkehren zu dürfen: «Ich gehe nach Bern als einer von euch», betonte der neue Bundesrat. Er wolle sein Amt als jemand ausüben, der die Sorgen und Nöte der Leute kennt. Das Fest für die Bevölkerung mit folkloristischen Darbietungen dauerte bis in den späten Abend an, während sich die geladenen Gäste zum Bankett ins Hinwiler Logistikzentrum der Armee begaben.[162] Diese Örtlichkeit war insofern sinnvoll gewählt, als Ueli Maurer die Nachfolge von Samuel Schmid als Vorsteher des Departements für Verteidigung, Bevölkerungsschutz und Sport antrat.

Zum Nachfolger Maurers als Präsident der SVP des Kantons Zürich wählte die Delegiertenversammlung Nationalrat Alfred Heer. Der Stadtzürcher sollte mit einer über siebenjährigen Amtszeit wieder Kontinuität in die Partei bringen. Als Gastgeber im Albisgüetli 2009 begrüsste Heer – noch als designierter Präsident – die Redner Christoph Blocher und Bundesrat Ueli Maurer. Der Kantonalpräsident mokierte sich über den vom Schweizer Fernsehen an Eveline Widmer-Schlumpf verliehenen Titel einer «Schweizerin des Jahres». Wenn man sehe, wen eine linke Schickeria von SVP-Feinden nominiere, müsse man erkennen, dass es wohl nichts Grauslicheres als diese Auszeichnung gebe.

Blocher beschrieb den Weg von «Widerstand statt Anpassung», etwa bei der Finanzkrise, welche die Elite kollektiv verschlafen habe. Auch im Asylwesen sei nach seinem Abgang der alte Schlendrian wieder eingekehrt. Kein Bundesrat oder Regierungsrat sage den in der Zürcher Predigerkirche versteckten Sans-papiers, sie müssten gehen. Mit der bevorstehenden Ausdehnung der Personenfreizügigkeit werde man sich noch mehr Arbeitslosigkeit und Kriminalität ins Land holen. Es handle sich um eine undemokratische und verfassungswidrige Abstimmungsfrage, indem die Ausdehnung der Freizügigkeit auf Bulgarien und Rumänien mit der Fortsetzung der Personenfreizügigkeit mit den «alten» EU-Staaten verknüpft werde. Dabei habe der Bundesrat dem Volk früher versprochen, dass über jede Ausdehnung gesondert abgestimmt werden dürfe. Kein Land der Welt verzichte auf das Recht, die Einwanderung eigenständig zu kontrollieren. Blocher kritisierte auch die Medien, die alle in irgendeiner Form Subventionen des Bundes bezögen und dadurch ihre Freiheit preisgegeben hätten. Es gebe nur ein wirklich unabhängiges und überdies weltweit empfangbares Fernsehen, nämlich «Teleblocher».

Für Bundesrat Ueli Maurer bedeutete seine erste offizielle Rede als Verteidigungsminister gewissermassen ein Heimspiel. Er hatte schon am Tag seiner Wahl versichert, er wolle aus der Schweizer Armee die «beste Armee der Welt» schaffen. Umso mehr beachtet wurden die wehrpolitischen Pflöcke, die er im Albisgüetli einschlug. Ins Zentrum seiner Gedanken stellte Maurer die Freiheit. Wer dem Soldaten die Waffe wegnehme, amputiere der Schweiz einen wichtigen Teil ihres Staatsgedankens. Er wolle künftig alle Armeeeinsätze daran messen, ob sie wirklich der Sicherung einer freiheitlichen Schweiz dienten. Maurer hinterfragte offen die bisherige Devise «Sicherheit durch Kooperation». Dahinter verberge sich nämlich der Wunsch, dass andere für unsere Sicherheit sorgten. Doch wer nicht selber für seine Sicherheit geradestehen könne, verliere seine Souveränität.[163]

Die heftig geführte Volksabstimmung über die Weiterführung inklusive Ausweitung der Personenfreizügigkeit auf Bulgarien und Rumänien vom Februar 2009 verlor die SVP mit 40,4 Prozent der Stimmen. Die Partei hatte das Unterschriftensammeln für das Referendum ihrer Jungpartei und anderen Organisationen überlassen, empfahl aber ein Nein. Auf dem Plakat zeigte die SVP in den mittlerweile schon «klassischen» Farben Rot, Schwarz und Weiss drei Raben, die auf die Schweiz einhacken. Dazu setzte sie den Text: «Freipass für alle? Nein».

Als die staatliche, weltweit in vielen Sprachen verbreitete Internetseite «Swissinfo» breit und unrichtig über

Die Abstimmung über die Erweiterung der EU-Personenfreizügigkeit mit Bulgarien und Rumänien ging für die SVP im Februar 2009 verloren.

den Fall einer Paula O. berichtete, verlangte die Zürcher SVP die Streichung der Staatsgelder für diese Organisation. Eine angeblich schwangere Brasilianerin war mit den ihr vermeintlich von Rechtsextremisten beim Bahnhof Zürich-Stettbach in den Leib geritzten Buchstaben «SVP» an die Öffentlichkeit getreten. Vor allem brasilianische und portugiesische Medien schrien Zeter und Mordio über die Tat und die SVP. Die Polizei stellte indessen rasch fest, dass sich Paula O. die Verletzung selber beigebracht hatte. Über das Motiv war sich die psychisch angeschlagene Südamerikanerin nicht im Klaren, sie sei aber auf die SVP-Plakate mit den Raben aufmerksam geworden.[164]

Im Mai 2009 folgte Dr. Yves Gadient auf Daniela Vas als kantonaler Parteisekretär. Vas übernahm mit der Geschäftsleitung der Stiftung «onko plus» eine neue Herausforderung im Gesundheitsbereich. Gadient hatte an der Universität St. Gallen (HSG) Volkswirtschaft studiert und als Ökonom promoviert. Vor seiner Wahl an die Zürcher Geschäftsstelle war er persönlicher Mitarbeiter von Konrad Hummler, Teilhaber der traditionsreichen Privatbank Wegelin & Co., für die Bank Julius Bär & Co. Ltd. sowie für einen weiteren Vermögensverwalter tätig. Als Vizepräsident der kantonalen SVP und damit zum Stellvertreter Alfred Heers wurde der frühere Generalsekretär der SVP Schweiz, Gregor A. Rutz, gewählt.[165]

Als Parteipräsident Alfred Heer am Nationalfeiertag in Weiningen auftrat, erhob sich auf Seiten der Linken lebhafter Protest. Die örtliche SP nannte ihn einen «Rechtsaussen-Scharfmacher» und verurteilte die Einladung als «grobe Zumutung». Noch bevor die SP die Rede gehört hatte, sprach sie von einer «richtigen Provokation» und sah das 1.-August-Fest zum «SVP-Parteianlass» herabgewürdigt. Der Redner wurde dennoch freundlich empfangen, und der organisierende SVP-Präsident Roland Wüthrich verwahrte sich scharf gegen die Kritik der Sozialdemokraten: «Es geht nicht an, dass Leute kritisiert werden, die sich für uns opfern.» Genau so einer sei Alfred Heer, weshalb Wüthrich forderte: «Wir brauchen mehr Fredis in diesem Land.»[166]

Die SVP des Kantons Zürich drängte die Schweizer Mutterpartei, mit der Volkswahl des Bunderates endlich ernst zu machen. Mit Blick auf das Parteigemauschel und die andauernde Zurücksetzung der SVP stimmten die nationalen Delegierten nach eindringlichen Voten der Zürcher Vertreter mit 358 zu 28 Stimmen dem Antrag zu, mit der Unterschriftensammlung zu beginnen.

Der Nationalrat und Gewerbetreibende Alfred Heer führte die SVP des Kantons Zürich 2009 bis 2016 mit sicherem Gespür für die brisanten Themen und erfreute sich einer geschlossen hinter ihm stehenden Parteibasis.

Vor den Medien forderte die Kantonalpartei mit einer Reihe von Vorstössen eine Verschärfung des von der «68er-Ideologie geprägten Jugendstrafrechts». Zwar seien frühere Begehren im Parlament abgeschmettert worden, meinte Nationalrätin Natalie Rickli. Doch im Herbst 2009 würden erneut Vorstösse auf kantonaler und eidgenössischer Ebene eingereicht. Den jungen Kriminellen müssten schon nach dem ersten Delikt die Konsequenzen ihres Tuns ernstlich aufgezeigt werden. Andernfalls könne das Jugendstrafrecht keine Abschreckung erzeugen und fördere die Rückfälligkeit. Die SVP verlangte auf Bundesebene, dass bei schweren Delikten das Erwachsenenstrafrecht schon für 16-Jährige gelten solle. So könnten auch nichttherapierbare gemeingefährliche Jugendliche verwahrt werden. Für Jugendliche ab dem vollendeten 14. Altersjahr müsse ein Freiheitsentzug von bis zu vier Jahren möglich sein. SVP-Mitglied Marcel Riesen, Leitender Jugendstaatsanwalt des Kantons Zürich, widersprach: «Damit würde ein 16-jähriger Delinquent zu einem erwachsenen Verbrecher gemacht.» Das aber sei nicht sinnvoll, «denn wir gehen davon aus, dass wir junge Täter pädagogisch und erzieherisch noch prägend beeinflussen können».[167]

Im September 2009 kam es zu einem vielbeachteten gemeinsamen Medienauftritt von alt Bundesrat Christoph Blocher, dem Uhrenunternehmer Nicolas G. Hayek und dem SP-Präsidenten Christian Levrat im Berner Hotel «Bellevue». Die drei hatten nach den Erschütterungen des globalen Finanzsystems im Herbst 2008 erkannt, dass ein möglicher Ausfall einer Grossbank zum Zusammenbruch der gesamten Volkswirtschaft führen müsste. Deshalb hatte die UBS mit einem staatlichen Rettungspaket von über sechzig Milliarden Franken gerettet werden müssen. Während in anderen Branchen die Eigentümer die Folgen des Scheiterns zu tragen hätten, stünden bei den Grossbanken wegen der «Too big to fail»-Problematik die Steuerzahler in der Verantwortung. Eine solche Rettung wie bei der UBS, meinte das «Trio infernale» (*Tages-Anzeiger*), dürfe sich nicht wiederholen. Die systemrelevanten Banken bräuchten mehr Eigenkapital; andere Entschädigungsmodelle müssten die falschen Anreize für Manager beseitigen. Christoph Blocher wollte die Aktivitäten in verschiedenen Ländern voneinander trennen, denn ein grosser Teil der Risiken der Grossbanken gehe auf Geschäfte ausserhalb der Schweiz zurück – namentlich in den USA. Darum müsse man den grossen Geldinstituten die zweckmässigen Organisationsstrukturen verpassen.[168]

Indem sich die Vordenker von SVP und SP mit dem wohl bekanntesten Schweizer Unternehmer zusammentaten, entstand eine machtvolle politische Front. Die Banken bekundeten an den Vorschlägen allerdings wenig Freude, und auch die ihnen nahestehenden Medien blieben skeptisch. Doch der renommierte Banken-Professor Hans Geiger von der Zürcher SVP gab dem Trio unumwunden Recht.

Eine Krebserkrankung und entsprechend anstrengende Therapien zwangen Rita Fuhrer, per Frühjahr 2010 als Regierungsrätin zurückzutreten. Um die Nachfolge bewarben sich Nationalrat Jürg Stahl sowie die Kantonsräte Ernst Stocker, Stadtpräsident von Wädenswil, und Martin Arnold, Gemeindepräsident von Oberrieden. Vor der Delegiertenversammlung obsiegte Ernst Stocker – nachdrücklich unterstützt von Christoph Blocher. Der diplomierte Meisterlandwirt mit eigenem Hof, der seit dem 16. Jahrhundert in Familienbesitz ist, lieferte sich mit dem SP-Kontrahenten Daniel Jositsch einen harten Wahlkampf und sicherte mit einer geschickten Kampagne («Ernst Stocker schafft Vertrauen») und grossem persönlichem Einsatz den zweiten SVP-Sitz überraschend problemlos.

Der Wädenswiler Stadtpräsident und Kantonsrat Ernst Stocker, Landwirt mit eigenem Betrieb, siegte bei den Regierungsratsersatzwahlen vom November 2009 deutlich über den SP-Herausforderer.

Der neue Regierungsrat Ernst Stocker (*1955) blickte auf eine lange politische Laufbahn zurück: 1975 war er der SVP beigetreten und präsidierte 1992 bis 1998 die Wädenswiler Ortspartei. 1987 erfolgte seine Wahl in den Kantonsrat, wo er in der Verkehrskommission, in der Geschäftsprüfungskommission und in der Geschäftsleitung sass. 2003/04 präsidierte Ernst Stocker als höchster Zürcher das Kantonsparlament. Exekutiverfahrung sammelte er seit 1998 als Stadtrat und seit 2006 als Stadtpräsident von Wädenswil. Er war auch Mitglied des leitenden Ausschusses des Gemeindepräsidentenverbandes. 2007 übernahm sein Sohn den Hof in Pacht und wirkt als SVP-Vertreter im Gemeindeparlament. Als Regierungsrat trat der umgängliche, humorvolle und dennoch bestimmt auftretende Ernst Stocker die Nachfolge von Rita Fuhrer in der Volkswirtschaftsdirektion an, womit gleichzeitig die Einsitznahme im Bankrat der Schweizerischen Nationalbank verbunden war. Obwohl seine Partei gegenüber dem projektierten Innovationspark in Dübendorf nicht mit Kritik geizte, zeigte sich Stocker als überzeugter Befürworter. Zweimal wurde Stocker seither mit guten Wahlresultaten bestätigt; 2015 übernahm er die Finanzdirektion des Kantons Zürich und vertrat mit Nachdruck die vom Souverän verworfene Vorlage zur Unternehmenssteuerreform III.[169]

Am gleichen Wahlsonntag Ende November 2009, an dem Ernst Stocker in den Regierungsrat einzog, fand auch die Volksinitiative «Gegen den Bau von Minaretten» eine Mehrheit beim Souverän. Sie ging auf den Streit um Baugesuche für Minarette in verschiedenen Schweizer Gemeinden zurück. Schon drei Jahre zuvor hatte die Zürcher SVP-Kantonsrätin Barbara Steinemann eine parlamentarische Initiative für ein Minarettverbot im Kantonsrat eingereicht, war aber dort gescheitert.[170] Politiker aus SVP und EDU hatten seit Frühjahr 2007 ohne offizielle SVP-Unterstützung Unterschriften gesammelt und drangen mit ihrem Anliegen beim Volk mit 57,5 Prozent der Stimmen und bei 19½ Ständen durch. Dies war

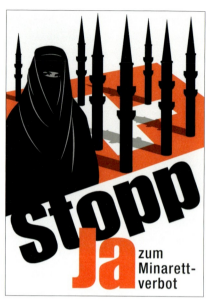

Mit bedrohlicher Burka und schwarzen Minaretten forderte die Minarettverbots-Initiative von 2009 – eingereicht von Politikern der SVP und der EDU – ein landesweites Bauverbot für Minarette.

nicht zuletzt ein grosser persönlicher Erfolg von Ulrich Schlüer, der Anfang Jahr für Bundesrat Ueli Maurer wieder in den Nationalrat hatte nachrücken können, sowie für den Solothurner Nationalrat Walter Wobmann. Die Abstimmung erregte erwartungsgemäss internationale Aufmerksamkeit, wozu das eindringliche Plakat der Werbeagentur Goal mit raketenähnlichen Minaretten und einer verhüllten Frau nicht wenig beitrug. Bereits 2002 hatte der gebürtige Hamburger Alexander Segert die Geschäftsleitung der Werbeagentur von Hans-Rudolf Abächerli als «Goal AG» übernommen. Seither unterstützt er mit seiner Agentur die SVP des Kantons, jene der SVP Schweiz und zuweilen auch Parteien im Ausland mit hochprofessionellen, erfolgreichen Politkampagnen.

Wenige Stunden nach Annahme der Minarettinitiative schlugen Unbekannte den verglasten Eingangsbereich des Zürcher Parteisekretariats ein und richteten grösseren Sachschaden an. Zusätzlich wurden mehrere Minarett-Attrappen und ein Gebetsteppich zurückgelassen. Es kam in der Folge auch zu zahlreichen telefonischen Belästigungen durch die Abstimmungsverlierer mit äusserst fragwürdigem Demokratieverständnis. Ein nicht der Partei angehörender Spender stellte 10 000 Franken für Hinweise zur Verfügung, die zur Ergreifung des Täters führen könnten. Die private Initiative – betonte Parteipräsident Heer – sei auch ein Zeichen «gegen die mangelnde Einsatzbereitschaft von SP-Stadträtin Esther Maurer und der Führung der Stadtpolizei».[171]

Am 2. Januar 2010 begann Christoph Blocher im Berner Seeland die Tradition seiner kulturhistorischen Vorträge, bei denen er am Jahresbeginn in verschiedenen Kantonen wichtige Persönlichkeiten und ihre Bedeutung für die heutige Schweiz würdigt. Eingeladen von der Berner und der Seeländer SVP sowie von den SVP-Frauen, sprach er in Aarberg vor über tausend Zuhörern über grosse Seeländer, nämlich Ulrich Ochsenbein, den Schöpfer der Schweizer Bundesverfassung, Albert Anker, seinen Lieblingsmaler, sowie Rudolf Minger, den ersten SVP-Bundesrat. Von Anker hatte er sogar einige Originalgemälde aus seiner grossen Sammlung mitgebracht. Blocher betrat mit dieser Art Vorträgen Neuland, handelte es sich doch nicht um einen üblichen Politanlass, sondern er wollte «in die Tiefe gehen» und über «geistige Grundhaltungen» reden. Dabei verfolgte er auch das Ziel, die Partei von einer andern, eher unerwarteten Seite zu profilieren und in den besuchten Kantonen besser zu verankern. Es war Blochers erklärtes Ziel, gegen das Gefühl der Entwurzelung anzukämpfen und lokale Identität zu stiften. Ochsenbein, Anker und Minger – sie alle hätten einen selbstlosen Einsatz für das Land, nicht für ihre Karriere, geleistet.[172]

Acht Jahre lang hatte die Zürcher SVP keinen parteifremden Bundesrat mehr für die Albisgüetli-Tagung gewinnen können. Für 2010 sagte der neue FDP-Bundesrat Didier Burkhalter zu und gewann mit einem souveränen Auftritt viel Respekt. Dass Burkhalter seine erste Rede in dieser Funktion ausgerechnet im Albisgüetli vorsah, sorgte beim Freisinn für Unmut, so dass ihn die kantonale FDP am Vortag zu einem Referat über die eidgenössischen Abstimmungen einlud. Christoph Blocher sprach zum Thema «Wie die politische Elite die Schweiz zugrunde richtet». Es handelte sich um eine gnadenlose Abrechnung «in alter Frische» (*NZZ*) mit den Verantwortlichen der Missstände im Kleinstaat. So sei man ohne weiteres bereit, trotz gesetzlich verankertem Bankkundengeheimnis Bankdaten an ausländische Behörden herauszugeben. Er höre noch den Schweizer Finanzminister mit der Aussage: «Das Bankgeheimnis ist nicht verhandelbar.» Tatsächlich sei es nicht verhandelbar gewesen, denn der Bundesrat habe es ohne jede Verhandlung preisgegeben. Die Classe politique, so Blocher, habe auch eine Erhöhung der Mehrwertsteuer zu Gunsten der Invalidenversicherung durchgesetzt, ohne endlich den Missbrauch anzugehen. Der missglückte Besuch des Schweizer Bundespräsidenten Hans-Rudolf Merz beim libyschen Diktator Gaddafi zur Befreiung von Schweizer Geiseln bot ebenfalls reichlich Stoff für Kritik. Dafür habe man im Nachgang der Minarettinitiative versucht, diese mit Hinweis auf das Völkerrecht auszuheben. Es werde alles unternommen, um die Schweiz in die EU zu führen, wobei die Bürger weichgeklopft und ausgeschaltet würden. Als Gegenrezept für eine fehlgeleitete Elite empfahl Blocher die Wahlen, und zwar die Wahl der SVP.

Didier Burkhalter setzte in seinem Kontrastprogramm auf die Werte, die den Schlüssel für den zukünftigen Erfolg der Schweiz darstellten. So bilde gegenseitiger Respekt die Voraussetzung für das menschliche Zusammenleben. Burkhalter appellierte an das Vertrauen zwischen Bundesrat und Bevölkerung, das in den letzten Jahren stark gelitten habe. Er habe grosses Vertrauen in die Menschen in diesem Land, und der Neuenburger betonte: «Die Schweiz ist stärker, als sie selber denkt.» Die Albisgüetli-Gemeinde spendete Burkhalter für seine in flüssigem Deutsch gehaltene Rede freundlichen Zwischenapplaus und am Ende anhaltendes Klatschen.[173]

Neuland betrat die Partei, als sie auf der Internetseite www.schurken.ch Videobilder eines Einbruchs in Langnau am Albis veröffentlichte, die von einer privaten Überwachungskamera stammten. Zwei Einbrecher versuchten, mit dem Brecheisen die Tür eines Goldschmiedgeschäfts gewaltsam aufzubrechen. Diese Veröffentlichung hätte nach Meinung der SVP die Polizei vornehmen sollen. Weil sich diese aber weigerte, nahm die SVP des Kantons Zürich die Fahndung selber in die Hand. Der Schutz des Eigentums sei von so grosser Bedeutung, dass die Verfolgung und Bestrafung von Einbrechern keinen Aufschub ertrage, betonte die SVP in einer Fraktionserklärung im Kantonsrat, um gleichzeitig zu kritisieren: «Unsere Gesetze stellen die Interessen von Straftätern über jene der rechtschaffenen Bevölkerung.»[174]

Bei den Gemeindewahlen vom Frühjahr 2010 gehörte die SVP neben den Grünliberalen zu den Siegern. Sie konnte in sieben Parlamentsgemeinden zulegen, während SP, FDP und christliche Mitte verloren. Für die Zürcher

Stadtratswahlen war die Partei mit der Doppelkandidatur von Gemeinderat Mauro Tuena und dem Chirurgen Karl Zweifel angetreten. Beide hatten in der rot-grün dominierten Stadt keine Chance, doch konnte die SVP die 24 Parlamentssitze halten, und auch Zweifel wurde als Gemeinderat gewählt. Die Grünliberalen eroberten nicht weniger als 12 Sitze. In Winterthur war die SVP ohne Erfolg mit dem moderaten Kandidaten Daniel Oswald ins Rennen um die Stadtratssitze gestiegen. Doch der Gewinn von zwei Mandaten im Grossen Gemeinderat machte die Verluste der letzten Wahlen von 3 Sitzen immerhin teilweise wieder wett. Innert zwanzig Jahren hatten die Winterthurer ihre Parlamentsvertretung fast verdoppelt. Politbeobachter erklärten das gute Abschneiden der SVP bei den Zürcher Gemeindewahlen als Folge der Abwahl von Christoph Blocher aus dem Bundesrat. Die erstmals antretende BDP erlangte nur in den Städten Illnau-Effretikon und Dübendorf je zwei Parlamentsmandate.[175]

Im Herbst 2010 reichte die SVP des Kantons Zürich über 8000 Unterschriften für ein konstruktives Referendum gegen das vom Kantonsrat beschlossene Sozialhilfegesetz ein. Die Partei stiess sich vor allem an jenem Passus der Vorlage, der vorläufig aufgenommenen Asylbewerbern Sozialhilfe gewähren wollte. Die SVP befürchtete mit dieser Änderung für jede Gemeinde «im Durchschnitt 30 neue fürsorgeabhängige Personen». Das Gesetz wurde allerdings vom Volk im folgenden Jahr deutlich angenommen.[176]

Die kantonale Programmkommission legte im Oktober 2010 der Delegiertenversammlung ein vollständig überarbeitetes Parteiprogramm für die Jahre 2011–2015 vor. Wie stark die Kantonalpartei nach wie vor auf die Bundespolitik Einfluss nehmen wollte, zeigte sich in der Tatsache, dass nationale Themen programmatisch breiten Raum einnahmen. Neu und erweitert präsentierte sich der Bereich Bildung. Hier forderte die SVP einen Reformstopp an der Volksschule, eine «Rückkehr zur Erziehung», zu hohen Leistungen in den wichtigsten Fächern und zur Mitverantwortung der Eltern. Falsch sei es, in der Primarschule zwei Fremdsprachen zu lehren. Die SVP wollte zum «bewährten Klassenlehrersystem» zurückkehren und verlangte mehr Vollstellen, um den Lehrerberuf für Männer wieder attraktiver zu machen. Die *NZZ* bemängelte, dass die Partei ihren programmatischen Zielkonflikt in so wichtigen Themen wie Gemeindeautonomie, Grundeigentum und Erhaltung von genügend Boden für die Landwirtschaft nicht geäussert habe. Gerade diese Themen würden den Kanton bei der Revision des Siedlungsplans in der kommenden Legislatur aber intensiv beschäftigen.[177]

Am 28. November 2010 gewann die SVP an der Urne eine Mehrheit für ihre eidgenössische Volksinitiative «Für die Ausschaffung krimineller Ausländer» mit 52,1 Prozent der Stimmenden und 17½ Ständen. Noch vor den Wahlen 2007 hatte die Partei mit dieser Forderung und den umstrittenen Schäfchenplakaten innert dreier Monate über 200 000 Unterschriften gesammelt. Neu sollten ausländische Staatsbürger, die rechtskräftig für eines der von der SVP aufgelisteten Verbrechen wie schwere Delikte gegen Leib und Leben, Sozialhilfemissbrauch, Drogenhandel oder Einbruch verurteilt worden waren, nach Verbüssung ihrer Strafe automatisch ausgeschafft werden. Der abgeschwächte Gegenentwurf des Parlaments wurde verworfen. Doch der Umsetzung der Ausschaffungsinitiative wurden in der Folge von Bundesrat, Parlament und Bundesgericht grösste Schwierigkeiten entgegengesetzt.

Im Dezember 2010 beschloss die SVP des Kantons Zürich, gegen den Kantonsratsbeschluss zum Bürgerrechtsgesetz das konstruktive Referendum zu ergreifen. Die Partei störte insbesondere der Rechtsanspruch auf Einbürgerung und die Tatsache, dass auch Straftäter das Bürgerrecht erlangen konnten. Die SVP pochte auf einen guten Leumund und empfand die im Bürgerrechtsgesetz vorgesehenen Fristen, die sich auf den Strafregisterauszug für Privatpersonen abstützten, als zu lasch. Verbrecher sollten nach Auffassung der Partei überhaupt nicht eingebürgert werden.[178] Im Frühjahr 2012 konnte die SVP vor dem Volk mit ihrer Auffassung durchdringen, wurden doch sowohl das neue Bürgerrechtsgesetz wie der Gegenvorschlag abgelehnt.

Das Wahljahr 2011 eröffnete Christoph Blocher am 2. Januar zum zweiten Mal mit einer Rede am Berchtoldstag, diesmal im Emmental. Einleitend bemerkte er in der Turnhalle Wynigen unter dem tosenden Applaus der über tausend Anwesenden: «Es ist allemal besser, wenn ich Heimatkunde lehre als irgendein linker Professor.» Jeremias Gotthelfs Werke, vor allem dessen «Uli»-Romane, las Blocher als eine vorbildliche Führungslehre, speziell der Führungsbegabung der Frauen. Polemik, Polarisierung und Provaktion seien Gotthelf nicht fremd gewesen, weshalb er bei den Regierenden oft angeeckt sei. Blocher schilderte auch Albert Anker und seine Bemühungen um die zu guter Letzt gelungenen Gotthelf-Illustrationen. Schliesslich würdigte der Redner einen seiner Vorgänger im Bundesrat, Friedrich Traugott Wahlen, der das Volk als Souverän ernst genommen und die Schweiz weder in die Europäische Wirtschaftsgemeinschaft geführt noch die immerwährende Neutralität preisgegeben habe. Der heutige Bundesrat, fügte Blocher bei, könnte von Wahlen noch viel lernen.[179]

In der Sendung «Teleblocher» wie auch in Wynigen kritisierte der alt Bundesrat den Vorsitzenden der Euro-Gruppe, Jean-Claude Juncker, scharf. Der luxemburgische Premierminister hatte in einem Interview mit der deutschen Zeitung *Die Zeit* die SVP-Position als «grundsätzlich eine rückwärtsgewandte und perspektivlose» bezeichnet. Vor allem aber meinte Juncker, es sei «ein geostrategisches Unding», dass sich in der Mitte der europäischen Landkarte ein weisser Fleck namens Schweiz befinde.[180] Solch anmassende Töne, entgegnete Blocher, habe man in der Schweiz zuletzt vor siebzig Jahren von der anderen Seite des Rheins gehört. Er verglich Junckers Rhetorik mit den Ausfällen von Adolf Hitler, der die Schweiz als «freches Stachelschwein» bezeichnet habe. Am 12. Januar 2011 fand im Zürcher Schauspielhaus ein vielbeachtetes Podium mit Jean-Claude Juncker und Christoph Blocher statt. Das Gespräch unter der Moderation des Schriftstellers Lukas Bärfuss verlief zunehmend locker und lieferte nach Meinung der zahlreich erschienenen Medien einen originellen, engagierten rhetorischen Schlagabtausch auf beachtlichem Niveau. Blocher kritisierte die Perspektivlosigkeit, das Demokratiedefizit und die gemeinsame Währung der Europäischen Union. Doch wurden auch Übereinstimmungen in den Ansichten deutlich, so dass die *NZZ* titelte: «Fast wie unter Freunden». Die Gratiszeitung *20minuten* urteilte leicht enttäuscht: «Duell mit Samthandschuhen».[181]

Bundespräsidentin Micheline Calmy-Rey hatte noch im Vorjahr angekündigt, dass sie 2011 als Rednerin ins Albisgüetli kommen werde. Dieser Anlass wurde überschattet von einem schweren körperlichen Angriff auf Nationalrat Hans Fehr. Fehr wurde von gewalttätigen Linksextremisten erkannt, zu Boden geworfen, erbarmungslos auf den Kopf geschlagen und in den Leib getreten. Dies führte neben den üblichen Verharmlosungs- und Entschuldigungsversuchen auch zu ernsthaften Fragen über die allzu selten thematisierte linksextreme Gewaltbereitschaft. Bundespräsidentin Calmy-Rey verurteilte den Übergriff aufs Schärfste und sagte unter grossem Applaus, es gelte mit Worten zu kämpfen, nicht mit den Fäusten. Auch alle Bundesratsparteien wandten sich später mit einem gemeinsamen Appell gegen die Gewalt in der Politik.

Micheline Calmy-Rey leitete ihre Ansprache im Hinblick auf die bevorstehende Abstimmung mit der Bemerkung ein, ein Schützenhaus sei ein sicherer Ort, um Waffen aufzubewahren – gewiss sicherer als andere Häuser. Souveränität könne nicht bedeuten, dass wir uns in die Berge zurückziehen und einen Schutzwall errichten. Laut der Aussenministerin gewinne die Schweiz dann an Einfluss, wenn sie selbstbewusst auf ihre Stärken baue und diese auch ausserhalb der Grenzen zum Tragen bringe: «Was die Welt von der Schweiz erwartet, ist nicht weniger Schweiz, sondern mehr Schweiz, mehr von dem, was die Schweiz gross gemacht hat.»

Christoph Blocher stellte seine Gegenrede unter den Titel «Warum wählen Schweizer SVP?» Er bedauerte, dass in der «Arena»-Sendung des Schweizer Fernsehens unter der Generaldirektion des EU-Beitrittbefürworters Roger de Weck kein echter Zweikampf der Argumente mehr stattfinde, und rief dazu auf, eine eigene «Arena» bei einem schweizweit zu empfangenden Privatfernsehen zu organisieren. Blocher zeigte anhand der Geschichte auf, dass es immer wieder Anpasser und Defätisten gegeben habe, stets aber – und das sei das Erfreuliche – auch mutige Kämpfer für den Widerstand, die sich durch keine Verunglimpfung von ihrem Einsatz abhalten liessen. Heute hätten die Politiker der andern Parteien und die Nationalbank wegen der Verschuldungs- und Eurokrise den Kopf und den Auftrag verloren. Blocher kritisierte den Nationalbankpräsidenten Philipp Hildebrand wegen massiver Währungsverluste. Dieser habe «seine schrankenlose Freiheit ausgenützt und sich prompt in gigantischem Ausmass verspekuliert». Es gehe im kommenden Frühjahr und Herbst darum, dass sich der Kurs der SVP vermehrt durchsetze und die Partei vor allem endlich mehr Licht in die «Dunkelkammer» Ständerat bringe.[182]

Die Zürcher SVP zog mit dem Motto «Schweizer wählen SVP» in die Kantonsratswahlen, das sie von der SVP Dübendorf übernahmen; im Herbst sollte auch die SVP Schweiz damit zu den eidgenössischen Wahlen antreten. Die Regierungsratswahlen bestritt sie mit den bewährten Bisherigen Markus Kägi und Ernst Stocker. Da ereigneten sich am 11. März 2011 die schweren Störfälle im japanischen Kernkraftwerk Fukushima als Folge eines Tsunami. Obwohl die Reaktorkatastrophe selber kein einziges Todesopfer forderte, wurde das Thema in der Schweiz medial über Monate und Jahre aufs Breiteste abgehandelt, und das veränderte die politische Konjunktur ebenso wie die Grundausrichtung der schweizerischen Energiepolitik. Auf die kantonalen Wahlen vom 3. April hatte Fukushima wohl erst am Rande gewisse Auswirkungen. Den Grünliberalen gelang es, ihre Parlamentsvertretung auf 19 Mandate zu erhöhen und damit fast zu verdoppeln, die BDP erreichte auf Anhieb 6 Sitze. Einen grossen Verlust von 6 Sitzen musste die FDP hinnehmen, während die CVP 4 Sitze und die SP einen Sitz einbüssten. Aber auch die SVP hatte nach Jahrzehnten des Aufstiegs erstmals einen leicht sinkenden Wähleranteil von 0,9 Prozent zu verzeichnen, fiel unter die 30-Prozent Marke und verlor 2 Parlamentsmandate.

Ohne Zweifel hatte die Volkspartei in den ländlichen Regionen etliche Stimmen an die BDP und an die Grünliberalen verloren. Deutlich war der Rückgang in den Städten Zürich und Winterthur. Der Zürcher Stadtparteipräsident Roger Liebi bedauerte, dass die Kantonalpartei keine aggressive städtische Werbung gestattet habe, welche obdachlose Zürcher gezeigt hätte, die wegen reichen ausländischen Zuzügern keine Wohnung mehr fänden.[183] Bei den Regierungsratswahlen bestätigten sich die Voraussagen der Meinungsforscher nicht, dass Markus Kägi abgewählt, dafür CVP-Mann Hans Hollenstein und SP-Regierungsrätin Regine Aeppli glänzend wiedergewählt würden. Vielmehr musste Aeppli zittern, und Hollenstein wurde gar vom Grünen Martin Graf aus dem Amt gedrängt.

Kaum waren die Kantonsratswahlen vorbei, oblag der Listengestaltungskommission die schwierige Aufgabe, eine attraktive Nationalratsliste zusammenzustellen. Im Vorfeld zeigte sich eine gewisse Frustration bei der Stadt Zürich, die mit Alfred Heer einen einzigen Vertreter, aber immerhin den Kantonalpräsidenten stellte. Natalie Rickli vertrat die Stadt Winterthur, während die übrigen zehn Nationalräte von der Landschaft stammten. Einmal mehr wurde medial der innerparteiliche Stilunterschied beschrieben, wie er sich zwischen einer städtischen Oppositions- und gleichzeitig einer ländlichen «Gemeindepräsidentenpartei» zwangsläufig ergeben musste. Die Differenzen wurden von der *Neuen Zürcher Zeitung* allerdings übertrieben, wenn sie von den «Städten als Stiefkindern der SVP» sprach.[184]

Die Tatsache, dass mehrere langjährige Nationalräte erneut antraten, erzeugte erstmals auch einen gewissen Generationenkonflikt. Schon im Vorjahr hatten nachrückende Kandidaten ihren Unmut über die «Sesselkleber» in Bern geäussert («die Alten sollen den Jüngeren Platz machen»). Wenn sie nicht merkten, dass sie nicht mehr gefragt seien, müssten sie eben von der Partei zum Rücktritt bewegt werden. Roberto Martullo, Christoph Blochers Schwiegersohn, kündigte den Antrag für eine Amtszeitbeschränkung von zwölf Jahren an. Er erklärte indessen seinen Verzicht, da er in der SVP Meilen keine Mehrheit dafür gewinnen konnte.[185]

Zur Verjüngung und zur Belebung des Wahlkampfs war diesmal die 24-jährige Kantonsrätin Anita Borer auf Platz zwei der Nationalratsliste gesetzt worden. Die Liste führte Christoph Blocher an, der gleichzeitig zum zweitenmal in seinem Leben als Ständeratskandidat antrat. Überhaupt wurde in diesem Wahlkampf auch national die gegenüber dem Nationalrat gleichbedeutende Stellung des Ständerats so richtig entdeckt und öffentlich aufgezeigt. Mit der Kandidatur ihrer Schwergewichte in mehreren Kantonen – neben Blocher im Kanton Zürich auch Toni Brunner in St. Gallen, Adrian Amstutz in Bern, Caspar Baader in Baselland, Ulrich Giezendanner im Aargau, Oskar Freysinger im Wallis, Jean-François Rime in Freiburg und Guy Parmelin in der Waadt – wollte die SVP ihre Stellung auch im Ständerat ausbauen und den dort herrschenden Linkskurs korrigieren. Es war auch gelungen, neben Blocher weitere erfolgreiche Unternehmer für die Liste zu gewinnen, nämlich Thomas Matter aus Meilen und Hans-Ulrich Lehmann aus Glattfelden. Obwohl der *Tages-Anzeiger* über «Knatsch in der SVP um Frauen und Millionäre» berichtete, wurde die Liste an der Delegiertenversammlung unverändert abgesegnet. Zuvor hatten Kantonalpräsident Alfred Heer, der nationale Präsident Toni Brunner und Christoph Blocher die Anwesenden mit flammenden Voten auf den kommenden Wahlkampf eingeschworen.[186]

Trotz ansteigendem eidgenössischem Wahlfieber waren auch die Geschäfte der kantonalen Politik zu behandeln. Weil Junge SVP, Jungfreisinnige und Bund der Steuerzahler das Referndum gegen den innerkantonalen Finanzausgleich zu Stande gebracht hatten, konnten die Stimmbürger im Mai 2011 darüber befinden. Die Kritik entzündete sich an der Höhe der Zuwendungen an die Städte Zürich und Winterthur, was nach Meinung der Referendumsführer in den Gemeinden zu Steuererhöhungen führen müsse. Das Zürcher Volk hiess indessen den neuen Finanzausgleich grossmehrheitlich gut.

Für den Werbeversand in alle Hauhalte stürzten sich die Zürcher SVP-Spitzenkandidaten in Schwingerkluft und liessen sich in einem Zürcher Schwingkeller fotografieren. Da die nationale Partei gleichzeitig eine Messerattacke eines Kosovaren auf einen Berner Schwinger zum Anlass eines Inserats nahm («Kosovaren schlitzen Schweizer auf»), protestierte der Schweizerische Schwingerverband energisch gegen diese politische Vereinnahmung – den Verband präsidierte der ehemalige SP-Kantonsrat Ernst Schläpfer. Irene Bodenmann-Meli, die Tochter der Schwingerlegende Karl Meli und Gründerin eines privaten Schwingermuseums in Winterhur, sah das ganz anders: «Wenn ich das Foto anschaue, muss ich sagen, dass die Damen und Herren eine gute Falle machen. Das Bild vermittelt ein positives Gefühl. Ehrlich gesagt: Diese Herren haben wohl noch nie so gut ausgesehen. Nur einzelne müssten ihre Bäuche etwas einziehen.»[187]

Die schweizerische Partei veranstaltete ein Politspektakel im Theater 11 in Zürich-Oerlikon, das eine bunte Palette von Darbietungen präsentierte: vom Feuerschlucker über den Auftritt des Parteimaskottchens, der Ziege Zottel, ein Streitgespräch im Beisein von SP-Kandidat Cédric Wermuth bis zur humorvollen Rede von Bundesrat Ueli Maurer. Die feierliche Stimme von Parteipräsident Toni Brunner vernahm man lediglich über Lautsprecher. Höhepunkt

Die Spitzenkandidaten der Zürcher SVP für die eidgenössischen Wahlen von 2011 zeigten sich auf dem Prospekt im Schwinger-Tenue.

dieser Veranstaltung bildete die Unterzeichnung des «Vertrags mit dem Volk». Die SVP bekräftigte darin ihren Kampf gegen einen EU-Beitritt, gegen die Masseneinwanderung und für die Ausschaffung krimineller Ausländer.[188]

Das Familienfest auf dem Bundesplatz mit 6000 Teilnehmern wurde diesmal mit einem Sicherheitsdispositiv von 1000 Polizisten geschützt, um ein Debakel mit Ausschreitungen gegen die SVP wie vor vier Jahren zu verhindern. Da die Bewegungsfreiheit von Passanten und Touristen stark eingeschränkt war und die Medien Kosten von einer Millionen Franken kolportierten, war die Aussenwirkung dieser Schlussmobilisierung nicht ausschliesslich positiv. In markanten Ansprachen bekräftigten Parteipräsident Toni Brunner, Bundesrat Ueli Maurer und Christoph Blocher den Willen zur politischen Verantwortung.[189]

Bedrohliche schwarze Schuhe überrennen von aussen die Heimat. Wahlplakat zur Unterstützung der Masseneinwanderungsinitiative im Wahlkampf von 2011.

In den Jahren vor den eidgenössischen Wahlen 2011 hatte sich gezeigt, dass die SVP die Abspaltung der BDP in den Kantonen weitgehend auffangen konnte. Besonders deutlich offenbarten dies die bernischen Wahlen. Vor allem in der Zentral- und Ostschweiz vermochte die Partei im Nachgang zur Blocher-Abwahl Stimmen zu gewinnen. Was die Deutschweiz betraf, so war einzig in Schaffhausen ein Krebsgang zu beklagen. In der Westschweiz vermeldeten die Kantone Freiburg und Wallis Erfolge, während in Neuenburg und Genf Wähleranteile verlorengingen. Kein Zweifel herrschte bei den journalistischen Beobachtern darüber, dass der mittlerweile 71-jährige «Übervater» und Strategiechef Christoph Blocher als wichtige Klammer das «nationalkonservative» und das «wirtschaftsliberale» Gedankengut widerspruchsfrei zusammenhielt.[190]

Die landesweit verbreiteten SVP-Plakate zeigten bedrohliche schwarze Schuhe, die rücksichtslos über die Landesgrenzen hinwegschritten, sowie den

Schriftzug: «Masseneinwanderung stoppen!» Damit wurde gleichzeitig die in der Vorwahlzeit gestartete gleichlautende Volksinitiative beworben. Für manche wirkte das bis zum Wahltag durchgezogene Thema mit der drastischen Bildersprache möglicherweise auch abschreckend. Die Wahlkampfleitung verzichtete diesmal bewusst weitgehend auf die sonst einige Wochen vor dem Termin gesetzten Positivbotschaften.

Der Wahltag vom 23. Oktober 2011 bedeutete für die SVP eine Enttäuschung. Ihr Anteil fiel um 2,3 auf 26,6 Prozent zurück, und sie musste 9 von vormals 63 Nationalratssitzen abgeben. Trotzdem blieb die SVP mit Abstand stärkste Partei; als nächste folgte die SP mit lediglich 18,7 Prozent. Einzige Gewinnerinnen dieses Wahlsonntags waren die BDP und die Grünliberalen. Die Kandidaturen mehrerer SVP-Schwergewichte für den Ständerat – von den Medien martialisch als «Sturm aufs Stöckli» bezeichnet – misslangen. Die Volkspartei konnte nur noch 5 von 7 Sitzen besetzen, wovon auf den Kanton Schwyz sogar eine Doppelvertretung entfiel.

Auch im Kanton Zürich glückten die Wahlen nicht so, wie es sich die SVP im Vorfeld erhofft hatte. Die Partei verlor im Vergleich zu 2007 volle 4 Prozent und kam noch auf 29,8 Prozent. Der Rückgang verteilte sich auf alle Bezirke ziemlich gleichmässig. Erstmals seit 1983 hatte die erfolgsverwöhnte Partei damit wieder einen Rückgang zu verzeichnen. Die Zürcher SVP musste eines ihrer 12 Nationalratsmandate preisgeben, wobei ihre Wählerinnen und Wähler auf der Liste für Turbulenzen sorgten: An die Spitze aller Gewählten setzten sie die siebtplatzierte Natalie Rickli, deren Popularität und seriöse Arbeit als Bestgewählte aller 200 Nationalräte gebührend gewürdigt wurde. Dafür reichte man die zweitplatzierte Anita Borer unbarmherzig nach hinten, eine Enttäuschung, die sie aber mit bewundernswerter Gelassenheit trug. Ulrich Schlüer und Ernst Schibli verpassten die Wiederwahl, während Hans Egloff neu in den Nationalrat einzog. Für erstaunliche Bewegung auf der Liste sorgte auch der Meilemer Unternehmer Thomas Matter, der nach einem aktiven Wahlkampf elf Plätze gutmachte. Der frühere nationale Parteisekretär Gregor A. Rutz vermochte um neun Positionen nach vorne zu rücken.

Unbestrittene Sieger waren indessen die Grünliberalen (GLP) und die Bürgerlich-Demokratische Partei (BDP), welche neu mit zwei Zürcher Sitzen im Nationalrat Einsitz nahm. Beide Parteien erstarkten – dies zeigten vor allem die SVP-Verluste in den Landgemeinden – auch auf Kosten der erfolgsverwöhnten Volkspartei. Der Zürcher Souverän zeigte einen gewissen Überdruss gegenüber der Polarisierung und bevorzugte vergleichsweise unbekannte, wenig profilierte Kandidaten und relativ unscharf formulierte Parteiprogramme der Mitte. In den Ständeratswahlen blieb Christoph Blocher ohne Unterstützung einer andern Partei chancenlos, doch vermochte er die Bisherigen Felix Gutzwiller (FDP) und Verena Diener (GLP) in einen zweiten Wahlgang zu zwingen. Eine offizielle bürgerliche Zusammenarbeit mit der FDP war gescheitert, doch hatten immerhin prominente freisinnige Köpfe Blocher im persönlichen Komitee unterstützt.

Der neugewählte Nationalrat Hans Egloff (*1959) aus Aesch, Sohn des früheren Zürcher SVP-Stadtrates Kurt Egloff, hatte sich zuerst zum Primarlehrer ausgebildet und danach ein juristisches Studium an der Universität Zürich absolviert. Er arbeitete anschliessend bei der Zürcher Bezirksanwaltschaft, am Bezirksgericht Horgen und am kantonalen Geschworenengericht. 1991 bis 1998 war Egloff Bezirksrichter am Bezirksgericht Zürich, erhielt danach das Rechtsanwaltspatent und betätigte sich als Partner einer Anwaltskanzlei. Schon in der Jungen SVP aktiv, war der Limmattaler von 1995 bis 2011 Kantonsrat, wo er sich vor allem im Justizwesen und in Fragen des Wohneigentums einen Namen machte. Eine eindrückliche Karriere absolvierte Hans Egloff im Hauseigentümerverband: Von regionalen Funktionen gelangte er 1997 in den kantonalen Vorstand, den er bereits 1999 präsidierte. 2004 wurde er in den Vorstand des HEV Schweiz gewählt, war 2005 Mitglied von dessen geschäftsleitendem Ausschuss und steht dem Verband seit 2012 als Präsident vor. Im Kantonsrat wie seit 2011 im Nationalrat haben die Hauseigentümer für ihre Anliegen in Hans Egloff einen geschickten, diplomatischen und jederzeit zugänglichen Fürsprecher, der weit über die Parteigrenzen hinaus Unterstützung geniesst. Programmatisch hat er bei der kantonalen SVP wie bei der SVP Schweiz die Forderungen nach Schutz des privaten Eigentums stark mitgeprägt. Er ist Mitglied der Kommission für Wirtschaft und Abgaben sowie der Rechtskommission. Seit 2016 Präsident des Verwaltungsrates der Limmattalbahn AG, wirkt Egloff als ebenso hartnäckiger wie erfolgreicher Vertreter der Interessen der Limmattaler Bevölkerung und beantwortet in der *Limmattaler Zeitung* regelmässig Fragen zum Recht.[191]

Als die Zürcher SVP an ihrer Delegiertenversammlung die Wahlen analysierte, war die Stimmung eher gedrückt. Christoph Blocher zeigte aber auf, dass der nationale und kantonale Rückschlag auf hohem Niveau erfolgte und keineswegs mit den bescheidenen Wähleranteilen der Aufbaujahre verglichen werden könne. Die Tatsache, dass die SVP etwas verloren habe, müsse Ansporn sein, das nächste Mal wieder mehr anzupacken. Die Partei erlebe dasselbe wie ein Unternehmen, dem es zu lange gut gegangen sei: «Jetzt geht es darum, einer verwöhnten Partei zu zeigen, was die SVP ist und welche Bedeutung die Wahl hat.» Parteipräsident Alfred Heer beurteilte den Verlust eines Nationalratssitzes als «nicht erfreulich, aber keine Katastrophe». Die Versammlung nominierte Blocher für den zweiten Wahlgang als Ständeratskandidat mit 239 gegen eine Gegenstimme bei zwei Enthaltungen. Der frühere Bundesrat scheiterte indessen an den Bisherigen.[192]

In Bundesbern ging es in der Dezembersession darum, den Anspruch der SVP als wählerstärkste Partei auf zwei Bundesratssitze zu bekräftigen. Nachdem zuvor Schwergewichte wie Caspar Baader, Peter Spuhler oder Roland Eberle abgesagt hatten, nominierte die Fraktion den Zürcher Oberländer Bruno Zuppiger. Dies geschah in der Meinung, Zuppiger sei von den Mitteparteien regelmässig als valabler Kandidat genannt worden und diese sollten jetzt den praktischen Beweis ihrer Beurteilung antreten. Aufgrund eines Hinweises befragte die Fraktions- und Parteispitze Zuppiger über allfällige Unregelmässigkeiten bei einer in seiner Firma abgewickelten Erbschaftsangelegenheit. Zuppiger erklärte, dieser Fall betreffe einen seiner Mitarbeiter, das Geld sei zurückbezahlt und zwischen den Parteien Stillschweigen beschlossen worden. Doch die *Weltwoche* veröffentlichte wenige Tage vor den Bundesratswahlen einen Artikel, der Bruno Zuppiger direkt beschuldigte, Teile eines für gemeinnützige Zwecke vorgesehenen Testaments seinem Privatkonto gutgeschrieben und die Rücküberweisung über viele Jahre verzögert zu haben.[193] Unter diesen Umständen war an ein Festhalten an der Kandidatur Zuppigers nicht mehr zu denken. Stattdessen beschloss die Fraktion kurzfristig, mit dem Thurgauer Bauernverbands- und Nationalratspräsidenten Hansjörg Walter ins Rennen zu steigen.

Doch die Bundesratswahlen 2011 gerieten der SVP zum Fiasko. Die Partei wirkte schlecht vorbereitet und fahrig. Sie schien die Fähigkeit verloren zu haben, auch eine absehbare Niederlage im Parlament und damit den Bruch der Konkordanz glaubwürdig durchzustehen und wirkungsvoll zu inszenieren. Nachdem Walter erwartungsgemäss Eveline Widmer-Schlumpf von der Kleinpartei BDP unterlegen war, erklärte Fraktionschef Caspar Baader der perplexen Bundesversammlung, die SVP greife nun den zweiten FDP-Sitz an – eine offensichtliche Fehlreaktion auf die ausbleibende Unterstützung vieler Freisinniger für Hansjörg Walter. Über die SVP-Fraktion ergoss sich in der Folge wegen ihrer dilettantischen Vorbereitung Spott und Häme.

Doch Christoph Blocher fühlte sich «richtig befreit», dass seine Partei keinen zweiten Sitz in der Regierung erhalten habe: «Wir müssen nicht mehr mithelfen, jeden Dreck zuzudecken.» Angesichts der Einervertretung im Bundesrat kündigte er eine Politik der «konstruktiven Regierungskontrolle» an. Für etlichen Wirbel sorgte auch, als bekannt wurde, dass Blochers Tochter Rahel für die gemeinsame Firma Robinvest inzwischen die *Basler Zeitung* erstanden hatte. Formell waren Blochers Beteuerungen, er sei nicht Besitzer dieses Organs, absolut korrekt. Blocher selber gestand aber eine gewisse «Schlitzohrigkeit» ein, die angesichts des guten Motivs und des zu erwartenden Kesseltreibens vertretbar gewesen sei.[194]

Die Affäre Hildebrand

Bei den Bundesratswahlen war der nunmehrige Nationalrat Christoph Blocher überraschend unbeteiligt geblieben; zum einen, um sich nicht den Vorwurf übertriebener Einmischung zuzuziehen, zum andern beschäftigte ihn innerlich bereits die an ihn herangetragene Information, der oberste Chef der Nationalbank handle heimlich mit Devisen. Wie später bekannt wurde, hatte Blocher Bundespräsidentin Micheline Calmy-Rey als Chefin der Aufsichtsinstanz über die Nationalbank zu Beginn jener Session mitgeteilt, dass er über Informationen verfüge, wonach Nationalbankpräsident Philipp Hildebrand mit Währungen spekuliere. In einer Geheimsitzung bot Calmy-Rey am 15. Dezember 2011 neben dem «Briefträger» Blocher den Chef des Nachrichtendienstes, Markus Seiler, Michael Leupold, den Direktor des Bundesamtes für Justiz, sowie Finanzexperten der Bundespolizei auf. Gleich im Anschluss konfrontierte sie

Hildebrand und die Nationalbank mit den unangenehmen Fakten. Anschliessend liess der Bankrat die Revisionsgesellschaft PricewaterhouseCoopers (PwC) die Banktransaktionen der Familie Hildebrand im Jahr 2011 untersuchen.

Die Revisionsgesellschaft kam zum Schluss, dass kein Verstoss gegen das Reglement über Eigengeschäfte mit Finanzinstrumenten vorliege und dass alle Transaktionen regelkonform getätigt worden seien. Zusätzlich erforschten auch Kurt Grüter, Direktor der Eidgenössischen Finanzkontrolle (EFK), und dessen Stellvertreter Hildebrands Transaktionen. Am 23. Dezember traf sich der Bundesrat zu einer ausserordentlichen Sitzung, wobei eine knappe Mehrheit Hildebrands Tun als unbedenklich beurteilte. Schliesslich einigten sich Bundesrat und die Spitze der Nationalbank auf ein reichlich einsilbiges, für die Öffentlichkeit unverständliches Communiqué: Sämtliche Gerüchte seien haltlos und durch die Untersuchungen widerlegt worden.[195]

Zuvor hatte ein Whistleblower und Mitarbeiter der Bank Sarasin die verdächtigen Transaktionen von Hildebrand an den Weinfelder Rechtsanwalt und SVP-Kantonsrat Hermann Lei übergeben. Lei leitete diese Unterlagen an Christoph Blocher und an den *Weltwoche*-Jornalisten Urs Paul Engeler weiter. Hildebrands Transaktion erfolgte in der heiklen Phase vor dem 6. September 2011, als die Nationalbank wegen der beunruhigenden Frankenstärke einen Mindestkurs von 1,20 Franken gegenüber dem Euro festlegte. Zur Diskussion stand namentlich ein Devisenkauf von 504 000 US-Dollar gegen Schweizer Franken, den Hildebrands Frau Kashya im August 2011 angeblich ohne Wissen ihres Mannes über sein Konto getätigt hatte.

Am Berchtoldstag, den 2. Januar 2012 referierte Christoph Blocher in einer kulturhistorischen Rede auf Einladung der Zürcher SVP in Niederglatt über den Unternehmer und Politiker Alfred Escher, den Dichter Gottfried Keller und den Maler Rudolf Koller. Dabei zog er auch Parallelen zur Aktualität. Escher und Keller beurteilte er als Verfechter einer unabhängigen, selbstbewussten Schweiz. Das Schicksal von Escher führe vor Augen, wie eine Persönlichkeit – nachdem sie Grosses für das Land geleistet habe – verfemt und vom Establishment verstossen worden sei. Vom Zürcher Tiermaler Rudolf Koller präsentierte Blocher einmalige Gemälde aus seinem Privatbesitz.[196] Mehr noch als dieser Vortrag interessierten aber die Journalisten die Vorgänge rund um die Nationalbank. Inzwischen hatten nämlich die *NZZ am Sonntag* und die *Sonntagszeitung* berichtet, dass es Blocher gewesen sei, der die Unterlagen der Insidertransaktion Hildebrands weitergeleitet habe.[197] Diese Indiskretion ging ursprünglich auf Bundespräsidentin Calmy-Rey zurück, die entgegen der Abmachung Hildebrand über Blochers Rolle informiert hatte. Nun hofften Hildebrand und seine PR-Berater, mit dem Anschwärzen von Blocher vom Fehlverhalten des Nationalbankchefs ablenken zu können. Blocher meinte am Rande seiner Kulturveranstaltung lapidar: «Es gibt eine Zeit zu reden und eine Zeit zu schweigen.»[198]

Am 3. Januar 2012 machte die Bank Sarasin bekannt, dass ein Bankmitarbeiter Kundendaten an aussenstehende Dritte weitergegeben habe und entlassen worden sei. Geschädigte sei die Familie des Präsidenten der Schweizerischen Nationalbank, Philipp Hildebrand. Da gegen weitere Personen Strafanzeigen eingereicht wurden, fanden diverse Hausdurchsuchungen und Strafuntersuchungen statt, so gegen Rechtsanwalt Hermann Lei, gegen den Bülacher SVP-Kantonsrat Claudio Schmid und schliesslich auch gegen Christoph Blocher.

Urs Paul Engeler publizierte am 5. Januar 2012 in der *Weltwoche* einen für den Nationalbankpräsidenten verheerenden Artikel («Spekulant Hildebrand»). Er wies nach, dass es Philipp Hildebrand selber war, der mit einem einzigen Devisengeschäft 75 000 Franken verdiente und auch anderweitig in Währungen spekulierte. Engeler zeigte ausserdem auf, dass die entscheidenden Transaktionen nicht über das Konto von Hildebrands Frau, sondern über sein eigenes gelaufen waren. Die *Weltwoche* warf dem Nationalbankpräsidenten Lügen vor und bezeichnete den «vielgerühmten und auffällig geschniegelten» Hildebrand als «Gauner, der sich illegal Vorteile erschleicht».[199]

An einer Medienkonferenz vom 5. Januar 2012 schien ein allerdings schwitzender, angespannter Philipp Hildebrand die Vorwürfe plausibel entkräften zu können. In einem gemeinsamen Auftritt mit Hansueli Raggenbass (CVP), Präsident des Bankrates, betonte er, er habe sich jederzeit regelkonform und korrekt verhalten. Dabei schob er den Devisenhandel auf seine Frau ab. Er habe seinen entsprechenden Gewinn der Schweizer Berghilfe überwiesen. Hildebrand wollte nicht zurücktreten, obwohl er Fehler gemacht habe und sein Bedauern über das Geschehene äusserte. Ragenbass stellte in Aussicht, man werde das Reglement über Eigengeschäfte von Direktoriumsmitgliedern der Nationalbank verschärfen. Der Thurgauer nannte erstmals den Namen von Hermann Lei als Informanten.

Der Journalist Urs Paul Engeler nannte den Nationalbankpräsidenten am 5. Januar 2012 in der Weltwoche *einen Spekulanten und wies nach, dass der oberste Schweizer Währungshüter mit einem einzigen Devisengeschäft 75 000 Franken verdient hatte.*

Christoph Blocher forderte auf Tele Züri gleichentags Hildebrands Rücktritt, denn es gehe unter keinen Umständen an, dass ein oberster Währungshüter mit Währungen spekuliere. Auch die SVP Schweiz verlangte Hildebrands sofortiges Ausscheiden und die Einsetzung einer Parlamentarischen Untersuchungskommission. Längst hatte die Affäre eine parteipolitische Dimension gewonnen, wobei sich FDP, CVP und BDP besonders entschieden hinter Hildebrand stellten. Der *Tages-Anzeiger* witterte gar «Konturen eines Komplotts» von Christoph Blocher.[200]

Am Abend des 6. Januar verteidigte Bundespräsidentin Eveline Widmer-Schlumpf in der «Arena» des Schweizer Fernsehens Nationalbankpräsident Philipp Hildebrand in jeder Beziehung. Sie war Mitglied des Bankrats gewesen, als 2004 das löchrige Eigenhandelsreglement verabschiedet worden war. Hildebrand, meinte die Bundespräsidentin vor der Fernsehnation, habe sich «keine vorwerfbaren rechtlichen Verfehlungen» zu Schulden kommen lassen. Sie verstieg sich zur Aussage, der Bundesrat habe keinen Grund, «nicht weiterhin Vertrauen in Hildebrand zu haben». Dabei war sie im Vorfeld von Bankratspräsident Hansueli Raggenbass über neue Fakten informiert worden. Konkret ging es um E-Mail-Nachrichten und eine Aktennotizen von Felix Scheuber, Hildebrands Kundenberater bei der Bank Sarasin in Zürich.[201] Aufgrund dieser Hildebrand schwer belastender Dokumente konnten und wollten die Bankräte und die übrigen Mitglieder des Nationalbankpräsidiums nicht mehr am Präsidenten festhalten.

Am 9. Januar 2012 gab die Nationalbank den sofortigen Rücktritt von Philipp Hildebrand bekannt. An einer Medienkonferenz hielt dieser fest, dass «es nicht möglich ist, einen abschliessenden Beweis zu liefern, dass meine Frau ohne mein Wissen die Devisentransaktion am 15. August veranlasst hat». Tatsächlich belegen die Dokumente, die er vorlegte, dass er zuvor die Unwahrheit gesagt hatte. Gemäss dem Bericht von Kundenberater Felix Scheuber hatte Hildebrand am Morgen des 15. August 2011 persönlich mit ihm über die Idee des Devisenkaufs gesprochen. Und Hildebrand hatte damals seine Frau ausdrücklich ermächtigt; erst danach erteilte sie den fragwürdigen Auftrag per E-Mail.[202] Dennoch wurde der Abgang Hildebrands von einem Grossteil der Medien und der Öffentlichkeit mit Unverständnis aufgenommen. Als Sündenböcke für den Fall des gutaussehenden Starbankers mit exzellenten Beziehungen mussten die Überbringer der schlechten Botschaft herhalten, nämlich die SVP im Allgemeinen und Christoph Blocher im Besonderen.

An der Albisgüetli-Tagung 2012 wollte die SVP des Kantons Zürich den Teilnehmenden die Bundespräsidentin Eveline Widmer-Schlumpf «nicht zumuten». Stattdessen wurde der bedeutende Banker Oswald Grübel als Gastredner geladen. Christoph Blocher widmete seine Rede vollständig dem Thema Hildebrand und Nationalbank beziehungsweise dem «Wertezerfall im Schweizerland». Er geisselte die Dollartransaktionen und Aktienkäufe des ehemaligen Nationalbankpräsidenten und beschrieb Hildbrand als Symbol für «einen unglaublichen Wertezerfall in der sonst so wirklichkeitsnahen Schweizer Landschaft». Blocher schilderte detailliert, wie er mit sich gerungen und wie ihn seine Frau vor dem Gang zur Bundespräsidentin und dem voraussehbaren Geschrei der Medien gewarnt hatte. Blocher tat den Schritt dennoch, kämpfte gegen das offensichtliche Unrecht und sollte schliesslich Recht behalten.

Oswald Grübel, der im Vorjahr als Chef der UBS zurückgetreten war, begann mit den Worten: «Ich habe nicht gezögert zu kommen. Ich konnte mich

Am 9. Februar 2012 musste Nationalbankpräsident Philipp Hildebrand auf Druck des Bankrates und des Bankpräsidiums in Bern seinen Rücktritt erklären.

in meiner beruflichen Laufbahn immer auf die SVP verlassen.» Als Banker habe er es geschätzt, von der Partei jeweils ein klares Nein zu bekommen. Oder ein klares Ja. «Und dabei blieb es. Sie wissen selbst, dass Verlässlichkeit in der Politik keine Selbstverständlichkeit ist.» Die Banken, so Grübel, seien früher nicht besser gewesen. «Im Gegenteil. Sie sind jetzt transparenter.» Vom Vorgehen der Nationalbank gegen den starken Franken hielt Grübel wenig: Wenn die Anbindung einer Währung an eine andere auf Dauer funktionieren würde, dann «müssten alle Länder mit schwacher Währung Exportweltmeister werden.» Deutlich kritisierte Grübel auch die auf Druck der Exportwirtschaft erwirkte Schwächung des Frankens mit massiv negativen Auswirkungen für sämtliche Sparer und Rentner.[203]

Im März 2012 wurde durch den Bankrat ein neues, deutlich verschärftes Reglement für Eigengeschäfte von Mitgliedern der Bankleitung der Nationalbank verabschiedet. Doch für Christoph Blocher war der Fall Hildebrand noch lange nicht ausgestanden. Die Zürcher Staatsanwaltschaft eröffnete gegen ihn ein Strafverfahren, weil sie ihn verdächtigte, gegen das Bankkundengeheimnis verstossen zu haben. Sein Haus in Herrliberg wurde ebenso durchsucht wie die Büroräume seiner Firma Robinvest in Männedorf – die Medien waren rechtzeitig zur Stelle und offenbar vorinformiert worden. Die Tatsache, dass eine Staatsanwaltschaft ohne Ermächtigung durch die Präsidenten der eidgenössischen Räte in die Privatsphäre eines ehemaligen Bundesrates eindrang, der nichts als seine staatsbürgerliche Pflicht erfüllt hat, ist sicherlich einmalig. Die nationalrätliche wie die ständerätliche Immunitätskommission verweigerten Blocher die Immunität mit der Begründung, er sei über die Bankdaten noch vor der Vereidigung informiert worden. Offensichtlich war die Staatsanwaltschaft bestrebt, ein «politisches Komplott» gegen Philipp Hildebrand aufzudecken. Ein solches witterten zahlreiche Medien ebenso wie die amtierende Bundespräsidentin Eveline Widmer-Schlumpf.[204] Nach beinahe vier Jahren und Kosten von mehreren hunderttausend Franken wurde das Verfahren gegen Blocher eingestellt, welches das offensichtliche Ziel verfolgt hatte, den SVP-Spitzenpolitiker zu kriminalisieren. Selbst die SP-Strafrechtsprofessoren Daniel Jositsch und Martin Kilias hatten festgestellt, dass private Devisengeschäfte durch Kaderleute der Nationalbank nicht rechtmässig seien.[205]

Blochers Intimgegner, Oberstaatsanwalt Andreas Brunner, hatte nach den Hausdurchsuchungen mit wichtiger Miene in die Kameras vorverurteilend behauptet: «Wir haben potenziell beweisrelevantes Material gefunden.»[206] Dabei hatte der Whistleblower der Bank Sarasin die Daten bereits beschafft, als er sie Christoph Blocher übergab. Das langjährige Verfahren hätte einen psychisch und finanziell weniger robusten Angeklagten heillos zermürbt. Christoph Blocher hat um die schweren Konsequenzen seines Handelns gewusst und die Sache darum keinem Schwächeren zugeschoben – «ein Monument der Richtigkeit» auch hier, wie der deutsche Schriftsteller Martin Walser nach der ersten Begegnung über Blocher geschrieben hat.[207]

Als Reaktion auf den zunehmenden Druck auf den Schweizer Finanzplatz aus dem Ausland und aus dem Bundeshaus lud die Zürcher SVP im Mai 2012 mit dem Titel «Occupy Paradeplatz» zu einem Mediengespräch unter freiem Himmel. Dabei übernahm die Partei die Bezeichnung einer damals aktiven bankenkritischen, linken Bewegung. Der Anlass sorgte für die gewünschte Aufmerksamkeit bei den Journalisten, und einige Anti-Banken-Aktivisten folgten hinter Schafsmasken den Reden der SVP-Exponenten mit friedlichem Blöken. Alfred Heer schilderte die Angriffe auf das Bankkundengeheimnis in düsteren Farben und nannte Bern einen «Hort von politischen Schwächlingen», während Christoph Mörgeli den Druck auf den Finanzplatz mit der Mittelinks-Mehrheit im Bundesrat seit 2007 erklärte. Für die parteieigenen Bankfachleute Roger Liebi und Thomas Matter standen bis zu 30 000 Arbeitsplätze im Bankenwesen und nochmals doppelt so viele im Gewerbe auf dem Spiel. Liebi warf Stadtpräsidentin Corine Mauch (SP) vor, nicht genügend für den Zürcher Finanzplatz zu unternehmen. Matter erläuterte konkrete Vorstösse in Bern zur Rettung des Finanzplatzes und forderte, der Staat solle einen Teil der mit den USA ausgehandelten Bussen für Schweizer Banken übernehmen. Schliesslich habe die Eidgenossenschaft 1990 bis 2010 75 Milliarden Franken an nicht zurückgeforderten Verrechnungssteuern eingenommen, wovon ein grosser Teil aus unversteuerten Vermögen stamme. Die Schweiz könne allen OECD-Staaten eine Abgeltungssteuer offerieren, müsse sich aber im Fall der Forderung nach einem automatischen Informationsaustausch ein Veto vorbehalten. Zudem forderte Thomas Matter auch eine verfassungsmässige Garantie des Bankgeheimnisses wenigstens für Inländer.[208]

Interne Querelen

Hohe innerparteiliche Wellen schlug die Vorlage «Managed Care». Es handelte sich um ein im Parlament ausgehandeltes Steuerungsmodell im Gesundheitswesen, das die freie Arztwahl und gewisse Marktmechanismen zu Gunsten von geplanten, vertraglich geregelten Abläufen einschränken wollte. Die Befürworter versprachen sich davon, dass die Kosten gesenkt und die Versorgungsqualität erhöht werden könne. Eine Gesetzesvorlage, über die am 17. Juni 2012 befunden wurde, sollte den Anteil der Versicherten in integrierten Versorgungsmodellen auf 60 Prozent steigern. An der kantonalen Delegiertenversammlung sprach sich der Gesundheitspolitiker Toni Bortoluzzi nachdrücklich für das Geschäft aus, während Christoph Morgeli «Managed Care» als Angriff auf ein freiheitliches Gesundheitswesen beurteilte. Dass die Delegiertenversammlung eine ablehnende Parole fasste, verletzte Bortoluzzi tief. Er empfand Mörgelis Intervention als Übergriff in sein politisches Spezialgebiet und warf dem gegen diese Vorlage ebenfalls aktiven Kantonsrat Gregor A. Rutz vor, er übe ein bezahltes Mandat einer Organisation chirurgischer Spezialärzte aus. Wie die Zürcher und die Schweizer SVP verwarf schliesslich auch das Volk «Managed Care» mit 76 Prozent Nein-Stimmen.

Toni Bortoluzzi äusserte in der Folge gegenüber den Medien, er werde nicht wie ursprünglich geplant vorzeitig zurücktreten, um dem ersten Ersatzmann Gregor A. Rutz Platz zu machen, sondern er wolle jetzt die Legislatur bis zum letzten Tag zu Ende führen. Anderseits trat Bortoluzzi vom Amt des Säckelmeisters der Zürcher SVP zurück, wo ihm Thomas Matter nachfolgte, und er kündigte an, er sei nur noch Passivmitglied bei der Kantonalpartei und werde seinen Beitrag der Ortssektion überweisen. Während der Septembersession machte Christoph Blocher bei einer offenen Aussprache und anschliessender Versöhnung dem parteiinternen Zank ein Ende – Bortoluzzi wurde per sofort wieder Aktivmitglied der Zürcher SVP.[209]

Im Juni 2012 gelang den Grünen bei der kantonalen Volksabstimmung ein Coup, indem sie eine Mehrheit hinter ihre Kulturlandinitiative zu scharen vermochten. Gut tausend zur Überbauung vorgesehene Hektaren an Landwirtschaftsland konnten demnach nicht mehr eingezont werden. Indem neben den Städten auch ausgesprochen ländliche Gebiete Ja sagten, musste durchaus auch von einem gewissen Verständnis der SVP-Basis ausgegangen werden. Sogar der Zürcher Bauernpräsident Hans Staub aus Wädenswil hatte sich öffentlich für Unterstützung ausgesprochen und wurde deswegen verbandsintern so harsch kritisiert, dass er zurücktrat. SVP-Kantonsrat und Landwirt Hans-Heinrich Heusser bedauerte den mangelnden Einsatz der Gegner und prophezeite wegen der Verknappung eine Verteuerung der Mieten und steigende Preise bei den verbleibenden Baugrundstücken. Zwei Jahre später befanden dann Baudirektor Markus Kägi und eine Parlamentsmehrheit die Forderungen der Kulturlandinitiative im Richtplan als erfüllt.[210]

Der Rücktritt von Hans Staub als Zürcher Bauernpräsident, zu dessen Nachfolge sich SVP-Fraktionschef Hans Frei aus Watt-Regensdorf bereitfand, spielte sich ab vor dem Hinregrund einer problematischen Situation für die Bauern. Hatte das Bundesamt für Statistik 1985 landesweit noch 98 759 Betriebe gezählt, waren es 2013 nur noch 55 207. Sowohl den Bauernverband wie die SVP als frühere Bauernpartei trieb die Frage um, was man diesem «Bauernsterben» entgegensetzen könne. Der landwirtschaftliche Strukturwandel war eine brutale Tatsache. Die Einkommenssituation der Bauern konnte mit den

Kantonsrat Hans Frei aus Watt-Regensdorf, eloquenter und gradliniger SVP-Fraktionschef, übernahm 2012 zusätzlich das Präsidium des Zürcher Bauernverbands.

Direktzahlungen nicht wirklich verbessert werden, so dass verständlicherweise auch vielen Zürcher Bauern das Vertrauen in die Agrarpolitik fehlte. Diesem Vertrauensverlust konnte die Politik nur entgegenwirken, indem sie verlässliche Rahmenbedingungen schuf – abgesehen von den Direktzahlungen als Abgeltung für erbrachte Leistungen auch mehr Handlungsspielraum und weniger bürokratische Auflagen für die Marktproduktion. Gefordert war vor allem Transparenz für die Öffentlichkeit. Der Bauernverband erbrachte zu diesem Zweck auf schweizerischer wie auf kantonaler Ebene geschickte Öffentlichkeitsarbeit und organisierte gezielt Anlässe, um das Verständnis der Konsumenten zu fördern. So traten die Bauern in Erscheinung an der Züspa, am Anlass «Underwägs vo Puur zu Puur» oder an Bauern-«Zmorge» am Nationalfeiertag.[211]

Im August 2012 trat Yves Gadient als kantonaler Parteisekretär zurück, nachdem er kurz zuvor den Umzug des Sekretariats vom langjährigen Standort an der Zürcher Nüschelerstrasse 35 an die Lagerstrasse 14 in Dübendorf bewerkstelligt hatte. Dieser Verlegung lag der Entscheid zugrunde, dass die SVP auch örtlich dem Zürcher Bauernverband verbunden bleiben wollte. Neuer Kantonalsekretär wurde der 45-jährige Historiker Reinhard Wegelin. Er war als Spross einer angesehenen St. Galler Familie und Sohn des Kantonsbibliothekars der «Vadiana» im appenzellischen Teufen aufgewachsen und hatte an der Universität Zürich Allgemeine Geschichte, Staatsrecht und politische Wissenschaften studiert. Nach dem Lizentiat arbeitete Wegelin als Redaktor bei der *Thurgauer Zeitung*, der *Schweizerzeit* und beim Online-Medium «politik.ch». Zeitweise hatte er bereits früher als Stellvertreter von Claudio Zanetti für die Kantonalpartei und die Kantonsratsfraktion gewirkt.[212] Bis heute arbeitet Reinhard Wegelin als tüchtiger, belesener und rhetorisch gut beschlagener Kantonalsekretär der SVP des Kantons Zürich. Er wird unterstützt vom bereits seit mehreren Jahren erfahrenen Stellvertreter Christoph Bähler, der vom Statistischen Amt des Kantons Zürich zur Partei gestossen war und als geschätzter Fraktionssekretär die Geschäfte der SVP-Kantonsräte administrativ betreut. Marcel Hermann hat seine Tätigkeit im Sekretariat 2014 aufgenommen und ist verantwortlich für die Mitgliedermutationen und für Veranstaltungen.

Der September 2012 wurde für die Zürcher SVP zu einem unerfreulich turbulenten Monat. Natalie Rickli geriet ins Tief eines Burnouts und musste sich bis Anfang Februar 2013 aus Politik und Beruf zurückziehen, um allerdings danach mit frischen Kräften zurückzukehren. Die SP-Bildungsdirektorin Regine Aeppli befahl dem Rektor der Universität Zürich, Christoph Mörgeli von seiner Stelle als Museumskonservator zu entlassen. Die nachfolgenden arbeits- und strafrechtlichen Auseinandersetzungen schufen viel negative Publizität. Angesichts des zu erwartenden Urteils wegen seiner Erbschaftsangelegenheit trat Bruno Zuppiger von seinem Amt als Nationalrat zurück. Die Zürcher SVP war über diesen Schritt erleichtert, denn in dem von der Staatsanwaltschaft geführten Verfahren wegen Veruntreuung und ungetreuer Geschäftsbesorgung musste ein Schuldspruch erwartet werden. Schon früher hatte Parteipräsident Alfred Heer Zuppiger den Rücktritt nahegelegt; schliesslich einigten sich die Zürcher SVP und der Angeschuldigte darauf, dass er vorläufig im Amt bleiben könne, aber das Feld räumen müsse, sobald Anklage erhoben oder ein Strafbefehl gegen ihn ausgestellt werde. In seinem Rücktrittsschreiben hielt der Hinwiler fest, die Vorkommnisse der vergangenen Monate hätten ihm und seiner Familie stark zugesetzt. Er stehe zu den begangenen Fehlern und

Unterlassungen und werde die zu erwartende Strafe akzeptieren. Unter den gegebenen Umständen sei es ihm nicht mehr möglich, das Mandat «in der von mir gewohnten Qualität und mit dem nötigen Engagement auszuüben». Besonders schlimm sei es gewesen, seine Familie und sein engeres Umfeld leiden zu sehen.[213] Zuppigers Nationalratsmandat übernahm mit Gregor A. Rutz aus Küsnacht der Vizepräsident der Zürcher SVP.

Gregor A. Rutz (*1972) ist in Zollikon als Sohn des Inhabers einer Schreinerei aufgewachsen, hat in Zürich Rechtswissenschaften studiert und danach als wissenschaftlicher Mitarbeiter in Freiburg gewirkt. Noch als Jungliberaler und Präsident der «Vereinigung für e jungs und läbigs Züri» trat Rutz 1994 an der Albisgüetli-Tagung der Zürcher SVP auf. Von 2001 bis 2008 wirkte er als rund um die Uhr verfügbarer Generalsekretär der SVP Schweiz und machte sich zusammen mit dem Präsidenten Ueli Maurer sehr um den inneren Aufbau der Partei verdient. 2008 gründete Gregor A. Rutz seine eigene Firma, die Agentur Rutz & Partner. Seither ist er als Unternehmer in den Bereichen Kommunikation, Strategie und juristische Beratung

tätig und betreut Verbände sowie gemeinnützige Institutionen. Der Präsident des Stadtzürcher Hauseigentümerverbandes ist gleichzeitig Vizepräsident des kantonalen Hauseigentümerverbandes und präsidiert die Vereinigung des schweizerischen Tabakwarenhandels. Ausserdem amtet Rutz als Präsident der IG Freiheit, die jährlich den «rostigen Paragrafen» für das dümmste und unnötigste Gesetz verleiht. Er sitzt im Vorstand der «Aktion Medienfreiheit» und des Vereins «Zusammenschluss Oberlandstrasse». Bevor Gregor A. Rutz 2012 in den Nationalrat nachrückte, wirkte er seit 2011 im Zürcher Kantonsrat und hatte sich bereits 2000 bis 2005 aktiv im Zürcher Verfassungsrat engagiert. In Bundesbern nahm er Einsitz in die Staatspolitische Kommission, wo er für die Umsetzung der Masseneinwanderungsinitiative kämpfte, und seit 2015 in die Kommission für Verkehr und Fernmeldewesen. Besonders am Herzen liegen dem zuvorkommenden und dossierfesten Zürcher Politiker die Freiheit, ein gesunder Wirtschaftsstandort, eine wettbewerbliche Medienszene und der Erhalt des Milizsystems.[214]

Die SVP Schweiz wird zürcherisch

Klar auf Kurs

Interessanterweise schienen trotz verpatzten Bundesratswahlen vom Dezember 2011 die anschliessenden medialen Prügel der SVP kaum zu schaden. Im Gegenteil dürfte die fragwürdige Razzia im Gefolge der Hildebrand-Affäre bei Christoph Blocher der Partei bei den Wählern eher Auftrieb gegeben haben. Im Aargau konnte die SVP auf 32 Prozent Wähleranteil zulegen und die stolze Zahl von 45 von 140 Mandaten im Grossen Rat problemlos halten. Gewinne an Sitzen und Wähleranteilen gab es auch im Kanton Schaffhausen, in den Walliser und in den meisten Berner Gemeinden.[1]

Anfang Dezember 2012 trafen sich auf Einladung von SVP, EDU und Auns zweitausend Personen am Bieler Seeufer, um die zwanzigjährige Wiederkehr des denkwürdigen EWR-Neins feierlich zu begehen. Christoph Blocher mahnte, es herrsche eine gleich gefährliche Situation wie 1992: «Wie damals strebt der Bundesrat insgeheim den Beitritt der Schweiz zur EU an.» Darum solle man sich dankbar daran erinnern, dass das Volk am 6. Dezember 1992 die Kraft gehabt habe, «der Versuchung zu widerstehen, sich in ein grossspuriges Grossreich einzugliedern». Blocher rief dazu auf, wachsam zu bleiben und im Falle der Übernahme von EU-Recht einzuschreiten. Wir hätten nicht die besseren Politiker, aber die bessere Staatsordnung, da das Volk immer noch das letzte Wort sprechen dürfe. Über das in Brüssel schlummernde EU-Beitrittsgesuch sang er die weihnachtlichen Verse: «Schtill, schtill, schtill, will's Gsuecheli schlaafe will.»

In französischer Sprache warnte der Genfer Soziologieprofessor Uli Windisch vor der Justiz als «grosse interne Gefahr». Die Tessiner SVP-Grossrätin Lara Filippini klagte über vielfältige Probleme des Südkantons im Zusammenhang mit der Personenfreizügigkeit. Als Präsident des Organisationskomitees betonte der Zürcher SVP-Nationalrat Hans Fehr, die Wahl von Biel als Veranstaltungsort sei kein Zufall: Mit ihrer Uhrenindustrie bilde die Stadt ein Symbol für Wohlstand und Weltoffenheit der Schweiz. «Auch die Lage an der Sprachgrenze ist bedeutungsvoll», sagte Fehr, und er freue sich, dass in der Romandie heute eine grössere EU-Skepsis herrsche und der Röstigraben damit kleiner geworden sei.[2]

Auf Kantonsebene machte sich die SVP-Fraktion ernsthafte Sorgen über die Zürcher Kantonalbank und deren teilweise abenteuerlich anmutenden Auslandgeschäfte. Die Partei hatte mit Urs Oberholzer 2003 bis 2011 den ZKB-Präsidenten gestellt, und nunmehr wirkten Bruno Dobler als Vizepräsident sowie Alfred Binder (2014 ersetzt durch René Huber), Hans Kaufmann und Peter Ruff im Bankrat. Die Zürcher Kantonalbank war mittlerweile als systemrelevante Bank im Inland eingestuft worden. Der Kanton Zürich leistet Staatsgarantie, indem er für alle Verbindlichkeiten der ZKB aufkommt, wenn deren eigene Mittel nicht ausreichen. Drei Mitarbeiter der Bank waren von der US-Justiz angeklagt worden, und die Finanzmarktaufsicht Finma hatte deutliche Kritik an der Aufsichtsstruktur geübt. Trotz der Kritik der Finma-Behörde hat sich aber in diesem Punkt bisher nichts geändert. Die Zürcher SVP verlangte nun namentlich durch die Einflussnahme von Kantonsrat Hans-Peter Amrein, dass sich die ZKB aus ihrer ausländischen Geschäftstätigkeit zurückziehen und sich stattdessen auf ihren Kernauftrag besinnen solle, eine verlässliche Partnerin für die Zürcher Bevölkerung und das Gewerbe zu sein. Insbesondere forderte die Partei den Rückzug von der 2010 erworbenen österreichischen Privatinvest Bank.[3]

Dass die Zürcher Steuerzahler 1,6 Milliarden Franken für die Sanierung der kantonalen Pensionskasse einschiessen mussten, die vom gesetzlichen Rechnungsausgleich ausgenommen wurden, stiess der SVP sauer auf. Sie stieg mit einem ungewöhnlichen Plakat in den Abstimmungskampf vom März 2013: Es zeigte die FDP-Finanzdirektorin Ursula Gut als Falschspielerin mit rot lackierten Fingernägeln beim Hütchen-Spiel. Dazu setzte die Partei den Schriftzug

«Tricksen wie die Griechen?» Kantonalpräsident Alfred Heer rechtfertigte das Sujet, würde doch mit der vorgesehenen Verbuchung die Bilanz des Kantons Zürich frisiert: «Das sind Machenschaften wie in Griechenland.» Verschiedene Griechenvereine fanden diese Anspielung auf die EU-Finanzkrise wenig belustigend und protestierten umgehend, hier werde «ein ganzes Volk diffamiert». Auch die griechische Botschaft kündigte – allerdings folgenlos – an, sie prüfe rechtliche Schritte.[4]

An seiner Kulturveranstaltung vom Berchtoldstag 2013 würdigte Christoph Blocher in Wattwil drei Persönlichkeiten aus dem Toggenburg. In der dortigen Markthalle hatte am Tag zuvor noch eine internationale Stierenausstellung stattgefunden, doch das Organisationskomitee vermochte die Halle in tadellosem Zustand zu präsentieren. Gegen 1500 Personen drängten trotz nicht arbeitsfreiem Tag in die Halle, in dem der Redner über Huldrych Zwingli, Ulrich Bräker und Babeli Giezendanner referierte. Dem örtlichen Metzger waren zuvor nur 800 erwartete Personen gemeldet worden, und er meinte gegenüber Blocher, er benötige fast zwei Stunden, um die Verpflegung mit «Ghacktem und Hörnli» nachzukochen. «Gut, dann rede ich halt zwei Stunden», antwortete Blocher lachend. Er würdigte den Wildhauser Bauernsohn und Reformator Zwingli als weltweit wirkungsmächtigsten Schweizer und vor allem in seinem theologischen und politischen Gegensatz zu Martin Luther. Ulrich Bräker, der «arme Mann im Tockenburg», war ein schriftstellerischer Autodidakt, den zeitlebens Schulden plagten, der aber ein bedeutendes, weit über die Region ausstrahlendes Werk hinterliess. Anna Barbara («Babeli») Aemisegger-Giezendanner zwang die Armut zu ihren «naiven» Senntumsbildern, die heute zur bedeutendsten Bauernmalerei des Landes zählen. Blochers Rede wurde anschliessend gedruckt und in alle Toggenburger Haushalte verteilt.[5]

Das 25. Parteifest im Albisgüetli-Saal war 2013 etwas ganz Besonderes. Zum ersten Mal in der Geschichte dieses Anlasses konnte die Zürcher SVP einen Bundespräsidenten begrüssen, der aus den eigenen Reihen stammte: Ueli Maurer wurde denn auch mit stürmischer Begeisterung empfangen und während seiner staatsmännischen Rede immer wieder durch Applaus unterbrochen. Der Verteidigungsminister lobte die humanitäre Tradition der Schweiz, die Idee des Roten Kreuzes sowie der Guten Dienste und die schweizerische

Erwartungsvolle Spannung bei der Eröffnung der Albisgüetli-Tagung vom 18. Januar 2013, als mit Ueli Maurer erstmals ein Bundespräsident der eigenen Kantonalpartei teilnahm.

Mitgestaltung an internationalen Regeln: «Das können wir, das kann sonst niemand. Helfen, wo Leute verletzt sind, schlichten, wo zwei sich streiten.»

Zuvor hatte Christoph Blocher unter dem Titel «Durhebe – nöd lugg la gwünnt» den Albisgüetli-Geist beschworen. Er höre innerlich die Sarastro-Arie in Mozarts «Zauberflöte»: «In diesen heil'gen Hallen…». Eigentlich sollte man das Zürcher Schützenhaus mittlerweile als Wiege der Freiheit unter Heimatschutz stellen, befand Blocher. Auch seine heutige Rede würden Geisteswissenschaftler wieder als im Vergleich zu früher eher schwach bemängeln, meinte er vorsorglich: «Meine Reden werden offenbar immer besser, je länger sie her sind.» Er sprach von Karrieristen in Verwaltung und Politik, die das Land ohne weiteres verraten würden, um «in irgendeinem Gremium das Händchen hochhalten zu können». Und der Nationalrat und Ex-Bundesrat sagte zur «allzu beweglichen» Landesregierung: «Heute ist der Bundesrat am besten im Kopfnicken, Rumpfbeugen und Einknicken, vor allem gegenüber fremden Staatschefs.» Blocher sei «eindeutig in Form» gewesen, kommentierte der *Tages-Anzeiger*, «wenn er will, hat der Patron […] immer noch Rhythmus. Die Witze sitzen.» Die nationale Wahlschlappe von 2011 liege über ein Jahr zurück, die SVP wähne dank Euro-Angst und Asylnot «den Zeitgeist wieder auf ihrer Seite». Drei Tage zuvor hatte dasselbe Blatt unter Berufung auf Politologen noch getitelt: «Die Albisgüetli-Tagung hat den Zenit überschritten».[6] Leise und ernst wurde Blochers Stimme, als er von einem Gutachten des Zürcher Staats- und Völkerrechtlers Daniel Thürer berichtete, der dem Bundesrat vorgeschlagen habe, das EU-Recht einfach dem übergeordneten Völkerrecht gleichzustellen. Dann bedürfe es keiner Volksabstimmung mehr über den EU-Beitritt. Solche intellektuellen Gedankenspielereien kritisierte Blocher unmissverständlich als «Anleitung zum Staatsstreich».[7]

Schon Anfang Jahr hatte die Kantonalpartei eine eher überraschende Ja-Parole zur «Abzocker»-Initiative beschlossen. Diese war vom inzwischen zum Schaffhauser Ständerat gewählten parteilosen Thomas Minder gestartet worden, der den weit verbreiteten Unmut über unanständig hohe Vergütungen von Managern in Grossfirmen und Banken aufgriff. Während der an der Zürcher Delegiertenversammlung abwesende Christoph Blocher den Gegenvorschlag bevorzugte, plädierte sein Schwiegersohn Roberto Martullo in einem flammenden, von den Medien stark beachteten Plädoyer dafür – und gewann eine knappe Mehrheit.[8] Am 3. März 2013 wurde die Volksinitiative mit fast 68 Prozent Ja-Anteil angenommen. Noch wichtiger war aber, dass der Familienartikel am Ständemehr scheiterte. Die SVP hatte die Vorlage, welche die Vereinbarkeit von Familie und Beruf in der Bundesverfassung verankern wollte, entschieden bekämpft. Denn dies bedeute Verlust an Freiheit und einen weiteren Schritt zur Verstaatlichung der Familien.

Angesichts der zunehmenden Missachtung und Einschränkung des Bankkundengeheimnisses unter internationalem Druck, aber auch als Folge des innenpolitischen Positionswechsels von Finanzministerin Widmer-Schlumpf ins Mitte-links-Lager, lancierte Thomas Matter im Frühjahr 2013 eine Volksinitiative «Ja zum Schutz der Privatsphäre». Mittlerweile war die Unterscheidung zwischen Steuerbetrug und Steuerhinterziehung für Ausländer aufgehoben worden; sodann liess man Gruppenanfragen zu, führte den automatischen Informationsaustausch für Ausländer ein und machte diesen auch bereits für Inländer zum Thema. Matter brachte neben der SVP auch namhafte Exponenten von FDP, CVP, Lega, die bürgerlichen Jungparteien, den Schweizerischen Gewerbeverband sowie den Zürcher Hauseigentümerverband auf seine Seite. Die Initiative will das Bankkundengeheimnis wenigstens im Inland verankern und dem Trend zur staatlichen Kontrolle der finanziellen Privatsphäre einen Riegel schieben. Selbstverständlich schont die Initiative weder Steuerbetrüger noch Steuerhinterzieher. Sobald der Verdacht eines schweren Steuerdelikts besteht, wird durch Dritte weiterhin Auskunft an die inländischen Behörden erteilt. An der unterstützenden Zürcher Delegiertenversammlung präsentierte Thomas Matter zur allgemeinen Erheiterung ein Plakat, auf dem Eveline Widmer-Schlumpf mit neugierigen Sperberaugen die finanziellen Verhältnisse der Bürger im wahrsten Sinne des Wortes unter die Lupe nimmt.[9] Die notwendigen Unterschriften konnten im September 2014 eingereicht werden, und die Initiative ist seither Gegenstand eines direkten Gegenentwurfs und von parlamentarischen Beratungen.

Zur Lancierung der Volksinitiative «Ja zum Schutz der Privatsphäre» präsentierte Thomas Matter 2013 die Karikatur einer allzu neugierigen Finanzministerin Eveline Widmer-Schlumpf.

Eine herbe Enttäuschung bereiteten Volk und Stände der Zürcher SVP beim Thema Volkswahl des Bundesrates. Im Juni 2013 wurde das Begehren mit fast 76 Prozent der Stimmen und von sämtlichen Kantonen abgelehnt. Damit hatte der Souverän überaus deutlich zum Ausdruck gebracht, dass er die Wahl der obersten Landesbehörde bei der Bundesversammlung belassen wollte. Überhaupt schien eine Mehrheit der Bürgerinnen und Bürger am Status quo zu hängen und keine institutionellen Veränderungen zu wünschen. Abgesehen von einem «Extrablatt» in alle Haushalte und einigen Plakaten blieb der Abstimmungskampf der SVP eher mager; angesichts der Umfragewerte schien man frühzeitig aufgegeben zu haben. In manchen Medien wurde das gescheiterte SVP-Begehren denn auch als «Psychohygiene-Übung» nach der Abwahl von Bundesrat Blocher beurteilt; diese habe die Partei mittlerweile überwunden.[10]

Im August 2013 präsentierte der Waadtländer Filmemacher Jean-Stéphane Bron den Film «L'Expérience Blocher» («Die Blocher-Erfahrung») anlässlich des Filmfestivals in Locarno auf der Piazza Grande. Bron erzählt die Geschichte seiner Begegnungen mit Christoph Blocher in der Ich-Form, rollt die Stationen von Blochers Leben auf und hat ein bemerkenswertes, wohl auf Dauer gültiges Porträt des mächtigsten Politikers der Schweiz geschaffen, der wie kein anderer geliebt oder gehasst werde. Noch kein Aussenstehender ist dem früheren Bundesrat und Zürcher SVP-Kantonalpräsidenten so nahe gekommen, vor allem während zahlreicher gemeinsamer Autofahrten. Regisseur Bron, der sich selber als linksstehend bezeichnet, berichtet über Blochers schwierigen Wahlkampf von 2011, über die wichtige Rolle seiner Frau Silvia, seine Grundsätze, Methoden und Geheimnisse, die aber letztlich selbst der Porträtierte weder lüften konnte noch wollte. Der Film zeigt einen zuweilen nachdenklichen, stillen, zweifelnden, vielfach aber schalkhaften, menschlich sympathischen Politiker, der gerne herzhaft lacht. Im Vorfeld hatte eine SP-Nationalrätin gegen die Unterstützung durch die Filmförderung des Bundes mit der «dümmlichen Aussage» (*NZZ*) Stimmung gemacht, ein Milliardär solle filmische Porträts über sich selber bezahlen.[11]

Einen Erfolg auf kantonaler Stufe durfte die SVP im September 2013 verbuchen, als die Zürcherinnen und Zürcher das Ausländerstimmrecht mit drei Vierteln der Stimmen ablehnten. Die Volkspartei hatte sich von allen Parteien am meisten gegen die Initiative gestemmt, die den Ausländern unter bestimmten Voraussetzungen das Stimmrecht auf kommunaler Ebene gewähren wollte. Die linken Initianten kommentierten, die Liberalen und die Mitteparteien hätten sich zunehmend in die Geiselhaft der SVP begeben. Das wuchtige Nein sei aber nicht als grundsätzliches Misstrauensvotum gegen die Ausländer zu interpretieren.[12]

Für landesweite, monatelange Empörung sorgte nach einer «Reporter»-Sendung des Schweizer Fernsehens ab Ende August 2013 der «Fall Carlos». Am Beispiel des 17-jährigen Problemjugendlichen und eines SP-Jugendanwalts offenbarten sich die endlos kostspieligen Bemühungen der Schweizer Justiz. Der Sohn eines Schweizers und einer Brasilianerin war 34 Mal wegen verschiedener Delikte verurteilt worden und wurde von einer Privatfirma durch ein «Sondersetting» inklusive Thai-Boxen resozialisiert. Der grüne Justizdirektor Martin Graf musste die monatlichen Kosten von Carlos auf fast 30 000 Franken beziffern, während das Opfer seiner Messer-Attacke kaum Staatshilfe erhielt. Die SVP forderte angesichts der scheinbar unkontrollierten Ausgaben im Kantonsrat eine parlamentarische Untersuchungskommission, die aber chancenlos blieb. Unter Erklärungsnotstand geriet auch der Oberjugendanwalt Marcel Riesen (SVP). Im Frühjahr 2015 verpasste der grüne Regierungsrat Martin Graf wegen «Carlos» und dem nachfolgenden Medienwirbel seine Wiederwahl.[13]

Im Oktober 2013 entschieden sich die SVP-Delegierten für die Nein-Parole zur Preiserhöhung der Autobahnvignette. Zudem wurde der Beschluss gefasst, eine «Anti-Stau»-Initiative zu lancieren. Damit sollte verhindert werden, dass die Kapazität von Staatsstrassen weiter reduziert werden darf. Die SVP wollte in der Kantonsverfassung festschreiben, dass Kantone wie die Gemeinden die Leistungsfähigkeit von überkommunal bedeutsamen Strassen an der Nachfrage des motorisierten Individualverkehrs ausrichten müssten. Spurabbau, Abbiegeverbote oder Bushaltestellen auf der Strasse (ohne Haltebucht) sollten nach dem Willen der SVP künftig verhindert werden. Einleitend hatte Nationalrat Toni Brunner an die Grundsatztreue der Partei appelliert. Dem Freisinn warf der Präsident der SVP Schweiz vor, mit seinem Nein zur Familieninitiative gegen Steuersenkungen, mit dem Ja zur Bahnvorlage «Fabi» für mehr Steuern und mit dem Ja zur Verteuerung der Vignette für höhere Gebühren votiert zu haben.[14]

Während die Vignetten-Verteuerung von 40 auf 100 Franken im Sinne der SVP vom Volk klar abgelehnt wurde, scheiterte im November 2013 die SVP-Familieninitiative. Diese verlangte eine steuerliche Entlastung für alle Familien mit Kindern. Wer die Kinder selber betreut, sollte gegenüber jenen, welche die Krippen beanspruchen, steuerlich nicht diskriminiert werden. Das Begehren richtete sich gegen die Verstaatlichungstendenz von Familien und Kindern und gegen die Entmündigung der Eltern.

Ende 2013 entfachte die *NZZ am Sonntag* mit der «Putzfrauenaffäre» einen Wirbel um Hans und Ursula Fehr.[15] Das prominente Eglisauer Ehepaar hatte aus Gutmütigkeit eine kosovarische Haushaltshilfe beschäftigt und sich mit kleineren Geschenken und Geldbeträgen revanchiert. Nun warf man insbesondere Hans Fehr als Asyl-Hardliner vor, illegal und privat anders gehandelt zu haben, als er es politisch forderte. Seine Gattin, so der Vorwurf an Ursula Fehr, hätte als Laienrichterin und Gemeindepräsidentin über das geltende Recht Bescheid wissen müssen. Später zeigte sich, dass die Frau aus dem Kosovo auch andernorts – etwa bei einem SP-Bezirksgerichtspräsident – gearbeitet hatte, was aber die Medien kaum interessierte. Die Zürcher Staatsanwaltschaft stützte schliesslich die Darstellung des Ehepaars Fehr und stellte das Verfahren ein.[16]

Die Kulturveranstaltung am Berchtoldstag 2014 galt der Zentralschweiz. In Luzern würdigte Christoph Blocher vor 1300 Besuchern den Obwaldner Eremiten Klaus von Flüe, insbesondere dessen berühmte Aufforderung an die Eidgenossen «Machend den zun nit zu wit» als gültige aussenpolitische Richtschnur, die aber auch für Unternehmen in der Wirtschaft gelten müsse. Den konservativen Luzerner Politiker Philipp Anton von Segesser lobte Blocher als grossen Gegenspieler des Zürchers Alfred Escher, als überzeugten Förderalisten, Demokraten und Katholiken. Das Bekenntnis dieses Politikers zum Vaterland bedeutete im jungen Bundesstaat viel, denn manche Katholiken – politisch von den Liberalen an den Rand gedrängt – orientieren sich als «Ultramontane» lieber am Papst. Den hervorragenden Landschaftsmaler Robert Zünd schilderte Blocher als ausgesprochenen Einzelgänger; er präsentierte dem Publikum einige Bilder aus seinem Privatbesitz.[17]

An der Albisgüetli-Tagung 2014 durfte OK-Präsidentin Barbara Steinemann aus feuerpolizeilichen Gründen statt 1415 nur 1215 Personen im Hauptsaal platzieren. Parteipräsident Alfred Heer kritisierte eingangs die landesweiten bundesrätlichen Kampagnen gegen die Masseneinwanderungsinitiative als «Tour de Bschiss». Christoph Blocher empfing den freisinnigen Bundespräsidenten Didier Burkhalter mit der Erinnerung an den «Neuenburgerhandel»: Die Neuenburger hätten 1857 den Ansprüchen des Königs von Preussen widerstanden. «Dank diesem Widerstand haben wir heute im Albisgüetli einen Schweizer Bundespräsidenten aus Neuenburg in unserer Mitte», sagte Blocher unter Applaus. Sonst wäre Burkhalter heute vielleicht in Berlin und «dank sanfter Mithilfe Ihrer tüchtigen Vorarlberger Frau vielleicht sogar deutscher Bundespräsident».

Die gleiche «Classe politique», die 1992 bei einem EWR-Nein den Untergang des Landes prophezeit habe, behaupte heute, die Masseneinwanderung sei zum Wohl des Landes. Bei einer Ablehnung der Masseneinwanderungsinitiative werde es der Schweiz bei anhaltend hoher Zuwanderung immer schlechter gehen. Dann warnte Blocher eindringlich vor den institutionellen Verhandlungen mit der EU mit verbindlicher Rechtsauslegung durch EU-Richter: Was man Erneuerung des Bilateralismus nenne, sei «in Tat und Wahrheit ein grosser Schritt zum EU-Beitritt», ein «EU-Beitritt auf Samtpfoten». Schliesslich las Blocher den Vorschlag eines Briefes vor, den er als Aussenminister Didier Burkhalter an EU-Kommissionspräsident José Manuel Barroso richten würde. Mit «Ihre Exzellenz» möge er Barroso nicht anreden, Burkhalter könne auch schreiben «Lieber José», oder «Lieber Josef», am besten aber gutschweizerisch «Tschau Sepp». Die Schweiz sei gerne bereit, auf der Basis von zwei unabhängigen Staatenbünden im gegenseitigen Einvernehmen Lösungen zu suchen.

Bundespräsident Burkhalter erwiderte, die Schweiz befinde sich seit dem EWR-Nein von 1992 auf dem bilateralen Weg – dem besten Weg. «Dass die Schweiz auf diesem Weg ist, ist auch Ihr Verdienst. Das Verdienst der SVP.» So viel Freundlichkeit gab es von einem parteifremden Bundespräsidenten im Albisgüetli noch nie. Der Aussenminister plädierte für die Aussenpolitik einer «massvollen Offenheit»: Der Bundesrat wolle der EU nicht beitreten, die Verhandlungen über institutionelle Fragen dienten lediglich der Sicherung des bilateralen Wegs. Auch müsse sich die Schweiz keinen EU-Richtern unterwerfen. Schliesslich sprach sich der Bundespräsident gegen die Masseneinwanderungsinitiative der SVP aus. Diese sei mit vorgesehenen Kontingenten planwirtschaftlich und würde den bilateralen Weg mit der EU gefährden. Die Probleme mit der Personenfreizügigkeit seien aber real, und der Bundesrat habe Massnahmen zur Bekämpfung von Missbräuchen beschlossen. Didier Burkhalter schloss mit dem Aufruf: «Wir alle sind Schweiz-Turbos. Wir alle sind Patrioten.»[18]

Gegen die Masseneinwanderung

Drei Wochen vor der Abstimmung über die SVP-Masseneinwanderungsinitiative reiste Volkswirtschaftsminister Johann Schneider-Ammann (FDP) nach Berlin, wo er mit vier deutschen Ministern zusammentraf. Dabei habe von deutscher Seite grosses Interesse an der eidgenössischen Abstimmung über die Masseneinwanderungsinitiative bestanden, erklärte er danach vor den Medien. «Er habe klargemacht», so gab die *Neue Zürcher Zeitung* den freisinnigen Magistraten wieder, «dass die Abstimmung im Sinne des Bundesrates ausgehen werde und die Regierung engagiert für den Erhalt der Personenfreizügigkeit kämpfe.» Darum titelte die erleichterte NZZ am folgenden Tag: «Personenfreizügigkeit bleibt».[19]

Es sollte ganz anders kommen. Die Annahme der SVP-Masseneinwanderungsinitiative vom 9. Februar 2014 durch Volk und Stände war selbst für die Parteiexponenten eine Überraschung. Gegen den erbitterten Widerstand aller anderen Parteien und fast aller Medien errang die SVP nach den etwas missglückten Wahlen von 2011 mit demselben Thema eine knappe Volksmehrheit. Auf dem Plakat hatte die Partei jenes gesunde Apfelbäumchen übernommen, mit dem die Wirtschaftsverbände jeweils bei den bilateralen Verträgen gegen die SVP gekämpft hatten. Nun wurden aber die Wurzeln des Bäumchens grafisch so mächtig dargestellt, dass sie die Schweiz zerbröckelten und zerstörten. Dazu kam der Text: «Masslosigkeit schadet! Masseinwanderung stoppen». Was in der Werbung eigentlich tabu ist – die Übernahme eines gegnerischen Sujets – hat hier offensichtlich funktioniert.

Die Variation des Apfelbäumchens, mit dem die Economiesuisse jeweils die Bilateralen Verträge mit der EU beworben hatte, ging auf: Die SVP-Masseneinwanderungsinitiative wurde am 9. Februar 2014 knapp angenommen.

Überdurchschnittliche 56,6 Prozent der Stimmberechtigten bemühten sich am 9. Februar 2014 an die Urnen, 50,3 Prozent der Stimmenden und 14½ Stände stimmten dem Begehren zu. Nunmehr war es nicht mehr nur ein Anliegen der SVP, sondern gültiges Verfassungsrecht, dass die Schweiz die Zuwanderung wieder eigenständig mit Kontingenten, jährlichen Höchstzahlen und Inländervorrang steuern sollte. Ganz offensichtlich überwogen für eine Mehrheit der Stimmenden die negativen Folgen der ungebremsten Zuwanderung. Die Nettozuwanderung eines Jahres entsprach einer Stadt wie Luzern oder St. Gallen; die letzten fünf Jahre zusammengerechnet, kam man auf die

Nettoeinwanderung einer Stadt Zürich. Das Bundesamt für Migration berechnete fürs Jahr 2035 eine Einwohnerzahl von 10 Millionen. Trotz grosszügiger Einbürgerungen betrug der Ausländeranteil mittlerweile nahezu 25 Prozent. Als Folge erinnerte die SVP an die heillose Überlastung der Infrastrukturen, an verstopfte Strassen, überfüllte Züge und Schulhäuser, an die exzessive Überbauung des Landes und an explodierende Mieten und Bodenpreise. Offensichtlich überzeugte auch das Argument des Lohndrucks, der Konkurrenz am Arbeitsplatz und der Gefährdung von Schweizer Arbeitnehmern. Zuwanderer aus der EU verdrängten auch Arbeitskräfte aus Drittstaaten, die wiederum nicht in ihre Heimatländer zurückkehrten und die Schweizer Sozialwerke belasteten.

Die EU, der Bundesrat und das Parlament sollten sich in der Folge gleichermassen schwertun bei der Umsetzung des Volkswillens. Während Brüssel das Begehren schlicht als nicht vereinbar mit der Personenfreizügigkeit erklärte und die Verhandlungen über das Forschungsrahmenprogramm «Horizon 2020» aussetzte, versuchten die Mitteparteien und die Linke mit verschiedenen Vorschlägen, einen für die EU akzeptablen Mittelweg ohne Kontingente, aber mit Inländervorrang zu beschreiten. Die SP und die Gewerkschaften hatten nun ihr Druckmittel der «flankierenden Massnahmen» weitgehend verloren. Da gemäss Initiativtext keine völkerrechtlichen Verträge abgeschlossen werden dürfen, die den Bestimmungen der Masseneinwanderungsvorlage widersprechen, geriet Bundesbern bei der Ausweitung der Personenfreizügigkeit auf Kroatien mit dem Volkswillen in Konflikt.

Zeitlich gab die neue Verfassungsbestimmung Bundesrat und Parlament den Rahmen von drei Jahren, um widersprechende völkerrechtliche Verträge neu zu verhandeln und anzupassen. Im Falle des Scheiterns einer entsprechenden Ausführungsgesetzgebung muss der Bundesrat auf diesen Zeitpunkt hin die Ausführungsbestimmungen vorübergehend auf dem Verordnungsweg regeln. Die SVP nimmt auch die Kündigung der Personenfreizügigkeit und damit gemäss Guillotineklausel aller Bilateralen Verträge I in Kauf, hält eine solche Kündigung aber wegen des Einstimmigkeitsprinzips und der immensen Vorteile zugunsten der EU etwa beim Landverkehrsvertrag und angesichts des EU-Handelsbilanzüberschusses speziell bei den Dienstleistungen als äusserst unwahrscheinlich.[20]

Mit deutlicher Mehrheit wurde gegen den Willen der Zürcher SVP die Finanzierung und der Ausbau der Eisenbahninfrastruktur (Fabi) gutgeheissen. Damit war künftig in der Verfassung verankert, dass Betrieb, Unterhalt und Ausbau des Schienennetzes aus einem unbefristeten Fonds finanziert werden. Dazu muss der Bund jährlich gegen 5 statt wie bisher 4 Milliarden Franken bereitstellen, welche die Kantone und die Konsumenten zu bezahlen haben. 2018 bis 2030 soll ein Mehrwertsteuerpromille «befristet» der Bahninfrastruktur zugutekommen. Vergeblich hatten der Volkswirtschaftsdirektor Ernst Stocker und der SVP-Verkehrspolitiker Max Binder mit viel Herzblut für die Bahnvorlage Fabi – wie zuvor für die Erhöhung der Autobahnvignette – gekämpft. Nur so könne das Schienennetz mit dem Brüttener Tunnel und dem vierten Gleis in Stadelhofen ausgebaut werden. Die Delegierten der Zürcher SVP wollten davon nichts wissen und folgten mit 224 gegen 21 Stimmen den Argumenten von Andreas Burgener von «Auto Schweiz». Man beurteilte die Vorlage als masslos überladen und befürchtete die Zementierung der Querfinanzierung der Bahn durch die Strasse.[21]

Bei den Zürcher Stadtratswahlen blieb die SVP mit den beiden Kandidaten Nina Fehr Düsel und Roland Schegg chancenlos. Filippo Leutenegger eroberte für die FDP ein drittes Mandat auf Kosten der Grünen, doch konnte die rot-grüne Vorherrschaft nicht gebrochen werden. Nina Fehr Düsel schaffte beinahe das absolute Mehr, blieb aber letztlich ebenso erfolglos wie Kantons- und Gemeinderat Roland Schegg. Die städtische SVP verlor bei den Parlamentswahlen 2 Mandate und kam auf 22 Sitze, womit sie noch immer vor der erstarkenden FDP lag. Es zeigte sich aber entgegen gewissen Hoffnungen, dass die gleichzeitig vorgelegte Masseneinwanderungsinitiative in Zürich vor allem die Gegnerschaft mobilisiert und dass die SVP im zunehmend linken Milieu einen äusserst schweren Stand hatte. Dabei war im Wahlkampf klar aufgezeigt worden, dass Zürich finanzpolitisch vor frostigen Jahren stehe. Die seit langem herrschende rotgrüne Mehrheit hatte ständig über ihre Verhältnisse gelebt. Jetzt drohten hohe Defizite und der Verbrauch des Eigenkapitals. Das Absinken von 18,6 auf 17,2 Prozent Wähleranteil bei eher gemässigtem Wahlkampf widerspiegelte einen für die Volkspartei negativen «Filippo-Effekt», indem wohl etliche bisherige Wähler gleich auch noch die Partei des als rechtsbürgerlich geltenden, populären Leutenegger einwarfen.[22]

In Winterthur aber vermochte die SVP ihr 2002 verlorenes Stadtratsmandat wieder zu erobern und schaffte damit die bürgerliche Wende in der Stadtregierung. Es gelang Josef Lisibach dank bürgerlicher Unterstützung, die bisherige SP-Stadträtin Pearl Pedergnana zu verdrängen. Zum guten Resultat trugen die Winterthurer Wirtschaftsverbände bei, die sich als «Allianz starkes Winterthur» in den Wahlkampf einmischten. Der volksnahe Kantonspolizist Lisibach profitierte zudem von seiner Funktion als Präsident des Gemeinderats; als solcher hatte er zahlreiche Anlässe besucht und viele Winterthurerinnen und Winterthur persönlich kennengelernt. Im Stadtparlament verteidigte die SVP ihre 13 Mandate.[23]

Bei den Parlamentswahlen in 13 Zürcher Städten – erstmals wurde auch Wetzikon zur Parlamentsgemeinde – verlor die SVP 8 Sitze, während die FDP 9 hinzugewinnen konnte. Mit 148 der 572 Parlamentssitze stand die Partei aber immer noch mit Abstand an der Spitze. Auch in den Landgemeinden tat sich die Volkspartei schwer, wobei der profilierte Kurs ihrer führenden Exponenten auf Bundesebene und die sich längerfristig doch negativ auswirkenden Schlagzeilen einiger ihrer Mitglieder mitgewirkt haben dürften. Auch die scharfe mediale Kritik und die schwache Stellung der SVP in der Presselandschaft blieben nicht ohne Auswirkung. Hinzu kam, dass mittlerweile eine Parteimitgliedschaft für Gemeindeämter generell als Nachteil betrachtet wird. «Ein Parteilogo im Plakat ist wie Hundedreck am Schuh», titelte darum der *Tages-Anzeiger*. Allein im Zürcher Unterland wurde ein halbes Dutzend profilierte SVP-Gemeinderäte abgewählt und häufig durch Parteilose ersetzt. Gerade dort, wo die SVP einen Wähleranteil von 40 Prozent erzielte, hatten Parteilose – weil für die übrigen 60 Prozent besser wählbar – durchaus gute Chancen.[24] SVP-Kantonsrat und Sekundarlehrer Matthias Hauser, der in Hüntwangen erfolgreich als Gemeindepräsident kandidierte, nannte diesen Trend im *Zürcher Boten* ein «Versteckspiel». Man wähle mit den Parteilosen unfassbare Mitbürger, die niemandem Rechenschaft schuldig seien: «Das Label parteilos verrät nicht, ob jemand sparsam, sozial, naturverbunden, esoterisch oder gewerbefreundlich ist.»[25]

Infolge eines Herzleidens und unter Hinweis auf eine gegenüber dem Schweizer Finanzplatz unerfreuliche Politik trat Hans Kaufmann im März 2014 als Nationalrat zurück. Zwar hätte er sich ausdrücklich Thomas Matter als

Vertreter des Finanzplatzes und Kenner der Schweizer Finanz- und Wirtschaftspolitik als Nachfolger gewünscht. Christoph Blocher erklärte indessen den konsequent geradlinigen Ersatzkandidaten Ernst Schibli als «guten Mann» und kommentierte: «Wenn Schibli zurückkommen will, muss Thomas Matter eben noch ein bisschen warten.»[26] Tatsächlich entschloss sich Ernst Schibli, in Bern erneut anzutreten. Wenn aber Blocher den zweiten Ersatzmann Matter und zudem auch die Anhänger einer gewissen Verjüngung aufforderte, noch «ein bisschen» zu warten, so wusste zu jenem Zeitpunkt fast nur er selber, wie nahe eine weitere personelle Rochade bevorstand.

Im Mai 2014 erklärte Christoph Blocher – für die Öffentlichkeit völlig überraschend – seinen sofortigen Rücktritt als Nationalrat. Er sei nicht bereit, sich in diesem «verbürokratisierten» Parlament mit Nebensächlichkeiten zu beschäftigen, sondern wolle sich voll auf den Kampf gegen die institutionelle Anbindung an die Europäische Union konzentrieren. Tatsächlich hatte Blocher zu diesem Zweck frühzeitig das überparteiliche Komitee «EU No» gegen die schleichende Anbindung an Brüssel gegründet, bei dem alt Nationalrat Ulrich Schlüer sowie die Nationalräte Thomas Aeschi und Lukas Reimann als neuer Auns-Präsident mitwirken. Blocher blieb aber SVP-Vizepräsident und Strategieverantwortlicher und war unternehmerisch vor allem im Medienbereich aktiv. Seit kurzem teilte er mit Chefredaktor Markus Somm und Geschäftsführer Rolf Bollmann den Besitz der mittlerweile sanierten *Basler Zeitung* Holding AG zu gleichen Teilen. Es gehe – so erklärte Blocher – um «einen Sprung vorwärts» zur «alles entscheidenden Frage». Mit seiner Rücktrittsankündigung, vielfach als Diskreditierung des Parlaments interpretiert, machte Blocher mit einem Mal eine breite Öffentlichkeit darauf aufmerksam, wie weit die Vorbereitungen für eine Anbindung der Schweiz an die EU hinter den Kulissen schon gediehen waren.[27]

Sofort in den Fokus geriet Blochers Nachfolger im Nationalrat, der Meilemer Unternehmer Thomas Matter. Der damals 48-jährige Präsident der Neuen Helvetischen Bank wurde mit guten Gründen als finanzpolitisches Gegengewicht gegen die von der SVP ungeliebte Bundesrätin Eveline Widmer-Schlumpf beurteilt. Im Wahlkampf 2011 war er mit grossem Einsatz und einem alten VW-Bus durch den Kanton getourt und hatte auf der SVP-Liste elf Plätze gutgemacht. Matters Einsitz im nationalen Parlament bedeutete nicht zuletzt eine Genugtuung für eine ungerechtfertigte Medien- und Politkampagne vom Sommer 2006 gegen die von Matter gegründete Swissfirst Bank. Der öffentliche Wirbel erklärte sich vor allem aus der Tatsache, dass Matters Swissfirst 2002 die renommierte Wochenzeitung *Die Weltwoche* im letzten Moment dem Ringier-Verlag weggeschnappt hatte, um die Aktien mehrheitlich an Schweizer Anleger zu verkaufen.[28] 2005 war Thomas Matter mit einem Unternehmer-Komitee gegen den Schengen-Vertrag angetreten, und 2010 hatte er die «IG Schweizer Unternehmer gegen wirtschaftsfeindliche Initiativen» gegründet.

Der bei der Schweizerischen Bankgesellschaft zum Bankkaufmann ausgebildete Thomas Matter (*1966) stammt aus dem Oberbaselbiet, war einst Chefhändler für Schweizer Aktien bei MerrillLynch in London und Zürich und gründete 1994 mit zwei Partnern die Swissfirst Gruppe, damals unter dem Namen Zurich Financial Products AG. Matters Grossvater hatte eine kleine Textilfabrik in Sissach betrieben und als sozialdemokratischer Gemeindepräsident geamtet, Vater Peter Matter war Verantwortlicher der Finanzanlagen des Roche-Konzerns und Verwaltungsrat der Ems-Chemie AG und der Lonza. 1999 erfolgte der Börsengang der Swissfirst; Thomas Matter blieb deren Geschäftsführer und Hauptaktionär. Ein einmaliges Medienspektakel skandalisierte den völlig rechtmässig abgewickelten Zusammenschluss der Swissfirst mit der Bank am Bellevue, so dass er im August 2006 zurücktrat und seine Swissfirst-Anteile verkaufte. 2011 gründete Matter mit Weggefährten die in Zürich domizilierte Neue Helvetische Bank AG und übernahm deren Verwaltungsratspräsidium. Sein aufs Jahr 2005 zurückgehendes Familienunternehmen Matter Group hält Beteiligungen an Schweizer Firmen und unterstützt KMU-Betriebe mit ihrem Know-how. Als erfolgreicher Urheber der Privatsphäreninitiative, glaubwürdiger Kämpfer für den Finanzplatz und Quästor der Zürcher SVP erwarb sich der zupackende, unkomplizierte und gesellige Meilemer auch bei der Parteibasis rasch ein sehr gutes Ansehen. 2014 konnte Thomas Matter die Nachfolge von Christoph Blocher nicht nur im Nationalratsgremium, sondern auch in der einflussreichen Kommission für Wirtschaft und Abgaben antreten. Als einer der wenigen Unternehmer hatte er sich kurz zuvor massiv für die Masseneinwanderungsinitiative ins Zeug gelegt und wurde angesichts der von Finanzministerin Widmer-Schlumpf und der Mittelinks-Mehrheit des Parlaments vorangetriebenen Regulierungen im Finanzdienstleistungsbereich rasch zu einer profilierten Gegenstimme.[29]

Für ausnahmsweise ausschliesslich positive Medienkommentare sorgte im Mai 2014 die feierliche Eröffnung der Stiftung Musikinsel Rheinau. Ohne Neubau, sondern ausschliesslich im barocken Gemäuer des früheren Benediktinerklosters und der späteren psychiatrischen Klinik konnte aufgrund einer 20-Millionen-Stiftung von Christoph Blocher ein nationales Zentrum für Berufs- und Hobbymusiker verwirklicht werden. Den Solisten und Formationen stehen fortan ein grosser Musiksaal, mehrere Proberäume, eine Restauration und 63 einfache Hotelzimmer verschiedener Grösse zur Verfügung. Blochers Stiftung mietet die Räumlichkeiten vom Kanton und trägt auch das zu erwartende Defizit. Die Musikerinnen und Musiker, die im Kloster Rheinau proben, loben einhellig das Ambiente der klösterlichen Stille, die Akustik und die zweckmässige Unterbringung. Musik, Kultur, Geschichte, Religion und Natur fügen sich auf der idyllischen Rheininsel im Zürcher Weinland zu einem harmonischen Ganzen.[30]

Zwei Aspekte der Zürcher SVP wurden im ersten Halbjahr 2014 von den Medien besonders intensiv diskutiert: die angebliche Verakademisierung der Volkspartei und die Überalterung ihrer Berner Abordnung. Was die Sorge um ein angebliches Abdrängen des traditionellen Bauern- und Gewerbeflügels durch Intellektuelle betraf, so schienen die Journalisten zu vergessen, dass die mittlerweile ausgeschiedenen Ulrich Schlüer, Hans Kaufmann und Christoph Blocher Akademiker waren, während die neu eingetretenen Ernst Schibli und Thomas Matter eine handfeste Berufslehre absolviert hatten. Substantieller war wohl die Kritik an einer gewissen «Sesselkleberei» und Überalterung, wobei der Druck auf die verbliebenen, langjährigen Nationalräte nach dem Rücktritt von Christoph Blocher noch zunahm. Blocher forderte die nachdrängenden Jungen jeweils auf, erst einmal zu zeigen, dass sie es besser machten. Gleichzeitig kritisierte er aber die zu hohe Entschädigung der Bundesparlamentarier, die den Milizgedanken zerstöre und einem faktischen Berufsparlament Vorschub leiste, in dem sich alle an ihre gut bezahlten Sessel klammerten.[31]

Im Frühjahr 2014 teilte die SVP des Kantons Zürich in einem schlichten Communiqué mit, dass sich ihre Frauenkommission aufgelöst habe. Tatsächlich war das Interesse an den Veranstaltungen nach 81-jährigem Bestehen erlahmt. Die Frauenkommission konnte auch überzeugend begründen, dass sich die SVP-Frauen mittlerweile im Schoss der Mutterpartei bestens aufgehoben fühlten. In der SVP als moderner Partei fänden Frauen und Männer längst gleichberechtigt ihren Platz. Dennoch war nicht zu verkennen, dass der weibliche Anteil der Politikerinnen bei der Volkspartei noch immer zu wünschen übrig liess: Von elf Nationalräten war Natalie Rickli die einzige Frau, in der 54-köpfigen Kantonsratsfraktion zählte man 9 Frauen und im Gemeinderat der Stadt Zürich sogar nur eine einzige Frau auf 23 Sitze. Die Gossauer Gemeinderätin Elisabeth Pflugshaupt erklärte indessen den von ihr mitverantworteten Entscheid mit geänderten Bedürfnissen: «Wir wollen vielmehr in den entscheidenden Gremien der Partei vertreten sein – und zunehmend sind wir das auch.»[32]

Die Ablehnung der Beschaffung des schwedischen Kampfflugzeugs Gripen bedeutete im Mai 2014 einen herben Rückschlag für die bürgerliche Seite und speziell für SVP-Bundesrat Ueli Maurer. Mit dem bei grossen Beschaffungsprojekten üblichen Gezerre im Vorfeld der Abstimmung – einzelne Politiker von FDP und SVP hatten sich betont kritisch zur Typenwahl geäussert – war angesichts der Opposition von Links an eine Volksmehrheit für die 22 Kampfflieger für 3,1 Milliarden Franken nicht mehr zu denken. Für die Konzeption der künftigen Sicherheitspolitik bildete dieser negative Entscheid bei der wichtigen Frage der Aufrechterhaltung eines zukunftstauglichen Luftschirmes durch 53,4 Prozent der Stimmenden – auch der Kanton Zürich hatte abgelehnt – eine empfindliche Niederlage.

Auch Ergebnisse von kantonalen Vorlagen zeigten, dass von stabilen bürgerlichen Verhältnissen im Kanton Zürich nicht mehr so einfach auszugehen war. Im September 2014 befürwortete eine klare Mehrheit, dass die Gemeinden einen Mindestanteil von preisgünstigem Wohnraum festlegen können. Für die SVP, den kantonalen Gewerbeverband sowie den Hauseigentümerverband war dieses Verdikt eine arge Schlappe. Die immer weitergehende Einschränkung der verfassungsmässig garantierten Eigentumsfreiheit bot Anlass zu Besorgnis, wurde es doch zunehmend schwieriger, sich für liberale, wirtschafts- und eigentumsfreundliche Lösungen einzusetzen.[33]

«Sozialirrsinn in Hagenbuch ZH», titelte der *Blick* im Herbst 2014. Die kleine Zürcher Gemeinde musste wegen einer eritreischen Grossfamilie die Steuern erhöhen, da vier der sieben Kinder in Heimen lebten und sich Sozialarbeiter um die restlichen Familienmitglieder kümmerten. Eine einzige Familie kostete die Gemeinde eine halbe Million Franken. SVP-Gemeindepräsidentin Theres Schläpfer machte die Sorgen ihres Dorfes unerschrocken öffentlich.[34]

Im Oktober 2014 hinterfragte die SVP an einer Medienkonferenz das allzu grosszügige, auf die Dauer unbezahlbare Sozialhilfesystem im Kanton Zürich. Kantonsrätin Barbara Steinemann und Kantonsrat Claudio Schmid zeigten auf, dass die 171 Gemeinden im Vorjahr fast 1,5 Milliarden Franken ausgegeben hatten, wobei die Tendenz drastisch steigend war. Konkret rief die SVP nach «Massnahmen gegen Kostenexzesse in der Sozialindustrie». Im Kern lautete ihre Botschaft: Das soziale Netz ist zu komfortabel ausgestaltet, setzt falsche Anreize und wird dominiert von Fachleuten, die dem Steuergeld zu wenig Sorge tragen. Darum brauche es tiefere Leistungen (beispielsweise kein Auto-Anrecht für Sozialhilfebezüger), zusätzliche demokratische Kontrolle und mehr Föderalismus. Nicht der Regierungsrat, sondern die Gemeinden sollten in Zukunft entscheiden, ob sie die höchst umstrittenen Richtlinien der Schweizerischen Konferenz für Sozialhilfe (Skos) für verbindlich erklären woll-

Im Kanton Zürich thematisierte die SVP erstmals umfassend die Kosten eines ausufernden Sozialsystems: Medienkonferenz vom 17. Oktober 2014 mit Fraktionschef Jürg Trachsel, Parteipräsident Alfred Heer und Kantonsrätin Barbara Steinemann (v. l. n. r.).

ten. Und über die Höhe der Sozialleistungen müsse der Kantonsrat befinden. Auch bei den Kindes- und Erwachsenenschutzbehörden (Kesb) wollte die SVP den Gemeinden wieder mehr Macht übertragen. Denn die Zentralisierung und Professionalisierung wirke kostentreibend und neige zu überteuerten Massnahmen.[35]

Die Volksinitiative der Umweltschutzorganisation Ecopop «Stopp der Überbevölkerung – zur Sicherung der natürlichen Lebensgrundlagen» hatte nach Annahme der Masseinwanderungsinitiative bei der Zürcher SVP keine Chance. Die Beschränkung der jährlichen Nettozuwanderung in die Schweiz auf 0,2 Prozent der ständigen Wohnbevölkerung schien zu starr und die Förderung der weltweiten freiwilligen Familienplanung zu weltfremd. Auch wollte man die Umsetzung der eigenen, als weit realistischer beurteilten Masseinwanderungsinitiative nicht gefährden. Dennoch hatten die Initianten mit dem emeritierten Bankenprofessor Hans Geiger einen prominenten Fürsprecher, der in einigen anderen SVP-Kantonalparteien eine Ja-Parole erreichte. Bei der Zürcher Delegiertenversammlung folgte ihm immerhin eine stattliche Minderheit von 106 zu 120 Stimmen bei 11 Enthaltungen.[36] Die Ablehnung beim Volk mit 74,1 Prozent und bei allen Kantonen fiel am 30. November 2014 aber sehr deutlich aus.

Für gehöriges Rauschen im Blätterwald sorgte im Dezember 2014 die Nachricht, dass der Verwaltungsrat der *Neuen Zürcher Zeitung* Markus Somm zum Chefredaktor habe berufen wollen. Der nunmehrige Chefredaktor der *Basler Zeitung* war zwar FDP-Mitglied, fuhr aber als ehemaliger Stellvertreter von Roger Köppel bei der *Weltwoche* einen betont liberalkonservativen Kurs. Vor allem seine Nähe zu Christoph Blocher, über den er eine Biografie geschrieben hat, und der gemeinsame Besitz der *Basler Zeitung* führten zu einem eigentlichen Aufstand innerhalb der *NZZ*-Redaktion, so dass der begabte Historiker, Journalist und Buchautor schliesslich verzichtete. Die heftigen Reaktionen von Mitarbeitern, aber auch von Lesern und speziell der aussenstehenden Journalisten des international bekannten, traditionell dem Freisinn nahestehenden Blattes begruben vorerst die Hoffnungen auf eine Versöhnung im bürgerlichen Lager. Roger Köppel kommentierte die bisherige, für ihn unbefriedigende Situation bei der *NZZ* wie folgt: «Die weltanschauliche Verwirrung wurzelt tief. Durchs Aktionariat verläuft der innerbürgerliche Riss zwischen

FDP und SVP. Im Verwaltungsrat dürfte kaum Konsens über die politische Ausrichtung der Zeitung herrschen. Was würde passieren, wenn ein neuer Chefredaktor einen Freisinn eher blocherscher Prägung predigte – damit übrigens auf einem Kurs wie die *NZZ*-Legende Willy Bretscher? Undenkbar.»[37]

Das Volkshaus in Basel platzte aus allen Nähten, als Christoph Blocher am 2. Januar 2015 seine mittlerweile traditionelle Kulturveranstaltung grossen Basler Persönlichkeiten widmete. Er würdigte den Renaissance-Künstler Hans Holbein den Jüngeren sowie Bürgermeister Johann Rudolf Wettstein, der nach langwierigen, mühsamsten Verhandlungen am Westfälischen Friedenskongress in Münster und Osnabrück 1647 die völlige Loslösung der Eidgenossenschaft vom römisch-deutschen Reich erreichte. Am ausführlichsten aber behandelte Blocher den politisch linksstehenden Basler Professor Karl Barth, dessen Theologie in seinem Elternhaus wie auch in seinem persönlichen Glauben eine wichtige Rolle spielt. Mit seiner «Gott ist Gott»-Erkennntis erklärte Barth die Religion zum Unglauben, denn letztlich könne nur Gott von Gott reden; ein Bekenntnis des Menschen zu Gott sei unmöglich, vielmehr bekennt sich Gott zum Menschen. Dass der bedeutendste reformierte Theologe des 20. Jahrhunderts zwar die Gefährlichkeit Hitlers, nicht aber jene von Stalins Kommunismus erkannte, zeigte Barths Fehleinschätzung in der praktischen Politik und machte ihn – von Barth durchaus eingestanden – zum schwachen, fehlbaren Menschen wie alle andern auch.[38]

Der wirtschaftlich bedeutsame Entscheid der Nationalbank, die Frankenbindung an den Euro aufzugeben, war gemäss Christoph Blocher an der Albisgüetli-Tagung 2015 kein Grund für Pessimismus oder gar Verzweiflung in der Exportindustrie. Die erste Zeit nach einem solchen Schritt sei hart, aber die Wirtschaft wisse sich anzupassen, und die Bürger, Rentner und Sparer hätten wieder besseres Geld in den Händen. Blocher widmete seine Rede dem Thema «Schein und Wirklichkeit» und zitierte eingangs aus der Neujahrsansprache des diesjährigen Ehrengastes, SP-Bundespräsidentin Simonetta Sommaruga, in der diese die direkte Demokratie gelobt hatte: «Ein prächtiger Choral, Frau Bundespräsidentin», kommentierte Blocher, «es fehlte nur noch die Orgelmusik dazu.» Dann dichtete er für den «Choral» einige zusätzliche Strophen, in denen sich Sommaruga verpflichtete, das Initiativrecht endlich ernst zu nehmen, die Masseneinwanderung zu drosseln und kriminelle Ausländer auszuschaffen.

Zwei Generationen Baumeister des SVP-Erfolgs: An der Albisgüetli-Tagung 2015 begrüsste Nationalrat Toni Brunner, Präsident der SVP Schweiz, seinen Strategiechef Christoph Blocher.

Christoph Blocher betonte, dass hierzulande auch Bürgerrechte wie die direkte Demokratie, speziell die Umsetzung von Abstimmungsresultaten, Menschenrecht seien. Die Politik sei geprägt vom Hang zum Konstruierten, zum gerade Erwünschten, meist weitab von der Lebenswirklichkeit. Oft sage man von Bundesräten, sie seien «aktenkundig». Er würde es vorziehen, wenn man von ihnen berichten könnte, sie seien «lebenskundig». Blocher rügte den verfälschenden Umgang mit Statistiken; die ständige Zunahme von Asylbewerbern verdecke man mit immer mehr «vorläufig Aufgenommenen». Nur wer SVP wähle, könne die EU-Anbindung, den Abbau der Volksrechte, die Massenzuwanderung, das Asylchaos und die ausfernde Sozialindustrie bekämpfen. Vor allem sei es die Aufgabe der SVP, «die Weltfremdheit wieder durch die Wirklichkeit, die Theorie durch die Praxis, die Planung durch das Leben, die Verlogenheit durch die Wahrhaftigkeit und die Beschönigung durch die Realität zu ersetzen». Nicht Gutmenschen seien gefragt, sondern Menschen, die das Gute und Richtige tun.[39]

Auch Bundespräsidentin Simonetta Sommaruga wurde vom Publikum warm empfangen und erntete sogar Szenenapplaus, als sie den Grund ihres Besuchs beim politischen Gegner erklärte: «Wenn man in der Schweiz von einer wichtigen politischen Partei zu einem Gespräch eingeladen wird, dann nimmt man die Einladung an. Punkt.» Dennoch habe sie zu den SVP-Positionen fast nur Differenzen und sei «nachdenklich» bezüglich verschiedener Verlautbarungen in jüngerer Zeit. Ein Raunen erntete die Bundespräsidentin, als sie die SVP aufforderte, unmissverständlich klarzustellen, wie sie es mit den Menschenrechten halte. Wer bei den Menschenrechten mit unklaren Botschaften spiele, spiele mit dem Feuer: «Jede politische Partei muss eine glasklare Antwort geben, ob diese Rechte überall gelten sollen.»[40] Die moralistische Unterstellung an eine demokratische Partei, sie verletze die Menschenrechte, empörte den ebenfalls anwesenden *Weltwoche*-Chefredaktor Roger Köppel so sehr, dass er sich endgültig für ein aktives Eingreifen in die Politik im Sinne der SVP entschied.

Das Jahr 2015 war nicht nur ein grosses Wahljahr auf kantonaler und eidgenössischer Ebene, sondern auch ein Jahr der historischen Jubiläen: 700 Jahre Schlacht am Morgarten, 600 Jahre eidgenössischer Aargau, 500 Jahre Niederlage bei Marignano und Rückzug aus der europäischen Grossmachtpolitik, 200 Jahre völkerrechtlich anerkannte, immerwährende Neutralität. Der Bundespolitik schienen diese historischen Ereignisse spürbar unangenehm und dem Trend zur europäischen Integration widersprechend. Eher unwillig nahmen offizielle Repräsentanten dennoch an den entsprechenden Feierlichkeiten teil, um die «Geschichtspolitik» nicht völlig den «Nationalkonservativen» zu überlassen.

Trotzdem gelang es Christoph Blocher oder Markus Somm, der ein bemerkenswertes Buch über Marignano («Die Geschichte einer Niederlage») vorlegte, in Interviews und öffentlichen Streitgesprächen mit linksgerichteten, EU-beitrittsfreundlichen Geschichtswissenschaftlern, eine substanzielle Diskussion über das Werden und das Wesen der Schweiz auszulösen. Wenn auch eine Annäherung der Standpunkte kaum erfolgte, konnte 2015 in der öffentlichen Debatte der die Unabhängigkeit betonende Widerspruch nicht unterdrückt werden. Jedenfalls wurde die Geschichtsdebatte, der Streit, ob die Schweiz «anders» oder «gleich» sei, die Frage nach der Bedeutung von Mythen und des Sonderfalls, zu einem prägenden Faktor des Wahlkampfes.[41]

Als sich der offizielle Kanton Zürich anschickte, den zweihundertsten Jahrestag der völkerrechtlich anerkannten Neutralität durch eine Feier mit den

SP-Rednern Moritz Leuenberger, Regine Aeppli und Jakob Tanner in der Aula der Universität zu begehen, lud die Zürcher SVP am Vortag zu einer öffentlichen Neutralitätsfeier ins Zürcher Kongresshaus ein. In festlichem Rahmen, umrahmt von klassischer Musik aus der Zeit des Wiener Kongresses, würdigten Christoph Blocher, Roger Köppel und Christoph Mörgeli die Leistung der damaligen Schweizer Diplomatie und die friedensstiftende Wirkung der Neutralität für das Land. Die Redner warnten aber zugleich vor den aktuellen Tendenzen, die dauernd bewaffnete Neutralität einzuschränken, umzubiegen oder gar abzuschaffen. Im Volk sei die Neutralität zwar bestens verankert und erreiche in Umfragen fast hundert Prozent Zustimmung, aber das Aussendepartement gebe bei jedem internationalen Konflikt «seinen Senf» dazu. Als Beispiel nannte Blocher die Sanktionen gegen Russland, welche die angeblich souveräne, neutrale Schweiz zu einem guten Teil einfach von der EU übernehme. Während die Aula der Universität Zürich am offiziellen Festakt nicht einmal zur Hälfte gefüllt war, besuchten 1200 Zuhörer den SVP-Gedenkanlass.[42]

Den dicken Kuss, den EU-Kommissionspräsident Claude Juncker der Schweizer Bundespräsidentin Simonetta Sommaruga in Brüssel aufgedrängt hatte, verwendete die Zürcher SVP vor den kantonalen Wahlen 2015 für die einfache Botschaft: «Wähle lieber SVP!»

Als Justizministerin Simonetta Sommaruga nach Brüssel reiste, um über die Umsetzung der Masseneinwanderungsinitiative zu verhandeln, überrumpelte der EU-Kommissionspräsident Claude Juncker die verdutzt-erschreckte Sommaruga mit einem Wangenkuss. Bei diesem fotografisch festgehaltenen Vorkommnis wurde, so der *Tages-Anzeiger*, «die Realität für einmal zu ihrer eigenen Karikatur». Die Zürcher SVP verarbeitete die Szene in Grossformat zu einem Plakat, unter anderem im Zürcher Hauptbahnhof, und versah sie mit dem Slogan: «Wähle lieber SVP!» Dass die Verwendung des Bildes ohne die Zustimmung Sommarugas geschah, beurteilte Präsident Alfred Heer nicht als Problem. Seine Partei missbrauche das Porträt der Bundespräsidentin schliesslich nicht, um damit für Lippenstift zu werben. Vielmehr transportiere die SVP mit der Aufnahme der Politikerin eine politische Botschaft. Sommarugas Mediensprecher liess jedenfalls verlauten, man werde rechtlich nicht gegen das Plakat vorgehen.[43]

Für die kantonalen Wahlen hatte die SVP des Kantons Zürich ein neues Programm («Stabilität und Sicherheit») für die Jahre 2015 bis 2019 verabschiedet. In der Finanzpolitik wurden insbesondere das ständige Ausgabenwachstum, die steigende Schuldenlast und das neue Rechnungsmodell in der öffentlichen Verwaltung kritisiert. In Stadt und Kanton würden immer mehr und immer teurere Staatsstellen geschaffen. Von der Kantonalbank forderte die Partei einen Verzicht auf internationale Abenteuer. Auch beim Problem der Altersvorsorge und der Rentenreform konnte die Kantonalpartei dank programmatischen Vorarbeiten einer Gruppe um Markus Fabian Binder ganz konkrete Forderungen stellen. Das Bildungskapitel mit Betonung von Leistung, dualem Berufsbildungssystem und Einsatz gegen die ausufernde Akademisierung prägte vor allem die Arbeit der Bildungskommission unter Samuel Ramseyer.[44]

Für die Regierungsratswahlen 2015 portierte die SVP Markus Kägi und Ernst Stocker für eine weitere Amtsdauer. Platz drei und vier für Stocker und Kägi bedeutete angesichts ihrer profilierten Partei einen erfreulichen persönlichen Erfolg der beiden Magistraten. Die Grünen mussten den Sitz des glücklosen Justizdirektors Martin Graf an die CVP-Frau Silvia Steiner abgeben. Damit konnte im Regierungsrat der «historische» Bürgerblock von fünf Mandaten wiederhergestellt werden. Im Vorfeld war es allerdings zu Missstimmung gekommen, weil FDP-Persönlichkeiten wie Ruedi Noser, Felix Gutzwiller oder Filippo Leutenegger im Komitee des SP-Bewerbers auftraten oder der frühere FDP-Fraktionschef Thomas Isler den grünen Kandidaten unterstützte.[45]

Die SP konnte ihre beiden Sitze halten, indem Mario Fehr im Regierungsrat den rechten, Jacqueline Fehr neu den dezidiert linken Pol ihrer Partei besetzte. Die Christdemokratin Silvia Steiner verdankte ihren Sieg neben einem gehässigen Angriff des «Sterbehelfers» Ludwig A. Minelli nicht zuletzt der Unterstützung eines SVP-Inserats, welches die bisherige Staatsanwältin als Vertreterin eines bürgerlichen Kurses zur Wahl empfahl.[46] Während Markus Kägi die Baudirektion behielt, wechselte Ernst Stocker von der Volkswirtschaft zu den Finanzen. Angesichts früherer Universitätsturbulenzen mochte die bürgerliche Regierungsmehrheit die Bildungsdirektion nicht mehr der SP-Frau Jacqueline Fehr übertragen, sondern übergab dieses Ressort Silvia Steiner.

Ins Zentrum ihres Wahlkampfs hatte die Zürcher SVP das Engagement für einen starken Wirtschafts- und Werkplatz, für eine konsequente Asyl- und Ausländerpolitik und gegen den die steuerzahlenden Bürger überfordernden «Sozial-Irrsinn» gestellt. Bei den Kantonsratswahlen konnte die SVP ihre 54 Sitze halten, ebenso die CVP, während die FDP als grosse Siegerin 8 Mandate hinzugewann und neu 31 Sitze belegte. SVP und FDP verpassten die absolute Mehrheit nur um 6 Mandate und waren nun in einer besseren Lage, fallweise mit CVP und Grünliberalen Mehrheiten zu finden. Die SP gewann ein zusätzliches Mandat und erreichte mit 36 Sitzen wieder dieselbe Stärke wie vor acht Jahren. Zu den Verlierern gehörten die Grünen und die Grünliberalen, während die BDP mit 5 Sitzen trotz einem Sitzverlust Fraktionsstärke behielt.[47] Damit blieb die Zürcher SVP bei etwas gesteigertem Wähleranteil mit deutlichem Abstand stärkste politische Kraft im Kanton. Vor allem in der Stadt Zürich, wo Rot-grün nicht zuletzt dank einer entsprechenden Wohnbaupolitik fast beliebig dominierte, in geringerem Mass aber auch am rechten Seeufer und vor allem im Bezirk Andelfingen waren Rückgänge zu verzeichnen.

Eine unerwartete Genugtuung für den Schweizerischen Gewerbeverband unter dem Präsidium des Freiburger SVP-Nationalrats Jean-François Rime und für die aktiven Zürcher Abstimmungskämpfer Natalie Rickli und Gregor A. Rutz bedeutete der Beinahe-Sieg anlässlich der Revision des Radio- und Fernsehgesetzes (RTVG) vom Juni 2015. Nur gerade 50,08 Prozent oder 3700 Stimmen mehr entschieden die äusserst kontrovers geführte Frage, ob die mächtige Schweizerische Radio- und Fernsehgesellschaft SRG künftig geräteunabhängige Zwangsgebühren – also eine Art Mediensteuer – einziehen dürfe. Als Präsidentin der «Aktion Medienfreiheit» kündigte Natalie Rickli nunmehr Vorstösse an, um den Auftrag der SRG einzuschränken und deutliche Gebührensenkungen, mehr finanzielle Transparenz und Mitsprache des Parlaments bei der Vergabe der SRG-Konzession zu erreichen.[48]

Nur wenige Stimmen fehlten im Juni 2015 SVP-Nationalrätin und SRG-Kritikerin Natalie Rickli (links) – hier im Gespräch mit Medienministerin Doris Leuthard – für den Triumph einer Ablehnung von geräteunabhängigen Zwangsgebühren.

Schwungvoll zum Allzeithoch

Den eidgenössischen Wahlkampf vom Herbst 2015 konnte Kantonalpräsident Alfred Heer schon Ende Februar mit einem Coup eröffnen, der landesweit für Schlagzeilen sorgte: Roger Köppel, Verleger und Chefredaktor der *Weltwoche*, hatte sich bereiterklärt, für die Zürcher SVP als Nationalrat zu kandidieren. Der *Tages-Anzeiger* kommentierte, die SVP habe «das beste Händchen im Aufspüren von Quereinsteigern».[49] Der blitzgescheite Journalist, glänzende Rhetoriker und schlagfertige Debattierer – mittlerweile durch seine Fernsehauftritte auch jenseits der Grenzen im ganzen deutschsprachigen Raum bekannt – begründete seinen Entschluss, er fühle sich durch eine falsche Politik in Bundesbern getrieben, die Rolle des blossen Beobachters am Seitenrand zu verlassen und zum Akteur zu werden. Köppel verwies auf frühere Beispiele profilierter Chefredaktoren, die als Nationalräte gewirkt hatten. Gestört habe ihn insbesondere die internationale «Entschuldigungstour» des Bundesrats nach dem Ja zur Masseneinwanderungsinitiative, statt dass die oberste vollziehende Behörde den Volkswillen umgesetzt hätte. An der Albisgüetli-Tagung habe Bundespräsidentin Simonetta Sommaruga der SVP wegen der Volksinitiative «Landesrecht vor Völkerrecht» in einer «hanebüchenen Falschaussage» unterstellt, sie sei gegen ein Folterverbot und politisiere ausserhalb der Bundesverfassung. Köppel stiess sich auch daran, dass die Schweiz im Ukrainekonflikt im Fahrwasser der EU fuhr, statt als neutrales Land Distanz zu wahren.[50]

Tatsächlich hatte Roger Köppel in seiner *Weltwoche* die Mitte-links-Politik der herrschenden Mehrheit schon früher in aller Schärfe analysiert («Die neue Mitte steht links»).[51] Nach Annahme der Masseneinwanderungsinitiative sprach er an verschiedenen Orten der Schweiz in gefüllten Sälen zum Thema «Die Schweiz und Europa». Die SVP entwarf nach Bekanntgabe von Köppels Kandidatur umgehend ein Plakat mit der Aufschrift «Machen Sie es wie Roger Köppel, werden Sie Mitglied der SVP».

Die Gestaltung der Nationalratsliste bereitete den Verantwortlichen einiges Kopfzerbrechen, zumal mit dem Ständeratskandidaten, Kantonsrat Hans-Ueli Vogt, ein weiterer brillanter Intellektueller gesetzt war. Während Toni Bortoluzzi und Max Binder nach 24-jähriger verdienstvoller Tätigkeit die grosse Kammer verliessen, wurde Hans Fehr – da er das Alter von 65 Jahren bereits überschritten hatte – noch einmal vom Vorstand mit der dazu notwendigen Zweidrittelsmehrheit nominiert, allerdings mit einer einzigen Stimme Vorsprung.[52] Der Parteileitung und der Listengestaltungskommission unter Hans Rutschmann oblag die nicht einfache Aufgabe, gleichzeitig für eine personelle Erneuerung zu sorgen, mit einem bekannten Quereinsteiger die für genügend Sitze notwendigen Listenstimmen zu erobern, aber auch die nachrückenden Kandidatinnen und Kandidaten, die viel Partei- und Basisarbeit geleistet hatten, nicht zu entmutigen. Bereits spekulierten die Medien über die Verdrängung von bäuerlichen und gewerblichen Vertretern auf der Zürcher SVP-Liste durch Akademiker. Es waren zum Teil dieselben Journalisten, die zuvor die mangelnde intellektuelle Substanz der SVP-Volksvertretung kritisiert hatten.[53]

Schliesslich wählte man bei der Listengestaltung den Weg, parteiintern möglichst wenig Unruhe zu verursachen. Kandidat Roger Köppel wurde auf Platz 17 gesetzt, was öffentlich verwunderte. Man vermutete, die SVP vergebe sich damit die Chance, ihr «Zugpferd» optimal zu nutzen, und der nationale Präsident Toni Brunner bezeichnete diese Platzierung gar als «verschossenen Penalty».[54] Hans-Ueli Vogt, zugleich Ständeratskandidat, startete mit seinem ausdrücklichen Einverständnis auf Platz 10 hinter den bisherigen Nationalräten. Der ordentliche Professor für Privat- und Wirtschaftsrecht an der Universität Zürich sah sich mit einer schwierigen Ausgangslage konfrontiert, da ihm mit den Nationalräten Daniel Jositsch (SP) und Ruedi Noser (FDP) zwei Konkurrenten entgegentraten, die sich politisch recht nahestehen. Eine bürgerliche Wahlallianz mit dem Freisinn war weder bei den Ständerats- noch bei den Nationalratswahlen zu erreichen. Vogt versprach den Delegierten, sich politisch nicht zu verbiegen: «Einer, der für alle wählbar sein soll, ist für niemanden wählbar.» Parteipräsident Alfred Heer erinnerte daran, dass mit dem Duo Jositsch/Noser der Stand Zürich mit zwei EU-Beitritts-Freunden in Bern vertreten würde, und empfahl seiner Basis, einzig Vogt auf den Wahlzettel zu schreiben.[55]

Hans-Ueli Vogt führte einen engagierten Wahlkampf, wobei er beim wichtigen Thema «Landesrecht vor Völkerrecht» bei allen andern Parteien auf energischen Widerstand stiess. Mit dieser «Selbstbestimmungsinitiative», die Vogt massgeblich vorgedacht hatte, wurden im Wahlkampf Unterschriften gesammelt. Die SVP will damit für die Zukunft klären, ob die Bundesverfassung und damit Volk und Stände als Souverän nach wie vor die oberste Instanz des Staates sind, oder ob das letzte Wort mittlerweile den Richtern und dem internationalen Recht zusteht.

In einem «Aufruf von höchster Dringlichkeit» an alle Kandidierenden äusserte Strategiechef Christoph Blocher im Juli 2015 seine Besorgnis, dass sich manche SVP-Exponenten mehr ihrer eigenen politischen Laufbahn widmeten, statt die Hauptprobleme des Landes ins Auge zu fassen, nämlich die massive Einwanderung, das Asylchaos, die unverminderte Ausländerkriminalität, die Abschaffung der Volksrechte und die angestrebte Anbindung an die EU. Leider sei die SVP noch immer die einzige Partei, die sich entschieden gegen diese Fehlentwicklungen wehre. Deshalb könne nur eine gestärkte SVP eine Verbesserung erreichen. Viele Bürger glaubten nicht mehr, dass sich ihr Wille im Bundeshaus wirklich durchsetze; sie beteiligten sich deshalb nicht mehr an den Wahlen. «Machen Sie Nichtwähler zu Wählern», meinte Blocher zu den Kandidierenden: «Wenn Sie dies entschieden tun, wird der Erfolg nicht ausbleiben. Nicht die Selbstdarstellung der eigenen Person, sondern das konsequente Eintreten für die SVP-Liste sorgt dafür, dass wir Schweizer frei bleiben.»[56]

Die nationale Partei führte den Wahlkampf unter der Devise «Frei bleiben!». Die eigentliche Eröffnung fand Anfang August 2015 im Hauptbahnhof Zürich statt, wo es am Rande zu Scharmützeln zwischen linksextremen Demonstranten und der Polizei kam. An einer stimmungsvollen Delegiertenversammlung auf der St. Luzisteig im Kanton Graubünden gaben die Kandidatinnen und Kandidaten den Wählern konkrete Wahlversprechen. Dialoge zwischen Heidi und Peter sorgten für das passende Lokalkolorit. Der Wahlkampf in Graubünden interessierte die Zürcher SVP nicht nur wegen des Abschneidens von Bundesrätin Widmer-Schlumpfs BDP, sondern wegen der in Meilen wohnhaften SVP-Nationalratskandidatin Magdalena Martullo. Die Tochter von Christoph Blocher – erfolgreiche Chefin der Ems-Chemie AG – hatte sich zu einer Kandidatur bereiterklärt.

Ein Schlager über den Berner Sennenhund Willy – das Plüschtier hatte die Ziege Zottel als Parteimaskottchen ersetzt – sorgte bei Anhängern dieser Art von Unterhaltung für Freude, bei anderen aber auch für Kritik. Der Zürcher Kantonalpräsident Alfred Heer meinte im Zusammenhang mit dem Willy-Schlager («Wo e Willy isch, isch ou e Wäg»): «Das Lied und der Plüschhund sind doch eher gaga und eine Trivialisierung. Politik ist eine ernsthafte Sache. Solche Lieder und Maskottchen lenken von den wahren Problemen der Schweiz ab.»[57] Heer kritisierte auch die Fokussierung auf die Ausländer- und Asylthematik und erinnerte an die Probleme des Finanz- und Werkplatzes, an die Folgen der Energiewende oder des wuchernden Staates.

Mehr aufs urbane, junge Publikum zugeschnitten als der Willy-Song, wesentlich professioneller, aber ebenfalls leichtfüssig-heiter präsentierte sich der Video-Clip «Welcome to SVP». Die Idee dazu war aus einer Wette anlässlich eines Grillabends im Frühsommer 2015 entstanden. Toni Brunner, Präsident der SVP Schweiz, hatte mit dem Zürcher Nationalrat Thomas Matter gewettet, dass dieser es nicht schaffe, ein Dutzend bekannte SVP-Exponenten in einem Video auftreten zu lassen. Brunner verpflichtete sich, sollte er verlieren, einen Tag lang in Matters Neuer Helvetischer Bank «Empfangsdame» zu spielen, während Matter auf Brunners Toggenburger Hof die Kühe zu melken versprach. «DJ Tommy» alias Thomas Matter realisierte hierauf mit beträchtlichem Aufwand das entsprechende Musikvideo. Bemerkenswert selbstironisch nahmen sich im einprägsamen, am Hit «Welcome to St. Tropez» von DJ Antoine

Das selbstironische Musikvideo «Welcome to SVP», produziert von «DJ Tommy» alias Thomas Matter, trug nicht wenig zum SVP-Wahlerfolg bei jungen Wählerinnen und Wählern bei.

orientierten Clip einige national profilierte Vertreter der SVP selber auf die Schippe. Der Wahlsong schaffte es in die Hitparade und erreichte fast eine Million Klicks auf Youtube; das hatte es im politischen Bereich noch nie gegeben. Politikwissenschaftler Claude Longchamp widersprach Alfred Heers «Gaga»-These: Die SVP habe mit Willy und dem «Welcome»-Video Neuwähler und das politisch weniger interessierte Publikum ansprechen können: «Ich fand es sehr gut gemacht und überhaupt keinen Gaga-Wahlkampf.»[58]

Thematisch rückte indessen in den Wochen vor dem Wahltag die europäische Flüchtlingskrise ins Zentrum des Interesses. Hunderttausende von Immigranten aus dem Nahen und Mittleren Osten sowie aus Afrika strömten

Die Ausstellung «Meisterwerke der Sammlung Christoph Blocher» zeigte im Museum Oskar Reinhart in Winterthur von Oktober 2015 bis Januar 2016 dem breiten Publikum erstmals einen Teil der wohl bedeutendsten privaten Bildersammlung der Schweiz.

im August vor allem über die Balkanroute nach Europa, vornehmlich nach Deutschland. Die «Willkommenskultur» von Bundeskanzlerin Angela Merkel setzte die Verträge von Schengen/Dublin weitgehend ausser Kraft und führte dazu, dass einzelne EU-Staaten ihre Grenzen wieder eigenständig kontrollierten. Der massenhafte Zudrang von Asylbewerbern hauptsächlich aus dem islamischen Kulturkreis verursachte grosse Verunsicherung, einzelne tragische, von den Medien wirkungsvoll transportierte Ereignisse erzeugten auch Mitleid. Ohne Zweifel entsprach die von der SVP Schweiz beschlossene Fokussierung dem Problembewusstsein der Bürgerinnen und Bürger. Für positive Schlagzeilen sorgte unmittelbar vor dem Wahltag die erstmalige grosse Ausstellung einer Auswahl aus Christoph Blochers Kunstsammlung im Museum Oskar Reinhart am Stadtgarten in Winterthur: Sie wurde zu einem enormen Publikumserfolg.[59]

Die eidgenössischen Wahlen vom 18. Oktober 2015 brachten der SVP ein neues Allzeithoch. Die Partei verbesserte sich um volle 2,8 auf 29,4 Prozent der Stimmen und erreichte mit 11 zusätzlichen Sitzen neu 65 Nationalratsmandate. Zusammen mit zwei Vertretern der Lega dei Ticinesi und einem Vertreter des Mouvement Citoyens Genevois (MCG) zählte die SVP-Nationalratsfraktion sogar 68 Köpfe. Zu den Verlierern gehörten BDP, Grüne, Grünliberale und CVP. Die FDP konnte sich etwas weniger stark als erwartet, aber immerhin um 3 Sitze steigern, während die SP trotz minimer Stimmengewinne 3 Mandate verlor. Insgesamt war in der grossen Kammer ein markanter Rechtsrutsch zu verzeichnen. Die Verhältnisse im Ständerat blieben derweil bemerkenswert stabil.

Damit hat sich die SVP seit nunmehr zwölf Jahren als weitaus wählerstärkste Partei des Landes behauptet. Sie konnte die Abspaltung der BDP verschmerzen und mehr als kompensieren. In Graubünden, dem Heimatkanton von Bundesrätin Eveline Widmer-Schlumpf, musste die BDP einen Wählerverlust von 6 Prozent hinnehmen. In den Kantonen Schaffhausen und Schwyz vermochte die SVP die 40-Prozent-Marke zu übetreffen, im Thurgau gelang ihr dies beinahe. Auch in den einst katholisch-konservativen Stammlanden wie in der Romandie zeigte sich die Volkspartei in bemerkenswerter Form, ja selbst im Problemkanton Tessin gelangte sie trotz Lega-Konkurrenz auf über 10 Prozent. Dass dieser Erfolg auch ohne eine Kandidatur von Christoph Blocher möglich geworden war, zeigte eindrücklich, wie sehr die SVP mittlerweile mit den von ihr gesetzten Themen zu punkten verstand. Das Nein zu EU-Beitritt, neuen Steuern, Sozialausbau und Asylchaos wurde im Wahlkampf hartnäckig, konsequent und offensichtlich glaubwürdig vertreten.[60]

Was den Kanton Zürich betraf, so konnte die SVP zwar die 30-Prozent-Marke wieder überschreiten. Dennoch gewann die Partei weniger Wähleranteile als FDP und SP; die vor vier Jahren verlorenen 4,1 Prozent konnten nur zu 0,5 Prozent zurückerobert werden. Den Gewinn eines zwölften Nationalratssitzes hatte die Volkspartei einer Listenverbindung mit der EDU zu verdanken. Bezüglich der Listengestaltung setzten die Wählerinnen und Wähler ihre eigenen Präferenzen und wirbelten die vorgedruckte Reihenfolge gehörig durcheinander: Roger Köppel «setzte dem SVP-Sünneli die Krone auf» (*NZZ*) und verbesserte sich von Platz 17 auf Platz 1. Der *Weltwoche*-Chef war damit der bestgewählte aller 200 Schweizer Nationalräte und platzierte sich noch vor der populären Natalie Rickli.[61] Dagegen wurden die Bisherigen Christoph Mörgeli, Hans Fehr und Ernst Schibli abgewählt. Die von der Basis gewünschte Erneuerung betraf nicht weniger als sechs Gewählte, nämlich Roger Köppel, Hans-Ueli Vogt, Barbara Steinemann, Bruno Walliser, Claudio Zanetti sowie Mauro Tuena. Es handelte sich um eine Zitterpartie, denn am Schluss trennten Tuena lediglich 20 Stimmen vom profilierten Landwirtschaftspolitiker Martin Haab

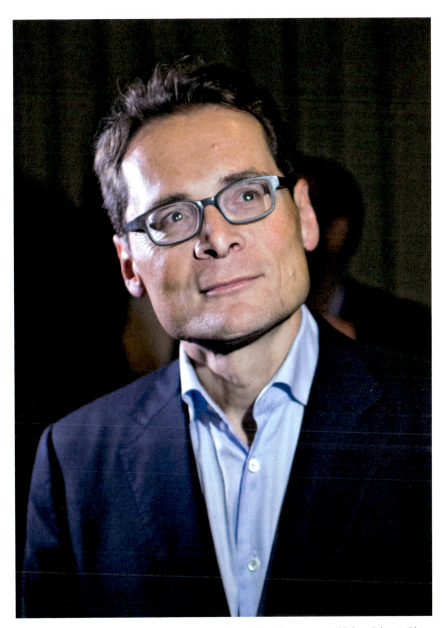

Der Verleger und Chefredaktor der Weltwoche, Roger Köppel, war am Wahlabend des 18. Oktober 2015 der Star des Tages: Die Wählerinnen und Wähler hatten den politischen Quereinsteiger vom 17. auf den 1. Platz gesetzt, wodurch der Journalist zum bestgewählten Nationalrat der Schweiz wurde.

aus Mettmenstetten. Damit war die SVP und einstige Bauernpartei des Kantons Zürich erstmals in ihrer fast hundertjährigen Geschichte ohne Bauernvertreter in Bundesbern.

Roger Köppel (*1965), in Kloten als Sohn eines Bauunternehmers aufgewachsen, studierte politische Philosophie und Wirtschaftsgeschichte an der Universität Zürich und schrieb schon früh Artikel über Sport und Filme in der NZZ. 1994 wurde er Kulturredaktor beim *Tages-Anzeiger*, 1997 Chefredaktor des *Magazins*. Im Jahr 2001 übernahm Köppel die Chefredaktion der *Weltwoche*, die wenig später an Finanzinvestoren um den Tessiner Tito Tettamanti verkauft wurde. Unter Köppels Führung schlug die Wochenzeitung einen zunehmend bürgerlichen Kurs abseits des Medienmainstreams ein und änderte sich auch äusserlich vom Zeitungs- zum Zeitschriftenformat. Das Traditionsblatt blieb aber jederzeit offen für andere Standpunkte. 2004 wechselte Köppel nach Berlin in die Chefredaktion der *Welt* innerhalb des Springer-Konzerns; er war der einzige Schweizer, der je eine deutsche Tageszeitung führen durfte. 2006 kehrte er zur *Weltwoche* zurück, um den Titel nunmehr als Alleineigentümer, Verleger und Chefredaktor zu übernehmen. Rasch zeigte sich Roger Köppel ebenso debattierfreudig wie seine *Weltwoche*, war häufiger Gast in Talkshows in Deutschland wie in der Schweiz und vertrat dabei eloquent, zuweilen provokativ, aber auch witzig und selbstironisch bürgerlich-liberale Ansichten jenseits des medial üblichen Mitte-links-Kurses. Anlässlich seines 50. Geburtstages bezeichneten ihn Branchenkollegen als «einflussreichsten Journalisten der Schweiz».[62] 2004 wurde der Küsnachter mit dem «Liberal Award» der Jungfreisinnigen des Kantons Zürich ausgezeichnet, zwei Jahre später vom Branchenmagazin *Schweizer Journalist* zum «Journalisten des Jahres» gewählt. Im Jahr 2010 erhielt Roger Köppel den Ludwig-Erhard-Preis für Wirtschaftspublizistik. Als Nationalrat nahm er Einsitz in der Aussenpolitischen Kommission. Es zeigte sich rasch, dass es dem neuen Nationalrat problemlos gelingt, genau wie Christoph Blocher bei öffentlichen Vorträgen Hunderte von Zuhörerinnen und Zuhörern anzuziehen.[63]

Hans-Ueli Vogt (*1969) erreichte bei den Ständeratswahlen ein gutes Ergebnis, blieb aber unter dem absoluten Mehr. Im zweiten Wahlgang musste er sich dann deutlich geschlagen geben. Am 18. Oktober 2016 wurde Vogt aber vom Souverän in die grosse Kammer abgeordnet. Mit dem Ordinarius und Inhaber des Lehrstuhls für Wirtschafts- und Privatrecht an der Universität Zürich gewann die SVP-Fraktion eine überaus fähige, einsatzfreudige und konziliante Persönlichkeit. Vogt wurde in Illnau geboren und erlebte seine Jugendzeit im Zürcher Oberland. Nach Studium und Promotion in Zürich bildete er sich in New York zum Master of Laws (LL.M.) weiter und bestand in St. Gallen einen Abschluss als Master of Business Administration (MBA). Es folgten Forschungsaufenthalte beziehungsweise Gastprofessuren in Florenz, Harvard und Peking. Hans-Ueli Vogt habilitierte sich an der Universität Zürich und wurde dort 2003 Assistenzprofessor, 2007 ausserordentlicher und 2013 ordentlicher Professor und vertritt heute die Forschungsschwerpunkte Corporate Governance und Aktienrecht. Seine Lehrveranstaltungen betreffen auch das Gesellschafts-, Vertrags- und Bankenrecht. Vogt ist im Kanton Zürich und im US-Bundesstaat New York als Rechtsanwalt zugelassen, hat in grossen Anwaltskanzleien Berufserfahrung gesammelt und ist nach wie vor als Anwalt tätig. 2011 wurde er im Stadtkreis 7/8 in den Kantonsrat gewählt. Dort wirkte er in der Kommission für Wirtschaft und Abgaben, war Präsident der Redaktionskommission und Mitglied der Gewerbegruppe. Hans-Ueli Vogt präsidiert überdies die Gönnervereinigung der SVP des Kantons Zürich, das «Kuratorium Blau-Weiss». Sein besonderer Einsatz gilt der direkten Demokratie, damit der Staat nie zum Selbstzweck wird, sondern immer nur seinen Bürgern dient. Er ist der eigentliche Vordenker und Initiant der SVP-Selbstbestimmungsinitiative, wonach Schweizer Recht dem Völkerrecht vorgehen soll, und sitzt in der nationalrätlichen Rechtskommission.[64]

Die 2015 ebenfalls neu in den Nationalrat gewählte Zürcher Unterländer Juristin Barbara Steinemann (*1976) hat sich im Kantonsparlament einen Namen als gründliche, äusserst engagierte Sozialpolitikerin gemacht. Sie ist in Watt-Regensdorf aufgewachsen, hat an der Universität Zürich studiert und später den eidgenössischen Fachausweis als Treuhänderin erlangt; zudem ist Steinemann Inhaberin des Mehrwertsteuer-Experten-Diploms. Bereits als Mitglied der Jungen SVP hat sie sich im Furttal und im Unterland ein gutes Beziehungsnetz aufgebaut. Noch nicht 27-jährig, wurde sie 2003 vom Bezirk Dielsdorf in den Kantonsrat abgeordnet, wo sie vier Jahre lang der Geschäftsprüfungskommission und elf Jahre der Kom-

mission für Justiz und öffentliche Sicherheit angehörte; letztere präsidierte sie 2012 bis 2015. Neben der Verkehrspolitik und dem Flughafendossier befasste sich Barbara Steinemann stark mit dem Zuwanderungsproblem, das sich im grenznahen Norden des Kantons ganz besonders dringlich stellt. 2006 reichte sie im Kantonsrat eine parlamentarische Initiative zum Bauverbot von Minaretten ein, die vorerst scheiterte. Ihr Anliegen wurde aber später durch einen Volksentscheid doch noch verwirklicht – und dies sogar landesweit. Seit 2010 Mitglied der Sozialbehörde Regensdorf, gewann Barbara Steinemann vertiefte Einblicke in die praktische, alltägliche Sozialpolitik. Unerschrocken und auf der Grundlage von sorgfältigen Recherchen kritisierte sie Missstände, etwa in der kantonalen Sozialkonferenz, in deren Vorstand sie dann prompt nicht wiedergewählt wurde. Die hauptsächlich von ihr getragene Initiative zur Abschaffung der Härtefallkommission in Asylfragen scheiterte im Juni 2015 vor dem Zürcher Volk. Die frühere Präsidentin des Organisationskomitees der Albisgüetli-Tagung verfasst vorzügliche politische Artikel, Kolumnen und Rezensionen von Büchern.[65]

Mit dem Kaminfegermeister und Feuerungskontrolleur Bruno Walliser (*1966) konnte die Zürcher SVP in der Nachfolge von Toni Bortoluzzi wieder einen tüchtigen Gewerbevertreter nach Bern abordnen. Ausgerüstet mit dem eidgenössischen Diplom, führt Walliser einen Betrieb mit 9 Angestellten. Wie schon sein gleichnamiger Vater, einst Präsident des Schweizerischen Rad- und Motorfahrerbundes, ist auch er ein begeisterter Radsportler. Bruno Walliser wirkt im Vorstand des Hauseigentümerverbandes des Bezirks Uster mit. 1998 wurde er für die SVP Volketswil erstmals in den Gemeinderat gewählt, wo er das Ressort Sicherheit leitete. 2002 bis 2017 führte er die Geschäfte von Volketswil mitsamt den Finanzen als Gemeindepräsident. Unter seiner Leitung setzte sich das rasante Wachstum als Wohn- und Wirtschaftsort fort. Mittlerweile beträgt die Einwohnerzahl des einstigen Bauerndorfes gegen 20 000. Dass der Stimmenanteil bei den nationalen Wahlen 2015 für die SVP fast 46 Prozent betrug, war nicht zuletzt das Verdienst des beliebten Gemeindepräsidenten und Nationalratskandidaten Bruno Walliser. Schon 1999 war er in den Kantonsrat abgeordnet worden, den er 2013/14 umsichtig und souverän präsidierte. Vier Jahre lang leitete er die kantonsrätliche Kommission für Staat und Gemeinden. Neben den Interessen des Gewerbes ist Walliser der Erhalt der Gemeindeautonomie besonders wichtig, und er stösst sich etwa an der Einführung der Kindes- und Erwachsenenschutzbehörden (Kesb), deren kostenintensive Entscheide von Gremien gefällt werden, die ausschliesslich aus «Profis» bestehen, welche ihren gesetzlichen Auftrag oft über die naheliegenden Lösungen und den gesunden Menschenverstand stellen. In Bundesbern nahm Walliser Einsitz in der nationalrätlichen Kommission für Rechtsfragen.[66]

Kantonsrat Claudio Zanetti (*1967), mittlerweile von Zollikon nach Gossau ins Zürcher Oberland gezogen, konnte mit der Wahl in den Nationalrat die verdienten Früchte seiner jahrelangen, intensiven politischen Arbeit ernten. Der an der Universität Zürich ausgebildete, im PR-Bereich tätige Jurist wirkte unter den Präsidenten Christoph Blocher, Peter Good und Hansjörg Frei zwischen 1999 und 2007 als Geschäftsführer der SVP des Kantons Zürich. Beim aktiven und kontaktfreudigen «Animal politique» liefen viele Fäden zusammen. Speziell seine guten Kontakte zu den Medienschaffenden wusste er professionell für die Partei zu nutzen. Zanetti hatte zweifellos nicht Unrecht, wenn der frühere Jungfreisinnige von sich sagte, er vertrete keine einzige Position, die in der «alten» FDP nicht normal gewesen sei. Er gehört zu den grundsatztreuen, zuweilen unbequemen Politikern, die ihre klare Meinung auch gegen den Strom vertreten. Zanettis Leitlinien wurzeln im klassischen Liberalismus, in Freiheit, Selbstverantwortung und strenger Kontrolle jeder staatlichen Macht. Dabei scheute er innerhalb und ausserhalb seiner Partei keine Konflikte, wenn er Abweichungen aus Vorsatz oder Schwäche erkannte. Seit 2003 Kantonsrat, wurde dem im mündlichen wie im schriftlichen Ausdruck gleichermassen eloquenten Zanetti auch von den Gegnern zur Linken und in der Mitte aufmerksam zugehört. Während seiner letzten Amtszeit im Kantonsrat verschaffte er sich als Präsident der Geschäftsprüfungskommission grossen Respekt. Auch mit politisch Andersdenkenden ist er immer für ein ernsthaftes Gespräch oder einen geistreichen Spruch zu haben. Wie wenige andere Politiker nutzt Zanetti intensiv die Kommunikationskanäle der sozialen Medien, speziell von Twitter.[67]

Der Computertechniker Mauro Tuena (*1972), wie Claudio Zanetti in Poschiavo GR heimatberechtigt, lernte das politische Handwerk seit seinem 19. Lebensjahr bei der Jungen SVP quasi von der Pike auf. Den in Aussersihl aufgewachsenen Stadtzürcher beeindruckte vor allem die konsequente SVP-Drogenpolitik. 1998 eroberte Tuena mit Alfred Heer, seinem späteren Geschäftspartner in einer Computer-Kleinfirma, einen zweiten SVP-Gemeinderatssitz im linken Kreis 4. In den 17 Jahren seines Wirkens im städtischen Parlament unternahm Mauro Tuena zahlreiche Vorstösse zu verschiedensten Themen. 2004 bis 2006 war er Präsident der wichtigen Sozialkommission. Er galt als beharrlicher Bekämpfer des Sozialmissbrauchs und erreichte die Einführung von Sozialdetektiven. 2006 bis 2015 führte Tuena die SVP-Fraktion im Gemeinderat ausserordentlich einsatzfreudig und themensicher. 2008 und 2010 kandidierte er

vergeblich für den Stadtrat. Unermüdlich in politischer Mission unterwegs, hat er stets ein offenes Ohr für die Sorgen und Nöte der Bevölkerung. Selbst bei seinen Gegnern, denen er politisch nichts schenkt, gilt Tuena als geselliger und umgänglicher Kollege. Im Frühjahr 2015 gelang ihm der Sprung in den Kantonsrat, und bereits im Herbst 2015 schaffte er auch die Wahl in den Nationalrat.[68]

Eine grosse Überraschung bedeutete bei den Nationalratswahlen 2015 der Erfolg von Magdalena Martullo. Die Tochter von Christoph Blocher, die seit 2004 höchst erfolgreich die Ems-Chemie AG leitet, war im Kanton Graubünden für die SVP angetreten. Die Tatsache, dass sie trotz Wohnsitz im zürcherischen Feldmeilen den zweiten Bündner SVP-Nationalratssitz eroberte, überrumpelte vor allem BDP-Bundesrätin Eveline Widmer-Schlumpf. Aufgrund des Erstarkens der SVP, nicht zuletzt in ihrem eigenen Kanton, verbunden mit dem Triumph Magdalena Martullos und dem Einbruch der BDP wie generell des Mitte-links-Lagers, erklärte die von der SVP während acht Jahren deutlich gemiedene Widmer-Schlumpf ihren Rücktritt. Damit machte sie den Weg frei für eine Doppelvertretung der wählerstärksten Partei im Bundesrat.

Für Stadt und Land

Innerhalb der SVP, aber auch in gewissen Redaktionen kam der Name des St. Galler Nationalrates und Landwirts Toni Brunner, Präsident der SVP Schweiz, als geeigneter Mann für die Landesregierung in Vorschlag («Der natürliche Bundesrat»).[69] In der Tat verantwortete letztlich Brunner den erfolgreichen Wahlkampf; er hatte die Kandidaturen von Roger Köppel und Magdalena Martullo mit viel Überzeugungsarbeit persönlich eingefädelt. Toni Brunner verbat sich aber eine Bundesratskandidatur energisch und erarbeitete gemeinsam mit seinem Präsidium bereits sorgfältig eine Strategie für die Bundesratswahlen vom Dezember 2015.

Die Fraktion unterstützte auf Brunners Antrag eine Dreierkandidatur der verschiedenen Sprachregionen, nämlich von Nationalrat Thomas Aeschi aus Zug, vom Tessiner Staatsrat und alt Nationalrat Norman Gobbi von der Lega dei Ticinesi, der mit Unterstützung seiner Partei für die SVP kandidierte, sowie

Für Stadt und Land **609**

Die in Feldmeilen wohnhafte Magdalena Martullo – Tochter und Unternehmensnachfolgerin von Christoph Blocher – überraschte 2015 mit dem Gewinn eines zweiten Bündner SVP-Nationalratssitzes.

vom Waadtländer Nationalrat Guy Parmelin. Gewählt wurde in der Wintersession 2015 im dritten Wahlgang der einnehmende, aber prinzipientreue Winzer aus der Romandie. Damit ordnete die SVP erstmals in ihrer Geschichte einen Vertreter französischer Zunge in die Landesregierung ab. Die Partei verband damit die nicht unbegründete Hoffnung, ihr dort noch nicht ausgeschöpftes Wählerpotenzial vergrössern zu können. Da die SVP das verwaiste Finanzdepartement keinesfalls an einen sozialdemokratischen Bundesrat abgeben wollte, übernahm der problemlos wiedergewählte Zürcher Bundesrat Ueli Maurer die Finanzen, während Parmelin beim Verteidigungsdepartement in Maurers Fussstapfen trat.

In seinen sieben Jahren an der Spitze des Departements für Verteidigung, Bevölkerungsschutz und Sport (VBS) hatte Ueli Maurer einen Trendbruch bei den Militärausgaben erreicht. Weniger das Bundesratskollegium, aber eine bürgerliche Parlamentsmehrheit liess sich überzeugen, nach vielen Jahren rückläufiger Ausgaben wieder ein Armee-Jahresbudget von gegen fünf Milliarden Franken zu verabschieden. In seiner bodenständigen, praxisorientierten Art vermochte Maurer im logistischen Bereich erhebliche Verbesserungen durchzusetzen und die Wehrmänner wieder voll auszurüsten. Auch am Ende seiner Zeit an der Spitze des VBS stand der Verteidigungsminister zu seiner viel diskutierten Aussage, er wolle für die Schweiz «die beste Armee der Welt». Konsequent führte er die beiden Nachrichtendienste von In- und Ausland zusammen und konnte seinem Nachfolger Parmelin ein Nachrichtendienstgesetz übergeben, das 2016 vom Volk problemlos akzeptiert wurde. Manchenorts war beim Departementswechsel auf das Jahr 2016 erwartet worden, dass Ueli Maurer das Justizdepartement und damit die Verantwortung über die Asyl- und Zuwanderungspolitik übernehmen würde. Die Bürgerlichen konnten aber nicht zulassen, dass die SP sowohl das kostenintensive Innendepartement als auch die Finanzen übernahm. Denn es war zu befürchten, dass dann die Geldströme noch üppiger und unkontrollierter ins ausfernde Sozialwesen fliessen würden.

Einen grossen Erfolg für den Zürcher Oberländer bedeutete 2013 das 73-Prozent-Nein des Souveräns zur Abschaffung der Wehrpflicht, die schmerzlichste Niederlage im Jahr darauf die Ablehnung des neuen Kampfflugzeugs Gripen. Dieses unglücklich aufgegleiste Geschäft hatte er allerdings von Samuel Schmid übernommen. Maurer verantwortete die umfassende Strategie Bevölkerungsschutz 2015+. Als oberster Sportverantwortlicher ging er mit gutem Beispiel voran: In der Jugend Skispringer, dann Waffenläufer, Langläufer und als ehemaliger Major und Abteilungskommandant der entsprechenden Truppen enorm ausdauernder Radfahrer, machte er sich sehr um die Sportförderung verdient.[70] Der volksnahe, bescheidene Magistrat ist ein kommunikatives Talent von seltener Ausprägung: Er kann auf die Menschen zugehen, spricht packend, bringt die Probleme schnörkellos auf den Punkt und nimmt sich immer wieder Zeit für Kontakte mit der Bevölkerung.[71]

Die Kulturrede von Christoph Blocher fand am 2. Januar 2016 in Zofingen statt, wo er Persönlichkeiten aus dem Aargau («Der Mittelpunkt der Schweiz») würdigte. Blocher entschied sich für die Adelsfamilie der Habsburger, in deren weltweitem Reich einst die Sonne nicht unterging, für den lange im Aargau wirkenden Erzieher, Schriftsteller und Politiker Johann Heinrich Pestalozzi als Schöpfer des dualen Bildungssystems sowie für die Schriftstellerin Sophie Haemmerli-Marti aus Lenzburg. Ihr zu Herzen gehendes Kinderlied «Jo eusi zwoi Chätzli» sangen die 1400 Besucher mit musikalischer Begleitung alle gemeinsam. Blocher lobte die nüchternen, tüchtigen Aargauer aber auch in politischer Hinsicht, hatte die dortige SVP bei den nationalen Wahlen doch soeben nicht weniger als 38 Prozent Wähleranteil erreicht.[72]

Seine Albisgüetli-Rede 2016 im Beisein von Bundesrat Ueli Maurer widmete Christoph Blocher dem Thema «Die Schweiz auf dem Weg zur Diktatur». Er habe seine Gedanken anfänglich noch mit einem Fragezeichen versehen, doch im Lauf der elf Überarbeitungen sei er zur Überzeugung gelangt, dass er auf das Fragezeichen verzichten müsse. Zwar stimme etwas zuversichtlicher, dass die von allen beschworene Konkordanz durch die Wahl eines zweiten SVP-Vertreters im Bundesrat endlich wiederhergestellt worden sei. Doch Blocher verströmte kaum Altersmilde, denn er griff den Zustand der Institutionen in der Schweiz in aussergewöhnlicher Schärfe an: Die Richter erhöben sich zunehmend über den Souverän, obwohl die Schweizer keinen Richterstaat wollten. Die Bürger wüssten aus der historischen Erfahrung, dass sich in totalitären Systemen gerade die Richter den jeweiligen Diktatoren schnell und bereitwillig an den Hals geworfen hätten. Parlament, Verwaltung und Medien unterstützten diese «Diktatur der Minderheit», diesen «stillen Staatsstreich». Denn wenn die Minderheit beginne, Recht über die Mehrheit zu setzen, sei die Diktatur Tatsache geworden.

Blochers Fazit lautete: «Wir müssen uns nicht nur vor den fremden, sondern auch vor den eigenen Richtern hüten.» Auch Parlament und Verwaltung missachteten zunehmend den Volkswillen, etwa bei der Masseneinwanderungsinitiative oder bei der Ausschaffungsinitiative: «Die Politiker gehen den Weg der Diktatoren unverdrossen.» Diese Diktatoren von heute trügen keine Uniformen mehr, auch keine Stiefel oder Orden: «Sie kommen in ganz normalen Anzügen und Krawatten daher. Oder auch mit Handtäschchen und Lippenstift.»

Bundespräsident Johann Schneider-Ammann (FDP) erntete als Gastredner in seiner «erstaunlich lockeren Rede» (*Tages-Anzeiger*) Applaus, als er die Übergriffe von nordafrikanischen Asylbewerbern in der Silvesternacht in Köln deutlich verurteilte. Auch die Spitzen gegen Brüssel und die langsamen Berner wurden mit Heiterkeit aufgenommen. Weniger gross war die Zustimmung, als er sein Nein zur SVP-Durchsetzungsinitiative begründete, aber zugleich betonte, dass er dies «als Bundesrat» und aus «bundesrätlicher Sicht» tue. Der Wirtschaftsminister warb für den Werkplatz und für die Eindämmung der

Bürokratie und bekannte sich uneingeschränkt zum bilateralen Weg mit der EU.[73]

Nur für Eingeweihte war es nicht überraschend, dass Toni Brunner im Januar 2016 seinen Rücktritt als nationaler SVP-Parteipräsident erklärte. Als Nachfolger empfahl er den Berner Nationalrat und promovierten Agrar-Ingenieur ETH Albert Rösti. Christoph Blocher hatte im Albisgüetli-Saal erklärt, er trete nicht etwa als Vizepräsident der SVP zurück, um aufzuhören, sondern um anzufangen. Tatsächlich blieb er auf ausdrücklichen Wunsch Röstis in der Leitung der Gesamtpartei, die – 2008 als Oppositionskraft organisiert – sich jetzt an der Spitze neu positionierte. Neben Rösti gehören seither weitere sieben Mitglieder zur Parteileitung, darunter drei Zürcher, nämlich Christoph Blocher, nunmehr nicht mehr als Vizepräsident, aber weiterhin als Strategiechef, und Walter Frey als Verantwortlicher für die Kommunikation, während Thomas Matter neu für die Finanzen zuständig zeichnet und ebenfalls im einflussreichen Führungsgremium Einsitz nahm. Gleichzeitig wurde Roger Köppel zum Verantwortlichen des Dossiers «Europapolitik» und Magdalena Martullo zur Verantwortlichen des Dossiers «Wirtschaftspolitik» bestimmt.

Ende Februar 2016 verlor die SVP ihre Durchsetzungsinitiative, die sie gestartet hatte, weil Bundesrat und Parlament die 2010 von Volk und Ständen genehmigte Ausschaffung von schwer kriminellen Ausländern nicht im Sinne der Initianten umsetzen wollten. Insbesondere stiess sich die Volkspartei an einer Härtefallklausel in der Umsetzungsvorlage, die den Gerichten wieder Spielraum geboten hätte, um die vorgesehenen Ausschaffungen zu unterlaufen. Auch legte die SVP in ihrer Durchsetzungsinitiative eine Erweiterung des Deliktekatalogs vor. Hier zeigte sich aber, dass sie auf einsamem Posten gegen alle andern kämpfte und dass der konservativ-beharrende Souverän im Grunde keine Neuerungen wollte. Nun trat erstmals die medial gefeierte «Operation Libero», bestehend aus zumeist jungen Studierenden, in Erscheinung, die sich allerdings nicht für die Freiheit im grundsätzlichen Sinn einsetzten. Denn Aktionen dieser vor allem im Internet wirkenden Gruppe etwa gegen freiheitsfeindliche Initiativen von linker Seite gab es kaum. Vielmehr nahm die «Operation Libero» ausschliesslich die SVP ins Visier und inszenierte sich gewissermassen als letzte Verteidigungslinie der Zivilisation gegen die angeblich einer Mongolenherde ähnlnde Volkspartei. Die aufgesetzte

Nach der Wahl von Guy Parmelin zum zweiten SVP-Vertreter im Bundesrat wurde am 23. April 2016 ein neuer Parteileitungsausschuss gewählt, dem gleich drei Zürcher angehören: Thomas Matter (Finanzen, l.), Christoph Blocher (Strategie, M.) und Walter Frey (Kommunikation, r.).

Institutionenliebe der «Operation Libero» vermittelte nach Meinung von SVP-Exponenten den Eindruck vorgezogener Bewerbungsschreiben für potenzielle Staatsstellen.[74] Allerdings hatte im Vorfeld auch die Aussage von Rechtsprofessor und SVP-Nationalrat Hans Ueli Vogt verunsichert, die Durchsetzungsinitiative gelte nicht für hier geborene, integrierte Ausländer, die zu unserer «Rechts- und Sozialgemeinschaft» gehörten.[75] Es gelang der Partei nicht, sich aus der Defensive der vermeintlich inhumanen Menschenrechtsverletzer zu lösen und ihre Gegner ihrerseits als Volksverächter anzugreifen, die mit Verbrechern gemeinsame Sache machten.[76] Die Ablehnung des Anliegens fiel mit rund 58 Prozent jedenfalls deutlich aus.

Auf Ende April 2016 trat Kantonalpräsident Alfred Heer von seinem Amt zurück. Er hatte inzwischen als Nationalrat die Präsidien der Geschäftsprüfungskommission und der Europaratsdelegation übernommen und war auch Mitglied der siebenköpfigen Geschäftsprüfungsdelegation, die Einblick in die eigentlichen Staatsgeheimnisse hat. Die Delegiertenversammlung bereitete dem

Am 28. April 2016 bestimmten die Delegierten in einer Kampfwahl um die Nachfolge von Alfred Heer den Agronomen und Kantonsrat Konrad Langhart aus Oberstammheim zum neuen Präsidenten der SVP des Kantons Zürich.

Scheidenden eine Standing Ovation und verdankte so seinen grossen, uneigennützigen Einsatz für die Partei. Heer hatte sich in den Jahren seiner Amtsführung grossen Respekt verschafft und es verstanden, die SVP-Positionen unerbittlich und klar zu vertreten, den inneren Parteifrieden bei oft gegensätzlichen Interessen zu wahren und – wo nötig – auch Brücken zu anderen Parteien zu schlagen. Gleich drei Politiker bewarben sich um seine Nachfolge, nämlich Nationalrat Claudio Zanetti aus Gossau, Kantonsrat Konrad Langhart aus Oberstammheim und Kantonsrat Hans-Peter Amrein aus Küsnacht. Die Delegierten zogen im zweiten Wahlgang den eher bedachtsamen, zurückhaltenden Agronomen Langhart, Bewirtschafter eines eigenen Hofes im Stammertal, den beiden temperamentvollen Gegenkandidaten Zanetti und Amrein vor.

Der neue Kantonalpräsident plädierte in seiner Wahlrede für eine «beharrliche, ehrliche und gradlinige Politik». Damit vollzog sich auch ein Wechsel vom Grossstädter Heer zu einem traditionellen SVP-Vertreter ländlichen Zuschnitts. Konrad Langhart sitzt im Vorstand des Zürcher Bauernverbandes und wurde 2011 von der Bevölkerung des Bezirks Andelfingen in den Kantonsrat gewählt; er wirkt dort als Mitglied der Kommission für Energie, Verkehr und Umwelt. Langhart selber sieht sich gewissermassen als Ausgleich zu den vielen SVP-Akademikern in Bundesbern und erklärte seinen Willen, bis zu den Wahlen 2023 Präsident zu bleiben und den Wähleranteil der Partei auf 33 Prozent zu steigern. Ehrgeizig ist auch sein Ziel, einen dritten Regierungsratssitz und raschmöglichst wieder einen Ständeratssitz zu gewinnen. Bei den Nationalratswahlen 2015 machte Langhart fünf Plätze gut und landete auf Platz 18. Im Gegensatz zum Vorgänger Heer laut *NZZ* eher ein «Mann der leisen Töne», betonte der neue Präsident der SVP des Kantons Zürich die Bedeutung einer guten bürgerlichen Zusammenarbeit, allerdings «ohne faule Kompromisse».[77]

Im Mai 2016 war durch den Rücktritt von Kantonsrat Roger Liebi auch das Präsidium der SVP der Stadt Zürich neu zu besetzen. Zuvor bot aber Christoph Blocher aufgrund seiner reichen Erfahrungen einen Überblick über die Bedeutung dieses Amtes: Die Stadt Zürich sei 1917 gewissermassen die Wiege der Bauernpartei gewesen und habe lange ein Schattendasein geführt, sei aber heute die bedeutendste, ja einzige wirkliche Oppositionspartei im rot-grünen Zürich. In der Hauptstadt bildete die Partei längst schon die Opposition, als sich die BGB und die SVP noch als ausgesprochen staatstragend empfanden. Für harte Kampagnen und angriffige Inserate bot die Stadt so ein ideales Testgelände. Doch die städtischen Kandidaten bekamen die ländliche Übermacht jeweils bei Wahlen deutlich zu spüren und wurden reihenweise nach hinten durchgereicht. Aktuell konnte Christoph Blocher aber darauf hinweisen, dass die Stadt Zürich in der zwölfköpfigen SVP-Nationalratsdelegation immerhin ein volles Drittel stellte. Dies bedurfte enormer Aufbauarbeit, hauptsächlich durch den langjährigen Stadtparteipräsidenten Walter Frey, der die SVP vor allem in der Ausländer-, Sicherheits-, Sozial- und Drogenpolitik als unbequemen Stachel im Fleisch der selbsternannten «Koalition der Vernunft» von SP und FDP positionierte.[78] In einer Kampfwahl obsiegte als neuer Stadtparteipräsident Nationalrat Mauro Tuena gegen Gemeinderat Urs Fehr, SVP-Präsident der Stadtkreise 6 und 7.

Gegen die Änderung des Asylgesetzes hatte die SVP das Referendum ergriffen. Die Partei stiess sich daran, dass Asylsuchende bedingungslos einen Gratisanwalt erhalten sollten. Ebenso ablehnend stand die Volkspartei der Tatsache gegenüber, dass der Bund zum Bau von neuen Asylzentren Land und Gebäude von Gemeinden und Privatpersonen enteignen kann. Mit der Revision – so gab sich die SVP überzeugt – würde der Vollzug der Rückführung von Abgewiesenen nicht verbessert; vielmehr könnten noch mehr Leute hier bleiben, ungeachtet dessen, ob sie an Leib und Leben bedroht sind oder nicht. Auch eine Verbesserung der Missbrauchsbekämpfung war nicht vorgesehen, so dass insgesamt eine weitere Attraktivitätssteigerung der Schweiz als Zielland für illegale Einwanderer, Wirtschafts- und Sozialmigranten zu befürchten war. Gegen alle anderen Parteien hatte die SVP bei dieser Vorlage im Juni 2016 keine Chance und führte einen recht lustlosen Abstimmungskampf: 67,6 Prozent der Stimmbürgerinnen und Stimmbürger lehnten das SVP-Referendum ab, was die *Neue Zürcher Zeitung* für die SVP als «Debakel im Kerngeschäft» sah und der *Tages-Anzeiger* als «Kanterniederlage» bezeichnete.[79]

Auch die Umsetzung der Masseneinwanderungsinitiative namentlich durch das Parlament verlief für die SVP enttäuschend, ja empörend. Während der Bundesrat und die Wirtschaftsverbände zumindest in Ansätzen versuchten, den Willen von Volk und Ständen umzusetzen, verweigerte sich die Mehrheit

Der ehemals scharfzüngige Präsident der SVP Schweiz vollzog den Rollenwechsel zum Staatsmann problemlos: Hier argumentiert der Bundesrat und Finanzminister Ueli Maurer bei einer Debatte der Herbstsession 2016 im Ständerat.

des Nationalrats in der Herbstsession 2016 jedem Entgegenkommen. Sie folgte den Anträgen des Kommissionssprechers Kurt Fluri (FDP), der unter Hinweis auf die allfällige Gefährdung der Bilateralen Verträge I nicht einen einzigen Punkt der verfassungsmässig verankerten Forderungen umsetzte. Man wollte weder die Zuwanderung von Ausländerinnen und Ausländern eigenständig steuern noch jährliche Höchstzahlen und Kontingente zulassen und schon gar nicht sämtliche Bewilligungen des Ausländerrechts unter Einbezug des Asylwesens berücksichtigen. Der Nationalrat sprach sich entgegen dem mittlerweile gültigen Verfassungsrecht auch gegen einen Vorrang für Inländerinnen und Inländer aus. Er und später auch der Ständerat legten lediglich fest, dass der Bundesrat die Firmen bei Berufen mit überdurchschnittlicher Arbeitslosigkeit beauftragen kann, Arbeitsuchende aus dem Inland zu einem Interview einzuladen («Inländervorrang light»).

In der mit Spannung verfolgten, vom Fernsehen live übertragenen Debatte wurde die Argumentationszeit der SVP-Redner aufgrund einer Idee der Zürcher Deputation durch gezielte Zusatzfragen ausgeweitet. Doch sämtliche Appelle an verbriefte Volksrechte und direkte Demokratie verhallten ungehört. Der Nationalrat und später auch der Ständerat setzten die Einhaltung der Personenfreizügigkeit mit der EU über die Abstimmung vom 9. Februar 2014. Eine solche Missachtung des offensichtlichen Willens von Volk und Ständen war neu und sorgte innerhalb der SVP für grosse Entrüstung – man sprach von eindeutigem Verfassungsbruch.[80] Der Zürcher Nationalrat Thomas Matter forderte seinen Kollegen Fluri in einem offenen Brief auf, wegen Verletzung seines Amtseides als Nationalrat zurückzutreten.[81] Doch der *Tages-Anzeiger* kommentierte schadenfroh: «Der spektakulärste aller SVP-Triumphe ist gestern Abend im Nationalratssaal zu einem Häufchen politischer Asche niedergebrannt.»[82]

Im Wissen um die entsprechenden politischen Mehrheiten machten National- und Ständerat aus der Masseneinwanderungsinitiative die bürokratische arbeitsrechtliche Vorlage eines Arbeitslosenvorrangs. Da sich jeder EU-Angehörige selbst ohne Wohnsitznahme bei den Schweizer Arbeitsvermittlungsbehörden melden kann, ist von «Inländervorrang» in Wirklichkeit keine Rede. Das unzimperlich-undemokratische Vorgehen der beiden Kammern bei der Masseneinwanderungsinitiative überraschte auch die Wissenschaftler. So wies der St. Galler Rechtsprofessor Bernhard Ehrenzeller darauf hin, dass die Nichtumsetzung keinesfalls mit der früheren Zustimmung zu einigen Bilateralen Verträgen gerechtfertigt werden könne. Denn die Verfassungsbestimmungen vom 9. Februar 2014 seien neuer und stärker legitimiert als die Vorlagen der Bilateralen, die lediglich Referenden waren.[83] Auch verletzte das Parlament ganz offensichtlich die Auslegung der Exekutive, wurde doch im Bericht des Bundesrates über das Verhältnis von Völkerrecht und Landesrecht 2010 festgehalten: «Wenn der Konflikt zwischen der neuen Verfassungsbestimmung und dem Völkerrecht nicht verhindert werden kann, wie dies beim Minarettverbot (Art. 72 Abs. 3 BV) der Fall ist, geht nach Ansicht des Bundesrates die jüngere Verfassungsbestimmung vor.»[84] Peter V. Kunz, ordentlicher Professor für Wirtschaftsrecht an der Universität Bern, titelte deutlich: «Es ist ein Verfassungsbruch.» Was das Parlament unter Führung von FDP und SP umsetzte, habe «nichts, aber wirklich gar nichts mit dem klaren Verfassungsauftrag» zu tun. Da die Schweiz keine Verfassungsgerichtsbarkeit kenne, liege die oberste Macht mittlerweile nicht mehr beim Volk, sondern bei den Politikern.[85]

Dieser Verfassungbruch berührte die grundlegendste Frage beim Zusammenleben einer Gemeinschaft in einem Staat, nämlich die Frage: Wer setzt das Recht? In der Schweiz ist diese Frage im Grunde seit über siebenhundert Jahren beantwortet. Es ist kein Kaiser und kein König, kein Diktator und kein Landvogt, kein Richter und kein Bundesrat, kein National- und kein Ständerat. Oberste rechtsetzende Instanz in der Schweizerischen Eidgenossenschaft ist der Souverän von Volk und Ständen. Nicht weniger als die Demokratie als Herrschaft des Volkes steht nach Ansicht der SVP mittlerweile auf dem Prüfstand. Hier eröffnet sich der Schweizerischen Volkspartei – vor allem jener zürcherischer Prägung – ein Wirkungsfeld von wichtiger, ja von alles entscheidender Bedeutung für eine sichere Zukunft in Freiheit.

Von Anfang an bekämpfte die SVP die bundesrätliche Energiestrategie 2050, der sich alle anderen Parteien anschlossen. Die Zürcher Kantonalpartei beantragte aufgrund der Argumentation ihres energiepolitischen Vordenkers Stephan Amacker bei der SVP Schweiz ein Referendum gegen das verfehlte Konzept. Zur Erhaltung von Wohlstand und Werkplatz benötige das Land eine kostengünstige, ausreichende und sichere Energieversorgung. All dies würde das neue Energiegesetz gefährden, ja sogar zerstören. Der heutige bewährte Strommix von Wasserkraft und Kernkraft werde mutwillig preisgegeben. Man wolle aus der Kernenergie aussteigen in der Illusion, diese durch erneuerbare Energien ersetzen zu können. Doch die SVP äusserte die Überzeugung, dass erneuerbare Energien bei weitem nicht in der Lage sein würden, die benötigte Energie für die Haushalte und für die Wirtschaft zu liefern. Die Umsetzung des grössten Verstaatlichungsprojekts seit Bestehen des Bundesstaates werde Kosten von fast 200 Milliarden Franken verursachen. Auch werde die Auslandabhängigkeit zunehmen und eine Vielzahl bürokratischer Vorschriften die Bevölkerung gängeln. Die SVP berechnete für einen vierköpfigen Haushalt wegen der höheren Energiekosten pro Jahr 3200 Franken Mehrausgaben. Durch Verteilen von Staatsgeldern an einzelne Gruppierungen würden diese ruhiggestellt und schliesslich die ganze Schweiz korrumpiert. Um die drohende Verstaatlichung der Energie auf einen geordneten und demokratischen Weg zurückzuführen, ergriff die nationale SVP im Oktober 2016 zusammen mit weiteren Organisationen erfolgreich das Referendum.[86]

Mit grösster Spannung verfolgte die Schweizer Bevölkerung die von Premierminister David Cameron schon länger verheissene Volksabstimmung über

Auch als Bundesrat ist Ueli Maurer sich und seiner bäuerlichen Herkunft vom Zürcher Oberland treu geblieben: Am Eidgenössischen Frauen- und Meitlischwingfest vom 24. September 2016 hält er einen Schwatz mit der neuen Schwingerkönigin Sonia Kälin.

den Austritt des Vereinigten Königreichs aus der Europäischen Union. Zur Überraschung der meisten Beobachter sprachen sich am 23. Juni 2016 51,9 Prozent der Stimmenden für den «Brexit» aus, also für den EU-Austritt Grossbritanniens. Bei einer früheren Abstimmung im Jahr 1975 hatten noch 67 Prozent der britischen Wähler für den Verbleib in der Europäischen Wirtschaftsgemeinschaft gestimmt. Premier David Cameron trat umgehend zurück, die Konservative Theresa May wurde seine Nachfolgerin und versprach, den Volkswillen in Brüssel umzusetzen. Sie ernannte den populären Boris Johnson, den eigentlichen Leader der «Brexit»-Kampagne, zum neuer Aussenminister. Dieser hatte schon 2012 für eine neue Partnerschaft namens «Britzerland» geworben und die Hoffnung geäussert, dass Grossbritannien und die Schweiz «Gründungsmitglieder» eines neuen Verbunds ausserhalb der Europäischen Union würden, der Freihandel mit dem Euro-Raum treibe. Kurz vor der «Brexit»-Abstimmung bekräftigte Johnson noch einmal: «Ich denke in der Tat, nach dem ‹Brexit› folgt ‹Britzerland›.»[87]

Der Vorsitzende der United Kingdom Independence Party (Ukip) trat ebenfalls zurück, weil er sein Ziel als erreicht beurteilte. Nigel Farage bezog sich ausdrücklich auf die Schweiz, die ihm und seiner Bewegung gezeigt habe, dass ein Land im Herzen Europas mit der EU Handel treiben könne, ohne diesem Gebilde beizutreten: «Ihr habt das Glück, dass ihr ausserhalb der EU seid. Das Glück, dass Ihr diesen hohen Lebensstandard habt. Glück, dass ihr eine Form von Demokratie habt, in der ihr Kontrolle über eure Führer habt. Ich möchte euer System in Grossbritannien.» Und weiter meinte Nigel Farage: «Wenn die Briten das Schweizer System einer direkten Demokratie hätten, wären wir der EU gar nicht erst beigetreten.»[88]

Anlässlich seines Auftritts im Albisgüetli erzählte Christoph Blocher 2017 in seiner Rede «Wider die Totengräber der Schweiz», ihm habe kürzlich ein konservativer englischer Politiker gesagt: «Jetzt sind wir auch wieder frei mit dem ‹Brexit›. Darauf habe er geantwortet: «Ja, das ist wunderbar. Nur haben wir Schweizer dies fünfundzwanzig Jahre vor den Engländern gemerkt.»[89]

In verschiedenen europäischen Ländern fordern heute immer erfolgreichere Parteien und Bewegungen mehr Mitbestimmung der Bürger, mehr Föderalismus, mehr direkte Demokratie und Selbstverantwortung, Volksabstimmungen über die EU-Mitgliedschaft, die Souveränität von Nationalstaaten, ein

Ende der Duldung der illegalen Migration. Ein ähnliches liberalkonservatives Programm vertrat in den USA der republikanische Präsidentschaftskandidat Donald Trump, während die Eliten von Politik, Gesellschaft und Medien ihn verteufelten und seine sozialdemokratische Gegnerin vorzogen. Die Wahl von Trump zum 45. Amerikanischen Präsidenten im November 2016 bedeutete auch hierzulande für den politischen Mainstream einen Schock. Die Linke scheint sich als Reaktion wie vor hundert Jahren den Klassenkampf herbeizusehnen. Jedenfalls bekräftigte die SP die Überwindung des Kapitalismus als Programmziel, und nur ein Rückkommensantrag am Parteitag verhinderte die Forderung nach Abschaffung des Privateigentums. Wie damals, bei ihrer Gründung, ist die SVP diesbezüglich zweifellos wieder zu einer schroffen Frontstellung herausgefordert.

Die Vorgänge in den Vereinigten Staaten, in Grossbritannien, in Europa, in der Schweiz und anderswo rufen zwangsläufig eine geschichtliche Wahrheit in Erinnerung: Nationale Bewegungen wie die SVP waren in der Schweiz wie anderswo liberalkonservative Bewegungen. Denn sie wollten sich ihre Freiheit bewahren. Sie richteten sich gegen Monarchen, Diktatoren und Aristokraten, überhaupt gegen die absolutistischen Strömungen. Sie wollten Freiheitsrechte, Demokratie und Gewaltenteilung. Der Nationalstaat ist in der Lebenswirklichkeit nach wie vor die am besten funktionierende Einrichtung, um die meisten Probleme der Menschen zu lösen. Der Nationalstaat schützt die Freiheit seiner Bürgerinnen und Bürger und bewahrt gleichzeitig ihre Sicherheit.

Die SVP pocht auf Unabhängigkeit und auf Neutralität. Sie mischt sich prinzipiell weder in innere Belange ausländischer Staaten ein noch pflegt sie eine Zusammenarbeit mit ausländischen Parteien. Sie hat dies in der Vergangenheit nie getan und dürfte auch in Zukunft die Finger davon lassen. Dennoch wird angesichts aktueller Umwälzungen diese Einsicht an Boden gewinnen: Die einstige Zürcher Bauernpartei, die Bauern-, Gewerbe- und Bürgerpartei, die Schweizerische Volkspartei des Kantons Zürich ist in der Welt angekommen.

Zeittafel

1761 Das Buch «Wirthschaft eines philosophischen Bauern» von Stadtarzt Hans Caspar Hirzel setzt dem Wermatswiler Bauern Jakob (Kleinjogg) Gujer ein literarisches Denkmal.

1769 Kleinjogg übernimmt den städtischen Katzenrütihof bei Rümlang und formt ihn zu einem landwirtschaftlichen Musterbetrieb.

1770 Infolge einer Hungerkrise starke Auswanderungswelle der Zürcher Landbevölkerung nach Übersee in den 1770er Jahren.

1798 Beseitigung der Untertanenverhältnisse im Kanton Zürich; das Landvolk und die Bauern werden den Stadtbürgern gleichgestellt und erhalten Handels- und Gewerbefreiheit; allmähliche Ablösung von den Grundzinsen und Zehnten.

1814 Restauration mit Wiederherstellung mancher früherer Vorrechte durch die Stadtbürger, aber keine Rücknahme der Befreiung von den Grundzinsen und Zehnten.

1816 In diesem wie im folgenden Jahr grosse Klima- und Hungerkrise mit zahlreichen Toten.

1818 Gründung einer landwirtschaftlichen «Armenschule» auf dem Bläsihof bei Lindau.

1830 Ustertag mit liberalen Forderungen des Landvolks nach politischer und wirtschaftlicher Besserstellung.

1831 Die liberale Kantonsverfassung regelt den Loskauf von Grundzinsen und Zehnten und macht die Landwirte zu freien Eigentümern ihres Bodens.

1842 Erste Versammlung des Vereins für Landwirtschaft und Gartenbau im Kanton Zürich in der «Krone» in Zürich durch Aufruf von Prof. Dr. Oswald Heer.
1843 Verabschiedung der Statuten des Vereins für Landwirtschaft und Gartenbau, Prof. Dr. Oswald Heer wird erster Präsident.
Herausgabe der *Schweizerischen Zeitschrift für Land- und Gartenbau* als Vereinsorgan.
1845 Herausgabe der *Schweizerischen Zeitschrift für Landwirtschaft* als Vereinsorgan.
Gründung einer kantonalen landwirtschaftlichen Kommission, deren Mitglied auch Alfred Escher wird.
1846 In diesem wie im folgenden Jahr ausgedehnte Hungerkrise.
1847 Gesetz zur Gründung einer kantonalen landwirtschaftlichen Schule.
1848 Gründung des Schweizer Bundesstaates; die Zürcher Bauern sind Teil der freisinnigen Grossfamilie.
1853 Gründung der Landwirtschaftlichen Schule Strickhof in Unterstrass bei Zürich unter dem Präsidium von Oswald Heer.
1863 Gründung des Schweizerischen Landwirtschaftlichen Vereins mit dem Organ *Landwirtschaftliche Zeitschrift (Die Grüne)*.
1866 Gründung einer Demokratischen Partei als Opposition gegen die herrschenden Liberalen, der sich viele Bauern anschliessen.
1869 Annahme der neuen demokratischen Verfassung mit direktdemokratischen Volksrechten und der Forderung nach Gründung einer Kantonalbank; die Demokraten stellen vorübergehend alle sieben Regierungsräte.
Vier Probeausgaben des *Zürcher Bauern* für die Mitglieder des Zürcherischen Vereins für Landwirtschaft und Gartenbau.
1870 Gründung der Zeitschrift *Der Zürcher Bauer*, die alle 14 Tage in Kleinformat bei der Druckerei J. Herzog in Zürich erscheint.
1877 Johannes Frick, Direktor der Landwirtschaftlichen Schule Strickhof, wird demokratischer Regierungsrat.
1881 Gründung einer Abteilung für Landwirtschaft im Eidgenössischen Volkswirtschaftsdepartement (seit 1979 Bundesamt für Landwirtschaft).

1882 Gründung der Gesellschaft Schweizerischer Landwirte als nordostschweizerische Abspaltung vom Schweizerischen Landwirtschaftlichen Verein.

1884 Bundesbeschluss betreffend Förderung der Landwirtschaft durch den Bund.

1886 Der *Zürcher Bauer* erscheint wöchentlich und in grösserem Format bei der Genossenschaftsdruckerei in Zürich.
Gründung des Verbands Ostschweizerischer Landwirtschaftlicher Genossenschaften (Volg) durch Conrad Schenkel aus Räterschen im «Wilden Mann» in Winterthur.

1887 *Der Landbote* als Organ der Demokraten publiziert wöchentlich ein landwirtschaftliches Beiblatt für die bäuerlichen Leser.
Gründung des Landwirtschaftlichen Klubs der Bundesversammlung.

1888 Der Sozialdemokrat Herman Greulich veröffentlicht seine Schrift «Die Nothlage der Landwirtschaft und die Mittel zur Besserung».

1890 Die Volg-Zeitung *Der Genossenschafter* trägt als Untertitel «Organ für Bildung einer schweizerischen Bauernpartei».
Gründung der Versuchsstation und Schule für Obst-, Wein- und Gartenbau in Wädenswil.

1891 Erscheinen der Kampfschrift «Bauernsclaverei der Neuzeit oder die Bauern im Kampf mit den Federhelden» von Konrad Keller aus Oberglatt; Gründung des kantonalen Bauernbundes.
Gründung von zahlreichen Bauernbünden auf Bezirks- und Gemeindestufe.

1893 Verabschiedung des schweizerischen Landwirtschaftsgesetzes.
Druck und Expedition des *Zürcher Bauern* werden neu von der Firma Rüegg in Zürich übernommen.

1895 Gründung einer Genossenschaft durch den kantonalen Verein für Landwirtschaft und Gartenbau.

1897 Gründung des überparteilichen Schweizerischen Bauernverbands auf Vorschlag von National- und Regierungsrat Heinrich Kern aus Bülach.

1898 Geschäftsleiter des Bauernverbandes wird Ernst Laur, Absolvent der Landwirtschaftlichen Schule Strickhof; der einflussreiche Direktor und ETH-Professor leitet den Verband als Teil des Bürgerblocks bis 1939.

1902 Zolltarifgesetz mit gewissen Schutzbestimmungen für die Landwirtschaft.
1904 Der kantonale Verein für Landwirtschaft und Gartenbau vereinigt sich mit dem Bauernbund und wird zum Zürcherischen Landwirtschaftlichen Kantonalverein.
1905 Gründung des Nordostschweizerischen Milchproduzentenverbandes.
1907 Gründung des Zentralverbandes Schweizerischer Milchproduzenten (ZVSM).
Gründung der Demokratischen Bauernpartei des Bezirks Bülach in der Kirche Bülach auf Initiative von Kantonsrat Fritz Bopp.
1910 Bildung einer Kommission für Wirtschaftspolitik innerhalb des Landwirtschaftlichen Kantonalvereins auf Antrag von Dr. Johann Hofmann vom Strickhof und einigen jüngeren Strickhof-Absolventen.
Die Firma Hermann Ackeret in Basserdorf übernimmt Druck und Vertrieb des *Zürcher Bauern.*
1913 Der *Zürcher Bauer* wechselt von Hermann Ackeret zur Buchdruckerei Jacques Bollmann in Zürich.
1915 Fritz Bopp aus Bülach wird ohne freisinnige Unterstützung als Fraktionsloser in den Nationalrat gewählt.
Die *Neue Zürcher Zeitung* druckt eine Wochenbeilage mit dem Titel «Landwirtschaft».
Der *Zürcher Bauer* wird zum obligatorischen Organ des Zürcherischen Landwirtschaftlichen Kantonalvereins erklärt.
1916 Einführung des Proporzwahlrechts im Kanton Zürich gegen die Parole des Landwirtschaftlichen Kantonalvereins, aber mit Unterstützung von Fritz Bopp.
1917 Gründung der Bauernpartei des Kantons Zürich im Kleinen Tonhallesaal durch die Delegierten des Landwirtschaflichen Kantonalvereins; der *Zürcher Bauer* wird obligatorisches Organ der Bauernpartei.
Karl Wunderli wird Präsident der Politischen Kommission des Landwirtschaftlichen Kantonalvereins und faktisch erster Parteipräsident, ohne diese Bezeichnung zu tragen.
Bei den Kantonsratswahlen setzt sich der Begriff «Bauernpartei» allgemein durch; die Bauernpartei erlangt 49 der 257 Kantonsratssitze und wird damit stärkste bürgerliche Fraktion.

	«Bierhübeli-Rede» von Rudolf Minger vor dem bernischen Genossenschaftsverband mit Vorschlag der Gründung einer Bauernpartei.
1918	Gründung der Berner Bauern- und Bürgerpartei.

Ernst Laur gibt den neuen Bauernparteien mit der Schrift «Die schweizerische Bauernpolitik im Lichte einer höheren Lebensauffassung» eine christliche, antisozialistische und vaterländische Ideologie.

Scharfe Bekämpfung des Landesgeneralstreiks von Sozialdemokraten und Gewerkschaften durch die Zürcher Bauernpartei, insbesondere durch Nationalrat Fritz Bopp.

1919 Ernst Tobler ersetzt den früheren Strickhof-Direktor Jakob Lutz von den Demokraten als erster Vertreter der Bauernpartei im Regierungsrat.

Zweimaliges wöchentliches Erscheinen des *Zürcher Bauern* in normalem Zeitungsformat als obligatorisches Organ des Landwirtschaftlichen Kantonalvereins und der kantonalen Bauernpartei.

Arnold Messmer wird erster vollamtlicher kantonaler Partei- und Bauernsekretär.

Bei den ersten eidgenössischen Wahlen nach Proporz erreicht die Zürcher Bauernpartei auf Anhieb 6 Nationalratsmandate.

Gründung der BGB-Fraktion im Bundesparlament.

1920 Die Zürcher Bauernpartei wird definitiv vom Landwirtschaftlichen Kantonalverein gelöst.

Eigentliche Konstituierung der bernischen Bauern- und Bürgerpartei.

Die Zürcher Bauernpartei erobert 57 von 257 Kantonsratssitzen; Rudolf Maurer aus Rieden-Wallisellen wird zweiter bäuerlicher Regierungsrat.

Fraktionschef Rudolf Streuli wird Präsident der Kantonalpartei.

Die Zürcher Bauernpartei befürwortet den Beitritt zum Völkerbund, während Fritz Bopp opponiert.

1921 Die bernische Partei nennt sich Bauern-, Gewerbe- und Bürgerpartei (BGB).
1922 Bei den eidgenössischen Wahlen erobert die Bauernpartei einen zusätzlichen siebten Nationalratssitz.
1924 Die Zürcher Bauernpartei erreicht 64 von 257 Kantonsratsmandaten.
1925 Fritz Bopp tritt aus der BGB-Fraktion aus und politisiert fraktionslos; er greift die Zürcher Bauernpartei und deren Präsident Rudolf Streuli in seiner *Bülach-Dielsdorfer Wochen-Zeitung* frontal an.

Tod von Parteisekretär Arnold Messmer; seine Frau Margrit Messmer arbeitet bis 1963 im Partei- und Bauernsekretariat.

Die Bauernpartei nominiert Fritz Bopp nicht mehr für den Nationalrat, lässt aber die beiden Linien seines kumulierten Listenplatzes frei.

Bopp wird auf einer «Freien Bauernliste» wiedergewählt; die Bauernpartei verliert 2 ihrer 7 Nationalratsmandate.

1926 Wahl von Rudolf Streuli in den Regierungsrat; sein Nachfolger als Kantonalparteipräsident wird Rudolf Reichling-Oehninger.

Bei den Kantonsratswahlen sinkt der Anteil der bäuerlichen Sitze wegen Reduktion von 257 auf 220 Sitze von 64 auf 50 Mandate.

1928 Rücktritt von Fritz Bopp aus dem Nationalrat.

Dreimaliges wöchentliches Erscheinen des *Zürcher Bauern* in den Wintermonaten (bis 1934).

Machtvolle Kundgebung von 20 000 Bauern auf dem Bundesplatz in Bern.

Die Zürcher Bauernpartei verharrt bei den eidgenössischen Wahlen bei 5 Nationalratsmandaten.

1929 Verlust eines Mandats bei den Kantonsratswahlen, neu 49 Sitze.

Wahl des Berner BGB-Präsidenten und Nationalrats Rudolf Minger zum ersten bäuerlichen Bundesrat.

1930 Parteipräsident Rudolf Reichling-Oehninger scheitert als Ständeratskandidat.

Gründung eines Bauernkulturellen Ausschusses für ethisch-kulturelle Fragen unter dem Präsidium von Dr. Johann Hofmann als Gegengewicht zur «Bauernheimatbewegung» des Berners Dr. Hans Müller.

1931 Grosse Volkstagung beim Forchdenkmal von Bauernpartei und Landwirtschaftlichem Kantonalverein mit Rede von Bundesrat Rudolf Minger.

Unterstützung der Alters- und Hinterbliebenenversicherung, die aber an der Urne scheitert.

1932 Die Bauernpartei behält ihre 49 Sitze im Kantonsrat.

Gründung der Bauern- und Bürgerpartei in der Stadt Zürich.

1933 Gründung einer Frauenkommission innerhalb des Landwirtschaftlichen Kantonalvereins zur beruflichen, kulturellen und häuslichen Weiterbildung der Bäuerinnen.

Diskussionen über die Frontenbewegung mit dem Beschluss, dass eine Mitgliedschaft bei den Fronten jene bei der Bauernpartei ausschliesst. Parteipräsident Rudolf Reichling tritt aus dem Bund für Volk und Heimat aus.

Die Bauern- und Bürgerpartei der Stadt Zürich unterstützt die bürgerlichen Stadtratskandidaturen inklusive einem frontistischen Vertreter; sie erreicht 3 Mandate im Stadtparlament.

Der bernische Vorschlag nach Umbenennung in Nationale Volkspartei wird reserviert bis ablehnend zur Kenntnis genommen.

1934 Die Bauern- und Bürgerpartei der Stadt Zürich nennt sich BGB der Stadt Zürich.

Das überarbeitete Parteiprogramm bekennt sich zum freiheitlich-demokratischen Staat und macht sozialpolitische Zugeständnisse.

Der *Zürcher Bauer* erscheint zweimal pro Woche (bis 1973).

Erstmaliges Erscheinen von *Stadt und Land,* offizielles Organ der BGB der Stadt Zürich und politisches Organ der Bauernpartei des Kantons Zürich (eingestellt im Dezember 1939).

1935 Ablehnung der Kriseninitiative der Linken, die auch die Jungbauern unterstützen; heftige, teilweise krawallartige Auseinandersetzungen mit Hans Müllers Jungbauernbewegung.

Bei den Kantonsratswahlen erreicht die Bauernpartei 40 von bisher 49 Sitzen, wobei die Anzahl der Mandate von 220 auf 180 verkleinert wird; die mit eigenen Listen antretenden Jungbauern kommen auf 3 Sitze. Bei den Nationalratswahlen lehnen die Jungbauern Listenverbindungen mit den Bürgerlichen ab. Die Bauernpartei verliert den fünften Nationalratssitz.

Der Berner Nationalrat Hans Müller wird aus der BGB-Fraktion ausgeschlossen.

1936 Gründung der schweizerischen Bauern-, Gewerbe- und Bürgerpartei.

1937 Die Bauernpartei des Kantons Zürich wird Mitglied der BGB Schweiz, ihr Kantonalpräsident Rudolf Reichling übernimmt auch das nationale Präsidium.

Wegen einer Meliorationsaffäre in der kantonalen Volkswirtschaftsdirektion muss Rudolf Streuli als Regierungsrat zurücktreten.

1938 Jakob Peter verpasst als Landwirt infolge der Meliorationsaffäre die Wahl in den Regierungsrat; die Jungbauern unterstützen den SP-Gegenkandidaten.
Von den von der Bauernpartei für den Regierungsrat nominierten Akademikern, Oberrichter Dr. Paul Corrodi und Nationalrat Dr. Paul Gysler, schafft nur Corrodi die Wahl.
Bei den Kantonsratswahlen schmilzt die bäuerliche Fraktion von 40 auf 33 Mandate.

1939 Die Landesausstellung («Landi») in Zürich wird zum grossen Erfolg; die Landwirtschaft präsentiert sich unter starker Beteiligung von Persönlichkeiten der Bauernpartei im Landwirtschaftspavillon.
Infolge Generalmobilmachung der Armee finden die eidgenössischen Wahlen ohne grossen Wahlkampf statt. Die Bauernpartei kann das fünfte Nationalratsmandat zurückerobern und zieht mit Prof. Dr. Hans Bernhard erstmals in den Ständerat ein.

1940 Beginn der «Anbauschlacht», ausgelöst durch ein Referat von Prof. Dr. Friedrich Traugott Wahlen im Zürcher Schmidensaal vor der Gesellschaft Schweizerischer Landwirte.
Wegen seines Eintretens für Eduard von Steiger bei den Bundesratswahlen verdirbt es Rudolf Reichling mit dem Berner Nationalrat Dr. Markus Feldmann.

1942 Der frühere Parteisekretär Nationalrat Emil J. Graf verpasst die Wahl in den Regierungsrat.
Tod von Ständerat Prof. Dr. Hans Bernhard; Wahl von Prof. Dr. Friedrich Traugott Wahlen zum Ständerat der Zürcher Bauernpartei.
Gründung des Bäuerlichen Dienstbotenvereins des Kantons Zürich.

1943 Strickhof-Direktor Jakob Heusser wird in den Regierungsrat gewählt.
Die Bauernpartei verliert bei den kantonalen Wahlen ein Mandat und stellt noch 32 Kantonsräte.
Die fünf Nationalratssitze und das Mandat von Ständerat Prof. Dr. Friedrich Traugott Wahlen werden gehalten.

1944 Rudolf Meier folgt Rudolf Reichling als Kantonalpräsident, Reichling tritt nach 18-jähriger Tätigkeit zurück.

Scharfe Auseinandersetzung des *Zürcher Bauern* mit der *Neuen Zürcher Zeitung* über die landwirtschaftliche Preispolitik.

1945 Der *Zürcher Bauer* wechselt von der Frakturschrift zur lateinischen Schrift.

1946 Der Bundesrat veröffentlicht die Eingabe der «Zweihundert», die 1940 einen vorsichtigeren Kurs gegenüber Deutschland gefordert haben; der Arzt Richard Allemann von der Bauernpartei tritt deswegen aus dem Kantonsrat zurück.
Bewilligung des Baus eines Interkontinentalflughafens in Kloten.

1947 Wahl von Parteipräsident Rudolf Meier in den Regierungsrat; Gewinn von 4 Kantonsratsmandaten und Erhöhung der Sitzzahl auf 36.
Unterstützung der erfolgreichen Vorlage zur Einführung einer Alters- und Hinterbliebenenversicherung (AHV).
Annahme des «Wirtschaftsartikels» in der Bundesverfassung mit Massnahmen zugunsten der Landwirtschaft, die von der Handels- und Gewerbefreiheit abweichen können.
Verlust des fünften Mandats bei den Nationalratswahlen.

1949 Rücktritt von Ständerat Prof. Dr. Friedrich Traugott Wahlen infolge Berufung zur Food and Agricultural Organization (FAO); Rudolf Meier verliert den Ständeratswahlkampf gegen den Migros- und Landesring-Gründer Gottlieb Duttweiler.
Rudolf Reichling wird Präsident des Schweizerischen Bauernverbandes.

1950 Heinrich Brändli übernimmt das kantonale Parteipräsidium von Rudolf Meier.

1951 Gewinn eines Kantonratsmandats, Erhöhung auf 37 Sitze.
Die Zürcher Bauernpartei wird offiziell zur Bauern-, Gewerbe- und Bürgerpartei (BGB).
Einweihung des neuen Universitätsspitals Zürich; Gesundheitsdirektor Jakob Heusser wird Ehrendoktor der Medizinischen Fakultät.
Rückgewinnung des fünften Nationalratsmandats.
Nachdrückliche Unterstützung der Zürcher BGB für den Berner Bundesratskandidaten Dr. Markus Feldmann.

1952 Verabschiedung des neuen Landwirtschaftsgesetzes mit besserem Schutz des Agrarsektors vor dem freien Markt, ohne den Wettbewerb unter den Produzenten aufzuheben.

1953 Der *Zürcher Bauer* wechselt von der Druckerei und Verlag Jacques Bollmann AG in Zürich zu Druckerei und Verlag Dr. A. Stutz & Co. in Wädenswil.
1954 Grosse Bauernkundgebung mit 20 000 Teilnehmern gegen landwirtschaftliche Masseneinfuhren auf dem Zürcher Münsterhof.
Verabschiedung der Verordnung zum Landwirtschaftsgesetz.
1955 Die Zürcher BGB verliert bei den Kantonsratswahlen 6 Mandate und kommt nur noch auf 31.
Der spätere Kantonsrat Ernst E. Büchi gründet die BGB-nahe Zeitung *Die Vorstadt.*
Gründung der BGB-Frauengruppe der Stadt Zürich.
Bei den Nationalratswahlen hält die BGB ihre 5 Sitze.
1956 Die brutale Niederschlagung des Aufstands der Ungarn gegen das Sowjetregime empört auch die BGB Schweiz, die eine Sammelaktion von Äpfeln und Kartoffeln durchführt.
1958 Die BGB der Stadt Zürich erobert 10 Gemeinderatssitze (bisher 7) und mit Jakob Baur ein Stadtratsmandat.
Die Ersatzwahl für den überraschend verstorbenen Bundesrat Markus Feldmann fällt auf den früheren Zürcher Ständerat Prof. Dr. Friedrich Traugott Wahlen, nunmehr Vertreter der Berner BGB.
1959 Erstmals erscheint *Die Mitte* für die Stadtpartei als Kopfblatt des *Zürcher Bauern* und vor den Nationalratswahlen als Grossauflage.
Die BGB-Stadtpartei spricht sich gegen das Frauenstimmrecht aus, was in der Frauengruppe zu Verärgerung führt. Auch die kantonale BGB beschliesst die Nein-Parole entgegen der Botschaft des verstorbenen Bundesrats Markus Feldmann.
Der ehemalige langjährige Kantonalpräsident Rudolf Reichling-Oehninger wird Dr. med. vet. h.c. der Universität Zürich.
Die BGB erreicht bei den Kantonsratswahlen 4 Mandate mehr und kommt neu auf 35 Sitze.
Die Partei steigt erstmals in die Nationalratswahlen, ohne die bisherigen Mandatsträger doppelt aufzuführen; sie behält ihre 5 Nationalratsmandate.

1960 Der BGB-Regierungsrat und Finanzdirektor Rudolf Meier wird in den Ständerat gewählt.
1961 Der politische Teil des *Zürcher Bauern* wird als *Die Mitte* zum obligatorischen Publikationsorgan für die nichtbäuerlichen Parteimitglieder.
1962 Jakob Vollenweider folgt Heinrich Brändli als kantonaler Parteipräsident.
1963 Alois Günthard wird in den Regierungsrat gewählt. Bei den Kantonsratswahlen fällt die BGB um ein Mandat auf 34 Sitze zurück.
Die Frauenkommission von Landwirtschaftlichem Kantonalverein und BGB wird zur Zürcher Landfrauen-Vereinigung.
Beim Absturz einer Swissair-Maschine in Dürrenäsch sterben unter anderen 43 Einwohner von Humlikon, die im Rahmen eines Ausflugs der örtlichen Milchgenossenschaft nach Genf reisen wollten.
Die BGB kann bei den Nationalratswahlen ihre 5 Mandate halten.
1967 Feierlichkeiten zum 50. Jahrestag der Zürcher und zum 30. Jahrestag der Schweizer BGB in der Züspa-Halle in Zürich-Oerlikon mit Festansprache von alt Bundesrat Prof. Dr. Friedrich Traugott Wahlen.
Verlust von 3 Kantonsratsmandaten (neu 31).
Völlig überraschende Abwahl von Regierungsrat Rudolf Meier aus dem Ständerat wegen zu passiven Wahlkampfs bei Bestätigung der fünf Nationalratsmandate.
1968 Jugend- und Studentenrevolten in Zürich; Unterdrückung des tschechoslowakischen Volksaufstandes anlässlich des Prager Frühlings.
Gründung der BGB-Jugendfraktion.
1969 Auflösung der Demokratischen Partei, deren Mitglieder sich hauptsächlich der FDP anschliessen.
1970 Die BGB verliert in der Stadt Zürich 5 ihrer 11 Mandate im Gemeinderat, was als Quittung der lokal erstmals mitstimmenden Frauen wegen der langen Verweigerung des Frauenstimmrechts interpretiert wird.
Jakob Stucki übernimmt das Präsidium der Kantonalpartei.
Ablehnung der Schwarzenbach-Initiative zur Beschränkung des Ausländeranteils auf 10 Prozent.
1971 Die Zürcher BGB sagt Ja zum Frauenstimmrecht.
Jakob Stucki wird in den Zürcher Regierungsrat gewählt; Gewinn von

2 Kantonsratsmandaten (neu 33), wobei die FDP erstmals seit 1919 wieder stärkste bürgerliche Kraft wird.

Wahl von Werner F. Leutenegger zum Präsidenten der SVP-Kantonalpartei.

Der frühere Kantonalpräsident, alt Regierungsrat und alt Ständerat Rudolf Meier, wird Ehrendoktor beider Rechte an der Universität Zürich.

Gründung der SVP Schweiz durch den Zusammenschluss von BGB und Bündner sowie Glarner Demokraten; die Zürcher Partei nennt sich SVP/BGB-Mittelstandspartei.

Erhalt der 5 Nationalratssitze dank Listenverbindung mit der Jungen Mitte.

1972 Die BGB-Jugendfraktion wird zur Jungen Mitte.

1973 Erste Frauenkonferenz der SVP Schweiz im Zürcher Kongresshaus.

1974 Der *Zürcher Bauer* erscheint lediglich einmal pro Woche.

Die SVP der Stadt Zürich erreicht nur noch 4 Parlamentssitze, verliert die Fraktionsstärke und muss sich der FDP-Fraktion anschliessen.

1975 Die SVP fällt bei den Kantonsratswahlen um 1 Mandat auf 32 zurück.

Sprengstoffanschlag auf das Haus von Regierungsrat Jakob Stucki in Seuzach durch Exponenten der Sekte Divine Light Zentrum.

Verlust des fünften Nationalratsmandats; die SVP Schweiz fällt bei den eidgenössischen Wahlen unter die 10-Prozent-Hürde. SP-Präsident Helmut Hubacher verneint die Legitimation des SVP-Bundesratssitzes.

1976 Die SVP/BGB-Mittelstandpartei wird offiziell zur SVP des Kantons Zürich.

Tod von Regierungsrat Alois Günthard im Amt; die Partei kann das zweite Regierungsratsmandat mit Konrad Gisler verteidigen.

1977 Tod von Parteipräsident Werner F. Leutenegger; Dr. Christoph Blocher wird Präsident der SVP des Kantons Zürich und rund 27 Jahre im Amt bleiben.

Erste Kadertagung zum Parteiaufbau.

Blocher kämpft gegen SVP-Bundesrat Rudolf Gnägi erfolgreich gegen die Einführung eines zivilen Ersatzdienstes; er wendet sich gegen das «liberalprogressive» Aktionsprogramm der SVP Schweiz.

Die Junge Mitte wird zur Jungen SVP.

Einführung der Milchkontingentierung (einzelbetriebliche Mengensteuerung).

1978 Verlust des zwanzig Jahre lang von Jakob Baur gehaltenen Zürcher Stadtratsmandats, Wiedererlangung der Fraktionsstärke im Gemeinderat mit 5 Mandaten.
Kandidatur des Ex-Fussballers Köbi Kuhn für die SVP Kreis 6.

1979 Erhalt der 32 Kantonsratsmandate.
In Nachfolge des *Republikaners* gründet Dr. Ulrich Schlüer in Flaach die bürgerlich-konservative Zeitung *Schweizerzeit*.
Bei der National- und Ständeratskampagne trägt erstmals Hans-Rudolf Abächerli die PR-Verantwortung.
Feier des 60. Jubiläums des Einzugs der Partei ins eidgenössische Parlament auf der Forch mit 2000 Teilnehmern.
Regierungsrat Jakob Stucki nimmt im Ständerat Einsitz; die Partei hält die 5 Nationalratssitze, wobei auch Christoph Blocher gewählt wird.

1980 Gewaltausbruch demonstrierender Jugendlicher anlässlich der Opernhauskrawalle in Zürich.
«Landsgemeinde für Recht und Ordnung» mit einer Rede von Christoph Blocher auf dem Zürcher Münsterhof, die von Chaoten massiv gestört wird.

1981 Sonderparteitag zum Thema «Krawalle» in Uster.
Die Stadtpartei organisiert die Schadenersatzklagen von 53 Ladenbesitzern wegen der Jugendunruhen.

1982 Der Zeitungstitel *Die Mitte* wird ersetzt durch *Der Zürcher Bote;* obligatorisches Organ der Zürcher SVP ist entweder der *Zürcher Bote* oder der *Zürcher Bauer* mit identischem erstem Bund.
Die Stadtpartei zieht mit Kurt Egloff wieder in den Zürcher Stadtrat ein und steigert ihren Anteil von 5 auf 7 Gemeinderatssitze.
Walter Frey und Beat Curti gründen die Gratis-Zeitung *Züri Woche,* die unter Chefredaktor Karl Lüönd einen bürgerlichen Kurs steuert.
Christoph Blocher spricht an der von Jugendlichen gestörten offiziellen Augustfeier in der Stadt Zürich.
Die Kantonalpartei veröffentlicht das «Graubuch der Bürokratie» mit dem Untertitel «Es ist Vorschrift, sagt der Bürokrat».

1983 Der *Zürcher Bote* beziehungsweise der politische Teil des *Zürcher Bauern* wird von sechs auf acht Seiten ausgebaut.
Gewinn von 3 Kantonsratsmandaten, Steigerung auf 35 Sitze; Christine Ungricht schafft als erste SVP-Frau die Wahl in den Kantonsrat.
Erstes kantonales SVP-Schiessen, das künftig jährlich stattfindet.
Christoph Blocher übernimmt die Ems-Chemie AG als Mehrheitsaktionär.
Die 5 Nationalratssitze und der Ständeratssitz werden trotz «Waldsterbens» und Herausforderung durch die Grünen gehalten.

1984 Walter Frey wird Präsident der SVP-Stadtpartei.

1985 Höhepunkt der parteiinternen Auseinandersetzungen über die N4, die durch den Bezirk Affoltern führt.
Christoph Blocher kämpft an der Spitze eines gegnerischen Komitees gegen das neue Eherecht, das aber angenommen wird.

1986 Die SVP verliert einen Sitz im Stadtzürcher Parlament und kommt noch auf 6 Mandate; eine Listenverbindung mit der Nationalen Aktion in einzelnen Stadtkreisen führt zu erregten Diskussionen.
Erfolgreicher Kampf gegen den Uno-Beitritt, anschliessend Gründung der Aktion für eine unabhängige und neutrale Schweiz (Auns).
Start der «Uruguay-Runde» im Rahmen der Welthandelsorganisation GATT zur Liberalisierung des Weltagrarhandels.

1987 Hans Hofmann schafft die Wahl in den Regierungsrat; im Kantonsrat gehen wegen des grossen Siegs der Grünen 4 von 35 Sitzen wieder verloren.
Bei den Ständeratswahlen scheitert die SVP mit ihrem Kantonalpräsidenten Christoph Blocher, erobert aber ein sechstes Nationalratsmandat; Walter Frey wird in die grosse Kammer gewählt.

1988 Christoph Blocher sorgt für enormes Aufsehen als Drahtzieher beim Verzicht auf die Realisierung des umstrittenen Kernkraftwerks Kaiseraugst.
Der Zürcher SVP-Präsident kritisiert die Wirtschaftsverbände «Vorort» und «Wirtschaftsförderung» als lendenlahm und selbstzufrieden.

1989 Erste Durchführung der Albisgüetli-Tagung mit Bundesrat Adolf Ogi.

1990 Albisgüetli-Tagung mit SP-Bundesrat Otto Stich als Gastredner.

Grossveranstaltung aus Anlass des Zusammenbruchs des Sozialismus im Kasino Zürihorn mit Heiner Geissler (CDU) und dem Oberbürgermeister von Dresden.

Die Stadt Zürich vermag das Stadtratsmandat der zurückgetretenen Kurt Egloff nicht zu halten, gewinnt aber einen siebten Gemeinderatssitz.

Die SVP der Stadt Zürich tritt mit einem «Drogenkonzept» gegen die Duldung einer offenen Drogenszene an die Öffentlichkeit.

1991 Albisgüetli-Tagung mit Bundespräsident Flavio Cotti (CVP).

Ein Inserat mit zwei innig verschlungenen Filzläusen warnt vor dem rot-grünen Filz.

Ueli Maurer scheitert als Regierungsratskandidat; die SVP gewinnt aber 6 Kantonsratsmandate und kommt neu auf 37.

Volkspetition für dringliche Massnahmen im Asylbereich mit über 100 000 Unterschriften eingereicht.

Feier der SVP-Kantonalpartei zum 700. Geburtstag der Eidgenossenschaft auf dem Pfannenstiel mit Ansprachen von alt Bundesrat Leon Schlumpf und Christoph Blocher.

Die SVP portiert als Quereinsteiger Werner Vetterli, der zwar in den Ständeratswahlen scheitert, aber in den Nationalrat gewählt wird. Erstmals wird die Zürcher SVP zur wählerstärksten Partei des Kantons und erhält 8 Nationalratsmandate.

Listbeth Fehr zieht als erste SVP-Frau in den Nationalrat ein.

1992 Parteipräsident Blocher spricht an der Albisgüetli-Tagung zum Thema «Anpassung oder Widerstand?» und bekämpft im Beisein von Bundesrat Kaspar Villiger (FDP) die Vorlage eines EWR-Beitritts.

Anlässlich seines 150-Jahr-Jubiläums nennt sich der Landwirtschaftliche Kantonalverein künftig Zürcher Bauernverband.

Erste SVP-Volksinitiative «Gegen die illegale Einwanderung» lanciert.

Die Zürcher SVP fasst auf dem Albisgüetli nach Referaten von Staatssekretär Franz Blankhart und Christoph Blocher als erste Kantonalpartei die EWR-Parole, die grossmehrheitlich für ein Nein ausfällt.

Erfolgreicher Kampf gegen den EWR-Beitritt mit zahllosen Auftritten unter Führung von Christoph Blocher, der auch bei der SVP Schweiz gegen Bundesrat Adolf Ogi eine Nein-Parole erreicht.

Am 6. Dezember sagen Volk und Stände Nein zum EWR-Beitritt.

1993 Albisgüetli-Tagung im Beisein von Bundespräsident Adolf Ogi.
Grossoffensive der Zürcher SVP mit Vorstossbündel für Wirtschaft und Arbeitsplätze.
Vorträge von Christoph Blocher zum Thema «Gut, dass wir Nein gestimmt haben».
Die SVP stellt unter Führung von Nationalrat Toni Bortoluzzi ihre Leitlinien einer bürgerlichen Sozialpolitik vor.
«Messerstecher»-Inserate prangern das Versagen von «Linken und Netten» an; sie werden abgesetzt, da sie mit dem Mord an einer Pfadiführerin durch einen Hafturlauber zusammenfallen.
Brandanschläge in den Räumen des *Neuen Bülacher Tagblatts* von Nationalrat Hans Ulrich Graf und in einer Garage der Emil-Frey-Gruppe mit Bekennerschreiben «für mehr Nestwärme in SVP-Stuben».
Kundgebung zum einjährigen Jahrestag des EWR-Neins in Luzern.

1994 Falsche Grafik auf SVP-Inserat, was Parteisekretär Hans Fehr mit einer Verzerrung durch die Fax-Übermittlung erklärt («Fax-Affäre»).
Bundespräsident Otto Stich (SP) sagt Teilnahme an der Albisgüetli-Tagung wegen «Messerstecher»-Inseraten ab; stattdessen äussern sich drei Redner aus dem Volk als Vertreter der «obersten Behörde».
Die SVP der Stadt Zürich steigert sich von 7 auf 19 Gemeinderatsmandate.
Erfolgreicher Abstimmungskampf gegen die Schweizer Teilnahme bei Aktionen der Uno-Blauhelmtruppen.
Neues, leserfreundlicheres Layout und Zweifarbendruck von *Zürcher Boten* und *Zürcher Bauer;* die Texte werden kürzer.

1995 Albisgüetli-Tagung mit Einladung von Bundespräsident Kaspar Villiger (FDP).
Rita Fuhrer wird in den Regierungsrat gewählt. Die SVP gewinnt 4 Sitze und erreicht 40 Kantonsratsmandate.
Umstrittene «Stiefelinserate» thematisieren die Frage des EU-Beitritts.
Umzug durch die Zürcher Bahnhofstrasse und Kundgebung auf dem Münsterhof «Ja zur Schweiz – Nein zum EWR/EU-Beitritt».
Gewinn eines zusätzlichen Nationalratssitzes, Erhöhung auf 9 Mandate.

1996 Albisgüetli-Tagung mit Teilnahme von Bundespräsident Jean-Pascal Delamuraz (FDP).
Ueli Maurer wird Präsident der SVP Schweiz.
Rolf Gerber (SVP) wird zwar knapp nicht in den Regierungsrat gewählt, verhindert aber wegen Kandidatenwechsels der Sozialdemokraten eine missliebiebige SP-Frau.
Unterstützung der Agrarpolitik 2002 zur markt- und umweltgerechten landwirtschaftlichen Produktion durch den Souverän (später AP 2007, 2011 und 2014–17).
Knappe Ablehnung der ersten SVP-Asylinitiative.

1997 Albisgüetli-Tagung mit Bundesrat Flavio Cotti (CVP) als Gastredner.
Standortbestimmung «Die Schweiz und der Zweite Weltkrieg» von Christoph Blocher in Zürich.
Zweite Weltkriegsrede «Die Schweiz und der Eizenstat-Bericht» von Christoph Blocher in Bern.
80-Jahre-Jubiläum der Zürcher SVP im Morgengrauen auf der Altrüti bei Gossau ZH.
Versand von Christoph Blochers Bilanz «Fünf Jahre nach dem EWR-Nein» in alle Haushalte.

1998 An seiner Albisgüetli-Rede mit Bundesrat Arnold Koller (CVP) als Gast fordert Christoph Blocher, dass das Geld aus dem Verkauf von Nationalbankgold statt in eine Solidaritätsstiftung in den AHV-Fonds fliessen soll; ausserdem schlägt er die Volkswahl des Bundesrates vor.
Blocher veröffentlicht den «Strategischen Studienbericht» zur Sicherheitspolitik als Gegenposition zum Bericht der bundesrätlichen Kommission unter Edouard Brunner.
In der Stadt Zürich gewinnt die SVP weitere 7 Mandate und erhöht die Sitzahl im Gemeinderat auf 26.
Regierungsrat Hans Hofmann wird in den Ständerat gewählt.
Die Zürcher Stadtpartei gewinnt eine Abstimmung gegen ein staatlich unterstütztes Kontaktnetz für Kosovo-Albaner; sie scheitert dagegen knapp gegen das Stricher-Projekt «Herrmann».
Gewinn einer Abstimmung gegen ein Behandlungsprogramm für Sexual- und Gewaltstraftäter in der Strafanstalt Pöschwies.

Blocher wendet sich mit Inseraten gegen die Warnung vor «politischem Flugsand» von Bundesrat Adolf Ogi.

1999 Wegen Absage von Bundespräsidentin Ruth Dreifuss (SP) spricht Hans Meyer, Präsident der Schweizerischen Nationalbank, an der Albisgüetli-Tagung; erstmaliger Versand von Christoph Blochers Albisgüetli-Rede in alle Haushaltungen.
Wahl von Christian Huber in den Regierungsrat; enorme Verschiebung bei den Kantonsratswahlen: Die SVP steigert sich von 40 auf 60 Parlamentssitze.
Lancierung einer zweiten Asylinitiative und der «Goldinitiative» (Goldreserven in den AHV-Fonds) der SVP Schweiz.
Eine Kampagne des Verlagshauses Ringier will Christoph Blocher eine Woche vor den Wahlen als Sympathisanten eines Holocaust-Leugners anprangern; die Zürcher SVP gewinnt 4 Nationalratsmandate und erhöht auf 13, die SVP Schweiz wird erstmals wählerstärkste Partei des Landes und erreicht 44 Nationalratssitze.
Christoph Blocher kandidiert vergeblich für den Bundesrat.

2000 Albisgüetli-Tagung mit dem parteieigenen Bundespräsidenten Adolf Ogi als Gastredner.
Christoph Blocher verdeutlicht mit der Schrift «Freiheit statt Sozialismus» seine Ablehnung des sozialistischen wie des nationalsozialistischen Weltbildes.
Die Zürcher SVP lehnt die Bilateralen Verträge I mit der EU inklusive Personenfreizügigkeit ab.
Wahlen in den Zürcher Verfassungsrat; die SVP erreicht 30 von 100 Sitzen.
Regierungsrätin Rita Fuhrer scheitert trotz offizieller Nomination als Bundesratskandidatin, ebenso Roland Ebere als Mitbewerber.

2001 Albisgüetli-Tagung mit Bundespräsident Moritz Leuenberger (SP) als Gastredner.
Anlässlich des Zusammenbruchs der nationalen Fluggesellschaft veröffentlicht Christoph Blocher den Artikel «Gesundet der Freisinn mit der Swissair?»
Die Zürcher SVP verweigert den 300-Millionen-Kredit des Kantons Zürich an die neue Fluggesellschaft.

Nationalrat Walter Frey, Fraktionschef in Bundesbern und Stadtparteipräsident, tritt von seinen politischen Ämtern zurück.

2002 Albisgüetli-Tagung im Beisein von Bundespräsident Kaspar Villiger (FDP).

Knappes Ja des Souveräns zur Volksinitiative für den Uno-Beitritt.

Die Stadtzürcher SVP gewinnt 6 Gemeinderatssitze und besetzt neu 32 Mandate.

Alexander Segert übernimmt in der Werbefirma Goal AG die Geschäftsführung von Hans-Rudolf Abächerli.

Die SVP scheitert mit der «Goldinitiative», verhindert aber die sogenannte Solidaritätsstiftung.

Die zweite SVP-Asylinitiative wird mit hauchdünner Mehrheit abgelehnt.

Christoph Blocher bezeichnet Samuel Schmid als «halben SVP-Bundesrat».

Toni Bortoluzzi scheitert als Bundesratskkandidat gegen Ruth Dreifuss (SP).

2003 Wegen kurzfristiger Absage von Bundespräsident Pascal Couchepin (FDP) spricht der Ökonom Prof. Dr. Walter Wittmann an der Albisgüetli-Tagung.

Bei den kantonalen Wahlen unterliegt Hans Rutschmann als dritter SVP-Regierungsratskandidat; die Partei gewinnt einen zusätzlichen Sitz und erhöht ihre Fraktion auf 61.

Christoph Blocher prangert im Artikel «Mitenand gaats schlächter» die Verbandelung von Politik und Wirtschaft an und prägt in einem Interview den Begriff «Scheininvalide».

Die Zürcher SVP verliert trotz gestiegenen Wähleranteils das 13. Nationalratsmandat, gewinnt aber schweizweit 11 zusätzliche und damit 55 Sitze.

Parteipräsident Ueli Maurer fordert am Wahlabend die Wahl von Samuel Schmid und Christoph Blocher in den Bundesrat und kündigt andernfalls den Gang in die Opposition an.

Wahl von SVP-Kantonalpräsident Christoph Blocher zum Bundesrat; er übernimmt das Justiz- und Polizeidepartement.

2004 Christoph Blocher spricht erstmals als Bundesrat an der Albisgüetli-Tagung; die parteiische Gegenrede hält Ueli Maurer, Präsident der SVP Schweiz.

Annahme der Verwahrungsinitiative; Justizminister Blocher erreicht mit Zustimmung der Initiantinnen eine völkerrechtskonforme Umsetzung.

Kantonsrat Peter Good übernimmt das Kantonalpräsidium von Christoph Blocher.

Regierungsrat Christian Huber kündigt seinen Rücktritt an und begründet ihn mit Differenzen zur «Rennleitung» der Kantonalpartei.

Das Volk verwirft erleichterte Einbürgerungen; Justizvorsteher Blocher verspricht die Umsetzung ohne den üblichen bundesrätlichen Kommentar.

2005 Albisgüetli-Tagung mit Ansprache von Bundespräsident Samuel Schmid (SVP), das erste und einzige Mal mit Christoph Blocher als Gast ohne eigenen Auftritt.

Die neue Kantonsverfassung wird gegen die Parole der SVP angenommen.

Weder Toni Bortoluzzi noch Bruno Heinzelmann (im zweiten Wahlgang) können den Verlust des zweiten SVP-Regierungsratssitzes verhindern.

Rede von Bundesrat Christoph Blocher anlässlich des 60. Jahrestags des Endes des Zweiten Weltkriegs in Rafz; der Referent wendet sich gegen Falschaussagen von Bundespräsident Joseph Deiss und gegen den Beitritt zum EU-Vertragswerk von Schengen/Dublin.

Annahme des Schengen/Dublin-Vertrags mit der EU.

Annahme der Ausweitung der Personenfreizügigkeit auf die «neuen» EU-Staaten entgegen der SVP-Empfehlung.

Verhinderung des Kaufs eines irischen Telekommunikationsunternehmens durch die Swisscom dank bundesrätlicher Intervention von Christoph Blocher.

Rücktritt von Peter Good als Zürcher SVP-Kantonalpräsident.

2006 Infolge Absage von Bundespräsident Moritz Leuenberger (SP) spricht Christoph Blocher an der Albisgüetli-Tagung.

Hansjörg Frei wird neuer Präsident der SVP des Kantons Zürich.

Durch das Pukelsheim-Verfahren verliert die SVP in der Stadt Zürich 7 ihrer Sitze und kommt noch auf 24.

Das neue Asyl- und Ausländergesetz – eine Vorlage aus dem Departement Blocher – wird mit fast 70 Prozent angenommen.

Justizminister Christoph Blocher kritisiert anlässlich eines Staatsbesuchs in der Türkei die schweizerische Rassismus-Strafnorm.

2007 Albisgüetli-Tagung mit Bundesrat Christoph Blocher.

Die Delegierten der SVP Schweiz bestätigen die folgende Strategie: Blocher und Schmid im Bundesrat oder Gang in die Opposition.

Bei den Kantonsratwahlen kommt die SVP wegen dem Pukelsheim-Verfahren nur noch auf 56 der bisherigen 61 Sitze; Markus Kägi kann den zweiten SVP-Regierungsratssitz zurückerobern.

Werbung für die SVP-Ausschaffungsinitiative mit Plakaten, die drei weisse und ein schwarzes Schaf zeigen.

Nomination von Prof. Dr. Hans Geiger zum Ständeratskandidaten, der aber gegen Ueli Maurer ausgewechselt wird.

Feier des 90-jährigen Jubiläums der Zürcher SVP im Grossen Tonhallesaal.

Nationaler Wahlkampf der SVP Schweiz mit der Parole «Blocher stärken! SVP wählen!».

Komplott von Bundesanwaltschaft und der Spitze der nationalrätlichen Geschäftsprüfungskommission gegen Bundesrat Blocher; verfehlte Unterstellung, Blocher habe sich an einem Komplott zur Absetzung des früheren Bundesanwalts Valentin Roschacher beteiligt.

Linksextremer Gewaltausbruch anlässlich der Wahlkundgebung der SVP Schweiz in Bern.

Die SVP erreicht national ein neues Rekordergebnis mit 28,9 Prozent Wähleranteil und 62 statt wie bisher 55 Sitzen.

Ueli Maurer scheitert im zweiten Wahlgang als Ständeratsanwärter.

Abwahl von Bundesrat Chistoph Blocher, Wahl der Bündner Regierungsrätin Eveline Widmer-Schlumpf.

2008 Toni Brunner folgt Ueli Maurer als Präsident der SVP Schweiz; Christoph Blocher (Strategiechef) und Walter Frey werden Vizepräsidenten.

Albisgüetli-Tagung mit Christoph Blocher als Redner.

Eine Fernsehdokumentation beleuchtet die Intrigen rund um die Abwahl von Christoph Blocher; Parteiausschluss von Eveline Widmer-Schlumpf und in der Folge Ausschluss der SVP des Kantons Graubünden, wo eine SVP-Neugründung erfolgt.

Gründung einer Bürgerlich-Demokratischen Partei (BDP) in mehreren Kantonen mit den Bundesräten Samuel Schmid und Eveline Widmer-Schlumpf.

Deutliche Ablehnung der SVP-Volksinitiative «Für demokratische Einbürgerungen».

Ueli Maurer wird neuer Präsident der SVP des Kantons Zürich.

Rücktritt von Bundesrat Samuel Schmid (BDP), Nominierung der Doppelkandidatur von Christoph Blocher und Ueli Maurer.

Äusserst knappe Wahl des Zürcher SVP-Vertreters Ueli Maurer in den Bundesrat, Übernahme des Verteidigungsdepartements.

2009 Ueli Maurer und Christoph Blocher sind Redner an der Albisgüetli-Tagung.

Alfred Heer wird neuer Präsident der SVP des Kantons Zürich.

Abstimmungsniederlage bei der Ausweitung der Personenfreizügigkeit auf Rumänien und Bulgarien.

Abschaffung der Milchkontingentierung.

Alt Bundesrat Christoph Blocher, der Uhrenunternehmer Nicolas G. Hayek und SP-Präsident Christian Levrat fordern angesichts der globalen Finanzkrise Massnahmen gegen die «Too big to fail»-Problematik.

Wahl von Ernst Stocker in den Regierungsrat.

Ja zur Volksinitiative zum Verbot des Baus von Minaretten.

2010 Erste der künftig regelmässig am 2. Januar in verschiedenen Kantonen durchgeführten Kulturveranstaltungen von Christoph Blocher über grosse Persönlichkeiten und ihre Bedeutung für die heutige Schweiz.

Albisgüetli-Tagung mit dem neuen Bundesrat Didier Burkhalter (FDP) als Gastredner.

Die SVP hält bei den Stadtzürcher Wahlen ihre 24 Gemeinderatssitze.

Ja zur SVP-Volksinitiative «Für die Ausschaffung krimineller Ausländer».

2011 Rededuell von Christoph Blocher mit Jean-Claude Juncker, Vorsitzender der Euro-Gruppe und luxemburgischer Ministerpräsident, im Zürcher Schauspielhaus.

Albisgüetli-Tagung mit Bundespräsidentin Micheline Calmy-Rey (SP) als Gastrednerin; schwerer körperlichen Angriff von Demonstranten auf Nationalrat Hans Fehr.

Verlust von 2 Kantonsratsmandaten (neu 54) infolge BDP-Abspaltung und Reaktorkatastrophe im japanischen Fukushima.

Kandidatur von Christoph Blocher für den Ständerat wie für den Nationalrat.

Lancierung der Masseneinwanderungsinitiative mit landesweiten Plakaten schwarzer Schuhe, deren Träger die Landesgrenze überschreiten.

Bei den Nationalratswahlen verliert die Zürcher SVP eines von 12 Nationalratsmandaten.

Christoph Blocher verpasst die Wahl in den Ständerat, zwingt aber die beiden Bisherigen in einen zweiten Wahlgang und wird wieder Nationalrat.

Landesweit verliert die SVP mit 26,6 Prozent Wähleranteil 9 Nationalratsmandate.

Der Zürcher Nationalrat Bruno Zuppiger wird Bundesratskandidat, muss aber wegen einer erledigt geglaubten Erbschaftsaffäre verzichten; der neu nominierte Thurgauer Hansjörg Walter verpasst die Wahl, Eveline Widmer-Schlumpf (BDP) wird wiedergewählt.

2012   Nationalbankpräsident Philipp Hildebrand muss wegen Devisenspekulationen zurücktreten, die der neu gewählte Nationalrat Christoph Blocher zuvor dem Bundesrat vorgelegt hat.

Albisgüetli-Tagung mit Gastredner Oswald Grübel, ehemals Chef der UBS und der Credit Suisse.

Der Bankrat der Nationalbank verabschiedet ein verschärftes Reglement für Eigengeschäfte der Bankleitung.

Grosse Feier zum zwanzigjährigen EWR-Nein in Biel.

2013   Albisgüetli-Tagung mit dem parteieigenen Bundespräsidenten Ueli Maurer.

Ja der Zürcher SVP zur Abzocker-Initiative von Thomas Minder.

Lancierung der überparteilichen Volksinitiative «Ja zum Schutz der Privatsphäre» zum verfassungsmässigen Schutz des Bankkundengeheimnisses.

Deutliche Ablehnung der SVP-Initiative zur Volkswahl des Bundesrates. Nein zum kantonalen Ausländerstimmrecht.

2014 Albisgüetli-Tagung mit dem bundespräsidialen Gastredner Didier Burkhalter (FDP).
Annahme der SVP-Masseneinwanderungsinitiative durch Volk und Stände.
Verlust von 2 Mandaten (neu 22) bei den Stadtzürcher Gemeindewahlen.
Christoph Blocher erklärt den Rücktritt aus dem Nationalrat, um sich ganz dem Kampf gegen die Anbindung der Schweiz an die EU zu widmen.
Auflösung der kantonalen SVP-Frauenkommission.
Nein zur Beschaffung des Kampfflugzeugs Gripen.

2015 Albisgüetli-Tagung im Beisein von Bundespräsidentin Simonetta Sommaruga (SP).
Überraschende Ankündigung der Nationalratskandidatur von Roger Köppel, Verleger und Chefredaktor der *Weltwoche*.
Feier anlässlich des Jubiläums von 200 Jahren völkerrechtlich garantierter Neutralität im Zürcher Kongresshaus mit 1200 Teilnehmern.
Bei den Kantonsratswahlen bleibt die SVP bei 54 Sitzen.
Nationaler Wahlkampf unter der Devise «Frei bleiben!»; Start der Volksinitiative «Landesrecht vor Völkerrecht» beziehungsweise der «Selbstbestimmungsinitiative».
Erfolgreiches Wahlvideo «Welcome to SVP», lanciert von DJ Tommy alias Thomas Matter.
Die SVP Schweiz erreicht bei den Nationalratswahlen unter dem Eindruck der europäischen Flüchtlingskrise ein Allzeithoch von 29,4 Prozent Wählerstimmen und 11 zusätzliche Sitze (neu 65); die Zürcher SVP hält bei leicht gesteigertem Wähleranteil die 12 Mandate; Hans-Ueli Vogt scheitert als Ständerat, wird aber in den Nationalrat gewählt.
Als zweiter SVP-Bundesrat wird der Waadtländer Guy Parmelin gewählt; Bundesrat Ueli Maurer wechselt vom Verteidigungs- ins Finanzdepartement.

2016 Albisgüetli-Tagung mit Bundespräsident Johann Schneider-Ammann (FDP) als Gastredner.

Der Berner Dr. Albert Rösti folgt Toni Brunner als nationaler Parteipräsident; in die neue Parteileitung nehmen drei Zürcher Einsitz, nämlich Christoph Blocher (Strategie), Walter Frey (Kommunikation) und Thomas Matter (Finanzen).

Niederlage bei der SVP-«Durchsetzungsinitiative», lanciert wegen teilweiser Nichtumsetzung der «Ausschaffungsinitiative».

Kantonsrat Konrad Langhart wird neuer Präsident der SVP des Kantons Zürich.

Im vielbeachteten «Brexit» beschliesst die Bevölkerung von Grossbritannien den EU-Austritt.

Das Parlament weigert sich, den Verfassungstext der SVP-Masseneinwanderungsinitiative umzusetzen.

Auf Antrag der Zürcher SVP ergreift die nationale Partei das Referendum gegen die «Energiestrategie 2050».

2017 Albisgüetli-Tagung mit Bundesrat Ueli Maurer und Christoph Blocher als Redner.

Jubiläumsparty «100 Jahre SVP Zürich» im Bolero Club in Winterthur.

Grosse Feier «100 Jahre Zürcher SVP» im Kongresshaus in Zürich mit Ansprachen von Christoph Blocher, Bundesrat Ueli Maurer, Regierungspräsident Mario Fehr (SP), Nationalratspräsident Jürg Stahl, Bauernverbandspräsident Hans Frei, Gemeinderatspräsident Roger Bartholdi und Prof. Dr. Christoph Mörgeli.

Präsentation der umfangreichen Festschrift «Bauern, Bürger, Bundesräte», erschienen im Orell Füssli Verlag, Zürich.

Anmerkungen

Einleitung (S. 13–17)

1. FRIZSCHE/LEMMENMEIER 1994. KÖNIG/KURZ/SUTER 1994. KÖNIG 1994.
2. BRUGGER 1978. BRUGGER 1987. BAUMANN 1993. MOSER 1994. BAUMANN/MOSER 1999. BRODBECK/FLÜCKIGER/MOSER 2007.
3. ROOS [2000].
4. BECK 1973.
5. 75 Jahre SVP Wangen-Brüttisellen. SIERSZYN 1994. KUHN 1997. WÄFLER 2012.
6. NIEDERÖST 2015.
7. JUNKER/MAURER 1968. JUNKER 1968. 75 Jahre SVP des Kantons Bern.
8. FELDMANN 2001–2002.
9. SCHMID-AMMANN 1971. SCHMID-AMMANN 1978. WALDVOGEL 1993. STEINER/STEINBRÜCK 1960. STEINER/STEINBRÜCK/URSPRUNG 1990. 75 Jahre SVP Baselland 2000. Festschrift 2016. KÜNG 2016.
10. GRUNER 1977.
11. HARTMANN/HORVATH 1995. HENNECKE 2003, S. 150–151.
12. LADNER/BRÄNDLE 2001.
13. KRIESI 2005, S. 63–84.
14. METTLER 1995.
15. BLOCHER, Andreas 1994.
16. SCHILLING 1994.
17. GSTEIGER 2002, S. 7.
18. ACKERET 2007.
19. SOMM 2009.
20. LÜÖND 2011.
21. KOYDL 2016, S. 46–59.
22. ZAUGG 2008, S. 10–30. ZAUGG 2014.
23. BLOCHER 2014, S. 23.
24. HARTMANN/GROSS 1995. ITEN 1999. WALDBURGER 2002. HENNECKE 2003, S. 145–162. STENDEROVIC 2008. BEGLINGER 2017.
25. KELLER [1891]. AMMANN 1925.

Landwirtschaft im Industriekanton (S. 18–28)

1. MÖRGELI 2016, S. 20–21.
2. BRAUN 1984, S. 58–109.
3. SIGG/PFISTER/SCHÄRLI 1985, S. 25. PETER 1996.
4. BRAUN 1984, S. 58.
5. BLOCHER 1976. PFISTER 1987. ZEHNDER/MÖRGELI 1991, S. 165–166, 181–182. FRITZSCHE/LEMMENMEIER 1994, S. 30.
6. ULRICH 1770.
7. KLEIN 1973, S. 41–44. FRITZSCHE/LEMMENMEIER 1994, S. 20.
8. BRAUN 1979, S. 61–62.
9. HIRZEL 2006, S. 200–201.

10 GUGGISBERG/WAHLEN 1958.
11 ZOLLINGER 1932, S. 18. MÖRGELI/ WEBER 1998, S. 81–82, 133–134. HIRZEL 2006, S. 196.
12 HIRZEL 1761, S. 4.
13 MÖRGELI/WEBER 1998, S. 81, 83.
14 BRÜHWILER 1975.
15 SIGG/PFISTER/SCHÄRLI 1985, S. 16.
16 HIRZEL 1761, S. 95.
17 SIGG/PFISTER/SCHÄRLI 1985, S. 13.
18 HIRZEL 1761, S. 84.
19 GUYER 1972, S. 57–66, 121–125.
20 HIRZEL 1761, S. 53.
21 SIGG/PFISTER/SCHÄRLI 1985, S. 18–21. ERNST 1935. GUYER 1972.
22 ZOLLINGER 1932, S. 39. KIEFER/ BECKER/MÜLLER/NEUBAUER/ SCHMIDT 1988, S. 1198–1199.
23 FRITZSCHE/LEMMENMEIER 1994, S. 33–35.
24 KÄGI 2011.
25 Statistische Mitteilungen 1884, S. 142. BIENZ 1948, S. 103.
26 FARNER 1911, S. 415. KOHLER 1852, S. 143. FRITZSCHE/LEMMEN- MEIER 1994, S. 35.
27 ZB Nr. 6, 18.3.1870, S. 45. FRITZ- SCHE/LEMMENMEIER 1994, S. 35.
28 GOTTHELF 1850.
29 BÖPPLI 1914. BUOMBERGER 1983. FRITZSCHE/LEMMENMEIER 1994, S. 30–33. GÜNTER 2010. HLS Bd. 5, 2006, S. 761–763.

Bauern in der freisinnigen Grossfamilie (S. 29–50)

1 SCHMID 1980, S. 76. OTT 1991, S. 59. FRITZSCHE/LEMMENMEIER 1994, S. 30–32.
2 Schweizerischer Republikaner Nr. 1, 26.11.1830, S. 1–4. Ueber die Salzsteuer, Zehnten und Grundzinse 1831. OTT 1991, S. 57–61.
3 WETTSTEIN 1907, S. 38–40. Die Landwirtschaft im Kanton Zürich 1924, S. 25–26. SUTER 2000, S. 47–50.
4 Verhandlungen des Grossen Rates 1832, S. 173. WETTSTEIN 1907, S. 339.
5 Loskaufgesetz von 1832. WETTSTEIN 1907, S. 334.
6 WETTSTEIN 1907, S. 334.
7 FRITZSCHE/LEMMENMEIER 1994, S. 29.
8 GRUNER 1977, S. 74, 88–89, 94, 152.
9 100 Jahre Landwirtschaftlicher Kantonalverein 1942, S. 24. BURGA 2013, S. 147.
10 FRITZSCHE/LEMMENMEIER 1994, S. 36–37.
11 JUNG 2009, S. 50–55.
12 SCHRÖTER/STIERLIN/HEER 1887, S. 504. BURGA 2013, S. 147.
13 WIDMER 1982, S. 102–105.
14 BURGA 2013, S. 148.
15 SUTER 2003, S. 17.
16 Schweizerische Zeitschrift für Land- wirthschaft und Gartenbau 1849, S. 145–147. BURGA 2013, S. 152.
17 MILT 1949, S. 44. BURGA 2013, S. 145.
18 Bericht und Vorschläge 1846.
19 AMMANN 1925, S. 71–77.
20 BRUGGER 1963, S. 15–16.
21 SKIBBE/GOCHT 1956.
22 Beiträge zur Geschichte der Hochschule / Landwirtschaftliche Hochschule Hohenheim 1966.
23 WITTWER HESSE 2002.
24 BRUGGER 1935, S. 23–24. LAUR 1943, S. 8. PFAFFHAUSER/ BRAUCHLI 1985, S. 53–56.
25 STAUBER 1911, SUTER 2003, S. 12.
26 Zusammenstellung 1853, S. 3–7.
27 SUTER 2003, S. 19.
28 NZZ Nr. 288, 15.10.1846.
29 HOFMANN 1928, S. 45. HOFMANN 1943, o. S. SUTER 2003, S. 25. BURGA 2013, S. 149–152.
30 LAUR 1942, S. 8.
31 FRITZSCHE/LEMMENMEIER 1994, S. 37.
32 HUBER 1970, S. 3. LICHTEN- HAHN/TAILLEFERT/THOMANN 1933, S. 36–48.

33 HAUSER 1989, S. 219.
34 HAUSER 1989, S. 222.
35 MÉTRAUX 1942, S. 40–51.
36 HAUSER 1989, S. 66–67.
37 STAUBER 1922, S. 10–27, 45–48, 50–59. HAUSER 1989, S. 65–72. FRITZSCHE/LEMMENMEIER 1994, S. 39.
38 HLS Bd. 4, 2002, S. 266–270.
39 FRITZSCHE/LEMMENMEIER 1994, S. 40.
40 Bevölkerungswachstum im Kanton Zürich 1961/62.
41 HLS Bd. 7, 2008, S. 625–626.
42 FRITZSCHE/LEMMENMEIER 1994, S. 207.
43 SCHEUCHZER 1887. ZURLINDEN 1915, S. 52–70. GUGGENBÜHL 1936, S. 127.
44 JENT 1967, S. 5. GREYERZ 1980, S. 1061–1062.
45 FRITZSCHE/LEMMENMEIER 1994, S. 147.
46 GUGGENBÜHL 1936, S. 171.
47 GUGGENBÜHL 1936, S. 182.
48 DÄNDLIKER 1912, S. 369.
49 DÜNKI 1990, S. 26–27. WEIBEL 2000, S. 65–81.
50 GILG 1951, S. 336.
51 AMMANN 1925, S. 3.
52 Lb, Beilage zu Nr. 1, 1.1.1887. GUGGENBÜHL 1936, S. 276, 289.
53 GUGGENBÜHL 1936, S. 272, 305.
54 GILG 1951, S. 117–130.
55 DÜRR 1928, S. 48–52.
56 GRUNER 1969, S. 85–86.

Die Vorläufer (S. 51–86)

1 AMMANN 1925, S. 11–19. LANDMANN 1928, S. 20. KUPPER 1929, S. 19–44. DURTSCHI 1936, S. 3–9. HAUSER 1976, S. 24–25. BRUGGER 1978. WIDMER 1992, S. 134–135, 423–427.
2 MORGENTHALER 1888. PFENNINGER 1967. SCHLEGEL 1973, S. 46–70.
3 PFENNINGER 1974. FRITZSCHE/LEMMENMEIER 1994, S. 211.
4 PFENNINGER 1976, S. 95–96. ALTWEGG 1980, S. 79–154. Die Reblaus 1986, S. 3.
5 AMMANN 1925, S. 12.
6 SCHNEEBELI 1897, S. 219.
7 AMMANN 1925, S. 14.
8 GREULICH 1888. AMMANN 1925, S. 22–25. MÖRGELI, Greulich, 1980, S. 2. BEHRENS 2013, S. 62–64.
9 GREULICH 1888, S. 12.
10 BICKEL 1947, S. 125.
11 GREULICH 1888, S. 9.
12 AMMANN 1925, S. 28.
13 Lb Nr. 127, 3.6.1891, S. 719–720. AMMANN 1925, S. 27
14 FRITZSCHE/LEMMENMEIER 1994, S. 212.
15 75 Jahre LSW 2002, S. 20–29.
16 AMMANN 1925, S. 19.
17 Amtliche Sammlung der Bundesgesetze, N. F., Bd. 14, 1893, S. 209–321.
18 HEUSSER 1932. BRUGGER 1963, S. 19–45. JUNKER 1968, S. 11. KOBLET 1982.
19 GRUNER 1977, S. 152. WIDMER 1992, S. 426. BAUMANN 1993, S. 56.
20 Protokoll des Landwirtschaftlichen Clubs der Bundesversammlung, Bd. 2, S. 4.
21 BRUGGER 1978, S. 16.
22 HLS Bd. 7, 2008, S. 626.
23 AMMANN 1925, S. 8. BAUMANN 1993, S. 57. FRITZSCHE/LEMMENMEIER 1994, S. 209. MOSER 1994, S. 25–26.
24 Die Landwirtschaft 1924, S. 115. BAUMANN 1993, S. 26.
25 LAUR 1943, S. 29. DURTSCHI 1936, S. 6. JAGGI/OEHEN 1961, S. 11.
26 Wilfried Spinner 1918. DEJUNG/WUHRMANN 1953, S. 536.
27 JAGGI/OEHEN 1961, S. 11.
28 DURTSCHI 1936, S. 10.

29 Schweizerisches Landwirtschaftliches Centralblatt Nr. 36, 6.9.1890, S. 141. AMMANN 1925, S. 53.
30 W[underli] 1928, ZB Nr. 99, 18.10.1928.
31 ZB Nr. 33, 16.8.1890, S. 234–235, Nr. 35, 30.8.1890, S. 245.
32 Schweizerisches Landwirtschaftliches Centralblatt Nr. 33, 15.8.1891, S. 129–130. BECK 1973, S. 11.
33 VOLG 1986, o. S.
34 BECK 1973, S. 6. FRITZSCHE/LEMMENMEIER 1994, S. 214.
35 Der Genossenschafter, 19.7.1897. JAGGI/OEHEN 1961, S. 14.
36 Der Genossenschafter, 1.10.1898. JAGGI/OEHEN 1961, S. 14.
37 BRUGGER/WOLFENSBERGER 1995, S. 74.
38 HLS Bd. 13, 2014, S. 879–880.
39 FRITZSCHE/LEMMENMEIER 1994, S. 214.
40 AMMANN 1925, S. 40.
41 Die Ergebnisse der Eidgenössischen Volkszählung 1900, Bd. 3, S. 259.
42 BDWZ Nr. 64, 9.8.1890. AMMANN 1925, S. 53.
43 W[underli] 1928, ZB Nr. 99, 18.10.1928.
44 AMMANN 1925, S. 55. TANNER 2015, S. 102.
45 KELLER [1891], S. 37.
46 KELLER [1891], S. 10, 37.
47 Bauernbund Nr. 10, 16.9.1892. AMMANN 1925, S. 45–46.
48 KELLER [1891], S. 25, 33.
49 KELLER [1891], S. 6.
50 KELLER [1891], S. 34. KUPPER 1929, S. 112.
51 KELLER [1891], S. 12, 35.
52 KELLER [1891], S. 13.
53 KELLER [1891], S. 34.
54 AMMANN 1925, S. 47.
55 KELLER [1891], S. 29.
56 AMMANN 1925, S. 49.
57 Arbeiterstimme Nr. 68, 23.10.1890. BDWZ Nr. 71, 3.9.1890.
58 AMMANN 1925, S. 51.
59 KELLER [1891], S. 29.
60 KREIS 2016, S. 19–20.
61 KELLER [1891], S. 3–5, 13.
62 BISSEGGER 1909, S. 7. AMMANN 1925, S. 55.
63 AMMANN 1925, S. 62.
64 AMMANN 1925, S. 64–66.
65 Bauernbund Nr. 27, 3.2.1893.
66 Bauernbund Nr. 14, 4.11.1892.
67 AMMANN 1925, S. 70.
68 AMMANN 1925, S. 71.
69 Konrad Keller: Sendschreiben des Bauernbundes, 1891.
70 AMMANN 1925, S. 84–92.
71 Bauernbund Nr. 1, 18.5.1892.
72 AMMANN 1925, S. 92–95.
73 ZB Nr. 26, 25.6.1892, S. 201.
74 ZB Nr. 50, 10.12.1892, S. 395.
75 BECK 1973, S. 8. FRITZSCHE/LEMMENMEIER 1994, S. 216.
76 ZB Nr. 20, 20.5.1910, S. 269–271. BECK 1973, S. 8. MOSER 1994, S. 86.
77 ZB Nr. 46, 18.11.1910, S. 594.
78 Bericht über die Tätigkeit des ZLKV 1911, S. 18.
79 Bericht über die Tätigkeit des ZLKV 1916, S. 15–16.
80 100 Jahre Zürcher Landwirtschaftlicher Kantonalverein 1942, S. 244–245. ZB Nr. 87, 26.10.1943. BECK 1973, S. 8–9, 36. BAUMANN 1993, S. 329.
81 AMMANN 1925, S. 74–77.
82 AMMANN 1925, S. 134–137. GREYERZ 1980, S. 1101.
83 ZB Nr. 49, 8.12.1894, S. 393–394.
84 ZB Nr. 49, 8.12.1894, S. 394.
85 BAUMANN 1993, S. 76.
86 FRY 1952, S. 160–169.
87 AMMANN 1925, S. 135.
88 HLS Bd. 11, 2012, S. 306–308. MOSER 1994, S. 33–39.
89 LAUR 1943, S. 31. HOWALD 1947, S. 11–12.
90 LAUR 1943, S. 3, 8–10.
91 BAUMANN 1995, S. 259.
92 BAUMANN 1995, S. 262.
93 BAUMANN 1995, S. 261.
94 LAUR 1918. BAUMANN 1993, S. 90.
95 BAUMANN 1995, S. 260.
96 BAUMANN 1993, S. 161–164.
97 75 Jahre ZVSM 1982.
98 HOWALD 1922, S. 137. BAUMANN 1992, S. 213.

99 BDWZ, Nr. 26, 30.3.1907, Nr. 27, 5.4.1907. Fritz Bopp ist gestorben 1935. NZZ Nr. 7, 3.1.1960, S. 18.
100 BDWZ Nr. 26, 30.3.1907.
101 BECK 1973, S. 19–21.
102 BDWZ Nr. 29, 9.4.1907.
103 BDWZ Nr. 37, 7.5.1907.
104 100 Jahre Zürcher Landwirtschaftlicher Kantonalverein 1942, S. 243. BECK 1973, S. 21.
105 MÖRGELI, Bopp 1981, S. 3.
106 KERN 1935.
107 BOPP 1904, S. 69.
108 BOPP 1891.
109 BOPP 1992.
110 AVENARIUS 1902, S. 178. BOPP 1897, S. 28–31.
111 BOPP 1904, Anhang, o.S.
112 BOPP 1904. MÖRGELI, Bopp 1981, S. 9–10.
113 UTZINGER 1939, S. 8. SZABEL 1998, S. 28–31.
114 DÜBENDORFER 1949.
115 GREYERZ 1980, S. 1094.
116 ILLI 1960, S. 29.
117 Portrait-Bilder 1909, S. 20, 23.
118 UTZINGER 1939, S. 8.
119 SCHWERZ 1935, S. 62.
120 BDWZ Nr. 63, 7.8.1914.
121 BDWZ Nr. 60, 26.7.1918.
122 ILLI 1960, S. 41.
123 BDWZ Nr. 12, 29.1.1935.
124 BDWZ Nr. 21, 12.3.1920.
125 MÖRGELI, Bopp 1981, S. 21.
126 UTZINGER 1939, S. 9–10.
127 KÜNDIG 1957, S. 17.
128 KÜNDIG 1957, S. 19.

Gründung der Zürcher Bauernpartei (S. 87–149)

1 ZB Nr. 51, 20.12.1912, S. 741. FRITZSCHE/LEMMENMEIER 1994, S. 217.
2 ZB Nr. 29, 19.7.1912, S. 421. FRITZSCHE/LEMMENMEIER 1994, S. 217.
3 BECK 1973, S. 34–35. MAURER 1985, S. 12. MOSER 1994, S. 84–88.
4 Bericht über die Tätigkeit des ZLKV 1908, S. 5. BECK 1973, S. 8. MOSER 1994, S. 86.
5 ZB Nr. 34, 22.8.1913, S. 441.
6 ZB Nr. 35, 29.8.1913, S. 453.
7 ZB Nr. 41, 9.10.1914, S. 493–494, Nr. 42, 16.10.1914, S. 505–506.
8 OCHSENBEIN 1971, S. 15–59.
9 KÄPPELI/RIESEN, 1925, S. 7. MOSER 2014, S. 172–199.
10 ZB Nr. 15, 10.4.1903, S. 141.
11 BAUMANN 1993, S. 290–295.
12 BAUMANN 1993, S. 326.
13 NZZ Nr. 866, 7.7.1915.
14 NZZ Nr. 229, 26.2.1915.
15 NZZ Nr. 271, 14.2.1917, Beilage «Landwirtschaft».
16 RUCHTI, Bd. 2 1930, S. 195. KREIS 2013, S. 138.
17 BERNHARD 1918. BERNHARD 1919, S. 9, 20, 24–26.
18 FELDMANN Bd. 6 2001, S. 12.
19 BECK 1973, S. 29. BAUMANN 1993, S. 301–302.
20 LAUR 1943, S. 149. GEYERZ 1980, S. 1127.
21 BAUMANN 1993, S. 305.
22 Schweizerische Bauernzeitung Nr. 6, Juni 1917, S. 23.
23 Protokoll der Delegiertenversammlung des SBV, 1917, S. 4.
24 100 Jahre Zürcher Landwirtschaftlicher Kantonalverein 1942, S. 257.
25 ZB Nr. 7, 16.2.1917, S. 66.
26 Landwirtschaftsklub des zürcherischen Kantonsrates 1912–1913, Nachlass Reichling.
27 BECK 1973, S. 30.
28 GRUNER/FREI 1966, S. 34, 39.
29 BDWZ Nr. 91, 14.11.1916. BECK 1973, S. 41.
30 ZB Nr. 20, 12.5.1916, S. 266.
31 ZB Nr. 47, 17.11.1916, S. 614.
32 ZB Nr. 50, 8.12.1916, S. 649.
33 Bericht über die Tätigkeit des ZLKV 1917, S. 11.

34 BDWZ Nr. 99, 12.12.1916. BECK 1973, S. 58.
35 ZB Nr. 51, 15.10.1916, S. 668–669.
36 ZB Nr. 5, 2.1.1917, S. 41–42.
37 Der Genossenschafter Nr. 50, 1916.
38 Der Genossenschafter Nr. 51, 1916.
39 Der Genossenschafter Nr. 2, 1917.
40 BECK 1973, S. 58–59. GREYERZ 1980, S. 1141.
41 ZB Nr. 53, 29.12.1916, S. 685.
42 Protokoll ZLKV 1915–1918, S. 225–230.
43 Jahresbericht ZLKV 1917, S. 3.
44 ZB Nr. 53, 29.12.1916, S. 693.
45 ZB Nr. 3, 19.1.1917, S. 18.
46 Bericht über die Tätigkeit des ZLKV 1917, S. 15. BECK 1973, S. 61.
47 ZB Nr. 1, 5.1.1917, S. 2–3, Nr. 2, 12.1.1917, S. 13.
48 NZZ Nr. 46, 9.1.1917.
49 ZB Nr. 3, 19.1.1917, S. 23.
50 BDWZ Nr. 18, 2.3.1917.
51 Protokoll ZLKV 1915–1918, S. 255. ZB Nr. 7, 16.2.1917, S. 65.
52 BDWZ Nr. 4, 12.1.1917.
53 NZZ Nr. 10, 3.1.1917.
54 NZZ Nr. 13, 4.1.1917.
55 Schreiben von Präsident Karl Wunderli und Aktuar Adolf Weber, 18.1.1917, Nachlass Reichling.
56 ZB Nr. 10, 9.3.1917, S. 101–105. Bericht über die Tätigkeit des ZLVK 1917, S. 20. BECK 1973, S. 62–63.
57 Bericht über die Tätigkeit des ZLKV 1917, S. 18. ZB Nr. 10, 9.3.1917, S. 105.
58 ZB Nr. 10, 16.3.1917, S. 101. ZSZ Nr. 54, 5.3.1917.
59 BECK 1973, S. 72.
60 ZB Nr. 10, 9.3.1917, S. 103.
61 NZZ Nr. 389, 5.3.1917. Jahresbericht über die Tätigkeit des ZLKV 1917, S. 12. Flugblatt an die Verbände der landwirtschaftlichen Vereine und Genossenschaften, 12.12.1917, Nachlass Reichling.
62 NZZ Nr. 398, 6.3.1917.
63 NZZ Nr. 408, 8.3.1917.
64 ZB Nr. 11, 16.3.1917, S. 115.
65 ZB Nr. 23, 8.6.1917, S. 266–267.
66 ZB Nr. 27A, 5.7.1917, S. 314.
67 Politische Kommission an die Kantonsräte, 2.5.1917, Nachlass Reichling.
68 Bericht über die Tätigkeit des ZLKV 1917, S. 13.
69 Der Genossenschafter, 17.3.1917.
70 ZB Nr. 25, 22.6.1917, S. 290.
71 ZB Nr. 19, 11.5.1917, S. 219–220.
72 Wahlbroschüre der Bauernpartei an ihre Mitglieder und Gesinnungsgenossen, Juni 1917, Nachlass Reichling. ZB Nr. 25, 22.6.1917, S. 290.
73 Flugblatt der Bauernpartei, Ende Juni 1917, Nachlass Reichling. BECK 1973, S. 78a, 92.
74 ZB Nr. 27A, 5.7.1917, S. 314.
75 BRUPBACHER 1935, S. 280–281. KÖNIG/KURZ/SUTTER 1994, S. 290.
76 Wahlbroschüre der Bauernpartei an ihre Mitglieder und Gesinnungsgenossen, Juni 1917, Nachlass Reichling. ZB Nr. 25, 22.6.1917, S. 290.
77 BECK 1973, S. 80, 85.
78 NZZ Nr. 1283, 13.7.1917.
79 ZB Nr. 29, 20.7.1917, S. 346.
80 BECK 1973, S. 63, 84–89.
81 Protokoll ZLKV 1915–1918, S. 256.
82 ZB Nr. 27A, 5.7.1917, S. 314. BECK 1973, S. 91.
83 Protokoll SBV, Bd. V, S. 129.
84 Der Genossenschafter Nr. 9, 1918.
85 STEINER/STEINBRÜCK 1960.
86 LAUR 1943, S. 123.
87 BAUMANN 1993, S. 328.
88 JUNKER 1968, S. 10–19. JUNKER/MAURER 1968, S. 9–10.
89 JUNKER/MAURER 1968, S. 10.
90 JUNKER 1968, S. 20.
91 Schweizer Bauer Nr. 109, 20.9.1917.
92 JUNKER 1968, S. 49.
93 Schweizer Bauer Nr. 65, 5.6.1915. JUNKER 1968, S. 50.
94 Schweizer Bauer Nr. 82, 15.7.1916.
95 Schweizer Bauer Nr. 11, 27.1.1917. JUNKER 1968, S. 52–53.
96 MINGER 1954, S. 17.
97 Schweizer Bauer Nr. 22, 22.2.1917. JUNKER 1968, S. 53–54.
98 JUNKER/MAURER 1968, S. 12.
99 Schweizer Bauer Nr. 112, 27.9.1917. JUNKER 1968, S. 54–55.

100 JUNKER 1968, S. 55–56.
101 LAUR 1943, S. 122. JUNKER 1968, S. 57–58.
102 Schweizer Bauer Nr. 84, 22.7.1913.
103 Schweizer Bauer Nr. 129, 6.11.1917.
104 MINGER 1954, S. 19. JUNKER/MAURER 1968, S. 14–15.
105 Schweizer Bauer Nr. 143, 7.12.1917. Rudolf Minger 1967, S. 19–35.
106 JUNKER 1968, S. 63.
107 Schweizer Bauer Nr. 141–143, 3.–7. Dezember 1917.
108 JUNKER 1968, S. 63.
109 Schweizer Bauer Nr. 19, 15.2.1918.
110 WELTER 1978.
111 Der Bund Nr. 114, 15.3.1918. JUNKER 1968, S. 73. BAUMANN 1993, S. 332.
112 LAUR 1918, S. 37.
113 JUNKER 1968, S. 80.
114 JUNKER 1968, S. 84.
115 JUNKER 1968, S. 87–95. JUNKER/MAURER 1968, S. 26.
116 JUNKER/MAURER 1968, S. 30.
117 JUNKER 1968, S. 110–120. JUNKER/MAURER 1968, S. 28–29.
118 LAUR 1943, S. 106–107, 122.
119 LAUR 1943, S. 123.
120 JUNKER/MAURER 1968, S. 22.
121 SCHMID-AMMANN 1968, S. 225–231. GAUTSCHI 1988, S. 86–171.
122 CHEVALLEY 1977, S. 229–233, 247. BAUMANN 1993, S. 346.
123 Der Genossenschafter Nr. 8, 1918.
124 ZB Nr. 32, 9.8.1918, S. 375.
125 Jahresbericht SBV, 1918, S. 60. CHEVALLEY 1977, S. 233. BAUMANN 1993, S. 346–347.
126 Protokoll SBV Bd. V, S. 191–193.
127 GAUTSCHI 1988, S. 191–192. SPRECHER 2003, S. 468–482.
128 An die bäuerliche Bevölkerung!, Nachlass Reichling, undatiert [1918].
129 ZB Nr. 46, 19.11.1918, S. 543.
130 SCHMID-AMMANN 1968. GAUTSCHI 1988.
131 BAUMANN 1993, S. 349.
132 CHEVALLEY 1977, S. 241–242.
133 Amtliches stenographisches Bulletin, 12.11.1918, S. 437. ILLI 1960, S. 45.
134 MÖRGELI 1995, S. 39.
135 SCHMID-AMMANN 1968, S. 298. BAUMANN 1993, S. 350.
136 GAUTSCHI 1968. SCHMID-AMMANN 1968. TANNER 2015, S. 147–152.
137 HARDMEIER 1970, S. 40. ZELLER 1990, S. 85.
138 Volksrecht Nr. 254, 31.10.1918. GAUTSCHI 1988, S. 155. ZELLER 1990, S. 58.
139 BAUMANN 1993, S. 345.
140 Schweizerische Bauernzeitung Nr. 1, 1919.
141 LAUR 1918, S. 23. BAUMANN 1993, S. 350–352.
142 GREMINGER 1990, S. 83.
143 KURZ 1970, S. 296.
144 GREMINGER 1990, S. 84.
145 ZB Nr. 46, 19.11.1918, S. 541–543.
146 ZB, 22.11.1918, S. 552–553. WIGGER 1994, S. 293.
147 GREMINGER 1990, S. 115. KÖNIG/KURZ/SUTTER 1994, S. 252.
148 ZB Nr. 46, 19.11.1918, S. 543.
149 DÜRR 1928, S. 19–20.
150 HLS Bd. 4, 2005, S. 33–34.
151 ZB Nr. 41, 11.10.1918, S. 483, Nr. 42, 18.10.1918, S. 494. Plakat für die Einführung der Proporzwahl, Nachlass Reichling.
152 ZB Nr. 42, 18.10.1918, S. 494.
153 Landwirtschaftlicher Bezirksverein Zürich an Rudolf Reichling, 20.1.1927, Nachlass Reichling.
154 Protokoll, Bd. VIII, 29.10.1940, S. 3.
155 ZB Nr. 38, 7.5.1919.
156 STUCKI 1966. ZB Nr. 38, 13.5.1966, S. 2. NZZ Nr. 2055, 9.5.1966, Nr. 2094, 11.5.1966. MOSER/BRODBECK 2007, S. 28. HLS Bd. 12, 2012, S. 404.
157 Bezirksbauernpartei Bülach an Politische Kommission des ZLKV, 8.9.1919, Nachlass Reichling. ZB Nr. 40, 24.5.1919.
158 ZB Nr. 46, 18.6.1919.
159 ZB Nr. 73, 24.9.1919.
160 ZB Nr. 81, 22.10.1919.
161 ZB Nr. 52, 9.7.1919.
162 MÖRGELI 1980, S. 6.

163 ZB Nr. 81, 22.10.1919.
164 MÖRGELI 1980, S. 6.
165 ZB Nr. 79, 15.10.1919.
166 ZB Nr. 81, 22.10.1919.
167 MÖRGELI 1980, S. 6–7.
168 ZB Nr. 82, 25.10.1919.
169 NZZ Nr. 1692, 2.11.1919.
170 BAUMANN 1993, S. 259.
171 Carl Bertschinger 1960. NZZ Nr. 742, 6.3.1960. ZB Nr. 19, 8.3.1960, S. 1. GRUNER/FREI 1966, S. 51–52. HLS Bd. 2, 2003, S. 336.
172 NZZ Nr. 775, 22.4.1930. GRUNER/ FREI 1966, S. 98. HLS Bd. 10, 2011, S. 336.
173 ZB Nr. 61, 2.8.1922. NZZ Nr. 980, 26.7.1922, Nr. 988, 28.7.1922. ZB Nr. 61, 2.8.1922. GRUNER/FREI 1966, S. 96-97. HLS Bd. 10, 2011, S. 332. HAAG 2015, S. 7.
174 ZB Nr. 85, 5.11.1919.
175 NZZ Nr. 1676, 30.10.1919.
176 GRUNER 1977, S. 150–152.
177 BAUMANN 1993, S. 335–332.
178 NOBS 1922, S. 313.
179 AELLEN 1932, S. 993–994. ZB Nr. 86, 27.10.1961, S. 3. NZZ Nr. 3990, 11.10.1961. GRUNER/FREI 1966, S. 128. HLS Bd. 13, 2014, S. 595–596.
180 Zürcherische Parlamentarier 1932, S. 28.
181 ZB Nr. 10, 4.2.1920.
182 ZB Nr. 10, 4.2.1920.
183 Bauernpolitik und Nationalratswahlen, 26.10.1919, zur Kantonsratswahl, Beilage des ZB Nr. 29/30, 14.4.1920, Nachlass Reichling. BECK 1973, S. 92.
184 Bericht über die Tätigkeit des ZLKV, S. 23. BECK 1973, S. 86.
185 Aufruf der politischen Kommission an die Landwirte und Gesinnungsfreunde, Dezember 1918, sowie an die Vorstände der landwirtschaftlichen Bezirksvereine und der lokalen Sektionen, Nachlass Reichling.
186 BECK 1973, S. 87–88.
187 Korrespondenz und Reglement von 1919, Nachlass Reichling.
188 Zürcherische Parlamentarier 1932, S. 93.
189 ZB Nr. 80, 7.10.1925. NZZ Nr. 1545, 4.10.1925, Nr. 1569, 8.10.1925.
190 ZB Nr. 9, 31.1.1920. KÖNIG/KURZ/ SUTTER 1994, S. 261.
191 ZB Nr. 10, 4.2.1920, Nr. 12, 11.2.1920.
192 Zur Kantonsratswahl vom 18. April [1920], Beilage zu ZB Nr. 29, 14.4.1920, Nachlass Reichling. ZB Nr. 26, 31.3.1920, Nr. 31, 17.4.1920.
193 MAURER ca. 1960. NZZ Nr. 455, 5.2.1963. Die Mitte Nr. 12, 23.3.1962, S. 5. MAURER 1996, S. 7–16. HLS Bd. 8, 2009, S. 385.
194 NZZ Nr. 678, 23.4.1920.
195 ZB Nr. 15, 21.2.1920.
196 ZB Nr. 39, 15.5.1920.
197 MOOS 2001, S. 62–73.
198 BLOCHER 1997, 80 Jahre SVP des Kantons Zürich.
199 BDWZ Nr. 38, 11.4.1920.
200 BDWZ Nr. 27, 3.4.1920.
201 BDWZ Nr. 40, 18.5.1920.
202 BDWZ Nr. 41, 21.5.1920.
203 BDWZ Nr. 35, 30.4.1920.
204 Meliorationsamt des Kantons Zürich 1939. KÖNIG/KURZ/SUTTER 1994, S. 274–275.
205 ZB Nr. 46, 8.6.1921.
206 ZB Nr. 14, 18.2.1922.
207 ZB Nr. 73, 13.9.1922, Nr. 77, 27.9.1922.
208 Bundesblatt Bd. 2, H. 40, 6.10.1926, S. 529-531. ZB Nr. 72, 8.9.1926, Nr. 74, 15.9.1926. Zum Andenken an Diethelm Burkhard-Abegg 1926. HLS Bd. 3, 2004, S. 119.
209 Der Freisinnige Nr. 2, 4.1.1954. ZB Nr. 1, 5.1.1954, S. 1. Alt Nationalrat Jakob Oehninger 1954, S. 81. KREBS 1954. HLS Bd. 9, 2010, S. 381.
210 NZZ Nr. 58, 11.1.1943, Nr. 75, 13.1.1943. ZB Nr. 5, 12.1.1943, Nr. 6, 15.1.1943. HLS Bd. 12, 2013, S. 72.
211 ZB Nr. 22, 17.3.1923.
212 Protokoll Bd. II, 28.12.1922, S. 85–87.
213 ZB Nr. 11, 6.2.1924.
214 Protokoll Bd. II, 3.2.1924, S. 227.

215 ZB Nr. 19, 20.2.1924.
216 ZB Nr. 33, 21.4.1924.
217 ZB Nr. 37, 5.5.1925, Nr. 38, 13.5.1925.
218 ZB Nr. 97, 5.12.1925, Nr. 98, 9.12.1925.
219 KÖNIG/KURZ/SUTTER 1994, S. 265.
220 KÖNIG/KURZ/SUTTER 1994, S. 274.
221 ZTB 1930, S. 237.
222 ZB Nr. 94, 6.10.1928.
223 ZB Nr. 61, 30.6.1931.

Gegeneinander von Stadt und Land (S. 150–203)

1 BDWZ Nr. 73, 11.9.1925, Nr. 81, 9.10.1925.
2 BDWZ Nr. 73, 11.9.1925.
3 ZB Nr. 78, 30.9.1925.
4 ZB Nr. 78, 30.9.1925.
5 BDWZ Nr. 83, 16.10.1925. ZB Nr. 80, 7.10.1925, Nr. 81, 10.10.1925.
6 ZB Nr. 79, 3.10.1925, Nr. 80, 7.10.1925.
7 ZB Nr. 80, 7.10.1925, Nr. 81, 10.10.1925. ZSZ Nr. 231, 5.10.1925.
8 Kantonsratsverhandlungen vom 5.10.1925, Nachlass Reichling.
9 ZB Nr. 89, 5.11.1963, S. 1.
10 ZB Nr. 84, 21.10.1925.
11 Zürcher Bauernpartei an Wähler des Unterlandes, undatiert [Oktober 1925], Nachlass Reichling.
12 Zu den Nationalrats-Wahlen, Ernst Siefel, Uster, 23.10.2015, Nachlass Reichling.
13 ZB Nr. 87, 31.10.1925.
14 Protokoll Bd. II, Februar 1926, S. 126.
15 NZZ Nr. 206, 8.2.1926.
16 BDWZ Nr. 5, 15.1.1926.
17 ZB Nr. 7, 23.1.1926.
18 «Streuliaffäre» von 1926, Nachlass Reichling.
19 Bülach-Dielsdorfer Volksblatt, 29.1.1935. BDWZ Nr. 9, 29.2.1935. UTZINGER 1939, S. 141. KÜNDIG 1957, S. 17–20. ILLI 1960. GRUNER/FREI 1966, S. 55–56. HLS Bd. 2, 2003, S. 580–581.
20 ILLI 1960, S. 50. MÖRGELI, Bopp 1981, S. 23.
21 Weinländer Nachrichten Nr. 55, 14.5.1966.
22 BOPP 1897, S. 274. NZZ Nr. 366, 3.3.1935.
23 STAUBER 1936, S. 162–163
24 FREY 1969, S. 90. ZSZ Nr. 118, 26.5.1975, S. 11. NZZ Nr. 249, 24.10.1977, S. 14, Nr. 250, 25.10.1977, S. 43. ZSZ Nr. 248, 24.10.1977, S. 9. Die Mitte Nr. 43, 28.10.1977, S. 1. HLS Bd. 10, 2011, S. 194–195.
25 Rudolf Reichling an Peter Enzen, 5.5.1972, Nachlass Reichling.
26 BDWZ Nr. 65, 13.8.1926.
27 Reglement für den Arbeitsausschuss der zürch[erischen] Bauernpartei, 19.7.1926, Nachlass Reichling.
28 ZB Nr. 30, 10.3.1928.
29 ZIMMER 1996.
30 ZB Nr. 30, 10.3.1928, Nr. 33, 17.3.1928, Nr. 41, 7.4.1928.
31 ZB Nr. 102, 25.10.1928.
32 JUNKER/MAURER 1968, S. 45. MAURER 1985, S. 18.
33 ZB Nr. 52, 16.5.1928.
34 ZB Nr. 89, 6.10.1928.
35 ZB Nr. 33, 17.3.1928.
36 KÖNIG/KURZ/SUTTER 1994, S. 287–289. EGLOFF 1981, S. 7–8.
37 Rede von Rudolf Reichling, 23.9.1928, Nachlass Reichling.
38 ZB Nr. 105, 1.11.1928.
39 KÖNIG/LAMPRECHT 1992, S. 261, 422, 552–553. HLS Bd. 6, 2007, S. 249.
40 ZB Nr. 85, 10.9.1930.
41 Zürcherische Parlamentarier 1932, S. 19.
42 ZB Nr. 65, 3.7.1929.
43 LAUR 1943, S. 123–124.
44 MENZ 1976. JUNKER/MAURER 1968, S. 44.
45 Protokoll-Auszug der Bürgerlichen Parteienkonferenz, 12. und 26.1.1931,

Statut der zürcherisch-kantonalen bürgerl[ichen] Parteienkonferenz, 26.1.1931, Nachlass Reichling.
46 Präsidentenkonferenz vom 12.9.1934, Nachlass Reichling.
47 ZB Nr. 71, 4.8.1931. NZZ Nr. 1472, 3.8.1931.
48 ZB Nr. 95, 20.10.1931.
49 ZB Nr. 8, 18.1.1934.
50 MÜLLER 2010. HLS Bd. 13, 2014, S. 390–391.
51 ZB Nr. 97, 24.10.1931.
52 Zürcher Volk, ein entscheidender Wahltag!, Flugblatt, Zürich o.J. [Oktober 1931], Nachlass Reichling.
53 ZB Nr. 41, 12.4.1932.
54 ZB Nr. 43, 16.4.1932.
55 MÜLLER 1870. HLS Bd. 13, 2014, S. 879.
56 RIESEN 1972, S. 10. KAESTLI 1979, S. 15.
57 ZB Nr. 93, 20.11.1926.
58 Vorspann Nr. 1, 7.9.1923. MOSER 1995, S. 275.
59 ZB Nr. 48, 4.5.1929.
60 ZB Nr. 45, 5.6.1926, Nr. 58, 8.6.1929.
61 MÖRGELI 1981, S. 8.
62 JUNKER/MAURER 1968, S. 80.
63 Vorspann Nr. 3, 10.6.1925.
64 ZB Nr. 32, 20.4.1927.
65 MÖRGELI 1980, S. 8.
66 ZB Nr. 113, 30.11.1929.
67 ZB Nr. 67, 21.8.1926.
68 Vorspann Nr. 2, 22.5.1926.
69 ZB Nr. 6, 14.1.1928.
70 Bauernheimat, 7.7.1928.
71 Bauernheimat, 16.11.1926. RIESEN 1972, S. 20.
72 Bauernheimat, 27.9.1930.
73 RIESEN 1972, S. 23.
74 Vorspann Nr. 5/6, 12.12.1931.
75 ZB Nr. 35, 22.3.1932.
76 ZB Nr. 13, 30.1.1930.
77 Vorspann Nr. 1, 9.3.1929. MÖRGELI 1980, S. 11. MOSER 1995, S. 282–283.
78 ZB Nr. 3, 7.1.1930.
79 ZB Nr. 5, 11.1.1930.
80 MÖRGELI 1980, S. 12.
81 NBZ Nr. 296, 16.12.1936, S. 1–2. LAUR 1942, S. 19. HUBER 1970, S. 3.
82 Die Mitte Nr. 26, 26.6.1970, S. 3.
83 ZB Nr. 48, 5.5.1933.
84 Protokoll Bd. VI, 30.8.1937, S. 249. 100 Jahre Zürcher Landwirtschaftlicher Kantonalverein 1942, S. 279.
85 ZB Nr. 36, 3.5.1963, S. 15, Nr. 36, 3.5.1968, S. 7.
86 ZB Nr. 42, 14.4.1932.
87 ZB Nr. 13, 31.1.1929.
88 GLAUS 1969, S. 276.
89 ZB Nr. 40, 7.4.1933.
90 ZB Nr. 70, 7.4.1933.
91 ZB Nr. 48, 5.5.1933.
92 Protokoll Bd. V, 5.6.1933, S. 280, 282.
93 Protokoll Bd. V, 15.7.1933, S. 286–294.
94 Rudolf Minger spricht (1967), S. 94.
95 MÖRGELI 1980, S. 12.
96 ZB Nr. 71, 22.7.1932.
97 ZB Nr. 64, 28.6.1932.
98 ZB Nr. 35, 23.3.1933.
99 ZB Nr. 58, 9.6.1933.
100 ZB Nr. 106, 18.11.1933.
101 ZB Nr. 48, 5.5.1933.
102 Protokoll Bd. V, 5.6.1933, S. 284.
103 GLAUS 1969, S. 104–106. ZELLER 1999, S. 208–227.
104 ZOLLINGER 1991, S. 256. KÖNIG/KURZ/SUTTER 1994, S. 322.
105 Protokoll Bd. VI, 22.8.1933, S. 26–27.
106 ZB Nr. 58, 9.6.1933. HELLER 1990, S. 135–136.
107 GLAUS 1969, S. 102.
108 WOLF 1969, S. 38–39. FRISCHKNECHT/HAFFNER/HALDIMANN 1987, S. 174–180.
109 WOLF 1969, S. 40.
110 Protokoll Bd. VI, 22.8.1933, S. 21.
111 MEIER 1934, S. 5, 7, 22–23.
112 WOLF 1969, S. 131–132.
113 WOLF 1969, S. 133.
114 WOLF 1968, S. 144. ROTH 1974, S. 33–41. ANDERES/ZELLER/VOEGELI/MOSER/SIEGRIST 1983, S. 14–17.
115 Der Weinländer Nr. 112, 26.9.1933. ZB Nr. 89, 27.9.1933. ANDERES/ZELLER/VOEGELI/MOSER/SIEGRIST 1983, S. 12.
116 ZB Nr. 8, 18.1.1934.
117 ZB Nr. 36, 3.5.1935.
118 ZB Nr. 3, 6.1.1934.
119 MÖRGELI 1980, S. 14.

120 LAUR 1943, S. 127–128.
121 MAURER 1985, S. 21.
122 MAURER 1998, S. 22.
123 FELDMANN Bd. 1 2001, S. 353.
124 WOLF 1969, S. 47. MOSER 1995, S. 280.
125 Bauernheimat März 1934. RIESEN 1972, S. 58.
126 FELDMANN Bd. 1 2001, S. 228, 236.
127 RIESEN 1972, S. 65.
128 ZB Nr. 14, 15.2.1935.
129 ZB Nr. 44, 31.5.1935. Volksrecht Nr. 129, 4.6.1935. FELDMANN Bd. 1 2001, S. 364.
130 ZB Nr. 81, 8.10.1935. RIESEN 1972, S. 65.
131 ZB Nr. 14, 15.2.1935.
132 ZB Nr. 16, 22.2.1935.
133 Protokoll Bd. VI, 16.4.1934, S. 73.
134 ZB Nr. 26, 29.3.1935.
135 ZB Nr. 36, 3.5.1935.
136 ZB Nr. 86, 25.10.1935.
137 Schweizer Jungbauer Nr. 58, 19.10.1940.
138 Schweizer Jungbauer Nr. 32, 20.7.1940.
139 WOLF 1969, S. 50.
140 Schweizer Jungbauer Nr. 70, 3.9.1941. WOLF 1969, S. 51.
141 Schweizer Jungbauer Nr. 37, 7.8.1940.
142 Schweizer Jungbauer Nr. 45, 4.9.1940. WOLF 1969, S. 51.
143 WOLF 1969, S. 52.
144 WOLF 1969, S. 52. RIESEN 1972, S. 120.
145 RIESEN 1972, S. 124.
146 WÄFLER 2012, S. 23. DEJUNG/ WUHRMANN 1953, S. 617.
147 KAESTLI 1979, S. 15, 26.
148 MÖRGELI 1980, S. 19.
149 Wahltag ist Zahltag, Zürich o. J. [1935], Nachlass Reichling.
150 Protokoll Bd. VI, 4.3.1934, S. 67–68.
151 Protokoll Bd. VI, 29.11.1935, S. 176.
152 Dr. Paul Gysler 1951. Gewerbe und Wissenschaft 1953. Die Mitte Nr. 48, 2.12.1966, S. 3. HLS Bd. 5, 2006, S. 854.
153 Protokoll Bd. XIII, 26.11.1959, S. 3.
154 ZB Nr. 82, 11.10.1935
155 GLAUS 1969, S. 123. GRUNER 1978, S. 271.
156 TROSSMANN 1980, S. 77–78. ANGST 1992, S. 136–142.
157 ZB Nr. 98, 7.12.1937, Nr. 37, 9.5.1939. RIESS 2011, S. 194–209.
158 Protokoll Bd. VI, 15.7.1933, S. 285–294.
159 FELDMANN Bd. 1 2001, S. 227, 284, 355.
160 Beschlussprotokoll über die Gründungskonferenz der Schweizerischen BGB, 23.12.1935, Nachlass Reichling.
161 Ernst Laur an die kantonalen Bauernparteien, 9.5.1928, Nachlass Reichling.
162 ZB Nr. 8, 26.1.1936. JUNKER/ MAURER 1968, S. 59.
163 Protokoll Bd. VI, 18.1.1937, S. 229.
164 JUNKER/MAURER 1968, S. 60.
165 FELDMANN Bd. 1 2001, S. 478.
166 ZB Nr. 28, 26.3.1934.
167 ZB Nr. 2, 4.1.1935.
168 ZB Nr. 15, 19.2.1935.
169 ZB Nr. 14, 15.2.1935, Nr. 18, 1.3.1935, Nr. 50, 21.6.1935.
170 ZB Nr. 44, 31.5.1935.
171 ZB Nr. 99, 11.12.1936.
172 RIESEN 1972, S. 107–108.
173 FREY 1969, S. 125.
174 ZB Nr. 92, 16.11.1937.
175 ZB Nr. 12, 11.2.1938, Nr. 21, 15.3.1938.
176 ZB Nr. 21, 15.3.1938.
177 ZB Nr. 5, 12.1.1943, Nr. 6, 15.1.1943.
178 ZB Nr. 5, 18.1.1938.
179 Protokoll, Bd. VII, 16.1.1939, S. 2.
180 ZB Nr. 23, 21.3.1939.
181 NZZ Nr. 342, 27.1.1964. KL[ÄUI] 1965, S. 72–83. HLS Bd. 3, 2004, S. 494.
182 ZB Nr. 23, 21.3.1939.
183 FREY 1969, S. 126.
184 ZB Nr. 41, 24.5.1938.
185 HÜRLIMANN 1940, Bd. 1, S. 13.
186 SCHMID-AMMANN 1965, S. 193. KÖNIG/KURZ/SUTTER 1994, S. 338–339.
187 GRAF 1940.
188 NZZ Nr. 2035, 23.8.1954.
189 LAUR 1939, S. 86. BAUMANN 1995, S. 257.
190 100 Jahre Zürcher Landwirtschaftlicher Kantonalverein 1942, S. 275.

191 KREIS 1989, S. 113–116.
192 WAGNER/RIMLI 1939, S. 313.
193 HÜRLIMANN 1940, Bd. 1, S. 119–120.

Bewährung im Zweiten Weltkrieg (S. 204–229)

1 ZB Nr. 71, 5.9.1939.
2 KÖNIG/KURZ/SUTTER 1994, S. 339.
3 ZB Nr. 71, 5.9.1939.
4 ZB Nr. 82, 13.10.1939.
5 ZB Nr. 86, 27.10.1939. MÖCKLI 1973, S. 70–96.
6 ZB Nr. 83, 17.10.1939.
7 ZB Nr. 85, 24.10.1939.
8 ZB Nr. 80, 6.10.1939.
9 ZB Nr. 85, 24.10.1939.
10 ZB Nr. 83, 17.10.1939, Nr. 84, 20.10.1939.
11 NZZ Nr. 560, 8.4.1942. ZB Nr. 30, 10.4.1942, Nr. 31, 14.4.1942. HOFER 1941–1943, S. 11–24. BOESCH 1943, S. 61–62. HLS Bd. 2, 2002, S. 307–308.
12 ZB Nr. 88, 3.11.1939, Nr. 89, 7.11.1939.
13 Protokoll Bd. VIII, 14.10.1949, S. 1. NZZ Nr. 1095, 25.4.1955. ZB Nr. 33, 26.4.1955, S. 2. HLS Bd. 5, 2006, S. 582.
14 JOST 1983, S. 175.
15 MATTIOLI 1995, S. 12–13.
16 GIACOMETTI 1942. KLEY 2015, S. 192–205.
17 ZB Nr. 7, 23.1.1940.
18 ZB Nr. 40, 17.5.1940.
19 ZB Nr. 53, 2.9.1940, Nr. 66, 16.8.1940.
20 ZB Nr. 68, 23.8.1940, Nr. 49, 18.6.1940, Nr. 42, 24.5.1941.
21 ZB Nr. 96, 29.11.1940, Nr. 97, 3.12.1940.
22 MAURER 1969, S. 1074. GRAF 1991, S. 374–376.
23 FELDMANN Bd. 2 2001, S. 343.
24 FELDMANN Bd. 2 2001, S. 323.
25 FELDMANN Bd. 2 2001 S. 369.
26 FELDMANN Bd 2 2001, S. 395.
27 FELDMANN Bd. 2 2001, S. 357, 362, 365, 376, 378, 410.
28 FELDMANN Bd. 4 2002, S. 41, 47, 70–72, 175, Bd. 3 2001, S. 679. MAURER 1969, S. 1074–1084. MAURER 1991, S. 448. EHINGER 1991, S. 416.
29 ZB Nr. 98, 6.12.1940.
30 FELDMANN Bd. 3 2001, S. 103.
31 GAUTSCHI 1989, S. 495, 499. FELDMANN Bd. 3 2001, S. 12, 16.
32 MAURER 1969, S. 1081.
33 FELDMANN Bd. 6 2001, S. 52–55.
34 Nachlass Rudolf Reichling, Bundesarchiv, BAR J.I.134, 1973/32. FELDMANN Bd. 6 2001, S. 24.
35 WAHLEN 1943. WAHLEN 1966, S. 17–38.
36 WAHLEN 1966, S. 31–32.
37 WAHLEN 1975, S. 40. MAURER 1985, S. 81–84.
38 WAHLEN 1946, S. 78.
39 WAHLEN 1980, S. 357.
40 WAHLEN 1966, S. 20–21. MAURER 1985, S. 62–63.
41 WAHLEN 1966, S. 19–23. WAHLEN 1975, S. 45–46.
42 WAHLEN 1946, S. 39. HLS Bd. 1, 2002, S. 320–322.
43 WAHLEN/SCHWEIZER-HUG 1941. WAHLEN 1943. HLS Bd. 1, 2002, S. 321.
44 Der Bund Nr. 602, 23.12.1940, S. 1. NZZ Nr. 1685, 19.11.1940.
45 Amtliches stenographisches Bulletin des Nationalrates, 5.12.1940, S. 654. Amtliches stenographisches Bulletin des Ständerates, 11.12.1940, S. 474. MAURER 1985, S. 66.
46 MAURER 1985, S. 71. HLS Bd. 1, 2002, S. 320–322.
47 BÜHLER 1948, S. 74. Die Kriegswirtschaft im Kanton Zürich 1949, S. 175. Die Kriegswirtschaft der Stadt Zürich 1949. KÖNIG/KURZ/SUTTER 1994, S. 341.
48 MAURER 1985, S. 79.
49 NZZ Nr. 845, 29.5.1942.
50 WAHLEN 1975, S. 34–35.

51 FELDMANN Bd. 4 2002, S. 141.
52 ZB Nr. 4, 9.1.1942, Nr. 9, 27.1.1942.
53 Protokoll Bd. VII, 11.5.1942, S. 1.
54 Protokoll Bd. VII, 22.11.1941, S. 2.
55 ZB Nr. 35, 28.4.1942.
56 LUDWIG 1957, S. 394. KÖNIG/ZEUGIN 2002, S. 128. IMHOF/ETTINGER/BOLLER 2001, S. 19, 65–81. DONDI/STÜSSI-LAUTERBURG 2007. MÜNGER 2014, S. 101–124.
57 BDWZ Nr. 102, 2.9.1942.
58 Protokoll Bd. VIII, 25.6.1945, S. 3.
59 ZB Nr. 27, 30.3.1943.
60 Zürcher Spitalgeschichte Bd. 1 1951, S. 227–261. NZZ Nr. 61, 14.3.1975, S. 54, Nr. 61, 14.3.1989, S. 57. STUDER 1989, S. 6. ZB Nr. 11, 17.3.1989, S. 3. MÖRGELI 2000, S. 68–70. HLS Bd. 6, 2006, S. 345.
61 Zürcher Bauernpartei an Bezirksbauernparteien und landwirtschaftliche Bezirksvereine, 21.9.1943, Protokoll Bd. VIII.
62 NZZ Nr. 150, 2.7.1986, S. 49, Nr. 153, 5./6.7.1986, S. 47. ZB Nr. 27, 4.7.1986, S. 1. HONEGGER 1986.
   MOSSDORF 1988, S. 207–212. KÖNIG/LAMPRECHT 1992, S. 496–498, 556–559. HLS Bd. 8, 2008, S. 430.
63 Anzeiger von Uster, 30.5.1947. NZZ Nr. 1025, 28.5.1947. ZB Nr. 43, 28.5.1947, Nr. 44, 30.5.1947. SCHMID 1947, S. 60–61. Zürcher Chronik Nr. 3, 1947, S. 60. NZZ Nr. 169, 24.7.1999, S. 39. HLS Bd. 12, 2013, S. 4.
64 ZB Nr. 96, 26.11.1943.
65 Neues Winterthurer Tagblatt Nr. 277, 26.11.1943, S. 1. Volksrecht Nr. 279, 27.11.1943.
66 FELDMANN Bd. 3, 2001, S. 368, 368–370, 372, 380.
67 FELDMANN Bd. 3 2001, S. 401, 605.
68 Protokoll Bd. VIII, 25.6.1945, S. 1. FELDMANN Bd. 4 2002, S. 15.
69 ZB Nr. 52, 25.6.1944.
70 ZB Nr. 53, 30.6.1944.
71 NZZ Nr. 315, 23.2.1944.
72 ZB Nr. 17, 25.2.1944.
73 NZZ Nr. 803, 11.5.1944.
74 Protokoll Bd. VIII, 13.3.1944, S. 3.

Mittelstandspolitik als Mittepolitik (S. 230–309)

1 Bülach-Dielsdorfer Volksfreund Nr. 57, 15.5.1945.
2 ZB Nr. 83, 12.10.1945.
3 ZB Nr. 96, 27.11.1945.
4 Protokoll Bd. VII, 25.1.1946, S. 1–7.
5 WAEGER 1971, S. 36, 262.
6 FELDMANN Bd. 4 2002, S. 563.
7 ZB Nr. 8, 25.1.1946, Nr. 9, 29.1.1946.
8 ZB Nr. 24, 22.3.1946.
9 WAEGER 1971, S. 132, 257.
10 Protokoll Bd. VIII, 31.1.1946, S. 1–5.
11 Eidgenössische Volkszählung 1. Dezember 1950, S. 21, 184.
12 ZB Nr. 18, 1.3.1946, Nr. 39, 18.5.1954, S. 1.
13 ZB Nr. 35, 28.4.1946.
14 KÖNIG 1994, S. 362. BAUER/LOOSLI/WAGENBACH 2008, S. 11–59.
15 ZB Nr. 21, 12.3.1946.
16 Protokoll Bd. VIII [undatiert].
17 ZB Nr. 53, 1.7.1947, Nr. 55, 8.7.1947. Rudolf Minger spricht 1967, S. 233–235.
18 ZB Nr. 30, 11.4.1947.
19 ZB Nr. 13, 11.2.1947.
20 Protokoll Bd. VIII, 2.9.1946, S. 1–2.
21 ZB Nr. 33, 23.4.1947.
22 Protokoll, Bd. VIII, 2.9.1946, S. 2, 15.9.1948, S. 2.
23 NZZ Nr. 3482, 24.11.1958. Lb Nr. 277, 27.11.1958. GEIGER 1961, S. 101–102. 100 Jahre Landwirtschaftliche Konsumgenossenschaft Oberstammheim 1973. HLS Bd. 4, 2005, S. 409–410. BRÜHLMEIER 2016, S. 158–185.
24 ZB Nr. 23, 21.3.1950, S. 1.
25 ZB Nr. 31, 15.4.1947.

26 ZB Nr. 31, 15.4.1947, Nr. 32, 16.4.1948.
27 ZB Nr. 102, 17.12.1948.
28 ZB Nr. 33, 22.4.1949. WAHLEN 1957, S. 96–99.
29 ZB Nr. 53, 28.6.1949, Nr. 54, 1.7.1949, Nr. 55, 7.7.1949, Nr. 73, 6.9.1949.
30 ZB Nr. 86, 21.10.1949.
31 ZB Nr. 35, 2.5.1950, S. 1.
32 NZZ Nr. 73, 28./29.3.1981, S. 52. ZB Nr. 14, 3.4.1981, S. 1. HLS Bd. 2, 3003, S. 652.
33 ZB Nr. 15, 20.2.1951, S. 1.
34 ZB Nr. 31, 17.4.1951, S. 1.
35 NZZ Nr. 199, 29.8.1986, S. 54. ZB Nr. 46, 16.11.2012, S. 3.
36 Protokoll Bd. IX, 22.1.1951, S. 2.
37 ZB Nr. 51, 26.6.1951, S. 1, Nr. 56, 13.7.1951, S. 1.
38 ZB Nr. 85, 23.10.1951, S. 2.
39 ZB Nr. 84, 19.10.1951, S. 1, Nr. 85, 23.10.1951, S. 2, Nr. 86, 26.10.1951, S. 1.
40 NZZ Nr. 2366, 29.10.1951.
41 NZZ Nr. 171, 26./27.7.1975, S. 26. HLS Bd. 3, 2004, S. 473. FRANK 2014, S. 21.
42 Walliser Bote Nr. 172, 27.7.1985, S. 9, Nr. 172, 27.7.1990, S. 8. SCHLUMPF 1990. Walliser Bote Nr. 72, 27.3.1996, S. 19, Nr. 138, 17.6.1996, S. 5.
43 ZB Nr. 66, 17.8.1951, S. 1. FELDMANN Bd. 4 2001, S. 202.
44 FELDMANN Bd. 4 2001, S. 211.
45 ZB Nr. 16, 27.2.1953, S. 1.
46 ZB Nr. 84, 17.10.1947, Nr. 77, 26.9.1950, S. 1.
47 ZB Nr. 23, 18.3.1952, S. 1.
48 ZB Nr. 27, 1.4.1952, S. 1.
49 ZB Nr. 82, 14.10.1955, S. 1.
50 ZB Nr. 38, 14.5.1954, S. 1.
51 ZB Nr. 29, 15.4.1955, S. 1.
52 ZB Nr. 32, 22.4.1955, S. 4.
53 ZB Nr. 80, 7.10.1955, S. 1.
54 Protokoll Bd. IX, 8.10.1954, S. 3.
55 Protokoll Bd. X, 10.1.1955, S. 2.
56 ZB Nr. 32, 22.4.1955, S. 4.
57 NZZ Nr. 1096, 25.4.1955, S. 14.
58 ZB Nr. 87, 1.11.1955, S. 1.
59 Protokoll Bd. X, 21.11.1955, S. 2, 16.1.1956, S. 1–2, 25.1.1956, S. 2.
60 Protokoll Bd. X, 25.1.1956, S. 3.
61 GRAF 1972, S. 65–67, 72. SCHÄPPI 1978, S. 159–238, 374–698.
62 SPALTENSTEIN 1987, S. 11. BAUMANN 1989, S. 261–266. HLS Bd. 1, 2002, S. 157. Erwin Akeret 2007, S. 8. Andelfinger Zeitung, 27.7.2007, S. 8.
63 RUCKSTUHL/RYTER 2014. NIDERÖST 2015, S. 7–12.
64 ZB Nr. 41/42, 25.5.1956, S. 1. RENTSCH 1998, S. 75–84. LÜÖND 2011, S. 25–27.
65 ZB Nr. 88, 2.11.1956, S. 2–3, Nr. 90, 9.11.1956, S. 3.
66 Protokoll Bd. XI, 10.12.1956, S. 2, Bd. X, 13.11.1956, S. 1, 4.2.1957, S. 2.
67 Protokoll Bd. X, 25.6.1956, S. 1, Bd. XV, 24.1.1966, S. 1.
68 Protokoll Bd. X, 13.11.1956, S. 3, 15.1.1957, S. 1.
69 Protokoll Bd. X, 13.11.1956, S. 3, 15.1.1957, S. 1–4.
70 Protokoll Bd. X, 22.3.1957, S. 2, 8.11.1957, S. 1.
71 ZB Nr. 16, 22.2.1957, S. 1. SAXER/GANZ-BLÄTTLER 1998, S. 52–59. DRACK Bd. 1 2000. BARDET 2003. MÄUSLI Bd. 1 2006.
72 NZZ Nr. 684, 20.3.1958. ZB Nr. 19, 11.3.1958, S. 3.
73 ZB Nr. 7, 28.1.1958, S. 1.
74 ZB Nr. 85, 28.10.1958, S. 1.
75 WAHLEN 1975, S. 122–123.
76 WAHLEN 1975, S. 182–185.
77 Protokoll Bd. VIII, 16.11.1947, S. 1–2.
78 ZB Nr. 93, 18.11.1947, Nr. 96, 28.11.1947, Nr. 97, 2.12.1947.
79 NIDERÖST 2015, S. 13–15.
80 ZB Nr. 97, 2.12.1947.
81 RUCKSTUHL/RYTER 2014, S. 164–166.
82 ZB Nr. 94, 26.11.1954, S. 1, Nr. 97, 7.12.1954, S. 1.
83 MAURER 1991, S. 449.
84 ZB Nr. 8, 30.1.1959, S. 1.
85 ZB Nr. 9, 3.2.1959, S. 1.
86 ZB Nr. 29, 14.4.1959, S. 1.
87 NZZ Nr. 1164, 13.4.1959.

88 Protokoll Bd. VII, 27.4.1959, S. 1.
89 Protokoll Bd. XIII, 17.9.1959, S. 1.
90 NZZ Nr. 284, 6.12.2002, S. 46. ZB Nr. 50, 13.12.2002, S. 3. Vereinsnachrichten der Stadtmusik Zürich 2003, Nr. 1, S. 13. HLS Bd. 11, 2012, S. 490.
91 Protokoll Bd. XII, 2.11.1959, S. 1, Bd. XIII, 12.11.1959, S. 5–6, 26.11.1959, S. 4, 6.12.1959, S. 2.
92 Protokoll Bd. XIII, 7.1.1960, S. 5.
93 Protokoll Bd. XIII, 5.1.1959, S. 1.
94 ZB Nr. 11, 9.2.1960, S. 1.
95 MOSER 1994, S. 235–240.
96 Protokoll Bd. XIII, 3.2.1962, S. 1–5, Bd. XIII, undatiert [April 1962]. Betreffend a.o. Parteibeitrag 1962, 28.9.1962, Nachlass Reichling.
97 GUGGISBERG 1962, S. 7–8.
98 Jakob Vollenweider 1980. NZZ Nr. 1, 3./4.1.1981, S. 35. Die Mitte Nr. 2, 9.1.1981, S. 3. Der Nationalrat: Jakob Vollenweider 1995, S. 24–25. HLS Bd. 13, 2004, S. 65.
99 ZB Nr. 27, 3.4.1962, S. 1.
100 ZB Nr. 70, 31.8.1962, S. 2.
101 Die Mitte Nr. 28, 7.4.1967, S. 1.
102 ZB Nr. 47/48, 15.6.1962, S. 3.
103 HARTMANN/HORVATH 1995, S. 14.
104 Die Mitte Nr. 12, 25.3.1966, S. 4. HARTMANN/HORVATH 1995, S. 18.
105 Die Mitte Nr. 11, 13.3.1963, S. 3. NZZ Nr. 935, 11.3.1963.
106 ZB Nr. 35, 30.4.1963, S. 1.
107 NZZ Nr. 1160, 24.3.1963. HEBERLEIN 1974, S. 190–1997. GÜNTHARD 1975. NZZ Nr. 266, 12.11.1976, S. 51, Nr. 267, 13./14.11.1976, S. 51, Nr. 239, 17.11.1976, S. 39. Trauerfeier für Alois Günthard 1977. TA, 17.11.1976, S. 17. Zürich-Leu, 16.11.1976, S. 1. Die Mitte Nr. 47, 19.11.1976, S. 1. STUCKI 1979, S. 161–166. HLS Bd. 5, 2006, S. 820.
108 ZB Nr. 10, 1.2.1963, S. 3, Nr. 43, 28.5.1963, S. 1.
109 PETER 1964, S. 11–14.
110 Die Mitte Nr. 36, 6.9.1963, S. 1. WOHLWEND 2009.
111 NZZ Nr. 4393, 29.10.1963.
112 TA Nr. 300, 1.11.1963, S. 3. ZWICKY VON GAUEN 1973. GUGERLI 1981, [S. 1]. Dokumentation Aesch 3 1985, S. 73, 183. ZB Nr. 17, 30.4.1993, S. 3. HLS Bd. 5, 2006, S. 789.
113 NZZ Nr. 3243, 2.8.1964, S. 18.
114 KÖNIG 1994, S. 357–359.
115 KÖNIG 1994, S. 370. CATRINA 1992.
116 KÖNIG 1994, S. 371, 391.
117 ZB Nr. 80, 9.10.1959, S. 1.
118 ZB Nr. 19, 7.3.1961, S. 1.
119 KÖNIG 1994, S. 363–365.
120 ZB Nr. 38, 7.5.1965, S. 2, Nr. 41, 18.5.1965, S. 2.
121 ZB Nr. 46, 4.6.1965, S. 2.
122 ZB Nr. 87, 26.10.1965, S. 1.
123 KREIS 1991, S. 483.
124 WAHLEN 1977. KURZ 1991, S. 518–522.
125 Die Mitte Nr. 11, 18.3.1966, S. 2.
126 Stadtrat Jakob Baur 1982. NZZ Nr. 110, 15./16.5.1999, S. 47. NZZ Nr. 115, 21.5.1999, S. 47. TA, 15.5.1999, S. 19. ZO, 15.10.1999, S. 17.
127 NZZ Nr. 203, 3.9.2007, S. 30.
128 VOLLENWEIDER 1968, S. 10.
129 NZZ Nr. 1210, 20.3.1967.
130 WAHLEN 1967, [S. 7].
131 ZB Nr. 24, 24.3.1967, S. 3.
132 Die Mitte Nr. 12, 24.3.1967, S. 2.
133 Die Mitte Nr. 14, 8.4.1966, S. 4. HARTMANN/HORVATH 1995, S. 22–23.
134 Protokoll Bd. XV, 5.6.1967, S. 1, Bd. XV, 15.6.1967, S. 1.
135 ZB Nr. 87, 31.10.1967, S. 1.
136 NZZ Nr. 4591, 30.10.1967.
137 Die Mitte Nr. 45, 10.11.1967, S. 2.
138 ZB Nr. 88, 3.11.1967, S. 2.
139 HARTMANN/HORVATH 1995, S. 27.
140 Die Mitte Nr. 48, 1.12.1967, S. 3–4.
141 Protokoll Bd. XV, 27.11.1967, S. 3–5.
142 Protokoll Bd. XV, 30.11.1968, S. 1–2.
143 Protokoll Bd. XV, Empfehlungen der Standortkommission zuhanden der Parteileitung, des Vorstandes und der

Ortssektionen, erarbeitet im Verlaufe des Jahres 1969.
144 Protokoll Bd. XV, 5.5.1969, S. 1, o.J. [1969].
145 MEYER 1986. Andelfinger Zeitung Nr. 150, 22.12.2000. ZB Nr. 50, 15.12.2000, S. 7. HLS Bd. 2, 2003, S. 690.
146 BILLETER 2008. LINKE/SCHARLOTH 2008, S. 44–47.
147 Tagblatt der Stadt Zürich Nr. 153, 2.7.1968, Nr. 154, 3.7.1968. ZB Nr. 27, 5.7.1968, S. 4.
148 Die Mitte Nr. 27, 5.7.1968, S. 4.
149 HARTMANN/HORVATH 1995, S. 30.
150 Protokoll Bd. XV, 24.2.1969, S. 2.
151 Die Mitte Nr. 38, 20.9.1968, S. 1.
152 Die Mitte Nr. 39, 27.9.1968, S. 2.
153 Die Mitte Nr. 31, 1.8.1969, S. 1.
154 Die Mitte Nr. 1, 1.1.1969, S. 2.
155 Die Mitte Nr. 46, 18.11.1966, S. 3.
156 Die Mitte Nr. 46, 18.11.1966, S. 3.
157 Die Mitte Nr. 46, 18.11.1966, S. 4, Nr. 47, 25.11.1966, S. 4. NIDERÖST 2015, S. 68–71.
158 Die Mitte Nr. 38, 19.9.1969, S. 3.
159 Die Mitte Nr. 12, 21.3.1969, S. 3.
160 TA Nr. 27, 3.2.1969, S. 1, 18. NZZ Nr. 70, 3.2.1969, S. 21.
161 Die Mitte Nr. 4, 24.1.1969, S. 2.
162 WÄFLER 2012, S. 20.
163 BLOCHER 1972.
164 Die Mitte Nr. 48, 1.12.1972, S. 2.
165 Die Mitte Nr. 9, 4.3.1966, S. 4. HARTMANN/HORVATH 1995, S. 23–24.
166 NZZ Nr. 387, 26.6.1968, S. 1.
167 Die Mitte Nr. 21, 23.5.1969, S. 2.
168 Die Mitte Nr. 11, 13.3.1970, S. 3.
169 Die Mitte Nr. 11, 13.3.1970, S. 3.
170 ZB Nr. 93, 17.11.1970, S. 2.
171 TANNER 2015, S. 392. NIDERÖST 2015, S. 102–103.
172 Die Mitte Nr. 3, 15.1.1971, S. 2.
173 NZZ Nr. 50, 1.2.1971, S. 17. NIDERÖST 2015, S. 102–103.
174 Die Mitte Nr. 6, 5.2.1971, S. 2.
175 ZB Nr. 13, 9.2.1971, S. 1.
176 Die Mitte Nr. 37, 15.9.1972, S. 1.
177 Die Mitte Nr. 6, 9.2.1973, S. 1. NIDERÖST 2015, S. 109–111.
178 Die Mitte Nr. 9, 3.3.1967, S. 3.
179 Die Mitte Nr. 18, 1.5.1970, S. 1.
180 Die Mitte Nr. 22, 29.5.1970, S. 4.
181 Die Mitte Nr. 23, 5.6.1970, S. 1.
182 ZB Nr. 47, 9.6.1970, S. 1.
183 Die Mitte Nr. 11, 31.5.1974, S. 1, Nr. 41, 11.10.1974, S. 3.
184 Die Mitte Nr. 1, 1.1.1971, S. 3, Nr. 18, 30.4.1971, S. 1.
185 SCHMID 2003, S. 362. NZZ Nr. 66, 20.3.2006, S. 31. Anzeiger von Uster, 20.3.2006, S. 2. ZB Nr. 12, 24.3.2006, S. 4. FREY 2006, S. 53. LÜTHI 2006, S. 17. HLS Bd. 12, 2013, S. 83.
186 ZB Nr. 89, 2.11.1971, S. 1. Die Mitte Nr. 45, 5.11.1971, S. 3.
187 Die Mitte Nr. 8, 25.2.1977, S. 1, Nr. 9, 4.3.1977, S. 1–2. NZZ Nr. 43, 21.2.1977, S. 13, Nr. 44, 22.2.1977, S. 35. Zürcher Gewerbe Nr. 3, März 1977, S. 1. Werner F. Leutenegger-Hunkeler 1977. HLS Bd. 2, 2008, S. 807.
188 GRUNER 1977, S. 158.
189 Die Mitte Nr. 48, 1.12.1972, S. 3.
190 HÜRLIMANN 2015, S. 58.
191 KÖNIG 1994, S. 451.
192 Die Mitte Nr. 19, 11.5.1973, S. 1.
193 HARTMANN/HORVATH 1995, S. 34.
194 Die Mitte Nr. 13, 31.3.1972, S. 4, Nr. 16, 21.4.1972, S. 1.
195 Die Mitte Nr. 6, 9.2.1973, S. 3.
196 Die Mitte Nr. 7, 15.2.1974, S. 3. HARTMANN/HORVATH 1995, S. 35–36.
197 Die Mitte Nr. 10, 8.3.1974, S. 2, Nr. 11, 15.3.1974, S. 4.
198 Die Mitte Nr. 11, 15.3.1974, S. 4, Nr. 12, 22.3.1974, S. 4.
199 ZO Nr. 91, 20.4.1974, S. 1.
200 Die Mitte Nr. 18, 3.5.1974, S. 1, Nr. 20, 17.5.1974, S. 1.
201 NZZ Nr. 211, 7.5.1974, S. 19.
202 Die Mitte Nr. 8, 21.2.1975, S. 1.
203 Die Mitte Nr. 13, 28.3.1975, S. 1.
204 Die Mitte Nr. 3, 17.1.1975, S. 2, Nr. 13, 28.3.1975, S. 1.

205 NZZ Nr. 67, 21.3.1975, S. 51.
206 Die Mitte Nr. 18, 2.5.1975, S. 1.
207 Die Mitte Nr. 40, 3.10.1975, S. 1.
208 NZZ Nr. 100, 2.5.1979, S. 29, Nr. 118, 23.5.1979, S. 31.
209 Die Mitte Nr. 45, 7.11.1975, S. 1, Nr. 50, 12.12.1975, S. 1.
210 Die Mitte Nr. 44, 31.10.1975, S. 1–2.
211 DIETZ-SALUZ 2008, S. 2. HLS Bd. 10, 2011, S. 195. NZZ Nr. 275, 26.11.2014, S. 16. MÖRGELI 2014, S. 17. BINDER 2014, S. 2.
212 Die Mitte Nr. 1/2, 9.1.1976, S. 1.
213 Die Mitte Nr. 46, 12.11.1976, S. 2. HARTMANN/HORVATH 1995, S. 40–41.
214 Die Mitte Nr. 47, 19.11.1976, S. 2.
215 Die Mitte Nr. 41, 12.10.1973, S. 4, Nr. 39, 27.9.1974, S. 3.
216 Die Mitte Nr. 52, 27.12.1974, S. 2.
217 Die Mitte Nr. 22, 30.5.1975, S. 2.
218 Die Mitte Nr. 52, 24.12.1976, S. 4, Nr. 5, 4.2.1977, S. 1.
219 NZZ Nr. 296, 17.12.1976, S. 47. NZZ Nr. 17, 21.1.1977, S. 47, Nr. 25, 31.1.1977, S. 21. NZZ Nr. 69, 23.3.1979, S. 51. HLS Bd. 5, 2006, S. 432–433.

Aufstieg unter Christoph Blocher (S. 310–465)

1 NZZ Nr. 419, 11.7.1969, S. 18. Die Mitte Nr. 19, 13.5.1977, S. 1. SOMM 2009, S. 111–121, 124–127.
2 CASSIDY/LOSER 2015, S. 99.
3 Die Mitte Nr. 19, 12.5.1972, S. 4.
4 Die Mitte Nr. 43, 24.10.1975, S. 3. HARTMANN/HORVATH 1995, S. 44.
5 Alois Günthard an Konrad Gisler, 4.9.1975.
6 SOMM 2009, S. 151–155, 199–201.
7 Die Mitte Nr. 19, 13.5.1977, S. 2. HARTMANN/HORVATH 1995, S. 44.
8 NZZ Nr. 108, 10.5.1977, S. 33.
9 SOMM 2009, S. 202.
10 Die Mitte Nr. 19, 13.5.1977, S. 1. SOMM 2009, S. 203–204.
11 ZB Nr. 82, 25.10.1919. Die Mitte Nr. 19, 13.5.1977, S. 1.
12 Die Mitte Nr. 19, 13.5.1977, S. 1.
13 Die Mitte Nr. 45, 11.11.1977, S. 1.
14 SOMM 2009, S. 226.
15 Die Mitte Nr. 4, 26.1.1979, S. 1, Nr. 34, 24.8.1979, S. 3.
16 Die Mitte Nr. 7, 16.2.1979, S. 1, ZB Nr. 48, 28.11.1986, S. 3.
17 NZZ Nr. 193, 22.8.1979, S. 45.
18 Die Mitte Nr. 21, 27.5.1977, S. 1.
19 Die Mitte Nr. 6, 9.2.1979, S. 3.
20 Die Mitte Nr. 35, 2.9.1977, S. 1.
21 Die Mitte Nr. 10, 9.3.1979, S. 1.
22 TA, 7.1.1987, S. 17. WERFFELI 1994, S. 27. HARTMANN/HORVATH 1995, S. 49–50.
23 Die Mitte Nr. 2, 12.1.1979, S. 1.
24 KÖPPEL/MÖRGELI 2016, S. 44–45.
25 Die Mitte Nr. 45, 11.11.1977, S. 1–2, Nr. 46, 18.11.1977, S. 1–2.
26 Die Mitte Nr. 46, 18.11.1977, S. 1.
27 Die Mitte Nr. 6, 11.2.1977, S. 1, Nr. 49, 9.12.1977, S. 4.
28 Die Mitte Nr. 2, 13.1.1978, S. 4.
29 Die Mitte Nr. 52, 30.12.1977, S. 1. HARTMANN/HORVATH 1995, S. 52.
30 Die Mitte Nr. 50, 16.12.1977, S. 2.
31 Die Mitte Nr. 6, 10.2.1978, S. 2–3.
32 Die Mitte Nr. 26, 29.9.1979, S. 1–2.
33 Die Mitte Nr. 2, 12.1.1979, S. 1, Nr. 52, 29.12.1978, S. 1.
34 Die Mitte Nr. 4, 26.1.1979, S. 1.
35 Vertrauliches Handbuch 1977.
36 NZZ Nr. 39, 16.2.1978, S. 41. TA, 24.2.1978, S. 48.
37 SI Nr. 25, 18.6.2007, S. 9. SoBli Nr. 24, 17.6.2007, S. 18. NLZ, 18.6.2007, S. 34.
38 HARTMANN/HORVATH 1995, S. 59.
39 Die Mitte Nr. 4, 26.1.1979, S. 1.
40 Die Mitte Nr. 13, 30.3.1979, S. 1.
41 NZZ Nr. 77, 2.4.1979, S. 25.
42 CASSIDY/LOSER 2015, S. 38–39.

43　TA, 2.5.1979, S. 23.
44　Die Mitte Nr. 36, 7.9.1979, S. 1, Nr. 37, 14.9.1979, S. 2–3. SOMM 2009, S. 211.
45　Die Mitte Nr. 41, 12.10.1979, S. 2.
46　Die Mitte Nr. 27, 6.7.1979, S. 1.
47　Mehr Freiheit und Selbstverantwortung 1979.
48　NZZ Nr. 47, 25.2.1977, S. 51. BASLER [1986]. BASLER 1989. BASLER 1991. HLS Bd. 2, 2003, S. 60.
49　Neues Bülacher Tagblatt, 11.9.1982. FRISCHNECHT/HAFFNER/HALDIMANN/NIGGLI 1987, S. 370, 509, 533. Neues Bülacher Tagblatt, 13.11.2001, S. 3. SCHULER 2006, S. 7. APPELT 2010, S. 27. NZZ Nr. 234, 8.10.2010, S. 19. FAHRETTIN/SÖLDI 2010, S. 27. SIEGENTHALER 2010, S. 3. HLS Bd. 5, 2006, S. 583.
50　Die Mitte Nr. 47, 23.11.1979, S. 1.
51　HARTMANN/HORVATH 1995, S. 64.
52　HEUSSLER 1981. KRIESI 1984, S. 42–55. KÖNIG 1994, S. 446. NIGG 2001. HEUSSLER/ZWEIFEL 2010. VENUTTI 2010, S. 19. VOGEL von/SCHULTZE-KOSSAK 2010.
53　Die Mitte Nr. 29, 18.7.1980, S. 1.
54　Die Mitte Nr. 23, 6.6.1980, S. 3.
55　Die Mitte Nr. 49, 5.12.1980, S. 3, Nr. 3, 16.1.1981, S. 1.
56　Die Mitte Nr. 39, 26.9.1980, S. 4.
57　Die Mitte Nr. 37, 12.9.1980, S. 1, Nr. 1, 2.1.1981, S. 2, Nr. 5, 30.1.1981, S. 1, Nr. 22, 29.5.1981, S. 1–2.
58　Die Mitte Nr. 49, 5.12.1980, S. 1, 3, Nr. 28, 11.7.1980, S. 1, Nr. 1, 2.1.1981, S. 2, 4, Nr. 42, 16.10.1981, S. 1, Nr. 46, 14.11.1980, S. 1–2, 4.
59　Die Mitte Nr. 3, 16.1.1981, S. 1, Nr. 4, 23.1.1981, S. 4.
60　Die Mitte Nr. 46, 14.11.1980, S. 1–2.
61　NZZ Nr. 26, 2.1981, S. 25.
62　NZZ Nr. 226, 29.9.1980, S. 27.
63　NZZ Nr. 76, 2.1.1982, S. 15.
64　ZB Nr. 6, 5.2.1982, S. 1.
65　Graubuch 1982. ZB Nr. 37, 10.9.1982.
66　ZB Nr. 25, 18.6.1982, S. 3.
67　Die Mitte Nr. 50, 12.12.1980, S. 3. ZB Nr. 6, 5.2.1982, S. 3. HARTMANN/HORVATH 1995, S. 70.
68　ZB Nr. 6, 5.2.1982, S. 2.
69　ZB Nr. 15, 9.4.1982, S. 3.
70　ZB Nr. 3, 21.1.1983, S. 9.
71　ZB Nr. 49, 7.12.1990, S. 1.
72　ZB Nr. 33, 17.8.1984, S. 3, Nr. 14, 3.4.1987, S. 5, Nr. 38, 23.9.1983, S. 3, Nr. 33, 9.8.1991, S. 7.
73　ZB Nr. 41, 9.10.1987, S. 4.
74　ZB Nr. 15, 15.4.1983, S. 1. HARTMANN/HORVATH 1995, S. 106.
75　RENTSCH 1998, S. 85–89. LÜÖND 2011, S. 8, 51–58.
76　ZB Nr. 2, 14.1.1983, S. 1, Nr. 15, 15.4.1983, S. 1.
77　NZZ Nr. 95, 25.4.1983, S. 31.
78　ZB Nr. 27, 8.7.1983, S. 1, Nr. 28, 15.7.1983, S. 1, Nr. 37, 16.9.1983, S. 3.
79　ZB Nr. 28, 15.7.1983, S. 1, Nr. 32, 12.8.1983, S. 4, Nr. 39, 30.9.1983, S. 3.
80　TA, 18.8.1984, S. 17. HARTMANN/HORVATH 1995, S. 75.
81　HARTMANN/HORVATH 1995, S. 137. TA, 30.12.1992, S. 8. Zürcher Unterländer, 23.3.2015, S. 7.
82　Limmattaler Tagblatt, 18.10.2003, S. 15. NZZ Nr. 240, 16.10.2003, S. 55. ZB Nr. 45, 7.11.2003, S. 3. HLS Bd. 9, 2010, S. 196.
83　SOMM 2009, S. 215–216.
84　ZB Nr. 40, 5.10.1984, S. 4–5.
85　HARTMANN/HORVATH 1995, S. 143.
86　ZB Nr. 28, 9.7.1982, S. 3.
87　ZB Nr. 22, 3.6.1983, S. 3.
88　ZB Nr. 24, 15.6.1984, S. 1.
89　ZB Nr. 52, 28.12.1984, S. 3.
90　ZB Nr. 21, 24.5.1985, S. 4.
91　NZZ Nr. 101, 4.5.2009, S. 25.
92　ZB Nr. 10, 8.3.1985, S. 4.
93　ZB Nr. 29, 20.7.1984, S. 1.
94　ZB Nr. 24, 17.6.1983, S. 3.
95　ZB Nr. 43, 26.10.1984, S. 1, Nr. 44, 2.11.1984, S. 1, Nr. 46, 16.11.1984, S. 3, Nr. 47, 23.11.1984, S. 1–2, 4, Nr. 35, 30.8.1985, S. 1–2, Nr. 38, 20.9.1985, S. 1–2.
96　ZB Nr. 30, 27.7.1984, S. 2.
97　Blick, 7.7.1984, S. 1, 3.

98 ZB Nr. 35, 30.8.1985, S. 2, Nr. 36, 6.9.1985, S. 1, 4.
99 ZB Nr. 44, 1.11.1985, S. 1.
100 ZB Nr. 10, 9.3.1984, S. 1, Nr. 13, 30.3.1984, S. 1.
101 NZZ Nr. 49, 28.2.1986, S. 52. ZB Nr. 9, 28.2.1986, S. 1.
102 ZB Nr. 11, 14.3.1986, S. 1, 4.
103 STADLER 2001, S. 234.
104 ZB Nr. 49, 6.12.1985, S. 2, 4, Nr. 46, 15.11.1985, S. 3.
105 ZB Nr. 49, 6.12.1985, S. 4.
106 ZB Nr. 18, 2.5.1986, S. 4, Nr. 12, 21.3.1986, S. 6. HARTMANN/HORVATH 1995, S. 95–98.
107 ZB Nr. 13, 28.3.1986, S. 6.
108 HUBER 1973. HUBER 1993.
109 ZB Nr. 42, 18.10.1985, S. 1, 5.
110 BAUMANN 2015, S. 17.
111 ZB Nr. 39, 27.9.1985, S. 4, Nr. 8, 22.2.1985, S. 5, Nr. 49, 6.12.1985, S. 4. HARTMANN/HORVATH 1995, S. 99.
112 ZB Nr. 7, 15.2.1985, S. 4.
113 ZB Nr. 7, 15.2.1985, S. 4, Nr. 34, 22.8.1986, S. 5.
114 NZZ Nr. 98, 29.4.1986, S. 33. ZB Nr. 18, 2.5.1986, S. 2, Nr. 28, 11.7.1986, S. 7.
115 SCHARPF 2006, [S. 16].
116 ZB Nr. 47, 21.11.1986, S. 1–2.
117 ZB Nr. 4, 23.1.1987, S. 1.
118 NZZ Nr. 81, 7.4.1987.
119 HARTMANN 1992, S. 1. NZZ Nr. 124, 2.6.1999, S. 45. NZZ Nr. 215, 17.9.2003, S. 53. TA, 5.10.2005, S. 2, 6.10.2007, S. 67, 12.10.2007, S. 69.
120 NZZ Nr. 80, 6.4.1987, S. 35.
121 ZB Nr. 19, 8.5.1987, S. 3.
122 ZB Nr. 22, 29.5.1987, S. 3. HARTMANN/HORVATH 1995, S. 107–108.
123 ZB Nr. 17, 29.4.1988, S. 2, 5.
124 ZB Sondernummer, 23.10.1987, S. 15. HARTMANN/HORVATH 1995, S. 107.
125 ZB Nr. 43, 23.10.1987, S. 1.
126 NZZ Nr. 242, 19.10.1987, S. 31.
127 ZB Nr. 44, 30.10.1987, S. 1.
128 NZZ Nr. 243, 20.10.1987.
129 FREY/BRAUNSCHWEIG/LÜÖND 1998. NZZ Nr. 258, 11.6.2001, S. 13.

NZZ Nr. 295, 19.12.2001, S. 43. Das Magazin Nr. 26, 28.6.2003, S. 20–27. SOMM 2009, S. 215–218.
130 ZB Nr. 1, 8.1.1988, S. 1.
131 ZB Nr. 12, 25.3.1988, S. 1.
132 ZB Nr. 37, 14.9.1984, S. 3.
133 METTLER 1995, S. 120–138. HUBACHER 1995 S. 202–204, 232–233. SOMM 2009, S. 258–262. FISCHER 2013, S. 270–271, 279–284, 308–312. BLOCHER 2014, Der Wirklichkeit verpflichtet, S. 26.
134 ZB Nr. 29, 28.10.1988, S. 1. Weltwoche Nr. 44, 3.11.1988, S. 23.
135 ZB Nr. 5, 30.1.1987, S. 13. Mit der SVP in die 90er Jahre 1987.
136 ZB Nr. 6, 10.2.1989, S. 1. LÜCHINGER 2014, S. 190–196. CASSIDY/LOSER 2015, S. 61.
137 ZB Nr. 11, 17.3.1989, S. 3.
138 NZZ Nr. 222, 25.9.1989, S. 33. ZB Nr. 43, 27.10.1989, S. 3. Der Bund Nr. 170, 24.7.1999, S. 11. CASSIDY/LOSER 2015, S. 104.
139 NZZ Nr. 246, 23.10.1989, S. 17. ZB Nr. 49, 8.12.1989, S. 3.
140 NZZ Nr. 202, 1.9.1989, S. 21.
141 ZB Nr. 36, 8.9.1989, S. 1.
142 ZB Nr. 33, 18.8.1989, S. 1.
143 ZB Nr. 39, 29.9.1989, S. 1, 3, Nr. 7, 16.2.1990, S. 3.
144 Drogenkonzept 1991. Betriebskonzept Drogenklinik.
145 GROB/VOGLER 2012. Platzspitz 2016, S. 81–83.
146 ZB Nr. 18, 4.5.1984, S. 1.
147 Zentralschweiz am Sonntag, 12.7.2009, S. 37. St. Galler Tagblatt, 17.3.2008, S. 55. SI Nr. 49, 1.12.2003, S. 28.
148 BLOCHER 2014, S. 26. KLEY 2015, S. 211-218.
149 Sonntag, 10.5.2009, S. 9. Zentralschweiz am Sonntag, 12.7.2009, S. 37. SoBli, 11.10.2009, S. 25.
150 NZZ Nr. 47, 26.2.1990, S. 27. ZB Nr. 9, 2.3.1990, S. 1–3.
151 ZB Nr. 9, 2.3.1990, S. 3.
152 NZZ Nr. 23, 25.1.1990, S. 25. ZB Nr. 5, 2.2.1990, S. 1, 4–5.
153 ZB Nr. 4, 26.1.1990, S. 7, Nr. 14, 6.4.1990, S. 5.

154 NZZ Nr. 22, 25.1.1991, S. 23. Blick, 26.1.1991, S. 7. ZB Nr. 5, 1.2.1991, S. 1, 4–5.
155 ZB Nr. 46, 16.11.1990, S. 3, Nr. 23, 7.6.1991, S. 1–2.
156 NZZ Nr. 80, 8.4.1991, S. 27.
157 ZELLER 2015, S. 53.
158 HARTMANN/HORVATH 1995, S. 116.
159 BLOCHER 2014, Politische Klärung tut not, S. 19. CASSIDY/LOSER 2015, S. 75.
160 NZZ Nr. 116, 21.5.1990, S. 33.
161 NZZ Nr. 4343, 25.10.1963. KREIS 2004, S. 128, 132–133, 135–136, 139–142. CASSIDY/LOSER 2015, S. 27–28.
162 NZZ Nr. 214, 16.9.1991, S. 21. ZB Nr. 38, 20.9.1991, S. 1, 3.
163 Lb, 23.8.2008, S. 29.
164 NZZ Nr. 244, 22.10.1991, S. 33.
165 ZB Nr. 43, 25.10.1991, S. 1. NZZ Nr. 245, 22.10.1991, S. 53.
166 NZZ Nr. 91, 19.4.2003, S. 41. NZZ Nr. 101, 4.5.2009, S. 25.
167 NZZ Nr. 140, 18.6.2008, S. 46. ZSZ, 18.6.2008, S. 3. AZ, 21.6.2008, S. 2. BLANSJAAR 2008, S. 18. WISSMANN 2008, S. 57. HLS Bd. 12, 2013, S. 850.
168 BECK 2009, S. 4. BEGLINGER 2011, S. 14–21. HLS Bd. 8, 2009, S. 385.
169 NZZ Nr. 279, 1.12.2003, S. 11, Nr. 282, 4.12.2003, S. 53. TA, 10.4.2015, S. 17. NZZ Nr. 93, 23.4.2015, S. 17. HESS 2015, S. 2.
170 PARMA 2000, S. 14–15. TA, 18.4.2015, S. 15. NZZ Nr. 89, 18.4.2015, S. 20, Nr. 93, 23.4.2015, S. 17. GAFAFER 2015, S. 5. UNTERNÄHRER 2015, S. 15.
171 NZZ Nr. 265, 14.11.1991, S. 53, Nr. 279, 30.11./1.12.1991, S. 53.
172 ZB Nr. 23, 5.6.1987, S. 2.
173 ZB Nr. 48, 29.11.1991, S. 1.
174 ZB Nr. 47, 23.11.1990, S. 3.
175 ZB Nr. 47, 23.1.1990, S. 5–6, Nr. 5, 1.2.1991, S. 5–6.
176 BLOCHER 1992, Anpassung oder Widerstand. ZB Nr. 5, 31.1.1992, S. 1, 5–6. NZZ Nr. 21, 27.1.1992, S. 23. TA, 25.1.1992, S. 2.
177 ZB Nr. 49, 6.12.1991, S. 1.
178 ZB Nr. 9, 8.2.1992, S. 1.
179 BEGLINGER 2015, S. 97, 108–110.
180 BEGLINGER 2015, S. 103–104.
181 SOMM 2009, S. 286–288.
182 BLANKART 1992.
183 BLOCHER 1992, Der EWR Vertrag. ZB Nr. 28, 10.7.1992, S. 1.
184 ZB Nr. 29, 17.7.1992, S. 1, 3.
185 ZB Nr. 38, 18.9.1992, S. 1.
186 NZZ Nr. 159, 11./12.7.1992, S. 15. ZB Nr. 29, 17.7.1992, S. 3.
187 ZB Nr. 33, 14.8.1992, S. 1.
188 ZB Nr. 43, 23.10.1992, S. 3, Nr. 44, 30.10.1992, S. 1, Nr. 49, 4.12.1992, S. 3.
189 SOMM 2009, S. 293, 295. LÜÖND 2011, S. 92–93.
190 BLOCHER 1992, EWR – der falsche Weg, S. 43. ZB Nr. 44, 30.10.1992, S. 2.
191 ZB Nr. 47, 20.11.1992, S. 3.
192 KRIESI/LONGCHAMP/PASSY/SCIARINI 1993.
193 ZB Nr. 50, 11.12.1992, S. 1.
194 ZB Nr. 51, 18.12.1992, S. 1, 5.
195 TA, 23.12.1992, S. 7, 30.12.1992, S. 8, 6.1.1993, S. 7.
196 BLOCHER 1993. ZB Nr. 5, 5.2.1993, S. 1, 5–6. BaZ Nr. 16, 19.1.2001, S. 12. TA, 30.1.1993, S. 17. Blick, 30.1.1993, S. 1.
197 Bilanz Nr. 1, Januar 1993, S. 26. NZZ Nr. 7, 11.1.1993, S. 11, Nr. 43, 22.2.1993, S. 13. BZ, 22.2.1993, S. 7.
198 ZB Nr. 3, 18.1.1985, S. 4. HARTMANN/HORVATH 1995, S. 160.
199 ZB Nr. 18, 7.5.1993, S. 1–2, Nr. 23, 11.6.1993, S. 1, 3.
200 HARTMANN/HORVATH 1995, S. 118.
201 ZB Nr. 49, 10.12.1993, S. 1–2.
202 ZB Nr. 19, 14.5.1993, S. 5, Nr. 42, 22.10.1993, S. 2.
203 ZB Nr. 29, 19.7.1991, S. 4, Nr. 40, 7.10.1994, S. 1, Nr. 42, 21.10.1994, S. 1, Nr. 43, 28.10.1994, S. 2.
204 ZELLER 2015, S. 53.
205 NZZ Nr. 267, 16.11.1993, S. 59.

206 ZB Nr. 47, 26.11.1993, S. 1, 3–4.
207 Der Bund Nr. 267, 15.11.1995, S. 15. TA, 24.11.1993, S. 2, 23, 25.11.1993, S. 7, 17.
208 ZB Nr. 47, 26.11.1993, S. 1. TA, 24.11.1993, S. 23. NZZ Nr. 274, 24.11.1993, S. 57.
209 ZB Nr. 19, 13.5.1994, S. 1.
210 Schweizerzeit, 21.1.1994, S. 2.
211 NZZ Nr. 24, 29.1.1994, S. 53.
212 LNN Nr. 24, 29.1.1994, S. 5. Der Bund Nr. 24, 29.1.1994, S. 15. ZB Nr. 5, 4.2.1994, S. 1, 4–5. SoZ, 30.1.1994, S. 4.
213 TA, 7.1.1994, S. 1, 17. BAUMANN 2015, S. 53.
214 ZB Nr. 20, 20.5.1994, S. 1, Nr. 24, 17.6.1994, S. 1.
215 Schweizer Woche Nr. 31, 2.8.1994, S. 4.
216 EDLIN 1994, S. 12. SOMM 2009, S. 313–314.
217 BÜTTNER 1997, S. 2.
218 BaZ Nr. 24, 28.1.1995, S. 10. Der Bund Nr. 23, 28.1.1995, S. 15. LNN, 28.1.1995, S. 1.
219 ZB Nr. 33, 19.8.1994, S. 1.
220 ZB Nr. 7, 15.2.1991, S. 4, Nr. 42, 16.10.1992, S. 3.
221 NZZ Nr. 78, 3.4.1995, S. 27.
222 BAUMANN 1999, S. 17. NZZ Nr. 62, 16.3.1999, S. 28.
223 NZZ Nr. 34, 10.2.1995, S. 51. PARMA 1997, S. 36. FUHRER 1998, S. 20–34. BAUMANN 1999, S. 17. NZZ Nr. 198, 28.8.2009, S. 45. TA, 28.8.2009, S. 13. KREBS 2010, S. 15.
224 ZB Nr. 14, 7.4.1995, S. 1.
225 Programm 1995–1999.
226 Financial Times, 20.1.1995.
227 ZB Nr. 26, 30.6.1995, S. 1, Nr. 28, 14.7.1995, S. 1. NZZ Nr. 233, 7./8.10.1995, S. 53.
228 Blick Nr. 29, 8.2.1997, S. 2. LUGINBÜHL 1999. GUT 2002. SOMM 2009, S. 318–324. CASSIDY/LOSER 2015, S. 108–109.
229 NZZ Nr. 136, 15.6.1995, S. 53, Nr. 162, 15.7.1995, S. 12, Nr. 192, 21.8.1995, S. 15. BaZ, 20.7.1995, S. 7.
230 ZB Nr. 39, 29.11.1995, S. 1, 6.

231 NZZ Nr. 222, 25.9.1995, S. 31. ZB Nr. 40, 6.10.1995, S. 1.
232 NZZ Nr. 247, 24.10.1995, S. 53. ZB Nr. 43, 27.10.1995, S. 1.
233 FEHR 2009, S. 20–28, 208–212. TA, 22.1.2011, S. 1, 21. BAUMANN 2015, S. 17. FEHR 2015, S. 35–45. Zürcher Unterländer, 13.7.2016, S. 2.
234 FRISCHKNECHT/HAFFNER/HALDIMANN/NIGGLI 1987, S. 618–624. MEIER 1994. Das Magazin Nr. 8, 25.2.2006, S. 54–55. NZZ Nr. 82, 10.4.2013, S. 66. KÖPPEL 2014, S. 30–32.
235 CASSIDY/LOSER 2015, S. 138.
236 Der Bund Nr. 22, 27.1.1996, S. 15. TA, 27.1.1996, S. 19. BaZ Nr. 23, 27.1.1996, S. 9. SoZ, 28.1.1996, S. 7.
237 NZZ Nr. 23, 29.1.1996, S. 13. TA, 29.1.1996, S. 7. Der Bund Nr. 23, 29.1.1996, S. 9. BaZ Nr. 24, 29.1.1996, S. 6.
238 ZB Nr. 20, 16.5.1997, S. 1.
239 ZB Nr. 36, 6.9.1996, S. 1.
240 SoZ, 19.1.1997, S. 11.
241 ZB Nr. 4, 24.1.1997, S. 1. Sicherheit, Wohlfahrt, Unabhängigkeit 1995. SoZ, 19.1.1997, S. 11. Wenn Rot/Grün gewinnt 2007.
242 BLOCHER 1997, Die Schweiz und der Zweite Weltkrieg. ZB Nr. 10, 7.3.1997, S. 1–2. NZZ Nr. 51, 3.3.1997, S. 17, 19. SOMM 2009, S. 337–339.
243 TA, 6.3.1997, S. 2.
244 ZB Nr. 17, 25.4.1997, S. 1, 3.
245 BLOCHER 1997, Die Schweiz und der Eizenstat-Bericht. NZZ Nr. 142, 23.6.1997, S. 13. ZB Nr. 27, 4.7.1997, S. 1. SOMM 2009, S. 344–353.
246 ZB Nr. 35, 29.8.1997, S. 3. GEDEN 2006.
247 Blick Nr. 207, 8.9.1997, S. 9. TA, 8.9.1997, S. 13. NZZ Nr. 207, S. 37. Der Bund Nr. 208, 8.9.1997, S. 10.
248 TA, 8.9.1997, S. 13.
249 BLOCHER 1997, Eine Standortbestimmung. ZB Nr. 49, 5.12.1997, S. 1. CASSIDY/LOSER 2015, S. 105–106.
250 ZB Nr. 4, 23.1.1998, S. 1–2, Nr. 23, 5.6.1998, S. 1–2.

251 NZZ Nr. 13, 17./18.1.1998, S. 53. BLOCHER 1998, Die Schweiz im Jubiläumsjahr.
252 RUHSTALLER 1999.
253 PREISIG, Raphael; RIEDER, Thomas; KOLLER, Marek: Maturarbeit Kantonsschule Trogen 2001. BaZ Nr. 16, 19.1.2001, S. 12.
254 BLUM 1999, S. 2. BaZ Nr. 16, 19.1.2001, S. 12.
255 BLOCHER 1998, Strategischer Wandel, S. 5–9. NZZ Nr. 94, 24.4.1998, S. 17. ZB Nr. 17, 24.4.1998, S. 1–2.
256 NEIDHART 1998, S. 37.
257 NZZ Nr. 56, 9.3.1998, S. 37.
258 TA, 24.3.1998, S. 24.
259 ZB Nr. 13, 27.3.1998, S. 1, Nr. 24, 12.6.1998, S. 1, 3.
260 NZZ Nr. 153, 6.7.1998, S. 9. MÖRGELI 2006, S. 16.
261 TA, 8.6.1998, S. 1, 15. NZZ Nr. 295, 19.12.2002, S. 39.
262 NZZ Nr. 240, 16.10.1998, S. 53, Nr. 278, 30.11.1998, S. 39. TA, 30.11.1998, S. 15.
263 NZZ Nr. 278, 30.11.1998, S. 37, 41. TA, 30.11.1998, S. 13.
264 SoZ, 25.10.1998, S. 27. CASSIDY/LOSER 2015, S. 139–143.
265 Blick Nr. 291, 16.12.1998, S. 1.
266 TA, 16.1.1999, S. 17.
267 ITEN 1999.
268 TA, 5.3.1999, S. 15.
269 NZZ Nr. 89, 19.4.1999, S. 39.
270 BOSSHARDT 1999, S. 15. NZZ Nr. 62, 16.3.1999, S. 100, Nr. 100, 2.5.2001, S. 51. TA, 6.3.2003, S. 15. Weltwoche Nr. 13, 27.3.2003, S. 57–59. BIERI 2004, S. 16. BAUMANN 2005, S. 13. Blick Nr. 122, 28.5.2005, S. 24. Schweizer Familie Nr. 36, 8.9.2005, S. 10–11.
271 TA, 3.4.1999, S. 13. NZZ Nr. 86, 15.4.1999, S. 45.
272 TA, 21.9.1999, S. 21, 4.10.1999, S. 8. SoBli Nr. 39, 26.9.1999, S. 62.
273 NZZ Nr. 66, 20.3.1999, S. 49. TA, 20.3.1999, S. 21.
274 TA, 10.4.1999, S. 9. Weltwoche Nr. 15, 15.4.1999, S. 25.
275 NZZ Nr. 89, 19.4.1999, S. 40. TA, 19.4.1999, S. 1. Blick, 19.4.1999, S. 1.
276 TA, 24.4.1999, S. 9.
277 KELLER 1999, S. 30–39.
278 BLOCHER, Politische Klärung tut not 2014, S. 19.
279 SoBli Nr. 20, 17.5.1999, S. 4.
280 Volksinitiative «Überschüssige Goldreserven in den AHV-Fonds» 1999.
281 Wochenzeitung, 17.10.1997, S. 8, 14.1.1999, S. 3. SoBli Nr. 42, 17.10.1999, S. 1–6.
282 Blick Nr. 248, 25.10.1999, S. 1. TA, 25.11.1999, S. 1. NZZ Nr. 248, 25.10.1999, S. 9, 39, 43.
283 Cash Nr. 7, 16.2.1990, S. 18. TA, 30.9.2003, S. 21. NZZ Nr. 105, 8.5.2007, S. 53. Lb, 9.5.2007, S. 22–23.
284 NIEDERBERGER 2004, S. 38–40. MOSER 2004, S. 14–21. LEUTHOLD 2005, S. 10–17. BROTZ 2007, S. 18–23. STÄDLER 2012, S. 3. GUT 2014, S. 22
285 ENGELER 2011, S. 18–19. NZZ Nr. 288, 9.12.2011, S. 11. TA, 9.12.2011, S. 4. TA, 20.2.2016, S. 23. HEUSSER 2016, S. 7. MATTER 2016, S. 14.
286 TA, 26.10.1999, S. 22. Lb, 7.12.1999, S. 15. GMÜR 2000, S. 17. NZZ Nr. 113, 16.5.2000, S. 49. Lb, 22.12.2000, S. 11. PAUL 2001, S. 13. SCHOLZ 2002, S. 13. Lb, 24.9.2016, S. 13. KOLLBRUNNER 2016, S. 3.
287 LÖHRER 1997, S. 73–75. WEGELIN 1999, S. 11. Facts Nr. 34, 26.8.1999, S. 36. BLUNSCHI 2002, S. 36. PARMA 2003, S. 11–12. NZZ Nr. 53, 5.3.2014, S. 15. TA, 6.3.2014, S. 17.
288 NZZ Nr. 293, 16.10.1999, S. 15.
289 ZOLLINGER 2004, S. 14. ZB Nr. 4, 28.1.2000, S. 1, 5–6.
290 BLOCHER, Albisgüetli 2000, S. 6.
291 BLOCHER 2000, Freiheit statt Sozialismus.
292 COURTOIS 1999, S. 16.
293 BISCHOF 2010, S. 77–114.
294 NZZ Nr. 151, 1.7.2000, S. 14.
295 NZZ Nr. 137, 15.6.2000, S. 16, Nr. 86, 11.4.2000, S. 14.

296 Blick, 6.3.2000, S. 5, 10.3.2000, S. 5. TA, 9.5.2000, S. 1, 11.
297 KELLENBERGER 2012, S. 14.
298 Volksabstimmung vom 21. Mai 2000, S. 11.
299 STRAUBHAAR 1999, S. 4. MATTER/MÖRGELI 2015, S. 31–32.
300 WÜTHRICH/HÄFLIGER 2012, S. 119, 121–122
301 NZZ Nr. 243, 20.10.1998, S. 13, Nr. 244, 21.10.1998, S. 15.
302 NZZ Nr. 249, 27.10.1998, S. 15, Nr. 148, 30.6.1999, S. 13.
303 NZZ Nr. 278, 29.11.2002, S. 15.
304 NLZ, 20.1.2001, S. 5. ZB Nr. 4, 26.1.2001, S. 1–2, 5–6.
305 NZZ Nr. 16, 20.1.2001, S. 45. TA, 20.1.2001, S. 13.
306 Weltwoche Nr. 3, 18.1.2001, S. 17. BaZ Nr. 16, 19.1.2001, S. 12.
307 BLOCHER 2001, S. 2. NZZ Nr. 229, 1.10.2016, S. 13.
308 TA, 15.11.2001, S. 2.
309 CASSIDY/LOSER 2015, S. 111–118.
310 TA, 20.12.2001, S. 19. NZZ Nr. 297, 21.12.2001, S. 44. ZB Nr. 52, 28.12.2001, S. 1.
311 NZZ Nr. 295, 19.12.2001, S. 43. TA, 19.12.2001, S. 15. ZB Nr. 52, 28.11.2001, S. 3, 6.
312 TA, 6.11.2001, S. 21.
313 TA, 26.3.2014, S. 13. Lb, 26.3.2014, S. 27. Furttaler, 28.3.2014, S. 1. Zürcher Unterländer, 13.10.2015, S. 2, 20.10.2015, S. 3, 24.5.2016, S. 4.
314 BLOCHER 2002. NZZ Nr. 15, 19.1.2001, S. 49. TA, 19.1.2002, S. 18. ZB Nr. 4, 25.1.2002, S. 1, 5. NLZ, 26.1.2002, S. 52.
315 MÖRGELI 2002, S. 5–6.
316 Work Nr. 21, 6.12.2002, S. 2.
317 NZZaS Nr. 38, 1.12.2002, S. 14.
318 Weltwoche Nr. 19, 8.5.2008, S. 9.
319 Work Nr. 20, 22.11.2002, S. 8.
320 NZZ Nr. 14, 18.1.2003, S. 41. BLOCHER, Albisgüetli 2003, S. 7.
321 NLZ, 18.1.2003, S. 6. TA, 18.1.2003, S. 17.
322 BLOCHER Albisgüetli 2003, S. 17. ZB Nr. 4, 24.1.2003, S. 1, 4.
323 NZZ Nr. 82, 8.4.2003, S. 42.
324 BLOCHER 2003, S. 8.
325 TA, 13.6.2003, S. 1–2.
326 Cash Nr. 52, 27.12.2002, S. 21, Nr. 2, 10.1.2003, S. 3.
327 CASSIDY/LOSER 2015, S. 164.
328 NZZ Nr. 91, 19.4.2003, S. 41.
329 BZ, 25.8.2003, S. 2. NZZ Nr. 195, 25.8.2003, S. 7. TA, 25.8.2003, S. 7.
330 STÜCHELI 1997, S. 55.
331 BLOCHER 2003, S. 222–224.
332 BLOCHER, Mozart – ein Industrieller? 1992, S. 7.

Taktgeberin in der Schweiz (S. 466–569)

1 MÖRGELI 2003, S. 3–5. NZZaS Nr. 16, 22.4.2007, S. 24.
2 Der Bund Nr. 182, 1.12.2003, S. 7.
3 Blick, 11.2.2003, S. 1. NZZaS Nr. 16, 22.4.2007, S. 24. AZ, 14.12.2007, S. 2.
4 COMINA 2004, S. 26. METZLER 2004, S. 342.
5 NZZaS Nr. 50, 14.12.2003, S. 55. NZZ Nr. 288, 11.12.2003, S. 17. TA, 11.12.2003, S. 29. Blick Nr. 288, 11.12.2003, S. 5.
6 TA, 17.1.2004, S. 11.
7 BLOCHER, Albisgüetli 2004, o.S. NZZ Nr. 13, 17.1.2004, S. 53. TA, 17.1.2004, S. 11. ZB Nr. 4, 23.1.2004, S. 5, 7.
8 TA, 31.1.2002, S. 25. NZZ Nr. 35, 12.2.2003, S. 35. TA, 1.3.2003, S. 13. Limmattaler Tagblatt, 8.3.2003, S. 3.
9 NZZ Nr. 228, 11.12.2003, S. 53.
10 WALTER 2004, S. 15–16.
11 NZZ Nr. 82, 7.4.2001, S. 53. TA, 7.4.2016, S. 16. ZB Nr. 15, 8.4.2004, S. 1. MÖRGELI 2004, S. 3.
12 NZZ online, 11.7.2004.
13 Facts Nr. 9, 26.2.2004, S. 26.
14 ZB Nr. 16, 16.4.2004, S. 1. TA, 27.4.2004, S. 18.
15 TA, 17.7.2004, S. 11.

16 TA, 9.7.2004, S. 18. BZ, 10.7.2004, S. 4. NZZaS Nr. 28, 11.7.2004, S. 10. TA, 29.4.2005, S. 13.
17 TA, 29.11.1999, S. 15.
18 NZZ Nr. 226, 28.9.2004, S. 53. TA, 28.9.2004, S. 1, 15–16. ZB Nr. 40, 1.10.2004, S. 1, 2, 4.
19 NZZ Nr. 227, 29.9.2004, S. 49.
20 Facts Nr. 19, 6.5.2004, S. 32.
21 Limmattaler Tagblatt, 1.10.2004, S. 25.
22 NZZ Nr. 228, 30.9.2004, S. 54.
23 TA, 30.9.2004, S. 15.
24 NZZ Nr. 218, 18.9.2004, S. 13. TA, 18.9.2004, S. 2.
25 BZ, 25.8.2003, S. 8.
26 NZZ Nr. 225, 27.9.2004, S. 9. TA, 27.9.2004, S. 11.
27 NZZaS Nr. 40, 3.10.2004, S. 13.
28 Weltwoche Nr. 41, 7.10.2004, S. 14–16.
29 NZZaS Nr. 41, 10.10.2004, S. 10.
30 BZ, 15.1.2005, S. 5.
31 NZZ Nr. 12, 15.1.2005, S. 53. TA, 15.1.2005, S. 15.
32 Weltwoche Nr. 22, 2.6.2005, S. 26.
33 Weltwoche Nr. 23, 9.6.2005, S. 12.
34 TA online, 11.5.2011. TA, 12.5.2011, S. 3.
35 Schweiz am Sonntag, 15.5.2011, S. 2–3.
36 Weltwoche Nr. 37, 10.9.2015, S. 34.
37 BLOCHER 2005. NZZ Nr. 106, 9.5.2005, S. 7. TA, 9.5.2005, S. 11. ZB Nr. 19, 13.5.2005, S. 1, 2, 5.
38 NZZ Nr. 98, 28.4.2005, S. 47. TA, 28.4.2005, S. 15.
39 NZZ Nr. 7, 10.1.2005, S. 7.
40 SoZ, 27.11.2005, S. 5.
41 SOMM 2009, S. 447–455.
42 Der Bund, 7.12.2005, S. 2. AZ, 15.11.2005, S. 3. Bilanz Nr. 11, 8.6.2006, S. 52–53.
43 NZZaS Nr. 30, 24.7.2005, S. 9.
44 TA, 3.12.2005, S. 19, 29.12.2005, S. 12.
45 Lb, 1.12.2005, S. 13. TA, 2.12.2005, S. 21.
46 NZZ Nr. 273, 22.11.2005, S. 57.
47 Lb 5.11.2005, S. 19.
48 NZZ Nr. 262, 9.11.2005, S. 55.
49 NZZ Nr. 274, 23.11.2005, S. 57.
50 NZZ Nr. 17, 21.1.2006, S. 57. TA, 21.1.2006, S. 19. ZB Nr. 3, 21.1.2006, S. 1, 3.
51 NZZaS Nr. 5, 29.1.2006, S. 1, 5.
52 TA, 24.1.2006, S. 13.
53 NZZ Nr. 37, 14.2.2006, S. 42, Nr. 78, 3.4.2006, S. 73, Nr. 79, 4.4.2006, S. 56.
54 SOMM 2009, S. 464–665.
55 SoZ, 26.11.2006, S. 1.
56 FREI 2007, S. 5, 13. NZZ Nr. 16, 20.1.2007, S. 59. TA, 20.1.2007, S. 15. ZB Nr. 3, 19.1.2007, S. 1–2, 5, Nr. 4, 26.1.2007, S. 5.
57 NZZ Nr. 294, 18.12.2006, S. 30, Nr. 53, 5.3.2007, S. 34, Nr. 87, 16.4.2007, S. 34. TA, 19.2.2007, S. 13. Lb, 5.3.2007, S. 17. NZZ Nr. 36, 12.2.2011, S. 23. TA, 9.3.2011, S. 15. NZZ Nr. 33, 10.2.2015, S. 15. TA, 4.3.2015, S. 15.
58 BLOCHER, 1.-August-Rede in Hallau 2007.
59 NZZaS Nr. 31, 5.8.2007, S. 8. AZ, 14.8.2007, S. 3.
60 NZZaS Nr. 32, 12.8.2007, S. 8.
61 NZZ Nr. 203, 3.9.2007, S. 30. Lb, 3.9.2007, S. 15. ZB Nr. 36, 7.9.2007, S. 4–5.
62 NZZ Nr. 233, 8.10.2007, S. 7.
63 «Mein Zuhause – unsere Schweiz» 2007. Wenn Rot/Grün gewinnt; geht die Schweiz kaputt 2007.
64 MÖRGELI 2007, S. 44.
65 GROSS 2007. Facts Nr. 22, 31.5.2007, S. 14.
66 Weltwoche Nr. 24, 10.6.2004, S. 29, 92.
67 KRIESI 2005, S. 25–26, 81, 195, 229–231.
68 SoZ, 6.2.2005, S. 8.
69 Gesprächsnotiz von Oskar Holenweger, 2.3.2006.
70 SoZ, 17.12.2006, S. 3.
71 Le Temps, 11.12.2004, S. 10.
72 Weltwoche Nr. 22, 1.6.2006, S. 34–37.
73 Weltwoche Nr. 2, 12.1.2006, S. 41–43, Nr. 26, 30.6.2004, S. 12–14.
74 SoZ, 4.6.2006, S. 1, 3. SoBli Nr. 23, 4.6.2006, S. 12.
75 TA, 6.6.2003, S. 3.
76 SoZ, 11.6.2006, S. 3.

77 Facts Nr. 25, 22.6.2006, S. 28.
78 Weltwoche Nr. 23, 8.6.2006, S. 7. TA, 9.6.2007, S. 5. Facts Nr. 24, 14.6.2007, S. 35.
79 Beyeler an Roschacher, 3.7.2002.
80 Blick Nr. 84, 12.4.2007, S. 8.
81 Fels an Untersuchungsrichter Schödler, 30.4.2008, S. 2.
82 Übergabeprotokoll, 11.6.2007.
83 Ochsner an Roduner, 15.6.2007.
84 Übergabeprotokoll, 19.6.2007.
85 Aktennotiz von Alberto Fabbri, 6.9.2007.
86 Fels an Beyeler, 11.6.2007.
87 Fels an Beyeler, 12.6.2007.
88 Beyeler an Fels, 12.7.2007.
89 Fabbri an Fels, 12.7.2007.
90 Fels an Beyeler, 13.7.2007.
91 Fels an Beyeler, 13.7.2007.
92 Aktennotiz (ohne Unterschrift) der Sitzung in Sachen Dossier «H», 24.7.2007.
93 Fels an Schödler, 30.4.2008, S. 3.
94 Nicati an Glasson und Meier-Schatz, 25.7.2007.
95 Nicati an Fels, 25.7.2007.
96 Nicati an Beyeler, 27.7.2007.
97 Fels an Schödler, 30.4.2008, S. 4, 7.
98 Beyeler an Bundestrafgerichtspräsident Staub, 5.10.2007, S. 6.
99 Staatsanwalt Cornu ans Eidgenössische Bundesgericht, 17.12.2010.
100 Fels an Nicati, Fabbri, Lenz, Ochsner und Stupf, 7.8.2007.
101 Protokoll der Sitzung von Präsidium der GPK-N und Bundesanwaltschaft, 8.8.2007, S. 4.
102 Fels an Schödler, 30.4.2008, S. 8, 20.
103 Flipcharts von Holenweger.
104 Nicati an Eberle, 13.8.2007.
105 Fabbri an Schödler, 29.4.2008.
106 TA, 28.8.2007, S. 26. ZB Nr. 35, 31.8.2007, S. 1, 6.
107 Blick Nr. 202, 1.9.2007, S. 11. TA, 3.9.2007, S. 2.
108 BLOCHER 2007, S. 1.
109 BLOCHER 2007, S. 2.
110 BLOCHER 2007, S. 1–2.
111 SOMM 2009, S. 474–476.
112 SOMM 2009, S. 477–478.
113 Blick Nr. 206, 6.9.2007, S. 2. Der Bund, 6.9.2007, S. 7. BZ, 6.9.2007, S. 1. NLZ, 6.9.2007, S. 1. TA, 6.9.2007, S. 2.
114 NZZ Nr. 207, 7.9.2007, S. 1. BZ, 7.9.2007, S. 2. Der Bund, 7.9.2007, S. 2. AZ, 7.9.2007, S. 2.
115 Blick Nr. 207, 7.9.2007, S. 4. TA, 7.9.2007, S. 3. Weltwoche Nr. 37, 13.9.2007, S. 23–24.
116 NZZ online, 2.12.2007.
117 Weltwoche Nr. 40, 4.10.2007, S. 16–20.
118 SoZ Nr. 39, 30.9.2007, S. 3.
119 BLOCHER 2007, S. 5.
120 Weltwoche Nr. 37, 13.9.2007, S. 23. St. Galler Tagblatt, 25.9.2005, S. 9.
121 NZZ Nr. 72, 26.3.2011, S. 13.
122 Widmer-Schlumpf an Bundesstrafgericht, 27.10.2010.
123 Weltwoche Nr. 17, 28.4.2011, S. 26.
124 Umstände des Rücktritts 2010.
125 Weltwoche Nr. 11, 17.3.2016, S. 33.
126 ZB Nr. 20, 18.5.2007, S. 1. NZZ Nr. 23, 29.1.2007, S. 9. TA, 29.1.2007, S. 3.
127 TA, 20.6.2007, S. 14. ZSZ, 21.6.2007, S. 11.
128 NZZ Nr. 23, 29.1.2007, S. 9. TA, 29.1.2007, S. 3.
129 NZZ Nr. 191, 20.8.2007, S. 9. TA, 20.8.2007, S. 2. ZB Nr. 35, 31.8.2007, S. 1.
130 TA, 8.10.2007, S. 5. AZ, 8.10.2007, S. 1.
131 Weltwoche Nr. 36, 6.9.2007, S. 20. TA, 20.9.2007, S. 5.
132 ACKERET 2007, S. 7–8.
133 NLZ, 23.10.2007, S. 1.
134 TA, 22.10.2007, S. 3.
135 AZ, 10.7.2007, S. 5, 22.10.2007, S. 9. Sonntag Nr. 14, 5.4.2009, S. 11–12. AMMANN 2010, S. 42–49. ACHERMANN 2011, S. 62–67. FURGER 2011, S. 27. Tageswoche, 25.11.2011. Sonntag Nr. 5, 5.2.2012, S. 17. ODERMATT 2013, S. 1–5. BaZ, 21.3.2014, S. 5. SI, 16.10.2015, S. 20–22.
136 TA, 19.4.2002, S. 15. TOMMER 2004, S. 45. NZZ Nr. 96, 27.4.2010, S. 17.

NEUHAUS 2015, S. 11. NZZ Nr. 100, 30.4.2016, S. 23. SoZ, 24.7.2016, S. 6.
137 BZ, 27.9.2007, S. 4.
138 HUBACHER 2014, S. 134.
139 BZ, 13.12.2007, S. 2. NLZ, 13.12.2007, S. 2. ZB Nr. 50, 14.12.2007, S. 1–2, 4.
140 ZB Nr. 51/52, 21.12.2007, S. 2.
141 NZZaS Nr. 2, 13.1.2008, S. 13. TA, 12.1.2008, S. 3. NZZ Nr. 9, 12.1.2008, S. 15. Bilanz Nr. 2, 25.1.2008, S. 24–25. TA, 2.5.2008, S. 2.
142 Blick Nr. 9, 12.1.2008, S. 5. NZZ Nr. 9, 12.1.2008, S. 15. TA, 12.1.2008, S. 3.
143 TA, 22.1.2008, S. 10.
144 TA, 29.1.2008, S. 1.
145 NZZ Nr. 15, 19.1.2008, S. 1, 15. TA, 19.1.2008, S. 1, 3. ZB Nr. 4, 25.1.2008, S. 1–2, 5.
146 NZZ Nr. 21, 26.1.2008, S. 61.
147 Communiqué SVP des Kantons Zürich, 2.4.2008.
148 NZZaS Nr. 3, 20.1.2008, S. 26.
149 ZSZ, 23.1.2008, S. 9.
150 NZZaS Nr. 6, 10.2.2008, S. 1, 11.
151 NZZ Nr. 39, 16.2.2008, S. 59. TA, 14.2.2008, S. 15, 15.2.2008, S. 15, 14.11.2008, S. 13.
152 NZZaS Nr. 6, 10.2.2008, S. 11. SoBli, 10.2.2008, S. 20. SoZ Nr. 6, 10.2.2008, S. 5. Weltwoche Nr. 7, 14.2.2008, S. 10–11. BaZ, 20.3.2008, S. 6.
153 Südostschweiz, 6.2.2008, S. 1, 19.
154 Sonntag, 10.2.2008, S. 6.
155 HÄMMERLE 2011, S. 77–79. GIRSBERGER 2012, S. 123.
156 Communiqué SVP des Kantons Zürich, 2.4.2008.
157 SoZ Nr. 2, 13.11.2008, S. 1.
158 NZZ Nr. 266, 13.11.2008, S. 17.
159 TA, 15.8.2008, S. 12.
160 NZZ Nr. 280, 29.11.2008, S. 57.
161 NZZ Nr. 193, 20.8.2008, S. 39. TA, 20.8.2008, S. 12.
162 TA, 9.12.2008, S. 13. NZZ Nr. 297, 19.12.2008, S. 47. TA, 19.12.2008, S. 57. ZB Nr. 50, 12.12.2008, S. 1.
163 NZZ Nr. 13, 17.1.2009, S. 47. TA, 17.1.2009, S. 15.
164 Weltwoche Nr. 8, 19.2.2009, S. 10–11, Nr. 28, 9.7.2009, S. 19.
165 NZZ Nr. 122, 29.5.2009, S. 49. TA, 29.5.2009, S. 56.
166 Limmattaler Tagblatt, 28.7.2009, S. 13, 3.8.2009, S. 17.
167 TA, 20.8.2009, S. 11. Blick, 20.5.2009, S. 13.
168 NZZ Nr. 211, 12.9.2009, S. 21. TA, 15.9.2009, S. 25.
169 ZSZ, 13.2.2010, S. 2. NZZ Nr. 60, 12.3.2011, S. 24. HOTZ 2015, S. 15. TA, 25.2.2015, S. 15. ZSZ, 19.5.2015, S. 3. SCHÜRER 2016, S. 23.
170 BAUMANN 2009, S. 17.
171 TA, 2.12.2009, S. 21.
172 BLOCHER, Würdigung grosser Seeländer 2010. BZ, 13.12.2009, S. 37. SoZ Nr. 1, 3.1.2010, S. 5. NZZaS Nr. 1, 3.1.2010, S. 5. BZ, 4.1.2010, S. 1, 2. Der Bund, 4.1.2010, S. 15.
173 NZZ Nr. 12, 16.1.2010, S. 18, 19. TA, 16.1.2010, S. 17. ZB Nr. 3, 22.1.2010, S. 1, 5.
174 NZZ Nr. 62, 16.3.2010, S. 17. TA, 17.3.2010, S. 13.
175 TA, 15.2.2010, S. 21.
176 NZZ Nr. 217, 18.9.2010, S. 20. TA, 20.9.2010, S. 17.
177 NZZ Nr. 244, 20.10.2010, S. 19. SVP – die Partei für den Kanton Zürich 2011.
178 NZZ Nr. 283, 4.12.2010, S. 22.
179 BLOCHER, Würdigung grosser Berner im Emmental 2011. BZ, 11.12.2010, S. 17. Der Bund, 30.12.2010, S. 23. BZ, 3.1.2011, S. 13. Der Bund, 3.1.2011, S. 17. TA, 3.1.2011, S. 5.
180 Die Zeit, 16.12.2010, S. 14–17.
181 NZZ Nr. 10, 13.1.2011, S. 17. 20minuten, 13.1.2011, S. 2. TA, 15.1.2011, S. 13. Die Zeit, 20.1.2011, S. 10–13.
182 BLOCHER, Albisgüetli 2011. NZZ Nr. 18, 22.1.2011, S. 19. TA, 22.1.2011, S. 1, 21. NZZ Nr. 20, 25.1.2011, S. 15. TA, 25.1.2011, S. 1, 11, 13, 17. Weltwoche Nr. 4, 27.1.2011, S. 10–13. ZB Nr. 4, 28.1.2011, S. 1, 5.

183 BaZ, 5.4.2011, S. 3.
184 NZZ Nr. 145, 24.6.2011, S. 17.
185 SoBli, 25.7.2010, S. 20, 22.5.2011, S. 23.
186 TA, 9.5.2011, S. 13. NZZ Nr. 100, 30.4.2011, S. 20. NZZ Nr. 121, 25.5.2011, S. 17. TA, 25.5.2011, S. 15.
187 Newsnetz, 2.10.2011. SoZ, 2.10.2011, S. 9.
188 NZZ Nr. 200, 29.8.2011, S. 7.
189 TA, 10.9.2011, S. 7. NZZaS Nr. 37, 11.9.2011, S. 17. NZZ Nr. 212, 12.9.2011, S. 8.
190 NZZ Nr. 211, 10.9.2011, S. 13.
191 NZZ Nr. 106, 10.5.1999, S. 44. Sonntag, 8.5.2011, S. 18–19. Limmattaler Zeitung, 11.2.2015, S. 1, 15. Glattaler, 1.4.2016, S. 2. BZ, 6.5.2016, S. 12. St. Galler Tagblatt, 9.6.2016, S. 5. NZZaS Nr. 25, 19.6.2016, S. 13. NZZ Nr. 149, 29.6.2016, S. 15.
192 NZZ Nr. 250, 26.10.2011, S. 19. TA, 26.10.2011, S. 15.
193 Weltwoche Nr. 49, 8.12.2011, S. 18–19.
194 NZZ Nr. 295, 17.12.2011, S. 1, 15.
195 Communiqué des SNB-Bankrates, 23.12.2011.
196 BLOCHER, Würdigung grosser Zürcher Persönlichkeiten 2012. NZZ Nr. 1, 3.1.2012, S. 17. TA, 3.1.2012, S. 1, 3.
197 NZZaS Nr. 1, 1.1.2012, S. 1. SoZ, 1.1.2012, S. 1, 45.
198 TA, 3.1.2012, S. 1. Rücktritt des SNB-Präsidenten 2013.
199 Weltwoche Nr. 1, 5.1.2012, S. 12–15.
200 NZZ Nr. 4, 6.1.2012, S. 1, 11, 23. TA, 6.1.2012, S. 1, 3, 5, 6.
201 BaZ, 12.1.2012, S. 3.
202 BaZ, 11.1.2012, S. 2.
203 NZZ Nr. 17, 21.1.2012, S. 19. TA, 21.1.2012, S. 19.
204 NZZaS Nr. 2, 8.1.2012, S. 9. SoBli, 8.1.2012, S. 2. Blick, 9.1.2012, S. 2, 10.1.2012, S. 2. TA, 11.1.2012, S. 3. Wochenzeitung Nr. 2, 12.1.2012, S. 6. Bilanz Nr. 1, 13.1.2012, S. 38.
205 Sonntag, 22.1.2012, S. 13.
206 Handelszeitung Nr. 51, 17.12.2015, S. 7.
207 ACKERET 2007, S. 7.
208 NZZ Nr. 119, 24.5.2012, S. 16. TA, 24.5.2012, S. 1, 15. ZB Nr. 22, 1.6.2012, S. 3.
209 NZZ Nr. 97, 26.4.2012, S. 16. TA, 9.5.2012, S. 4, 10.9.2012, S. 13, 21.9.2012, S. 19.
210 NZZ Nr. 140, 19.6.2012, S. 14, Nr. 144, 23.6.2012, S. 15. TA, 23.6.2012, S. 18, 20.5.2014, S. 13.
211 Zürcher Unterländer, 31.12.2014, S. 3.
212 NZZ Nr. 194, 22.8.2012, S. 16. TA, 22.8.2012, S. 15. Thurgauer Zeitung, 23.8.2012, S. 25. ZB Nr. 34, 24.8.2012, S. 3.
213 ZO, 11.9.2012, S. 1. NZZ Nr. 211, 11.9.2012, S. 15. TA, 11.9.2012, S. 13.
214 SoZ, 25.2.2001, S. 7. NZZ Nr. 47, 26.2.2001, S. 9. BaZ Nr. 49, 27.2.2001, S. 11. Facts Nr. 25, 21.6.2001, S. 36. SoZ, 22.12.2007, S. 7. TA, 11.9.2012, S. 13. NZZaS Nr. 38, 16.9.2012, S. 27.

Die SVP Schweiz wird zürcherisch (S. 570–621)

1 Weltwoche Nr. 42, 25.10.2012, S. 11.
2 NZZ Nr. 281, 1.12.2012, S. 14, Nr. 282, 3.12.2012, S. 7. TA, 3.12.2012, S. 3.
3 NZZ Nr. 299, 22.12.2012, S. 19.
4 NZZ Nr. 7, 10.1.2013, S. 14, Nr. 9, 12.1.2013, S. 20, Nr. 13, 17.1.2013, S. 17. TA, 10.1.2013, S. 13, 11.1.2013, S. 17.
5 TA, 29.12.2012, S. 11. St. Galler Tagblatt, 4.1.2013, S. 29. BLOCHER, Würdigung grosser Toggenburger 2013
6 TA, 16.1.2013, S. 17.
7 BLOCHER, Albisgüetli 2013. NZZ Nr. 15, 19.1.2013, S. 19. TA, 19.1.2013, S. 15. ZB Nr. 4, 25.1.2013, S. 1, 4–5.
8 TA, 16.1.2013, S. 13.

9   NZZ Nr. 66, 20.3.2013, S. 11. SoZ, 4.8.2013, S. 41.
10 NZZ Nr. 131, 10.6.2013, S. 9. TA, 10.6.2013, S. 2.
11 NZZ Nr. 185, 13.8.2013, S. 11, Nr. 186, 14.8.2013, S. 1, 9, 19. TA, 14.8.2013, S. 19. BaZ, 14.8.2013, S. 17. Schaffhauser Nachrichten, 14.8.2013, S. 5.
12 NZZ Nr. 220, 23.9.2013, S. 17. TA, 23.9.2013, S. 19.
13 Blick, 27.8.2013, S. 5, 28.8.2013, S. 4. TA, 28.2.2014, S. 15. Weltwoche Nr. 48, 28.11.2013, S. 30–33. Das Magazin Nr. 10, 8.3.2014, S. 8–19. TA, 3.10.2014, S. 15.
14 NZZ Nr. 240, 16.10. 2013, S. 17.
15 NZZaS Nr. 49, 8.12.2013, S. 1, 11, Nr. 50, 15.12.2013, S. 11, 17.
16 TA, 2.3.2015, S. 17. NZZ Nr. 50, 2.3.2015, S. 11. FEHR 2015, S. 35–45.
17 BLOCHER, Würdigung grosser Zentralschweizer Persönlichkeiten 2014. NLZ, 3.1.2014, S. 5.
18 BLOCHER, Albisgüetli 2014. NZZ Nr. 14, 18.1.2014, S. 17. TA, 18.1.2014, S. 5. ZB Nr. 4, 24.1.2014, S. 1, 4–5.
19 NZZ Nr. 13, 17.1.2014, S. 9.
20 MATTER/MÖRGELI 2015, S. 13–14, 35.
21 NZZ Nr. 5, 8.1.2014, S. 15. ZB Nr. 1/2, 10.1.2014, S. 3.
22 NZZ Nr. 33, 10.2.2014, S. 13. TA, 10.2.2013, S. 1, 13.
23 NZZ Nr. 33, 10.2.2014, S. 17. TA, 10.2.2014, S. 21. Lb, 10.2.2014, S. 1, 11–15, 22.
24 TA, 20.3.2014, S. 13, 31.3.2014, S. 13, 1.4.2014, S. 13. NZZ Nr. 75, 31.3.2014, S. 13.
25 ZB Nr. 5, 31.1.2014, S. 4. TA, 20.3.2014, S. 13.
26 Zentralschweiz am Sonntag, 16.3.2014, S. 6. TA, 26.3.2014, S. 13.
27 NZZ Nr. 86, 12.4.2014, S. 12, Nr. 107, 10.5.2014, S. 1, 11, 17. TA, 10.5.2014, S. 1–4, 5
28 MATTER 2007, S. 42–49, 55–57.
29 Bilanz Nr. 3, 1.3.1996, S. 71–72. Cash Nr. 39, 25.9.2003, S. 18. SoBli Nr. 50, 14.12.2003, S. 9. NZZaS Nr. 19, 8.5.2005, S. 39. BaZ, 5.8.2006, S. 21. Finanz&Wirtschaft, 19.3.2014, S. 15. NZZ Nr. 107, 10.5.2014, S. 17. TA, 10.5.2014, S. 5. ZSZ, 10.5.2014, S. 2.
30 NZZ Nr. 120, 26.5.2014, S. 12. TA, 26.5.2015, S. 15. Lb, 26.5.2015, S. 1, 17.
31 Zentralschweiz am Sonntag, 16.3.2014, S. 6. NZZaS Nr. 27, 6.7.2014, S. 23. NLZ, 14.6.2016, S. 3.
32 TA, 27.5.2014, S. 15. NZZ Nr. 121, 27.5.2014, S. 17.
33 NZZ Nr. 225, 29.9.2014, S. 13.
34 Blick, 16.9.2014, S. 5.
35 NZZ Nr. 242, 18.10.2014, S. 19. TA, 18.10.2014, S. 19.
36 NZZ Nr. 241, 17.10.2014, S. 13. TA, 17.10.2015, S. 15, 31.10.2014, S. 5. ZB Nr. 43, 24.10.2014, S. 4.
37 Weltwoche Nr. 50, 11.12.2014, S. 5. CASSIDY/LOSER 2015, S. 179 –194.
38 BLOCHER, Würdigung dreier Basler Persönlichkeiten 2015. BaZ, 22.12.2014, S. 2, 3.1.2015, S. 1, 12
39 BLOCHER, Albisgüetli 2015.
40 NZZ Nr. 13, 17.1.2015, S. 17. TA, 17.1.2015, S. 15. ZB Nr. 4, 23.1.2015, S. 1, 4–5.
41 SOMM 2015. NLZ, 2.5.2015, S. 12. TA, 9.7.2015, S. 35. BZ, 12.9.2015, S. 13. NZZ Nr. 232, 7.10.2015, S. 14. NLZ, 17.10.2015, S. 2. BZ, 5.12.2015, S. 24.
42 TA, 21.3.2015, S. 6. NZZ Nr. 66, 20.3.2015, S. 17. NZZaS Nr. 1, 22.3.2015, S. 25.
43 TA, 14.3.2015, S. 17.
44 Stabilität und Sicherheit 2015.
45 NZZaS Nr. 13, 29.3.2015, S. 15.
46 NZZ Nr. 83, 11.4.2015, S. 17.
47 NZZ Nr. 84, 13.4.2015, S. 10. TA, 13.4.2015, S. 1. ZB Nr. 16, 17.4.2015, S. 1–2.
48 NZZ Nr. 136, 16.6.2016, S. 11.
49 TA, 6.3.2014, S. 17.
50 NZZ Nr. 87, 16.4.2015, S. 15. TA, 27.2.2015, S. 1, 15. ZB Nr. 9, 27.2.2015, S. 3.

51 Weltwoche Nr. 46, 13.11.2014, S. 22–25, Nr. 51/52, 18.12.2014, S. 24–26.
52 NZZ Nr. 115, 21.5.2015, S. 15. ZB Nr. 21, 22.5.2015, S. 2.
53 NZZ Nr. 90, 20.4.2015, S. 9. Blick, 20.8.2015, S. 2. TA, 28.8.2015, S. 2.
54 NZZ Nr. 123, 1.6.2015, S. 12. BaZ, 1.6.2015, S. 4. AZ, 1.6.2015, S. 27.
55 TA, 29.4.2015, S. 15.
56 Christoph Blocher an die Kandidierenden der SVP, 9.7.2015.
57 SoBli Nr. 32, 9.8.2015, S. 16.
58 SoBli, 27.12.2015, S. 19.
59 Lb, 10.10.2015, S. 1, 3. FEHLMANN 2015. NZZ Nr. 235, 10.10.2015, S. 43, Nr. 239, 15.10.2015, S. 13, 22. TA, 11.12.2015, S. 31.
60 NZZ Nr. 243, 20.10.2015, S. 16.
61 ZB Nr. 43, 23.10.2015, S. 1–3.
62 NZZ Nr. 87, 16.4.2015, S. 15.
63 LEUTHOLD 2004, S. 12–19. NZZaS Nr. 8, 22.2.2004, S. 10. SI Nr. 10, 1.3.2004, S. 30–34. NZZ Nr. 145, 25.6.2004, S. 61. HUJER 2010, S. 104–108. SI Nr. 9, 24.2.2014, S. 36–40. PLICKERT 2012, S. 3. Schweiz am Sonntag, 1.3.2015, S. 19.
64 BAUMANN 2014, S. 11. HOFMANN 2014, S. 12. Weltwoche Nr. 49, 4.12.2014, S. 38–40. Lb, 11.2.2015, S. 21. SoBli Nr. 7, 15.2.2015, S. 14. TA, 22.4.2015, S. 13. NZZ Nr. 188, 17.8.2015, S. 11. Lb, 23.9.2015, S. 27. NZZ Nr. 242, 19.10.2015, S. 12.
65 BAUMANN 2009, S. 17. TA, 3.7.2012, S. 13. Zürcher Unterländer, 29.9.2015, S. 2. NZZ Nr. 90, 20.4.2015, S. 24, 21.10.2015, S. 3, 9.3.2016, S. 2.
66 SPITALE 2015, S. 5. NZZ Nr. 243, 20.10.2015, S. 24. ZO, 20.10.2015, S. 2. Glattaler, 23.10.2015, S. 12. ZO, 28.12.2015, S. 1–2. ZB Nr. 4, 29.1.2016, S. 4. ZO, 11.3.2016, S. 9.
67 BaZ Nr. 49, 27.2.2001, S. 11. GURTNER 2004, S. 15. Limmattaler Tagblatt, 20.6.2007, S. 31. AZ, 29.1.2013, S. 3. LEDEBUR von 2015, S. 3. NZZ Nr. 243, 20.10.2015, S. 24. SCHERRER 2016, S. 13. NZZaS Nr. 12, 20.3.2016, S. 12. TA, 8.4.2016, S. 17, 30.4.2016, S. 25.
68 TA, 6.6.1996, S. 19. KELLER 1997, S. 41–42. NAUER 1998, S. 75. NZZ Nr. 104, 6.5.2008, S. 47. SUTER 2008, S. 67. RIBI 2010, S. 14. Lb, 15.2.2010, S. 23. NZZ Nr. 243, 20.10.2015, S. 24. UNTERNÄHRER 2016, S. 19.
69 NZZ Nr. 221, 24.9.2015, S. 15. Weltwoche Nr. 43, 22.10.2015, S. 14–17.
70 MAURER 2003, S. 240–244.
71 NZZ Nr. 298, 23.12.2015, S. 15. TA, 23.5.2015, S. 5. MÜLLER/LUGINBÜHL 2016.
72 BLOCHER, Würdigung von Aargauer Persönlichkeiten 2016. AZ, 28.12.2016, S. 20. Schweiz am Sonntag, 3.1.2016, S. 49.
73 NZZ Nr. 12, 16.1.2016, S. 21. TA, 16.1.2016, S. 25. ZB Nr. 3, 22.1.2016, S. 1, 4–5.
74 Weltwoche Nr. 16, 21.4.2016, S. 26.
75 Schweiz am Sonntag, 3.1.2016, S. 6.
76 KÖPPEL/MÖRGELI 2016, S. 45.
77 NZZ Nr. 100, 30.4.2016, S. 23. TA, 30.4.2016, S. 25. NZZaS Nr. 18, 1.5.2016, S. 11. Lb, 3.5.2016, S. 16. ZB Nr. 18, 6.5.2016, S. 1, 5.
78 NZZ Nr. 252, 30.10.2015, S. 25. NZZ Nr. 119, 25.5.2016, S. 21. TA, 25.5.2016, S. 19. ZB Nr. 21, 27.5.2016, S. 5, 6.
79 NZZ Nr. 129, 6.6.2016, S. 11. TA online, 6.6.2016.
80 Weltwoche Nr. 39, 29.11.2016, S. 42.
81 Blick, 6.9.2016, S. 3, 7.9.2016, S. 2. TA, 22.9.2016, S. 3.
82 NZZ Nr. 221, 22.9.2016, S. 1. TA, 22.9.2016, S. 2.
83 Weltwoche Nr. 39. 29.11.2016, S. 45.
84 Das Verhältnis von Völkerrecht und Landesrecht 2010, S. 2331.
85 AZ, 8.12.2016, S. 18.
86 ZB Nr. 40, 7.10.2016, S. 2.
87 Weltwoche Nr. 51/52, 20.12.2012, S. 38, Nr. 26, 30.6.2016, S. 14.
88 Weltwoche Nr. 50, 15.12.2011, S. 31.
89 BLOCHER, Albisgüetli 2017.

Anhang

SVP-Anteile an Wählern und Parlamentssitzen

Wähleranteile Nationalratswahlen 2015 im Kanton Zürich

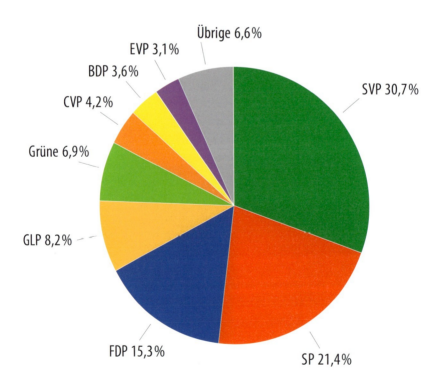

SVP-Anteile an Wählern und Parlamentssitzen   **677**

Wähleranteile Schweiz 1919–2015 (in %)

Nationalräte Schweiz 1919–2015 (Sitze)

Wähleranteile Nationalratswahlen Kanton Zürich 1919–2015 (in %)

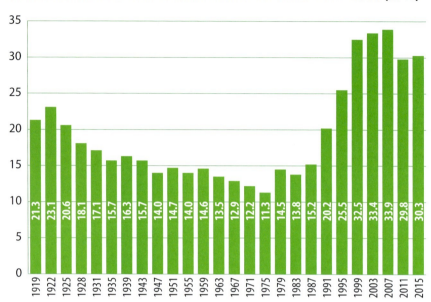

Nationalräte Kanton Zürich 1919–2015 (Sitze)

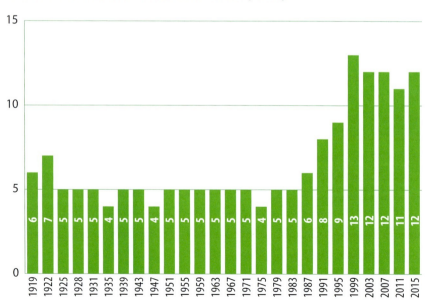

Wähleranteile Kantonsratswahlen Kanton Zürich 1917–2015 (in %)

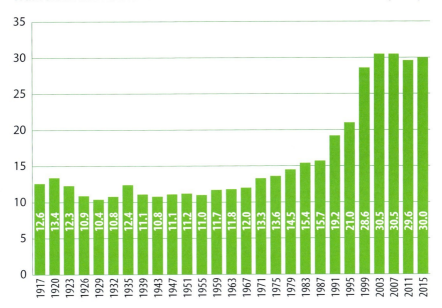

Anteil Kantonsratssitze an Gesamtrat 1917–2015 (in %)

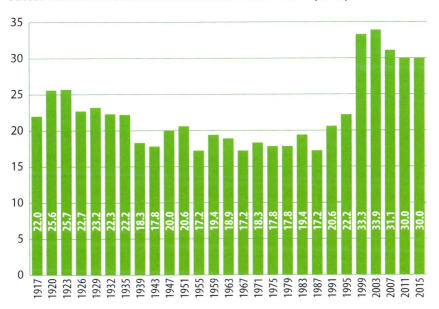

Amtsträger

Präsidenten der SVP des Kantons Zürich

1917–1920	Karl Wunderli, Winterthur
1920–1926	Rudolf Streuli, Horgen
1926–1944	Dr. h.c. Rudolf Reichling-Oehninger, Stäfa
1944–1950	Dr. h.c. Rudolf Meier, Eglisau
1950–1962	Heinrich Brändli, Wädenswil
1962–1970	Jakob Vollenweider, Wangen
1970–1971	Jakob Stucki, Seuzach
1971–1977	Werner F. Leutenegger, Zürich
1977–2003	Dr. Christoph Blocher, Feldmeilen und Herrliberg
2004–2005	Peter Good, Bauma
2005–2007	Dr. Hansjörg Frei, Mönchaltorf
2007–2008	Ueli Maurer, Hinwil
2008–2016	Alfred Heer, Zürich
2016	Konrad Langhart, Oberstammheim

Geschäftsführer/Parteisekretäre

1919–1925	Arnold Messmer, Zürich, gleichzeitig Bauernsekretär
1925–1936	Emil J. Graf, Kilchberg, gleichzeitig Bauernsekretär
1937–1950	Dr. Hans Volkart, Zürich, gleichzeitig Bauernsekretär
1951–1964	Emil Straub, Zürich, gleichzeitig Bauernsekretär
1964–1972	Hanspeter Brütsch, Volketswil, gleichzeitig Bauernsekretär
1972–1978	Erich Rüfenacht, Hausen am Albis, gleichzeitig Bauernsekretär
1978–1982	Dr. Rudolf Bolliger, Weisslingen
1982–1984	Fredy Kradolfer, Bonstetten
1984–1998	Hans Fehr, Eglisau
1998–1999	Thomas Meier, Zürich
1999–2007	Claudio Zanetti, Zollikon
2007–2009	Daniela Vas, Zürich
2009–2011	Dr. Yves Gadient, Meilen
2012	Reinhard Wegelin, Pfäffikon

Fraktionspräsidenten

1917–1926	Rudolf Streuli, Horgen
1926–1929	Dr. h.c. Rudolf Reichling-Oehninger, Stäfa
1929–1932	Ernst Haegi, Affoltern am Albis
1932–1939	Jakob Peter, Oberwil-Dägerlen
1939–1946	Emil Toggenburger, Marthalen
1946–1951	Dr. Ernst Baur, Zürich
1951–1955	Heinrich Brändli, Wädenswil

1955–1959	August Kramer, Rafz
1959–1962	Jakob Vollenweider, Wangen
1962–1965	Dr. Max Dennler, Affoltern am Albis
1965–1972	Emil Straub, Zürich
1973–1976	Konrad Gisler, Flaach
1976–1979	Rudolf Reichling-Däppen, Stäfa
1979	Erich Rüfenacht, Hausen am Albis
1979–1982	Max Kunz, Zürich
1982–1986	Dr. Hansjörg Frei, Mönchaltorf
1986–1987	Hans Hofmann, Horgen
1986–1988	Ueli Maurer, Hinwil
1988–1991	Toni Bortoluzzi, Affoltern am Albis
1991–2001	Ernst Schibli, Otelfingen
2001–2003	Hans Rutschmann, Rafz
2004	Jürg Leuthold, Aeugst am Albis
2004–2008	Alfred Heer, Zürich
2008–2012	Hans Frei, Watt-Regensdorf
2012	Jürg Trachsel, Richterswil

Kantonsratspräsidenten

1920/21	Rudolf Streuli, Horgen
1923/24	Ernst Haegi, Affoltern am Albis
1924/25	Johann Rudolf Weidmann, Affoltern am Albis
1927/28	Albert Bindschedler, Männedorf
1932/33	Dr. h. c. Rudolf Reichling-Oehninger, Stäfa
1936/37	Jakob Peter, Oberwil-Dägerlen
1942/43	Emil J. Graf, Kilchberg
1948/49	Dr. Ernst Baur, Zürich
1952/53	Heinrich Brändli, Wädenswil
1956/57	Jakob Vollenweider, Wangen
1961/62	Ernst Gugerli, Aesch bei Birmensdorf
1966/67	Dr. Max Dennler, Affoltern am Albis
1972/73	Werner F. Leutenegger, Zürich
1976/77	Konrad Gisler, Flaach
1976/77	Rudolf Reichling-Däppen, Stäfa
1981/82	Erich Rüfenacht, Hausen am Albis
1986/87	Dr. Hansjörg Frei, Mönchaltorf
1990/91	Ueli Maurer, Hinwil
1995/96	Markus Kägi, Niederglatt
2000/01	Hans Rutschmann, Rafz
2003/04	Ernst Stocker, Wädenswil
2005/06	Hans Peter Frei, Embrach
2007/08	Ursula Moor-Schwarz, Höri

2011/12   Jürg Trachsel, Richterswil
2013/14   Bruno Walliser, Volketswil
2015/16   Theresia Weber-Gachnang, Uetikon am See

Präsidenten SVP Schweiz

1937–1945   Dr. h.c. Rudolf Reichling-Oehninger
1946–1952   Rudolf Weber
1953–1956   Dr. Karl Renold
1957–1965   Walter Siegenthaler
1965–1976   Dr. Hans Conzett
1976–1984   Dr. Fritz Hofmann
1984–1987   Adolf Ogi
1988–1996   Hans Uhlmann
1996–2008   Ueli Maurer
2008–2016   Toni Brunner
2016   Dr. Albert Rösti

Regierungsräte

1919–1926   Ernst Tobler, Küsnacht
1920–1939   Rudolf Maurer, Rieden-Wallisellen
1926–1937   Rudolf Streuli, Horgen
1939–1947   Dr. Paul Corrodi, Meilen
1943–1963   Dr. h.c. Jakob Heusser, Zürich
1947–1971   Dr. h.c. Rudolf Meier, Eglisau
1963–1976   Alois Günthard, Adliswil
1971–1991   Jakob Stucki, Seuzach
1977–1987   Konrad Gisler, Flaach
1987–1999   Hans Hofmann, Horgen
1995–2010   Rita Fuhrer, Pfäffikon
1999–2005   Dr. Christian Huber, Pfäffikon
2007   Markus Kägi, Niederglatt
2010   Ernst Stocker, Wädenswil

Stadträte von Zürich

1958–1978   Jakob Baur
1982–1990   Kurt Egloff

Stadträte von Winterthur

1922–1947   Emil Freitag
1947–1970   Albert Schättli
1970–1990   Werner Nägeli
1990–2002   Leo Iten
2014   Josef Lisibach

Ständeräte

1939–1942	Prof. Dr. Hans Bernhard, Zürich
1942–1949	Prof. Dr. Friedrich Traugott Wahlen, Zürich
1960–1967	Dr. h.c. Rudolf Meier, Eglisau
1979–1987	Jakob Stucki, Seuzach
1998–2007	Hans Hofmann, Horgen

Nationalräte

1905–1922	David Ringger, Dielsdorf
1912–1922	Emil Rellstab, Wädenswil
1915–1928	Fritz Bopp, Bülach
1917–1935	Carl Bertschinger, Lindau und Pfäffikon
1919–1928	Ernst Tobler, Küsnacht
1919–1925	Karl Wunderli, Winterthur
1926–1943	
1922–1926	Diethelm Burkhard-Abegg, Feldbach-Hombrechtikon
1922–1943	Jakob Oehninger, Andelfingen
1922–1929	Rudolf Streuli, Horgen
1928–1935	Emil Heller, Eglisau
1929–1963	Dr. h.c. Rudolf Reichling-Oehninger, Stäfa (Präsident 1935/36)
1935–1959	Dr. Paul Gysler, Zürich (Präsident 1943/44)
1939–1947	Emil J. Graf, Kilchberg
1943–1951	Dr. h.c. Rudolf Meier, Eglisau
1943–1947	Ernst Stiefel, Uster
1947–1955	Hermann Farner, Oberstammheim
1951–1967	Heinrich Brändli, Wädenswil
1951–1971	Dr. Hans Conzett, Zürich (Präsident 1967/68)
1955–1983	Dr. Erwin Akeret, Wülflingen-Winterthur
1959–1963	Walter Siegmann, Kloten und Zürich
1963–1975	Ernst Gugerli, Aesch bei Birmensdorf
1963–1975	Jakob Vollenweider, Wangen
1967–1979	Otto Bretscher, Andelfingen
1971–1991	Dr. Hans Ulrich Graf, Bülach
1971–1977	Werner F. Leutenegger, Zürich
1975–1991	Rudolf Reichling-Däppen, Stäfa (Präsident 1987/88)
1977–1991	Dr. Konrad Basler, Esslingen-Egg
1979–2003 2011–2014	Dr. Christoph Blocher, Feldmeilen und Herrliberg
1983–1995	Willi Neuenschwander, Oetwil an der Limmat
1987–2001	Walter Frey, Küsnacht
1991–2015	Max Binder, Illnau-Effretikon (Präsident 2003/04)
1991–2015	Toni Bortoluzzi, Affoltern am Albis
1991–2003	Lisbeth Fehr, Humlikon

1991–2008   Ueli Maurer, Hinwil
1991–1999   Werner Vetterli, Uitikon
1995–2015   Hans Fehr, Eglisau
1995–2007   Dr. Ulrich Schlüer, Flaach
2009–2011
1999–2014   Hans Kaufmann, Wettswil am Albis
1999–2007   Robert Keller, Pfäffikon
1999–2015   Prof. Dr. Christoph Mörgeli, Stäfa
1999   Jürg Stahl, Winterthur und Brütten (Präsident 2016/17)
1999–2012   Bruno Zuppiger, Hinwil
2001–2011   Ernst Schibli, Otelfingen
2014–2015
2004–2011   Hans Rutschmann, Rafz
2007   Alfred Heer, Zürich
2007   Natalie Rickli, Winterthur
2011   Hans Egloff, Oetwil an der Limmat
2012   Gregor A. Rutz, Zürich
2014   Thomas Matter, Meilen
2015   Roger Köppel, Küsnacht
2015   Barbara Steinemann, Watt-Regensdorf
2015   Mauro Tuena, Zürich
2015   Prof. Dr. Hans-Ueli Vogt, Zürich
2015   Bruno Walliser, Volketswil
2015   Claudio Zanetti, Gossau

Bundesräte

1959–1965   Prof. Dr. Friedrich Traugott Wahlen, ehemals Zürcher Ständerat, Bern
2004–2007   Dr. Christoph Blocher, Herrliberg
2009   Ueli Maurer, Hinwil

Kantonale Ombudsmänner

1996–2007   Markus Kägi, Niederglatt
2007   Dr. Thomas Faesi, Rorbas

Präsidenten der Zürcher Kantonalbank

1936–1951   Ernst Haegi, Affoltern am Albis und Thalwil
1967–1986   Emil Straub, Zürich
1994–2003   Dr. Hermann Weigold, Winterthur
2003–2011   Dr. Urs Oberholzer, Herrliberg und Zürich

Bundesrichter

1928–1950	Dr. Jakob Hablützel
1951–1963	Dr. Paul Corrodi
1975–1987	Dr. Georg Messmer
1987–1995	Prof. Dr. Karl Spühler
2001	Dr. Peter Karlen
2006–2014	Dr. Hans Mathys
2012	Dr. Alexia Heine

Ungedruckte Quellen

Archiv der SVP des Kantons Bern
Protokoll des Landwirtschaftlichen Klubs der Bundesversammlung 1900–1920, Bd. 2 [Bd. 1 verschollen]

Archiv der SVP des Kantons Zürich
Protokolle
[Bd. I fehlt]

Bd. II	Protokolle der Parteileitung, des Grossen Parteivorstandes und der Delegiertenversammlung, 18.9.1922–3.2.1925
Bd. III	Protokolle der kantonalen Parteileitung, des Grossen Parteiverstandes und der Delegiertenversammlungen, 20.3.1925–29.8.1926
[Bd. IV fehlt]	
Bd. V	Protokolle der kantonalen Parteileitung, des Grossen Parteiverstandes und der Delegiertenversammlungen, 14.10.1929–22.10.1933
Bd. VI	Protokolle der kantonalen Parteileitung, des Grossen Parteivorstandes und der Delegiertenversammlungen, 22.8.1933–22.5.1938
Bd. VII	Protokolle des Grossen Parteiverstandes und der Delegiertenversammlungen 7.1.1939–20.11.1950
Bd. VIII	Protokolle der kantonalen Parteileitung und des Arbeitsausschusses, 12.1.1939–1.12.1950
Bd. IX	[fehlt]
Bd. X	Protokolle der kantonalen Parteileitung, des Grossen Parteivorstandes und der Delegiertenversammlungen, 10.1.1955–29.11.1958
Bd. XI	Protokolle der Fraktionssitzungen, 3.5.1955–2.3.1959
Bd. XII	Protokolle der Fraktionssitzungen, 23.4.1959–8.4.1963
Bd. XIII	Protokolle der kantonalen Parteileitung, des Grossen Parteivorstandes und der Delegiertenversammlungen, 5.1.1959–28.4.1962

Bd. XIV [fehlt]
Bd. XV Protokolle der kantonalen Parteileitung, des Grossen Parteivorstandes und der Delegiertenversammlungen, 24.1.1966–18.12.1970
Nachlass Reichling: Zeitungsausschnitte, Flugblätter, Briefe, Parteiprogramme

Archiv für Agrargeschichte
Protokolle des Schweizerischen Bauernverbandes 1898–1900, Dossier 111-01, Bd. 296
Archivbestand SBV

Archiv des Zürcher Bauernsekretariats
Bericht der Bauernpartei des Kantons Zürich, 1917–1923
Protokolle des Zürcherischen Landwirtschaftlichen Kantonalvereins 1911–1915, 1915–1918.

Schweizerisches Bundesarchiv
Nachlass Rudolf Reichling-Oehninger, BAR J.I. 134, 1973/32

Schweizerisches Sozialarchiv
Werbeagentur GOAL AG, F_5123

Staatsarchiv des Kantons Zürich
GUGERLI, Ernst: Dokumentation über vier Jahrzehnte politische Tätigkeit, o.O o.J.
III Bg 2/1 Verschiedene Schriften und Broschüren der SVP

Zeitungen

20minuten
Aargauer Zeitung (AZ)
Andelfinger Zeitung
Anzeiger von Uster und Umgebung
Arbeiterstimme
Basler Zeitung (BaZ)
Bauernbund, Offizielles Organ des zürcherischen Bauernbundes
Berner Zeitung (BZ)
Bilanz, das Schweizer Wirtschaftsmagazin
Blick
Bülach-Dielsdorfer Volksfreund, Fortschrittliches Volksblatt für das Zürcher Unterland
Bülach-Dielsdorfer-Wochen-Zeitung, Demokratisches Volksblatt (BDWZ)
Cash
Der Bauernfreund
Der Bund
Der Freisinnige

Der Genossenschafter, Obligatorisches Publikationsmittel für den Verband ostschweizerischer landwirtschaftlicher Genossenschaften und Organ für Bildung einer schweizerischen Bauernpartei
Der Landbote (Lb)
Der Schweizer Bauer, Offizielles Organ der Ökonomischen und gemeinnützigen Gesellschaft des Kantons Bern
Der Schweizerische Jungbauer, Politische Zeitung der Schweizerischen Bauernheimatbewegung
Der Weinländer
(Der) Zürcher Bauer (ZB), Offizielles Organ des Zürcher Bauernverbandes; Zürcherischer Verein für Landwirtschaft und Gartenbau; Kantonale Zürcherische Bauernpartei; Zürcher Bauernverband; Schweizerische Volkspartei des Kantons Zürich
Der Zürcher Bote (ZB), Wochenzeitung für den Mittelstand, Publikationsorgan der Schweizerischen Volkspartei des Kantons Zürich
Der Zürcher Oberländer (ZO)
Die Mitte, Wochenzeitung der BGB, SVP-BGB-Mittelstandspartei, SVP des Kantons Zürich
Die Südostschweiz
Die Weltwoche
Die Zeit
Finanz&Wirtschaft
Furttaler
HandelsZeitung
Limmattaler Tagblatt
Limmattaler Zeitung
Luzerner Neuste Nachrichten (LNN)
Neue Berner Zeitung (NBZ)
Neue Luzerner Zeitung (NLZ)
Neue Zürcher Zeitung (NZZ)
NZZ am Sonntag (NZZaS)
Schaffhauser Bauer, Organ der Schaffhauserischen Bauernpartei und des Kantonalen Landwirtschaftlichen Vereins Schaffhausen
Schweizer Familie
Schweizerische Bauernzeitung, Offizielles Organ des Schweizerischen Bauernverbandes
Schweizerischer Republikaner
Schweizerisches Landwirtschaftliches Centralblatt
Schweizerische Zeitschrift für Land- und Gartenbau, Organ des Vereines für Land- und Gartenbau im Kanton Zürich
Schweizerische Zeitschrift für Landwirtschaft, Organ des Vereines für Landwirtschaft und Gartenbau im Kanton Zürich
Schweizerzeit
Sonntagsblick (SoBli)
Sonntagszeitung (SoZ)

Stadt und Land
St. Galler Tagblatt
Tages-Anzeiger (TA)
Thurgauer Zeitung
Volksrecht, Tageszeitung der Sozialdemokratischen Partei Zürichs
Vorspann, Organ des Vereins abstinenter Schweizerbauern, kulturelle Zeitung der Schweizerischen Bauernheimatbewegung
Zentralschweiz am Sonntag
Zürcher Unterländer
Züri-Bürger, Mitteilungsblatt der Bauern-, Gewerbe- und Bürgerpartei der Stadt Zürich
Züricher Post
Zürich-Leu
Zürichsee-Zeitung (ZSZ)

Nationale Parteiprogramme, Standpunkte und Statuten

Aktionsprogramm der Schweizerischen Bauern-, Gewerbe- und Bürgerpartei, Bern, August 1959.
Aktionsprogramm 1967–1971, Schweizerische Bauern-, Gewerbe- und Bürgerpartei, o.O. [1967].
Aktionsprogramm '72, Schweizerische Volkspartei SVP, Bern, 26. August 1972.
Aktionsprogramm 75', Schweizerische Volkspartei SVP.
BGB-Partei, Eine Stellungnahme zu wichtigen Landesfragen, o.O., 31. August 1967.
Das Gewerbe als politischer Faktor, Betrachtungen zur Politik der Bauern-, Gewerbe- und Bürgerpartei, Zürich, September 1947.
Der Arbeitnehmer, Die mittelständische Arbeitnehmerschaft im Rahmen des Ganzen, hrsg. von der Bauern-, Gewerbe und Bürgerpartei, August 1959.
FELDMANN, Markus: Die Bauern-, Gewerbe- und Bürgerfraktion der Bundesversammlung während der Legislatur-Periode 1928/31, Bericht, erstattet vom Fraktionssekretariat, Bern o.J. [1931].
Grundsätze Schweizerische Volkspartei SVP, 18. Dezember 1971.
Handbuch der Bauern-, Gewerbe- und Bürgerpartei, hrsg. vom BGB-Sekretariat, Bern 1951.
MINGER, Rudolf; STÄHLI, Hans: Statuten der Bernischen Bauern-, Gewerbe- und Bürgerpartei, Bern 1921 [Entwurf].
Programm und Statuten der Schweizerischen Bauern-, Gewerbe- und Bürgerpartei, beschlossen an der konstituierenden ersten Delegiertenversammlung vom 30.1.1937 in Bern.
Programm und Statuten, Schweizerische Bauern-, Gewerbe- und Bürgerpartei, o.O., 18. April 1963.

Richtlinien und Tätigkeit der Bauern-, Gewerbe- und Bürgerfraktion der Bundesversammlung (Legislaturperiode 1925–28), Brugg o.J. [1925].
Schweizerische Bauern-, Gewerbe- und Bürgerpartei, Aktionsprogramm 1971–1975, Bern 1971.
Statuten Schweizerische Volkspartei [Schweiz], o.O., 18. Dezember 1971.
SVP für Toleranz und Ausgewogenheit, Frühjahr 1975, Bern 1975.
Unser Aktionsprogramm 1963, Schweizerische Bauern-, Gewerbe- und Bürgerpartei, Bern, August 1963.
Wahlplattform 2007–2011, Mein Zuhause – unsere Schweiz, Bern 2011.
Was ist und will die bernische Bauern-, Gewerbe- und Bürgerpartei?, Bern 1934.
Wenn Rot/Grün gewinnt, geht die Schweiz kaputt!, Dokumentation über die katastrophalen Auswirkungen der linken Politik der Neunzigerjahre, Bern 2007.
Wir bauen am Schweizerhaus, Das politische Bekenntnis der Schweizerischen Bauern-, Gewerbe- und Bürgerpartei, hrsg. vom Parteisekretariat im Auftrag des Zentralvorstandes, Bern 1945.
Ziele und Tätigkeit der Bauern-, Gewerbe- und Bürgerfraktion, o.J. [1925].

Zürcher Parteiprogramme, Standpunkte und Statuten

Bauernkultureller Ausschuss, Zürcherische Bauernkulturbewegung, Geistiges Aktionsprogramm für den Instruktionsdienst, undatiert [ca. 1931].
BAUR, Ernst; VOLKART, Hans: Statuten der Bauernfraktion des Zücher Kantonrates, 19. Januar 1948, Zürich [1948].
Betriebskonzept Drogenklinik der SVP der Stadt Zürich, o.O., o.J. [1990].
BRÄNDLI, Heinrich; STRAUB, Emil: Bauern-, Gewerbe- und Bürgerpartei des Kantons Zürich, Statuten, 3. Februar 1962, o.O. o.J. [1962].
Die SVP fordert: Neue Sicherheitspolitik für die Stadt Zürich, o.O. o.J. [1992], 2. Aufl. Dezember 1994.
Drogenkonzept der SVP der Stadt Zürich, Weg von den Drogen – weg mit Dealern, o.O., 1. Aufl. 1991, 2. Aufl. 1993, 3. Aufl. 1994.
Drogen-Vademecum, Schweizerische Volkspartei des Kantons Zürich, Eine Publikation der Kommission für Sicherheit und Probleme der Kriminalität, o.O. 1988.
Finanzkonzept der SVP der Stadt Zürich, Sichere Zukunft in Freiheit, o.O. 1997.
Graubuch der Bürokratie, Es ist Vorschrift – sagt der Bürokrat, hrsg. von der SVP des Kantons Zürich, Zürich 1982.
Kantonale zürcherische Bauernpartei, Partei-Programm, o.O. o.J. [1931].
Mein Zuhause – unser Kanton Zürich, Parteiprogramm der SVP des Kantons Zürich 2007–2011, Zürich 2007.

Mit der SVP in die 90er Jahre, Die Politik der SVP, Schweizerischen Volkspartei des Kantons Zürich, Zürich 1987.
Politik ist nicht Selbstzweck, überreicht von der Bauern-, Gewerbe- und Bürgerpartei der Stadt Zürich, Zürich o.J. [1945].
Politisches Aktionsprogramm der BGB-Mittelstandspartei Zürich, Zürich, Herbst 1955.
Programm Bauern-, Gewerbe- und Bürgerpartei, Zürich, 18. April 1963.
REICHLING, Rudolf; GRAF, Emil J.: Kantonale zürcherische Bauernpartei, Partei-Programm, Stäfa und Zürich, 14. Januar 1934, o.O. o.J. [1934].
Sicherheit, Wohlfahrt, Unabhängigkeit, Parteiprogramm 1995–1999 der Schweizerischen Volkspartei des Kantons Zürich, Zürich 1995.
Stabilität und Sicherheit, Parteiprogramm der Zürcher SVP 2015–2019. Zürich 2015.
Statuten Kuratorium Blau/Weiss, o.O. o.J.
Statuten SVP/BGB-Mittelstandspartei [des Kantons Zürich], 6. März 1974.
Statuten und Mitgliederverzeichnis der Amtsperiode 1917/20 der Bauernfraktion des Zürcher Kantonsrates, Veltheim 1918.
Stellungnahmen zu wichtigen aktuellen Themen, Hrsg. SVP des Kantons Zürich, Zürich 1997.
STREULI, Rudolf; WUNDERLI, Karl: Statuten der Bauern-Fraktion des zürich[er] Kantons-Rates, 14. Januar 1918 (mit Mitglieder-Verzeichnis, Amtsperiode 1917/1920), Veltheim 1918.
SVP – die Partei für den Kanton Zürich, Parteiprogramm der SVP des Kantons Zürich 2011–2015, Zürich 2011.
Vertrauliches Handbuch zu den Gemeindewahlen, erarbeitet von 205 SVP-Mitgliedern an der Kadertagung vom 26. November 1977.
Wofür kämpft die SVP?, Hrsg. SVP des Kantons Zürich, Zürich 1997.
Wohlfahrt, Freiheit, Sicherheit, SVP des Kantons Zürich, Parteiprogramm 1999–2003, Zürich 1999.
WUNDERLI, Karl; MESSMER, Arnold: Statuten der Kant[onalen]-Zürcher[ischen] Bauernpartei, Winterthur, 1. Februar 1920.

Albisgüetli-Reden von Christoph Blocher

1989 Politische Standortbestimmung in einer bewegten Zeit
1990 Wider die politische Unkultur
1991 Politische Standortbestimmung nach 700 Jahren Eidgenossenschaft
1992 Anpassung und Widerstand
1993 Unser Standort – Unser Auftrag
1994 Die politische Standortbestimmung im Jahre 1994, dem 703. Jahr der Schweizerischen Eidgenossenschaft
1995 Die Schweiz der Zukunft
1996 Die politische Standortbestimmung im Jahre 1996, dem 705. Jahr der Schweizerischen Eidgenossenschaft

1997 Wer nicht säen will, soll auch nicht ernten
1998 Die Schweiz im Jubiläumsjahr 1998
1999 Unsere Politik im 21. Jahrhundert
2000 Sieben Geheimnisse der SVP (streng vertraulich)
2001 Suchst Du den Krieg, dann kommt er zu Dir!
2002 Chumm Bueb und lueg dis Ländli aa!
2003 Dialog mit Abwesenden, eine Rede in Zitaten: An ihren Worten sollt Ihr ihre Taten messen
2004 Die bürgerliche Wende vollziehen
2006 Agenda 2006
2007 Zum Wohl von Volk und Land
2008 Auf der Seite des Volkes
2009 Widerstand statt Anpassung
2010 Wie die politische Elite die Schweiz zugrunde richtet
2011 Warum wählen Schweizer SVP?
2012 Wertezerfall im Schweizerland
2013 Durehebe – nöd lugg la gwünnt!
2014 Kein EU-Beitritt auf Samtpfoten!
2015 Schein und Wirklichkeit
2016 Die Schweiz auf dem Weg zur Diktatur
2017 Landesverächter oder Volksvertreter? Wider die Totengräber der Schweiz

Kulturreden von Christoph Blocher

Würdigung grosser Seeländer und ihre Bedeutung für die heutige Schweiz: Ulrich Ochsenbein, Erfinder der modernen Schweiz; Rudolf Minger, der Standhafte; Albert Anker, der bedeutende Maler, Bächtelistag, 2. Januar 2010 in Aarberg.

Würdigung grosser Berner im Emmental und ihre Bedeutung für die heutige Schweiz: Jeremias Gotthelf als moderne Führungslehre; Friedrich Traugott Wahlen, Vater der Anbauschlacht; Albert Anker, «Siehe, die Erde ist nicht verdammt», Bächtelistag, 2. Januar 2011 in Wynigen.

Würdigung grosser Zürcher Persönlichkeiten und ihre Bedeutung für die heutige Schweiz: Alfred Escher, Architekt der modernen Schweiz; Gottfried Keller, «Alles Grosse und Edle ist einfacher Art»; Rudolf Koller, Bilder als Erzählung von Natur und Tieren, Bächtelistag, 2. Januar 2012 in Niederglatt.

Würdigung grosser Toggenburger und ihre Bedeutung für die heutige Schweiz: Huldrych Zwingli, Reformator; Ulrich Bräker, Schriftsteller; Babeli Giezendanner, Malerin, Bächtelistag, 2. Januar 2013 in Wattwil.

Würdigung grosser Persönlichkeiten vom Zürichsee und ihre Bedeutung für die heutige Schweiz: Johann Kaspar Pfenninger, verbannt – verkannt – verehrt; Conrad Ferdinand Meyer, Poetisches vom Zürichsee; Karl Landolt, Malerei in Licht und Schatten, Bettagsveranstaltung, 15. September 2013 in Stäfa.

Würdigung grosser Zentralschweizer Persönlichkeiten und ihre Bedeutung für die heutige Schweiz: Nikolaus von Flüe, «Machend den zun nit zu wit»; Philipp Anton von Segesser, Verteidiger des Föderalismus; Robert Zünd, Maler des Realismus, Bächtelistag, 2. Januar 2014 in Luzern.

Würdigung dreier Persönlichkeiten aus dem Aaretal und ihre Bedeutung für die heutige Schweiz: Magdalena Nägeli, Gattin dreier Schultheissen; Christoph von Graffenried, Gründer von «New Bern»; Friedrich Glauser, Schriftsteller, Herbstveranstaltung vom 19. Oktober 2014 in Münsingen.

Würdigung dreier Basler Persönlichkeiten und ihre Bedeutung für die heutige Schweiz: Hans Holbein der Jüngere, Maler zwischen Stadt und Hof; Johann Rudolf Wettstein, Kämpfer für die Unabhängigkeit; Karl Barth und das Wort Gottes, Bächtelistag, 2. Januar 2015 in Basel.

Würdigung dreier Persönlichkeiten aus dem Thurgau und ihre Bedeutung für die heutige Schweiz: Johann Konrad Kern, Redaktor unserer Bundesverfassung; Alfred Huggenberger, Dichter unserer Heimat; Adolf Dietrich, Maler unserer Landschaft, Herbstveranstaltung vom 19. September 2015 in Weinfelden.

Würdigung von Aargauer Persönlichkeiten und ihre Bedeutung für die heutige Schweiz: Die Habsburger, vom Aargau in die ganze Welt; Johann Heinrich Pestalozzi, «Das Leben bildet»; Sophie Haemmerli-Marti, «Jo eusi zwoi Chätzli», Bächtelistag, 2. Januar 2016 in Zofingen.

Würdigung von Bündner Persönlichkeiten und ihre Bedeutung für die heutige Schweiz: Jörg Jenatsch, von der Bibel zum Schwert; Selina Chönz, Erzählerin des «Schellen-Ursli»; Giovanni Segantini, Erneuerer der Alpenmalerei, Bächtelistag, 2. Januar 2017 in Chur.

Gedruckte Quellen

ACKERET, Matthias: Das Blocher-Prinzip, Ein Führungsbuch, Schaffhausen 2007.
AKERET, Erwin: Erlebtes Parlament, Notizen eines Schweizer Parlamentariers, Frauenfeld 1984.
Amtliche Sammlung der Bundesgesetze und Verordnungen der schweizerischen Eidgenossenschaft, N. F., Bd. 1–35, Bern 1875–1919.
Amtliches stenographisches Bulletin der schweizerischen Bundesversammlung.
AVENARIUS, Ferdinand: Hausbuch deutscher Lyrik, München 1902.
BASLER, Konrad: Zeitgeist, Politik und Technik, o.O [Zürich] o.J [1986].
BASLER, Konrad: Grundzüge politischen Verhaltens, Betrachtungen zum Verhalten in politischen Organisationen, Stäfa 1989.
BASLER, Konrad: Die Verantwortung der Wissenschaft in der Politik, Ausgeordnung und Versuch einer Standortbestimmung, Zürich 1991.
Berichte über die Thätigkeit des Zürcherischen Landwirtschaftlichen Kantonalvereins [ZLKV] und seiner Zweigvereine, Zürich 1890–1920.

Bericht über die zürcherische kantonale landwirtschaftliche Ausstellung in Meilen 1912, hrsg. vom Zürcherischen landwirtschaftlichen Kantonalverein, Zürich 1914.

Bericht und Antrag des Regierungsrathes an den Kantonsrat über die Unruhen in Zürich vom 15.–18. November 1917, Zürich, 26.1.1918.

Bericht und Vorschläge der landwirthschaftlichen Sektion an den Rath des Innern, betreffend Hebung und Förderung der Landwirthschaft im Kanton Zürich, Zürich 1846.

BERNHARD, Hans: Die Organisation der industriellen Landwirtschaft in Winterthur, Zürich 1918.

BERNHARD, Hans: Die Innenkolonisation im Kanton Zürich, Schriften der Schweizerischen Vereinigung für industrielle Landwirtschaft Nr. 2, Zürich 1919.

BERNHARD, Hans: Die Innenkolonisation in der Schweiz, Schriftenreihe der Schweizerischen Vereinigung für Innenkolonisation und industrielle Landwirtschaft, Bd. 2, Zürich 1919.

BERNHARD, Hans: Landwirtschaftlicher Atlas des Kantons Zürich, Bern 1925.

BERNHARD, Hans: Landflucht und Gebirgsbevölkerung als volkswirtschaftliches Problem, Studien zur Gebirgsbevölkerung, Bern 1928.

BERTSCHINGER, Heinrich: Lebensmittelpreise in Zürich von 1800–1872, Zeitschrift für schweizerische Statistik, 1873.

Bevölkerungswachstum im Kanton Zürich von 1850–1960, Statistische Berichte des Kantons Zürich, 1960/61.

BIGLER, Fritz: Der Weg der Bauernparteien und des Schweizerischen Bauernverbandes in die Krise, Grosshöchstetten 1938.

BLANKART, Franz: Warum ich für den EWR bin, Ansprache vor der Delegiertenversammlung der SVP des Kantons Zürich im Schützenhaus Albisgüetli, Zürich, am 3. Juli 1992, Bern 1992.

BLOCHER, Christoph: Die Funktion der Landwirtschaftszone und ihre Vereinbarkeit mit der schweizerischen Eigentumsgarantie, Diss. iur., Zürich 1972.

BLOCHER, Christoph: 60 Jahre Schweizerische Volkspartei des Kantons Zürich, Festansprache zur 60-Jahrfeier auf der Forch (ungedr. Mskr.), Zürich 1979.

BLOCHER, Christoph: Zeit ohne Richtung? Orientierungslosigkeit als Merkmal von Politik und Gesellschaft in der Gegenwart, Referat an der «Schweizerzeit»-Herbsttagung vom 10.11.1990 in Winterthur, «Schweizerzeit»-Schriftenreihe Nr. 8, Flaach 1991.

BLOCHER, Christoph: Anpassung oder Widerstand, Referat an der Albisgüetli-Tagung vom 24.1.1992 in Zürich, «Schweizerzeit»-Schriftenreihe Nr. 11, Flaach 1992.

BLOCHER, Christoph: Der EWR-Vertrag, eines freien Volkes unwürdig, Vortrag an der Delegiertenversammlung der Zürcher SVP am 3.7.1992 im Albisgüetli Zürich, «Schweizerzeit»-Schriftenreihe Nr. 12, Flaach 1992.

BLOCHER, Christoph: Wolfgang Amadeus Mozart – ein Industrieller?, in: «Bündner Tagblatt», 19.8.1992, S. 7.

BLOCHER, Christoph: EWR – der falsche Weg für die Schweiz, o.O. [Schaffhausen] o.J. [1992].

BLOCHER, Christoph; FREY, Walter; SCHILTKNECHT, Kurt: Der EWR-Vertrag – eines freien Volkes unwürdig, «Schweizerzeit»-Schriftenreihe Nr. 12, Flaach 1992.

BLOCHER, Christoph: Unser Standort – Unser Auftrag! Politische Standortbestimmung nach dem Nein zum EWR-Beitritt, Rede an der Delegiertenversammlung der SVP Zürich im Albisgüetli vom 29. Januar 1993 in Zürich, «Schweizerzeit»-Schriftenreihe Nr. 14, Flaach 1993.

BLOCHER, Christoph: Die Schweiz und der Zweite Weltkrieg – eine Klarstellung, Referat anlässlich der Veranstaltung der SVP des Kantons Zürich vom 1. März 1997 im Hotel International Swissôtel, Zürich-Oerlikon, Zürich 1997.

BLOCHER, Christoph: Die Schweiz und der Eizenstat-Bericht, Rede gehalten am Samstag, 21. Juni 1997, im Kursaal Bern, Zürich 1997, «Schweizerzeit»-Schriftenreihe Nr. 28, Flaach 1997.

BLOCHER, Christoph: 80 Jahre SVP des Kantons Zürich, Rede anlässlich der Feier des 80-Jahr-Jubiläums der SVP des Kantons Zürich vom 7. September 1997 auf der Altrüti-Gossau (ungedr. Mskr.), Zürich 1997.

BLOCHER, Christoph: Eine Standortbestimmung 5 Jahre nach dem Nein der Schweiz zum Vertrag über den Europäischen Wirtschaftsraum (EWR), o.O [Bern] 1997.

BLOCHER, Christoph: Strategischer Wandel, Strategischer Studienbericht zur Weiterentwicklung schweizerischer Sicherheitspolitik, o.O. 1998.

BLOCHER, Christoph: Freiheit statt Sozialismus, Aufruf an die Sozialisten in allen Parteien, o.O. 2000.

BLOCHER, Christoph: Gesundet der Freisinn mit der Swissair?, in: «Tages-Anzeiger», 15.3.2001, S. 2.

BLOCHER, Christoph: Mitenand gaats schlächter, in: «Tages-Anzeiger», 14.4.2003, S. 8.

BLOCHER, Christoph: Die Schweiz im europäischen Umfeld, Gedenktagsrede zum 60. Jahrestag des Kriegsendes am 8. Mai 2005 in Rafz ZH, Bern 2005.

BLOCHER, Christoph: 1. August-Rede in Hallau, Eidgenössisches Justiz- und Polizeidepartement (ungedr. Mskr.), 1.8.2007.

BLOCHER, Christoph: Die Vorgänge rund um die Bundesratssitzung vom 5. September 2007, [unklassifiziertes] Aussprachepapier an den Bundesrat (ungedr. Mskr.), 11.9.2007.

BLOCHER, Christoph: Wie bewahren wir Freiheit, Sicherheit und Wohlfahrt in der Schweiz, «Schweizerzeit»-Schriftenreihe Nr. 54, Flaach 2011.

BOPP, Fritz: Fallende Blätter, Gedichte, Zürich 1891.

BOPP, Fritz: Dämmerlicht, Neue Lieder, Zürich 1892.

BOPP, Fritz: Wolken und Sterne, Neue Gedichte, Frauenfeld 1897.

BOPP, Fritz: Neue Gedichte, Frauenfeld 1904.

BRUPBACHER, Fritz: 60 Jahre Ketzer, Selbstbiographie, Zürich 1935, Neuauflage Zürich 1973.

Bundesrat Minger – Anekdoten, eingeleitet von alt Bundesrat Philipp Etter, Bern 1971.

Das Verhältnis von Völkerrecht und Landesrecht, Bericht des Bundesrates, […] vom 5. März 2010, S. 2264–2342.

Die Bauern-, Gewerbe- und Bürgerpartei der Stadt Zürich und ihre peripheren Wähler, Ergebnisse einer Sozialuntersuchung, durchgeführt durch Team Sozialforschung/ Marketing, Zürich, Zürich 1960.

Die Ergebnisse der Eidgenössischen Volkszählung vom 1. Dezember 1900, 4 Bde, Bern 1904–1907.

Die Kriegswirtschaft der Stadt Zürich 1939–1948, Tätigkeitsbericht der Zentralstelle für Kriegswirtschaft, Zürich 1949.

Die Kriegswirtschaft im Kanton Zürich 1939–1948, Bericht der Volkswirtschaftsdirektion an den Regierungsrat des Kantons Zürich, Zürich 1949.

Die Massnahmen des Bundes zur Förderung der Landwirtschaft 1851–1912, bearb. vom schweizerischen Landwirtschaftsdepartement, Bern 1914.

Eidgenössische Volkszählung, 1. Dezember 1950, Bd. 22, Kanton Zürich, Eidgenössisches Statistisches Amt, Bern 1953.

Erhebung über die Zahl der Selbstversorger und die individuelle Selbstversorgung in den Gemeinden des Kantons Zürich, Innsbruck 1950.

ESCHER, Konrad: Die Finanzlage der zürcherischen Gemeinden und einige Vorschläge zu ihrer Besserung, Zürich 1889.

ESCHMANN, Johannes: Milch und Käse als Volksnahrungsmittel, Referat, vorgetragen an der Sitzung der Gemeinnützigen Gesellschaft des Kantons Zürich, Zürich 1887.

ESCHMANN, Johannes: Förderung der zürcherischen Landwirtschaft durch Bund und Kanton, 1890/1899, Wald 1900.

FEHR, Ursula: Schneckenfühler, mein eigenwilliges Kind, Eglisau 2009.

FEHR, Ursula: Kaum zu glauben, zwanzig½ Kurzgeschichten, Wädenswil 2015.

FELDMANN, Markus: Tagebuch 1915–1958, bearb. von Peter Moser, unter Mitarb. von Roger Sidler, Marc Badertscher, Andreas Schwab, Urs Hafner, Quellen zur Schweizer Geschichte, N. F., 3. Abt., Bd. 13/1–6, 6 Bde, Basel 2001–2002.

FREI, Hansjörg: Justiz auf dem Prüfstand oder wer schützt uns vor dem Schutz durch die Justiz?, Eine politische Standortbestimmung anlässlich der 19. Albisgüetli-Tagung der Schweizerischen Volkspartei des Kantons Zürich (ungedr. Mskr.), Zürich 2007.

FREY, Walter: Die Schweiz und die aktuellen Entwicklungen in Europa, «Schweizerzeit»-Schriftenreihe Nr. 21, Flaach 1995.

FUHRER, Rita: Sicherheit – auf den Punkt gebracht, in: Kläy, Dieter; Zoelly, Ulrich (Hrsg.): Festschrift zum 75. Geburtstag von alt Bundesrat Rudolf Friedrich, Zürich 1998, S. 20–34.

GIRSBERGER, Johannes: Das Meliorationswesen im Kanton Zürich, Zürich 1914.

GNÄGI, Gottfried; SIEGENTHALER, Walter: Eingabe der bernischen Bauern-, Gewerbe- und Bürgerpartei an den Bundesrat vom 13. Dezember 1934, Bern 1934.

GOTTHELF, Jeremias: Die Käserei in der Vehfreude, Eine Geschichte aus der Schweiz, Berlin / Zürich / Bern 1850.

GRAF, E[mil] J[ohann], Schlussbericht der Schweizerischen Landesausstellung 1939 Zürich an die Grosse Ausstellungskommission, erstattet im Namen und Auftrag des Organisationskomitees, Zürich 1940.

GRAF, Hans: Bankrott der alten und Aufbau der neuen Wirtschaftsordnung, Grosshöchstetten 1942.
GREULICH, Herman: Die Nothlage der Landwirtschaft und die Mittel zur Besserung, Denkschrift bearb. auf Beschluss der Abgeordneten-Versammlung des zürcherischen kantonalen landwirtschaftlichen Vereins vom 5. Dezember 1887, Zürich 1888.
GREULICH, Herman: Die Nothlage der Landwirtschaft, Begründung des Antrages auf Vorbereitung und Durchführung einer Enquête über die Lage der Landwirtschaft, Zürich 1891.
GROB, Rudolf: An die Jugend von morgen, an die Herren von gestern, Zürich 1941.
GÜNTHARD, Alois: Reime als Steckenpferd, mit einer Einführung von N. O. Scarpi, Zürich 1975.
GUGGISBERG, Kurt: Das mittelständische Denken, hrsg. von der Bauern-, Gewerbe- und Bürgerpartei, Bern 1953.
GUGGISBERG, Kurt: Grundzüge des mittelständischen Denkens, Schweizerische Bauern-, Gewerbe- und Bürgerpartei, Bern 1954, 2. Auflage 1962.
GYSLER, Paul: Reden und Ansprachen während der Amtsperiode 1943/44 als Präsident des Schweizerischen Nationalrates und der Bundesversammlung, Zürich o.J. [1945].
GYSLER, Paul: Preispolitik der Migros, Interpellation im Zürcher Kantonsrat, 6. Oktober 1945, überreicht von der Bauern-, Gewerbe- und Bürgerpartei der Stadt Zürich, o.O. [Zürich]. o.J. [1945].
HÄSLER, Alfred A. (Hrsg.): Friedrich Traugott Wahlen, Politik aus Verantwortung, Reden (1966 bis 1974), Basel 1974.
HEUSSLER, Olivia (Hrsg.) u.a.: Zürcher Bewegung, Zürich 1981.
HIRZEL, Hans Caspar: Die Wirthschaft eines Philosophischen Bauers, Zürich 1761. Nachdruck der neuen, vermehrten Auflage von 1774 mit einem Nachwort von Holger Böning, Stuttgart / Bad Cannstatt 1998.
Historische Statistik der Schweiz, unter der Leitung von Hansjörg Siegenthaler hrsg. von Heiner Ritzmann-Blickenstorfer, Zürich 1996, S. 519–581.
HUBER, Christian: Betäubungsmittel vom Typ Cannabis, strafrechtliche Probleme und gesetzgeberische Aspekte, Diss. iur., Zürich 1973.
HUBER, Christian: Irrwege und Auswege, Anmerkungen zur schweizerischen Drogenpolitik, Stäfa 1993.
HUBER, Johann: 100 Jahre «Der Zürcher Bauer», in: «Der Zürcher Bauer» Nr. 18, 27.2.1970, Sonderbeilage, S. 1–4.
KELLER, K[onrad]: Die Bauernsclaverei der Neuzeit, oder die Bauern im Kampfe mit den Federhelden, Ein Aufruf an die Landwirte zur Bildung eines schweiz[erischen] Bauernbundes – unter gänzlichem Ausschluss der Büreaukratie, um eine praktische Bauernpolitik nach dem wahren Sinn und Geist der Bauern zu gründen, Oberglatt-Zürich o.J. [März 1891].
KOHLER, Johann Michael: Landwirthschaftliche Beschreibung der Gemeinden Dettenriedt, Höngg, Thalweil-Oberrieden, Uitikon, Wangen und Weyach, Zürich 1852.
KUONI, Andreas: Die eidgenössische Zollpolitik ist die Hauptursache der Notlage der schweizerischen Bauernsame, Chur 1897.

Landwirtschaftliche Arbeitslöhne im Kanton Zürich, nach Erhebung für das Wirtschaftsjahr 1902/03, Winterthur 1906.
LAUR, Ernst: Die schweizerische Bauernpolitik im Lichte einer höheren Lebensauffassung, Brugg 1918.
LAUR, Ernst: Zur Wahl des Nationalrates (26. Oktober 1919), verfasst im Auftrage der bauernpolitischen Konferenz der kantonalen Bauernparteien und anderer landwirtschaftlicher Organisationen, 2. Aufl., Brugg 1919.
LAUR, Ernst: Die Schweiz und der Völkerbund, Eine Wegleitung für das Schweizervolk, Schweizerisches Aktionskomitee für den Völkerbund, o.J. 1920.
LAUR, Ernst: Bauernpolitik, 3. Aufl., Aarau 1925.
LAUR, Ernst: Arbeitsprogramm des Schweizerischen Bauernverbandes, Richtlinien für die zukünftige Bauernpolitik, Brugg 1928.
LAUR, Ernst: Reden an die schweizerischen Jungbauern, Aarau 1931.
MATTER, Thomas; MÖRGELI, Christoph: Die Bedeutung der Bilateralen Verträge I, Fakten statt Mythen, Positionspapier für die SVP Schweiz (ungedr. Mskr.), Oktober 2015.
Mehr Freiheit und Selbstverantwortung, FDP des Kantons Zürich, FDP-Schriftenreihe Nr. 2, Januar 1979.
MEIER, Rudolf: Führung in der schweizerischen Demokratie, Vortrag, gehalten an der kant[onalen] Tagung in Bülach, 27. Mai 1934, Separatdruck aus der Eidgenössischen Zeitung, o.O. o.J. [1934].
MEISTER, Ulrich: Die Entwicklung der liberalen Partei des Kantons Zürich, Vortrag, gehalten Sonntag, den 24. Januar 1900, im Hotel Central in Zürich, o.O. [Zürich] o.J. [1900].
Meliorationsamt des Kantons Zürich (Hrsg.): Entwicklung und Stand der Bodenverbesserungen im Kanton Zürich, Beispiele neuerer Meliorationen, Zürich 1939.
MINGER, Rudolf: Erinnerungen aus der Gründungszeit der Partei, in: Im Dienste des Mittelstandes, Erinnerungsschrift anlässlich der 100. Delegiertenversammlung der Bernischen Bauern-, Gewerbe- und Bürgerpartei, Bern 1954.
MÖRGELI, Christoph: Doppelvertretung im Bundesrat oder Opposition, Eine Standortbestimmung der SVP nach den Wahlen vom 19. Oktober 2003, Mskr., 17.10.2003.
MORGENTHALER, Jakob: Der falsche Mehltau, sein Wesen und seine Bekämpfung, nach neuesten Erfahrungen dargestellt, Zürich 1888.
MÜLLER, Caspar Karl: Geographische Vertheilung der landwirtschaftlichen Bevölkerung und der wichtigsten Fabriketablissements, nach der Zählung v[om] 1. Dez[ember] 1870.
MÜLLER, Hans: Wollen, Aus dem politischen Wollen der Jungbauern und seiner weltanschaulichen Begründung, Grosshöchstetten 1939.
MÜLLER, Hans: Der Bauer im neuen Staat, Grosshöchstetten 1940.
MÜLLER, Hans: Idee und Kampf, Grosshöchstetten 1942.
MÜLLER, Matthias; LUGINBÜHL, Hans (Hrsg.): Bundesrat Maurer spricht, Reden von Bundesrat Ueli Maurer aus den Jahren 2009 bis 2015, Lenzburg 2016.

MUSCHG, Adolf: Wenn Auschwitz in der Schweiz liegt, Fünf Reden eines Schweizers an seine und keine Nation, Frankfurt am Main 1997.
MUSCHG, Adolf: O mein Heimatland!, Frankfurt 1998.
OTT, Johann Caspar: Beiträge zur Revolutionsgeschichte des Kantons Zürich, Ein unbekanntes Manuskript des Oberamtmanns Johann Caspar Ott zum Ustertag von 1830, bearb. von Christoph Mörgeli, Stäfa 1991.
Portrait-Bilder zürcherischer Parlamentarier, Separatdruck aus der «Schweizerischen Wochen-Zeitung», Zürich 1909.
REICHLING, Rudolf: Bauernpolitik, Separatdruck aus dem «Zürcher Bauer», Zürich 1928.
RICKLI, Natalie: Gebühren, Wildwuchs und Machtkämpfe, Die Schweizer Medienpolitik vor dem Gericht der Geschichte, in: Politik, Prinzipien und das Gericht der Geschichte, «Schweizerzeit»-Schriftenreihe Nr. 48, Flaach 2007, S. 58–60.
Rudolf Minger spricht, vierundzwanzig Reden, ausgew. und eingel. von Hermann Wahlen, Bern 1967.
Rücktritt des SNB-Präsidenten am 9. Januar 2012: Der Bundesrat im Spannungsfeld zwischen der politischen und der aufsichtsrechtlichen Dimension, Bericht der Geschäftsprüfungskommission des Nationalrats und des Ständerats vom 15. März 2013.
SCHMID-AMMANN; Paul: Richtlinienbewegung, ihr Ziel und ihre Arbeit, Bern 1937.
SCHNEEBELI, Heinrich: Die Konkursstatistik als Mittel zur Erkennung des Notstandes in der Landwirtschaft, in: Landwirtschaftliches Jahrbuch, 1897, S. 198–269.
STÄHLI, H[ans]: Die Ergebnisse der Nationalratswahlen im Jahre 1922, Sekretariat der Bernischen Bauern-, Gewerbe- und Bürgerpartei, Bern 1923.
STÄHLI, H[ans]: Leitfaden für die Tätigkeit der Organe der Bauern-, Gewerbe- und Bürgerpartei, Bern 1927.
Statistik der Wahlen in den Kantonsrat vom 8. Juli 1917, hrsg. vom Kantonalen statistischen Bureau, Heft 133, Winterthur 1919.
Statistische Mitteilungen des Kantons Zürich, hrsg. vom Statistischen Bureau des Kantons Zürich.
Statuten des Zürcherischen landwirtschaftlichen Kantonalvereins vom 7. Mai 1916.
STRAUBHAAR, Thomas: Integration und Arbeitsmarkt, Auswirkung einer Annäherung der Schweiz an die Europäische Union, in: Presserohstoff der Studie im Rahmen des bundesrätlichen Integrationsberichts von 1999, o.O. o.J. [1999].
SULZER, Eduard: Zur Agrikulturstatistik des Kantons Zürich, Zürich 1854.
Ueber die Salzsteuer, Zehnten und Grundzinse als Hindernisse des Wohlstandes der Landwirtschaft treibenden Bürgerklasse im Kanton Zürich, Zürich 1831.
ULRICH, Johann Rudolf: Hirten-Brief Sr. Hochwuerden Herrn Antistes Ulrichs, an die Pfarrer auf der Landschaft des Cantons Zuerich, wegen der Auswanderungs-Seuche in Preussisch-Pommern, Den 27. Nov. 1770, Zürich 1770.
Umstände des Rücktritts eines eidgenössischen Untersuchungsrichters, Bericht der Geschäftsprüfungskommission des Nationalrates und des Ständerates vom 22. Januar 2010.

Verhandlungen des Grossen Rates des Kantons Zürich, hrsg. für die Jahre 1831, 1832 und 1833 von Jakob Pestalozzi im Verlag von Friedrich Schulthess.
Verhandlungen des Zürcherischen Kantonsrates über das Truppenaufgebot und den Generalstreik vom 11. bis 13. November 1918.
Volksabstimmung vom 21. Mai 2000, Bilaterale Abkommen mit der EU.
Vom «Fronten-Frühling» und den bürgerlichen Parteien, Tatsachen und Dokumente aus den Jahren 1933 bis 1940, o.O. 1940.
Vorschläge zu der diessjährigen Bestellung der Felder von dem Vorstande des Vereins für Landwirthschaft und Gartenbau, Zürich 1846.
WAHLEN, Friedrich Traugott; SCHWEIZER-HUG, Willy: Die Anbauschlacht, aus einem Vortrag über die Aufgaben unserer Landwirtschaft in der Kriegszeit, Bern 1941.
WAHLEN, Friedrich Traugott: Unser Boden heute und morgen, Etappen und Ziele des schweizerischen Anbauwerkes, Zürich 1943.
WAHLEN, Friedrich Traugott: Die Bauern-, Gewerbe- und Bürgerpartei in Gegenwart und Zukunft, o.O. o.J. [1967].
Wirtschaftliche Notgesetze und Verordnungen des Bundes, nebst Auswahl von Noterlassen der Kantone, hrsg. von F[riedrich] Volmar, Bern 1915.
ZEHNDER, Ulrich: Der Lebensabend des Zürcher Regierungspräsidenten Dr. med. Ulrich Zehnder (1798–1877) in seiner Autobiographie (Teil II), bearb. von Christoph Mörgeli, in: Zürcher Taschenbuch auf das Jahr 1992, Zürich 1991, S. 163–201.
ZOPFI, Hans: Anekdoten und Erinnerungen, Affoltern am Albis 1952.
ZOPFI, Hans: Aus sturmerfüllter Zeit, zweiter Teil der Anekdoten und Erinnerungen, Affoltern am Albis 1954.
Zusammenstellung sämmtlicher vom Gr[ossen] Rathe und den Vollziehungsbehörden erlassenen Vorschriften betreffend die landwirthschaftliche Schule des Kantons Zürich, Zürich 1853.

Darstellungen

ABT, Roman: Beiträge zur Geschichte der Entwicklung des landwirtschaftlichen Genossenschaftswesens, Brugg 1910.
ACHERMANN, Barbara: Natalie Rickli, Jung, attraktiv, urban – und knallhart rechts: Die SVP-Nationalrätin ist der Shootingstar ihrer Partei, Was treibt diese Frau an?, Unterwegs mit der strengsten Politikerin des Landes, in: «Annabelle» Nr. 3, 3.2.2010, S. 62–67.
Adolf Ogi aus der Sicht der Bundeshausfotografen, mit einem Text von Kurt Siegenthaler, hrsg. von der Vereinigung der Bundeshausfotografinnen und -fotografen, Bern 2000.
ALTERMATT, Urs: Die Schweizer Bundesräte, Ein biographisches Lexikon, Zürich / München 1991.

ALTERMATT, Urs: Das historische Dilemma der CVP zwischen katholischem Milieu und bürgerlicher Mittepartei, Baden 2012.
ALTWEGG, Andreas M.: Vom Weinbau am Zürichsee, Struktur und Wandlungen seines Rebgebietes seit 1850, Stäfa 1980.
AMMANN, Jakob: Der zürcherische Bauernbund (1891–1904), Ein Beitrag zur Bauernbewegung im Kanton Zürich, Diss. iur., Zürich 1925.
AMMANN, René: Natalie Rickli, Sie ist hübsch, ehrgeizig – und hart in der Sache: Die Zürcher Nationalrätin über Kopftücher, Minarette, Kinder, Täter, Opfer und ihre Partei, die SVP, in: S[chweizer] I[llustrierte] Style, 2.1.2010, S. 42–49.
ANDERES, Benedikt; ZELLER, René; VOEGELI, Peter; MOSER, Andreas; SIEGRIST, Jörg: Zürcher Stadt- und Gemeinderatswahlen 1933: Die Wahlen in der zeitgemässen Beurteilung, Proseminararbeit am Historischen Seminar der Universität Zürich (ungedr. Mskr.), Zürich 1983.
ANGST, Kenneth: Von der «alten» zur «neuen» Gewerbepolitik, Liberalkorporative Neuorientierung des Schweizerischen Gewerbeverbandes (1930–1942), Diss. phil., Bamberg 1992.
ANTENEN, Anton: Die Agrarpolitik der landwirtschaftlichen Verbände in der schweizerischen Milchwirtschaft und ihre Stellung in Staat und Wirtschaft, Winterthur 1959.
APPELT, Dagmar: Hans Ulrich Graf gestorben, in: «Der Landbote», 9.10.2010, S. 27.
BÄSCHLIN, Beat: Bundesrat Eduard von Steiger, in: «Der Staatsbürger» 34 Nr. 2 (1950), S. 24–27.
BALTHASAR, Andreas; GRUNER, Erich: Soziale Spannungen – wirtschaftlicher Wandel, Dokumente zur Schweiz zwischen 1880 und 1914, Bern 1989.
BARDET, René (Hrsg.): 50 Jahre Schweizer Fernsehen, zum Fernseh'n drängt, am Fernseh'n hängt doch alles…, Baden 2003.
BARTH, Robert: Das Ende der demokratischen Partei des Kantons Zürich, in: Winterthurer Jahrbuch 1987, S. 31–62.
BAUER, Joachim; LOOSLI, Werner; WAGENBACH, Jörn: Flughafen Zürich 1948–2008, hrsg. von der Flughafen Zürich AG, Zürich 2008.
BAUMANN, Ruedi: Strahlefrau als stramme SVP-Politikerin, Wenige trauten Rita Fuhrer (SVP) vor vier Jahren das Amt einer Polizeidirektorin zu, Sie hat es allen gezeigt, in: «Tages-Anzeiger», 25.3.1999, S. 17.
BAUMANN, Ruedi: Mit Käpt'n Chris auf grosser Fahrt, Der frühere Finanzdirektor Christian Huber ist seit drei Monaten mit seinem Schiff auf Westeuropas Wasserstrassen unterwegs, in: «Tages-Anzeiger», 16.8.2005, S. 13.
BAUMANN, Ruedi: Minarett-Verbot: Von Watt-Regensdorf auf die Weltbühne [Barbara Steinemann], in: «Tages-Anzeiger», 1.12.2009, S. 17.
BAUMANN, Ruedi: Ein Vogt kämpft gegen fremde Vögte, in: «Tages-Anzeiger», 14.8.2011, S. 11.
BAUMANN, Ruedi: Hans Fehr, Er war der Motor der SVP, in: «Tages-Anzeiger», 23.10.2015, S. 17.

BAUMANN, Werner: Dr. iur. Erwin Akeret, in: Zürcher Taschenbuch auf das Jahr 1989, Zürich 1988, S. 261–266.
BAUMANN, Werner: Bauernstandsideologie und Rolle der Bauern in der Schweizer Politik nach der Jahrhundertwende, in: Schweizerische Gesellschaft für Wirtschafts- und Sozialgeschichte Bd. 10 (1992), S. 207–217.
BAUMANN, Werner: Bauernstand und Bürgerblock, Ernst Laur und der Schweizerische Bauernverband 1897–1918, Diss. phil., Zürich 1993.
BAUMANN, Werner: Ernst Laur oder «Der Bauernstand muss erhalten werden, koste es, was es wolle», in: Mattioli, Aram (Hrsg.): Intellektuelle von rechts, Ideologie und Politik in der Schweiz 1918–1939, Zürich 1995, S. 257–272.
BAUMANN, Werner: Von der Krise zur Konkordanz, Die Rolle der Bauern, in: Guex, Sébastien u.a.: Krisen und Stabilisierung, Die Schweiz in der Zwischenkriegszeit, Zürich 1998, S. 97–113.
BAUMANN, Werner; MOSER, Peter: Bauern im Industriestaat, agrarpolitische Konzeption und bäuerliche Bewegungen in der Schweiz 1918–1968, Zürich 1999.
BAUMGARTNER, Hans-Ulrich: Agrargeschichte und Agrarpolitik der Schweiz in der Zwischenkriegszeit von 1920–1940, Lizenziatsarbeit am Historischen Seminar der Universität Zürich (ungedr. Mskr.), Zürich 1981.
BAUR, Priska; ANWANDER PHAN-HUY, Sibyl; RIEDER, Peter: Oekonomie und Oekologie in der Zürcher Landwirtschaft, Zürich 1995.
BECK, Roland: Bundesrat Ueli Maurer – vom Parteipolitiker zum Staatsmann, in: Allgemeine schweizerische Militärzeitschrift 175 (2009), Nr. 1/2, S. 4.
BECK, Silvia: Der Weg zur politischen Selbständigkeit der Zürcher Bauern, Lizenziatsarbeit am Historischen Seminar der Universität Zürich (ungedr. Mskr.), Zürich 1973.
BEGLINGER, Martin: Ueli, der Bundesrat, Wie sich Verteidigungsminister Maurer mit viel Taktik an der Heimatfront zu behaupten versucht, in: «Das Magazin» Nr. 2, 15.1.2011, S. 14–21.
BEGLINGER, Martin: «Le lundi noir», in : «NZZ Geschichte» Nr. 1, April 2015, S. 95–110.
BEHRENS, Nicola: Herman Greulich – ein deutscher Demokrat in Schweizer Sache, in: Einig – aber nicht einheitlich, 125 Jahre Sozialdemokratische Partei der Schweiz, hrsg. von der SP Schweiz, Zürich 2013, S. 62–64.
Beiträge zur Geschichte der Hochschule / Landwirtschaftliche Hochschule Hohenheim, Stuttgart 1966.
BIENZ, Ernst F[riedrich]: Die Entwicklung der Milchwirtschaft im Kanton Zürich, Eine wirtschaftsgeografische Studie, Diss. phil., Affoltern am Albis 1948.
BIERI, Hans-Peter: Von Anfang an auf verlorenem Posten, Christian Huber ist ein überzeugter SVP-Mann, aber die Partei hatte er nie hinter sich, in: «Tages-Anzeiger», 28.9.2004, S. 16.
BILLETER, Fritz (Hrsg.): 1968, Zürich steht Kopf, Rebellion, Verweigerung, Utopie, Zürich 2008.
BINDER, Max: In Gedenken an Rudolf Reichling, Dipl. Ing. agr. ETH, alt Nationalratspräsident, Stäfa, in: «Zürcher Bauer» Nr. 51/52, 19.12.2014, S. 2.

BISCHOF, Erwin: Honeckers Handschlag, Beziehungen Schweiz-DDR 1960–1990, Demokratie oder Diktatur, 2. überarb. Aufl., Bern 2010.
BISSEGGER, Walter: Beziehungen zwischen Stadt und Land, Zürich 1909.
BLANSJAAR, Katharina: Reden als Beruf, Werner Vetterli, Fernsehmoderator und Politiker, ist 78-jährig gestorben, in: «NZZ am Sonntag» Nr. 25, 22.6.2008, S. 18.
BLOCHER, Andreas: Die Eigenart der Zürcher Auswanderer nach Amerika, 1733–1744, Diss. phil., Zürich / Freiburg i. Br. 1976.
BLOCHER, Christoph: Auf Zürichs «heiligster Wiese», in: Ostschweizer Korpsgeist, Ereignisse und Erlebnisse im Feldarmeekorps 4, 1891–2003, hrsg. im Auftrag des Kdo FAK 4 von Thomas Sprecher und René Zeller, Zürich 2003, S. 222–224.
BLOCHER, Christoph: Der Wirklichkeit verpflichtet, in: «Das Magazin» Nr. 16, 19.4.2014, S. 22–26.
BLOCHER, Christoph: Politische Klärung tut not, Die SVP will keineswegs die Rechtsordnung in der Schweiz umstürzen, Das Gegenteil ist der Fall, in: «Neue Zürcher Zeitung» Nr. 225, 29.9.2014, S. 19.
BLUM, Roger: Leon Schlumpf (*1925), in: Altermatt, Urs (Hrsg.): Die Schweizer Bundesräte, ein biographisches Lexikon, Zürich / München 1991, S. 575–580.
BLUM, Roger: Wie Blocher mit den Medien spielt, in: «Tages-Anzeiger», 7.1.1999, S. 2.
BLUNSCHI, Peter: Der fast perfekte Rechte, Hans Kaufmann, Keiner stimmt im Nationalrat so konsequent rechts wie er, in: «Facts» Nr. 50, 12.12.2002, S. 36.
BOCHSLER, Daniel; MÜLLER, Sean; BERNAUER, Julian: An Ever Closer Union? The Nationalisation of Political Parties in Switzerland, 1991–2015, in: Swiss Political Science Review 22(1) (2016), S. 29–40.
BOESCH, Hans: Professor Hans Bernhard, 13.9.1888–8.4.1942, in: Jahresbericht der Universität Zürich 1942/43, S. 61–62.
BÖPPLI, Rudolf Johann: Die Zehntablösung in der Schweiz, speziell im Kanton Zürich, Diss. phil., Zürich 1914.
BÖSCHENSTEIN, Hermann: Vor unseren Augen, Aufzeichnungen über das Jahrzehnt 1935–1945, Bern 1978.
BÖSCHENSTEIN, Hermann (Hrsg.): Buch der Freunde, alt Bundesrat Friedrich Traugott Wahlen zum 80. Geburtstag am 10. April 1979, Freundesworte von Rudolf Gnägi u.a., Zürich 1979.
BOLLIGER, Christian: Konkordanz und Konfliktlinien in der Schweiz, Parteienkooperation, Konfliktdimensionen und gesellschaftliche Polarisierungen bei den eidgenössischen Volksabstimmungen von 1945–2003, Bern 2007.
BONJOUR, Edgar: Markus Feldmann, in: Die Schweiz und Europa, ausgewählte Reden und Aufsätze, Bd. 5, Basel 1977, S. 301–311.
BONJOUR, Edgar: Fritz Traugott Wahlen, in: Die Schweiz und Europa, ausgewählte Reden und Aufsätze, Bd. 6, Basel 1979, S. 273–275.
BOPP, Fritz: Dr. Friedrich Erhard Scheuchzer, Ein Nachruf, in: 100 Jahre Wochenzeitung, Beilage zur «Bülach-Dielsdorfer Wochen-Zeitung» Nr. 1, 14.1.1949.
BORTER, Alfred: Nicht im bürgerlichen Gleichschritt, SVP-Präsident Walter Frey führte die Stadtpartei während 17 Jahren, in: «Limmattaler Tagblatt», 6.11.2001, S. 17.

BOSCHETTI, Pietro: La conquête du pouvoir, Essai sur la montée de l'UDC, Carouge / Genève 2007.
BOSSHARDT, Werner: Der Konservative mit der scharfen Zunge, Mit Christian Huber verteidigt die SVP den zweiten Sitz in der Regierung, in: «Tages-Anzeiger», 5.3.1999, S. 15.
BRAENDLE, Christoph; HÄNNY, Reto; MARANDAZ, Alain: Zür(e)ich brennt, Zürich 2010.
BRAUN, Rudolf: Industrialisierung und Volksleben, Veränderungen der Lebensformen unter Einwirkung der verlagsindustriellen Heimarbeit in einem ländlichen Industriegebiet (Zürcher Oberland) vor 1800, 2. Aufl., Göttingen 1979.
BRAUN, Rudolf: Das ausgehende Ancien Régime in der Schweiz, Aufriss einer Sozial- und Wirtschaftsgeschichte des 18. Jahrhunderts, Göttingen / Zürich 1984.
BRODBECK, Beat; FLÜCKIGER, Daniel; MOSER, Peter: Quellen zur ländlichen Gesellschaft, Ein Wegweiser zu Archiven und Quellenbeständen der Agrargeschichte im 19. und 20. Jahrhundert, Studien und Quellen zur Agrargeschichte 2, Baden 2007.
BROTZ, Sandro: Dä Mörgeli, Für die einen ist er Hassprediger, für die anderen Heilsbringer, in: «Sonntagsblick» Nr. 38, 23.9.2007, S. 18–23.
BRÜHLMEIER, Markus: Das Stammertal 1831–1980, Guntalingen, Unterstammheim, Oberstammheim, Waltalingen, Wilen, Baden 2016.
BRÜHWILER, Jürg: Der Zerfall der Dreizelgenwirtschaft im schweizerischen Mittelland, ein Beitrag zur Geschichte des Individualeigentums, Diss. iur., Zürich 1975.
BRUGGER, Hans: Geschichte der thurgauischen Landwirtschaft von 1835 bis 1935, Frauenfeld 1935.
BRUGGER, Hans: Schweizerischer landwirtschaftlicher Verein, 1863–1963, Festschrift, Zürich 1963.
BRUGGER, Hans: Die schweizerische Landwirtschaft 1850 bis 1914, Frauenfeld 1978.
BRUGGER, Hans: Die Ertragslage der schweizerischen Landwirtschaft 1914 bis 1980, Frauenfeld 1987.
BRUGGER, Hans: Landwirtschaftliche Vereinigungen der Schweiz 1910 bis 1980, Frauenfeld 1989.
BRUGGER, Hans; WOLFENSBERGER, Reinhard: Der VOLG – Stationen seiner Entwicklung, in: Winterthurer Jahrbuch, Jg. 42, Winterthur 1995, S. 71–82.
BÜHLER, Bruno: Der Mehranbau der zürcherischen Landwirtschaft 1939–1945, Zürich 1948.
BÜHLER, Stefan; SEILER, Wolf; BRUGGER, Ernst (Vorw.): Leon Schlumpf, Beiträge zum Staatsmann und Menschen, Chur 1984.
BÜTLER, Hugo (Hrsg.): Die neuen Verweigerer, Unruhe in Zürich und anderen Städten, Zürich 1981.
BÜTIKOFER-JOHANNI, Kurt: Die Initiative im Kanton Zürich 1869–1969: Entstehung, Funktion und Wirkung, Diss. phil., Bern 1982.
BÜTTNER, Jean-Martin: Der Riese und die Zwerge, Christoph Blochers Stärke gründet auch in der Schwäche seiner Gegner, in: «Tages-Anzeiger», 15.3.1997, S. 2.

BUOMBERGER, Thomas: Die Ablösung der Zehnten in Wülflingen, in: Winterthurer Jahrbuch, Jg. 30, Winterthur 1983, S. 53–90.

BUOMBERGER, Thomas: Kampf gegen unerwünschte Fremde, Von James Schwarzenbach bis Christoph Blocher, Zürich 2004.

BURGA, Conradin A. (Hrsg.): Oswald Heer (1809–1883), Paläobotaniker, Entomologe, Gründerpersönlichkeit, Zürich 2013.

BUSCH, Eberhard: Politik als «Herzstück der Theologie», Karl Barth und Eduard von Steiger während des Zweiten Weltkriegs, in: Reformatio Jg. 55 (2006), S. 108–114.

CALISLAR, Fahrettin; SÖLDI, Andrea: Ein pointierter Rechter, der die Meinungsvielfalt förderte: Hans Ulrich Graf war Verleger und Chefredaktor des «Neuen Bülacher Tagblatts», in: «Tages-Anzeiger», 9.10.2010, S. 27.

Carl Bertschinger 1881–1960, Trauerfeier im Krematorium Winterthur, 8. März 1960, Pfäffikon 1960.

CASSIDY, Alan; LOSER, Philipp: Der Fall FDP, eine Partei verliert ihr Land, Zürich 2015.

CATRINA, Werner (Hrsg.): Landwirtschaft im Clinch, Reportagen und Analysen zur aktuellen Situation, erschienen zum 150jährigen Bestehen des Zürcher Bauernverbandes (1842–1992), Zürich 1992.

CHÉRIX, François: Christoph Blocher, ou, Le mépris des Lois, préface de Yvette Jaggi, Lausanne 2007.

CHEVALLEY, Bernard: L'attitude des organisations paysannes, L'Union Suisse des Paysans et la Société d'agriculture du canton de Zurich, in: Vuilleumier, Marc u.a.: La grève générale de 1918 en Suisse, Genève 1977, S. 211–254.

COMINA, Marc: Macht und Zwietracht im Bundeshaus, die Hintergründe der Abwahl von Ruth Metzler, Zürich 2004.

COURTOIS, Stéfane (u.a.): Das Schwarzbuch des Kommunismus, Unterdrückung, Verbrechen und Terror, 3. Aufl., München 1999.

CURTI, Marco: Wirtschaftliches Wachstum, sozialer Wandel und die Entwicklung der Schweizer Agrarbewegung 1897–1914, Zürich 1981.

DÄNDLIKER, Karl: Geschichte der Stadt und des Kantons Zürich, Bd. 3, Zürich 1912.

DAENIKER, Hans Conrad; SPIESS, Heiner: Die Sozialdemokratische Partei der Stadt Zürich in der Zwischenkriegszeit, Lizenziatsarbeit am Historischen Seminar der Universität Zürich (ungedr. Mskr.), Zürich 1978.

Das Gewerbe in der Schweiz, 100 Jahre Schweizerischer Gewerbeverband 1879 bis 1979, Bern 1979.

DEGEN, Bernhard: Abschied vom Klassenkampf, Die partielle Integration der schweizerischen Gewerkschaftsbewegung zwischen Landesstreik und Weltwirtschaftskrise (1918–1929), Basel 1991.

DEJUNG, Emanuel; WUHRMANN, Willy: Zürcher Pfarrerbuch 1519–1952, Zürich 1953.

Der Gewerbeverband der Stadt Zürich 1841–1941, Festschrift zur Feier des 100jährigen Bestehens, Zürich 1942.

Der Nationalrat: Jakob Vollenweider 1912–1980, in: Neujahrsblatt für Wangen-Brüttisellen 1995, S. 24–25.
Der Zürcher Bauer einst und jetzt, hrsg. anlässlich der kantonalen Landwirtschafts- und Gewerbeausstellung Zürich 1947, Zürich 1947.
Die FDP zu den Zürcher Unruhen 1980/1981, Zürich [1981].
Die Landwirtschaft im Kanton Zürich, hrsg. vom Zürcher Landwirtschaftlichen Kantonalverein bei Anlass der kantonalen Landwirtschaftsausstellung in Winterthur 1924, Zürich 1924.
Die Reblaus als Förderin des zürcherischen Rebbaus, 1886–1986, hrsg. von den Volkswirtschaftsdirektion des Kantons Zürich, Redaktion Kurt Pfenninger, Zürich 1986.
DIETSCHI, Eugen: 60 Jahre eidgenössische Politik, ein Beitrag zur Parteigeschichte des schweizerischen Freisinns, Bern 1979.
DIETZ-SALUZ, Christian: «Wollten nicht zur Siegerehrung», Rudolf Reichling (Stäfa), Silbermedaillengewinner 1948 im Ruder-Vierer, in: «Zürichsee-Zeitung» (Rechtes Ufer), 8.8.2008, S. 2.
Dokumentation Aesch, hrsg. vom Gemeinderat Aesch, Bd. 3, Aesch 1985.
DONDI, Gabriel; STÜSSI-LAUTERBURG, Jürg (Hrsg.): Dokumente zur Flüchtlingspolitik der Schweiz im August 1942, Rede von Bundesrat von Steiger zur «Jungen Kirche» vom 30. August 1942, Schriftenreihe der Eidgenössischen Militärbibliothek und des Historischen Dienstes 24, Bern 2007.
DRACK, Markus T. (Hrsg.): Radio und Fernsehen in der Schweiz, Geschichte der Schweizerischen Rundspruchgesellschaft SRG bis 1958, 2 Bde, Baden 2000.
Dr. Paul Gysler, Ehrenpräsident des Schweizerischen Gewerbeverbandes und Ehrendoktor der Hochschule für Welthandel Wien, hrsg. vom Schweizerischen Gewerbeverband, Bern 1951.
DÜBENDORFER, Hermann: Fritz Bopp, Politiker aus Berufung, in: 100 Jahre Wochenzeitung, Beilage zur «Bülach-Dielsdorfer Wochen-Zeitung» Nr. 1, 4.1.1949.
DÜNKI, Robert: Verfassungsgeschichte und politische Entwicklung Zürichs 1814–1893, Zürich 1990.
DÜRR, Emil: Neuzeitliche Wandlungen in der schweizerischen Politik, Eine historisch-politische Betrachtung über die Verwirtschaftlichung der politischen Motive und Parteien, Basel 1928.
DÜRR, Emil: Urbanität und Bauerntum in der Schweiz, ihr Verhältnis von 1798 bis heute, ein Versuch und eine Skizze, Erlenbach-Zürich 1934.
DURTSCHI, Ernst: VOLG, Festschrift zum fünfzigjährigen Bestehen, 1886–1936, Winterthur 1936.
DUTTWEILER, Catherine: Kopp & Kopp, Aufstieg und Fall der ersten Bundesrätin, Zürich 1990.
EDLIN, Martin: Ein Boykott-Aufruf und seine Folgen, in: «Telex», 15.10.1994, S. 12, Ringier Dokumentationszentrum.
EGGER, Patrizia: Fahnen und Stigmen, Schlagwörter in Christoph Blochers Albisgüetli-Reden 1989–2002, Zürich 2003.

EGLOFF, Peter: Dorf um Dorf eroberte die Tracht das Land, in: «Tages-Anzeiger-Magazin» Nr. 36, 5.9.1981, S. 6–11, 33.

EHINGER, Paul: Eduard von Steiger 1881–1962, in: Altermatt, Urs (Hrsg.): Die Schweizer Bundesräte, ein biographisches Lexikon, Zürich / München 1991, S. 415–420.

ENGELER, Urs Paul: Bundesratswahlen, Zuppigers Erbsünde, in: «Die Weltwoche» Nr. 49, 8.12.2011, S. 18–19.

Erinnerungsschrift für Bundesrat Dr. Markus Feldmann, 1897–1958, Bern 1959.

ERNST, Fritz: Kleinjogg der Musterbauer in Bildern seiner Zeit, Zürich / Berlin 1935.

Erwin Akeret – ein politisches Kurzporträt, in: «Andelfinger Zeitung», 27.7.2007, S. 8.

FARNER, Alfred: Geschichte der Kirchgemeinde Stammheim und Umgebung, Zürich 1911.

FEHLMANN, Marc (Hrsg.): Hodler, Anker, Giacometti, Meisterwerke der Sammlung Christoph Blocher, München 2015.

FEHR, Jacqueline u.a. (Hrsg.): Einig – aber nicht einheitlich, 125 Jahre Sozialdemokratische Partei der Schweiz, hrsg. im Auftrag der SP Schweiz, Zürich 2013.

FELDMANN, Markus: Nationale Bewegungen in der Schweiz, eine vorläufige Übersicht, Bern 1933.

FELDMANN, Markus: Bauernparteien, in: Handbuch der Schweizerischen Volkswirtschaft, Bd. 2, Bern 1939, S. 213–215.

FELDMANN, Markus; KELLERHANS-MAEDER, Andreas (Vorw.): Markus Feldmann 1897–1958, Bundesrat, Journalist, Tagebuchschreiber, Bern 2001.

Festschrift zum Jubiläum 25 Jahre SVP Kanton Zug, hrsg. von der SVP des Kantons Zug, Baar 2016.

Festschrift zur Feier des 50jährigen Bestehens des Schweizerischen landwirtschaftlichen Vereins 1863–1913, Brugg 1913.

Festschrift zur Feier des 75jährigen Bestehens des Schweizerischen Landwirtschaftlichen Vereins 1863–1938, Brugg 1938.

FISCH, Arnold: Meine Bundesräte, Von Etter bis Aubert, Stäfa 1989.

FISCHER, Ulrich: Brennpunkt Kaiseraugst, Das verhinderte Kraftwerk, Bern 2013.

FRANK, Richard: Hans Conzett (1915–1996), der Retter des Oberen Mönchhofs, in: «Kilchberger Gemeindeblatt» Nr. 4, 2014, S. 21.

FREI, Hansjörg: Ein Staatsmann eidgenössischer Prägung, zum Tod von alt Regierungsrat Jakob Stucki, in: «Neue Zürcher Zeitung» Nr. 68, 22.3.2006, S. 53.

FREI, Karl: Wer vertrat Zürich 1848–1919 in der Bundesversammlung, Eine soziologische Untersuchung der Zürcher Abgeordneten, in: Zürcher Jahrbuch Nr. 84, 1964.

FREI, Mathias: Die Instrumentalisierung von Erinnerungsorten durch politische Gruppierungen, Die Ansprachen von Micheline Calmy-Rey und Christoph Blocher am schweizerischen Nationalfeiertag zwischen 2004 und 2011 im Vergleich, Masterarbeit an der Universität Freiburg, [Freiburg Schweiz] 2013.

FREI, Ulrich: Ein toter Baum aus dem Bannwald der Demokratie, Das «Volksrecht» 1898 bis 1973, Diss. phil., Zürich 1987.

FREY, Emil; BRAUNSCHWEIG, Robert; LÜÖND, Karl: Auto-Biografie, die Geschichte meines Lebens, mit einem Abriss zur Auto- und Verkehrsgeschichte der Schweiz, Zürich 1988.
FREY, Hans: Nationalrat Dr. h.c. Rudolf Reichling, in: Stäfa im 19. und 20. Jahrhundert, Bd. 2, Stäfa 1969, S. 90.
FRISCHKNECHT, Jürg; HAFFNER, Peter; HALDIMANN, Ueli; NIGGLI, Peter: Die unheimlichen Patrioten, Politische Reaktion in der Schweiz, 6. erw. Aufl., Zürich 1987.
FRISCHKNECHT, Jürg: Schweiz, wir kommen, Die neuen Fröntler und Rassisten, Zürich 1991.
Fritz Bopp ist gestorben, in: «Der Zürcher Bauer» Nr. 10, 1.2.1935.
FRITZSCHE, Bruno; LEMMENMEIER, Max: Die revolutionäre Umgestaltung von Wirtschaft, Gesellschaft und Staat 1780–1870, in: Flüeler, Niklaus; Flüeler-Grauwiler, Marianne (Hrsg.): Geschichte des Kantons Zürich, Bd. 3, Zürich 1994, S. 20–157.
FRITZSCHE, Bruno; LEMMENMEIER, Max: Auf dem Weg zu einer städtischen Industriegesellschaft, in: Flüeler, Niklaus; Flüeler-Grauwiler, Marianne (Hrsg.): Geschichte des Kantons Zürich, Bd. 3, Zürich 1994, S. 158–249.
FRY, Karl: Kaspar Decurtins, der Löwe von Truns, Bd. 2, Zürich 1952.
FURGER, Michael: Die gefährlichste Frau der SVP, Nationalrätin Natalie Rickli ist die Galionsfigur der Basis – und eine politische Marke mit Gewicht, An ihr kommt man in der SVP kaum mehr vorbei, in: «NZZ am Sonntag» Nr. 44, 30.10.2011, S. 27.
FURTER, Thomas: Von Scheinasylanten, Scheininvaliden und Scheinpatrioten, diskurslinguistische Untersuchungen zum Prozess des Begriffe-Besetzens anhand von Texten der SP und der SVP, Lizenziatsarbeit am Deutschen Seminar der Universität Zürich (ungedr. Mskr.), Zürich 2009.
GAFAFER, Tobias: Ein Polit-Dinosaurier tritt ab, Nationalrat Toni Bortoluzzi prägte die Sozial- und Gesundheitspolitik der SVP, in: «St. Galler Tagblatt», 12.9.2015, S. 5.
GAUTSCHI, Willi: Der Landesstreik 1918, 3. Aufl., Zürich 1988.
GAUTSCHI, Willi: Dokumente zum Landesstreik, 2. Aufl., Zürich 1988.
GAUTSCHI, Willi: General Henri Guisan, Die schweizerische Armeeführung im Zweiten Weltkrieg, Zürich 1989.
GEBERT, Alfred J.: Die jungliberale Bewegung der Schweiz 1928–1938, Bern 1981.
GEDEN, Oliver: Diskursstrategien im Rechtspopulismus, Freiheitliche Partei Österreichs und Schweizerische Volkspartei zwischen Opposition und Regierungsbeteiligung, Wiesbaden 2006.
Gedenkschrift Dr. Paul Gysler, hrsg. vom Schweizerischen Gewerbeverband, in: «Gewerbliche Rundschau» 12, H. 3, 1967, S. 82–119.
GEIGER, Ernst u.a.: Mein Stammertal, hrsg. und Red. Heimatbuch-Kommission Stammheim, o.O. 1961.
GEILINGER, Robert: Die Institutionen der direkten Demokratie im Kanton Zürich, Diss. iur., Zürich 1947.
GEISER, Christine: Jakob Stucki, in: Jahrbuch Winterthur, 2007, S. 191.
Geschichte der Ortsparteien von Dietikon, Neujahrsblatt Dietikon, Dictikon 1980.

Geschichte der Schweiz und der Schweizer, Bd. 3, Basel / Frankfurt am Main 1983.
GESER, Hans; LADNER, Andreas (Hrsg.): Die Schweizer Lokalparteien, Zürich 1994.
Gewerbe und Wissenschaft, Festgabe Paul Gysler, St. Gallen 1953.
GIACOMETTI, Zaccaria: Die gegenwärtige Verfassungslage der Eidgenossenschaft, Zürich 1942.
GILG, Peter: Die Entstehung der demokratischen Bewegung und die soziale Frage, Die sozialen Ideen und Postulate der deutschschweizerischen Demokraten in den frühen 60er Jahren des 19. Jahrhunderts, Bern 1951.
GILG, Peter; GRUNER, Erich: Nationale Erneuerungsbewegungen in der Schweiz 1925–1940, in: Vierteljahreshefte für Zeitgeschichte, H. 1, 1966, S. 1–25.
GLAUS, Beat: Die Nationale Front, Eine Schweizer faschistische Bewegung 1930–1940, Zürich 1969.
GMÜR, Martin: Jürg Stahl, einer, der es mit allen gut kann, in: «Tages-Anzeiger», 15.5.2000, S. 17.
GOTTRAUX, Philippe; PÉCHU, Cécile: Militants de l'UDC, la diversité sociale et politique des engagés, Lausanne 2011.
GRAF, Christoph: Das Kraftwerk Rheinau und die Rheinau-Initiative 1954, ein Modellfall einiger staats- und völkerrechtlicher sowie staats- und kulturpolitischer Gegenwartsfragen der Schweiz im Lichte amtlicher Quellen, Diss. phil., Zürich 1972.
GRAF, Christoph; TSCHABOLD, Eduard: Der Nachlass von Bundesrat Rudolf Minger, Bern 1981.
GRAF, Christoph: Vom Klassenkampf zur Konkordanz, Robert Grimm, Rudolf Minger und die schweizerische Demokratie, in: Gesellschaft und Gesellschaften, Festschrift zum 65. Geburtstag von Ulrich Im Hof, Bern 1982, S. 495–514.
GRAF, Christoph: Rudolf Minger 1881–1955, in: Altermatt, Urs (Hrsg.): Die Schweizer Bundesräte, ein biographisches Lexikon, Zürich / München 1991, S. 372–383.
GRAF, Christoph; TSCHABOLD, Eduard: Rudolf Minger als Förderer der schweizerischen Landwirtschaft und Landesverteidigung, Der Berner Bauernbundesrat im Spiegel seines Nachlasses, Studien und Quellen 6, 2000, S. 7–111.
GRAF, Emil: Die Erhaltung unseres Bauernstandes, in: Schweizerische Monatshefte für Politik und Kultur 6, 1926, S. 71–79.
GREMINGER, Thomas: Ordnungstruppen in Zürich, Der Einsatz von Armee, Polizei und Stadtwehr Ende November 1918 bis August 1919, Diss. phil., Basel / Frankfurt am Main 1990.
GROB, Peter J.; VOGLER, Gertrud: Zürcher «Needle Park», Ein Stück Drogengeschichte und -politik, 1968–2008, Zürich 2012.
GROSS, Andreas; KREBS, Fredi; STOHLER, Martin (Hrsg.): Eine andere Schweiz ist möglich, Gedanken über den Herbst hinaus, St-Ursanne 2003.
GROSS, Andreas u.a. (Hrsg.): Für mehr Demokratie und Solidarität und weniger Blocher, St-Ursanne 2007.
GROSS, Andreas: Die unvollendete direkte Demokratie, 1984–2015, Texte zur Schweiz und darüber hinaus, Thun 2016.

GROSSMANN, Heinrich; KREBS, Ernst u.a. 650 Jahre zürcherische Forstgeschichte, Bd. 2: Forstpolitik, Forstverwaltung und Holzversorgung des Kantons Zürich von 1798 bis 1960, Zürich 1965.

GRUBER, Christian: Die politischen Parteien der Schweiz im Zweiten Weltkrieg, Diss. phil., Wien / Frankfurt am Main / Zürich 1966.

GRUNER, Erich: Die Wirtschaftsverbände in der Demokratie, Erlenbach-Zürich / Stuttgart 1956.

GRUNER, Erich: Soziale Schichtung und parteipolitische Entwicklung, in: Strukturwandlungen der Schweiz, Wirtschaft und Gesellschaft, Bern 1962.

GRUNER, Erich; FREI, Karl: Die schweizerische Bundesversammlung 1848–1920, 2 Bde, Bern 1966.

GRUNER, Erich; BAECHTOLD, Andrea: Die Schweizerische Bundesversammlung, 1920–1968, Bern 1970.

GRUNER, Erich: Die Parteien in der Schweiz, Geschichte, neue Forschungsergebnisse, aktuelle Probleme, 2. erw. Auflage, Bern 1977.

GRUNER, Erich: Die Wahlen in den schweizerischen Nationalrat 1848–1919, 3 Bde, Bern 1978.

GRUNER, Erich: Konservatives Denken und konservative Politik in der Schweiz, in: Kaltenbrunner, Gerd Klaus (Hrsg.): Rekonstruktion des Konservatismus, Bern / Stuttgart 1978, S. 241–272.

GSTEIGER, Fredy: Blocher, ein unschweizerisches Phänomen, Basel 2002.

GÜNTER, Hans: Zehnten – die Steuern früherer Jahrhunderte, Loskauf im Kanton Zürich, insbesondere im Furttal, Mitteilungsheft Heimatkundliche Vereinigung Furttal Nr. 39, Buchs 2010.

GUGGENBÜHL, Gottfried: Der Landbote 1836–1936, Hundert Jahre Politik im Spiegel der Presse, Winterthur 1936.

GUGGISBERG, Kurt; WAHLEN, Hermann: Kundige Aussaat, köstliche Frucht, Zweihundert Jahre Ökonomische und Gemeinnützige Gesellschaft des Kantons Bern 1759–1959, Bern 1958.

GURTNER, Kuno: Der Hüter der reinen Lehre Christoph Blochers [Claudio Zanetti], in: «Tages-Anzeiger», 29.9.2004, S. 15.

GUT, Martina: Politische Rhetorik in der «Arena» und im Albisgüetli, Zürich 2005.

GUT, Philipp: Von A bis Z in die Intrige verstrickt, Neue Dokumente zeigen: SP-Bildungsdirektorin Regine Aeppli und Hochschulamtschef Sebastian Brändli gaben nicht nur die Entlassung von Christoph Mörgeli vor, Sie waren jederzeit und schon von Beginn weg über die Mobbingkampagne gegen den SVP-Politiker informiert, in: «Die Weltwoche» Nr. 18, 30.4.2014, S. 22 23.

GUYER, Walter: Kleinjogg, der Zürcher Bauer, 1716–1785, Erlenbach-Zürich / Stuttgart 1972.

HAAG, Daniela: Elf Generationen sind dem Leihof treu geblieben, Seit 400 Jahren bewirtschaftet die Familie Rellstab den Leihof, in: «Zürichsee-Zeitung», 13.10.2015, S. 7.

HÄBERLE, Alfred: 100 Jahre Gewerbeverband Winterthur und Umgebung, 1874–1974, Winterthurer Handwerk und Gewerbe von der Helvetik bis zur Gegenwart, Winterthur 1974.
HÄBERLIN, Hermann: Meine Welt, Ein Parlamentarier hält Rückschau, Zürich 1970.
HÄSLER, Alfred A.: Das Ende der Revolte, Aufbruch der Jugend 1968 und die Jahre danach, Zürich 1976.
HÄSLER, Alfred A.: Das Abenteuer Migros, die 60 Jahre junge Idee, Zürich 1985.
HALBHERR, Philipp; MÜDESPACHER, Alfred: Organisierte Interessen und Verteidigungseffekte in der schweizerischen Agrarpolitik, Eine polit-ökonomische Analyse, Bern / Stuttgart 1984.
GIRSBERGER, Esther: Eveline Widmer-Schlumpf, die Unbeirrbare, Zürich 2012.
GREYERZ, Hans von: Der Bundesstaat seit 1848, in: Handbuch der Schweizer Geschichte, 2. Aufl., Bd. 2, Zürich 1980, S. 1018–1246.
HÄMMERLE, Andrea: Die Abwahl, Fakten und Figuren, Glarus 2011.
HANDSCHIN, Hans: Der Verband schweizerischer Konsumvereine 1890–1953, Basel 1954.
HARDMEIER, Benno: Aus der Geschichte der schweizerischen Arbeiterbewegung, Bern 1970.
HARTMANN, Hans; GROSS, Christian: Heile Welt Schweiz, Die nationalkonservative Bewegung in der Diskussion, Zürich 1995.
HARTMANN, Hans: HORVATH, Franz: Zivilgesellschaft von rechts, Die (unheimliche) Erfolgsstory der Zürcher SVP, Zürich 1995.
HARTMANN, Marta: Hans Hofmann, vom Drucker zum Regierungspräsidenten, in: «Anzeiger des Bezirkes Horgen», 6.5.1992, S. 1.
HASLER, Hans: Der schweizerische Weinbau mit besonderer Berücksichtigung der zürcherischen Verhältnisse, Zürich 1907.
HAUSER, Albert: Arbeiter und Bauer, in: Wirtschaftspolitische Mitteilungen, Jg. 14 Nr. 6, Zürich 1958.
HAUSER, Albert: Das Neue kommt, Schweizer Alltag im 19. Jahrhundert, Zürich 1989.
HAUSER, Paul: 100 Jahre Zürcher Kantonalbank 1870–1970, Zürich 1970.
HEBEISEN, Erika; JORIS, Elisabeth; ZIMMERMANN, Angela (Hrsg.): Zürich 1968, Kollektive Aufbrüche ins Ungewisse, Baden 2008.
HEBERLEIN, Fritz: Zeitgenossen, Zürich 1974.
HEEB, Friedrich: Aus der Geschichte der Zürcher Arbeiterbewegung, Denkschrift zum 50-Jahr-Jubiläum des «Volksrecht» 1898 bis 1948, Zürich 1948.
HEEB, Friedrich: Hundert Jahre Konsumgenossenschaften in den Kantonen Zürich und Schaffhausen, Ein Beitrag zur Geschichte der gesamtschweizerischen Genossenschaftsbewegung, Basel 1952.
HEER, Gottfried: Oswald Heer, Lebensbild eines schweizerischen Naturforschers, O. Heer als Mensch und Bürger in seiner späteren Lebensperiode, Zürich 1888.
HELD, Theres: Denkbilder, Sprachbilder, Weltbilder: politische Metaphorik bei Christoph Blocher und Moritz Leuenberger, Lizenziatsarbeit am Historischen Seminar der Universität Zürich (ungedr. Mskr.), Zürich 2007.

HELLER, Daniel: Eugen Bircher, Arzt, Militär und Politiker, Ein Beitrag zur Zeitgeschichte, mit einem Vorwort von Hans Senn, Zürich 1990.
HENNECKE, Hans Jörg: Das Salz in den Wunden der Konkordanz, Christoph Blocher und die Schweizer Politik, in: Werz, Nikolas (Hrsg.): Populismus, Populisten in Übersee und Europa, Analysen, Bd. 79, Opladen 2003, S. 145–162.
HERREN, Heinz: Die Freisinnige Partei des Kantons Zürich in den Jahren 1917–1924, Diss. phil., Bern / Frankfurt am Main 1975.
HERRMANN, Hansueli: Bauern im Wandel, Agrarischer Strukturwandel, bäuerliches Verhalten und bewusstseinsmässige Verarbeitung am Beispiel einer Agglomerationsgemeinde (Küsnacht ZH) 1945–1980, Diss. phil., Zürich 1990.
HESS, Daniel: Eine grosse Geste zum Abschied, Max Binder, Nach 24 Jahren im Nationalrat erlebte der Illnauer SVP-Politiker gestern seinen letzten Sessionstag, in: «Zürcher Oberländer», 26.9.2015, S. 2.
HEUSSER, Jakob: Denkschrift zum 50jährigen Bestehen der Gesellschaft schweizerischer Landwirte, Bern 1932.
HEUSSER, J[akob] u.a.: 125 Jahre Zürcher Landwirtschaftlicher Kantonalverein, 1842–1967, Ein Rückblick auf das vergangene Vierteljahrhundert, Zürich 1968.
HEUSSLER, Olivia; ZWEIFEL, Stefan: Zürich, Sommer 1980, Zürich 2010.
HIRZEL, Heinz O.: Vom Einfluss der Fröhlichkeit auf die Gesundheit des Menschen, Stadtarzt Johann Caspar Hirzel, der Ältere, 1725–1803, Neujahrsblatt der Gelehrten Gesellschaft in Zürich auf das Jahr 2007, Nr. 170, Zürich 2006.
Historisches Lexikon der Schweiz, hrsg. von der Stiftung Historisches Lexikon der Schweiz (HLS), 13 Bde, Basel 2002–2014.
HOFER, Fritz; HÄGELI, Sonja: Zürcher Personenlexikon, 800 biographische Portraits aus zwei Jahrtausenden, Zürich / München 1986.
HOFER, Hans: Hans Bernhard 1888–1942, in: Mitteilungen der geographisch-ethnographischen Gesellschaft Zürich 41 (1941/42 und 1942/43), S. 11–24.
HOFER, Hermann: Der Zusammenschluss in der schweizerischen Milchwirtschaft, Diss. iur., Bern 1923.
HOFMANN, Johann: Kantonale landwirtschaftliche Schule Strickhof 1853/1928, Jubiläumsschrift zur Feier des 75jährigen Bestehens der Schule, Zürich 1928.
HOFMANN, Johann: 90 Jahre kantonale landwirtschaftliche Schule Strickhof 1853–1943, Biographie-Sammlung Schweizer Musterbetriebe, Bd. 56, Uetikon [am See] / Zürich 1943.
HOFMANN, Markus: «Ich glaube an die Weisheit des Volkes», Rechtsprofessor Hans-Ueli Vogt hat grösstes Vertrauen in das Volk – aus diesem Grund bekämpft er mit der SVP volkerrechtliche Einflüsse, in: «Neue Zürcher Zeitung» Nr. 276, 27.11.2014, S. 12.
HOLLIGER, Erich: Frontenfrühling oder Die Ordnung im Staat, freie Rekonstruktion einer Grosskundgebung der Nationalen Front im Frühling 1933, Basel 1974.
HONEGGER, Eric: Erinnerungs-Prozess, Aufzeichnungen und Rückblenden, Zürich 2007.
HONEGGER, Fritz u.a.: Dr. h.c. Rudolf Meier-Maurer, ein Staatsmann und Mensch von grossem Format, Eglisau 1986.

HORNI, Jeannine: Als Meilen das Zentrum der Zürcher Landwirtschaft war, in: Heimatbuch Meilen 53, 2013, S. 61–70.
HOSANG, Balz Christian: Die Beziehungen zwischen den politischen Parteien und der politischen Presse, ein Beitrag zum Problem der Meinungsbildung durch die politische Presse im Kanton Zürich, Diss. phil., Bern 1974.
HOSTETTLER, Damian: Wandel der politischen Kommunikation in der Schweiz, Professionalisierung und Personalisierung der politischen Öffentlichkeitsarbeit am Beispiel von Christoph Blocher und der Schweizerischen Volkspartei (SVP) (ungedr. Mskr.), Freiburg im Breisgau 2007.
HOTZ, Stefan: Der heimliche Aussenminister, Ernst Stocker (svp, bisher) entwickelt sich zum wichtigsten Botschafter des Kantons im In- und Ausland, in: «Neue Zürcher Zeitung» Nr. 46, 25.2.2015, S. 15.
HOWALD, Oskar: Der Schweizerische Bauernverband 1897–1922, Festschrift, Mitteilungen des schweizerischen Bauernsekretariates 69, Brugg 1922.
HOWALD, Oskar: 50 Jahre Schweizerischer Bauernverband 1897–1947, Brugg 1947.
HOWALD, Oskar: Schweizerische Landwirtschaft und Bauerntum, Zürich 1963.
HUBACHER, Helmut: Tatort Bundeshaus, 5. Aufl., Bern 1995.
HUBACHER, Helmut: Aktenzeichen CH, Micheline, Moritz, Merz + Co., Bern 2004.
HUBACHER, Helmut: Schaubühne Bern, Bundesräte und andere Solisten, Bern 2007.
HUBACHER, Helmut: Hubachers Blocher, Oberhofen 2014.
HUBER, Adrian: Dialektik der Verklärung, Von Fritz Bopp zu Christoph Blocher, Eine vergleichende Inhaltsanalyse rechtspopulistischer Schriften und Aussagen in der Schweiz vom Ende des 19. Jahrhunderts bis 2010, Masterarbeit [Freiburg Schweiz] (ungedr. Mskr.), Freiburg 2013.
HUBER, Hans: Das Flurwegrecht des Kantons Zürich, Diss. iur., Affoltern am Albis 1943.
HUBER, Peter: Kommunisten und Sozialdemokraten in der Schweiz 1918–1935, Der Streit um die Einheitsfront in der Zürcher und Basler Arbeiterschaft, Diss. phil., Zürich 1986.
HÜRLIMANN, Martin (Gesamtredaktion): Die Schweiz im Spiegel der Landesausstellung 1939, 2 Bde, Zürich 1940.
HÜRLIMANN, Thomas: Meine katholische Familie, in: Wir Protestanten – wie die Reformation die Schweiz reich gemacht hat, in: «NZZ Geschichte» Nr. 2, Juli 2015, S. 43–58.
HUJER, Marc: Der Unschweizer, Roger Köppel ist das Gegenteil seiner Landsleute: laut, schrill, provokativ, in: «Der Spiegel» Nr. 11, 15.3.2010, S. 104–108.
ILLI, Alfred: Fritz Bopp, Dichter und Bauernpolitiker [mit Auswahl von Gedichten von Fritz Bopp], Neujahrsblatt für Bülach und das Zürcher Unterland, Stück 18, 1960, Bülach 1960.
IMHOF, Kurt; ETTINGER, Patrick; BOLLER, Boris: Die Flüchtlings- und Aussenwirtschaftspolitik der Schweiz im Kontext der öffentlichen politischen Kommunikation 1938–1950, Veröffentlichungen der Unabhängigen Expertenkommission Schweiz – Zweiter Weltkrieg, Bd. 8, Zürich 2001.

ITEN, Andreas: Blochers Populismus und Widerspruch, Über den Wahrheitsgehalt der Albisgüetlirede 99, Zürich 1999.
JAGGI, Ernst; OEHEN, Ferdinand: Verband nordostschweizerischer landwirtschaftlicher Genossenschaften, Werden und Wirken des VOLG, 1886–1961, Festschrift zum fünfundsiebzigjährigen Bestehen, Winterthur 1961.
75 Jahre LSW, Kantonale Land- und Hauswirtschaftliche Schule Weinland, Kantonale Land- und Hauswirtschaftliche Schule Wülflingen, Landwirtschaftliche Information, Berufsbildung und Beratung LIB, Strickhof Wülflingen, [Winterthur-Wülflingen] 2002.
75 Jahre Schweizerischer Bauernverband, Rückblick auf die Entwicklung 1947–1972, Brugg 1972.
75 Jahre SVP des Kantons Bern, Langnau 1993.
75 Jahre SVP Wangen-Brüttiselln, Brüttiselln 1994.
75 Jahre Zürcher Kantonalbank, 1870–1945, Zürich 1945.
75 Jahre ZVSM, die schweizerische Milchwirtschaft zu Beginn der achtziger Jahre, 1907–1982, Bern 1982.
100 Jahre Bundesamt für Landwirtschaft, Jubiläumsschrift, Bern 1982.
100 Jahre Kulturtechnischer Dienst Kanton Zürich, Jubiläumsschrift 1998, [Zürich] 1998.
100 Jahre Landwirtschaftlicher Verein Meilen, 1870–1972, Meilen 1972.
100 Jahre Landwirtschaftliche Konsumgenossenschaft Oberstammheim, Oberstammheim 1973.
100 Jahre Zürcher Landwirtschaftlicher Kantonalverein, 1842–1942, Zürich 1942.
Jakob Vollenweider, alt Nationalrat, 1. Dezember 1912 – 30. Dezember 1980, o.O. 1980.
JENNI, Manuel: Gottlieb Duttweiler und die schweizerische Wirtschaft, Die Entwicklung der Persönlichkeit und des Werks bis zum Eintritt in den Nationalrat, Diss. phil., Bern 1978.
JENT, Viktor: Kämpfe, Erfolge, Schlappen, Hundert Jahre Demokratische Partei des Kantons Zürich, Winterthur 1967.
JOST, Hans Ulrich: Die Altkommunisten, Linksradikalismus und Sozialismus in der Schweiz 1919–1921, Frauenfeld 1977.
JOST, Hans Ulrich: Bedrohung und Enge (1914–1945), in: Geschichte der Schweiz – und der Schweizer, Bd. 3, Basel / Frankfurt am Main 1983, S. 101–189.
JOST, Hans Ulrich: Die reaktionäre Avantgarde, Die Geburt der neuen Rechten in der Schweiz um 1900, Zürich 1992.
JOST, Hans Ulrich: Tradition und Modernität in der SVP, in: Traverse H. 1, 2007, S. 25–44.
Jubiläumsschrift zum 75jährigen Bestehen der Eidgenössischen Versuchsanstalt für Obst-, Wein- und Gartenbau, Wädenswil, 1890–1965, Wädenswil 1965.
JUNG, Joseph: Alfred Escher 1819–1982, Aufstieg, Macht, Tragik, 4. Aufl., Zürich 2009.
JUNKER, Beat: Die Bauern auf dem Wege zur Politik, Die Entstehung der bernischen Bauern-, Gewerbe- und Bürgerpartei, Bern 1968.

JUNKER, Beat; MAURER, Rudolf: Kampf und Verantwortung, Bernische Bauern-, Gewerbe- und Bürgerpartei 1918–1968, Bern 1968.

JUNKER, Beat: Bauernparteien in der Schweiz, in: Gollowitzer, Heinz (Hrsg.): Europäische Bauernparteien im 20. Jahrhundert, Stuttgart 1977, S. 507–523.

KÄGI, Kaspar: «Viele meiner Schulkameraden erkannte ich nur gar nicht mehr, so sehr waren sie durch den Hunger entstellt», Die Hungerkrise von 1816/17 im Kanton Zürich, Lizenziatsarbeit am Historischen Seminar der Universität Zürich, Zürich 2011.

KÄPPELI, Josef; RIESEN, Max: Die Lebensmittelversorgung der Schweiz unter dem Einfluss des Weltkrieges von 1914 bis 1922, Bern 1925.

KAESTLI, Tobias: Nazi oder Kommunist? Besuch beim ehemaligen Jungbauernführer Hans Müller, in: «Tages-Anzeiger-Magazin» Nr. 6, 10.2.1979, S. 14–18, 26.

KELLENBERGER, Jakob: Wo liegt die Schweiz?, Gedanken zum Verhältnis CH–EU, Zürich 2014.

KELLER, Christoph: Blocher ist cool, In den fünf Jahren seit der Abstimmung über den EWR ist Christoph Blocher zum Superstar einer jungen Politikergeneration avanciert, Und was der Meister sagt, saugen sie in sich auf, in: «Das Magazin» Nr. 49, 6.12.1997, S. 32–44.

KELLER, Christoph: Erfolgsmaschine, Die SVP des Kantons Zürich, grosse Gewinnerin der letzten kantonalen Wahlen, sei eine Stammtischpartei mit einem dummen Fussvolk, das dem Führerkult huldige, Nicht ganz: In Wahrheit sind die Erfolge das Resultat einer straffen Organisation, die einfach professioneller ist als die der Gegner, in: «Das Magazin» Nr. 24, 19.6.1999, S. 30–39.

KERN, Jean: Fritz Bopp †, in: «Neue Zürcher Zeitung» Nr. 366, 3.3.1935.

KIEFER, Klaus H.; BECKER, Hans J.; MÜLLER, Gerhard H.; NEUBAUER, John; SCHMIDT, Peter (Hrsg.): Johann Wolfgang Goethe, Wirkungen der Französischen Revolution 1791–1797, Bd. 4.2, München 1988.

KL[ÄUI], Hans: Alt Bundesrichter Dr. Paul Corrodi, in: «Zürcher-Chronik» Nr. 1, 1964, S. 16.

KLÄUI, Hans: Bundesrichter Dr. Paul Corrodi, 21. Dezember 1892 bis 22. Januar 1964, in: Zürcher Taschenbuch auf das Jahr 1965, Zürich 1964, S. 72–83.

KLEY, Andreas: Geschichte des öffentlichen Rechts der Schweiz, 2. erg. und verb. Aufl., Zürich / St. Gallen 2015.

KOBLET, Rudolf: 100 Jahre Gesellschaft Schweizerischer Landwirte, Denkschrift [Zürich] 1982.

KÖNIG, Mario; KURZ, Daniel; SUTTER, Eva: Klassenkämpfe, Krise und ein neuer Konsens – Der Kanton Zürich 1918–1945, in: Flüeler, Niklaus; Flüeler-Grauwiler, Marianne (Hrsg.): Geschichte des Kantons Zürich, Bd. 3, Zürich 1994, S. 250–349.

KÖNIG, Mario: Auf dem Weg in die Gegenwart – Der Kanton Zürich seit 1945, in: Flüeler, Niklaus; Flüeler-Grauwiler, Marianne (Hrsg.): Geschichte des Kantons Zürich, Bd. 3, Zürich 1994, S. 350–479.

KÖNIG, Mario; LAMPRECHT, Franz: Eglisau, Zürich 1992.

KÖNIG, Mario; ZEUGIN, Bettina: Die Schweiz, der Nationalsozialismus und der Zweite Weltkrieg, Schlussbericht der Unabhängigen Expertenkommission Schweiz – Zweiter Weltkrieg, Zürich 2002.

KÖPPEL, Roger; MÖRGELI, Christoph: Gegen Weiche und Faule, Hans-Rudolf Abächerli hat die politische Werbung in der Schweiz revolutioniert, in: «Die Weltwoche» Nr. 47, 24.11.2016, S. 44–45.

KOLLBRUNNER, Melanie: «Sie porträtieren nicht den Strammsten» [Jürg Stahl], in: «Der Landbote», 28.11.2016, S. 3.

KORADI, Klara: Gründung, Entwicklung und Bedeutung des Verbandes ostschweizerischer landwirtschaftlicher Genossenschaften in Winterthur, Hamburg 1922.

KOYDL, Wolfgang: Die Besserkönner, Was die Schweiz so besonders macht, mit Anmerkungen von Christoph Blocher und Jean Ziegler, Zürich 2014.

KOYDL, Wolfgang: Wo Politik ein Hobby und noch kein Beruf ist, der Übervater: Christoph Blocher, in: Die Bessermacher, die Schweiz kann's einfach besser, Zürich 2016, S. 46–59.

KREBS, Adrian: Die fehlende Gelassenheit des ewigen Talents, Rita Fuhrer verabschiedet sich nach 15 Jahren aus dem Zürcher Regierungsrat, in: «Neue Zürcher Zeitung» Nr. 96, 27.4.2010, S. 15.

KREBS, Jakob: Jakob Oehninger, alt Nationalrat, Adlikon/Andelfingen, 1871 bis 1954, in: Schweizerische Landwirtschaftliche Monatshefte 32, 1954, Nr. 2, S. 51–54.

KREIS, Georg: Glanz und Elend der Moderne, Die beiden Ufer der Landesausstellung von 1939, in: Angst, Kenneth; Cattani, Alfred (Hrsg.): Die Landi, Vor 50 Jahren in Zürich, Erinnerungen – Dokumente – Betrachtungen, Stäfa 1989, S. 113–116.

KREIS, Georg: Friedrich Traugott Wahlen 1899–1985, in: Altermatt, Urs (Hrsg.): Die Schweizer Bundesräte, ein biographisches Lexikon, Zürich / München 1991, S. 478–483.

KREIS, Georg: Kleine Neutralitätsgeschichte der Gegenwart, Bern 2004.

KREIS, Georg: Schweizer Postkarten aus dem Ersten Weltkrieg, Baden 2013.

KREIS, Georg (Hrsg.): Reformbedürftige Volksinitiative, Verbesserungsvorschläge und Gegenargumente, Zürich 2016.

KRIESI, Hanspeter: Die Zürcher Bewegung – Bilder, Interaktionen, Zusammenhänge, Frankfurt am Main / New York 1984.

KRIESI, Hanspeter; LONGCHAMP, Claude; PASSY, Florence; SCIARINI, Pascal: Analyse der eidgenössischen Abstimmung vom 6. Dezember 1992, Forschungsinstitut GfS/Universität Genf, Bern / Genf 1993.

KRIESI, Hanspeter u.a. (Hrsg.): Der Aufstieg der SVP, Acht Kantone im Vergleich, Zürich 2005.

KÜNDIG, Ernst: Redaktor Fritz Bopp, in: Menschen-Originale vergangener Zeiten, Wädenswil 1957, S. 17–20.

KUNG, Heinı Robert: Der «Volg» als Produktions- und Absatzgenossenschaft und seine wirtschaftlich und soziale Bedeutung für die Landwirtschaft der Nordostschweiz, Diss. rer. pol., Basel 1949.

KÜNG, Manfred (Hrsg.): Festschrift zum Jubiläum 25 Jahre Kantonalpartei Solothurn Schweizerische Volkspartei (SVP), Zug 2016.

KUHN, Hans: 50 Jahre Parteigeschichte vom Landwirtschaftlichen Verein Illnau-Lindau und dem Bauernbund über den Landwirtschaftlichen Gemeindeverein und die BGB zur SVP Illnau-Effretikon, Illnau-Effretikon 1997.

KUMMER, Marc; MÜLLER, Laurenz (Hrsg.): 150 Jahre Strickhof, Zürich 2003.
KUMMER, Peter: Der zürcherische Proporzkampf, Die Ausbreitung des Systems 1851–1891, Diss. phil., Zürich 1969.
KUMMER, Peter: Alusuisse und Meilen im Rückblick, in: Heimatbuch Meilen, Bd. 36, 1996, S. 86–96.
KUPPER, Walter: Die Zollpolitik der schweizerischen Landwirtschaft seit 1848, Diss. iur., Bern 1929.
KURZ, Andreas C.: Rudolf Gnägi 1917–1985, in: Altermatt, Urs (Hrsg.): Die Schweizer Bundesräte, ein biographisches Lexikon, Zürich / München 1991, S. 518–522.
KURZ, Hans Rudolf: Dokumente zur Grenzbesetzung 1914–18, Zürich 1970.
LADNER, Andreas: Politische Gemeinden, kommunale Parteien und lokale Politik, Eine empirische Untersuchung in den Gemeinden der Schweiz, Zürich 1991.
LADNER, Andreas; BRÄNDLE, Michael: Die Schweizer Parteien im Wandel, Von Mitgliederparteien zu professionalisierten Wählerorganisationen?, Zürich 2001.
LADNER, Andreas: Kantonale Parteiensysteme im Wandel, Eine Studie mit Daten der Wahlen in den Nationalrat und in die kantonalen Parlamente 1971–2003, Neuchâtel 2003.
LADNER, Andreas: Das Schweizer Parteiensystem und seine Parteien, in: Klöti, Ulrich; Knoepfel, Peter u.a. (Hrsg.): Handbuch der Schweizer Politik, 5. völlig überarb. und erw. Aufl., Zürich 2014, S. 213–260.
LANDMANN, Julius: Die Agrarpolitik des schweizerischen Industriestaates, Jena 1928.
LANG, Karl: Kritiker, Ketzer, Kämpfer, Das Leben des Arbeiterarztes Fritz Brupbacher, Zürich 1978.
LANGEJÜRGEN, Ralf: Die Eidgenossenschaft zwischen Rütli und EWR, Der Versuch einer Neuorientierung der Schweizer Europapolitik, Zürich 1993.
LARGIADÈR, Anton: Geschichte von Stadt und Landschaft Zürich, Bd. 2, Erlenbach / Zürich 1945.
LAUR, Ernst: Der Zürcherische landwirtschaftliche Kantonalverein und seine Zeit, Festrede anlässlich der Jubelfeier zum 100jährigen Bestehen des Zürcherischen landwirtschaftlichen Kantonalvereines vom 13. Dezember 1942 im «Kasino» in Winterthur, Zürich o.J [1942].
LAUR, Ernst: Erinnerungen eines schweizerischen Bauernführers, 2. Aufl., Bern 1943.
LAUR, Ernst: Der Schweizer Bauer, seine Heimat und sein Werk, Festgabe zum fünfzigjährigen Bestehen des Schweizerischen Bauernverbandes dem Schweizervolk und seinen Behörden gewidmet, Brugg 1947.
LAUR, Ernst, 1871–1964: Ein Leben für den Bauernstand, Ein Beitrag zur schweizerischen Wirtschaftsgeschichte von 1890–1960, Aarau 1971.
LEDEBUR, Michael von: Ein rechter Querkopf [Claudio Zanetti], in: «Zürcher Oberländer», 3.9.2015, S. 3.
LEUTHOLD, Ruedi: Der Solidschweizer, An sieben Tagen in der Woche wirft sich «Weltwoche»-Chef Roger Köppel in die Schlacht gegen Weltverbesserer aller Art, in: «Das Magazin» Nr. 5, 31.1.2004, S. 12–19.

LEUTHOLD, Ruedi: Wer hat Angst vor Christoph Mörgeli, in: «Das Magazin» Nr. 12, 2005, S. 10–17.
LICHTENHAHN, Paul; TAILLEFER, A.; THOMANN, Walter: Die landwirtschaftlichen Bildungs- und Versuchsanstalten der Schweiz, 2. Aufl., Küssnacht am Rigi 1933.
LINDER, Wolf: Schweizerische Demokratie, Institutionen, Prozesse, Perspektiven, Bern 2005.
LINDIG, Steffen: «Der Entscheid fällt an der Urne», Sozialdemokratie und Arbeiter im Roten Zürich 1928 bis 1938, Zürich 1979.
LINKE, Angelika; SCHARLOTH, Joachim (Hrsg.): Der Zürcher Sommer 1968 zwischen Krawall, Utopie und Bürgersinn, Zürich 2008.
LÖHRER, Gerd: Der Herr der Milliarden, Er ist ein einfacher Bankangestellter und rühriger SVP-Politiker, doch er ist auch Analyst, Wenn Hans Kaufmann «Daumen hoch, Daumen runter» spielt, geraten die Aktienkurse in Bewegung – und manche Chefetage in Wallung, in: «Bilanz» Nr. 10, 1.10.1997, S. 72–79.
LONGCHAMP, Claude: Die nationalkonservative Revolte in Gestalt der SVP, eine Analyse der Nationalratswahlen 1999 in der Schweiz, in: Plasser, Fritz; Ulram, Peter A.; Sommer, Franz (Hrsg.): Das österreichische Wahlverhalten, Wien 2000, S. 393–423.
LOREZ, Marco (Hrsg.): Vor der Entscheidung, Beiträge zur europapolitischen Debatte in der Schweiz, Frick 2016.
LUCHSINGER, Fred: Die Neue Zürcher Zeitung im Zeitalter des Zweiten Weltkriegs 1930–1955, Zum 175jährigen Bestehen der Neuen Zürcher Zeitung, Zürich 1955.
LUDWIG, Carl: Die Flüchtlingspolitik der Schweiz in den Jahren 1933 bis 1955, Bericht an den Bundesrat zuhanden der eidgenössischen Räte, Bern 1957.
LÜCHINGER, René: Elisabeth Kopp, Zwei Leben – Ein Schicksal, Aufstieg und Fall der ersten Bundesrätin der Schweiz, 2. Aufl., Bern 2014.
LÜÖND, Karl: Gottlieb Duttweiler (1888–1962), Meilen 2000.
LÜÖND, Karl: Erfolg als Auftrag, Ems-Chemie, Die Geschichte eines unmöglichen Unternehmens, Bern 2011.
LÜTHI, Daniel: «Jakob Stucki bleibt Vorbild», in: «Der Landbote», 25.3.2006, S. 17.
LUGINBÜHL, Martin: Gewalt im Gespräch, verbale Gewalt in politischen Fernsehdiskussionen am Beispiel der «Arena», Diss. phil., Bern 1999.
LUTZ, Christian: Der Brückenbauer, Das Denken Gottlieb Duttweilers, dargestellt anhand seiner Schriften, Zürich 1988.
MAEDER, Hugo: 100 Jahre Demokratische Partei Dübendorf. In: Heimatbuch Dübendorf, Jg. 62, 2008, S. 39–58.
MÄUSLI, Theo (Hrsg.) u.a.: Radio und Fernsehen in der Schweiz, Geschichte der Schweizerischen Radio- und Fernsehgesellschaft SRG 1958–1983, Baden 2006.
MÄUSLI, Theo (Hrsg.) u.a.: Radio und Fernsehen in der Schweiz, Geschichte der Schweizerischen Radio- und Fernsehgesellschaft SRG 1983–2011, Baden 2012.
MAIER, Karl Hannes: Die antiliberalen Erneuerungsbewegungen in der Schweiz und das Entstehen des liberal-sozialen Landesrings der Unabhängigen, Tübingen 1956.

MAISSEN, Thomas: Verweigerte Erinnerung, Nachrichtenlose Vermögen und Schweizer Weltkriegsdebatte 1989–2004, Zürich 2005.
MAISSEN, Thomas: Die Geschichte der NZZ 1780–2005, Zürich 2005.
MAISSEN, Thomas: Schweizer Heldengeschichten – und was dahinter steckt, Baden 2015.
MANI, Benedikt: Die Bundesfinanzpolitik des schweizerischen Bauernstandes, Zürich 1928.
MANZ, Jakob u.a.: Der Zürcher Bauer einst und jetzt, Zürich 1947.
MATTER, Thomas: Swissfirst, die verlorene Ehre einer Schweizer Bank, Zürich 2007.
MATTER, Thomas: Bruno Zuppiger (1952–2016), in: «Die Weltwoche» Nr. 9, 3.3.2016, S. 14.
MATTIOLI, Aram: Die intellektuelle Rechte und die Krise der demokratischen Schweiz, Überlegungen zu einem zeitgeschichtlichen Niemandsland, in: Mattioli, Aram (Hrsg.): Intellektuelle von rechts, Ideologie und Politik in der Schweiz 1918–1939, Zürich 1995, S. 1–27.
MAURER, Peter: Anbauschlacht – Landwirtschaftspolitik, Plan Wahlen, Anbauwerk 1937–1945, Diss. phil., Zürich 1985.
MAURER, Rudolf: Die Familie Maurer von Rieden (ungedr. Mskr.), o.O. [Rieden-Wallisellen], o.J. [ca. 1960].
MAURER, Rudolf: Markus Feldmann (1897–1958), Werden und Aufstieg bis zum Ausbruch des Zweiten Weltkrieges, Bern 1965.
MAURER, Rudolf: Markus Feldmann und das Deutsche Reich 1914–1945, in: Schweizerische Zeitschrift für Geschichte 16, 1966, S. 378–403.
MAURER, Rudolf: Die Doppelersatzwahl in den Bundesrat Ende 1940, in: Schweizer Monatshefte 48, H. 11, 1969, S. 1074–1084.
MAURER, Rudolf: Markus Feldmann 1897–1958, in: Altermatt, Urs (Hrsg.): Die Schweizer Bundesräte, ein biographisches Lexikon, Zürich / München 1991, S. 447–451.
MAURER, Rudolf: Rudolf Maurer, Regierungsrat aus Wallisellen, in: Walliseller Chronik 1996, S. 7–16.
MAURER, Ueli: Hoch zu Rad, in: Ostschweizer Korpsgeist, Ereignisse und Erlebnisse im Feldarmeekorps 4, 1891–2003, hrsg. im Auftrag des Kdo FAK 4 von Thomas Sprecher und René Zeller, Zürich 2003, S. 240–244.
MAZZOLENI, Oscar: Nationalisme et populisme en Suisse, La radicalisation de la «nouvelle» UDC, Lausanne 2003.
MAZZOLENI, Oscar; GOTTRAUX, Philippe; PÉCHU, Cécile: L'Union démocratique du centre, Un parti, son action, ses soutiens, Lausanne 2007.
Medien zwischen Geld und Geist, 100 Jahre Tages-Anzeiger 1893–1993, Zürich 1993.
MEERSTETTER, Andres (Hrsg.): Strickhof, 75 Jahre Beratungen, Lindau 2004.
MEIER, Michael: «Bürger und Christ», Kampagnen gegen die Kirchen, kritische Auseinandersetzung mit Ulrich Schlüer, hrsg. vom Arbeitskreis kirchlicher Publizisten, Bern 1994.

MEIER, Rudolf: Das Landwirtschaftsprogramm der Schweizerischen Bauern-, Gewerbe- und Bürgerpartei, in: Agrarpolitische Revue 1, H. 6, 1945, S. 245–255.
MENZ, Peter: Der «Königsmacher» Heinrich Walther, zur Wahl von 14 Bundesräten 1917–1940, Freiburg 1976.
MESSMER, M[argrit]: Die Arbeit der Frauenkommission, in: 100 Jahre Zürcher Landwirtschaftlicher Kantonalverein, Zürich 1942, S. 277–290.
MÉTRAUX, Hans: Schweizer Jugendleben in fünf Jahrhunderten, Geschichte und Eigenart der Jugend und ihrer Bünde im Gebiete der protestantischen deutschen Schweiz, Zürich 1942.
METTLER, Wolf: «Liebi Fraue und Manne…», Christoph Blocher, ein Lebensbild, Redaktion Marie-Christine Neininger, 2. Aufl., Schaffhausen 1995.
METZLER, Ruth: Grissini & Alpenbitter, meine Jahre als Bundesrätin, Herisau 2004.
MEYER, Ernst: Zum 75. Geburtstag von alt Nationalrat Otto Bretscher, in: «Andelfinger Zeitung» Nr. 48, 25.4.1986.
MEYERHANS, Andreas: Die Vertretung der Agrarinteressen in den Räten, Der landwirtschaftliche Club in der Bundesversammlung, Seminararbeit am Historischen Seminar der Universität Zürich (ungedr. Mskr.), Zürich 1993.
MILT, Bernhard: Die Entwicklung der Zürcher Naturwissenschaften und ihr Aufschwung durch den Geist von 1848, Neujahrsblatt der Naturforschenden Gesellschaft in Zürich, Nr. 151, Zürich 1949.
MÖCKLI, Werner: Das schweizerische Selbstverständnis beim Ausbruch des Zweiten Weltkrieges, Zürich 1973.
MÖRGELI, Christoph: Geschichte der Zürcher «Jungbauernbewegung», Proseminararbeit am Historischen Seminar der Universität Zürich (ungedr. Mskr.), Zürich 1980.
MÖRGELI, Christoph: Geschichte der Zürcher Jungbauernbewegung, in: «Der Zürcher Bauer» Nr. 12, 21.3.1980, S. 3–4.
MÖRGELI, Christoph: Herman Greulich und die Landwirtschaft, in: «Der Zürcher Bauer» Nr. 52, 26.12.1980, S. 2.
MÖRGELI, Christoph: Fritz Bopp (1863–1935), Bauer, Dichter und Politiker, Seminararbeit am Historischen Seminar der Universität Zürich (ungedr. Mskr.), Stäfa 1981.
MÖRGELI, Christoph; WEBER, Bruno: Zürcher Ärzte aus vier Jahrhunderten, Die Porträtgalerie im Medizinhistorischen Museum der Universität Zürich, Zollikon 1998.
MÖRGELI, Christoph: Wenn der Tod umgeht, Die Grippeepidemie von 1918 forderte mehr Opfer als der Erste Weltkrieg, In der Schweiz lähmte sie das öffentliche Leben und beschwor eine politische Krise herauf, in: «NZZ Folio», November 1995, S. 31–39.
MÖRGELI, Christoph: Kurze Geschichte des alten Zürcher Spitals, in: Zürcher Spitalgeschichte, hrsg. vom Regierungsrat des Kantons Zürich, Bd. 3, Zürich 2000, S. 25–76.
MÖRGELI, Christoph: Gedanken zum Uno-Beitritt der Schweiz, o.O. 2001.
MÖRGELI, Christoph: Erinnerungen an Christoph Blochers Tätigkeit als SVP-Kantonalpräsident, in: «Der Zürcher Bote» Nr. 16, 16.4.2004, S. 3.

MÖRGELI, Christoph: Volkswahl heisst Volkswohl, in: «Neue Zürcher Zeitung» Nr. 135, 14.6.2006, S. 16.
MÖRGELI, Christoph: Garant gegen links, letzte Woche rief der Historiker Prof. Georg Kreis zur Blocher-Abwahl auf, heute antwortet der pointierteste Freund des Bundesrates, in: «Facts» Nr. 23, 7.6.2007, S. 44.
MÖRGELI, Christoph: Blocher als demokratischer Sonderfall, in: «Der Sonntag», 5.6.2011, S. 3.
MÖRGELI, Christoph: Ein prägender Landwirtschaftspolitiker, Zum Tod von Alt-Nationalrat Rudolf Reichling, in: «Neue Zürcher Zeitung» Nr. 280, 2.12.2014, S. 17.
MÖRGELI, Christoph: Was die Schweiz den Bauern verdankt, in: «Die Weltwoche» Nr. 22, 2.6.2016, S. 20–21.
MOOS, Carlo: Ja zum Völkerbund – Nein zur UNO, Die Volksabstimmungen von 1920 und 1986 in der Schweiz, Zürich 2001.
MORANDI, Pietro: Die Richtlinienbewegung und die Entstehung der Konkordanzdemokratie (1933/36 bis 1939), Lizenziatsarbeit am Historischen Seminar der Universität Zürich (ungedr. Mskr.), Zürich 1993.
MOSER, Christof: Blochers Denkorgan, Noch vor fünf Jahren war Christoph Mörgeli ein politischer Niemand, heute ist der SVP-Nationalrat der umstrittenste Politiker im Land, in: «Facts» Nr. 34, 19.8.2004, S. 14–21.
MOSER, Peter: Der Stand der Bauern, Bäuerliche Politik, Wirtschaft und Kultur gestern und heute, Frauenfeld 1994.
MOSER, Peter: Hans Müller, Aus dem Landwirt wieder einen Bauern machen, in: Mattioli, Aram (Hrsg.): Intellektuelle von rechts, Ideologie und Politik in der Schweiz, Zürich 1995, S. 273–286.
MOSER, Peter: «Privilegierter Volksstand» oder «Untergang des Bauerntums»?, Die staatliche Agrarpolitik der 50er/60er Jahre, in: König, Mario u.a.: Dynamisierung und Umbau, Die Schweiz in den 60er und 70er Jahren, Zürich 1998, S. 51–64.
MOSER, Peter: Eine «Sache des ganzen Volkes»?, Überlegungen zum Prozess der Vergesellschaftung der bäuerlichen Landwirtschaft in der Industriegesellschaft, in: Traverse Jg. 7, H. 1 (2000), S. 64–79.
MOSER, Peter; BRODBECK, Beat: Milch für alle, Bilder, Dokumente und Analysen zur Michwirtschaft und Milchpolitik der Schweiz im 20. Jahrhundert, Baden 2007.
MOSER, Peter: Die Neuordnung der Ernährungsfrage während des Ersten Weltkriegs, in: Rossfeld, Roman; Buomberger, Thomas; Kury, Patrick (Hrsg.): 14/18, Die Schweiz und der Grosse Krieg, Baden 2014, S. 172–199.
MOSSDORF, Albert: Dr. h.c. Rudolf Meier, Eglisau, in: Zürcher Taschenbuch auf das Jahr 1988, Zürich 1987, S. 207–212.
MÜLLER, Kurt: Von der Bauernpartei zur Blocher-Dominanz, in: «Neue Zürcher Zeitung» Nr. 69, 22.3.2000, S. 15.
MÜLLER, Philipp: La Suisse en crise (1929–1936), les politiques monétaire, financière, économique et sociale de la Confédération helvétique, Diss. phil., Lausanne 2010.
MÜLLER, Renate: Volk, Parlament und schweizerische Zollpolitik um 1900, Diss. phil., Bern 1966.

MÜNGER, Felix: Reden, die Geschichte schrieben, Stimmen zur Schweiz im 20. Jahrhundert, Baden 2014, S. 265–296.

NAUER, David: «Kehrichtbesen der SVP», Der Zürcher Gemeinderat Mauro Tuena gilt als politischer Hardliner, Zwei junge Zürcher Filmemacher haben den SVP-Heisssporn porträtiert, in: «Tages-Anzeiger», 11.11.1998, S. 75.

NEIDHART, Leonhard: «Tue Gutes und sprich darüber», Die SVP im Kampf um politischen Einfluss in der Stadt Zürich, in: «Neue Zürcher Zeitung» Nr. 56, 9.3.1998, S. 37.

NEUHAUS, Christine: Unser Mann in Europa, ausgerechnet SVP-Nationalrat Alfred Heer wird Präsident der Schweizer Delegation des Europarats, in: «Neue Zürcher Zeitung» Nr. 182, 10.8.2015, S. 11.

NIEDERBERGER, Daniela: Professor Unrast, Der Kabarettist Christoph Mörgeli ist beliebt auch bei den Gegnern, Doch auf der politischen Bühne wird er gefürchtet, in: «Die Weltwoche» Nr. 28, 8.7.2004, S. 38–40.

NIEDERÖST, Anita R.: Von der BGB-Frauengruppe zu den SVP-Frauen Stadt Zürich, 60 Jahre politische Aktivitäten 1955–2015, Zürich 2015.

NIGG, Heinz (Hrsg.) u.a.: Wir wollen alles, und zwar subito, die Achtziger Jugendunruhen in der Schweiz und ihre Folgen, Zürich 2001.

NIGGLI, Leo: 100 Jahre Milchgenossenschaft Weiningen, 1888–1988, 50 Jahre Braunviehzuchtgenossenschaft Weiningen, 1938–1988, Weiningen 1988.

NIGGLI, Peter; FRISCHKNECHT, Jürg: Rechte Seilschaften, Wie die unheimlichen Patrioten den Zusammenbruch des Kommunismus meisterten, Zürich 1998.

NOBS, Ernst: Die Schweizerische Bauernpartei, in: Rote Revue, sozialistische Monatsschrift, Bd. 1, H. 9, 1921/22, S. 313.

NOBS, Ernst: Schweizerische Zollpolitik in Vergangenheit und Gegenwart, Zürich 1923.

OCHSENBEIN, Heinz: Die verlorene Wirtschaftsfreiheit 1914–1918, Bern 1971.

ODERMATT, Marcel: «Am Anfang hatte ich das Gefühl, total versagt zu haben», SVP-Nationalrätin Natalie Rickli spricht erstmals über ihr Burnout, in: «Sonntagsblick», 3.2.2013, S. 1–5.

PARMA, Viktor: Der eiserne Schmetterling, Rita Fuhrer, Zürcher SVP-Regierungsrätin, in: «Sonntagsblick Magazin» Nr. 36, 7.9.1997, S. 10–11.

PARMA, Viktor: Hobler des Sozialstaates, Toni Bortoluzzi, SVP-Nationalrat, in: «Sonntagsblick» Nr. 19, 7.5.2000, S. 14.

PARMA, Viktor: Der Heimlifeisse, Hans Kaufmann, SVP-Nationalrat, in: «Sonntagsblick Magazin» Nr. 11, 16.3.2003, S. 12–13.

PAUL, Thomas: Jürg Stahl, ein Kämpfer, der nicht polarisieren will, in: «Der Landbote», 13.2.2011, S. 13.

PETER, Bernhard: Kantonale Landwirtschaftliche Schule Strickhof, Jubiläumsschrift zur Feier des hundertjährigen Bestehens der Schule 1853–1953, Zürich 1953.

PETER, Jakob: Humlikon nach dem Flugzeugunglück vom 4. September 1963, in: Zürcher Chronik Nr. 1, 1964, S. 11–14.

PETER, Roger: Wie die Kartoffel im Kanton Zürich zum «Heiland der Armen» wurde, ein Beitrag zur Sozialgeschichte der Kartoffel in der Schweiz, Lizenziatsarbeit am Historischen Seminar der Universität Zürich (ungedr. Mskr.), Zürich 1992.

PFAFFHAUSER, Paul; BRAUCHLI, Hans: 150 Jahre Thurgauischer Landwirtschaftlicher Kantonalverband 1835–1985, hrsg. vom Thurgauischen Landwirtschaftlichen Kantonalverband, Frauenfeld 1985.
PFENNINGER, Kurt: Der Rebbau im Kanton Zürich seit 1874, in: Statistische Berichte des Kantons Zürich, 22. Jg., H. 2, 1967, S. 45–69.
PFENNINGER, Kurt: Der Zürcher Rebbau, in: Zürcher Chronik, Zeitschrift für Landeskunde, Kultur und bildende Kunst 3/1974, S. 92–95.
PFENNINGER, Kurt (Gesamtredaktion): Landwirtschaft im Industriekanton, Die zürcherische Landwirtschaft, Stäfa 1976.
PFISTER, Hans Ulrich: Die Auswanderung aus dem Knonauer Amt, 1648–1750, Diss. phil., Zürich 1987.
PFLÜGER, Paul: Bauer und Arbeiter, Zürich 1912.
Platzspitz – Insel im Strom der Zeit, hrsg. von Grün Stadt Zürich, Zürich 2016.
PLICKERT, Philip: Roger Köppel, auf Angriff gebürstet, in: «Frankfurter Allgemeine Zeitung», 21.1.2012, S. 3.
POPP, Hans: Das Jahrhundert der Agrarrevolution, Schweizer Landwirtschaft und Agrarpolitik im 20. Jahrhundert, Bern 2000.
RAMSEIER, Hans Georg: Die Entstehung und Entwicklung des Landesrings der Unabhängigen bis 1943, Diss. phil., Zürich 1971.
RÁSONYI, Peter: Promotoren und Prozesse institutionellen Wandels, Agrarreformen im Kanton Zürich im 18. Jahrhundert, Diss. oec., Berlin 2000.
RÁSONYI, Peter: Aufgeklärte Herrschaften genügen nicht, beharrende und treibende Kräfte in der Landwirtschaftsentwicklung Zürichs, in: «Neue Zürcher Zeitung» Nr. 82, 7.4.2001, S. 99.
RATHS, Werner: Die Bevölkerung des Kantons Zürich seit Ende des 18. Jahrhunderts, Diss. oec., Zürich 1949.
REBER, Arthur Fritz: Der Weg zur Zauberformel, Die Bundesratswahlen der Vereinigten Bundesversammlung seit der Wahl des Nationalrates nach dem Verhältniswahlrecht 1919 bis zur Verwirklichung eines «freien Proporzes» für die parteipolitische Zusammensetzung des Bundesrates, Bern / Frankfurt am Main 1979.
REICHLING, Rudolf [sen.]: Unsere Reben und unser Wein, in: Jahrbuch vom Zürichsee, 1932, S. 78–86.
REICHLING, Rudolf [sen.]: Die Aufgabe der Bauernpartei, in: 100 Jahre Zürcher Landwirtschaftlicher Kantonalverein, Zürich 1942, S. 257–262.
RENTSCH, Hans U.: Werner Oswald (1904–1979), Bürge der Treibstoffversorgung der Schweiz im Zweiten Weltkrieg, Schweizer Pioniere der Wirtschaft und Technik Nr. 43, Zürich 1998.
RIBI, Thomas: Hardliner mit politischem Feuer, Mauro Tuena (svp) will die Oppositionspolitik seiner Partei in den Stadtrat einbringen, in: «Neue Zürcher Zeitung» Nr. 44, 23.2.2010, S. 14.
RIESEN, René: Die Schweizerische Bauernheimatbewegung (Jungbauern), Die Entwicklung von den Anfängen bis 1947 unter der Führung von Dr. Hans Müller, Diss. rer. pol., Bern 1972.

RIESS, Curt: Gottlieb Duttweiler, Eine Biographie, Zürich 1958, Neuauflage mit einem Vorwort von Karl Lüönd, Zürich 2011.
RINGGER, René: Tierzucht und Veterinärmedizin im Kanton Zürich von 1820 bis 1940, Diss. med. vet., Zürich 1987.
ROHNER-EGLI, Regula: Der Rebbau an den Ufern des Zürichsees und insbesondere in Stäfa, eine kulturgeographische Darstellung, Diss. phil., Zürich 1976.
ROOS, Josef J. P.: Die SVP Kanton Zürich 1917–2000, Der Weg zur mittelständischen Erfolgspartei (ungedr. Mskr.), o. O. o. J [2000].
ROTH, Fritz: Die Gemeindewahlen in der Stadt Zürich vom 24. September 1933, in: Profil, sozialdemokratische Zeitschrift für Politik, Wirtschaft und Kultur, Bd. 53, H. 2, 1974, S. 33–41.
RUCHTI, Jacob: Die Geschichte der Schweiz während des Weltkriegs 1914–1919, politisch, wirtschaftlich und kulturell, 2 Bde, Bern 1928/1930.
RUCKSTUHL, Brigitte; RYTER, Elisabeth: Beraten, Bewegen, Bewirken, Zürcher Frauenzentrale 1914–2014, Zürich 2014.
RUCKSTUHL, Evelyn: Erfolg der SVP bei jungen Bürgern, Lizenziatsarbeit am Institut für Politikwissenshaften der Universität Zürich (ungedr. Mskr.), Zürich 2009.
RUHSTALLER, Peter: Christoph Blocher: Die Schweiz im Jubiläumsjahr 1998, Analyse einer Rede, Seminar Wahlrhetorik am Deutschen Seminar der Universität Zürich, Wintersemester 1998/99 (ungedr. Mskr.), Zürich 1999.
SAXER, Ulrich; GANZ-BLÄTTLER, Ursula: Fernsehen DRS, Werden und Wandel einer Institution, ein Beitrag zur Medienhistoriographie als Institutionengeschichte, Zürich 1998.
SCHÄPPI, Eugen: Der Kampf ums Kraftwerk Rheinau 1951–1954, Zürich 1978.
SCHAFFNER, Martin: Die demokratische Bewegung der 1860er Jahre, Beschreibung und Erklärung der Zürcher Volksbewegung von 1867, Basler Beiträge zur Geschichtswissenschaft, Bd. 146, Basel / Frankfurt am Main 1982.
SCHAFFNER, Martin: Vereinskultur und Volksbewegung, Die Rolle der Vereine in der Zürcher Demokratischen Bewegung, in: Gesellschaft und Gesellschaften, Festschrift zum 65. Geburtstag von Ulrich Im Hof, Bern 1982, S. 420–436.
SCHAFFNER, Martin: «Volk» gegen «Herren», Konfliktverhalten und kollektives Bewusstsein in der Demokratischen Bewegung, in: Capitani, François de (Hrsg.): Auf dem Weg zu einer schweizerischen Identität 1848–1914, Freiburg 1987, S. 39–52.
SCHALLER, Roland: Anhängerschaft, Mitglieder und Aktive – Zur Grösse der Parteien, in: Geser, Hans; Ladner, Andreas; Schaller, Roland; Ballmer-Cao, Than-Huyen: Die Schweizer Lokalparteien, Zürich 1994, S. 39–60.
SCHARPF, Hans: Treffend bemerkt (unged. Mskr.), 3. Aufl., Zürich 2006.
SCHEIBEN, Oskar: Krise und Integration, Wandlungen in den politischen Konzeptionen der Sozialdemokratischen Partei der Schweiz 1928–1936, Ein Beitrag zur Reformismusdebatte, Diss. phil., Zürich 1987.
SCHERRER, Lucien: Der rechte Rebell will ans Ruder, Bekannt ist SVP-Nationalrat Claudio Zanetti als schriller Provokateur, nun möchte er seine integrativen Fähigkeiten beweisen, in: «Neue Zürcher Zeitung» Nr. 37, 15.2.2016, S. 13.

SCHEUCHZER, Friedrich: Salomon Bleuler, Bülach 1887.
SCHILLING, Christoph: Blocher – Aufstieg und Mission eines Schweizer Politikers und Unternehmers, Zürich 1994.
SCHLÄPFER, Rudolf: Die Ausländerfrage in der Schweiz vor dem Ersten Weltkrieg, Diss. phil., Zürich 1969.
SCHLEGEL, Walter: Der Weinbau in der Schweiz, Erdwissenschaftliche Forschung, Bd. 6, Wiesbaden 1973.
SCHLUMPF, Leon u.a.: Hans Conzett, Festgabe zum 75. Geburtstag des Präsidenten der Schweizerischen Stiftung für das Stockalperschloss am 27. Juli 1990, Visp 1990.
SCHMID-AMMANN, Paul: Emil Klöti, Stadtpräsident von Zürich, ein schweizerischer Staatsmann, Zürich 1965.
SCHMID-AMMANN, Paul: Die Wahrheit über den Generalstreik von 1918, Seine Ursachen, sein Verlauf, seine Folgen, Zürich 1968.
SCHMID-AMMANN, Paul: Mahnrufe in die Zeit, Vier Jahrzehnte schweizerischer Politik 1930–1970, Zürich 1971.
SCHMID-AMMANN, Paul: Unterwegs von der politischen zur sozialen Demokratie, Lebenserinnerungen, Zürich 1978.
SCHMID, Bruno: Der Ustertag im Spiegel seiner Zeit, Uster 1980.
SCHMID, Hans: Ulrich Meister, ein Zürcher Politiker, 1838–1917, Zürich 1925.
SCHMID, Stefan G.: Die Zürcher Kantonsregierung seit 1803, Zürcher Studien zum öffentlichen Recht 153, Zürich 2003.
SCHMID, Werner: Nationalrat Oberst Ernst Stiefel, 1886–1947, in: Zürcher Chronik Nr. 3, 1947, S. 60–61.
SCHOLZ, Michael: Eine volksnahe Kämpfernatur mit Härte, Stadtratskandidat Jürg Stahl ist ein SVP-Vertreter der liberalen Sorte, in: «Der Landbote», 18.1.2002, S. 13.
SCHRÖTER, Carl; STIERLIN, Gustav; HEER, Gottfried: Oswald Heer, Lebensbild eines schweizerischen Naturforschers, Oswald Heers Forscherarbeit und dessen Persönlichkeit, Zürich 1887.
SCHÜEPP, Hanspeter: Diskussion über die schweizerische Demokratie 1904–14, Zürich 1969.
SCHÜRER, Andreas: Über Stocker spottet keiner mehr, in: «Neue Zürcher Zeitung» Nr. 63, 16.3.2016, S. 23.
SCHÜTZ, Dirk: Der Fall der UBS, Warum die Schweizerische Bankgesellschaft unterging, Zürich 1998.
SCHULER, Edgar: Ein Verleger wie aus einer anderen Zeit, Hans Ulrich Graf, ehemaliger Besitzer des «Neuen Bülacher Tagblatts», in: «Tages-Anzeiger», 28.7.2006, S. 7.
SCH[WERZ], F[ranz]: Alt Nationalrat Fritz Bopp, Bülach, 1863–1935, in: Zürcher Monats-Chronik Nr. 3, 1935, S. 60–62.
SIBLER, Georg: Der Gewerbeverband der Stadt Zürich, Seine Geschichte, in: Turicum, 1991, Sommerheft, S. 29–32.
SIBLER, Georg: Zum Jubiläum 1841–1991 [150 Jahre Gewerbeverband der Stadt Zürich], in: Züri-Gwerb Nr. 5, 1991, S. 19–37.

SIEGENTHALER, Rolf Walter: Nekrolog Dr. iur. Hans Ulrich Graf, in: «Der Zürcher Bote» Nr. 41, 15.10.2010, S. 3.
SIEGENTHALER, Walter F.: 25 Jahre Bernische Bauern-, Gewerbe- und Bürgerpartei, Bern 1943.
SIERSZYN, Armin: 75 Jahre SVP Bäretswil, 1919–1994: Chronik, Bäretswil 1994.
SIEVEKING, Heinrich: Schweizerische Kriegswirtschaft, Lausanne / Leipzig 1922.
SIGG, Oswald: Die eidgenössischen Volksinitiativen 1892–1939, Diss. phil., Bern 1978.
SIGG, Otto; PFISTER, Hans Ulrich; SCHÄRLI, Thomas: Lob der Tüchtigkeit, Kleinjogg und die Zürcher Landwirtschaft am Vorabend des Industriezeitalters, Zum zweihundertsten Todesjahr Kleinjogg Gujers (1716–1785), Eine Publikation des Staatsarchivs Zürich, Zürich 1985.
SIMMEN, Leo; SUTTER, Eva: Die Nationale Aktion 1961–1970, Seminararbeit am Historisches Seminar der Universität Zürich (ungedr. Mskr.), Zürich 1984/85.
SIMMLER, Hans: Bauer und Arbeiter in der Schweiz in verbandlicher, politischer und ideologischer Sicht, Diss. oec., Winterthur 1966.
SKENDEROVIC, Damir: Das rechtspopulistische Parteienlager in der Schweiz, in: Traverse, H. 1 (2007), S. 45–63.
SKENDEROVIC, Damir: Die neue Rechte in der Schweiz, Der lange Weg einer Gegenbewegung, in: Skenderovic, Damir; Spöti, Christina (Hrsg.): 1968 – Revolution und Gegenrevolution, Itinera, Schweizerische Gesellschaft für Geschichte, Basel 2008, S. 93–110.
SKENDEROVIC, Damir; D'AMATO, Gianni: Mit dem Fremden politisieren, Rechtspopulismus und Migrationspolitik in der Schweiz seit den 1960er Jahren, Zürich 2008.
SKENDEROVIC, Damir: Schweizerische Volkspartei, in: Historisches Lexikon der Schweiz (HLS), Bd. 11, Basel 2012, S. 324–327.
SKENDEROVIC, Damir: Bauern, Mittelstand, Nation, Imaginationen und Metamorphosen der Schweizerischen Volkspartei im 20. Jahrhundert, in: Mazzoleni, Oscar; Meuwly, Olivier (Hrsg.): Die Parteien in Bewegung, Nachbarschaft und Konflikte, Zürich 2013, S. 49–76.
SKIBBE, Bruno; GOCHT, Henry: Berliner Forschung und Lehre in den Landwirtschaftswissenschaften, Festschrift zur 75-Jahr-Feier der Landwirtschaftlich-Gärtnerischen Fakultät der Humboldt-Universität und zur Erinnerung an die Gründung der Landwirtschaftlichen Akademie in Möglin durch Albrecht D. Thaer im Jahre 1806, Berlin 1956.
SOMM, Markus: Christoph Blocher, der konservative Revolutionär, Herisau 2009.
SOMM, Markus: Marignano, die Geschichte einer Niederlage, Bern 2015.
SPALTENSTEIN, Alfred: Zum Tod von alt Nationalrat Erwin Akeret, Verleger und Redaktor in Wülflingen, ein Leben im Dienste der Demokratie, in: «Der Landbote», 14.9.1987, S. 11.
SPERISEN, Vera: Rückwärts in die Zukunft, Rechtsextreme Geschichtsbilder und Ideologien im kleinen Frontenfrühling 1987–1991, Historisches Institut der Universität Bern (ungedr. Mskr.), Bern 2007.

SPITALE, Toni: Von sportlichem Fairplay geprägt, Bruno Walliser ist Ausdauersportler, in: «Zürcher Oberländer», 3.10.2015, S. 9.

SPRECHER, Daniel: Generalstabschef Theophil Sprecher von Bernegg, seine militärisch-politische Leistung unter besonderer Berücksichtigung der Neutralität, Zürich 2003.

SPRECHER, Margrit: Die Mitte des Volkes, Wer kommt zum Vorschein, wenn Blocher, Mörgeli, Maurer mal nicht vor dem Sünneli stehen?, Expedition ins Innere der SVP, in: «Das Magazin» Nr. 35 (2007), S. 19–31.

SPRECHER, Margrit; BIASIO, Fabian: Die Mitte des Volkes, Expedition ins Innere der SVP, Zürich 2007.

STADLER, Peter: Nachdenken über die Schweiz, Geschehene und geschehende Geschichte, Schaffhausen 2001.

STADLIN, Paul (Hrsg.): Die Parlamente der schweizerischen Kantone, Zug 1990.

Stadtrat Jakob Baur, geboren 1. Juli 1917, Abschied aus dem Amt auf den 31. März 1978, Zürich 1982.

STÄDLER, Iwan: Leichen im Keller des Professors, Christoph Mörgelis Wissenschaft, in: «Tages-Anzeiger», 11.9.2012, S. 3.

STÄDLER, Iwan: «Wir nehmen Herrn Mörgeli nicht als aktives Mitglied unseres Fachs wahr, in: «Tages-Anzeiger», 12.9.2012, S. 2.

STARK, Sandro [Pseudonym]: Geheimsache SVP, so funktionieren die Macht- und Propaganda-Tricks der Parteibonzen, Zürich 2009.

STAUBER, Emil: Die kantonale landwirtschaftliche Armenschule im Bläsihof-Töss 1818–1826, eine Schöpfung Hans Konrad Eschers von der Linth, 111. Neujahrsblatt der Hülfsgesellschaft in Zürich, Zürich 1911.

STAUBER, Emil: Sitten und Bräuche im Kanton Zürich, 2 Teile, in: 122. und 124. Neujahrsblatt der Hülfsgesellschaft in Zürich auf das Jahr 1922 (1. Teil) und 1924 (2. Teil), Zürich 1922 und 1924.

STAUBER, Emil: Rudolf Reichling 1859–1936, in: Zürcher Monats-Chronik, Nr. 7, 1936, S. 162–163.

STEIGER, Thomas: Die Produktion von Milch und Fleisch in der schweizerischen Landwirtschaft des 19. Jahrhunderts als Gegenstand bäuerlicher Entscheidungen, Das statistische Bild der Rindviehhaltung und ihre ökonomische Interpretation, Bern 1982.

STEINER, Karl; STEINBRÜCK, Hans Martin: 50 Jahre Aargauische Bauern-, Gewerbe- und Bürgerpartei, Menziken 1960.

STEINER, Karl; STEINBRÜCK, Hans Martin; URSPRUNG, Rudolf: Festschrift zum 70jährigen Bestehen der Schweizerischen Volkspartei des Kantons Aargau 1920–1990, Windisch 1990.

STEINMANN, Ernst: Geschichte des schweizerischen Freisinns, Der Freisinn als Gründer und Gestalter des Bundesstaates 1830–1918, Bern 1955.

STETTLER, Peter: Die Kommunistische Partei der Schweiz 1921–1931, Bern 1980.

STEYN, Daniel H.: Die landwirtschaftlichen Bezugs- und Absatzgenossenschaften des Kantons Zürich, Diss. iur., Zürich 1929.

STIEFEL-BIANCA, Annita: Das Wirken der ökonomischen Kommission in der zürcherischen Landschaft, Diss. phil., Zürich 1944.

STUCKI, Brigitte: Frauen in der Landwirtschaft heute, Bäuerinnen im Kanton Zürich zwischen Lebenswelt und Berufsdenken, Diss. phil., Zürich 1998.
STUCKI, Jakob: Regierungsrat Alois Günthard (1913–1976), in: Zürcher Taschenbuch auf das Jahr 1979, Zürich 1978, S. 161–166.
STUCKI, P. u. a.: Ernst Tobler (1889–1966), Bern 1966.
STUDER, Walter: Dr. h.c. Jakob Heusser zum Gedenken, Er war 20 Jahre Zürcher Regierungsrat, in: «Zürichsee-Zeitung», 18.3.1989, S. 6.
STÜCHELI, Peter: Einer, der geblieben ist, Aspekte der zwanzigjährigen Parteipräsidentschaft Blochers, in: «Neue Zürcher Zeitung» Nr. 106, 10.5.1997, S. 55.
SUTER, Daniel: «Kämpfernatur» Tuena liebt das Debattieren, in: «Tages-Anzeiger», 13.5.2008, S. 67.
SUTER, Meinrad (Gesamtredaktion): Kleine Zürcher Verfassungsgeschichte 1218–2000, hrsg. vom Staatsarchiv des Kantons Zürich, Zürich 2000.
SUTER, Meinrad: 1853 bis 1903, in: Kummer, Marc; Müller, Laurenz (Hrsg.): 150 Jahre Strickhof, Zürich 2003, S. 11–37.
SZABEL, Erhard: 100 Jahre Akeret Druck & Verlag, Dielsdorf-Bülach-Bassersdorf-Regensdorf-Dübendorf, Wechselvolle Geschichte eines Zeitungsunternehmens der Zürcher Landschaft, Dielsdorf 1998.
TANNER, Albert; HEAD-KÖNIG, Anne-Lise (Hrsg.): Die Bauern in der Geschichte der Schweiz, Zürich 1992.
TANNER, Albert: Direkte Demokratie und soziopolitische Integration des Mittelstandes, der Arbeiterschaft und der Bauern in der Schweiz 1830–1914, in: Schremmer, Eckart (Hrsg.): Wirtschaftliche und soziale Integration in historischer Sicht, Stuttgart 1996, S. 184–212.
TANNER, Jakob: Geschichte der Schweiz im 20. Jahrhundert, München 2015.
TOGGENBURGER, E[mil]: Die Bauernfraktion des Kantonsrates, in: 100 Jahre Zürcher Landwirtschaftlicher Kantonalverein, Zürich 1942, S. 263–269.
TO[MMER], B[enjamin]: Polterer auf dem Chefsessel, Porträt des neuen SVP-Fraktionschefs Alfred Heer, in: «Neue Zürcher Zeitung» Nr. 4, 7.1.2004, S. 45.
Trauerfeier für Alois Günthard vom 16. November 1976 mit Abdankungsrede und Ansprachen, Zürich 1977.
TROSSMANN, Max: Der Schweizerische Gewerbeverband in der Wirtschaftskrise der dreissiger Jahre, Zürich 1980.
TSCHUMI, Hans: Der schweizerische Gewerbeverband 1879–1929, Bern 1929.
UNTERNÄHRER, Pascal: Bortoluzzis Rücktritt, Respektierter Gesundheitspolitiker, getadelter Sprücheklopfer, in: «Tages-Anzeiger», 18.4.2015, S. 15.
UNTERNÄHRER, Pascal: Neuer Präsident für die Stadtzürcher SVP, Mister Opposition, in: «Tages-Anzeiger», 25.5.2016, S. 19.
U[TZINGER], A[ugust]: Fritz Bopp, Dichter, Redakteur und Volkstribun, in: Zürcher Monats-Chronik Jg. 8 Nr. 1, 1939, S. 7–10.
VAN ANDROOY, Josephine: Die zürcherische Landwirtschaft, in: Zürichs Volks- und Staatswirtschaft, Festschrift, dem Verein für Sozialpolitik und der Deutschen Gesell-

schaft für Soziologie gewidmet von der Zürcher Volkswirtschaftlichen Gesellschaft, Zürich 1928, S. 131–142.

VENUTTI, Dario: 30 Jahre nach dem Opernhauskrawall, Wie die Jugendunruhen Zürich verändert haben, in: «Tages-Anzeiger», 29.5.2010, S. 19.

VOGEL, Sophie von; SCHULTZE-KOSSAK, Lars: Zur(e)ich brennt, Zürich 2010.

VOLG, Festschrift zur Feier seines 25jährigen Bestehens, 1886–1911, Brugg 1911.

VOLLENWEIDER, Jakob: Bauernstand und Politik, in: Heusser, J[akob]: 125 Jahre Zürcher Landwirtschaftlicher Kantonalverein 1842–1967, Zürich 1968, S. 8–10.

WÄFLER, Daniel: SVP Gossau ZH, Von der Bauernpartei zur Volkspartei, Gossau 2012.

WAEGER, Gerhart: Die Sündenböcke der Schweiz, Die Zweihundert im Urteil der geschichtlichen Dokumente 1940–1946, Olten / Freiburg i. Br. 1971.

WAGNER, Julius; RIMLI, Eugen Th.: Das Goldene Buch der LA 1939, Zürich 1939.

WAHLEN, Friedrich Traugott: Das schweizerische Anbauwerk 1940–1945, in: Neujahrsblatt der Naturforschenden Gesellschaft in Zürich Nr. 148, 1946, S. 1–87.

WAHLEN, Friedrich Traugott: Dem Gewissen verpflichtet, hrsg. von Alfred A. Häsler, 5. Aufl., Zürich 1966.

WAHLEN, Friedrich Traugott: Das schweizerische Anbauwerk im Zweiten Weltkrieg, in: Altermatt, Urs; Garamvölgyi, Judith (Hrsg.): Innen- und Aussenpolitik, Primat oder Interdependenz?, Festschrift Walther Hofer, Bern 1980, S. 253–265.

WAHLEN, Hermann: Professor Ernst Laur, aus dem Leben eines schweizerischen Bauernführers, Solothurn 1951.

WAHLEN, Hermann: Die schweizerische Landwirtschaft in den letzten 150 Jahren, II. Teil, Solothurn 1959.

WAHLEN, Hermann: Bundesrat Rudolf Minger, Bauer und Staatsmann, 1881–1955, Bern 1965.

WAHLEN, Hermann: Baumeister unseres Bauernstandes, 14 Lebensbilder, Bern / München 1966.

WAHLEN, Hermann: Von unsern Vätern, 6 Lebensbilder bernischer Bauernführer (Jakob Freiburghaus, Johann Jenny, Rudolf Minger, Gottfried Gnägi, Fritz Siegenthaler, Hans Stähli), Bern 1967.

WAHLEN, Hermann: Bundesrat Friedrich Traugott Wahlen, Bern 1975.

WAHLEN, Hermann: Bundesrat Rudolf Gnägi zum 60. Geburtstag, Münsingen 1977.

WAHLEN, Hermann: Bundesrat Rudolf Minger, Bern 1981.

WALDBURGER, Monika: Populismus in der Schweiz?, St. Gallen 2002.

WALDVOGEL, Kurt: 75 Jahre SVP Kanton Schaffhausen, Von der Standes- zur Volkspartei, 1918–1993, Hallau 1993.

WALTER, Nils: Was er sagt, zieht er durch – der Rechte aus dem engen Tal, Er soll bei der Zürcher SVP in Blochers grosse Fussstapfen treten: Peter Good, in: «Tages-Anzeiger», 26.3.2004, S. 15–16.

WEGELIN, Jürg: Der Chefökonom, der auf die Strasse geht, SVP-Nationalratskandidat Hans Kaufmann kämpft für mehr Marktwirtschaft und weniger Steuern, in: «HandelsZeitung» Nr. 34, 25.8.1999, S. 11.

WEHRLE, Reinhold: Agrargeographische Untersuchungen im Raume von Zürich, Der Einfluss der Stadtausdehnung auf die Landschaft, Zürich 1961.
WEHRLI, Bernhard: Die «Bundesbarone», Neujahrsblatt der Gelehrten Gesellschaft in Zürich auf das Jahr 1983, Zürich 1982.
WEISS, Jakob: Das Missverständnis Landwirtschaft, Befindlichkeit, Selbstbild und Problemwahrnehmung von Bauern und Bäuerinnen in unsicherer Zeit, Zürich 2000.
WEISZ, Leo: Die Neue Zürcher Zeitung auf dem Wege zum freisinnigen Standort, 1872–1884, Zürich 1965.
WELTER, Brigitte: Das Christentum in der Geschichte der bernischen BGB, Akzessarbeit am Theologischen Seminar der Universität Bern (ungedr. Mskr.), Bern 1978.
WERFFELI, Gabriele: «Der Pakt mit dem Volk», in: «Das Magazin», 19.2.1994, S. 20–35.
Werner F. Leutenegger-Hunkeler 1918–1977, Zürich 1977.
WETTER, Ernst: Die Zürcher Kantonalbank 1870–1920, Zürich 1920.
WETTSTEIN, Walter: Die Regeneration des Kantons Zürich, Die liberale Umwälzung der dreissiger Jahre 1830–1838, Zürich 1907.
WIDMER, Jakob: 100 Jahre Wirtschafts- und Gewerbepolitik im Kanton Zürich, Festschrift zum 100jährigen Bestehen des Kantonalen Gewerbeverbandes, Horgen 1954.
WIDMER, Jakob: 100 Jahre Handwerks- und Gewerbeverein Meilen, Meilen 1960.
WIDMER, Sigmund: Gottlieb Duttweiler (1888–1962), Gründer der Migros, Zürich 1985.
WIDMER, Thomas: Die Schweiz in der Wachstumskrise der 1880er Jahre, Diss. phil., Zürich 1992.
WIGGER, Erich: «Wir und die andern», Die Zürcher Bauern in der gesellschaftlichen Krise zur Zeit des Ersten Weltkriegs in der Schweiz, in: Kontinuität und Krise, Sozialer Wandel als Lernprozess, Festschrift für Hansjörg Siegenthaler, Zürich 1994, S. 277–299.
Wilfried Spinner (1854–1918), Oberhofprediger in Weimar, in: «Neue Zürcher Zeitung» Nr. 1213, 15.9.1918.
WILLI, Viktor I.: Überfremdung – Schlagwort oder bittere Wahrheit?, Bern / Zürich 1970.
WINKLER, Ernst: Veränderungen der Kulturlandschaft im zürcherischen Glattal, Zürich 1936.
WISSMANN, Kurt: An Olympia vom Pferd gefallen und doch ein Held, Bescheiden und erfolgreich: Der im Juni verstorbene Stäfner Olympionike Werner Vetterli war vor 50 Jahren einer der vielseitigsten Schweizer Sportler und ein Idol junger Seebuben, in: «Tages-Anzeiger», 27.8.2008, S. 57.
WITTWER HESSE, Denise: Die Familie von Fellenberg und die Schulen von Hofwyl, Erziehungsideale, «häusliches Glück» und Unternehmertum einer bernischen Patrizierfamilie in der ersten Hälfte des 19. Jahrhunderts, Diss. phil., Zürich 2002.
WOHLWEND, Lotty: S.O.S in Dürrenäsch – Eine Katastrophe erschüttert die Schweiz, Frauenfeld 2009.
WOLF, Walter: Faschismus in der Schweiz, Die Geschichte der Frontenbewegung in der deutschen Schweiz, 1930–1945, Zürich 1969.

WÜHTRICH, Georges; HÄFLIGER, André: Dölf Ogi, So wa(h)r es!, Sigg, Oswald; Stüssi-Lauterburg, Jürg (Hrsg.), mit einem Vorwort von Kofi A. Annan, Olten 2012.
W[underli], K[arl]: Die zürcherische Bauernpartei, in: «Der Zürcher Bauer» Nr. 99, 18.10.1928, Nr. 100, 20.10.1928, Nr. 101, 23.10.1928.
WYSS, Regula: Das Image von Christoph Blocher in Schweizer Printmedien, ein Vergleich von Kommentaren und Porträts der Jahre 1999 und 2003, Bern 2004.
ZAUGG, Thomas: Die andere SVP, Die Gründung der Bürgerlich-Demokratischen Partei war die längste Scheidung der Schweiz, Eine Reise durchs Abspalterland, in: «Das Magazin» Nr. 30, 26.7.2008, S. 12–22.
ZAUGG, Thomas: Mensch Blocher, Nun steht er hier und kann nicht anders, Wer erlöst ihn von seinem Auftrag?, Ein Porträt des Politikers als Mensch, in: «Das Magazin» Nr. 48, 29.11.2008, S. 10–30.
ZAUGG, Thomas: Blochers Schweiz, Gesinnungen, Ideen, Mythen, Zürich 2014.
ZELLER, René: Ruhe und Ordnung in der Schweiz, Die Organisation des militärischen Ordnungsdienstes von 1848 bis 1939, Diss. phil., Bern 1990.
ZELLER, René: Emil Sonderegger, Vom Generalstabschef zum Frontenführer, Zürich 1999.
ZELLER, René: Sticheleien an der Schmerzgrenze, Wie die SVP ihren Aufstieg plakativ sekundierte, in: «Neue Zürcher Zeitung» Nr. 210, 11.9.2015, S. 53.
ZIEGLER, Peter: Wädenswil, Bd. 2, Wädenswil 1971.
ZIMMER, Oliver: Die «Volksgemeinschaft», Entstehung und Funktion einer nationalen Einheitsemblematik in den dreissiger Jahren in der Schweiz, in: Imhof, Kurt u.a. (Hrsg.): Konkordanz und Kalter Krieg, Analysen von Medienereignissen in der Schweiz der Zwischen- und Nachkriegszeit, Zürich 1996, S. 85–109.
ZIMMERMANN, Hans: Sozialpolitische Ideen im schweizerischen Freisinn 1914–45, Diss. oec., Zürich 1948.
ZOLLINGER, Friedrich: Goethe in Zürich, hrsg. von Max Zollinger, Zürich 1932.
ZOLLINGER, Konrad: Frischer Wind oder faschistische Reaktion?, Die Haltung der Schweizer Presse zum Frontismus 1933, Zürich 1991.
ZOLLINGER, Lukas: Ein Kampf für die Heimat, Rekonstruktion der politischen Denkweise in der Albisgüetlirede 2000 von Christoph Blocher, Bern 2002.
ZOLLINGER, Lukas: Der Mittelstand am Rande, Christoph Blocher, das Volk und die Vorstädte, Neue Berner Beiträge zur Soziologie, hrsg. von Claudia Honegger, Bd. 5, Bern 2004.
ZÜRCHER, Emil: Die demokratische Partei des Kantons Zürich, o.O. 1899.
Zürcherische Parlamentarier, Porträt-Bilder von Senex, Zürich 1932.
ZÜRCHER, Regula: Konkordanz und Konfliktlinien in der Schweiz, Eine Überprüfung der Konkordanztheorie aufgrund qualitativer und quantitativer Analysen der eidgenössischen Volksabstimmungen von 1848 bis 1947, Bern 2006.
ZÜRCHER, Regula: Von der mehrheitskonformen Standespartei zur oppositionellen Volkspartei, Die Positionierung der Bauern-, Gewerbe- und Bürgerpartei und späteren Schweizerischen Volkspartei von 1920–2003, in: Traverse 14/1, 2007, S. 65–81.
Zürcher Spitalgeschichte, hrsg. vom Regierungsrat des Kantons Zürich, Bd. 1, Zürich 1951.

Zum Andenken an Diethelm Burkhard-Abegg, Nationalrat, 1869–1926, den trefflichen Eidgenossen, kraftvollen Bauernführer, gütigen Menschen, Stäfa 1926.

ZURLINDEN, Samuel: Hundert Jahre, Bilder aus der Stadt Zürich in der Zeit von 1817 bis 1914, Bd. 2, Zürich 1915.

ZWICKY VON GAUEN, Johann Paul: Ahnenliste von Nationalrat Ernst Gugerli-Gull, Zürich 1973.

Abkürzungen

*	geboren	FDP	Freisinnig-Demokratische Partei
Abt.	Abteilung	Finma	Eidgenössische Finanzmarktaufsicht
a. o.	ausserordentlich(e)		
AP	Agrarpolitik	GATT	General Agreement on Tariffs and Trade
ARD	Arbeitsgemeinschaft der öffentlich-rechtlichen Rundfunkanstalten der Bundesrepublik Deutschland		
		GLP	Grünliberale Partei
		GPK	Geschäftsprüfungskommission
		GSL	Gesellschaft Schweizerischer Landwirte
Aufl.	Auflage		
AJZ	Autonomes Jugendzentrum	H.	Heft
AZ	Aargauer Zeitung	HBLS	Historisch-Biographisches Lexikon der Schweiz
BA	Bundesanwaltschaft		
BaZ	Basler Zeitung	HEV	Hauseigentümerverband
Bd.	Band	HIV	Human Immuno Deficiency Virus
Bde	Bände		
BDP	Bürgerlich-Demokratische Partei	HLS	Historisches Lexikon der Schweiz
bearb.	bearbeitet		
BDWZ	Bülach-Dielsdorfer Wochen-Zeitung	Hrsg.	Herausgeber
		hrsg.	herausgegeben
BGB	Bauern-, Gewerbe- und Bürgerpartei	i. Br.	im Breisgau
		Jg.	Jahrgang
BKP	Bundeskriminalpolizei	jun.	Junior
BV	Bundesverfassung	Juso	Jungsozialisten
CEO	Chief Executive Officer	Kesb	Kindes- und Erwachsenenschutzbehörden
CVP	Christlich-Demokratische Volkspartei		
		KPS	Kommunistische Partei der Schweiz
DP	Demokratische Partei		
EDU	Eidgenössisch-Demokratische Union	Lb	Der Landbote
		LdU	Landesring der Unabhängigen
EG	Europäische Gemeinschaft	LNN	Luzerner Neuste Nachrichten
eingel.	eingeleitet	Mskr.	Manuskript
EJPD	Eidgenössisches Justiz- und Polizeidepartement	NA	Nationale Aktion für Volk und Heimat
erw.	erweitert(e)	Nafta	North American Free Trade Agreement
ETH	Eidgenössische Technische Hochschule		
		Nato	North Atlantic Treaty Organization
EU	Europäische Union		
EVP	Evangelische Volkspartei	Neat	Neue Eisenbahn-Alpentransversale
EWR	Europäischer Wirtschaftsraum		
Fabi	Finanzierung und Ausbau der Bahninfrastruktur	N. F.	Neue Folge
		NLZ	Neue Luzerner Zeitung

NZZ	Neue Zürcher Zeitung	TA	Tages-Anzeiger
NZZaS	NZZ am Sonntag	u. a.	und andere [Autoren]
o. J.	ohne Jahresangabe	überarb.	überarbeitet(e)
o. O.	ohne Ortsangabe	ungedr.	ungedruckt
o. S.	ohne Seitenangabe	Uno	United Nations
Osec	Office Suisse d'Expansion Commerciale	VBS	Eidgenössisches Departement für Verteidigung, Bevölkerungsschutz und Sport
PdA	Partei der Arbeit		
Poch	Progressive Organisationen der Schweiz	verb.	verbessert(e)
		Volg	Verein Ostschweizerischer Landwirtschaftlicher Genossenschaften
Ruag	Rüstungsunternehmen-Aktiengesellschaft		
SBV	Schweizerischer Bauernverband	Vorw.	Vorwort
SBZ	Statistische Berichte des Kantons Zürich	ZB	(Der) Zürcher Bauer, Der Zürcher Bote
SD	Schweizer Demokraten	ZKB	Zürcher Kantonalbank
SED	Sozialistische Einheitspartei Deutschlands	ZLKV	Zürcher Landwirtschaftlicher Kantonalverein
sen.	Senior	ZO	Zürcher Oberländer
SHB	Statistisches Handbuch des Kantons Zürich	ZSN	Zürcher Statistische Nachrichten
		ZSZ	Zürichsee-Zeitung
SI	Schweizer Illustrierte	ZTB	Zürcher Taschenbuch
Skos	Schweizerische Konferenz für Sozialhilfe	ZVSM	Zentralverband Schweizerischer Milchproduzenten
SLV	Schweizerischer Landwirtschaftlicher Verein		
SMZ	Statistische Mitteilungen des Kantons Zürich		
SoBli	Sonntagsblick		
SoZ	Sonntagszeitung		
SP	Sozialdemokratische Partei		
SPS	Sozialdemokratische Partei der Schweiz		
SRG	Schweizerische Radio- und Fernsehgesellschaft		
SSA	Schweizerisches Sozialarchiv, Zürich		
SSR	Société suisse de radiodiffusion et télévision		
StAZ	Staatsarchiv des Kantons Zürich		
SVP	Schweizerische Volkspartei		
SZG	Schweizerische Zeitschrift für Geschichte		

Personenregister

A

Abächerli, Hans-Rudolf 318, 325, 344, 354, 357, 371–373, 398, 426, 544, 634, 640
Abt, Roman 212
Ackeret, Hermann 625
Ackeret, Matthias 15, 521–522
Ackeret, Rudolf 333, *352*, 431, 473
Aemisegger-Giezendanner, Babeli 572
Aeppli, Regine 423, 460, 551, 568, 593
Aeschi, Thomas 584, 608
Akeret, Erwin *252*, 261, 295, 312–313, 326, 683
Allemann, Richard 232–233, 630
Allenspach, Heinz 360
Amacker, Stephan 618
Ammann, Daniel 504, 519
Amrein, Hans-Peter 571, 614
Amstutz, Adrian 484, 529, 552
Anker, Albert 465, 545, 548–549
Appenzeller, John 532
Arendt, Hannah 441
Arnold, Martin 542
Ashcroft, John 501
Avenarius, Ferdinand 83

B

Baader, Caspar 469, 526, 529, 536, 552, 557–558
Bähler, Christoph 568
Bär, Julius 439, 540
Baer, Bruno 343
Bärfuss, Lukas 549
Baltisser, Martin 394, 529
Balzli, Ernst 171
Barroso, José Manuel 579
Barth, Karl 590
Bartholdi, Roger 646
Basler, Ernst 326
Basler, Konrad *326*, 683

Baumann, Alexander J. 511
Baumann, Werner 13
Baur, Bruno 445
Baur, Ernst 189, 229, 233, 680–681
Baur, Jakob 252, *255*, 276, 282, 321, 631, 634, 682
Beck, Silvia 13–14
Benoist, Marcel 221
Berghofer, Wolfgang 368
Bergier, Jean-François 412
Bernhard, Hans 92, 148, 207, *208*, 215, 218, 220–221, 629, 683
Bertschinger, Carl 73, *131*, 143, 155, 163, 683
Bertschinger, Carl jun. 131
Beyeler, Erwin 506–508, 510–511, 519
Bieri, Hans 349
Binder, Alfred 571
Binder, Markus Fabian 594
Binder, Max 375, *377*, 378, 400, 469, 582, 597, 683
Bindschedler, Albert 681
Bircher, Eugen 179
Bisagna, Rico 452
Bischofberger, Alois 470
Blankart, Franz *382*, 383, 418, 636
Bleuler, Salomon 47, 49
Bloch, Rosa 85
Blocher, Andreas 15
Blocher-Baur, Ida *384*
Blocher, Christoph 9–12, 14–17, 289, *310*, 311–313, *314*, 315–323, 325, 327–330, *331*, 332, 334–338, 343–344, *345*, 347–351, *352*, 353, 356–360, *361*, 362–363, 365–370, 372–383, *384*, *385*, 386, *387*, 388–396, 398–400, 403–405, *407*, 408–412, *413*, 414–416, *417*, 418–423, 426–428, 431–433, *434*,

435–436, 440–443, 445–455,
457–466, *467*, 468, *469*, 470–472,
474, 477, 479–482, *483*, 484, *485*,
486–493, 495, *496*, 497, 499, *500*,
501–502, *503*, 504–508, 510–513,
514, *515*, 516–522, 525–526, *527*,
528–538, 542, 545–550, 552, 554,
556–564, 566, 570, 572–573,
575–576, 578, 584–586, 589–590,
591, 592–593, 598–599, *601*, 602,
604, 606, 608, 610–612, *613*, 615,
620, 633–646, 680, 683–684
Blocher, Gerhard 363–364, 526
Blocher-Kaiser, Silvia 313, 344–345, 387,
406, *407*, 521, 576
Blocher, Rahel 558
Blöchlinger, Kurt 509
Blum, Roger 420–421
Bodenmann-Meli, Irene 553
Bodenmann, Peter 386, 404
Boesch, Christian 374
Bolliger, Rudolf 323, 328, 680
Bollmann, Jacques 625, 631
Bollmann, Rolf 584
Bopp, Fritz 63, 64, 69–71, 80, 81–83, *84*,
85–86, 90, 94–96, 99–100, 118,
120–122, 131, 139, 141–143, 147,
150, *151*, *152*, 153, 155–158, 160,
625–627, 683
Bopp-Lips, Katharina 81–82
Bopp-Meier, Elisabeth 83, *84*
Borer, Anita 552, 555
Bortoluzzi, Toni 375, *378*, 392–393,
403–404, 406, 438, 458, 487,
565–566, 597, 606, 637, 640–641,
681, 683
Bottani, Marco 339, 343, 349
Bräker, Ulrich 572
Brändle, Michael 14
Brändli, Christoffel 526
Brändli, Gret 344
Brändli, Heinrich *241*, 242–243, 245, 254,
264–265, 275, 283, 630, 632,
680–681, 683
Bremi, Ulrich 373
Brenner, Hans 369
Bretscher, Otto *283*, 335, 683
Bretscher, Willy 254, 374, 590
Briner, Robert *198*, 207
Brisard, Jean-Charles 503–504
Bron, Jean-Stéfane 575–576

Brosi, Georg *299*
Brütsch, Hanspeter 272–273, 286, 294, 680
Brugger, Ernst 288–289
Brugger, Hans 13
Brumann, Jeannette 393–394
Brumann, Pasquale 393, *394*
Brunner, Andreas 564
Brunner, Edouard 421, 638
Brunner, Renate 16
Brunner, Toni 431, 463, 497, 526, 529–530,
537, 552–554, 577, *591*, 597, 599,
608, 612, 642, 646, 682
Brupbacher, Fritz 106–107
Büchi, Ernst E. 317, 631
Bürgi, Urs 267, *295*
Bürgin, Hanspeter *505*, 511, 519
Bütler, Hugo 385
Büttner, Jean-Martin 399
Burgener, Andreas 582
Burkhalter, Didier 545–546, 578–579, 643,
645
Burkhard-Abegg, Diethelm 72, 143, *144*,
155, 157, 170, 683
Busch, Wilhelm 430
Byland, Jacqueline 16

C
Cäsar, Julius 446
Calmy-Rey, Micheline 458, 470, 479–480,
482, 492, 513, 517–518, 549–550,
558, 560, 562, 644
Cameron, David 619–620
Ceausescu, Nicolae 443
Churchill, Winston 487
Cocchiarella, Gianni 16
Condrau, Josef 212
Conzett, Hans *245*, 246, *277*, 285, 287, *298*,
299, 682–683
Conzett, Hans sen. 245
Corrodi, Paul *198*, *199*, 223, 236, 629, 682,
684
Cotti, Flavio 370–371, 413, 636, 638
Cottier, Anton 406
Couchepin, Pascal 451, 459, 468–469, 475,
479–480, 484, 486, 492, 500, 506,
513, *514*, 517–518, 521–522, 527,
532, 640
Curti, Beat 634

D
D'Amato, Alfonse 412
Darbellay, Christophe 514, 525, 532
Darwin, Charles 32
Decurtins, Caspar 75
Deiss, Joseph 470, 480, 482, 641
Delamuraz, Jean-Pascal 388, 409, 412, 638
Dennler, Max 681
Diemer, Markus 501–502, 504, 506, 519
Diener, Verena 522, 556
Dobler, Bruno 571
Dreher, Michael E. 343, 463
Dreifuss, Ruth 378, 405, 427–428, 458, 639–640
Dürr, Emil 124–125
Dupraz, John 499
Duttweiler, Gottlieb 190–191, 220, 224, 229, 240, 243, 245, 255, 267, 630

E
Eberle, Roland 446, 557, 639
Eberle, Walter 486, 505, 511–512
Ebner, Martin 367, 504
Eckert, Rachel 462–463
Egloff, Hans 555, *556*
Egloff, Kurt 333, 347, 363, 369, 556, 634, 636, 682, 684
Ehrenzeller, Bernhard 617–618
Eisenring, Paul 347
Eizenstat, Stuart 415, 638
Enderli, Irene 355, 531
Engeler, Urs Paul 559–560, *561*
Erhard, Ludwig 604
Escher, Alfred 32, 34–35, 46–48, 559, 578, 622
Escher, Hans Konrad 37
Etter, Philipp 201, 209

F
Fabbri, Alberto 507–508, 510–512
Faesi, Thomas 525, 684
Famy, Monika 519
Farage, Nigel 620
Farner, Alfred 27
Farner, Hermann *238*, 252, 683
Fehr Düsel, Nina 582
Fehr, Hans *346*, 350–351, 370, 372, 381, 397, *407*, 408, 423, 432, 549–550, 571, 577–578, 597, 602, 637, 644, 680, 684
Fehr, Jacqueline 594–595

Fehr, Lisbeth 375, *376*, 462, 636, 683
Fehr, Mario 594, 646
Fehr, Urs 615
Fehr, Ursula 408, 577–578
Feigel, Sigi 398
Felber, Armin 396
Felber, René 381, 388
Feldmann, Markus 14, 181, 192, *212*, 213–214, 227–228, 232, 239, 246, 253, 256–258, 629–631
Fellenberg, Philipp Emanuel von 36
Fels, Michel-André 507–512
Fierz, Dorothée 402
Filippini, Lara 571
Fischer, Otto *345*, 347, 360, 383
Fischer, Theo 388
Flüe, Klaus von 578
Fluri, Kurt 617
Frei, Hans jun. 566, *567*, 646, 681
Frei, Hans sen. 312–313
Frei, Hansjörg *352*, 354, 374, *490*, 491–493, 497, 531, 535, 606, 641, 680–681
Frei, Hans Peter 681
Frei-Wohlgemuth, Hans Ulrich 321, 329
Freiburghaus, Jakob 114
Freitag, Emil 682
Frey, Emil 358
Frey, Walter 11, 338–339, *340*, 349–350, *358*, 359, *361*, 366–367, 385–387, 395, 422, 426, 452, *453*, 454, 529, 612, *613*, 615, 634–635, 640, 642, 646, 683
Freysinger, Oskar 532, 552
Frick, Familie 18
Frick, Johannes 49, 623
Frick, Max 165, 174
Friedli, Max 344, 359
Friedrich, Emil 233
Friedrich II., König von Preussen 381
Frischknecht, Ernst 335
Fritschi, Oscar F. 301–302, 363
Fritzsche, Bruno 13
Fuhrer, Fredy 402
Fuhrer, Rita 392, 400, *401*, 402, 429, 445–446, 453, 460, *463*, 468, 474, 479, 483, 488, 494, 536, 542–543, 637, 639, 682
Furgler, Kurt 299

G

Gaddafi, Muammar 546
Gadient, Brigitta 526
Gadient, Ulrich *298*
Gadient, Yves 540, 567, 680
Galladé, Chantal 522
Geiger, Hans 519, 542, 589, 642
Geiser-Im Obersteg, Ruth 292, *299*
Geissler, Heiner 368, 636
Gerber, Max 287, 323, 349
Gerber, Rolf 400, 411, 638
Giacobbo, Viktor 471
Giacometti, Augusto 465
Giezendanner, Babeli 572
Giezendanner, Ulrich 552
Gilgen, Alfred 296, 330, 371–372
Gisler, Konrad 298, 307, *309*, 322, 329–330, 336, 353, 633, 681–682
Glättli, Hans 283
Glanzmann-Hunkeler, Ida 517
Glasson, Jean-Paul 509–510, 512, *515*, 516–517
Glucksmann, André 441
Gnägi, Gottfried 112, 114, 171, 276
Gnägi, Rudolf 276, *277*, *299*, 318, 328, 633
Gobbi, Norman 608
Goethe, Johann Wolfgang von 20, 23, 493
Good, Peter 459, 472, *473*, 474– 475, 477, 480, 488, 606, 641, 680
Gotthelf, Jeremias 27, 265, 548–549
Grabherr, Emil 422
Graf, Emil J. 138, 198, 201, 208, *209*, *222*, 228, 629, 680–681, 683
Graf, Hans Ulrich 325, *326*, 395, 637, 683
Graf, Karl 157
Graf, Martin 551, 576–577, 594
Greulich, Herman 54, *55*, 624
Grimm, Robert 118, 187
Grob, Rudolf 173–174, 180, 185, 233
Gross, Andreas 363, 463, 499
Grossmann, Johann 69–70
Grossmann, Marcel 272
Grübel, Oswald 470, 562–563, 644
Grüter, Kurt 559
Gruner, Erich 14
Gsteiger, Fredy 15
Günthard, Alois 268, 270, *276*, 293, *295*, 307, 312, 437, 632–633, 682
Günthardt, Alois 174, 186
Gugerli, Ernst *272*, 681, 683
Guggisberg, Kurt 265
Guisan, Henri 204, 211, 214–215, 217, 232, 487
Gujer, Jakob (Kleinjogg) 18, 20, *21*–23, 622
Gut, Philipp 519
Gut, Ursula 494, 522, 524, 571–572
Gutzwiller, Felix 522, 556, 594
Gysler, Paul 189, *190*, *198*, 259, 629, 683

H

Haab, Martin 602–603
Hablützel, Jakob 684
Habsburger 610
Häberlin, Heinrich 143
Haegi, Ernst 108, 680–681, 684
Haegi, Hans Rudolf 342–343
Hämmerle, Andrea 526, 528
Haemmerli-Marti, Sophie 610
Hafner, Karl *198*
Hansjakob, Thomas 519
Hartmann, Hans 14
Hassler, Hansjörg 526
Hauert, Erich 393
Hauser, Johann Jakob 71
Hauser, Matthias 583
Hayek, Friedrich August von 441
Hayek, Nicolas 542, 643
Heberlein, Trix 423, 463
Heer, Alfred 477–478, 520, 524, *525*, 531, 538, 540, *541*, 545, 551–552, 557, 565, 568, 572, 578, *588*, 594, 596, 598–600, 607, 613–615, 643, 680–681, 684
Heer, Jakob Christoph 82–83
Heer, Oswald 31–32, *33*, 34, 39, 623
Heidegger, Johann Conrad 20
Heimann, Albin 279, 281
Heine, Alexia 684
Heiniger, Thomas 494
Heinzelmann, Bruno 487, 641
Heitz, Hans-Jakob 463
Heller, Emil *58*, *163*, 683
Heller, Emil jun. 163
Hensel, Sabine 16
Hermann, Marcel 568
Herzog, J. 623
Hess, Markus 460
Heusser, Hans-Heinrich 566
Heusser, Jakob 223, *224*, 236, 242, 250, 259, 268, 629–630, 682
Hildebrand Kashya 559–560, 562
Hildebrand, Philipp 550, 558–564, 570, 644

Hirt, Fritz 338
Hirzel, Conrad Melchior 30
Hirzel, Hans Caspar 20, *22*, 622
Hitler, Adolf 176–177, 179, 181, 200, 214, 442, 549, 590
Hochstrasser, Emanuel 505, 511
Hodler, Ferdinand 465, *485*
Hösly, Balz 460
Hofer, Roland 15
Hofer, Walther 277
Hofmann, Fritz 306, 313, 320, 682
Hofmann, Hans *352*, *353*, *354*, 355, *362*, 371, 374, 402, 423, *424*, 428, 436, 452–453, 463, 478, 519, 524, 635, 638, 681–683
Hofmann, Johann 71, *72*, 173, 625, 627
Holbein der Jüngere, Hans 590
Holenweger, Oskar 501–504, *505*, 506–511, 516–519
Hollenstein, Hans 460, 487, 494, 551
Hollenstein, Pascal 519
Honecker, Erich 442
Honegger, Eric 449–450
Honegger, Fritz 280, *281*, 303
Horvath, Franz 14
Howald, Oskar 218
Hubacher, Helmut 304, 359–360, 440, 442–443, 525–526, 633
Huber, Charlotte 429
Huber, Christian 350, 400, 428, *429*, 453–454, 460, 474, 476–478, 487, 494, 639, 641, 682
Huber, Jakob 174
Huber, Raphael 379
Huber, René 571
Hug, Thomas 506
Huggenberger, Alfred 171
Hummler, Konrad 540
Huonker, Thomas *475*
Hutter, Jasmin 529

I
Imhof, Kurt 443
Ineichen, Otto 522
Isler, Thomas 594
Iten, Andreas 428
Iten, Leo 682

J
Jagmetti, Ricardo 356
Jeker, Rudolf 451

Jenny, Johann 75, 93, 112–113, 120
Johnson, Boris 620
Jositsch, Daniel 542, 564, 598
Juncker, Jean-Claude 530, 549, *593*, 643
Junker, Beat 14

K
Kadi, Yassin 504
Kägi, Markus *494*, 495, 525, 550–551, 566, 594–595, 642, 681–682, 684
Kälin, Sonia
Kaestli, Tobias 443
Karlen, Peter 684
Kaufmann, Hans *439*, 454, 460, 571, 583–584, 586, 684
Keiser, Lorenz 471
Kellenberger, Jakob 444
Keller, Gottfried 63, 559
Keller, Gustav 163
Keller, Konrad *63*, 64–70, 73–74, 80, 624
Keller, Robert *436*, 684
Keller-Sutter, Karin 506
Kern, Heinrich *74*, 624
Kern, Jean 151, *152*
Kiechle, Ignaz 335
Kilias, Martin 564
Kindle, Fred 462
Klöti, Emil 164, 201, 207, 240
Klopfer, Rainer 350
Kloter, Theodor 327
Koch, Ursula 363
Koch, Vreni 396
Köcher, Otto 213
Kölliker, Jacqueline 16
König, Fritz 252
König, Mario 13
König, Richard 164
Köppel, Roger 463, 589–590, 592–593, 596–597, 602, *603*, 604, 608, 612, 645, 684
Kolb, Karl 232
Kolb, Werner 331–332
Koller, Arnold 368, 415, 418–419, 638
Koller, Heinrich 496
Koller, Rudolf 559
Kopp, Elisabeth 361, *362*, 371
Koydl, Wolfgang 15
Kradolfer, Fredy 328, 342, 475, 680
Krähenbühl, Vilmar 422
Kramer, August 681
Kramer, Hans 181

Kreis, Georg 463, 499
Kriesi, Hanspeter 14–15, 500
Krömler, Oliver 15
Künzi, Hans 295, *362*
Kuhn, Hans 14, 300
Kuhn, Köbi *321*, 634
Kunz, Max 279, 681
Kunz, Peter V. 618
Kurz, Daniel 13

L

Ladner, Andreas 14, 432, 460
Landolt, Ernst 233
Lang, Hedi 308, *362*
Lange, Friedrich Albert 47
Langenberger, Christiane 459
Langhart, Konrad *614*, 615, 646, 680
Laur, Ernst 59, 61, 75–76, *77*, 78, 89, 92, 109, 112, 114, 116, 118–120, 123, 131, 136, 141, 171, 174, 180, 184, 192, 201, 221, 227, 624, 626
Laur-Schaffner, Sophie 76
Lehmann, Hans-Ulrich 552
Lei, Hermann 559–560
Lemmenmeier, Max 13
Lenin, Wladimir Iljitsch 194
Letsch, Hans 347, 360
Leuenberger, Moritz 371, 394–395, 411, 447–448, 451, 468–469, 471, 488, 506, 522, 593, 639, 641
Leuenberger, Niklaus 78
Leupold, Michael 558
Leutenegger, Filippo 404–405, *407*, 511, 522, 582, 594
Leutenegger, Werner F. 285–286, 292, 296, *297*, 298, 302–303, 306, 308, 311, 633, 680–681, 683
Leuthard, Doris *596*
Leuthold, Jürg 531–532, 681
Levrat, Christian 542, 643
Lieberherr, Emilie 329
Liebi, Roger 491, 550, 565, 615
Lienhard, Johannes 186
Lienhard, Richard 333–334
Lindt, August R. 276
Lisibach, Josef 583, 682
Locher, Friedrich 46
Longchamp, Claude 600
Lüönd, Karl 15, 634
Luther, Martin 572
Lutz, Jakob 126–127, 626

M

Maggi, Julius 131
Mantel, Hans 186
Markwalder, Christa 484
Martignoni, Werner 328
Martullo-Blocher, Magdalena 470–471, 599, 608, *609*, 612
Martullo, Roberto 552, 574
Marx, Karl 266
Masüger, Andrea 399
Mathys, Hans 684
Matter, Peter 585
Matter, Thomas 552, 555, 565–566, 574–575, 583–584, *585*, 586, 599, 600, 612, *613*, 617, 645–646, 684
Matter, Walter 233
Matthys, Felix 317, 338
Matthys, Susy 287
Mauch, Corine 565
Maurer, Esther 402, 545
Maurer-Maag, Anna 139
Maurer, Rudolf 14
Maurer, Rudolf *139*, 140, 146, 153, 156, 158, 163, 198, 626, 682
Maurer, Ueli 17, 371–372, 375, *377*, 378, 392–393, 409, *410*, 411, *434*, 439, 446, 452, *463*, 468, 471, 476, 478, 497, 516, 519–520, 522, 526, 529, 532–536, *537*, 538–539, 544, 553–554, 569, 572–573, 587, 609–611, *616*, *619*, 636, 638, 640–646, 680–682, 684
May, Theresa 620
Meier, Hans 338
Meier, Rudolf 174, 176, 180–181, 184, 189, 201, 213, *225*, 226, 228, 230, 232–233, 235–237, 239–242, 245, 250–251, 259, *262*, 263, 267, 272, 276, *277*, 280, *281*, 294–295, 629–630, 632–633, 680, 682–683
Meier-Schatz, Lucrezia 509–512, *515*, 516–517, 525
Meier, Thomas 423, 426, 524, 680
Meierhans, Paul 222, 262–263, 268
Meili, Armin 208
Meli Andres, Beatrice 504–505
Meli, Karl 553
Mengele, Josef 532
Merkel, Angela 601
Merz, Hans-Rudolf 470, 546

Messmer, Arnold *137*, 138, 150–153, 155, 257, 626–627, 680
Messmer, Georg 684
Messmer, Margrit 138, 153–154, 174–175, *257*, 627
Mettler, Wolf 15
Metzler, Ruth 431, 469–470, 500–501
Meyer, Conrad Ferdinand 158, 437
Meyer, Frank A. 399, 433–435
Meyer, Hans 428, 639
Meyer, Stephan 16
Minder, Thomas 574, 644
Minelli, Ludwig A. 594
Minger, Rudolf *110*, 111–116, 146, 164–165, *166*, 171, *177*, 183, 192–193, 204, 211, 214, 236, 279, 545, 626–627
Mises, Ludwig von 441
Mörgeli, Christoph 12, *437*, 481, 488, 493, 511, 516, 526, 532, 565, 568, 593, 602, 646, 684
Mörike, Eduard 199
Moor, Ursula 488–489, 681
Moser, Carl 115
Moser, Peter 13
Moser, Werner 185–186
Mossdorf, Albert *295*
Mousson, Heinrich 164
Mozart, Wolfgang Amadeus 465, 573
Müller, Andreas 397
Müller, Felix A. 399
Müller, Gody 395, 397
Müller, Hans *169*, 170–173, 183–189, 627–628
Müller-Hemmi, Vreni 411
Müller, Kurt 311
Munch, Edvard *482*
Muschg, Adolf 415–416, 432
Mussolini, Benito 176, 415, 442

N
Nägeli, Heinrich 118–119
Nägeli, Werner *290*, 322–323, 682
Nauer, Wilhelm 148
Nay, Giusep 489
Nebiker, Hans-Rudolf 358
Nef, Roland 535
Neidhart, Leonhard 422
Neuenschwander, Willi 338, *339*, 386, 683
Nicati, Claude *503*, 504, 508–512
Niederöst, Anita 14

Nobs, Ernst 134, 222, 227
Noser, Ruedi 484, 594, 598
Noser, Sandra 16
Notter, Markus *407*, 411, 493

O
Oberholzer, Urs 571, 684
Ochsenbein, Ulrich 545
Ochsner, Lienhard 507–510
Oehninger, Jakob *144*, 145, 155, 158, 163, 176, 180, 189, 226, 683
Ogi, Adolf 344, 349, 352, 358–359, 361, 382, *385*, 386, 389–391, 404–405, 410, 418, 440, 445–446, 635–637, 639, 682
Omkarananda, Swami 303–304
Ospel, Marcel 462, 470
Osterwalder, René 428
Oswald, Daniel 547
Oswald, Werner 253, 311

P
Parmelin, Guy 552, 609–610, *613*, 645
Pedergnana, Pearl 583
Pelli, Fulvio 484, 487, 522
Perrin, Yvan 529
Pestalozzi, Johann Heinrich 610
Peter, Jakob 176, *197*, 198, 228, 629, 680–681
Petitpierre, Max 246
Pflugshaupt, Elisabeth 587
Pilet-Golaz, Marcel 209, 212
Pilet, Jacques 399
Popper, Karl 441
Pozzi, Angelo 359
Pukelsheim, Friedrich 493
Pury, David de 409

R
Raggenbass, Hansueli 560–561
Ramos, José Manuel 501, 504–506, 511, 515, 518–519
Regel, Eduard 32
Rehberg, Jürg 445
Reich, Richard 360–361, 373–374
Reichling-Däppen, Hanni 16, *362*
Reichling-Däppen, Rudolf *305*, 308, 311–313, 319, 323, 326, 329, 334, 342, 344, 347, *362*, 375, 681, 683
Reichling, Hansli 227
Reichling, Liseli 227

Reichling, Luise 158, 174, *175*
Reichling-Oehninger, Elisabeth 158
Reichling-Oehniger, Rudolf 9, 72–73, 98, 152, 158, *159*, 160–165, 173–177, 180, 184–186, 189–190, 192, 195, 198, 200–201, 205, 210–214, 218, 221, 227–228, 231, 243, 247, *248*, 258–259, 263–264, 272, 305, 627–631, 680–683
Reichling-Rebmann, Rudolf 98, 158, 305
Reimann, Lukas 584
Reinhart, Oskar *601*
Rellstab, Emil 97, 102, 131, *132*, 683
Renold, Karl 682
Rickenbacher, Iwan 468
Rickli, Natalie 520, *523*, 524, 541, 551, 555, 568, 587, 595, *596*, 602, 684
Riesen, Marcel 541, 577
Rime, Jean-François 552, 595
Ringger, David 131, *132*, 683
Ringger, Hans 319–320
Ritschard, Willi 458
Roduner, Ernst 506–507, 519
Roepke, Wilhelm 441
Rösti, Albert 612, 646, 682
Rohrer, Willi 281
Roos, Josef J. P. 13
Roschacher, Valentin 501–503, 505–509, 511–513, 515, 642
Rüfenacht, Erich 322–323, 680–681
Ruff, Peter 571
Rutschmann, Hans 459–460, *472*, 535, 597, 640, 681, 684
Rutz, Gregor A. 396, *410*, 427, 445, 452, 540, 555, 565–566, *569*, 595, 684
Rychen, Albert 353, 358, 390–391, 405

S
Saborit, Raphaël 500
Sager, Peter 347
Sandhofer, Peter 530–531
Sawiris, Samih 499
Schättli, Albert 682
Schäuble, Rolf 470
Schaffner, Jakob 416
Schawinski, Roger 371
Schegg, Roland 582
Schenk, Rolf 478
Schenkel, Conrad *59*, 60–62, 624
Schenker-Sprüngli, Martha 252, 257
Scheuber, Felix 562

Scheuchzer, Friedrich 63, 64, 69–70, 83
Schibli, Ernst 395, 453, *454*, 472, 488, 497, 555, 584, 586, 602, 681, 684
Schibli, Rudolf 186
Schiller, Friedrich von 520
Schilling, Christoph 15
Schiltknecht, Kurt 367, 387
Schindler, Dietrich 240
Schläpfer, Ernst 553
Schläpfer, Theres 588
Schlüer, Ulrich 398, *408*, 409, 432, 445, 479, 524, 544, 555, 584, 586, 634, 684
Schlumpf, Leon 298, 319, 328, 347, 358, 374, 636
Schmid-Ammann, Paul 14, 181
Schmid, Claudio 560, 588
Schmid, Hans 357
Schmid, Peter 298, 320, 358
Schmid, Samuel 446, 457–458, 463, *467*, 468, 470, 472, 480–481, 520–522, *527*, 533–535, 538, 640–643
Schmid-Schindler *35*
Schmid-Spörri, Albert 69, 75
Schneider-Ammann, Johann 579–580, 611–612, 645
Schnyder, Heinrich 222
Schommer, Guido 462
Schröder, Gerhard 426–427, 479
Schroeder, Karl E. 338–339, 524
Schütz, Alfred 287
Schulthess, Edmund 109, 180
Schwab, Heinz 389
Schwab, Philippe 509
Schwarzenbach, James 293–294, 297, 408
Schwarzenbach-Wille, Renée 166
Schybi, Christian 78
Seeli, Curdin 15
Segantini, Giovanni 465
Segert, Alexander 16, 544, 640
Segesser, Philipp Anton von 578
Seiler, Markus 558
Sieber, Johann Caspar 63
Siegenthaler, Rolf 353
Siegenthaler, Rolf André 456
Siegenthaler, Walter 256, 682
Siegmann, Walter 259, *261*, 262, 264, 683
Sierszyn, Armin 14
Sigg, Oswald 458, 482, 513–514
Somm, Markus 15, 584, 589–590, 592
Sommaruga, Simonetta 590–592, *593*, 594, 597, 645

Sonderegger, Emil 179
Spinner, Wilfried 59
Spleiss, Robert 300, 317
Spoerry, Vreni 423
Sprecher von Bernegg, Theophil 119, 123
Spühler, Karl 302, 684
Spühler, Willy 262
Spuhler, Peter 475, 557
Stahl, Jürg *438*, 439, 456, 542, 646, 684
Stalin, Josef 590
Stampfli, Walther 218
Staub, Hans 566
Steiger, Eduard von 116, 213–214, 221–223, 227, 232, 245, 629
Steiger, Otto 213
Steinegger, Franz 363, 426–427, 431, 433, 435, 446–447, 450
Steinemann, Barbara 544, 578, *588*, 602, *605*, 606, 684
Steiner, Rudolf 189
Steiner, Silvia 594–595
Steinmann, Heinrich 362–363
Stich, Otto 359, 368–369, 395–396, 399, 406, 411, 635, 637
Stiefel, Ernst 155, *226*, 227, 683
Stocker, Ernst 542, *543*, 544, 550, 582, 594–595, 643, 681–682
Straub, Emil 242, 254, 273, 283, 680, 681, 684
Streuli, Hans *198*
Streuli, Rudolf 104, 135, 138, *145*, 146, 150–151, 153, 155–158, 163, 176, *195*, 196–197, 201, 626–628, 680–683
Stucki, Jakob 11, 292, *295*, 296, 303, *304*, 322, *324*, 325, 329, 336, 338, *352*, 353, 356, *362*, 371, 374, 379, 437, 453–454, 632–634, 680, 682–683
Studer, Oswald 174
Studer, Peter 386–387
Stupf, Martin 508
Stutz, Adolf 631
Suter, Erich 312
Suter, Marc F. 463, 517
Sutter, Eva 13

T
Tanner, Jakob 443, 593
Tettamanti, Tito 604
Thürer, Daniel 574
Tobler, Ernst 126, *127*, 131, 139, 141, 143, 146, 156, 626, 682–683

Toggenburger, Emil 680
Trachsel, Jürg *588*, 681–682
Trachsler, Jakob 90
Trump, Donald J. 621
Tuena, Mauro 547, 602, *607*, 608, 684

U
Uhlmann, Hans 358, 388, 409–410, 682
Ulrich, Johann Rudolf 19
Ungricht, Christine 339, 391, 635
Usteri, Paul Emil 88

V
Valle, Nicoletta della 508–509
Vas, Daniela 520, 533, 540, 680
Vaterlaus, Ernst 243, 245
Vetterli, Werner 374–375, *376*, 636, 684
Villiger, Kaspar 381, 399, 409, 451, 455, 459, 468, 636–637, 640
Vogt, Hans-Ueli 597–598, 602, 604, *605*, 613, 645, 684
Volkart, Albert 90
Volkart, Hans 201, 680
Vollenweider, Jakob 242, *265*, 266–267, 275, 277, 279–280, 282, 289, 295, 632, 680–681, 683
Vollmer, Peter 443

W
Wäfler, Daniel 14
Wahlen, Friedrich Traugott 174, 201, *214*, 215–221, *222*, 226, 239, 256, 262, 267, *271*, 276–277, *278*, 279, 292, 342, 549, 629–632, 683–684
Walder, Jakob 72
Walliser, Bruno 602, *606*, 682, 684
Walser, Martin 564
Walter, Hansjörg 536–537, 557–558, 644
Walther, Heinrich 164
Weber, Adolf 97, 101–102
Weber-Gachnang, Theresia 682
Weber, Monika 357, 374, 423
Weber, Rudolf 228, 682
Weck, Roger de 399, 550
Wegelin, Reinhard 568, 680
Wehinger, Benno 233
Weidmann, Johann Rudolf 681
Weigold, Hermann 684
Weilenmann, Edwin 330
Weizsäcker, Ernst von 213
Welti, Gottlieb 174, 203

Welti, Ueli 325
Wenger, Jean-Claude 360
Wermuth, Cédric 553
Wetter, Ernst 212, 227
Wettstein, Johann Rudolf 419, 590
Wettstein, Oskar 88, 163, 207
Weyeneth, Hermann 468, 476
Widmann, Josef Viktor 82–83
Widmer-Schlumpf, Eveline 474, 518, 526–528, 533, 538, 558, 561–562, 564, 574, *575*, 585, 599, 602, 608, 642–644
Widmer, Sigmund 276, *277*
Wild, Hans 335
Wilhelm I., König von Württemberg 36
Wille, Ulrich 122–123
Wille, Ulrich jun. *166*
Windisch, Uli 571
Winkler, Heinrich 189
Winkler, Rudolf 487–488
Wittmann, Walter 459, 640
Wittwer, Kurt 351
Wobmann, Walter 544
Wolfensberger, Johann Edwin 207
Wolfer, Robert 317
Wüthrich, Roland 540

Wunderli, Karl 72–73, 98, 101–102, 131, *134*, 135, 143, 155, 157, 163, 176, 189, 226, 625, 680, 683
Wyss, Ursula 532

Z
Zanetti, Claudio 427, 430, 432, *473*, 474–475, 477–478, 520, 568, 602, 606, *607*, 614, 680, 684
Zaugg, Thomas 15
Zeller, René 16
Zellweger, Eduard 272, 280
Ziegler, Eduard 144
Ziegler, Gottlieb 49
Zimmerli, Ulrich 389, 391
Ziörjen, Lothar 430
Ziörjen, Maja 429–430
Zollinger, Lukas 14
Zünd, Robert 578
Zürrer, Robert 88
Zumstein, Hansjörg 532
Zuppiger, Bruno 386, 437, *438*, 536, 557, 568–569, 644, 684
Zweifel, Karl 547
Zwingli, Huldrych 173, 418, 572

Abbildungsnachweis

S. 18 Karte von Johannes Müller, 1769, Staatsarchiv des Kantons Thurgau.
S. 21 Zentralbibliothek Zürich, Abteilung Alte Drucke und Rara.
       Zentralbibliothek Zürich, Graphische Sammlung und Fotoarchiv.
S. 22 Öl auf Leinwand von Friedrich Oelenheinz, 1790, Zentralbibliothek Zürich, Graphische Sammlung und Fotoarchiv.
S. 23 Lithografie von Johann Jakob Meyer, um 1800, Zentralbibliothek Zürich, Graphische Sammlung und Fotoarchiv.
S. 25 Aquarell von Lena-Huber-Halder, 1816, Zentralbibliothek Zürich, Graphische Sammlung und Fotoarchiv.
S. 26 Neujahrsblatt der Hülfsgesellschaft der Stadt Zürich, 1817, Radierung von Johann Caspar Schinz, Zentralbibliothek Zürich.
S. 29 Kolorierte Lithografie von Johann Jakob Honegger, 1830, Zentralbibliothek Zürich, Graphische Sammlung und Fotoarchiv.
S. 32 J. Staubs Bildwerk […], 2. H., Zürich 1876, Zentralbibliothek Zürich, Abteilung Alte Drucke und Rara.
S. 33 Aquarell, Clementine Stockar-Escher zugeschrieben, um 1835, Bildersammlung des Landesarchivs des Kantons Glarus.
S. 34 ETH-Bibliothek, Zürich.
S. 35 Weinbaumuseum am Zürichsee, Au-Wädenswil.
S. 36 ETH-Bibliothek, Zürich.
S. 37 Anonymer Holzschnitt, vor 1816, Zentralbibliothek Zürich, Graphische Sammlung und Fotoarchiv.
S. 38 J. Staubs Bildwerk […], 1. H., Zürich 1875, Zentralbibliothek Zürich, Abteilung Alte Drucke und Rara.
S. 39 Photo E. Linck, Zürich, um 1905, Baugeschichtliches Archiv der Stadt Zürich.
S. 40 Photo E. Linck, Zürich, um 1905, Baugeschichtliches Archiv der Stadt Zürich.
S. 42 Aquatinta von Franz Niklaus König, 1801, Kunstmuseum Bern.
S. 43 Karikaturistisches Aquarell von Franz Hegi, um 1830, Zentralbibliothek Zürich, Graphische Sammlung und Fotoarchiv.
S. 44 Fotografie, um 1900, Zentralbibliothek Zürich, Graphische Sammlung und Fotoarchiv.
S. 45 Fotografie, um 1900, Zentralbibliothek Zürich, Graphische Sammlung und Fotoarchiv.
S. 47 Nach einer Fotografie hrsg. von J. Müller in Kempten, Druck von J. J. Hofer, Zürich, Zentralbibliothek Zürich, Graphische Sammlung und Fotoarchiv.
S. 49 Beilage zum «Landboten» Nr. 1, 1.1.1887, Zentralbibliothek Zürich.
S. 51 Kolorierte Fotografie, um 1910, Zentralbibliothek Zürich, Graphische Sammlung und Fotoarchiv.
S. 52 Fotografie von G. Metz, Basel, ehemals Edwin Pünter, Stäfa, Ortsmuseum zur Farb, Stäfa, Lesegesellschaft Stäfa.

Abbildungsnachweis **745**

S. 54 Fotografie, um 1910, Urs Koffel, Steakhouse Bahnhof Mettmenstetten.
S. 55 Zentralbibliothek Zürich.
Öl auf Leinwand von Margarete Greulich, 1902, Zentralbibliothek Zürich, Graphische Sammlung und Fotoarchiv.
S. 56 Kolorierte Fotografie, 1910–1915, Zentralbibliothek Zürich, Graphische Sammlung und Fotoarchiv.
S. 58 Fotografie, 1908, Ortsmuseum Eglisau im Weierbachhus.
S. 59 JAGGI/OEHEN 1961, S. 11.
S. 61 JAGGI/OEHEN 1961, S. 13.
S. 63 Zentralbibliothek Zürich, Graphische Sammlung und Fotoarchiv.
S. 64 Zentralbibliothek Zürich.
S. 66 Zentralbibliothek Zürich.
S. 69 «Bauernbund» Nr. 1, 1.5.1891, Nachlass Reichling, SVP des Kantons Zürich.
S. 72 Sammlung Ulrich Gribi, Büren an der Aare.
Karikatur von Lazar, 1932, Zentralbibliothek Zürich, Graphische Sammlung und Fotoarchiv.
S. 73 «Der Zürcher Bauer» Nr. 10, 7.3.1913, S. 119.
S. 74 Zentralbibliothek Zürich, Graphische Sammlung und Fotoarchiv.
S. 76 Kalligraphische Tuschzeichnung, 1897, Archiv für Agrargeschichte, Bern.
S. 77 Fotographie Ruf, Zürich, 1927, Zentralbibliothek Zürich, Graphische Sammlung und Fotoarchiv.
S. 79 «Bülach-Dielsdorfer Wochen-Zeitung» Nr. 26, 30.3.1907, o.S.
S. 80 Fotografie von ca. 1910, Zentralbibliothek Zürich, Graphische Sammlung und Fotoarchiv.
«Galerie berühmter Sportsleute», Karikatur von Karl Bickel, in: ILLI 1960, S. 33.
S. 82 AVENARIUS 1902, S. 178, Universitätsbibliothek Basel.
S. 84 Fotografie, um 1910, Privatbesitz, Bülach, in: FRITZSCHE/LEMMENMEIER 1994, S. 215.
S. 90 Postkarte, um 1915, Sammlung Ulrich Gribi, Büren an der Aare.
S. 91 Fotografie von W. Gallas, Zürich, um 1916, Baugeschichtliches Archiv der Stadt Zürich.
S. 97 Einladung vom 12.2.1917, Nachlass Reichling, SVP des Kantons Zürich.
S. 101 Kolorierte Fotografie, um 1910, Zentralbibliothek Zürich, Graphische Sammlung und Fotoarchiv.
S. 103 Fotografie, Baugeschichtliches Archiv der Stadt Zürich.
S. 106 Wahlaufruf, 8.7.1917, Nachlass Reichling, SVP des Kantons Zürich.
S. 110 Fotografie, um 1915, in: WAHLEN 1981, S. 14.
S. 113 Fassadenplan Restaurant «Bierhübeli» nach dem Umbau von 1912, Stadtarchiv Bern, BB 3480
S. 115 Kümmerly+Frey, Bern, Museum für Gestaltung, Zürich, Plakatsammlung 26-0057.
S. 117 Undatierter Aufruf [Anfang November 1918], Nachlass Reichling, SVP des Kantons Zürich.
S. 120 Keystone, 1128541 (RM).
S. 121 Keystone, 425997 (RM).
S. 125 Melchior Annen, Schweizerische Nationalbibliothek, Bern, Graphische Sammlung.
S. 127 Fotografie, in: STUCKI 1966, S. 1, Universitätsbibliothek Bern
S. 129 «Zürcher Bauer» Nr. 82, 25.10.1919, Nachlass Reichling, SVP des Kantons Zürich.
S. 131 Zentralbibliothek Zürich, Graphische Sammlung und Fotoarchiv.
S. 132 Bibliothek am Guisanplatz, Bern.
«Der Zürcher Bauer» Nr. 61, 2.8.1922, o.S.
S. 134 Zentralbibliothek Zürich, Graphische Sammlung und Fotoarchiv.
S. 137 «Der Zürcher Bauer» Nr. 81, 10.10.1925, o.S.

Abbildungsnachweis

S. 139 Öl auf Leinwand von Ernst Georg Rüegg, Kunstsammlung Kanton Zürich, Fotografie: Reto Pedrini, Zürich.
S. 144 Fotografie, in: Zum Andenken an Diethelm Burkhard-Abegg 1926. Zentralbibliothek Zürich, Graphische Sammlung und Fotoarchiv.
S. 145 Öl auf Leinwand von Emil Frei, Kunstsammlung Kanton Zürich, Fotografie: Reto Pedrini, Zürich.
S. 147 Fotografie, 1926, Zentralbibliothek Zürich, Graphische Sammlung und Fotoarchiv.
S. 151 Zeichnung von Jean Kern, in: ILLI 1960, S. 64a.
S. 152 Zeichnung von Jean Kern, in: ILLI 1960, S. 32a.
S. 154 Museum für Gestaltung, Zürich, Plakatsammlung 23-0195.
S. 159 Keystone, 232782097 (RM).
S. 163 Fotografie, in: LAMPRECHT/KÖNIG 1992, S. 558.
S. 166 Fotografie von Renée Schwarzenbach-Wille, freundliche Bewilligung von Prof. Dr. Alexis Schwarzenbach, 2017, Zentralbibliothek Zürich, Graphische Sammlung und Fotoarchiv.
S. 168 Museum für Gestaltung, Zürich, Plakatsammlung 23-0036.
S. 169 Keystone, 43061370 (RM).
S. 175 «Der Zürcher Bauer» Nr. 36, 3.5.1963, S. 15.
S. 176 Protokolleintrag vom 15.7.1933, Bd. V, Protokolle der kantonalen Parteileitung, des Grossen Parteivorstandes und der Delegiertenversammlungen, SVP des Kantons Zürich.
S. 177 Keystone, 44455095 (RM).
S. 181 Hugo Laubi, Museum für Gestaltung, Zürich, Plakatsammlung 07-0647.
S. 186 Hugo Laubi, Museum für Gestaltung, Zürich, Plakatsammlung 13-0513.
S. 188 «Der Schweizer Jungbauer», 24.10.1935, Schweizerisches Sozialarchiv, Zürich.
S. 190 Fotografie, in: GYSLER 1945.
S. 191 Hugo Laubi, Museum für Gestaltung, Zürich, Plakatsammlung 13-0261.
S. 195 Zentralbibliothek Zürich, Graphische Sammlung und Fotoarchiv.
S. 197 Museum für Gestaltung, Zürich, Plakatsammlung 13-0530.
S. 198 Museum für Gestaltung, Zürich, Plakatsammlung 12-0991.
S. 199 Museum für Gestaltung, Zürich, Plakatsammlung 26-0089.
       Öl auf Leinwand von Georg Ernst Rüegg, Kunstsammlung Kanton Zürich, Foto: Reto Pedrini, Zürich.
S. 202 Fotografie von Louis Beringer, Zürich, ETH-Bibliothek, Zürich, Bildarchiv Ans_03339.
       Fotografie von Louis Beringer, Zürich, ETH-Bibliothek, Zürich, Bildarchiv Ans_03382.
S. 206 Graphische Anstalt J. E. Wolfensberger, Museum für Gestaltung, Zürich, Plakatsammlung 13-0114.
S. 208 Fotografie, in: BOESCH 1942/43, S. 60.
S. 209 Eidgenössische Parlaments- und Zentralbibliothek, Bern.
S. 212 Keystone, 54025995 (RM).
S. 214 Hans Staub, Keystone, 103909911 (RM).
S. 217 Hans Staub, Keystone, 23476235 (RM).
S. 218 Hans Staub, Keystone, 23476270 (RM).
S. 220 Hans Staub, Keystone, 23476275 (RM).
S. 222 Museum für Gestaltung, Zürich, Plakatsammlung 12-0287.
S. 224 Öl auf Leinwand von Paul Bodmer, Kunstsammlung Kanton Zürich, Foto: Reto Pedrini, Zürich.
       Museum für Gestaltung, Zürich, Plakatsammlung 10-0978.
S. 225 Öl auf Leinwand von Walter Sautter, Kunstsammlung Kanton Zürich, Foto: Reto Pedrini, Zürich.
S. 226 Fotografie, in: SCHMID 1947, S. 60.
S. 237 Museum für Gestaltung, Zürich, Plakatsammlung 13-0308.
S. 238 Freundliche Bewilligung von Kantonsrat Martin Farner, Gemeindepräsident, Oberstammheim.

S. 241 Fotografie, in: ZIEGLER 1961, S. 40d.
S. 244 Museum für Gestaltung, Zürich, Plakatsammlung, 13-142, 13-142, 13-144, 13-145.
S. 245 Keystone, 50560180 (RM).
S. 248 Keystone, 232782102 (RM).
S. 249 Museum für Gestaltung, Zürich, Plakatsammlung 13-0585.
S. 251 Museum für Gestaltung, Zürich, Plakatsammlung 13-0216.
S. 252 Fotografie, in: BAUMANN 1989, S. 262a.
S. 255 Museum für Gestaltung, Zürich, Plakatsammlung 13-0613.
S. 257 «Der Zürcher Bauer» Nr. 36, 3.5.1963, S. 15.
S. 260 Museum für Gestaltung, Zürich, Plakatsammlung 13-506.
        Museum für Gestaltung, Zürich, Plakatsammlung 13-502.
S. 261 Eidgenössische Parlaments- und Zentralbibliothek, Bern.
S. 262 Museum für Gestaltung, Zürich, Plakatsammlung 13-704.
S. 263 Walter Studer, Keystone, 124943737 (RM).
S. 265 Eidgenössische Parlaments- und Zentralbibliothek, Bern.
S. 266 Museum für Gestaltung, Zürich, Plakatsammlung 21-0929.
S. 269 Museum für Gestaltung, Zürich, Plakatsammlung 12-0950.
S. 270 Öl auf Leinwand von Fritz Hug, Kunstsammlung Kanton Zürich, Foto: Reto Pedrini, Zürich.
S. 271 Keystone, 179944187 (RM).
        Keystone, 181306198 (RM).
S. 272 Freundliche Bewilligung von Rahel Helfenberger-Gugerli, Aesch bei Birmensdorf.
S. 277 Keystone, 15260415 (RM).
S. 278 Keystone, 15260410 (RM).
S. 280 Keystone, 254918850 (RM).
S. 281 Museum für Gestaltung, Zürich, Plakatsammlung 12-0941.
        Museum für Gestaltung, Zürich, Plakatsammlung 13-0359.
S. 283 Eidgenössische Parlaments- und Zentralbibliothek, Bern.
S. 284 Keystone, 716271 (RM).
S. 291 Museum für Gestaltung, Zürich, Plakatsammlung 13-0047.
        Museum für Gestaltung, Zürich, Plakatsammlung 13-0046.
S. 295 Museum für Gestaltung, Zürich, Plakatsammlung 13-0447.
S. 296 Museum für Gestaltung, Zürich, Plakatsammlung 13-0187.
S. 297 «Zürcher Gewerbe» Nr. 3, März 1977, S. 1.
S. 298 Keystone, 15260420 (RM).
S. 299 Keystone, 15260425 (RM).
S. 301 Museum für Gestaltung, Zürich, Plakatsammlung 22-0989.
S. 302 Museum für Gestaltung, Zürich, Plakatsammlung 01-0221.
S. 304 Keystone, 1985259 (RM).
S. 305 SVP des Kantons Zürich.
S. 308 Öl auf Leinwand von Carl Wegmann, Kunstsammlung Kanton Zürich, Foto: Reto Pedrini, Zürich.
S. 309 Museum für Gestaltung, Zürich, Plakatsammlung 13-0750.
S. 310 Keystone, 262795353 (RM).
S. 317 Gemeindeverwaltung Knonau, freundliche Unterstützung von Matthias Ebnöther, Gemeindeschreiber.
S. 321 «Tages-Anzeiger», 20.2.1978, S. 58.
S. 324 SVP des Kantons Zürich.
S. 326 SVP des Kantons Zürich.
S. 327 SVP des Kantons Zürich.
S. 331 Michel Fries, Schweizerisches Sozialarchiv, F 5111 048-010.

S. 337 Museum für Gestaltung, Zürich, Plakatsammlung 40-0921.
S. 339 SVP des Kantons Zürich.
S. 340 Emil Frey AG, Zürich.
S. 341 Keystone, 100579475 (RM).
S. 345 Alessandro della Bella, Keystone, 58713505 (RM).
S. 346 Keystone, 1808824 (RM).
S. 352 Keystone, 50019610 (RM).
S. 353 Michele Limina, Keystone, 539964 (RM).
S. 354 GOAL AG, Zürich.
S. 358 SVP des Kantons Zürich.
S. 361 Keystone, 51975012 (RM).
S. 362 Keystone, 231673178 (RM).
S. 364 Martin Rütschi, Keystone, 206470415 (RM).
S. 373 GOAL AG, Zürich.
S. 376 GOAL AG, Zürich.
Keystone, 53515910 (RM)
S. 377 GOAL AG, Zürich.
GOAL AG, Zürich.
S. 378 GOAL AG, Zürich.
S. 382 Edi Engeler, Keystone, 72741890 (RM).
S. 384 Keystone, 51783410 (RM).
S. 385 Keystone, 51783375 (RM).
S. 387 Keystone, 46460680 (RM).
S. 394 GOAL AG, Zürich.
S. 397 Museum für Gestaltung, Zürich, Plakatsammlung 74-0040.
S. 401 Gaetan Bally, Keystone, 11782910 (RM).
S. 405 GOAL AG, Zürich.
S. 406 Keystone, 64089215 (RM).
S. 407 Keystone, 44611635 (RM).
Keystone, 258176424 (RM).
S. 408 Martin Rütschi, Keystone, 1827481 (RM).
S. 410 Rudolf Steiner, Keystone, 10596180 (RM).
S. 413 Keystone, 51783445 (RM).
S. 417 Christoph Ruckstuhl, Keystone, 325641 (RM).
S. 424 Keystone, 698372 (RM).
S. 425 GOAL AG, Zürich.
S. 429 SVP des Kantons Zürich.
S. 434 Alessandro della Valle, Keystone, 1668625 (RM).
S. 435 Museum für Gestaltung, Zürich, Plakatsammlung 46-1072.
S. 436 GOAL AG, Zürich.
S. 437 GOAL AG, Zürich.
S. 438 GOAL AG, Zürich.
GOAL AG, Zürich.
S. 439 GOAL AG, Zürich.
S. 442 SVP des Kantons Zürich.
S. 447 GOAL AG, Zürich.
S. 449 René Meier, Keystone, 10272490 (RM).
S. 453 Steffen Schmidt, Keystone, 34950954 (RM).
S. 454 Lukas Lehmann, Keystone, 6616755 (RM).
S. 457 GOAL AG AG, Zürich.
S. 463 Steffen Schmidt, Keystone, 14602170 (RM).

S. 464   GOAL AG, Zürich.
S. 467   MÖRGELI 2003, S. 3.
S. 469   Yoshiko Kusano, Keystone, 15823655 (RM).
S. 472   GOAL AG, Zürich.
S. 473   Walter Bieri, Keystone, 21584546 (RM).
S. 475   GOAL AG, Zürich.
S. 476   GOAL AG, Zürich.
S. 482   GOAL AG, Zürich.
S. 483   Patrick B. Krämer, Keystone, 22417829 (RM).
S. 485   Yoshiko Kusano, Keystone, 25023157 (RM).
S. 490   Keystone, 27228769 (RM).
S. 494   GOAL AG, Zürich.
S. 496   Keystone, 42527710 (RM).
S. 498   GOAL AG, Zürich.
S. 500   GOAL AG, Zürich.
S. 503   «Sonntagszeitung», 17.12.2006, S. 1.
S. 505   Freundliche Bewilligung von Oskar Holenweger, Männedorf.
S. 514   Peter Schneider, Keystone, 42670142 (RM).
S. 515   Lukas Lehmann, Keystone, 42689084 (RM).
S. 522   Gaetan Bally, Keystone, 264685676 (RM).
S. 525   GOAL AG, Zürich.
S. 527   Peter Klaunzer, Keystone, 46171305 (RM).
S. 537   Anthony Anex, Keystone, 226168344 (RM).
S. 539   GOAL AG, Zürich.
S. 541   Ennio Leanza, Keystone, 244494800 (RM).
S. 543   GOAL AG, Zürich.
S. 544   GOAL AG, Zürich.
S. 553   GOAL AG, Zürich.
S. 554   GOAL AG, Zürich.
S. 556   GOAL AG, Zürich.
S. 561   Keystone, 13095530 (RM).
S. 563   Peter Klaunzer, Keystone, 130961535 (RM).
S. 567   Steffen Schmidt, Keystone, 115717510 (RM).
S. 569   GOAL AG, Zürich.
S. 573   Walter Bieri, Keystone, 161060565 (RM).
S. 575   GOAL AG, Zürich.
S. 580   GOAL AG, Zürich.
S. 585   GOAL AG, Zürich.
S. 588   Anthony Anex, Keystone, 227747280 (RM).
S. 591   Walter Bieri, Keystone, 235298995 (RM).
S. 593   GOAL AG, Zürich.
S. 596   Peter Klaunzer, Keystone, 279777575 (RM).
S. 600   «DJ Tommy», freundliche Bewilligung von Nationalrat Thomas Matter, Meilen.
S. 601   Dominic Steinmann, Keystone, 258300078 (RM).
S. 603   Dominic Steinmann, Keystone, 259123492 (RM).
S. 605   GOAL AG, Zürich.
         GOAL AG, Zürich.
S. 606   GOAL AG, Zürich.
S. 607   GOAL AG, Zürich.
         GOAL AG, Zürich.
S. 609   Gian Ehrenzeller, Keystone, 243771315 (RM).

Abbildungsnachweis

S. 613 Lukas Lehmann, Keystone, 275273160 (RM).
S. 614 Walter Bieri, Keystone, 275795305 (RM).
S. 616 Anthony Anex, Keystone, 288132375 (RM).
S. 618 Urs Flüeler, Keystone, 288132375 (RM).
S. 669 Statistisches Amt des Kantons Zürich.
S. 670 Statistisches Amt des Kantons Zürich.
        Statistisches Amt des Kantons Zürich.
S. 671 Statistisches Amt des Kantons Zürich.
        Statistisches Amt des Kantons Zürich.
S. 672 Amtsblätter des Kantons Zürich, Statistisches Amt des Kantons Zürich.
        Statistisches Amt des Kantons Zürich.